멘토르Mentor 는

그리스신화에 나오는 오디세우스의 친구입니다.

오디세우스는 트로이 전쟁에 출정하면서 아들 텔레마쿠스를
친구인 멘토르에게 맡깁니다.

이후 멘토르는 엄격한 스승이며 지혜로운 조언자,
때로는 아버지로서 필요한 충고와 지도를 하여
텔레마쿠스를 강인하고 현명한 왕으로 성장시켰습니다.

오늘날 멘토 또는 멘토르는 충실하고 현명한 조언자
또는 스승이라는 의미로 쓰이고 있습니다.

멘토르출판사는 독자 여러분의 인생에 좋은 길잡이가 되는
책을 만들고자 늘 노력하겠습니다.

내 업무 반으로 줄이는
파워포인트 2010

업무 반 시리즈 01

내 업무 반으로 줄이는 파워포인트 2010

초판 1쇄 발행 | 2010년 10월 20일
초판 4쇄 발행 | 2015년 4월 27일

지은이 | 채종서
펴낸이 | 정연금
펴낸곳 | 멘토르출판사

책임 편집 | 김미숙
기획 | 강지예 · 조원선 · 이동근
편집 진행 | 김상수
본문디자인 | 김보경
표지디자인 | 오필민 디자인
마케팅 | 나길훈
제작 및 경영지원 | 김용희

내용문의 | mentor@mentorbook.co.kr

등록 | 2004년 12월 30일 제302-2004-00081호
주소 | 서울시 광진구 능동로 331 2층
전화 | 02-706-0911
팩스 | 02-706-0913

ISBN | 978-89-6305-065-2 (13000)

파워포인트 2010

내 업무 반으로 줄이는

채종서 지음

01
업무 반 시리즈

2009년이 저물 무렵 오피스 2010 Beta 버전과의 첫 만남을 가졌습니다. 인터페이스만 보고 2007 버전에 비해 큰 변화가 없을 것이라는 제 생각은 이내 무너지기 시작했습니다.

완전히 새롭게 탑재된 환상적인 입체 전환 기능과 강력한 멀티미디어 제어 능력, 공유와 협업의 기반을 제공하는 윈도 라이브를 통한 브로드캐스팅과 애니메이션 복사, 사용자 중심의 백스테이지 관리와 구역 기능 등 살펴볼수록 탄성이 흘러나오고 엷은 미소가 얼굴을 가득 채워왔습니다.

우리 주변을 살펴보면 어느 곳을 막론하고 파워포인트를 활용한 보고서나 프레젠테이션 슬라이드를 볼 수 있습니다. 또한 많은 심리학자들이 파워포인트를 활용한 프레젠테이션에 대한 분석을 내어 놓는 등 파워포인트는 이제 우리와 너무나 밀접한 대중적인 프레젠테이션 소프트웨어로 자리매김했다고 볼 수 있습니다.

파워포인트 2010은 더 강력해지고, 더 쉬워지고, 더 편리하게 다룰 수 있는 다양한 명령들을 추가 탑재하여 또 한 번의 놀라움으로 우리를 들뜨게 만들고 있습니다.

파워포인트의 매력은 아무 것도 없는 깨끗한 도화지에 상상하는 모든 것을 그려낼 수 있는 마법의 도구라는 것입니다. 이제 그 마법의 도구를 독자 여러분들께서 마음껏 활용하실 시간이 되었습니다.

이 책은 파워포인트 2010의 변화된 모습과 메뉴 속의 세부적인 기능들을 먼저 소개하고 '실무예제'라는 실습 과정과 6년간 7만 여명의 회원들로부터 받은 질문들을 통해 빠르게 익힐 수 있도록 구성하였습니다. 이 책을 통해 파워포인트 2010의 마법을 직접 체험하고 다양한 기능들을 적절하게 활용하여 멋진 프레젠테이션 슬라이드를 만들 수 있는 여러분들이 되시기를 희망합니다.

이 책이 출간되기까지 넓고 따뜻한 마음으로 항상 격려해주신 멘토르 출판사의 정연금 대표님과 전정아 부장님, 꼼꼼하게 챙겨주시고 함께 밤낮으로 고생해주신 김상수님께 먼저 감사의 말씀을 올립니다. 또 지금의 제가 있기까지 가장 큰 영향과 가르침을 주신 HRD 업계의 거장 신범석 박사님과 한국의 스티브 잡스 김경태 원장님, 항상 걱정과 후원을 아끼시지 않는 송용호 MVP님과 이상훈 MVP님을 비롯한 커뮤니티 파사모(www.pasamo.kr)를 이끌어 주시는 임원님들께 감사드립니다.

마지막으로 항상 그 자리에서 같은 모습으로 자식을 후원해 주시고 격려해 주시는 존경하는 아버님과 사랑하는 어머님, 그리고 힘든 일 내색하지 않고 묵묵히 아이들과 남편 뒷바라지를 해준 제 인생 최고의 파트너인 사랑하는 아내와 어여쁜 예진과 예윤 공주님, 조카들을 너무도 사랑해주고 많은 힘이 되어주는 동생들에게 깊은 감사의 마음을 전합니다.

2010년 가을즈음
채 종 서

내 업무 반으로 줄이는 시리즈(업무 반 시리즈)는 대한민국 NO.1 파워포인트 마스터가, 대한민국 직장인의 퇴근시간을 사수하기 위해 기획된 프로젝트입니다.

1

하나, 기능 설명

누구나 다 알고 있는 기본 기능, 어떻게 이해했느냐에 따라 적재적소에 잘 활용할 수 있는 능력이 결정됩니다. 장황하지 않지만 깊이가 있고, 예제 화면을 통해 눈이 먼저 움직이도록 구성하였습니다. 외우거나 기억하려 노력하지 않아도 기능들을 자연스럽게 이해할 수 있습니다.

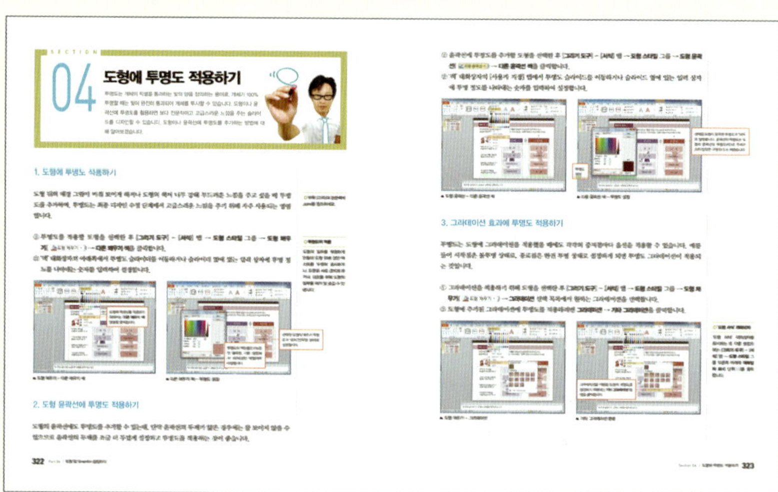

2

둘, 수준 높은 예제

회사에서 꼭 필요한 기본 실무 문서, 이 책을 통해 미리 만들어 본 후 실제 업무에서 늘 첫 번째 파워포인트 문서 작성 메이커가 되어 보세요.

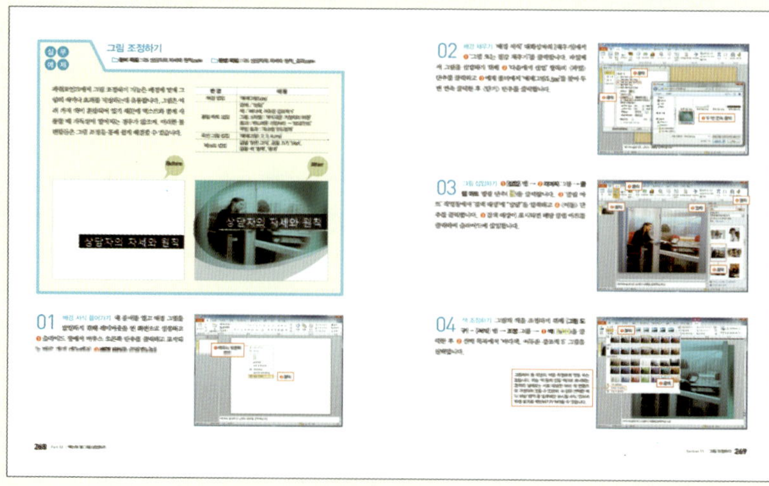

3

셋, 자주 묻는 질문

파워포인트 고수인 저자가 카페를 통해 6년 동안 7만 여명의 회원들로부터 받은 질문을 정리하여 시원하게 그 해결책을 알려줍니다. 파워포인트 초보자들이라면 누구나 궁금해하던 질문, 누구에게, 어떻게 물어봐야 할지 몰라 속앓이만 하고 있었던 것들을 시원하게 해결함으로써 업무가 반으로 줄어드는 신기한 체험을 하게 됩니다.

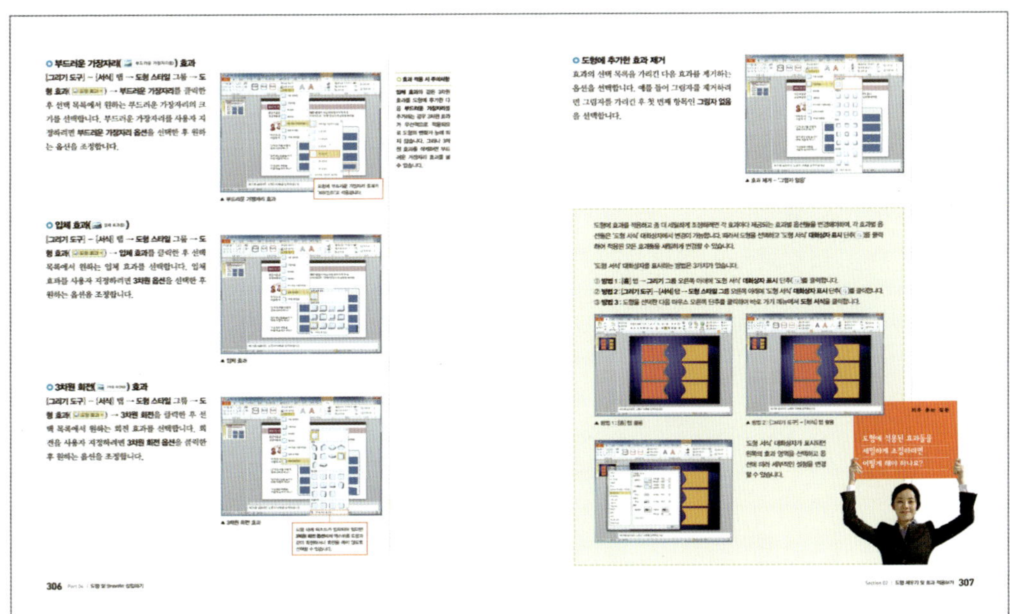

• 위 모델들은 저자가 속해있는 파사모 회원들을 의미하는 가상 이미지들로 (주)토픽포토에이전시를 통해 구입한 것입니다.

넷, 내 업무 반으로 줄이는 파워 팁

어느덧 회사에서 파워포인트를 제일 잘하게 되어 너도나도 "이것 좀
부탁해"하며 들이밀 때, 업무가 늘어난다고 고민하지 마세요.
'내 업무 반으로 줄이는 파워 팁'이 여러분의 파워포인트 지존 자리
를 지켜줄 것입니다.

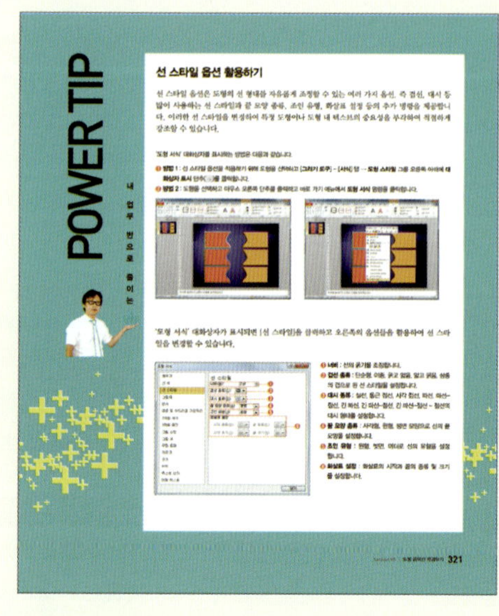

다섯, 모든 메뉴를 한 눈에

파워포인트 2003을 사용해 오던 사용자들은 파워포인트 2007부터 달라진 인터페이스에 많은 불편함을 느끼셨을 것입니다. 파워포
인트 2003에서 사용하던 메뉴가 도대체 어디 붙어 있는지, 또 그 메뉴를 이 책에서는 어디에서 설명하고 있는지 알고 싶을 때 찾아보
세요. 낯선 인터페이스에 빠르게 적응할 수 있는 것은 물론, 활용하고 싶은 메뉴의 사용법으로 빠르게 이동할 수 있습니다.

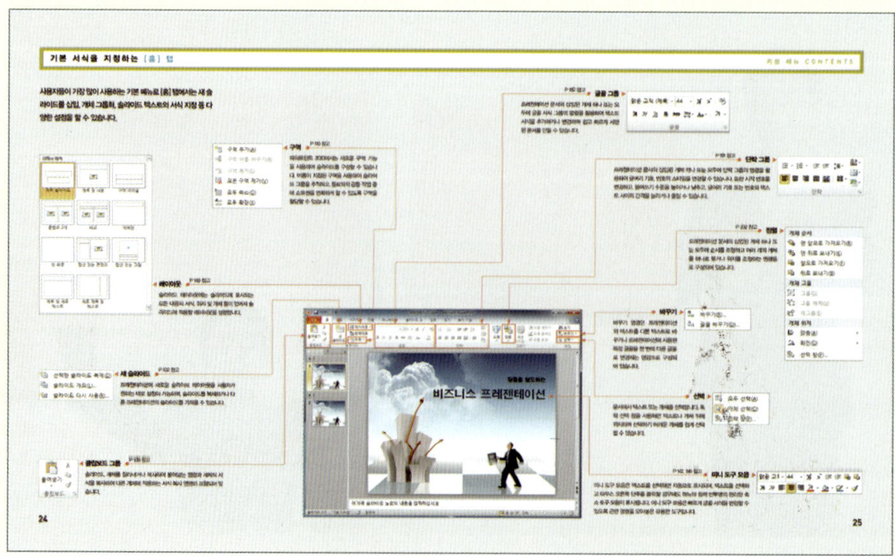

홈페이지 자료실에는 각 SECTION별로 다뤄지는 실무 예제의 예제 파일과 완성 파일이 올려져 있습니다. 다음의 내용을 참고해서 먼저 예제 파일들을 컴퓨터에 저장한 후 해당 파일을 이용하여 문제를 실습해 나가기 바랍니다.

 예제 파일

1. 멘토르 출판사 홈페이지에 다음 주소로 접속합니다.

   http://www.mentorbook.co.kr

2. 왼쪽 프레임의 [자료실]을 클릭한 후 [일반서 관련]을 클릭합니다.

3. '내 업무 반으로 줄이는 파워포인트 2010' 도서를 찾은 후 〈다운로드〉 단추를 클릭합니다.

4. 내 컴퓨터의 하드 디스크로 저장합니다.

 Templetes

템플릿에는 31가지 디자인이 수록되어 있어서 프레젠테이션 제작 시 유용하게 활용할 수 있습니다.

사용자가 원하는 대로 추가 및 수정하면 자기만의 프레젠테이션으로 업그레이드 될 수 있습니다.

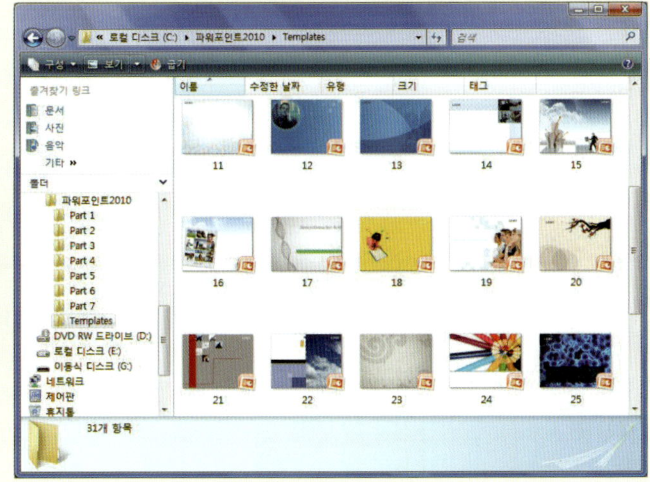

이 책은 크게 **기능 설명, 실무 예제, 자주 묻는 질문, 파워 팁**으로 구성되어 있습니다. 이 책의 구성을 이해하면 파워포인트 2010의 기능을 좀 더 쉽게 이해하는데 도움이 될 수 있습니다.

기능 설명

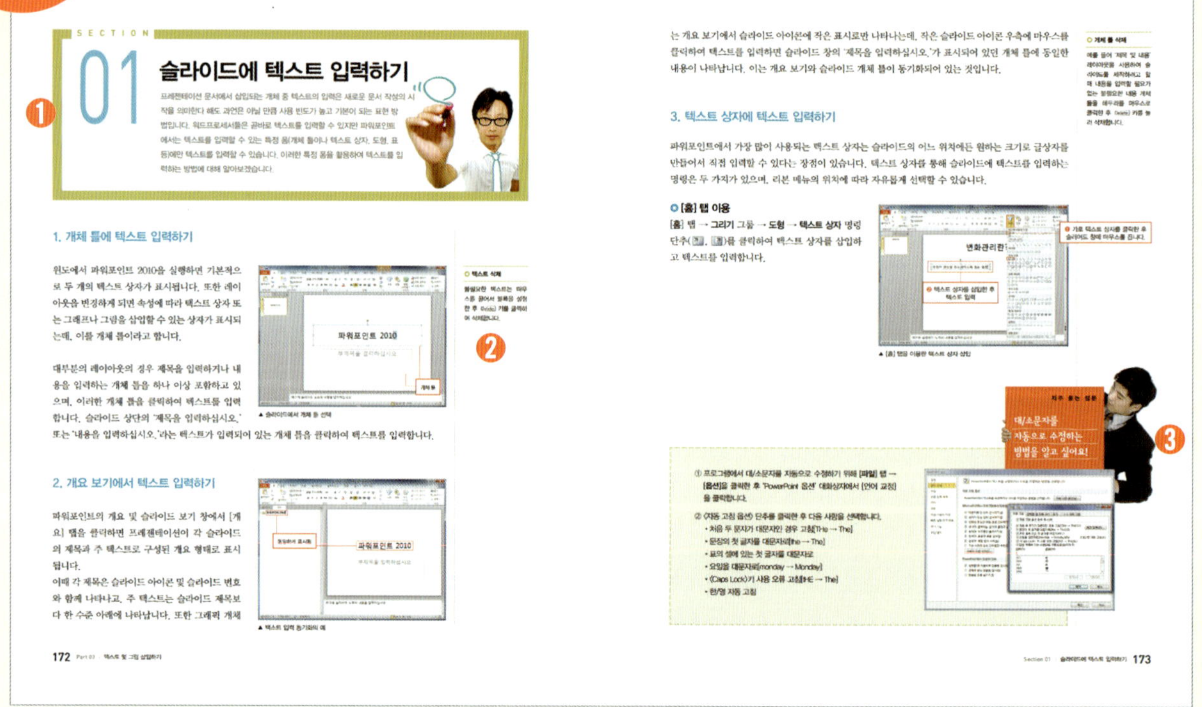

❶ **SECTION 도우미** : 이 섹션에서 반드시 알아야 할 사항을 전반적으로 정리하여 개념 파악의 지침서가 될 수 있도록 정리해 주었습니다.

❷ **팁** : 개념에 대한 참고 사항, 주의할 점, 기능을 수행하기 위한 다른 방법들을 수록하여 폭 넓은 개념을 이해할 수 있도록 내용을 보완해 줍니다.

❸ **자주 묻는 질문** : 실제 업무를 수행하면서 가장 궁금해 하는 것들을 질문과 대답 형식으로 정리하여 궁금증을 해결해 주고자 하였습니다.

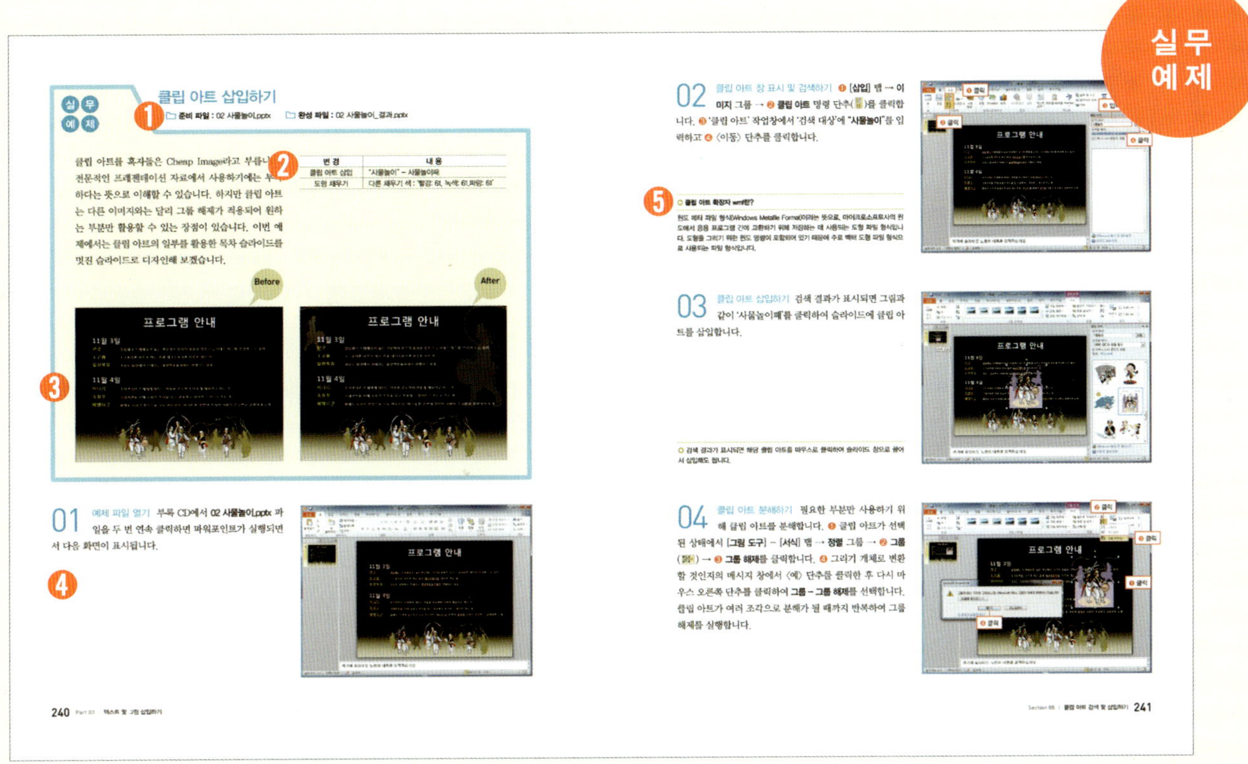

❶ **예제 파일, 완성 파일 :** 부록 CD에 실무 예제에서 사용할 예제 파일과 완성 파일을 제시해 줍니다.

❷ **변경 사항 체크 :** 문제를 해결하기 위해 변경해야 할 사항을 미리 표로 정리해 줌으로써 문제의 촛점을 찾게 도움을 줍니다.

❸ **Before, After :** 변경되기 전의 슬라이드 화면과 변경된 슬라이드 화면을 제시해 줌으로써 문제의 이해도를 높여줍니다.

❹ **따라하기 :** 문제를 해결하는 과정을 수행하기 위한 간략한 제목과 함께 따라하기 형식으로 풀이해 줍니다.

❺ **Tip :** 문제 해결을 위한 유용한 팁과 알아두면 좋은 다양한 기능을 제시해 줌으로써 문제 해결의 깊이를 더해줍니다.

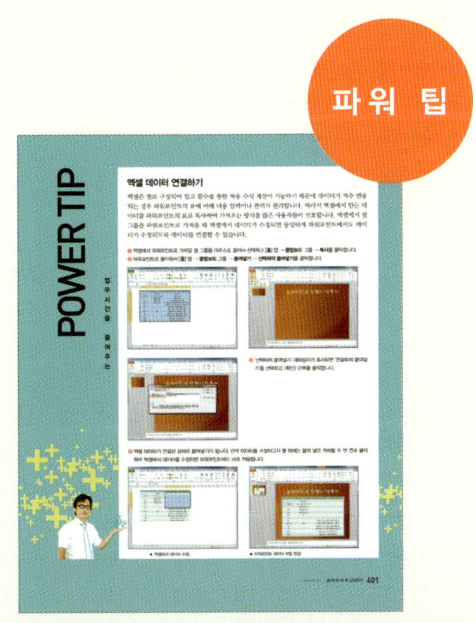

Power Tip : 사용자가 실무에서 유용하게 사용할 수 있는 기능을 모아 좀 더 실력을 향상시킬 수 있도록 해주며, 파워포인트 2010의 기능을 좀 더 다양한 방법으로 활용할 수 있는 비법을 전수해 줍니다.

CONTENTS

CONTENTS

CONTENTS

PART
04

도형 및
SmartArt
삽입하기

PART
05
표 및 차트
삽입하기

CONTENTS

오디오 및
비디오 클립
삽입하기

PART
07
애니메이션 및
슬라이드 쇼
설정하기

[파일] 탭은 Microsoft Office Backstage 보기를 볼 수 있습니다. Backstage 보기는 숨겨진 메타 데이터 또는 개인 정보 만들기, 저장, 검사 및 옵션 설정 작업을 수행할 수 있는 파일 및 파일에 대한 데이터를 관리하는 공간입니다. 간단하게 말하면 파일에서 수행하지는 않지만 파일이 수행하는 모든 작업을 의미합니다.

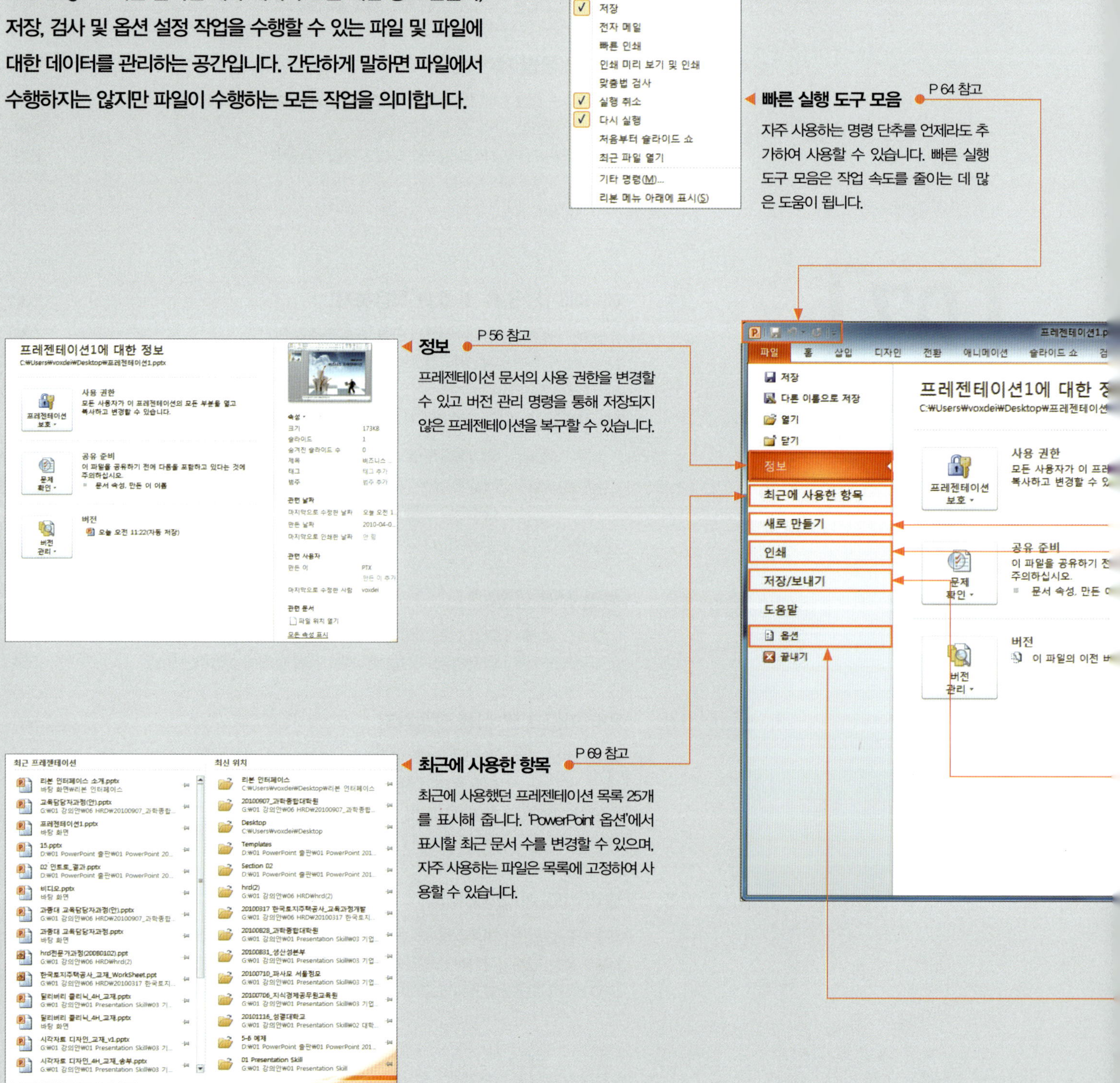

빠른 실행 도구 모음 P 64 참고

자주 사용하는 명령 단추를 언제라도 추가하여 사용할 수 있습니다. 빠른 실행 도구 모음은 작업 속도를 줄이는 데 많은 도움이 됩니다.

정보 P 56 참고

프레젠테이션 문서의 사용 권한을 변경할 수 있고 버전 관리 명령을 통해 저장되지 않은 프레젠테이션을 복구할 수 있습니다.

최근에 사용한 항목 P 69 참고

최근에 사용했던 프레젠테이션 목록 25개를 표시해 줍니다. 'PowerPoint 옵션'에서 표시할 최근 문서 수를 변경할 수 있으며, 자주 사용하는 파일은 목록에 고정하여 사용할 수 있습니다.

P 73 참고 **새로 만들기** ▶

[파일] 탭 메뉴에서 가장 활용도가 높은 것으로, 새 프레젠테이션을 만들 수 있으며 다양한 Office.com 서식 파일들을 다운로드하여 사용할 수 있습니다. 또한 기존 문서의 슬라이드 마스터나 테마 등의 서식들을 재활용할 수 있는 명령을 제공하고 있습니다.

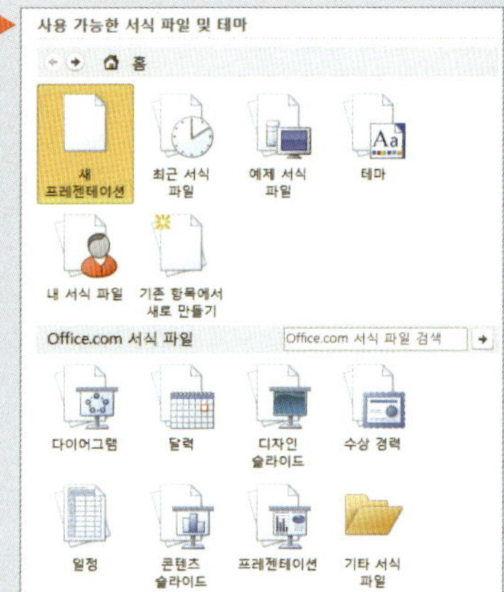

P 128 참고 **인쇄** ▶

프레젠테이션 문서를 인쇄할 때 사용되는 모든 옵션을 대화상자 형태가 아닌 메뉴 보기 형태로 정리해 놓았습니다. 모든 슬라이드 이외에 슬라이드에 선택된 영역이나 구역 내의 슬라이드만 인쇄할 수 있는 기능이 추가되었습니다.

P 81 참고 **저장/보내기** ▶

프레젠테이션 문서를 전자 메일에 첨부하여 보내고, 파워포인트 2010의 최대 강점 중에 하나인 슬라이드 쇼 브로드캐스트를 통해 원격으로 프레젠테이션을 공유할 수 있습니다. 웹이나 SharePoint에 저장할 수 있도록 파일 형식을 변경할 수 있는 명령들을 제공하고 있습니다.

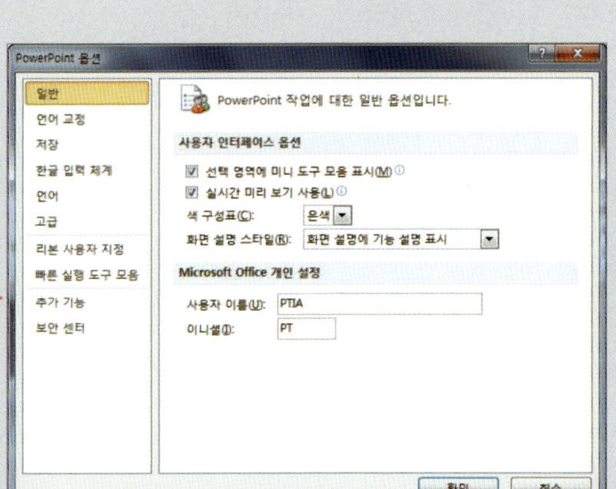

P 60 참고 **옵션** ▶

맞춤법 검사나 파일 저장에 대한 기본 설정 등을 제어하고, 화면 표시 및 편집 설정에 대한 기본 설정을 지정합니다. [옵션]을 클릭하여 'PowerPoint' 옵션 대화상자를 표시한 후 원하는 옵션의 설정을 변경합니다.

사용자들이 가장 많이 사용하는 기본 메뉴로, [홈] 탭에서는 새
슬라이드의 삽입, 개체 그룹화, 슬라이드 텍스트의 서식 지정 등
다양한 설정을 할 수 있습니다.

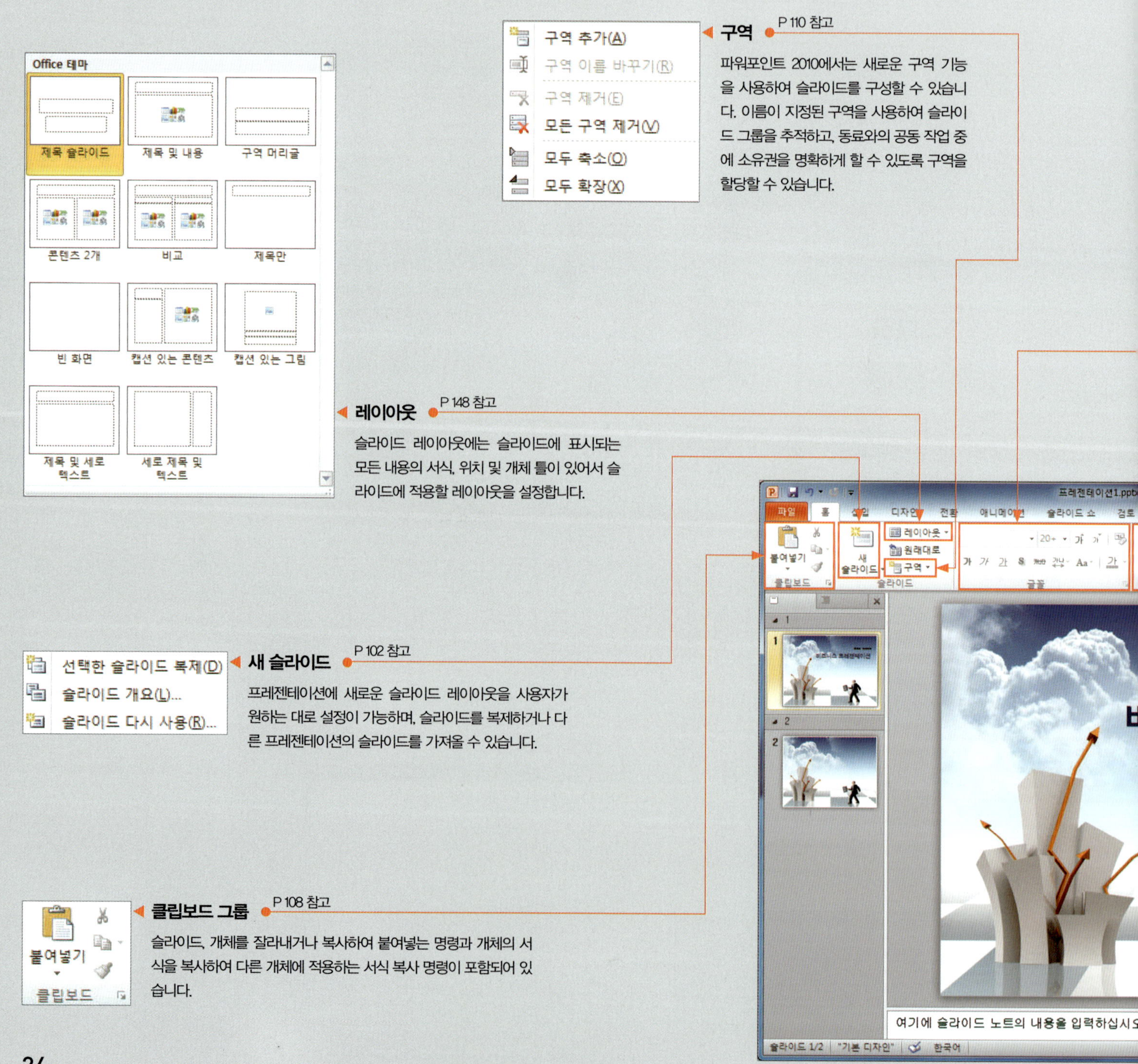

구역 P 110 참고

파워포인트 2010에서는 새로운 구역 기능
을 사용하여 슬라이드를 구성할 수 있습니
다. 이름이 지정된 구역을 사용하여 슬라이
드 그룹을 추적하고, 동료와의 공동 작업 중
에 소유권을 명확하게 할 수 있도록 구역을
할당할 수 있습니다.

레이아웃 P 148 참고

슬라이드 레이아웃에는 슬라이드에 표시되는
모든 내용의 서식, 위치 및 개체 틀이 있어서 슬
라이드에 적용할 레이아웃을 설정합니다.

새 슬라이드 P 102 참고

프레젠테이션에 새로운 슬라이드 레이아웃을 사용자가
원하는 대로 설정이 가능하며, 슬라이드를 복제하거나 다
른 프레젠테이션의 슬라이드를 가져올 수 있습니다.

클립보드 그룹 P 108 참고

슬라이드, 개체를 잘라내거나 복사하여 붙여넣는 명령과 개체의 서
식을 복사하여 다른 개체에 적용하는 서식 복사 명령이 포함되어 있
습니다.

P 182 참고

글꼴 그룹 ▶

프레젠테이션 문서의 삽입된 개체 하나 또는 모두에 글꼴 서식 그룹의 명령을 활용하여 텍스트 서식을 추가하거나 변경하여 쉽고 빠르게 세련된 문서를 만들 수 있습니다.

P 191 참고

단락 그룹 ▶

프레젠테이션 문서의 삽입된 개체 하나 또는 모두에 단락 그룹의 명령을 활용하여 글머리 기호, 번호 스타일을 변경할 수 있습니다. 또한 시작 번호를 변경하고, 들여쓰기 수준을 높이거나 낮추고, 글머리 기호 또는 번호와 텍스트 사이의 간격을 늘리거나 줄일 수 있습니다.

P 332 참고

정렬

프레젠테이션 문서의 삽입된 개체 하나 또는 모두에 순서를 조정하고 여러 개의 개체를 하나로 묶거나 위치를 조정하는 명령들로 구성되어 있습니다.

개체 순서
- 맨 앞으로 가져오기(R)
- 맨 뒤로 보내기(K)
- 앞으로 가져오기(F)
- 뒤로 보내기(B)

개체 그룹
- 그룹(G)
- 그룹 해제(U)
- 재그룹(E)

개체 위치
- 맞춤(A)
- 회전(O)
- 선택 창(P)...

바꾸기 ▶

바꾸기 명령은 프레젠테이션의 텍스트를 다른 텍스트로 바꾸거나 프레젠테이션에 사용된 특정 글꼴을 한 번에 다른 글꼴로 변경하는 명령으로 구성되어 있습니다.

- 바꾸기(R)...
- 글꼴 바꾸기(O)...

선택 ▶

문서에서 텍스트 또는 개체를 선택합니다. 특히 선택 창을 사용하면 텍스트나 개체 뒤에 위치하여 선택하기 어려운 개체를 쉽게 선택할 수 있습니다.

- 모두 선택(A)
- 개체 선택(O)
- 선택 창(P)...

P 147, 186 참고

미니 도구 모음 ▶

미니 도구 모음은 텍스트를 선택하면 자동으로 표시되며, 텍스트를 선택하고 마우스 오른쪽 단추를 클릭할 경우에도 메뉴와 함께 반투명의 편리한 미니 도구 모음이 표시됩니다. 미니 도구 모음은 빠르게 서식을 변경할 수 있도록 관련 명령을 모아놓은 유용한 도구입니다.

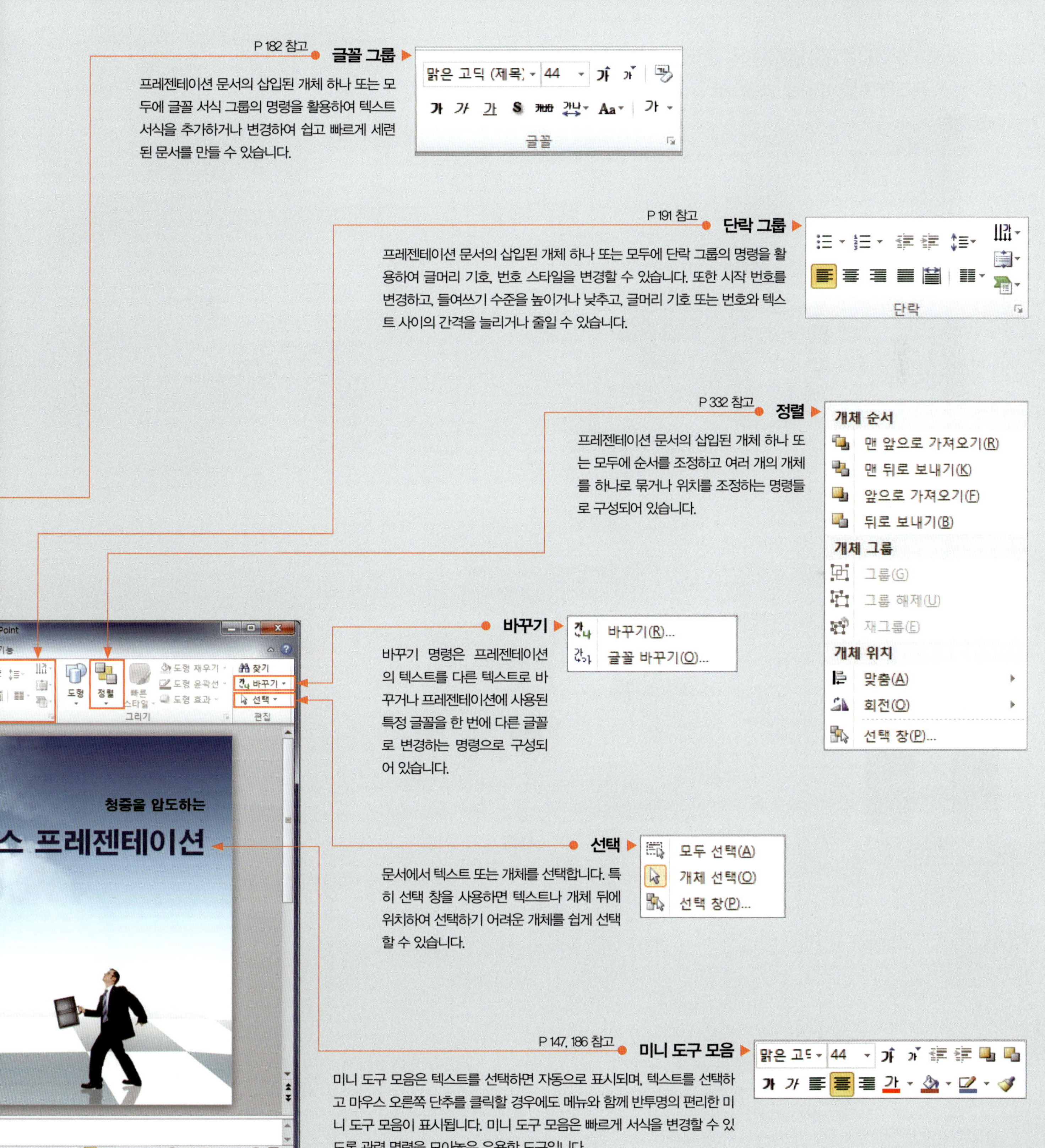

슬라이드에 개체를 삽입할 때 사용되는 표, 일러스트
레이션, 링크, 텍스트, 미디어 클립 그룹으로 구성되
어 있습니다.

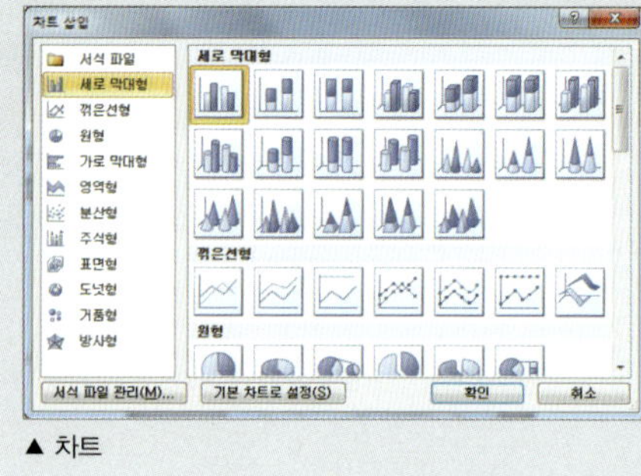
▲ 차트

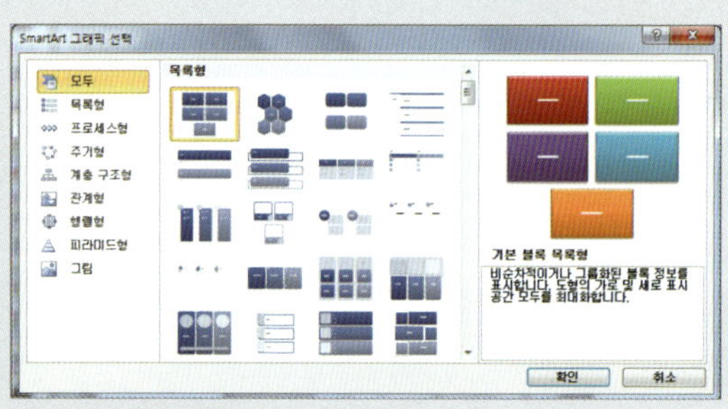
▲ SmartArt 그래픽

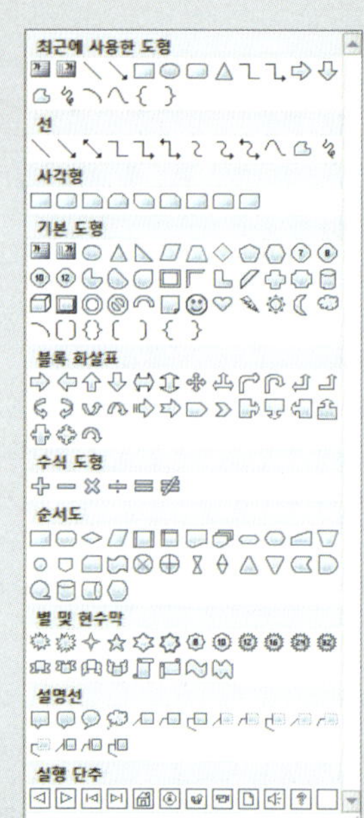
▲ 도형

◀ 일러스트레이션 그룹 P 290, 353, 436 참고

슬라이드에 가장 많이 사용되는 도형과 도
해를 만드는 SmartArt 그래픽, 숫자 데이터
를 그래픽으로 시각화시키는 차트를 삽입
할 수 있습니다.

◀ 이미지 그룹 P 229, 237, 246 참고

슬라이드에 그림, 클립 아트, 화면 캡처된 이미지 등을 삽입합니
다. 또한 여러 장의 그림을 한 번에 슬라이드로 전환하는 사진
앨범 명령을 사용할 수 있습니다.

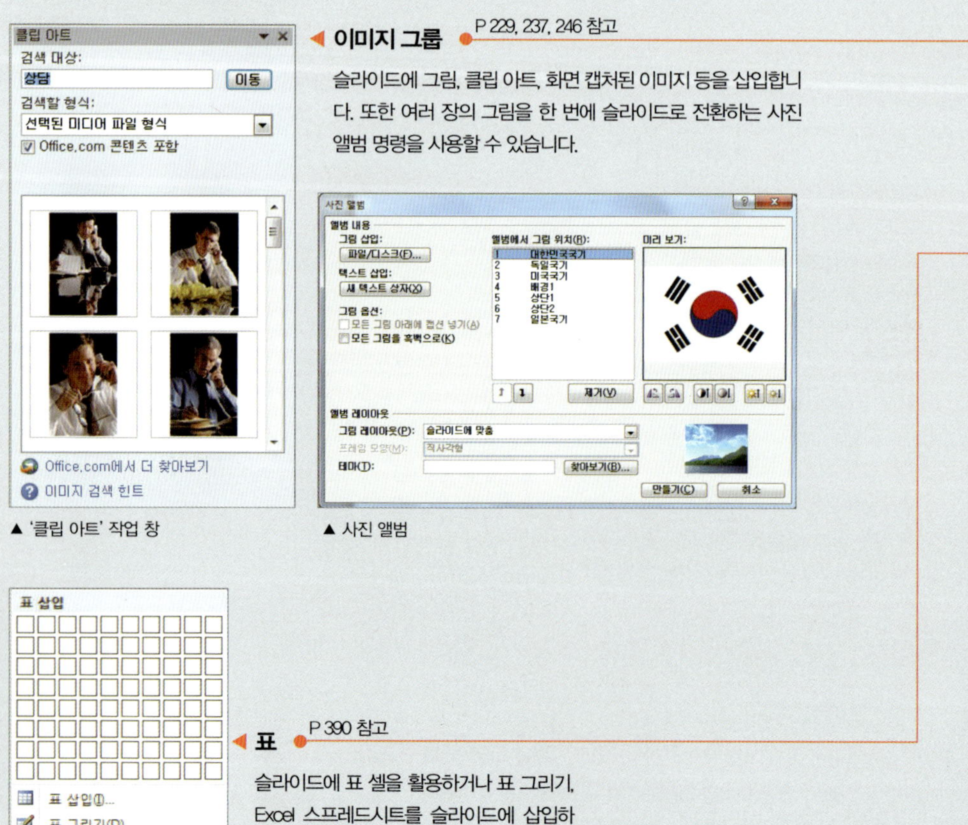

▲ '클립 아트' 작업 창

▲ 사진 앨범

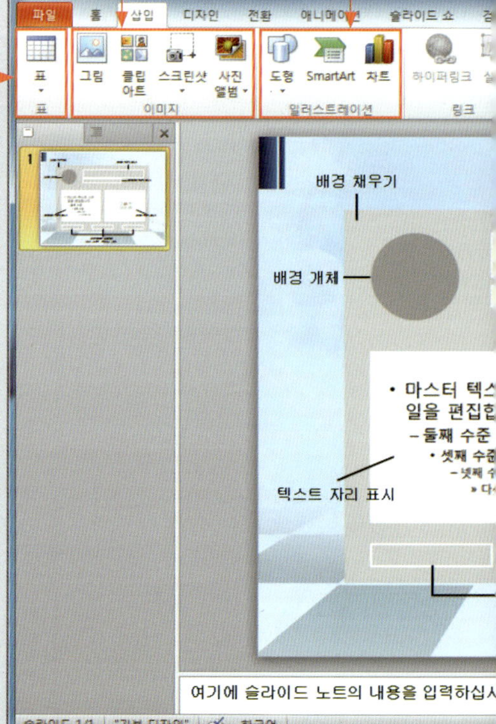

◀ 표 P 390 참고

슬라이드에 표 셀을 활용하거나 표 그리기,
Excel 스프레드시트를 슬라이드에 삽입하
여 표를 만듭니다.

P 120, 173 참고

텍스트 그룹 ▶

텍스트를 입력할 수 있는 개체들을 삽입할 수 있습니다. 텍스트 상자, 머리글/바닥글, WordArt, 날짜, 시간, 슬라이드 번호를 삽입합니다.

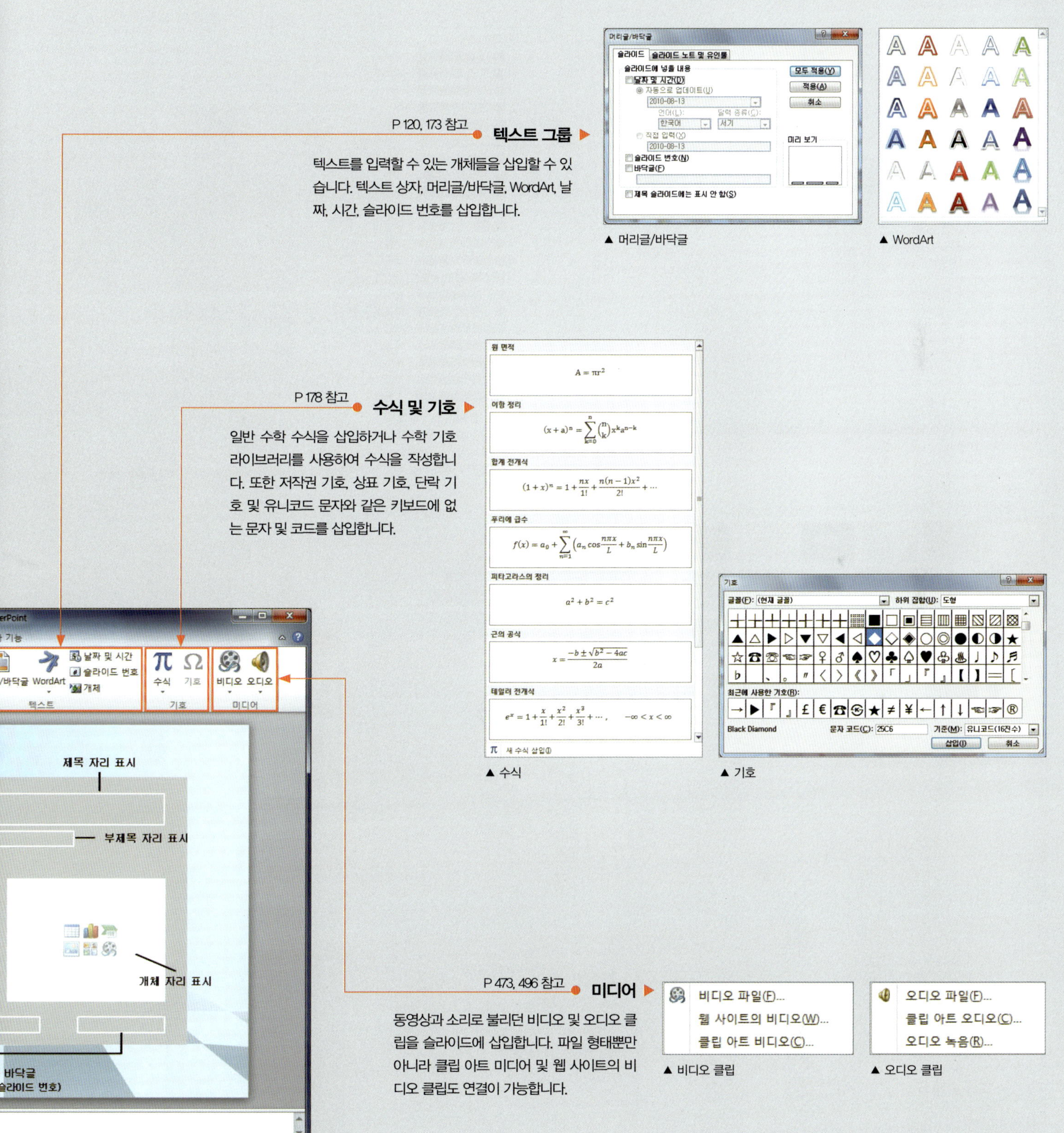

▲ 머리글/바닥글

▲ WordArt

P 178 참고

수식 및 기호 ▶

일반 수학 수식을 삽입하거나 수학 기호 라이브러리를 사용하여 수식을 작성합니다. 또한 저작권 기호, 상표 기호, 단락 기호 및 유니코드 문자와 같은 키보드에 없는 문자 및 코드를 삽입합니다.

▲ 수식

▲ 기호

P 473, 496 참고

미디어

동영상과 소리로 불리던 비디오 및 오디오 클립을 슬라이드에 삽입합니다. 파일 형태뿐만 아니라 클립 아트 미디어 및 웹 사이트의 비디오 클립도 연결이 가능합니다.

▲ 비디오 클립

▲ 오디오 클립

슬라이드 배경을 구성하는 페이지 설정, 테마를 조정하는 명령,
배경 스타일을 변경하는 명령 그룹으로 구성되어 있습니다.

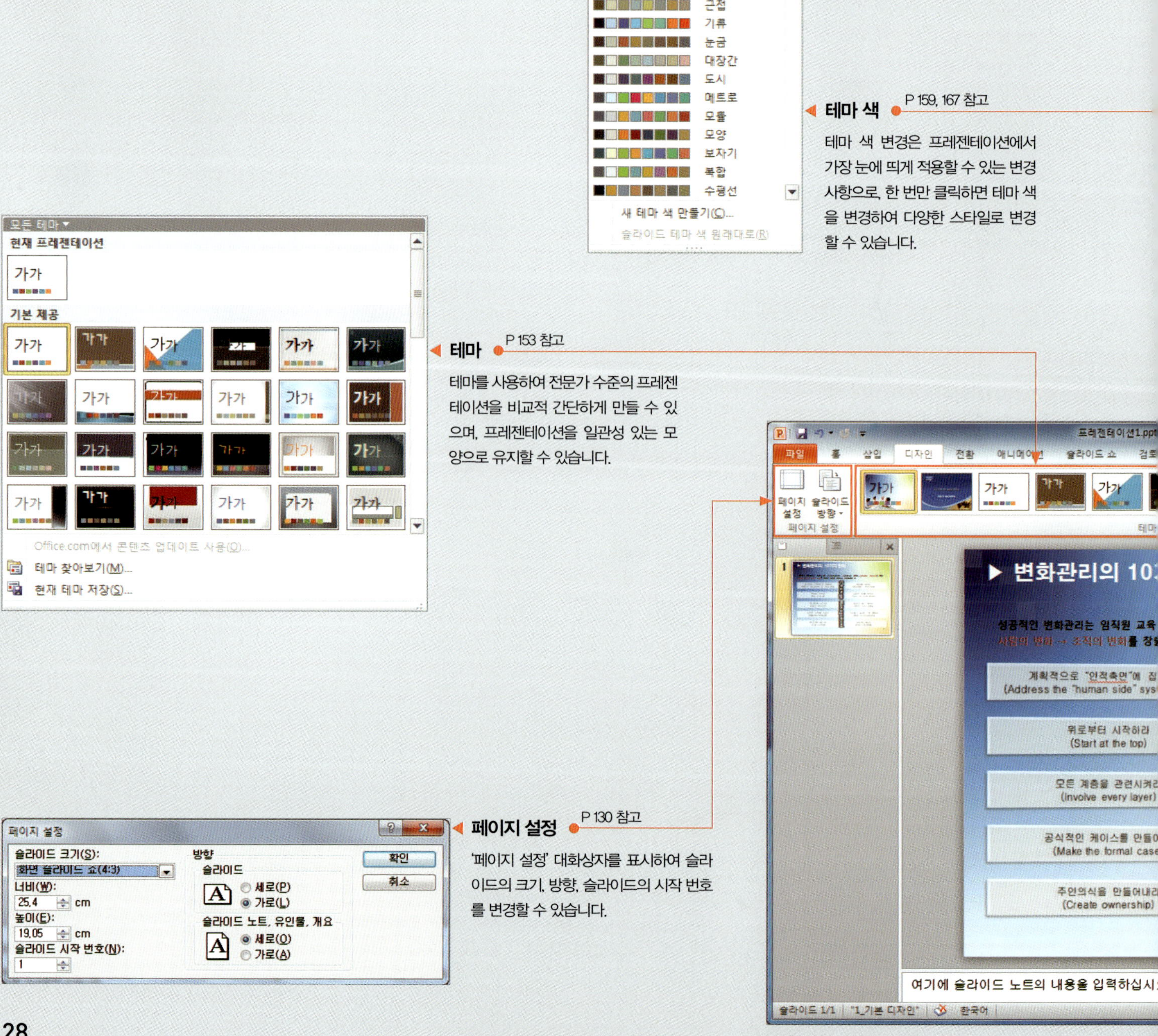

테마 색 · P 159, 167 참고

테마 색 변경은 프레젠테이션에서
가장 눈에 띄게 적용할 수 있는 변경
사항으로, 한 번만 클릭하면 테마 색
을 변경하여 다양한 스타일로 변경
할 수 있습니다.

테마 · P 153 참고

테마를 사용하여 전문가 수준의 프레젠
테이션을 비교적 간단하게 만들 수 있
으며, 프레젠테이션을 일관성 있는 모
양으로 유지할 수 있습니다.

페이지 설정 · P 130 참고

'페이지 설정' 대화상자를 표시하여 슬라
이드의 크기, 방향, 슬라이드의 시작 번호
를 변경할 수 있습니다.

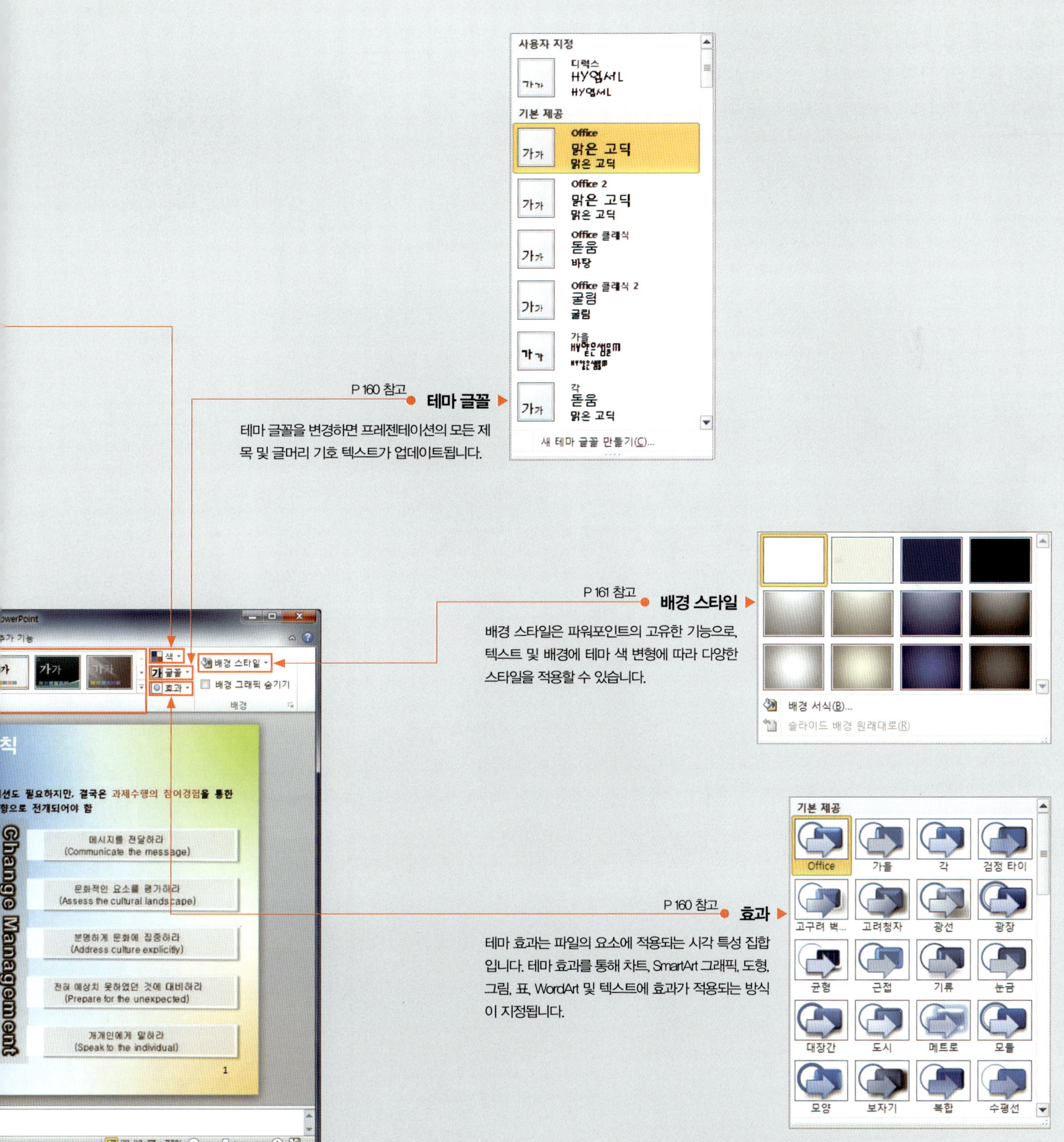

테마 글꼴

P 160 참고

테마 글꼴을 변경하면 프레젠테이션의 모든 제목 및 글머리 기호 텍스트가 업데이트됩니다.

배경 스타일

P 161 참고

배경 스타일은 파워포인트의 고유한 기능으로, 텍스트 및 배경에 테마 색 변형에 따라 다양한 스타일을 적용할 수 있습니다.

효과

P 160 참고

테마 효과는 파일의 요소에 적용되는 시각 특성 집합입니다. 테마 효과를 통해 차트, SmartArt 그래픽, 도형, 그림, 표, WordArt 및 텍스트에 효과가 적용되는 방식이 지정됩니다.

슬라이드 쇼에 입체감을 더해주는 [전환] 탭

파워포인트 2010에서 가장 큰 변화는 3차원 입체 전환입니다.
[전환] 탭은 화면 전환을 변경하고, 전환에 대해 다양한 속성 또
는 타이밍을 설정하고, 프레젠테이션의 슬라이드에서 화면 전환
을 제거할 수 있습니다.

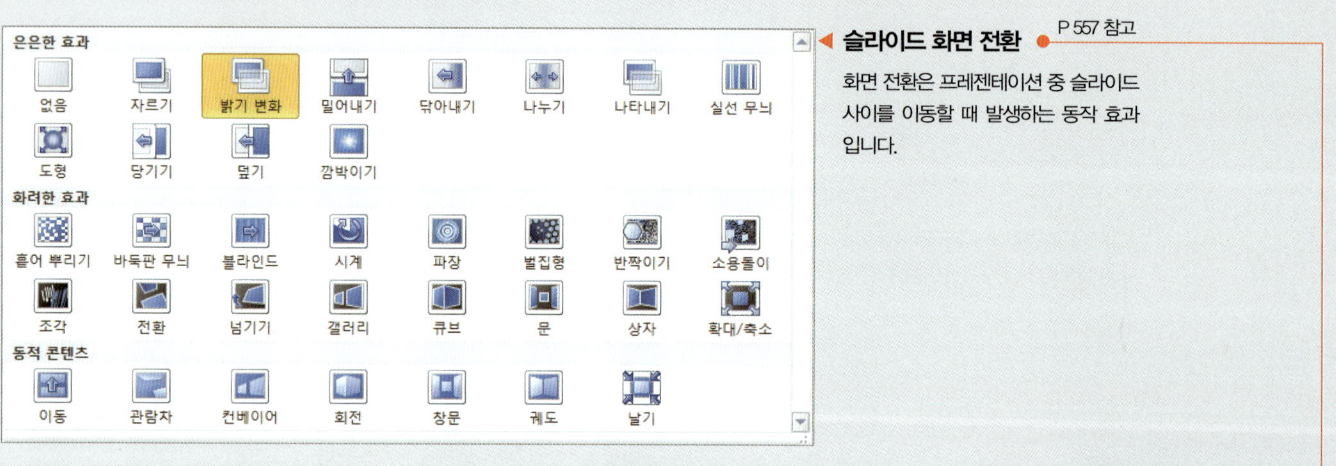

◀ 슬라이드 화면 전환   P 557 참고

화면 전환은 프레젠테이션 중 슬라이드
사이를 이동할 때 발생하는 동작 효과
입니다.

미리 보기 ●

현재 슬라이드에 적용되어 있는 전
환 스타일을 미리 볼 수 있습니다.

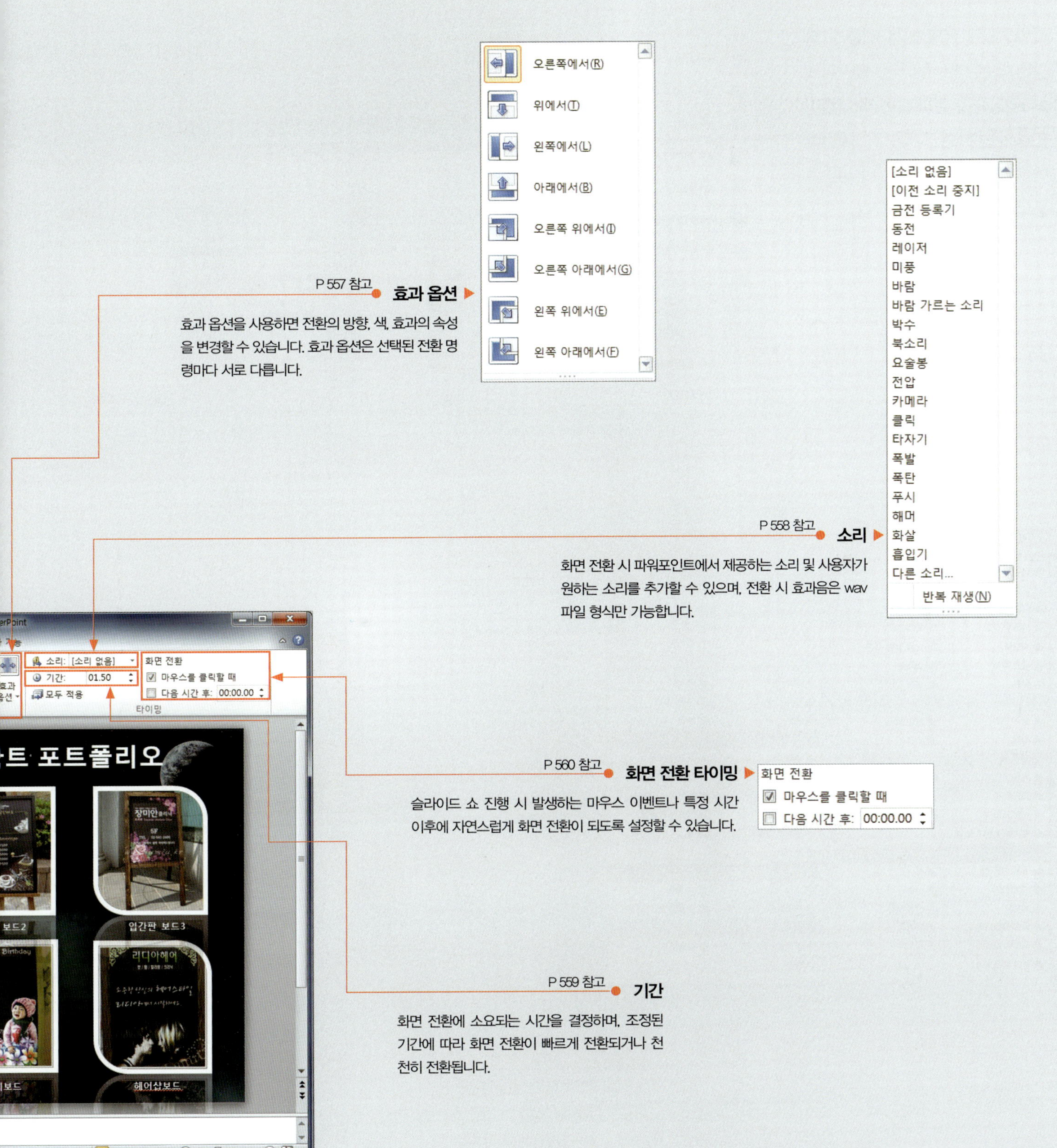

P 557 참고 **효과 옵션** ▶

효과 옵션을 사용하면 전환의 방향, 색, 효과의 속성을 변경할 수 있습니다. 효과 옵션은 선택된 전환 명령마다 서로 다릅니다.

P 558 참고 **소리** ▶

화면 전환 시 파워포인트에서 제공하는 소리 및 사용자가 원하는 소리를 추가할 수 있으며, 전환 시 효과음은 wav 파일 형식만 가능합니다.

P 560 참고 **화면 전환 타이밍** ▶

슬라이드 쇼 진행 시 발생하는 마우스 이벤트나 특정 시간 이후에 자연스럽게 화면 전환이 되도록 설정할 수 있습니다.

P 559 참고 **기간**

화면 전환에 소요되는 시간을 결정하며, 조정된 기간에 따라 화면 전환이 빠르게 전환되거나 천천히 전환됩니다.

동적인 움직임을 만들어 주는 [애니메이션] 탭

파워포인트 2010에서 새롭게 보강된 리본 메뉴입니다. 슬라이드에 생명력을 불어넣는 애니메이션을 구성하는 미리보기, 애니메이션, 고급 애니메이션, 타이밍 그룹으로 구성되어 있습니다.

방향
아래에서(B)
왼쪽 아래에서(E)
왼쪽에서(L)
왼쪽 위에서(F)
위에서(T)
오른쪽 위에서(P)
오른쪽에서(R)
오른쪽 아래에서(I)
시퀀스
하나의 개체로(N)
모두 한 번에(A)
단락별로(Y)

효과 옵션

P 541, 542 참고

효과 옵션은 각 애니메이션 효과별로 조금씩 차이가 있지만 애니메이션의 방향, 애니메이션 후의 처리 방법, 텍스트 애니메이션 등을 설정할 수 있습니다.

날아오기
효과
타이밍
텍스트 애니메이션
설정
방향(R):
위에서
부드럽게 시작(M):
부드럽게 종료(N):
바운드 종료(B):
0초
추가 적용
소리(S):
[소리 없음]
애니메이션 후(A):
흐리게 안 함
텍스트 애니메이션(X):
한꺼번에
% 문자 사이 지연(D)
확인
취소

▲ '효과 옵션' 대화상자 – 효과

날아오기
효과
타이밍
텍스트 애니메이션
시작(S):
클릭할 때
지연(D):
0
초
재생 시간(N):
0.5초(매우 빠르게)
반복(R):
(없음)
재생이 끝나면 되감기(W)
시작 옵션(T)
확인
취소

▲ '효과 옵션' 대화상자 – 타이밍

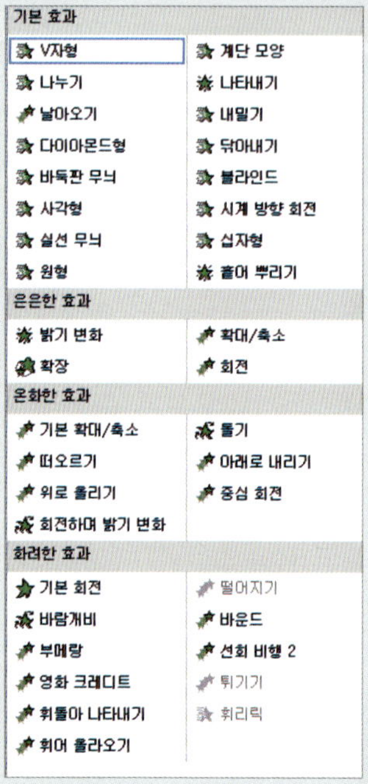

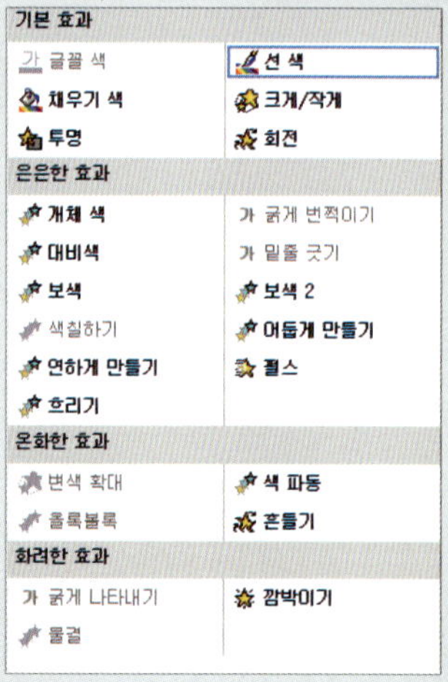

애니메이션

P 534 참고

슬라이드에 있는 개체에 애니메이션을 적용합니다. 애니메이션 선택 목록에서 원하는 애니메이션 스타일을 선택하여 개체에 애니메이션을 적용합니다.

기본 효과
V자형
계단 모양
나누기
나타내기
날아오기
내밀기
다이아몬드형
닦아내기
바둑판 무늬
블라인드
사각형
시계 방향 회전
실선 무늬
십자형
원형
올려 뿌리기
은은한 효과
밝기 변화
확대/축소
확장
회전
온화한 효과
기본 확대/축소
돌기
떠오르기
아래로 내리기
위로 올리기
중심 회전
회전하며 밝기 변화
화려한 효과
기본 회전
떨어지기
바람개비
바운드
부메랑
선회 비행 2
영화 크레디트
튀기기
휘돌아 나타내기
휘리릭
휘어 올라오기

▲ 나타내기

기본 효과
글꼴 색
선 색
채우기 색
크게/작게
투명
회전
은은한 효과
개체 색
굵게 번쩍이기
대비색
밑줄 긋기
보색
보색 2
색칠하기
어둡게 만들기
연하게 만들기
펄스
흐리기
온화한 효과
변색 확대
색 파동
흘록볼록
흔들기
화려한 효과
굵게 나타내기
깜박이기
물결

▲ 강조

미리 보기

P 541 참고

개체에 적용되어 있는 애니메이션 스타일을 미리 볼 수 있습니다.

프레젠테이션1.pptx - Microsoft Power
파일
홈
삽입
디자인
전환
애니메이션
슬라이드 쇼
미리 보기
없음
나타내기
밝기 변화
날아오기
효과 옵션
애니메이션
PTIA Presentation
여기에 슬라이드 노트의 내용을 입력하십시
슬라이드 1/1
"테마4"
한국어

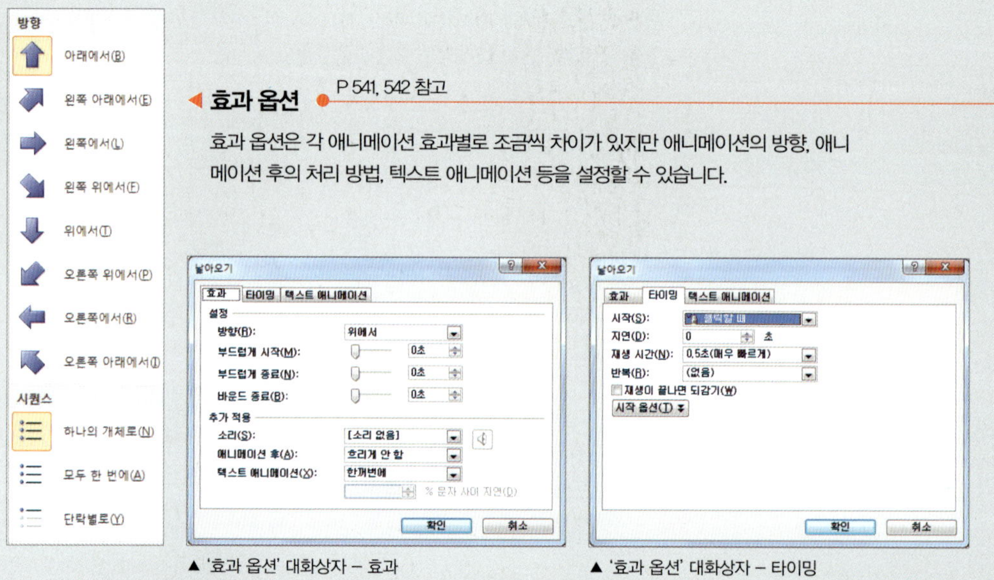

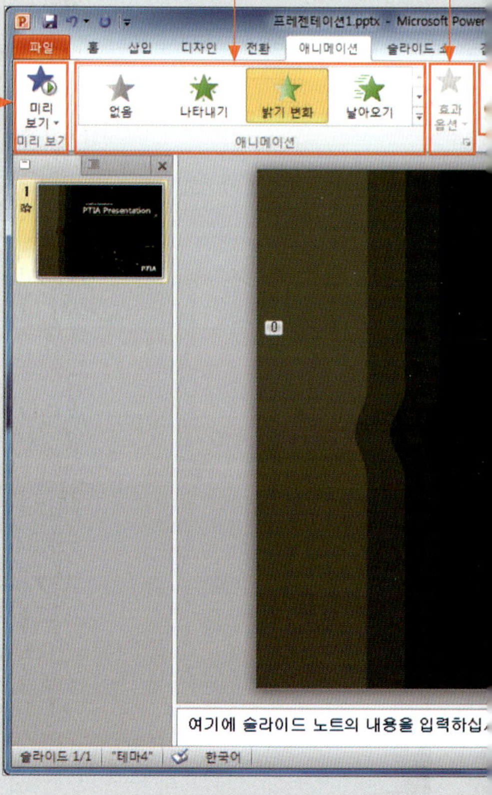

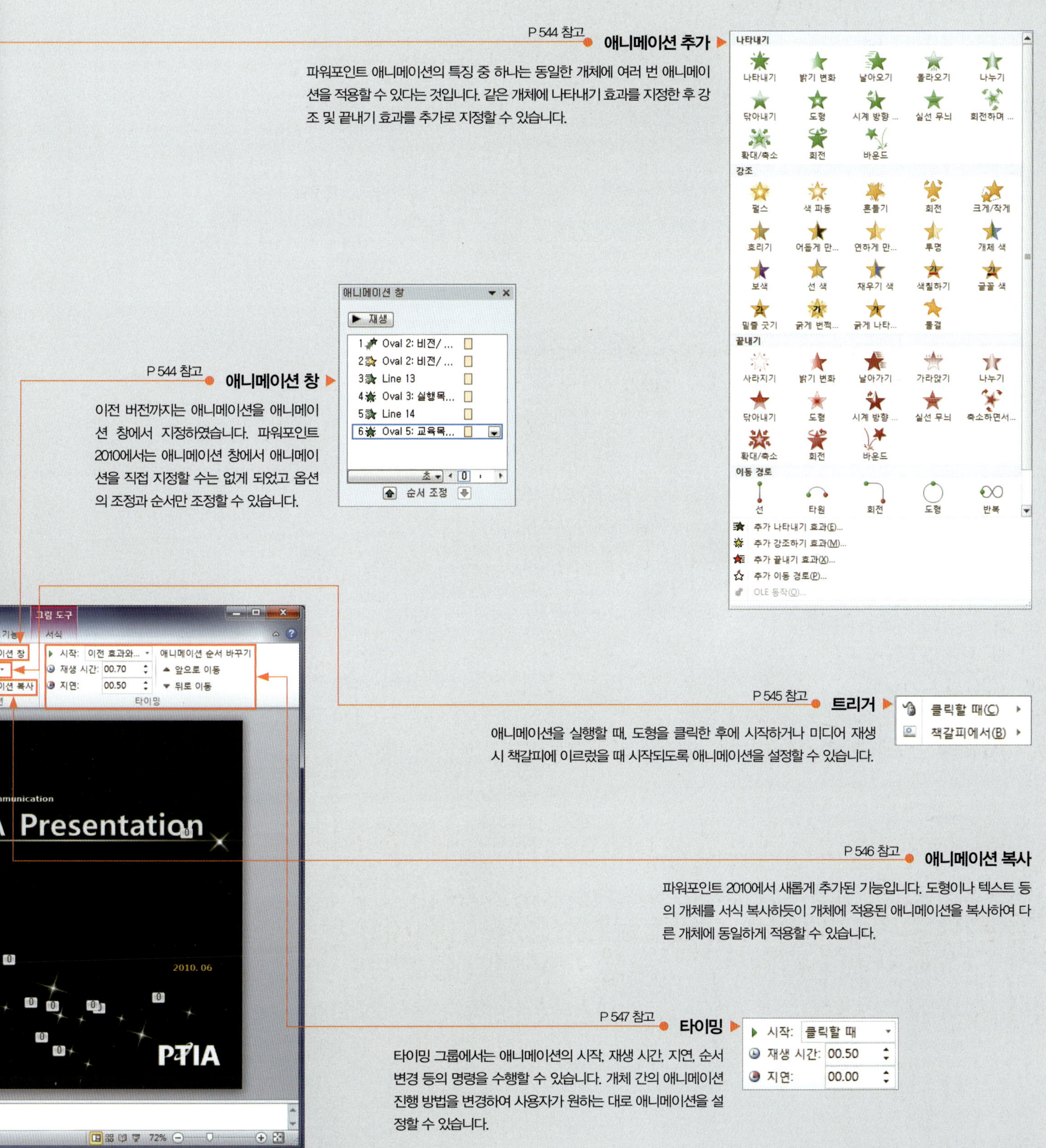

P 544 참고

애니메이션 추가 ▶

파워포인트 애니메이션의 특징 중 하나는 동일한 개체에 여러 번 애니메이션을 적용할 수 있다는 것입니다. 같은 개체에 나타내기 효과를 지정한 후 강조 및 끝내기 효과를 추가로 지정할 수 있습니다.

P 544 참고

◀ 애니메이션 창 ▶

이전 버전까지는 애니메이션을 애니메이션 창에서 지정하였습니다. 파워포인트 2010에서는 애니메이션 창에서 애니메이션을 직접 지정할 수는 없게 되었고 옵션의 조정과 순서만 조정할 수 있습니다.

P 545 참고

트리거 ▶

애니메이션을 실행할 때, 도형을 클릭한 후에 시작하거나 미디어 재생 시 책갈피에 이르렀을 때 시작되도록 애니메이션을 설정할 수 있습니다.

P 546 참고

애니메이션 복사

파워포인트 2010에서 새롭게 추가된 기능입니다. 도형이나 텍스트 등의 개체를 서식 복사하듯이 개체에 적용된 애니메이션을 복사하여 다른 개체에 동일하게 적용할 수 있습니다.

P 547 참고

타이밍

타이밍 그룹에서는 애니메이션의 시작, 재생 시간, 지연, 순서 변경 등의 명령을 수행할 수 있습니다. 개체 간의 애니메이션 진행 방법을 변경하여 사용자가 원하는 대로 애니메이션을 설정할 수 있습니다.

프레젠테이션을 준비하는 단계나 슬라이드 쇼를 진행할 때 필
요한 명령들인 슬라이드 쇼 시작, 설정, 모니터 그룹으로 구성
되어 있습니다.

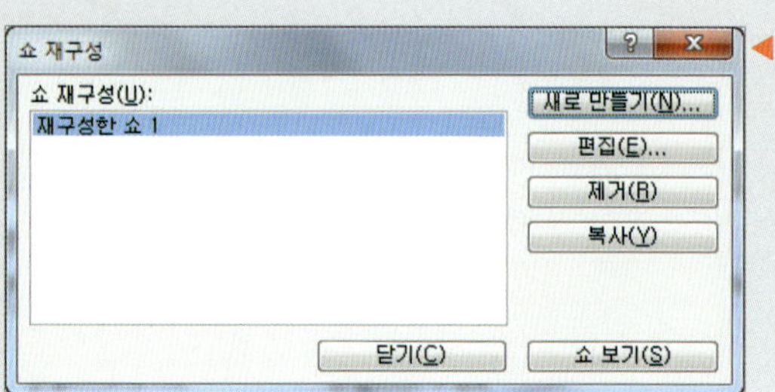

◀ 슬라이드 쇼 재구성 P 582 참고

발표시간의 변동이나 서로 다른 청중을 대상
으로 프레젠테이션 할 때, 발표 순서나 슬라이
드의 첨삭을 통해 별도의 파일을 만들지 않고
슬라이드 쇼를 재구성할 수 있습니다.

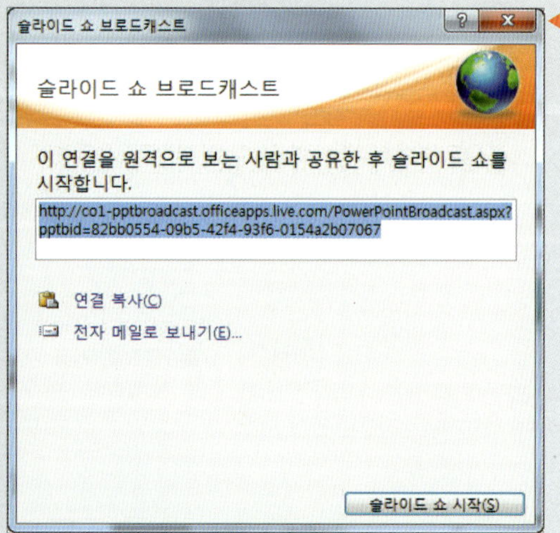

◀ 슬라이드 쇼 브로드캐스트 P 580 참고

파워포인트 2010에서는 슬라이드 쇼 브로드캐
스트 기능을 통해 온라인으로 다른 사람들과
프레젠테이션을 바로 공유할 수 있습니다. 파
워포인트 2010에서 새롭게 선보이는 기능으로
별도의 소프트웨어나 툴이 필요 없어 파워포
인트가 없는 사용자들도 슬라이드 쇼의 공유
가 가능합니다.

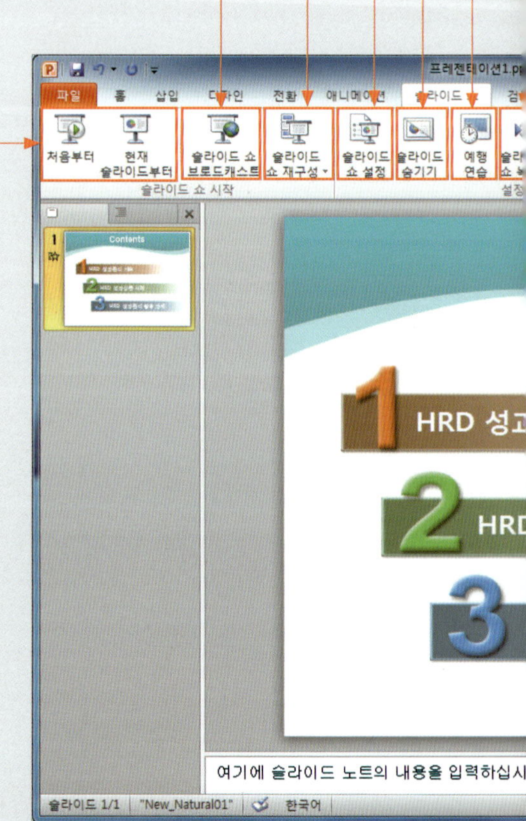

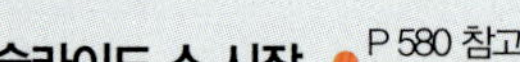

슬라이드 쇼 시작 P 580 참고

슬라이드 쇼를 원하는 위치에서 시작할 수 있습니다. 애니메이션이나 화면 전환을
설정하고 이를 점검할 시에는 현재 슬라이드부터 슬라이드 쇼를 실행하고 실제 프
레젠테이션 진행 시에는 처음부터 시작합니다.

P 583 참고 **슬라이드 쇼 설정** ▶

슬라이드 쇼 설정은 프레젠테이션 진행 시 사용할 수 있는 여러 가지 기능을 지정할 수 있습니다. 쇼 형식, 표시 옵션, 슬라이드 표시, 화면 전환, 복수 모니터 등 사용자가 원하는 방식으로 쇼 설정 방법을 지정합니다.

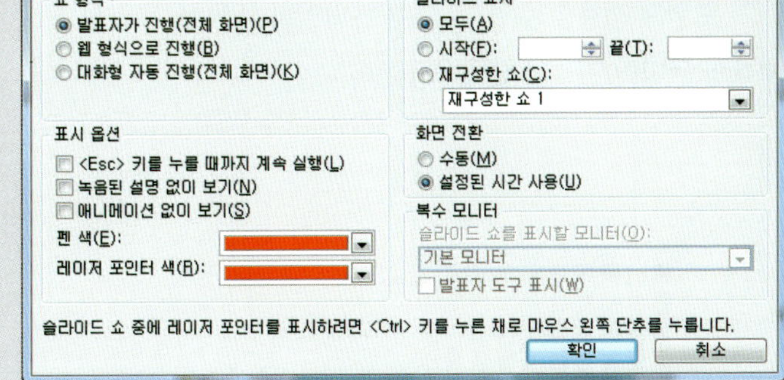

P 584 참고 **슬라이드 숨기기**

파워포인트 프레젠테이션 내에서 일부 페이지를 삭제하지 않고도 슬라이드 쇼에 나타나지 않게 하려면 슬라이드 숨기기를 활용합니다.

P 585 참고 **예행 연습** ▶

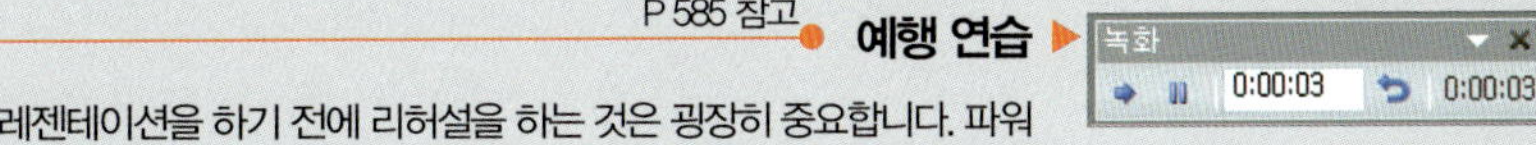

프레젠테이션을 하기 전에 리허설을 하는 것은 굉장히 중요합니다. 파워포인트에서는 예행 연습을 통해 리허설 시 자신이 연습한 시간과 음성 등을 기록하여 자동으로 넘어가는 슬라이드 쇼를 만들어 줍니다.

P 586 참고 **슬라이드 쇼 녹화**

슬라이드 쇼 녹화하기는 슬라이드 쇼를 진행하는 동안 재생할 오디오 설명, 레이저 포인터 동작, 슬라이드 및 애니메이션 시간을 레코딩합니다. 예행 연습은 처음 슬라이드부터 진행되지만 슬라이드 쇼 녹화하기는 현재 슬라이드부터 녹음이 가능합니다. 이전 버전의 설명 녹음 기능이 개선된 것입니다.

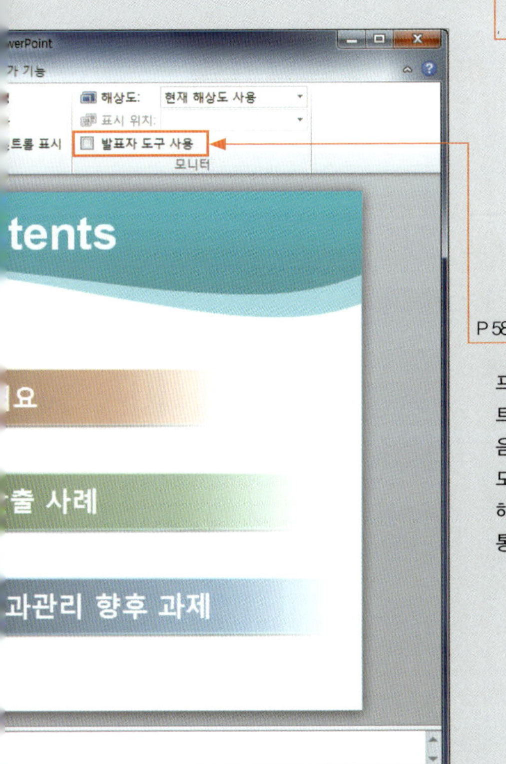

P 588 참고 **발표자 도구 사용** ▶

프레젠테이션 진행 시 파워포인트의 발표자 도구를 사용하면 다음 슬라이드의 내용을 미리 볼 수도 있고 현재 슬라이드에서 설명해야 할 내용을 슬라이드 노트를 통해 보면서 발표할 수 있습니다.

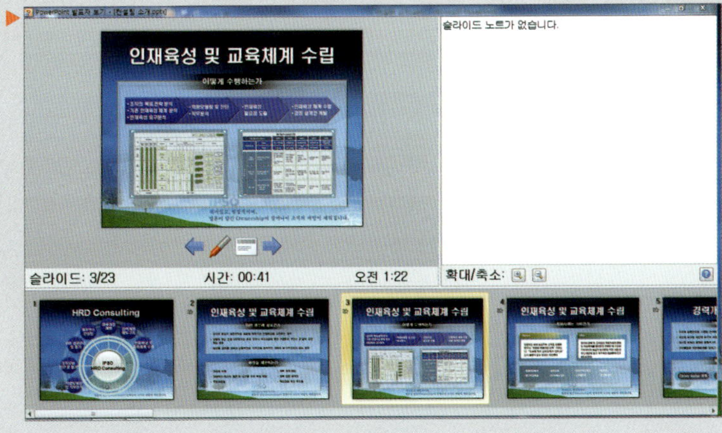

텍스트나 도형을 선택했을 때 표시되는 상황별 탭입니다. 텍스트와 도형에 적용할 수 있는 빠른 스타일과 채우기, 윤곽선, 특수효과 등 다양한 서식들을 제공합니다.

◀ 도형 윤곽선 P 314 참고

테마 색이나 표준 및 사용자 정의에 의해서 도형의 윤곽선 색을 자유롭게 변경할 수 있습니다.

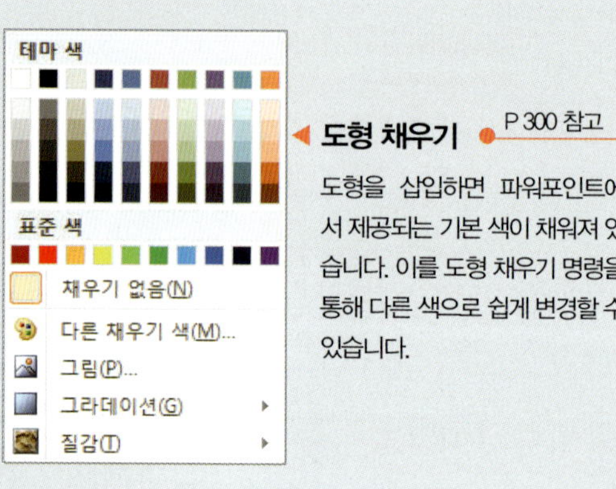

◀ 도형 채우기 P 300 참고

도형을 삽입하면 파워포인트에서 제공되는 기본 색이 채워져 있습니다. 이를 도형 채우기 명령을 통해 다른 색으로 쉽게 변경할 수 있습니다.

◀ 도형 빠른 스타일 P 304 참고

파워포인트에서는 도형에 빠르게 스타일을 적용할 수 있도록 42가지의 다양한 기본 스타일을 제공합니다.

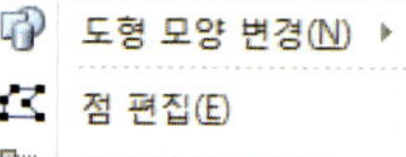

◀ 도형 편집 P 342 참고

슬라이드에 삽입된 도형의 모양을 다른 도형으로 대체할 수 있습니다. 또한 기본 도형의 면이나 선을 변경하여 사용자가 원하는 방식으로 편집할 수 있는 점 편집 기능을 제공하고 있습니다.

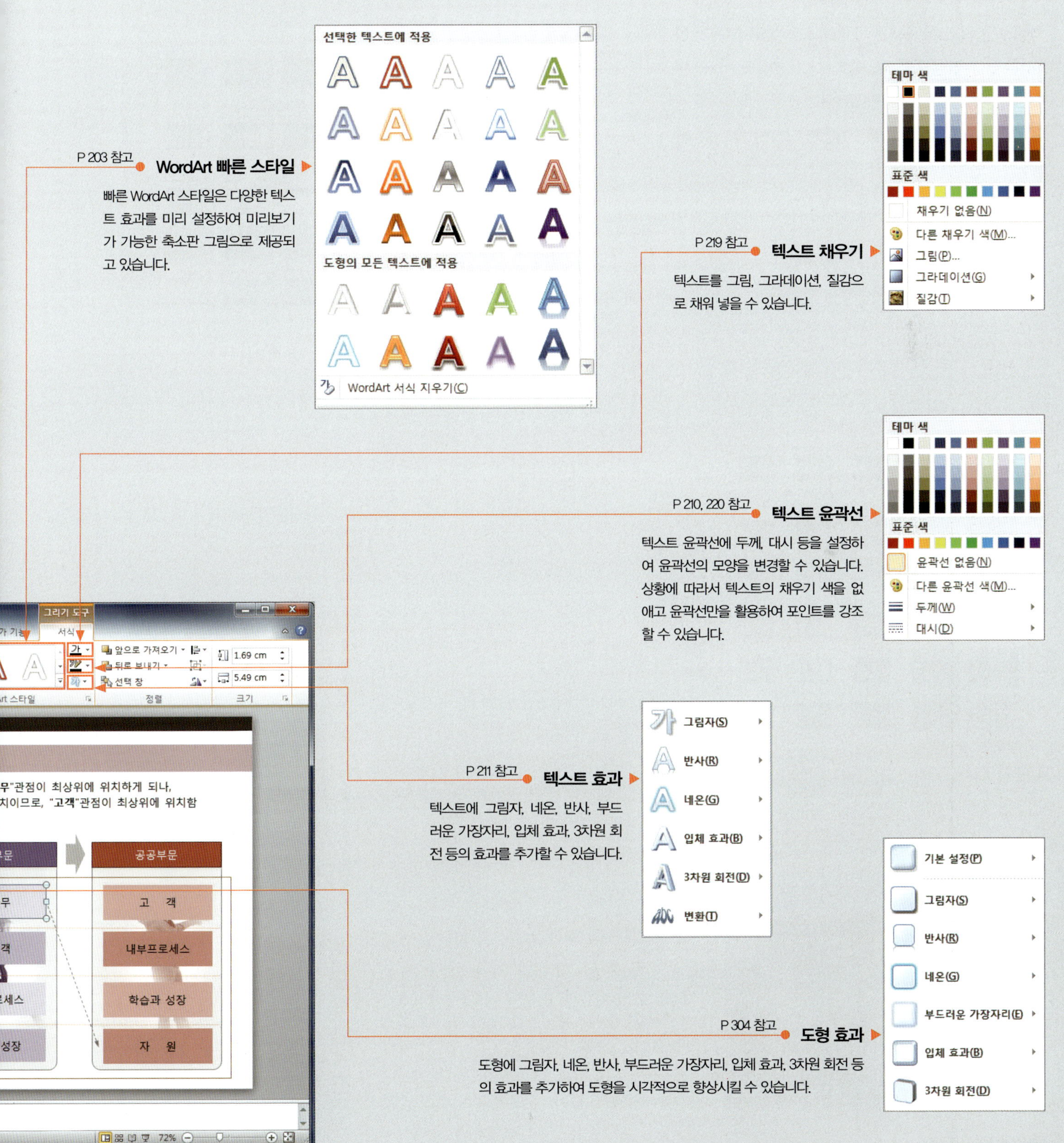

P 203 참고

WordArt 빠른 스타일 ▶

빠른 WordArt 스타일은 다양한 텍스트 효과를 미리 설정하여 미리보기가 가능한 축소판 그림으로 제공되고 있습니다.

P 219 참고

텍스트 채우기 ▶

텍스트를 그림, 그라데이션, 질감으로 채워 넣을 수 있습니다.

P 210, 220 참고

텍스트 윤곽선 ▶

텍스트 윤곽선에 두께, 대시 등을 설정하여 윤곽선의 모양을 변경할 수 있습니다. 상황에 따라서 텍스트의 채우기 색을 없애고 윤곽선만을 활용하여 포인트를 강조할 수 있습니다.

P 211 참고

텍스트 효과 ▶

텍스트에 그림자, 네온, 반사, 부드러운 가장자리, 입체 효과, 3차원 회전 등의 효과를 추가할 수 있습니다.

P 304 참고

도형 효과 ▶

도형에 그림자, 네온, 반사, 부드러운 가장자리, 입체 효과, 3차원 회전 등의 효과를 추가하여 도형을 시각적으로 향상시킬 수 있습니다.

37

파워포인트 2010에서는 그림에 포토샵과 같이 편집할 수 있는 명령들을 제공합니다. [그림 도구] – [서식] 탭은 그림이 프레젠테이션에 삽입되었을 때만 표시되는 상황별 탭으로, 그림에 다양한 효과를 적용할 수 있는 명령들의 집합입니다.

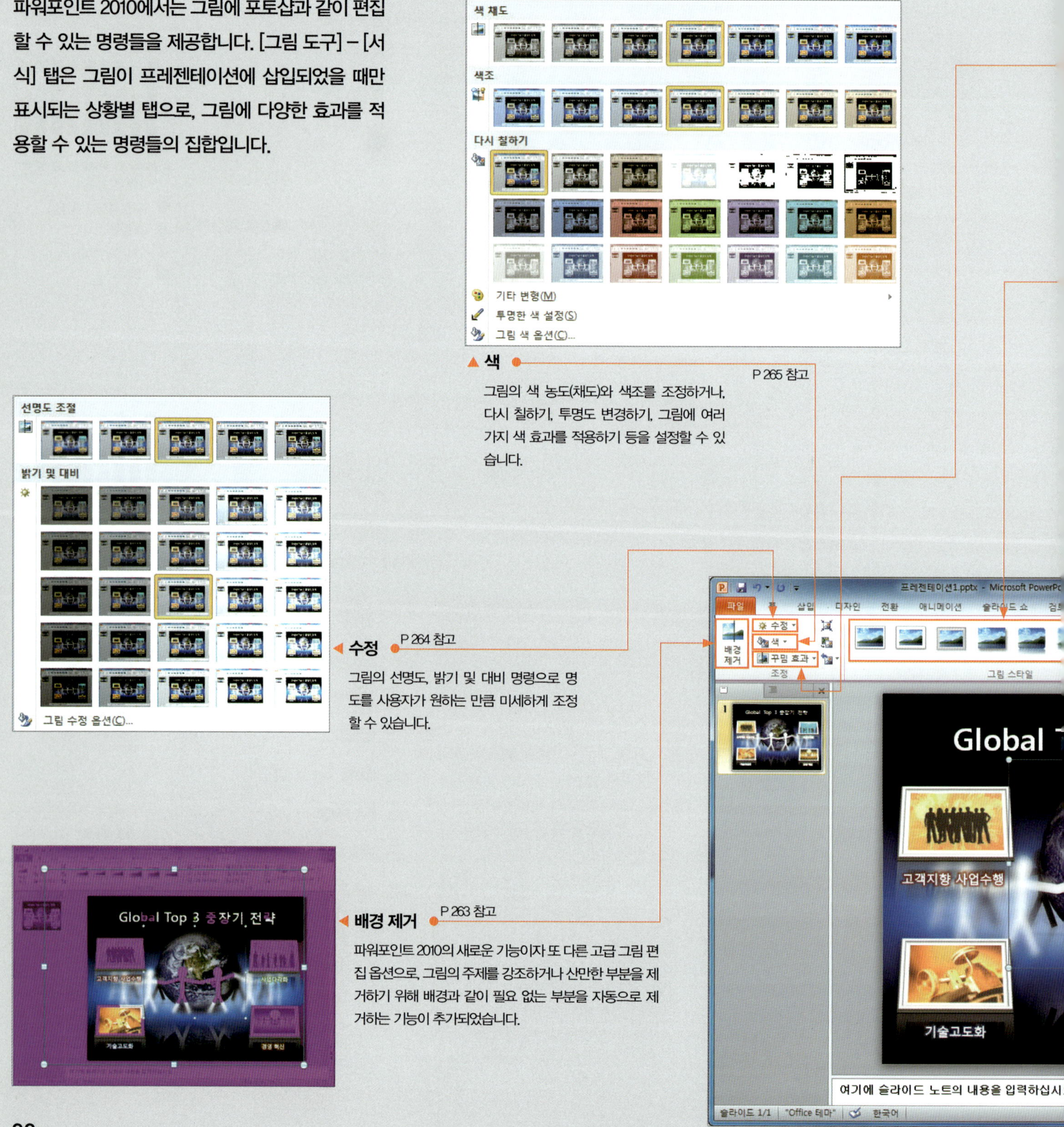

▲ 색   P 265 참고

그림의 색 농도(채도)와 색조를 조정하거나, 다시 칠하기, 투명도 변경하기, 그림에 여러 가지 색 효과를 적용하기 등을 설정할 수 있습니다.

◀ 수정   P 264 참고

그림의 선명도, 밝기 및 대비 명령으로 명도를 사용자가 원하는 만큼 미세하게 조정할 수 있습니다.

◀ 배경 제거   P 263 참고

파워포인트 2010의 새로운 기능이자 또 다른 고급 그림 편집 옵션으로, 그림의 주제를 강조하거나 산만한 부분을 제거하기 위해 배경과 같이 필요 없는 부분을 자동으로 제거하는 기능이 추가되었습니다.

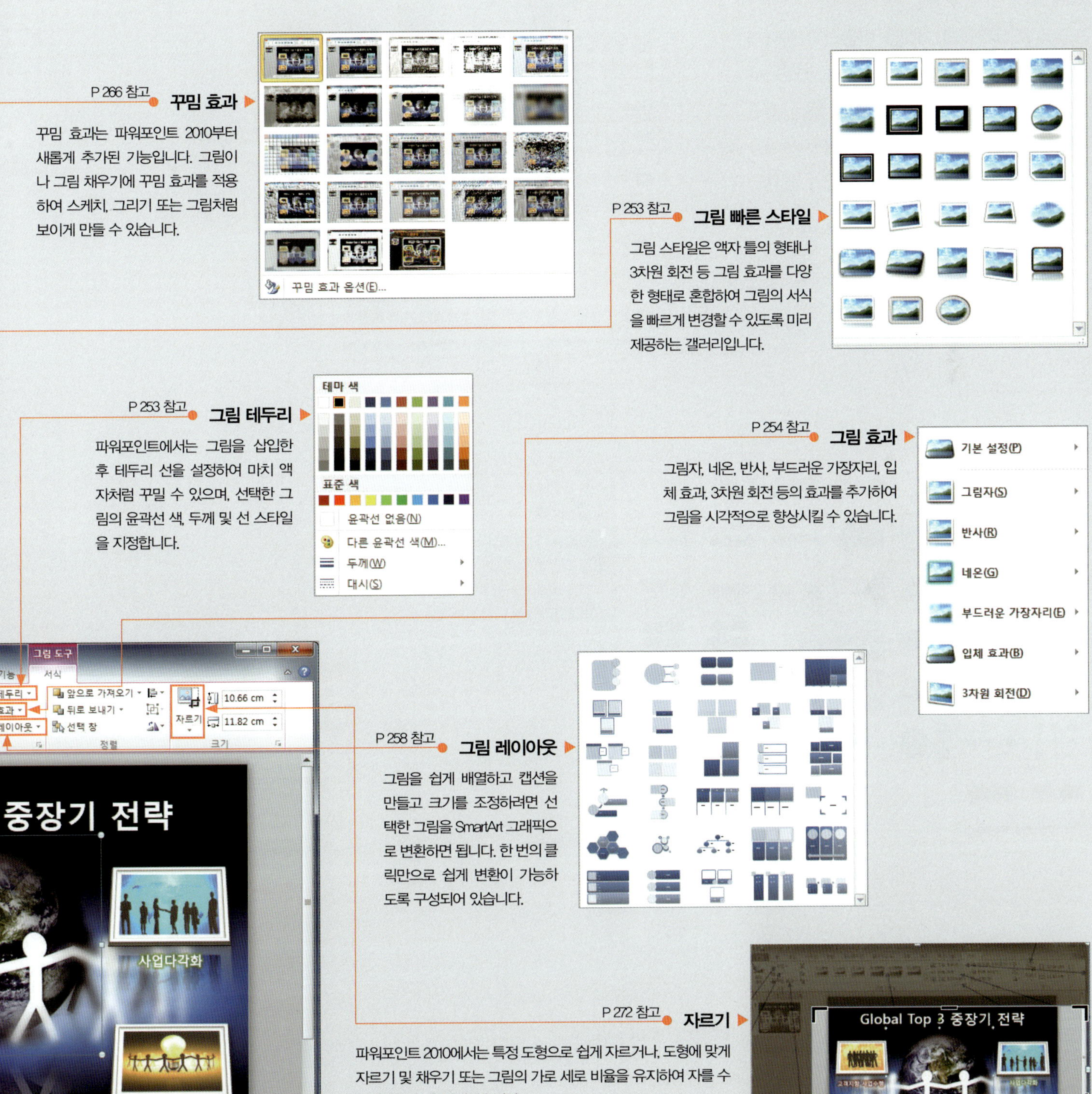

P 266 참고

꾸밈 효과 ▶

꾸밈 효과는 파워포인트 2010부터 새롭게 추가된 기능입니다. 그림이나 그림 채우기에 꾸밈 효과를 적용하여 스케치, 그리기 또는 그림처럼 보이게 만들 수 있습니다.

P 253 참고

그림 빠른 스타일 ▶

그림 스타일은 액자 틀의 형태나 3차원 회전 등 그림 효과를 다양한 형태로 혼합하여 그림의 서식을 빠르게 변경할 수 있도록 미리 제공하는 갤러리입니다.

P 253 참고

그림 테두리 ▶

파워포인트에서는 그림을 삽입한 후 테두리 선을 설정하여 마치 액자처럼 꾸밀 수 있으며, 선택한 그림의 윤곽선 색, 두께 및 선 스타일을 지정합니다.

P 254 참고

그림 효과 ▶

그림자, 네온, 반사, 부드러운 가장자리, 입체 효과, 3차원 회전 등의 효과를 추가하여 그림을 시각적으로 향상시킬 수 있습니다.

P 258 참고

그림 레이아웃 ▶

그림을 쉽게 배열하고 캡션을 만들고 크기를 조정하려면 선택한 그림을 SmartArt 그래픽으로 변환하면 됩니다. 한 번의 클릭만으로 쉽게 변환이 가능하도록 구성되어 있습니다.

P 272 참고

자르기 ▶

파워포인트 2010에서는 특정 도형으로 쉽게 자르거나, 도형에 맞게 자르기 및 채우기 또는 그림의 가로 세로 비율을 유지하여 자를 수 있게 기능이 향상되었습니다.

SmartArt 그래픽의 서식을 변경하기 위해서
는 SmartArt 그래픽이 삽입되었을 때 표시
되는 [SmartArt 도구] – [디자인] 탭, [서식]
탭을 활용합니다. SmartArt 그래픽의 서식을
자유롭게 변경할 수 있는 명령들이 배치되
어 있습니다.

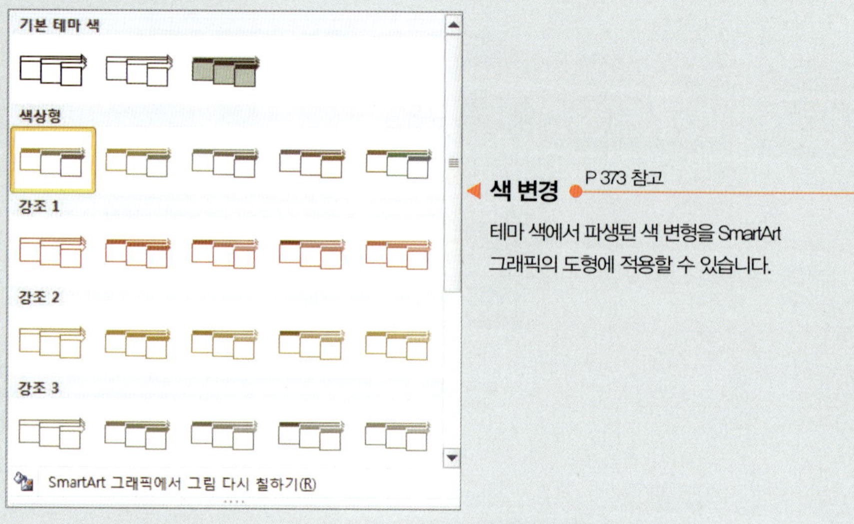

◄ 색 변경 P 373 참고

테마 색에서 파생된 색 변형을 SmartArt
그래픽의 도형에 적용할 수 있습니다.

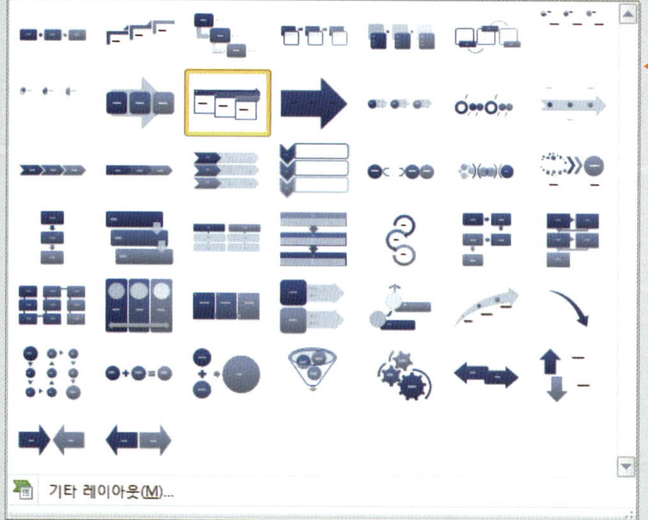

◄ 레이아웃 P 372 참고

SmartArt 그래픽의 레이아웃을 빠르고 쉽
게 전환할 수 있습니다. 자신의 메시지를
가장 잘 표현하는 여러 형식의 다른 레이
아웃을 적용해 변경할 수 있습니다.

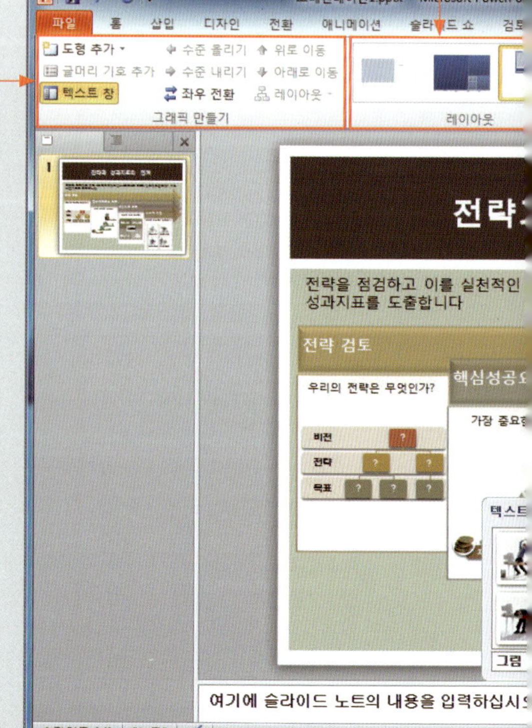

그래픽 만들기 P 370, 372 참고

SmartArt 그래픽에 도형을 추가하고 선택한 글머리 기호 또는 도형의 수준을 높이거나 낮
추며 SmartArt 그래픽의 좌우 레이아웃을 전환하거나 현재 선택한 항목 위치로 옮깁니다.

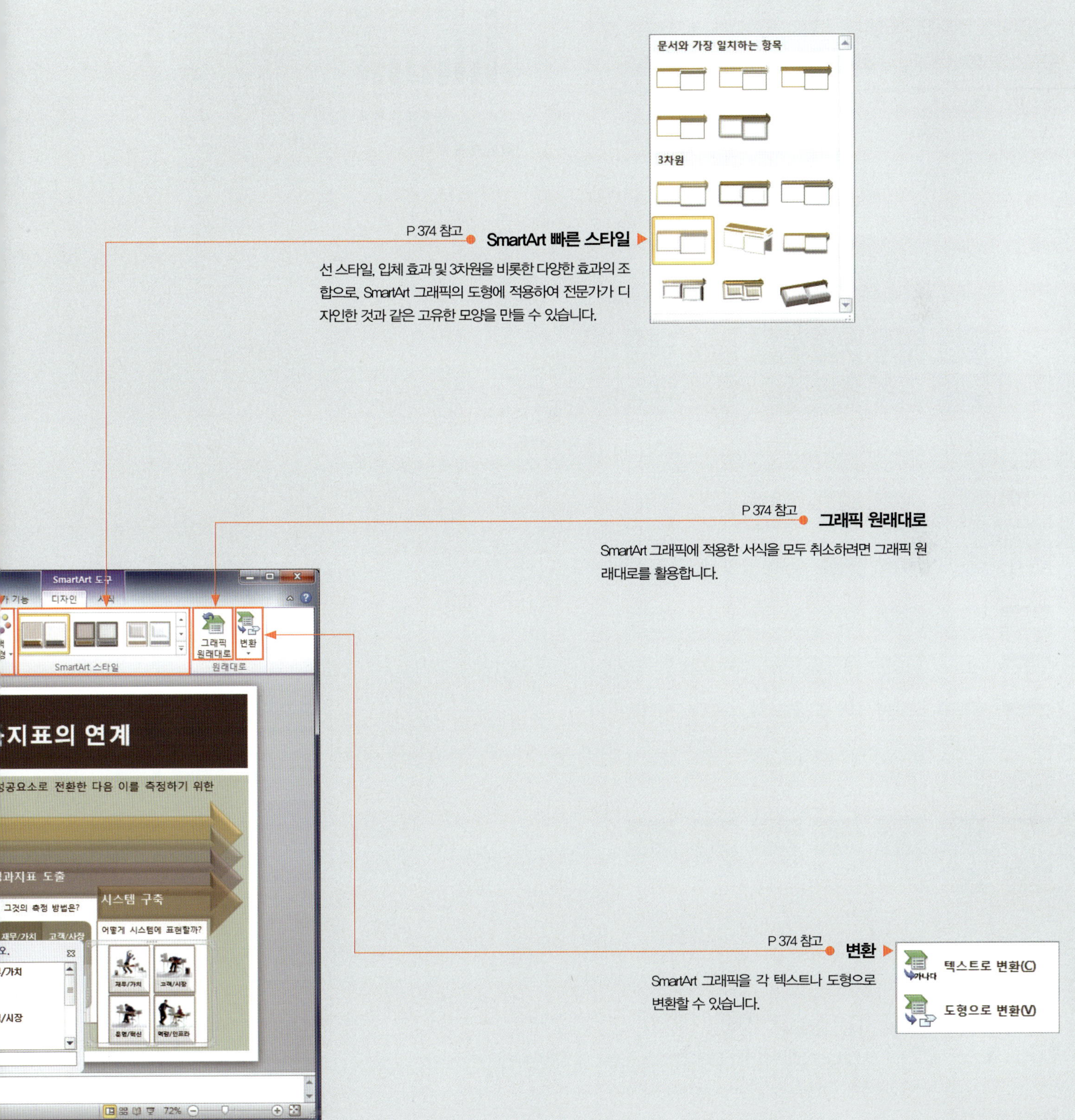

P 374 참고 **SmartArt 빠른 스타일** ▶

선 스타일, 입체 효과 및 3차원을 비롯한 다양한 효과의 조합으로, SmartArt 그래픽의 도형에 적용하여 전문가가 디자인한 것과 같은 고유한 모양을 만들 수 있습니다.

P 374 참고 **그래픽 원래대로**

SmartArt 그래픽에 적용한 서식을 모두 취소하려면 그래픽 원래대로를 활용합니다.

P 374 참고 **변환**

SmartArt 그래픽을 각 텍스트나 도형으로 변환할 수 있습니다.

슬라이드에 표를 삽입하면 제목 표시줄에 [표 도구] – [디자인] 상황별 탭이 표시되며, 표 스타일을 변경하거나 테두리 및 구분선을 추가하거나 삭제하는 명령들이 포함되어 있습니다.

음영 P 405 참고

전체 표나 셀의 배경색을 추가하거나 변경할 수 있습니다.

표 빠른 스타일 P 403 참고

표 스타일(또는 빠른 스타일)은 프레젠테이션의 테마 색에서 파생된 색 조합을 비롯한 다양한 서식 옵션의 조합으로, 추가되는 표에 자동으로 적용됩니다.

표 스타일 옵션 P 404 참고

표 스타일 옵션은 줄무늬나 머리글, 요약행에 표시 스타일을 변경하여 좀 더 시각적으로 슬라이드를 표현할 수 있습니다.

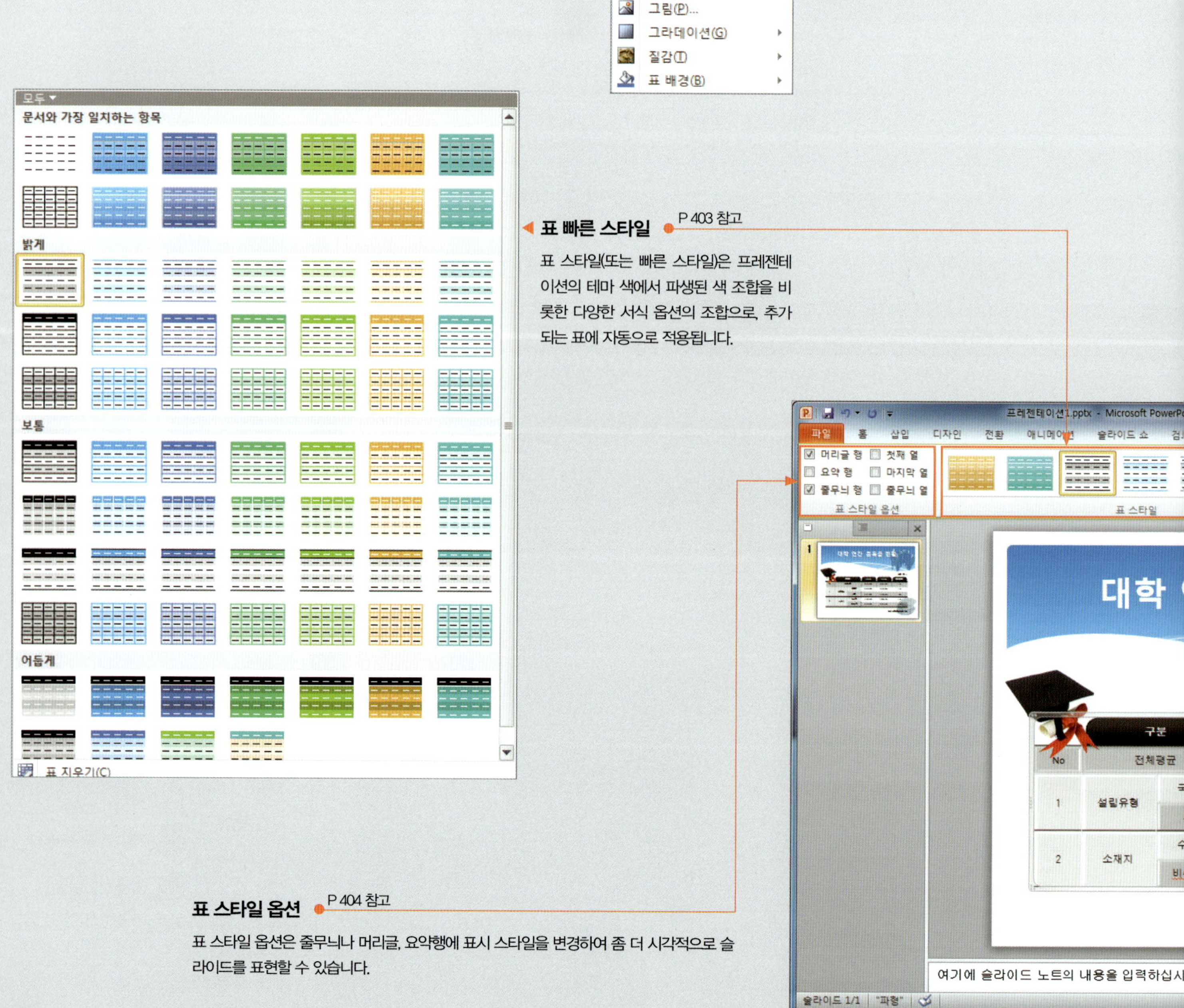

테두리 없음(N)
모든 테두리(A)
바깥쪽 테두리(S)
안쪽 테두리(I)
위쪽 테두리(P)
아래쪽 테두리(B)
왼쪽 테두리(L)
오른쪽 테두리(R)
안쪽 가로 테두리(H)
안쪽 세로 테두리(V)
하향 대각선 테두리(W)
상향 대각선 테두리(U)

P 406 참고 ● **테두리** ▶

전체 표나 셀의 테두리를 추가하거나 없앨 수 있습니다. 모든 테두리, 바깥쪽 테두리, 안쪽 테두리, 위/아래/왼쪽/오른쪽 테두리 등 원하는 셀의 테두리를 자유롭게 변경할 수 있습니다.

테두리 없음

P 407 참고 **펜 스타일** ▶

테두리를 그리는 데 사용되는 선의 스타일을 변경합니다.

0.25 pt
0.5 pt
0.75 pt
1 pt
1.5 pt
2.25 pt
3 pt
4.5 pt
6 pt

P 407 참고 **펜 두께** ▶

테두리를 그리는 데 사용되는 선의 두께를 변경합니다.

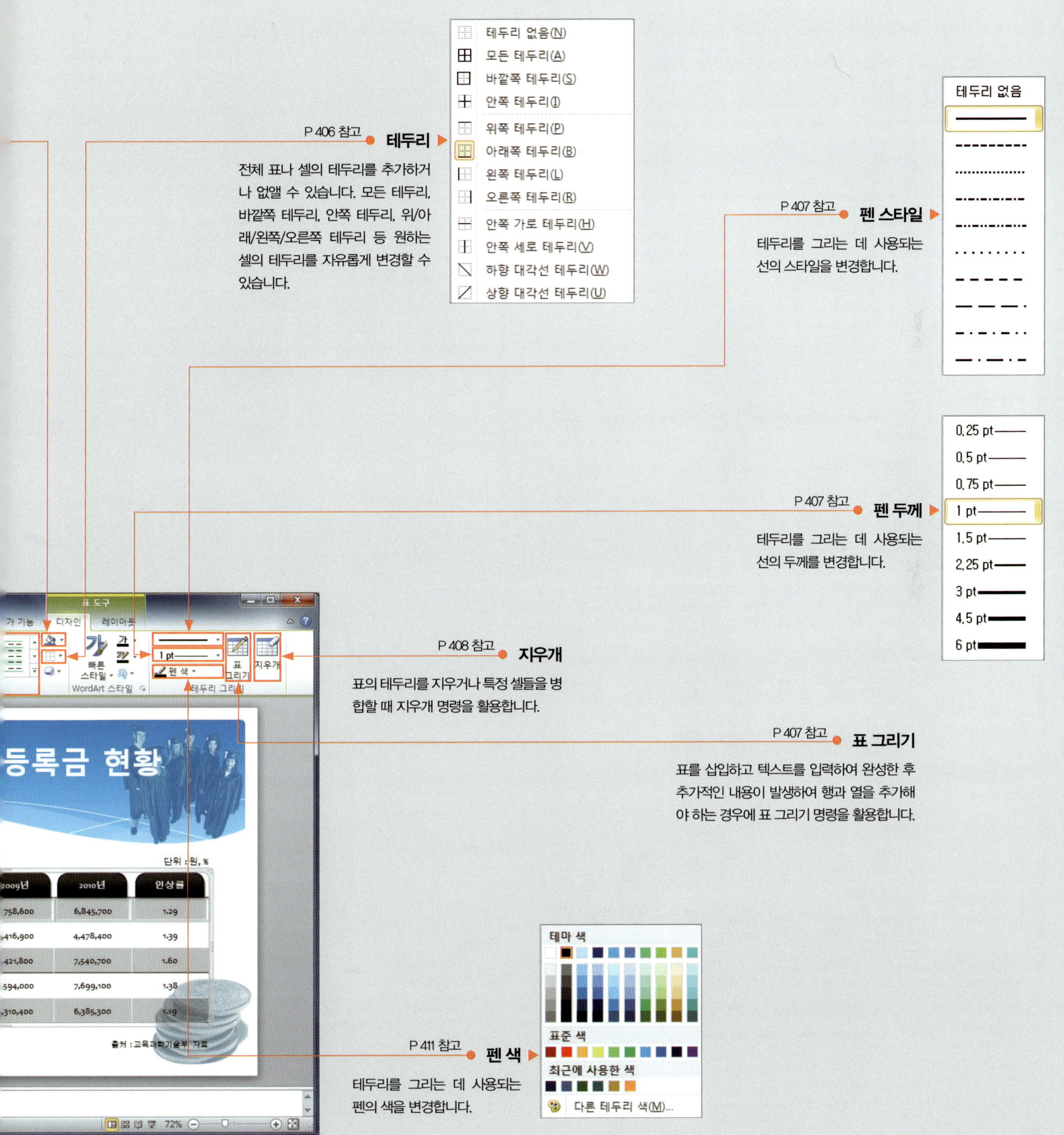

P 408 참고 ● **지우개**

표의 테두리를 지우거나 특정 셀들을 병합할 때 지우개 명령을 활용합니다.

P 407 참고 ● **표 그리기**

표를 삽입하고 텍스트를 입력하여 완성한 후 추가적인 내용이 발생하여 행과 열을 추가해야 하는 경우에 표 그리기 명령을 활용합니다.

테마 색

표준 색

최근에 사용한 색

🎨 다른 테두리 색(M)...

P 411 참고 ● **펜 색** ▶

테두리를 그리는 데 사용되는 펜의 색을 변경합니다.

슬라이드에 차트를 삽입하면 제목 표시줄에 [차트 도구] - [디자인] 상황별 탭이 표시되며 차트 종류나 스타일,
레이아웃을 변경하고 데이터를 편집 및 수정하는 명령들이 포함되어 있습니다.

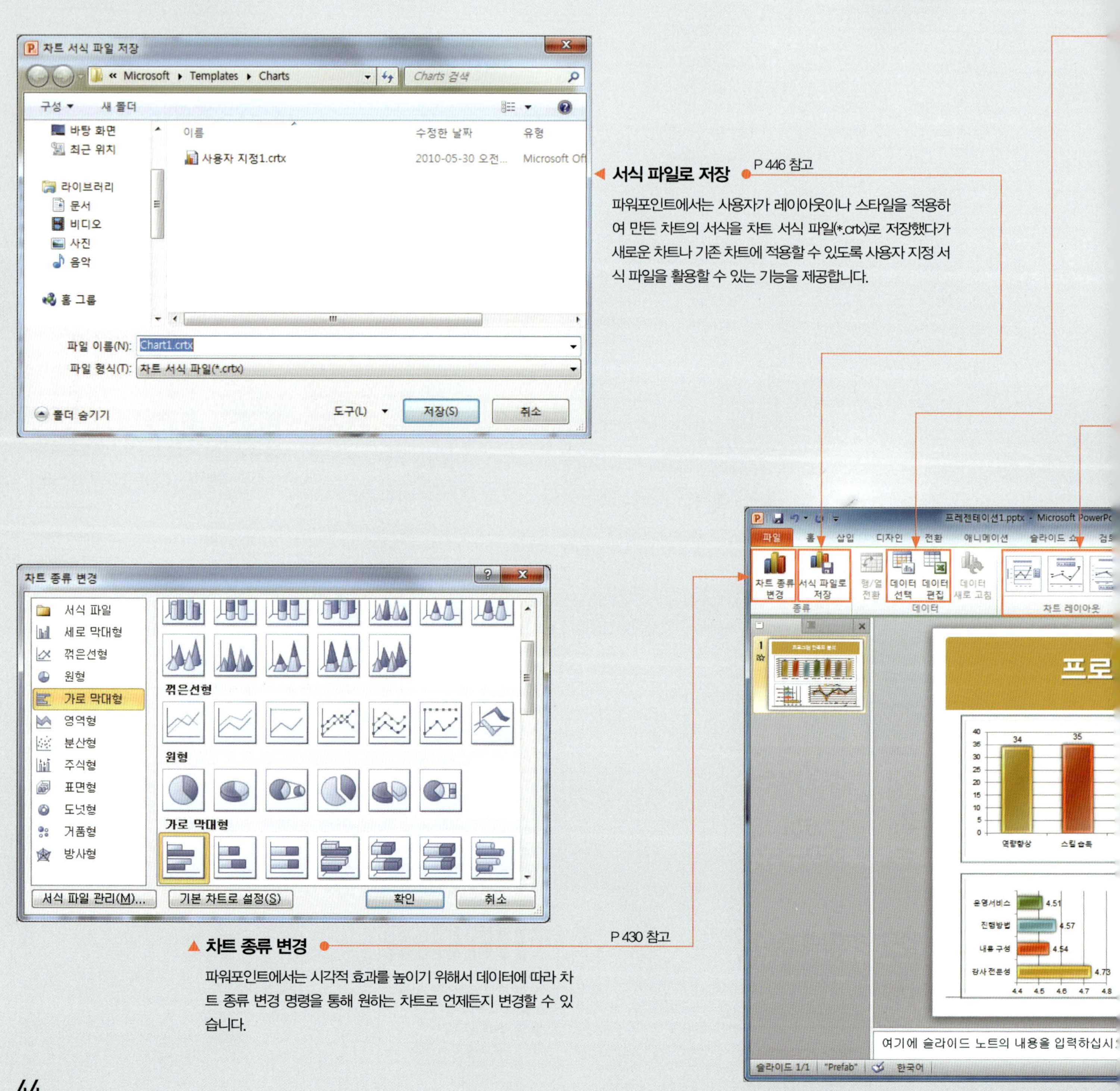

서식 파일로 저장   P 446 참고

파워포인트에서는 사용자가 레이아웃이나 스타일을 적용하
여 만든 차트의 서식을 차트 서식 파일(*.crtx)로 저장했다가
새로운 차트나 기존 차트에 적용할 수 있도록 사용자 지정 서
식 파일을 활용할 수 있는 기능을 제공합니다.

P 430 참고

▲ **차트 종류 변경**

파워포인트에서는 시각적 효과를 높이기 위해서 데이터에 따라 차
트 종류 변경 명령을 통해 원하는 차트로 언제든지 변경할 수 있
습니다.

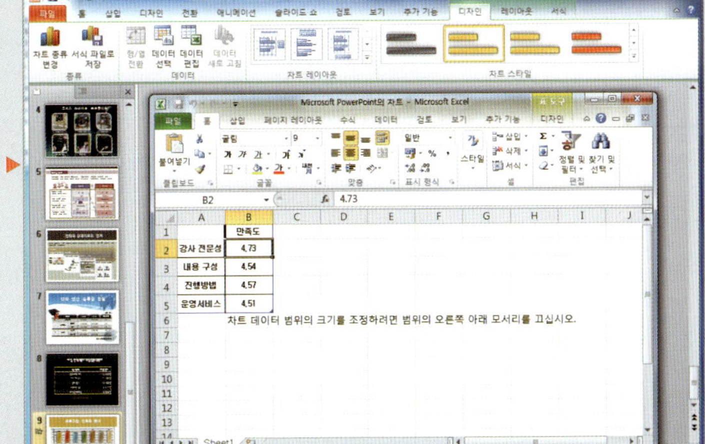

P 447 참고 **데이터 선택 및 편집** ▶

파워포인트에서 차트 작업은 데이터를 입력할 때 엑셀이 열리면서 데이터를 입력하거나 수정할 수 있습니다. 데이터의 값을 수정하려면 데이터 편집 명령을 통해 엑셀에서 수정 작업을 합니다.

P 448 참고 **차트 레이아웃** ▶

차트의 형태를 유지한 상태에서 차트의 레이아웃을 쉽게 변경할 수 있습니다. 차트의 레이아웃은 청중을 효과적으로 집중시킬 수 있는 가장 적합한 구조를 선택하는 것이 바람직합니다.

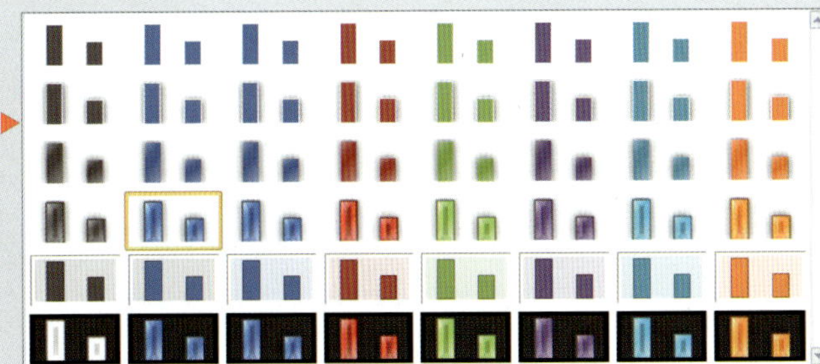

P 448 참고 **차트 빠른 스타일** ▶

파워포인트에서는 차트에 적용할 수 있는 다양한 서식과 강력한 편집 기능을 제공하고 있습니다. 슬라이드의 배경이나 청중의 선호도를 고려하여 다양한 차트 스타일을 활용할 수 있습니다.

파워포인트 구성 및 사용 방법

파워포인트 2010은 프레젠테이션 슬라이드를 제작하는 전문 프로그램으로, 전 세계적으로 그 활용 빈도는 계속해서 증가 추세에 있습니다.

프레젠테이션은 '소개·발표·표현·제출'을 뜻하는 용어로, 요즘은 직장뿐만 아니라 학교나 가정에서도 프레젠테이션 문서를 만들어 많은 청중에게 효과적으로 메시지를 전달하여 설득하고자 할 때 사용합니다. 이러한 프레젠테이션 시 화면을 통해 보여주는 슬라이드를 만드는 대표적인 프로그램이 파워포인트입니다.

PART

01

01

파워포인트와 프레젠테이션

프레젠테이션은 요즘 기업이나 조직에서 개인에게 요구되는 가장 중요한 핵심 역량 중의 하나로 분류되고 있습니다. 이러한 프레젠테이션은 과연 무엇을 의미하는 것일까요? 또한 프레젠테이션과 파워포인트는 어떠한 관계에 있으며 파워포인트를 사용하는 이유는 무엇인지 알아보겠습니다.

1. 프레젠테이션이란?

프레젠테이션(Presentation)이라는 단어는 사전에서 그 의미를 찾아보면 표현, 발표, 공연, 연출, 설명, 강연, 환영사, 구두 발표 등의 용어로 사용되고 있습니다. 좀 더 자세히 프레젠테이션을 정의해보면 프레젠테이션은 정보 전달 수단의 일종으로, 청중에게 자신이 가지고 있는 의견을 효과적으로 전달하여 발표자가 원하는 방향의 행동을 취할 수 있도록 설득하는 일련의 행위라 할 수 있습니다. 즉, 상대방을 효과적으로 설득하는 쌍방향 커뮤니케이션인 것입니다.

프레젠테이션의 가장 큰 기능은 프레젠테이션을 위한 자료를 만드는 데 있습니다. 파워포인트를 이용해 만든 슬라이드를 대형 화면이나 빔 프로젝트를 사용해 스크린에 띄워 사용할 경우 프레젠테이션의 효과를 극대화 할 수 있습니다.

우리 주변에도 수많은 세미나, 제안 설명회, 신제품 발표회, 학교에서의 레포트 발표, 보고, 회의, 강연 등 그 종류와 분야를 막론하고 많은 프레젠테이션이 시행되고 있는데, 그 만큼 프레젠테이션은 우리에게는 익숙하고 보편적인 활동입니다. 따라서 개인이나 조직이 프레젠테이션을 잘 할 수 있는 능력을 가지고 있다면 비즈니스에서 엄청나게 큰 힘으로 작용하게 될 것임을 쉽게 유추할 수 있습니다.

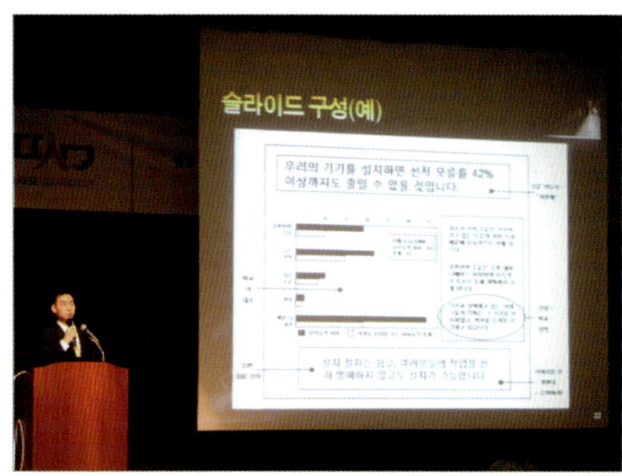

▲ 발표회 및 세미나에서의 프레젠테이션

○ **프레젠테이션 vs 프리젠테이션**

프레젠테이션과 프리젠테이션 중 어떤 표현이 맞을까요? 국립국어원(www.korean.go.kr)의 표준국어대사전에서 검색을 해보면 '프리젠테이션'으로는 결과가 나타나지 않습니다. 따라서 외래어 표기법에 맞춰서 프레젠테이션이라고 사용하는 것이 맞습니다.

여기서, 프레젠테이션 스킬을 이야기할 때 항상 빠지지 않는 3요소로는 준비(Preparation), 디자인(Design), 전달(Delivery)이 있습니다.

먼저 각 요소별로 키워드를 정리해 보면 **준비(Preparation)** 단계에서는 제한(Restrain)하는 것이 필요한데, 준비된 모든 내용을 장황하게 발표하기 보다는 청중이 듣고 싶어 하는 주제만 핵심적으로 이야기 해야 한다는 것입니다. 그렇게 하기 위해 준비된 내용을 발표자의 중요도에 의해서가 아니라 청중의 입장에서 그들이 얻을 수 있는 혜택을 중심으로 불필요한 내용을 걷어내는 것이 중요합니다. 또한 준비 단계에서는 청중에 대한 분석 과정이 반드시 필요한데, 내 이야기를 들어줄 청중들이 어떠한 환경에 놓여 있고 어떠한 생각을 하고 있으며, 어떠한 배경과 수준을 가지고 있는지를 먼저 알고 나서 프레젠테이션을 준비한다면 그들이 원하는 내용을 들려줄 수 있기 때문에 청중에 대한 이해는 매우 중요하다고 할 수 있습니다.

다음으로, **디자인(Design)**은 파워포인트와 같은 슬라이드웨어를 통해 발표자의 말을 부연하거나 좀 더 시각적인 이미지를 머리 속에 기억할 수 있도록 슬라이드를 만드는 활동입니다. 디자인에서 가장 중요한 핵심은 단순함(Simplicity)입니다. 발표 자료는 청중이 5초 이내에 가독이 완료되도록 만들어야 하는데, 그 이유는 청중이 발표자의 말에 귀를 기울이게 하기 위해서 최대한 단순하게 슬라이드를 만들어야 하기 때문입니다.

프레젠테이션의 마지막 요소인 **전달(Delivery)**은 Platform Skill, 즉 무대 위에서의 발표자가 보여주는 퍼포먼스입니다. 전달에서 가장 중요한 것은 자연스러움(Naturalness)인데, 이상하게도 많은 사람들이 무대 위에 올라서면 평상시의 자신의 모습과 사뭇 다른 모습을 보여줍니다. 활발한 모습의 소유자가 목소리도 작아지고 머뭇거리는 듯 이야기하는 등 아쉬움이 많은 모습을 보여줄 때가 많습니다. 평소에 가족이나 친구들 또는 지인들과 이야기하듯이 편안하게 이야기하는 것이 전달에서의 핵심이라고 할 수 있습니다.

▲ 프레젠테이션의 3요소와 키워드

▲ 무대에서의 준비 모습

2. 프레젠테이션과 파워포인트

파워포인트로 작성된 시각자료를 흔히 프레젠테이션이라고도 부르는데, 이 말만 생각해봐도 프레젠테이션과 파워포인트는 밀접한 관계를 가지고 있다는 것을 짐작할 수 있습니다.

그렇다면 프레젠테이션 시 시각자료를 만들어서 사용하는 이유는 무엇일까요? 프레젠테이션에서 시각자료를 작성하여 활용하는 이유는 발표자의 말과 시각자료를 함께 보면서 발표 내용을 들었을 때 청중들의 이해와 기억이 70~85%까지 상승하기 때문입니다. 결국, 보면서 들을 때 더 많은 내용을 기억할 수 있기 때문에 어떤 상황의 발표라 하더라도 항상 파워포인트 등을 활용한 시각자료를 제작하여 발표하는 모습을 쉽게 볼 수 있습니다.

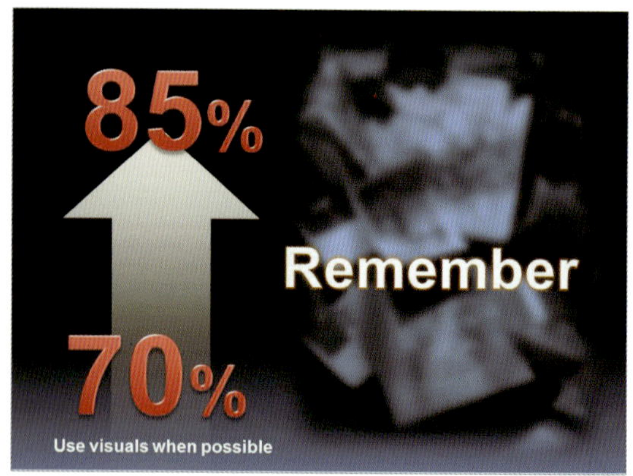

▲ 시각자료를 통한 청중의 기억 상승 효과

▲ 시각자료를 활용한 프레젠테이션

프레젠테이션에서 사용되는 시각자료는 대부분 파워포인트와 같은 슬라이드웨어들을 사용해서 만듭니다. 대표적인 슬라이드웨어로는 마이크로소프트사의 파워포인트, 애플의 키노트, 한글과컴퓨터의 훈쇼를 들 수 있는데, 그 중에서도 현재 가장 대중적인 슬라이드웨어가 바로 파워포인트입니다.

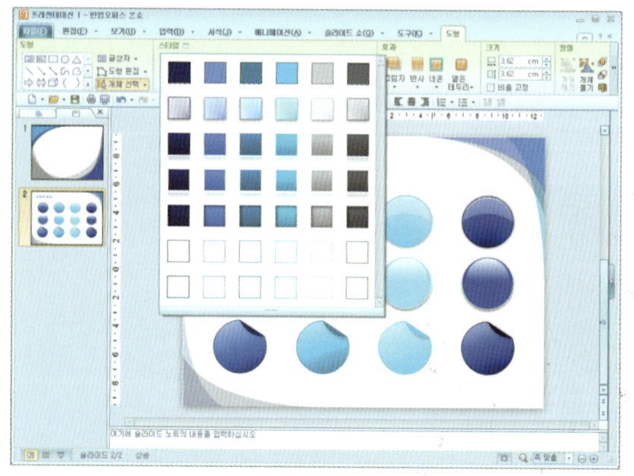

▲ 한컴오피스의 훈쇼 2010 화면

▲ iwork의 Keynote 09 화면

파워포인트는 결국 프레젠테이션 시 사용되는 시각자료를 만드는 소프트웨어로, 용도에 따라서는 보고용 문서, 기안문서, 강의자료, 세미나 유인물 자료 등 다양하게 사용할 수 있습니다.

파워포인트는 1987년 Presenter라는 이름으로 Fourthought 회사에서 개발되었습니다. 이듬해인 1988년 Fourthought를 인수한 마이크로소프트에서 파워포인트라는 이름으로 첫 번째 버전을 출시하고, 이후 지속적인 개발을 통해 현재 오피스의 13번째 버전인 오피스 2010이 새롭게 출시되었습니다.

오피스 2010은 볼륨 라이센스에 따라 차이는 있지만 워드, 엑셀, 파워포인트, 원노트, 아웃룩, 엑세스, 퍼블러셔 등의 다양한 제품군으로 구성되어 있습니다.

▲ 오피스 2010 제품

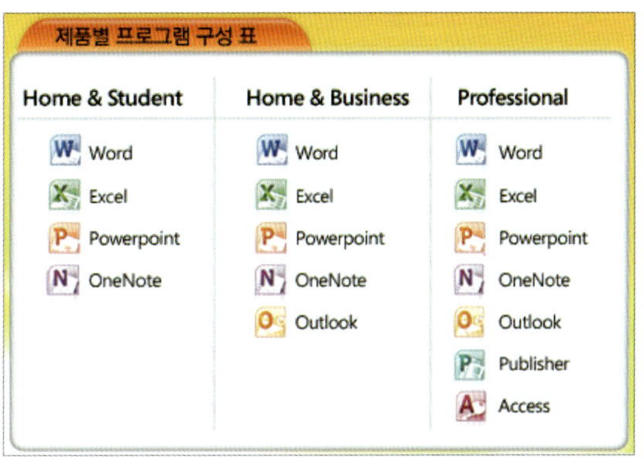

▲ 오피스 2010 볼륨 라이센스

오피스 2010 제품군 중에서 문서 작성을 위한 워드와 수식 계산을 위한 엑셀과 달리 파워포인트는 텍스트, 그림, 표, 차트, 비디오 및 오디오 등의 미디어를 적절하게 추가하고 애니메이션과 전환 등의 비주얼 효과를 활용하여 청중의 시선을 장악할 수 있는 강력한 프레젠테이션 도구입니다.

파워포인트가 전 세계적으로 보편화되면서 요즘에는 파워포인트를 활용한 효과적인 시각자료 작성법과 관련된 많은 학자들의 연구 결과가 나오기 시작하였습니다. 이러한 현상을 봤을 때 파워포인트는 이미 시각자료를 만드는 강력한 도구라는 것은 이미 검증된 사실이라고 할 수 있습니다.

파워포인트만큼 쉽고 빠르게 수준 높은 시각자료를 작성할 수 있는 도구들은 많지 않습니다. 따라서 비즈니스 현장이나 설명회 등 다양한 분야에서 목적에 맞게끔 적극적으로 활용되고 있는 것입니다.

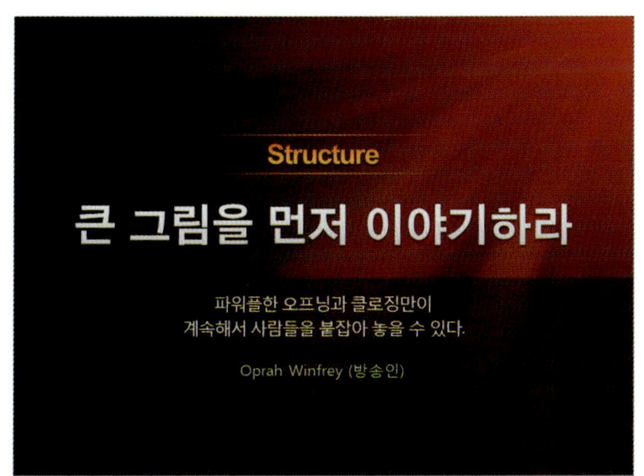

▲ 발표용 시각자료

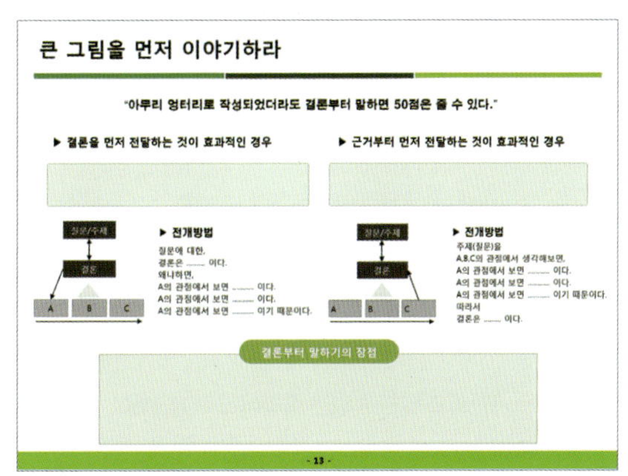

▲ 배포용 유인물 자료

파워포인트로 작성된 문서는 2가지 형태로 분류되는데 설명회, 강의, 보고 자료와 상관없이 빔 프로젝터를 통해 청중에게 화면으로 전달되는 시각자료와 보고용으로 작성한 문서를 청중에게 배포하여 보고받는 사람이 직접 읽을 수 있도록 제작하는 유인물입니다.

유인물을 작성할 경우에는 시각자료와는 달리 발표자의 설명이 수반되지 않기 때문에 비교적 자세히 작성하고 출력 시 텍스트나 그림 등이 잘 보이도록 작성하는 것이 필요합니다.

파워포인트의 고유 목적인 프레젠테이션 시각자료를 작성할 경우에는 프레젠테이션 3요소 중의 하나인 디자인 키워드를 기억하시면 됩니다. 배경과 텍스트의 조화, 그리고 청중이 빠른 시간 내에 내용을 확인하고 발표자의 설명을 들을 수 있도록 유도하는 보조 자료로서의 역할을 충실히 수행할 수 있도록 해야 하며, 발표자가 아직 언급하지 않는 내용들이 청중에게 미리 보이지 않도록 애니메이션을 이용하거나 슬라이드를 여러 장으로 구분하여 제시하는 것이 필요합니다.

파워포인트로 작성된 결과물은 어떠한 원칙과 원리가 중요하더라도 청중이 선호하는 문서의 형식에 맞춰서 작성하는 것이 가장 중요합니다.

잊지 마세요. 프레젠테이션은 청중을 위한 것이며, 파워포인트는 그러한 청중에게 오래도록 기억될 인상적인 발표를 효과적으로 지원하는 강력한 도구이므로, 단순하고 명확하게 작성하는 것이 필요합니다.

① 슬라이드 수 최소화
청중이 흥미를 잃지 않고 집중할 수 있도록 프레젠테이션의 슬라이드 수를 제한합니다.

② 글꼴과 글자 크기 선택
적절한 글꼴 스타일을 선택하면 메시지를 전달하는 데 도움이 됩니다. 또한 글꼴 크기가 30보다 작으면 청중이 읽기 어려울 수 있으니 주의하세요.

③ 슬라이드 텍스트를 간결하게 표시
글머리 기호를 사용하거나 문장을 간결하게 표현합니다.

④ 시각적 요소를 사용하여 메시지 표현
그림, 차트, 그래프 및 SmartArt 그래픽으로 시각적 효과를 제공함으로써 해당 내용 및 메시지를 보완합니다.

⑤ 차트와 그래프의 레이블을 이해하기 쉽게 지정
차트나 그래프의 레이블 요소에는 내용을 전달하는 핵심만 텍스트로 사용합니다.

⑥ 세련되고 일관성 있는 슬라이드 배경 적용
배경이 너무 화려하거나 복잡하면 집중력이 떨어지므로 일관성 있는 테마를 선택합니다.

02 파워포인트 화면 구성 이해하기

파워포인트 2010을 실행하게 되면 상단에 메뉴 바의 기능들을 아이콘으로 바꿔 사용자가 쉽게 찾을 수 있도록 구조화된 리본 메뉴를 볼 수 있으며, 슬라이드 창과 왼쪽의 개요 보기 창을 제공하고 있습니다. 파워포인트의 화면 구성을 이해하는 것은 프레젠테이션 문서 작성의 첫 걸음입니다. 주요 화면 구성에 대해 살펴보겠습니다.

1. 파워포인트 화면 살펴보기

파워포인트 2010의 화면 레이아웃은 2007 화면과 비교했을 때 기존 오피스 단추가 사라지고 [**파일**] 탭이 새롭게 추가되었습니다. 파워포인트 2003 사용자는 탭을 선택했을 때 나타나는 리본 메뉴에 익숙해져야 하며, 리본 메뉴는 처음에는 어렵게 느껴질 수 있지만 사용하다보면 그 편리함에 매료될 것입니다.

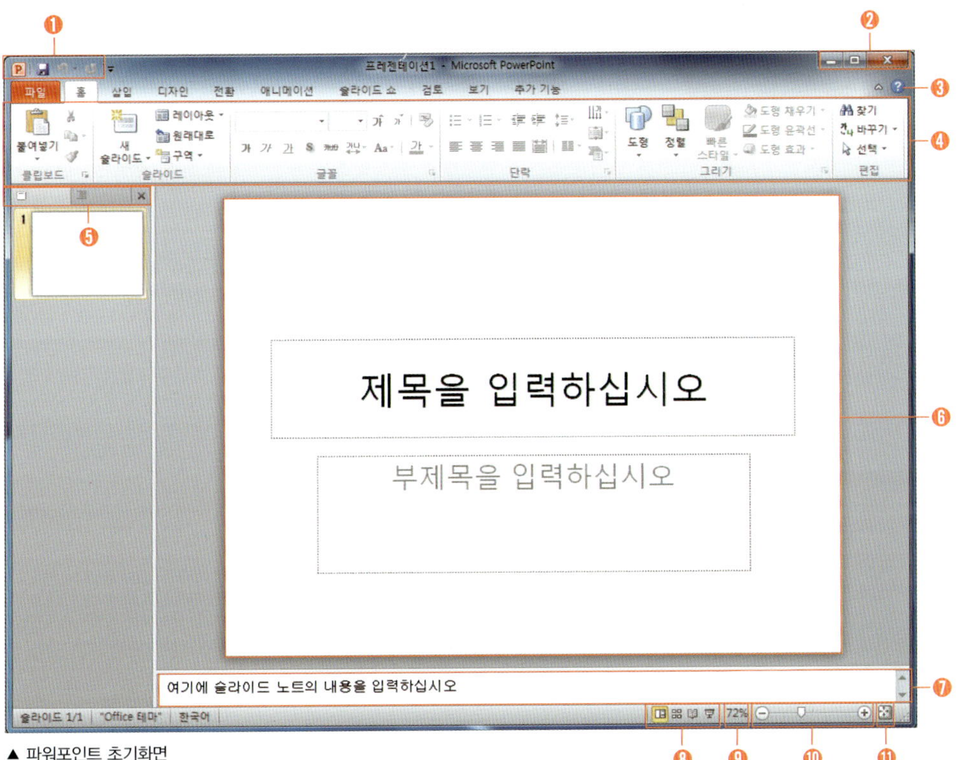

▲ 파워포인트 초기화면

❶ **빠른 실행 도구 모음** : 사용자가 자주 사용하는 메뉴를 추가하고 삭제하여 구성한 메뉴 모음입니다.

❷ **창 조절/창 닫기 단추** : 작업화면의 오른쪽 상단에 위치하며, 파워포인트의 창 크기 조절/창 닫기를 실행합니다.

❸ **Microsoft PowerPoint 도움말** : 파워포인트의 기능 및 사용 방법에 대해 도움말을 보여줍니다.

❹ **리본 메뉴** : 슬라이드 작업에 필요한 모든 가능을 아이콘화 하여 영역별로 표시합니다.

❺ **[슬라이드] 탭과 [개요] 탭** : 작업화면의 왼쪽에 위치하며, [슬라이드] 탭에서는 전체 슬라이드의 작은 미리보기 화면을 표시하고 [개요] 탭에서는 슬라이드에 입력된 텍스트를 표기합니다.

❻ **슬라이드 창** : 현재 작업 중인 슬라이드와 삽입된 개체들이 표시됩니다.

❼ **슬라이드 노트** : 작업화면 하단에 위치하며, 슬라이드의 세부 내용을 입력하거나 추가 설명을 입력할 수 있습니다.

❽ **화면 보기 단추** : 작업화면 오른쪽 하단에 위치하며, 슬라이드 보기 방법을 설정합니다.

❾ **확대/축소 비율** : 더블 클릭하여 슬라이드 창의 확대/축소 비율을 직접 설정합니다.

❿ **확대/축소** : 작업화면의 확대/축소 비율을 조절 단추나 슬라이드 바를 이용하여 설정합니다.

⓫ **슬라이드를 현재 창 크기에 맞춤** : 확대/축소한 슬라이드를 현재 창의 크기로 맞춥니다.

2. [슬라이드] 탭과 [개요] 탭

슬라이드 창의 왼쪽에 위치하며, [슬라이드] 탭에서는 전체 슬라이드를 축소판 그림으로 표시하고, [개요] 탭에서는 슬라이드에 입력된 제목 및 내용 텍스트를 표기합니다. 단, 텍스트 상자나 특정 개체에 입력되어 있는 텍스트는 표시되지 않습니다. [슬라이드] 탭과 [개요] 탭에서 원하는 슬라이드를 클릭하면 슬라이드 창에 선택한 슬라이드가 표시됩니다.

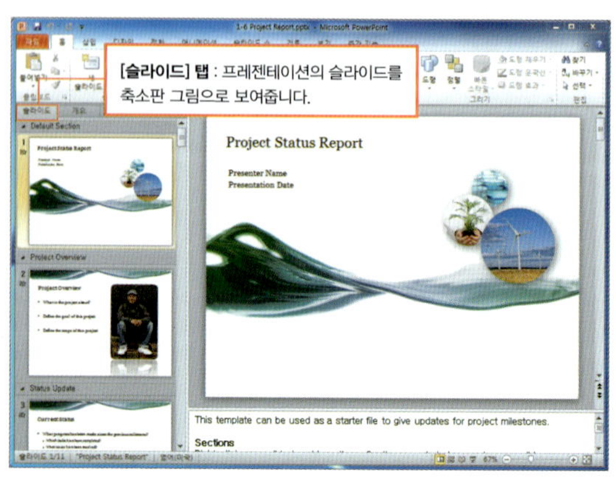

▲ [슬라이드] 탭

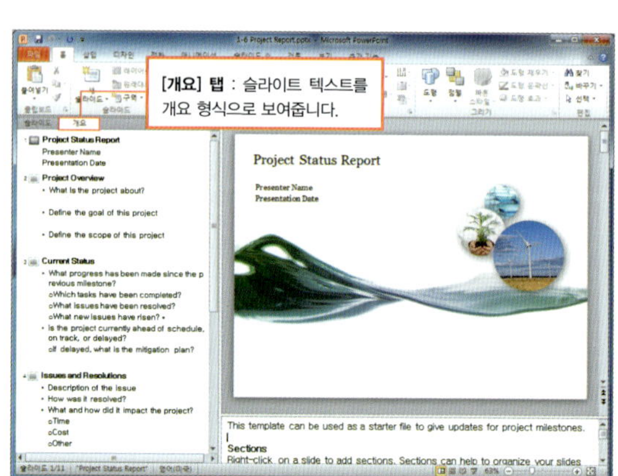

▲ [개요] 탭

3. 화면 보기 및 슬라이드 확대/축소 단추

파워포인트 오른쪽 아래에는 화면 보기를 네 가지 형태로 바꿀 수 있는 〈화면 보기〉 단추와 슬라이드 창의 크기를 조절하는 〈확대/축소〉 단추 및 슬라이드가 있습니다. 이전 버전과 다른 점은 화면 보기에 프레젠테이션을 창에 맞는 크기로 볼 수 있도록 읽기용 보기가 추가되었습니다.

◀ 화면 보기 및 슬라이드 확대/축소 단추

① **기본** : 개요 및 슬라이드 보기, 슬라이드 창, 슬라이드 노트로 구성된 기본 작업화면을 표시합니다.

② **여러 슬라이드** : 프레젠테이션의 모든 슬라이드를 작은 화면으로 볼 수 있습니다.

③ **읽기용 보기** : 프레젠테이션을 창에 맞는 크기로 볼 수 있습니다.

④ **슬라이드 쇼** : 슬라이드를 화면 전체로 표시하여 슬라이드 쇼 보기 할 수 있습니다.

⑤ **확대/축소 비율** : 슬라이드 창의 크기를 늘리거나 줄일 수 있습니다.

⑥ **확대/축소** : 슬라이드 창의 크기를 슬라이드 바를 이용해 임의대로 조절할 수 있습니다.

⑦ **슬라이드를 창에 맞춤** : 슬라이드를 현재 창의 크기에 맞춥니다.

◑ 읽기용 보기

프레젠테이션을 대형 화면이 아닌 자신의 컴퓨터에서 프레젠테이션을 보도록 할 때, 프레젠테이션을 전체 화면 슬라이드 쇼 보기가 아니라 쉽게 검토할 수 있는 간단한 컨트롤이 포함된 창에서 볼 경우에 사용자 컴퓨터에서 '읽기용 보기'를 사용합니다. 프레젠테이션의 보기 형태를 변경하고자 할 경우에는 언제든지 다른 보기 중의 하나로 전환이 가능합니다.

▲ 읽기용 보기

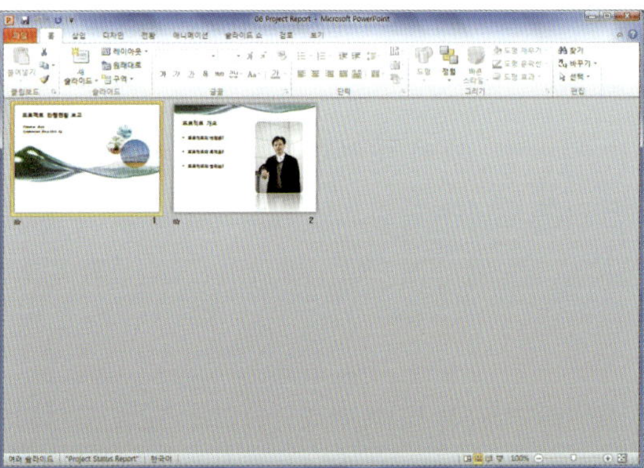

▲ 여러 슬라이드

파워포인트 2010에서 제공하는 다양한 디자인 명령을 통해 프레젠테이션을 색다르고 세련된 모양으로 꾸밀 수 있습니다.

- **리본 메뉴** : 가장 자주 사용하는 명령이 메뉴나 도구 모음 아래에 감춰져 있지 않고 새로운 리본 메뉴에 표시되어 작업 시 쉽게 찾아볼 수 있어서 원하는 명령을 매우 쉽게 찾을 수 있습니다.
- **실시간 미리 보기** : 슬라이드 디자인 시 배경과 도형 서식 등을 적용하기 전에 스타일 갤러리의 실시간 미리 보기를 통해 이들 서식이 적용된 모습을 미리 볼 수 있습니다.
- **SmartArt 그래픽** : 새로운 SmartArt 그래픽 기능은 새로운 다이어그램 유형과 보다 많은 레이아웃 옵션을 제공하며, 이 기능을 사용하여 글머리 기호 목록 등의 텍스트를 다이어그램으로 변환할 수 있습니다.
- **멀티미디어** : 비디오나 오디오 클립에 트리밍과 책갈피 기능이 추가되어 보다 편리하게 멀티미디어를 제어할 수 있습니다.

03 리본 인터페이스 이해하기

파워포인트 2003 버전 사용자 같은 경우 파워포인트 2010을 처음 시작하면 이전 버전과 비교하여 모양이 많이 달라진 것을 알 수 있는데, 파워포인트 2007 버전부터 일부 프로그램의 메뉴와 도구 모음이 리본 메뉴로 바뀌었습니다. 이러한 리본 메뉴의 구성에 대해 자세히 알아보겠습니다.

1. 리본 메뉴

리본 메뉴는 작업을 완료하는 데 필요한 명령을 신속하게 찾을 수 있도록 디자인되는데, 사용자가 선택하는 개체에 따라 상황별 리본 탭이 자동적으로 활성화됩니다. 명령은 탭 아래에 논리적 그룹으로 구성되며, 각 탭은 삽입, 디자인, 애니메이션, 전환, 슬라이드 쇼 등과 같은 작업 유형과 관련됩니다.

○ 리본 메뉴

탭 표시줄에서 각 탭을 클릭하면 관련 명령 단추들이 그룹별로 구성되어 표시됩니다. 또한 세밀하고 정교한 작업을 할 수 있도록 해당 그룹의 오른쪽 아래에 **대화상자 표시** 단추(□)가 제공되어 있어 이를 클릭하면 개체를 편집할 수 있는 대화상자가 표시됩니다.

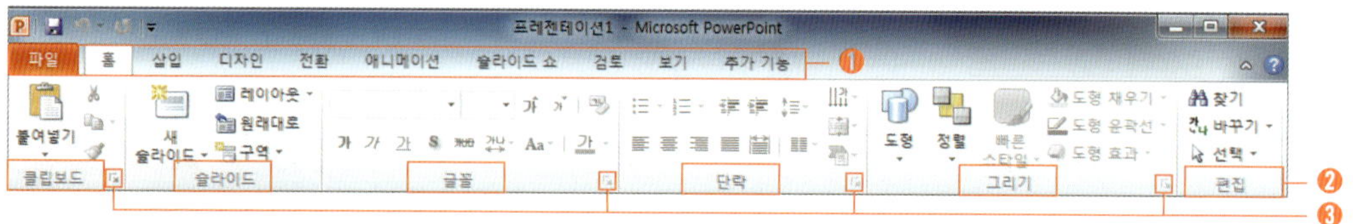

❶ **탭 표시줄** : 해당 탭을 선택하면 각 명령 단추들이 그룹화 되어 표시됩니다.

❷ **그룹** : 탭의 하위 개념으로, 관련 기능들로 명령 단추들이 표시됩니다.

❸ **대화상자 표시 단추** : 각 그룹에 해당하는 대화상자가 표시됩니다.

○ [파일] 탭 `NEW 2010`

2010 버전에서 새롭게 포함된 탭으로, [**파일**] 탭에서는 새로 만들기, 열기, 저장, 인쇄, 공유, 옵션 사용 등의 작업을 실행할 수 있습니다.

[**파일**] 탭을 클릭하면 Microsoft Office Backstage 보기를 볼 수 있습니다. Backstage 보기는 숨겨진 메타 데이터 또는 개인 정보 만들기, 저장, 검사 및 옵션 설정 작업을 수행할 수 있는 파일 및

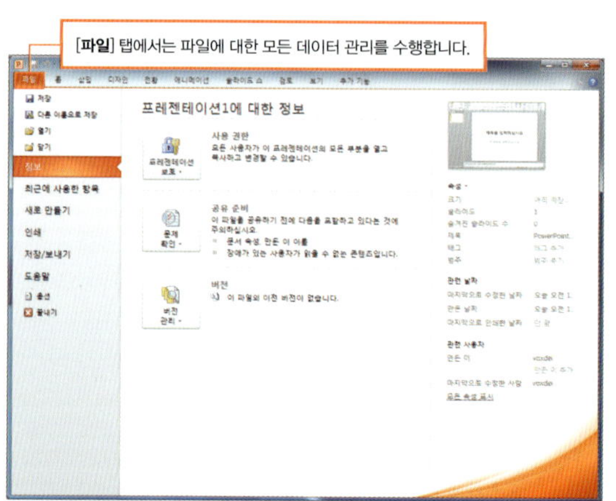

▲ [파일] 탭 – 프레젠테이션에 대한 정보

○ 대화상자 표시 단추

대화상자 표시 단추(□)는 모든 그룹에 제공되는 것은 아니고, 서식을 변경할 수 있는 명령들이 있는 그룹에서만 제공됩니다.

○ [파일] 탭의 기능

[**파일**] 탭은 이전 릴리스의 Microsoft Office에서 사용하는 Microsoft Office 단추 및 파일 메뉴를 대체합니다.

파일에 대한 데이터를 관리하는 공간입니다. 즉, 파일에서 수행하지는 않지만 파일에 대해 수행하는 모든 작업을 의미합니다.

● [홈] 탭

사용자들이 가장 자주 사용하는 기본 메뉴로 클립보드, 슬라이드, 글꼴, 단락, 그리기, 편집 그룹으로 구성되어 있습니다.

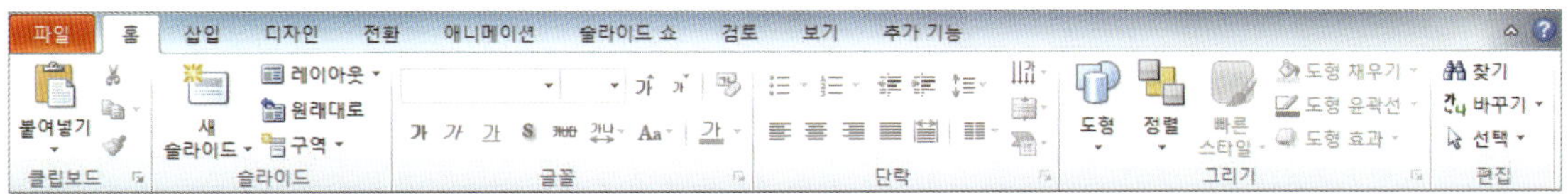

● [삽입] 탭

슬라이드에 개체를 삽입할 때 사용되는 명령들이 위치하며 표, 이미지, 일러스트레이션, 링크, 텍스트, 기호, 미디어 그룹으로 구성되어 있습니다.

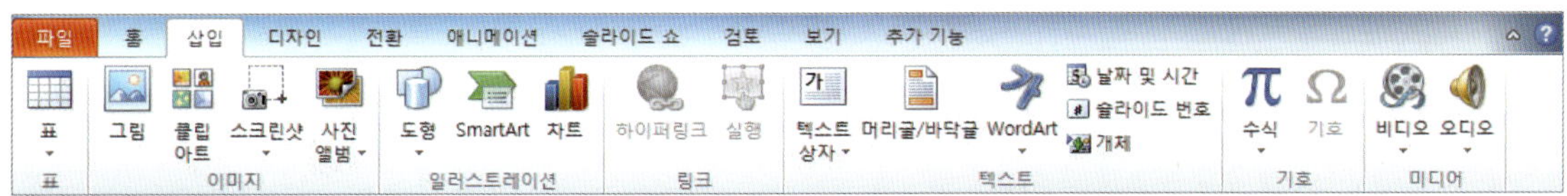

● [디자인] 탭

슬라이드 배경을 구성하는 명령들이 위치하며 페이지 설정, 테마, 배경 그룹으로 구성되어 있습니다.

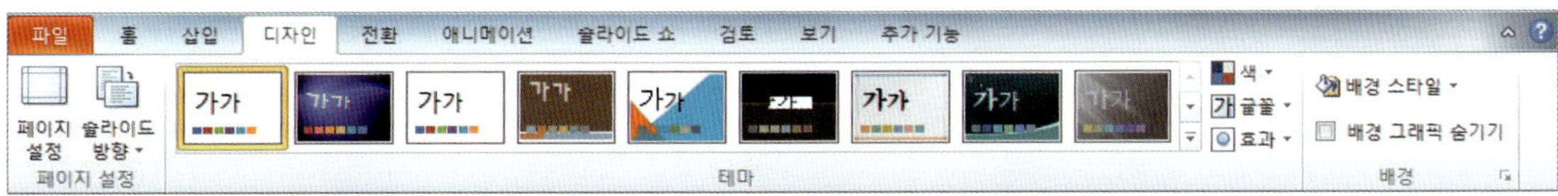

● [전환] 탭 `NEW 2010`

파워포인트 2010에서 새롭게 추가된 리본 메뉴입니다. 슬라이드 쇼에서 화면 전환을 구성하는 명령들이 위치해 있으며 미리보기, 슬라이드 화면 전환, 타이밍 그룹으로 구성되어 있습니다.

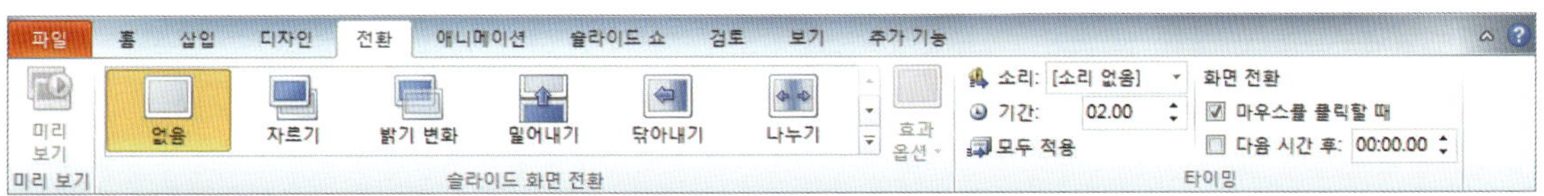

● [애니메이션] 탭 `NEW 2010`

파워포인트 2010에서 새롭게 수정된 리본 메뉴입니다. 슬라이드에 생명력을 불어넣는 애니메이션을 구성하는 명령들이 위치하며 미리보기, 애니메이션, 고급 애니메이션, 타이밍 그룹으로 구성되어 있습니다.

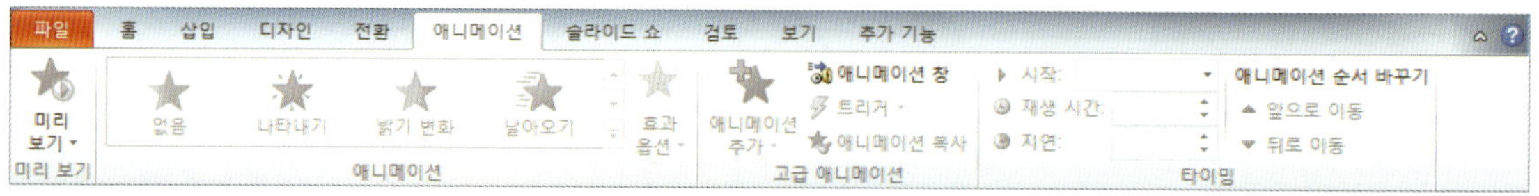

○ [슬라이드 쇼] 탭

슬라이드 쇼를 진행할 때 필요한 명령들이 위치하며 슬라이드 쇼 시작, 설정, 모니터 그룹으로 구성되어 있습니다.

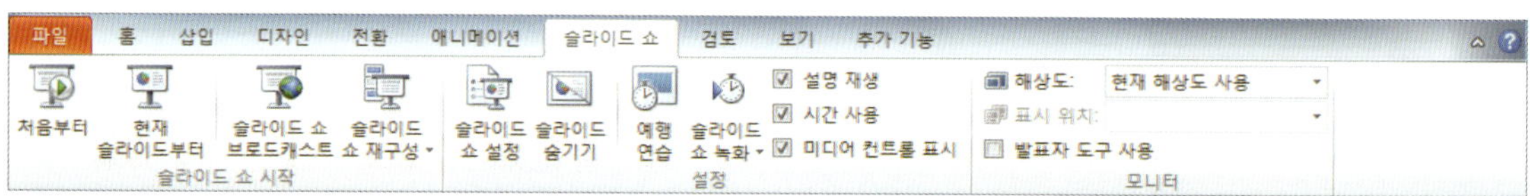

○ [검토] 탭

텍스트와 관련된 작업인 맞춤법 검사, 메모 등의 명령이 위치하며 언어 교정, 언어, 메모, 비교 그룹으로 구성되어 있습니다.

○ [보기] 탭

슬라이드의 보기와 관련된 다양한 명령이 위치하며 프레젠테이션 보기, 마스터 보기, 표시, 확대/축소, 컬러/회색조, 창, 매크로 그룹으로 구성되어 있습니다.

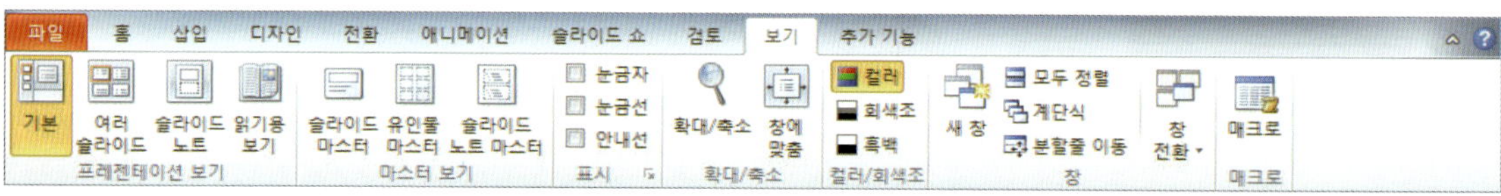

2. 상황별 탭

화면을 깔끔하게 유지하기 위해 일부 탭은 필요할 때만 표시되는데, 슬라이드에서 개체를 선택하면 해당 개체를 편집할 수 있는 리본 메뉴인 상황별 탭이 표시됩니다. 예를 들어 [**그림 도구**] 탭은 그림을 선택했을 때만 표시되는 상황별 탭입니다.

○ **상황별 탭**

기본 탭이 무엇인지에 따라 상황별 탭은 1~2개로 표시됩니다.

3. 기타 상황별 탭

리본 메뉴는 작업을 완료하는 데 필요한 명령을 신속하게 찾을 수 있도록 디자인되었으며, 명령은 탭 아래 논리적 그룹으로 구성되어 있습니다. 예를 들어 클립보드 그룹은 [홈] 탭에 있습니다. 각 탭은 페이지를 디자인하거나 작성하는 등의 작업 유형과 관련되어 있어 화면이 복잡해지는 것을 방지하기 위해 일부 탭은 필요한 경우에만 나타납니다. 예를 들어 [그리기 도구] 탭은 도형, 선 또는 기타 그리기 개체를 선택한 경우에만 표시됩니다.

[그리기 도구] 탭이 보이지 않으면 도형, 선 또는 그리기 개체를 선택하면 됩니다.

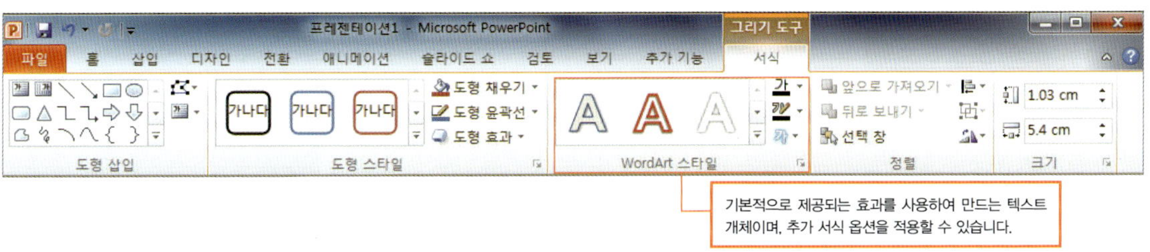

도형, 선, 그림, 클립 아트, SmartArt 그래픽 또는 WordArt를 삽입하면 기존의 [그리기] 도구 모음에 있던 서식 및 효과뿐 아니라 빠른 스타일 같은 새로운 명령이 포함된 탭이 추가로 표시됩니다. 만약 탭이 보이지 않는 경우 도형, 선, 그림, 클립 아트, SmartArt 그래픽 또는 WordArt를 선택하면 됩니다.

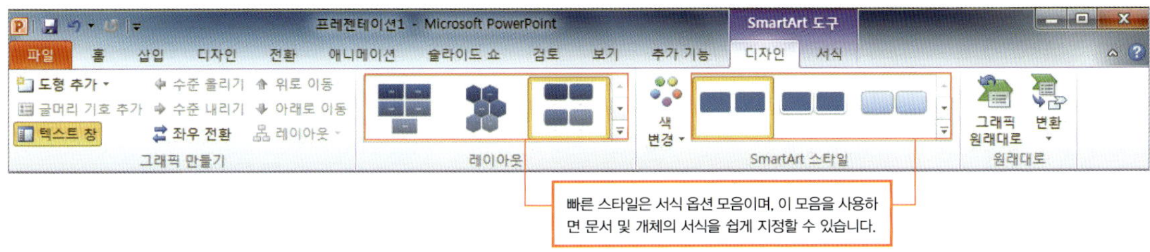

4. 리본 메뉴 최소화

마이크로소프트 오피스 사용자 인터페이스의 일부인 리본 메뉴는 작업을 완료하기 위해 필요한 명령을 빨리 찾는 데 도움이 되도록 디자인되어서 서로 관련 있는 명령이 탭 아래 논리 그룹으로 한데 모아 구성됩니다. 각 탭은 쓰기 또는 페이지 레이아웃 지정과 같은 작업 유형과 관련되어 있어서 화면이 복잡해지지 않도록 일부 탭은 필요할 때만 표시되며, 리본 메뉴가 최소화되면 탭만 표시됩니다.

리본 메뉴는 삭제하거나 이전 버전 오피스의 도구 모음 및 메뉴로 대체할 수는 없지만 사용할 수 있는 화면 공간을 늘리기 위해 리본 메뉴를 최소화할 수는 있습니다.

⊙ 그리기 개체

그리거나 삽입하는 모든 그래픽을 말하며, 변경 및 보완이 가능하고 도형, 곡선, 선, WordArt 등이 있습니다.

⊙ 클립 아트

주로 비트맵으로 그려진 도형 조합으로 일러스트레이션, 사진, 이미지를 지칭하는 단일 기본 아트입니다.

전체 리본 메뉴

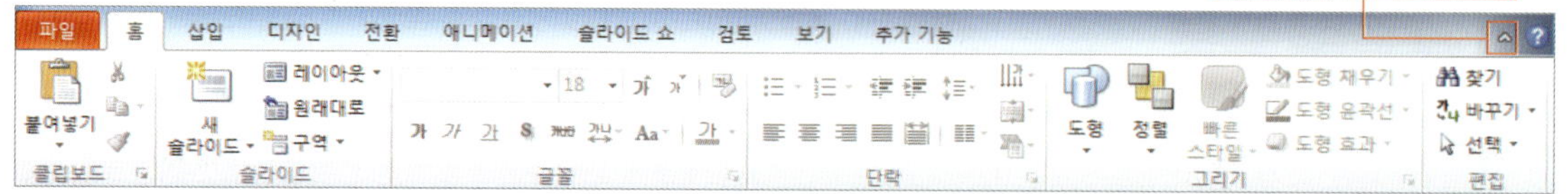

최소화된 리본 메뉴

최소화되어 있는 리본 메뉴를 사용하려면 사용할 탭을 클릭하고 원하는 옵션이나 명령을 클릭합니다.

예를 들어 리본 메뉴가 최소화된 상태에서 문서의 텍스트를 선택하고 [홈] 탭을 클릭하면 전체 리본 메뉴가 활성화 됩니다. **글꼴** 그룹에서 원하는 텍스트 크기를 클릭하면 리본 메뉴는 다시 최소화된 상태로 표시됩니다.

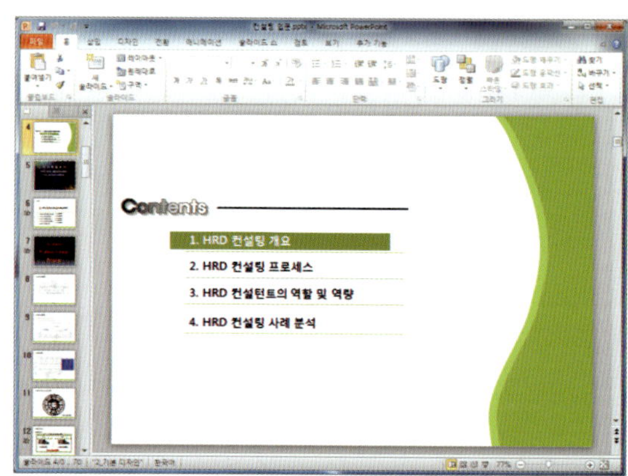

▲ 전체 리본 메뉴

○ **단축키**

리본 메뉴 최소화의 단축키는 Ctrl + F1 입니다.

5. 사용자 지정 리본 메뉴 추가하기 `NEW 2010`

파워포인트 2007에서는 가장 자주 사용하는 명령과 단추를 찾기 쉬운 위치에 놓을 수 있는 빠른 실행 도구 모음을 사용할 수 있었습니다. 파워포인트 2010은 빠른 실행 도구 모음과 리본 메뉴, 원하는 명령을 사용자 지정할 수 있게 되어 작업 속도가 더욱 향상되었습니다.

사용자 지정 리본 메뉴 추가

① 빠른 실행 도구 모음 사용자 지정(▤)을 클릭하고 목록에서 **기타 명령**을 클릭한 후 'PowerPoint 옵션' 대화상자에서 오른쪽 하단의 〈새 탭〉 단추를 클릭합니다.

② '새 탭(사용자 지정)'과 '새 그룹(사용자 지정)'이 표시되면 새 탭을 선택하고 〈이름 바꾸기〉 단추를 클릭한 후 '이름 바꾸기' 대화상자에서 '표시 이름'을 "사용자 지정"으로 입력하고 〈확인〉 단추를 클릭합니다.

○ **'PowerPoint 옵션' 표시**

[**파일**] 탭 → **옵션** 명령을 클릭해서 'PowerPoint 옵션' 대화상자를 표시합니다.

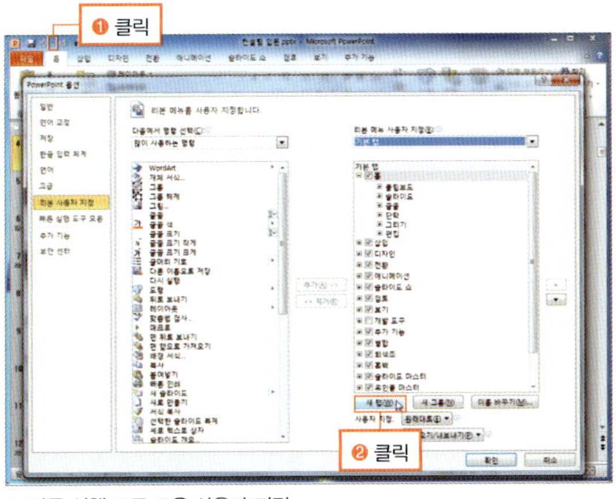

▲ 빠른 실행 도구 모음 사용자 지정

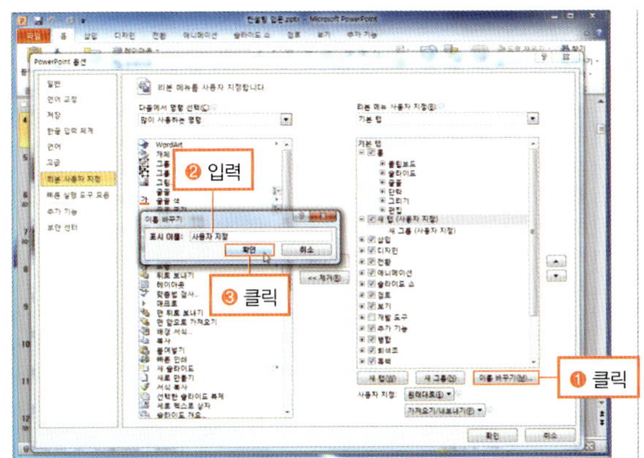

▲ '이름 바꾸기' 설정

③ 새 그룹을 선택하고 〈이름 바꾸기〉 단추를 클릭하여 '이름 바꾸기' 대화상자에서 '표시 이름'을 "불러오고 저장하기"로 변경한 다음 심볼을 선택하고 〈확인〉 단추를 클릭하면 **불러오고 저장하기** 그룹에 '새 이름으로 저장하기' 명령 단추를 추가합니다.

④ 'PowerPoint 옵션' 대화상자에서 왼쪽 상단의 '다음에서 명령 선택' 항목의 목록 단추를 클릭하여 '파일 탭'을 선택합니다.

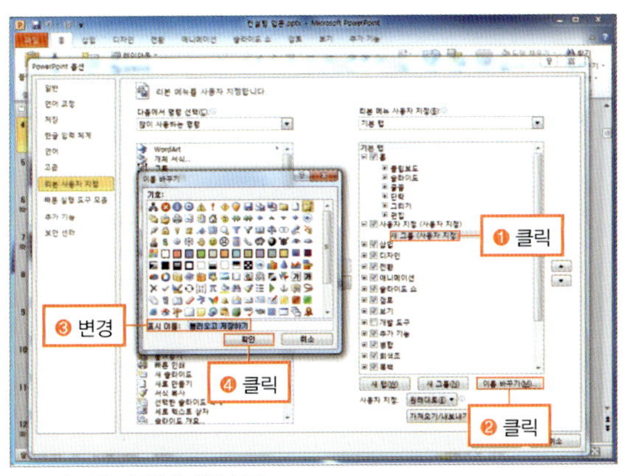

▲ 표시 이름 및 심볼(기호) 설정

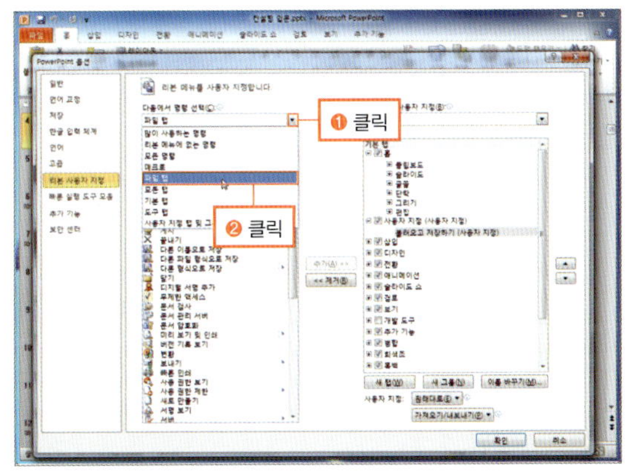

▲ 명령(파일 탭) 선택

⑤ 목록에서 '파일 탭'에 관련된 명령들이 표시되면 '다른 이름으로 저장' 명령을 선택하고 〈추가〉 단추를 클릭합니다. 이때 우측의 리본 메뉴 사용자 지정은 불러오고 저장하기 그룹을 선택하고 있어야 합니다.

⑥ 'PowerPoint 옵션' 대화상자의 〈확인〉 단추를 클릭하면 리본 메뉴에 '사용자 지정' 메뉴가 표시되는 것을 확인할 수 있습니다.

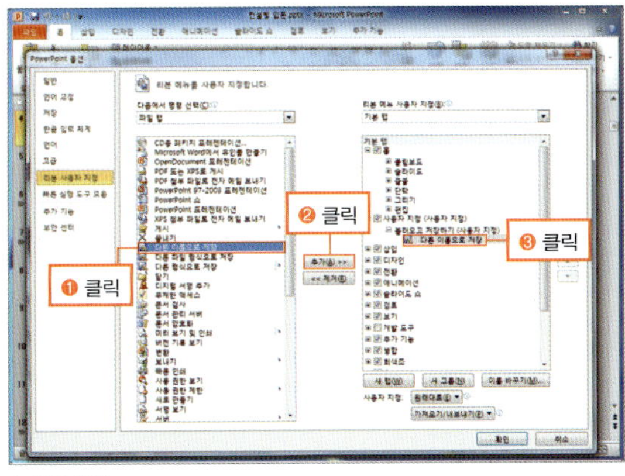

▲ 명령 추가

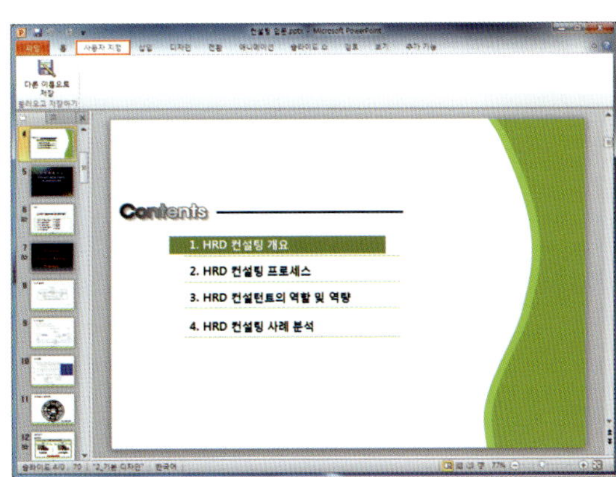

▲ 사용자 지정 메뉴 표시

○ 사용자 지정 리본 메뉴

원하는 위치에 자유롭게 삽입할 수 있으며, 원하는 개수만큼 추가할 수 있습니다.

● 사용자 지정 리본 제거

사용자 지정 리본을 제거하려면 'PowerPoint 옵션' 대화상자에서 사용자 지정 리본 메뉴를 선택한 후 〈제거〉 단추를 클릭합니다.

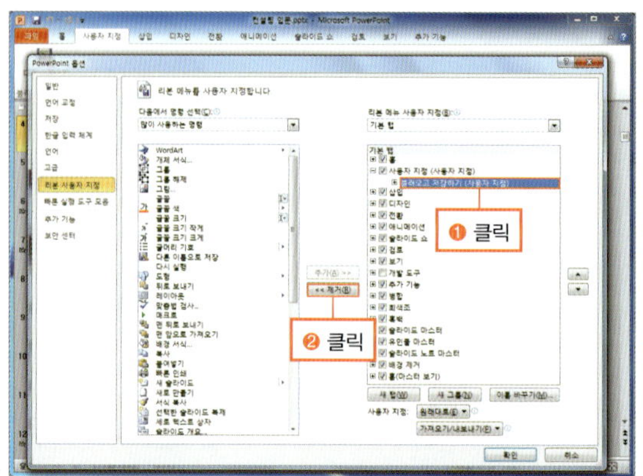

사용자 지정 리본 제거 ▶

● 사용자 지정 리본 가져오기

사용자 지정 리본을 저장하여 다른 컴퓨터에서도 동일하게 인터페이스를 사용할 수 있습니다. 'PowerPoint 옵션' 대화상자에서 오른쪽 하단부에 〈가져오기/내보내기〉 단추를 클릭한 후 표시되는 선택 목록에서 **모든 사용자 지정 항목 내보내기**를 클릭하면 파일로 저장할 수 있습니다.

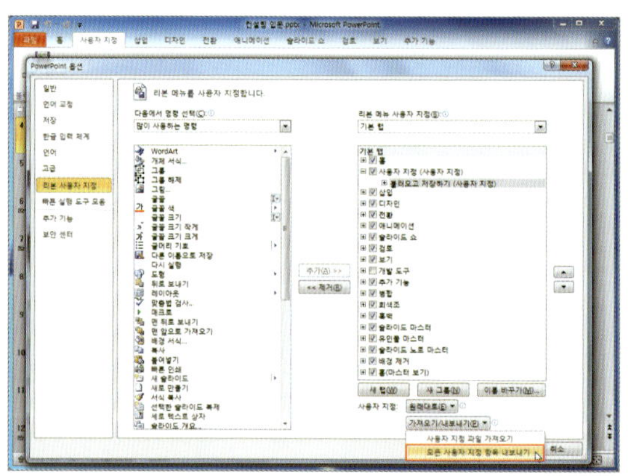

모든 사용자 지정 항목 내보내기 ▶

저장된 사용자 지정 리본은 *.exportedUI라는 파일명을 갖습니다. 이제 다른 컴퓨터로 이동하여 리본 메뉴를 불러오기 위해 'PowerPoint 옵션' 대화상자에서 오른쪽 하단부에 〈가져오기/내보내기〉 단추를 클릭한 후 나타나는 목록에서 **사용자 지정 파일 가져오기**를 클릭하여 사용자 지정 리본 메뉴를 가져옵니다.

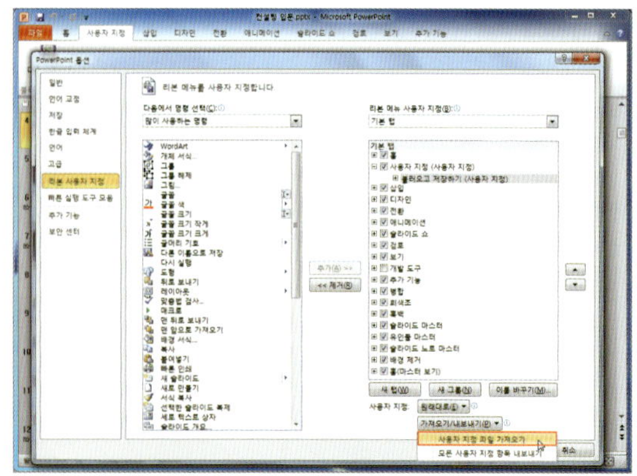

▲ 사용자 지정 파일 가져오기

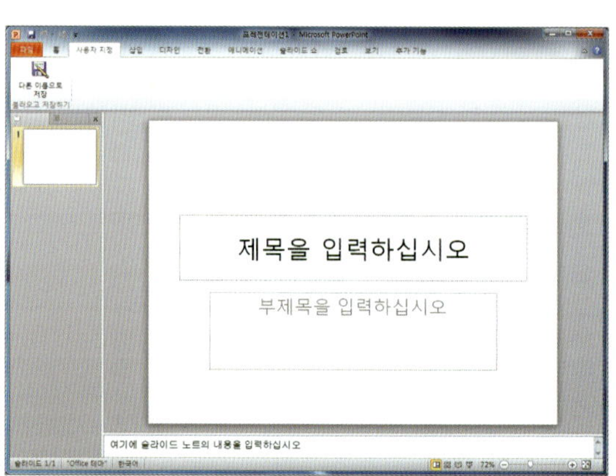

▲ 리본 메뉴 설치

POWER TIP

내 업무 반으로 줄이는

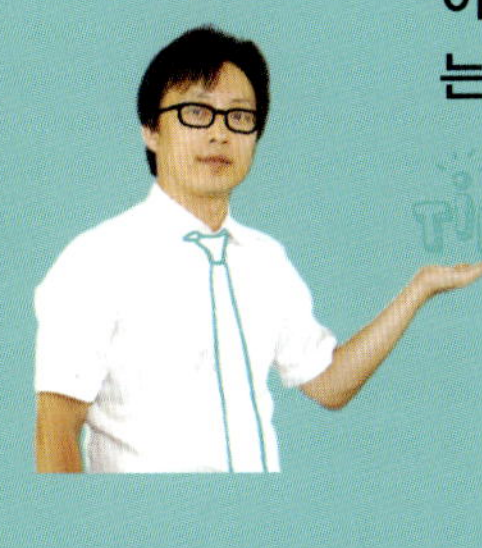

몇 번의 키 입력으로 명령 액세스하기

선택키를 사용하면 현재 실행하고 있는 프로그램에 관계없이 몇 번의 키 입력을 통해 빠르게 명령을 실행할 수 있습니다. 즉, 선택키를 통해 리본 메뉴에 등록되어 있는 모든 명령에 액세스할 수 있습니다.

❶ Alt 키를 눌렀다 놓으면 현재 보기에서 사용할 수 있는 각 명령 위에 키 설명이 표시됩니다.

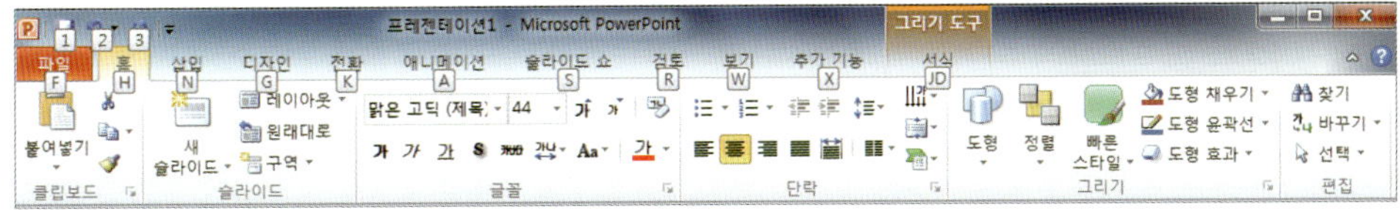

❷ 사용할 명령 위에 표시된 문자를 누릅니다.

❸ 어떤 문자를 눌렀는지에 따라 추가 키 설명이 표시될 수도 있습니다. 예를 들어 [**홈**] 탭이 활성화된 상태에서 N 키를 누르면 [**삽입**] 탭과 해당 탭의 그룹에 대한 키 설명이 표시됩니다.

❹ 사용할 특정 명령 또는 옵션의 문자가 나올 때까지 문자를 계속 누르면 되는데, 경우에 따라서는 원하는 명령이 포함된 그룹의 문자를 먼저 눌러야 할 수도 있습니다.

❺ 현재 작업을 취소하고 키 설명을 숨기려면 Alt 키를 한 번 더 누릅니다.

리본 메뉴 이름 바꾸기

리본 메뉴는 사용자에 의해 이름을 변경할 수 있어서 자신만의 독특한 리본 메뉴 이름을 사용하여 화면에 표시할 수 있습니다. 이름 바꾸기는 기존의 리본 메뉴들을 수정하는 것보다는 사용자 지정 리본 메뉴를 만들었을 때 사용하는 것이 좋습니다.

❶ 빠른 실행 도구 모음 사용자 지정(▾)을 클릭한 후 목록에서 **기타 명령**을 클릭합니다.

❷ 'PowerPoint 옵션' 대화상자에서 [리본 사용자 지정]을 클릭하고 '리본 메뉴 사용자 지정'에서 '기본 탭' 항목의 '전환'을 선택한 후 〈이름 바꾸기〉 단추를 클릭하여 이름을 변경합니다.

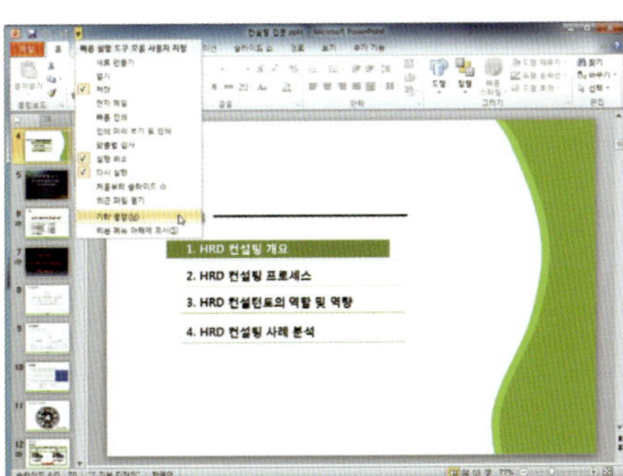

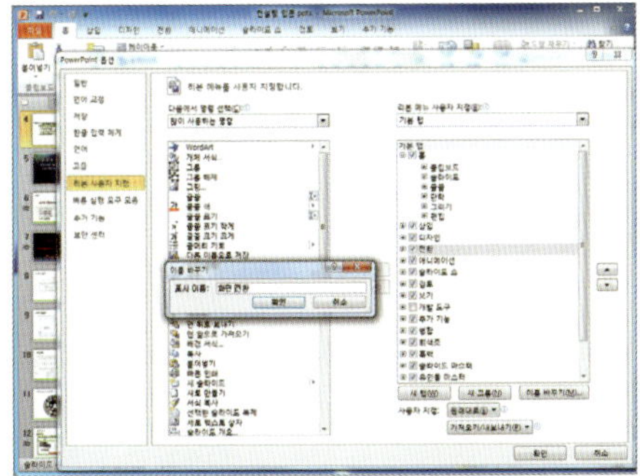

빠른 실행 도구 모음 사용하기

가장 자주 사용하는 명령과 단추를 찾기 쉬운 위치에 놓을 수 있는 간단한 방법은 바로 빠른 실행 도구 모음에 추가하는 것입니다. 리본 메뉴 위에 기본적으로 자주 사용하는 여러 단추가 이미 포함되어 있으며, 또한 새 명령을 직접 추가할 수 있습니다. 빠른 실행 도구 모음을 사용하고 추가 및 제거하는 방법에 대해 알아보겠습니다.

1. 빠른 실행 도구 모음에 명령 추가하기

빠른 실행 도구 모음에는 가장 자주 사용하는 명령과 단추를 언제라도 추가하여 사용할 수 있으며, 작업 속도를 향상시키는 데 많은 도움이 됩니다.

빠른 실행 도구 모음 사용자 지정(▤)을 클릭하고 목록에서 **기타 명령**을 클릭한 후 'PowerPoint 옵션' 대화상자에서 '다음에서 명령 선택' 목록에서 원하는 명령 범주를 선택하고 〈추가〉 단추를 클릭하여 빠른 실행 도구 모음에 추가합니다.

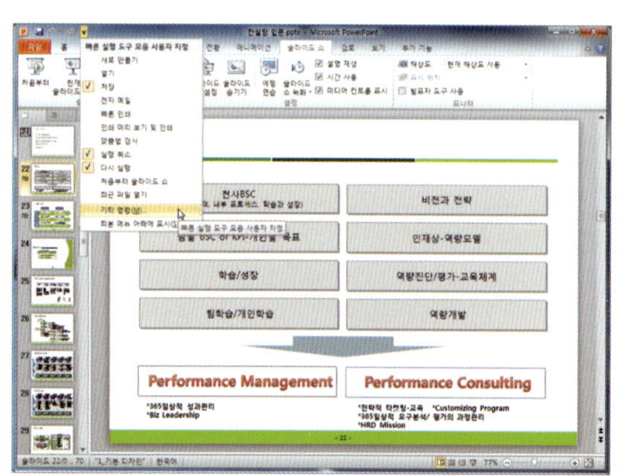

▲ 빠른 실행 도구 모음 – 기타 명령

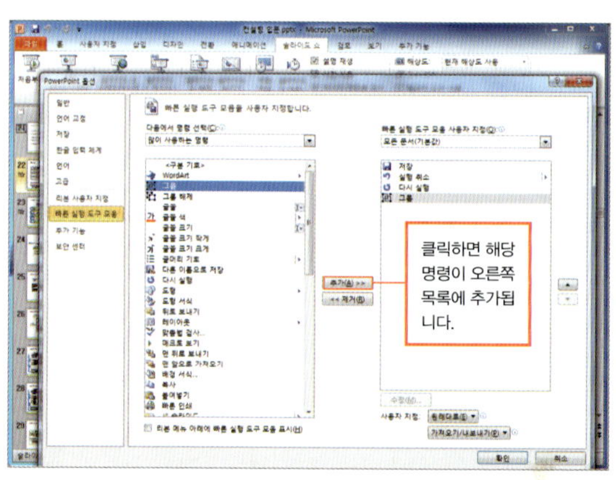

▲ 빠른 실행 도구 모음 – 명령 추가

◎ 빠른 실행 도구 모음에 명령 추가

빠른 실행 도구 모음에 명령을 추가할 경우에는 리본 메뉴에 바로 표시된 명령보다는 여러 번 클릭으로 찾아 들어가거나 리본 메뉴에 없는 명령을 추가하는 것이 작업 속도를 향상시킬 수 있는 방법입니다.

2. 빠른 실행 도구 모음에서 명령 제거하기

빠른 실행 도구 모음에 추가된 명령은 언제라도 제거할 수 있습니다. **빠른 실행 도구 모음 사용자 지정(▤)**을 클릭한 후 목록에서 **기타 명령**을 클릭합니다. 'PowerPoint 옵션' 대화상자에서 오른쪽의 '빠른 실행 도구 모음 사용자 지정'에서 제거할 명령을 선택한 후 〈제거〉 단추를 클릭하여 빠른 실행 도구 모음에서 제거합니다.

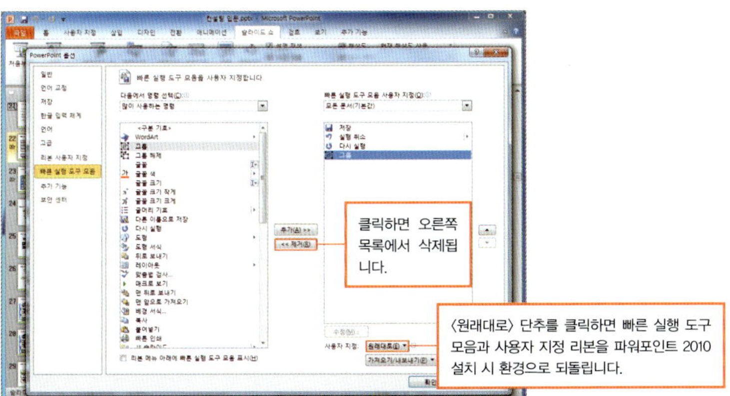

▲ 빠른 실행 도구 모음 – 명령 제거

3. 빠른 실행 도구 모음 위치 변경하기

빠른 실행 도구 모음은 다음 중 한 곳에 표시할 수 있습니다.

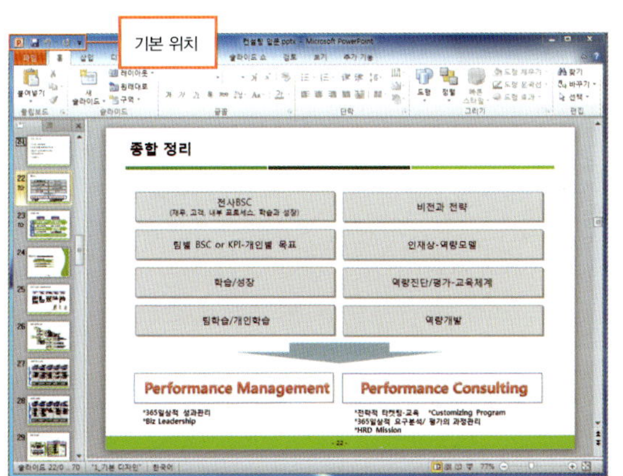

▲ 파워포인트 아이콘 단추 옆의 왼쪽 위 모서리(기본 위치)

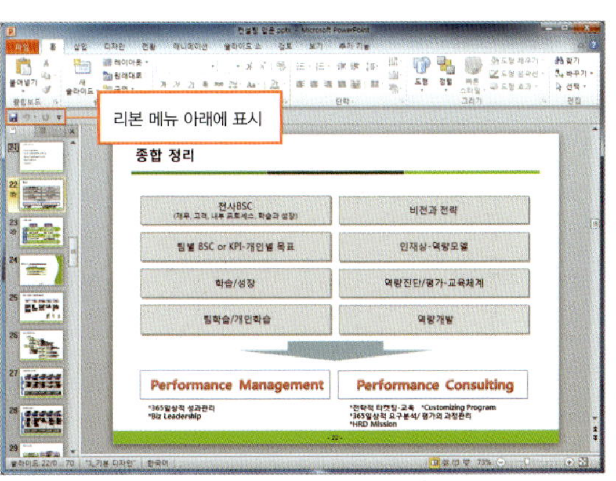

▲ 리본 메뉴의 아래

현재 위치에 빠른 실행 도구 모음을 표시하지 않으려면 다른 위치로 이동할 수 있습니다. 파워포인트 아이콘 단추 옆의 기본 위치가 작업 영역에서 너무 멀어서 불편하면 작업 영역에 더 가까운 위치로 이동할 수 있습니다. 그러나 리본 메뉴 아래의 위치는 작업 영역을 가리므로 작업 영역을 최대한 넓게 사용하려면 빠른 실행 도구 모음을 기본 위치에 두는 것이 좋습니다.

빠른 실행 도구 모음 사용자 지정(▤)을 클릭한 후 목록에서 **리본 메뉴 아래에 표시**를 클릭합니다.

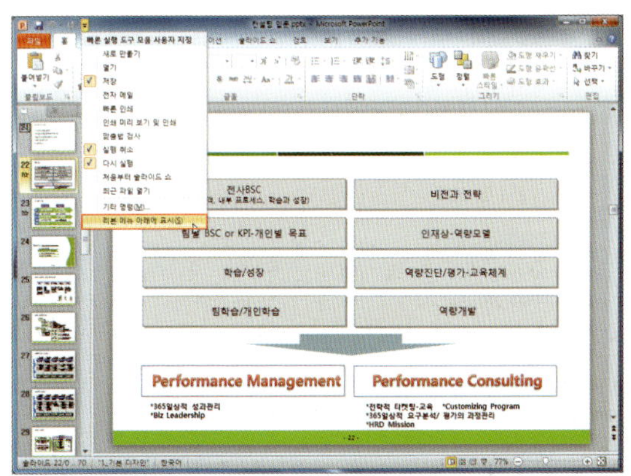

▲ 리본 메뉴 아래에 표시 명령

4. 빠른 실행 도구 모음에 등록해 두면 좋은 추천 명령

빠른 실행 도구 모음에 등록되는 명령들은 문서 작성 시 가장 많이 사용되는 명령들입니다. 필자의 경험 상 빠른 실행 도구 모음에 등록하고 사용하면 좋은 명령을 추천하여 드립니다.

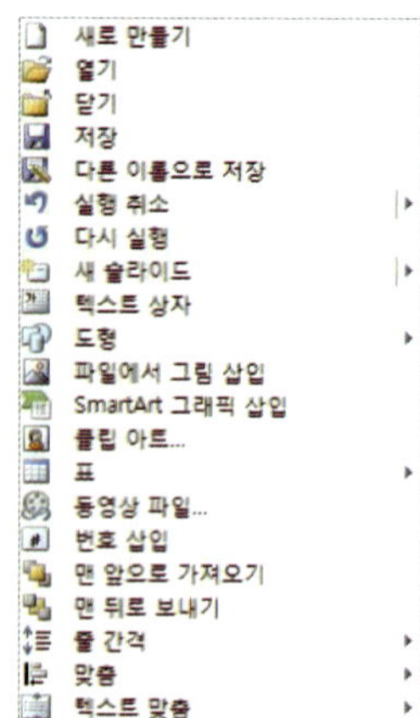

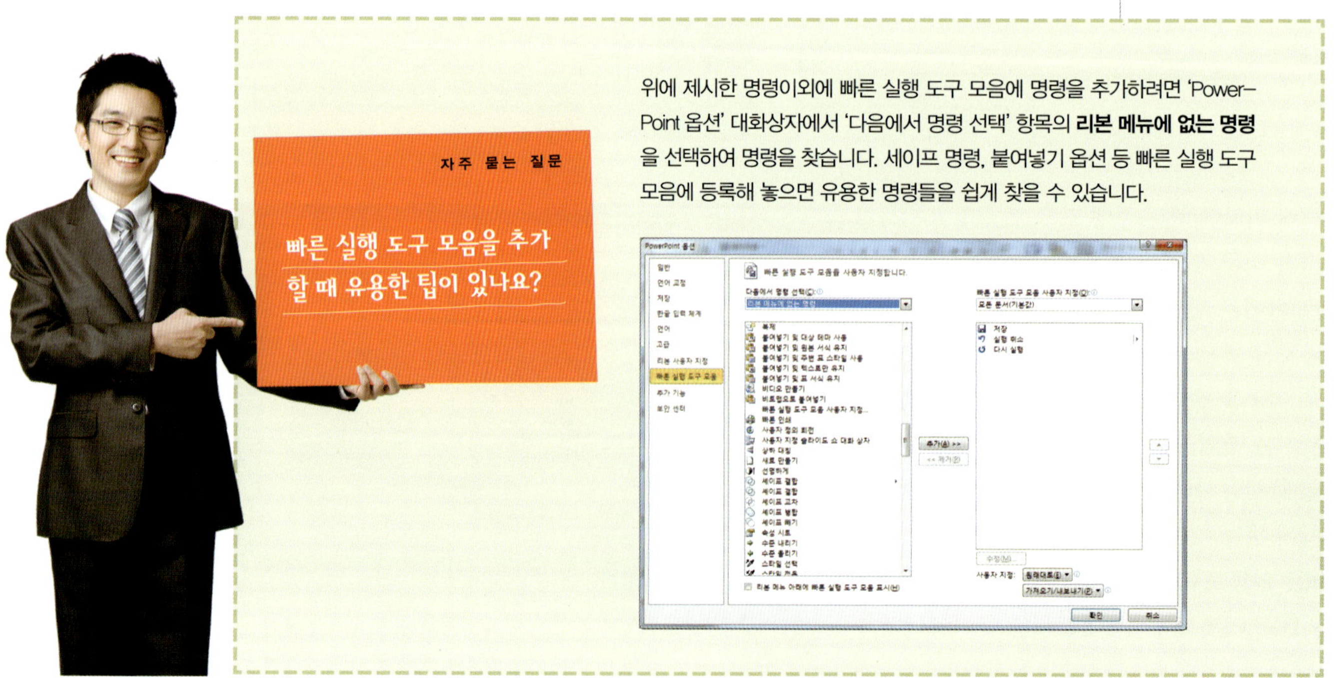

위에 제시한 명령이외에 빠른 실행 도구 모음에 명령을 추가하려면 'Power-Point 옵션' 대화상자에서 '다음에서 명령 선택' 항목의 **리본 메뉴에 없는 명령**을 선택하여 명령을 찾습니다. 세이프 명령, 붙여넣기 옵션 등 빠른 실행 도구 모음에 등록해 놓으면 유용한 명령들을 쉽게 찾을 수 있습니다.

05 파일 열기/닫기

파워포인트 프로그램을 실행하는 방법과 종료하는 방법은 사용자 편의에 맞게 여러 가지 방법이 있으므로 사용자 자신에게 편리한 방법을 선택하여 사용하면 됩니다. 파워포인트로 작성된 기존 파일의 열기 및 닫기 방법에 대해서 알아보겠습니다.

1. 파워포인트 실행하기

파워포인트를 실행하는 3가지 방법으로는 윈도 [시작] 메뉴를 통해 실행하는 방법, 바로 가기 명령을 만들어서 실행하는 방법, 직접 프레젠테이션 파일을 두 번 연속 클릭하여 문서와 함께 파워포인트를 실행하는 방법이 있습니다.

● 윈도 [시작] 메뉴에서 실행하기

윈도 바탕화면에서 [시작] → [모든 프로그램] → [Microsoft Office] → [Microsoft PowerPoint 2010]을 순서대로 클릭하여 파워포인트를 실행합니다.

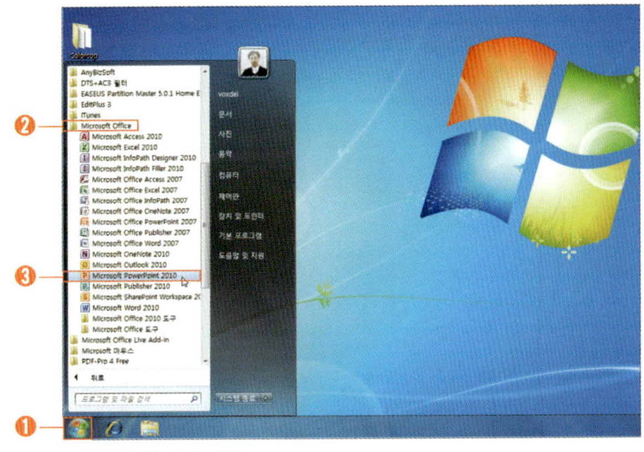

▲ [시작] 메뉴에서 실행

● 윈도 환경

본서에서 설명되는 윈도의 환경은 윈도 7을 기준으로 합니다. 윈도 Vista나 XP 환경과 다소 차이가 있을 수 있습니다.

● 파워포인트 바로 가기를 만들어서 실행하기

파워포인트가 설치될 때 윈도 바탕화면에 바로 가기가 자동으로 만들어지지 않기 때문에 바로 가기를 이용하려면 사용자가 직접 만들어 실행합니다.

① 윈도 바탕화면에서 [**시작**] → [**모든 프로그램**] → [Microsoft Office] → [Microsoft PowerPoint 2010]에서 마우스 오른쪽 단추를 클릭한 후 바로 가기 메뉴에서 **보내기** → **바탕화면에 바로 가기 만들기**를 순서대로 클릭합니다.

② 윈도 바탕화면에 파워포인트 바로 가기가 만들어지며, 바로 가기를 두 번 연속 클릭하면 파워포인트가 실행됩니다.

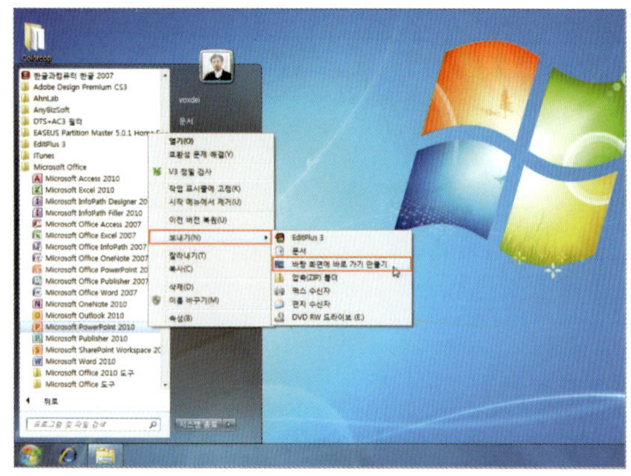

▲ 바탕화면에서 바로 가기 만들기

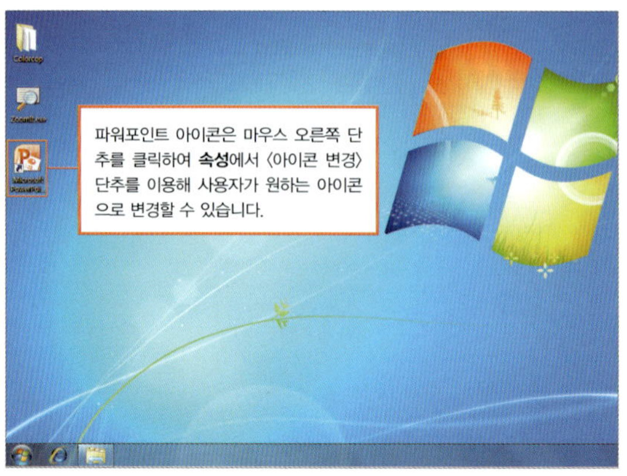

▲ 바로 가기 실행

● 프레젠테이션 문서를 두 번 연속 클릭하여 실행하기

윈도 탐색기를 통해 폴더에 들어 있는 프레젠테이션 문서를 찾아서 두 번 연속 클릭하여 파워포인트를 실행합니다.

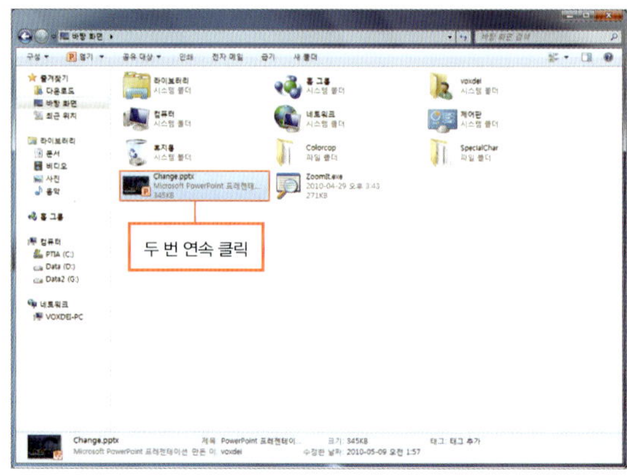

▲ 프레젠테이션 문서로 실행

2. 프레젠테이션 문서 열기

파워포인트로 작성되어 있는 문서를 파워포인트에서 여는 방법은 3가지가 있습니다. 파워포인트에서 열기 명령을 사용하는 방법, 최근 문서 목록에서 선택하여 문서를 여는 방법, 프레젠테이션 파일을 직접 두 번 연속 클릭하여 여는 방법이 있습니다.

◎ 파워포인트에서 열기 명령으로 열기

프레젠테이션 문서를 열기 명령을 사용하여 열려면 [**파일**] 탭 → **열기** 명령을 클릭한 후 '열기' 대화상자에서 원하는 프레젠테이션 문서를 찾아 선택하고 〈열기〉 단추를 클릭하거나 프레젠테이션 문서를 두 번 연속 클릭하여 문서를 엽니다.

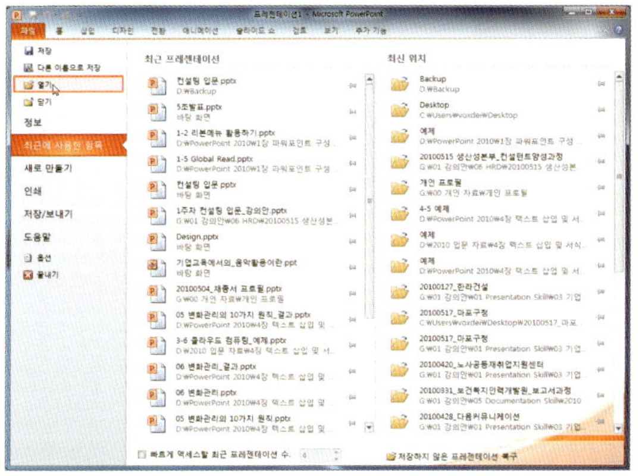

▲ [파일] 탭에서 문서 열기

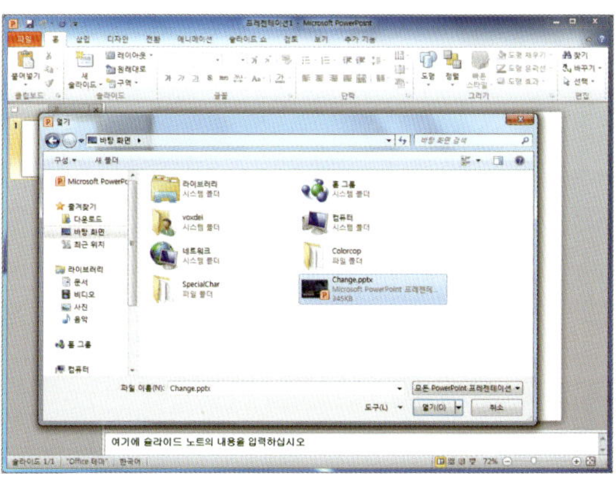

▲ 문서 선택하여 열기

◎ 최근 문서 목록에서 선택하여 열기

최근의 작업했던 파일을 빠르게 열려면 [**파일**] 탭 → **최근에 사용한 항목**을 클릭합니다. 최근에 작업했던 20개의 문서가 목록으로 표시되면 원하는 문서를 클릭합니다.

[**파일**] 탭에 표시되는 최근 문서의 목록 수를 변경하려면 **빠른 실행 도구 모음 사용자 지정**(▤)을 클릭하고 표시되는 목록에서 **기타 명령**을 클릭합니다. [고급]을 클릭하고 '표시' 항목의 '표시할 최근 문서 수'를 원하는 수로 지정하면 됩니다.

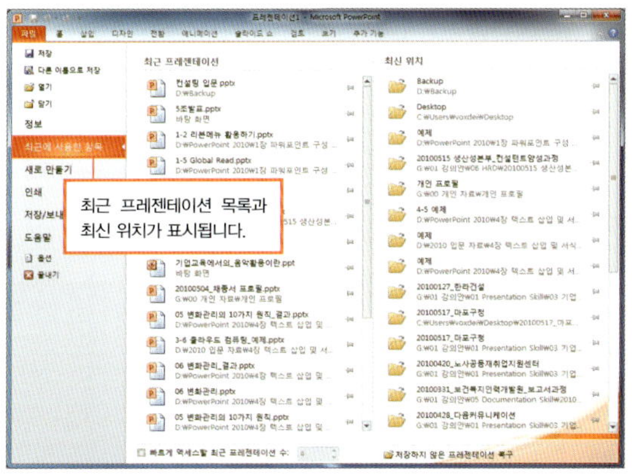

▲ 최근에 사용한 항목

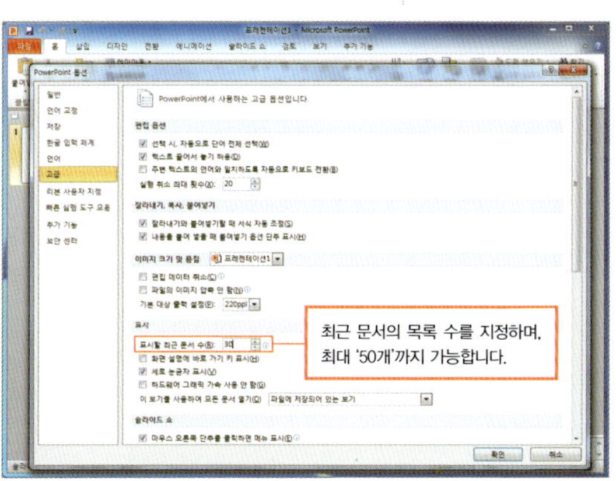

▲ 최근 문서 수 설정

● 파일을 두 번 연속 클릭하여 열기

윈도 탐색기를 이용해 폴더에 있는 프레젠테이
션 문서를 찾아서 두 번 연속 클릭하여 문서를
엽니다.

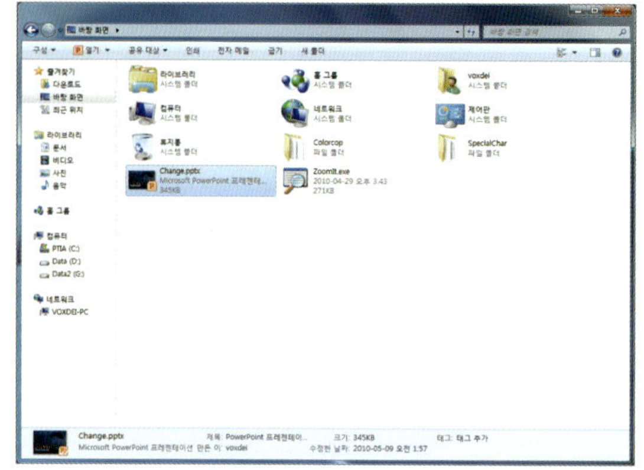

▲ 윈도 탐색기를 이용한 문서 열기

3. 파워포인트 프로그램 끝내기

프레젠테이션 문서를 닫을 때는 일반적으로 파워포인트 프로그램을 종료하여 닫습니다. [**파일**] 탭 → **끝내기**나 파워포인트 제목 표시줄 오른쪽 끝의 〈닫기〉 단추(X)를 사용하여 프레젠테이션 문서를 닫습니다.

[**파일**] 탭에 표시되는 최근 문서는 문서의 사용 시기에 따라 갱신됩니다. 그러나 최근 문서 중 자주 사용하는 문서는 최근 문서 목록에 고정할 수 있습니다.

① [**파일**] 탭 → **최근에 사용한 항목**에서 자주 사용하는 최근 문서 오른쪽에 표시되는 단추( )를 클릭합니다.

② 최근 문서 목록에 문서가 고정되면 단추 모양이 압정을 위에서 본 모양( )과 같이 표시됩니다.

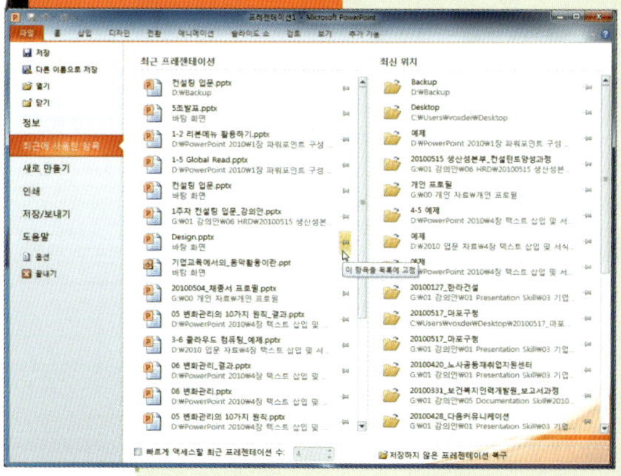

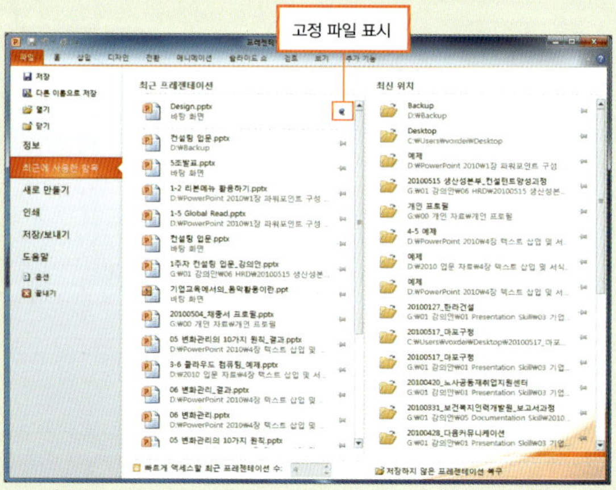

① [**파일**] 탭 → **끝내기**를 클릭하거나 키보드의 Alt 키를 누른 상태에서 F4 키를 누르거나 파워포인트 제목 표시줄 오른쪽 끝의 〈닫기〉 단추(×)를 클릭합니다.

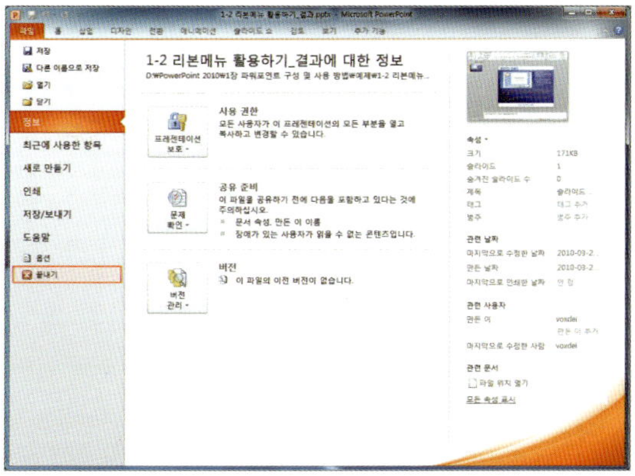

▲ 메뉴를 이용한 프로그램 끝내기

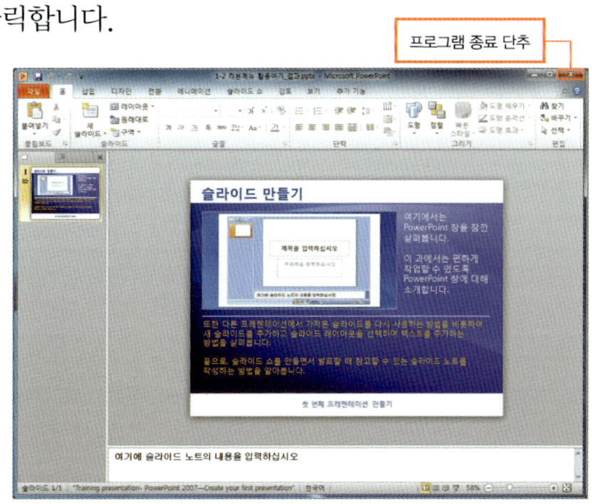

▲ 〈닫기〉 단추로 프로그램 끝내기

② 프레젠테이션의 일부 내용을 변경한 경우 〈닫기〉 단추를 클릭하면 다음과 같은 메시지 상자가 나타납니다. 변경 내용을 저장하고 작업을 종료하려면 〈저장〉 단추를 클릭하고, 변경 내용을 저장하지 않고 끝내려면 〈저장 안함〉을 클릭합니다. 실수로 〈닫기〉 단추를 클릭한 경우에는 〈취소〉를 클릭합니다.

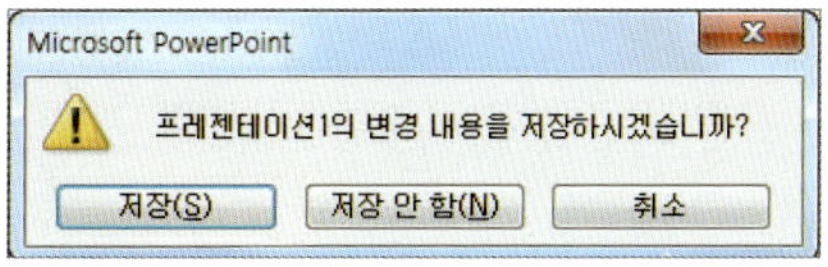

문서 저장 단축키

프레젠테이션 문서 작성 시 중간 중간에 계속해서 저장을 해 주는 것이 필요합니다. '저장' 명령 단축키는 Ctrl+S 입니다.

4. 프레젠테이션 문서만 닫기

파워포인트 프로그램은 실행된 상태로 두고 프레젠테이션 문서만 닫을 수 있습니다.
프레젠테이션 문서만 닫으려면 [**파일**] 탭 → **닫기**를 클릭하면 파워포인트 프로그램은 닫히지 않고 문서만 닫힌 것을 볼 수 있습니다.

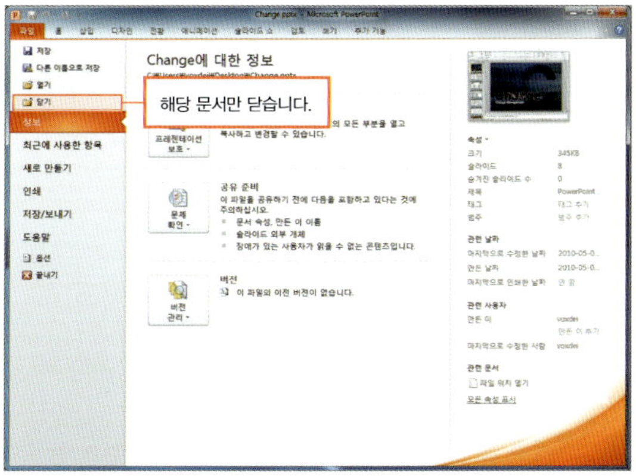

▲ 문서만 닫기

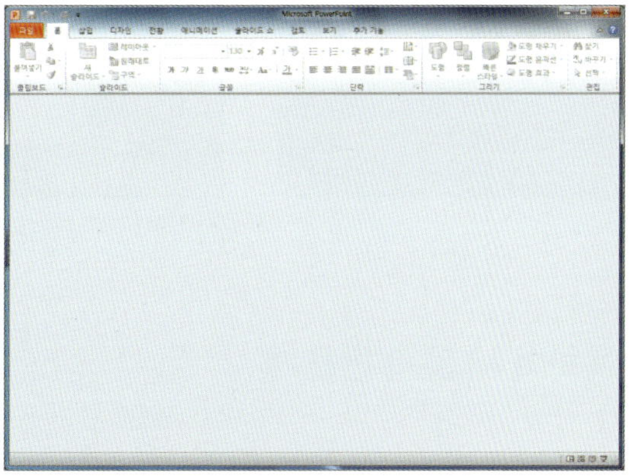
▲ 프로그램은 닫히지 않고 문서만 닫힌 화면

문서만 닫기

문서만 닫을 경우에는 계속해서 프레젠테이션의 새로운 문서나 기존 문서를 열 경우에 로딩되는 속도를 향상시킬 수 있습니다.

단축키

'닫기' 명령 단축키는 Ctrl+W 입니다.

새 문서 만들기

파워포인트 2010에서는 이전 버전에서 사용되던 오피스 단추 대신 [파일] 탭이 새롭게 적용되어 오피스 단추의 명령들을 사용할 수 있게 되었습니다. 새로 만들기 명령 또한 [파일] 탭에 위치하여 신규 문서를 작성하도록 구성되어 있습니다. 새 문서를 만드는 다양한 방법에 대해 알아보겠습니다.

1. 파워포인트를 실행하여 새 문서 만들기

파워포인트를 실행하면 [프레젠테이션 1]이라는 새 프레젠테이션 문서를 작성할 수 있는 기본 문서가 열리는데, [프레젠테이션 1]은 저장된 문서가 아니므로 문서를 저장하여 문서의 이름과 컴퓨터에 저장된 위치를 지정해 주어야 합니다.

① 파워포인트를 실행하여 새 문서를 만들려면 앞에서 살펴본 것과 같이 윈도 바탕화면에서 [**시작**] → [**모든 프로그램**] → [Microsoft Office] → [Microsoft PowerPoint 2010]을 순서대로 클릭합니다.
② 새 문서를 작성할 수 있는 [프레젠테이션 1]이 열리면서 슬라이드 창에 제목과 부제목을 입력할 수 있는 슬라이드가 표시됩니다.

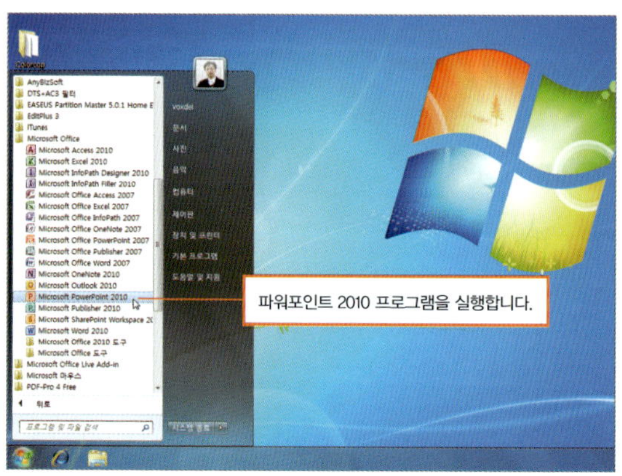

▲ [시작] 메뉴에서 프로그램 실행

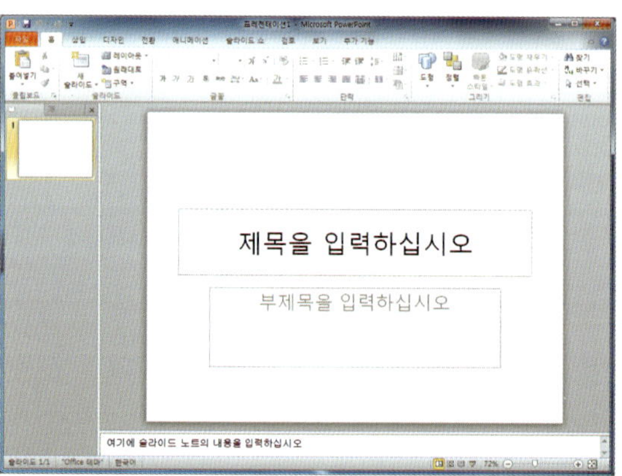

▲ 새 문서

◯ 새 문서 저장

프레젠테이션 문서는 먼저 저장하여 경로를 설정해 주는 것이 좋은데, 이는 멀티미디어를 삽입하는 경우 경로가 없으면 에러가 발생할 수 있기 때문입니다.

2. 서식 파일을 활용하여 새 문서 만들기

서식 파일은 텍스트 및 슬라이드 디자인과 같은 미리 구성된 설정을 제공하므로 빈 문서에서 시작하는 것보다 빠르게 프레젠테이션을 만들 수 있는 장점이 있습니다.

따라서 파워포인트에서 기본으로 제공되는 서식 파일 및 테마를 활용하여 새 문서를 만들 수 있습니다.

서식 파일을 활용하여 새 문서를 작성하려면 [**파일**] 탭 → **새로 만들기**를 클릭합니다.
사용 가능한 서식 파일 및 테마가 표시되고 새로 만들기 옵션이 표시되면 다음 중 하나를 선택하여 새 문서를 만듭니다.

● 새 프레젠테이션

내용이 들어 있지 않은 빈 문서를 만듭니다.

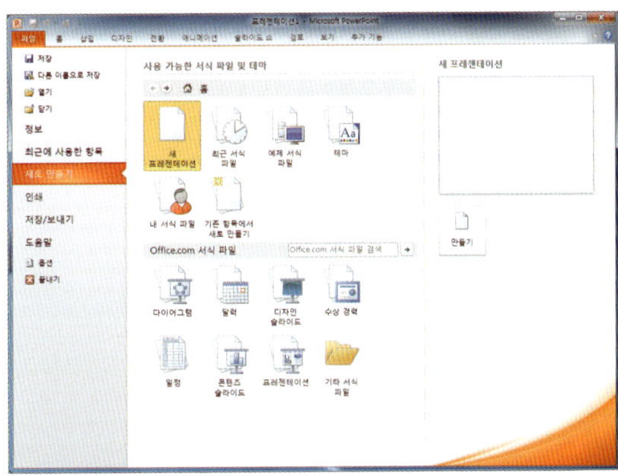

새 프레젠테이션 ▶

● 최근 서식 파일

최근에 사용했던 서식 파일을 표시합니다.

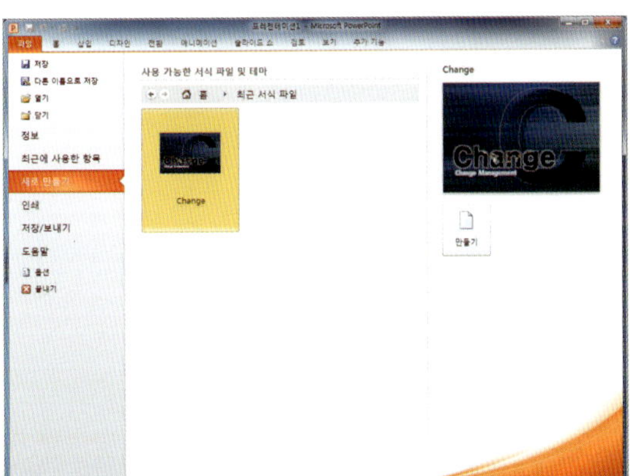

최근 서식 파일 ▶

● 예제 서식 파일

파워포인트 내에 기본으로 제공되는 예제 서식을 표시합니다. 사진 앨범, 달력 및 일정을 위한 다양한 서식 파일과 많은 프레젠테이션 리소스를 제공하므로 서식 파일을 사용하면 멋진 프레젠테이션을 빠르게 만들 수 있습니다.

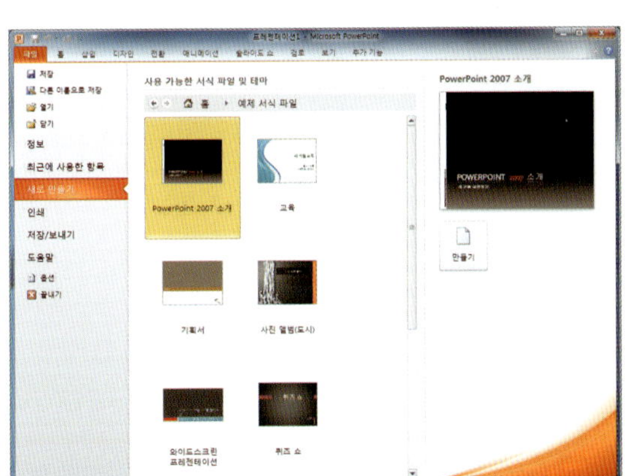

예제 서식 파일 ▶

● 서식 파일 다운로드

서식 파일은 파워포인트에 이미 설치된 서식 파일도 있고, Office.com 웹 사이트에서 다른 서식 파일을 다운로드 할 수 있습니다.

 테마

파워포인트에서 기본으로 제공하는 테마를 표시합니다. 테마는 테마 색 모음, 테마 글꼴 모음 및 테마 효과 모음으로 구성된 서식 모음으로, 만약 전문가 수준의 디자인으로 꾸미고자 한다면 문서 테마를 적용하면 됩니다.

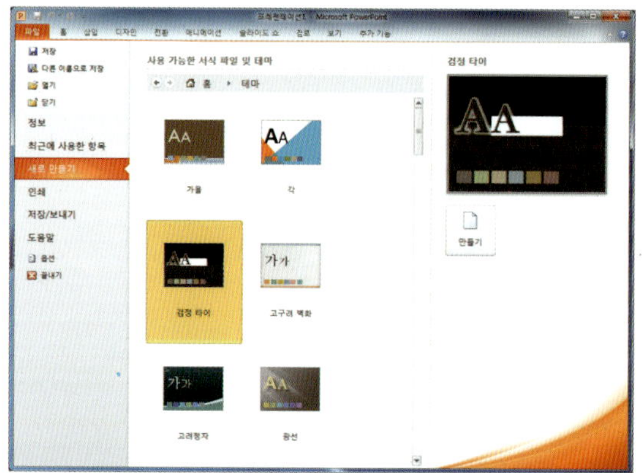
▶ 테마를 이용한 새 문서

 내 서식 파일

파워포인트에서 기본으로 제공되는 서식과 사용자가 추가한 서식 파일을 표시합니다.

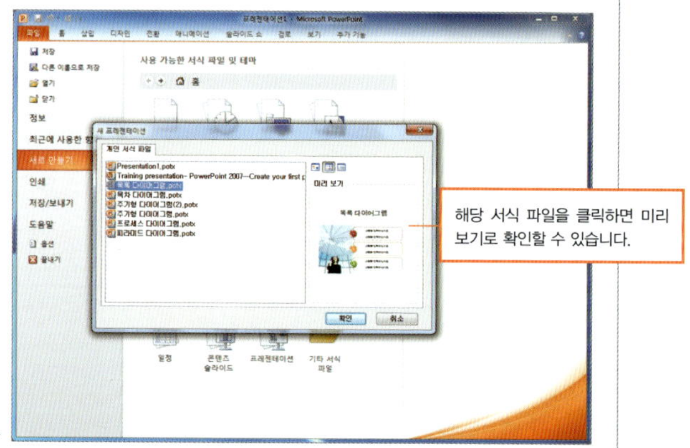
▶ 사용자가 추가한 서식 파일

 기존 항목에서 새로 만들기

이미 작성되어 있는 프레젠테이션 문서의 서식을 가져와서 새 문서에 적용할 수 있습니다.

[파일] 탭 → 새로 만들기 → 기존 항목에서 새로 만들기를 클릭하고 해당 문서를 찾아서 〈새로 만들기〉 단추를 클릭합니다.

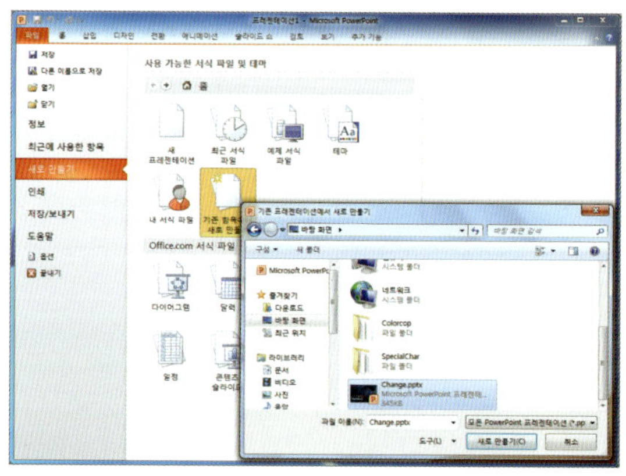
▲ 기존 문서에서 서식 파일 선택

3. Office.com 서식 파일 활용하여 새 문서 만들기

Office.com은 Microsoft Office용 온라인 서비스를 무료로 받을 수 있는 웹 사이트입니다. Office.com
에서 제공되는 다양한 서식 파일을 내 컴퓨터로 다운로드하면서 바로 새 문서를 작성할 수 있는데, 단 인
터넷에 연결되어 있을 경우에만 활용이 가능합니다.

① 인터넷에 연결되어 있는 경우에는 Office.com에서 제공하는 서식 파일로 새로운 문서를 만들 수 있
   습니다. [**파일**] 탭 → **새로 만들기**를 클릭하면 하단에 Office.com 서식 파일의 카테고리와 검색 창이
   표시됩니다.
② 카테고리를 클릭하고 Office.com에서 제공하는 서식 파일 중에서 원하는 파일을 선택한 후 〈다운로
   드〉 단추를 클릭하면 서식이 적용된 새로운 문서를 생성합니다.

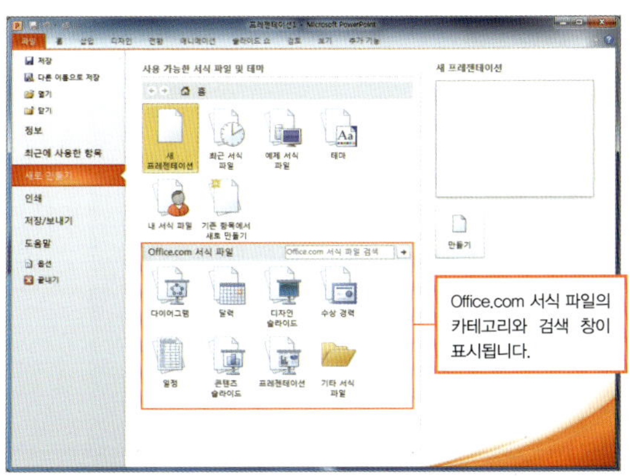

▲ Office 서식 파일

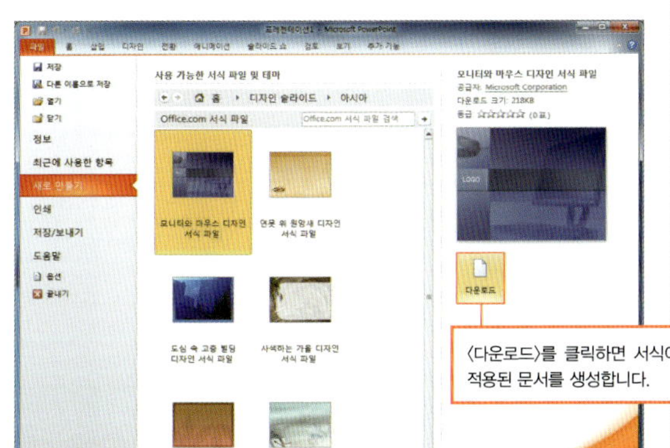

▲ 서식 파일 다운로드

Microsoft Office.com은 Microsoft Office용 온라인 서비스를 무료로 받을 수 있는 웹 사
이트입니다. 이러한 서비스를 사용할 수 있는지 확인하려면 인터넷에 연결한 다음 간
단한 등록 및 로그인 절차만 완료하면 됩니다.
제품 업데이트, 서식 파일, 클립 아트 및 도움말 등은 등록하지 않아도 Office Online에
서 사용할 수 있습니다. 그러나 아웃룩 일정 게시 서비스를 사용하여 아웃룩 일정을 게
시하는 것과 같은 일부 작업을 실행하려면 등록 절차를 거쳐야 합니다.

등록은 정품 인증과는 다른 프로세스이므로 소프트웨어의 모든 기능을 제대로 사용하
려면 정품 인증을 거쳐야 하지만 등록은 선택 사항입니다.

Microsoft Online Services에 등록하려면 전자 메일 주소와 암호로 구성된 Windows
Live ID 자격 증명을 사용하여 로그인해야 합니다. 이 자격 증명은 Windows Live ID
웹 사이트에서 등록할 수 있으며, 자격 증명을 등록할 때 표시 이름, 국가/지역 등의
추가 정보도 입력해야 합니다. 표시 이름은 Office Online에서 개인 설정 기능을 사용
할 때 표시됩니다.

새 문서 만들기

📁 **준비 파일 :** Office.com의 서식 파일　　📁 **완성 파일 :** 06 추상.pptx

Office.com의 서식 파일을 다운로드받아 새로운 문서를 생성하는 방법에 대해서 알아보겠습니다. Microsoft Office.com에 접속하려면 반드시 인터넷에 접속되어 있어야 하는 점을 유의하기 바랍니다.

항목	변경 내용
새 문서 만들기	디자인 슬라이드 → 추상 → 도형
Office Online 서식	'파란색/녹색 공 디자인 서식 파일'

01 **새로 만들기** 파워포인트를 실행한 후 서식 파일을 이용해 새 문서를 만들기 위해 ❶ [파일] 탭 → ❷ 새로 만들기 → 'Office.com 서식 파일' 항목의 ❸ 디자인 슬라이드를 클릭합니다.

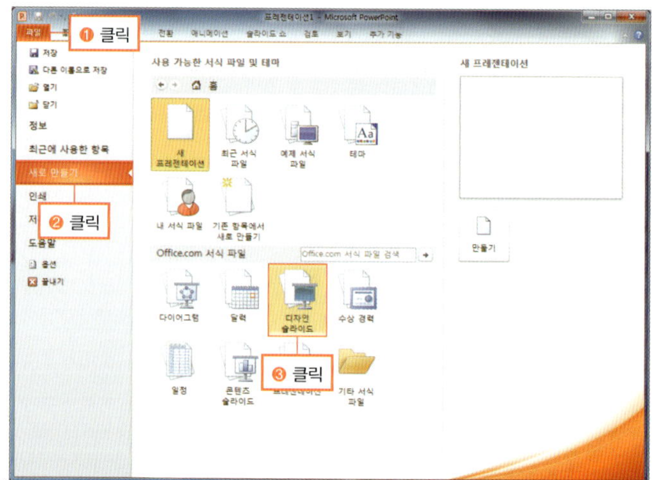

02 **Office Online 서식 파일 찾기** 표시되는 디자인 슬라이드 영역에서 ❶ **추상** → ❷ **도형** 폴더를 차례로 클릭합니다.

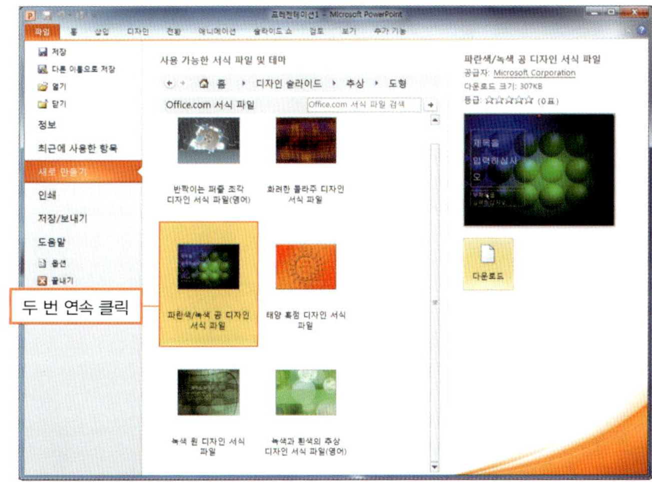

💿 Office.com에서 다양한 서식 파일을 다운로드하여 새 문서를 생성할 수 있습니다. 다만 인터넷에 연결되어 있어야 하므로 다운로드 받기 전에 반드시 확인하기 바랍니다.

03 **Office Online 서식 적용하기** 표시되는 서식 파일 중에서 '파란색/녹색 공 디자인 서식 파일'을 두 번 연속 클릭하거나 〈다운로드〉 단추를 클릭합니다.

💿 서식 파일의 저장

PowerPoint 서식 파일은 슬라이드나 슬라이드 그룹으로 이루어진 패턴 또는 청사진이며 .potx 파일로 저장됩니다. 서식 파일에는 레이아웃, 테마 색, 테마 글꼴, 테마 효과, 배경 스타일, 콘텐츠 등이 포함되어 있습니다.

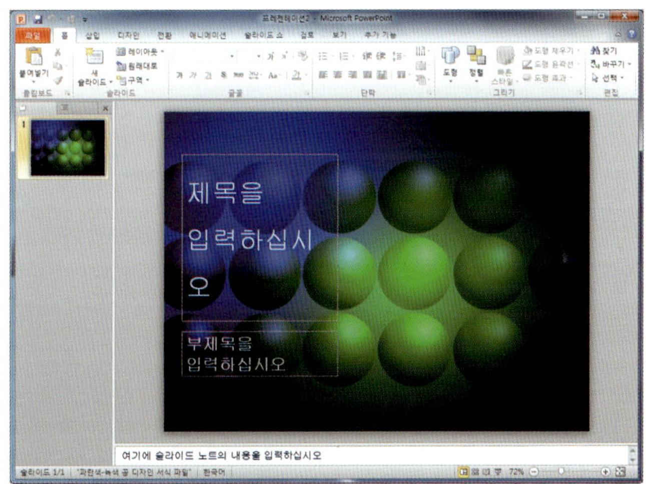

04 **결과 확인하기** 서식이 적용된 새로운 문서가 생성됩니다.

파일 저장 및 공유하기

하드 디스크 드라이브나 네트워크 위치, 디스크, CD, 바탕화면 또는 다른 저장 위치의 폴더에 파일을 저장할 수 있습니다. 이 경우 저장 위치 목록에서 대상 위치를 확인해야 하며, 그 밖의 저장 과정은 어떤 위치를 선택하든지 동일합니다. 파일 형식에 맞게 저장하는 다양한 방법을 알아보겠습니다.

1. 파일 저장하기

작성된 프레젠테이션 문서는 저장하지 않으면 모든 내용을 잃게 되므로 반드시 문서 작성이 완료되면 저장해야 하며, 가급적이면 문서 작성 중간에도 단축키를 이용해 저장해 주는 것이 필요합니다.

① 파일을 저장하려면 [**파일**] 탭 → **저장**을 클릭하거나 단축키 Ctrl + S 를 누릅니다.
② 새 문서를 저장할 경우에는 '다른 이름으로 저장' 대화상자에서 '파일 이름'에 원하는 파일 이름을 입력하고 〈저장〉 단추를 클릭하여 원하는 위치에 프레젠테이션을 저장합니다.

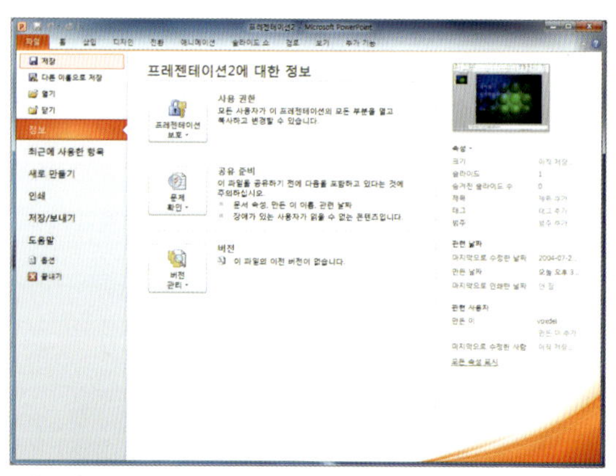

▲ [파일] 탭을 이용한 저장

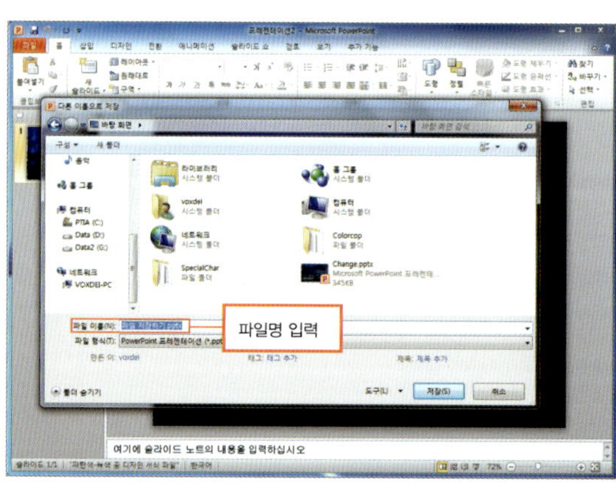

▲ 파일 이름 설정 후 저장

○ 파일 저장

빠른 실행 도구 모음에서 **저장** 명령 단추(■)를 클릭하여 프레젠테이션 문서를 저장할 수 있습니다.

○ 파일 이름에 사용할 수 없는 문자

기호	의미
/	슬래시
*	별표
		하이픈
₩	백슬래시
?	물음표
:	콜론
<>	보다 작음 또는 보다 많음
"	큰따옴표

2. 파일 복사본 저장하기

중요한 문서를 다룰 때 원본 파일이외에 복사본을 만들어서 관리하는 경우가 많이 있으며, 파워포인트에서는 다른 이름으로 저장하거나 저장 위치를 바꿔서 저장하는 기능을 제공하고 있습니다.

① 파일의 복사본을 만들려면 [파일] 탭 → **다른 이름으로 저장**을 클릭합니다.

② 저장 위치 목록에서 저장할 폴더나 드라이브를 클릭하여 '파일 이름'에 새 파일 이름을 입력하고 〈저장〉 단추를 클릭합니다.

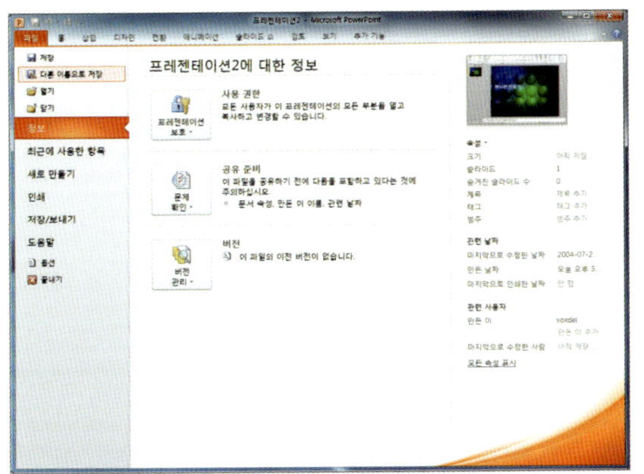

▲ 다른 이름으로 저장

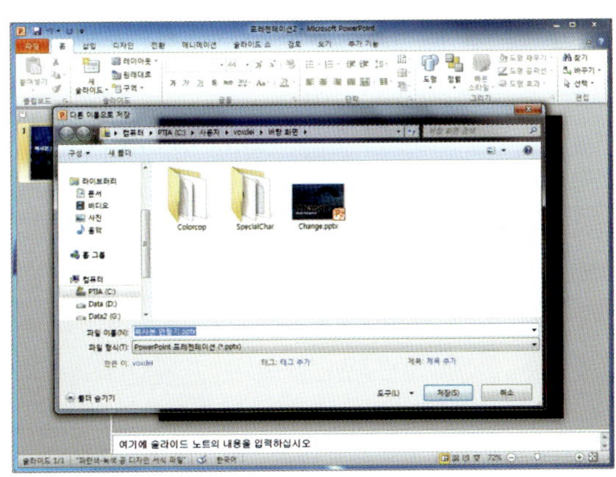

▲ 새 파일 이름으로 저장

3. 파일을 다른 형식으로 저장하기

파워포인트 2010에서는 이전 버전보다 다양한 형식으로 저장할 수 있는 기능을 제공하고 있습니다. 주요 저장 형식으로는 파워포인트 매크로 사용 프레젠테이션 및 서식 파일(pptm, potm), 파워포인트 97-2003 프레젠테이션 및 서식 파일(ppt, pot), PDF, XPS 문서, 파워포인트 서식 파일(potx), Office 테마(thmx), 파워포인트 쇼 관련 형식(ppsx, pps, ppsm), 웹 페이지 형식(htm, html), 파워포인트 XML 프레젠테이션 (xml), 그래픽 형식(gif, jpg, tif, png, bmp, wmf, emf), 개요/서식 있는 텍스트(rtf), PowerPoint 그림 프레젠테이션(pptx), Windows Media 비디오(wmv) 등의 형식을 지원하고 있습니다.

저장 파일 형식	확장명	용 도
PowerPoint 프레젠테이션	.pptx	Office PowerPoint 2007 프레젠테이션을 저장하는 데 사용하며, 기본적으로 XML 사용 파일 형식입니다.
PowerPoint 매크로 사용 프레젠테이션	.pptm	VBA(Visual Basic for Applications) 코드가 포함된 프레젠테이션을 저장하는 데 사용합니다.
Microsoft Office PowerPoint 97-2003 프레젠테이션	.ppt	PowerPoint 97부터 Office PowerPoint 2003까지의 이전 버전에서 열 수 있는 프레젠테이션을 저장하는 데 사용합니다.
PDF 문서 형식	.pdf	문서 서식이 보존되며, 파일 공유가 가능한 Adobe Systems의 PostScript 기반 전자 파일 형식으로 저장하는 데 사용합니다.

저장 파일 형식	확장명	용 도
XPS 문서 형식	.xps	최종 형태로 문서를 교환하기 위한 Microsoft의 새 전자 문서 형식으로 저장하는 데 사용합니다.
PowerPoint 디자인 서식 파일	.potx	프레젠테이션의 서식을 지정하는 데 사용할 수 있는 서식 파일로 프레젠테이션을 저장하는 데 사용합니다.
PowerPoint 매크로 사용 디자인 서식 파일	.potm	프레젠테이션에 사용하도록 서식 파일에 추가할 수 있는 사전 승인된 매크로가 포함된 서식 파일을 저장하는 데 사용합니다.
PowerPoint 97-2003 서식 파일	.pot	PowerPoint 97부터 Office PowerPoint 2003까지의 이전 버전에서 열 수 있는 서식 파일을 저장하는 데 사용합니다.
Office 테마	.thmx	색 테마, 글꼴 테마 및 효과 테마의 정의가 포함된 스타일시트를 저장하는 데 사용합니다.
PowerPoint 쇼	.pps; .ppsx	기본 보기로 열리지 않고 항상 슬라이드 쇼 보기로 열리는 프레젠테이션을 저장하는 데 사용합니다.
PowerPoint 매크로 사용 쇼	.ppsm	사전 승인된 매크로가 있는 슬라이드 쇼를 저장하는 데 사용하며, 슬라이드 쇼 안에서 해당 매크로를 실행할 수 있습니다.
PowerPoint 추가 기능	.ppam	추가 기능과 같은 특수 기능, 사용자 지정 명령 및 VBA(Visual Basic for Applications) 코드를 저장하는 추가 기능을 저장하는 데 사용합니다.
PowerPoint XML 프레젠테이션	.xml	xml 파일로 프레젠테이션 문서를 저장합니다.
Windows Media 비디오	.wmv	프레젠테이션을 동영상 파일로 저장합니다.
GIF 형식(*.gif)	.gif	GIF 파일 형식은 웹 페이지에 사용할 그래픽으로 슬라이드를 저장하는 데 사용하며, 256색만 지원하기 때문에 컬러 사진보다 그림 등의 스캔한 이미지에 더 효과적입니다. GIF는 높이가 몇 픽셀에 불과한 작은 텍스트, 흑백 이미지 및 선 스케치에도 적합하며 애니메이션과 투명한 배경을 지원합니다.
JPEG(Joint Photographic Experts Group) 파일 형식	.jpg	JPEG 파일 형식은 웹 페이지에 사용할 그래픽으로 슬라이드를 저장하는 데 사용하며, 1600만 색을 지원하여 사진과 복잡한 그래픽에 가장 적합합니다.
PNG(Portable Network Graphics) 형식	.png	웹 페이지에 사용할 그래픽으로 슬라이드를 저장하는 데 사용합니다. PNG는 GIF를 대체하기 위해 W3C(World Wide Web Consortium)에서 승인한 표준입니다. PNG는 GIF와 달리 애니메이션을 지원하지 않으며, 일부 이전 버전의 웹 브라우저에서는 사용할 수 없습니다.
TIFF(Tag Image File Format)	.tif	웹 페이지에 사용할 그래픽으로 슬라이드를 저장하는 데 사용합니다. TIFF는 개인용 컴퓨터에 비트맵 이미지를 저장하는 데 가장 적합한 파일 형식입니다. TIFF 그래픽은 모든 해상도를 지원하며 흑백, 회색조 또는 컬러일 수 있습니다.
장치 독립적 비트맵	.bmp	웹 페이지에 사용할 그래픽으로 슬라이드를 저장하는 데 사용합니다. 비트맵은 컴퓨터 메모리에 그래픽 이미지를 도트 행과 열로 표현한 것으로, 각 도트의 값은 채워졌는지 여부에 관계없이 하나 이상의 데이터 비트에 저장됩니다.
Windows 메타파일	.wmf	슬라이드를 Microsoft Windows 3.x 이상에서 사용할 수 있는 16비트 그래픽으로 저장하는 데 사용합니다.
확장 Windows 메타파일	.emf	슬라이드를 Microsoft Windows 95 이상에서 사용할 수 있는 32비트 그래픽으로 저장하는 데 사용합니다.
PowerPoint 그림 프레젠테이션	.pptx	프레젠테이션의 각 슬라이드를 편집이 되지 않는 그림으로 저장합니다.
개요/서식 있는 텍스트	.rtf	텍스트만 있는 작은 크기의 문서로 프레젠테이션 개요를 저장하는 데 사용합니다. 이 문서를 사용하면 다른 버전의 PowerPoint나 운영체제를 사용하는 사람과 매크로 없는 파일을 공유할 수 있습니다. 이 파일 형식을 사용할 경우 슬라이드 노트 창의 텍스트가 저장되지 않습니다.
OpenDocument 프레젠테이션	.odp	OpenDocument 프레젠테이션을 저장하는 데 사용합니다. Google Docs 및 OpenOffice.org Impress와 같은 OpenDocument 프레젠테이션 형식을 사용하는 프레젠테이션 응용 프로그램에서 열 수 있도록 PowerPoint 2007 파일을 저장할 수 있습니다. 파워포인트에서 .odp 형식의 프레젠테이션을 열 수도 있지만 .odp 파일을 저장하고 열 경우 서식이 손실될 수 있습니다.

◯ W3C

웹에 관련된 모든 분야의 연구를 감독하고 표준을 장려하는 영리 및 교육 단체들의 컨소시엄입니다.

프레젠테이션을 다른 형식으로 변경하는 방법은 **다른 이름으로 저장**하는 방법과 **저장/보내기**의 파일 형식을 활용하는 방법입니다.

● 다른 이름으로 저장하기

프레젠테이션을 다른 형식으로 저장하려면 [**파일**] 탭 → **다른 이름으로 저장**을 클릭한 후 '파일 이름'에 새 파일 이름을 입력하고 '파일 형식' 목록에서 저장하려는 파일 형식을 선택한 후 〈저장〉 단추를 클릭합니다.

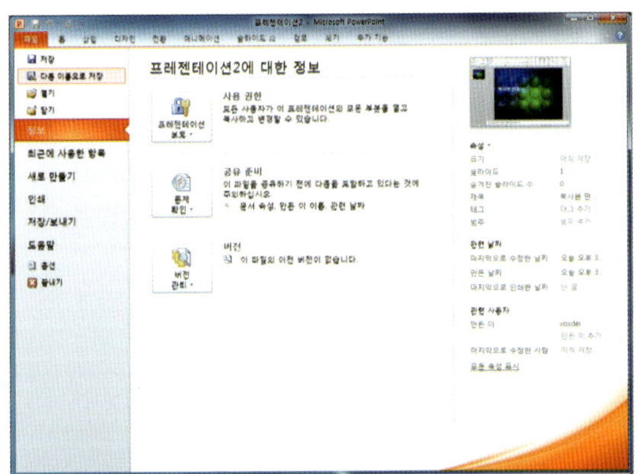

▲ 다른 이름으로 저장

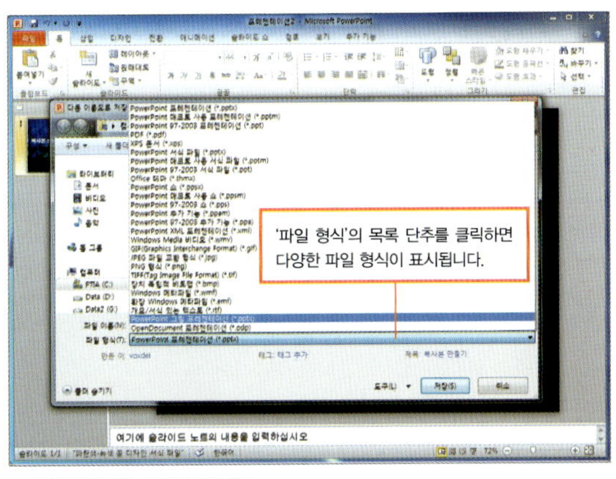

▲ '파일 형식'을 선택하여 저장

● 저장/보내기의 파일 형식 활용하기

파일 형식은 5가지로 구성되어 있으며, 프레젠테이션을 다른 형식으로 저장하려면 [**파일**] 탭 → **저장/보내기**를 클릭한 후 원하는 파일 형식을 선택합니다.

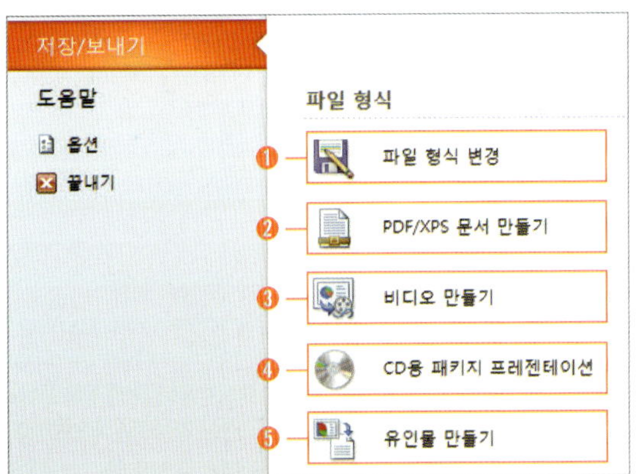

[저장/보내기]의 파일 형식 ▶

❶ **파일 형식 변경** : 프레젠테이션을 문서, 이미지, 기타 파일 형식으로 저장합니다.

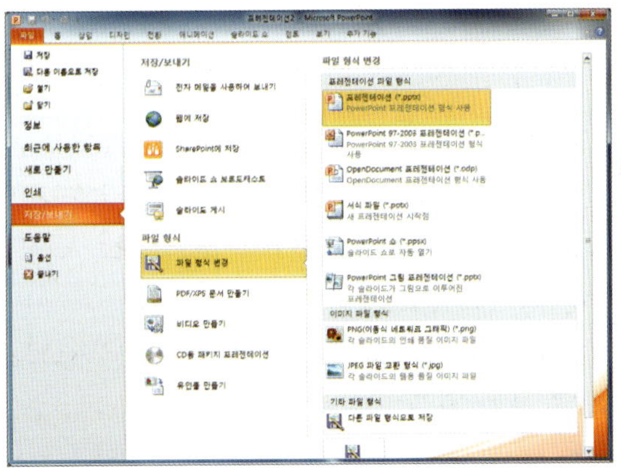

파일 형식 변경 ▶

❷ **PDF/XPS 문서 만들기** : 프레젠테이션을 고정 형식으로 저장하며, 파일을 쉽게 수정할 수 없도록 저장하면서 공유/인쇄할 수 있도록 할 경우에 유용합니다. 오피스 2010에서는 추가 소프트웨어나 추가 기능 없이도 파일을 PDF 또는 XPS 형식으로 변환할 수 있습니다.

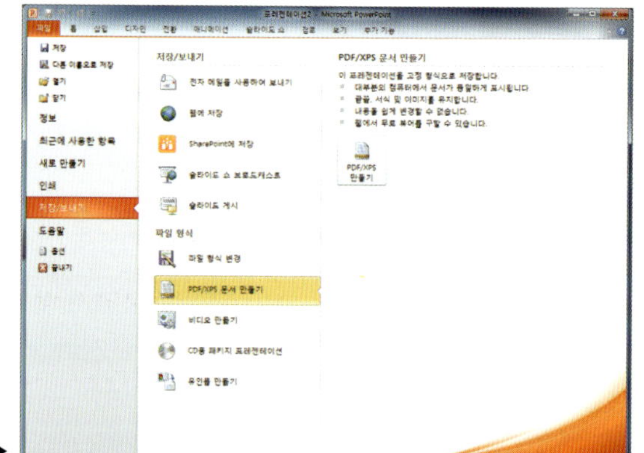

PDF/XPS 문서 만들기 ▶

❸ **비디오 만들기** : 디스크, 웹, 전자 메일을 통해 배포할 수 있는 고화질 비디오를 만듭니다.

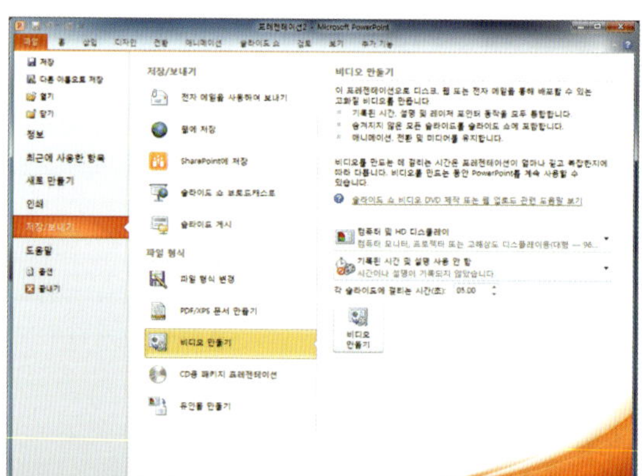

비디오 만들기 ▶

❹ **CD용 패키지 프레젠테이션** : 파워포인트가 설치되지 않은 컴퓨터에서도 볼 수 있도록 패키지로 저장합니다.

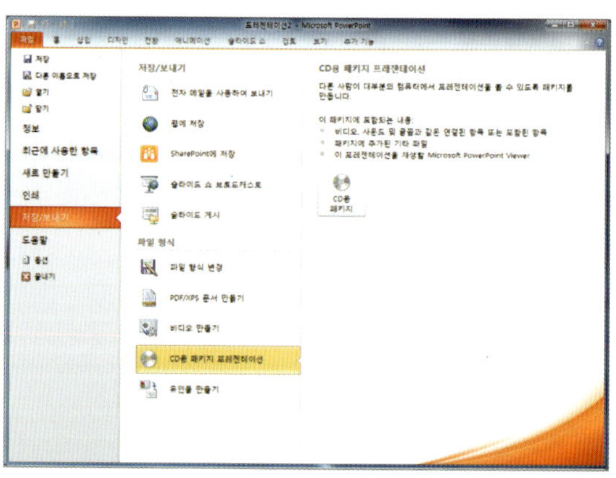

CD용 패키지 프레젠테이션 ▶

❺ **유인물 만들기** : 워드에서 편집하고 서식을 지정할 수 있는 유인물을 만듭니다. 워드를 이용하여 유인물의 레이아웃과 서식을 지정하며, 만약 프레젠테이션 변경 시 유인물의 슬라이드는 자동적으로 변경됩니다.

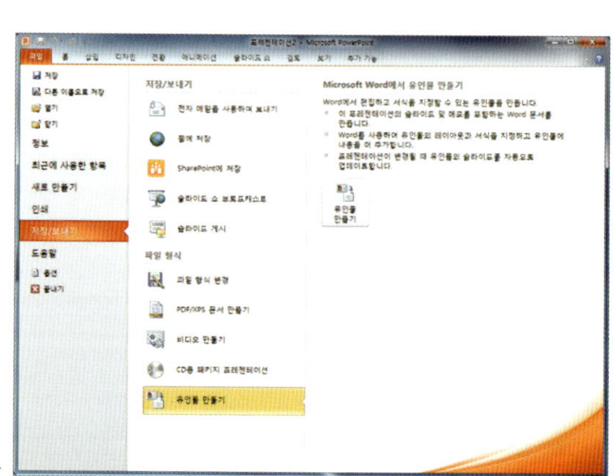

유인물 만들기 ▶

4. 파일 저장/보내기

파워포인트에서는 문서 복사본을 다양한 형식으로 저장하고, 바로 다른 사람에게 보내거나 프레젠테이션을 공유 및 배포할 수 있는 저장/보내기 기능을 제공합니다.

[**파일**] 탭 → **저장/보내기**를 클릭한 후 '전자 메일을 사용하여 보내기'를 선택하고 옵션에서 '첨부 파일로 보내기'를 클릭합니다. 그러면 아웃룩 2010이 열리면서 메일에 첨부 파일로 프레젠테이션 문서가 첨부되어 내용을 입력하고 메일을 송부하면 프레젠테이션 문서를 전달할 수 있습니다.

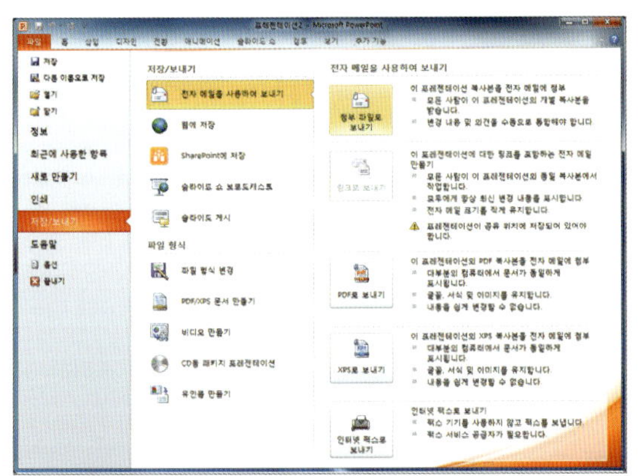

▲ 전자 메일을 사용하여 보내기

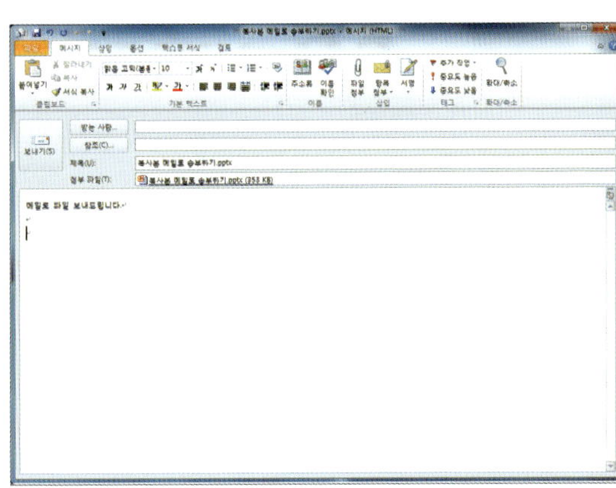

▲ 아웃룩 2010

5. 자동으로 자동 복구 정보 저장하기

자동 저장 기능을 사용하는 것과 파일을 주기적으로 저장하는 것은 다릅니다. 복구 파일을 연 다음 이를 저장하지 않으면 파일은 삭제되고 저장하지 않은 변경 사항은 손실되며, 또한 새로운 이름을 지정하지 않고 복구 파일을 저장하면 원래 파일을 덮어씁니다. 파일 저장 간격이 짧을수록 파일이 열린 상태에서 전원이 끊기거나 다른 문제가 발생한 경우에 더 많은 정보를 복구할 수 있습니다.

자동 복구 옵션을 사용하면 다음과 같은 두 가지 방법으로 작업이 손실되는 것을 막을 수 있습니다.

○ 데이터가 자동으로 저장됨

자동 복구 또는 자동 저장을 활성화하면 원하는 주기로 자동으로 저장됩니다. 따라서 긴 시간 동안 파일을 저장하지 않고 작업했거나 정전이 발생하더라도 작업 중인 파일에 마지막으로 저장한 이후 작업한 내용의 전체 또는 적어도 일부가 남아 있게 됩니다.

○ 프로그램 상태가 자동으로 저장됨

자동 복구 또는 자동 저장을 활성화하면 프로그램이 비정상적으로 닫힌 후 프로그램을 다시 시작할 때 프로그램 상태 중 일부가 복구됩니다.

예를 들어 동시에 여러 통합 문서로 작업하면서 각 파일이 서로 다른 창에 열려 있고, 각 창에 특정 데이터가 표시되어 있으며, 통합 문서 중 하나에서 작업이 충돌한 경우 파워포인트를 다시 시작하면 여러 통합 문서가 다시 열리고 각 창이 충돌하기 전의 상태로 복원됩니다. 프로그램 상태 중 일부는 복구할 수 없지만, 대부분의 경우 이러한 복구 기능은 작업을 빠르게 복구하는 데 도움이 됩니다.

① 자동 복구 기능을 설정하려면 [**파일**] 탭 → **옵션**을 클릭합니다.
② 'PowerPoint 옵션' 대화상자에서 [저장]을 클릭하여 '자동 복구 정보 저장 간격'을 선택한 후 목록에서 파일을 저장하려는 시간 간격을 선택하거나 직접 입력합니다.

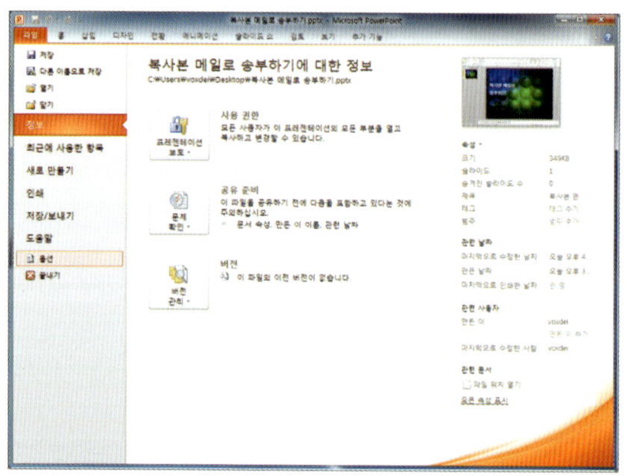

▲ 파워포인트 옵션 설정

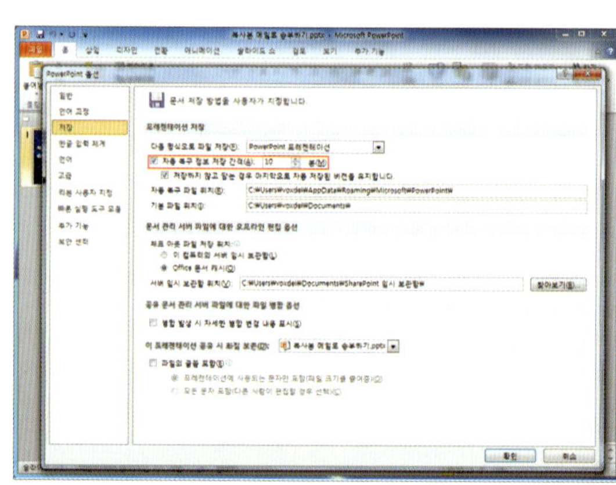

▲ 자동 복구 저장 간격 설정

Microsoft Office 프로그램에서 복구 파일을 저장하는 간격에 따라 복구된 파일에 저장되는 새 정보의 양이 다릅니다. 예를 들어 복구 파일을 15분마다 저장하는 경우 복구된 파일에 정전이나 기타 문제가 발생하기 14분 전부터의 작업 내용이 포함되지 않을 수 있습니다.

파워포인트 작업 중에 갑자기 전원이 나간다거나 컴퓨터가 다운이 되는 경우가 있습니다. 이 경우 현재 작업중이던 문서의 내용을 저장하지 않아 새로 문서를 작성하는 일이 발생하게 됩니다. 긴 시간 동안 파일을 저장하지 않고 작업했거나 정전이 발생하더라도 작업 중인 파일이 마지막으로 저장한 이후 작업한 내용의 전체 또는 일부가 남아 있게 됩니다. 파워포인트 2010에서는 이러한 손상된 파일에 대한 복구 기능을 제공합니다.

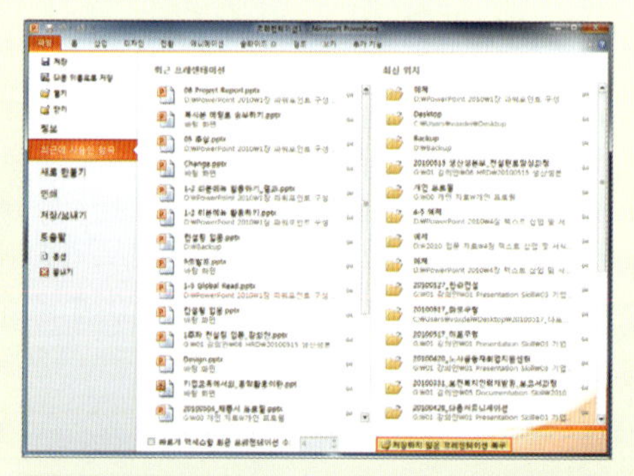

① [**파일**] 탭 → **최근에 사용한 항목** → **저장하지 않은 프레젠테이션 복구**를 클릭합니다.

② C:\Users\사용자명\AppData\Local\Microsoft\OFFICE\Un-sacedFiles에 임시 저장되어 있는 문서들이 나타납니다. 문서를 선택하고 〈열기〉 단추를 클릭하여 문서를 열고 내용을 확인 후 다른 이름으로 저장합니다.

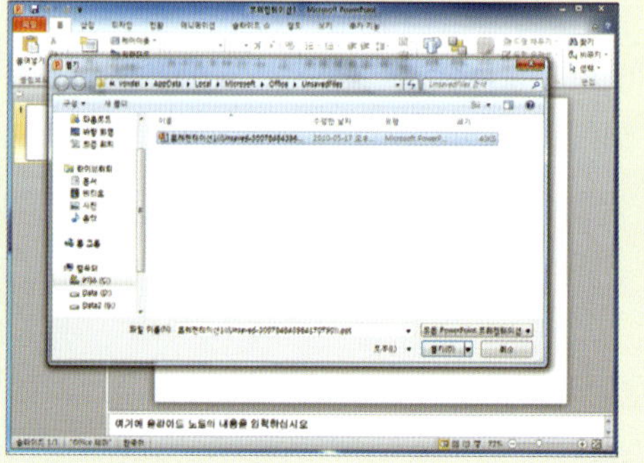

파일 저장하기

📁 **준비 파일 :** 07 Project Report.pptx   📁 **완성 파일 :** 07 Project Report_결과.pdf

문서의 목적에 따라 파워포인트에서 제공되는 다양한 저장 형식을 활용할 수 있습니다. 저장 형식을 다양하게 지정하는 방법에 대해 알아보겠습니다.

항목	변경 내용
다른 이름으로 저장	PowerPoint 97-2003 프레젠테이션(*.ppt) 스카이드라이브에 저장
	PDF로 저장 : PDF/XPS 만들기
	비디오 파일로 저장 : 비디오 만들기
	유인물로 저장 : 유인물 만들기

01 **예제 파일 열기** **07 Project Report.pptx** 파일을 두 번 연속 클릭합니다.

02 **다른 이름으로 저장하기** ❶ [**파일**] 탭 → ❷ **저장/보내기**를 클릭하고 ❸ '**파일 형식**' 항목의 '**파일 형식 변경**'을 클릭하여 표시되는 목록에서 ❹ 'PowerPoint 97-2003 프레젠테이션(*.ppt)'을 두 번 연속 클릭합니다. '다른 이름으로 저장' 대화상자에서 '파일 이름'을 입력한 후 〈저장〉 단추를 클릭합니다.

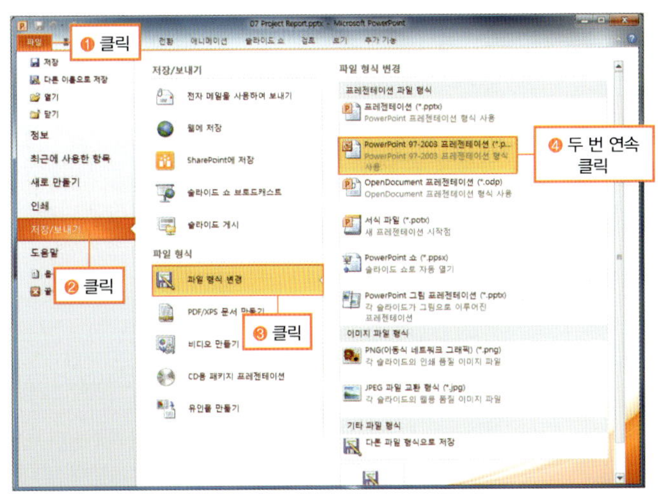

◎ 다른 저장 방법으로는 [**파일**] 탭 → **다른 이름으로 저장**을 클릭하여 '다른 이름으로 저장' 대화상자가 표시되면 저장 형식을 변경할 수 있습니다.

03

스카이드라이브에 저장하기 ❶ [**파일**] 탭 → ❷ **저장/보내기**를 클릭하고 ❸ '저장/보내기' 항목의 '웹에 저장'을 클릭한 후 표시되는 목록에서 아이디와 패스워드를 입력하고 로그인을 클릭합니다. 스카이드라이브와 연결되면 원하는 폴더에 프레젠테이션을 저장합니다.

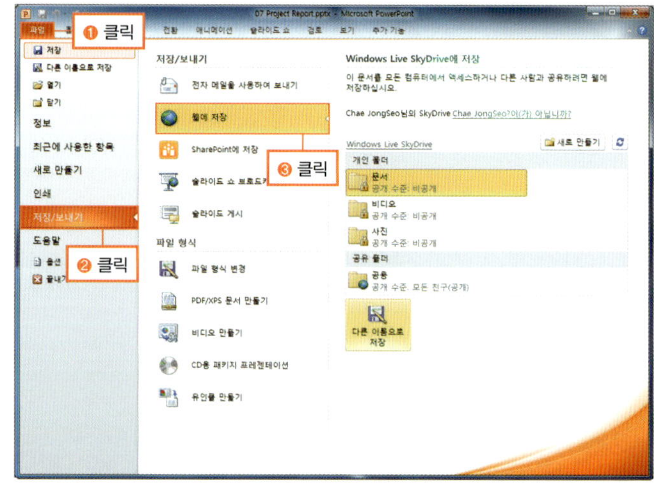

◉ 윈도 라이브 스카이드라이브(Windows Live SkyDrive)

마이크로소프트 윈도 라이브 서비스 가운데 하나로, 스카이드라이브는 사용자가 자신의 파일을 클라우드 기억 공간에 업로드하고 웹 서버에서 접근할 수 있게 만들어 줍니다. 스카이드라이브 장치는 윈도 라이브 ID를 이용하여 사용자가 업로드하려는 파일의 접근을 제한함으로써 파일을 자신만 사용할 수 있게 하거나, 연락처에 있는 사용자들과 공유하거나, 파일을 누구나 사용할 수 있게 만들 수 있습니다. 현재 서비스는 5GB를 제공하며, 최대 업로드 파일 크기는 50MB이며, 최대 5개의 파일을 한 번에 업로드 할 수 있습니다.

04

PDF로 저장하기 ❶ [**파일**] 탭 → ❷ **저장/보내기**를 클릭하고 ❸ '파일 형식' 항목의 'PDF/XPS 문서 만들기'를 클릭한 후 ❹ 목록에서 〈PDF/XPS 만들기〉 단추를 클릭합니다. 'PDF 또는 XPS로 게시' 대화상자에서 '파일 이름'을 입력한 후 〈게시〉 단추를 클릭하면 .pdf 파일로 저장됩니다.

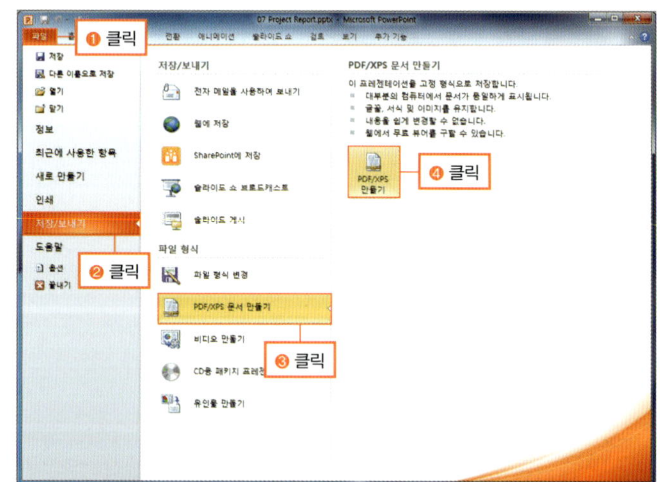

05

비디오 파일로 저장하기 ❶ [**파일**] 탭 → ❷ **저장/보내기**를 클릭하고 ❸ '파일 형식' 항목의 '비디오 만들기'를 클릭하여 ❹ 목록에서 〈비디오 만들기〉 단추를 클릭하고 '다른 이름으로 저장' 대화상자에서 '파일 이름'을 입력한 후 〈저장〉 단추를 클릭하면 .wmv 파일로 저장됩니다.

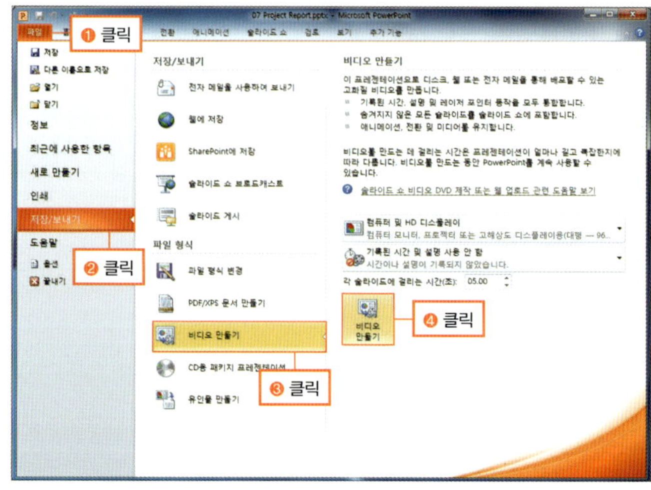

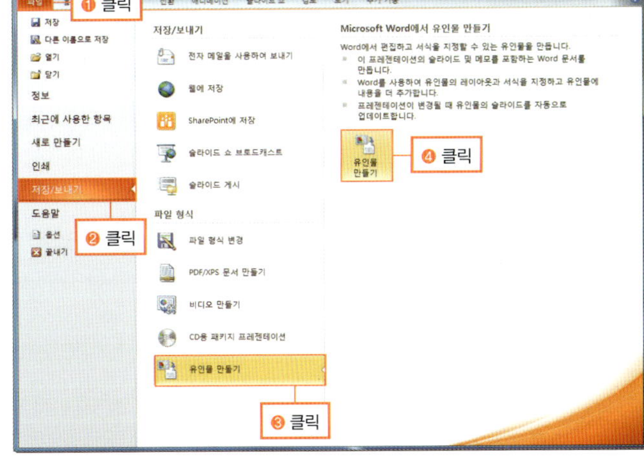

06 유인물로 저장하기 ❶ [파일] 탭 → ❷ 저장/보내기를 클릭하고 ❸ '파일 형식' 항목의 '유인물 만들기'를 클릭하여 ❹ 목록에서 〈유인물 만들기〉 단추를 클릭하면 워드 문서로 저장됩니다.

○ 파일 저장하기 형식의 다양한 결과물을 .pdf 파일만 제공합니다. 사용자들은 다양하게 파일 형식을 변경하여 저장해보기 바랍니다.

XPS(XML Paper Specification)는 문서 서식을 유지하고 파일 공유에 사용할 수 있는 전자 파일 형식이며, 레이아웃이 고정되어 있습니다. XPS 형식을 사용하면 파일을 온라인으로 보거나 인쇄할 때 원하는 형식을 그대로 유지할 수 있어 파일 데이터를 쉽게 변경할 수 없습니다. 대부분의 파워포인트 2007, 2010 프로그램에서 만든 파일을 문서 공유에 사용되는 XPS 형식으로 저장할 수 있습니다

파일을 XPS 형식으로 보려면 뷰어가 필요합니다. 파일 작성자 또는 받는 사람은 Microsoft Office Online 다운로드 사이트에서 무료로 뷰어를 다운로드할 수 있으며, Microsoft .NET Framework 3.0이 있으면 XPS 뷰어가 Internet Explorer에서 작동하며, 윈도 버전에 포함되어 있습니다.

XPS 문서를 열면 뷰어가 자동으로 해당 문서를 Internet Explorer 창에 열어 XPS 문서의 위와 아래에 하나씩, 두 개의 도구 모음이 추가로 표시됩니다. 각 도구 모음에는 그림에 보이는 옵션을 포함하여 XPS 문서를 관리하는 옵션이 있습니다.

CD 패키지로 저장하기

파워포인트 2010에서 작성된 문서를 CD, 네트워크 또는 컴퓨터의 로컬 디스크 드라이브에 복사하면 동영상이나 소리 등의 연결된 모든 프로그램 및 Microsoft Office PowerPoint Viewer가 함께 복사됩니다.
파워포인트에서는 콘텐츠를 DVD 형식으로 직접 제작할 수 없지만 대신 아래의 단계에 따라 문서를 폴더에 복사한 다음 DVD 제작 소프트웨어를 사용하여 콘텐츠를 가져오고 DVD를 만들 수 있습니다.

❶ 복사할 프레젠테이션을 열어서 아직 저장하지 않은 새 프레젠테이션으로 작업하고 있는 경우에는 프레젠테이션을 먼저 저장합니다. [파일] 탭 → **저장/보내기**를 클릭하고 '파일 형식' 항목의 'CD용 패키지 프레젠테이션'을 클릭하여 목록에서 〈CD용 패키지〉 단추를 클릭합니다.

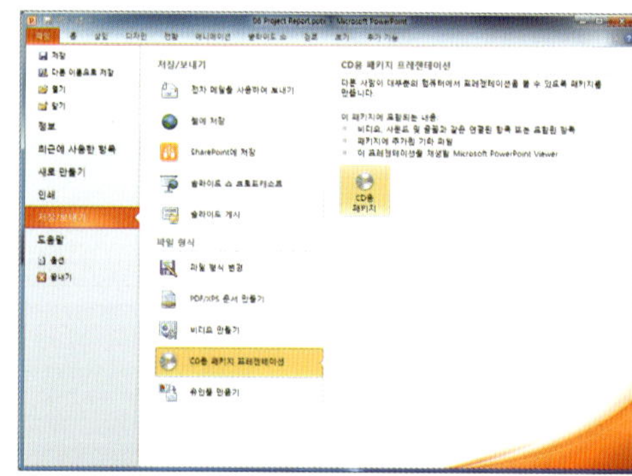

❷ 'CD용 패키지' 대화상자의 'CD 이름'에 프레젠테이션을 복사할 CD 또는 폴더의 이름을 입력합니다. 프레젠테이션을 추가하려면 〈추가〉 단추를 클릭하여 '파일 추가' 대화상자에서 대상 프레젠테이션을 선택하고 〈추가〉 단추를 클릭합니다. 프레젠테이션을 여러 개 추가하면 복사할 파일 목록에 나열되는 순서대로 프레젠테이션이 재생됩니다. 재생 순서를 변경하려면 이동할 프레젠테이션을 선택한 후 화살표 단추(⬆⬇)를 클릭하여 목록에서 해당 프레젠테이션을 위로 또는 아래로 이동합니다.

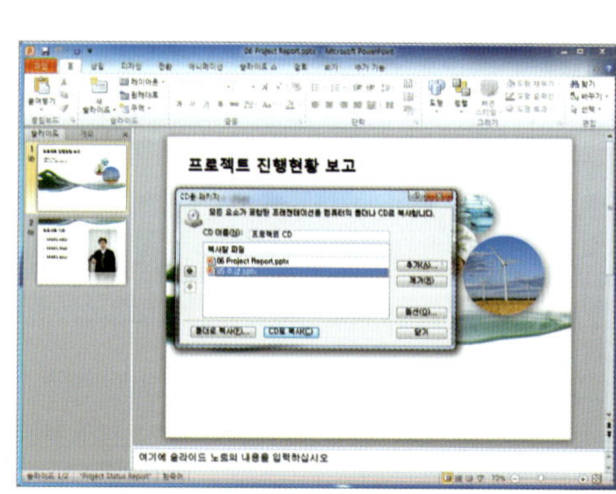

⟳ 패키지에 PowerPoint 파일 이외의 관련 파일을 추가할 수도 있습니다. 이러한 파일을 복사할 수는 있지만 Office Power Point Viewer에서 재생되지 않습니다.

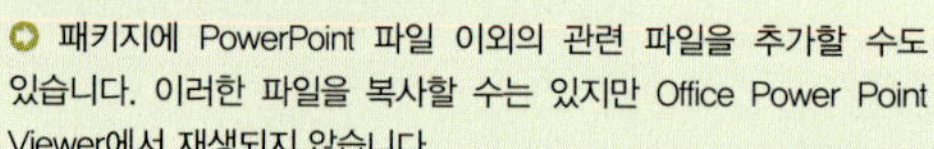

❸ 복사할 파일 목록에서 프레젠테이션 또는 파일을 제거하려면 해당 프레젠테이션 또는 파일을 선택한 후 〈제거〉 단추를 클릭합니다.

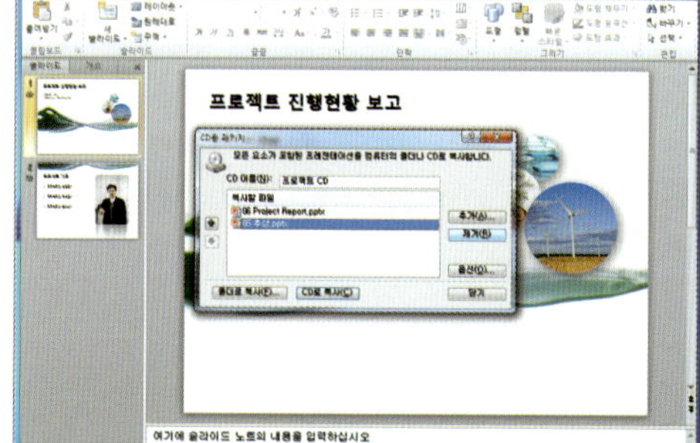

⟳ 현재 열려있는 프레젠테이션은 복사할 파일 목록에 자동으로 나타납니다. 현재 열려있는 프레젠테이션에 연결된 그래픽 파일 등도 자동으로 포함되지만 복사할 파일 목록에는 나타나지 않습니다.

❹ 〈옵션〉 단추를 클릭한 후 '옵션' 대화상자에서 프레젠테이션에 연결된 파일을 패키지에 포함하려면 '연결된 파일'을 선택하고, 포함된 트루타입 글꼴을 유지하려면 '포함된 트루타입 글꼴'을 선택합니다.

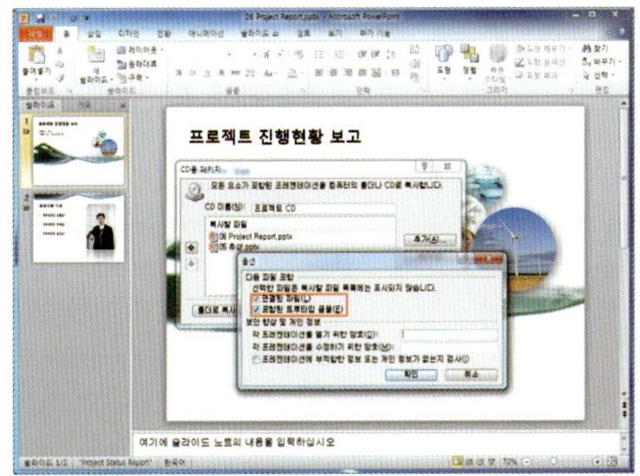

❺ 복사된 프레젠테이션을 열거나 편집할 때 암호를 입력하려면 보안 향상 및 개인 정보에서 프레젠테이션을 열 때 사용할 암호, 편집할 때 사용할 암호 두 가지 암호를 모두 입력한 후 〈확인〉 단추를 클릭하여 '옵션' 대화상자를 닫습니다.

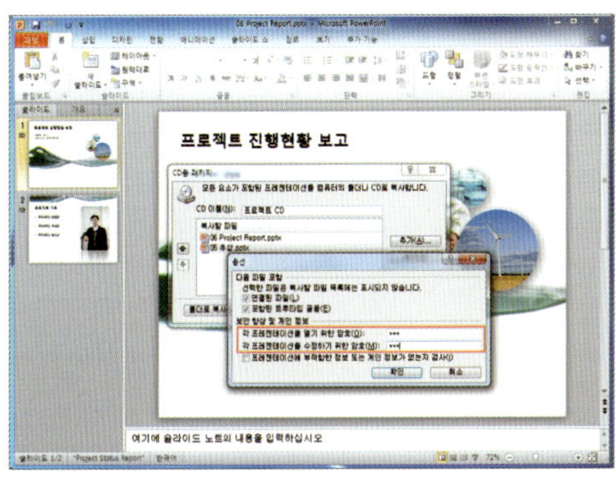

❻ 네트워크나 컴퓨터의 로컬 디스크 드라이브에 프레젠테이션을 복사할 경우에는 〈폴더로 복사〉 단추를 클릭하고 폴더 이름과 위치를 입력한 다음 〈확인〉 단추를 클릭합니다. CD에 프레젠테이션을 복사할 경우에는 〈CD로 복사〉 단추를 클릭합니다.

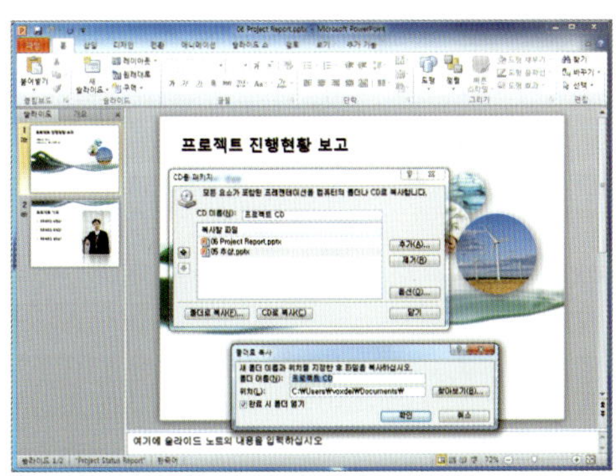

▲ 폴더로 복사

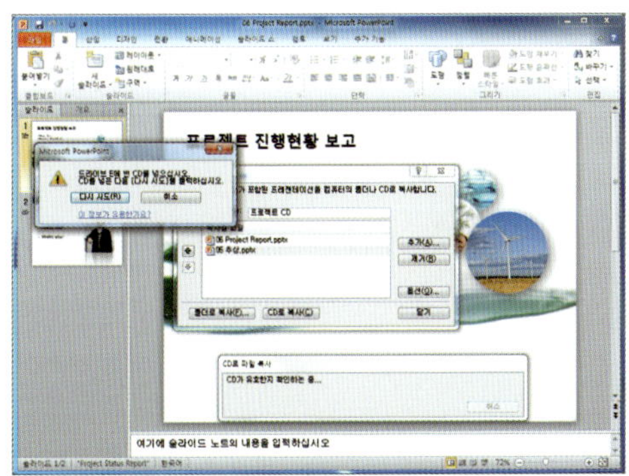

▲ CD로 복사

08 파일 암호로 보호하기

컴퓨터를 혼자 사용하는 것이 아니라 여러 사람이 사용하는 컴퓨터에서 문서를 작성하는 경우 다른 사람들이 문서 내용을 볼 수 없도록 비밀로 하고 싶은 경우가 있습니다. 파워포인트 2010에서는 암호를 사용하여 다른 사용자가 프레젠테이션 문서를 열거나 수정하지 못하도록 설정할 수 있습니다. 파일에 암호를 설정하는 다양한 방법을 알아보겠습니다.

1. 암호 설정하기

암호는 자기 자신이 기억하기는 쉽지만 다른 사람은 예상할 수 없게 어렵게 만들어야 하며, 타인이 파일의 내용을 읽거나 변경할 수 없도록 보호해 줍니다. 파일을 암호화하고 해당 파일을 여는 데 사용할 암호를 설정하려면 다음을 실행합니다.

① [파일] 탭 → **다른 이름으로 저장**을 클릭한 후 '다른 이름으로 저장' 대화상자에서 〈도구〉 단추를 클릭하고 목록에서 **일반 옵션**을 선택합니다.
② '일반 옵션' 대화상자에서 '이 문서의 파일 암호화 설정' 항목의 '열기 암호'에 암호를 입력한 후 〈확인〉 단추를 클릭합니다. '암호 확인' 대화상자에 동일한 암호를 다시 입력한 다음 〈확인〉 단추를 클릭합니다.

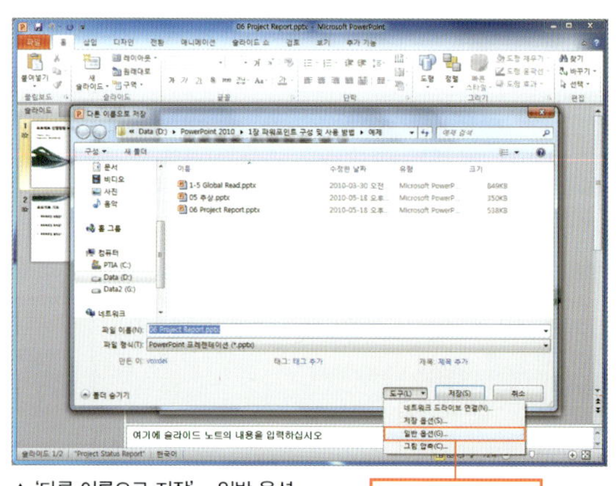

▲ '다른 이름으로 저장' – 일반 옵션

암호를 설정하기 위해 〈도구〉 단추의 **일반 옵션**을 클릭합니다.

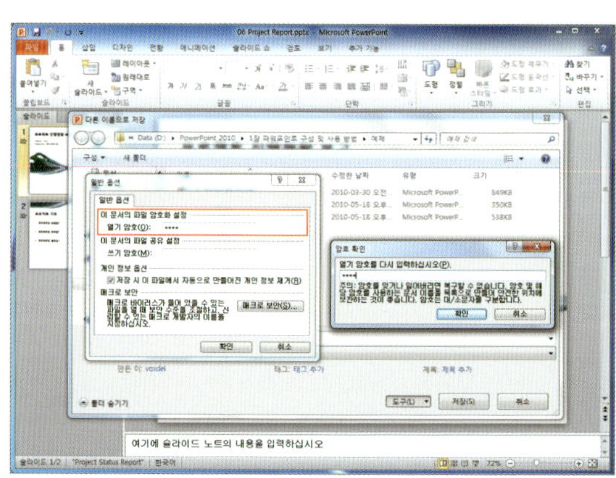

▲ '일반 옵션' 대화상자 – 암호 설정

○ 암호화

암호는 최대 255자까지 입력할 수 있으며, 기본적으로 이 기능에는 AES 128 비트 고급 암호화 기술이 사용됩니다. 암호화는 파일을 더 안전하게 보호하는 데 사용되는 표준 방법입니다.

2. 읽기 전용으로 만들기

읽기 전용 파일은 읽거나 복사만 가능하며, 읽기 전용 파일을 변경할 경우 파일을 새 이름으로 저장해야 파일의 변경 내용을 저장할 수 있습니다. 작성된 문서를 수정 편집하지 못하도록 하려면 쓰기 암호를 지정하면 됩니다.

① [**파일**] 탭 → **다른 이름으로 저장**을 클릭한 후 '다른 이름으로 저장' 대화상자에서 〈도구〉 단추를 클릭하고 목록에서 **일반 옵션**을 선택합니다.

② '일반 옵션' 대화상자에서 '이 문서의 파일 공유 설정' 항목의 '쓰기 암호'에 암호를 입력한 후 〈확인〉 단추를 클릭하고, '암호 확인' 대화상자에서 동일한 암호를 다시 입력한 다음 〈확인〉 단추를 클릭합니다.

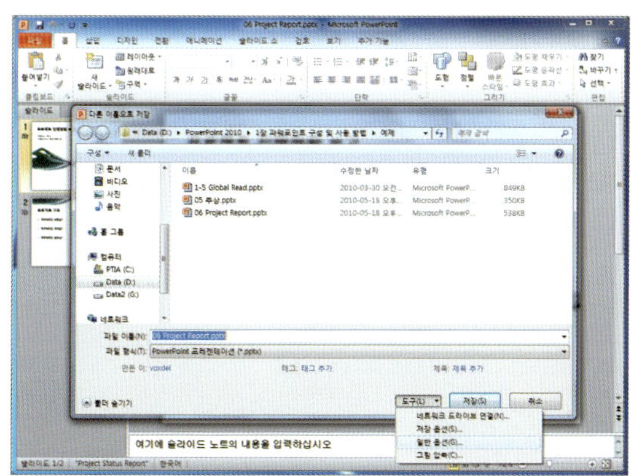

▲ '다른 이름으로 저장' – 일반 옵션

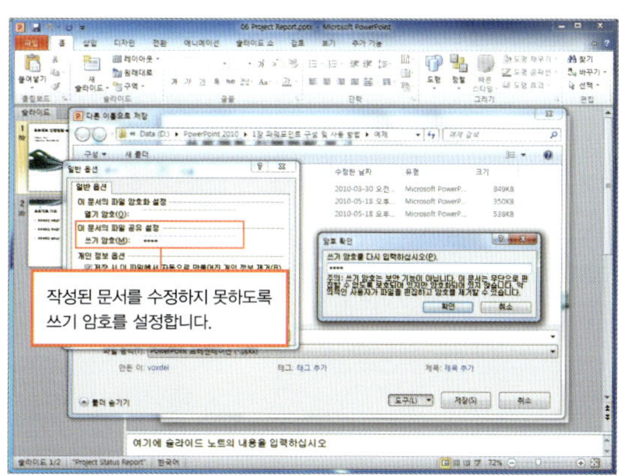

▲ '일반 옵션' 대화상자 – 쓰기 암호

암호 구성 시 일반적이고 단순한 암호를 사용하는 것은 좋지 못합니다. 'home1234'와 같이 단순한 요소로 구성되지 않은 암호 보다는 'Y6dh!et5'와 같이 대/소문자, 숫자 및 기호로 다양하게 구성된 암호를 사용해야 하며, 암호는 8자 이상, 14자 이하를 사용하는 것이 좋습니다.

또한 암호는 반드시 기억해야 하는데, 암호를 잊은 경우 파워포인트에서는 사용자의 암호를 확인할 수 있는 방법이 없기 때문에 암호를 따로 기록한 후 안전한 장소에 보관해 두기 바랍니다.

3. 암호 변경하기

① [**파일**] 탭 → **다른 이름으로 저장**을 클릭한 후 '다른 이름으로 저장' 대화상자에서 〈도구〉 단추를 클릭하고 목록에서 **일반 옵션**을 선택합니다.

② '일반 옵션' 대화상자에서 기존 암호를 선택하고 새 암호를 입력한 후 〈확인〉 단추를 클릭하고, 확인을 위해 암호를 다시 입력하라는 메시지가 표시되면 암호를 다시 입력하고 〈확인〉 단추를 클릭합니다. 변경된 암호를 저장하기 위해 〈저장〉 단추를 클릭하고, 기존 파일을 바꿀지 묻는 메시지가 나타나면 〈예〉를 클릭합니다.

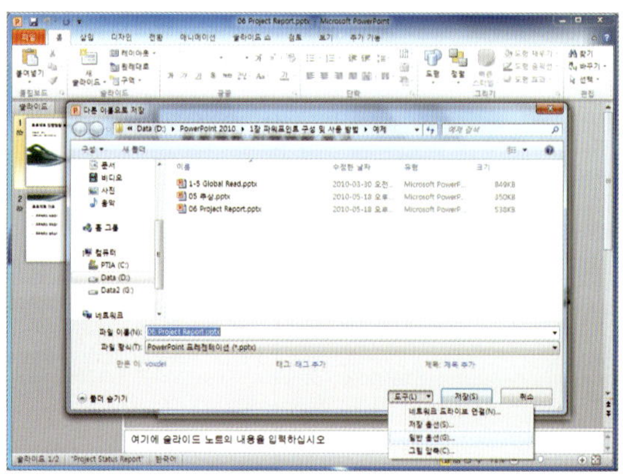

▲ '다른 이름으로 저장' – 일반 옵션

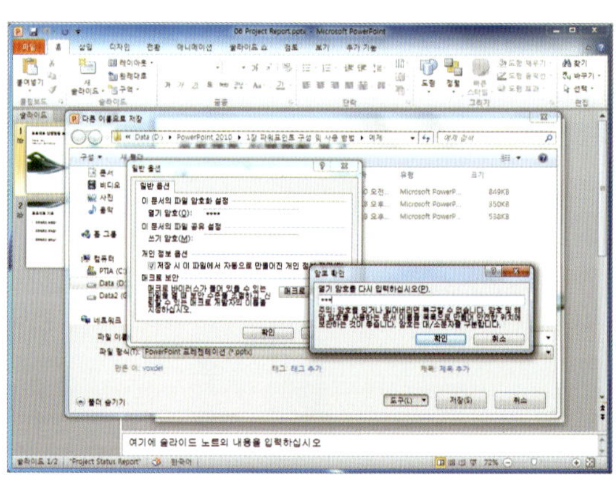

▲ '일반 옵션' 대화상자 – 암호 변경

4. 암호 제거하기

① [**파일**] 탭 → **다른 이름으로 저장**을 클릭한 후 '다른 이름으로 저장' 대화상자에서 〈도구〉 단추를 클릭하고 목록에서 **일반 옵션**을 선택합니다.

② '일반 옵션' 대화상자에서 설정된 암호를 선택하고 Delete 키를 누른 후 〈확인〉 단추를 클릭합니다. 〈저장〉 단추를 클릭하여 기존 파일을 바꿀지의 여부를 묻는 메시지가 나타나면 〈예〉를 클릭합니다.

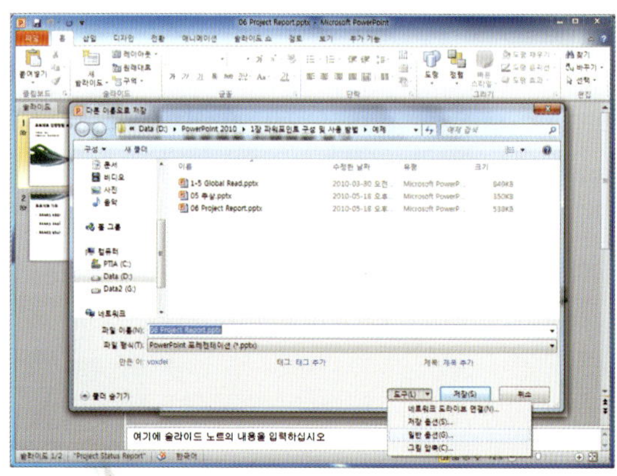

▲ '다른 이름으로 저장' – 일반 옵션

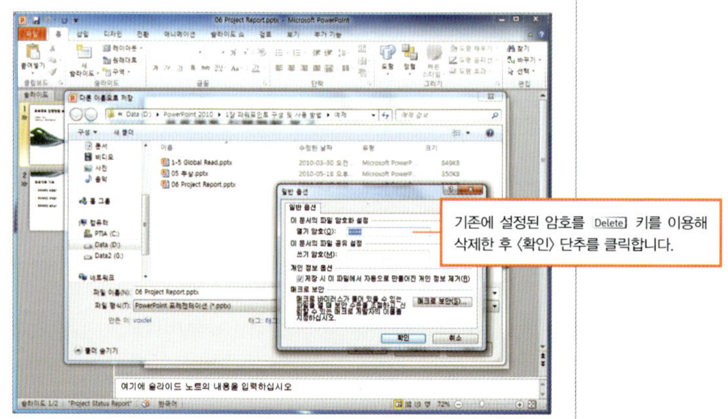

▲ '일반 옵션' 대화상자 – 암호 제거

5. 사용 권한 설정하기

프레젠테이션을 열 때 암호를 설정하는 다른 방법이 있습니다.

① [**파일**] 탭 → **정보**를 클릭한 후 '프레젠테이션 보호' → '암호 설정'을 클릭합니다.
② '문서 암호화' 대화상자가 표시되면 암호 아래 문서를 열 때 사용할 암호를 입력하고 〈확인〉 단추를 클릭합니다. '암호 확인' 대화상자에서 다시 한 번 암호를 입력하면 '프레젠테이션 보호' 오른쪽에 '사용 권한'에 암호가 필요하다는 메시지가 표시됩니다.

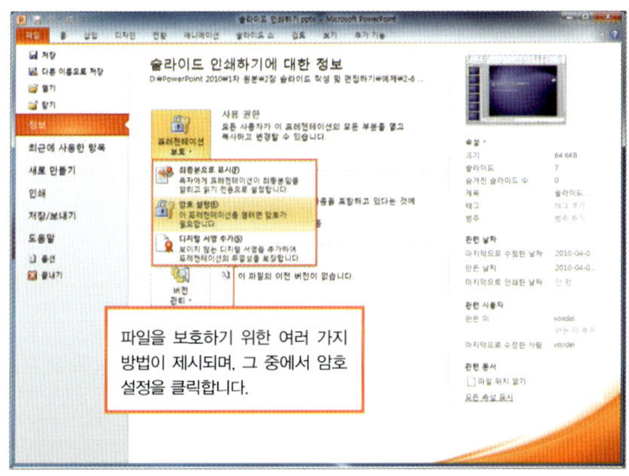

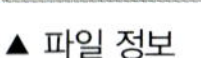

▲ 파일 정보

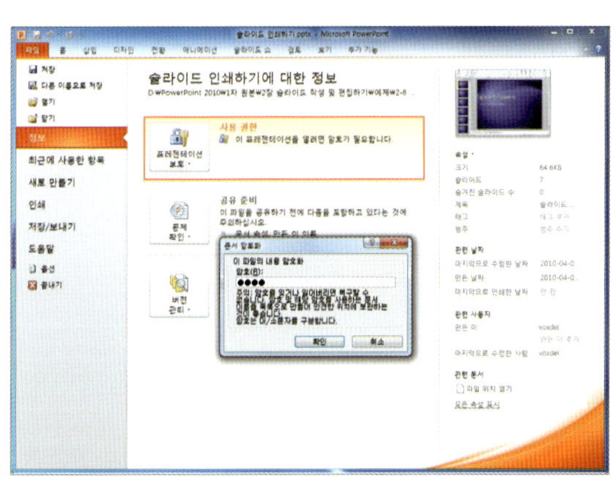

▲ '문서 암호화' 대화상자

암호가 설정되어 있는 프레젠테이션 문서를 파워포인트에서 실행하면 암호를 묻는 대화상자가 표시됩니다.

그러나 암호를 묻는 대화상자가 표시되지 않고 올바른 형식의 문서가 아니거나 흔히 깨진 문서로 표시되는 경우가 있는데, 이러한 문서들은 특정 조직에서 문서 보안 차원에서 암호화가 설정되어 있어 열리지 않는 경우가 상당수에 달합니다.

특정 조직에서 문서 보안을 위해 설정된 암호는 파워포인트에서 변경하거나 제거할 수 없으며, 해당 조직에 문서의 보안 해제 요청을 해서 재송부를 받아야만 읽기와 쓰기가 가능해집니다.

02

슬라이드 및 테마 다루기

프레젠테이션 문서를 자유자재로 작성하기 위해 슬라이드를 만들고 편집하는 모든 방법과 파워포인트 2010에서 새롭게 추가된 구역으로 나누기, 다중 실행, 읽기용 보기 등의 명령 사용법을 살펴봅니다. 또한, 프레젠테이션 문서에 통일감을 부여하는 슬라이드 마스터, 레이아웃 활용하기, 사용자가 원하는 대로 깔끔하고 멋스러운 옷을 입히는 테마 색/글꼴/효과/배경스타일과 관련된 명령에 대해 자세히 알아보겠습니다.

POWER POINT 2010

파 워 포 인 트   보 기   및   인 쇄

2010에서 새로 추가된 읽기용 보기를 포함한 보기 형태 활용하기

같은 레이아웃의 슬라이드 추가 및 삭제하기

자유로운 슬라이드의 이동, 복사, 복제하기

다양한 인쇄 옵션을 이용해 슬라이드와 유인물 인쇄하기

슬 라 이 드   마 스 터   및   테 마

슬라이드의 배경, 색 조정, 글꼴, 효과 설정하기

개체 틀의 크기 및 위치 자유자재로 설정하기

슬라이드 레이아웃 살펴보기

모든 테마 정보를 저장하는 슬라이드 마스터 활용하기

슬라이드 마스터와 슬라이드 배경 디자인을 포함한 테마 활용하기

SECTION 01

슬라이드 보기

파워포인트에서 보기 기능은 기본 보기, 여러 슬라이드 보기, 슬라이드 노트 보기, 슬라이드 쇼 보기 등 4가지 주요 보기가 있습니다. 파워포인트 2010에서는 주요 보기 외에 읽기용 보기 항목이 추가되었습니다. 슬라이드 보기는 리본 메뉴의 [보기] 탭에서 자세히 알아보겠습니다.

파워포인트에서 프레젠테이션 화면을 보는 방법으로 기본 보기, 여러 슬라이드 보기, 슬라이드 쇼 보기, 슬라이드 노트 보기가 있습니다. 이러한 보기 방식은 필요에 따라 문서 작성 및 편집 시 서로 용도에 맞게 유용하게 사용됩니다.

1. 기본 보기

기본 보기는 프레젠테이션을 작성하고 디자인할 때 사용하는 주 편집 보기로 4가지 작업 영역이 있습니다.

[보기] 탭 → **프레젠테이션 보기** 그룹 → **기본**( )을 클릭합니다.

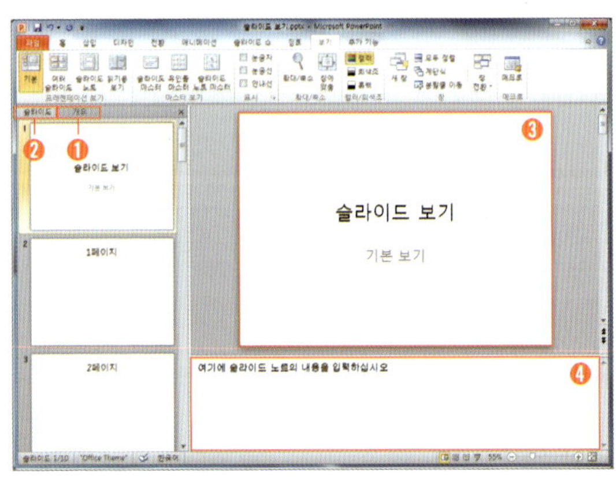

▲ 프레젠테이션 기본 보기 화면 구성

▲ 기본 보기

❶ **[개요] 탭** : 이 영역은 내용 작성을 시작하기에 적합한 곳으로, 아이디어를 구상하고 발표 방법을 계획하고 슬라이드와 텍스트를 이동할 수 있으며, 슬라이드 텍스트를 개요 형식으로 보여줍니다.

❷ **[슬라이드] 탭** : 편집하는 동안 프레젠테이션의 슬라이드를 축소판 그림으로 보기에 적합한 곳입니다. 축소판 그림을 사용하면 쉽게 프레젠테이션을 탐색하고 디자인 변경 결과를 확인할 수 있습니다. 또한 슬라이드를 쉽게 다시 정렬하거나 추가 또는 삭제할 수 있습니다.

❸ **슬라이드 창** : 파워포인트 창의 오른쪽 위 구역에 있는 슬라이드 창에는 현재 슬라이드가 크게 표시됩니다. 이 슬라이드 창에서 텍스트를 추가하고 그림, 표, SmartArt 그래픽, 차트, 그리기 개체, 텍스트 상자, 동영상, 소리, 하이퍼링크 및 애니메이션을 삽입할 수 있습니다.

❹ **슬라이드 노트 창** : 슬라이드 창 아래에 있는 슬라이드 노트 창에서는 현재 슬라이드와 관련된 노트를 입력할 수 있으므로 나중에 이 노트를 인쇄하여 발표할 때 참고할 수 있습니다. 또한 노트를 인쇄하여 청중에게 나누어 줄 수도 있고 청중에게 보내거나 웹 페이지에 게시하는 프레젠테이션에 노트를 포함할 수도 있습니다.

2. 여러 슬라이드 보기

여러 슬라이드 보기는 슬라이드를 축소판 그림 형태로 표시하며, 한 화면에 여러 슬라이드를 모두 보여주기 때문에 전체의 흐름을 알고자 할 때 유용합니다. 이 보기 상태에서는 슬라이드의 이동, 복사가 매우 유용하게 사용되며, 확대/축소 배율을 조정하면 슬라이드 개수와 크기도 조정됩니다.

[**보기**] 탭 → **프레젠테이션 보기** 그룹 → **여러 슬라이드**( )를 클릭합니다.

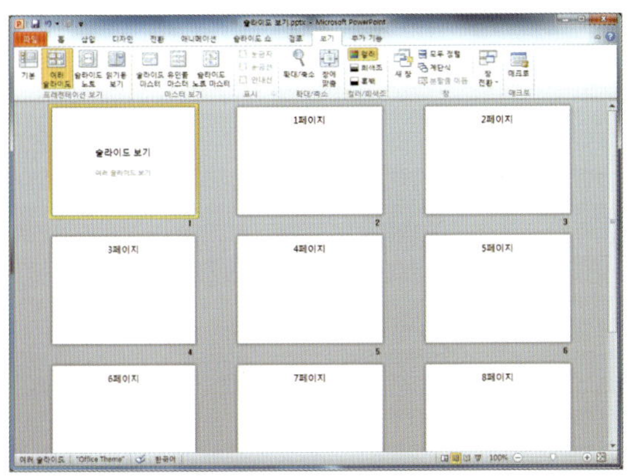

▲ 여러 슬라이드 보기 화면 구성

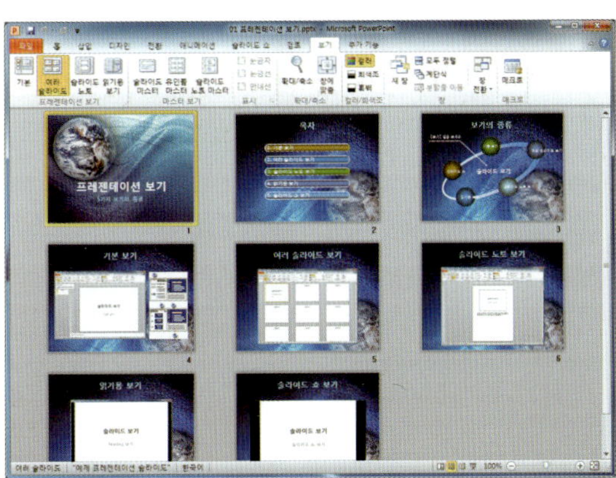

▲ 여러 슬라이드 보기

3. 슬라이드 노트 보기

슬라이드 노트는 프레젠테이션 시 발표할 내용을 간략하게 요약하기 위해 사용되며, 기본 보기에서 슬라이드 창 바로 아래에 있는 슬라이드 노트 창에 노트를 입력할 수 있으나 전체 페이지 형식으로 노트를 보고 작업하려면 슬라이드 노트를 이용하는 것이 좋습니다.

[**보기**] 탭 → **프레젠테이션 보기** 그룹 → **슬라이드 노트**( )를 클릭합니다.

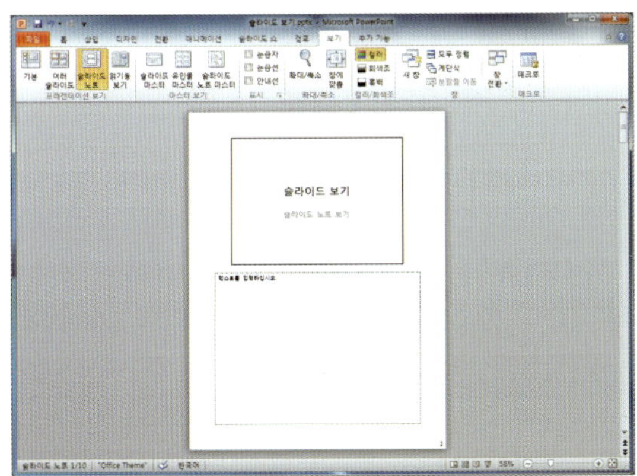

▲ 슬라이드 노트 보기 화면 구성

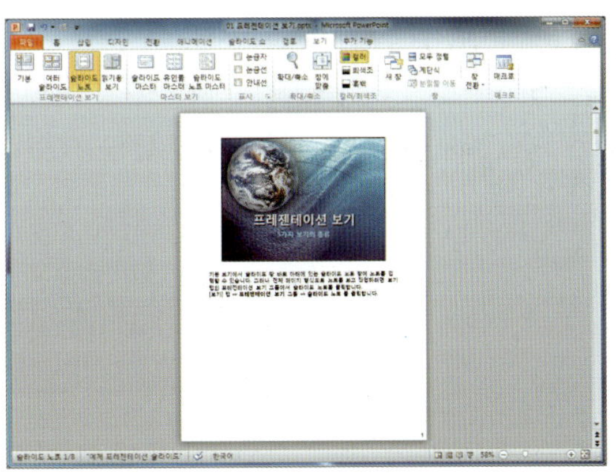

▲ 슬라이드 노트 보기

4. 읽기용 보기 `NEW 2010`

파워포인트 2010에 새롭게 추가된 보기 기능입니다. 프레젠테이션을 대형 화면에서 청중에게 표시하는 것이 아니라 특정인이 자신의 컴퓨터에서 프레젠테이션을 보도록 할 때 읽기용 보기를 사용합니다. 즉, 프레젠테이션을 전체 화면 슬라이드 쇼 보기가 아니라 쉽게 검토할 수 있는 간단한 컨트롤이 포함된 창에서 보려는 경우에 사용자 컴퓨터에서 읽기용 보기를 사용합니다. 그리고 프레젠테이션의 보기 형태를 변경하고자 할 경우에는 언제든지 읽기용 보기에서 다른 보기 형태로 전환할 수 있습니다.

[보기] 탭 → **프레젠테이션 보기** 그룹 → **읽기용 보기**(📖)를 클릭합니다.

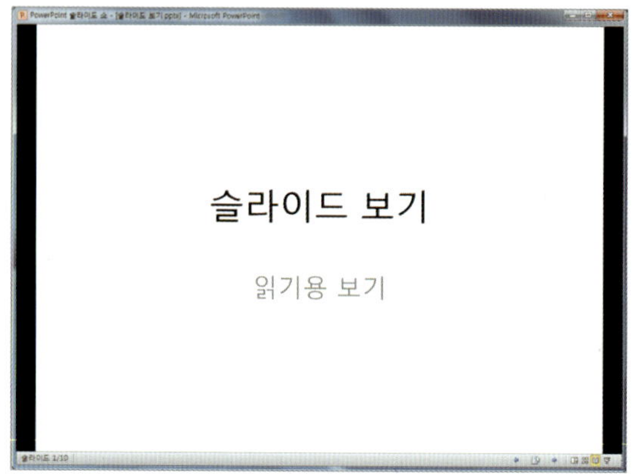

▲ 읽기용 보기 화면 구성

▲ 읽기용 보기

> **읽기용 보기**
>
> 두 개 파일의 슬라이드 쇼를 동시에 보여줄 수 있는데, 화면에 두 개의 프레젠테이션 파일을 열어 놓고 '읽기용 보기'로 전환하면 창의 크기에 맞게 슬라이드 쇼를 볼 수 있습니다.

5. 슬라이드 쇼 보기

슬라이드 쇼 보기는 실제 프레젠테이션처럼 전체 화면으로 표시되는데, 이 보기에서는 청중이 보는 것과 동일한 프레젠테이션을 보게 됩니다. 그래픽, 타이밍, 동영상, 애니메이션 효과 및 전환 효과가 실제 프레젠테이션에서 어떻게 보이는지 확인할 수 있습니다.

[슬라이드 쇼] 탭 → **슬라이드 쇼 시작** 그룹 → **처음부터**(📽)를 클릭합니다.

▲ 슬라이드 쇼 보기 화면 구성

▲ 슬라이드 쇼 보기

> **슬라이드 쇼 보기**
>
> 화면 보기에서 〈슬라이드 쇼〉 단추를 클릭하면 슬라이드 쇼가 처음부터 진행되지 않고 현재 슬라이드부터 슬라이드 쇼를 볼 수 있습니다.

6. 슬라이드 크기 조정하기

파워포인트에서 문서 작업 시 정교한 작업을 위해 화면을 확대해서 볼 경우가 있습니다. 또한 애니메이션을 적용 시 작업화면 이외의 공간을 활용하기 위해 화면을 축소하면 훨씬 작업이 수월합니다. 작업화면의 크기를 확대/축소하려면 파워포인트에서 다음과 같이 실행합니다.

① 화면 크기를 확대 또는 축소하거나 원하는 크기를 직접 지정하려면 [**보기**] 탭 → **확대/축소** 그룹 → **확대/축소** 명령 단추( )를 클릭합니다.
② '확대/축소' 대화상자에서 원하는 설정을 선택하고 〈확인〉 단추를 클릭합니다. 만약 사용자가 임의로 크기를 조정하려면 '확대/축소' 대화상자에서 '사용자 지정' 영역의 비율을 원하는 크기로 입력하면 됩니다.

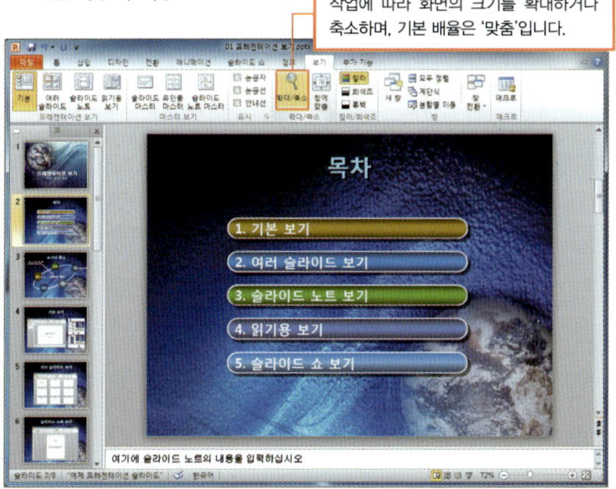

▲ 확대/축소 명령

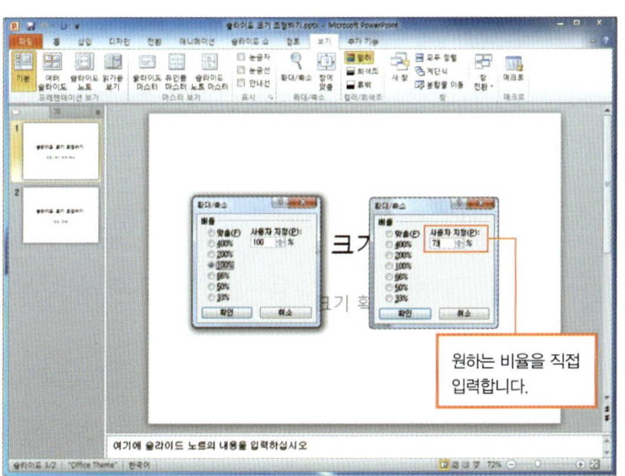

▲ 확대/축소 사용자 지정

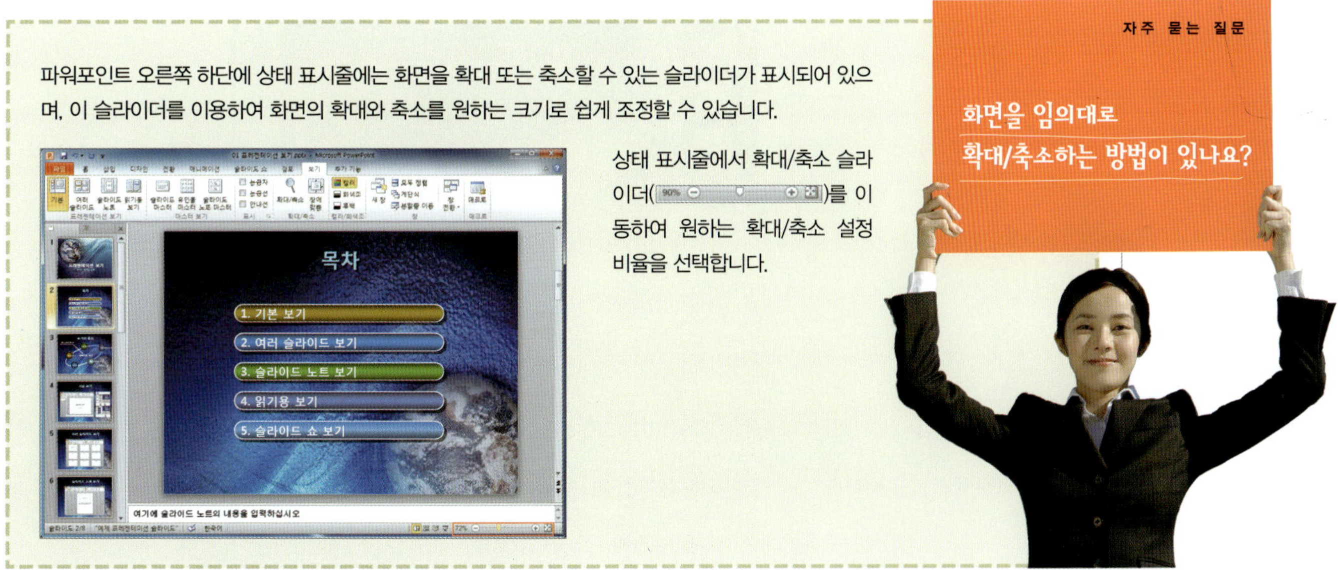

파워포인트 오른쪽 하단에 상태 표시줄에는 화면을 확대 또는 축소할 수 있는 슬라이더가 표시되어 있으며, 이 슬라이더를 이용하여 화면의 확대와 축소를 원하는 크기로 쉽게 조정할 수 있습니다.

상태 표시줄에서 확대/축소 슬라이더(90%)를 이동하여 원하는 확대/축소 설정 비율을 선택합니다.

7. 창에 맞춤 활용하기

파워포인트에서 창의 크기를 조정하기 위해 확대/축소 기능을 이용하는데 모니터 화면에 딱 맞게 조정하기가 쉽지 않습니다. 사용자가 창의 크기를 줄이거나 늘려도 지정한 창의 크기에 슬라이드의 크기를 꼭 맞게 변경하는 [창에 맞춤] 기능을 제공하고 있습니다.

◉ 자동 조절

창의 크기에 따라 슬라이드의 크기를 자동으로 조절하려면 [보기] 탭 → **확대/축소** 그룹 → **창에 맞춤** 명령 단추(▦)를 클릭합니다.

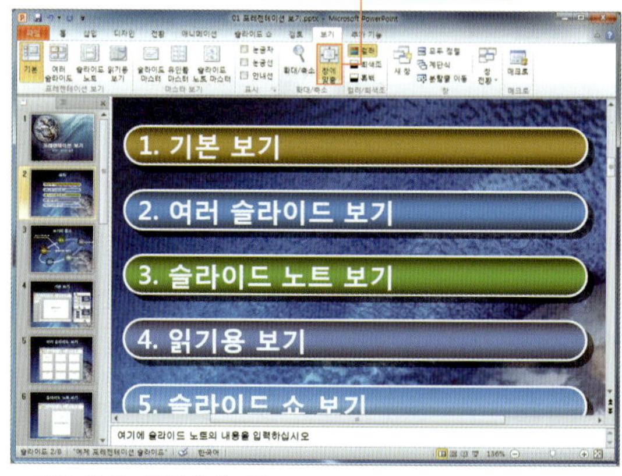

▲ 리본 메뉴를 이용한 창에 맞춤

◉ 창에 맞춤

파워포인트 오른쪽 하단에 상태 표시줄의 확대/축소 슬라이더에서도 창에 맞춤 명령을 사용할 수 있습니다. 확대/축소 조정 슬라이더에서 **창에 맞춤** 명령 단추(▦)를 클릭하면 창의 크기에 맞게 슬라이드 크기를 조절할 수 있습니다.

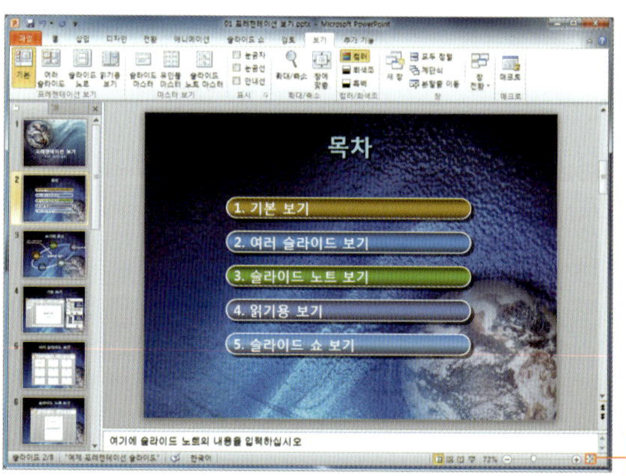

▲ 확대/축소 슬라이더를 이용한 창에 맞춤

'창에 맞춤' 아이콘

◉ 자동 조절 및 창에 맞춤

자동 조절 및 창에 맞춤 명령을 적용하고 나서 프레젠테이션 문서를 저장하면 이후에 문서를 다시 열어도 창에 맞춤 명령은 계속해서 적용됩니다. 정교한 작업을 수행하지 않는다면 창에 맞춤을 적용하고 문서를 저장하는 것이 좋습니다.

기본 보기 설정하기

기본적으로 파워포인트의 기본 보기에서는 [슬라이드] 탭과 [개요] 탭이 있는 창이 표시됩니다. 보기의 창 크기를 변경하면 현재 프레젠테이션에 변경 내용이 저장되고 표시되지만 변경 내용은 현재 프레젠테이션 외부에는 저장되지 않습니다. 또한 파워포인트가 항상 특정 보기에서 열리도록 지정할 수 있는데, 여러 슬라이드 보기, 슬라이드 쇼 보기 및 슬라이드 노트 보기와 기본 보기의 변형을 기본 보기로 설정할 수 있습니다.

❶ 기본 보기 설정을 변경하려면 [**파일**] 탭 → **옵션**을 클릭합니다.
❷ 'PowerPoint 옵션' 대화상자에서 [고급]을 클릭하여 '표시' 항목의 '이 보기를 사용하여 모든 문서 열기' 목록에서 기본 보기로 설정할 보기 형태를 선택한 후 〈확인〉 단추를 클릭합니다.

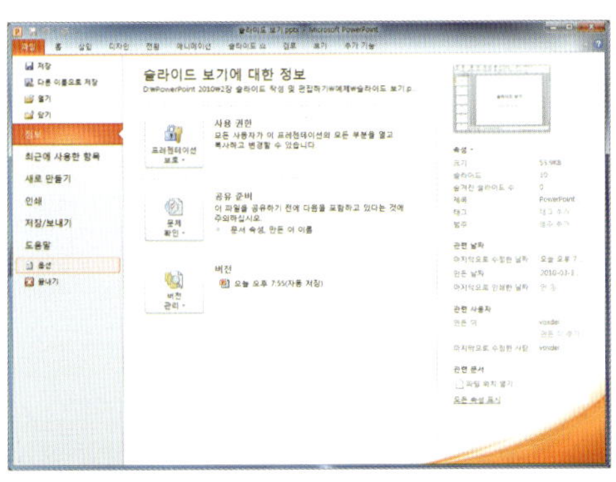
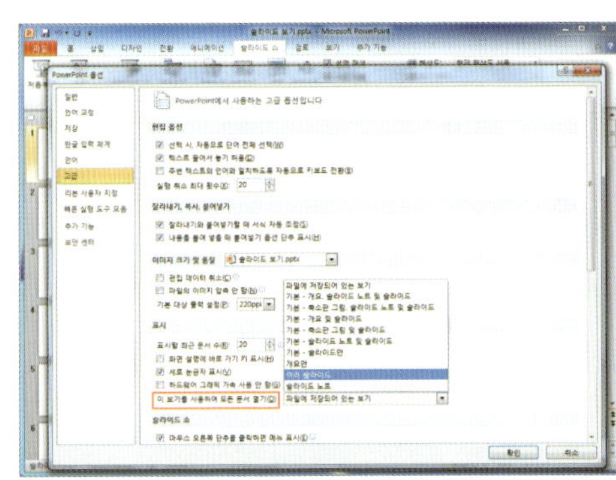

화면에서 빠르게 보기 전환하기

[보기] 탭을 통해서 보기를 전환하는 방법 외에 파워포인트 슬라이드 창 하단의 보기 조정 영역( )에서 슬라이드 보기를 전환할 수 있습니다.
보기 조정 영역에는 기본 보기, 여러 슬라이드 보기, 읽기용 보기, 슬라이드 쇼 보기의 4가지 보기가 표시되어 있으므로 원하는 보기를 클릭하면 보기 방식이 전환됩니다.

❶ 기본 보기
❷ 여러 슬라이드 보기
❸ 읽기용 보기
❹ 슬라이드 쇼 보기

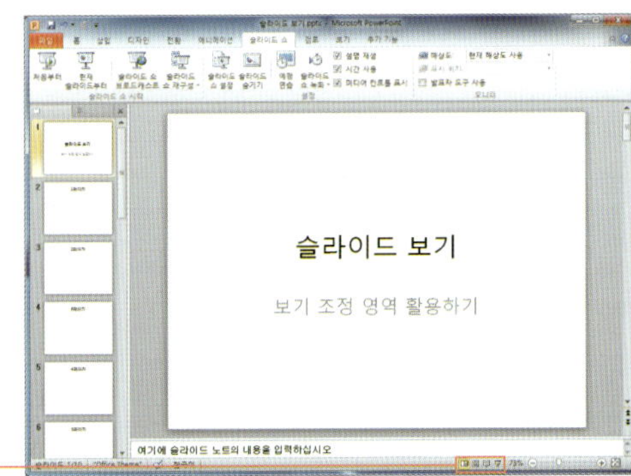

02 슬라이드 추가/삭제하기

문서 작성 시 슬라이드를 추가, 삭제하는 일은 가장 빈번하게 이루어지는 일
이라 할 수 있습니다. 문서에서 슬라이드를 추가하거나 삭제하는 방법과 문
서에서 특정 슬라이드를 삭제하지 않고 슬라이드 쇼에만 슬라이드를 숨기는
방법에 대해 알아보겠습니다.

1. 새 슬라이드 추가하기

슬라이드를 추가하는 것은 문서를 작성할 때 필수적인 요소입니다. 슬라이드는 제한없이 새롭게 추가할
수 있지만 슬라이드가 많아지고 삽입되는 개체의 수가 많아지면 문서 파일의 크기가 지나치게 커지게 되
어 문서를 열 때나 편집 시에 시간이 많이 소요될 수 있으므로 주의해야 합니다.

새로운 슬라이드를 추가하는 새 슬라이드 명령 단추는 2가지 방식으로 사용할
수 있습니다. [홈] 탭 → **슬라이드** 그룹 → **새 슬라이드**(　) 아래 부분(②번)를 클
릭하거나 새 슬라이드에 이전 슬라이드와 같은 레이아웃을 지정하려는 경우 슬
라이드 아래 부분를 클릭하지 않고 새 슬라이드 그림(①번)만 클릭하면 됩니다.

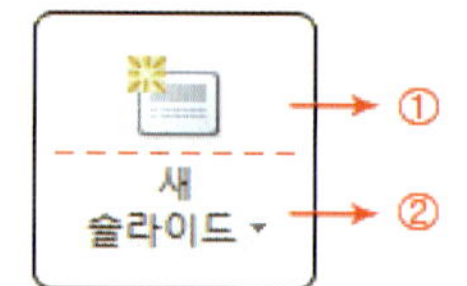

① **동일한 슬라이드 추가** : [홈] 탭 → **슬라이드** 그룹 → **새 슬라이드**(　)를 클릭하면 이전 슬라이드의 레이
아웃과 동일한 슬라이드가 추가됩니다.

② **레이아웃 변경할 슬라이드 추가** : [홈] 탭 → **슬라이드** 그룹 → **새 슬라이드**(　) 아래 부분(　)을 클릭
하여 레이아웃 선택 목록의 슬라이드 축소판 그림에서 원하는 레이아웃을 선택합니다.

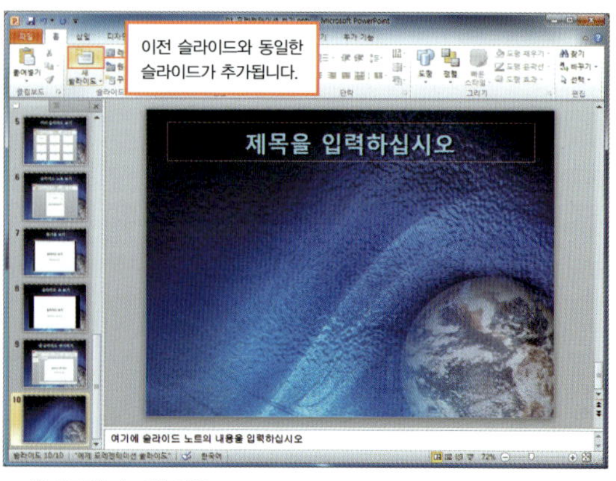

▲ 새 슬라이드(그림) 이용

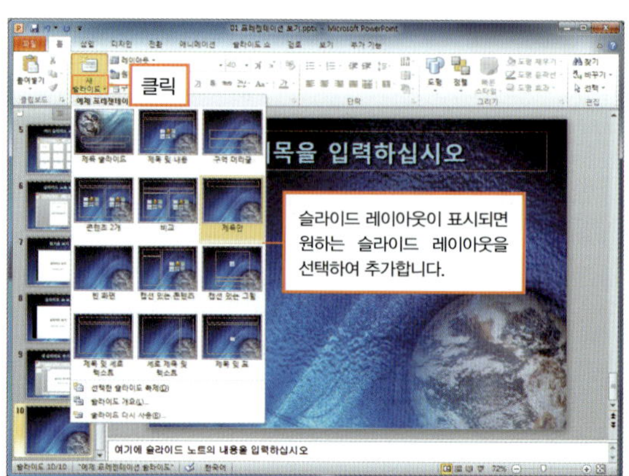

▲ 새 슬라이드(아래 부분) 이용

○ 02 본문예제.pptx를 참
조하세요.

○ **단축키**

새 슬라이드를 만드는 단축
키는 Ctrl + M입니다.

○ **레이아웃이란?**

레이아웃은 슬라이드 마스
터의 한 부분으로서, 슬라
이드에 표시될 내용의 위
치 정보를 정의합니다. 레
이아웃에는 개체 틀이 있
으며, 개체 틀에는 제목, 글
머리 목록 등의 텍스트와
SmartArt 그래픽, 표, 차트,
그림, 도형, 클립 아트 등의
슬라이드 콘텐츠가 들어
있습니다.

2. 개요 보기에서 슬라이드 추가하기

슬라이드를 추가하는 또 다른 방법은 개요 보기를 활용하는 방법입니다.

● 개요 보기 – [개요] 탭

[개요] 탭에서 삽입할 슬라이드 위치의 이전 슬라이드 맨 뒤에 마우스 포인트를 위치시키고 Enter 키를 누르면 새 슬라이드가 삽입됩니다.

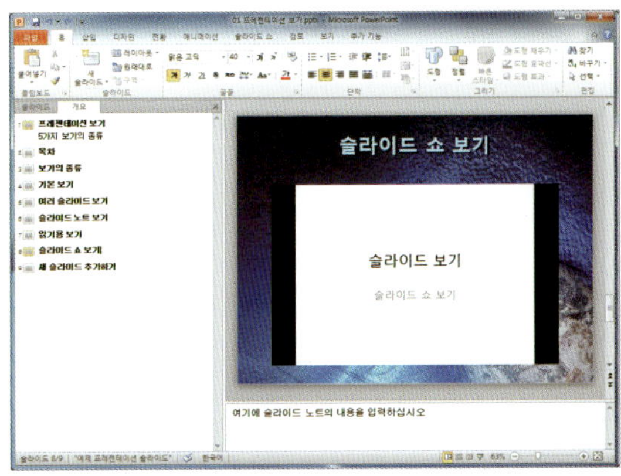

▲ [개요] 탭에서 슬라이드 삽입

● 개요 보기 – [슬라이드] 탭

① **방법 1** : [슬라이드] 탭에서 삽입할 슬라이드 위치의 이전 슬라이드를 선택하고 Enter 키를 누르면 새 슬라이드가 삽입됩니다.

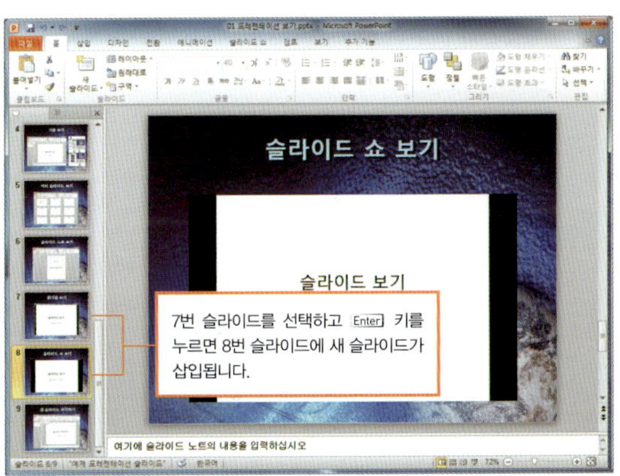

▲ [슬라이드] 탭에서 슬라이드 삽입

② **방법 2** : [슬라이드] 탭에서 슬라이드 축소판 그림을 마우스 오른쪽 단추로 클릭한 후 바로 가기 메뉴에서 **새 슬라이드**를 클릭하면 선택한 슬라이드 축소판 그림 바로 뒤에 새 슬라이드가 삽입됩니다.

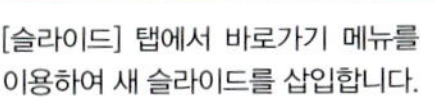

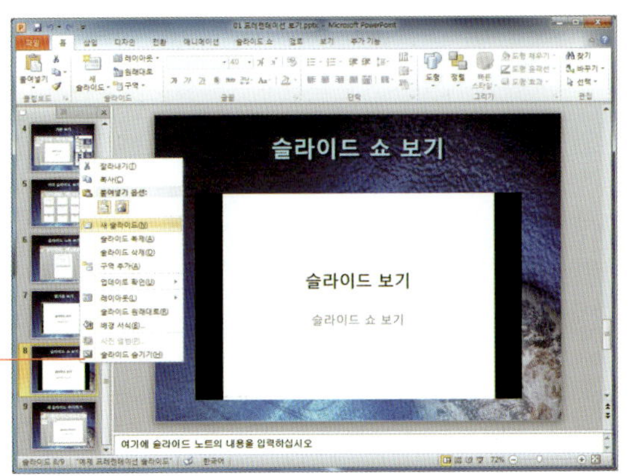

▲ 바로 가기 메뉴에서 슬라이드 삽입

3. 슬라이드 삭제하기

내용에 맞지 않거나 요약본을 작성할 때 굳이 들어가지 않아도 되는 슬라이드는 삭제를 합니다. 그러나 이후에 다시 슬라이드가 필요할 수 있으므로 슬라이드 삭제 후 문서를 새로운 문서로 버전을 달리해서 저장하는 것이 좋습니다. 불필요한 슬라이드를 삭제하는 방법은 다음과 같습니다.

① **방법 1** : 개요 보기에서 삭제하려는 슬라이드에서 마우스 오른쪽 단추로 클릭하고 바로 가기 메뉴에서 **슬라이드 삭제**를 클릭합니다.

② **방법 2** : 슬라이드 축소판 그림을 선택하고 Delete 키를 누르면 슬라이드가 삭제됩니다.

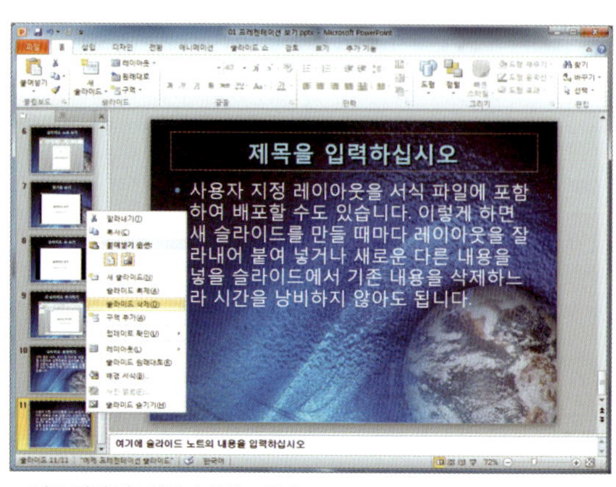
▲ 바로 가기 메뉴에서 슬라이드 삭제

슬라이드를 삭제하는 일은 매우 신중해야 합니다. 중요한 슬라이드나 내용을 잘못해서 삭제하였을 경우 단축키 Ctrl + Z 을 눌러서 되돌릴 수 있습니다.

프레젠테이션의 효과를 높이려면 각 슬라이드에 텍스트의 양을 가급적 줄이는 것이 좋고, 만약 하나의 슬라이드에 포함된 본문 텍스트가 원하는 양보다 많은 경우 텍스트를 두 슬라이드로 나눌 수 있습니다.
두 슬라이드에 본문 텍스트를 분할하려면 다음과 같이 실행합니다.

① 개요 및 슬라이드 창에서 [개요] 탭을 클릭합니다. 텍스트를 분할할 위치(예: 글머리 기호가 지정된 문장의 끝)에 커서를 위치시키고 Enter 키를 누른 후 Shift + Tab 키를 누르면 다음 슬라이드로 분할됩니다.

② 슬라이드가 분할되면서 제목 개체에 내용이 입력되어 있으면 다시 Enter 키를 누르고 Tab 키를 눌러 내용 개체로 텍스트를 이동시킵니다.

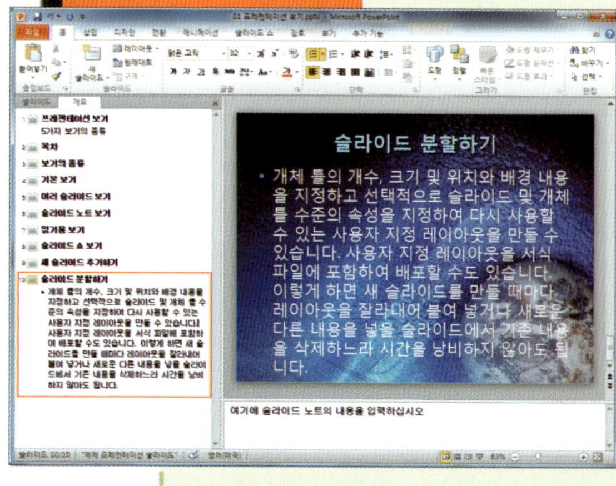
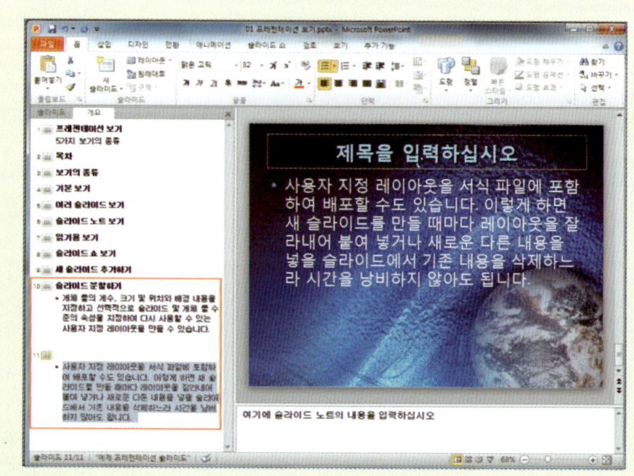
▲ 텍스트 분할

4. 슬라이드 표시/숨기기

프레젠테이션 시에는 필요하지만 슬라이드 쇼에는 보여줄 필요가 없는 슬라이드는 해당 슬라이드를 숨겨 놓고 프레젠테이션을 진행해야 하는 경우가 있습니다. 표시/숨기기 기능은 여러 다른 집단을 대상으로 하는 프레젠테이션에서 특정 주제에 대해 각기 다른 수준의 설명을 제공하는 슬라이드를 추가할 때 특히 유용합니다. 또한 시간이 부족하고 프레젠테이션에서 전달하는 개념을 청중들이 충분히 이해하고 있는 경우에는 해당 슬라이드를 건너뛰고 보이지 않게 하면서 프레젠테이션을 진행할 수 있도록 슬라이드를 숨길 수 있습니다.

● 슬라이드 숨기기

프레젠테이션에 사용하지 않을 슬라이드를 숨기려면 개요 및 슬라이드 창에서 [슬라이드] 탭을 선택하고 [**슬라이드 쇼**] 탭 → **설정** 그룹 → **슬라이드 숨기기**(📄)를 클릭하면 슬라이드 번호 둘레에 숨겨진 슬라이드 아이콘(📄)이 나타납니다.

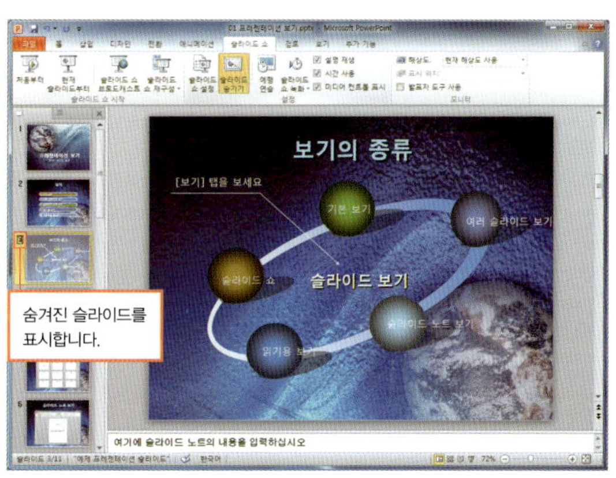

▲ 슬라이드 숨기기

● 슬라이드 숨기기

[슬라이드] 탭에서 숨기려는 슬라이드를 마우스 오른쪽 단추로 클릭한 후 바로 가기 메뉴에서 **슬라이드 숨기기**를 클릭해도 됩니다.

● 슬라이드 표시하기

숨겨진 슬라이드를 표시하려면 슬라이드를 선택하고 [**슬라이드 쇼**] 탭 → **설정** 그룹 → **슬라이드 숨기기**(📄)를 다시 한 번 클릭합니다.

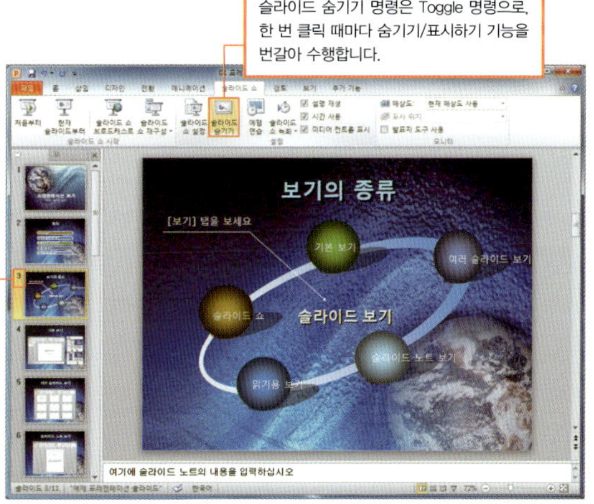

▲ 슬라이드 표시

● 슬라이드 숨기기 옵션

슬라이드를 숨기는 경우 슬라이드 쇼 보기에서 프레젠테이션 실행 시에는 표시되지 않지만 파일 안에는 여전히 남아 있습니다. 슬라이드 숨기기 옵션은 슬라이드 각각에 대해 설정 및 해제할 수 있습니다.

여러 슬라이드 동시에 선택하기

여러 슬라이드를 선택하여 한꺼번에 삭제하거나 이동할 경우가 있을 것입니다. 파워포인트에서 연속되거나 연속되지 않은 슬라이드를 동시에 선택하려면 다음과 같습니다.

① 연속 슬라이드 선택

연속한 여러 개의 슬라이드를 선택하려면 개요 보기의 [슬라이드] 탭에서 연속한 첫 번째 슬라이드를 클릭한 후 [Shift] 키를 누른 채 선택하려는 마지막 슬라이드를 클릭합니다.

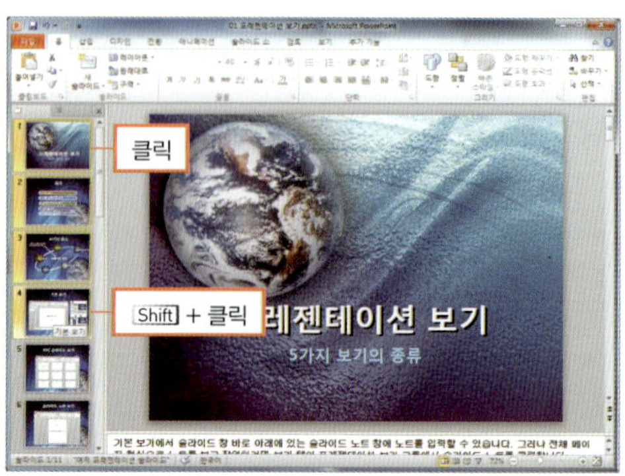

② 불연속 슬라이드 선택

연속하지 않는 슬라이드를 여러 개 선택하려면 [Ctrl] 키를 누른 채 선택하려는 슬라이드를 하나씩 클릭합니다.

슬라이드 이동/복사/복제하기

문서 내용의 흐름에 따라 슬라이드의 위치가 잘못되어 위치를 변경해야 하는
경우, 같은 레이아웃의 슬라이드를 추가적으로 사용해야 하는 경우, 기존에 작
성되어 있는 문서에서 특정 슬라이드를 가져와야 하는 경우에는 슬라이드의 이
동, 복사, 복제를 활용하게 되며, 주로 개요 보기나 여러 슬라이드 보기에서 작업을
하게 됩니다. 자주 사용하는 슬라이드의 이동/복사/복제 방법에 대해 알아보겠습니다.

1. 슬라이드 이동하기

슬라이드의 순서를 변경하는 것은 내용의 흐름이나 프레젠테이션의 임팩트를 고려할 때 많이 사용되
는 기능입니다. 이러한 슬라이드의 이동은 각각의 슬라이드를 검토하는 방식보다 여러 슬라이드 보기
에서 전체적인 흐름을 보면서 조정하는 것이 좋습니다. 슬라이드를 이동하기 위해서는 다음과 같이 실
행합니다.

◎ 03 본문예제_01.pptx를
참조하세요.

① **방법 1** : 개요 및 슬라이드 창에서 [슬라이드]
　　탭을 클릭하고 이동할 슬라이드의 축소판 그림
　　을 선택한 후 새로운 위치로 마우스를 끕니다.

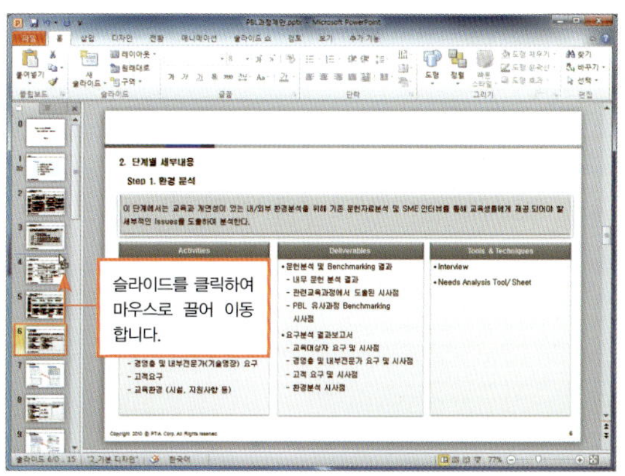

[슬라이드] 탭에서 이동 ▶

② **방법 2** : 여러 슬라이드 보기에서 슬라이드를
　　이동하는 것으로, 파워포인트 슬라이드 창 하
　　단의 보기 조정 영역( )에서 **여러 슬라
　　이드**( )를 클릭합니다. 이동할 슬라이드를 선
　　택한 후 새로운 위치로 마우스를 끕니다.

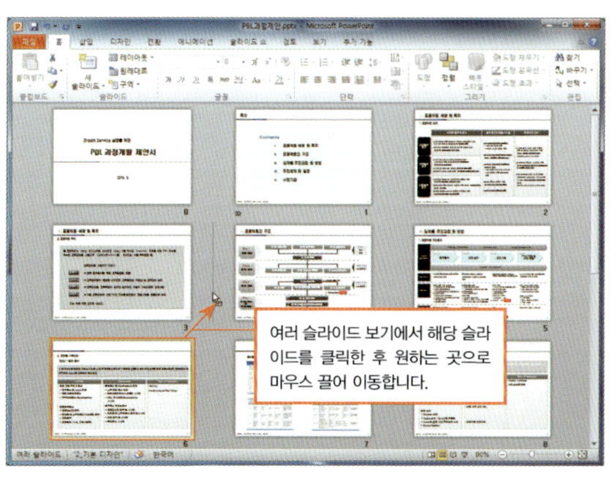

'여러 슬라이드 보기'에서 이동 ▶

◎ **여러 슬라이드 보기
의 활용**

슬라이드를 이동할 때 내
용의 흐름이나 순서를 고
려하여 이동을 하려면 '여
러 슬라이드 보기'에서 전
체적인 맥락을 고려하여
조정하는 것이 좋습니다.

2. 슬라이드 복사 및 붙여넣기

프레젠테이션 문서 작성 시 기존에 작성된 내용이 있다면 그 내용을 그대로 가져다가 형식만 맞춰서 재사용이 가능하기 때문에 편리할 것입니다. 이렇게 하나 이상의 슬라이드를 같은 프레젠테이션 문서 내에서나 다른 프레젠테이션 문서로 가져올 때 슬라이드 복사 및 붙여넣기 기능을 활용합니다. 복사 및 붙여넣기 기능은 리본 메뉴, 마우스를 이용한 바로 가기 메뉴, 키보드를 활용하는 방법이 있습니다.

● 리본 메뉴 활용

① 개요 및 슬라이드 보기의 [슬라이드] 탭에서 복사할 슬라이드를 선택한 후 [**홈**] 탭 → **클립보드** 그룹 → **복사** 명령 단추(🖿 ·)를 클릭합니다.

② 대상 프레젠테이션의 [슬라이드] 탭에서 복사한 슬라이드 앞에 둘 슬라이드를 선택한 후 [**홈**] 탭 → **클립보드** 그룹 → **붙여넣기** 명령 단추(🖿)를 클릭합니다. 만약 복사한 슬라이드의 원래 디자인을 유지하려면 기본 보기의 [슬라이드] 탭이나 슬라이드 창에서 붙여넣은 슬라이드 오른쪽 아래에 표시되는 '붙여넣기 옵션' 단추(🖿 (Ctrl)·)를 클릭한 후 **원본 서식 유지**(🖿)를 클릭합니다.

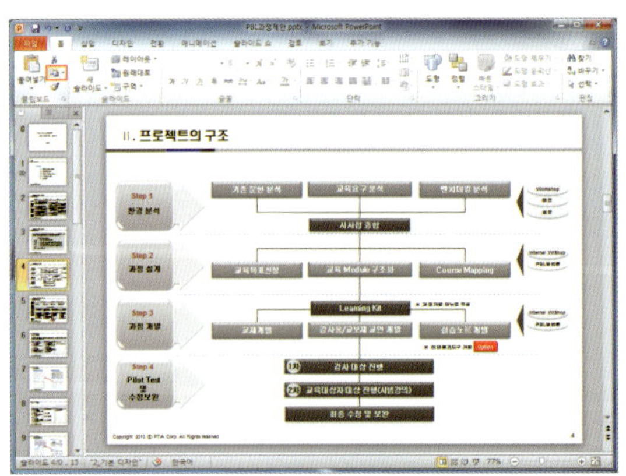

▲ [슬라이드] 탭에서 리본 메뉴 – 복사

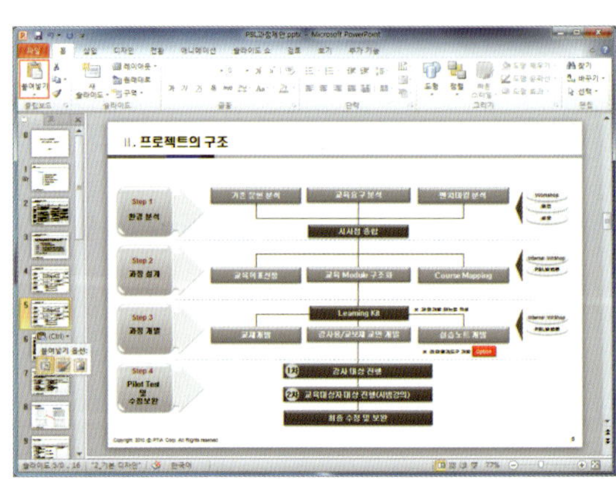

▲ [슬라이드] 탭에서 리본 메뉴 – 붙여넣기

● [슬라이드] 탭 활용

① 개요 및 슬라이드 보기의 [슬라이드] 탭을 클릭하고, 복사할 슬라이드를 선택한 후 마우스 오른쪽 단추로 클릭하여 바로 가기 메뉴에서 **복사**를 클릭합니다.

② 대상 프레젠테이션의 [슬라이드] 탭에서 복사한 슬라이드 앞에 둘 슬라이드를 마우스 오른쪽 단추로 클릭한 후 바로 가기 메뉴에서 **붙여넣기** → **원본 서식 유지**를 클릭합니다.

● 복사 명령 단추

복사 명령 단추는 프레젠테이션 문서 내에서 뿐만 아니라 다른 프레젠테이션 문서에 복사할 때도 적용됩니다.

● 붙여넣기 옵션의 종류

붙여넣기 옵션은 어떠한 개체를 복사하여 붙여 넣는지에 따라 옵션의 종류가 달라집니다. 파워포인트에서는 자동적으로 필요한 옵션을 제공해 줍니다.

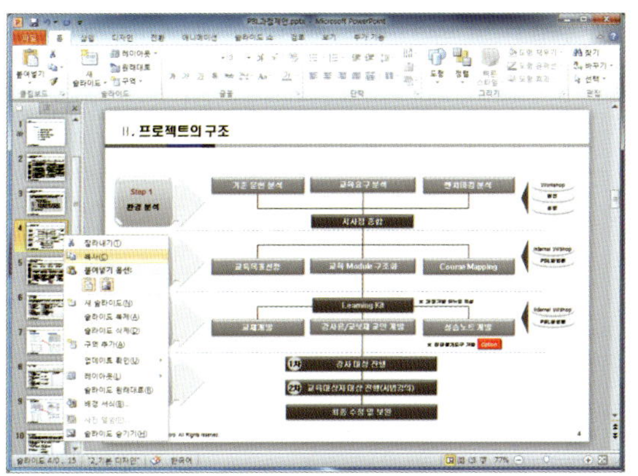

▲ [슬라이드] 탭에서 바로 가기 메뉴 – 복사

▲ [슬라이드] 탭에서 바로 가기 메뉴 – 붙여넣기

하나 이상의 슬라이드를 같은 프레젠테이션 내에서 또는 다른 프레젠테이션으로 복사하는 경우 새로운 슬라이드에 사용할 테마를 지정할 수 있습니다.

슬라이드를 프레젠테이션의 새로운 위치에 붙여 넣는 경우 기본적으로 바로 앞의 슬라이드 테마가 적용됩니다. 그러나 다른 테마를 사용하는 프레젠테이션에서 슬라이드를 복사한 경우 슬라이드를 붙여 넣을 때 원래의 테마를 유지할 수 있습니다. 붙여 넣은 슬라이드에 바로 앞의 슬라이드 테마가 적용되지 않도록 서식을 변경하려면 붙여 넣은 슬라이드의 오른쪽 아래에 표시되는 붙여넣기 옵션 단추를 사용합니다.

슬라이드를 프레젠테이션의 새로운 위치에 붙여 넣는 경우 일반적으로 기본 보기의 [개요] 탭 또는 [슬라이드] 탭이나 슬라이드 창에서 붙여 넣은 슬라이드 오른쪽 아래에 **붙여넣기 옵션** 단추가 나타납니다. 붙여넣기 옵션 단추는 슬라이드를 붙여 넣은 후 콘텐츠 모양을 관리하는 데 사용되며, 이런 작업을 붙여넣기 복구라고도 합니다.

❶ 대상 테마 적용
❷ 원본 서식 유지
❸ 그림으로 붙여넣기

붙여넣기 옵션은 리본 메뉴에서도 사용할 수 있어서 [홈] 탭 → **클립보드** 그룹 → **붙여넣기** 명령 단추의 아래 부분(붙여넣기)을 클릭합니다.

그러나 다음과 같은 경우 슬라이드를 붙여 넣은 후에 붙여넣기 옵션 단추가 표시되지 않습니다. [홈] 탭 → **클립보드** 그룹 → **선택하여 붙여넣기**를 사용한 경우 붙여넣기 옵션을 표시하려면 잘라내기 또는 복사 및 붙여넣기 명령을 함께 사용하거나 오피스 클립보드를 사용하여 복사한 다음 붙여 넣어야 합니다.

○ 키보드 활용

키보드를 통해 복사 및 붙여넣기를 실행할 수 있으며, 일반적으로 문서 어디서나 적용되는 방법입니다.
① **복사하기** : 슬라이드 선택 후 단축키 Ctrl + C   ② **붙여넣기** : 대상 슬라이드 선택 후 단축키 Ctrl + V

3. 문서 내에서 슬라이드 복제하기

기존 프레젠테이션 문서에서 내용이 담긴 슬라이드를 프레젠테이션 문서 내에 동일한 내용으로 추가하려면 슬라이드 복제를 활용할 수 있습니다. 복사 및 붙여넣기를 통해 슬라이드를 복사할 수도 있지만 슬라이드 복제를 사용하면 명령 단추 클릭 수를 줄일 수 있는 장점이 있습니다.

① 개요 및 슬라이드 보기의 [슬라이드] 탭을 클릭하여 복제하려는 슬라이드를 하나 이상 선택한 후
　[홈] 탭 → **슬라이드** 그룹 → **새 슬라이드** 명령 단추(　) 아래 부분(　)을 클릭합니다.
② 레이아웃 선택 목록에서 **선택한 슬라이드 복제**를 클릭하면 복제된 슬라이드는 선택한 슬라이드의 바로
　다음에 삽입됩니다.

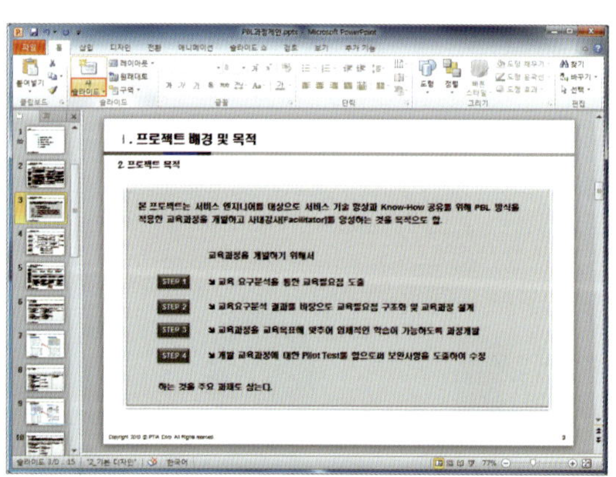

▲ 새 슬라이드 명령

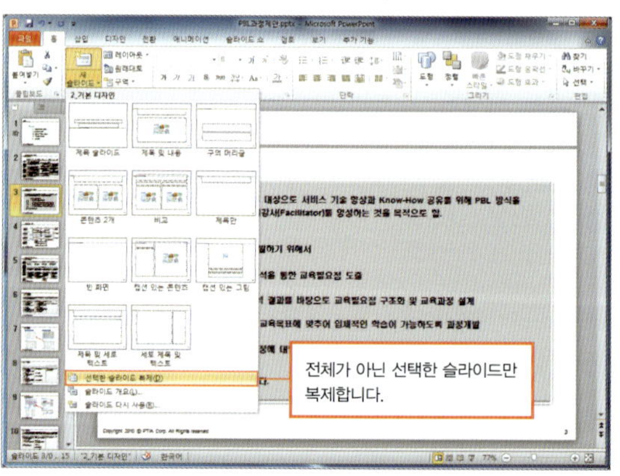

▲ 선택한 슬라이드 복제

4. 구역 기능 활용하기 `NEW 2010`

슬라이드가 많아지게 되면 때에 따라서는 수정 보완을 원하는 슬라이드를 찾기 위해 마우스를 스크롤하거나 여러 슬라이드 보기에서 찾는 작업을 반복하게 됩니다. 파워포인트 2010에서는 같은 문서 내에서 슬라이드 그룹을 만들어서 구분을 할 수 있도록 슬라이드 구역 기능을 새롭게 제공합니다. 예를 들어 본문 내용을 목차대로 구분하여 다른 작업 시에는 숨겨놓기도 하고 한꺼번에 이동 및 복사를 할 수 있는 기능을 제공합니다.

○ 구역 추가

목차 슬라이드와 내용 슬라이드 사이에 구역을 구분합니다. 먼저 내용 슬라이드를 선택하고 [홈] 탭 →
슬라이드 그룹 → 구역 명령 단추(　)를 클릭한 후 선택 목록에서 **구역 추가**를 클릭하면 선택된 슬라이드 위에 구역이 표시됩니다.

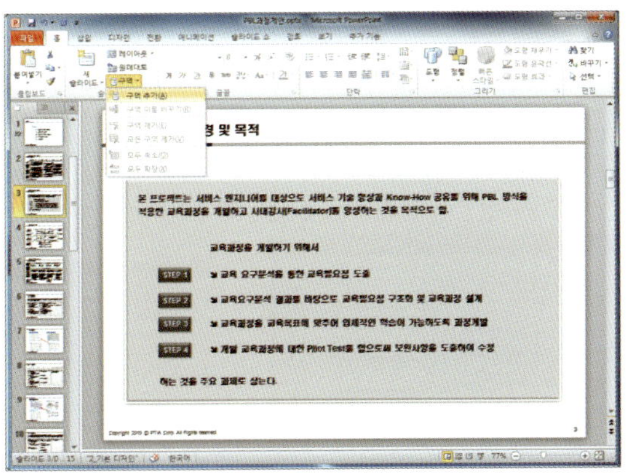

▲ 구역 추가 명령

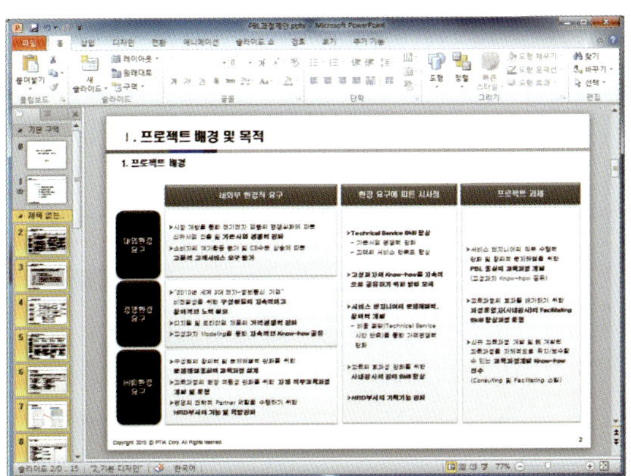

▲ 추가된 구역

구역 이름 변경

구역 이름을 변경하기 위해 삽입된 구역을 선택하고 [홈] 탭 → 슬라이드 그룹 → 구역(구역▼) → 구역 이름 바꾸기를 클릭합니다. '구역 이름 바꾸기' 대화상자에서 '구역 이름'을 "프로젝트 배경 및 목적"으로 변경하고 〈이름 바꾸기〉 단추를 클릭합니다.

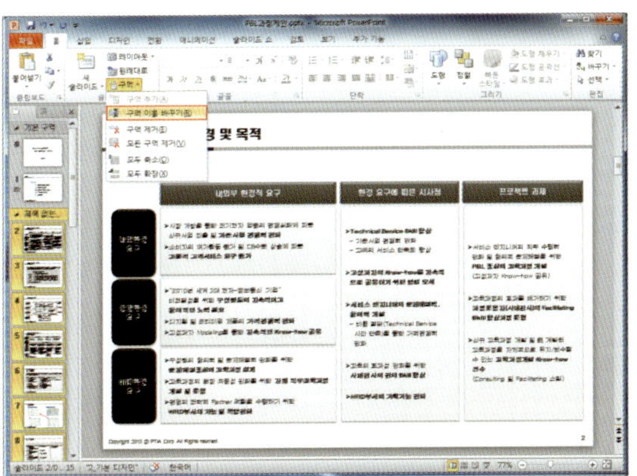

▲ 구역 이름 바꾸기 명령

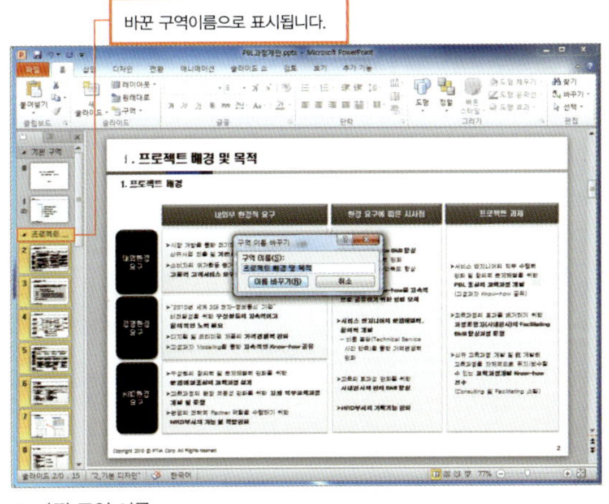

바꾼 구역이름으로 표시됩니다.

▲ 바뀐 구역 이름

구역 축소

구역만 표시하고 구역 내 슬라이드는 보이지 않도록 구역을 축소하기 위해 [홈] 탭 → 슬라이드 그룹 → 구역(구역▼) → 모두 축소를 클릭하면 모든 구역이 축소됩니다. 특정 구역을 클릭하면 해당 구역 내의 슬라이드가 나타납니다.

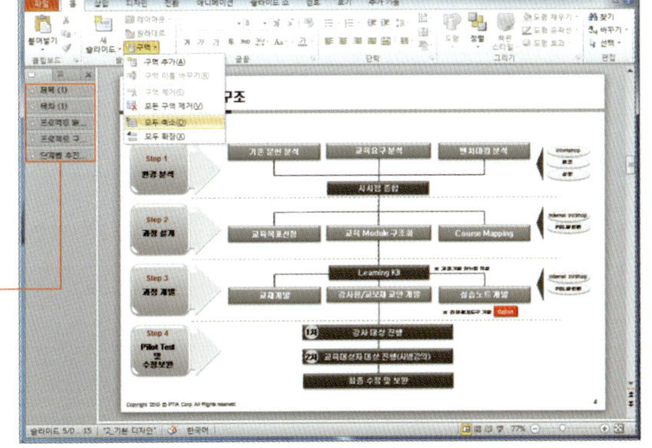

구역만 표시됩니다.

▲ 축소된 모든 구역

● 구역 이동

선택한 구역으로 이동하기 위해 이동할 구역을 선택하고 마우스 오른쪽 단추를 클릭하여 바로 가기 메뉴에서 **구역을 위로 이동**을 클릭합니다.

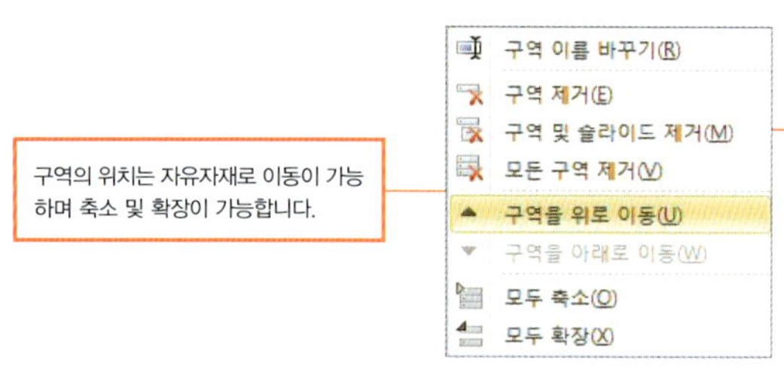

구역의 위치는 자유자재로 이동이 가능하며 축소 및 확장이 가능합니다.

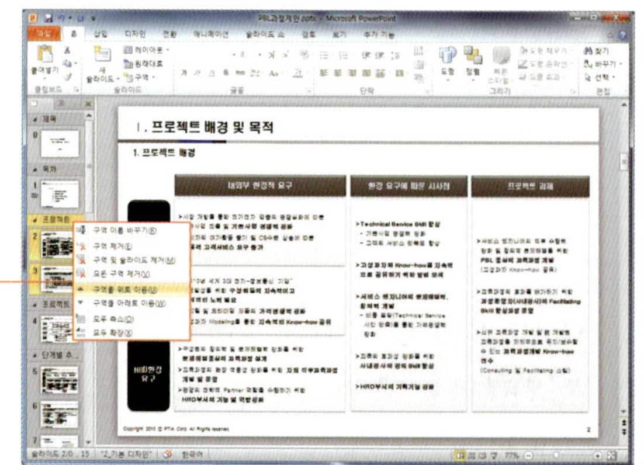

▲ 위로 구역 이동

● 구역 복사

구역 복사는 명령이나 단축키를 제공하지 않으므로 구역을 선택하고 단축키 Ctrl + C 를 눌러 복사합니다. 복사할 구역 위치를 선택하고 단축키 Ctrl + V 를 누르면 구역 내 슬라이드가 복사되는 것을 볼 수 있습니다.

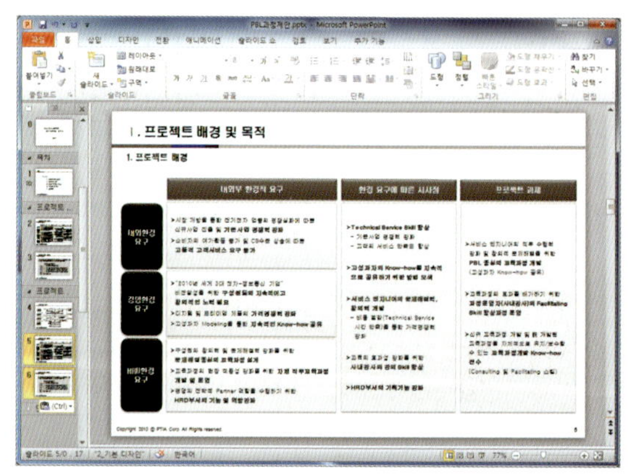

▲ 복사된 구역

5. 다중 실행 창을 이용한 슬라이드 이동하기

파워포인트 2010에서 새롭게 추가된 기능 중 파워포인트 창의 다중 실행(여러 창에서 프레젠테이션 파일 작업)이 있습니다. 다중 실행은 이전 버전들과 달리 파워포인트 문서가 열릴 때마다 새로운 창이 하나씩 생기는 개념으로, 각 파일마다 독립적으로 파워포인트를 열어서 문서를 표시하는 것입니다. 예를 들어 파워포인트 문서를 5개 열었다면 파워포인트 2010이 각각 독립적으로 5개가 열렸다고 이해하면 됩니다. 따라서 문서 간 슬라이드 이동 시 두 파일을 화면에 반씩 차지하게 배열하고 슬라이드를 끌면 이동이 가능합니다.

서로 다른 파워포인트 문서를 윈도 7의 맞추기 기능을 활용하여 화면에 세로로 정렬하고 두 문서 모두
여러 슬라이드 보기로 전환합니다.

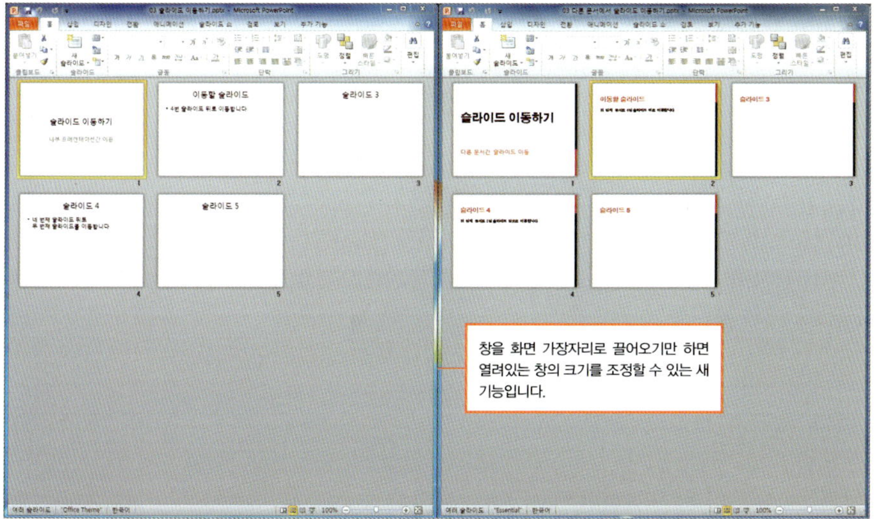

▲ 다중 실행 창으로 여러 슬라이드 보기

문서 간 슬라이드를 이동하기 위해 한쪽 문서에서 이동시킬 슬라이드를 선택한 후 마우스로 끌어서 다
른 한쪽 문서의 원하는 위치로 이동시킵니다.

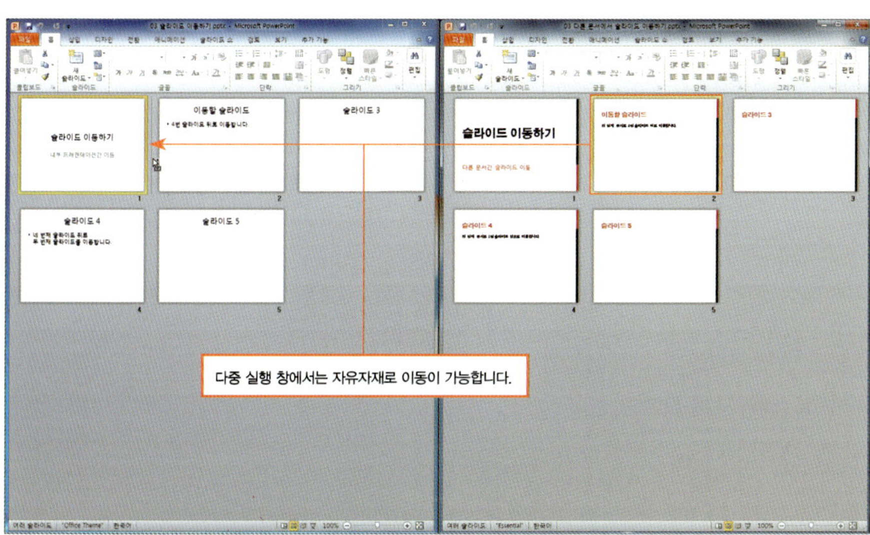

▲ 다중 실행 창에서 슬라이드 이동

○ 맞추기 기능

윈도 7의 맞추기 기능을
이용하면 이동하는 가장
자리(위쪽이나 아래쪽, 왼
쪽이나 오른쪽)에 따라 창
이 수직으로 확장되거나
전체 화면 보기로 커지거
나, 두 개의 창이 같은 크
기로 나란히 배치됩니다.
맞추기 기능은 창의 내용
을 보거나 정리하고 비교
하는데 크게 도움됩니다.

다른 문서로 슬라이드가 이동된 것을 확인할 수 있습니다. 이 때 슬라이드의 테마는 이동한 프레젠테이션 문서의 테마를 따르게 됩니다. 붙여넣기 옵션을 클릭하여 **원본 서식 유지**를 클릭합니다. 테마의 개념은 Section 10에서 자세히 설명하겠습니다.

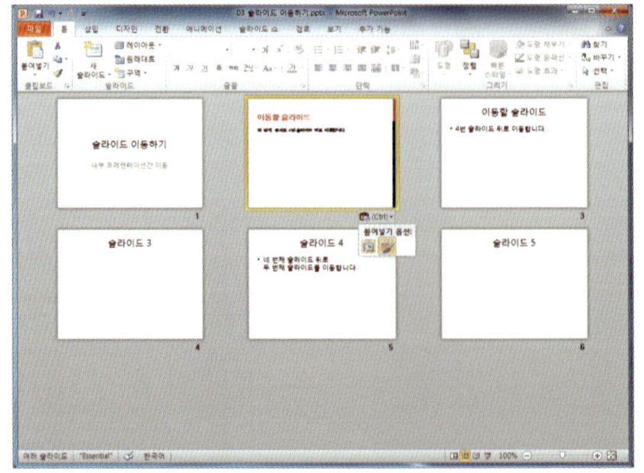

▲ 이동된 슬라이드

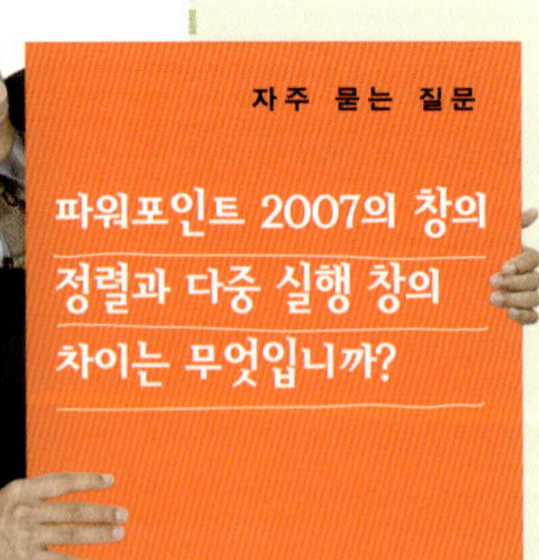

파워포인트 2010에서도 [보기] 탭에서 **창의 정렬** 명령을 사용할 수 있습니다. 그러나 다중 실행이 적용되면서 창의 정렬 방식이 변경되므로 그 차이점에 대해서 살펴보겠습니다.

① **창의 정렬(파워포인트 2007)**

파워포인트 2007에서 [보기] 탭 → **창** 그룹 → **모두 정렬** 명령을 클릭하면 하나의 파워포인트 프로그램 내에서 각 문서가 좌우로 배열되는 것을 볼 수 있습니다.

② **창의 정렬(파워포인트 2010)**

파워포인트 2010에서 [보기] 탭 → **창** 그룹 → **모두 정렬** 명령을 클릭하면 2개의 개별적인 파워포인트 프로그램 내에서 좌우로 정렬되는 것을 볼 수 있습니다.

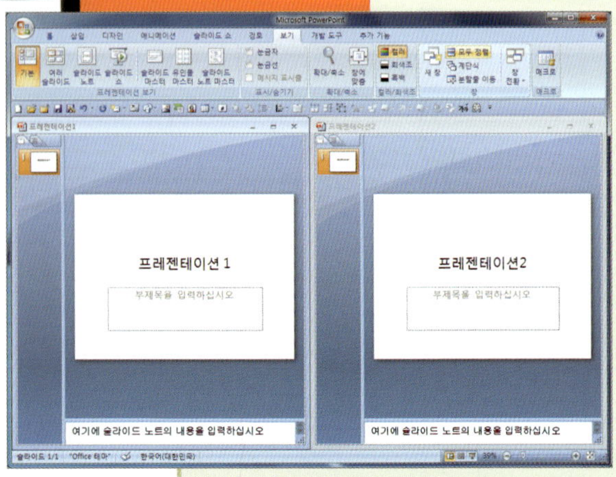

▲ 창의 정렬 – 파워포인트 2007

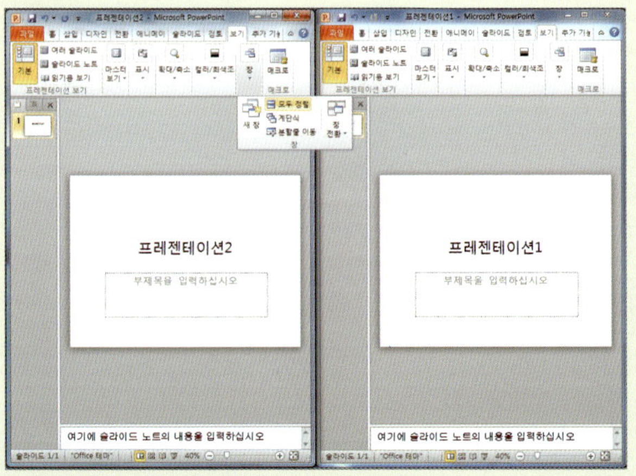

▲ 창의 정렬 – 파워포인트 2010

파워포인트 2010의 창은 각기 독립된 프로그램으로 볼 수 있어서 문서를 3개 열면 파워포인트 2010이 3개 열리는 것과 동일합니다. 파워포인트 2010은 이와 같은 다중 실행 창을 적용하여 문서 편집의 효율성을 높여줍니다.

슬라이드 다루기

📁 **준비 파일** : 03 Wrap Up.pptx, 03 Wrap Up_표지.pptx   📁 **완성 파일** : 03 Wrap Up_결과.pptx

슬라이드를 추가/삭제하거나 이동/복사/복제 기능은 프레젠테이션 문서 작성 시 가장 많이 활용되는 명령이라고 할 수 있습니다. 슬라이드를 사용자가 원하는 대로 자유롭게 조작하는 방법에 대해 알아보겠습니다.

항목	변경 내용
슬라이드 이동	2번 슬라이드 → 맨 위로
슬라이드 복사	03 Wrap Up_표지.pptx 2번 슬라이드 → 7번 슬라이드(대상 테마 사용)
	03 Wrap Up_표지.pptx 1번 슬라이드 → 2번 슬라이드(원본 서식 유지)
슬라이드 삭제	1번 슬라이드 삭제
구역 추가	2번 슬라이드 구역 이름 : "내용"

01 **예제 파일 열기** **03 Wrap Up_표지.pptx** 파일을 두 번 연속 클릭하면 파워포인트가 실행되면서 다음 화면이 나타납니다.

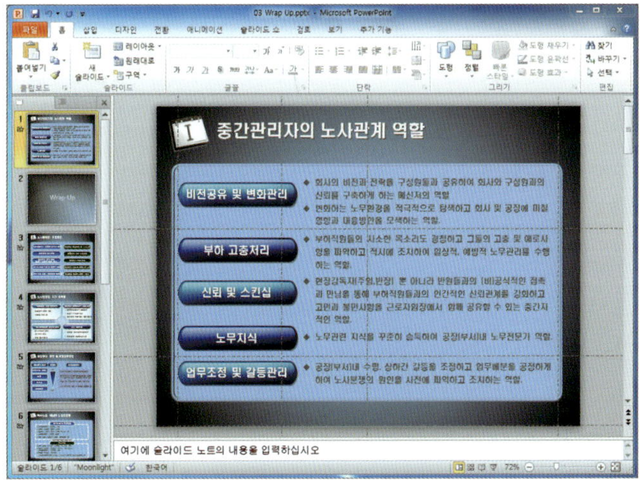

02 슬라이드 이동하기 두 번째 슬라이드의 위치를 첫
번째 슬라이드 위로 이동하기 위해 ❶ [슬라이드]
탭에서 2번 슬라이드를 선택하고 마우스로 끌어서 1번 슬라
이드 위쪽으로 이동합니다.

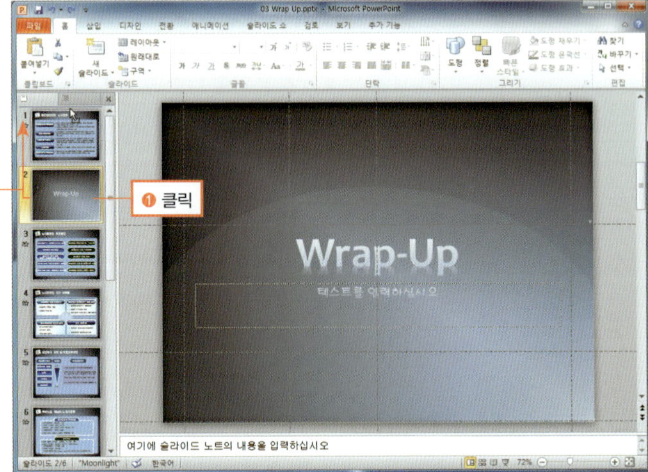

○ **슬라이드 이동**

슬라이드를 마우스로 끌어서 이동할 경우에는 기본 보기보다는 여러 슬라이드 보기에
서 작업하는 것이 더 효율적입니다.

03 슬라이드 복사 및 붙여넣기(1)　03 Wrap Up_표
지.pptx 파일을 열어서 2번 슬라이드를 선택하고
[홈] 탭 → **클립보드** 그룹 → **복사** 명령 단추()를 클릭합
니다.

03 Wrap Up.pptx 파일의 작업화면으로 돌아와서 ❶ 6번 슬라
이드를 선택하고 [홈] 탭 → **클립보드** 그룹 → ❷ **붙여넣기** 명
령 단추()를 클릭한 후 ❸ 붙여넣기 옵션에서 **대상 테마 사
용**을 클릭합니다. 그러면 선택한 슬라이드 다음(7번 슬라이
드)에 복사됩니다.

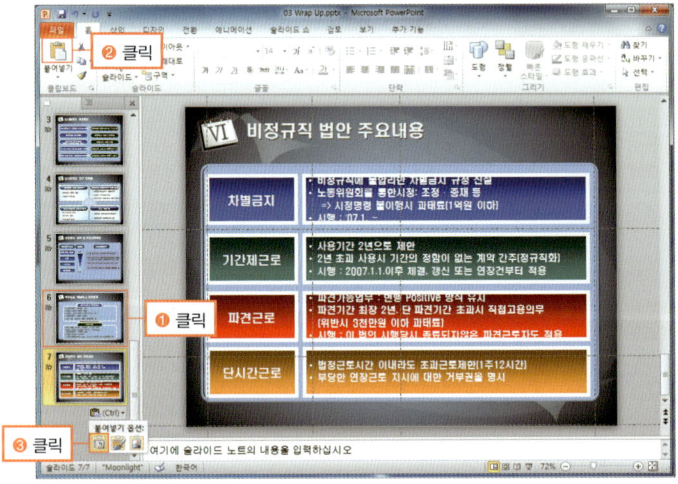

04 슬라이드 복사 및 붙여넣기(2) 다시 03 Wrap Up_표
지.pptx 파일로 이동하여 첫 번째 슬라이드를 선택
하고 [홈] 탭 → **클립보드** 그룹 → **복사** 명령 단추()를 클
릭합니다.

03 Wrap Up.pptx 파일의 작업화면으로 돌아와서 ❶ 1번 슬라
이드를 선택하고 [홈] 탭 → **클립보드** 그룹 → ❷ **붙여넣기** 명
령 단추()를 클릭한 후 ❸ 붙여넣기 옵션에서 **원본 서식 유
지**를 클릭합니다.

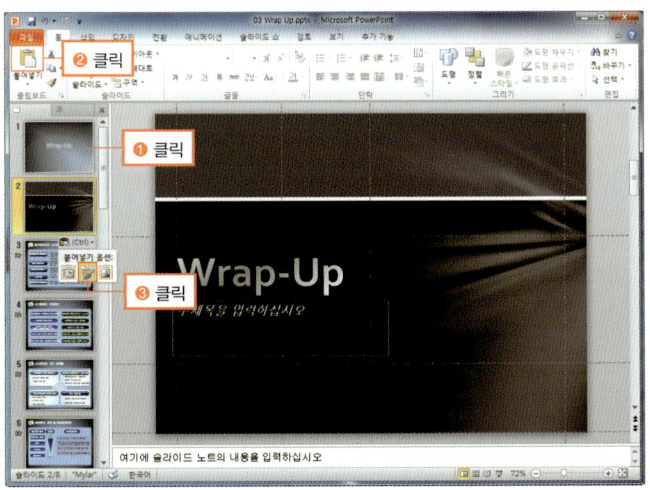

05 슬라이드 삭제하기 ❶ 1번 슬라이드를 선택하고 ❷ 마우스 오른쪽 단추를 클릭한 다음 바로 가기 메뉴에서 ❸ **슬라이드 삭제**를 선택하여 슬라이드를 삭제합니다.

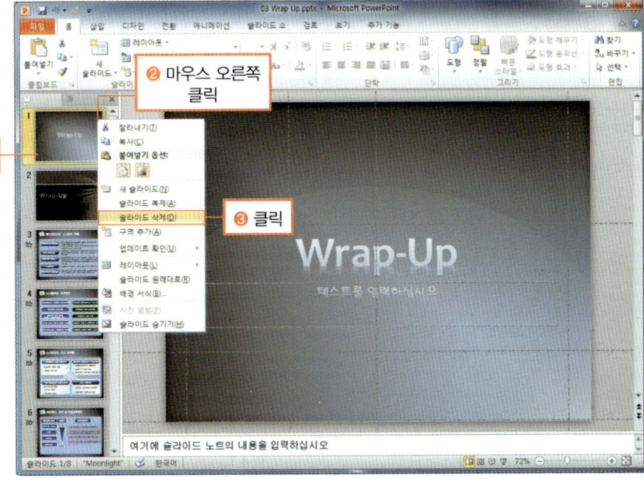

06 구역 추가/결과 확인하기 ❶ 2번 슬라이드를 선택하고 [홈] 탭 → **슬라이드** 그룹 → ❷ **구역**(구역) → ❸ **구역 추가**를 클릭합니다. 구역이 추가되면 ❹ 구역 위에 마우스 포인터를 위치시킨 후 마우스 오른쪽 단추를 클릭하여 ❺ 바로 가기 메뉴에서 **구역 이름 바꾸기** 명령을 클릭합니다. '구역 이름 바꾸기' 대화상자가 표시되면 ❻ '구역 이름'을 "내용"으로 입력하고 ❼ 〈이름 바꾸기〉 단추를 클릭하여 슬라이드를 완성합니다.

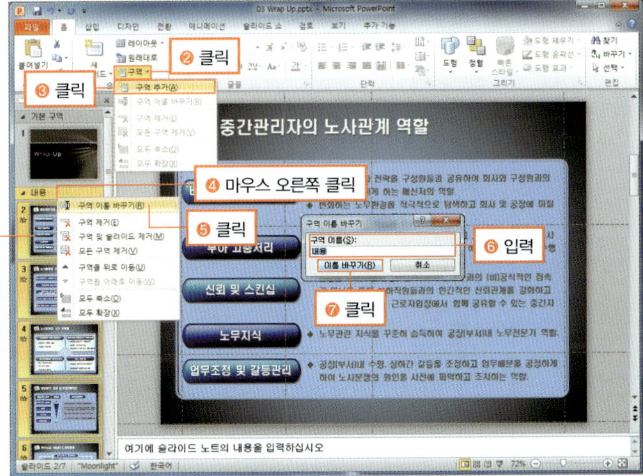

파일에서 슬라이드 추가하기

파일에서 슬라이드 추가 기능은 다른 프레젠테이션 문서를 따로 열지 않고, 그 문서를 미리보기 형태로 현재 문서에서 불러들여 필요한 슬라이드를 클릭만으로 현재 문서에 삽입하는 기능입니다. 컴퓨터나 네트워크 공유에 있는 다른 프레젠테이션에서 슬라이드를 하나 이상 추가하려면 다음과 같이 실행합니다.

❶ 슬라이드를 추가할 프레젠테이션을 열어서 개요 및 슬라이드 창의 [슬라이드] 탭을 클릭한 후 슬라이드를 추가할 위치를 클릭합니다. [홈] 탭 → **슬라이드** 그룹 → **새 슬라이드**( ) → **슬라이드 다시 사용**을 클릭합니다.

❷ '슬라이드 다시 사용' 작업창에서 〈찾아보기〉 단추를 클릭하여 **파일 찾아보기**를 클릭한 후 '찾아보기' 대화상자에서 원하는 프레젠테이션 파일을 선택한 후 〈열기〉 단추를 클릭합니다.

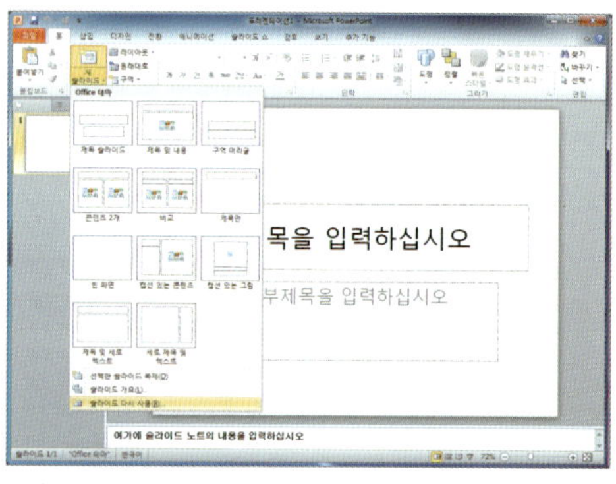

▲ 슬라이드 다시 사용 명령

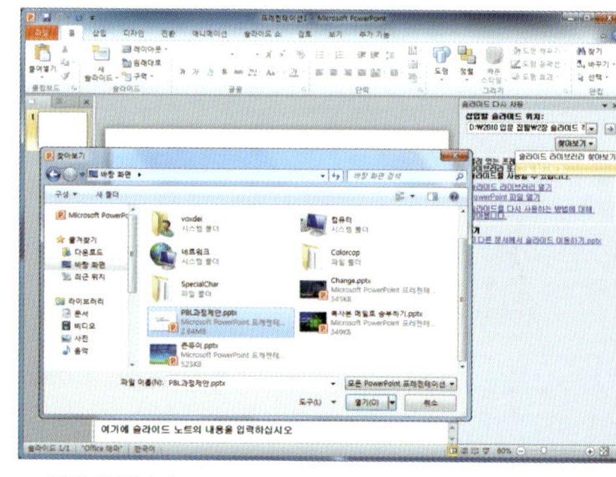

▲ 파일 찾아보기

❸ 파워포인트의 '슬라이드 다시 사용' 작업창에는 선택한 프레젠테이션에 있는 슬라이드의 축소판 그림이 표시되는데. 만약 슬라이드 내용을 확대해서 보려면 축소판 그림에 마우스 포인터를 올려 놓습니다.

❹ 단일 슬라이드를 추가하려면 해당 슬라이드를 클릭하고, 모든 슬라이드를 추가하려면 임의의 슬라이드에서 마우스 오른쪽 단추로 클릭하고 바로 가기 메뉴에서 **모든 슬라이드 삽입**을 클릭합니다.

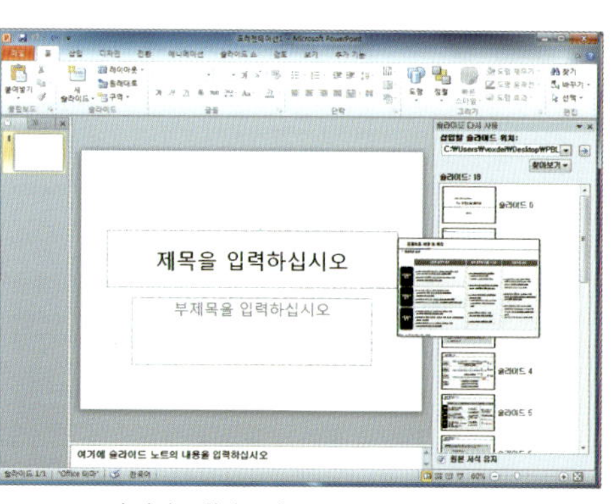

▲ 슬라이드 확대 보기

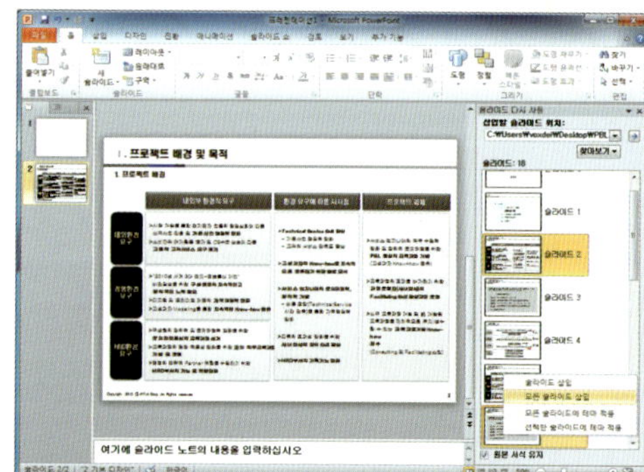

▲ 모든 슬라이드 삽입

○ 슬라이드의 서식을 원래대로 유지하려면 대상 프레젠테이션에 슬라이드를 추가하기 전에 '원본 서식 유지'를 선택합니다.

윈도 7에서 맞추기 기능을 사용하여 세로로 창 정렬하기

파워포인트 다중실행을 활용하기 위해 윈도 7에서 두 문서의 창을 맞추기 기능을 사용하여 바탕화면에 세로로 나란히 정렬하는 방법은 유용한 기능이니 잘 익혀두기 바랍니다.
맞추기 기능을 사용하여 창을 나란히 정렬하면 두 문서를 비교하거나 한 곳에서 다른 곳으로 파일을 이동할 때 특히 유용합니다.

❶ 창의 제목 표시줄을 화면의 왼쪽 또는 오른쪽으로 끌어 확장된 창의 윤곽선이 표시되도록 한 후 마우스 단추를 놓으면 창이 확장됩니다.

❷ 다른 창에 대해 1단계와 2단계를 반복하여 두 창을 세로로 나란히 정렬합니다. 창을 원래 크기로 되돌리려면 제목 표시줄을 바탕화면의 위쪽에서 다른 위치로 끈 다음 마우스 단추를 놓습니다.

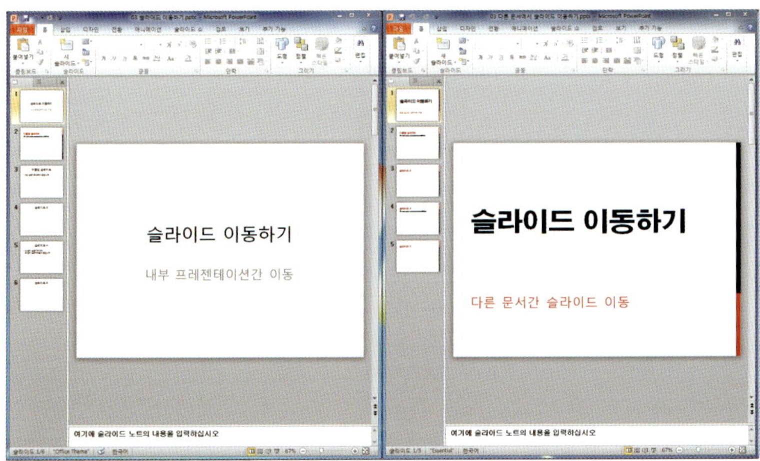

💿 키보드를 사용하여 활성 창을 바탕화면의 한쪽에 맞추려면 윈도 로고 단추(⊞)＋왼쪽 화살표나 윈도 로고 단추(⊞)＋오른쪽 화살표를 누릅니다.

04 머리글/바닥글 활용하기

슬라이드에 개체 틀이나 텍스트 상자를 추가하여 슬라이드 번호나 날짜 및 시간을 삽입할 수 있습니다. 또한 모든 슬라이드 상단이나 하단에 동일하게 서식을 적용하고 싶다면 머리말이나 꼬리말을 이용하여 매번 지정하지 않아도 자동으로 적용되어 나타나도록 할 수 있습니다.

1. 슬라이드 번호 추가하기

슬라이드 번호는 프레젠테이션 문서에 포함되어야 할 가장 기본적인 요소라 할 수 있습니다. 어떤 문서를 설명하는 동안 발표자가 어느 곳을 설명하고 있는지 청중에게 알려주기 위해 슬라이드 번호를 명시하는 것이 일반적입니다. 또한 보고서 작성 시에도 기본 형식에 슬라이드 번호를 작성하도록 되어있으므로 슬라이드에 번호를 추가하려면 다음과 같이 실행합니다.

슬라이드에서 슬라이드 번호를 추가할 개체 틀이나 텍스트 상자를 클릭한 후 [**삽입**] 탭 → **텍스트** 그룹 → **슬라이드 번호**(슬라이드 번호)를 선택합니다. '머리글/바닥글' 대화상자에서 '슬라이드 번호'를 선택하고 〈적용〉 단추를 클릭합니다.

○ 04 본문예제.pptx를 참조하세요.

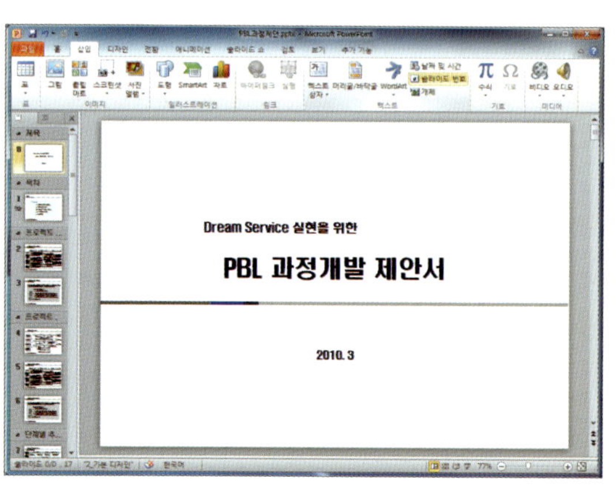

▲ 슬라이드 번호 명령

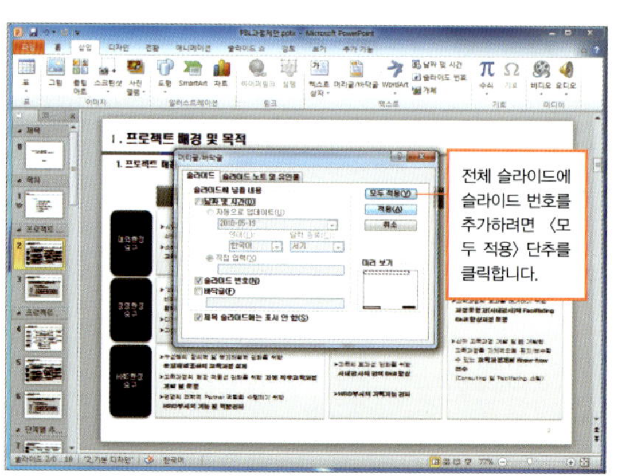

▲ 슬라이드 번호 추가

○ **텍스트 상자**

텍스트 상자를 사용하면 한 슬라이드에 서로 다른 방향(가로, 세로)의 텍스트를 지정할 수 있습니다.

2. 제목 슬라이드에 번호 표시하지 않기

제목 슬라이드에는 일반적으로 슬라이드 번호를 표시하지 않습니다. 제목 슬라이드에 슬라이드 번호를 표시하지 않기 위해서는 **슬라이드 번호** 명령을 이용하여 '머리글/바닥글' 대화상자에서 설정합니다.

슬라이드의 임의의 곳을 클릭한 후 [**삽입**] 탭 → **텍스트** 그룹 → **슬라이드 번호**(![] 슬라이드 번호)를 클릭한 후 '머리글/바닥글' 대화상자의 [슬라이드] 탭에서 '제목 슬라이드에는 표시 안 함'을 선택하고 〈적용〉 단추를 클릭합니다.

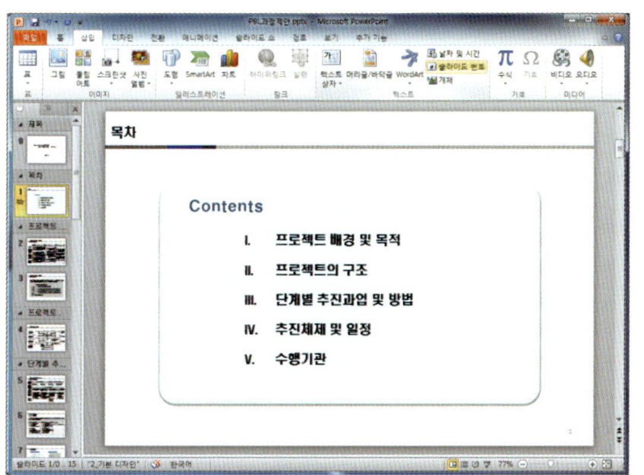

▲ 슬라이드 번호 명령

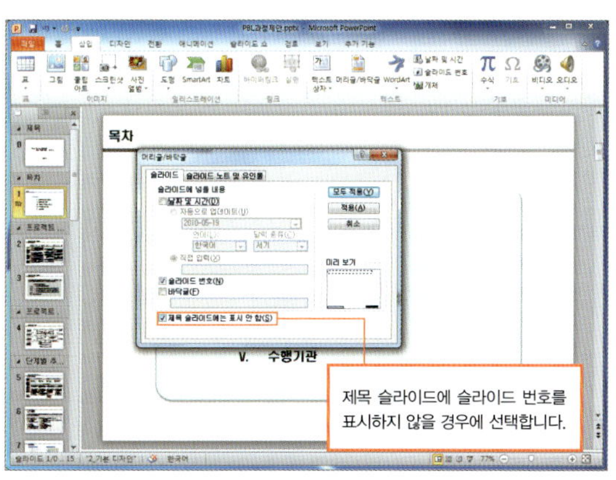

▲ 제목 슬라이드 표시 안 함

○ 슬라이드 번호

일반적으로 발표용 프레젠테이션 문서에서는 슬라이드 번호를 사용하지 않는 것이 좋습니다. 상황에 따라 다르겠지만 슬라이드 번호가 프레젠테이션 시에는 불필요한 개체일 수 있기 때문입니다.

자 주 묻 는 질 문

슬라이드 시작 페이지 번호를 임의로 변경하는 방법을 알고 싶어요!

많은 양의 슬라이드로 프레젠테이션 문서를 작성할 경우 적당한 양의 슬라이드로 구분하여 몇 개의 파일로 나눌 필요가 있습니다. 이때 페이지 번호는 기본적으로 매 파일마다 1부터 시작하기 때문에 시작 페이지 번호를 연번으로 조정해 주어야 합니다.

① 슬라이드의 임의의 곳을 클릭한 후 [**디자인**] 탭 → **페이지 설정** 그룹 → **페이지 설정**(![]) 을 클릭합니다.

② '페이지 설정' 대화상자에서 '슬라이드 시작 번호'를 원하는 페이지 번호로 입력하고 〈확인〉 단추를 클릭합니다.

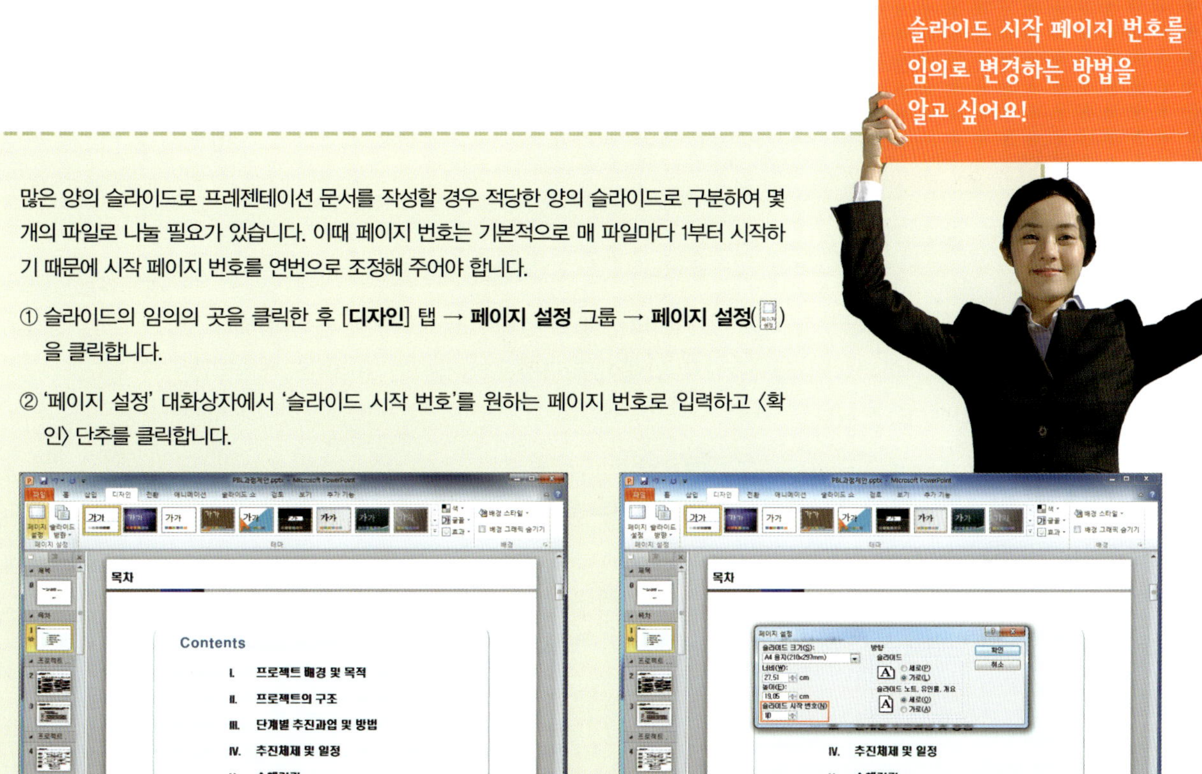

3. 슬라이드 날짜 및 시간 추가하기

슬라이드를 작성할 때 슬라이드의 작성 날짜나 시간을 넣어 표기할 경우가 있는데, 프레젠테이션이 진행될 때마다 날짜와 시간이 달라져도 현재 시간을 기준으로 하여 날짜와 시간이 자동으로 업데이트되어 표기될 수 있도록 조정할 수 있습니다. 슬라이드에 날짜 및 시간을 추가하려면 다음과 같이 실행합니다.

날짜 및 시간을 추가할 슬라이드를 선택한 후 [**삽입**] 탭 → **텍스트** 그룹 → **날짜 및 시간**(날짜 및 시간)을 클릭합니다. '머리글/바닥글' 대화상자에서 '날짜 및 시간'을 선택하고 〈적용〉 단추를 클릭합니다.

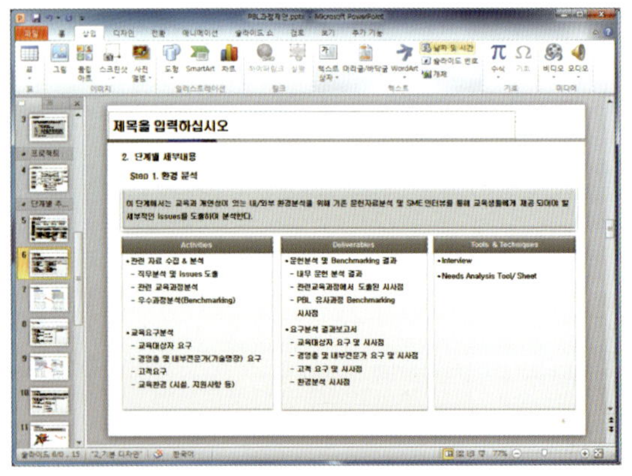

▲ 날짜 및 시간 명령

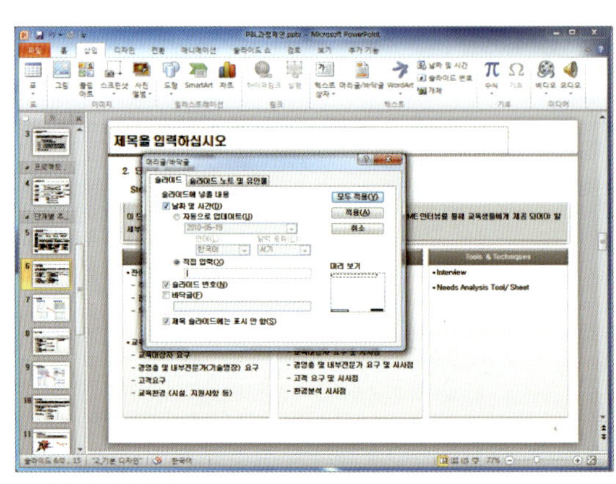

▲ 날짜 및 시간 설정

4. 바닥글의 날짜 자동 갱신하기

슬라이드를 작성할 때 슬라이드의 바닥글로 날짜나 시간을 넣는 경우 현재의 날짜나 시간을 입력해도 조금 지나면 날짜나 시간이 틀려집니다. 이 경우 자동으로 업데이트 명령을 설정하면 슬라이드가 열리는 현재 날짜와 시간으로 바로 업데이트됩니다.

① 슬라이드를 클릭한 후 [**삽입**] 탭 → **텍스트** 그룹 → **슬라이드 번호**(슬라이드 번호) 또는 **날짜 및 시간** (날짜 및 시간)을 클릭합니다.

② '머리글/바닥글' 대화상자의 [슬라이드] 탭에서 '바닥글', '날짜 및 시간'을 선택한 후 '자동으로 업데이트'를 선택하고 목록에서 원하는 형식을 선택한 후 〈적용〉 단추를 클릭합니다.

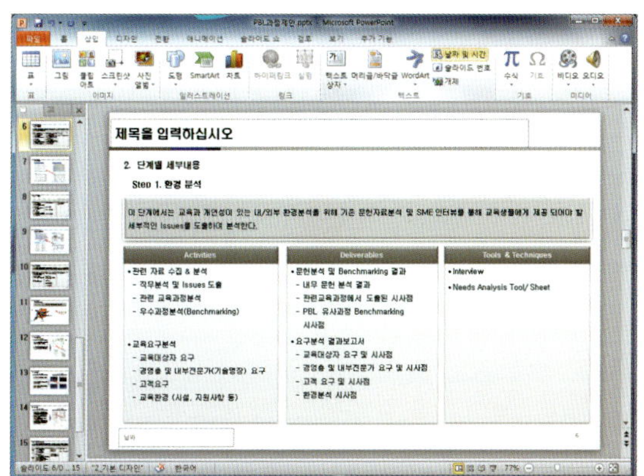
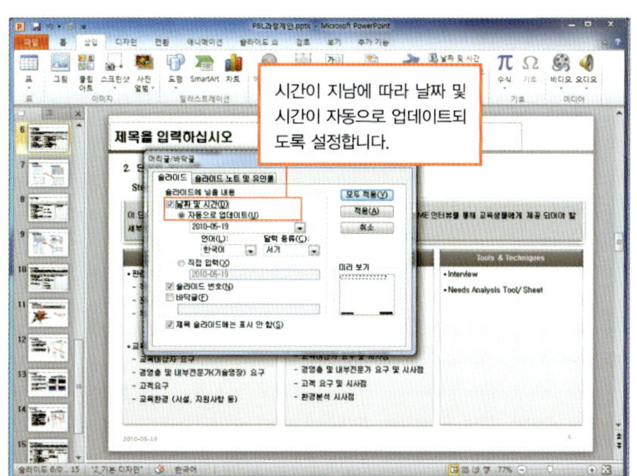

▲ 날짜 및 시간/슬라이드 번호 명령

▲ 자동으로 업데이트 설정

발표 시 날짜의 활용

발표 시에는 특별한 경우를 제외하고 날짜가 큰 의미를 갖지는 않습니다. 오히려 슬라이드에 불필요한 개체로 인식될 수 있기 때문에 사용에 주의해야 합니다.

5. 슬라이드 번호/날짜 및 시간 위치 변경하기

파워포인트 바닥글에는 왼쪽에 '날짜 및 시간', 가운데에는 사용자가 지정하는 '텍스트', 오른쪽에는 '페이지 번호' 형태로 구성되어 있습니다. 그러나 사용자가 원하는 위치에 원하는 내용이 표시될 수 있도록 위치를 변경할 수 있는데, 마스터를 다루는 내용은 Section 07에서 더 자세히 살펴보도록 하겠습니다.

① 슬라이드를 클릭한 후 [**보기**] 탭 → **프레젠테이션 보기** 그룹 → **슬라이드 마스터**(▨)를 클릭합니다.
② 슬라이드에서 가장 상단의 슬라이드(슬라이드 마스터)를 선택한 후 슬라이드 하단의 "〈#〉"이 들어있는 개체 틀의 위치를 원하는 곳으로 이동합니다. [**슬라이드 마스터**] 탭 → **닫기** 그룹 → **마스터 보기 닫기** 명령 단추(▨)를 클릭하면 이동 위치에 슬라이드 번호가 표시됩니다.

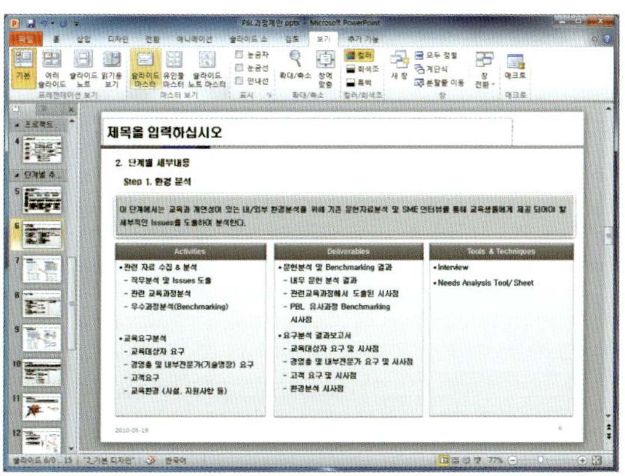
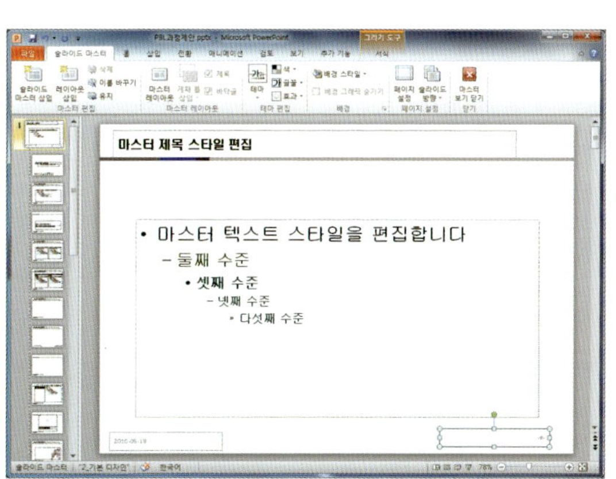

▲ 슬라이드 마스터

▲ 바닥글 요소 위치 변경

바닥글의 위치

슬라이드 번호, 날짜, 시간 등은 아래쪽의 양쪽 모서리에 표시하는 것이 일반적입니다.

내 업무 반으로 줄이는

슬라이드의 바닥글에 슬라이드 번호/날짜 및 시간 추가하기

개체 틀이나 텍스트 상자가 없는 슬라이드는 슬라이드 레이아웃에 번호/날짜 및 시간 개체 틀이 삽입되어 있지 않아 슬라이드 번호/날짜 및 시간 삽입 방식을 실행해도 해당 개체가 나타나지 않는데, 이 경우에는 바닥글을 생성시키는 절차가 필요합니다.

❶ 슬라이드 번호/날짜 및 시간을 추가하려면 슬라이드의 임의의 곳을 클릭한 후 [삽입] 탭 → 텍스트 그룹 → 슬라이드 번호(슬라이드 번호) 또는 날짜 및 시간(날짜 및 시간)을 클릭합니다.

❷ '머리글/바닥글' 대화상자의 [슬라이드] 탭에서 '바닥글'을 선택하고, '날짜 및 시간' 또는 '슬라이드 번호'를 선택합니다.

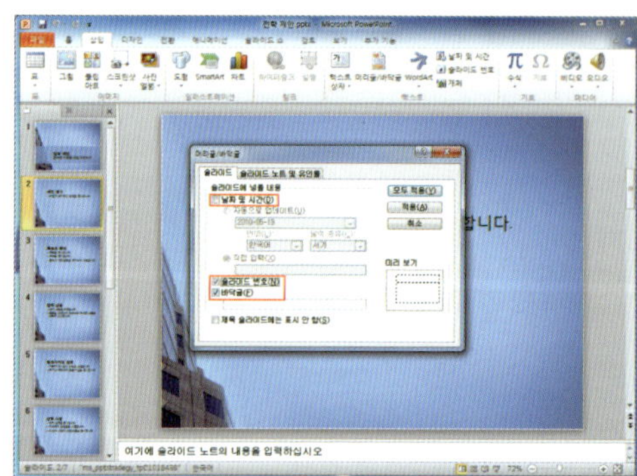

❸ '슬라이드 번호'나 '날짜 및 시간'을 현재 슬라이드의 바닥글에만 추가하려면 〈적용〉 단추를 클릭하고, 모든 슬라이드의 바닥글에 추가하려면 〈모두 적용〉 단추를 클릭합니다.

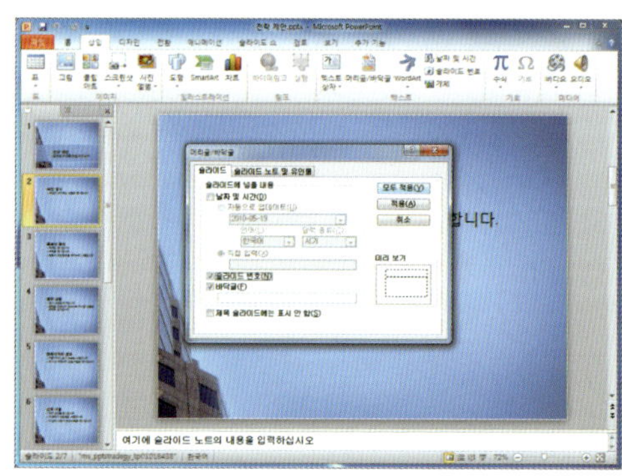

05 슬라이드 배경 서식 설정하기

슬라이드에 디자인 서식을 적용하면 기본적으로 모든 슬라이드에 동일한 서식이 적용됩니다. 하지만 제목 슬라이드나 특정 슬라이드에서 다른 슬라이드들과 구분되는 배경을 사용하고 싶다면 해당 슬라이드만 따로 디자인 서식을 만들어 적용할 수 있습니다. 슬라이드에 배경을 삽입하고 서식을 적용시키는 방법을 알아보겠습니다.

1. 배경에 그라데이션 넣기

특정 슬라이드의 배경을 프레젠테이션 문서에 적용된 디자인 서식이 아닌 그림이나 무늬, 그라데이션 등을 사용하여 사용자 마음대로 변경이 가능하여 프레젠테이션 문서에서 목차, 간지 등의 페이지 또는 아주 중요한 메시지를 담고 있는 슬라이드의 배경을 강조할 수 있습니다.

먼저 슬라이드 배경을 그라데이션으로 채우기 위해서는 다음과 같이 실행합니다.

① 배경을 변경할 슬라이드의 임의의 곳을 클릭하고 마우스 오른쪽 단추를 클릭한 후 바로 가기 메뉴에서 **배경 서식**을 클릭합니다.

② '배경 서식' 대화상자에서 [채우기]의 '그라데이션 채우기'를 선택하고, 그라데이션 중지점 아래 중지점의 색과 위치를 변경하고 〈닫기〉 단추를 클릭합니다.

○ 05 본문예제.pptx를 참조하세요.

▲ 배경 서식 설정

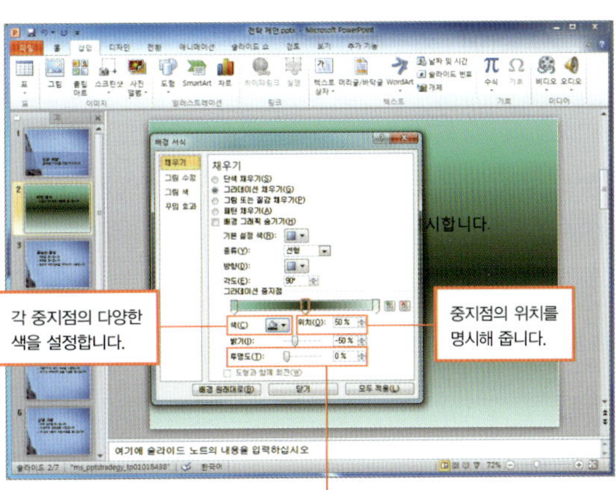

▲ 그라데이션 채우기

○ '배경 서식' 대화상자의 표시

'배경 서식' 대화상자를 표시하는 또 다른 방법은 [디자인] 탭 → 배경 그룹 오른쪽 아래의 **대화상자 표시** 단추(⬚)를 클릭합니다.

○ 중지점

'도형 서식', '배경 서식' '텍스트 효과 서식' 대화상자에서 볼 수 있는 그라데이션 중지점은 색과 색이 만나는 지점으로, 지정된 위치에서 색이 혼합되어 부드러운 느낌을 줍니다.

2. 배경에 그림 넣기

특정 슬라이드의 배경으로 그림을 채워 넣을 수도 있는데, 그림을 배경으로 할 때 가장 고려해야 할 것은 텍스트의 가독성입니다. 텍스트가 잘 보일 수 있는 그림을 배경으로 선택해야 하며, 따라서 색이 많이 사용되지 않은 그림을 선택하는 것이 중요합니다. 슬라이드 배경을 그림으로 채우기 위해서는 다음과 같이 실행합니다.

① 배경을 변경할 슬라이드의 임의의 곳을 클릭하고 마우스 오른쪽 단추를 클릭한 후 바로 가기 메뉴에서 **배경 서식**을 클릭합니다.
② '배경 서식' 대화상자에서 [채우기]의 '그림 또는 질감 채우기'를 선택하고 〈파일〉 단추를 클릭한 후 '그림 삽입' 대화상자에서 배경으로 설정할 그림 파일을 선택하고 〈삽입〉 단추를 클릭합니다.

▲ 배경 서식 설정

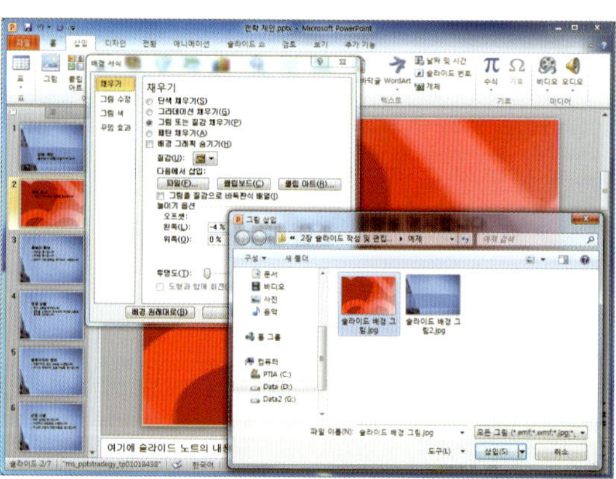

▲ 그림 또는 질감 채우기

해상도 조정

파워포인트 문서의 크기는 960×720입니다. 따라서 배경으로 그림을 사용할 경우 문서의 크기보다 해상도가 큰 그림을 선택하는 것이 좋습니다.

3. 배경에 패턴 채우기

특정 슬라이드의 배경을 패턴으로도 채울 수 있으며, '배경 서식' 대화상자에서 [채우기]의 '패턴 채우기'를 클릭하여 원하는 패턴을 선택하고 전경색과 배경색을 지정하여 패턴 서식을 설정합니다.

▲ 배경 서식 설정

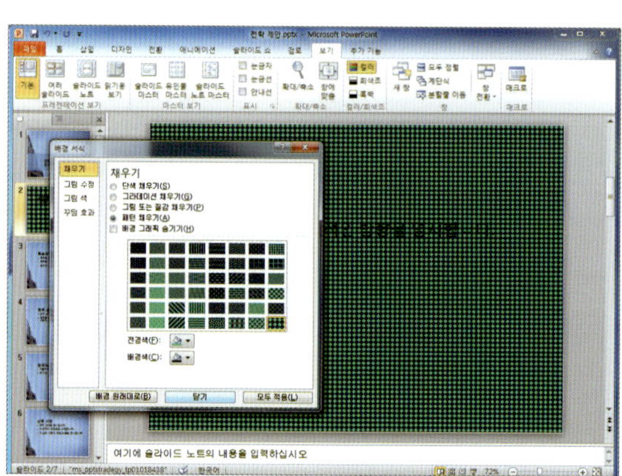

▲ 패턴 채우기

배경 서식 원래대로 돌려놓기

특정 슬라이드의 배경에 적용된 그라데이션, 무늬, 그림 파일 등을 기존에 디자인 서식으로 되돌려야 하는 경우가 있습니다. 새로운 슬라이드를 만들어서 내용을 복사하여 붙여 넣는 방법도 있겠지만 〈배경 원래대로〉 단추를 선택하여 원래 배경으로 돌아갈 수 있습니다.

❶ 배경을 변경할 슬라이드를 클릭한 후 마우스 오른쪽 단추를 클릭하여 바로 가기 메뉴에서 **배경 서식**을 클릭한 후 '배경 서식' 대화상자에서 하단의 〈배경 원래대로〉 단추를 클릭합니다.

❷ 〈닫기〉 단추를 클릭하면 슬라이드의 배경이 원래대로 돌아옵니다.

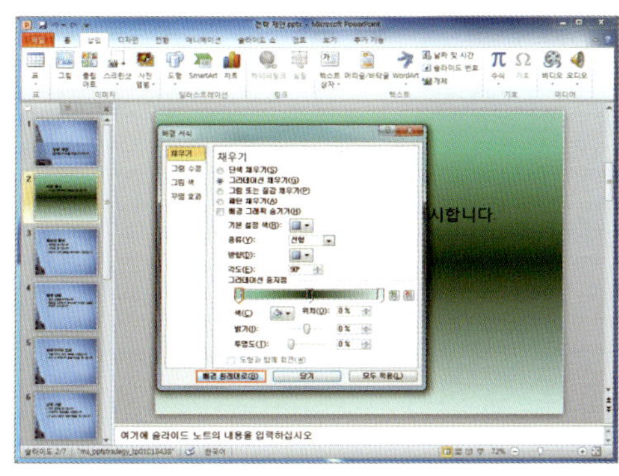

▲ 배경 원래대로 명령

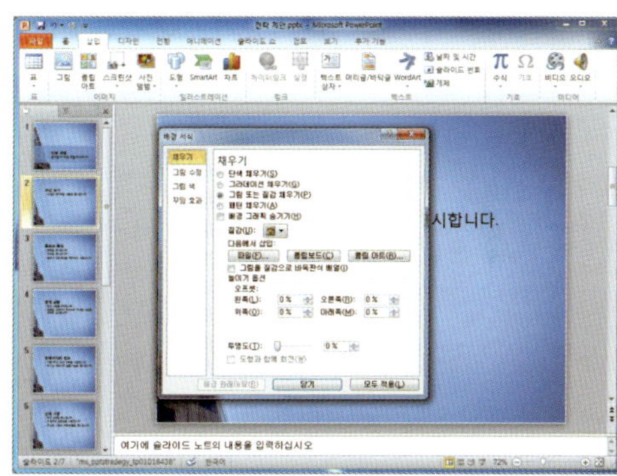

▲ 원래대로 바뀐 배경

디자인 서식의 개체들이 사라지지 않는 경우 배경 그래픽 숨기기

특정 슬라이드에 배경을 그라데이션, 무늬, 그림 등으로 바꿨을 때 가끔 기존에 적용되어 있던 디자인 서식의 개체들이 화면에 나타나는 경우가 있습니다. 이 경우에는 배경 그래픽 숨기기를 활용하여 배경에 적용되었던 디자인 서식의 개체들을 보이지 않도록 설정할 수 있습니다.

❶ 배경을 변경할 슬라이드의 임의의 곳을 클릭한 후 마우스 오른쪽 단추를 클릭한 후 바로 가기 메뉴에서 **배경 서식**을 클릭합니다.

❷ '배경 서식' 대화상자에서 [채우기]의 '배경 그래픽 숨기기'를 선택하고 〈닫기〉 단추를 클릭합니다.

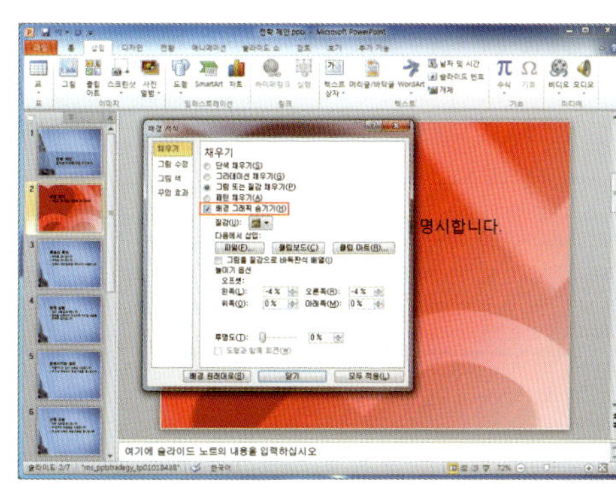

슬라이드 인쇄 및 페이지 설정하기

프레젠테이션은 대부분 컬러로 표시되지만 슬라이드와 유인물은 대개 흑백 또는 회색조라고 하는 회색 음영으로 인쇄됩니다. 회색조로 인쇄하면 컬러 이미지가 검은색과 흰색 사이의 다양한 회색조로 인쇄됩니다. 또한 슬라이드의 크기는 우리가 흔히 사용하는 A4 용지 사이즈보다 작기 때문에 최초 문서 작성 시 슬라이드의 크기를 용도에 맞게 설정하는 것이 필요합니다.

1. 슬라이드 인쇄하기

요즘은 컬러 프린터가 많이 사용되고 있어 슬라이드를 인쇄할 때 옵션에 상관없이 인쇄할 수 있지만, 흑백 프린터를 사용하거나 흑백 형태로 출력을 하는 경우에는 슬라이드 배경이나 환경에 따라 텍스트가 보이지 않는 경우가 있습니다. 따라서 인쇄 옵션을 활용하여 적합한 인쇄가 될 수 있도록 설정하는 것이 중요합니다. 옵션을 활용하여 슬라이드를 인쇄하기 위해서는 다음과 같이 실행합니다.

파워포인트 2010은 인쇄 설정 부분이 새롭게 개선되었으며, 인쇄를 하기 위해 [**파일**] 탭 → **인쇄**를 클릭합니다.

① **인쇄 영역** : 인쇄 창이 나타나면 '설정' 항목의 인쇄 대상 목록에서 슬라이드(모든 슬라이드 인쇄, 선택 영역 인쇄, 현재 슬라이드 인쇄, 범위 지정)를 선택합니다. 특정 슬라이드들을 인쇄할 경우에는 '슬라이드 수' 항목에 시작 및 종료 페이지를 입력합니다.

> ● 06 본문예제_01.pptx를 참조하세요.

> ● **불연속한 슬라이드 인쇄**
>
> 연속된 슬라이드가 아닌 홀수의 페이지만 인쇄를 하는 경우에는 "1, 3, 5, 7" 등과 같이 ',(콤마)'로 구분하여 입력하면 원하는 페이지만 출력할 수 있습니다.

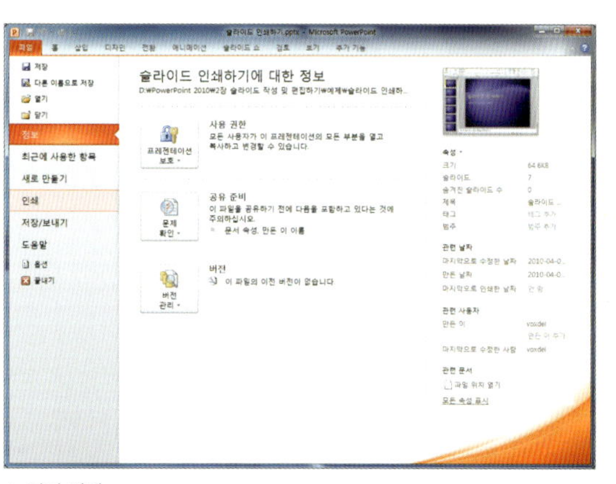

▲ 파일 인쇄

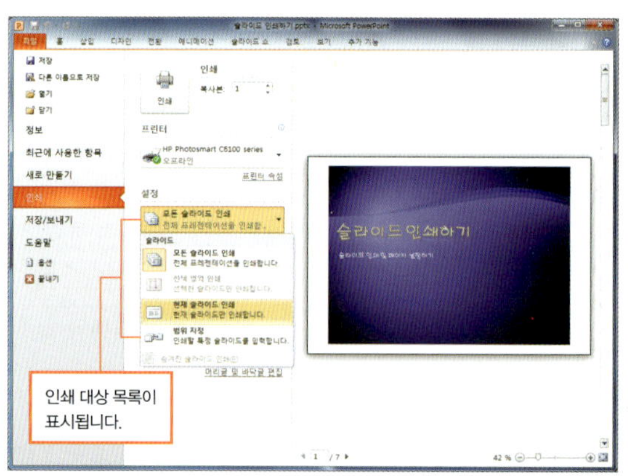

▲ 인쇄 설정 옵션

② **인쇄 모양** : 인쇄 모양을 선택하기 위해 '전체 페이지 슬라이드'를 클릭한 후 목록에서 '전체 페이지 슬라이드, 슬라이드 노트, 개요' 등의 다양한 인쇄 모양을 선택합니다.

③ **인쇄 색상** : '컬러' 옵션을 클릭하고 컬러/회색조를 가리킨 후 다음 중 하나를 클릭합니다.

- **컬러** : 컬러 프린터로 인쇄할 경우 컬러로 인쇄됩니다.
- **컬러(흑백 프린터에서)** : 흑백 프린터로 인쇄할 경우 회색조로 인쇄됩니다.
- **회색조** : 검정과 흰색 사이의 다양한 회색조로 이미지가 인쇄됩니다. 텍스트를 보다 쉽게 읽을 수 있도록 배경색은 흰색으로 인쇄되므로 회색조가 흑백과 똑같아 보이는 경우도 있습니다.
- **흑백** : 회색 채우기 없이 흑백으로만 유인물이 인쇄됩니다.

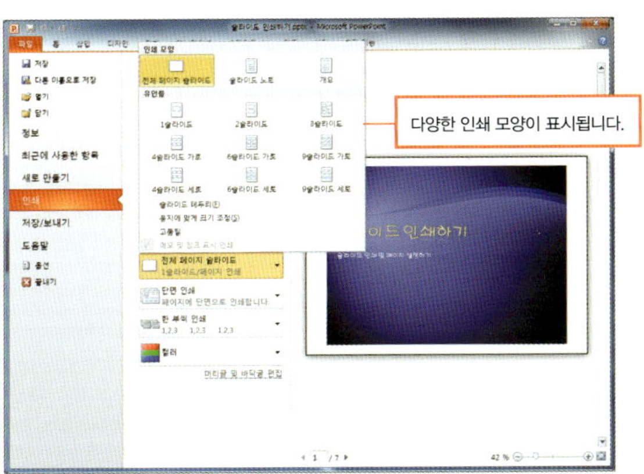

▲ 인쇄 모양

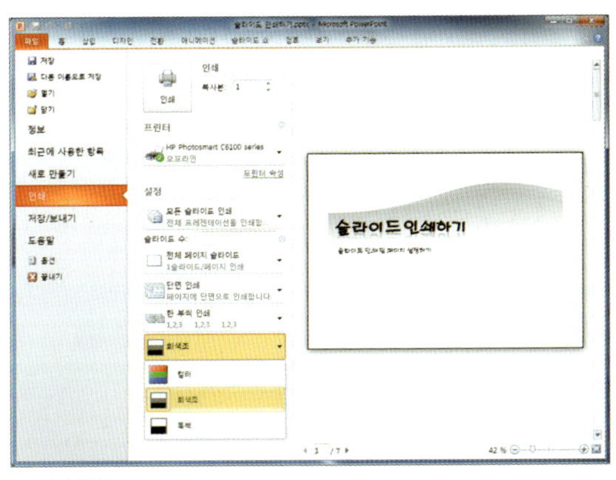

▲ 컬러 옵션

인쇄에 관한 모든 설정이 끝나면 인쇄 명령을 실행합니다.

❶ 인쇄할 프린터를 설정합니다.
❷ 인쇄할 슬라이드의 영역을 설정합니다.
❸ 여러 매수를 인쇄할 때, 인쇄할 페이지 순서를 지정합니다.
❹ 인쇄할 슬라이드의 색조(컬러, 흑백, 회색조)를 전환합니다.

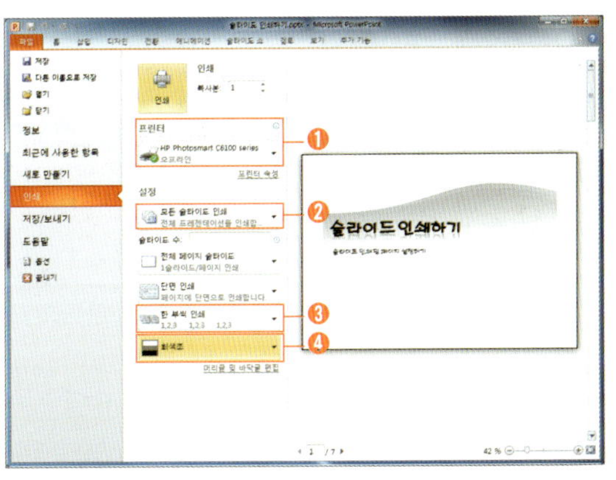

▲ '인쇄' 실행

○ 컬러 옵션의 사용

슬라이드를 출력하기 전에 컬러 옵션을 미리 확인하는 것이 불필요한 낭비를 줄이는 방법입니다.

○ OHP 필름 인쇄

OHP 필름을 만들 경우에는 이 절차에 따라 투명 용지에 프레젠테이션을 인쇄합니다.

다음 표에서는 프레젠테이션의 회색조와 흑백 개체가 화면에 나타나고 인쇄될 때 개체에 적용되는 색을 보여줍니다.

개체	회색조/흑백	개체	회색조/흑백
텍스트	검정/검정	선	검정/검정
텍스트 그림자	회색조/숨김	개체 그림자	회색조/검정
엠보싱	회색조/숨김	비트맵	회색조/회색조
채우기	회색조/흰색	클립 아트	회색조/회색조
틀	검정/검정	슬라이드 배경	흰색/흰색
무늬 채우기	회색조/흰색	차트	회색조/회색조

2. 페이지 설정하기

기본으로 설정되어 있는 화면 크기를 그대로 인쇄하게 되면 주변에 많은 여백이 발생하므로 용지에 맞게
슬라이드의 크기를 변경하여 작업하거나 인쇄하는 것이 좋습니다. 파워포인트에서는 페이지 설정이나
인쇄 명령을 통해서 슬라이드 크기나 인쇄 용지를 변경할 수 있는데, 슬라이드의 크기에 맞춰 용지 크기
나 용지의 종류를 변경해서 인쇄하면 용지의 불필요한 낭비를 줄일 수 있습니다.

① 인쇄 옵션을 변경하기 위해 [디자인] 탭 → **페이지 설정** 그룹 → **페이지 설정**( )을 클릭합니다.
② '페이지 설정' 대화상자의 '슬라이드 크기' 목록에서 인쇄에 사용할 용지의 크기를 선택하거나 사용자
　 가 원하는 사이즈로 조정하기 위해 너비와 높이를 직접 입력한 후 〈확인〉 단추를 클릭합니다.

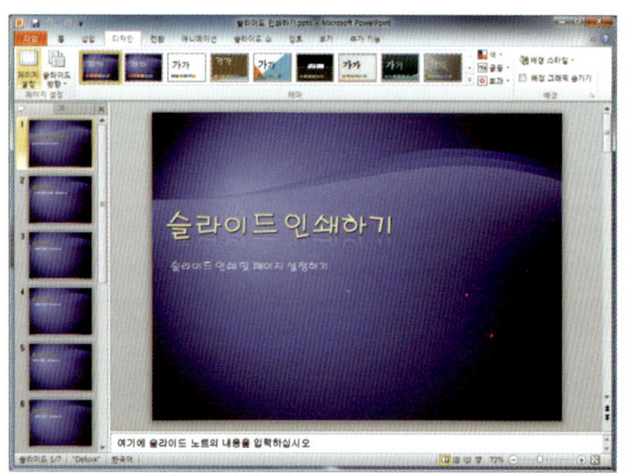

▲ 페이지 설정 명령

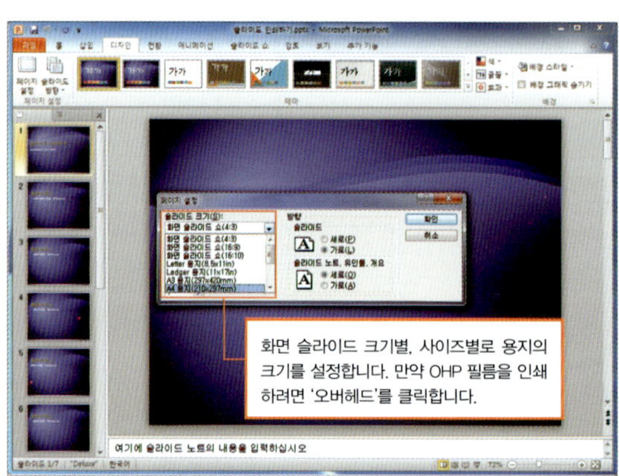

▲ 슬라이드 용지 설정

3. 슬라이드 방향 변경하기

문서 작성 시 파워포인트는 프레젠테이션을 위한 소프트웨어이므로 가로 페이지 형태로 문서를 작성하
는 것이 일반적이지만 많은 기업에서 보고서나 제안서 작성 시 세로로 작성하는 경우를 주변에서 많이
찾아볼 수 있습니다. 따라서, 파워포인트 2010의 슬라이드 레이아웃은 기본적으로 가로 페이지 방향으
로 표시되지만 필요에 따라 세로 페이지 방향으로 변경할 수 있습니다.

① 슬라이드의 방향을 설정하기 위해 [디자인] 탭 → **페이지 설정** 그룹 → **페이지 설정**( )을 클릭합니다.
② '페이지 설정' 대화상자에서 '방향' 항목의 슬라이드 '가로' 또는 '세로'를 선택하고 〈확인〉 단추를 클
　 릭합니다.

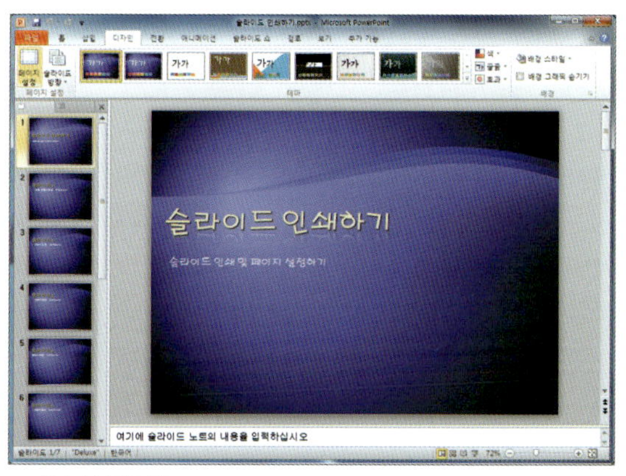

▲ 페이지 설정 명령

▲ 슬라이드 방향 설정

4. 컬러/회색조 보기

기본적으로 프레젠테이션 문서를 작성하면 컬러 화면으로 작성됩니다. 이러한 슬라이드를 흑백으로 출력하거나 기타 흑백이나 회색조 형태의 다른 용도로 사용하는 경우 화면에서 미리 해당 색조로 전환해서 그 형태를 미리 확인할 수 있습니다.

① [보기] 탭 → 컬러/회색조 그룹 → 회색조(회색조)를 클릭합니다.
② 슬라이드가 회색조로 보이고 리본 메뉴에 [회색조] 탭이 표시되며, 선택한 개체 변경 그룹의 다양한 옵션들을 사용하여 인쇄물이 어떻게 출력될 것인지를 미리 볼 수 있습니다.

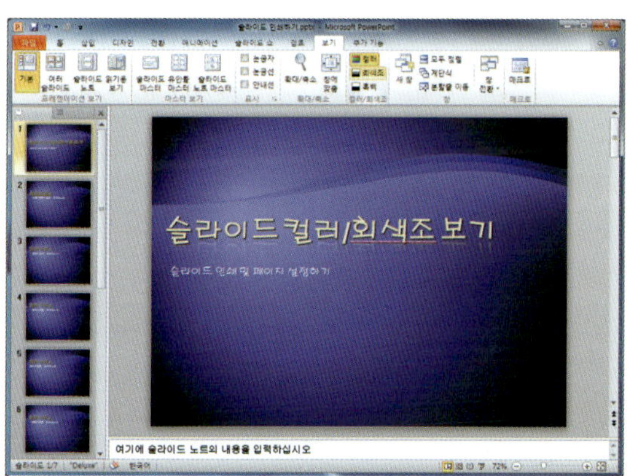

▲ 회색조 명령

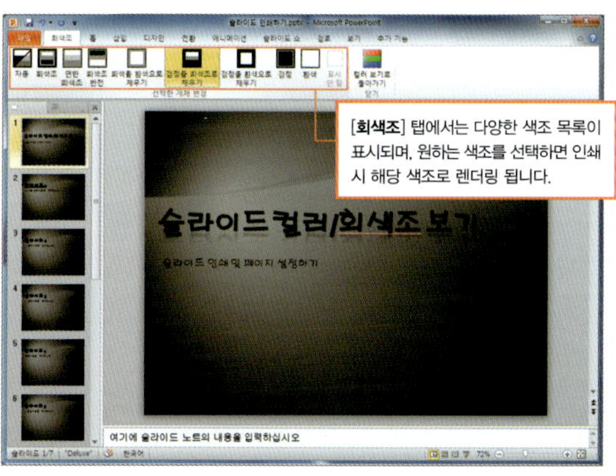

▲ [회색조] 탭에서 인쇄물 미리 보기

다시 컬러 보기로 돌아가려면 [회색조] 탭 → 닫기 그룹 → 컬러 보기로 돌아가기 명령 단추( )를 클릭합니다.

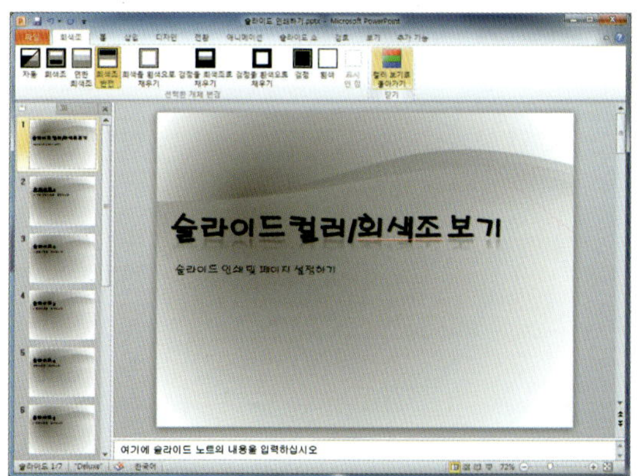

컬러 보기로 돌아가기 ▶

동일한 프레젠테이션에서 세로 및 가로 슬라이드 방향 사용하기

기본적으로 파워포인트 슬라이드 레이아웃은 가로 방향으로 설정되어 있습니다. 프레젠테이션에는 가로 또는 세로 중 한 방향만 사용할 수 있지만 두 프레젠테이션을 연결하면 가로 슬라이드와 세로 슬라이드가 모두 한 프레젠테이션에 있는 것처럼 표시할 수 있습니다.

가장 좋은 방법은 연결하기 전에 두 개의 프레젠테이션을 동일한 폴더에 두면 해당 폴더를 CD에 복사하거나 다른 위치로 이동하더라도 프레젠테이션이 제대로 연결됩니다. 하이퍼링크나 실행 명령을 통해 임의적으로 가로와 세로로 구성된 슬라이드를 연결하는 방법에 대해 알아보겠습니다.

❶ 첫 번째 프레젠테이션에서 두 번째 프레젠테이션을 연결하기 위해 첫 번째 프레젠테이션에서 두 번째 프레젠테이션에 연결할 때 클릭할 텍스트나 개체를 선택한 후 [**삽입**] 탭 → **링크** 그룹 → **실행**(🏆)을 클릭합니다.

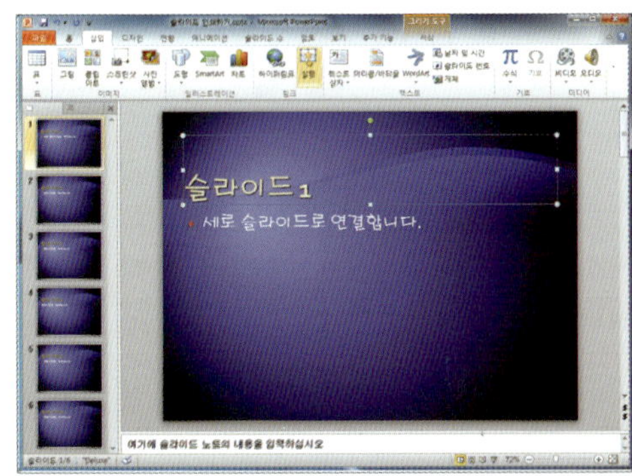

❷ [마우스를 클릭할 때] 탭 또는 [마우스를 위에 놓았을 때] 탭에서 '하이퍼링크'를 클릭하고 목록에서 **다른 PowerPoint 프레젠테이션**을 선택합니다.

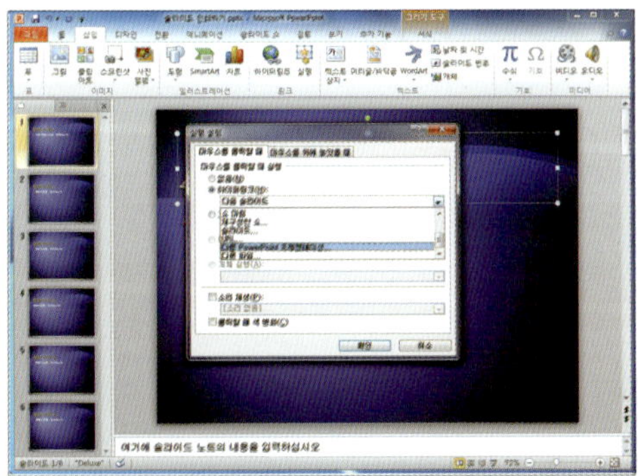

❸ '다른 PowerPoint 프레젠테이션 하이퍼링크' 대화상자가 표시되면 두 번째 프레젠테이션을 찾아 선택한 다음 〈확인〉 단추를 클릭하고, '실행 설정' 대화상자로 돌아오면 〈확인〉 단추를 클릭하여 실행 설정을 완료합니다.

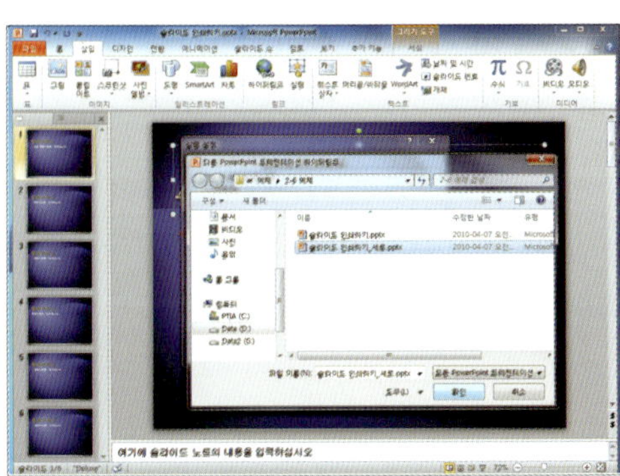

❹ 두 번째 프레젠테이션 마지막 슬라이드에서 다시 첫 번째 프레젠테이션에 연결하기 위해 연결할 대상 슬라이드에서 개체를 선택한 다음 [**삽입**] 탭 → **링크** 그룹 → **하이퍼링크**( )를 클릭합니다.

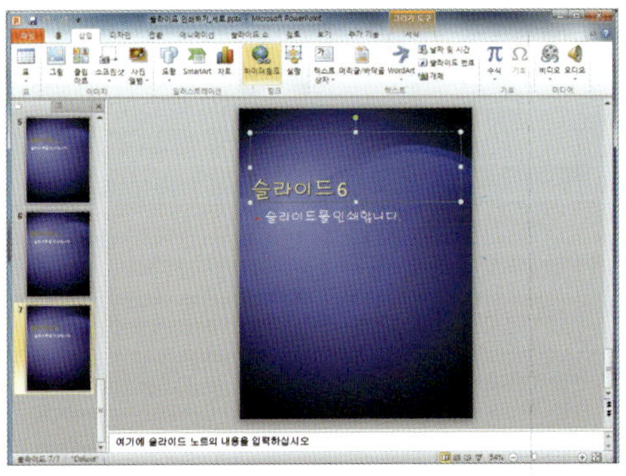

❺ '하이퍼링크 삽입' 대화상자가 표시되면 [기존 파일/웹페이지] 영역에서 첫 번째 프레젠테이션을 찾아 선택한 다음 〈확인〉 단추를 클릭합니다.

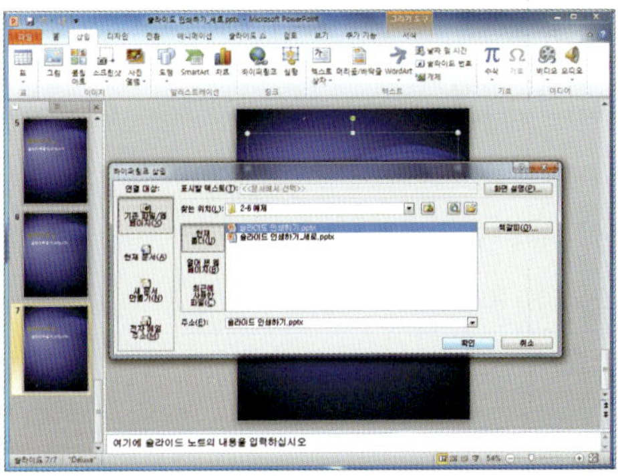

❻ 하이퍼링크를 통해 가로와 세로 페이지를 동시에 활용할 수 있게 되었습니다. 첫 번째 프레젠테이션을 슬라이드 쇼를 실행하고 실행 설정이 된 텍스트 상자 위에 마우스를 올려 마우스 커서가 손 모양으로 변하면 링크로 연결된 개체를 클릭해서 두 번째 프레젠테이션으로 이동되는지 확인해 보기 바랍니다.

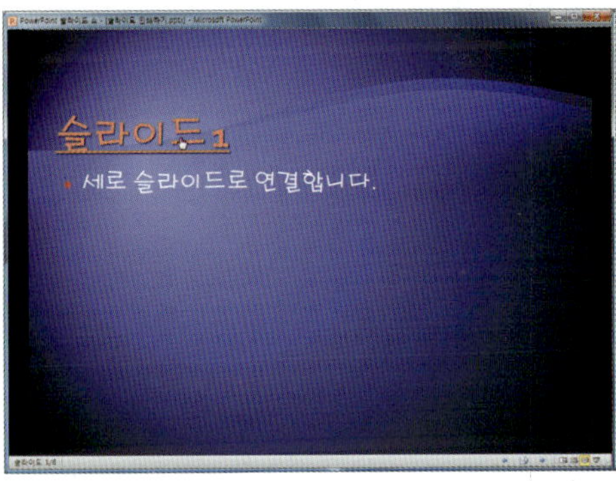

07 슬라이드 마스터 이해하기

슬라이드 마스터는 슬라이드 계층 구조에서 배경, 색, 글꼴, 효과, 개체 틀 크기 및 위치를 포함하여 프레젠테이션의 슬라이드 레이아웃과 모든 테마 정보를 저장하는 최상위 슬라이드입니다. 슬라이드 마스터를 작성하면 설정된 서식이 프레젠테이션 문서의 모든 슬라이드에 적용되므로 같은 작업을 반복해서 작업해야 할 경우에 매우 편리합니다. 슬라이드 마스터의 기능에 대해서 자세히 알아보겠습니다.

1. 마스터의 종류

마스터란 프레젠테이션의 모든 슬라이드나 페이지의 서식을 정의하는 슬라이드 보기 또는 페이지입니다. 슬라이드 마스터의 가장 큰 장점은 많은 양의 슬라이드에서 같은 작업을 반복할 때 일관된 스타일을 지정하면 매우 효율적으로 작업할 수 있다는 것입니다. 프레젠테이션마다 슬라이드, 제목 슬라이드, 발표자의 설명, 유인물 등 각 주요 구성 요소를 위한 마스터가 하나씩 있으며, 파워포인트에서 사용되는 마스터의 종류에는 슬라이드 마스터, 유인물 마스터, 슬라이드 노트 마스터 3가지가 있습니다.

○ 07 본문예제.pptx를 참조하세요.

● 슬라이드 마스터

슬라이드마다 동일한 기본 서식을 지정하는 곳으로, 매 슬라이드마다 서식을 지정하는 것이 아니라 마스터를 작성함으로써 전체 문서에 자동으로 일정한 서식이 지정됩니다.

슬라이드 마스터 보기로 전환하려면 [보기] 탭 → **마스터 보기** 그룹 → **슬라이드 마스터**(▦)를 클릭합니다. 마스터 편집 화면으로 바뀌면서 여러 개의 영역으로 구성되어 있는 슬라이드 마스터 창이 열립니다.

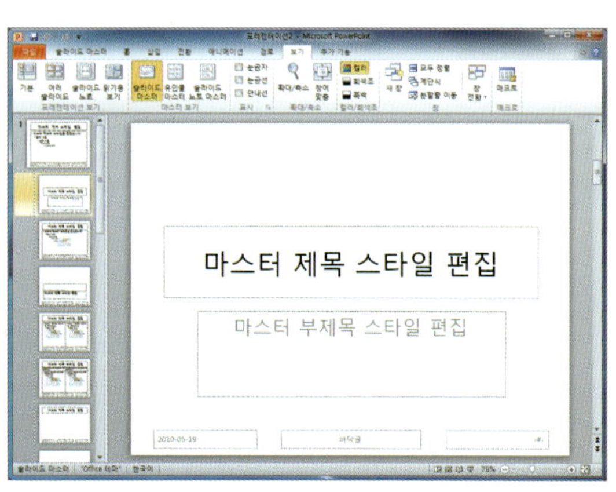

▲ 슬라이드 마스터 명령

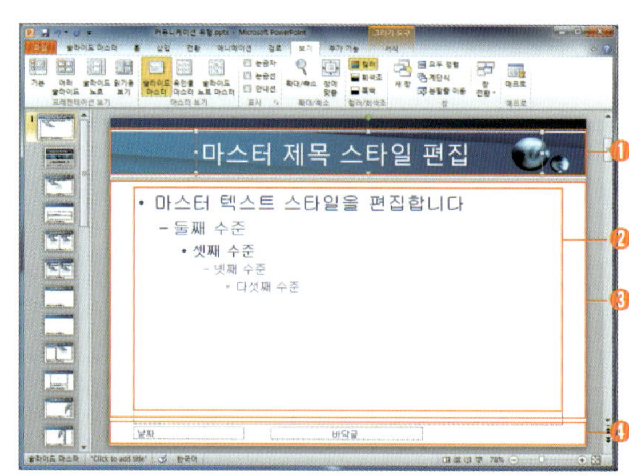

▲ 슬라이드 마스터 보기

○ **마스터 작업 종료**

마스터에서 빠져 나오려면 [**슬라이드 마스터**] 탭 → **닫기** 그룹 → **마스터 보기 닫기**를 클릭합니다.

❶ **제목 영역** : 슬라이드 레이아웃의 제목에 해당되며, 제목의 서식을 편집합니다.

❷ **본문 영역** : 슬라이드 레이아웃의 텍스트 상자에 해당되며, 개체 틀의 크기와 텍스트 서식 및 글머리 기호 등을 편집합니다.

❸ **배경** : 슬라이드의 배경에 해당되며, 배경 서식 등을 편집합니다.

❹ **날짜, 바닥글, 번호** : 슬라이드의 날짜, 바닥글, 페이지 번호 등을 편집합니다.

○ 유인물 마스터

인쇄된 유인물의 디자인 및 레이아웃을 변경할 수 있는 곳으로, 유인물 마스터 보기로 전환하려면 [**보기**] 탭 → **마스터 보기** 그룹 → **유인물 마스터**(▯)를 클릭합니다.

▲ 유인물 마스터 명령

▲ 유인물 마스터 보기

○ 슬라이드 노트 마스터

슬라이드 노트의 디자인 및 레이아웃을 변경할 수 있는 곳으로, 슬라이드 노트 마스터 보기로 전환하려면 [**보기**] 탭 → **마스터 보기** 그룹 → **슬라이드 노트 마스터**(▯)를 클릭합니다.

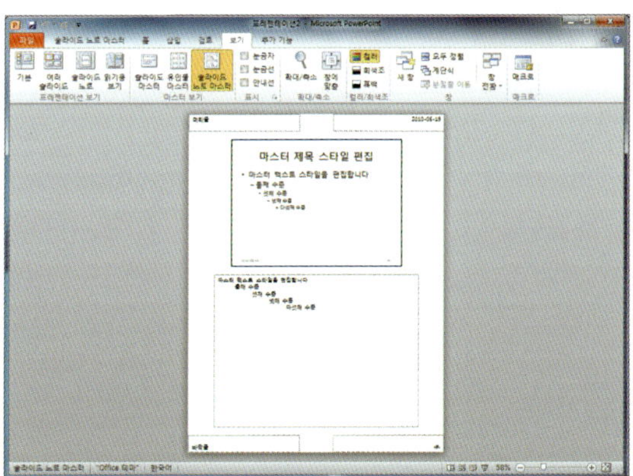

▲ 슬라이드 노트 마스터 명령

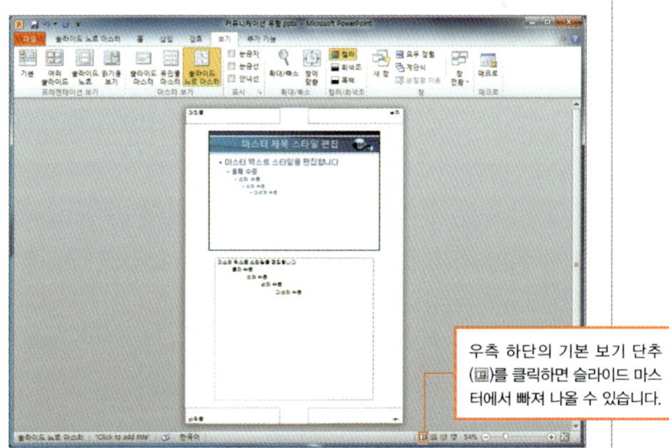

▲ 슬라이드 노트 마스터 보기

2. 슬라이드 마스터 개요

작업 중인 프레젠테이션 파일에 있는 모든 슬라이드의 제목 서식이나 본문 서식을 같은 유형으로 변경하려면 일일이 슬라이드 하나씩 찾아가면서 변경을 하게 되면 매우 불편할 것입니다. 이 경우 슬라이드 마스터를 이용하여 한번만 서식을 설정해 두면 모든 슬라이드에 자동으로 지정된 서식이 적용됩니다. 따라서 슬라이드 마스터를 활용하면 문서 내의 모든 슬라이드에 배경과 색상 등의 통일성을 유지할 수 있습니다.

슬라이드 마스터는 전체 프레젠테이션의 모양에 영향을 주기 때문에 슬라이드 마스터 또는 해당 레이아웃을 만들고 편집할 때 슬라이드 마스터 보기에서 작업하게 됩니다.

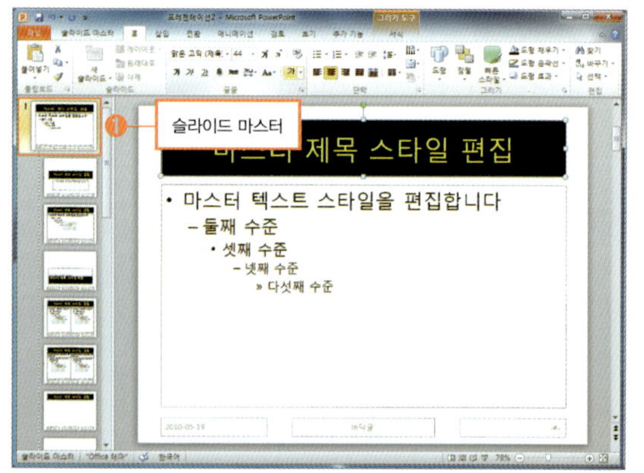

▲ 슬라이드 마스터

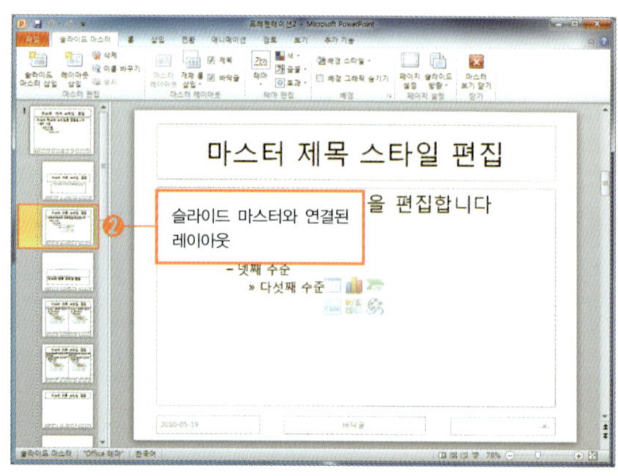

▲ 슬라이드 마스터와 연결된 레이아웃

모든 프레젠테이션에는 슬라이드 마스터가 하나 이상 포함되어 있습니다. 슬라이드 마스터를 수정하면 나중에 추가된 슬라이드를 포함하여 프레젠테이션의 모든 슬라이드에 스타일의 변경 내용이 일괄적으로 적용됩니다.

슬라이드 마스터에서 하나 이상의 레이아웃을 수정하면 기본적으로 슬라이드 마스터가 수정됩니다. 각 슬라이드 레이아웃은 서로 다르게 설정되지만 지정된 슬라이드 마스터와 연결된 모든 레이아웃은 같은 테마(색 구성표, 글꼴 및 효과)를 포함하고 있습니다. 또한 슬라이드 마스터를 사용하면 같은 정보를 여러 슬라이드에 입력할 필요가 없어 시간을 절약할 수 있으므로 슬라이드 마스터는 많은 슬라이드로 구성된 매우 긴 프레젠테이션에 특히 편리합니다.

3. 슬라이드 마스터에서 많이 사용하는 레이아웃

슬라이드 마스터에서 '제목 슬라이드' 레이아웃과 '제목 및 내용' 레이아웃은 가장 사용 빈도가 높습니다. '제목 및 내용' 레이아웃은 일반적으로 슬라이드 마스터의 형태와 동일하기 때문에 슬라이드 마스터를 편집하면 수정 없이 바로 사용할 수 있으며, 개체 틀을 벗어나 내용 구성 시 개체들의 위치나 크기 등을 자유롭게 사용할 수 있기 때문에 유용합니다. 자주 사용되는 레이아웃은 다음과 같습니다.

○ '제목 슬라이드' 레이아웃

슬라이드 마스터의 개체 틀에는 텍스트가 미리 입력되어 있습니다. 이 텍스트는 개체 틀의 위치를 표시하기 위해 입력되어 있는 것으로, 슬라이드 쇼 실행 시에는 표시되지 않습니다. 개체 틀에 개체가 삽입되면 삽입된 개체가 슬라이드 쇼에 표시됩니다.

○ '제목 및 내용' 레이아웃

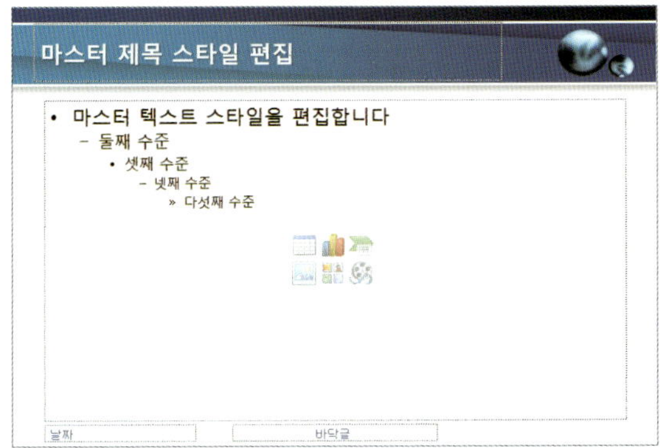

○ '제목만' 레이아웃

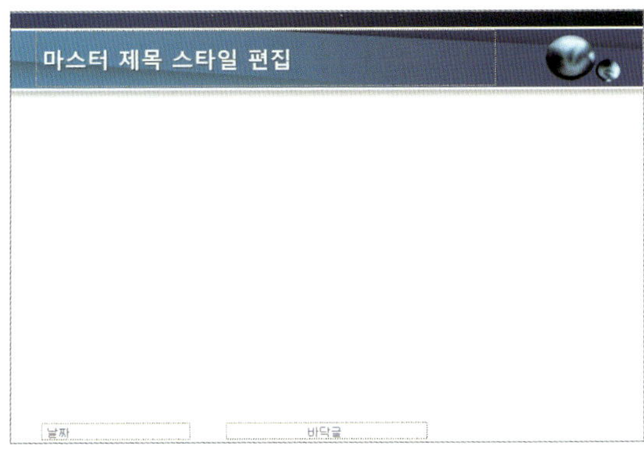

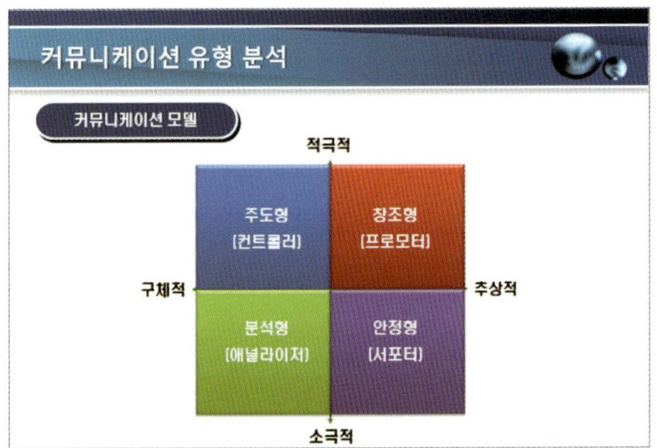

'제목만' 레이아웃은 슬라이드의 내용을 작성하고 난 이후에 내용의 흐름이나 순서를 점검할 때 아주 유용하게 사용됩니다.

파워포인트 2003의 경우 여러 슬라이드 보기를 선택하면 상단 바로 가기 명령에 텍스트 서식 표시 명령(가가)을 사용할 수 있었습니다.

텍스트 서식 표시 명령은 여러 슬라이드 보기에서 슬라이드의 마스터나 삽입된 그림이나 도형과 같은 개체들을 제외하고 흰색 축소판 그림에 상단의 제목 개체 틀에 입력되어 있는 텍스트만 표시해 주기 때문에 슬라이드의 제목 텍스트만 보고 순서나 흐름을 점검하기 용이합니다.

파워포인트 2007과 2010에서 텍스트 서식 표시 명령은 메뉴에 없는 명령으로 구분되어 있습니다. 따라서 이 명령을 사용하려면 [**파일**] 탭 → **옵션**을 클릭하고 'PowrePoint 옵션' 대화상자가 표시되면 빠른 실행 도구 모음에서 모든 명령을 선택하여 추가해 주어야만 사용할 수 있습니다. '제목만' 슬라이드는 이러한 텍스트 서식 표시 명령들을 사용하는데 유리한 레이아웃입니다.

4. [슬라이드 마스터] 탭 살펴보기

[슬라이드 마스터] 탭은 슬라이드 마스터 명령을 실행했을 때만 표시되는 상황별 탭입니다. [슬라이드 마스터] 탭에는 슬라이드 마스터를 편집할 수 있는 새 슬라이드 마스터 삽입, 레이아웃 삽입, 개체 틀 삽입, 테마 편집, 배경 스타일 변경, 페이지 설정 및 슬라이드 방향 변경 등의 명령들이 포함되어 있습니다. 다른 상황별 탭과는 달리 [슬라이드 마스터] 탭은 [홈] 탭 앞에 표시됩니다.

[슬라이드 마스터] 탭을 표시하려면 [보기] 탭 → 마스터 보기 그룹 → 슬라이드 마스터(▦)를 클릭합니다.

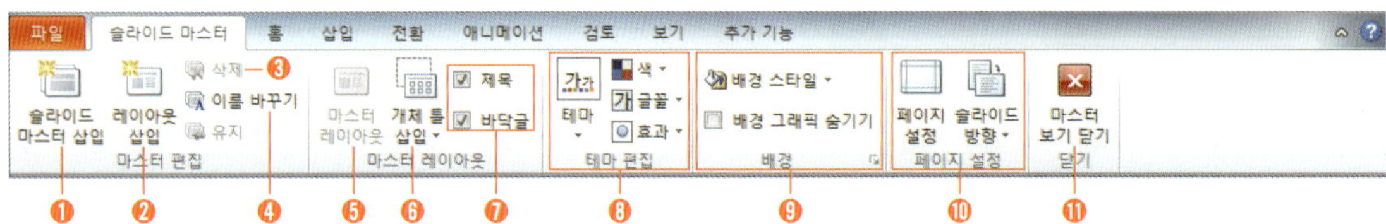

❶ 슬라이드 마스터 삽입 : 새로운 슬라이드 마스터를 추가할 때 사용하며, 동일한 문서 내에서 여러 슬라이드 마스터 사용할 수 있습니다.

❷ 레이아웃 삽입 : 슬라이드 마스터에 사용자가 원하는대로 레이아웃을 지정하여 추가할 수 있습니다.

❸ 삭제 : 불필요한 레이아웃을 선택하여 삭제할 수 있습니다.

❹ 이름 바꾸기 : 사용자 지정을 추가된 레이아웃의 이름을 변경할 수 있습니다.

❺ 마스터 레이아웃 : 슬라이드 마스터에 삽입될 개체 틀을 일괄적으로 추가할 수 있습니다.

❻ 개체 틀 삽입 : 슬라이드 마스터에 사용자가 원하는 개체 틀을 삽입할 수 있습니다.

❼ 제목 및 바닥글 : 레이아웃에 포함된 제목 개체 틀이나 바닥글 개체 틀을 표시하거나 숨깁니다.

❽ 테마 편집 : 슬라이드 마스터에 서식을 적용하거나 색, 글꼴, 효과를 설정할 수 있습니다.

❾ 배경 : 테마의 배경 스타일을 지정하거나 서식으로 지정된 배경 그래픽을 숨길 수 있습니다.

❿ 페이지 설정 : 페이지 설정 및 슬라이드의 방향을 가로 및 세로로 변경합니다.

⓫ 마스터 보기 닫기 : [슬라이드 마스터] 탭을 닫고 슬라이드의 편집화면으로 돌아갑니다.

슬라이드 마스터 서식 변경하기

새로운 프레젠테이션 문서를 작성할 때 기본적으로 흰색 바탕에 검정색 텍스트로 기본 서식이 제공됩니다. 이때 슬라이드에 배경을 넣거나 글자 서식을 배경에 맞게 지정하는 등의 작업을 슬라이드 마스터를 통해 손쉽게 변경할 수 있습니다. 슬라이드 마스터에서 배경 및 글꼴 서식, 머리글/바닥글 서식을 변경하는 방법을 알아보겠습니다.

1. 배경 서식 변경하기

슬라이드 마스터의 기본 서식의 배경은 흰색으로, 흰색은 인쇄용 유인물을 출력할 때 유리하지만 실제 프레젠테이션을 실행할 경우에는 어두운 배경을 사용해야 잘 보입니다. 따라서 슬라이드 마스터에서 전체 문서의 배경을 어둡게 하거나 그림을 삽입하여 멋있게 디자인 할 수 있습니다.

① 슬라이드 마스터에서 배경 서식을 변경하려면 [**보기**] 탭 → **마스터 보기** 그룹 → **슬라이드 마스터**(🖼)를 클릭합니다.

② 슬라이드 축소판 그림에서 상단의 '슬라이드 마스터'를 선택하고 마우스 오른쪽 단추를 클릭한 후 바로 가기 메뉴에서 **배경 서식**을 클릭합니다.

○ 08 본문예제.pptx을 참조하세요.

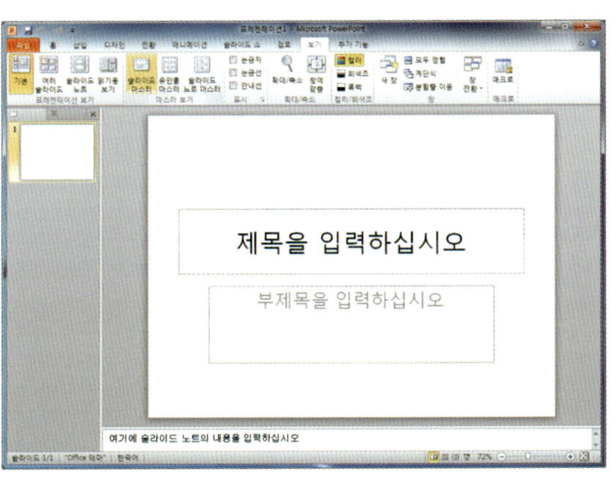

▲ 슬라이드 마스터 명령

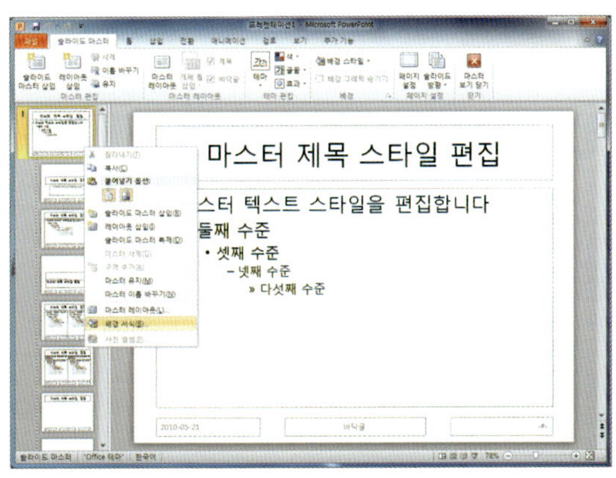

▲ 슬라이드 마스터 – 배경 서식

○ **바로 가기 메뉴**

특정 항목에 관한 명령 목록이 표시되는 메뉴입니다. 바로 가기 메뉴를 나타내려면 항목을 마우스 오른쪽 단추로 클릭하거나 단축키 Shift + F10을 누릅니다.

슬라이드 마스터의 '채우기' 배경 서식은 단색 채우기, 그라데이션 채우기, 그림 또는 질감 채우기의 세 가지 옵션이 있습니다.

● 단색 채우기

'배경 서식' 대화상자에서 [채우기]의 '단색 채우기'
를 선택한 후 색(🎨▼) 오른쪽 화살표(▼)를 클릭
하여 원하는 배경색을 선택하고 〈닫기〉 단추를 클
릭합니다.

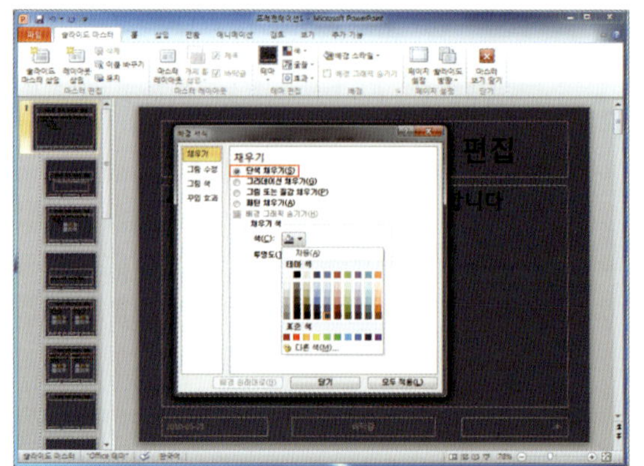

▲ [채우기] – 단색 채우기

● 그라데이션 채우기

'배경 서식' 대화상자에서 [채우기]의 '그라데이션
채우기'를 선택한 후 표시되는 그라데이션 중지점
의 색과 위치, 투명도를 조정하여 원하는 배경색
을 선택하고 〈닫기〉 단추를 클릭합니다.

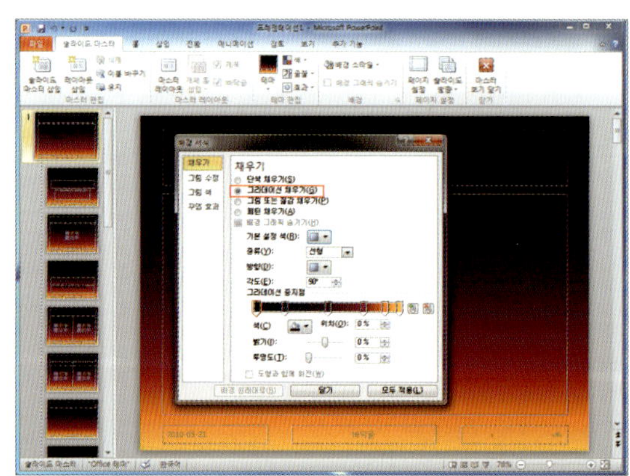

▲ [채우기] – 그라데이션 채우기

● 그림 또는 질감 채우기

'배경 서식' 대화상자에서 [채우기]의 '그림 또는
질감 채우기'를 선택한 후 '다음에서 삽입' 항목
의 〈파일〉 명령 단추를 클릭하여 원하는 배경 그
림을 선택하고 '배경 서식' 대화상자에서 〈닫기〉
단추를 클릭합니다.

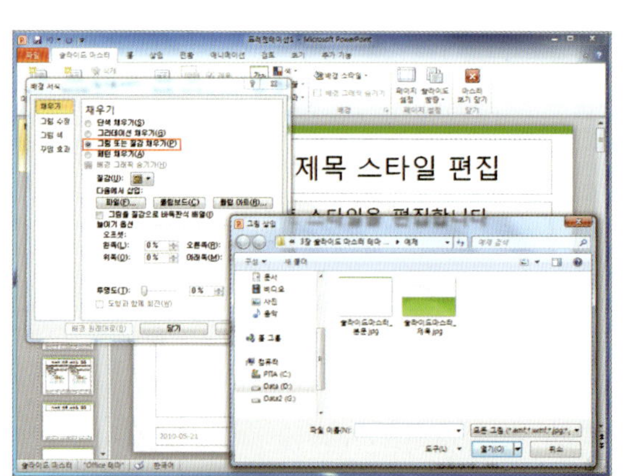

▲ [채우기] – 그림 또는 질감 채우기

2. 글꼴 서식 변경하기

슬라이드 마스터의 기본 서식 글꼴은 검정색의 맑은 고딕체로, 고딕계열의 서체를 사용하는 것이 가독
성에 도움을 줍니다. 슬라이드 마스터에서 개체 틀의 글꼴을 조정하여 전체 문서의 글꼴을 고딕 계열로
적용하거나 글꼴 색 등을 쉽게 변경할 수 있습니다.

● 슬라이드 마스터 사용

[보기] 탭 → **마스터 보기** 그룹 → **슬라이드 마스터**( )
를 클릭합니다. 슬라이드 마스터에서 글꼴 서식을
변경하기 위해 제목 개체 틀을 선택한 후 [**홈**] 탭
→ **글꼴** 그룹 → 글꼴, 글꼴 크기, 글꼴 색 등을 원
하는 형태로 변경합니다.

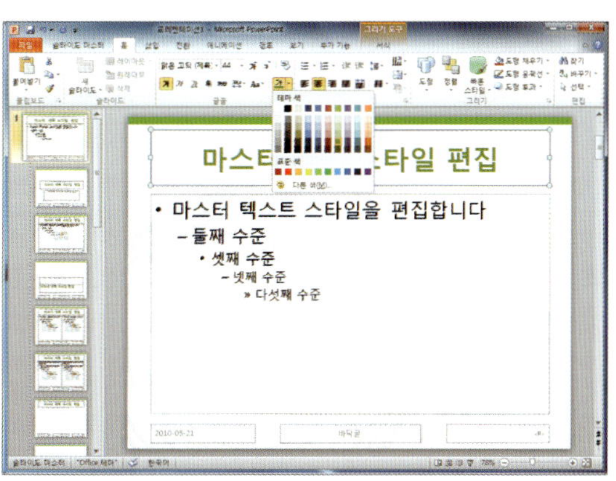

▲ 슬라이드 마스터에서 글꼴 서식 변경

● 미니 도구 모음 사용

미니 도구 모음의 서식 옵션을 사용하여 텍스트
에 빠르게 서식을 지정할 수 있습니다. 개체 틀 내
의 변경할 텍스트를 선택하고 이때 표시되는 미
니 도구 모음으로 마우스 포인터를 이동한 후 텍
스트의 글꼴, 글꼴 크기, 글꼴 색 등을 바로 변경
할 수 있습니다.

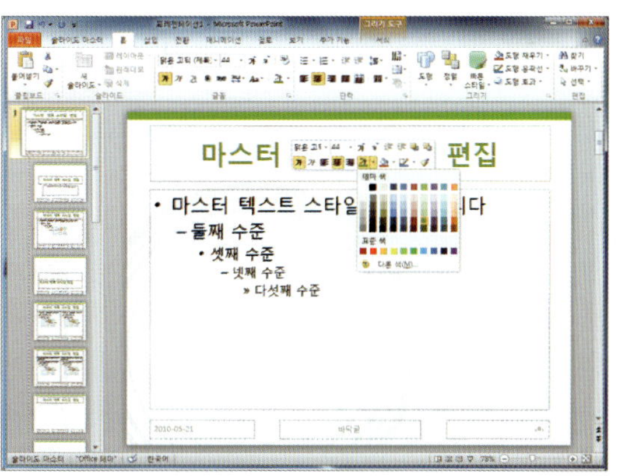

▲ 미니 도구 모음을 이용한 글꼴 서식 변경

3. 개체 틀 서식 변경하기

슬라이드 마스터에서 제목이나 본문의 개체 틀은 도형, 그림, 표, 차트 등으로 구성되어 있으며, 그 중에
서 도형으로 구성된 개체 틀의 서식을 자유롭게 변경할 수 있습니다. 주의할 점은 텍스트의 가독성을 떨
어뜨리는 무늬나 질감을 도형의 배경으로 사용하는 것은 가급적 피하는 것이 좋습니다.

○ 슬라이드 마스터 사용

[보기] 탭 → **마스터 보기** 그룹 → **슬라이드 마스터**(📄)를 클릭한 후 슬라이드 마스터에서 제목 개체 틀을 선택한 후 개체 틀의 도형 서식을 변경합니다.

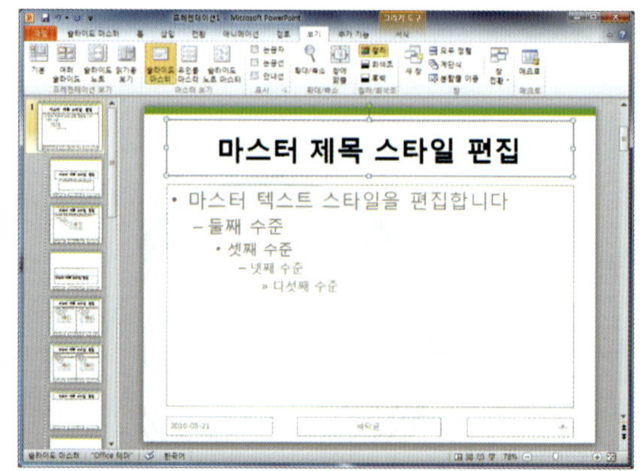

▲ 슬라이드 마스터에서 개체 틀 서식 변경

○ 빠른 스타일 적용

[그리기 도구] – [서식] 탭 → **도형 스타일** 그룹 오른쪽 **자세히** 단추(▾)를 클릭한 후 원하는 도형 스타일을 선택합니다.

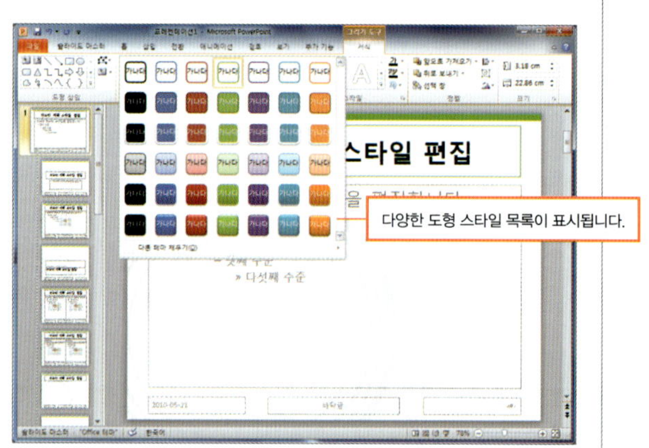

▲ 빠른 스타일을 이용한 도형 스타일 변경

4. 머리글/바닥글 서식 변경하기

머리글과 바닥글을 통해 슬라이드 번호, 날짜, 회사 또는 조직의 이름을 입력할 수 있으며, 특정 형식의 정보는 특정 슬라이드에만 표시되도록 바닥글을 사용자 지정 할 수도 있습니다. 프레젠테이션의 용도나 문서의 레이아웃에 따라 머리글/바닥글의 크기, 위치 또는 서식을 변경해야 할 경우 슬라이드 마스터에서 자유롭게 변경이 가능합니다.

[보기] 탭 → **마스터 보기** 그룹 → **슬라이드 마스터**(📄)를 클릭합니다.

① **개체 틀 크기** : 개체 틀의 크기를 조정하려면 개체 틀을 선택하고 크기 조정 핸들 중 하나를 가리킨 다음 포인터가 양방향 화살표(↗)로 바뀌면 원하는 크기가 될 때까지 핸들을 끕니다.

② **개체 틀 위치** : 개체 틀의 위치를 변경하려면 개체 틀을 클릭하고 테두리 중 하나를 가리킨 다음 포인터가 십자형 화살표(✥)로 바뀌면 새 위치로 개체 틀을 끕니다.

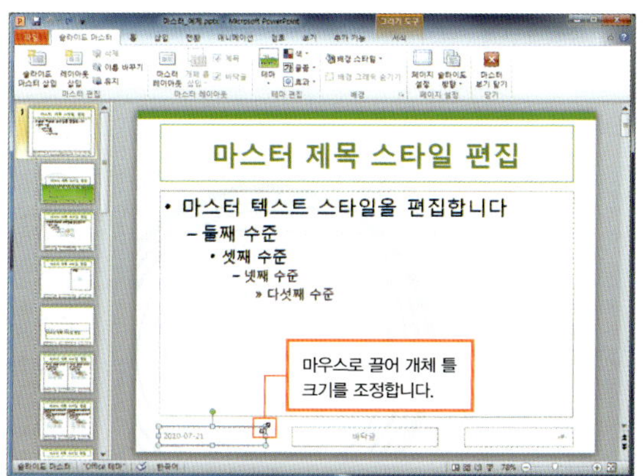

▲ 개체 틀 크기 조정

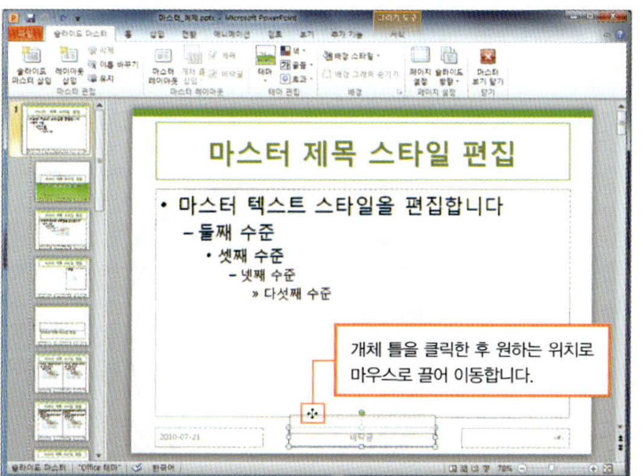

▲ 개체 틀 위치 변경

③ **개체 틀 서식** : 개체 틀 내의 글꼴, 크기, 대/소문자, 색 또는 간격을 변경하려면 텍스트를 선택하고 [**홈**] 탭 → **글꼴** 그룹에서 원하는 옵션을 클릭합니다.

마스터 보기를 끝내려면 [**슬라이드 마스터**] 탭 → **닫기** 그룹 → **마스터 보기 닫기**( )를 클릭합니다.

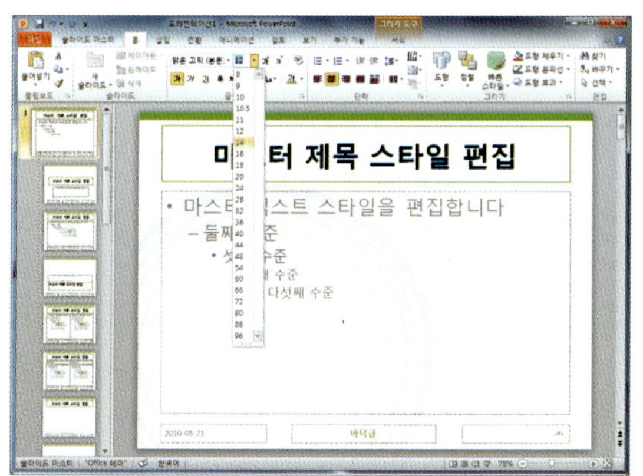

▲ 개체 틀 글꼴 서식 변경

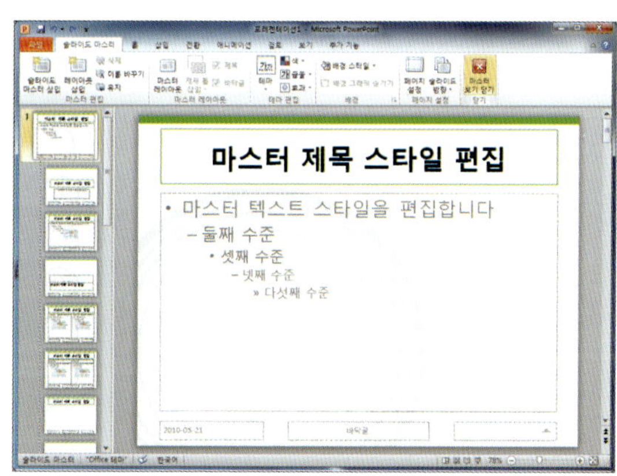

▲ 마스터 보기 닫기

○ [슬라이드 마스터] 탭 닫기

[홈] 탭을 선택하더라도 [슬라이드 마스터] 탭은 사라지지 않습니다. [슬라이드 마스터] 탭은 **마스터 보기 닫기** 명령을 클릭했을 때만 사라집니다.

슬라이드 마스터에 회사 로고 삽입하기

📁 **준비 파일** : 02 마스터 예제.pptx   📁 **완성 파일** : 02 마스터 예제_결과.pptx

슬라이드 마스터에는 개체 틀 외에 그림 또는 도형을 추가하여 디자인할 수 있습니다. 회사에서 제안서나 프레젠테이션 작성 시 일반적으로 제목 슬라이드나 내용 슬라이드에 로고를 삽입하는 경우가 많이 있습니다. 슬라이드 마스터 제목 슬라이드에 로고를 삽입해 보겠습니다.

항목	변경 내용
서식	온라인 서식(파란색/녹색 물결 디자인)
로고 삽입	"Logo.png"

01 **온라인에서 서식 파일 받기** ❶ **[파일]** 탭 → ❷ **새로 만들기** → ❸ 'Office.com 서식 파일' 항목의 **프레젠테이션** → **디자인** → ❹ '예제 프레젠테이션 슬라이드(파란색/녹색 물결 디자인)'를 선택하고 ❺ 〈다운로드〉 단추를 클릭합니다.

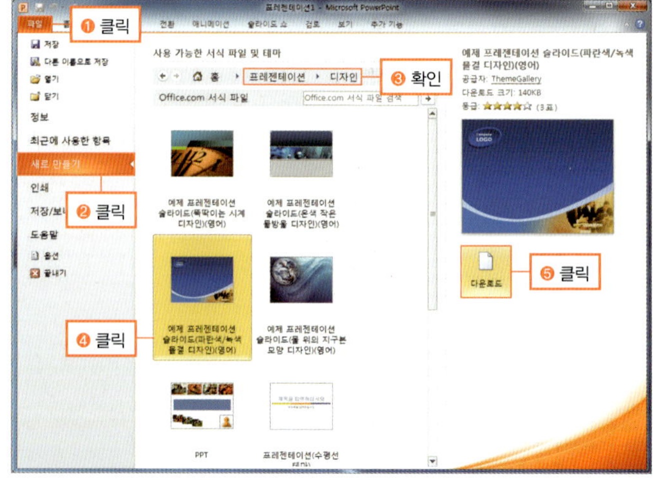

02 슬라이드 마스터 편집하기 예제 프레젠테이션이 표시되면 ❶ [보기] 탭 → **마스터 보기** 그룹 → ❷ **슬라이드 마스터**(▦)를 클릭하고 제목 슬라이드에 로고를 삽입해야 하므로 ❸ 개요 보기 창에서 '제목 슬라이드 레이아웃'을 클릭합니다.

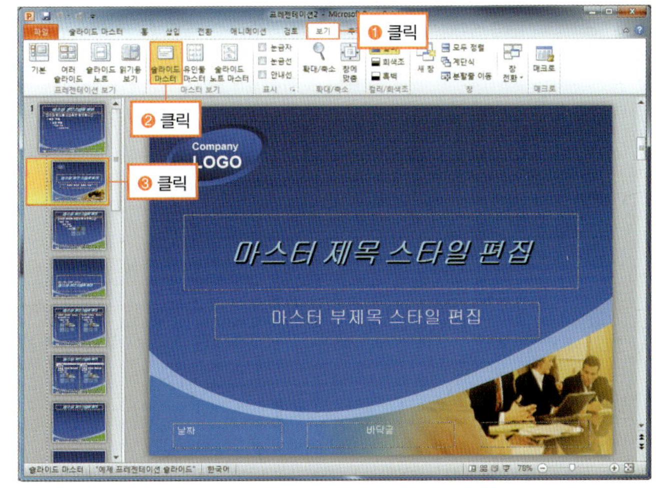

03 도형 및 텍스트 상자 삭제하기 ❶ "Company LOGO" 텍스트 상자와 타원 도형을 Shift 키를 이용해 동시에 선택하고 ❷ 마우스 오른쪽 단추를 클릭한 후 ❸ 바로 가기 메뉴에서 **잘라내기**를 클릭합니다.

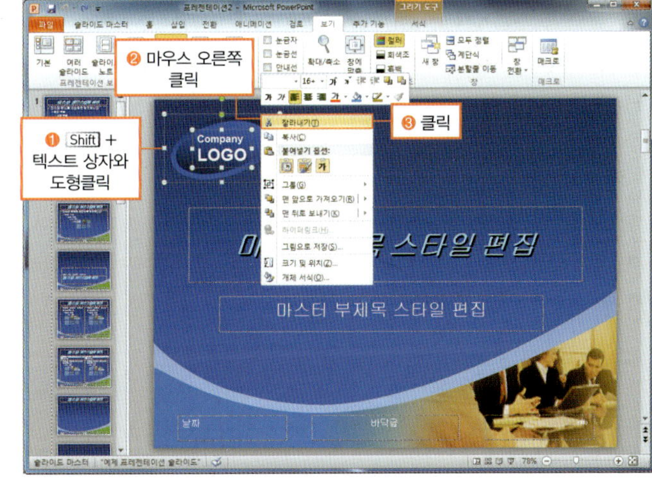

◎ **여러 개의 도형 선택**

Shift, Ctrl 키를 누른 채 해당 도형들을 클릭합니다.

04 로고 삽입하기 ❶ [삽입] 탭 → **이미지** 그룹 → ❷ **그림**(▦)을 클릭하고 ❸ '그림 삽입' 대화상자의 예제 폴더에서 "Logo.png"를 선택한 후 ❹ 〈삽입〉 단추를 클릭하여 슬라이드에 로고를 삽입합니다.

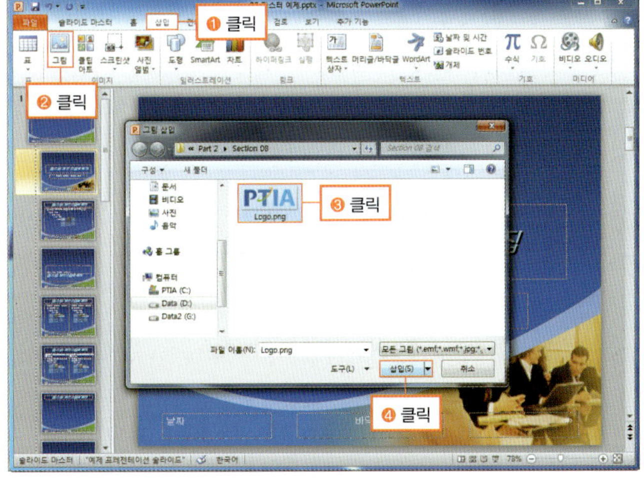

05 **로고 위치 조정하기** 삽입된 로고를 선택하고 마우스로 끌어서 슬라이드의 왼쪽 상단에 위치시킵니다.

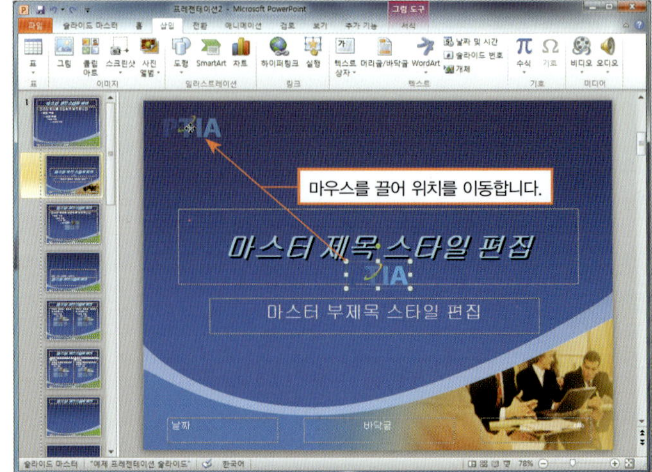

◎ 일반적으로 회사나 조직의 로고는 첫 슬라이드에는 왼쪽 상단, 이후부터는 오른쪽 상단이나 하단에 위치하는 것이 좋습니다.

06 **슬라이드 마스터 닫기** ❶ [슬라이드 마스터] 탭 → 닫기 그룹 → ❷ 마스터 보기 닫기(▣)를 클릭하여 작업화면으로 돌아옵니다.

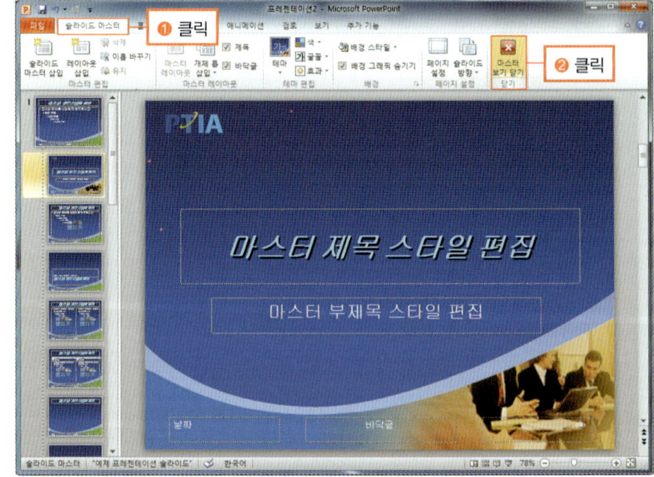

◎ **[슬라이드 마스터] 탭 닫기**

[슬라이드 마스터] 탭이 표시되면 다른 탭으로 이동하더라도 **[슬라이드 마스터]** 탭은 사라지지 않으므로 반드시 **마스터 보기 닫기** 명령을 클릭하여 닫아야 합니다.

07 **결과 확인하기** 제목 슬라이드에 로고가 삽입된 것을 볼 수 있습니다. 로고는 제목 슬라이드 레이아웃에 삽입되어 있기 때문에 내용 슬라이드에는 표시되지 않습니다.

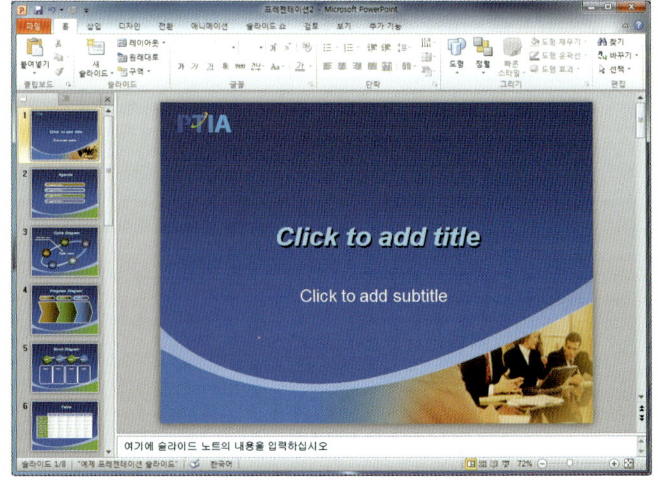

미니 도구 모음

텍스트를 선택할 때 미니 도구 모음이라고 하는 반투명의 편리한 축소 도구 모음을 표시하거나 숨길 수 있습니다. 미니 도구 모음을 사용하여 글꼴, 글꼴 스타일, 글꼴 크기, 맞춤, 텍스트 색, 들여쓰기 수준, 글머리 기호 기능 등을 설정할 수 있습니다.

파워포인트에서 슬라이드나 도형에서 텍스트를 선택할 때 나타나는 반투명 도구 모음의 모양은 다음과 같습니다.

미니 도구 모음에 포인터를 놓으면 미니 도구 모음이 다음과 같이 표시되며, 도구 모음을 사용하려면 원하는 명령을 클릭합니다. 다만, 미니 도구 모음은 사용자 지정할 수 없습니다.

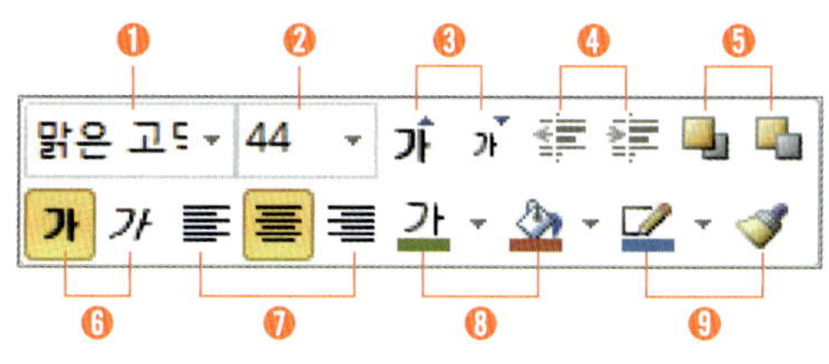

❶ 글꼴

❷ 글꼴 크기

❸ 글꼴 크기 크게/작게

❹ 목록 수준 줄임/늘림

❺ 앞으로 가져오기/뒤로 보내기

❻ 굵게, 기울임꼴

❼ 텍스트 왼쪽 맞춤/가운데 맞춤/텍스트 오른쪽 맞춤

❽ 글꼴 색/도형 채우기

❾ 도형 윤곽선/서식 복사

미니 도구 모음 숨기기

❶ 미니 도구 모음을 사용하지 않으려면 [**파일**] 탭 → **옵션**을 클릭합니다.

❷ 'PowerPoint 옵션' 대화상자에서 [일반]을 클릭하여 '사용자 인터페이스 옵션' 항목의 '선택 영역에 미니 도구 모음 표시' 확인란을 선택 해제합니다.

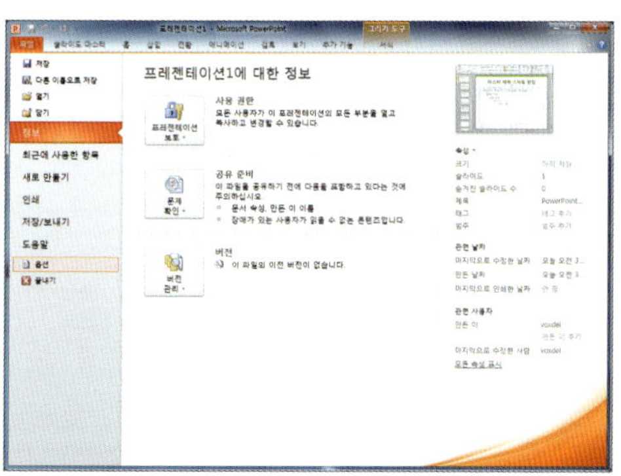

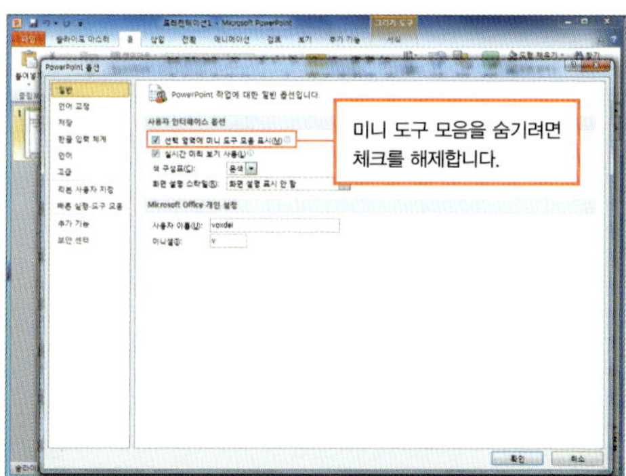

슬라이드 레이아웃 다루기

레이아웃을 사용하여 슬라이드의 개체와 텍스트를 정렬할 수 있습니다. 레이아웃은 슬라이드 마스터의 한 부분으로서, 슬라이드에 표시될 내용의 위치 정보를 정의합니다. 레이아웃의 개체 틀에는 제목, 글머리 목록 등의 텍스트와 SmartArt 그래픽, 표, 차트, 그림, 도형, 클립 아트 등의 슬라이드 콘텐츠가 들어 있습니다.

1. 슬라이드 레이아웃 개요

레이아웃은 슬라이드에 표시될 내용의 위치와 서식만 정의하는 슬라이드 마스터의 한 부분으로 나중에 슬라이드에 표시될 콘텐츠의 위치 정보를 정의합니다. 레이아웃에는 제목, 글머리 기호 목록 등의 텍스트가 포함될 개체 틀 및 SmartArt 그래픽, 표, 차트, 그림, 도형, 클립 아트 등의 슬라이드 콘텐츠가 포함됩니다. 레이아웃이나 슬라이드 마스터에 텍스트 및 개체의 개체 틀을 추가할 수 있지만 슬라이드에 직접 개체 틀을 추가할 수는 없습니다.

다음 다이어그램에서는 파워포인트 슬라이드에 포함할 수 있는 모든 레이아웃 요소를 보여줍니다.

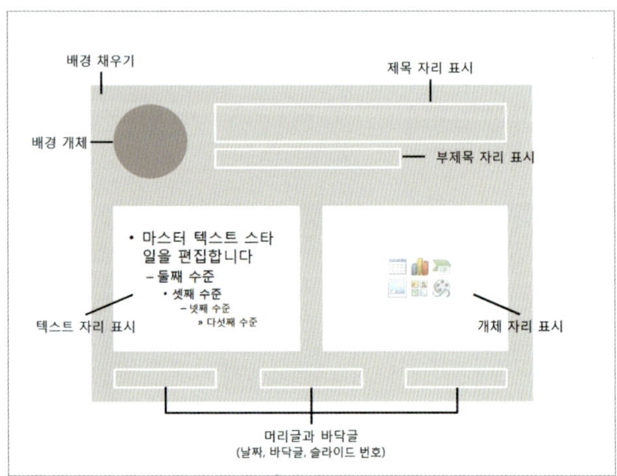

▲ 슬라이드 레이아웃

2. 표준 레이아웃과 사용자 지정 레이아웃

파워포인트에서 기본적으로 제공하는 표준 레이아웃을 사용할 수도 있고 사용자가 직접 필요에 맞는 사용자 지정 레이아웃을 만들 수도 있습니다.

○ 09 본문예제.pptx를 참조하세요.

● 표준 레이아웃

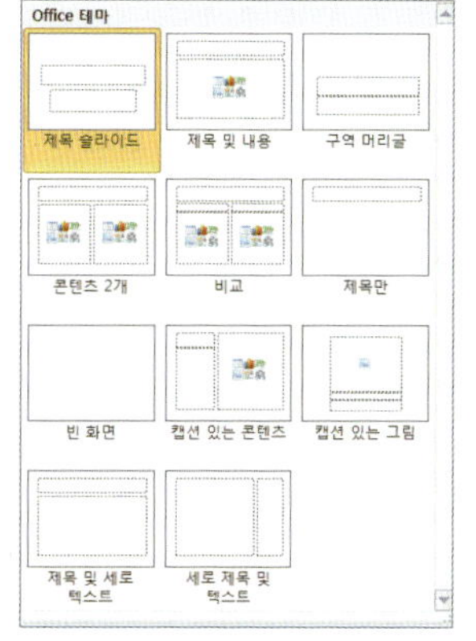

파워포인트 2010에서 제공하는 표준 레이아웃은 파워포인트 2007 이하 버전에서 사용할 수 있는 레이아웃과 유사합니다. 파워포인트에서 빈 프레젠테이션을 열면 '제목 슬라이드' 기본 레이아웃만 표시되지만 그 밖의 표준 레이아웃을 적용하여 사용할 수 있습니다.

표준 레이아웃은 일본어 레이아웃 2개, 즉 제목 및 세로 텍스트 레이아웃 및 세로 제목 및 텍스트 레이아웃을 포함할 경우 총 11개의 기본 제공 레이아웃이 있습니다. 컴퓨터에서 일본어를 지원하도록 설정하지 않는 경우 이 두 레이아웃은 레이아웃 갤러리에 표시되지 않지만 슬라이드 마스터 보기에서는 이 두 레이아웃이 항상 표시됩니다.

① **방법 1** : 기본 제공 레이아웃을 보려면 [**홈**] 탭 → **슬라이드** 그룹 → **레이아웃**(레이아웃 ▾)을 클릭하여 기본으로 제공하는 표준 레이아웃 목록에서 확인할 수 있습니다.

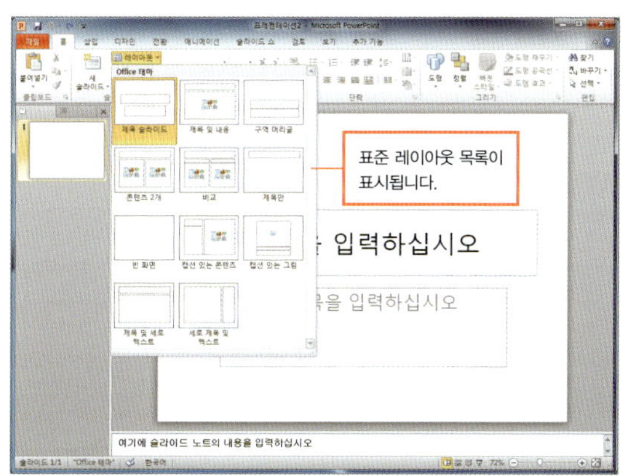

▲ [홈] 탭 – 레이아웃

● 레이아웃

레이아웃이란 슬라이드에서 제목 및 부제목 텍스트, 목록, 그림, 표, 차트, 도형, 동영상과 같은 요소의 배열입니다.

② **방법 2** : 개요 및 슬라이드 창의 [슬라이드] 탭에서 마우스 오른쪽 단추를 클릭하여 바로 가기 메뉴에서 **레이아웃**을 클릭하면 기본으로 제공하는 표준 레이아웃 목록에서 확인할 수 있습니다.

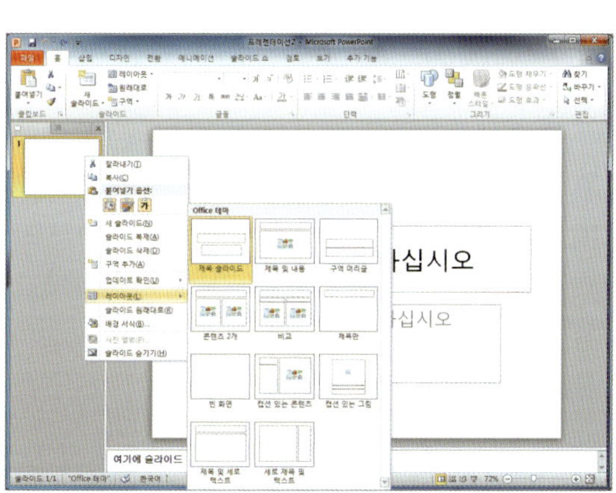

▲ 바로 가기 메뉴 – 레이아웃

● 사용자 지정 레이아웃

사용자나 조직에 있는 프레젠테이션 작성자의 필요에 맞는 표준 레이아웃이 없는 경우 사용자 지정 레이아웃을 만들 수 있습니다. 개체 틀의 개수, 크기 및 위치와 배경 내용을 지정하고 선택적으로 슬라이드 및 개체 틀 수준의 속성을 지정하여 다시 사용할 수 있는 사용자 지정 레이아웃을 만들 수 있습니다.

사용자 지정 레이아웃을 서식 파일에 포함하여 배포할 수도 있는데, 이렇게 하면 새 슬라이드를 만들 때마다 레이아웃을 잘라내어 붙여 넣거나 새로운 다른 내용을 넣을 슬라이드에서 기존 내용을 삭제하느라 시간을 낭비하지 않아도 됩니다.

사용자가 추가하고 사용자 지정한 레이아웃은 기본 보기에서 [**홈**] 탭 → **슬라이드** 그룹에 있는 기본 제공 표준 레이아웃 목록에 나타납니다.

사용자 지정 레이아웃을 만들 때 추가할 수 있는 텍스트 및 개체 기반의 개체 틀 종류는 10가지입니다.

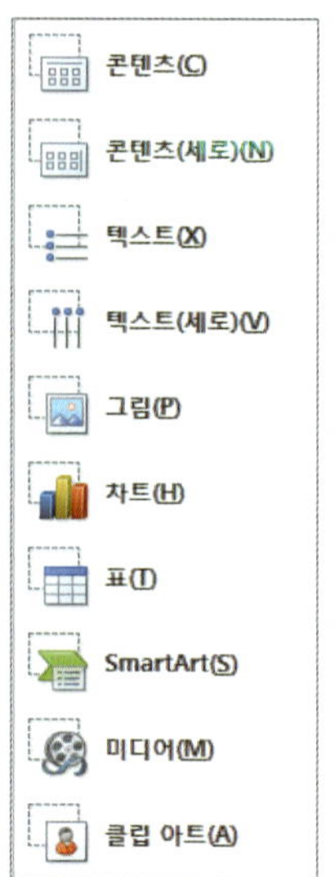

3. 레이아웃 추가하기

사용자의 필요에 맞는 표준 레이아웃이 없는 경우 새 레이아웃을 추가하고 사용자 지정할 수 있습니다. 레이아웃을 추가하려면 슬라이드 마스터 보기로 전환하여 새 레이아웃을 추가하고 텍스트 및 개체에 각각 사용할 수 있는 개체 틀을 추가한 후 프레젠테이션을 디자인 서식 파일(.potx)로 저장합니다.

① [**보기**] 탭 → **마스터 보기** 그룹 → **슬라이드 마스터**( )를 클릭한 후 슬라이드 마스터와 레이아웃이 있는 창에서 새 레이아웃을 추가할 위치를 클릭합니다.
② [**슬라이드 마스터**] 탭 → **마스터 편집** 그룹 → **레이아웃 삽입**( )을 클릭하면 선택한 슬라이드 아래에 새로운 레이아웃이 삽입됩니다.

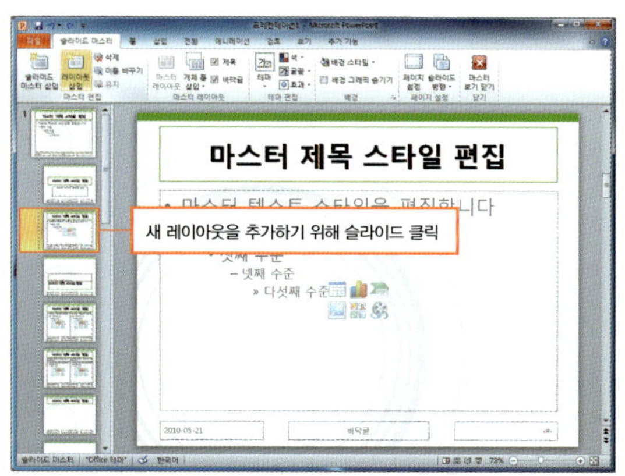

▲ 슬라이드 마스터

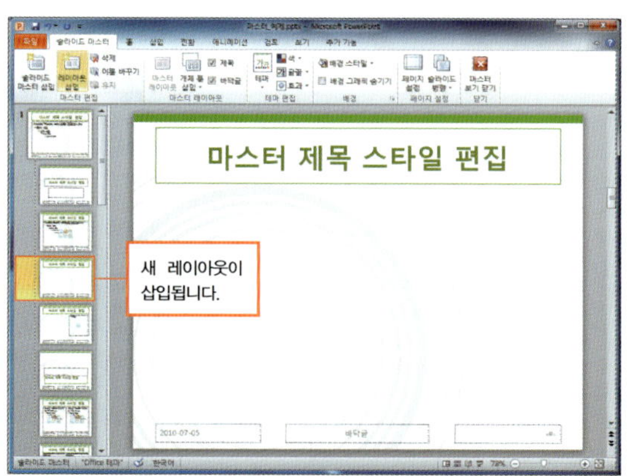

▲ 새 레이아웃 삽입

> **○ 레이아웃의 사용**
>
> 레이아웃을 너무 많이 만들어 놓으면 오히려 선택 시 불편함을 느끼게 됩니다. 기본 레이아웃이라도 사용하지 않는 레이아웃은 슬라이드 마스터에서 삭제하는 것이 좋습니다.

4. 레이아웃 개체 틀 추가하기

개체 틀은 점선 테두리가 있는 상자로서 모든 슬라이드 레이아웃에 포함
되며, 이 상자에는 제목, 본문 텍스트 또는 SmartArt 그래픽, 차트, 표, 그
림 등의 개체가 포함됩니다.
예를 들어 오른쪽 그림은 제목 텍스트 개체 틀과 부제목 개체 틀이 있는 기
본 표준 슬라이드 레이아웃입니다.

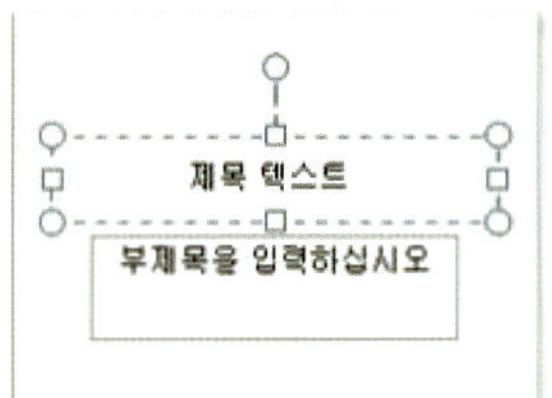

① [보기] 탭 → **마스터 보기** 그룹 → **슬라이드 마스터**(📄)를 클릭한 후 슬라이드 마스터와 레이아웃이 있는
　창에서 새 레이아웃을 추가할 위치를 클릭하고 **레이아웃 삽입**(📄)을 클릭합니다.
② [**슬라이드 마스터**] 탭 → **마스터 레이아웃** 그룹 → **개체 틀 삽입** 명령 단추(📄)를 클릭하고 원하는 개체
　틀을 선택합니다. 슬라이드 창에서 원하는 위치를 클릭한 후 마우스를 끌어서 개체 틀을 그립니다.

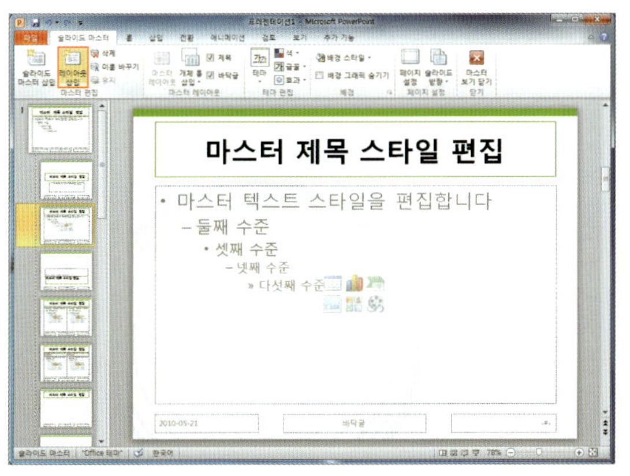

▲ 레이아웃 삽입 명령

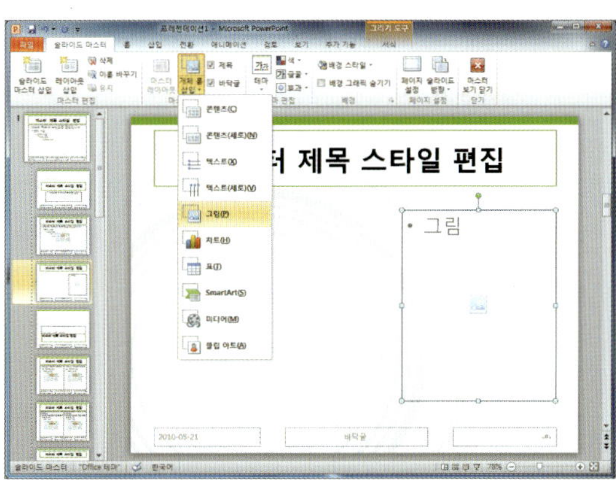

▲ '개체 틀 삽입' 선택 목록

③ [**파일**] 탭 → **다른 이름으로 저장**을 클릭한 후 '파일 이름'에 파일 이름을 입력하거나 기본 파일 이름을
　그대로 사용합니다. '파일 형식' 목록에서 'PowerPoint 서식 파일(*.potx)'을 선택하고 〈저장〉 단추
　를 클릭합니다.
④ 사용자가 추가하고 사용자 지정한 레이아웃은 기본 보기에서 [**홈**] 탭 → **슬라이드** 그룹 → **레이아**
　웃(레이아웃 ▾)을 클릭하면 기본으로 제공하는 표준 레이아웃 목록에 표시됩니다.

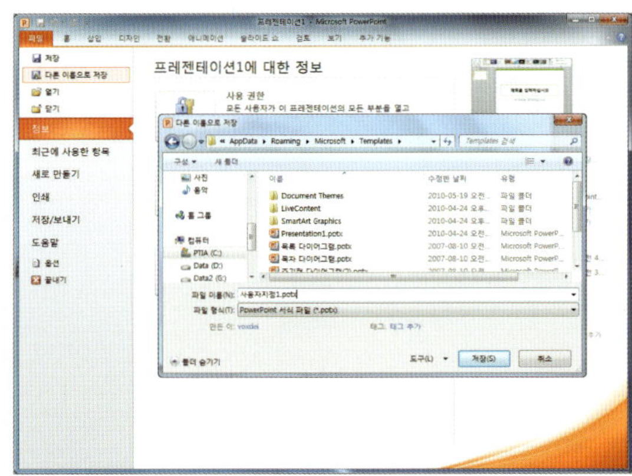

▲ 'PowerPoint 서식 파일'로 저장

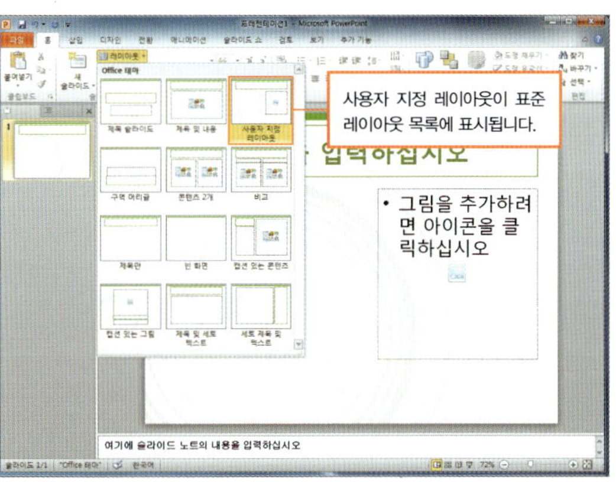

▲ 사용자 지정 레이아웃 목록에 추가

10 테마를 이용하여 디자인 적용하기

테마는 테마 색 모음, 테마 글꼴 모음 및 테마 효과 모음으로 구성된 서식 모음으로, 파워포인트, 워드 또는 엑셀을 사용하여 만드는 모든 문서에는 테마가 포함되어 있습니다. 또한 테마에는 파워포인트에서 사용하기 위한 슬라이드 마스터와 슬라이드 배경 디자인이 들어 있습니다. 테마를 이용하여 간단하게 디자인을 적용하는 방법을 알아보겠습니다.

1. 테마와 슬라이드 마스터

파워포인트를 실행하면 기본 마스터가 적용되어 배경에 아무 효과도 적용되지 않은 흰 색 슬라이드가 나타나는데, 이러한 기본 마스터에 테마를 추가하여 멋스러운 디자인을 적용할 수 있습니다. 테마는 슬라이드 마스터에 새로운 옷을 입히는 것으로, 테마를 선택하게 되면 미리 세팅되어 있는 서식들이 슬라이드 마스터에 적용되는 것입니다. 슬라이드 마스터에 테마를 적용하는 방법은 2가지가 있으며, 슬라이드에 빠르게 테마를 적용하려면 [디자인] 탭을 활용합니다.

○ [디자인] 탭 활용

[디자인] 탭 → **테마** 그룹 → 테마 선택 목록에서 원하는 테마를 선택합니다.

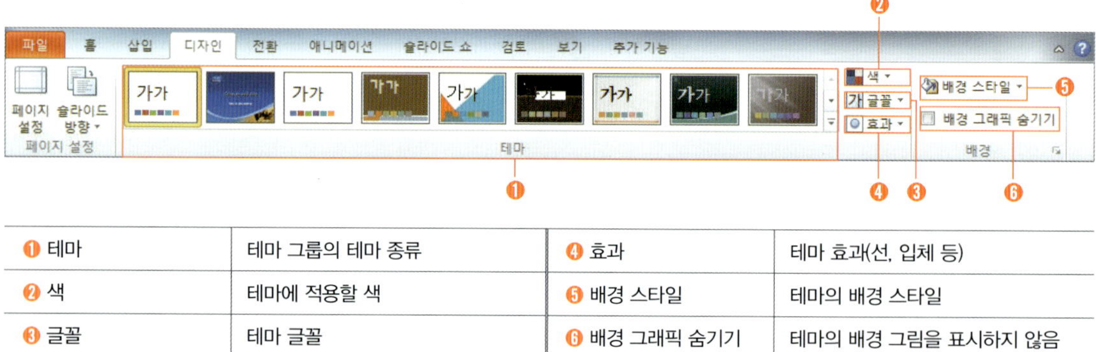

❶ 테마	테마 그룹의 테마 종류	❹ 효과	테마 효과(선, 입체 등)
❷ 색	테마에 적용할 색	❺ 배경 스타일	테마의 배경 스타일
❸ 글꼴	테마 글꼴	❻ 배경 그래픽 숨기기	테마의 배경 그림을 표시하지 않음

○ [슬라이드 마스터] 탭 활용

[보기] 탭 → **마스터 보기** 그룹 → **슬라이드 마스터**를 선택한 후 [슬라이드 마스터] 탭 → **테마 편집** 그룹 → 테마 선택 목록에서 원하는 테마를 선택합니다.

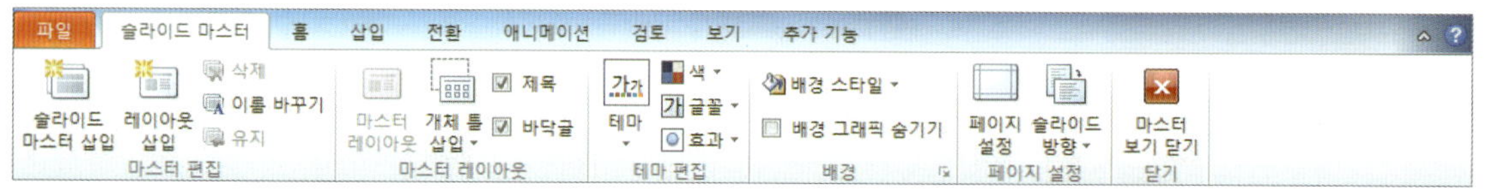

○ 테마의 적용

- 모든 슬라이드에 적용
- 선택한 슬라이드에 적용
- 기본 테마로 설정
- 빠른 실행 도구 모음에 갤러리 추가

2. 테마 적용하기

테마를 적용하면 문서 전체의 서식을 전문가 수준의 세련된 디자인으로 빠르고 간단하게 지정할 수 있습니다. 미리 정의된 다른 테마나 사용자 지정 테마를 선택하여 테마를 변경할 수 있으며, 테마를 적용하면 문서에서 바로 적용됩니다.

[디자인] 탭 → 테마 그룹에서 원하는 테마를 클릭하거나 미리 정의된 테마를 적용하려면 **자세히** 단추(▼)를 클릭하여 사용 가능한 모든 테마를 표시한 후 사용할 테마를 클릭합니다.

만약 원하는 서식의 테마가 존재하지 않는다면 **테마 찾아보기**를 클릭하여 내 컴퓨터에 저장된 다른 테마를 찾아 선택할 수 있습니다.

◯ 10 본문예제.pptx를 참조하세요.

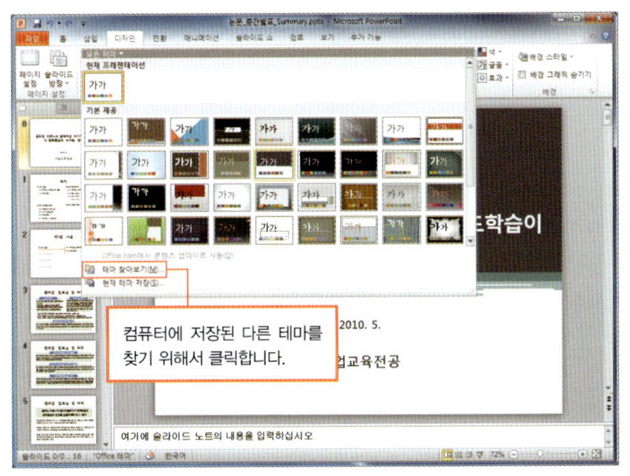

▲ '테마' 선택 목록

3. 선택한 슬라이드에만 테마 적용하기

테마를 모든 슬라이드에 적용하거나 선택한 슬라이드 또는 마스터 슬라이드에만 적용할 수 있는데, 만약 문서 내에 성격이 다른 내용을 구분할 때 2개 이상의 테마를 활용하여 디자인 할 수 있습니다.

[디자인] 탭 → 테마 그룹 오른쪽 **자세히** 단추(▼)를 클릭하여 사용 가능한 모든 테마를 표시합니다.
예를 들어 목차 슬라이드에만 다른 테마를 적용하려면 마우스 오른쪽 단추를 클릭한 다음 **선택한 슬라이드에 적용**을 클릭합니다.

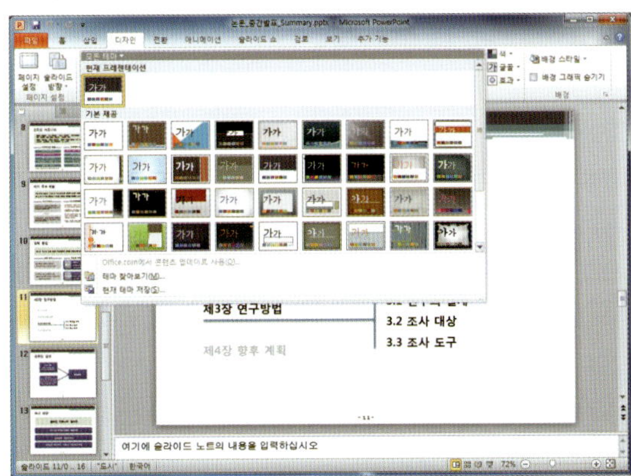

▲ 모든 테마 표시

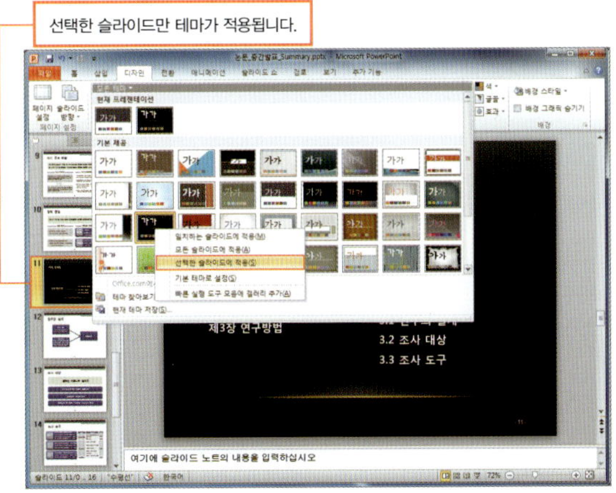

▲ 선택한 슬라이드에 적용

◯ **선택 슬라이드만 테마 적용**

특정 슬라이드에만 테마를 적용하는 경우에는 간지나 핵심 메시지를 전달할 때 유용하며, 테마의 변경은 시각적으로 청중의 집중을 유도할 수 있습니다.

4. 테마 찾아보기

테마를 사용자 지정으로 저장하여 둔 경우나 다른 사람이 제작한 테마를 사용하는 경우 테마 갤러리에 표시되지 않는다면 직접 테마를 찾아서 사용할 수 있습니다.

① 사용하려는 문서 테마가 목록에 없으면 테마를 컴퓨터나 네트워크 위치에서 찾기 위해 [**디자인**] 탭 → **테마** 그룹 오른쪽 **자세히** 단추(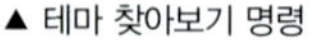)를 클릭한 후 **테마 찾아보기**를 클릭합니다.
② '테마 또는 테마 문서 선택' 대화상자에서 원하는 테마 파일(.thmx)을 선택하고 〈열기〉 단추를 클릭합니다.

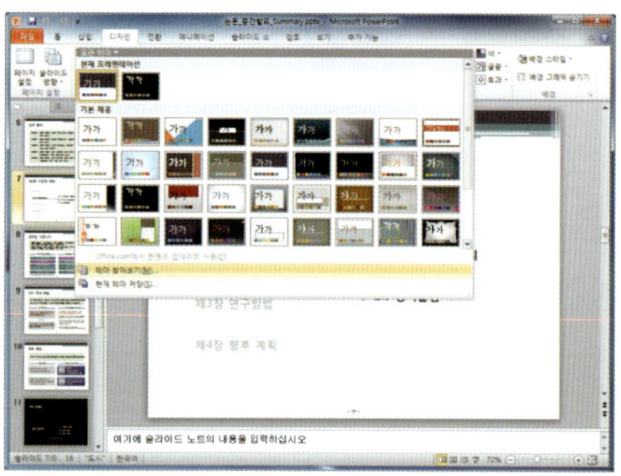

▲ 테마 찾아보기 명령

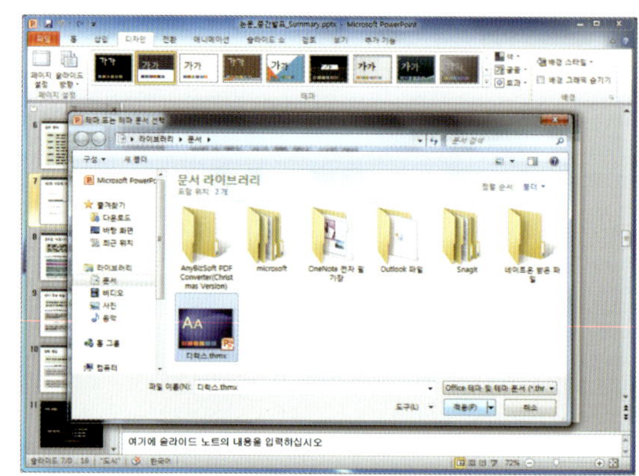

▲ 테마 파일 선택

테마는 그림, 도형, 경우에 따라 차트와 같은 개체들의 조합으로 이루어집니다.

프레젠테이션에 사용된 슬라이드 마스터는 편집이 되지 않는다고 생각하는 분들이 많습니다. 그러나 실제로 슬라이드 마스터 내에 삽입되어 있는 도형과 같은 개체들은 마음대로 위치를 이동하고 색을 변경하고 크기를 조정할 수 있습니다.

이렇듯 슬라이드 마스터에서 적용된 테마의 요소들을 자유롭게 변경하여 색다른 느낌의 프레젠테이션을 제작할 수 있습니다.

온라인 테마 활용하기

📁 **준비 파일** : 04 중간발표.pptx　　📁 **완성 파일** : 04 중간발표_결과.pptx

파워포인트에서 제공되는 테마 이외에 Office.com에 등록되어 있는 테마를 모든 슬라이드에 적용할 수 있습니다. 주의할 점은 반드시 인터넷에 연결이 되어 있는 상태에서만 사용할 수 있다는 것입니다. Office. com에서 테마를 검색하고 원하는 테마를 가져와 사용자 지정 테마로 등록하고 프레젠테이션에 적용해 보겠습니다.

항목	변경 내용
테마	사용자 지정 테마 (비즈니스 → 회사 편람)
제목	위치 변경
슬라이드 번호	위치 : '오른쪽 하단' 글꼴 색 : '검정' 글꼴 크기 : '12pt'

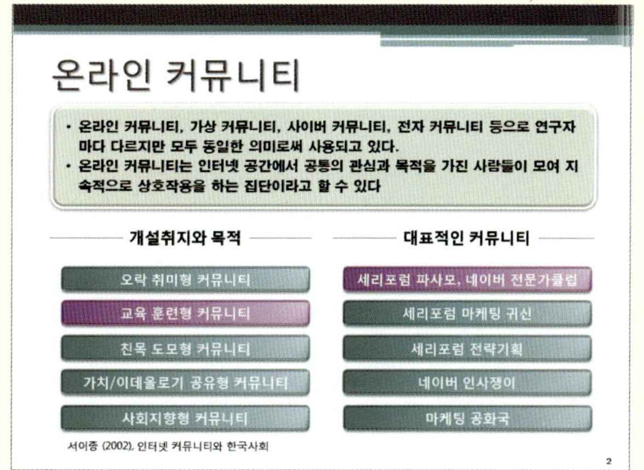

01 **온라인에서 테마 다운로드 받기** 온라인 서식 파일을 이용해 사용자 지정 테마를 생성하고자 ❶ **[파일]** 탭 → ❷ **새로 만들기** → ❸ 'Office.com 서식 파일' 항목의 **프레젠테이션 → 비즈니스** → ❹ **회사 편람**을 선택하고 ❺ 〈다운로드〉 단추를 클릭합니다.

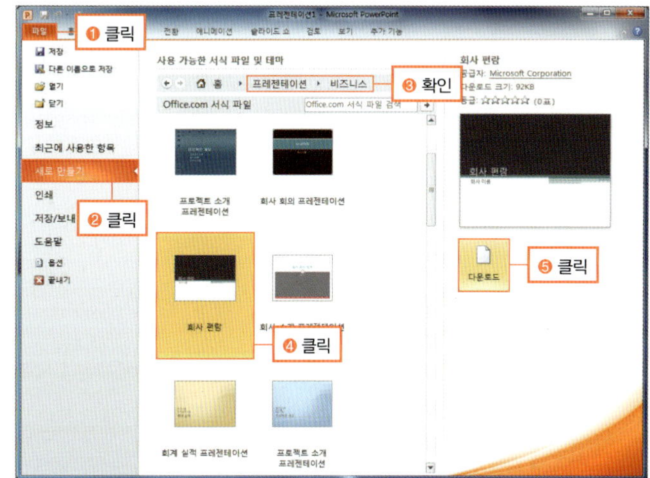

02

테마 저장하기 다운로드한 서식 파일을 테마로 저장하기 위해 ❶ [파일] 탭 → ❷ 다른 이름으로 저장을 클릭합니다.

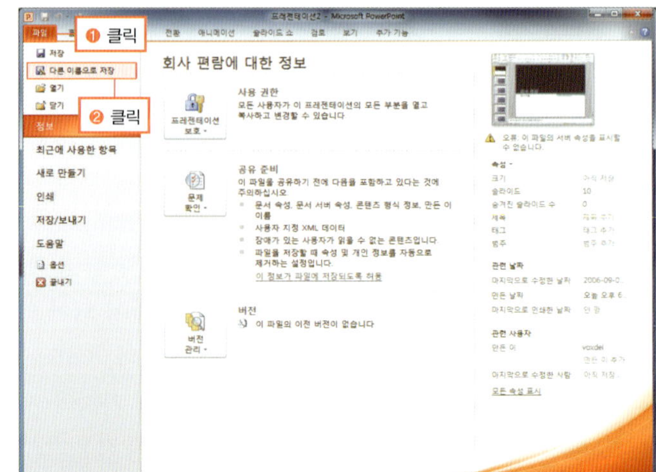

◉ 테마 설정

테마는 슬라이드의 내용을 입력하기 전에 미리 설정하는 것이 편리한데, 이는 추후에 디자인 서식을 적용하게 되면 사용자가 원하지 않는 부분도 함께 변경될 수 있기 때문입니다.

03

테마 파일 형식으로 저장하기 ❶ '다른 이름으로 저장' 대화상자의 '파일 형식'에서 'Office 테마(*.thmx)'를 선택하고 ❷ 〈저장〉 단추를 클릭하여 테마를 저장합니다. 그러면 사용자 지정 테마로 생성됩니다.

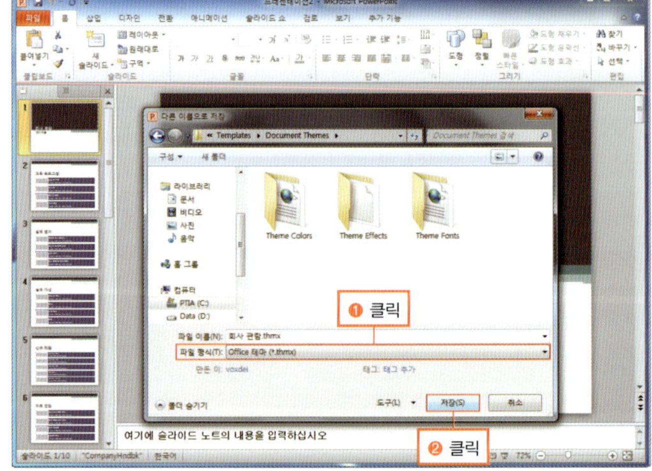

◉ 테마 파일

테마 파일의 확장자는 *.thmx입니다. 테마를 사용자 지정으로 만들고 다른 이름으로 저장할 경우 *.thmx로 저장하여 테마 파일을 만들 수 있습니다.

04

예제 파일 열기 **04 중간발표.pptx** 파일을 두 번 연속 클릭하여 파워포인트가 실행되면 2번 슬라이드를 클릭합니다.

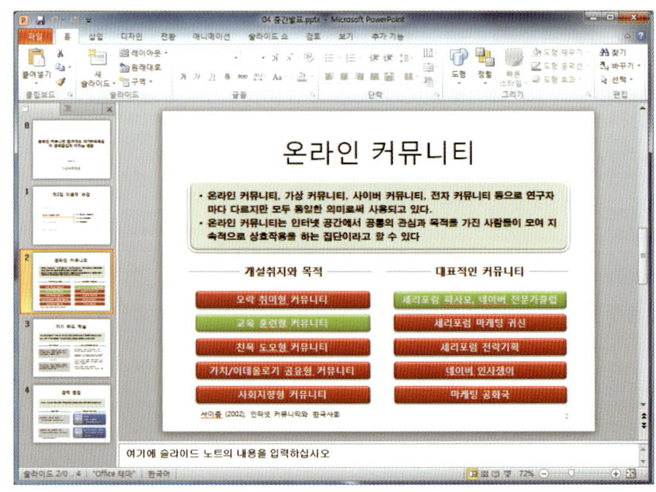

05 사용자 지정 테마 적용하기 ❶ [디자인] 탭 → ❷ 테마 그룹 오른쪽 **자세히** 단추(▾)를 클릭하면 '사용자 지정' 항목에 03 단계에서 사용자 지정으로 등록한 테마가 표시되며, ❸ 해당 사용자 지정 테마를 클릭합니다.

○ **사용자 지정 테마**

사용자 지정 테마를 하나 이상 만든 경우에는 표시되는 사용자 지정 테마를 사용할 수 있습니다.

06 슬라이드 마스터로 들어가기 제목 개체 틀이 도형에 가려 보이지 않으므로 제목 개체 틀의 위치를 변경하기 위해 ❶ [보기] 탭 → **마스터 보기** 그룹 → ❷ **슬라이드 마스터**(▨)를 클릭합니다.

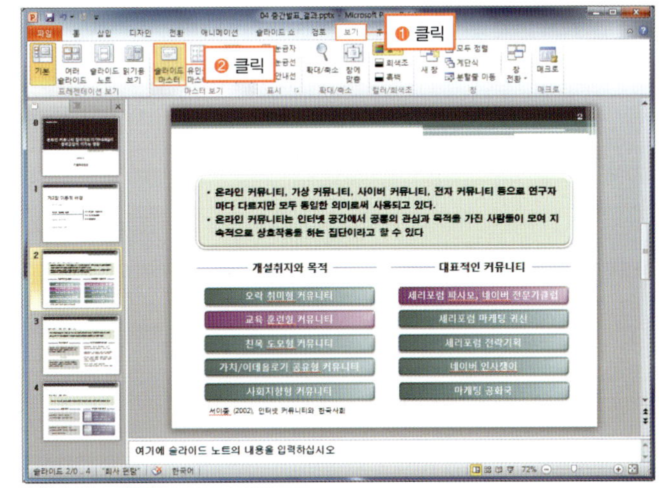

07 제목 개체 틀 위치 조정하기 ❶ 개요 보기 창에서 '슬라이드 마스터'를 클릭하고 ❷ 제목 개체 틀을 클릭한 후 마우스로 끌어서 슬라이드 상단에 위치시킵니다.

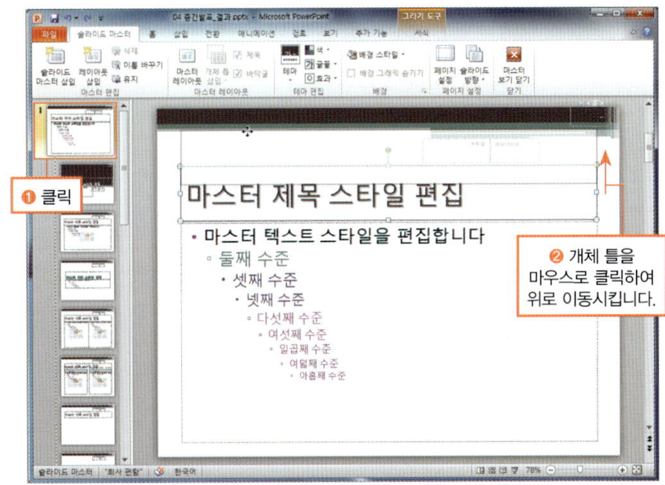

○ 제목 개체 틀 위치 변경 후 현재 슬라이드에 적용되어 있는 '제목만' 레이아웃에도 제목 개체 틀의 위치가 조정되었는지 확인해야 합니다. 만약 조정되지 않았다면 '제목만' 레이아웃의 제목 개체 틀의 위치도 조정해야 합니다.

08 슬라이드 번호 위치 조정하기 ❶ 슬라이드 번호를 선택하고 ❷ 마우스로 끌어서 오른쪽 하단에 위치시킵니다.

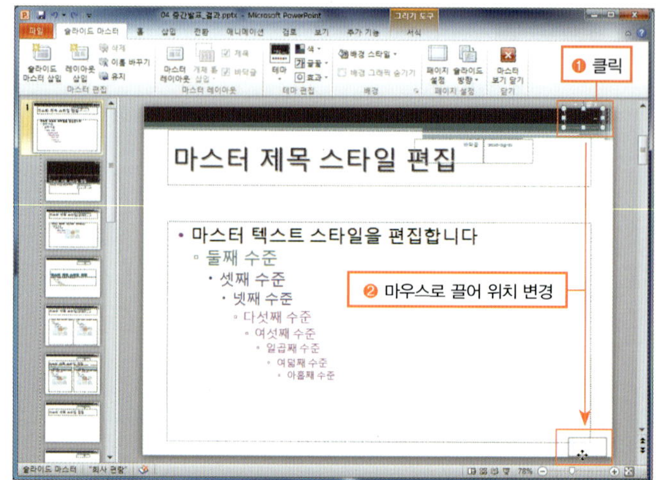

09 슬라이드 번호 글꼴 색 변경하기 슬라이드 번호 개체 틀이 선택된 상태에서 서식을 변경하기 위해 ❶ 마우스 오른쪽 단추를 클릭하고 ❷ 미니 도구 모음에서 글꼴 색 : '검정', 글꼴 크기 : '12pt'를 선택합니다.

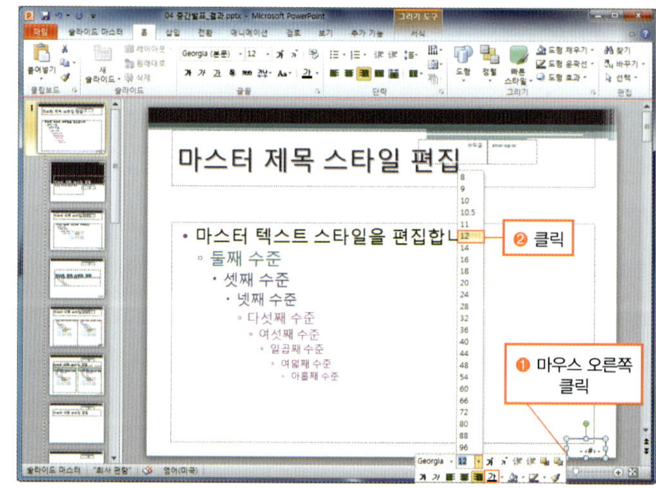

10 슬라이드 마스터 닫기/결과 확인하기 [슬라이드 마스터] 탭 → 닫기 그룹 → 마스터 보기 닫기를 클릭하여 작업화면으로 돌아오면 Office.com에서 다운로드한 온라인 테마가 적용되고 슬라이드 번호의 위치와 글꼴 색, 글꼴 크기가 변경된 것을 확인할 수 있습니다.

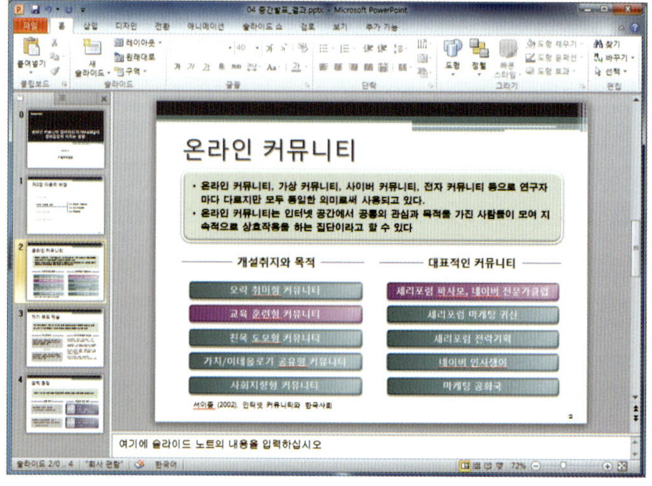

11

테마 사용자 지정 만들기

테마를 사용자 지정하려면 먼저 사용된 색, 글꼴, 선 및 채우기 효과를 변경합니다. 이러한 테마 구성 요소를 하나 이상 변경하면 현재 문서에 적용한 스타일에 즉시 적용되며, 변경 내용을 새 문서에 적용하려면 테마를 사용자 지정 테마로 저장합니다.

1. 테마 색 사용자 지정하기

테마 색은 차트, SmartArt 그래픽 및 도형에 색을 적용시키는 기능을 제공하며, [디자인] 탭의 기본 제공 색에서 **다른 색**을 선택하면 이러한 개체의 색을 빠르게 변경하거나 사용자 지정 테마 색을 직접 만들 수 있습니다.

테마 색에는 4개의 텍스트 및 배경색, 6개의 강조색 및 두 개의 하이퍼링크 색이 포함됩니다. 테마 색 단추(■ 색 ▼)의 색은 현재의 텍스트 및 배경색을 나타냅니다. 테마 색 단추를 클릭한 후 테마 색 이름 옆에 표시되는 색은 해당 테마의 강조색 및 하이퍼링크 색을 나타냅니다. 사용자 지정 테마 색 모음을 만들기 위해 색을 변경하면 테마 색 단추 및 테마 색 이름 옆에 표시되는 색도 변경됩니다.

테마 색을 변경하려면 [디자인] 탭 → **테마** 그룹 → **색**(■ 색 ▼)을 클릭하여 사용 가능한 모든 테마 색을 표시한 후 원하는 테마 색을 클릭하면 슬라이드 전체의 색상이 테마 색에 따라 변경됩니다.

> ○ 11 본문예제.pptx를 참조하세요.

> ○ **테마 색**
>
> 테마 색은 마이크로소프트사에서 서로 잘 어울리는 8가지 색상을 조합하여 사용자가 편리하게 사용할 수 있도록 45가지 다양한 테마 색을 제공하고 있습니다.

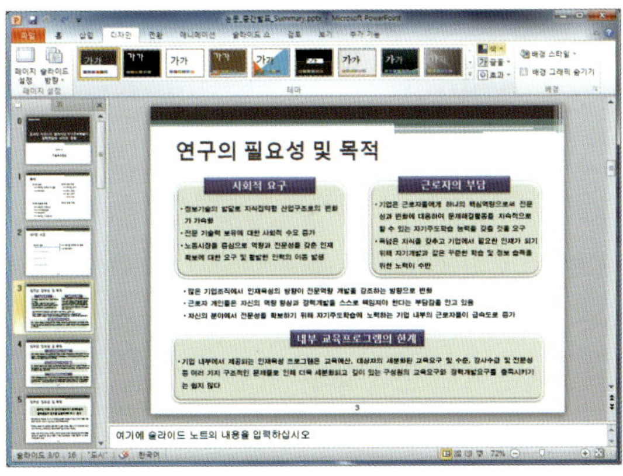

▲ 테마 색 명령

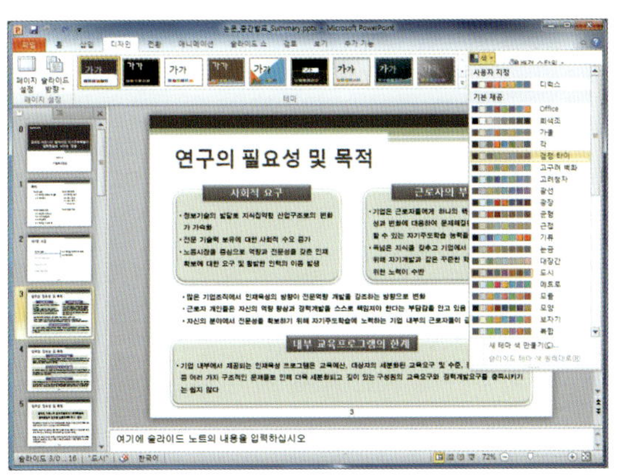

▲ 원하는 테마 색 선택

2. 테마 글꼴 사용자 지정하기

테마에 적용되어 있는 글꼴을 원하는 글꼴로 변경할 수 있으나 윈도 및 오피스 2010과 함께 제공되는 기본 글꼴만 사용하는 것이 좋습니다. 왜냐하면 추가 글꼴을 다운로드하여 적용하는 경우 글꼴이 없는 컴퓨터에서는 서식 파일을 올바르게 인쇄하거나 표시하지 못할 수도 있기 때문입니다.

테마 글꼴에는 제목 글꼴과 본문 글꼴이 포함됩니다. 테마의 **글꼴** 명령 단추(가 글꼴 ▾)를 클릭하면 각 테마 글꼴에 사용되는 제목 글꼴 및 본문 글꼴의 이름을 테마 글꼴 이름 아래에서 볼 수 있습니다. 이 두 글꼴을 변경하여 사용자 지정 테마 글꼴 모음을 만들 수 있습니다.

테마 글꼴을 변경하려면 [**디자인**] 탭 → **테마** 그룹 → **글꼴**(가 글꼴 ▾)을 클릭하여 사용 가능한 모든 테마 글꼴을 표시한 후 원하는 테마 글꼴을 클릭합니다.

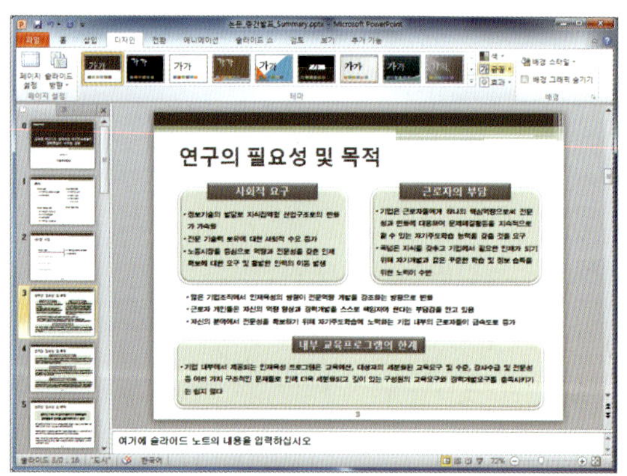

▲ 테마 글꼴 명령

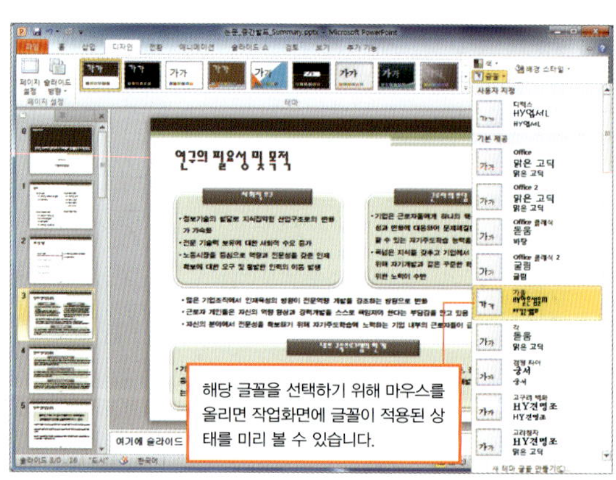

▲ '테마 글꼴' 선택 목록

> **◑ 테마 글꼴**
>
> 테마 글꼴로 상용 글꼴보다는 기본 글꼴을 사용하는 것이 바람직합니다. 상용 글꼴은 다른 컴퓨터에서 문서를 열었을 때 해당 컴퓨터에 상용 글꼴이 설치되어 있지 않으면 문서가 깨져 보이는 주요 원인이 됩니다.

3. 테마 효과 사용자 지정하기

테마 효과는 차트, SmartArt 그래픽 및 도형에 효과가 적용되는 방법을 지정하며 [**디자인**] 탭의 기본 제공 효과 중에서 **다른 효과**를 선택하여 이러한 개체의 효과를 빠르게 변경할 수 있습니다.

테마 효과는 선 및 채우기의 효과 모음으로, 테마 효과 단추(◉ 효과 ▾)를 클릭하면 테마 효과 이름과 함께 표시되는 그래픽에서 각 테마 효과 모음에 사용되는 선 및 채우기 효과를 볼 수 있습니다. 사용자 지정 테마 효과 모음을 만들 수는 없지만 자신의 문서 테마에서 사용할 테마 효과를 선택할 수는 있습니다.

테마 효과를 변경하려면 [**디자인**] 탭 → **테마** 그룹 → **효과**(◉ 효과 ▾)를 클릭하여 사용 가능한 모든 테마 효과를 표시한 후 원하는 테마 효과를 클릭합니다.

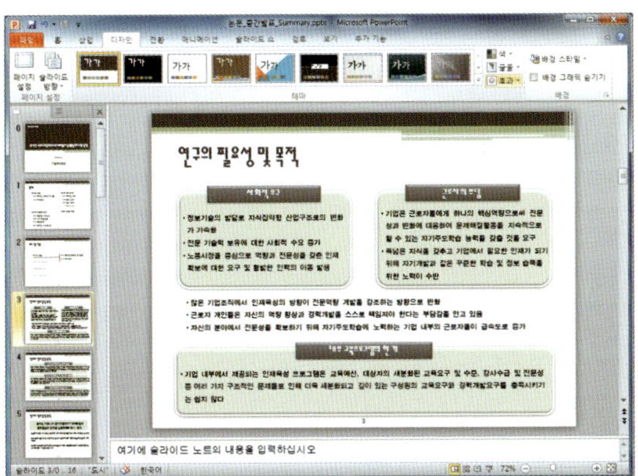

▲ 테마 효과 명령

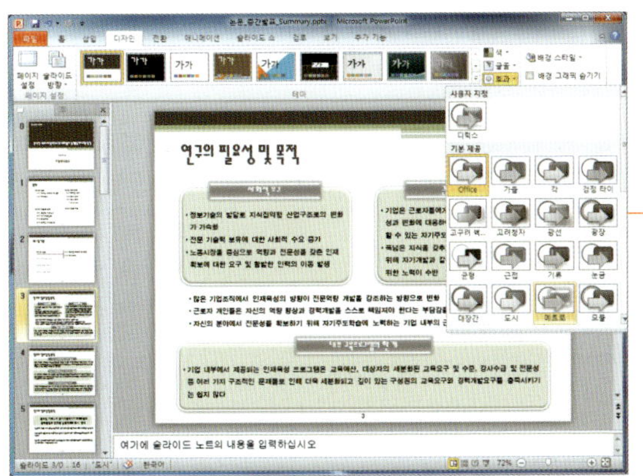

'효과' 명령을 적용하기 위해 사용 가능한 모든 테마 효과를 표시합니다.

▲ '테마 효과' 선택 목록

4. 배경 스타일 사용자 지정하기

배경 스타일은 배경 스타일 갤러리에서만 적용되는 테마 색과 효과의 조합이며 이미지를 비롯한 채우기 효과를 포함할 수 있습니다. 문서의 테마를 변경하면 배경 스타일이 업데이트되어 새 테마 색과 배경이 적용되므로, 프레젠테이션의 배경만 변경하려면 다른 배경 스타일을 선택해야 합니다. 왜냐하면 문서의 테마를 변경하는 경우에는 배경만 변경되는 것이 아니라 색, 제목 및 본문 글꼴, 선 및 채우기 스타일, 테마 효과 등도 변경되기 때문입니다.

배경 스타일은 배경 스타일 선택 목록에 축소판 그림으로 표시됩니다. 배경 스타일 그림 위에 마우스 포인터를 올려 놓으면 배경 스타일이 프레젠테이션에 적용되는 모양을 미리 볼 수 있으므로 원하는 배경 스타일을 클릭하여 적용할 수 있으며, 또한 선택 목록의 고유한 배경을 특정 마스터, 레이아웃 또는 슬라이드에 적용할 수도 있습니다. 사용 가능한 배경 스타일을 변경하기 위해 테마나 테마 색을 변경하면 배경 스타일이 업데이트되어 새 테마 색과 배경이 적용됩니다.

배경 스타일을 변경하려면 [**디자인**] 탭 → **배경** 그룹 → **배경 스타일**(배경 스타일 ▾)을 클릭하여 사용 가능한 모든 배경 스타일을 표시한 후 원하는 배경 스타일을 클릭합니다.

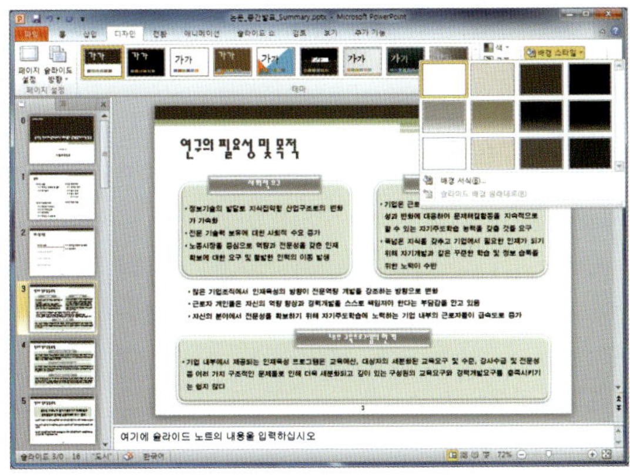

▲ 테마 배경 스타일 명령

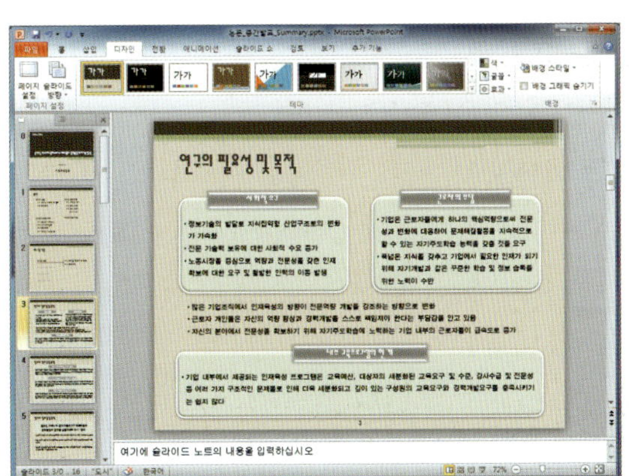

▲ 적용된 배경 스타일

◎ 배경 스타일 수정

배경 스타일을 보다 정교하게 수정하려면 [**디자인**] 탭 → **배경** 그룹 오른쪽 아래에 **대화상자 표시** 단추( )를 클릭하여 '배경 서식' 대화상자에서 수정합니다.

5. 테마 저장하기

문서 테마의 색, 글꼴, 선 및 채우기 효과를 변경한 후 변경 내용을 사용자 지정 문서 테마로 저장하여
다른 문서에 적용할 수 있습니다.

① 사용자 지정된 현재 테마를 저장하려면 [**디자인**] 탭 → **테마** 그룹 오른쪽 **자세히** 단추(▾)를 클릭하여
   현재 테마 저장을 클릭합니다.
② '현재 테마 저장' 대화상자에서 '파일 이름'에 테마 이름을 입력하고 〈저장〉 단추를 클릭합니다.

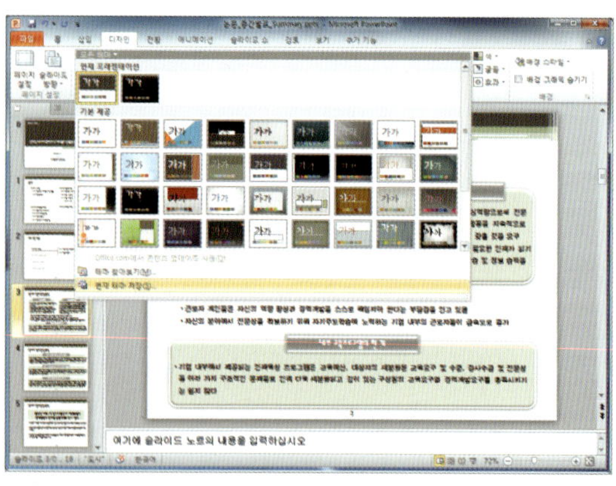

▲ 현재 테마 저장 명령

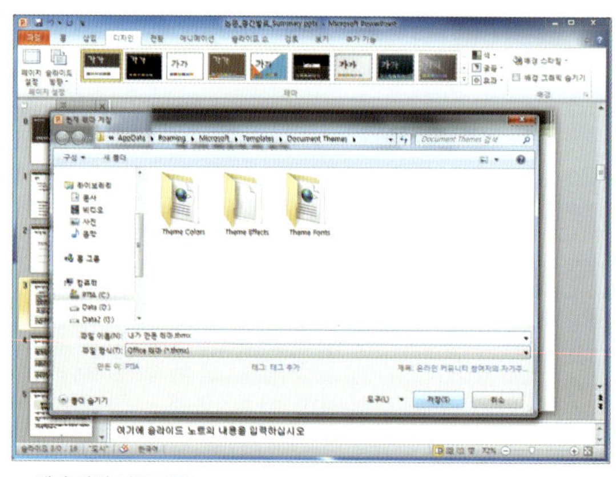

▲ 테마 파일 이름 저장

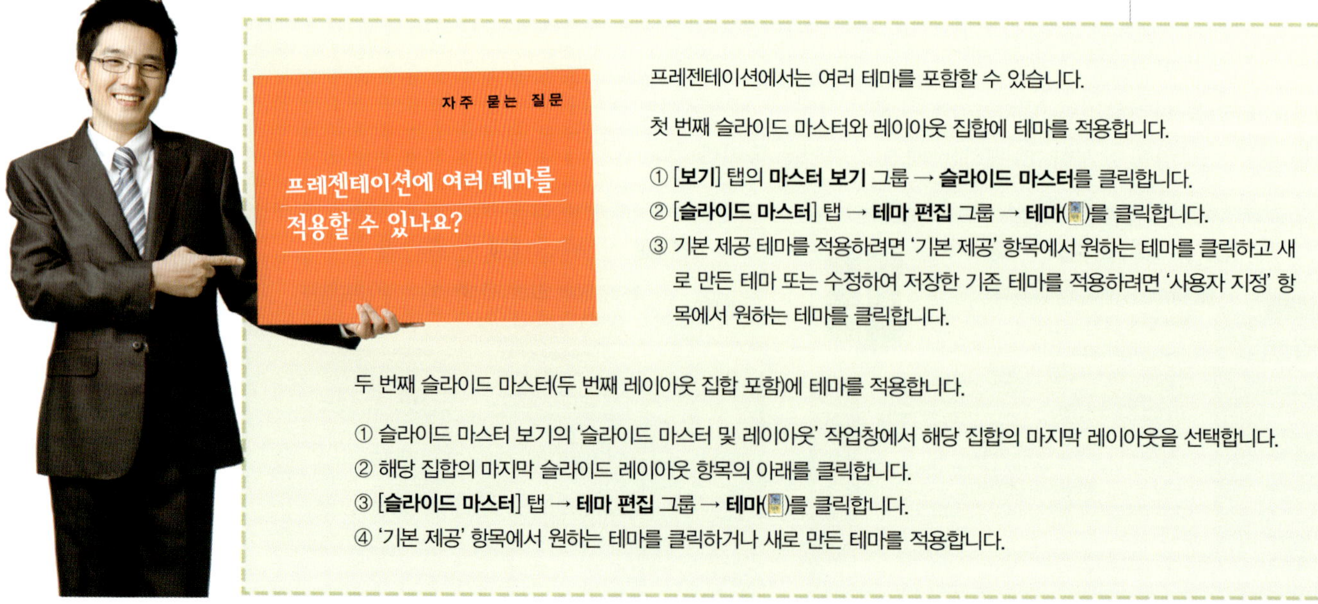

프레젠테이션에서는 여러 테마를 포함할 수 있습니다.

첫 번째 슬라이드 마스터와 레이아웃 집합에 테마를 적용합니다.

① [**보기**] 탭의 **마스터 보기** 그룹 → **슬라이드 마스터**를 클릭합니다.
② [**슬라이드 마스터**] 탭 → **테마 편집** 그룹 → **테마**(▾)를 클릭합니다.
③ 기본 제공 테마를 적용하려면 '기본 제공' 항목에서 원하는 테마를 클릭하고 새
   로 만든 테마 또는 수정하여 저장한 기존 테마를 적용하려면 '사용자 지정' 항
   목에서 원하는 테마를 클릭합니다.

두 번째 슬라이드 마스터(두 번째 레이아웃 집합 포함)에 테마를 적용합니다.

① 슬라이드 마스터 보기의 '슬라이드 마스터 및 레이아웃' 작업창에서 해당 집합의 마지막 레이아웃을 선택합니다.
② 해당 집합의 마지막 슬라이드 레이아웃 항목의 아래를 클릭합니다.
③ [**슬라이드 마스터**] 탭 → **테마 편집** 그룹 → **테마**(▾)를 클릭합니다.
④ '기본 제공' 항목에서 원하는 테마를 클릭하거나 새로 만든 테마를 적용합니다.

슬라이드 마스터 및 테마 활용하기

📁 **준비 파일 :** 05 존듀이.pptx   📁 **완성 파일 :** 05 존듀이_결과.pptx

일반적으로 슬라이드 마스터에 테마를 적용하고 나서 문서 작업을 하게 되는데, 그래야만 문서에 맞는 색상을 활용하여 개체들을 삽입하고 효과를 적용할 수 있기 때문입니다. 이번 예제에서는 이미 준비되어 있는 그림을 활용하여 슬라이드 마스터를 변경하고 테마를 적용하여 슬라이드를 디자인해 보겠습니다.

항목	변경 내용
슬라이드 마스터 배경 그림	'마스터.jpg'
제목 슬라이드 레이아웃	'제목 마스터.jpg'
테마 서식	테마 색 : '원본', 테마 글꼴 : '테크닉', 테마 효과 : '메트로'

01 **예제 파일 열기** **05 존듀이.pptx** 파일을 두 번 연속 클릭하면 파워포인트가 실행되면서 다음 화면이 나타납니다.

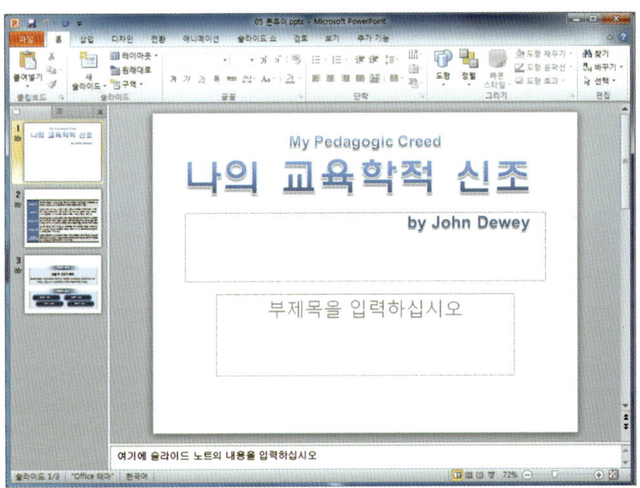

02 **슬라이드 마스터로 들어가기** 슬라이드 마스터와 제목 슬라이드 레이아웃에 배경 그림을 삽입하고 서식을 설정하고자 합니다. ❶ [**보기**] 탭 → **마스터 보기** 그룹 → ❷ **슬라이드 마스터**(圖)를 클릭합니다.

03 **슬라이드 마스터 배경 서식 설정하기** 슬라이드에 배경 그림을 삽입하기 위해 ❶ 개요 보기 창에서 '슬라이드 마스터'를 클릭하고 ❷ 슬라이드 창에서 마우스 오른쪽 단추를 클릭한 후 ❸ 바로 가기 메뉴에서 **배경 서식**을 클릭합니다.

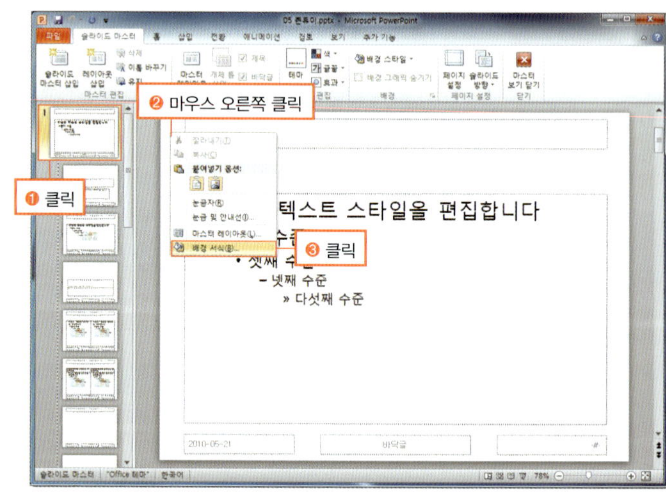

○ [**슬라이드 마스터**] 탭 → **배경** 그룹 오른쪽 아래에 **대화상자 표시** 단추(圖)를 클릭하면 '배경 서식' 대화상자를 표시할 수 있습니다.

04 **그림으로 채우기** '배경 서식' 대화상자의 [채우기]에서 ❶ '그림 또는 질감 채우기'를 선택하고 ❷ '다음에서 삽입' 항목의 〈파일〉 단추를 클릭합니다. ❸ 예제 폴더의 "마스터.jpg"를 배경으로 선택하고 ❹ 〈삽입〉 단추를 클릭한 후 작업이 완료되면 '배경 서식' 대화상자에서 〈닫기〉 단추를 클릭합니다.

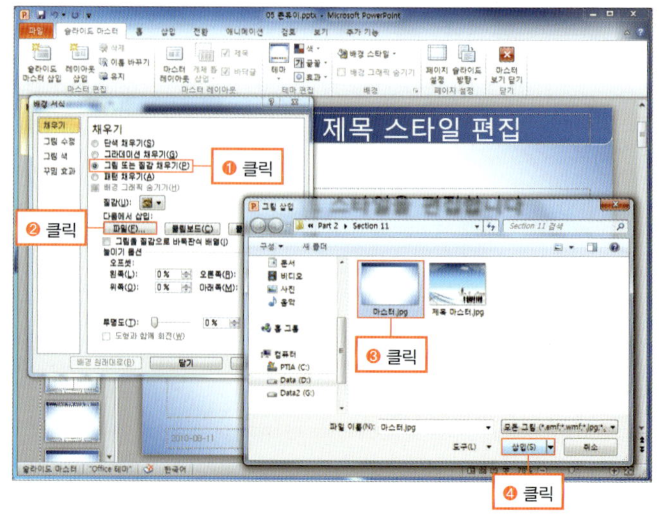

05 **제목 슬라이드 레이아웃 설정하기** 제목 슬라이드의 배경 그림을 삽입하기 위해 ❶ 개요 보기 창에서 '제목 슬라이드 레이아웃'을 선택하고 ❷ 슬라이드 창에서 마우스 오른쪽 단추를 클릭한 다음 ❸ 바로 가기 메뉴에서 **배경 서식**을 클릭합니다.

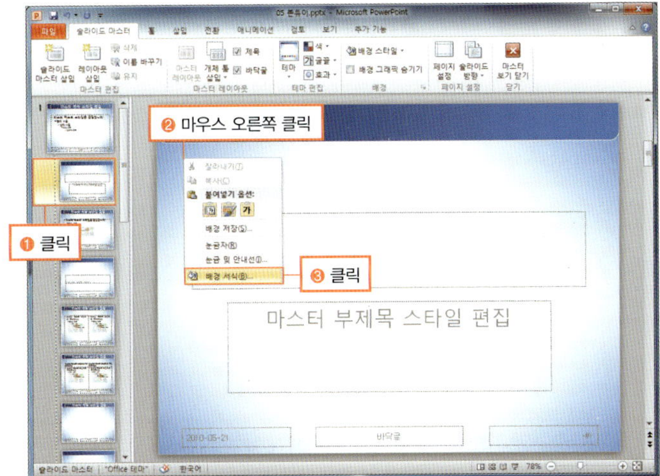

○ 제목 슬라이드 레이아웃의 스타일을 변경해도 전체 마스터에 적용되는 것은 아닙니다. 전체 스타일의 변경은 마스터 슬라이드에서만 가능합니다.

06 **그림으로 채우기** '배경 서식' 대화상자의 [채우기]에서 ❶ '그림 또는 질감 채우기'를 선택하고 ❷ '다음에서 삽입' 항목의 〈파일〉 단추를 클릭하여 ❸ 예제 폴더의 "제목 마스터.jpg"를 배경으로 선택하고 ❹ 〈삽입〉 단추를 클릭합니다. 작업이 완료되면 '배경 서식' 대화상자에서 〈닫기〉 단추를 클릭합니다.

07 **슬라이드 마스터 닫기** 배경 삽입이 완료되면 ❶ [슬라이드 마스터] 탭 → 닫기 그룹 → ❷ **마스터 보기 닫기**( )를 클릭하여 작업화면으로 돌아옵니다.

08 테마 색 변경하기 테마 색을 설정하기 위해 3번 슬라이드에서 ❶ [디자인] 탭 → 테마 그룹 → ❷ 색(■■색▼)을 클릭한 다음 ❸ 선택 목록에서 '원본'을 선택합니다.

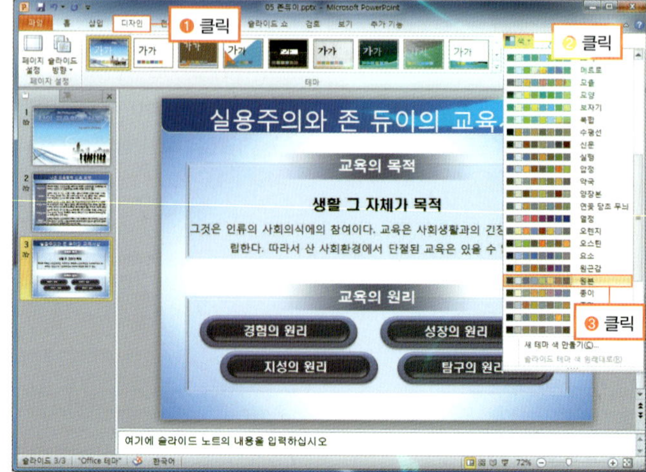

◯ 슬라이드는 서식 적용의 상태를 가장 잘 확인할 수 있는 슬라이드를 선택하여 명령을 실행하는 것이 좋습니다.

09 테마 글꼴 변경하기 테마에 적용되는 글꼴을 설정하기 위해 [디자인] 탭 → 테마 그룹 → ❶ 글꼴(개글꼴▼)을 클릭한 다음 ❷ 선택 목록에서 '테크닉'을 선택합니다.

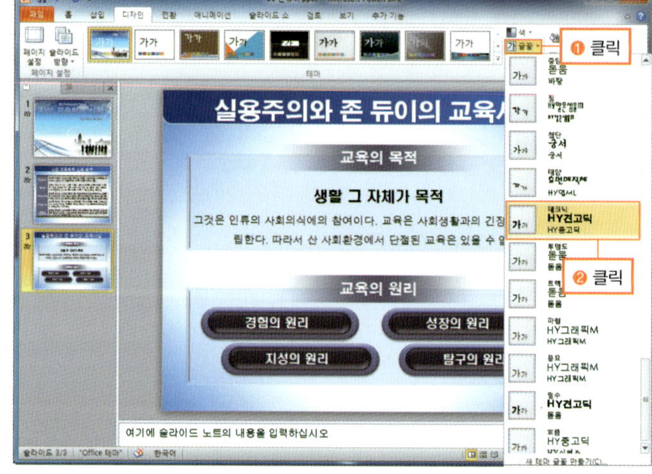

◯ 테마 글꼴 및 효과

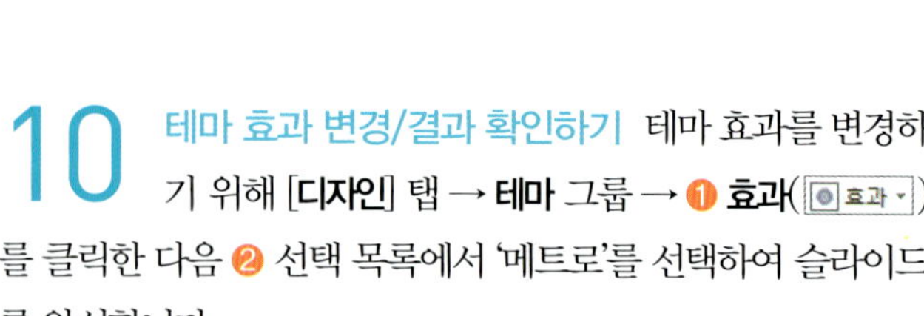

· **테마 글꼴** : 파일에 적용되는 주 글꼴 및 보조 글꼴 집합으로, 테마 색 및 테마 효과와 함께 테마를 구성합니다.
· **테마 효과** : 파일의 요소에 적용되는 시각 특성 집합으로, 테마 색 및 테마 글꼴과 함께 테마를 구성합니다.

10 테마 효과 변경/결과 확인하기 테마 효과를 변경하기 위해 [디자인] 탭 → 테마 그룹 → ❶ 효과(◯효과▼)를 클릭한 다음 ❷ 선택 목록에서 '메트로'를 선택하여 슬라이드를 완성합니다.

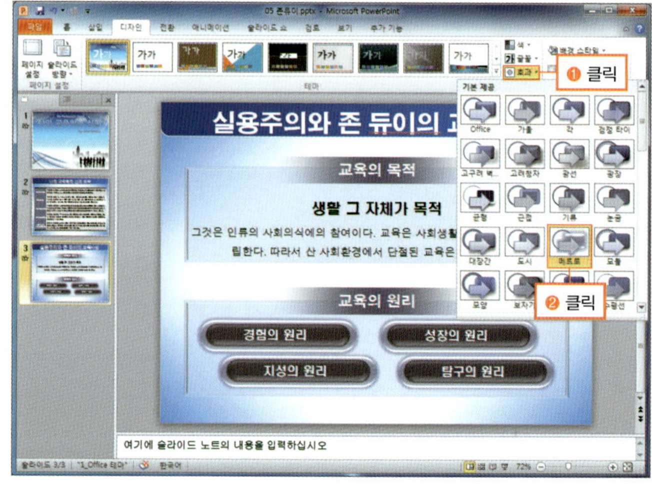

테마 색 활용하기

테마 색은 파워포인트 사용자들이 가장 큰 문제점으로 제기하고 있는 색상 선택에 대한 어려움을 간단하게 해결할 수 있는 아주 유용한 명령입니다.

테마 색에는 12개의 색 슬롯이 있습니다. 첫 번째 4개의 가로 색은 텍스트와 배경에 사용되며, 밝은 색 텍스트는 어두운 색 위에서, 어두운 색 텍스트는 밝은 색 위에서 잘 보입니다. 다음으로 6개 색은 강조 색으로 4가지 배경색 위에서 잘 보이며, 테마 색 선택 목록에 표시되지 않은 마지막 두 개의 색은 하이퍼링크 및 열어 본 하이퍼링크에 사용됩니다.

파워포인트 2010의 테마 색은 이전 버전에 비해 새로운 테마 색이 많이 추가되어서 파워포인트 2007 버전에서는 25개의 테마 색을 제공했지만 파워포인트 2010에서는 45개의 테마 색을 제공하고 있습니다. 또한 Office.com 테마 색이 기본으로 25개가 추가로 제공되고 있어 사용자의 테마 색에 대한 선택의 폭이 크게 향상되었습니다.

기본 제공 테마 색과 Office.com 테마 색은 다음과 같습니다.

▲ 기본 테마 색(45개)

▲ Office.com 테마 색(25개)

테마 색 추가하기

테마 색 갤러리에는 기본 제공 테마의 45색 집합이 표시됩니다. 이 테마 색 이외에 사용자가 테마 색을 직접 만들어 테마 갤러리에 등록할 수 있습니다.

테마 색을 추가하려면 파워포인트 2010 프로그램에서 다음과 같이 실행합니다.

❶ 테마 색을 직접 만들려면 [**디자인**] 탭 → **테마** 그룹 → **색**(█색▼)을 클릭합니다.

❷ 테마 색 선택 목록이 표시되면 **새 테마 색 만들기**를 클릭합니다.

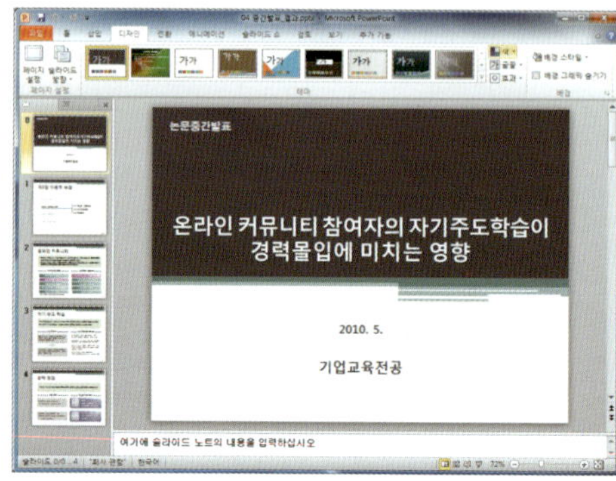

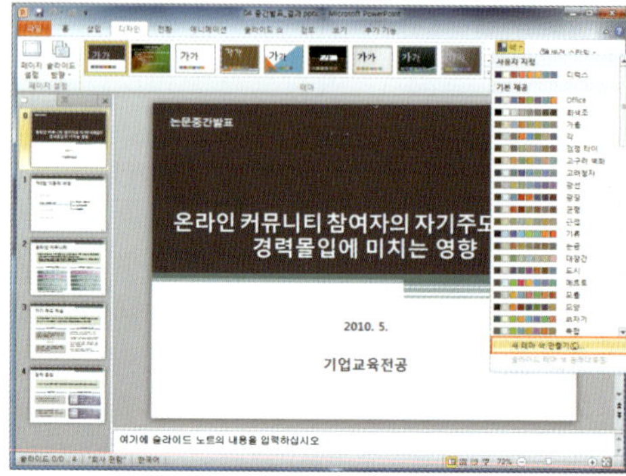

❸ '새 테마 색 만들기' 대화상자에서 12개의 색 슬롯 중 원하는 색으로 각 슬롯의 색을 변경하고 테마 색 '이름'을 "사용자지정1" 이라고 입력한 후 〈저장〉 단추를 클릭합니다.

❹ '사용자지정1' 테마 색이 슬라이드에 적용된 것을 확인할 수 있는데, 색 명령을 클릭해 보면 상단에 [사용자 지정] 탭에 '사용자 지정1' 테마 색이 등록되어 있는 것을 확인할 수 있습니다.

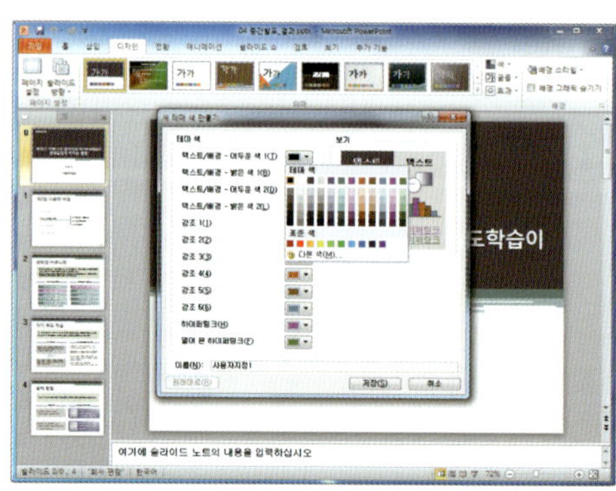

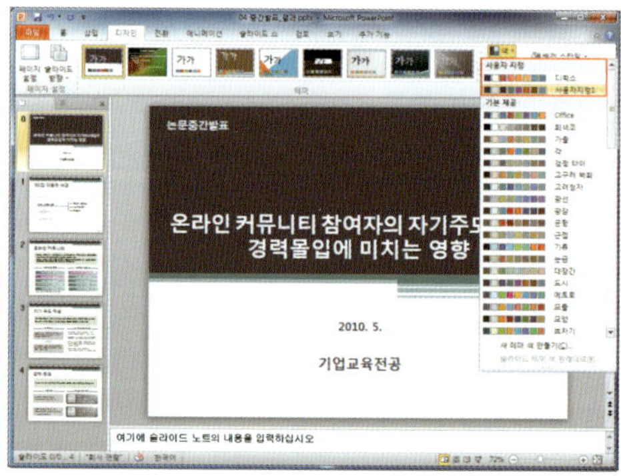

사용자 지정으로 추가된 테마 색을 삭제하려면 [**디자인**] 탭 → **테마** 그룹 → **색**(█색▼)을 클릭하여 선택 목록의 '사용자 지정' 테마 색에서 마우스 오른쪽 단추를 클릭하여 바로 가기 메뉴에서 **삭제**를 클릭합니다.

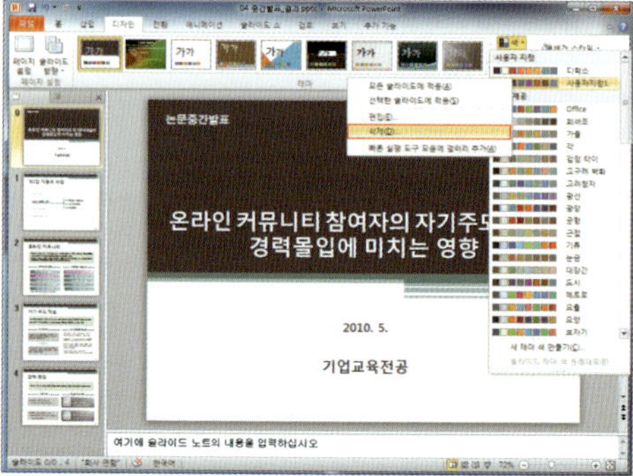

사용자 지정 테마 색 다른 컴퓨터로 이동하기

[사용자 정의]로 만들어 놓은 테마 색을 다른 컴퓨터에서도 사용할 수 있습니다. 사용자 지정 테마 색을 파일로 복사하여 다른 컴퓨터의 해당 위치에 복사해 넣으면 됩니다.

[사용자 지정] 테마 색을 다른 컴퓨터로 이동하려면 다음과 같이 실행합니다.

윈도 탐색기를 열어 테마 색이 지정된 폴더에 직접 파일을 복사하여 넣습니다. 사용자 지정 테마색이 지정되는 위치는 아래와 같습니다.

Windows 7 및 Windows Vista
C:₩사용자₩username₩AppData₩Roaming₩Microsoft₩Templates₩Document Themes₩Theme Colors

Windows XP
C:₩Document and Settings₩username₩Application Data₩Microsoft₩Templates₩Document Themes₩Theme Colors

기본 테마 색 위치
C:₩Program Files₩Microsoft₩Office₩Document Themes 12₩Theme Colors

윈도 탐색기에서 AppData가 표시되지 않는다면 **내 컴퓨터**에서 **구성 → 폴더 및 검색 옵션**을 클릭하고 '폴더 옵션' 대화상자에서 [**보기**] 탭 → **고급 설정 → 숨김 파일, 폴더 및 드라이브 표시**를 선택합니다.

PART 03

텍스트 및 그림 삽입하기

텍스트는 멀티미디어의 기본적인 구성 요소로 프레젠테이션 문서 작성 시 가장 많이 사용되는 미디어입니다. 텍스트 자료는 저장 공간을 적게 차지하면서도 많은 정보를 전달할 수 있기 때문에 가장 많이 사용되는 자료 형식이라고 할 수 있습니다.

그림 또한 프레젠테이션 디자인 시 중요한 역할을 하는 미디어로, 파워포인트 2010의 그림과 관련된 기능은 이전 버전과 달리 꾸밈 효과나 색 보정을 통해 거의 포토샵 수준의 이미지 편집이 가능해졌습니다.

이번 장에서는 슬라이드에 텍스트와 여러 종류의 그림을 삽입하고 자유롭게 서식을 변경하는 방법에 대해 살펴보겠습니다.

텍 스 트 입 력 및 서 식

텍스트를 입력할 수 있는 특정 폼에 텍스트 입력하기

글꼴 서식/ 단락 서식 지정하기

텍스트 스타일 갤러리인 빠른 WordArt 스타일 활용하기

훨씬 쉬워진 텍스트 효과, 채우기, 윤곽선 서식 지정하기

그 림 삽 입 및 보 정

인터넷상의 그림, 상품 이미지나 회사 로고 등을 삽입하기

다양한 그림 스타일을 적용해 원하는 스타일로 변경하기

세미나, 야유회 등의 사진으로 사진 앨범 만들기

동영상과 같은 프레젠테이션 제작하기

그림을 자유롭게 조정하고 잘라내어 이용하기

슬라이드에 텍스트 입력하기

워드프로세서들은 곧바로 텍스트를 입력할 수 있지만 파워포인트에서는 텍스트를 입력할 수 있는 특정 폼(개체 틀이나 텍스트 상자, 도형, 표 등)에만 텍스트를 입력할 수 있습니다. 이러한 특정 폼을 활용하여 텍스트를 입력하는 방법에 대해 알아보겠습니다.

1. 개체 틀에 텍스트 입력하기

윈도에서 파워포인트 2010을 실행하면 기본적으로 두 개의 텍스트 상자가 표시됩니다. 또한 레이아웃을 변경하게 되면 속성에 따라 텍스트 상자 또는 그래프나 그림을 삽입할 수 있는 상자가 표시되는데, 이를 개체 틀이라고 합니다.

대부분의 레이아웃의 경우 제목을 입력하거나 내용을 입력하는 개체 틀을 하나 이상 포함하고 있으며, 이러한 개체 틀을 클릭하여 텍스트를 입력합니다. 슬라이드 상단의 '제목을 입력하십시오.' 또는 '내용을 입력하십시오.'라는 텍스트가 입력되어 있는 개체 틀을 클릭하여 텍스트를 입력합니다.

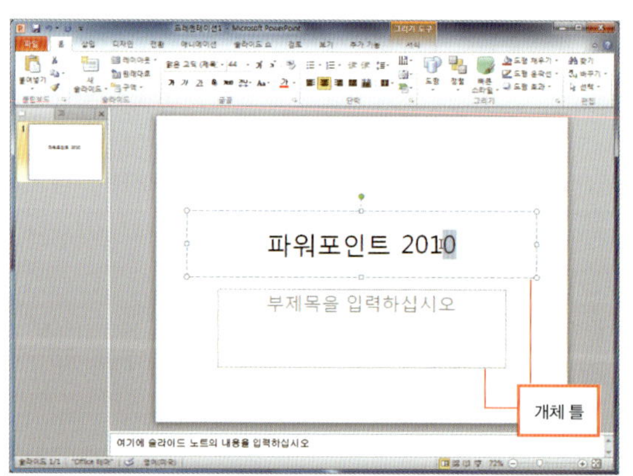

▲ 슬라이드에서 개체 틀 선택

불필요한 텍스트는 마우스를 끌어서 블록을 설정한 후 Delete 키를 클릭하여 삭제합니다.

2. 개요 보기에서 텍스트 입력하기

파워포인트의 개요 및 슬라이드 보기 창에서 [개요] 탭을 클릭하면 프레젠테이션이 각 슬라이드의 제목과 주 텍스트로 구성된 개요 형태로 표시됩니다.
이때 각 제목은 슬라이드 아이콘 및 슬라이드 번호와 함께 나타나고, 주 텍스트는 슬라이드 제목보다 한 수준 아래에 나타납니다. 또한 그래픽 개체

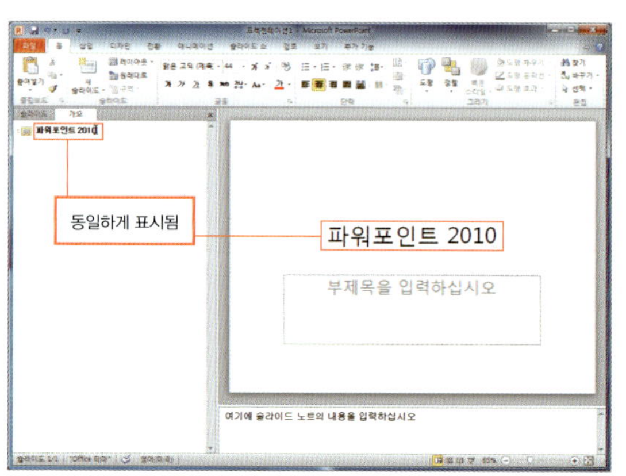

▲ 텍스트 입력 동기화의 예

는 개요 보기에서 슬라이드 아이콘에 작은 표시로만 나타나는데, 작은 슬라이드 아이콘 우측에 마우스를 클릭하여 텍스트를 입력하면 슬라이드 창의 '제목을 입력하십시오.'가 표시되어 있던 개체 틀에 동일한 내용이 나타납니다. 이는 개요 보기와 슬라이드 개체 틀이 동기화되어 있는 것입니다.

3. 텍스트 상자에 텍스트 입력하기

파워포인트에서 가장 많이 사용되는 텍스트 상자는 슬라이드의 어느 위치에든 원하는 크기로 글상자를 만들어서 직접 입력할 수 있다는 장점이 있습니다. 텍스트 상자를 통해 슬라이드에 텍스트를 입력하는 명령은 두 가지가 있으며, 리본 메뉴의 위치에 따라 자유롭게 선택할 수 있습니다.

⊙ [홈] 탭 이용

[홈] 탭 → **그리기** 그룹 → **도형** → **텍스트 상자** 명령 단추(가, 가)를 클릭하여 텍스트 상자를 삽입하고 텍스트를 입력합니다.

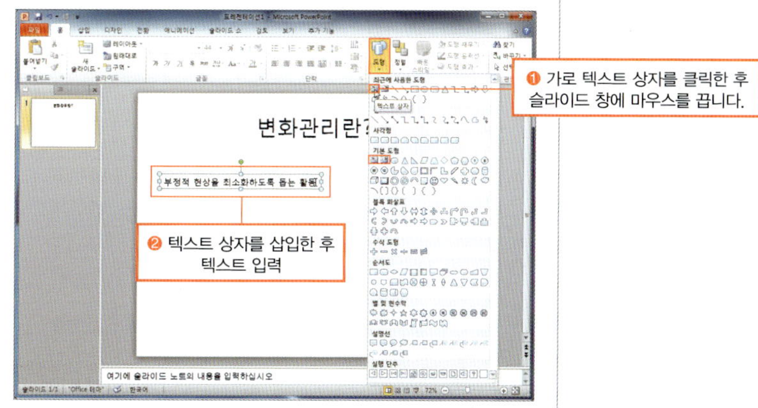

▲ [홈] 탭을 이용한 텍스트 상자 삽입

① 프로그램에서 대/소문자를 자동으로 수정하기 위해 [**파일**] 탭 → [**옵션**]을 클릭한 후 'PowerPoint 옵션' 대화상자에서 [언어 교정]을 클릭합니다.

② 〈자동 고침 옵션〉 단추를 클릭한 후 다음 사항을 선택합니다.
- 처음 두 문자가 대문자인 경우 고침[THe → The]
- 문장의 첫 글자를 대문자로[the → The]
- 표의 셀에 있는 첫 글자를 대문자로
- 요일을 대문자로[monday → Monday]
- 〈Caps Lock〉키 사용 오류 고침[tHE → The]
- 한/영 자동 고침

◉ [삽입] 탭 이용

[삽입] 탭 → **텍스트** 그룹 → **텍스트 상자** 명령 단추
(▤)를 클릭하여 입력합니다.

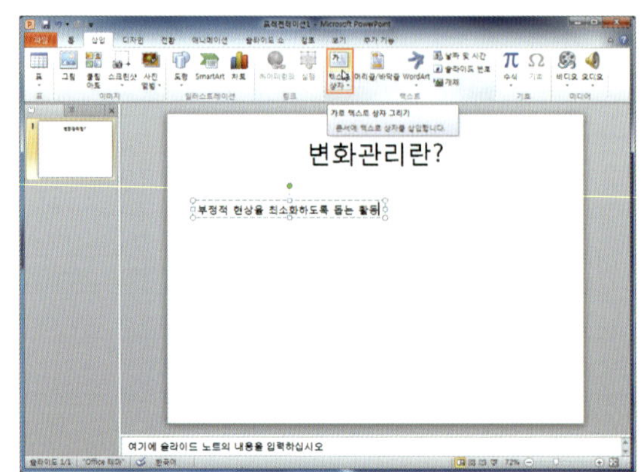

▲ [삽입] 탭을 이용한 텍스트 상자 삽입

4. 도형에 텍스트 입력하기

일반적으로 도형의 크기나 스타일을 유지하기 위해 도형 위에 텍스트 상자를 삽입하고 텍스트를 입력하는 방식을 많이 사용하지만 그렇게 되면 슬라이드의 개체가 많아져서 이동이나 수정할 때 불편함이 있습니다. 따라서 도형 안에 직접 텍스트를 삽입하고 서식 복사를 활용하면 작업 속도를 향상시키는데 도움을 줄 수 있습니다.

텍스트를 입력하고자 하는 도형을 마우스로 클릭한 후 원하는 텍스트를 입력합니다.

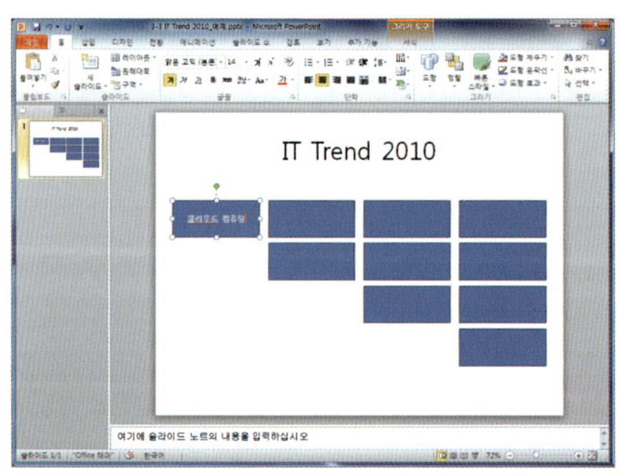

▲ 도형에 텍스트 입력

텍스트 상자를 만들 경우에는 클릭 방식과 드래그 방식의 두 가지 방식을 사용할 수 있습니다.

① **클릭 방식** : 리본 메뉴에서 텍스트 상자를 선택한 후 슬라이드 창에서 클릭만 하고 텍스트를 바로 입력하는 방식으로, 텍스트를 입력할 때마다 텍스트 상자의 크기가 자동으로 늘어납니다.

② **드래그 방식** : 리본 메뉴에서 텍스트 상자를 선택한 후 슬라이드 창에서 마우스를 끌어서 텍스트 상자의 크기를 먼저 지정해 놓고 텍스트를 입력하는 방식입니다.

일반적으로 긴 문장을 입력할 경우에는 클릭 방식이 편리하고, 특정 영역에서만 텍스트를 입력하는 경우는 드래그 방식이 편리하다고 할 수 있습니다.

슬라이드에 텍스트 입력하기

📁 **준비 파일** : 01 변화를 거부하는 이유.pptx   📁 **완성 파일** : 01 변화를 거부하는 이유_결과.pptx

처음 프레젠테이션 문서를 작성할 때 텍스트의 입력은 [개요] 탭을 통해 각 슬라이드의 제목을 먼저 입력하여 슬라이드를 만들고 이후에 텍스트 상자를 삽입하여 내용을 입력하는 것이 좋습니다. 또한 텍스트는 주변 개체들과 자연스럽게 조화를 이루도록 배열해야 하며, 슬라이드의 핵심을 전달하는 제목 텍스트는 키워드를 잘 정리하여 작성해야 합니다.

항목	변경 내용
제목 텍스트	"▶변화를 거부하는 이유"
도형 텍스트	"개인차원", "조직차원"
텍스트 상자	"Melt the Resistance" "부정적 현상을 최소화하도록 돕는 활동이 바로 변화관리"

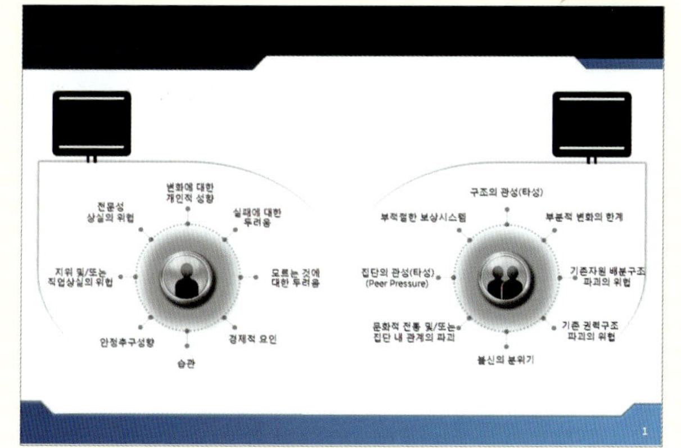

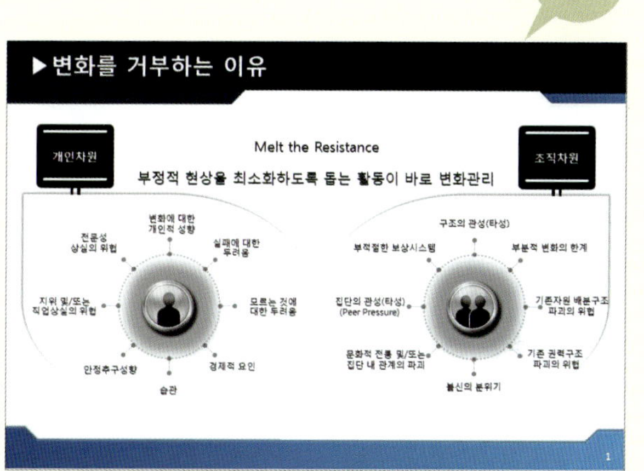

01 **예제 파일 열기** **01 변화를 거부하는 이유.pptx** 파일을 두 번 연속 클릭하면 파워포인트가 실행되면서 다음 화면이 나타납니다.

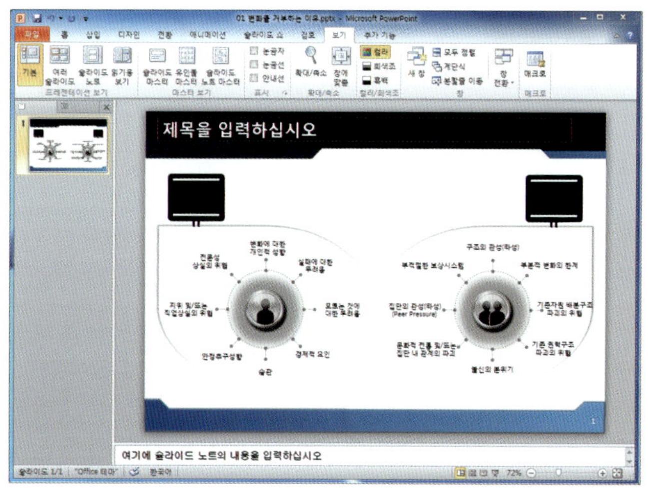

02

[개요] 탭에서 텍스트 입력하기 ❶ 개요 및 슬라이드 창에서 [개요] 탭을 클릭하고 ❷ 작은 슬라이드 아이콘 오른쪽을 마우스로 클릭한 후 그림과 같이 텍스트 "변화를 거부하는 이유"를 입력합니다.

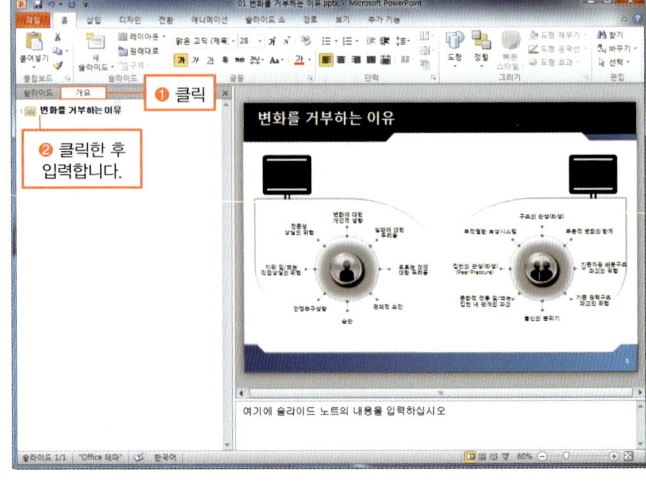

💬 개요 보기에서 텍스트를 입력하면 슬라이드 창에 동시에 입력되는 것을 '텍스트 입력 동기화'라고 합니다.

03

기호 삽입하기 ❶ [개요] 탭의 제목 앞에 마우스를 위치시키고 ❷ [삽입] 탭 → 기호 그룹 → ❸ 기호 명령 단추(Ω)를 클릭한 후 ❹ '기호' 대화상자의 하위 집합에서 '도형'을 선택하고 ❺ 'Black Right-Pointing Triangle(▶)'을 선택한 후 ❻ 〈삽입〉 단추를 클릭합니다. 작업이 완료되면 〈닫기〉 단추를 클릭하여 대화상자에서 빠져나옵니다.

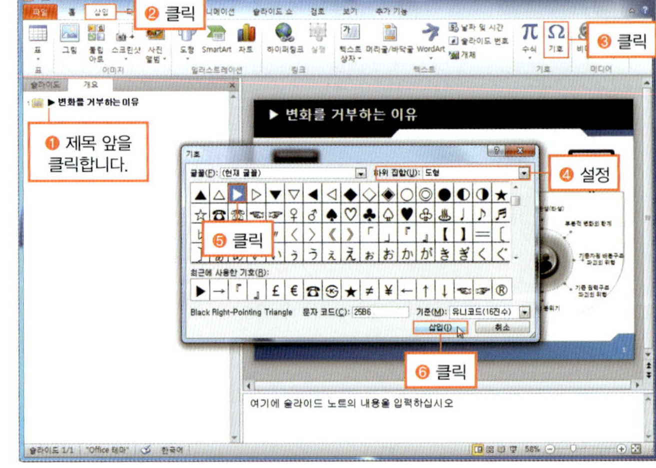

💬 특수문자나 기호는 저작권 기호, 상표 기호, 단락 기호 및 유니코드 문자 등의 키보드에 없는 문자를 의미합니다.

04

도형에 텍스트 입력하기 ❶ 왼쪽 위의 그룹 도형을 선택하고, 그룹 도형 내의 검정색 직사각형을 한 번 더 클릭하여 선택한 후 "개인차원"을 입력합니다. ❷ 오른쪽 그룹 도형에도 같은 방식으로 "조직차원"을 입력합니다.

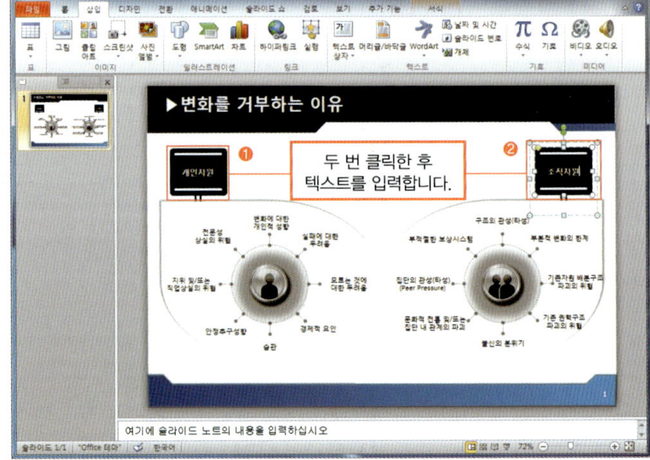

💬 여러 개체를 그룹으로 묶어두었을 경우라도 그룹으로 묶어둔 개체 하나 하나를 선택할 수 있습니다. 마우스로 그룹 개체를 먼저 선택한 후 개별 개체를 다시 한 번 클릭합니다.

05

텍스트 상자 삽입 및 입력하기 [**삽입**] 탭 → **텍스트** 그룹 → ❶ **텍스트 상자**( )를 클릭하고 ❷ 마우스를 끌어서 텍스트 상자를 삽입한 다음 텍스트 "Melt the Resistance"를 입력합니다.

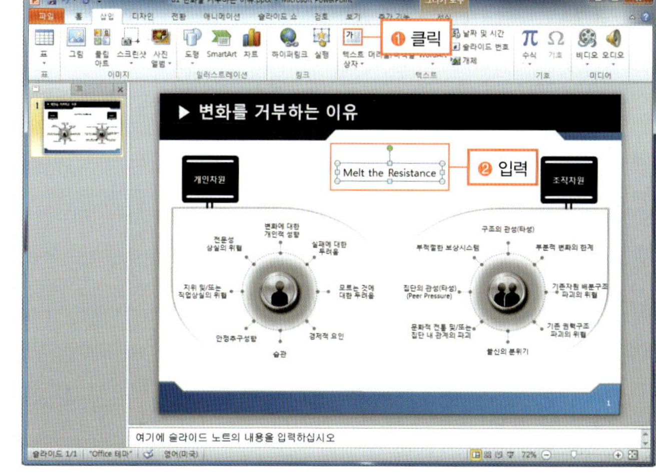

❶을 클릭하면 기본적으로 '가로 텍스트 상자' 명령이 실행됩니다.
❷를 클릭하면 '가로 텍스트 상자', '세로 텍스트 상자' 중에서 선택하여 실행합니다.

06

텍스트 상자 복사 및 입력하기 ❶ 삽입된 텍스트 상자를 선택하고 [**홈**] 탭 → **클립보드** 그룹 → ❷ 복사( )를 클릭하고 [**홈**] 탭 → **클립보드** 그룹 → ❸ **붙여넣기**( )를 클릭하여 텍스트 상자를 복사한 다음 ❹ 텍스트 "부정적 현상을 최소화하도록 돕는 활동이 바로 변화관리"를 입력합니다. 슬라이드에 텍스트 삽입이 완료되었습니다.

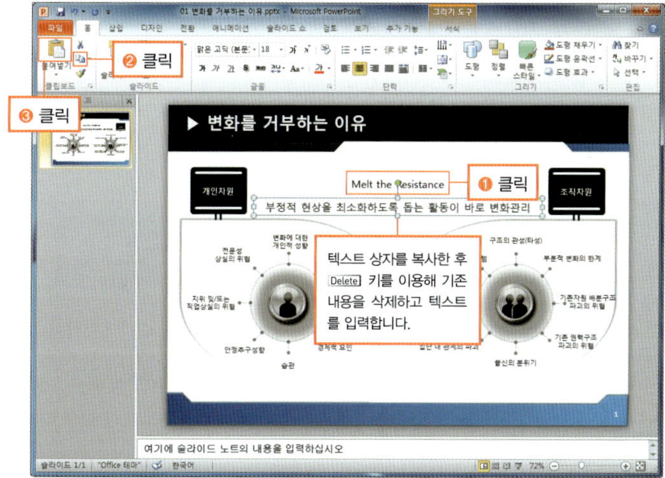

○ 텍스트 상자를 선택하고 단축키 Ctrl + C와 Ctrl + V를 눌러 텍스트 상자를 복사할 수 있습니다.

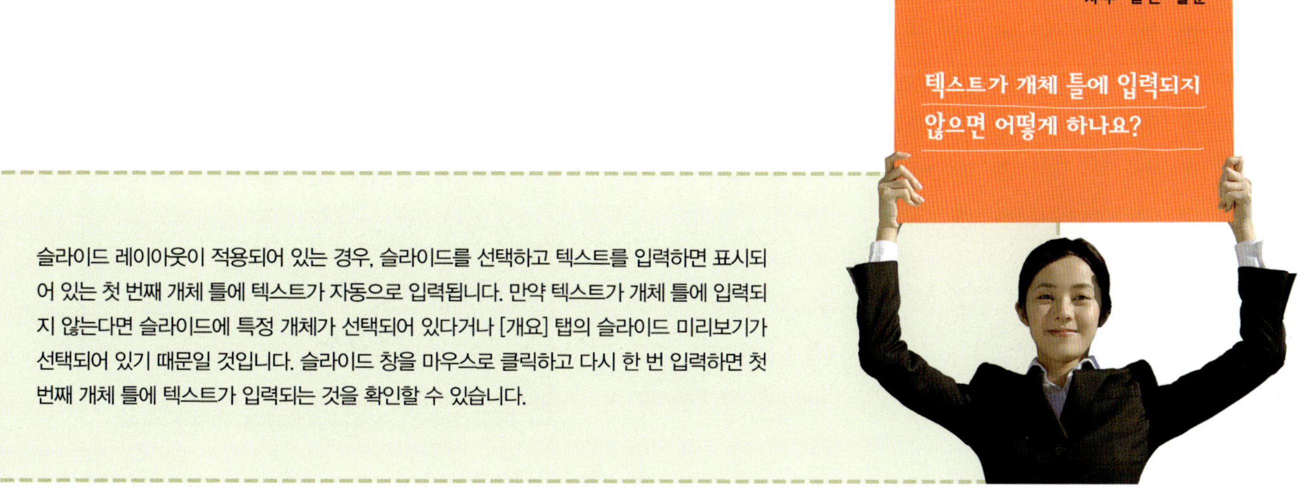

슬라이드 레이아웃이 적용되어 있는 경우, 슬라이드를 선택하고 텍스트를 입력하면 표시되어 있는 첫 번째 개체 틀에 텍스트가 자동으로 입력됩니다. 만약 텍스트가 개체 틀에 입력되지 않는다면 슬라이드에 특정 개체가 선택되어 있다거나 [개요] 탭의 슬라이드 미리보기가 선택되어 있기 때문일 것입니다. 슬라이드 창을 마우스로 클릭하고 다시 한 번 입력하면 첫 번째 개체 틀에 텍스트가 입력되는 것을 확인할 수 있습니다.

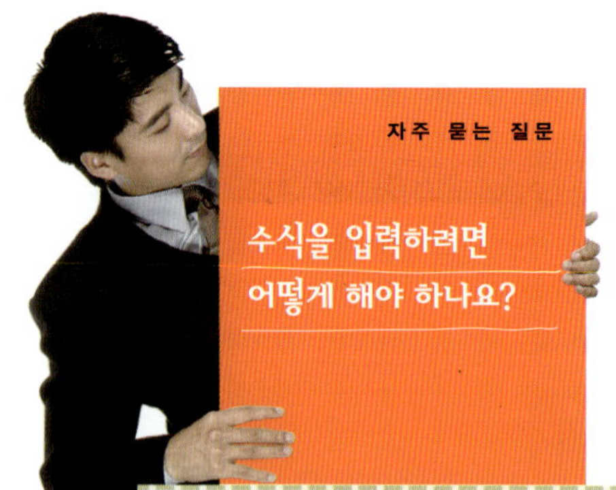

문서 작성 시 공학을 다루는 경우 수식을 입력하는 경우가 많습니다. 파워포인트 2010에서는 새롭게 삽입 메뉴에 수식을 입력할 수 있는 기능이 추가되었으며, 간단하게 **수식**을 삽입하는 방법을 알아보겠습니다.

Microsoft Equation : 수식이 포함된 프레젠테이션 자료를 만들다 보면 수학 공식을 입력해야 할 필요가 있습니다. 파워포인트에 수학 공식을 입력하려면 파워포인트 2003과 2007에서는 함께 제공되는 Microsoft Equation이라는 프로그램을 별도로 설치해야만 수식을 입력할 수 있었습니다. 그러나, 파워포인트 2010은 별도의 프로그램을 설치할 필요 없이 수식을 입력할 수 있도록 리본 메뉴에 수식 입력 명령 단추를 추가해 놓았습니다.

① **수식, 기호, 특수문자 입력하기_예제.pptx** 파일을 클릭하면 파워포인트가 실행되면서 다음 화면이 나타납니다.

② 수식을 입력하기 위해 [**삽입**] 탭 → **기호** 그룹 → **수식** 명령 단추( )의 아래 부분( )을 클릭한 후 선택 목록에서 '푸리에 급수'를 클릭합니다.

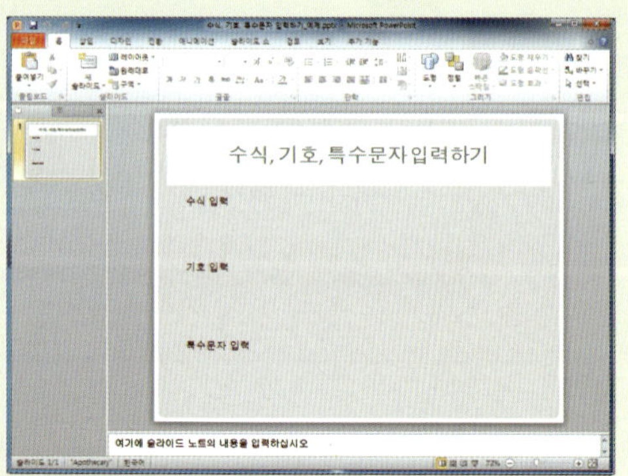

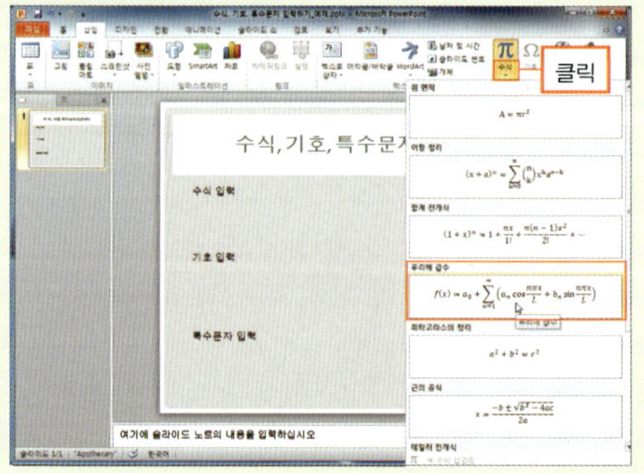

③ 수식 상자를 선택하고 [**수식 도구**] – [**디자인**] 탭 → **도구, 기호, 구조** 그룹의 명령 단추를 활용하여 수식들을 쉽게 추가할 수 있습니다.

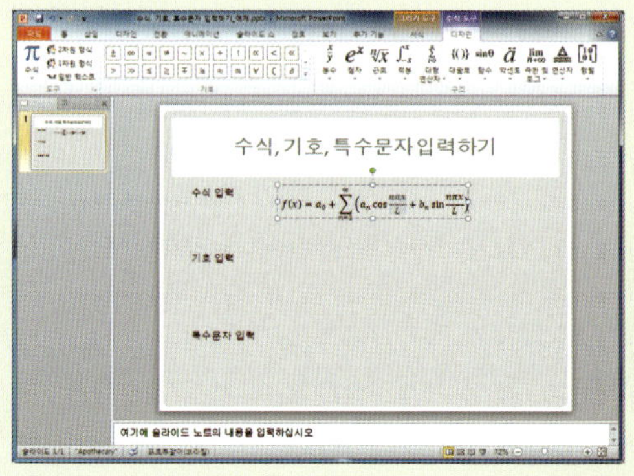

도형에 텍스트를 입력하는 세 가지 방법

도형에 텍스트를 입력하는 방법에는 세 가지가 있습니다.

❶ **방법 1** : 도형을 선택하고 텍스트를 입력하면 도형에 텍스트가 자동으로 입력됩니다.

❷ **방법 2** : 도형을 선택하고 F2 키를 누르면 도형 안에 텍스트를 입력할 수 있습니다.

❸ **방법 3** : 도형을 선택하고 마우스 오른쪽 단추를 클릭하여 바로 가기 메뉴에서 **텍스트 편집**을 클릭하면 도형 안에 텍스트를 입력할 수 있습니다.

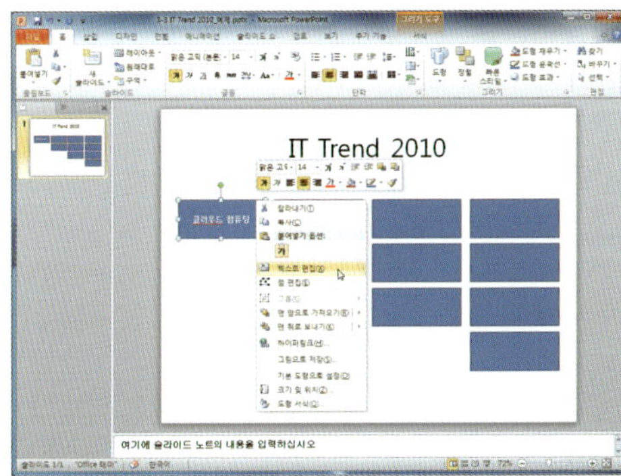

한글 자음을 이용한 기호 및 특수문자 입력 방법

기호 및 특수문자를 파워포인트에 입력하는 또 다른 방법은 한글 자음을 치고 키보드의 한자 키를 누르면 특수문자가 선택 목록이 표시되는데, 선택 목록에서 필요한 기호 및 특수문자를 선택하여 삽입할 수 있습니다. 또 하나의 방법은 메모장에 특수문자를 정리하여 파일을 만들어놓고 또는 만들어 놓은 파일이 있으면 언제든 열어 놓고 필요한 기호 및 특수문자를 복사하여 붙여넣기 하면 편리합니다.

❶ 작업화면에서 한글자음 'ㅁ'을 누르고, 키보드에서 한자 키를 누르면 화면에 특수문자 상자가 나타납니다.

❷ 한글 자음을 입력하고 한자 키를 눌렀을 때 입력하고자 하는 특수문자가 있으면 해당하는 번호를 누르거나, 마우스로 해당하는 특수문자를 클릭합니다. 만약 현재 화면에 해당하는 특수문자가 없다면 상자 끝에 있는 보기 변경(≫)을 클릭하여 전체 특수문자를 표시하고 원하는 특수문자를 선택합니다.

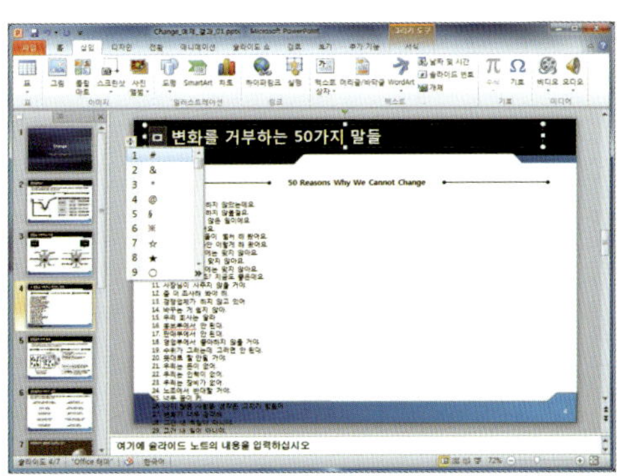

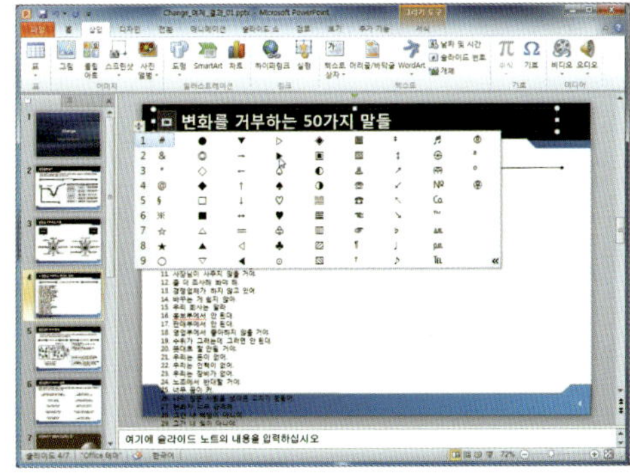

한글 자음 특수문자표

한글자음을 누르고, 한자 키를 눌렀을 때 입력할 수 있는 특수문자 입니다.

자음	특수문자
ㄱ	! ' , . / : ; ? ^ _ ` ｜ ￣ 、 。 · ‥ … ¨ 〃 ― ‖ ＼ ～ ′ ~ ˘ ˜ ″ ˚ ˙ ¸ ˛ ¡ ¿ ː
ㄴ	＂ () [] {} ‘’ “” 〔〕 〈〉 《》 「」 『』 【】
ㄷ	＋ － ＜ ＝ ＞ ± × ÷ ≠ ≤ ≥ ∞ ∴ ♂ ♀ ∠ ⊥ ⌒ ∂ ∇ ≡ ≒ ≪ ≫ √ ∽ ∝ ∵ ∫ ∬ ∈ ∋ ⊆ ⊇ ⊂ ⊃ ∪ ∩ ∧ ∨ ￢ ⇒ ⇔ ∀ ∃ ∮ Σ Π
ㄹ	$ % ₩ F ′ ″ ℃ Å ¢ £ ¥ ¤ ℉ ‰ € ㎕ ㎖ ㎗ ℓ ㎘ ㏄ ㎣ ㎤ ㎥ ㎦ ㎙ ㎚ ㎛ ㎜ ㎝ ㎞ ㎟ ㎠ ㎡ ㎢ ㏊ ㎍ ㎎ ㎏ ㏏ ㎈ ㎉ ㏈ ㎳ ㎳ ㎰ ㎱ ㎲ ㎳ ㎴ ㎵ ㎶ ㎷ ㎸ ㎹ ㎀ ㎁ ㎂ ㎃ ㎄ ㎺ ㎻ ㎼ ㎽ ㎾ ㎿ ㎐ ㎑ ㎒ ㎓ ㎔ Ω ㏀ ㏁ ㎊ ㎋ ㎌ ㏖ ㏅ ㎭ ㎮ ㎯ ㏐ ㎩ ㎪ ㎫ ㎬ ㏝ ㎴ ㎨ Bq Gy Sv ㏘
ㅁ	# & * @ § ※ ☆ ★ ○ ● ◎ ◇ ◆ □ ■ △ ▲ ▽ ▼ → ← ↑ ↓ ↔ = ◁ ◀ ▷ ▶ ♤ ♠ ♡ ♥ ♧ ♣ ⊙ ◈ ▣ ◐ ◑ ▨ ▧ ▦ ▩ ▥ ▤ ▧ ▨ ♨ ☏ ☎ ☜ ☞ ¶ † ‡ ↕ ↗ ↙ ↖ ↘ ♭ ♪ ♪ ♬ Ⓚ ㈜ № ℃ ™ ㏂ ㏘ ℡ ? ª º
ㅂ	─ │ ┌ ┐ └ ┘ ├ ┬ ┤ ┴ ┼ ━ ┃ ┏ ┓ ┗ ┛ ┣ ┳ ┫ ┻ ╋ ┠ ┯ ┨ ┷ ┿ ┝ ┰ ┥ ┸ ╂ ┒ ┑ ┚ ┙ ┖ ┕ ┎ ┍ ┞ ┟ ┡ ┢ ┦ ┧ ┩ ┪ ┭ ┮ ┱ ┲ ┵ ┶ ┹ ┺ ┽ ┾ ╀ ╁ ╃ ╄ ╅ ╆ ╇ ╈ ╉ ╊
ㅅ	㉠ ㉡ ㉢ ㉣ ㉤ ㉥ ㉦ ㉧ ㉨ ㉩ ㉪ ㉫ ㉬ ㉭ ㉮ ㉯ ㉰ ㉱ ㉲ ㉳ ㉴ ㉵ ㉶ ㉷ ㉸ ㉹ ㉺ ㉻ ㈀ ㈁ ㈂ ㈃ ㈄ ㈅ ㈆ ㈇ ㈈ ㈉ ㈊ ㈋ ㈌ ㈍ ㈎ ㈏
ㅇ	ⓐ ⓑ ⓒ ⓓ ⓔ ⓕ ⓖ ⓗ ⓘ ⓙ ⓚ ⓛ ⓜ ⓝ ⓞ ⓟ ⓠ ⓡ ⓢ ⓣ ⓤ ⓥ ⓦ ⓧ ⓨ ⓩ ① ② ③ ④ ⑤ ⑥ ⑦ ⑧ ⑨ ⑩ ⑪ ⑫ ⑬ ⑭ ⑮ (a) (b) (c) (d) (e) (f) (g) (h) (i) (j) (k) (l) (m) (n) (o) (p) (q) (r) (s) (t) (u) (v) (w) (x) (y) (z) (1) (2) (3) (4) (5) (6) (7) (8) (9) (10) (11) (12) (13) (14) (15)
ㅈ	0 1 2 3 4 5 6 7 8 9 ⅰ ⅱ ⅲ ⅳ ⅴ ⅵ ⅶ ⅷ ⅸ ⅹ Ⅰ Ⅱ Ⅲ Ⅳ Ⅴ Ⅵ Ⅶ Ⅷ Ⅸ Ⅹ
ㅊ	½ ⅓ ⅔ ¼ ¾ ⅛ ⅜ ⅝ ⅞ ^{1234}^{n} $_{1234}$
ㅌ	ㄲ ㄳ ㄵ ㄶ ㄺ ㄻ ㄼ ㄽ ㄾ ㄿ ㅀ ㅄ ㅧ ㅨ ㅩ ㅪ ㅫ ㅬ ㅭ ㅮ ㅯ ㅰ ㅱ ㅲ ㅳ ㅴ ㅵ ㅶ △ ㅇㅇ ㅎㅎ ㅿ ㆀ ㆁ ㆂ ㆄ ㆅ ㆆ ㅑ ㅒ ㅓ ㅔ ㅖ ㅠ · ㅣ
ㅍ	A B C D E F G H I J K L M N O P Q R S T U V W X Y Z a b c d e f g h i j k l m n o p q r s t u v w x y z
ㅎ	Α Β Γ Δ Ε Ζ Η Θ Ι Κ Λ Μ Ν Ξ Ο Π Ρ Σ Τ Υ Φ Χ Ψ Ω α β γ δ ε ζ η θ ι κ λ μ ν ξ ο π ρ σ τ υ φ χ ψ ω

02 텍스트 글꼴 서식 설정하기

프레젠테이션 문서에서 텍스트의 가독성을 높이는 것은 청중의 주의를 집중시키는데 있어 매우 중요합니다. 텍스트의 가독성을 높이기 위해서는 텍스트의 크기를 크게하거나 굵은 서체의 활용, 텍스트 색의 변경 등 강조를 활용하는 것이 일반적입니다. 다양한 글꼴 서식을 텍스트에 적용시키는 방법에 대해 알아보겠습니다.

1. 텍스트 선택하기

텍스트에 서식을 적용하기 위해서는 서식을 적용할 텍스트를 선택해야 서식 기능들이 활성화됩니다. 텍스트를 선택하려면 하나의 개체(텍스트 상자, 도형 등) 또는 여러 개체를 한꺼번에 선택하여 전체에 적용하는 방법과 텍스트의 일부만 마우스로 끌어서 선택하는 방법이 있습니다.

○ 02 본문예제.pptx를 참조하세요.

○ 여러 개체 및 텍스트를 한꺼번에 선택

서식 변경을 위해 변경하고자 하는 텍스트 상자를 클릭합니다. 개체의 영역을 표시하는 빗금에 마우스를 이동하여 마우스 포인터 모양이 ✥ 으로 바뀌면 클릭하여 선택합니다. 만약 여러 개체를 동시에 선택하려면 Shift 키를 누른 상태에서 마우스로 개체를 클릭합니다.

○ **개체 선택**

조금 더 빠르게 개체를 선택하려면 Shift 키를 누르고 텍스트가 입력되어 있는 개체를 마우스로 선택합니다. 한 번에 여러 개의 개체를 선택할 수 있어 작업 속도를 줄일 수 있습니다.

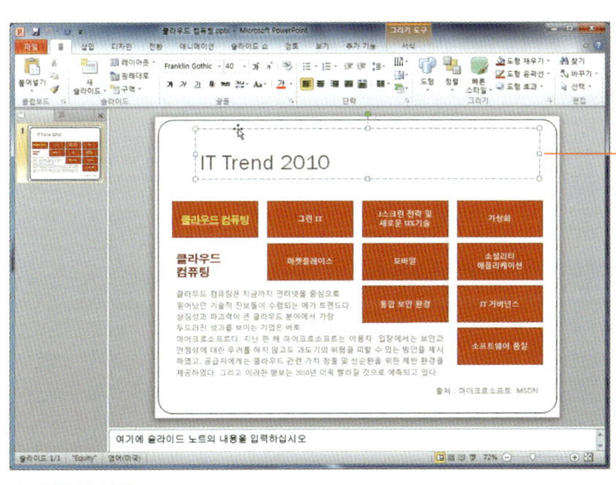

개체 틀은 마우스 포인터 모양이 ✥로 바뀌면 클릭하여 선택합니다.

▲ 개체 틀 선택

◉ 특정 개체 및 텍스트만 선택

특정한 일부 텍스트를 선택하려면 선택하려는 텍스트 위에서 원하는 부분까지 마우스를 끌어서 블록으로 만듭니다.

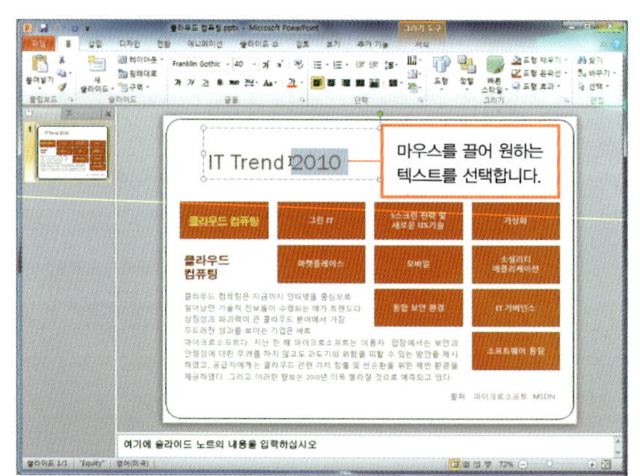

▲ 특정 텍스트 선택

2. 글꼴 서식 추가하기

프레젠테이션 문서의 삽입된 개체에 글꼴 서식 그룹의 명령을 활용하여 텍스트 서식을 추가하거나 변경하여 쉽고 빠르게 세련된 문서를 만들 수 있습니다. 리본 메뉴에서 텍스트 서식을 변경할 수 있는 글꼴 그룹에 대해 알아봅니다.

글꼴 그룹의 구성

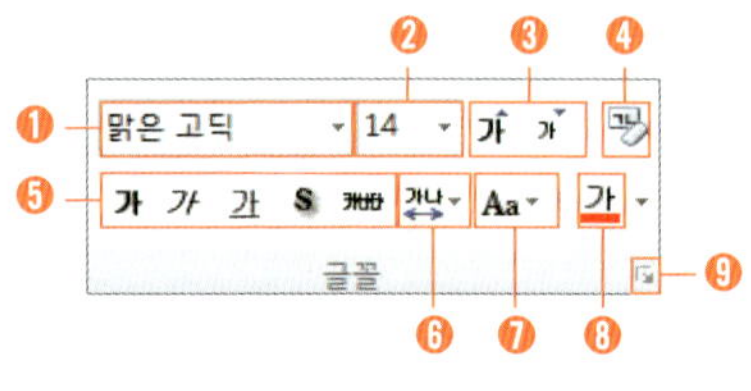

❶	글꼴	❺	굵게, 기울임꼴, 밑줄, 텍스트 그림자, 취소선
❷	글꼴 크기	❻	문자 간격
❸	글꼴 크기 크게/작게	❼	대/소문자 바꾸기
❹	모든 서식 지우기	❽	글꼴 색
		❾	'글꼴' 대화상자 표시

◉ 글꼴(HY견고딕)

단일 단락이나 구, 개체 틀에 있는 모든 텍스트의 글꼴을 변경하려면 마우스로 끌어서 모든 텍스트를 선택하거나 개체를 선택한 후 [홈] 탭 → 글꼴 그룹 → 글꼴 선택 목록에서 원하는 글꼴을 선택합니다.

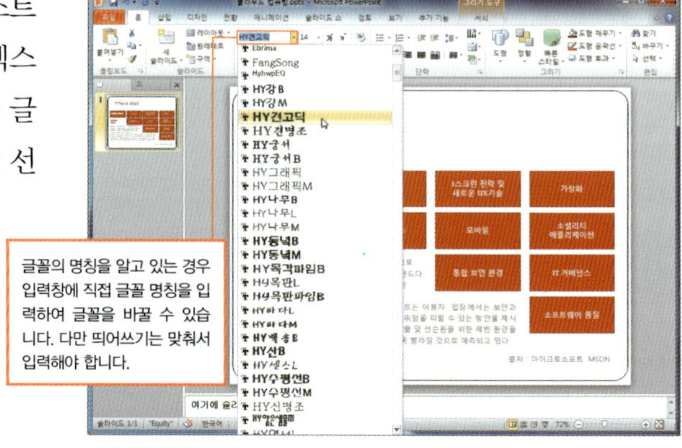

▲ '글꼴' 선택 목록

● 글꼴 크기(14 ▾)

단일 단락이나 구, 개체 틀에 있는 모든 텍스트의
글꼴 크기를 변경하려면 마우스로 끌어서 모든 텍
스트를 선택하거나 개체 틀을 선택한 후 [**홈**] 탭 →
글꼴 그룹 → **글꼴 크기** 선택 목록에서 원하는 글꼴
크기를 선택합니다.

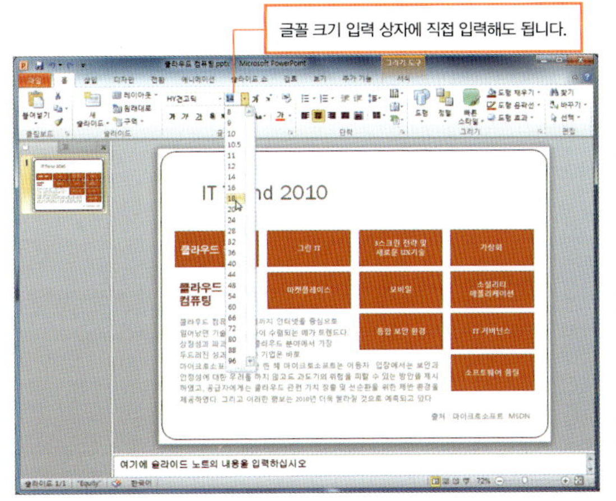

▲ '글꼴 크기' 선택 목록

● 글꼴 크기 크게, 글꼴 크기 작게

① "글꼴 크기 크게" 단추(가)

도형이나 텍스트 상자를 선택하고 [**홈**] 탭 → **글꼴**
그룹 → **글꼴 크기 크게** 단추(가)를 클릭하면 클릭
할 때마다 현재 텍스트 크기가 글꼴 크기 선택 목
록에 있는 근사치의 바로 다음 크기로 커지게 됩니
다.

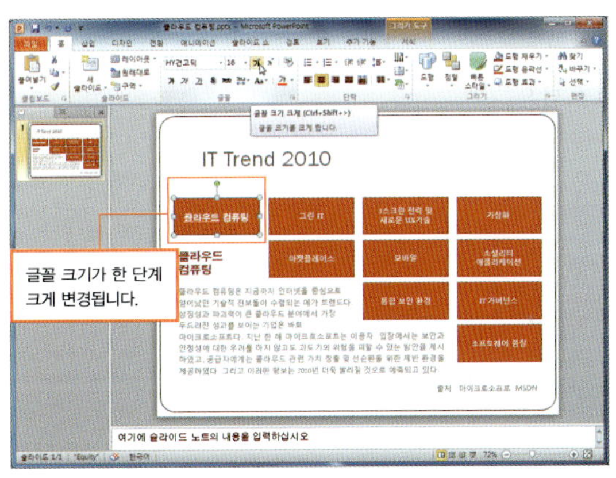

▲ '글꼴 크기 크게' 단추를 이용한 글꼴 크기 설정

② "글꼴 크기 작게" 단추(가)

도형이나 텍스트 상자를 선택하고 [**홈**] 탭 → **글
꼴** 그룹 → **글꼴 크기 작게** 단추(가)를 클릭하면 클
릭할 때마다 현재 텍스트 크기가 글꼴 크기 선택
목록에 있는 근사치의 바로 아래 크기로 작아지
게 됩니다.

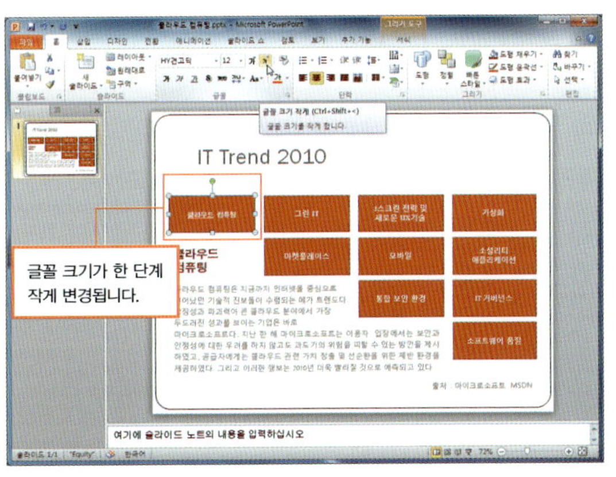

▲ '글꼴 크기 작게' 단추를 이용한 글꼴 크기 설정

● 글꼴 크기 크게/작게

'글꼴 크기 크게/작게' 단
추 클릭 시 크기 변환 근
사치는 임의로 지정할 수
없습니다.

◎ 모든 서식 지우기( )

일반 텍스트만 남겨 두고 선택 영역의 모든 서식을 지웁니다. 단일 단락이나 구, 개체 틀에 있는 모든 텍스트의 글꼴을 변경하려면 마우스로 끌어서 모든 텍스트를 선택하거나 개체를 선택한 후 [홈] 탭 → 글꼴 그룹 → 모든 서식 지우기를 클릭합니다.

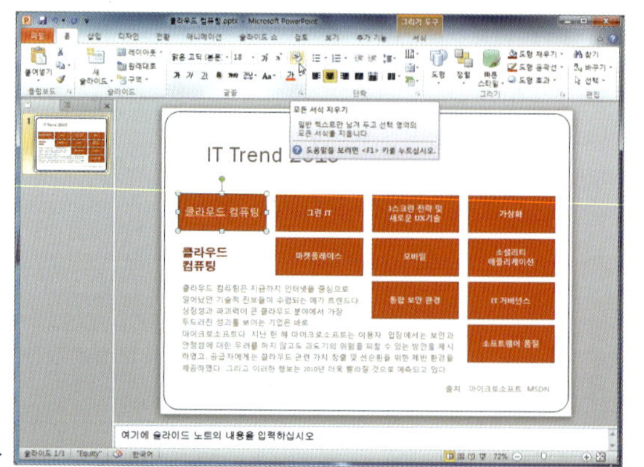

모든 서식 지우기 설정 ▶

◎ 굵게( ), 기울임꼴( ), 밑줄( ), 텍스트 그림자( ), 취소선( )

텍스트를 굵게, 기울임꼴, 밑줄이나 텍스트 그림자 또는 취소선을 설정합니다. 단일 단락이나 구, 개체 틀에 있는 모든 텍스트를 굵게, 기울임꼴, 밑줄, 텍스트 그림자, 취소선을 각각 적용하려면 마우스로 끌어서 모든 텍스트를 선택하거나 개체를 선택한 후 [홈] 탭 → 글꼴 그룹 → 굵게, 기울임꼴, 밑줄, 텍스트 그림자, 취소선을 클릭합니다.

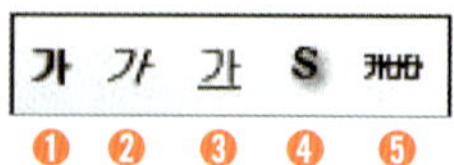

① 굵게 : 텍스트를 굵은 글씨체로 설정합니다.
② 기울임꼴 : 텍스트를 기울임꼴로 설정합니다.
③ 밑줄 : 텍스트에 밑줄을 삽입합니다.
④ 텍스트 그림자 : 텍스트에 그림자를 설정합니다.
⑤ 취소선 : 텍스트에 취소선을 설정합니다.

◎ 문자 간격( )

단일 단락이나 구, 개체 틀에 있는 모든 텍스트의 문자 간격을 변경하려면 마우스로 끌어서 모든 텍스트를 선택하거나 개체를 선택한 후 [홈] 탭 → 글꼴 그룹 → 문자 간격 선택 목록에서 원하는 간격을 선택합니다.

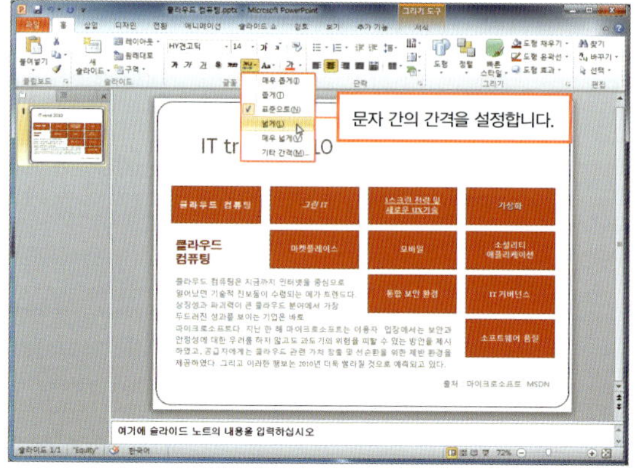

▲ 문자 간격 설정

● 대/소문자 바꾸기(Aa▾)

단일 단락이나 구, 개체 틀에 있는 모든 텍스트의
대/소문자를 변경하려면 마우스로 끌어서 모든 텍
스트를 선택하거나 개체를 선택한 후 [홈] 탭 → 글
꼴 그룹 → 대/소문자 바꾸기 선택 목록에서 원하는
옵션을 선택합니다.

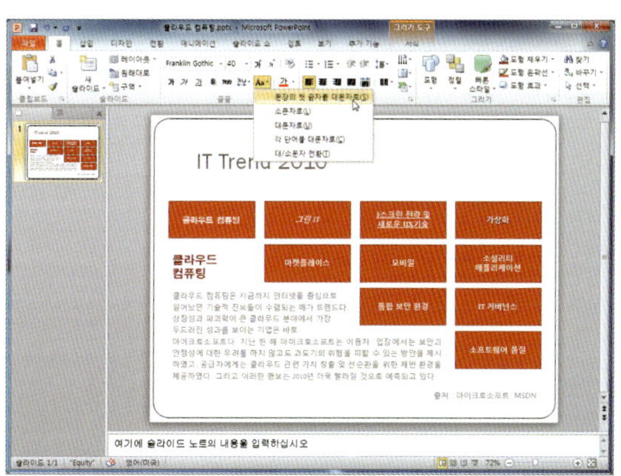

▲ 대/소문자 바꾸기 옵션

● 글꼴 색(가▾)

단일 단락이나 구, 개체 틀에 있는 모든 텍스트의
글꼴 색을 변경하려면 마우스로 끌어서 모든 텍스
트를 선택하거나 개체 틀을 선택한 후 [홈] 탭 →
글꼴 그룹 → 글꼴 색 선택 목록에서 원하는 글꼴
색을 선택합니다.

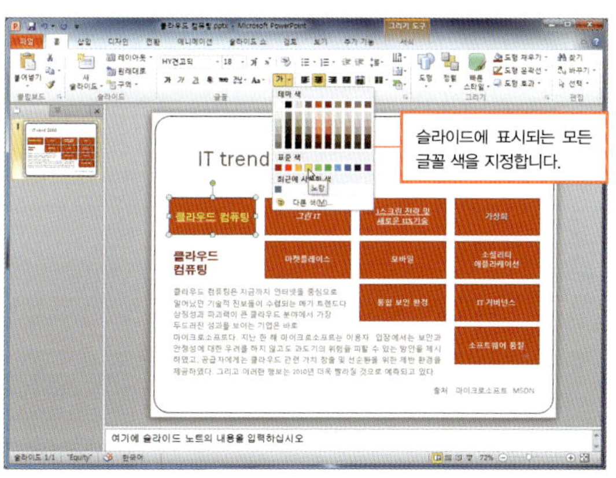

▲ 글꼴 색 변경

● '글꼴' 대화상자

글꼴 서식에 대해 좀 더 세밀한 작업을 위해 '글꼴'
대화상자를 표시합니다. 단일 단락이나 구, 개체
틀에 있는 모든 텍스트의 세부적인 설정을 변경하
려면 마우스로 끌어서 모든 텍스트를 선택하거나
개체를 선택한 후 [홈] 탭 → 글꼴 그룹 오른쪽 아래
에 대화상자 표시 단추(▣)를 클릭하여 '글꼴' 대화
상자를 표시합니다.

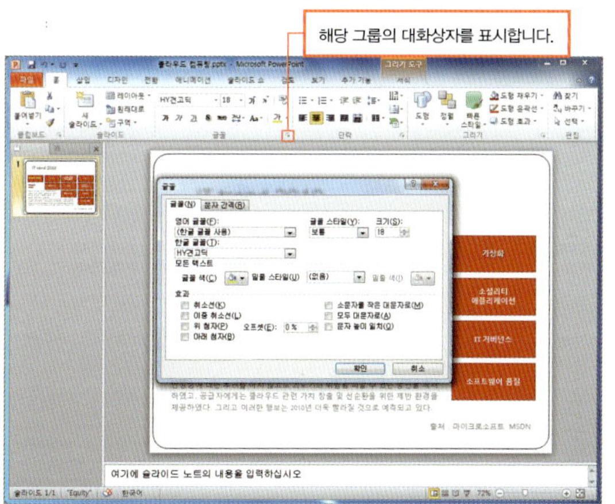

▲ '글꼴' 대화상자 표시

3. 미니 도구 모음 활용하기

파워포인트 2010에서는 미니 도구 모음의 서식 옵션을 사용하여 텍스트에 빠르게 서식을 지정할 수 있습니다. 미니 도구 모음은 텍스트를 선택하면 자동으로 표시되며, 텍스트를 선택하고 마우스 오른쪽 단추를 클릭할 경우에도 메뉴와 함께 반투명의 편리한 축소 도구 모음이 표시됩니다. 미니 도구 모음은 빠르게 글꼴 서식을 변경할 수 있도록 관련 명령을 모아놓은 유용한 도구로, 미니 도구 모음을 사용하면 글꼴, 글꼴 스타일, 글꼴 크기, 맞춤, 텍스트 색, 들여쓰기 수준, 글머리 기호 기능 등을 쉽게 설정할 수 있습니다.

미니 도구 모음

변경할 텍스트를 선택하면 반투명의 미니 도구 모음이 표시되며, 마우스 포인터를 이동하면 미니 도구 모음이 활성화됩니다. 이때 미니 도구 모음이 사라지면 텍스트 위에서 마우스 오른쪽 단추를 클릭한 후 미니 도구 모음에서 글꼴 색 등을 클릭하여 원하는 글꼴 서식을 선택합니다.

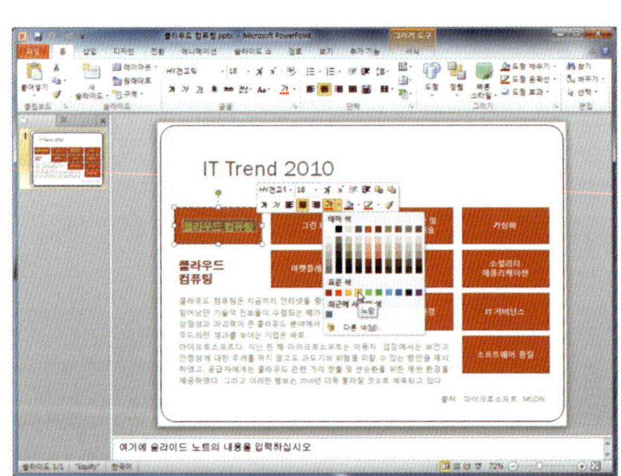

⊕ 미니 도구 모음

미니 도구 모음은 사용자 지정할 수 없으며, 사용자에 의해 원하는 명령을 추가하려면 빠른 실행 도구 모음을 활용해야 합니다.

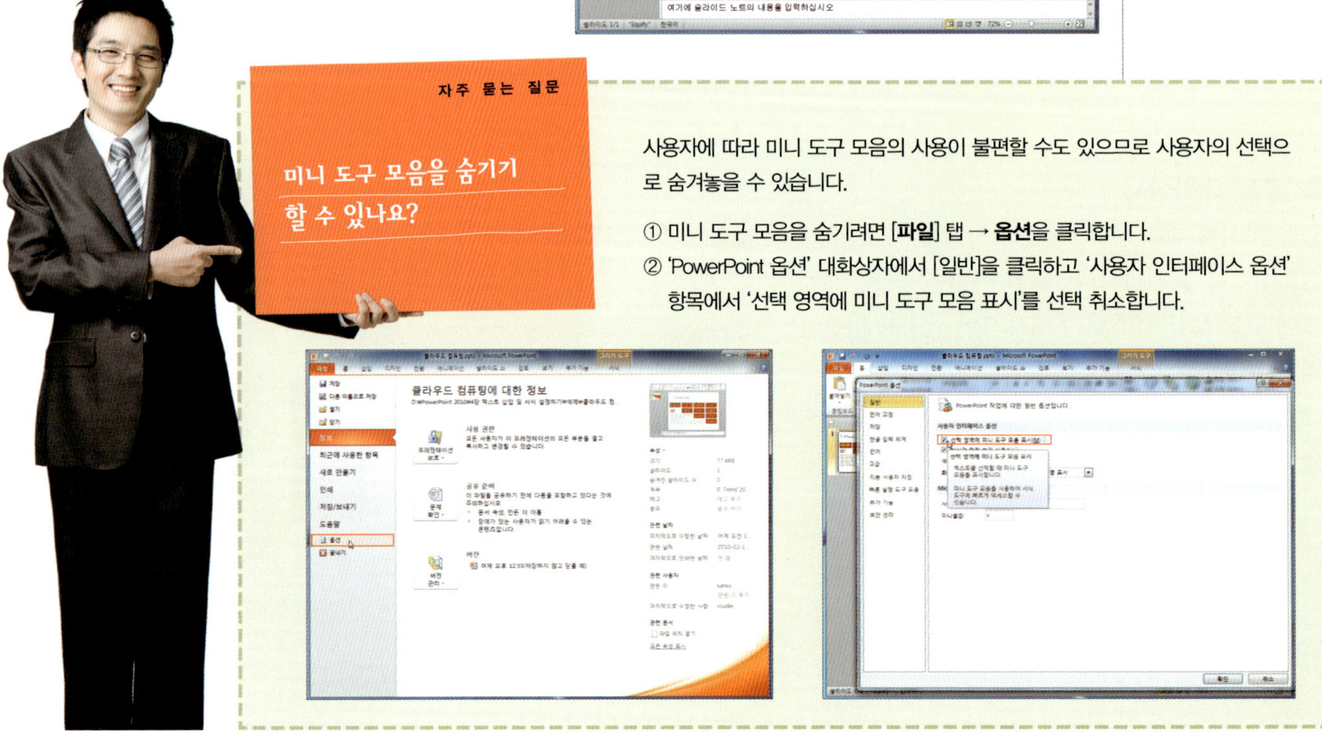

사용자에 따라 미니 도구 모음의 사용이 불편할 수도 있으므로 사용자의 선택으로 숨겨놓을 수 있습니다.

① 미니 도구 모음을 숨기려면 [**파일**] 탭 → **옵션**을 클릭합니다.

② 'PowerPoint 옵션' 대화상자에서 [일반]을 클릭하고 '사용자 인터페이스 옵션' 항목에서 '선택 영역에 미니 도구 모음 표시'를 선택 취소합니다.

텍스트 글꼴 서식 설정하기

준비 파일 : 02 효과적으로 변화에 대응하는 것.pptx   **완성 파일 :** 02 효과적으로 변화에 대응하는 것_결과.pptx

텍스트의 글꼴 서식은 텍스트의 가독성을 결정하는 주요 요인입니다. 특히 강조하고자 하는 키워드의 글꼴 서식의 크기를 변경하거나 색을 추가하여 그 목적을 달성할 수 있습니다. 입력된 텍스트의 글꼴 서식을 변경하는 방법에 대해 알아보겠습니다.

항목	변경 내용
글꼴 크기	텍스트 상자(제목, 본문) : '28pt', 텍스트 상자(이름) : '24pt'
텍스트 색	'흰색', '주황'
텍스트 서식	'굵게'

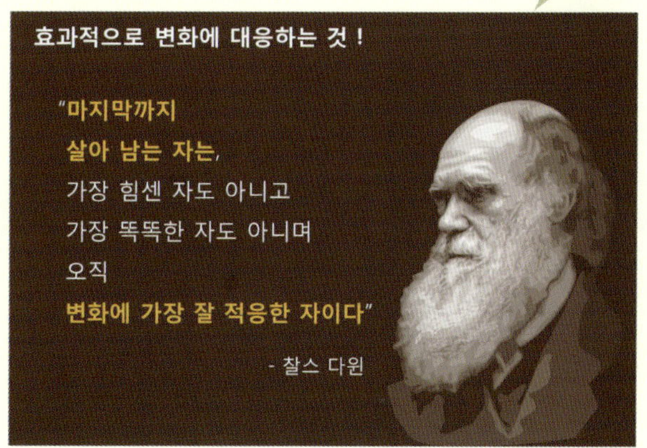

01 **예제 파일 열기** **02 효과적으로 변화에 대응하는 것 .pptx** 파일을 두 번 연속 클릭하면 파워포인트가 실행되면서 다음 화면이 나타납니다.

02 글꼴 크기 변경하기 ❶ 두 개의 텍스트 상자(제목, 본문)를 Shift 키를 누른 상태에서 동시에 선택한 후 ❷ [홈] 탭 → 글꼴 그룹 → ❸ 글꼴 크기의 목록 단추(⯆)를 클릭하여 ❹ 글꼴 크기를 '28pt'로 변경합니다.

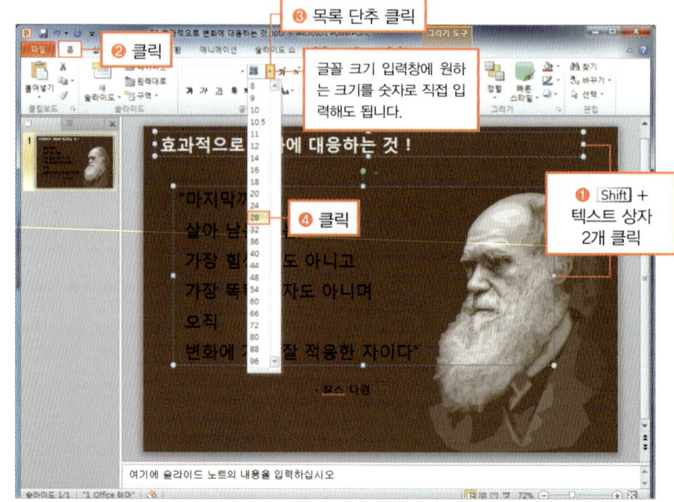

○ **글꼴 크기 직접 입력**
글꼴과 마찬가지로 입력창에 직접 글꼴 크기를 입력하여 크기를 바꿀 수 있습니다.

03 글꼴 크기 크게하기 ❶ 하단의 텍스트 상자(이름)를 선택하고 글꼴 크기를 변경하기 위해 [홈] 탭 → 글꼴 그룹 → ❷ 글꼴 크기 크게(⯅)를 두 번 클릭하여 글꼴 크기를 '24pt'로 변경합니다.

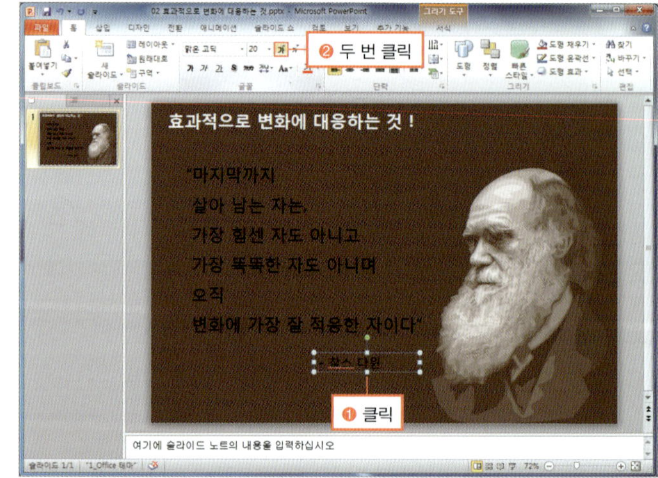

○ 글꼴 크기 작게 단추(⯆), 글꼴 크기 크게 단추(⯅)를 클릭할 때마다 글꼴 크기 목록에서 근사치 아래 값으로, 혹은 근사치 위 값으로 자동으로 변경됩니다.

04 글꼴 색 변경하기 ❶ 두 개의 텍스트 상자(본문, 이름)를 Shift 키를 누른 채 동시에 선택한 후 [홈] 탭 → 글꼴 그룹 → ❷ 글꼴 색(가⯆)을 클릭하여 ❸ 글꼴 색을 '흰색'으로 변경합니다.

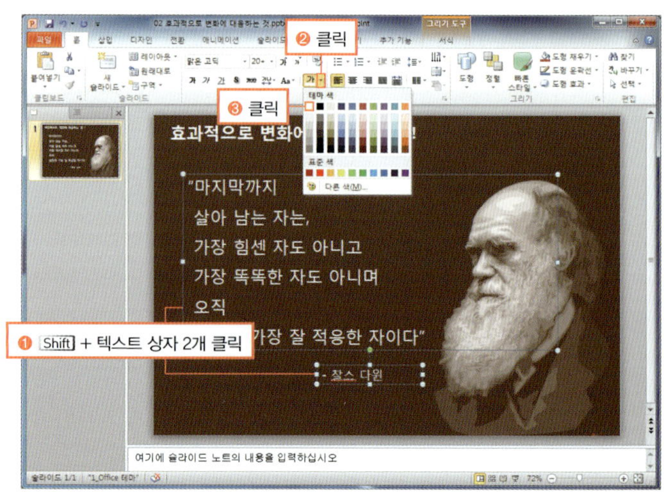

○ 텍스트에 글꼴 색을 추가하는 것은 강조를 의미하며, 텍스트를 강조하는 방법으로는 텍스트의 글꼴 크기를 크게 하거나 글꼴 색을 추가하는 방법이 있습니다.

❶ 이전에 설정된 글꼴 색으로 설정할 경우 클릭하여 설정합니다.
❷ 새 글꼴 색으로 설정하고자 할 경우 클릭하여 원하는 글꼴 색을 설정합니다.

05 **텍스트 선택하기** 글꼴 색을 변경할 텍스트를 선택하기 위해 ❶ 텍스트 "마지막까지 살아 남는 자는"을 마우스를 끌어서 선택합니다. ❷ [Ctrl] 키를 누른 상태에서 텍스트 "변화에 가장 잘 적응하는 자이다"를 마우스로 끌어서 선택하면 떨어져 있는 텍스트를 동시에 선택할 수 있습니다.

◐ 같은 텍스트 상자에 있는 떨어져 있는 여러 텍스트를 선택하려면 [Ctrl] 키를 활용합니다. 단, 다른 텍스트 상자나 개체에 있는 텍스트를 동시에 선택할 수는 없습니다.

06 **텍스트 굵게, 텍스트 색 변경하기** 텍스트가 선택되어 있는 상태에서 텍스트의 서식을 변경하기 위해 ❶ 마우스 오른쪽 단추를 클릭한 후 ❷ 미니 도구 모음에서 '굵게'를 클릭합니다. 다음으로 ❸ 미니 도구 모음의 글꼴 색(가▼) 목록 단추를 클릭하여 ❹ 글꼴 색을 '주황'으로 선택합니다.

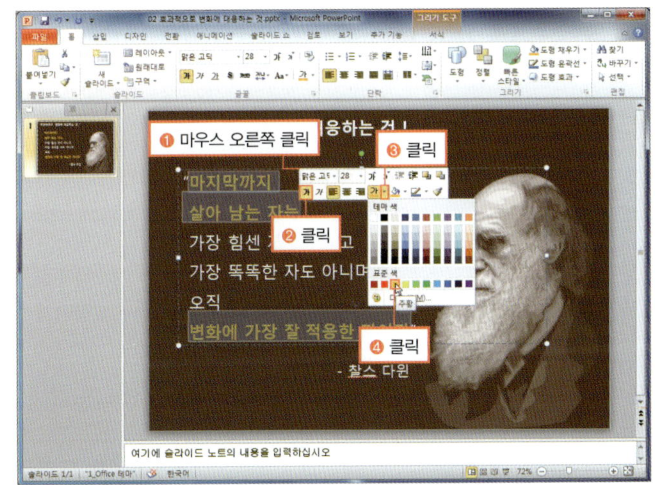

07 **결과 확인하기** 슬라이드가 완성되었습니다.

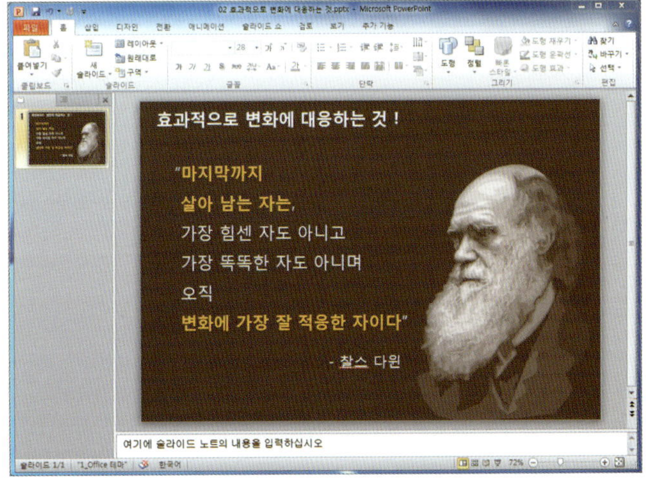

맞춤법 검사 활용하기

프레젠테이션 시 오타가 있게 되면 발표자도 당황스럽고 청중도 눈살을 찌푸리게 됩니다. 오타가 발생되지 않도록 맞춤법 검사를 통해서 오타나 띄어쓰기 등을 미리 확인할 필요가 있습니다. 슬라이드의 텍스트 맞춤법을 검사하려면 다음과 같이 실행합니다.

❶ 맞춤법 검사를 실행할 텍스트의 앞이나 뒤에 마우스 포인터를 위치시킨 후 [검토] 탭 → 언어 교정 그룹 → 맞춤법 검사 명령 단추(✓)를 클릭합니다.

❷ '맞춤법 검사' 대화상자가 표시되면서 맞춤법이 맞지 않는 단어를 자동적으로 보여주면 추천 단어에서 문법에 맞는 단어를 선택하고 〈변경〉 단추를 클릭합니다.

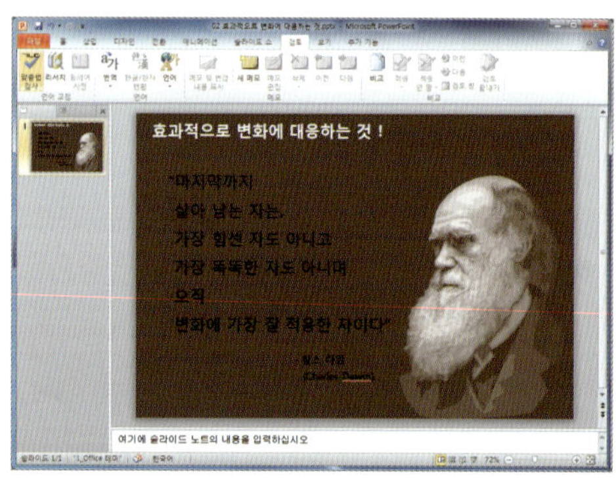
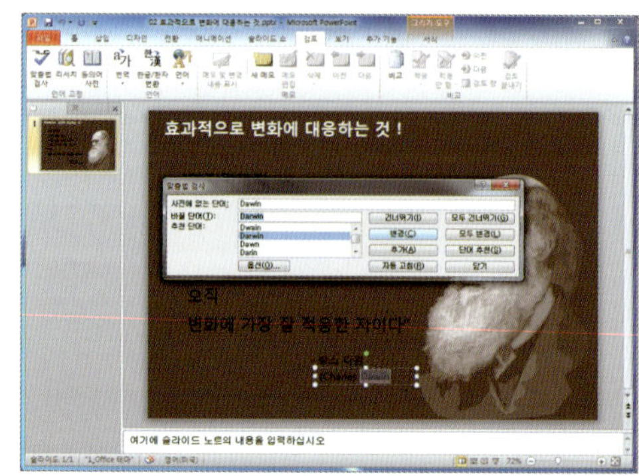

❸ 맞춤법 검사가 완료되었다는 메시지가 표시되면 〈확인〉 단추를 클릭하여 맞춤법 검사를 완료합니다.

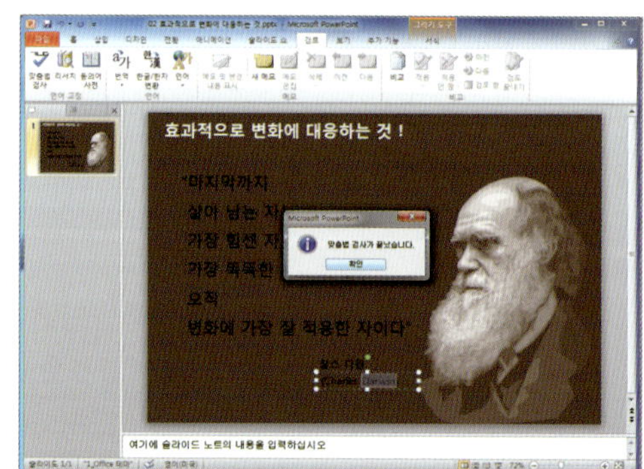

맞춤법 검사 명령을 실행하는 다른 방법은 맞춤법 오류 표시(빨간색 물결줄)가 표시된 텍스트를 선택한 다음 마우스 오른쪽 단추를 클릭하고 바로 가기 메뉴에서 **맞춤법 검사** 명령을 클릭합니다.

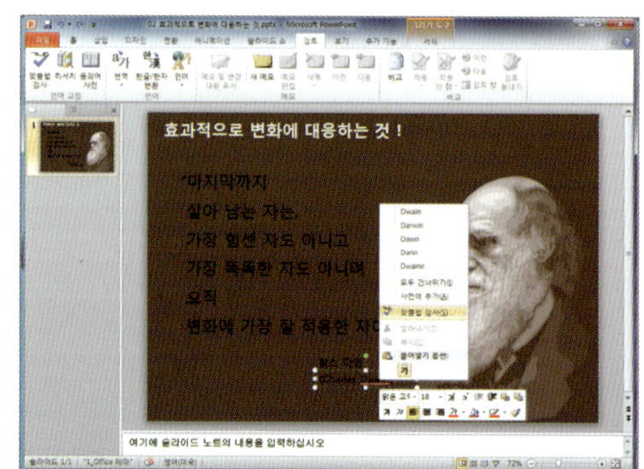

03 텍스트 단락 서식 설정하기

많은 양의 텍스트를 삽입할 경우 텍스트의 간격, 수준의 조정, 맞춤 등을 알맞게 설정한다는 것은 보기에도 좋고, 청중의 이해를 높이는 데 매우 중요합니다. 파워포인트에서는 이러한 텍스트의 배열과 관련된 서식 명령들을 단락 그룹으로 묶어서 제공하고 있습니다. 단락 서식 명령을 이용해 보기 좋은 문서를 작성하는 방법에 대해서 알아보겠습니다.

1. 단락 그룹 살펴보기

프레젠테이션 문서에 삽입된 개체에 글꼴 단락 그룹의 명령을 활용하여 글머리 기호 또는 번호 스타일, 색 및 크기를 변경할 수 있습니다. 또한 시작 번호를 변경하고, 들여쓰기 수준을 높이거나 낮추고, 글머리 기호 또는 번호와 텍스트 사이의 간격을 늘리거나 줄일 수 있습니다. 리본 메뉴에서 단락의 서식을 변경할 수 있는 단락 그룹에 대해 알아봅니다.

○ 03 본문예제.pptx를 참조하세요.

단락 그룹의 구성

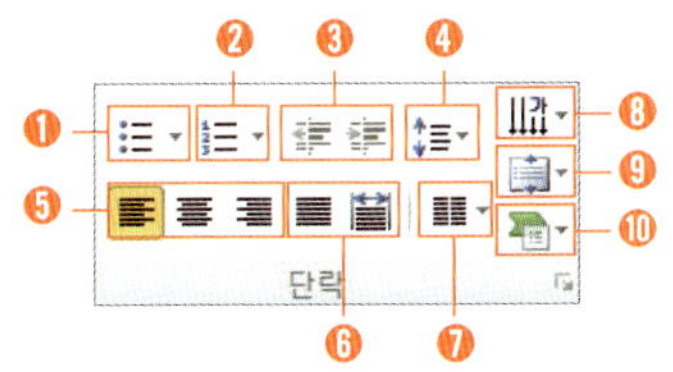

❶	글머리 기호	❻	양쪽 맞춤/균등 분할
❷	번호 매기기	❼	단
❸	목록 수준 줄임/늘림	❽	텍스트 방향
❹	줄 간격	❾	텍스트 맞춤
❺	텍스트 맞춤(왼쪽/가운데/오른쪽)	❿	SmartArt 그래픽으로 변환

○ 글머리 기호(≡ ▾)

단일 단락이나 구, 개체 틀에 있는 모든 텍스트에 글머리 기호를 추가하려면 마우스로 끌어서 텍스트를 선택하거나 개체를 선택한 후 [홈] 탭 → **단락** 그룹 → **글머리 기호** 선택 목록에서 원하는 글머리 기호를 선택합니다.

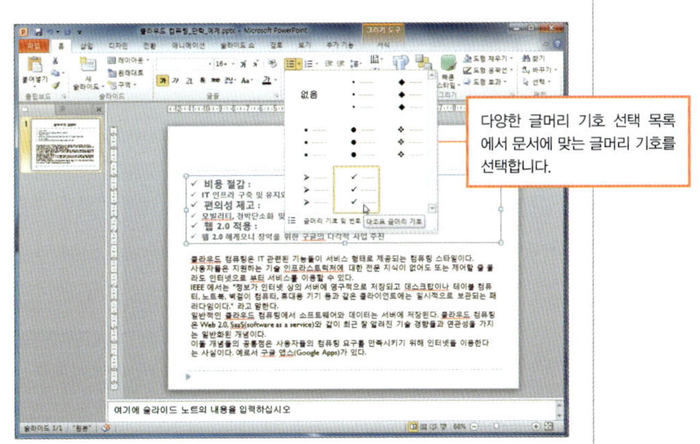

▲ '글머리 기호' 선택 목록

● 번호 매기기(▾)

단일 단락이나 구, 개체 틀에 있는 모든 텍스트에 번호 매기기를 추가하려면 마우스로 끌어서 텍스트를 선택하거나 개체를 선택한 후 [홈] 탭 → **단락** 그룹 → **번호 매기기** 선택 목록에서 원하는 번호 매기기를 선택합니다.

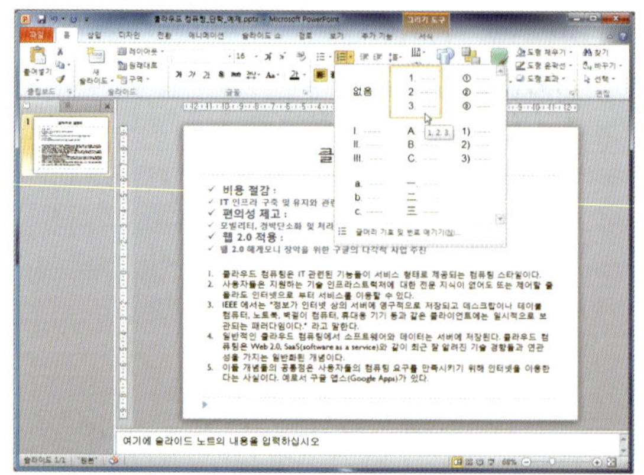

▲ '번호 매기기' 선택 목록

● 목록 수준 줄임(▤), 목록 수준 늘림(▤)

단일 단락이나 구, 개체 틀에 있는 모든 텍스트에 목록 수준을 변경하려면 마우스로 끌어서 텍스트를 선택하거나 개체를 선택한 후 [홈] 탭 → **단락** 그룹 → **목록 수준 늘림**(▤) 또는 **목록 수준 줄임**(▤)을 클릭합니다.

목록 수준 줄임은 목록 수준이 늘려져 있을 때만 활성화됩니다.

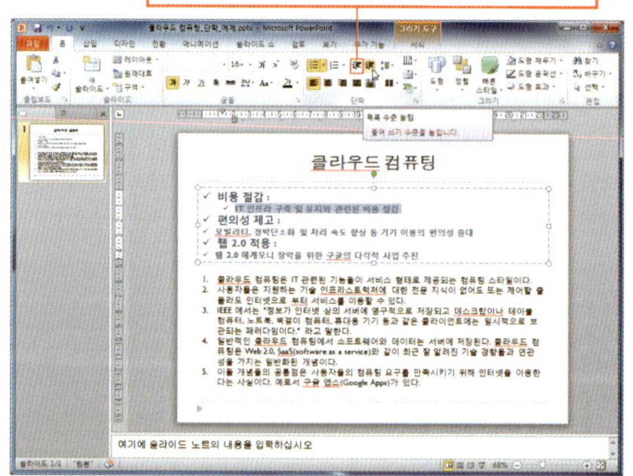

▲ 목록 수준 늘림

● 줄 간격(▾)

단일 단락이나 구, 개체 틀에 있는 모든 텍스트의 줄 간격을 변경하려면 마우스로 끌어서 모든 텍스트를 선택하거나 개체를 선택한 후 [홈] 탭 → **단락** 그룹 → **줄 간격** 선택 목록에서 원하는 줄 간격을 선택합니다.

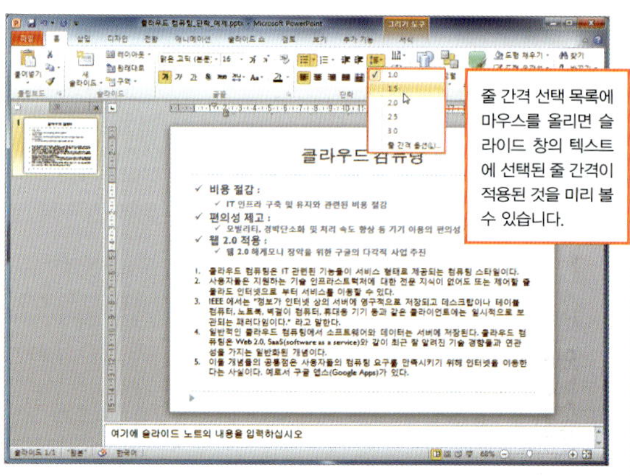

▲ '줄 간격' 선택 목록

● 텍스트 왼쪽 맞춤(▤), 가운데 맞춤(▤), 오른쪽 맞춤(▤)

단일 단락이나 구, 개체 틀에 있는 모든 텍스트의
맞춤을 변경하려면 마우스로 끌어서 모든 텍스트
를 선택하거나 개체를 선택한 후 [홈] 탭 → 단락 그
룹 → **텍스트 왼쪽 맞춤, 가운데 맞춤, 텍스트 오른쪽 맞
춤**을 클릭합니다.

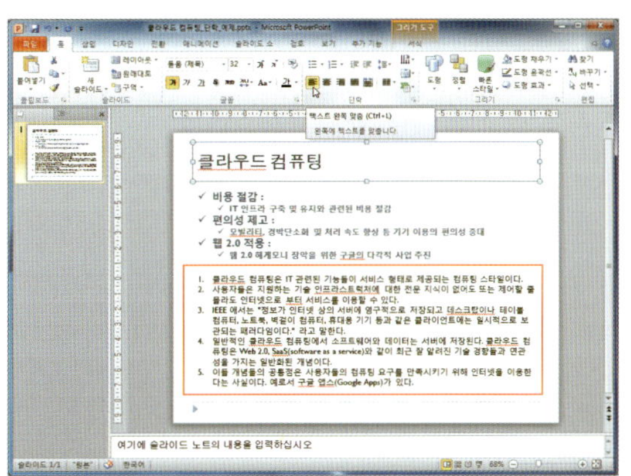

▲ 텍스트의 맞춤 설정

● 양쪽 맞춤(▤), 균등 분할(▤)

필요한 경우 단어 사이에 추가로 공백을 삽입하여 양쪽으로 맞추거나 균등하게 분할합니다. 단일 단락이
나 구, 개체 틀에 있는 모든 텍스트의 공백을 삽입하려면 마우스로 끌어서 모든 텍스트를 선택하거나 개
체를 선택한 후 [홈] 탭 → 단락 그룹 → **양쪽 맞춤**(▤) 또는 **균등 분할**(▤)을 클릭합니다.

양쪽 맞춤과 균등 분할의 차이점은 단어 또는 문자 사이에 추가 공백을 삽입하는지의 여부입니다.

단락이나 문단의 줄 간격 조정은 파워포인트 2003에서는 명령 단추를 통해 쉽게 조정할 수 있
었으나 아쉽게도 파워포인트 2007과 2010에서는 명령 단추가 제공되지 않습니다. 따라서 줄 간
격을 임의로 조정하기 위해서는 기타 설정에서 수치 값을 직접 입력하는 방법밖에는 없습니다.

줄 간격의 크기를 임의로 조정하려면 [홈] 탭 → 단락 그룹 → **줄 간격** 명령 단추(▤▾)를 클릭하
고 선택 목록에서 **줄 간격 옵션**을 선택합니다. '단락' 대화상자에서 '줄 간격'을 '배수'로 선택하
고 임의의 값을 직접 입력하면 됩니다.

너무 줄 간격을 줄이거나 늘
리게 되면 가독성을 떨어뜨릴
수 있으므로 적정한 줄 간격
의 크기를 사용하는 것이 좋
으며, 일반적으로 줄 간격은
문자 크기의 3분의 1 정도의
크기가 바람직합니다.

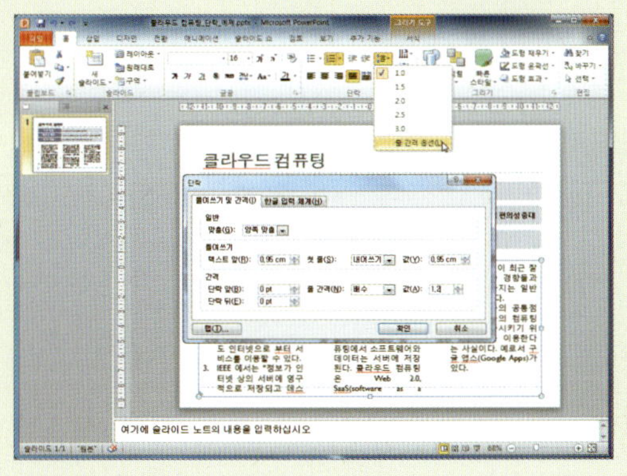

① **양쪽 맞춤** : 필요한 경우 단어 사이에 추가로 공백을 삽입하여 왼쪽 및 오른쪽 여백에 텍스트를 맞춥니다.

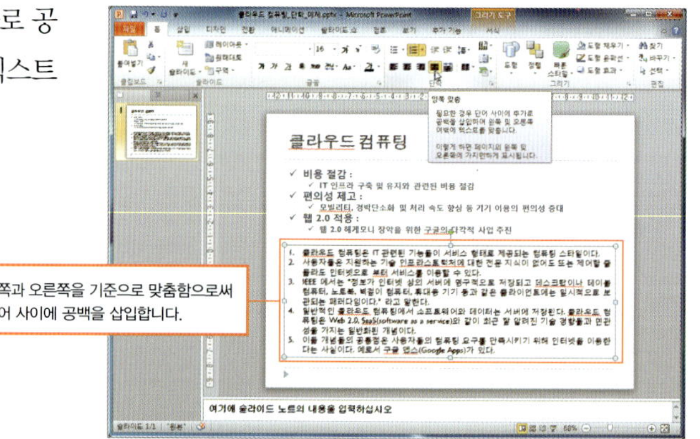

▲ 왼쪽, 오른쪽 양쪽 모두 정렬된 모습

② **균등 분할** : 필요한 경우 문자 사이에 추가로 공백을 삽입하여 왼쪽 및 오른쪽 여백에 단락을 맞춥니다.

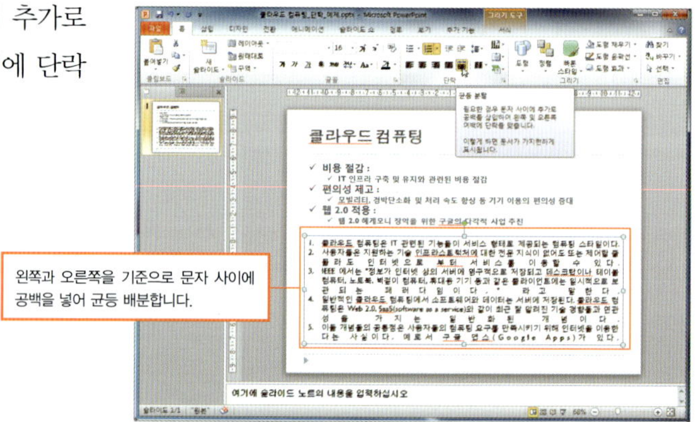

▲ 균등하게 정렬된 모습

● 단(▦▾)

단일 단락이나 구, 개체 틀에 있는 모든 텍스트의 단을 추가하려면 마우스로 끌어서 모든 텍스트를 선택하거나 개체를 선택한 후 [**홈**] 탭 → **단락** 그룹 → **단** 선택 목록에서 원하는 단을 선택합니다.

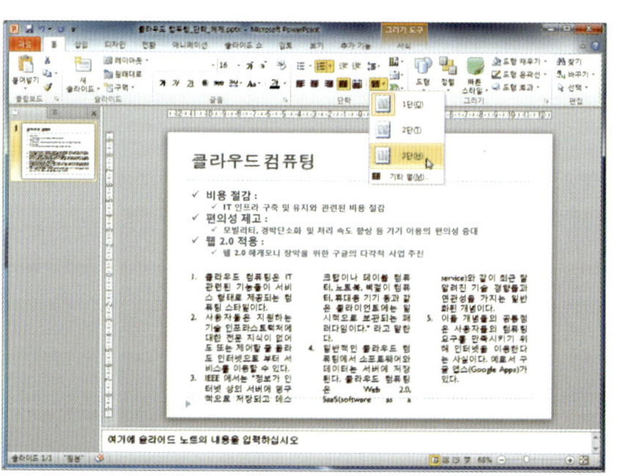

▲ '단' 선택 목록

● 텍스트 방향(▥▾)

단일 단락이나 구, 개체 틀에 있는 모든 텍스트의
방향을 변경하려면 마우스로 끌어서 모든 텍스트
를 선택하거나 개체를 선택한 후 [홈] 탭 → 단락 그
룹 → **텍스트 방향** 선택 목록에서 원하는 방향을 선
택합니다.

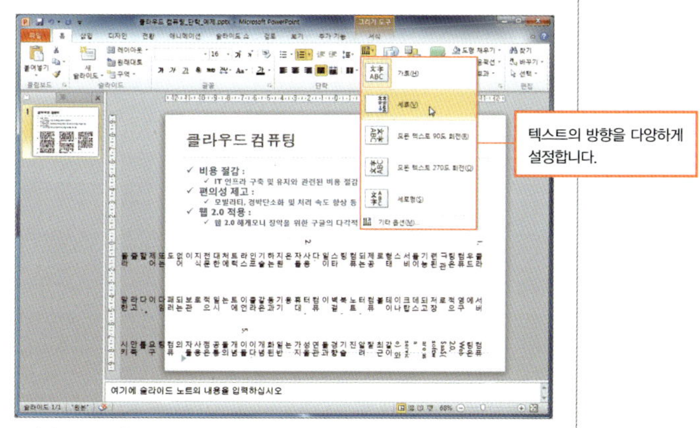

▲ '텍스트 방향' 선택 목록

● 텍스트 맞춤(▤▾)

단일 단락이나 구, 개체 틀에 있는 모든 텍스트의
정렬 방법을 변경하려면 마우스로 끌어서 모든 텍
스트를 선택하거나 개체를 선택한 후 [홈] 탭 → 단
락 그룹 → **텍스트 맞춤** 선택 목록에서 원하는 맞춤
을 선택합니다.

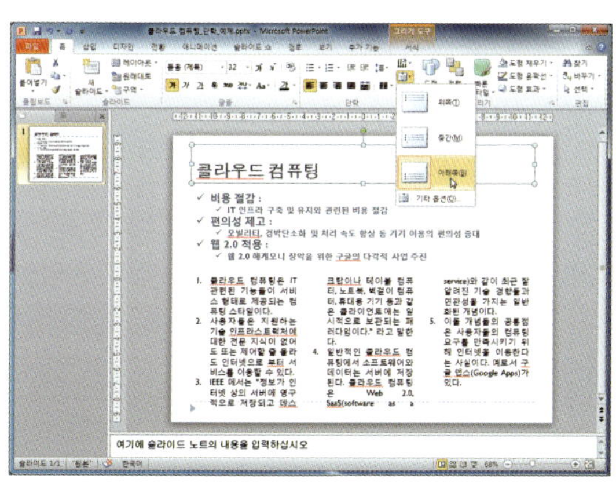

▲ '텍스트 맞춤' 선택 목록

● 텍스트 맞춤 옵션

다양한 텍스트 맞춤을 설
정하려면 **기타 옵션**을 클
릭하고 '텍스트 효과 서
식' 대화상자가 표시되면
텍스트 레이아웃 항목의
'세로 맞춤'에서 '위쪽 가
운데, 정가운데, 아래쪽 가
운데' 등을 설정할 수 있
습니다.

여러 열로 단을 나누는 경우 단과 단 사이의 간격을 조정하는 방법은 [홈] 탭 → **단락** 그룹 → **단** 명령
단추(▦▾)를 클릭한 후 **기타 열**을 클릭합니다. '열' 대화상자에서 '개수'와 '간격'을 선택하거나 직접 입
력한 후 〈확인〉 단추를 클릭합니다.

● SmartArt 그래픽으로 변환(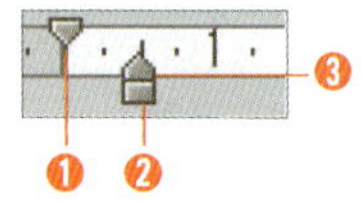)

텍스트 상자나 개체 틀에 있는 모든 텍스트를 SmartArt로 변환하려면 텍스트 상자나 개체를 선택한 후 [홈] 탭 → 단락 그룹 → SmartArt 그래픽으로 변환 선택 목록에서 원하는 SmartArt 그래픽을 선택합니다.

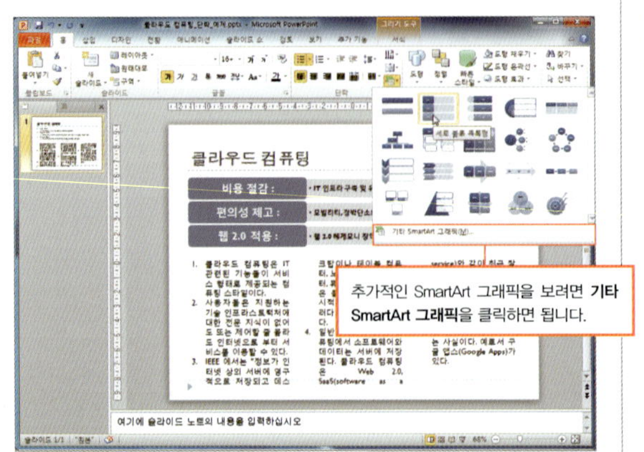

▲ 'SmartArt 그래픽으로 변환' 선택 목록

2. 눈금자를 활용한 들여쓰기

파워포인트 프레젠테이션 문서의 모든 슬라이드에 표시되는 글머리 기호 또는 번호 매기기 목록의 들여쓰기를 수동으로 조정하려면 눈금자를 활용합니다. 눈금자를 이용하면 글머리 기호의 점이나 번호와 텍스트 사이의 간격을 사용자가 설정한 간격에 따라 쉽고 편리하게 늘리거나 줄일 수 있습니다. 실제 프레젠테이션 문서 작성 시 많이 활용되는 기능으로, 추후에 일일이 들여쓰기를 조정하려면 시간이 많이 소요되므로 텍스트 상자나 개체 틀에 텍스트를 입력하기 전에 미리 눈금자의 표식을 통해 들여쓰기를 설정해 두면 편리합니다.

눈금자를 표시하려면 [보기] 탭 → 표시/숨기기 그룹 → 눈금자(눈금자)를 클릭합니다.

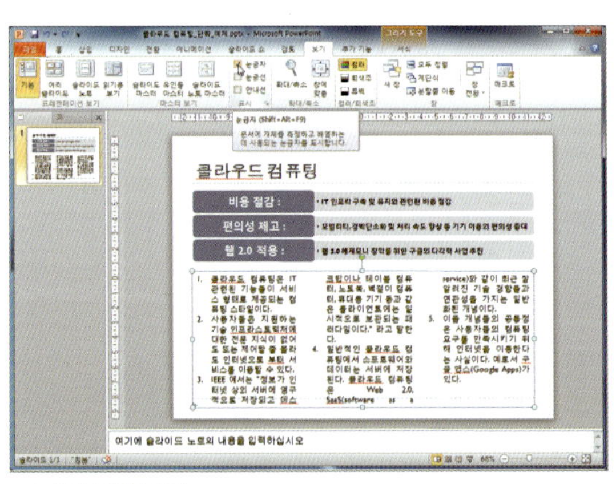

▲ 눈금자 표시/숨기기

눈금자에는 텍스트 상자에 정의된 들여쓰기를 나타내는 세 가지 표식이 있습니다.

❶ 첫 줄 들여쓰기 : 실제 글머리 기호 또는 번호 문자의 위치를 나타내며, 단락에 글머리 기호가 없는 경우에는 텍스트의 첫 줄 위치를 나타냅니다.

❷ **왼쪽 들여쓰기** : 첫 줄 및 내어쓰기 표식을 둘 다 조정하며, 이 둘의 상대적인 간격을 유지합니다.

❸ **내어쓰기** : 실제 텍스트 줄의 위치를 나타내며, 단락에 글머리 기호가 없는 경우에는 텍스트의 둘째 줄 및 후속 줄 위치를 나타냅니다.

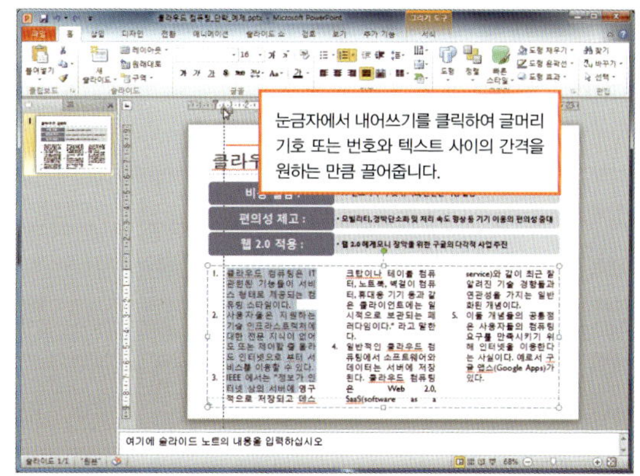

▲ 눈금자를 이용한 내어쓰기

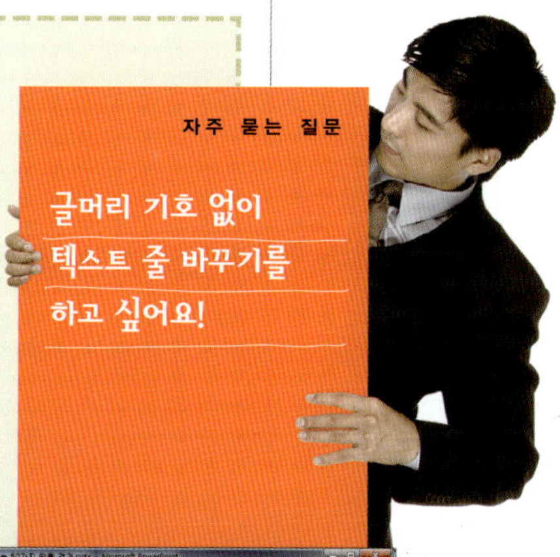

글머리 기호가 포함된 개체 틀이나 텍스트 상자에서 Enter 키를 눌러 텍스트의 줄을 바꾸면 다시 글머리 기호가 앞에 표시됩니다.

그러나 글머리 기호가 표시되지 않고 줄만 변경해야 하는 경우에는 Shift 키를 활용하여 줄을 변경합니다

키	기능
Enter	수준을 구분합니다.
Shift + Enter	같은 수준에서 줄만 변경합니다.

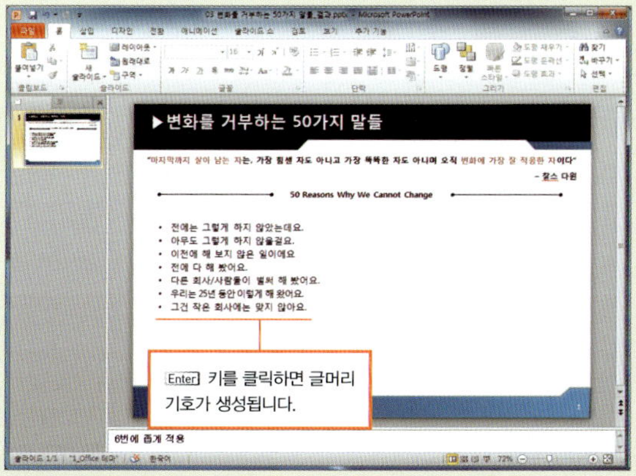

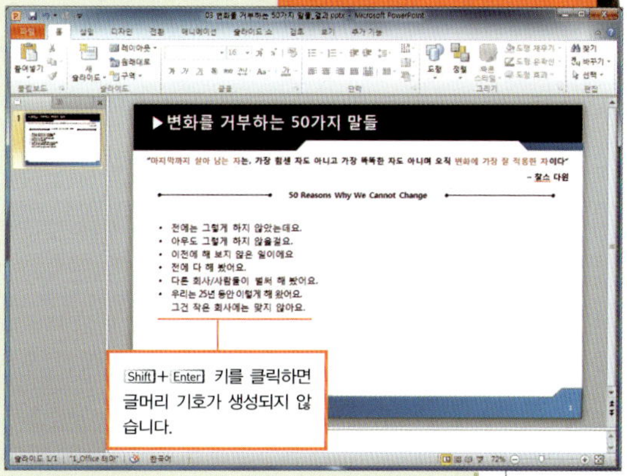

텍스트 단락 서식 설정하기

📁 **준비 파일** : 03 변화를 거부하는 50가지 말들.pptx 📁 **완성 파일** : 03 변화를 거부하는 50가지 말들_결과.pptx

텍스트의 단락 서식을 변경하는 것은 문서의 형식을 제어하는 것으로, 문서에 있어서 형식은 준비된 모습을 표현하는 또 하나의 중요한 과제입니다. 정렬과 단락이나 줄의 간격을 조정함으로써 눈으로 보기에 깔끔한 이미지를 연출할 수 있습니다. 예제 파일을 따라하면서 텍스트의 단락 서식을 설정하는 방법에 대해 알아보겠습니다.

항목	변경 내용
단 나누기	'3단'
텍스트 상자	도형 높이 : "11.54cm", 도형 너비 : "24.91cm"
번호	번호 매기기
줄 간격	'1.2'

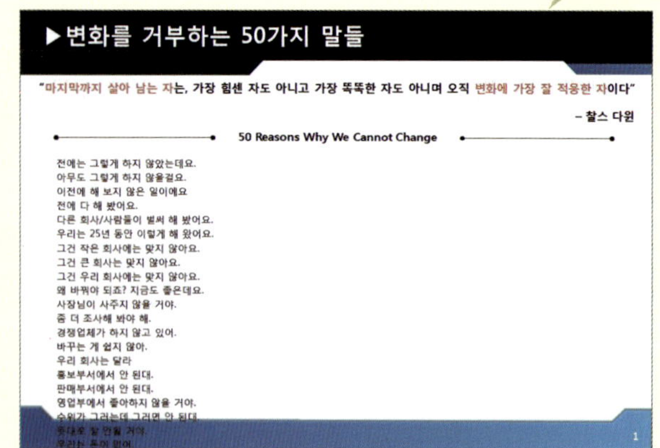

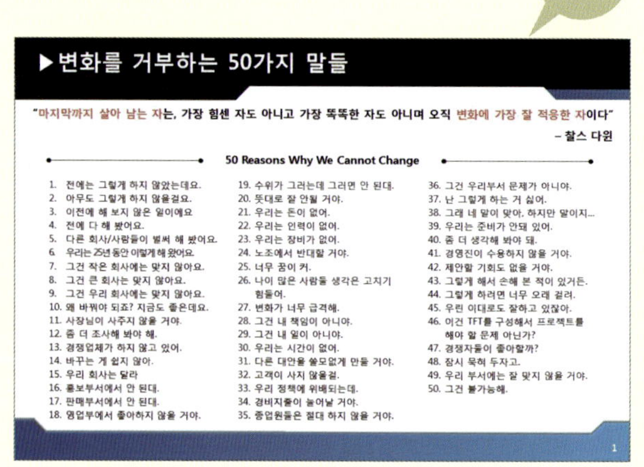

01 **예제 파일 열기** 03 **변화를 거부하는 50가지 말들**.pptx 파일을 두 번 연속 클릭하면 파워포인트가 실행되면서 다음 화면이 나타납니다.

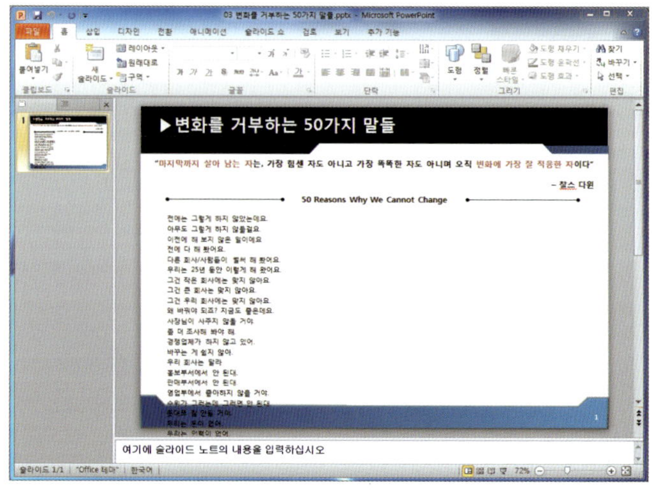

02

단 나누기 단을 나누고자 하는 ❶ 텍스트 상자를 선택하고 [홈] 탭 → **단락** 그룹 → ❷ **단**(▦▾)을 클릭하여 ❸ 선택 목록에서 '3단'을 선택합니다.

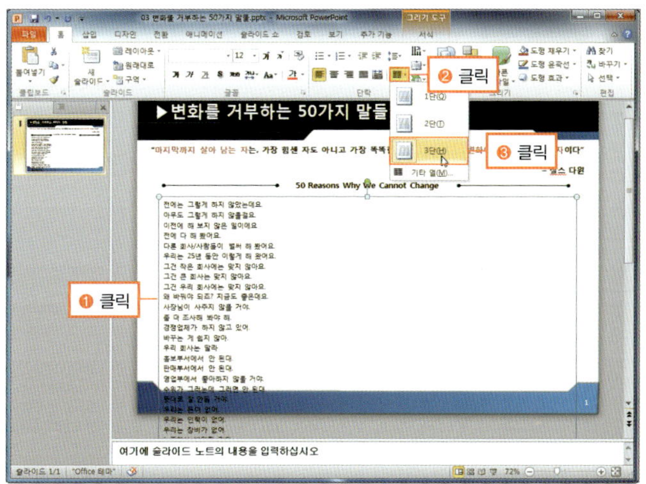

03

텍스트 상자 크기 조정하기 텍스트 상자의 크기가 줄어들지 않아 단의 표시 변화가 보이지 않으므로 텍스트 상자의 크기를 조정합니다. 텍스트 상자가 선택된 상태에서 [그리기 도구] – ❶ [서식] 탭 → **크기** 그룹에서 ❷ 도형 높이 : "11.54cm", 도형 너비 : "24.91cm"를 입력합니다.

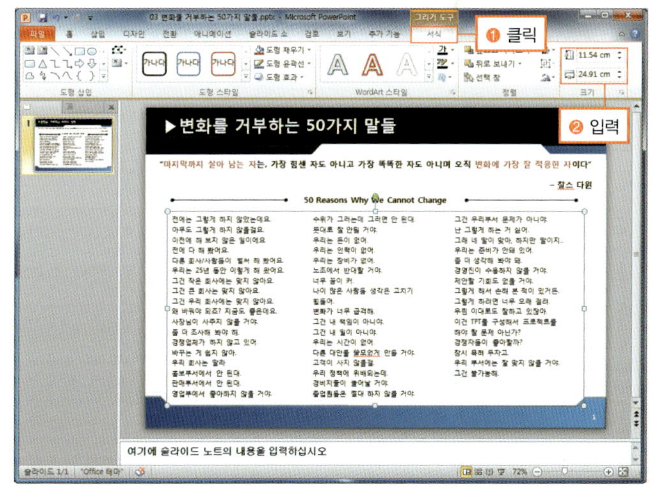

04

번호 매기기 텍스트에 번호를 삽입하기 위해 ❶ [홈] 탭 → **단락** 그룹 → ❷ **번호매기기**(▤▾)를 클릭합니다.

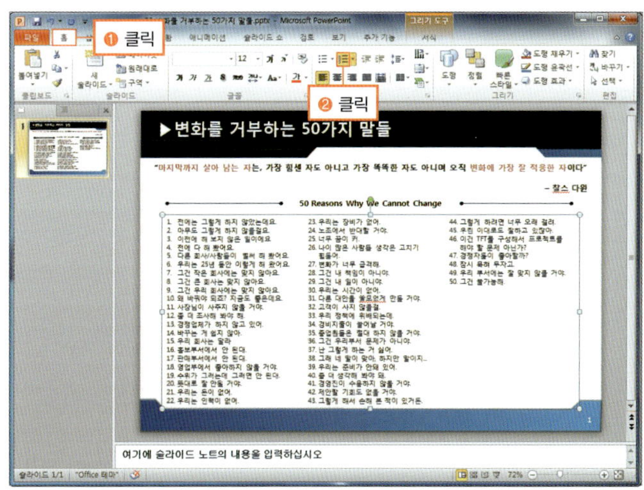

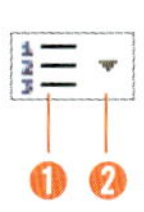
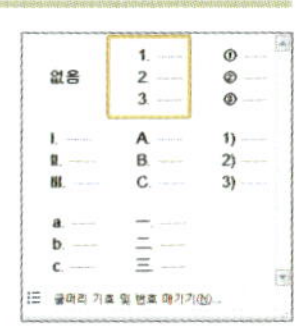

❶을 클릭하면 숫자로 된 일련번호가 자동으로 삽입됩니다.
❷를 클릭하면 번호 매기기 스타일 중에서 선택하여 삽입할 수 있습니다.

05 줄 간격 조정하기 텍스트 상자가 선택되어 있는 상태에서 [**그리기 도구**] – [**서식**] 탭 → **단락** 그룹 → ❶ **줄 간격**(￪☰▾) → ❷ **줄 간격 옵션**을 클릭합니다. ❸ '단락' 대화상자에서 '간격' 항목의 줄 간격을 '배수'로 선택하고 ❹ 값을 "1.2"로 입력한 후 ❺ 〈확인〉 단추를 클릭합니다.

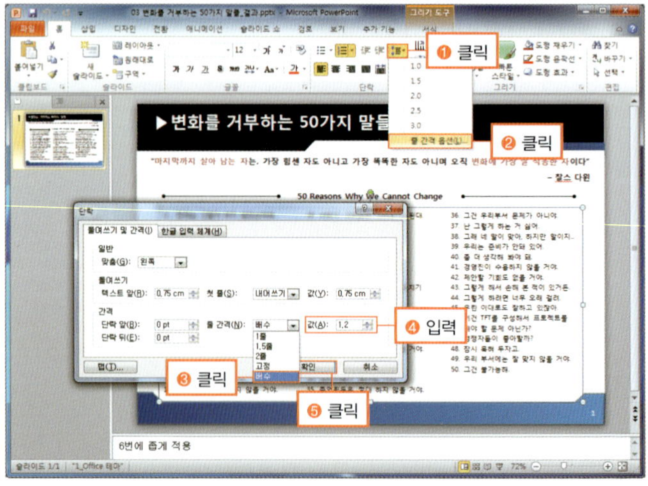

06 결과 확인하기 슬라이드가 완성되었습니다.

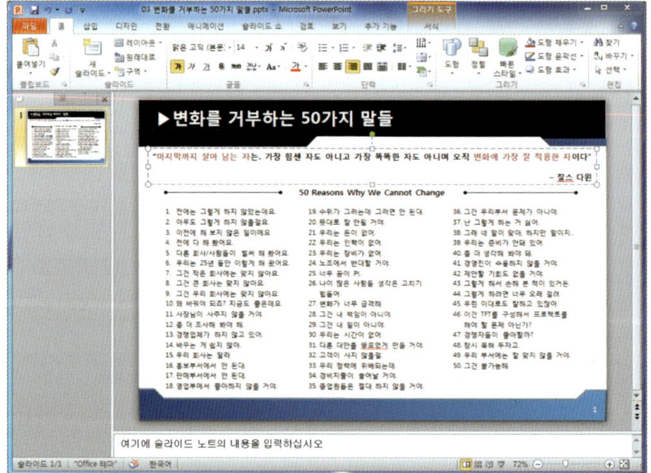

그림을 글머리 기호로 사용하기

파워포인트에서 제공되는 글머리 기호 이외에 사용자가 원하는 다양한 기호나 그림을 활용하여 글머리 기호를 자유롭게 변경할 수 있습니다. 다만 글머리 기호로 그림을 사용하는 경우 간혹 맞춤이 잘되지 않아 그림이 위쪽이나 아래쪽에 치우치게 되어 오히려 산만할 수 있으므로 주의하기 바랍니다.

❶ [홈] 탭 → **단락** 그룹 → **글머리 기호** 명령 단추 → **글머리 기호 및 번호 매기기**를 클릭합니다.

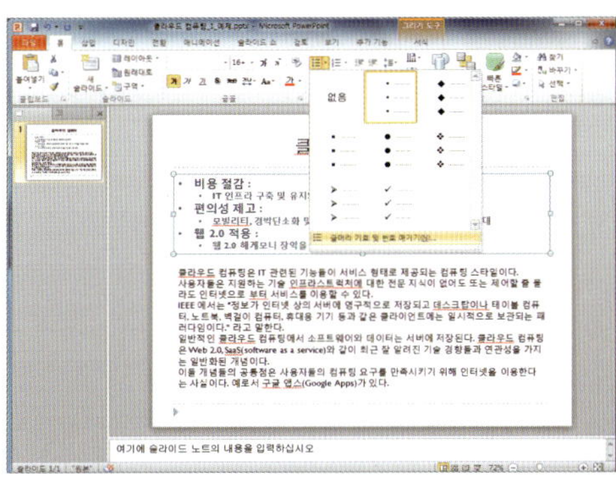

❷ '글머리 기호 및 번호 매기기' 대화상자가 표시되면 〈그림〉 단추를 클릭하여 '그림 글머리 기호' 대화상자에서 원하는 그림을 선택하거나 〈가져오기〉 단추를 클릭하여 원하는 그림을 선택한 후 〈확인〉 단추를 클릭하면 해당 그림을 글머리 기호로 사용할 수 있습니다.

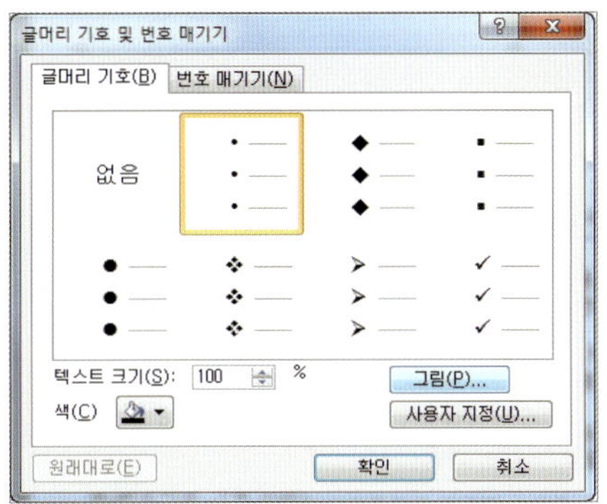

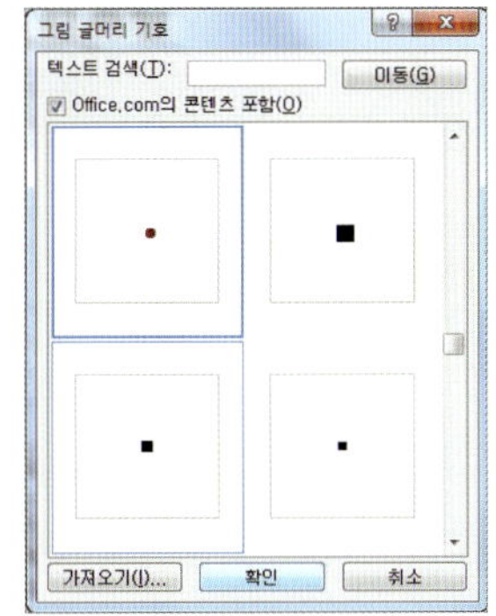

텍스트에 빠른 WordArt 스타일 추가하기

빠른 WordArt 스타일은 그림자 또는 반사 텍스트와 같은 장식 효과를 미리 적용하여 사용자가 쉽게 문서에 추가할 수 있도록 만들어 놓은 텍스트 스타일 갤러리입니다. 파워포인트에서는 문서 작성 시 텍스트를 WordArt로 변환하여 특수한 텍스트 효과를 설정할 수 있습니다.

1. [그리기 도구] − [서식] 탭 살펴보기

텍스트에 다양한 디자인 효과를 적용하기 위해서는 **[그리기 도구]** − **[서식]** 탭을 활용해야 합니다. **[그리기 도구]** − **[서식]** 탭은 텍스트나 도형 삽입 시 표시되는 상황별 탭으로, 파워포인트 실행 시 리본 메뉴에 표시되지 않다가 텍스트나 도형을 선택하면 활성화되어 표시되며, 텍스트 디자인과 관련된 모든 기능들을 WordArt 스타일 그룹으로 묶어서 제공하고 있습니다.

○ 04 본문예제.pptx를 참조하세요.

텍스트 디자인을 위한 WordArt 스타일 그룹

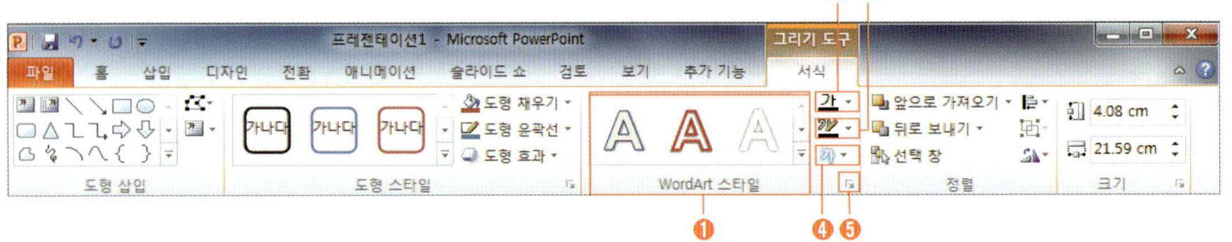

❶ **WordArt 스타일** : 텍스트의 다양한 표시 스타일을 설정합니다.

❷ **텍스트 채우기** : 단색, 그라데이션, 그림 또는 질감으로 텍스트를 채웁니다.

❸ **텍스트 윤곽선** : 텍스트 윤곽선의 색, 두께, 선 스타일을 설정합니다.

❹ **텍스트 효과** : 텍스트에 네온, 반사, 3차원 효과 등과 같은 시각 효과를 설정합니다.

❺ **텍스트 효과 서식** : '텍스트 효과 서식' 대화상자를 표시합니다.

2. 빠른 WordArt 스타일 추가하기

빠른 WordArt 스타일은 다양한 텍스트 효과를 미리 설정하여 선택 목록에 미리보기가 가능한 축소판 그림으로 제공되고 있습니다. 그라데이션 효과, 윤곽선 테두리 효과, 채우기 효과, 반사, 그림자 등의 효과들이 미리 적용되어 있어 텍스트에 해당 효과를 빠르게 추가할 수 있습니다. 빠른 WordArt 스타일은 특히 제목 텍스트를 작성할 때 유용하게 사용할 수 있습니다.

빠른 WordArt 스타일 선택 목록

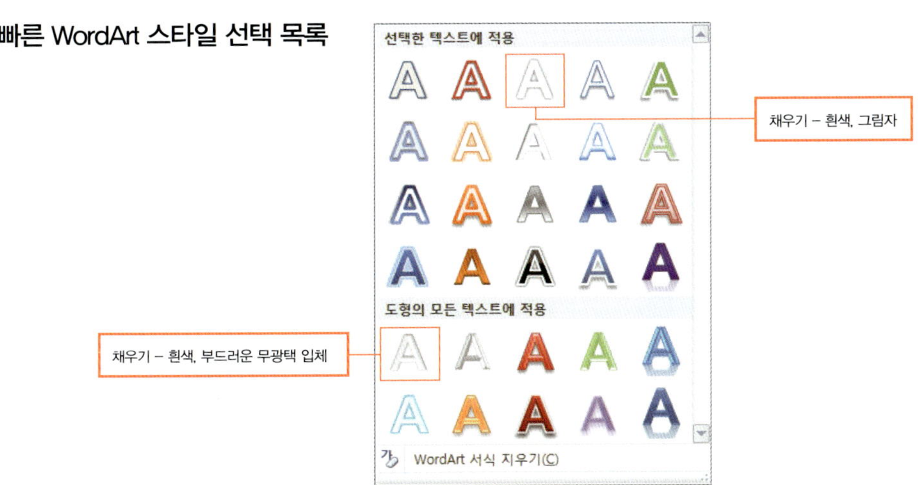

텍스트에 빠른 WordArt 스타일을 적용하는 방법은 두 가지가 있습니다.

● 빠른 WordArt 스타일 텍스트 상자

① **방법 1** : [삽입] 탭 → **텍스트** 그룹 → WordArt( )를 클릭하여 빠른 WordArt 스타일 텍스트 상자를 삽입한 다음 텍스트를 입력합니다.

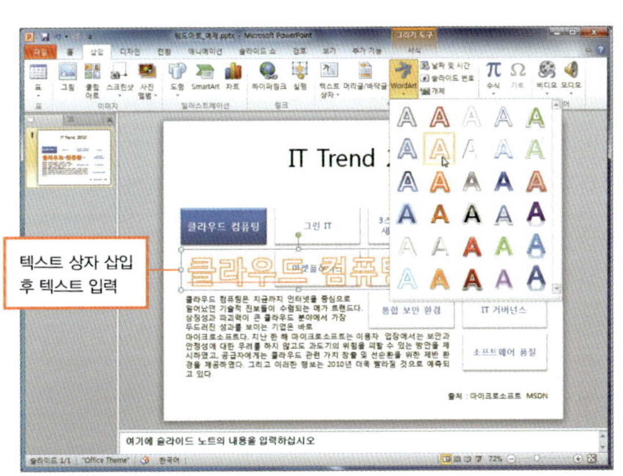

▲ 빠른 WordArt 스타일 텍스트 상자 – 텍스트 입력

● **WordArt 스타일의 변경**

빠른 WordArt 스타일은 테마에 따라 다양하게 표시됩니다. 다른 형태의 WordArt 스타일을 적용하려면 [**디자인**] 탭 → **테마** 그룹 → **효과** 명령 단추(효과)를 클릭하여 변경합니다.

② **방법 2** : WordArt로 변환할 텍스트를 선택하고 [**삽입**] 탭 → **텍스트** 그룹 → WordArt( )를 클릭한 후 원하는 WordArt를 선택합니다.

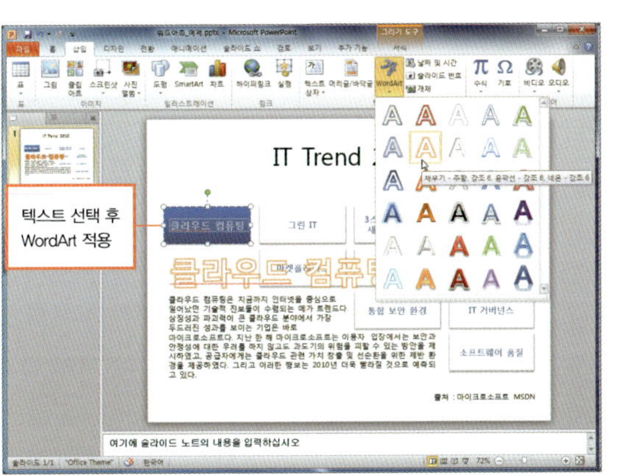

▲ 텍스트 상자 – WordArt

◎ 빠른 WordArt 스타일 텍스트 적용

[그리기 도구] – [서식] 탭 → WordArt 스타일 그룹 오른쪽 **자세히** 단추(▾)를 클릭한 후 선택 목록에서 원하는 WordArt 스타일을 클릭합니다.

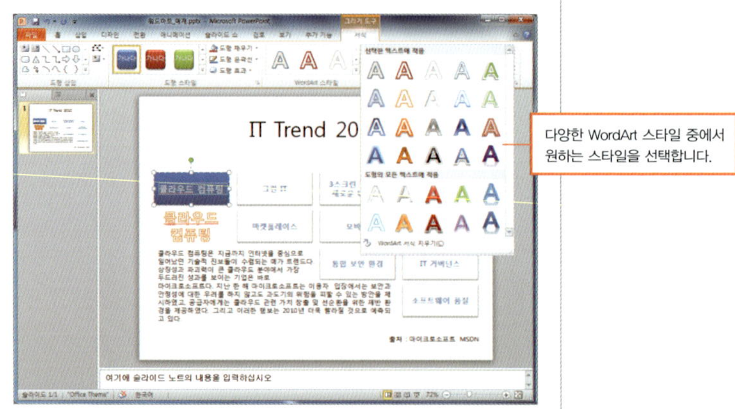

▲ [그리기 도구] – [서식] 탭을 이용한 WordArt 스타일

◎ 자주 사용하는 WordArt 스타일

자주 사용하는 WordArt 스타일이 적용된 화면으로, 주로 제목에 적용하여 사용합니다.

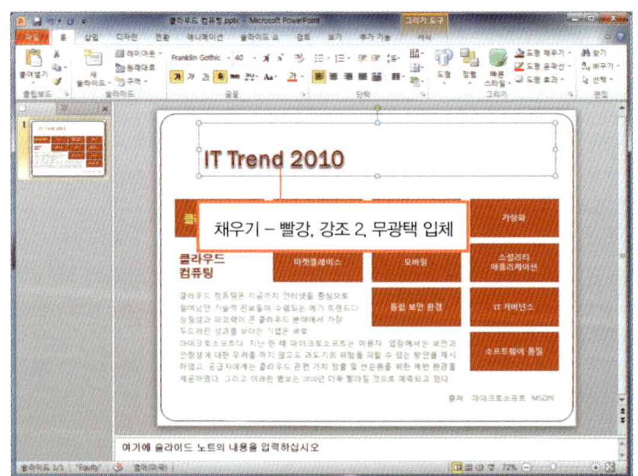

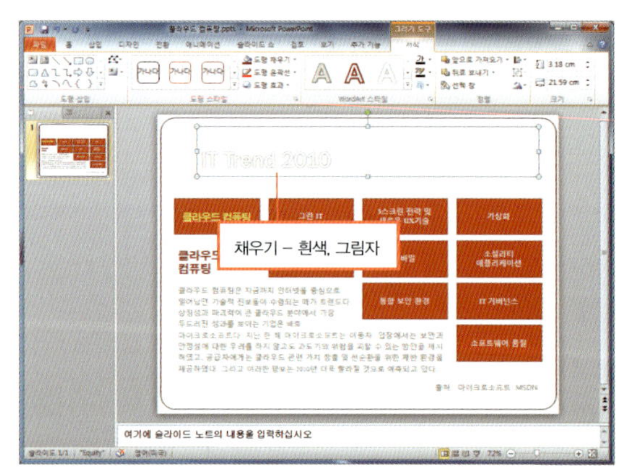

텍스트에 적용된 빠른 WordArt 스타일 서식을 지우는 방법은 서식을 제거할 텍스트를 선택한 후 [**그리기 도구**] – [**서식**] 탭 → WordArt **스타일** 그룹에서 **자세히** 단추(▾)를 클릭한 후 선택 목록에서 **WordArt 서식 지우기**를 선택합니다.

텍스트에 빠른 WordArt 스타일 추가하기

📁 **준비 파일** : 04 변화를 거부하는 이유.pptx   📁 **완성 파일** : 04 변화를 거부하는 이유_결과.pptx

빠른 WordArt 스타일은 제목 슬라이드에서 제목을 표현하는데 유용한 기능입니다. 쉽고 빠르게 텍스트의 서식을 추가함으로써 보다 돋보이는 제목 텍스트를 디자인 할 수 있습니다. 예제 파일을 따라하면서 텍스트에 빠른 WordArt 스타일을 추가하는 방법에 대해 알아보겠습니다.

항목	변경 내용
'Melt the Resistance'	WordArt 스타일 : '채우기 – 흰색, 그림자', '굵게' 윤곽선 – 그라데이션 : '빨강', '주황', '노랑'
'개인차원' 아래 텍스트 상자	채우기 – 그라데이션(기본 설정 색) : '불', '굵게'
'조직차원' 아래 텍스트 상자	채우기 – 그라데이션(기본 설정 색) : '늦은 해질녘', '굵게'

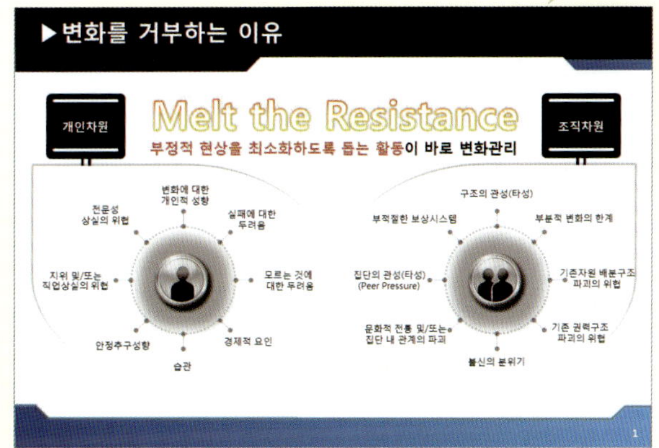

01 **예제 파일 열기** **04 변화를 거부하는 이유.pptx** 파일을 두 번 연속 클릭하면 파워포인트가 실행되면서 다음 화면이 나타납니다.

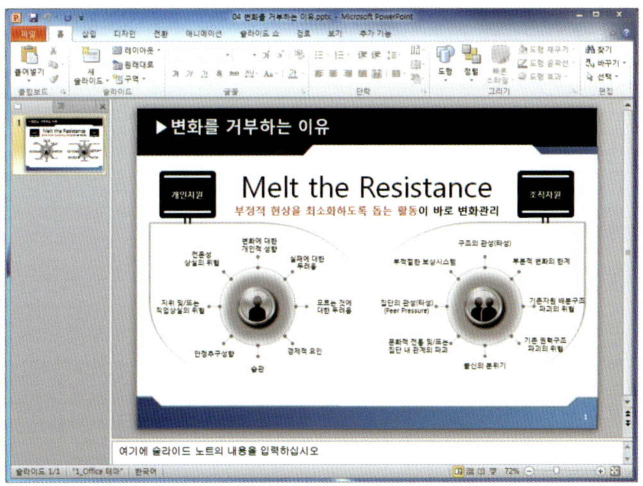

02 빠른 WordArt 스타일 적용하기 ❶ 제목 텍스트 상자(Melt the Resistance)를 선택하고 **[그리기 도구]** – ❷ **[서식]** 탭 → ❸ **WordArt 스타일** 그룹 오른쪽 **자세히** 단추(▼)를 클릭한 후 ❹ 선택 목록에서 '채우기 – 흰색, 그림자'를 선택합니다.

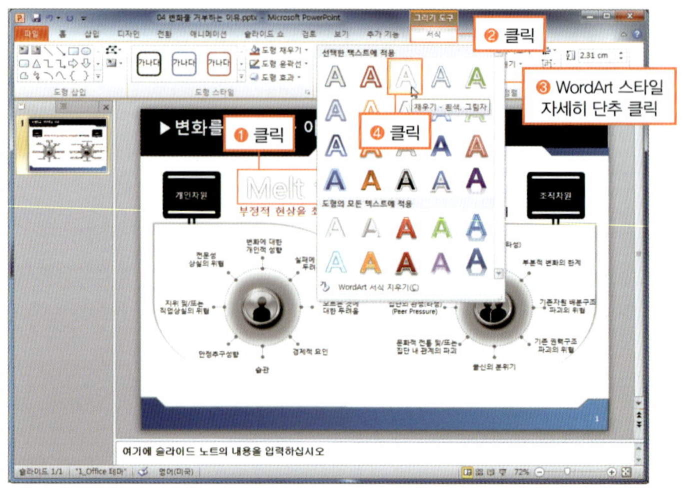

03 텍스트 굵게하기 제목 텍스트 상자가 선택된 상태에서 ❶ 마우스 오른쪽 단추를 클릭하여 ❷ 미니 도구 모음에서 '굵게'를 클릭합니다.

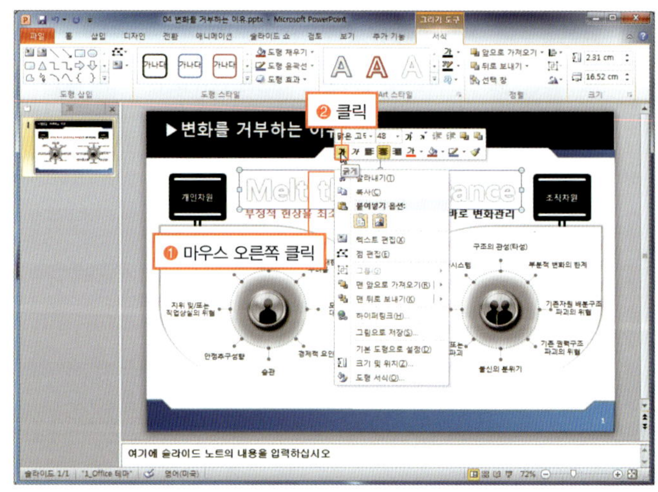

◉ 만약 미니 도구 모음이 사라질 경우, 텍스트 위에서 마우스 오른쪽 단추를 클릭하여 미니 도구 모음을 다시 활성화시킨 후 원하는 서식을 설정합니다.

04 대화상자 열기 텍스트에 다양한 효과를 설정하기 위해 **[그리기 도구]** – **[서식]** 탭 → **WordArt 스타일** 그룹 오른쪽 아래의 **대화상자 표시** 단추(▣)를 클릭하여 '텍스트 효과 서식' 대화상자를 표시합니다.

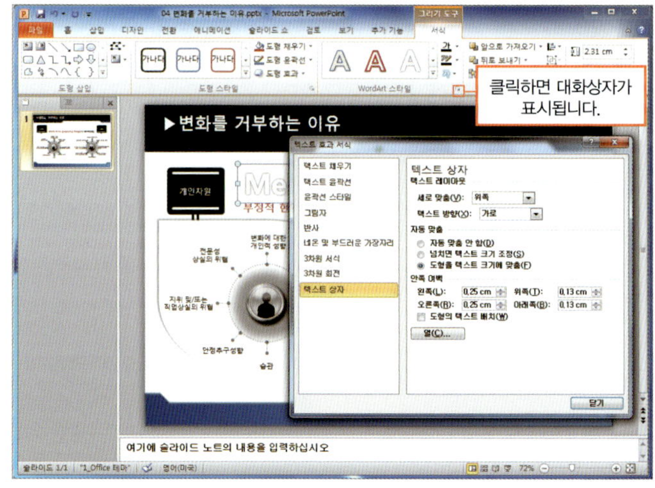

05

그라데이션 선 적용하기 텍스트 윤곽선에 그라데이션을 설정하기 위해 ❶ '텍스트 효과 서식' 대화 상자에서 [텍스트 윤곽선]을 클릭하고 ❷ '텍스트 윤곽선' 항목의 '그라데이션 선'을 클릭합니다.

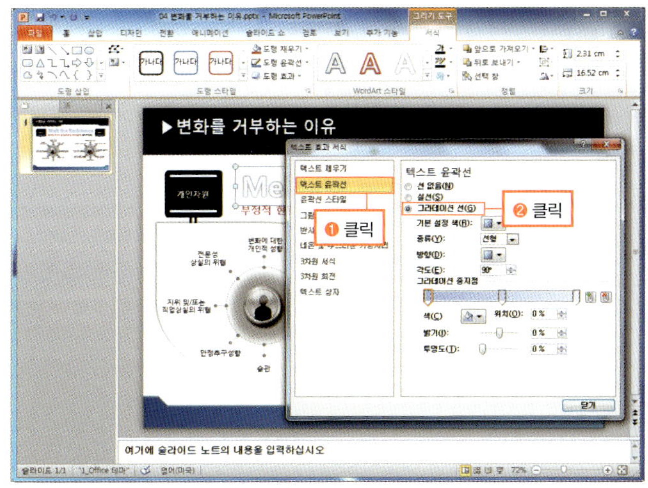

06

중지점 조정하기(1) ❶ '그라데이션 중지점' 항목에서 '중지점 1/3'을 선택하고 ❷ '색' 명령 단추( )를 클릭하여 ❸ '빨강'을 선택합니다.

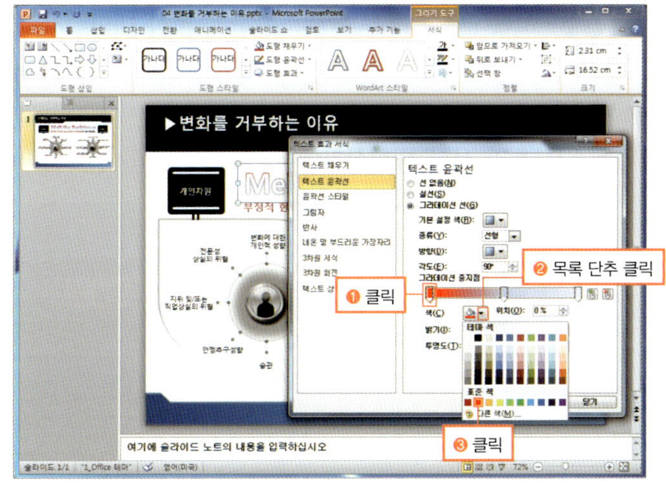

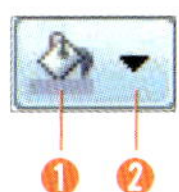

❶을 클릭하면 이전에 설정된 텍스트 색을 적용합니다.
❷를 클릭하면 좀 더 다양한 색상에서 원하는 색을 선택하여 적용합니다.

07

중지점 조정하기(2) ❶ '중지점 2/3'를 선택하고 ❷ '색' 명령 단추( )를 클릭하여 ❸ '주황'을 선택합니다.

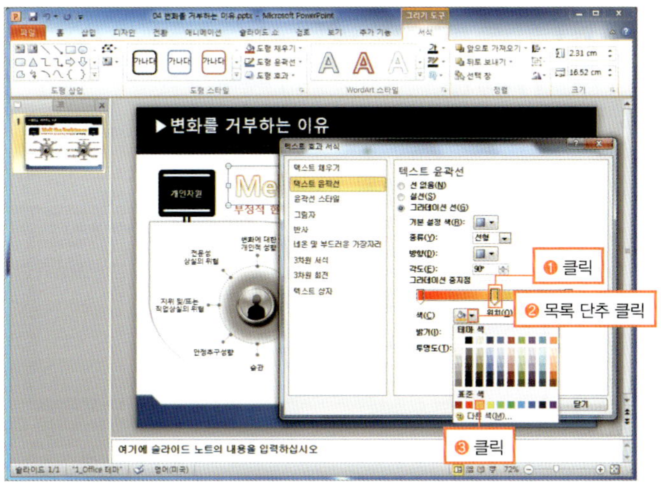

◎ 그라데이션 중지점은 색과 색이 만나는 지점으로, 지정된 위치에서 색이 혼합되어 부드러운 느낌을 줍니다.

텍스트 윤곽선을 다양하게 변경하기

제목 텍스트와 같이 크기가 큰 텍스트는 윤곽선을 활용하여 시선을 사로잡을 수 있는 디자인을 할 수 있으며, 세밀하게 텍스트 윤곽선을 변경하려면 '텍스트 효과 서식' 대화상자를 활용합니다.

❶ 텍스트에 서식을 설정하기 위해 텍스트 상자를 선택하고 **[그리기 도구]** – **[서식]** 탭 → **WordArt 스타일** 그룹 오른쪽 아래에 **대화상자 표시** 단추(⬛)를 클릭하여 '텍스트 효과 서식' 대화상자를 표시합니다.

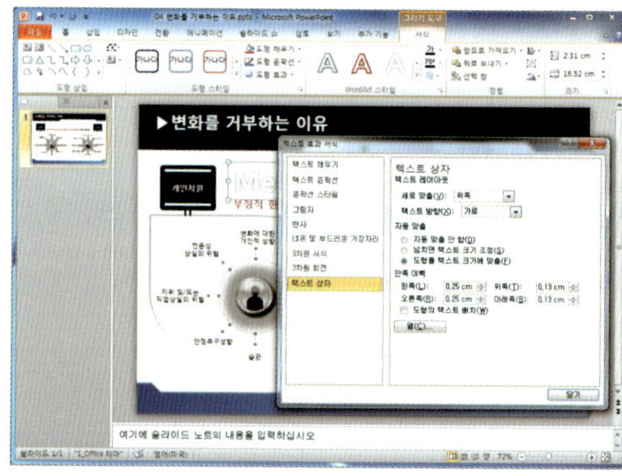

❷ '텍스트 효과 서식' 대화상자에서 [윤곽선 스타일]을 클릭하여 윤곽선과 관련된 서식(윤곽선 너비, 겹선 종류, 대시 종류, 끝 모양 종류, 조인 유형) 등을 원하는 스타일로 변경합니다.

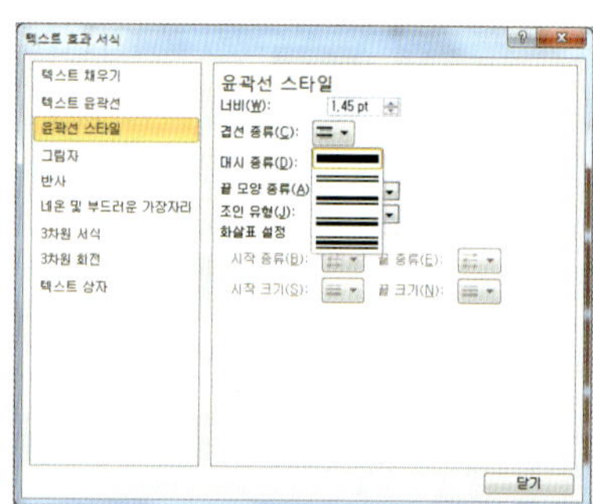

▲ 겹선 종류

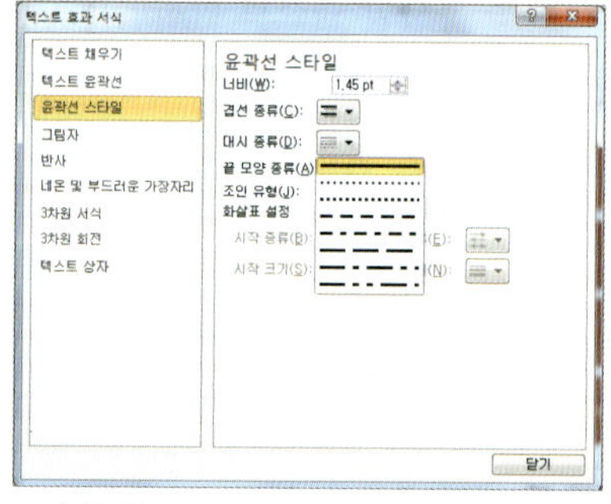

▲ 대시 종류

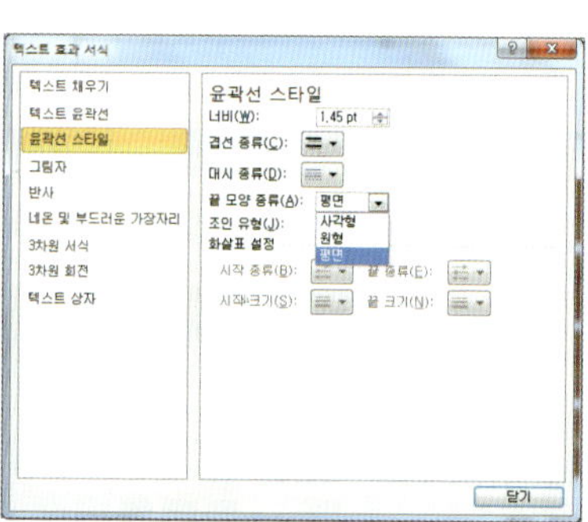

▲ 끝 모양 종류

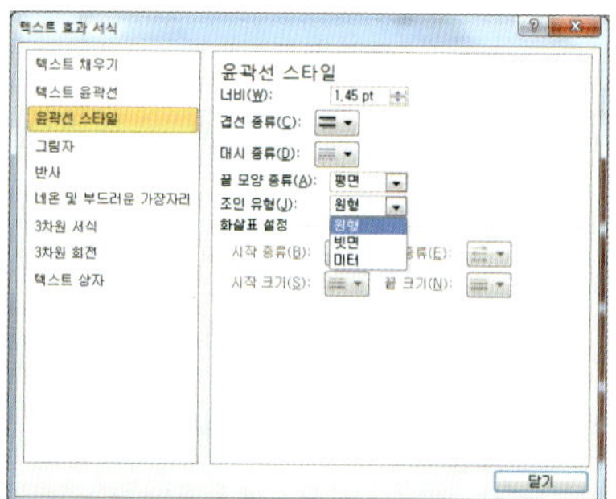

▲ 조인 유형

05 텍스트 효과 추가하기

파워포인트의 텍스트 효과는 그림자, 네온, 반사, 입체 효과, 3차원 회전, 변환 등의 효과를 추가하여 단순한 텍스트를 이미지화하여 가독성을 높일 수 있는 텍스트 디자인의 다양한 기능을 제공합니다. 텍스트 효과를 이용하여 마치 포토샵에서 만든 이미지처럼 멋진 텍스트를 빠르고 쉽게 제작할 수 있습니다.

1. 텍스트 효과 살펴보기

텍스트 효과는 그림자, 반사, 네온, 입체 효과, 3차원 회전, 변환의 6개 영역으로 구성되어 있습니다. 전문적인 프레젠테이션 문서 디자이너들이 포토샵에서 주로 작업해서 텍스트를 이미지로 저장한 후 일일이 문서에 삽입할 때 활용하던 주요 포토샵 기능들을 파워포인트에서도 사용할 수 있게 되었습니다.

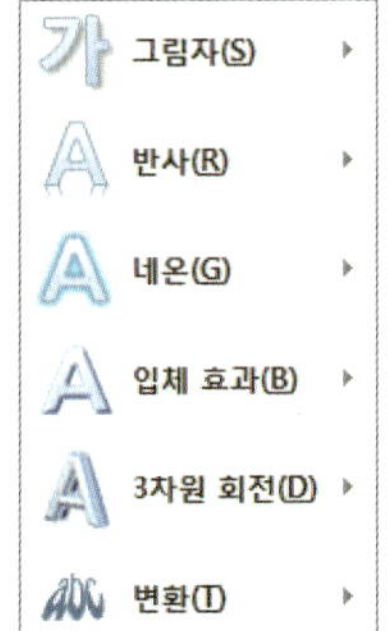

○ 05 본문예제.pptx를 참조하세요.

텍스트에 파워포인트에서 제공하는 텍스트 효과를 적용하는 방법은 [그리기 도구] – [서식] 탭 → WordArt 스타일 그룹 → 텍스트 효과 명령 단추(가▼)를 클릭하여 각각의 효과를 적용할 수 있습니다.

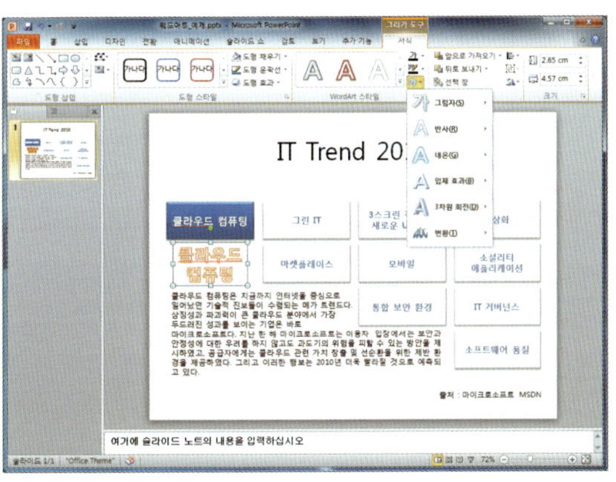

▲ '텍스트 효과' 선택 목록

○ **나만의 WordArt 스타일**

빠른 WordArt 스타일을 먼저 적용하고 각각의 효과를 추가 적용하거나 제거하면서 나만의 스타일을 만들 수 있습니다.

2. 텍스트 효과 추가하기

텍스트 효과인 그림자, 반사, 네온, 입체 효과, 3차원 회전, 변환 효과를 적용하는 방법에 대해 알아봅니다.

◎ 그림자 효과

텍스트에 그림자를 추가하거나 변경하려면 서식을 적용할 텍스트를 선택하고, [그리기 도구] – [서식] 탭 → WordArt 스타일 그룹 → **텍스트 효과**(가) → **그림자**를 가리킨 다음 원하는 그림자를 클릭합니다. 그림자를 사용자 지정으로 변경하려면 **그림자 옵션**을 클릭한 후 원하는 옵션을 선택합니다.

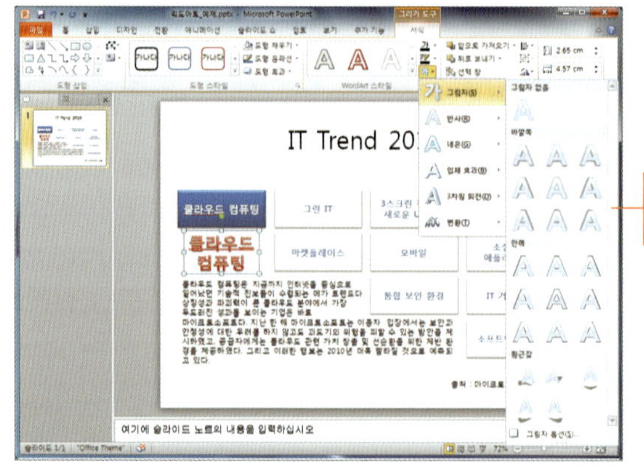

▲ 텍스트 효과 – '그림자' 선택 목록

다양한 그림자 효과가 표시됩니다.

◎ 반사 효과

텍스트에 반사 효과를 추가하거나 변경하려면 서식을 적용할 텍스트를 선택하고, [그리기 도구] – [서식] 탭 → WordArt 스타일 그룹 → **텍스트 효과**(가) → **반사**를 가리킨 다음 원하는 반사 효과를 클릭합니다.

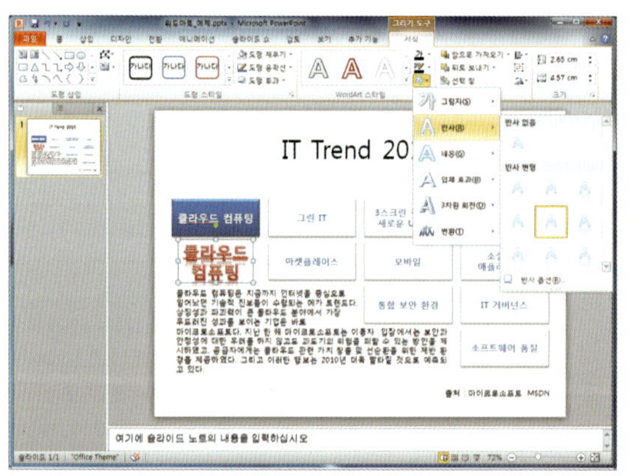

▲ 텍스트 효과 – '반사' 선택 목록

◎ 네온 효과

텍스트에 네온 효과를 추가하거나 변경하려면 서식을 적용할 텍스트를 선택하고, [그리기 도구] – [서식] 탭 → WordArt 스타일 그룹 → **텍스트 효과**(가) → **네온**을 가리킨 다음 원하는 네온 효과를 클릭합니다.

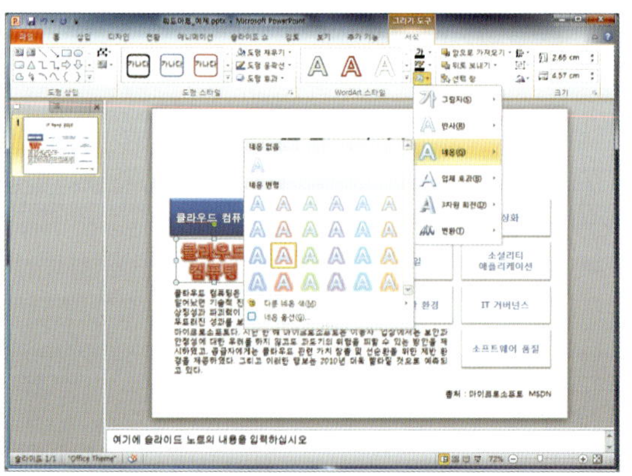

▲ 텍스트 효과 – '네온' 선택 목록

◎ 네온색 사용자 지정

네온 색을 사용자 지정으로 선택하려면 **다른 네온색**을 클릭한 후 원하는 색을 선택합니다.

● 입체 효과

가장자리를 추가하거나 변경하여 텍스트를 깊이
있게 나타내려면 서식을 적용할 텍스트를 선택하
고, [그리기 도구] – [서식] 탭 → WordArt 스타일 그
룹 → 텍스트 효과( ) → 입체 효과를 클릭한 후 원
하는 입체 효과를 선택합니다.

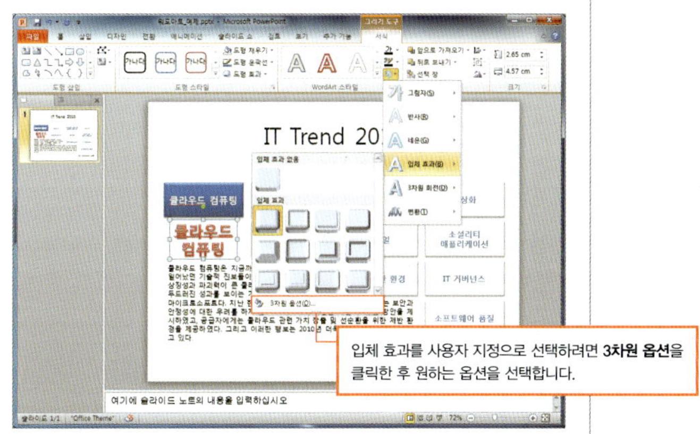

▲ 텍스트 효과 – '입체 효과' 선택 목록

● 3차원 회전 효과

텍스트에 3차원 회전 효과를 추가하거나 변경하
려면 서식을 적용할 텍스트를 선택하고, [그리기 도
구] – [서식] 탭 → WordArt 스타일 그룹 → 텍스트 효
과( ) → 3차원 회전을 가리킨 다음 원하는 회전
효과를 클릭합니다.

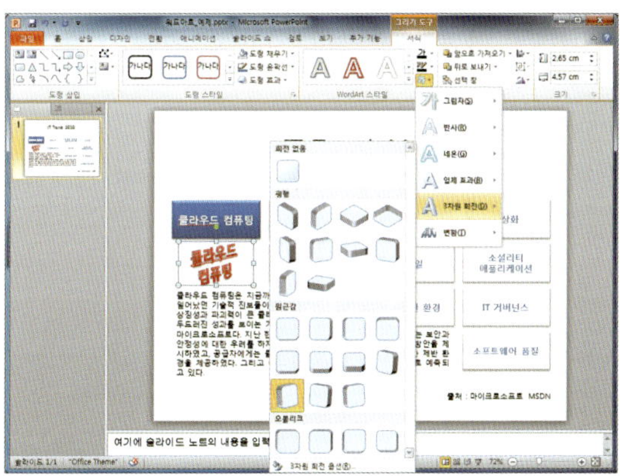

▲ 텍스트 효과 – '3차원 회전' 선택 목록

○ 3차원 회전

텍스트를 3차원 회전하
게 되면 자칫 가독성이 떨
어져서 청중이 내용을 파
악하기 어려울 수 있으므
로 주의하여 사용해야 합
니다.

● 변환 효과

텍스트에 변환 효과를 추가하거나 변경하려면 서식을 적용할 텍스트를 선택하고, [그리기 도구] – [서식]
탭 → WordArt 스타일 그룹 → 텍스트 효과( ) → 변환을 가리킨 다음 원하는 변환 효과를 클릭합니다.
텍스트에 추가한 효과를 제거하려면 효과의 선택 목록을 가리킨 다음 효과를 제거하는 옵션을 클릭합
니다.

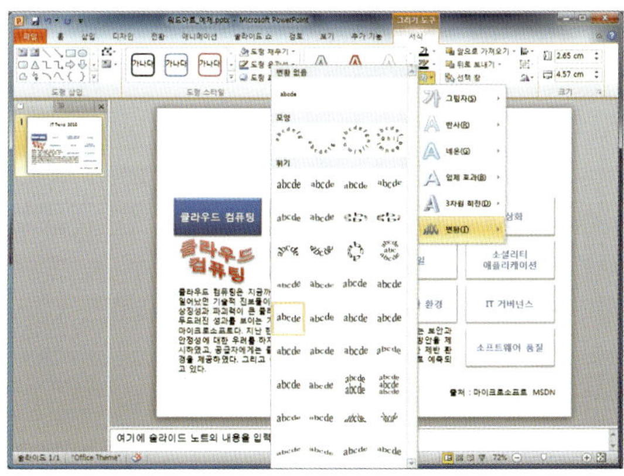

▲ 텍스트 효과 – '변환' 선택 목록

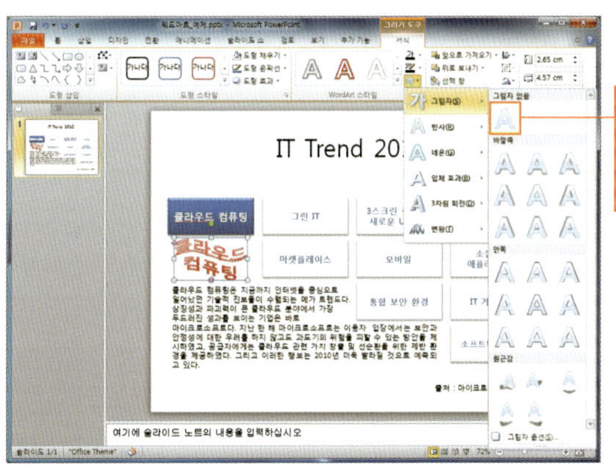

▲ 텍스트 효과 – '그림자 없음'

텍스트 효과 추가하기

📁 **준비 파일** : 05 변화관리의 10가지 원칙.pptx   📁 **완성 파일** : 05 변화관리의 10가지 원칙_결과.pptx

텍스트 효과는 자칫 텍스트의 가독성을 해치는 요인이 될 수 있기 때문에 주의하여 사용해야 합니다. 따라서 글꼴 크기가 아주 클 때나 굵은 글꼴로 되어 있을 때 적용하는 것이 효과적이라고 생각됩니다. 예제 파일을 따라하면서 텍스트에 텍스트 효과를 추가하는 방법에 대해 알아보겠습니다.

항목	변경 내용
텍스트 상자 (Change Management)	WordArt 스타일 : '채우기 – 흰색, 그림자', '굵게' 문자 간격 : '넓게' 효과 : '네온(검정)', '입체(리블렛)'
텍스트 상자	효과 : 3차원 회전 → 원근감(왼쪽, 오른쪽)

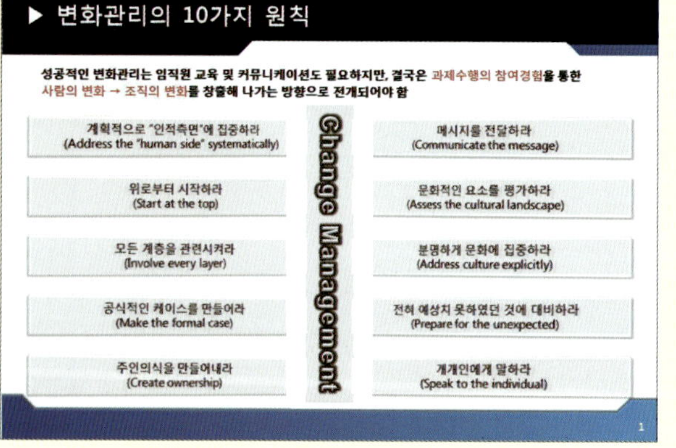

01 **예제 파일 열기** **05 변화관리의 10가지 원칙.pptx** 파일을 두 번 연속 클릭하면 파워포인트가 실행되면서 다음 화면이 나타납니다.

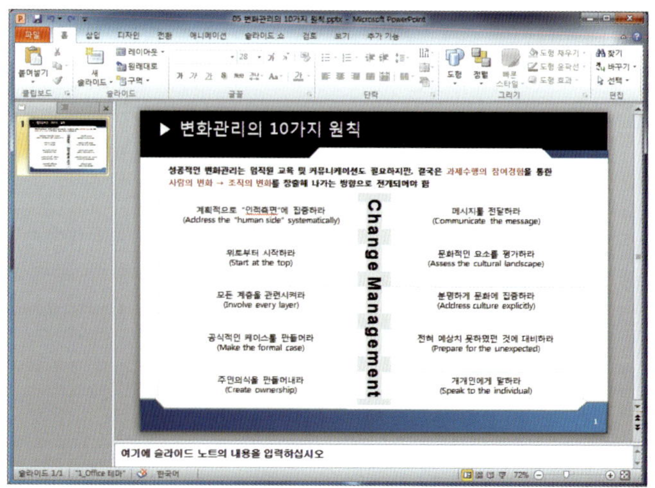

02

빠른 WordArt 스타일 적용하기 ❶ 텍스트 상자 (Change Management)를 선택하고 [그리기 도구] – ❷ [서식] 탭 → WordArt 스타일 그룹 → 빠른 WordArt 스타일 선택 목록에서 ❸ '채우기 – 흰색, 그림자'를 선택합니다.

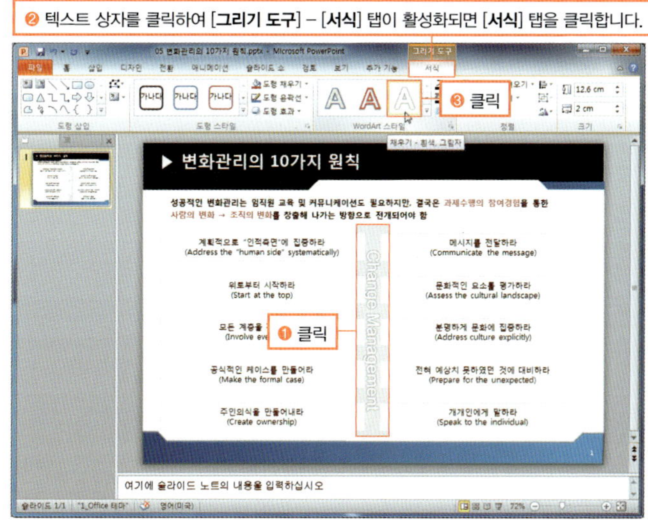

◐ 만약 빠른 WordArt 스타일 화면에 원하는 텍스트 효과가 표시되어 있지 않다면 [그리기 도구] – [서식] 탭 – WordArt 스타일 그룹 오른쪽 자세히 단추(⯆)를 클릭하여 선택 목록에서 해당 텍스트 효과를 선택하여 적용합니다.

03

텍스트 서식 변경하기 텍스트 상자가 선택된 상태에서 ❶ 마우스 오른쪽 단추를 클릭하여 ❷ 미니 도구 모음에서 '굵게'를 클릭합니다.

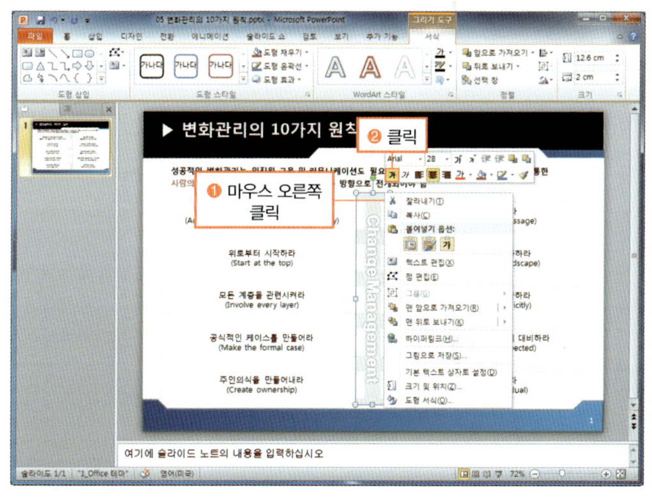

◐ 미니 도구 모음이 활성화된 상태에서 텍스트를 선택하면 반투명으로 표시됩니다. 미니 도구 모음이 표시되지 않을 때는 마우스 오른쪽 단추를 클릭하여 표시합니다.

04

문자 간격 조정하기 텍스트 간의 간격을 조정하기 위해 ❶ [홈] 탭 → 글꼴 그룹 → ❷ 문자 간격(⬌) → ❸ 넓게를 클릭합니다.

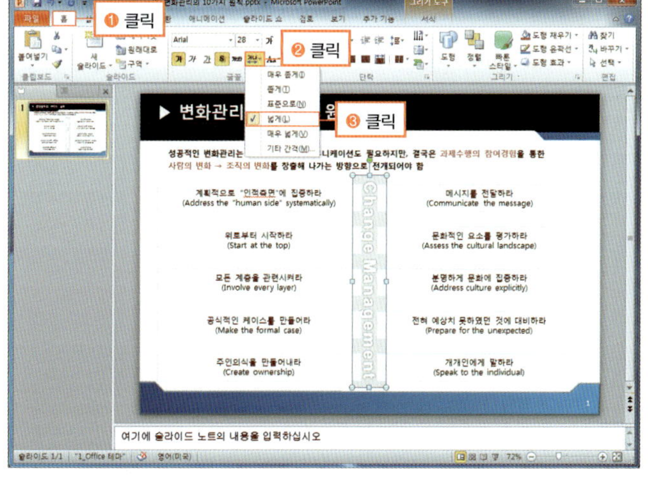

05 **네온 효과 적용하기** 텍스트 상자가 선택된 상태에서 텍스트 효과를 설정하기 위해 [그리기 도구] – ❶ [서식] 탭 → WordArt 스타일 그룹 → ❷ 텍스트 효과( ) → 네온 → ❸ 다른 네온색을 클릭한 후 ❹ '검정'을 선택합니다.

○ **네온색 사용자 지정**

네온 색을 사용자 지정으로 선택하려면 **다른 네온 색**을 클릭한 후 원하는 색을 선택합니다.

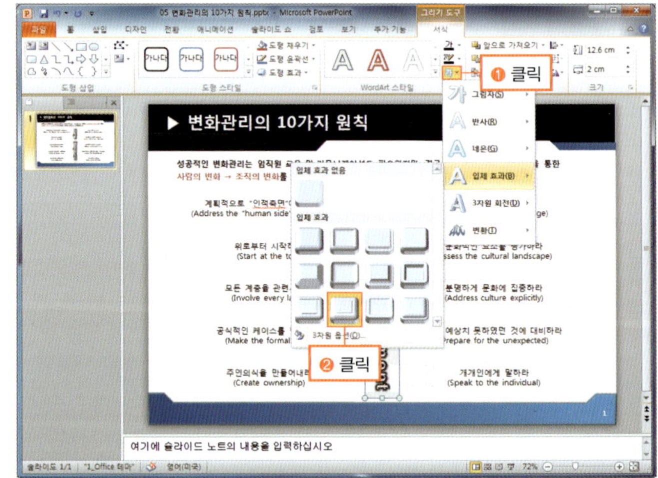

06 **입체 효과 적용하기** 텍스트에 입체 효과를 설정하기 위해 [그리기 도구] – [서식] 탭 → WordArt 스타일 그룹 → ❶ 텍스트 효과( ) → 입체 효과 → ❷ '리블렛'을 선택합니다.

07 **3차원 회전 효과 적용하기** ❶ Shift 키를 이용해 그림과 같이 오른쪽 5개의 텍스트 상자를 선택하고 [그리기 도구] – [서식] 탭 → WordArt 스타일 그룹 → ❷ 텍스트 효과( ) → 3차원 회전 → ❸ '원근감(왼쪽)'을 선택합니다.

○ 텍스트를 3차원 회전하게 되면 텍스트가 입력되어 있는 개체(텍스트 상자, 도형 등)도 동일하게 3차원 회전이 적용됩니다.

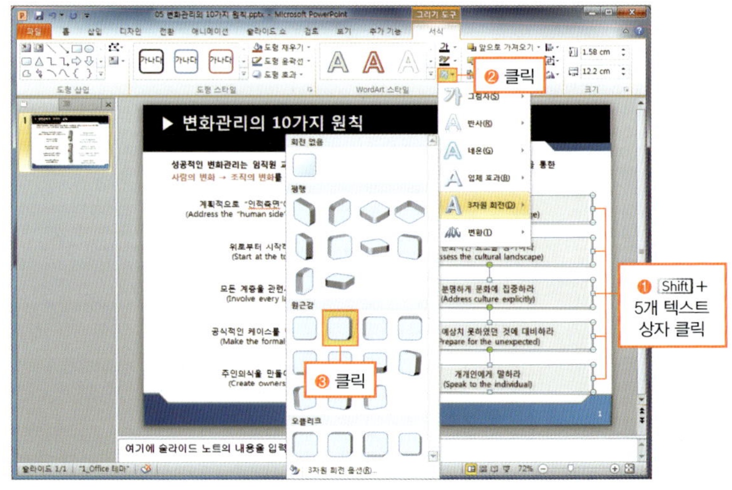

08 3차원 회전 효과 적용하기 ❶ 그림과 같이 왼쪽 5개의 텍스트 상자를 선택하고 [그리기 도구] − [서식] 탭 → WordArt 스타일 그룹 → ❷ 텍스트 효과(가 ▾) → 3차원 회전 → ❸ '원근감(오른쪽)'을 선택합니다.

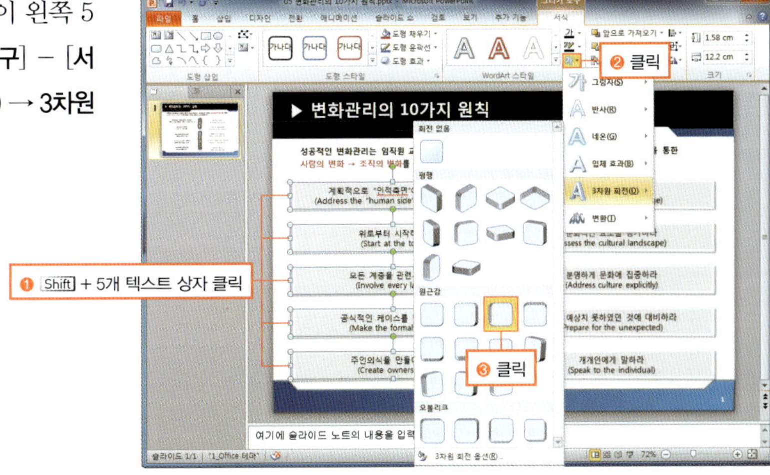

09 텍스트 효과 서식 표시하기 왼쪽 텍스트 상자들의 텍스트가 오른쪽 텍스트 상자들과 같이 도형의 회전에 따라 회전되지 않은 것을 볼 수 있는데, 이 경우에는 서식을 변경하여 텍스트를 오른쪽 텍스트 상자와 같이 회전해 줍니다.

텍스트 상자들이 선택된 상태에서 [그리기 도구] − [서식] 탭 → ❶ WordArt 스타일 그룹 오른쪽 아래에 대화상자 표시 단추(◱)를 클릭하여 '텍스트 효과 서식' 대화상자를 표시한 후 ❷ [3차원 회전]을 클릭하고 ❸ '텍스트' 항목의 '텍스트 3차원 회전 안 함'의 선택을 해제한 후 ❹ 〈닫기〉 단추를 클릭합니다.

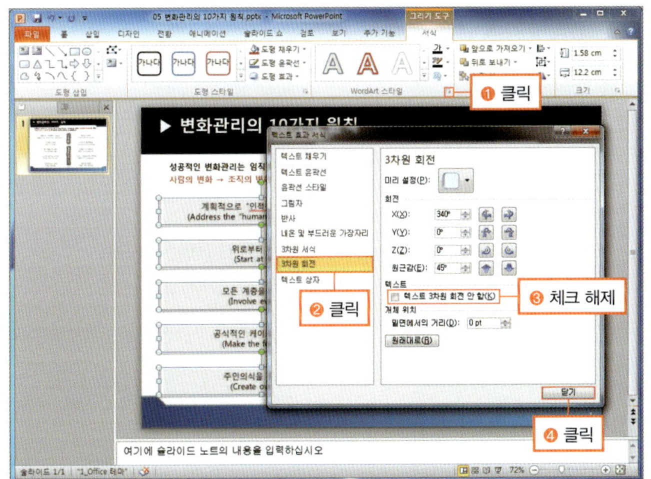

10 결과 확인하기 슬라이드가 완성되었습니다.

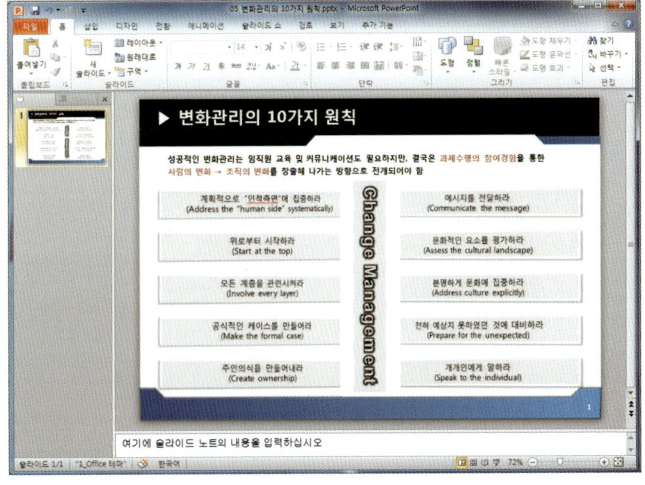

텍스트 서식 복사하기

텍스트에 적용되어 있는 서식을 다른 도형이나 텍스트 상자에 있는 텍스트에도 동일하게 적용할 수 있는데, 서식 복사를 통해 쉽게 텍스트 서식을 적용할 수 있습니다.

❶ "그린 IT"에 적용되어 있는 텍스트 서식을 다른 텍스트에 적용하기 위해 마우스 포인터를 "그린 IT"에 위치시킵니다. 리본 메뉴 [홈] 탭 → **클립보드** 그룹 → **서식 복사** 단추(📋)를 클릭한 후 마우스를 이동하여 "가상화"가 입력되어 있는 도형의 텍스트를 클릭합니다. 주의할 점은 도형의 테두리를 선택하지 않는 것입니다.

❷ "가상화"에 텍스트 서식이 적용된 것을 볼 수 있습니다.

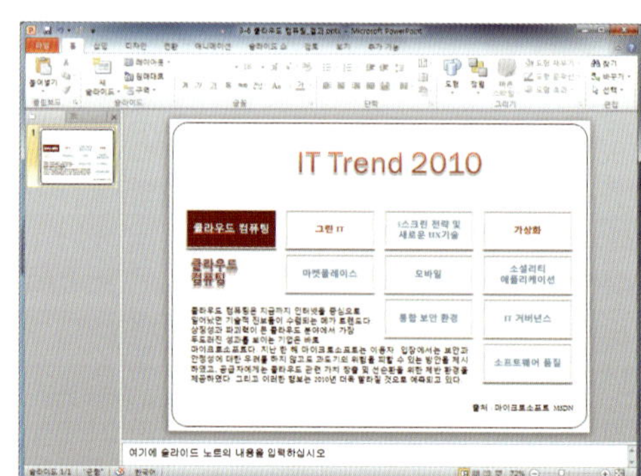

❸ 다른 텍스트들도 동일한 텍스트 서식을 적용해 보기 위해 "가상화" 텍스트를 클릭하고 리본 메뉴 [홈] 탭 → **클립보드** 그룹 → **서식 복사** 단추(📋)를 두 번 연속하여 클릭합니다. 마우스를 이동하여 다른 텍스트들을 클릭합니다.

❹ 서식 복사 단추를 한 번 클릭했을 경우에는 다른 텍스트 하나에만 서식을 적용할 수 있는 반면에, 서식 복사 단추를 두 번 연속하여 클릭하게 되면 원하는 만큼 다른 텍스트에 서식을 계속해서 적용할 수 있습니다. 텍스트 서식 적용이 완료되면 Esc 키를 눌러 서식 복사를 해제합니다.

◉ 텍스트 서식 복사 시에 띄어쓰기나 줄 바꿈이 되어 있을 경우에는 전체 텍스트에 서식이 적용되지 않습니다. 텍스트 서식 복사는 단어 단위나 띄어쓰기가 되지 않은 문장에 적용됩니다. 띄어쓰기가 되어 있는 문장을 한꺼번에 서식을 변경하려는 경우에는 마우스로 텍스트 전체를 끌면 전체 문장에 텍스트 서식이 적용됩니다.

텍스트 채우기 및 윤곽선 변경하기

텍스트 채우기와 윤곽선 변경 기능은 텍스트를 디자인하는데 매우 필수적이고 유용한 기능입니다. 텍스트 채우기는 질감, 그림 또는 그라데이션을 추가할 수 있으며, 윤곽선 변경에는 두께, 대시, 그라데이션 선을 적용할 수 있습니다.

1. 텍스트 채우기

텍스트를 그림, 그라데이션, 질감으로 채울 수 있으며, 텍스트를 그림으로 채울 경우에는 자칫 텍스트의 가독성이 떨어져 잘 보이지 않는 경우가 많으니 슬라이드의 배경이나 삽입된 개체들과 어울리도록 주의해서 사용해야 합니다.

텍스트 채우기 명령 단추는 기본적으로 설정된 색으로 텍스트를 빠르게 채우는 기능과 자세히 단추를 이용하여 다른 기타 기능을 이용할 수 있습니다.

❶ **빠른 채우기 색** : 설정된 색으로 텍스트에 바로 채우기 설정합니다.

❷ **다른 채우기 색** : 텍스트에 다른 채우기 색을 설정합니다.

❸ **그림** : 텍스트에 컴퓨터에 있는 다른 그림으로 채우기 설정합니다.

❹ **그라데이션** : 한 색에서 다른 색으로 색 및 음영이 변경되게 설정합니다.

❺ **질감** : 텍스트가 질감으로 표현되게 설정합니다.

● 그림으로 채우기

그림으로 채울 텍스트를 선택하고 [**그리기 도구**] − [**서식**] 탭 → WordArt **스타일** 그룹 → **텍스트 채우기** ( ) 오른쪽 단추( ) → **그림**을 클릭합니다. '그림 삽입' 대화상자에서 원하는 그림 파일을 선택하여 텍스트를 그림으로 채웁니다.

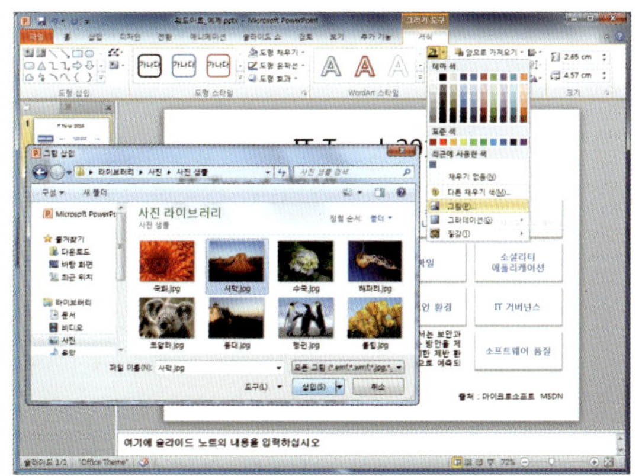

▲ 텍스트 − 그림으로 채우기

● 06 본문예제.pptx를 참조하세요.

● **그림으로 텍스트 채우기**

텍스트를 그림으로 채우려면 서체가 굵은 고딕계열의 글꼴을 사용하는 것이 좋습니다.

◉ 그라데이션으로 채우기

그라데이션은 한 색에서 다른 색으로 또는 한 음영에서 같은 색의 다른 음영으로 색 및 음영이 점진적으로 진행되는 것을 말합니다.

채우기를 추가할 텍스트나 개체를 선택하고 [**그리기 도구**] – [**서식**] 탭 → **WordArt 스타일** 그룹 → **텍스트 채우기**( ) 오른쪽 단추( ) → **그라데이션**을 가리킨 다음 원하는 그라데이션 변형을 클릭합니다. 그라데이션을 사용자 지정하려면 **기타 그라데이션**을 클릭한 후 원하는 옵션을 선택합니다.

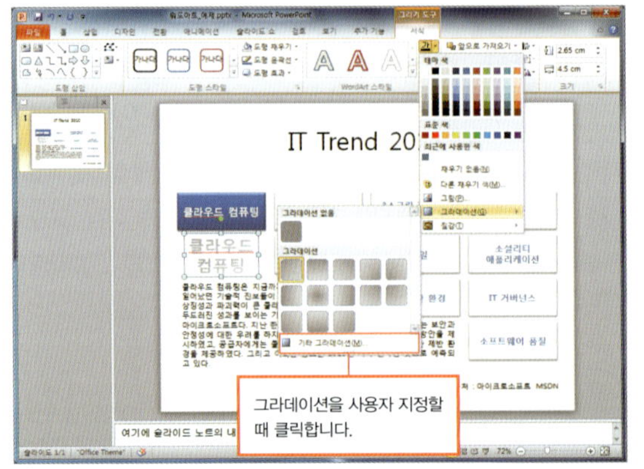

▲ 텍스트 – 그라데이션으로 채우기

◉ 질감으로 채우기

질감의 삽입으로 촌스러워 보이거나 가독성이 많이 떨어지는 것을 자주 볼 수 있기 때문에 사용에 유의해야 합니다.

채우기를 추가할 텍스트나 개체를 선택하고 [**그리기 도구**] – [**서식**] 탭 → **WordArt 스타일** 그룹 → **텍스트 채우기**( ) 오른쪽 단추( ) → **질감**을 가리킨 다음 원하는 질감을 선택합니다.

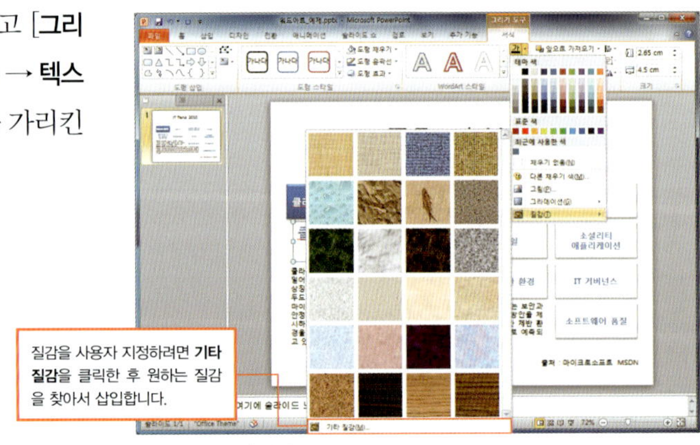

▲ '텍스트 질감' 선택 목록

◯ **텍스트를 질감으로 채우기**

질감 채우기는 다른 기능에 비해 가급적 사용 빈도를 줄이는 것이 좋으며, 질감으로 텍스트를 채우려면 파워포인트에서 제공되는 일반적인 질감이외의 인터넷에서 고급스러운 질감을 찾아서 적용하는 것이 좋습니다.

2. 텍스트 윤곽선 변경하기

텍스트 윤곽선에 두께, 대시를 변경하여 윤곽선의 모양을 변경할 수 있으며, 상황에 따라서 텍스트의 채우기 색을 없애고 윤곽선만을 활용하여 포인트를 강조할 수 있습니다.

◉ 두께 변경하기

텍스트의 내용을 강하게 강조하거나 시각적인 효과를 위해 윤곽선의 두께를 '굵게' 또는 '얇게' 표현할 수 있으며, 텍스트의 두께는 사용자 정의에 의해 자유롭게 지정할 수 있습니다.

◯ **다양한 윤곽선 서식 변경**

텍스트 두께와 다른 윤곽선 서식을 변경하려면 [**그리기 도구**] – [**서식**] 탭 → **WordArt 스타일** 그룹 오른쪽 아래에 **대화상자 표시 단추**( )를 클릭하여 '텍스트 효과 서식' 대화상자를 표시하여 변경합니다.

윤곽선의 두께를 변경할 텍스트를 선택하고 [**그리기 도구**] − [**서식**] 탭 → **WordArt 스타일** 그룹 → **텍스트 윤곽선**( ) 오른쪽 단추( ) → **두께**를 클릭하여 원하는 선 두께를 선택합니다. 사용자 지정 선 두께를 설정하려면 **다른 선**을 클릭한 후 원하는 옵션을 선택합니다.

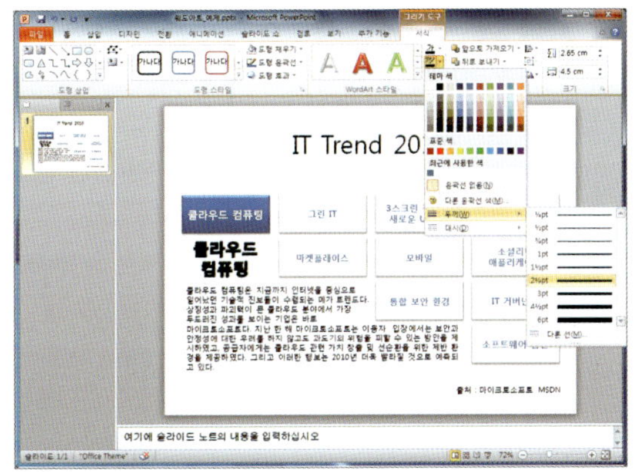

▲ 텍스트 윤곽선 − '두께' 선택 목록

● 대시 변경하기

윤곽선 대시는 선을 파선으로 만드는 것으로, 파선은 짧은 선을 일정한 간격을 두고 벌려 놓거나 물결 형태로 선을 표시하는 방법입니다.

윤곽선의 대시를 변경할 텍스트를 선택하고 [**그리기 도구**] − [**서식**] 탭 → **WordArt 스타일** 그룹 → **텍스트 윤곽선**( ) 오른쪽 단추( ) → **대시**를 클릭하여 원하는 대시 모양을 선택합니다.

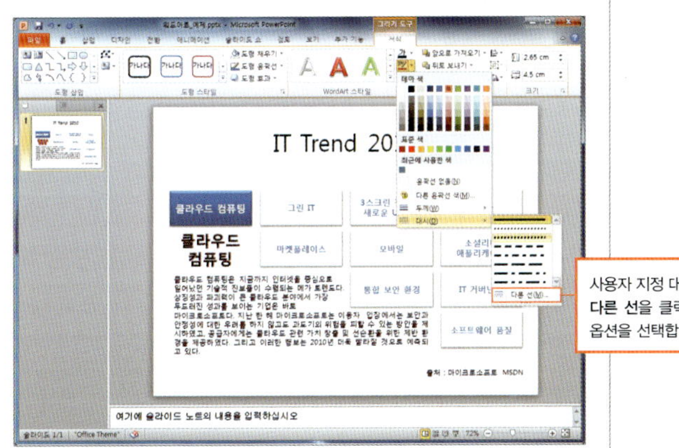

▲ 텍스트 윤곽선 − '대시' 선택 목록

3. 텍스트 효과 서식 활용하기

텍스트 효과 서식은 세밀하게 텍스트의 효과를 적용하거나 다양한 방식으로 텍스트를 디자인 할 때 사용합니다. 텍스트 효과 서식은 텍스트를 패턴으로 채우거나 선 그라데이션 효과를 추가적으로 적용할 수 있으며, 텍스트 채우기나 윤곽선을 변경할 수 있는 모든 기능이 포함되어 있는 텍스트 디자인의 고급 기능입니다.

텍스트 효과 서식을 적용하려면 '텍스트 효과 서식' 대화상자에서 텍스트를 선택하고 [**그리기 도구**] − [**서식**] 탭 → **WordArt 스타일** 그룹 오른쪽 아래에 '텍스트 효과 서식' **대화상자 표시** 단추( )를 클릭합니다.

▲ 텍스트 효과 서식 설정

● 텍스트를 패턴으로 채우기

텍스트를 패턴으로 채울 수 있으며, 패턴은 파워
포인트 2003 버전까지 제공되었다가 2007 버전
에서는 기능이 사라졌습니다. 그러나 2010 버전
에서 다시 패턴을 활용할 수 있도록 추가되었습
니다.

패턴 채우기를 추가할 텍스트를 선택하고 [그리기
도구] – [서식] 탭 → WordArt 스타일 그룹 오른쪽 아
래에 '텍스트 효과 서식' 대화상자 표시 단추(⊡)를
클릭합니다. '텍스트 효과 서식' 대화상자에서 [텍
스트 채우기]를 클릭한 후 '패턴 채우기'를 선택한
후 패턴 채우기의 패턴, 전경색 및 배경색을 선택
합니다.

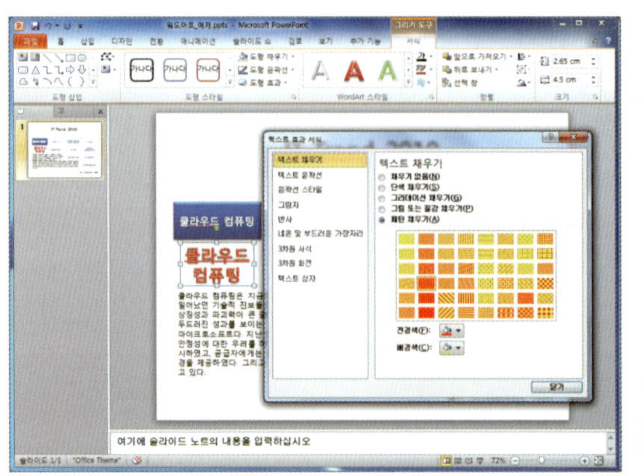

▲ 텍스트 패턴 채우기

● 그라데이션 선 적용하기

윤곽선에도 부드러운 그라데이션을 적용할 수 있어서 단색으로 윤곽선을 표시할 때보다 훨씬 고급스러
운 디자인을 할 수 있습니다.

윤곽선에 그라데이션을 추가할 텍스트를 선택하
고 [그리기 도구] – [서식] 탭 → WordArt 스타일 그
룹 오른쪽 아래에 '텍스트 효과 서식' 대화상자 표시
단추(⊡)를 클릭합니다. '텍스트 효과 서식' 대화
상자에서 [텍스트 윤곽선]을 클릭하여 '그라데이
션 선'을 클릭한 후 기본 설정 색, 종류, 방향, 각
도 등을 선택하고 중지점의 위치를 변경합니다.
윤곽선에 그라데이션을 적용하고 〈닫기〉 단추를
클릭합니다.

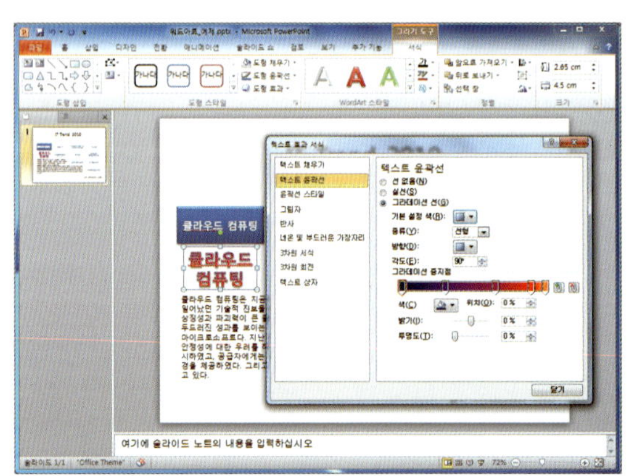

▲ 텍스트 그라데이션 선 설정

텍스트 채우기 및 윤곽선 변경하기

📁 **준비 파일 :** 06 변화관리.pptx　　📁 **완성 파일 :** 06 변화관리_결과.pptx

텍스트의 채우기 및 윤곽선 색을 단색 계열에서 벗어나 다양한 효과를 추가하여 자유롭게 디자인 할 수 있습니다. 그림이나 질감, 패턴 등의 효과의 적용으로 포인트의 강조와 함께 시각적인 슬라이드 디자인을 할 수 있습니다. 예제 파일을 따라하면서 텍스트 채우기 및 윤곽선을 변경하는 방법에 대해 알아보겠습니다.

항목	변경 내용
텍스트 상자 (C)	C(흰색) : 텍스트 '채우기 없음', 텍스트 윤곽선 '실선', 투명도 '70%' 검은색(C) : 그라데이션 채우기(종류:선형, 방향:선형 왼쪽) 중지점 채우기 : 중지점 2/3(위치 '50%', 투명도 '64%'), 중지점 3/3(위치 '100%', 투명도 '100%')
텍스트 상자 (Change)	그림 또는 질감 채우기 : '그림1.jpg' 효과 : 네온 및 부드러운 가장자리 네온 색 '흰색', 크기 '8pt', 투명도 '60%'
텍스트 상자 (Change Management)	패턴 채우기 : '5%' 효과 : 네온 및 부드러운 가장자리 네온 색 '흰색', 크기 '6pt', 투명도 '60%'
오른쪽 텍스트 상자	텍스트 채우기 : '단색 채우기', 투명도 '70%'

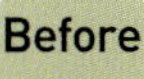

01 **예제 파일 열기** **06 변화관리.pptx** 파일을 두 번 연속 클릭하면 파워포인트가 실행되면서 다음 화면이 나타납니다.

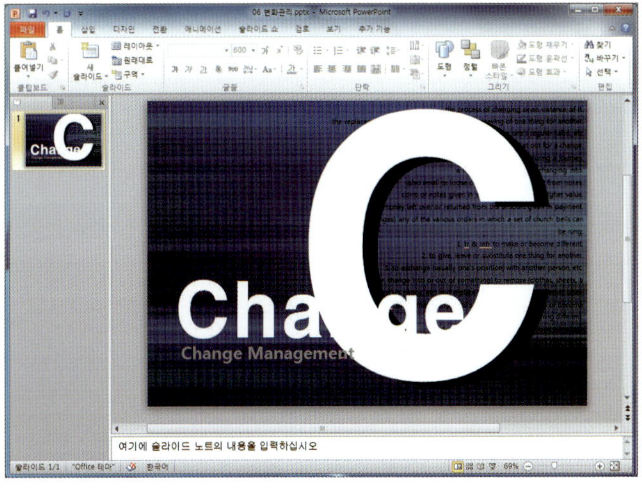

02 텍스트 효과 서식 표시하기
❶ 텍스트 상자(흰색 'C')를 선택하고 [**그리기 도구**] – ❷ [**서식**] 탭 → ❸ **WordArt 스타일** 그룹 오른쪽 아래에 **대화상자 표시** 단추(□)를 클릭하여 '텍스트 효과 서식' 대화상자를 표시합니다.

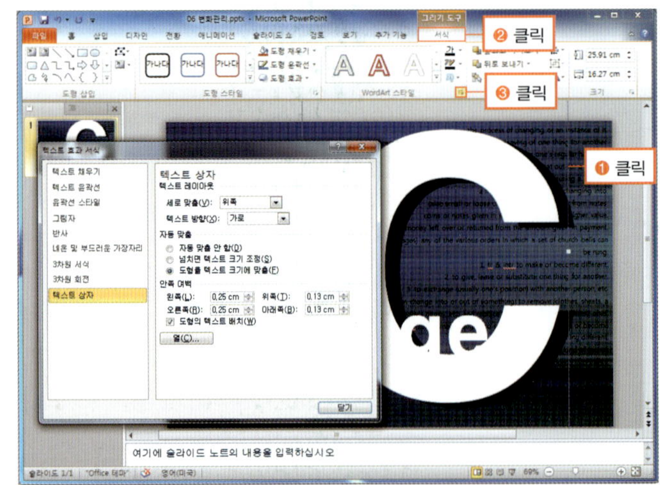

03 텍스트 채우기 없음
❶ '텍스트 효과 서식' 대화상자에서 [텍스트 채우기]를 선택하고 ❷ '채우기 없음' 확인란을 선택합니다. 흰색 텍스트 C가 텍스트 채우기 없는 투명한 C로 변경됩니다.

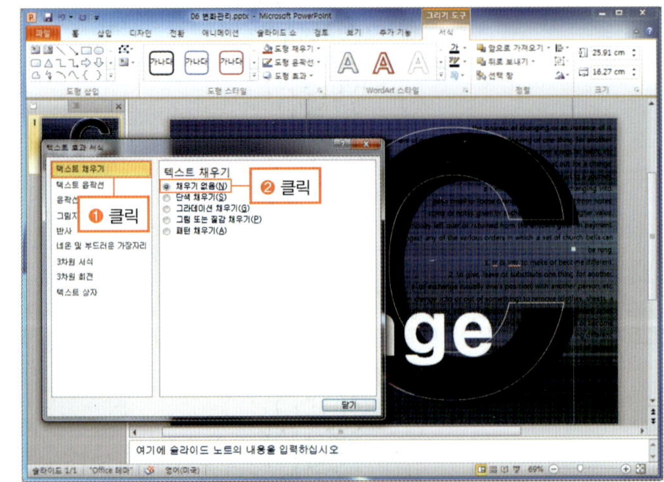

04 윤곽선에 투명도 적용하기
'텍스트 효과 서식' 대화상자가 표시된 상태에서 ❶ [텍스트 윤곽선]을 선택하고 ❷ '실선'을 선택한 다음 ❸ '투명도'를 '70%'로 설정합니다.

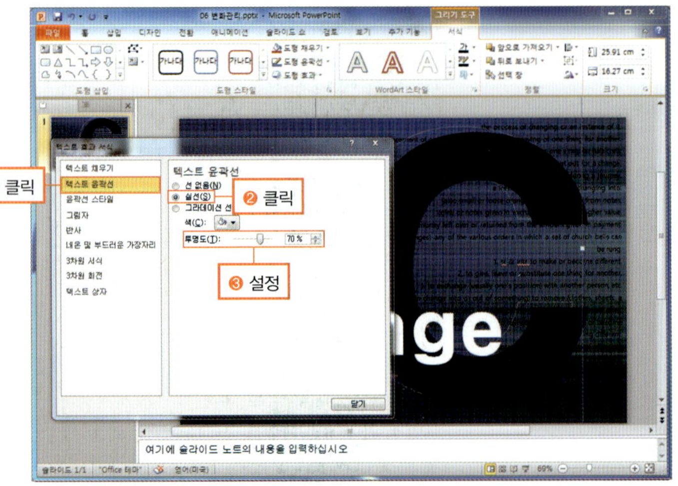

○ '텍스트 효과 서식' 대화상자의 활용

특정 개체의 서식 추가를 위해 대화상자를 표시하여 서식을 변경하고 난 후 대화상자가 표시된 상태에서 다른 개체의 서식을 계속해서 변경할 수 있습니다.

05 그라데이션 채우기 '텍스트 효과 서식' 대화상자가 표시된 상태에서 ❶ 검정색 'C'가 입력되어 있는 텍스트 상자를 선택하고 '텍스트 효과 서식' 대화상자의 ❷ [텍스트 채우기]를 클릭한 다음 ❸ '그라데이션 채우기'를 선택하고 ❹ '종류 : 선형, 방향 : 선형 왼쪽'으로 변경합니다.

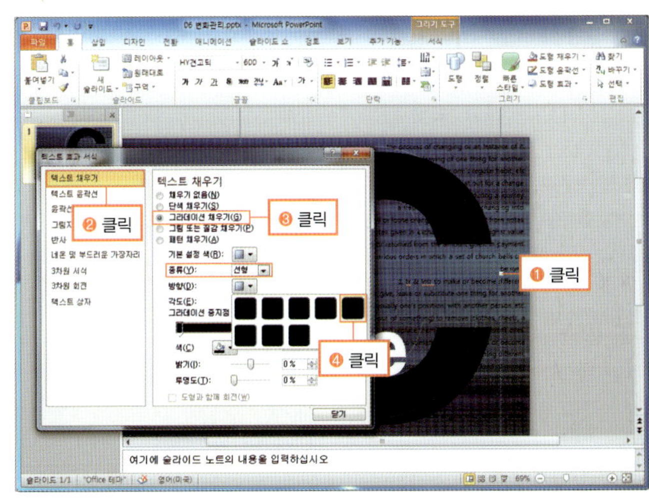

06 중지점 채우기 변경하기(1) ❶ '그라데이션 중지점' 항목의 '중지점 2/3'를 클릭하고 ❷ '위치 − 50%, 투명도 − 64%'로 설정합니다.

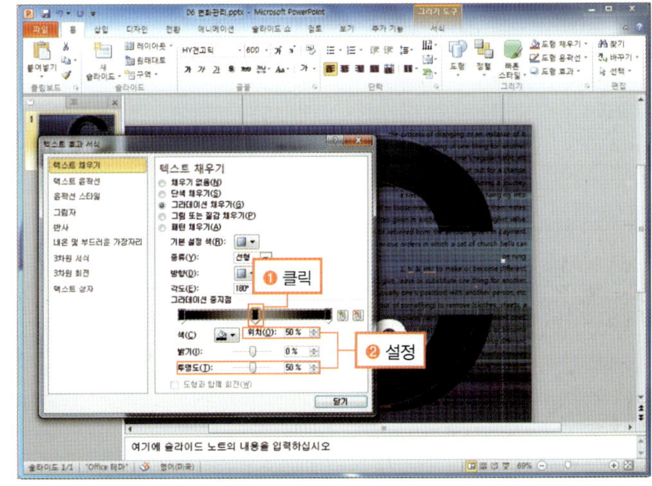

07 중지점 채우기 변경하기(2) ❶ '그라데이션 중지점' 항목의 '중지점 3/3'을 클릭하고 ❷ '위치 − 100%, 투명도 − 100%'로 설정합니다.

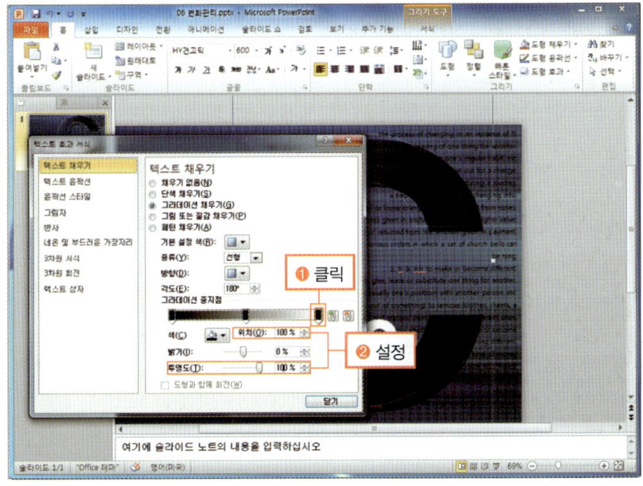

08 그림 또는 질감 채우기 ❶ 제목 텍스트 상자 (Change)를 선택하고 '텍스트 효과 서식' 대화상자의 [텍스트 채우기]에서 ❷ '그림 또는 질감 채우기'를 선택합니다. ❸ '다음에서 삽입' 항목의 〈파일〉 단추를 클릭하고 ❹ '그림 삽입' 대화상자에서 예제 폴더의 "그림1.jpg"를 선택한 후 ❺ 〈삽입〉 단추를 클릭합니다.

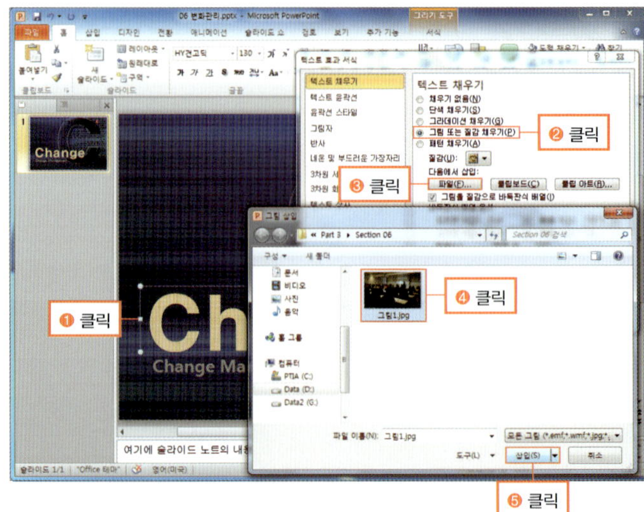

09 네온 옵션 적용하기 텍스트에 효과를 적용하기 위해 '텍스트 효과 서식' 대화상자에서 ❶ [네온 및 부드러운 가장자리]를 선택하고 ❷ '색 – 흰색, 크기 – 8pt, 투명도 – 60%'로 설정합니다.

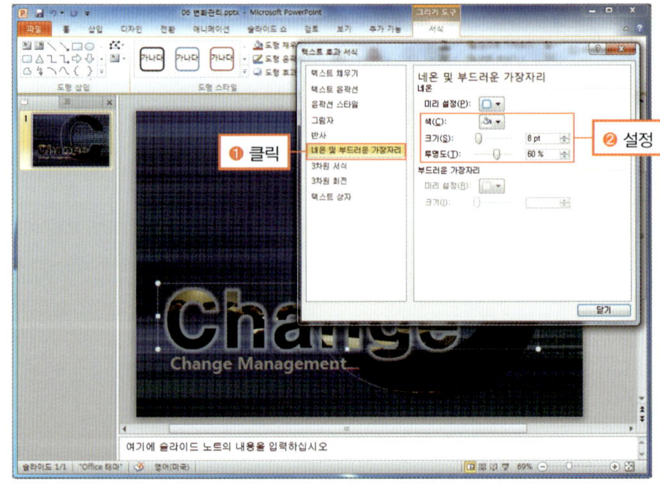

10 패턴 채우기 ❶ 텍스트 상자(Change Manage-ment)를 선택하고 ❷ '텍스트 효과 서식' 대화상자에서 [텍스트 채우기]를 클릭한 다음 ❸ 패턴 채우기'를 클릭하여 ❹ '5%'를 선택합니다.

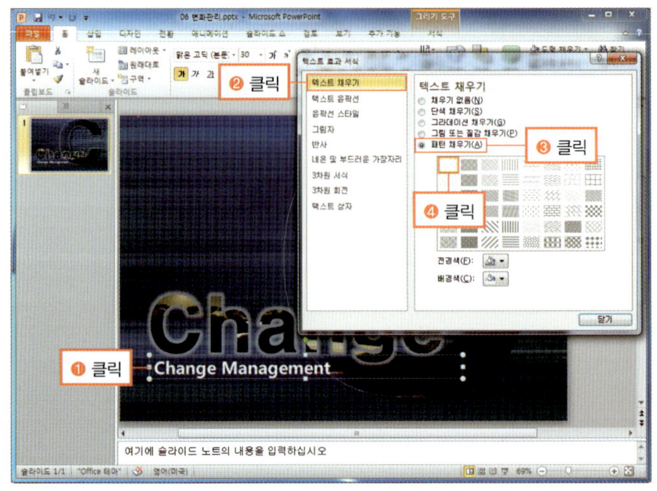

11 **네온 옵션 적용하기** 텍스트에 효과를 적용하기 위해 '텍스트 효과 서식' 대화상자에서 ❶ [네온 및 부드러운 가장자리]를 클릭한 후 ❷ '색 – 흰색, 크기 – 6pt, 투명도 – 60%'로 설정합니다.

◎ 네온 색을 사용자 지정하려면 다른 네온 색을 클릭한 다음 원하는 색을 선택합니다. 만약에 없는 색으로 변경하려면 **다른 색**을 클릭하고 [표준] 탭에서 원하는 색을 클릭하거나 [사용자 지정] 탭에서 색을 혼합합니다.

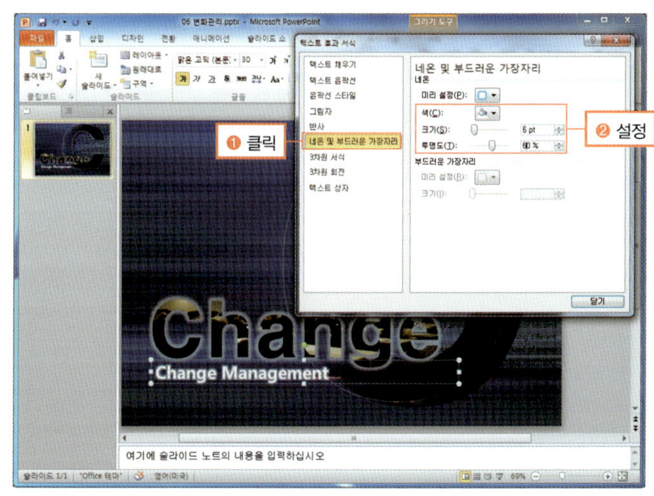

12 **투명도 적용하기** ❶ 오른쪽 끝에 작은 텍스트로 채워져 있는 텍스트 상자를 선택하고 '텍스트 효과 서식' 대화상자에서 ❷ [텍스트 채우기]를 클릭하여 ❸ '단색 채우기'를 선택하고 ❹ '투명도'를 '70%'로 설정합니다. ❺ 작업이 완료되면 〈닫기〉 단추를 클릭하고 '텍스트 효과 서식' 대화상자에서 빠져 나옵니다.

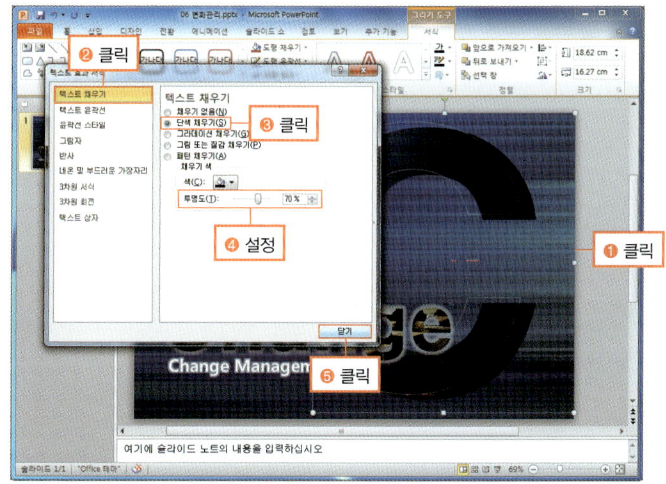

13 **결과 확인하기** 슬라이드가 완성되었습니다.

상용 글꼴을 포함하지 않아도 적용된 글꼴이 깨지지 않게
사용할 수 있는 방법

파워포인트 문서 작성 시 윈도에서 제공되는 기본 글꼴만을 활용하여 문서를 작성하는 것이 좋습니다. 상용 글꼴을 사용하는 경우 상용 글꼴이 설치되어 있는 컴퓨터나 노트북에서 실행할 경우에는 문제가 생기지 않지만 해당 상용 글꼴이 설치되어 있지 않은 컴퓨터나 노트북에서는 글꼴이 깨져 보이기 때문입니다. 이런 경우를 대비하여 상용 글꼴을 사용하는 경우에는 텍스트에 효과를 적용하고 이를 그림으로 저장하여 다시 삽입하면 다른 컴퓨터에서 깨져 보이지 않게 됩니다. 텍스트를 그림으로 저장하는 방법에 대해 알아보겠습니다.

❶ 상용 글꼴을 사용한 텍스트가 포함된 개체 틀, 도형, 텍스트 상자를 선택한 후 마우스 오른쪽 단추를 클릭하여 바로 가기 메뉴에서 **그림으로 저장**을 클릭합니다.

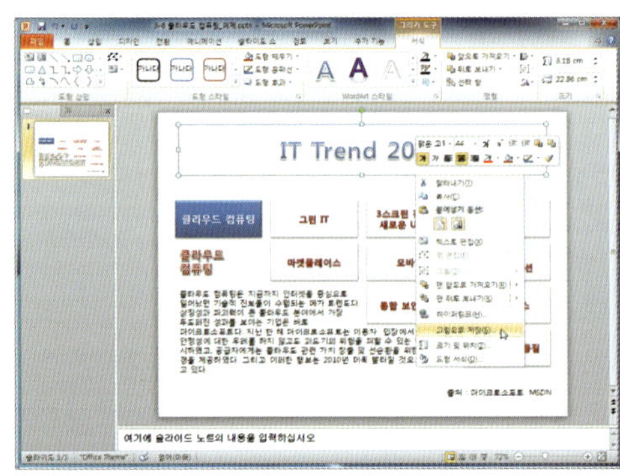

❷ '그림으로 저장' 대화상자에서 '파일 형식'을 'png'로 설정하고 원하는 폴더를 선택한 후 〈저장〉 단추를 클릭합니다.

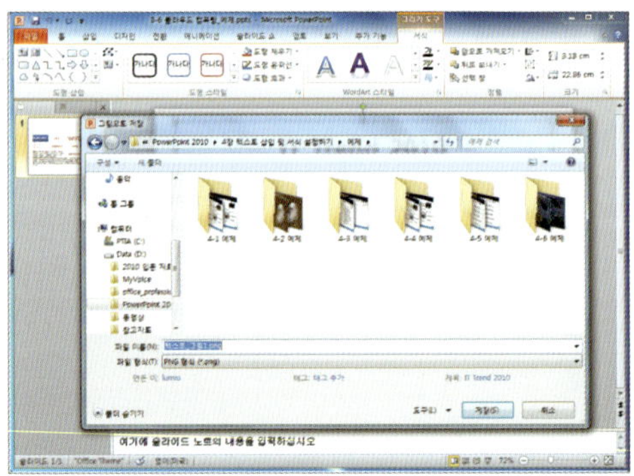

❸ 슬라이드로 돌아와서 상용 글꼴을 사용한 개체 틀을 삭제한 후 [삽입] 탭 → **이미지** 그룹 → **그림**을 클릭하여 바로 전에 저장했던 그림 파일을 삽입합니다. 그림으로 삽입된 텍스트는 다른 컴퓨터에서도 글꼴이 깨지지 않게 됩니다.

> ◐ 텍스트를 이미지로 저장할 때 반드시 'png' 파일로 저장해야 하며, png 파일은 그림의 배경색을 투명하게 하여 저장할 수 있는 그림 파일의 형식입니다. 우리가 일반적으로 사용하는 jpeg 형식은 배경색이 없는 경우 흰색으로 배경색을 저장하게 되므로, 반드시 png 파일 형식으로 저장하기 바랍니다.

파일에서 그림 삽입하기

단순하게 텍스트만으로 슬라이드를 구성하는 것은 설득력을 높일 수 없습니다. 프레젠테이션 문서 작성 시 자신이 가지고 있는 그림이나 인터넷에서 다운로드한 그림, 상품 이미지나 회사 로고 등을 삽입하여 발표 내용을 오랫동안 기억할 수 있도록 슬라이드를 디자인 할 수 있습니다. 파일 및 다른 문서에서 그림을 가져와 삽입하거나 배경으로 사용할 수 있는 방법을 알아보겠습니다.

1. 그림 삽입 메뉴 살펴보기

그림은 슬라이드 디자인의 질을 좌우하는 중요한 요소로, 내용과 부합되는 그림은 청중들의 시선을 사로잡는 동시에 기억의 효과를 높일 수 있습니다. 슬라이드에 그림 삽입과 관련된 명령은 [**삽입**] 탭의 **이미지** 그룹에 위치해 있습니다.

○ 07 본문예제_1.pptx, 07 본문예제_2.pptx를 참조하세요.

❶ **그림** : 파일에서 그림을 삽입합니다.
❷ **클립 아트** : 특정 개념을 나타내는 그림, 동영상, 소리 또는 사진 등의 클립 아트를 문서에 삽입합니다.
❸ **스크린샷** : 작업 표시줄로 최소화되지 않은 프로그램을 캡처하여 삽입합니다.
❹ **사진 앨범** : 그림 집합을 기반으로 그림을 해당 슬라이드에 한꺼번에 삽입합니다.

2. 파일에서 그림 삽입하기

컴퓨터에 저장되어 있는 그림이나 인터넷을 통해 다운로드한 그림은 그림 파일의 종류에 상관없이 모든 슬라이드에 삽입할 수 있습니다.

① 그림을 슬라이드에 삽입하려면 [**삽입**] 탭 → **이미지** 그룹 → **그림** 명령 단추(▣)를 클릭한 후 '그림 삽입' 대화상자에서 그림이 있는 폴더로 이동하여 원하는 그림을 선택하고 〈삽입〉 단추를 클릭합니다.
② 삽입된 그림을 선택한 후 크기 조정 핸들을 이용해 크기와 위치를 변경합니다.

○ **탐색기에서 그림 삽입**

윈도 탐색기에서 원하는 그림 파일을 선택하여 파워포인트로 바로 끌어서 삽입할 수도 있습니다.

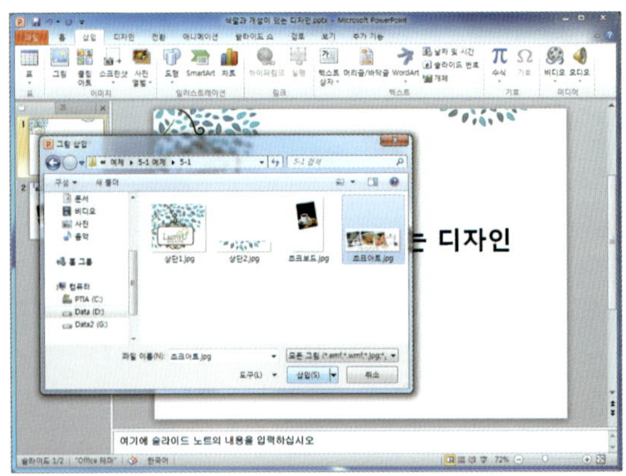
▲ '그림 삽입' 대화상자를 이용한 그림 삽입

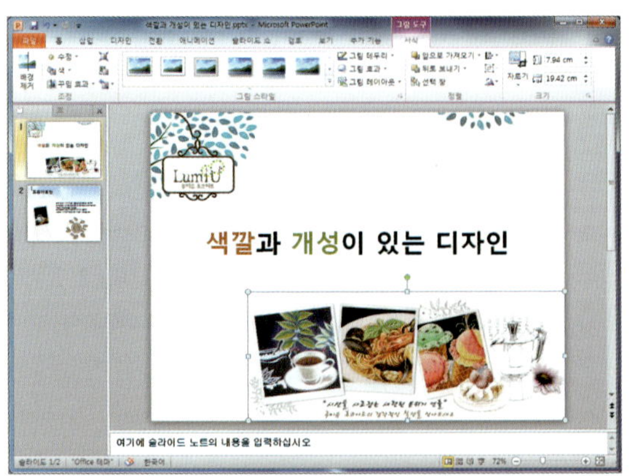
▲ 크기 조정 핸들로 크기와 위치 조정

3. 다른 문서에서 그림 가져오기

다른 프레젠테이션 파일에 사용된 그림을 작업 중인 슬라이드에 사용하려면 두 개의 파일을 열어 놓고 이미 사용된 그림을 복사하여 작업 중인 슬라이드에 붙여넣기를 합니다.

복사하고자 할 그림을 선택하고 마우스 오른쪽 단추를 클릭한 다음 바로 가기 메뉴에서 **복사**를 선택합니다. 그림을 삽입할 슬라이드에서 마우스 오른쪽 단추를 클릭한 다음 바로 가기 메뉴에서 **붙여넣기 → 대상 테마 사용**을 클릭합니다.

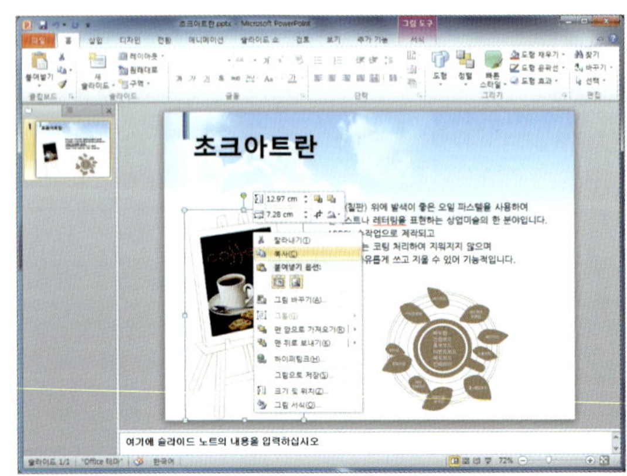

▲ 복사하기

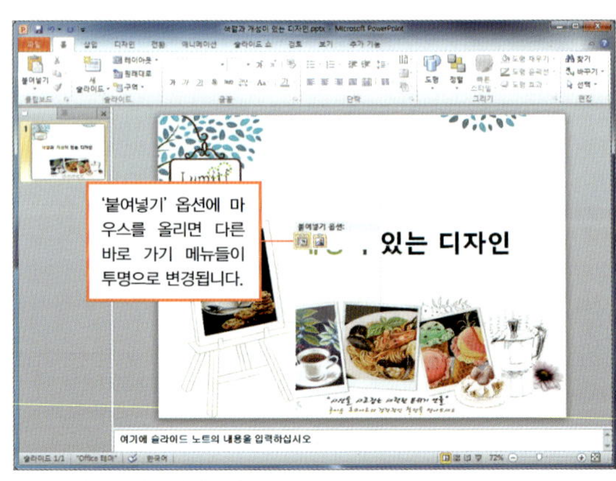

▲ 붙여넣기 – 대상 테마 사용

4. 슬라이드 배경으로 그림 사용

파워포인트에서는 그림이나 클립 아트를 슬라이드의 배경으로 사용할 수 있습니다. 특정 그림을 슬라이드의 배경으로 사용하여 단조로운 슬라이드의 전개에 변화를 줄 수 있고, 포인트를 강조할 수 있습니다.

① 슬라이드 배경으로 그림을 사용하려면 [**디자인**] 탭 → **배경** 그룹 → **배경 스타일**(배경 스타일 ▾)의 **배경 서식**을 클릭합니다.

② '배경 서식' 대화상자에서 [채우기]를 클릭한 다음 '그림 또는 질감 채우기'를 클릭합니다. 그림을 삽입하기 위해 '다음에서 삽입' 항목의 〈파일〉 단추를 클릭하고 원하는 그림을 선택한 후 〈삽입〉 단추를 클릭합니다.

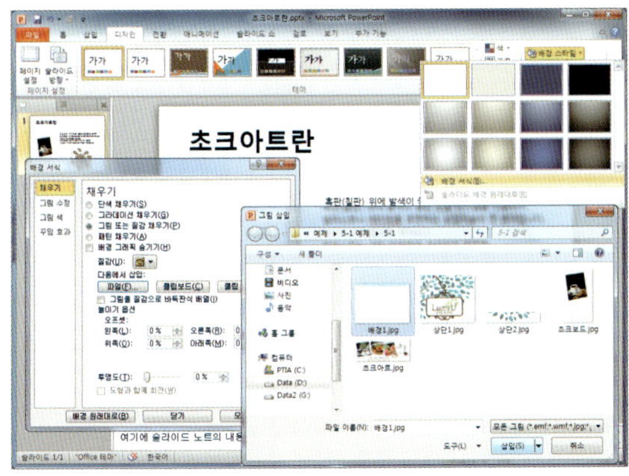
▲ '배경 스타일' – 배경 서식

▲ 슬라이드 배경으로 그림 삽입

'배경 서식' 대화상자에는 슬라이드나 개체의 채우기 및 세밀한 효과를 적용하기 위해 사용되는 명령들이 모여 있습니다.

그림 삽입 시 같은 폴더에 있는 여러 개의 그림을 한꺼번에 삽입하기 위해 그림 명령 단추를 클릭한 후 '그림 삽입' 대화상자에서 그림이 있는 폴더로 이동합니다.

① 폴더 내의 모든 그림을 삽입하려면 단축키 Ctrl + A 를 누릅니다.

② 폴더 내의 그림들을 선택적으로 삽입하려면 원하는 그림을 클릭하고 Ctrl 키를 누른 상태에서 그림을 순차적으로 선택합니다. 그림이 연속적으로 배열되어 있다면 첫 번째 그림을 마우스로 선택한 후 Shift 키를 누른 상태에서 마지막 그림을 선택합니다.

③ 그림 선택이 완료되어 〈삽입〉 단추를 클릭하면 여러 그림이 한꺼번에 삽입된 것을 확인할 수 있습니다.

그림 삽입하기

준비 파일 : 01 세계 자동차 시장 분석.pptx   **완성 파일 :** 01 세계 자동차 시장 분석_결과.pptx

예제 화면에서 볼 수 있듯이 텍스트나 적절한 도형으로 구성된 슬라이드에 뭔가 아쉬움이 남습니다. 청중에게 좀 더 시각적인 요소를 원한다면 그림을 삽입하여 디자인하는 것이 훨씬 효과적입니다. 파워포인트에서 슬라이드 내용을 강조하고 디자인을 강화할 수 있도록 파일에서 그림을 삽입해 보겠습니다.

항목	변경 내용
그림 삽입	국기 그림 도형 높이 : '2.78cm', 도형 너비 : '4cm'
클립 아트 삽입	'도심'으로 검색

01 **예제 파일 열기** **01 세계 자동차 시장 분석.pptx** 파일을 두 번 연속 클릭하면 파워포인트가 실행되면서 다음 화면이 나타납니다.

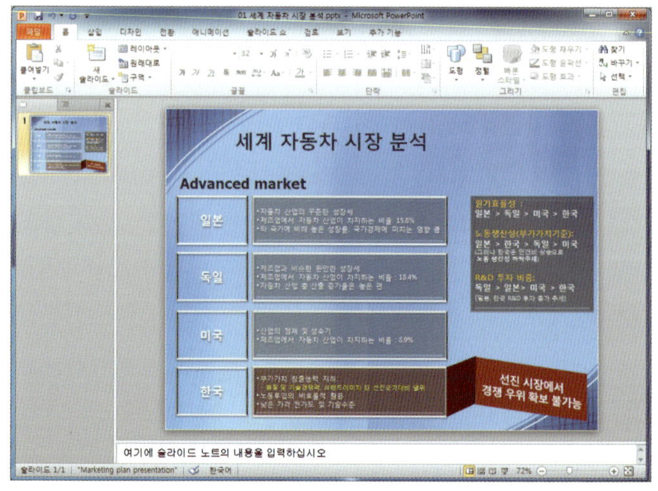

02 국기 그림 삽입하기 슬라이드에 그림을 삽입하려면 ❶ [**삽입**] 탭 → **이미지** 그룹 → ❷ **그림**( )을 클릭합니다. ❸ '그림 삽입' 대화상자에서 예제 폴더로 이동하여 Ctrl 키를 누른 상태에서 국기 그림들을 각각 선택하고 ❹ 〈삽입〉 단추를 클릭합니다.

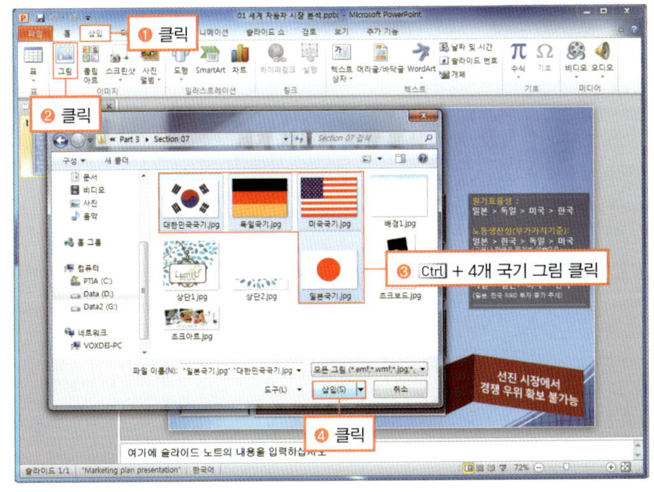

03 그림 크기 변경하기 4개의 국기 그림이 선택된 상태에서 [**그림 도구**] – [**서식**] 탭 → **크기** 그룹 → 도형 높이( ) : "2.78cm", 도형 너비( ) : "4cm"를 입력하여 크기를 조정합니다.

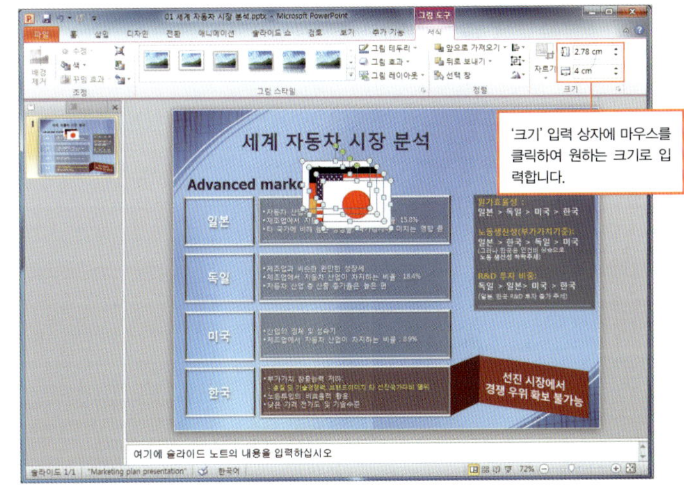

◑ 크기 조정 핸들(선택한 개체의 모서리와 옆에 나타나는 작은 원이나 사각형)을 사용하여 도형의 크기를 조정할 수도 있습니다. 크기 조정 핸들 중 하나를 가리켜 포인터가 ↕ 모양으로 되면 핸들을 끌어 도형을 더 크게 하거나 작게 만듭니다.

04 크기 옵션 조정하기 입력된 값으로 그림의 크기가 변경되지 않았다면 이는 그림의 크기 배율 옵션이 설정되어 있기 때문입니다. [**그림 도구**] – [**서식**] 탭 → ❶ **크기** 그룹 오른쪽 아래에 **대화상자 표시** 단추( )를 클릭하고 ❷ '그림 서식' 대화상자에서 '배율' 항목의 '가로 세로 비율 고정' 및 '원래 크기에 비례하여' 확인란의 선택을 해제합니다. ❸ 그리고 나서 크기 및 회전 아래 높이와 너비를 재입력하고 ❹ 〈닫기〉 단추를 클릭합니다.

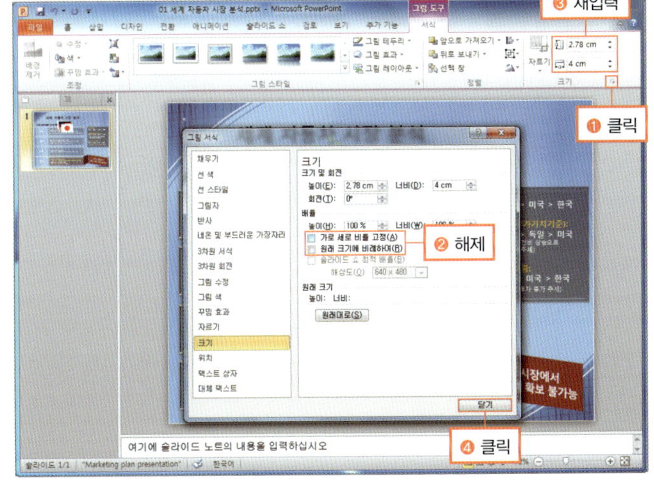

05 **그림 위치 변경하기** 각각의 국기 그림을 선택한 후 마우스로 끌어서 해당 국가 이름이 적혀있는 텍스트 상자 위로 위치를 이동합니다.

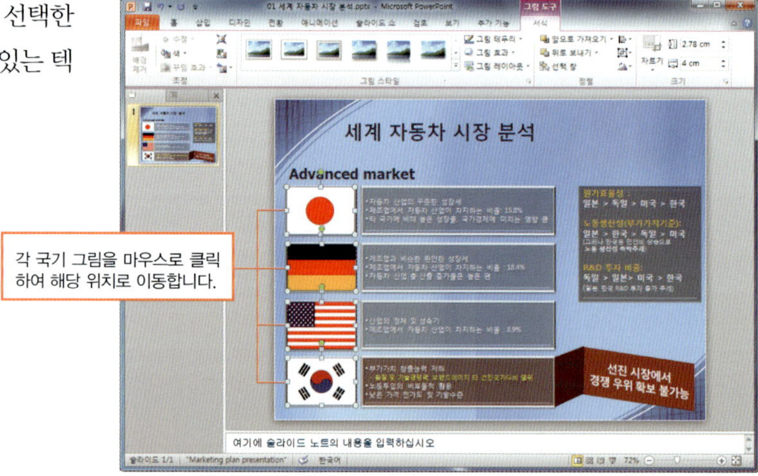

06 **맨 뒤로 보내기** ❶ 국기 그림들을 모두 선택하고 **[그림 도구] – [서식]** 탭 → **정렬** 그룹 → ❷ **뒤로 보내기** → ❸ **맨 뒤로 보내기**를 클릭합니다. 국기 그림을 맨 뒤로 보내면 국가명 텍스트가 보이게 되는데, 각각의 국기를 클릭하여 국가명 텍스트를 Delete 키를 이용해 삭제합니다.

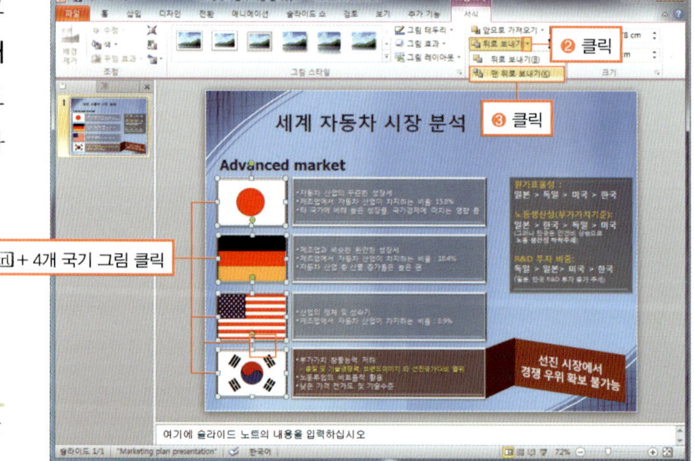

○ 마우스 오른쪽 단추를 클릭하여 바로 가기 메뉴에서 **맨 뒤로 보내기** 명령을 사용할 수 있습니다.

07 **클립 아트 삽입하기** ❶ **[삽입]** 탭 → **이미지 그룹** → ❷ **클립 아트** 명령 단추( )를 클릭합니다. ❸ '클립 아트' 작업창이 표시되면 '검색 대상'에 "도심"을 입력하고 ❹ 〈이동〉 단추를 클릭합니다. ❺ 클립 아트가 표시되면 해당 클립 아트를 클릭하여 삽입합니다.

○ 클립 아트 삽입 방법은 Section 08에서 자세하게 설명합니다.

08 그림 위치 이동/맨 뒤로 보내기 ❶ 그림을 마우스로 끌어서 슬라이드 오른쪽으로 이동하고 [**그림 도구**] − ❷ [**서식**] 탭 → **정렬** 그룹 → ❸ **뒤로 보내기** → ❹ **맨 뒤로 보내기**를 클릭합니다.

09 결과 확인하기 슬라이드가 완성되었습니다.

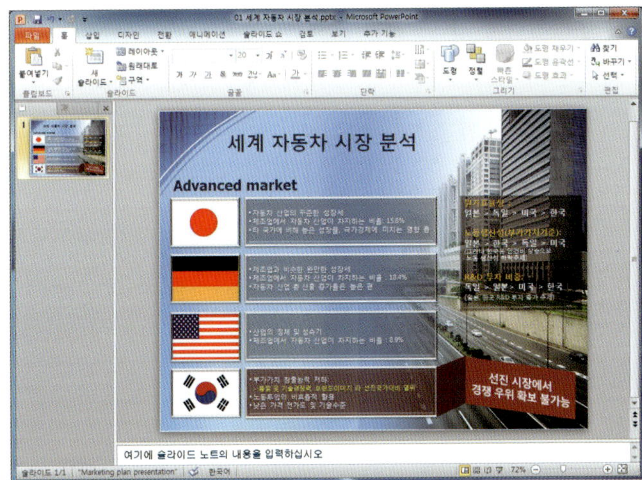

인터넷상의 그림 직접 삽입하는 방법

인터넷에서 슬라이드에 내용과 관련된 그림을 찾아서 슬라이드에 직접 삽입할 수 있습니다. 다만, 요즘은 그림의 저작권의 보호나 자신의 글을 보호하기 위해 그림의 다운로드를 제한하는 경우가 많아지고 있으므로 유의해야 합니다.

❶ 인터넷에서 마음에 드는 그림이 있는 경우 그림 위에서 마우스 오른쪽 단추를 클릭하여 **복사**를 클릭합니다.

❷ 슬라이드 창에서 마우스 오른쪽 단추를 클릭하고 **붙여넣기** 옵션 중 '원본 서식 유지'를 클릭합니다.

❸ 그림이 삽입되면 그림을 선택한 후 크기 조정 핸들을 활용하여 그림의 크기나 위치 등을 변경합니다.

❹ 그림 파일만을 저장하고 싶다면 그림을 선택한 후 마우스 오른쪽 단추를 클릭하여 바로 가기 메뉴에서 **다른 이름으로 사진 저장**을 선택하면 컴퓨터에 그림을 저장할 수 있습니다.

08 클립 아트 검색 및 삽입하기

클립 아트는 작은 조각의 그림을 의미하며, 수정이 쉽고 용량이 작아 문서에 많이 사용되고 있습니다. 파워포인트 2010에서는 문서의 비주얼 효과를 강화하기 위해 온라인에서 클립 아트를 제공하고 있어 쉽게 검색하고 삽입할 수 있습니다. 클립 아트를 검색하고 삽입하는 방법에 대해 알아보겠습니다.

1. 클립 아트 삽입하기

클립 아트는 문서에 효과를 내기 위해 많이 사용되는 그림으로, 파워포인트에서 손쉽게 삽입할 수 있습니다.

클립 아트를 삽입하기 위해 [**삽입**] 탭 → **이미지** 그룹 → **클립 아트** 명령 단추( )를 클릭하면 화면의 오른쪽에 '클립 아트' 작업창이 표시됩니다. 원하는 주제어를 '검색 대상' 입력창에 입력하고 〈이동〉 단추를 클릭하면 검색된 클립 아트 목록이 나타나며, 삽입할 클립 아트를 마우스로 클릭하면 프레젠테이션 문서에 삽입됩니다.

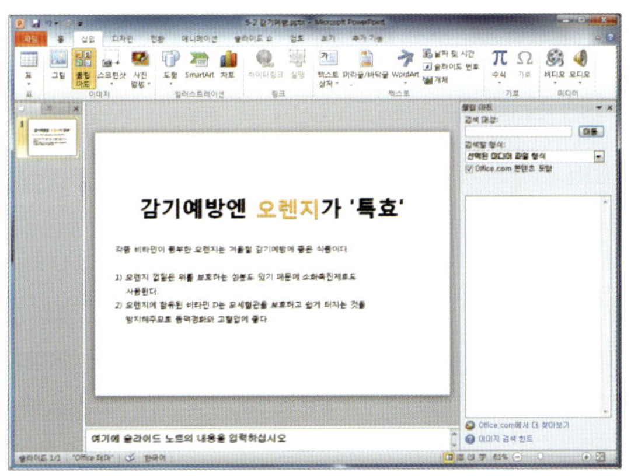

▲ '클립 아트' 작업창에서 검색

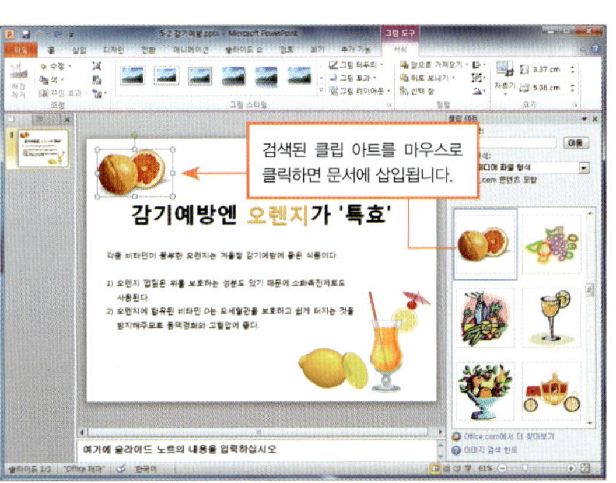

▲ 검색된 클립 아트 삽입

> **검색 대상 활용하기**
>
> 원하는 주제어를 '검색 대상'에 입력하고 〈이동〉 단추를 클릭합니다. 컴퓨터에 설치되어 있는 전체 클립 아트를 검색하려면 '검색 대상' 입력창에 아무것도 입력하지 않은 상태에서 〈이동〉 단추를 클릭합니다.

2. Office.com에서 클립 아트 삽입하기

Office.com에서 직접 클립 아트를 검색하여 슬라이드로 가져올 수 있으며, 클립 아트 뿐만 아니라 그림, 오디오 및 비디오 파일들을 다운로드 할 수 있도록 제공하고 있습니다.

① Office.com에서 제공되는 그림을 삽입하려면 [**삽입**] 탭 → **이미지** 그룹 → **클립 아트** 명령 단추( )를
클릭합니다. 화면의 오른쪽에 '클립 아트' 작업창이 표시되면 하단의 **Office.com에서 더 찾아보기**를 클
릭합니다.

② Office.com 웹 사이트가 표시되면 검색 창에 검색어를 입력하고 검색 단추를 클릭합니다. 검색 결과
가 표시되어 원하는 클립 아트 위에 마우스를 올리면 '세부 정보 보기' 대화상자가 열립니다. 클립 아
트에 대한 자세한 정보가 표시되면 **클립보드로 복사**를 클릭합니다.

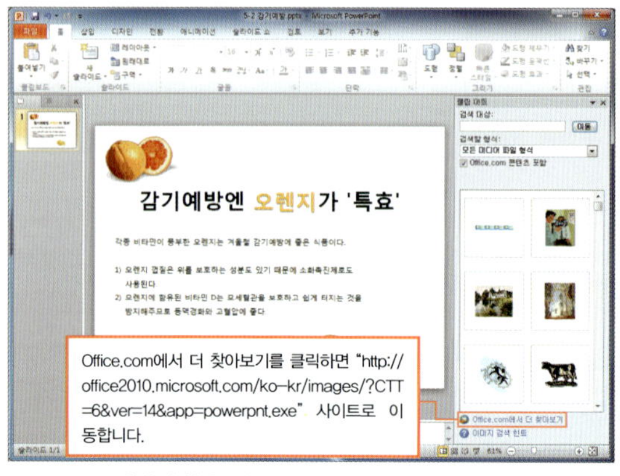

▲ Office.com에서 더 찾아보기

▲ Office.com 웹 사이트에서 검색

③ 파워포인트로 돌아와서 슬라이드 창을 클릭하고 [**홈**] 탭 → **클립보드** 그룹 → **붙여넣기**( )를 클릭하여
클립 아트가 삽입되면 클립 아트의 크기를 조정하고 위치를 변경합니다.

▲ 클립 아트 붙여넣기

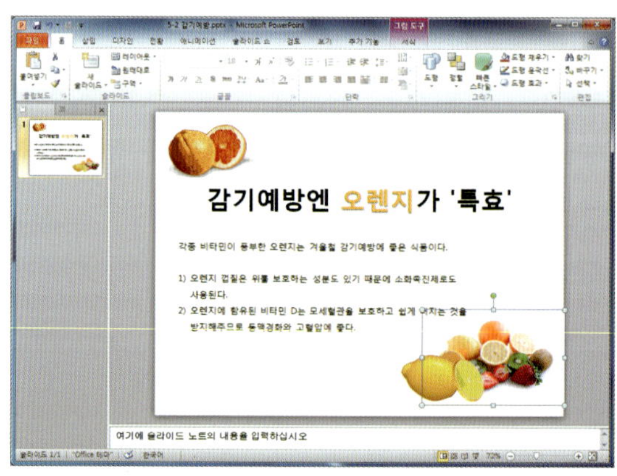

▲ 클립 아트 크기 및 위치 조정

○ **클립 아트 위치 조정**

클립 아트를 텍스트 뒤로
보내려면 클립 아트를 선
택하고 마우스 오른쪽 단
추를 클릭하여 바로 가기
메뉴에서 **맨 뒤로 보내기**
를 클릭합니다.

3. Clip Organizer 활용하기

Microsoft Clip Organizer를 사용하여 문서, 프레젠테이션, 스프레드시트 및 기타 파일에서 사용할 클
립 아트, 사진, 애니메이션, 비디오 및 기타 미디어를 수집 및 저장할 수 있습니다.

① 윈도 바탕화면에서 시작 → 프로그램 또는 모든 프로그램 → Microsoft Office → Microsoft Office 도구 → Microsoft Clip Organizer를 선택한 후 'Microsoft Clip Organizer' 대화상자에서 [**파일**] 탭 → **클립 추가** → **직접**을 클릭합니다.

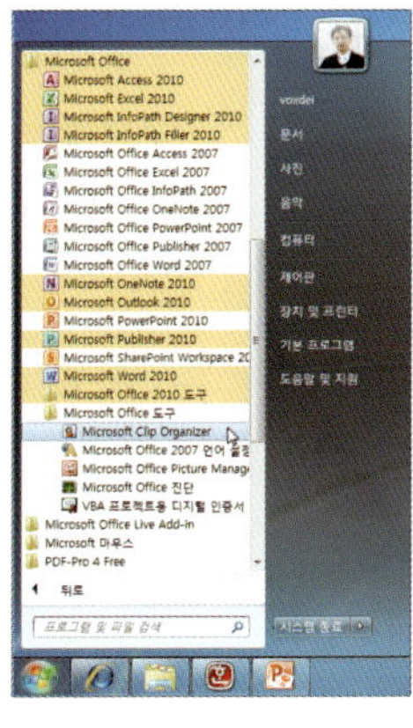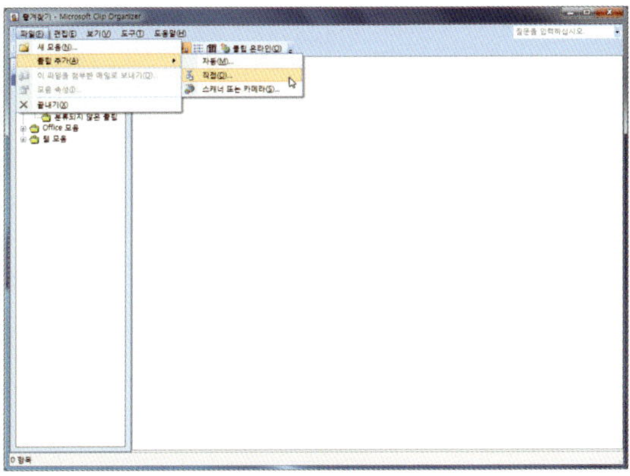

▲ 'Microsoft Clip Organizer'에서 클립 추가

② '즐겨찾기 – 클립 추가' 대화상자에서 추가할 클립 아트나 그림이 있는 폴더를 찾아 추가할 클립 아트를 선택한 후 〈추가〉 단추를 클릭합니다.

③ 등록된 클립 아트를 사용하려면 '클립 아트' 작업창 하단의 클립 구성을 클릭하고 'Microsoft Clip Organizer' 대화상자의 모음 목록에서 등록한 위치를 선택합니다. 삽입할 클립 아트를 찾아 마우스 오른쪽 단추를 클릭하고 **복사**를 클릭하고, 작업화면에서 마우스 오른쪽 단추를 클릭하여 **붙여넣기**를 클릭합니다.

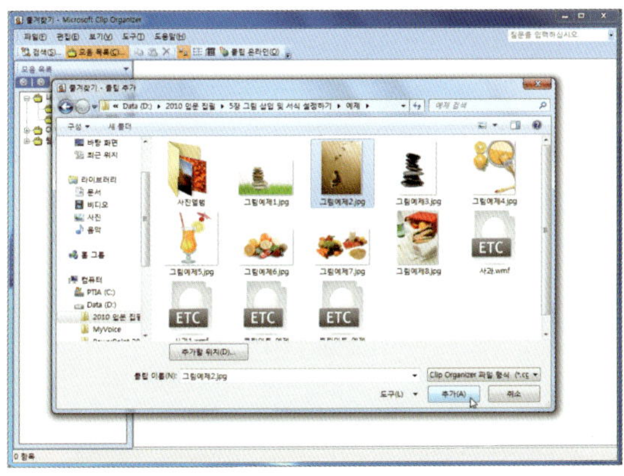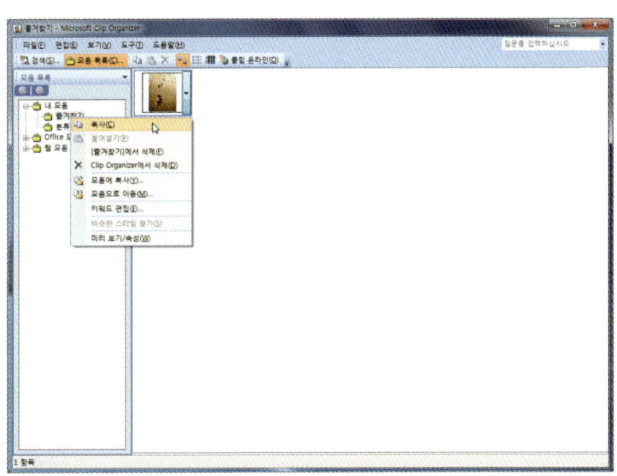

▲ 추가할 클립 아트 선택　　　　　　　　　　　　▲ 클립 구성 – 복사, 붙여넣기

클립 아트 삽입하기

📁 **준비 파일 :** 02 사물놀이.pptx 📁 **완성 파일 :** 02 사물놀이_결과.pptx

클립 아트를 혹자들은 Cheap Image라고 부릅니다. 전문적인 프레젠테이션 자료에서 사용하기에는 부족하다는 뜻으로 이해할 수 있습니다. 하지만 클립 아트는 다른 이미지와는 달리 그룹 해제가 적용되어 원하는 부분만 활용할 수 있는 장점이 있습니다. 이번 예제에서는 클립 아트의 일부를 활용한 목차 슬라이드를 멋진 슬라이드로 디자인해 보겠습니다.

항목	변경 내용
클립 아트 삽입	"사물놀이" – 사물놀이패
도형 채우기	다른 채우기 색 : '빨강: 61, 녹색: 61, 파랑: 61'

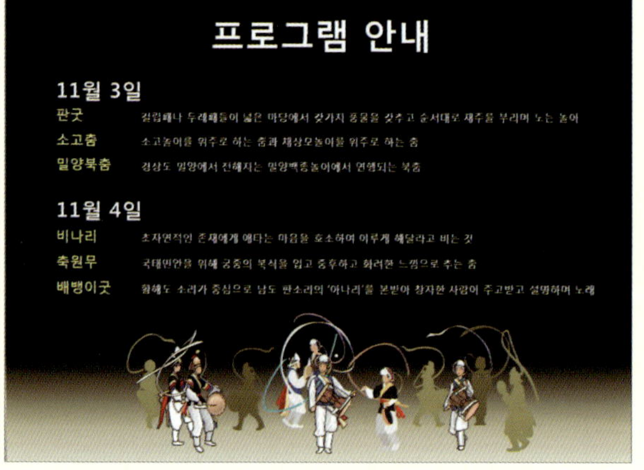

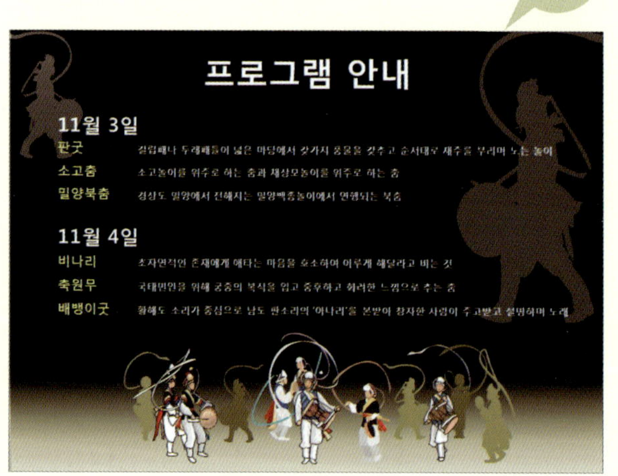

01 **예제 파일 열기** **02 사물놀이.pptx** 파일을 두 번 연속 클릭하면 파워포인트가 실행되면서 다음 화면이 표시됩니다.

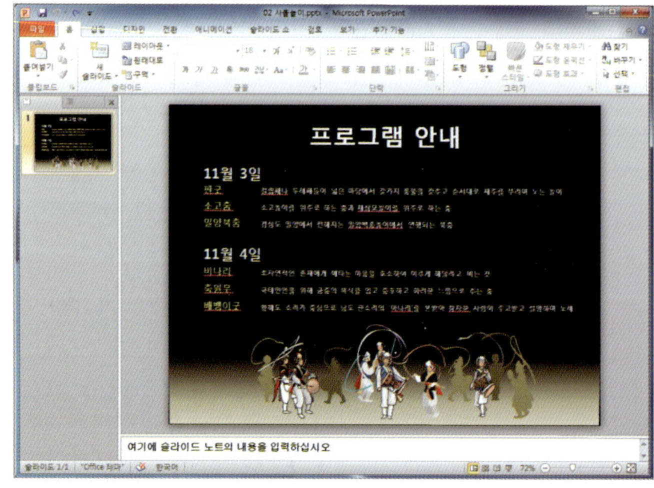

02

클립 아트 창 표시 및 검색하기 ❶ [삽입] 탭 → 이미지 그룹 → ❷ 클립 아트 명령 단추(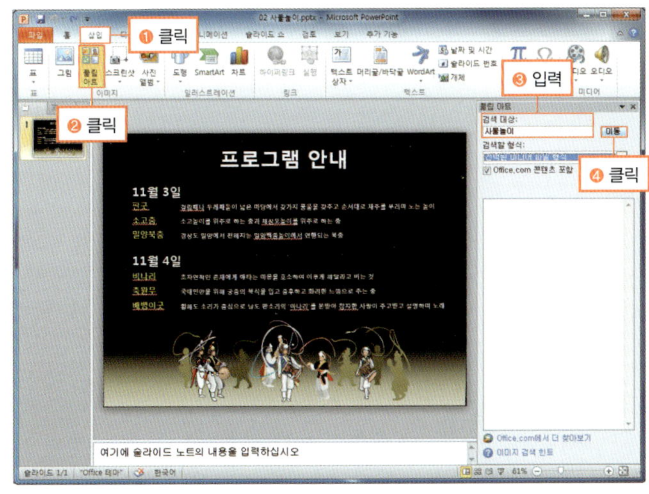)를 클릭합니다. ❸ '클립 아트' 작업창에서 '검색 대상'에 "사물놀이"를 입력하고 ❹ 〈이동〉 단추를 클릭합니다.

🔘 클립 아트 확장자 wmf란?

윈도 메타 파일 형식(Windows Metafile Format)이라는 뜻으로, 마이크로소프트사의 윈도에서 응용 프로그램 간에 교환하기 위해 저장하는 데 사용되는 도형 파일 형식입니다. 도형을 그리기 위한 윈도 명령이 포함되어 있기 때문에 주로 벡터 도형 파일 형식으로 사용되는 파일 형식입니다.

03

클립 아트 삽입하기 검색 결과가 표시되면 그림과 같이 '사물놀이패'를 클릭하여 슬라이드에 클립 아트를 삽입합니다.

🔘 검색 결과가 표시되면 해당 클립 아트를 마우스로 클릭하여 슬라이드 창으로 끌어서 삽입해도 됩니다.

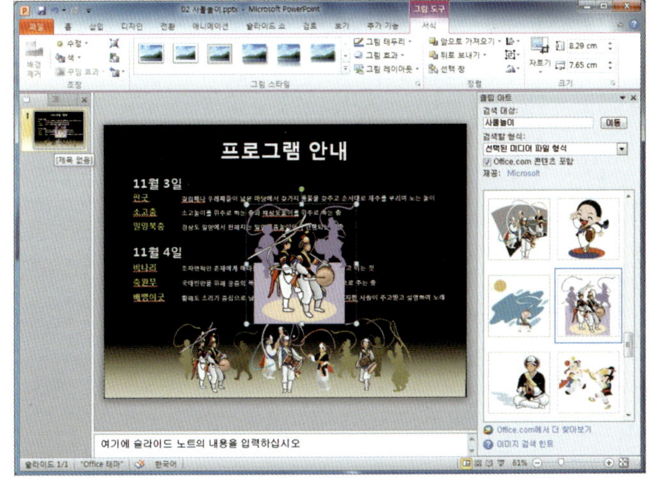

04

클립 아트 분해하기 필요한 부분만 사용하기 위해 클립 아트를 분해합니다. ❶ 클립 아트가 선택된 상태에서 [그림 도구] – [서식] 탭 → 정렬 그룹 → ❷ 그룹(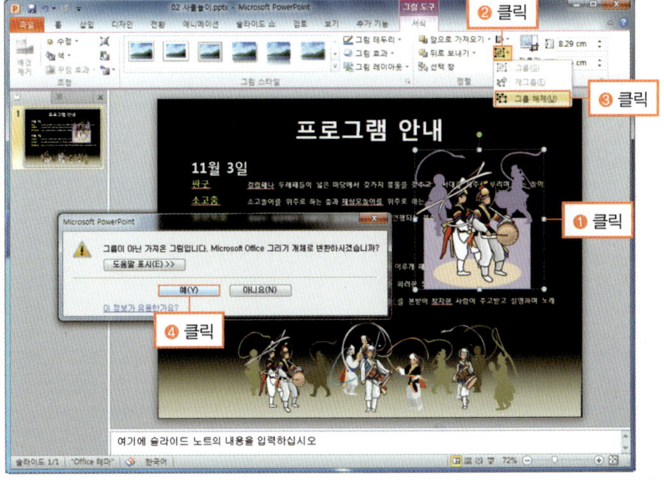) → ❸ 그룹 해제를 클릭합니다. ❹ 그리기 개체로 변환할 것인지의 메시지 창에서 〈예〉 단추를 클릭한 후 다시 마우스 오른쪽 단추를 클릭하여 그룹 – 그룹 해제를 선택합니다. 클립 아트가 여러 조각으로 분해가 될 때까지 반복하여 그룹 해제를 실행합니다.

05 **불필요한 조각 제거** 클립 아트가 각각의 조각으로 분리되면 오른쪽 상단의 그림을 제외하고 다른 조각들을 마우스로 끌어서 선택한 후 Delete 키를 눌러 삭제합니다.

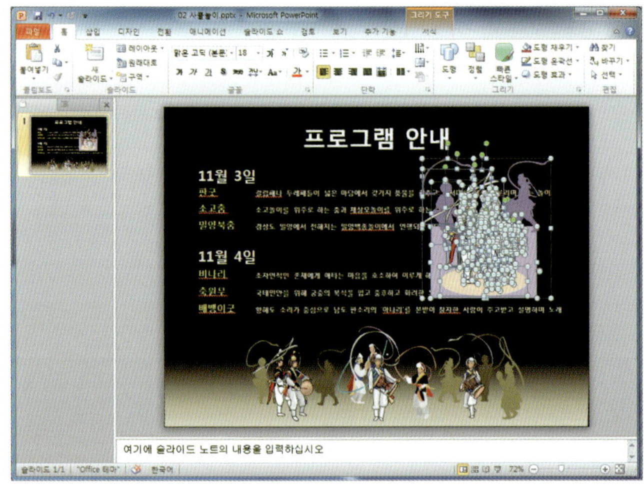

○ **그림 제거**

작은 조각들로 나뉘었을 때 눈으로 보면 불필요한 조각이 잘 보이지 않습니다. 클립 아트가 분해되면 클립 아트 원본 크기의 투명 직사각형이 맨 앞에 항상 하나씩 생기므로 조각 위에 마우스를 클릭하여 투명 직사각형을 선택한 후 삭제합니다.

06 **크기 및 위치 조정하기** 클립 아트 조각을 선택하고 그림과 같은 크기로 임의 조정하고 위치를 슬라이드의 오른쪽 상단으로 위치합니다.

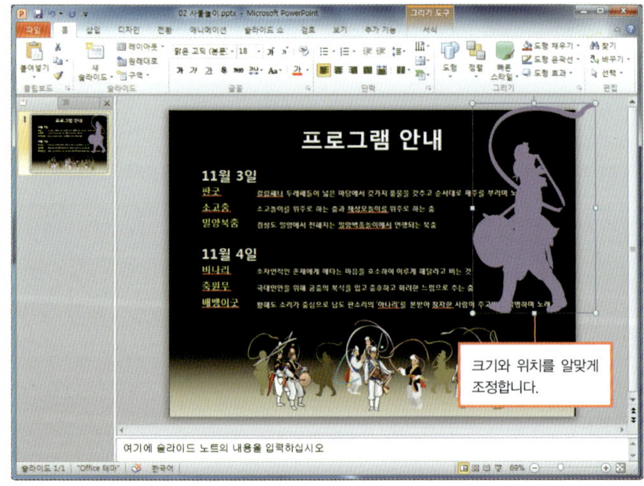

07 **채우기 색 변경하기** 클립 아트가 선택된 상태에서 도형의 색상을 설정하기 위해 [그리기 도구] - [서식] 탭 → 도형 스타일 그룹 → ❶ 도형 채우기(도형 채우기)를 클릭한 후 ❷ 다른 채우기 색을 클릭하고 ❸ [사용자 지정] 탭에서 ❹ '빨강: 61, 녹색 : 61, 파랑 : 61'로 설정합니다.

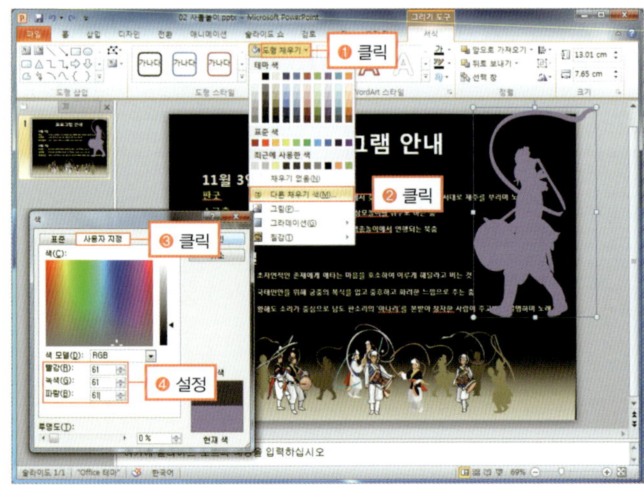

08 **클립 아트 복사 및 회전하기** 클립 아트가 선택된 상태에서 단축키 Ctrl + D 를 클릭하여 클립 아트를 복제합니다. ❶ 복제된 클립 아트를 선택하고 슬라이드 왼쪽 상단으로 위치를 이동하고 크기를 작게 조정한 다음 [그리기 도구] − [서식] 탭 → **정렬** 그룹 → ❷ 회전( )을 클릭한 후 ❸ **좌우 대칭**을 선택합니다.

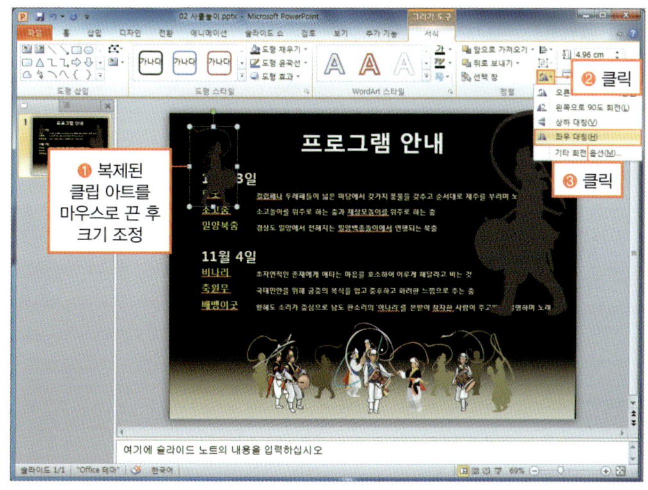

09 **맨 뒤로 보내기** ❶ 두 개의 클립 아트를 선택하고 [그리기 도구] − [서식] 탭 → **정렬** 그룹 → ❷ **뒤로 보내기**(뒤로 보내기) → ❸ **맨 뒤로 보내기**를 클릭합니다. 그러면 텍스트 뒤로 그림이 보내지므로 텍스트가 가려지지 않게 됩니다.

⊙ **클립 아트 위치 조정**

클립 아트를 텍스트 뒤로 보내려면 클립 아트를 선택하고 마우스 오른쪽 단추를 클릭하여 바로 가기 메뉴에서 **맨 뒤로 보내기**를 클릭합니다.

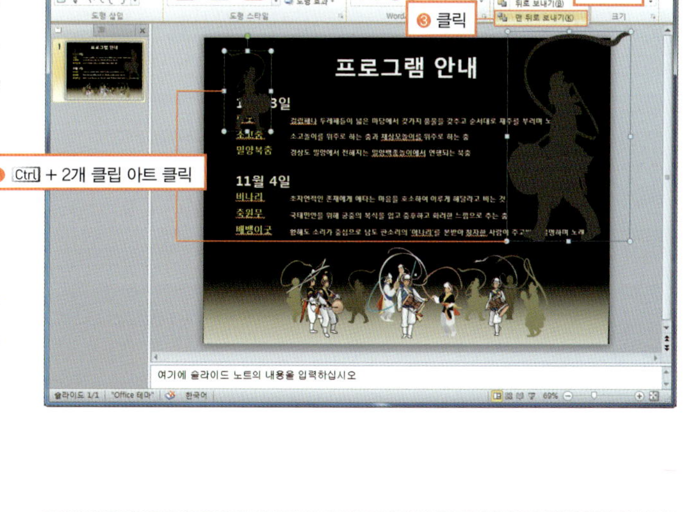

10 **결과 확인하기** 슬라이드가 완성되었습니다.

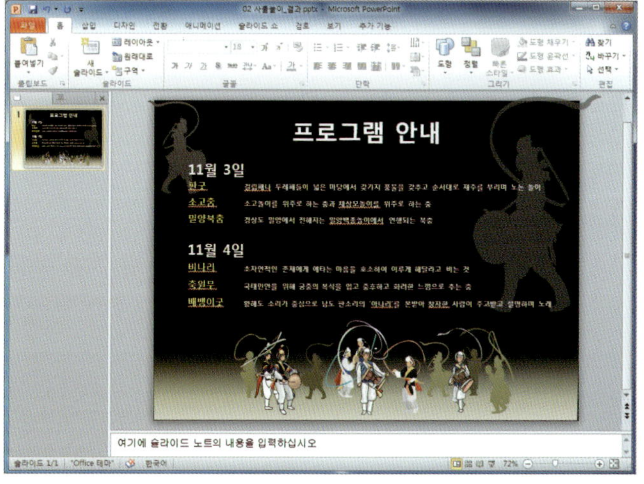

클립 아트 검색 형식

클립 아트를 검색할 때 검색 조건을 설정하면 빠르고 유용한 검색이 가능합니다. '클립 아트' 작업창의 '검색할 형식'의 목록 단추를 클릭하면 4가지 형식이 나타납니다. '모든 미디어 파일 형식'을 선택하면 그림, 사진, 비디오, 오디오가 모두 검색이 되고 각 형식의 선택란을 클릭하여 선택하거나 해제하면 해당되는 형식만을 선별하여 검색할 수 있습니다.

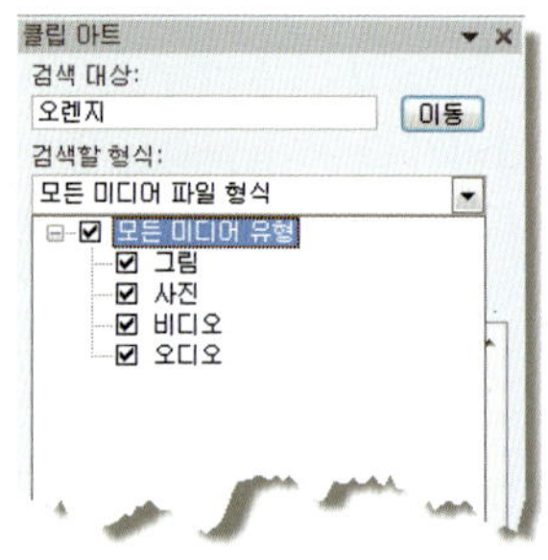

사진 형식을 선택하고 검색하면 실사 사진만 검색되어 일러스트로 그린 그림보다는 좀 더 강력한 효과를 얻을 수 있습니다.
또한 컴퓨터에 설치되어 있는 클립 아트 외에 Office.com에서 제공되는 클립 아트도 함께 검색하는 것이 당연히 좋겠지요? 검색하기 전에 'Office.com 콘텐츠 포함' 항목에 반드시 선택란을 선택하고 검색해야 합니다.

Microsoft Clip Organizer 모음

Microsoft Clip Organizer는 사용자의 미디어 클립을 3가지 종류의 모음으로 분류합니다. 이 3개의 모음은 언제나 모음 목록에 표시되는 내 모음과 Office 모음 및 웹 모음입니다.

❶ **내 모음** : 사용자가 자신의 모음을 만들면 이 모음은 기본적으로 내 모음에 위치하게 됩니다. 예를 들어 Clip Organizer를 통해 하드 디스크에서 기존 사진을 검색할 수 있으며, Clip Organizer가 하드 디스크의 폴더에서 사진을 찾으면 드라이브에 있는 기존 폴더에 해당하는 이름으로 새 모음을 만듭니다. 드라이브의 루트 디렉터리에서 클립을 찾아 연결된 폴더가 없으면 Clip Organizer는 이 클립을 분류되지 않은 클립 폴더에 추가하며, 사용자는 이후에 이 클립을 보다 적합한 이름의 폴더로 옮길 수 있습니다.
Microsoft Office Online의 클립 아트 및 미디어 웹 사이트에서 다운로드 한 클립은 특별히 이 웹 사이트의 클립용으로 만들어진 다운로드된 클립 폴더에 저장됩니다. 따라서, 즐겨찾기 모음을 사용하여 즐겨찾기 미디어 파일을 저장하고 쉽게 찾을 수 있습니다.

❷ **Office 모음** : Office 모음에는 Microsoft Office와 함께 제공되는 모든 미디어 파일이 포함됩니다.

❸ **웹 모음** : 웹 모음 폴더 내부에는 Microsoft Office Online 모음이 있습니다. 이 모음을 찾아보거나 검색에 포함하면 클립 아트 및 미디어 홈 페이지에서 사용 가능한 수 천 개의 클립을 찾을 수 있습니다. 그러나 Microsoft Office Online 웹 사이트의 클립을 보려면 반드시 인터넷에 연결되어 있어야 합니다.

클립 아트로 실루엣 만들기

클립 아트는 도형이나 선으로 조각을 그려서 묶어놓은 개체라 이해해도 무방합니다. 이러한 클립 아트의 특성을 활용하여 클립 아트를 분해하고 투명도를 적용하여 일종의 실루엣을 만들어 사용할 수 있습니다.

❶ 삽입된 클립 아트를 그룹 해제하기 위해 클립 아트가 선택된 상태에서 [**그림 도구**] – [**서식**] 탭 → **정렬** 그룹 → **그룹**(▣) → **그룹 해제**를 클릭합니다. 그리기 개체의 변환 여부 메시지 창에서 〈예〉 단추를 선택합니다. 다시 마우스 오른쪽 단추를 클릭하여 **그룹 – 그룹 해제**를 클릭하고, 클립 아트가 모두 분해될 때까지 반복하여 클릭합니다.

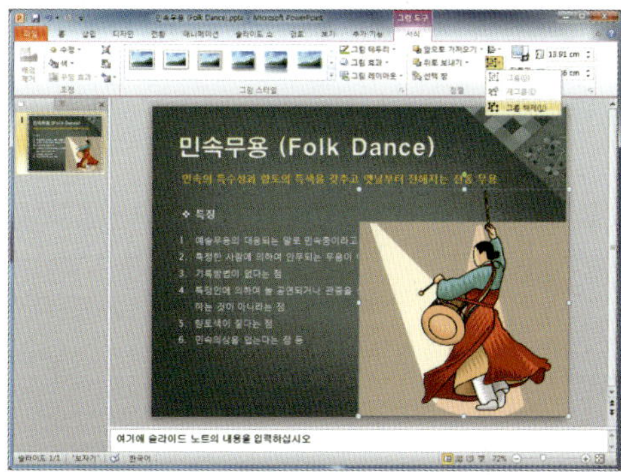

❷ 불필요한 조각을 삭제하고 남은 조각들을 그룹으로 묶어줍니다. [**그리기 도구**] – [**서식**] 탭 → **도형 스타일** 그룹 → **도형 채우기**(도형 채우기)의 **다른 채우기 색**을 클릭하고 [사용자 지정] 탭에서 원하는 색상으로(예 : "빨강: 72, 녹색: 168, 파랑: 184") 설정합니다.

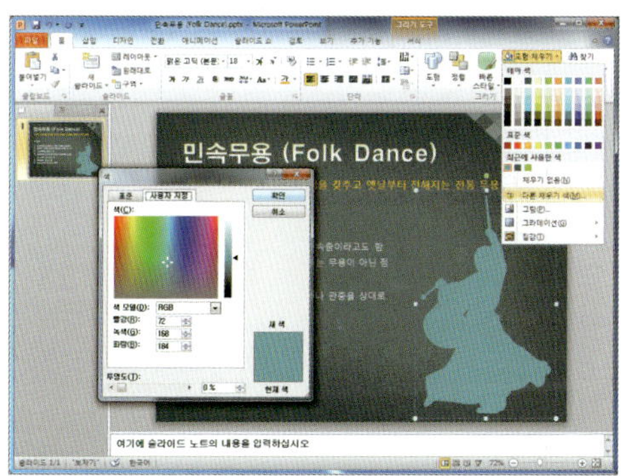

❸ 클립 아트에 투명도를 적용하여 실루엣을 만들기 위해 클립 아트를 선택하고 [**그리기 도구**] – [**서식**] 탭 → **도형 스타일** 그룹 → **도형 채우기**(도형 채우기)의 **다른 채우기 색**을 클릭하고 [사용자 지정] 탭에서 투명도를 원하는 정도(예 : "70%")로 설정하면 클립 아트 실루엣이 완성됩니다.

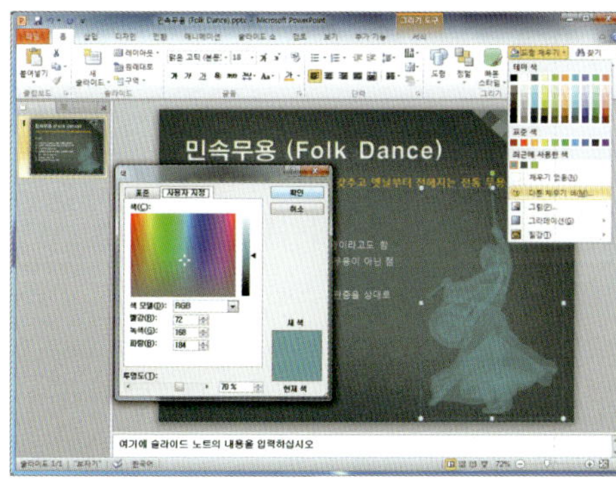

09 슬라이드에 사진 앨범 만들기

디지털 카메라로 찍은 사진을 슬라이드로 만들 때 사진을 한 장씩 삽입한다
면 너무 많은 시간을 허비하게 됩니다. 파워포인트에서는 여러 장의 사진을
한꺼번에 삽입할 수 있는 사진 앨범 기능을 제공하고 있어서, 사진 앨범을 통
해 마치 동영상과 같은 프레젠테이션을 제작할 수 있습니다.

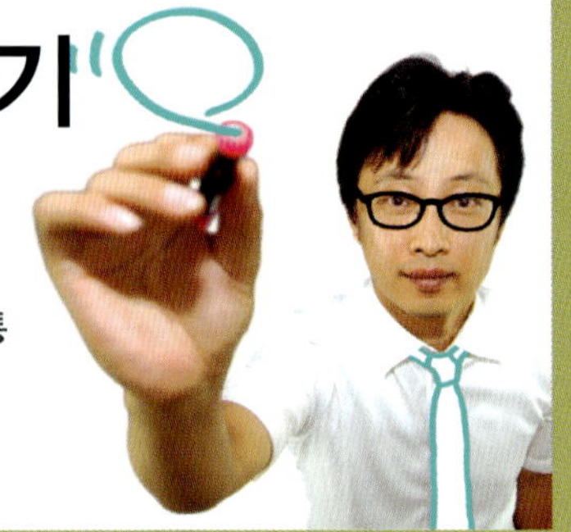

1. 사진 앨범 만들기

세미나, 야유회 등에서 찍은 사진을 한 장씩 파워포인트로 삽입하는 일은 쉬운 일이 아닙니다. 이 경우
여러 장의 사진을 한꺼번에 삽입할 수 있는 사진 앨범 기능을 사용할 수 있습니다. 이는 다양한 테마도
적용할 수 있고 전자 메일 및 웹 게시 등을 통해 다른 사용자와 앨범을 공유할 수도 있습니다.

'사진 앨범' 대화상자

❶ **그림 삽입** : 그림(또는 사진) 파일을
선택합니다.

❷ **텍스트 삽입** : 텍스트를 입력할 때 선
택합니다.

❸ **모든 그림 아래에 캡션 넣기** : 그림 아
래에 그림에 대한 간단한 설명(캡션)
을 넣을 수 있습니다.

❹ **모든 그림을 흑백으로** : 앨범의 모든
그림을 흑백 그림으로 설정합니다.

❺ **그림 레이아웃** : 슬라이드에 표현될

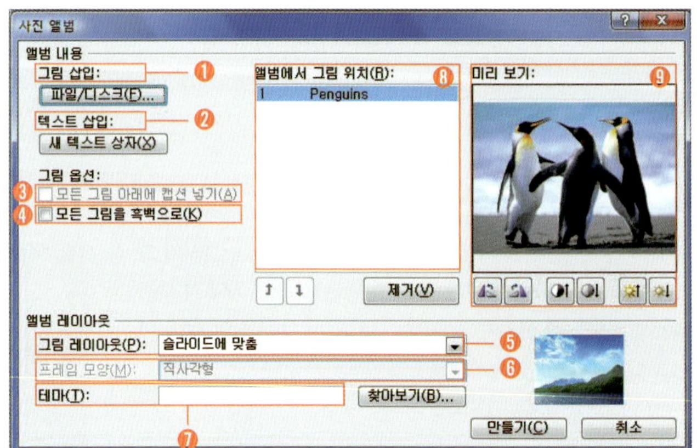

그림의 수를 지정하거나 제목과 함께 표시할지의 여부를 선택합니다.

❻ **프레임 모양** : 그림의 윤곽선을 선택합니다.

❼ **테마** : 사진 앨범의 전체 슬라이드나 제목 슬라이드에 적용될 테마를 지정합니다.

❽ **앨범에서 그림 위치** : 사진 앨범의 그림 순서를 지정합니다.

❾ **미리 보기** : '앨범에서 그림 위치'에서 그림을 클릭하면 미리보기에서 확인할 수 있으며 이미지 회전,
대비, 명암 조절이 가능합니다.

여러 사진을 한꺼번에 삽입하려면 [**삽입**] 탭 → **이미지** 그룹 → **사진 앨범** 명령 단추( )를 클릭합니다. '사진 앨범' 대화상자에서 먼저 〈파일/디스크〉 단추를 클릭하여 사진들을 선택한 후 앨범 레이아웃을 조정하고 〈만들기〉 단추를 클릭하면 새 문서가 열리면서 사진 앨범이 만들어집니다.

기존 앨범에 그림을 추가하려면 **사진 앨범 편집**을 클릭합니다. 메뉴에서 사진 앨범 편집 옵션을 사용하려면 사진 앨범이 있는 프레젠테이션이 열려 있어야 합니다.

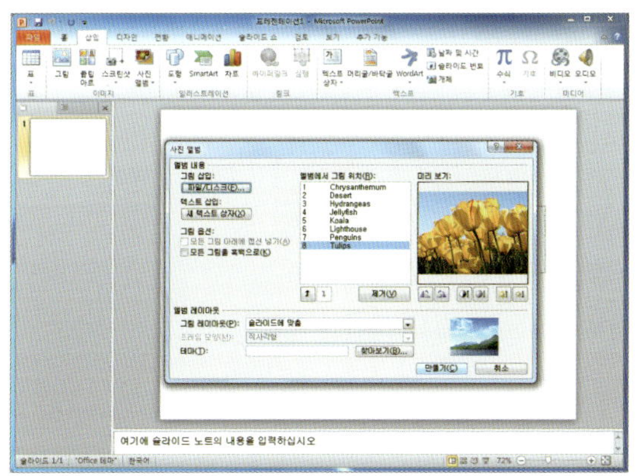

▲ '사진 앨범' 대화상자에서 사진 선택

▲ 사진 앨범

사진 순서 정하기

사진 앨범을 만들 시 사진의 순서를 정하기 위해 '앨범에서 그림 위치' 목록에서 순서를 바꿀 파일 이름을 선택한 후 앞으로의 이동은 를 클릭하고, 뒤로의 이동은 를 클릭합니다.

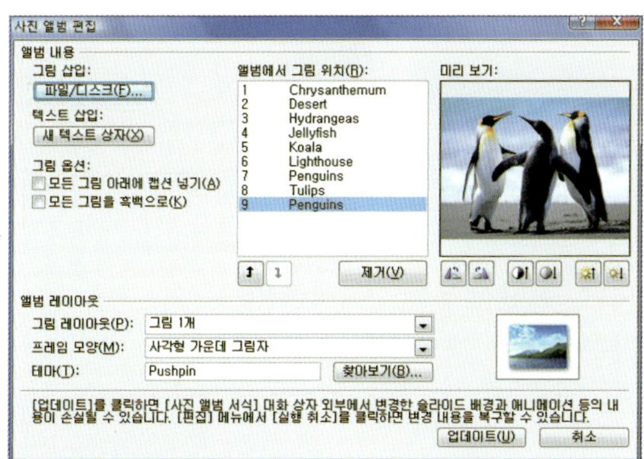

▲ 순서를 변경할 사진 선택

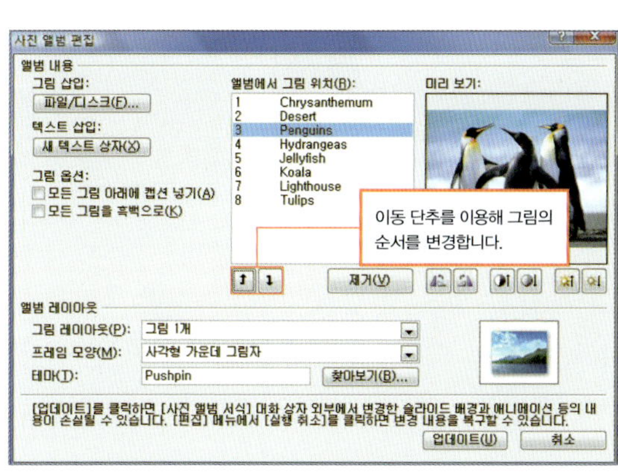

▲ 순서가 변경된 사진

프레임 모양 바꾸기

'그림 레이아웃'에서 '슬라이드에 맞춤' 이외의 항목을 선택했을 경우에는 프레임 모양 변경이 가능합니다. 프레임 모양을 변경하기 위해서 '사진 앨범' 대화상자의 '앨범 레이아웃' 항목에서 원하는 프레임 모양을 선택하면 됩니다.

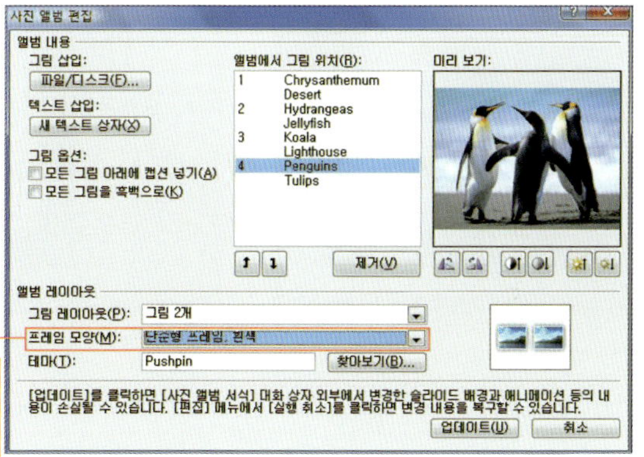

▲ 프레임 모양 설정

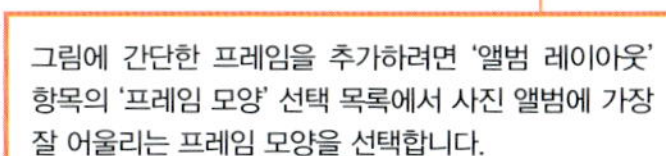

2. 스크린샷 삽입하기 `NEW 2010`

프레젠테이션 문서 작성 시 인터넷 사이트나 응용 프로그램의 화면을 캡처하고 그림으로 저장하여 문서에 삽입하는 경우가 많이 있습니다. 이와 같은 경우 별도의 캡처 프로그램을 사용하거나 윈도 7에서 제공하는 캡처 기능을 활용합니다. 파워포인트 2010 버전에서는 새롭게 스크린샷 기능을 제공하므로 별도의 프로그램을 사용하지 않고 화면을 캡처하여 작업화면에 삽입이 가능해 졌습니다.

스크린샷을 추가할 슬라이드를 클릭하고, [**삽입**] 탭 → **이미지** 그룹 → **스크린샷** 명령 단추(▦)를 클릭합니다. 열린 프로그램 창은 사용할 수 있는 창 갤러리에 축소판 그림으로 표시되며, 축소판 그림 위에 마우스 포인터를 올리면 프로그램 이름 및 문서 제목과 함께 도구 설명이 표시되며, 그 중에서 하나를 실행합니다.

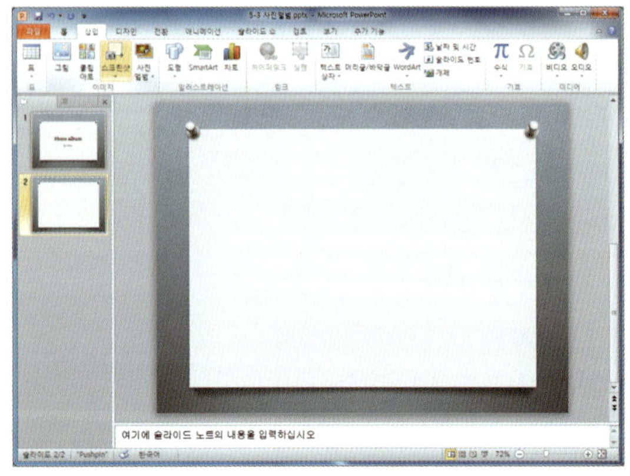

▲ 스크린샷 명령

▲ 스크린샷 갤러리

전체 창을 추가하려면 사용할 수 있는 창 갤러리에서 축소판 그림을 클릭합니다. 창의 일부를 추가하려면 화면 캡처를 클릭하고, 마우스 포인터가 십자 모양이 되면 왼쪽 마우스 단추를 누른 채로 캡처할 화면의 영역을 선택합니다.

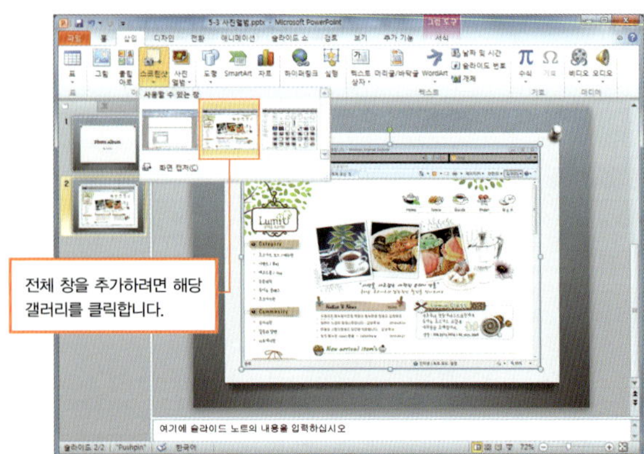

▲ 전체 창 추가

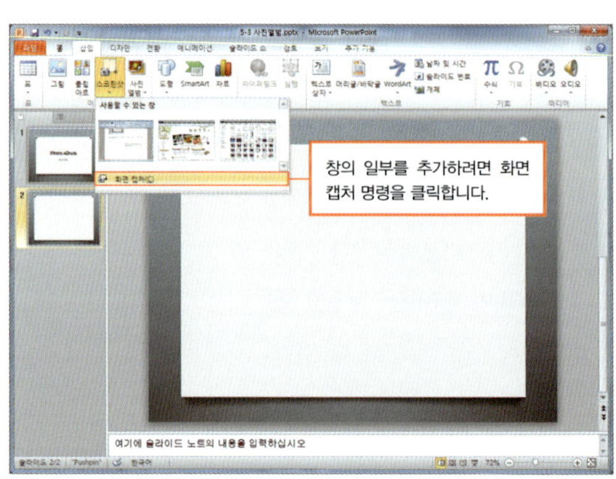

▲ 창의 일부 추가 – 화면 캡처

슬라이드에 사진 앨범 만들기

준비 파일 : 03 사진 앨범.pptx　　완성 파일 : 03 사진 앨범_결과.pptx

사진 앨범에서는 그림을 추가한 후에 캡션을 추가하거나 순서와 레이아웃을 조정하고, 그림 주위에 프레임을 추가할 수 있으며, 테마를 적용하여 앨범 모양을 사용자 지정할 수도 있습니다. 여러 장의 사진들로 멋진 사진 앨범을 만들어 보겠습니다.

항목	변경 내용
사진 앨범 만들기	예제 폴더 모든 사진
그림 레이아웃	'그림 1개'
테마 문서	03 사진 앨범.pptx

01 **예제 파일 열기** **03 사진 앨범.pptx** 파일을 두 번 연속 클릭하면 파워포인트가 실행되면서 다음 화면이 표시됩니다.

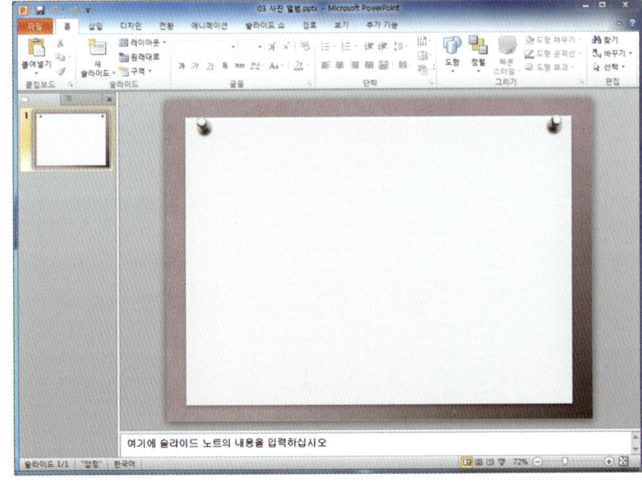

02

사진 앨범 만들기 ❶ **[삽입]** 탭 → **이미지** 그룹 → ❷
사진 앨범 명령 단추(📷)를 클릭한 후 ❸ '사진 앨범'
대화상자에서 〈**파일/디스크**〉 단추를 클릭합니다. ❹ '새 그림
삽입' 대화상자의 예제 폴더에서 단축키 Ctrl + A 를 눌러 전
체 사진을 선택한 후 ❺ 〈**삽입**〉 단추를 클릭합니다.

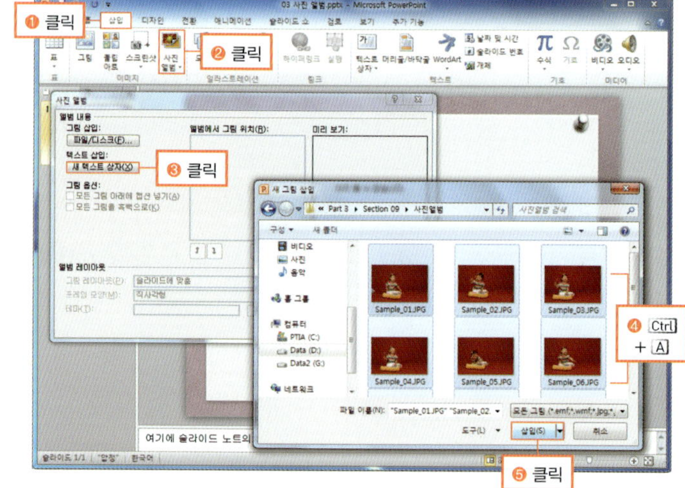

◉ 일부 필요한 사진만을 선택하려면 Ctrl 키를 누르고 마우스로 하나씩 사진을 선택
하면 됩니다.

03

그림 레이아웃 선택하기 '앨범에서의 그림 위치'
항목에 삽입된 이미지들이 순서대로 보입니다. ❶
'사진 앨범' 대화상자에서 '앨범 레이아웃' 항목의 '그림 레이아
웃' 목록 단추를 클릭하여 ❷ '그림 1개'를 선택하고 ❸ 〈만들
기〉 단추를 클릭합니다.

◉ **사진 앨범의 그림 캡션 넣기**

사진 앨범에서 그림에 캡션을 추가하려면 '모든 그림 아래에 캡션 넣기' 확인란을 선택
합니다. 만약 '모든 그림 아래에 캡션 넣기' 확인란이 회색으로 표시되어 있거나 이를
사용할 수 없을 경우에는 먼저 사진 앨범에 있는 그림의 레이아웃을 지정해야 합니다.

04

사진 앨범 만들기 사진 앨범이 만들어지면서 새로
운 문서가 생성되고 그 문서에 설정된 내용으로 사
진 앨범이 구성됩니다.

05 테마 찾아보기 사진 앨범에 테마를 적용하기 위해 ❶ [디자인] 탭 → ❷ 테마 그룹 오른쪽 자세히 (▼) 단추를 클릭한 후 ❸ 테마 찾아보기를 클릭합니다.

◎ 테마 찾아보기

사진 앨범의 테마를 선택하려면 '앨범 레이아웃' 항목의 '테마'에서 〈찾아보기〉 단추를 클릭한 다음 '테마 선택' 대화 상자에서 사용할 테마를 찾습니다.

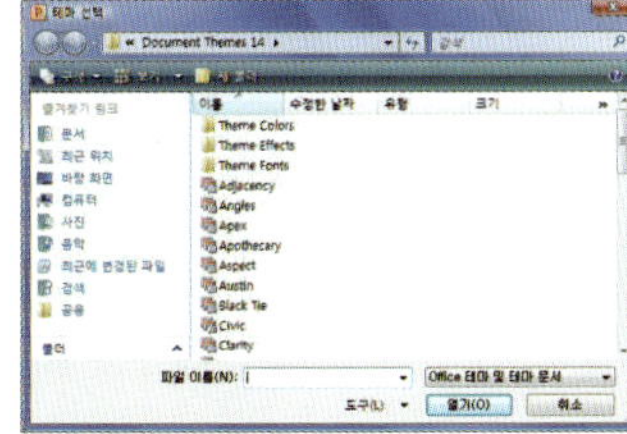

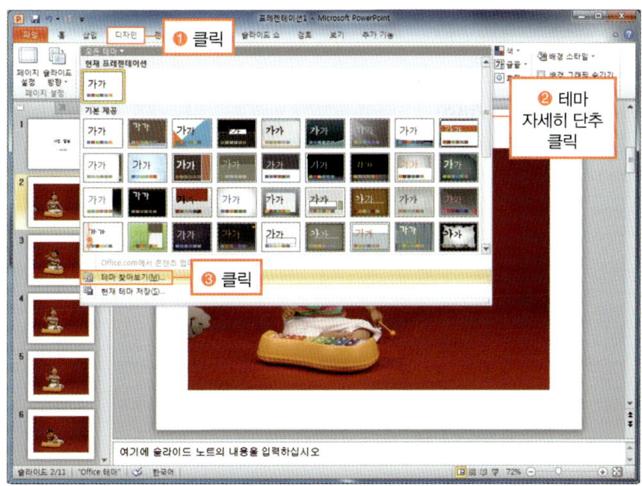

06 다른 문서의 테마 적용하기 '테마 또는 테마 문서 선택' 대화상자가 표시되면 ❶ 예제 폴더의 **03 사진 앨범.pptx**를 선택하고 ❷ 〈적용〉 단추를 클릭합니다.

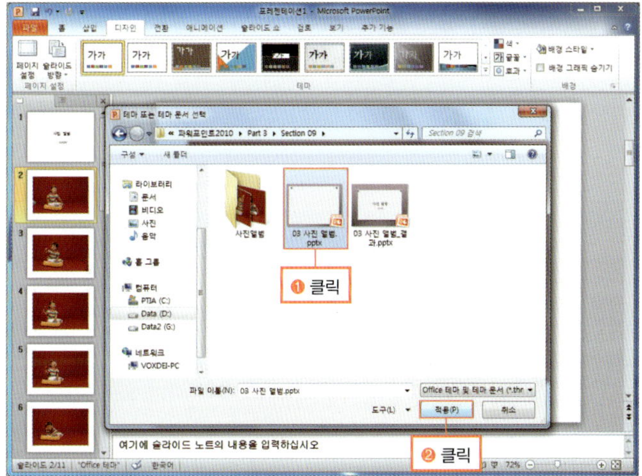

07 결과 확인하기 사진 앨범이 완성되면 여러 슬라이드 보기로 결과를 확인합니다.

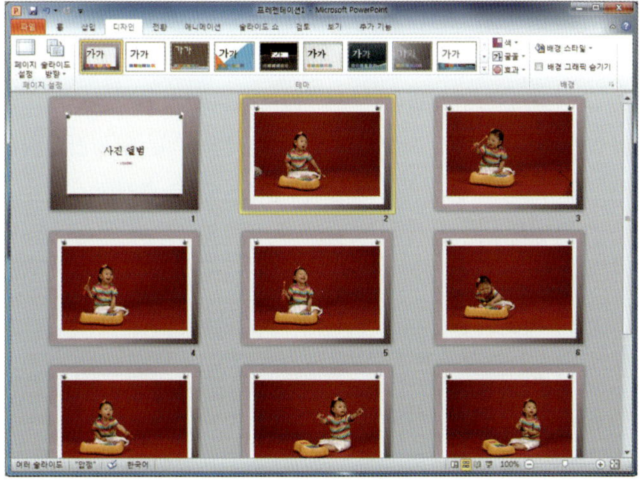

10 그림 스타일 적용하기

파워포인트 2007이 출시되면서 가장 큰 변화 중의 하나는 포토샵에서나 작업할 수 있었던 그림 스타일들을 한 번의 클릭으로 적용할 수 있다는 것입니다. 파워포인트 2010에서도 다양한 그림 스타일을 이용해 원하는 스타일로 자유롭게 변경하고 조정이 가능합니다. 그림 스타일을 적용하고 그림에 효과를 추가하는 방법을 알아보겠습니다.

1. [그림 도구] – [서식] 탭 살펴보기

파워포인트에서는 그림을 포토샵과 같이 편집할 수 있는 명령들을 제공합니다. [**그림 도구**] – [**서식**] 탭은 그림이 프레젠테이션에 삽입되었을 때만 표시되는 상황별 탭으로 그림에 다양한 효과를 적용할 수 있는 명령들의 집합입니다. [**그림 도구**] – [**서식**] 탭은 조정, 그림 스타일, 정렬, 크기 그룹으로 나뉘어져 있습니다.

○ 10 본문예제.pptx를 참조하세요.

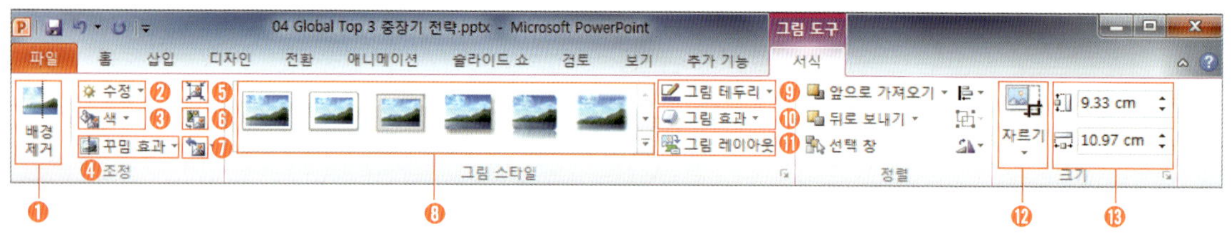

❶ **배경 제거** : 그림에 불필요한 배경을 제거합니다.

❷ **수정** : 그림의 밝기, 대비 및 선명도를 조정합니다.

❸ **색** : 품질을 향상시키거나 문서 내용에 맞추기 위해 그림 색을 변경합니다.

❹ **꾸밈 효과** : 그림에 꾸밈 효과를 추가하여 좀 더 스케치 또는 회화처럼 보이도록 만듭니다.

❺ **그림 압축** : 문서의 그림을 압축하여 그림 크기를 줄입니다.

❻ **그림 바꾸기** : 현재 그림의 서식과 크기를 유지하면서 다른 그림으로 변경합니다.

❼ **그림 원래대로** : 그림에 추가한 서식을 모두 취소합니다.

❽ **그림 스타일 갤러리** : 그림의 서식을 쉽게 변경할 있는 다양한 스타일을 적용합니다.

❾ **그림 테두리** : 선택한 그림의 윤곽선 색, 두께 및 선 스타일을 지정합니다.

❿ **그림 효과** : 그림자, 네온, 반사 또는 3차원 회전과 같은 시각효과를 적용합니다.

⓫ **그림 레이아웃** : 그림을 쉽게 배열하고 캡션을 만들고 크기를 조정할 수 있는 SmartArt 그래픽으로 변환합니다.

⓬ **자르기** : 그림을 잘라 불필요한 부분을 제거합니다.

⓭ **그림 크기** : 그림의 가로, 세로 크기를 설정합니다.

2. 그림 스타일 적용하기

그림에 미리 준비된 다양한 스타일을 적용하여 그림의 서식을 빠르게 변경할 수 있습니다. 그림 스타일은 액자 틀의 형태나 3차원 회전 등 그림 효과를 다양한 형태로 혼합하여 미리 제공하는 선택 목록입니다.

[**그림 도구**] – [**서식**] 탭 → **그림 스타일** 그룹 → **그림 효과**(그림 효과 ▾)를 클릭합니다. 그림 스타일을 적용하려면 그림을 선택한 후 [**그림 도구**] – [**서식**] 탭 → **그림 스타일** 그룹 오른쪽 **자세히** 단추(▾)를 클릭하면 그림 스타일 선택 목록에 28가지 기본 스타일이 나타납니다. 원하는 스타일에 마우스를 올리면 실시간 미리보기로 선택한 스타일이 적용된 그림을 확인할 수 있으며, 원하는 스타일을 클릭하여 적용합니다.

▲ 그림 효과 명령

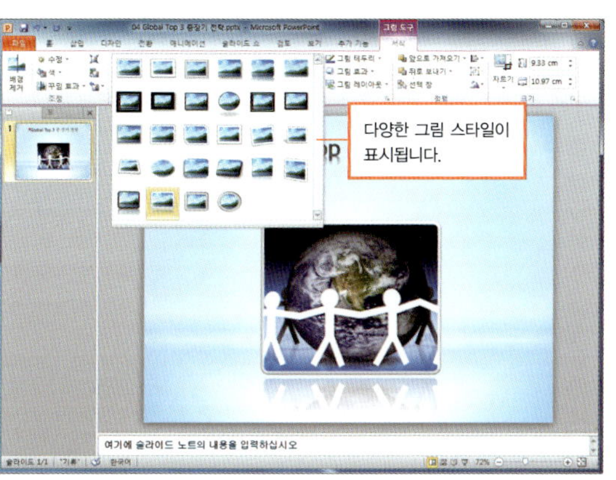

▲ '그림 스타일' 선택 목록

3. 그림 테두리 지정하기

파워포인트에서는 그림을 삽입하고 나서 테두리 선을 설정하면 마치 액자처럼 꾸밀 수 있습니다. 그림 테두리 기능은 선택한 그림의 윤곽선 색, 두께 및 선 스타일을 지정합니다.

① 그림에 테두리를 지정하려면 그림을 선택하고 [**그림 도구**] – [**서식**] 탭 → **그림 스타일** 그룹 → **그림 테두리**(그림 테두리 ▾)를 클릭합니다. '그림 테두리' 선택 목록이 나타나면 원하는 테두리 색을 선택하며, 선택 목록에 있는 색 이외의 색상을 사용하려면 **다른 윤곽선 색**을 클릭하여 원하는 테두리 색으로 변경합니다.

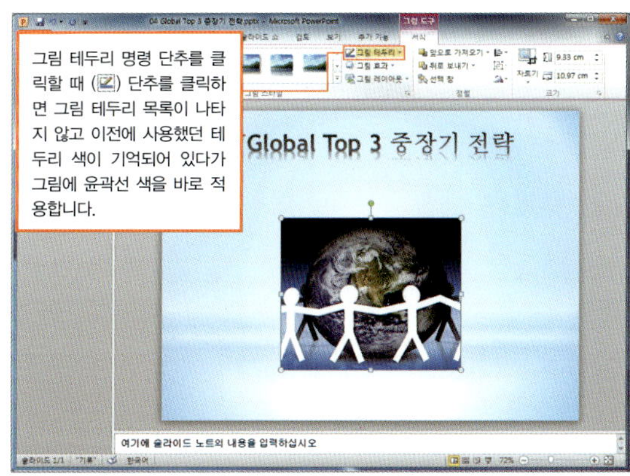

▲ 그림 테두리 명령

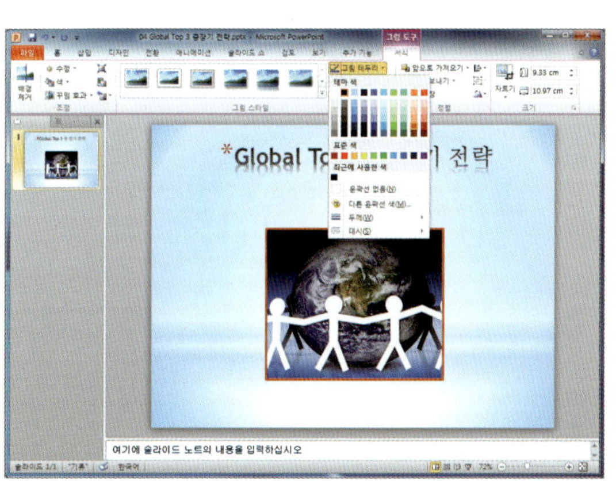

▲ '그림 테두리' 선택 목록

② 테두리의 두께가 얇으면 잘 보이지 않으므로 두께를 선택하여 선택 목록에서 적당한 두께를 선택하면 테두리 선의 두께가 커지면서 선명하게 드러나는 것을 확인할 수 있습니다. 만약 그림에 적용된 테두리 선을 없애려면 [**그림 도구**] – [**서식**] 탭 → **그림 스타일** 그룹 → **그림 테두리**(그림 테두리) → **윤곽선 없음**을 차례로 클릭하면 적용된 테두리 선이 사라집니다.

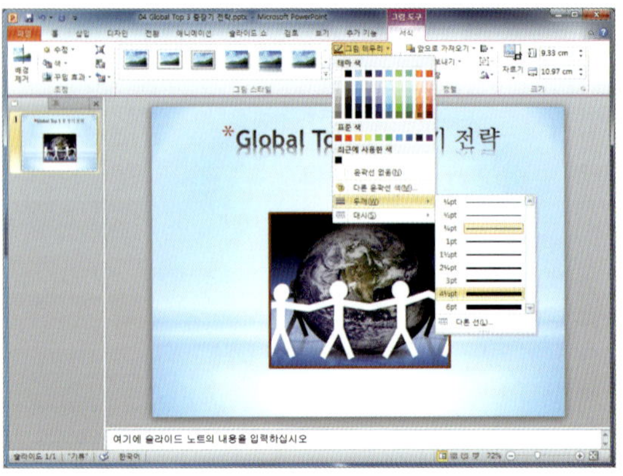

▲ 그림 테두리 설정

▲ 그림 테두리 – '윤곽선 없음'

4. 그림 효과 설정하기

그림자, 네온, 반사, 부드러운 가장자리, 입체 효과, 3차원 회전 등의 효과를 추가하여 그림을 시각적으로 향상시킬 수 있습니다. 파워포인트에서 그림에 추가할 수 있는 그림 효과는 다음과 같습니다.

▲ 기본 효과 명령

기본 설정	그림자	반사

네온	부드러운 가장자리

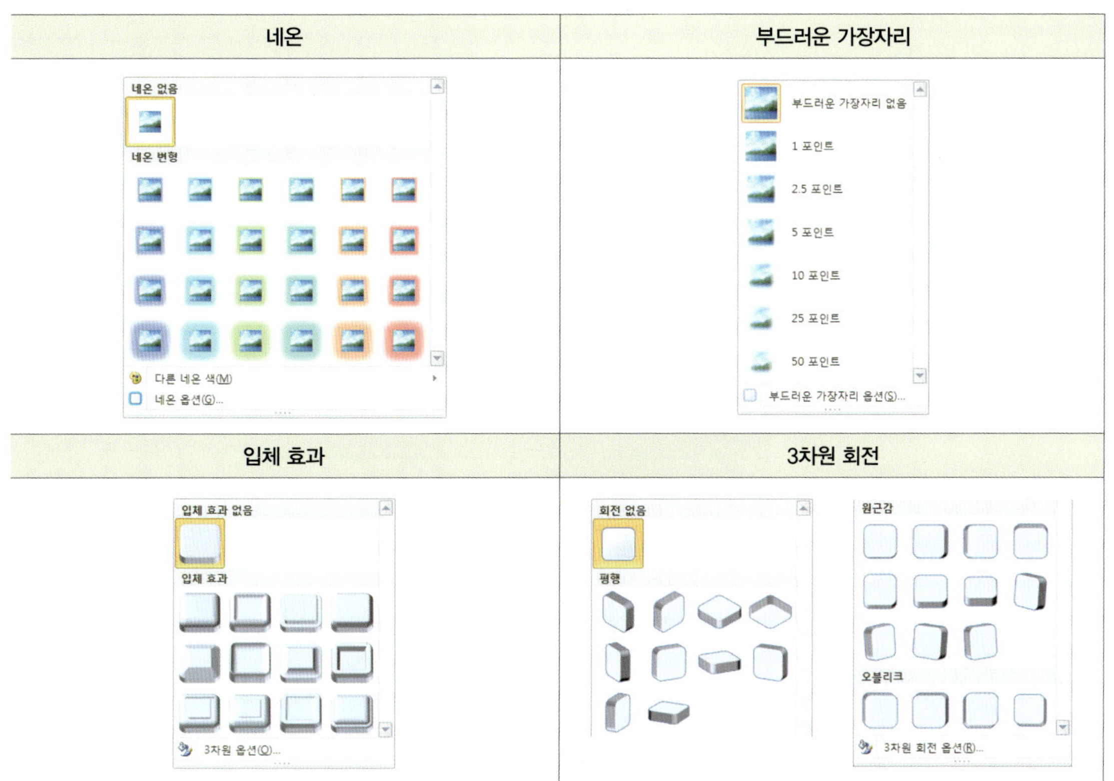

입체 효과	3차원 회전

○ 기본 설정(기본 설정(P)) 효과

[그림 도구] – [서식] 탭 → 그림 스타일 그룹 → 그림
효과(그림 효과) → 기본 설정을 차례로 클릭한 후
선택 목록에서 원하는 효과를 클릭합니다.

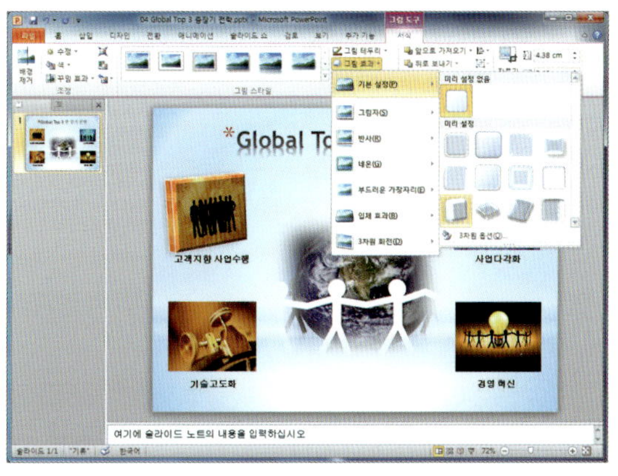

그림 효과 – '기본 설정' 선택 목록 ▶

○ 그림자(그림자(S)) 효과

[그림 도구] – [서식] 탭 → 그림 스타일 그룹 → 그
림 효과(그림 효과) → 그림자를 가리킨 다음 원하
는 그림자를 클릭합니다. 그림자를 사용자 지정하
려면 그림자 옵션을 클릭한 다음 원하는 옵션을 조
정합니다.

그림 효과 – '그림자' 선택 목록 ▶

○ 그림 효과 기능

그림 효과는 중복하여 사
용이 가능하여 기본 효과
와 그림자 효과 등을 동일
한 그림에 동시에 적용할
수 있습니다.

그림자 옵션을 클릭하면 '도형 서식'
대화상자가 표시되고 색, 투명도, 크
기, 흐리게, 각도, 간격 등을 사용자 지
정 할 수 있습니다.

○ 반사(반사(R)) 효과

[그림 도구] – [서식] 탭 → 그림 스타일 그룹 → 그림 효과(그림 효과) → 반사를 가리킨 다음 원하는 반사 효과를 클릭합니다. 반사를 사용자 지정하려면 **반사 옵션**을 클릭한 다음 원하는 옵션을 조정합니다.

▲ 그림 효과 – '반사' 선택 목록

반사 옵션을 클릭하면 '도형 서식' 대화상자가 표시되고 투명도, 크기, 간격, 흐리게 등을 사용자 지정할 수 있습니다.

○ 네온(네온(G)) 효과

[그림 도구] – [서식] 탭 → 그림 스타일 그룹 → 그림 효과(그림 효과) → 네온을 가리킨 다음 원하는 네온 효과를 클릭합니다. 네온 색을 사용자 지정하려면 **다른 네온 색**을 클릭한 다음 원하는 색을 선택합니다. 만약, 테마 색에 없는 색으로 변경하려면 **다른 색**을 클릭하고 [표준] 탭에서 원하는 색을 클릭하거나 [사용자 지정] 탭에서 색을 혼합합니다. 나중에 문서 테마를 변경하는 경우에도 [사용자 지정] 탭의 색과 [표준] 탭의 색은 업데이트되지 않습니다.

▲ 그림 효과 – '네온' 선택 목록

○ 네온 옵션 기능

네온 옵션을 클릭하면 '도형 서식' 대화상자가 표시되고 색, 크기, 투명도 등을 사용자 지정할 수 있습니다.

○ 부드러운 가장자리(부드러운 가장자리(E)) 효과

[그림 도구] – [서식] 탭 → 그림 스타일 그룹 → 그림 효과(그림 효과) → 부드러운 가장자리를 가리킨 다음 원하는 부드러운 가장자리의 크기를 클릭합니다. 부드러운 가장자리를 사용자 지정하려면 **부드러운 가장자리 옵션**을 클릭한 다음 원하는 옵션을 조정합니다.

▲ 그림 효과 – '부드러운 가장자리' 선택 목록

○ 부드러운 가장자리 옵션 기능

부드러운 가장자리 옵션을 클릭하면 '도형 서식' 대화상자가 표시되고 미리 설정, 크기 등을 사용자 지정할 수 있습니다.

◌ 입체 효과(입체 효과(B))

[그림 도구] – [서식] 탭 → **그림 스타일** 그룹 → **그림 효과**(그림 효과 ▾) → **입체 효과**를 가리킨 다음 원하는 효과를 클릭합니다. 입체 효과를 사용자 지정하려면 **3차원 옵션**을 클릭한 다음 원하는 옵션을 조정합니다.

▲ 그림 효과 – '입체 효과' 선택 목록

◌ 3차원 회전(3차원 회전(D))

[그림 도구] – [서식] 탭 → **그림 스타일** 그룹 → **그림 효과**(그림 효과 ▾) → **3차원 회전**을 가리킨 다음 원하는 회전 효과를 클릭합니다. 회전을 사용자 지정하려면 **3차원 회전 옵션**을 클릭한 다음 원하는 옵션을 조정합니다.

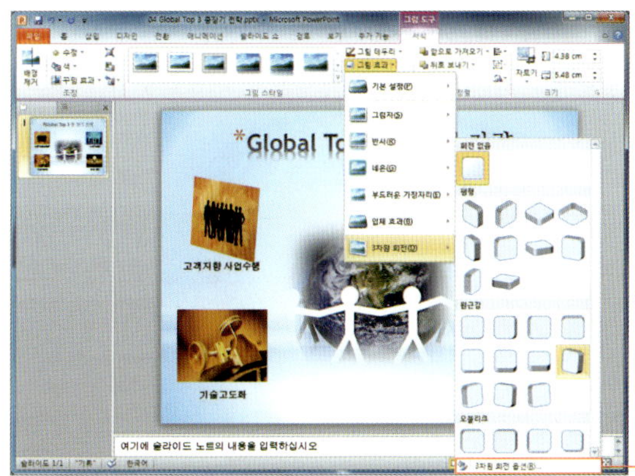

▲ 그림 효과 – '3차원 회전' 선택 목록

◌ 그림에 추가한 효과 제거

그림에 적용된 효과를 제거하기 위해서는 각 효과의 선택 항목을 가리킨 다음 효과를 제거하는 옵션을 클릭합니다. 예를 들어 그림자를 제거하려면 그림자를 가리킨 다음 첫 번째 항목인 **'그림자 없음'**을 클릭합니다.

▲ 그림 효과 제거하기

그림 레이아웃은 이전 버전의 SmartArt 그래픽으로 변환을 의미합니다. 그림을 쉽게 배열하고 캡션을 만들고 크기를 조정하려면 선택한 그림을 SmartArt 그래픽으로 변환하면 되며, 한 번의 클릭만으로 쉽게 변환이 가능하도록 구성되어 있습니다.

SmartArt 그래픽으로 변환할 그림을 선택합니다. 만약 그림을 여러 개 선택하려면 첫 번째 그림을 클릭한 다음 Ctrl 키를 누른 채로 다른 그림을 클릭합니다. [그림 도구] – [서식] 탭 → **그림 스타일** 그룹 → **그림 레이아웃**(그림 레이아웃)을 클릭하여 선택 목록에서 원하는 SmartArt 그래픽 레이아웃을 클릭합니다.

▲ '그림 레이아웃' 선택 목록

선택 목록에는 그림에 가장 적합한 SmartArt 그래픽용 레이아웃이 있습니다. SmartArt 그래픽 레이아웃을 선택하면 그림이 도형에 자동으로 배치되며 선택한 레이아웃을 기준으로 정렬됩니다. 그런 다음 SmartArt 그래픽에 텍스트를 추가하고 색을 변경하거나 SmartArt 스타일을 추가하여 SmartArt 그래픽을 사용자 지정할 수 있습니다.

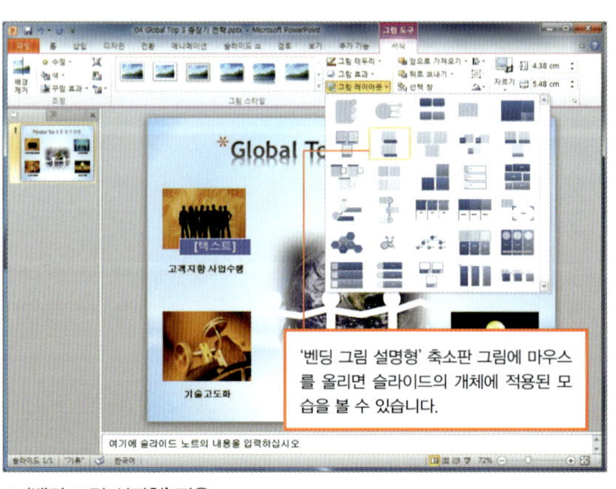

▲ '벤딩 그림 설명형' 적용

○ 프레젠테이션을 닫지 않고 다시 연 경우 빠른 실행 도구 모음에서 실행 취소(↺)를 클릭하여 SmartArt 그래픽으로 변환한 것을 되돌릴 수 있습니다.

파워포인트 2010에서 그림 효과는 파워포인트 2007 버전에서도 수정이 가능하지만 꾸밈 효과와 같이 2010 버전에 새롭게 적용된 효과들은 수정할 수 없습니다.

그러나 파워포인트 2003 버전 사용자들은 파워포인트 2010이나 2007에서 적용한 그림 효과를 모두 수정할 수 없습니다. 파워포인트 2007이나 2010에서 파워포인트 2003에서 읽을 수 있는 ppt로 변환하는 과정에서 그림에 적용된 효과까지 그림으로 저장하여 변환하기 때문입니다. 따라서 파워포인트 2003에서는 그림과 관련하여 어떠한 효과도 수정할 수 없습니다.

그림 스타일 적용하기

📁 **준비 파일 :** 04 포트폴리오.pptx　　📁 **완성 파일 :** 04 포트폴리오_결과.pptx

그림 스타일을 활용하여 멋진 슬라이드를 디자인 할 수 있습니다. 그러나 너무 많은 스타일이 적용되면 오히려 복잡하고 정리가 되지 않은 느낌을 줄 수 있으니 주의하기 바랍니다.

항목	변경 내용
그림 스타일	'둥근 대각선 모서리, 흰색'
그림 모양 바꾸기	가운데 그림 : '둥근 모서리' 제거 오른쪽 그림 : 왼쪽과 '대칭'
그림 효과	반사 : '1/2 반사, 터치'

01 **예제 파일 열기** **04 포트폴리오.pptx** 파일을 두 번 연속 클릭하면 파워포인트가 실행되면서 다음 화면이 나타납니다.

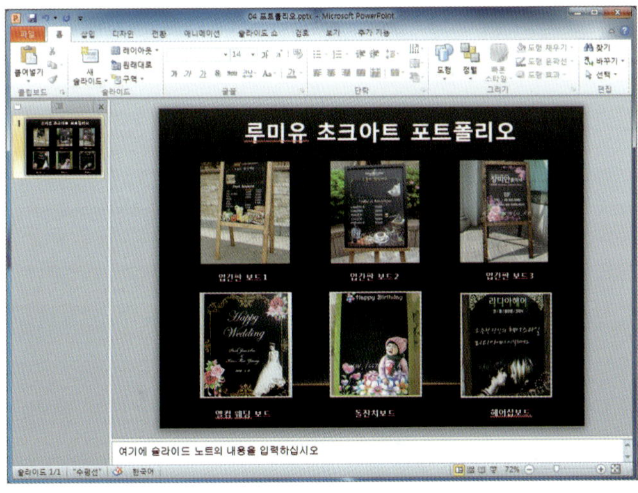

02 그림 스타일 적용하기 ❶ 상단의 3개 그림을 [Ctrl] 키를 이용하여 모두 선택하고 [**그림 도구**] – ❷ [**서식**] 탭 → ❸ **그림 스타일** 그룹 오른쪽 **자세히** 단추(▼)를 클릭하여 그림 스타일 선택 목록이 나타나면 ❹ '둥근 대각선 모서리, 흰색'을 선택합니다.

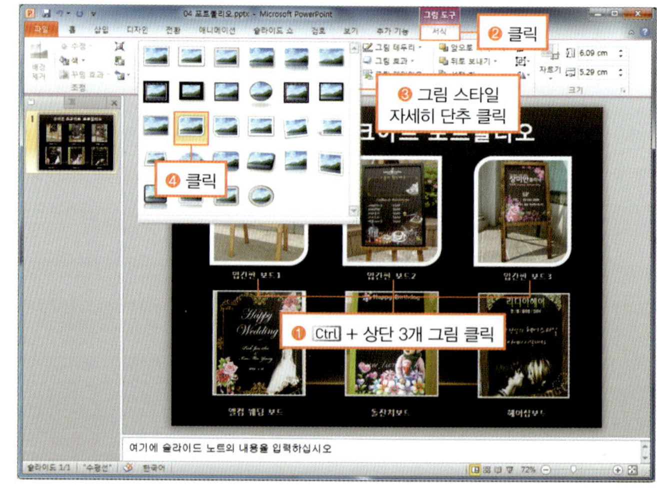

03 그림 모양 바꾸기(1) ❶ 상단의 가운데 그림을 선택하고 ❷ 표시되는 왼쪽의 노란색 모양 조정 핸들을 끌어서 둥근 모서리를 없앱니다.

○ 노란색 모양 조정 핸들을 이용해 둥근 모서리를 없앱니다.

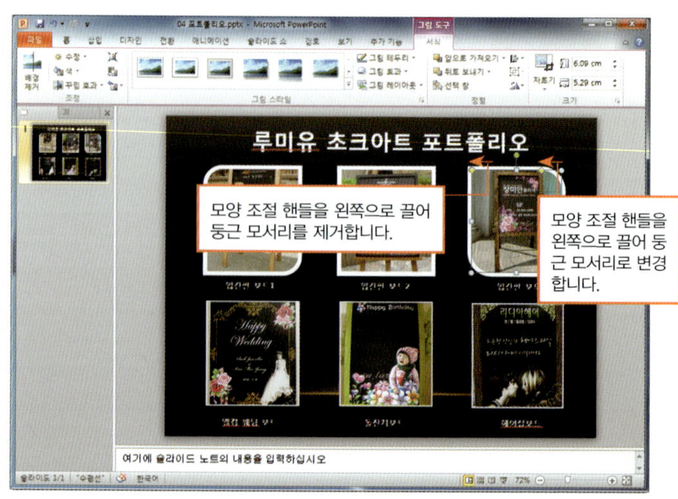

04 그림 모양 바꾸기(2) 상단 오른쪽 그림을 선택하고 표시되는 노란색 모양 조정 핸들을 끌어서 왼쪽 그림과 대칭이 되도록 그림의 모양을 바꿉니다.

○ 노란색 모양 조정 핸들로 왼쪽과 오른쪽의 모양을 변경합니다.

05 **반사 효과 적용하기** ❶ 상단의 3개의 그림을 `Ctrl` 키를 이용하여 선택하고 [**그림 도구**] – [**서식**] 탭 → **그림 스타일** 그룹 → ❷ **그림 효과**(그림 효과) → **반사** → ❸ '1/2 반사, 터치'를 클릭합니다.

⊙ [**서식**] 탭, [**그림 도구**] 탭의 활성화

[**서식**] 또는 [**그림 도구**] 탭이 표시되지 않는 경우 그림을 선택했는지 확인합니다. 그림을 두 번 클릭해야 [**서식**] 탭을 열 수 있기도 합니다.

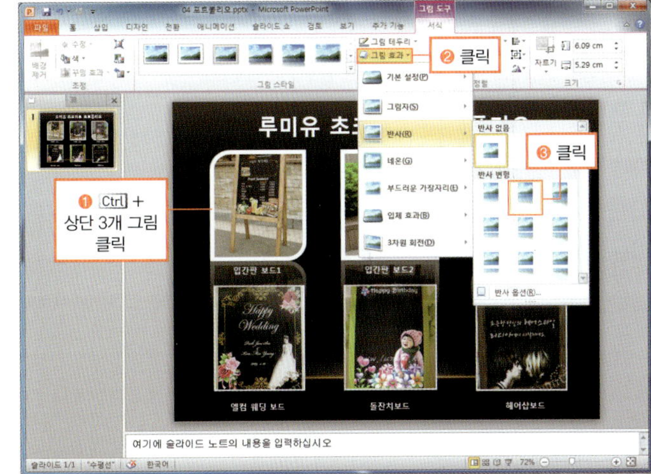

06 **서식 복사하기** ❶ 왼쪽 상단 그림을 선택하고 ❷ [**홈**] 탭 → **클립보드** 그룹 → ❸ **서식 복사**( )를 클릭하고 ❹ 왼쪽 아래 그림을 클릭하여 서식을 복사합니다.

07 **서식 복사/결과 확인하기** ❶ 가운데 상단 그림을 선택하고 [**홈**] 탭 → **클립보드** 그룹 → ❷ **서식 복사** ( )를 클릭하고 ❸ 가운데 아래 그림을 클릭하여 서식을 복사합니다. ❹ 오른쪽 상단 그림을 선택하고 [**홈**] 탭 → **클립보드** 그룹 → ❺ **서식 복사**( )를 클릭하고 ❻ 오른쪽 아래 그림을 클릭하여 서식을 복사하면 슬라이드가 완성됩니다.

내 컴퓨터(탐색기)에서 직접 그림 삽입하기

파워포인트에 그림 삽입 시 [삽입] 탭 → 이미지 그룹 → 그림 명령 단추를 클릭하여 '그림 삽입' 대화상자가 표시되면 그림 파일이 있는 폴더를 선택하여 축소판 그림으로 미리 보면서 필요한 그림을 삽입할 수 있습니다.

또 다른 그림 삽입의 방법으로는 윈도의 내 컴퓨터나 탐색기를 실행하여 컴퓨터에 설치되어 있는 그림을 미리 확인하고 바로 파워포인트로 끌어서 삽입할 수 있습니다.

❶ 윈도에서 시작 → 컴퓨터를 클릭하거나 키보드의 〈윈도(■)〉 + E 키를 클릭합니다.

❷ 내 컴퓨터가 열리면 삽입하고자 하는 그림 파일이 있는 폴더로 이동하여 미리 보기를 통해 삽입할 그림 파일을 확인합니다.

❸ 윈도 탐색기에서 삽입할 그림을 선택하고 마우스 왼쪽 단추를 클릭하고 파워포인트 슬라이드 창으로 끕니다.

❹ 그림이 파워포인트 슬라이드에 삽입됩니다.

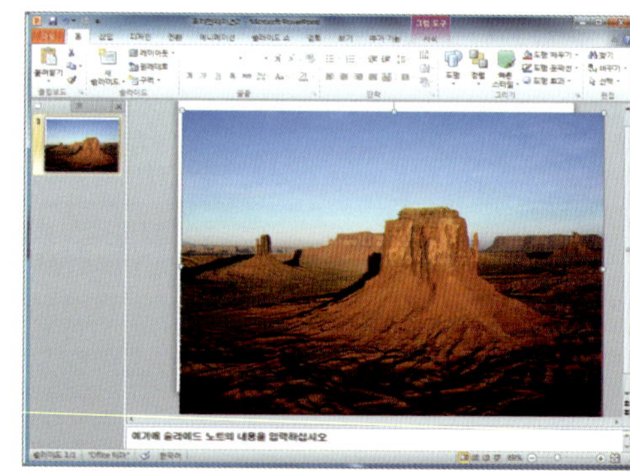

11

그림 조정하기

파워포인트 2010에서 그림 조정 기능은 이전 버전에 비해 더 정교하고 세밀하게 변경되었습니다. 또한 꾸밈 효과(Artistic Effect)를 적용하여 그림에 다양한 효과를 적용할 수 있게 되어 이전보다 다양하고 화려한 그림 보정이나 편집이 가능하게 되었습니다. 그림을 보정하고 효과를 적용하는 방법을 알아보겠습니다.

1. 배경 제거하기 `NEW 2010`

파워포인트 2010의 새로운 기능이면서 고급 그림 편집 옵션으로 그림의 주제를 강조하거나 산만한 부분을 제거하기 위해 배경과 같이 필요 없는 부분을 자동으로 제거하는 기능이 추가되었습니다. 이전 버전의 투명한 색 설정과는 차이가 있는 유용한 기능입니다.

① 배경을 제거할 그림을 선택하고 [**그림 도구**] – [**서식**] 탭 → **배경** 그룹 → **배경 제거** 명령 단추(▨)를 클릭합니다. 움직이는 텍스트 선의 핸들 중 하나를 클릭한 다음 유지할 그림 부분만 포함하고 제거할 대부분의 영역이 제외되도록 선을 끕니다.

> ○ 11 본문예제.pptx를 참조하세요.

> ○ **[배경 제거] 탭 활성화**
>
> [**배경 제거**] 또는 [**그림 도구**] 탭이 표시되지 않는 경우 그림을 선택했는지 확인합니다. 그림을 두 번 클릭하여 [**서식**] 탭을 열어야 할 수도 있습니다.

▲ 배경 제거 명령

▲ [배경 제거] 탭에서 제거 영역 선택

② 자동으로 제거하지 않을 그림 부분을 나타내려면 유지할 영역을 표시하는 선 그리기를 클릭하며, 자동으로 표시된 부분 외에도 제거할 그림 부분을 나타내려면 제거할 영역 표시를 클릭한 후 **닫기** 그룹 → **변경 내용 유지**를 클릭합니다. 만약 자동 배경 제거를 취소하려면 **닫기** 그룹 → **변경 내용 모두 취소**를 클릭하여 배경이 자동으로 제거된 모습을 확인할 수 있습니다.

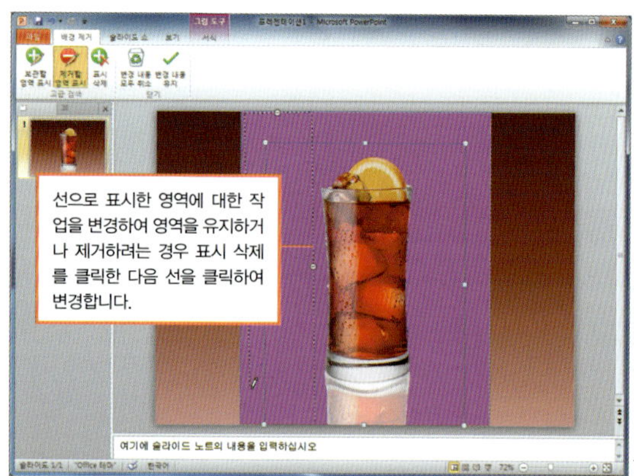

▲ 제거 영역 표시

▲ 제거된 배경

2. 선명도, 밝기 및 대비 수정하기

파워포인트 2010에서는 그림의 명도를 조정할 수 있는데, 명도는 밝기의 정도를 말하며 선명도, 밝기 및 대비 명령으로 사용자가 원하는 만큼 미세하게 조정할 수 있습니다.

그림의 선명도나 밝기 및 대비를 조정하려면 그림을 선택하고 [**그림 도구**] – [**서식**] 탭 → **조정** 그룹 → **수정**(⚙ 수정 ▾)을 클릭합니다. 일반적인 그림의 선명도나 밝기 및 대비를 조정하려면 선택 목록에서 원하는 축소판 그림을 클릭합니다.

▲ 그림의 선명도, 밝기, 대비 '수정' 명령

▲ 그림 선명도, 밝기 및 대비 '수정' 선택 목록

3. 색 조정하기

그림의 색 농도(채도)와 색조(온도)를 조정하거나, 다시 칠하거나, 색 중 하나의 투명도를 변경하고, 그림에 여러 가지 색 효과를 적용할 수 있습니다. 회색조나 세피아 톤과 같은 기본 제공 스타일 효과를 그림에 신속하게 적용할 수 있습니다.

그림을 선택하고 [그림 도구] – [서식] 탭 → 조정 그룹 → 색(색 ▼)을 클릭한 다음 선택 목록의 색 채도, 색조 아래에서 원하는 축소판 그림을 클릭합니다. 농도를 미세 조정하려면 **그림 색 옵션**을 클릭하여 '그림 서식' 대화상자에서 설정합니다.

그림의 색 조정 ▶

◉ 다시 칠하기

그림을 회색조와 같이 다시 칠하려면 그림을 선택하고 [그림 도구] – [서식] 탭 → **조정** 그룹 → **색**(색 ▼)을 클릭한 다음 '다시 칠하기' 항목에서 원하는 축소판 그림을 클릭합니다.

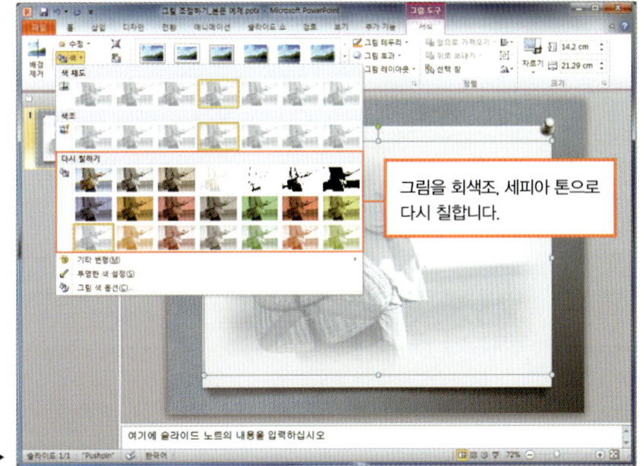

다시 칠하기 ▶

◉ 기타 변형

표준 색 또는 사용자 지정 색을 비롯한 추가 색을 사용하려면 **기타 변형**을 클릭합니다. 다시 칠하기 효과는 색 변형을 사용하여 적용됩니다.

기타 변형 ▶

◉ 투명한 색

그림의 일부를 투명하게 만들어 그림 위에 겹친 텍스트를 뚜렷이 표시하거나, 그림을 서로 겹치거나, 강조를 위해 그림의 일부를 제거하거나 숨길 수 있습니다. 그림을 선택하고 [그림 도구] – [서식] 탭 → **조정** 그룹 → **색**(색 ▼) → **투명한 색 설정**을 클릭하거나 이미지에서 투명화 할 색을 클릭합니다.

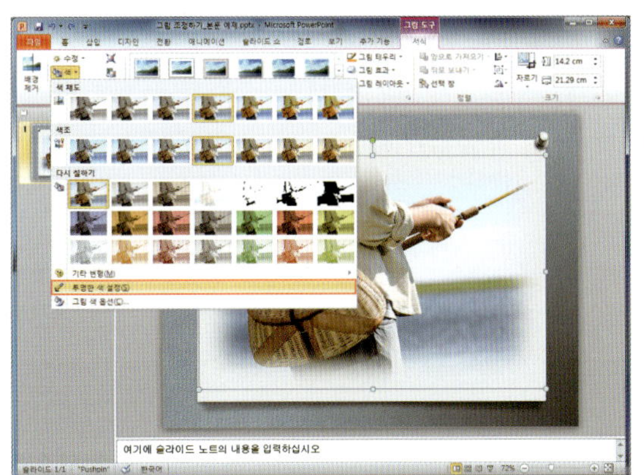

투명한 색 설정 ▶

4. 꾸밈 효과 적용하기　NEW 2010

꾸밈 효과는 파워포인트 2010부터 적용된 새로운 기능으로, 그림이나 그림 채우기에 꾸밈 효과를 적용하여 스케치, 그리기 또는 그림처럼 보이게 만들 수 있습니다. 한 번에 하나의 꾸밈 효과만 그림에 적용할 수 있으므로 다른 꾸밈 효과를 적용하면 이전에 적용한 꾸밈 효과는 사라지게 됩니다.

● 꾸밈 효과 적용

꾸밈 효과를 적용할 그림을 선택하고 [그림 도구] − [서식] 탭 → 조정 그룹 → 꾸밈 효과(꾸밈 효과 ▾)를 클릭한 다음 선택 목록에서 원하는 축소판 그림을 클릭합니다. 꾸밈 효과를 미세 조정하려면 꾸밈 효과 옵션을 클릭합니다.

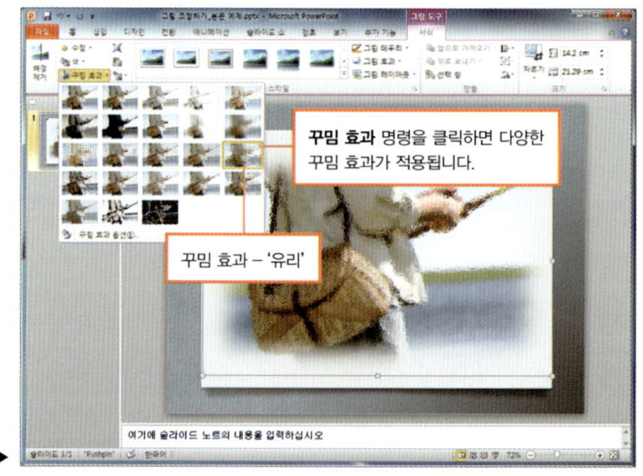

'꾸밈 효과' 선택 목록 ▶

● 꾸밈 효과 제거

꾸밈 효과를 제거하려면 제거할 꾸밈 효과가 적용된 그림을 선택하고 [그림 도구] − [서식] 탭 → 조정 그룹 → 꾸밈 효과(꾸밈 효과 ▾)를 클릭한 후 선택 목록에서 첫 번째 효과인 '없음'을 클릭합니다.

'꾸밈 효과' − 없음 ▶

● 꾸밈 효과 제거

꾸밈 효과를 제거한다고 해서 그림이 원본 형태로 돌아가는 것이 아니라 꾸밈 효과만 제거됩니다.

● 모든 효과 제거

꾸밈 효과뿐만 아니라 다른 효과를 비롯하여 그림에 추가한 모든 효과를 제거하려면 [그림 도구] − [서식] 탭 → 조정 그룹 → 그림 원래대로(▾)를 클릭합니다.

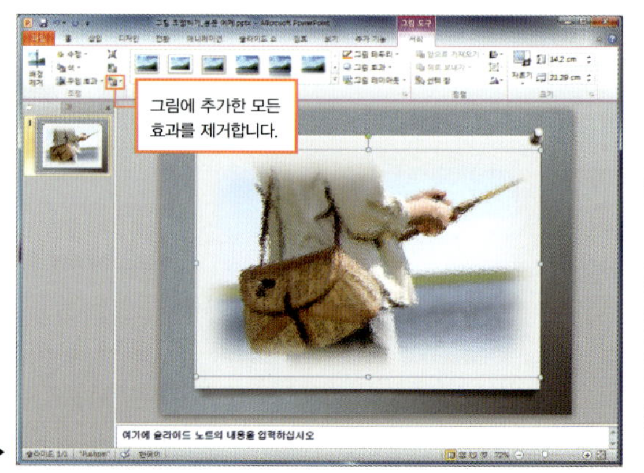

'꾸밈 효과' − 그림 원래대로 ▶

5. 그림 압축하기

그림으로 인해 프레젠테이션 문서의 파일 크기가 크게 늘어날 수 있으므로, 그림 해상도 및 그림 품질 또는 압축을 선택하여 사용하지 않는 그림의 불필요한 부분을 제거하여 파일 크기를 줄일 수 있습니다. 예를 들어 전자 메일 메시지에 그림을 보내는 경우 그림 해상도를 낮게 지정하는 반면에 그림 품질이 파일 크기보다 중요한 경우에는 그림이 압축되지 않도록 지정하여 파일 크기를 줄이거나 유지할 수 있습니다.

해상도를 변경할 그림을 선택하고 [**그림 도구**] − [**서식**] 탭 → **조정** 그룹 → **그림 압축**(▣)을 클릭한 후 '그림 압축' 대화상자의 대상 출력에서 원하는 해상도를 클릭합니다.

▲ 그림 압축 명령

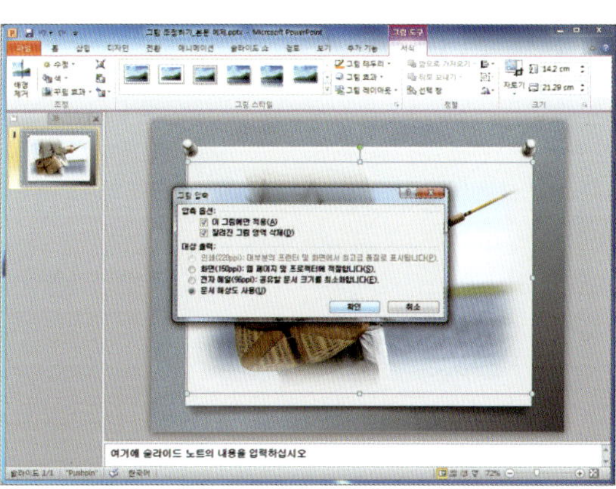
▲ 압축 옵션 및 해상도 설정

6. 그림 바꾸기

삽입되어 있는 그림의 크기와 정렬 방식은 그대로 유지하면서 삽입한 그림을 다른 그림으로 바꿀 수 있습니다. 동일한 위치에 같은 크기로 계속해서 그림을 삽입해야 하는 경우 아주 유용한 기능입니다.

사진을 다른 사진으로 바꾸려면 사진을 선택하고 [**그림 도구**] − [**서식**] 탭 → **조정** 그룹 → **그림 바꾸기**(▣)를 클릭합니다. '그림 삽입' 대화상자에서 바꾸고자 하는 그림을 선택한 후 〈삽입〉을 클릭합니다.

▲ 그림 바꾸기 명령

▲ 교체할 그림 선택하여 삽입

그림 조정하기

📁 **준비 파일** : 05 상담자의 자세와 원칙.pptx   📁 **완성 파일** : 05 상담자의 자세와 원칙_결과.pptx

파워포인트에서 그림 조정하기 기능은 배경에 맞게 그림의 색이나 효과를 지정하는데 유용합니다. 그림은 여러 가지 색이 혼합되어 있기 때문에 텍스트와 함께 사용할 때 가독성이 떨어지는 경우가 많으며, 이러한 불편함들은 그림 조정을 통해 쉽게 해결할 수 있습니다.

항목	변경 내용
배경 삽입	'예제그림5.jpg'
클립 아트 삽입	검색 : "상담" 색 : '바다색, 어두운 강조색 5' 그림 스타일 : '부드러운 가장자리 타원' 효과 : 부드러운 가장자리 → '50포인트' 꾸밈 효과 : '파스텔 부드럽게'
곡선 그림 삽입	'예제그림1, 2, 3, 4.png'
텍스트 삽입	글꼴 '맑은 고딕', 글꼴 크기 '54pt', 글꼴 색 '흰색', '굵게'

Before

After

01 **배경 서식 들어가기** 새 문서를 열고 배경 그림을 삽입하기 위해 레이아웃을 빈 화면으로 설정하고 ❶ 슬라이드 창에서 마우스 오른쪽 단추를 클릭하고 표시되는 바로 가기 메뉴에서 ❷ **배경 서식**을 클릭합니다.

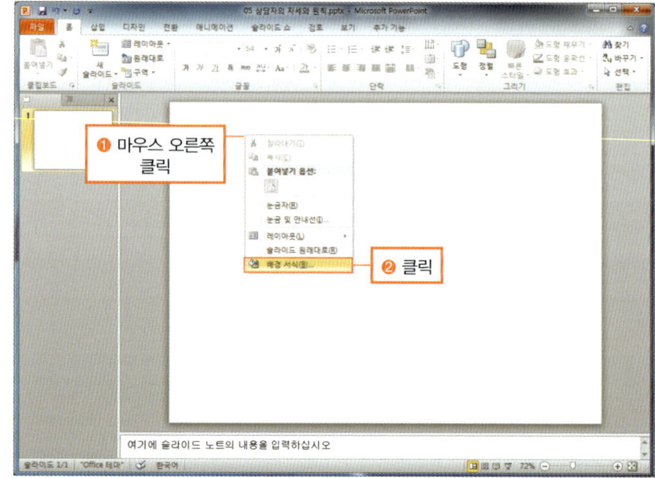

02 배경 채우기 '배경 서식' 대화상자의 [채우기]에서 ❶ '그림 또는 질감 채우기'를 클릭합니다. 파일에서 그림을 삽입하기 위해 ❷ '다음에서 삽입' 항목의 〈파일〉 단추를 클릭하고 ❸ 예제 폴더에서 '예제그림5.jpg'를 찾아 두 번 연속 클릭한 후 〈닫기〉 단추를 클릭합니다.

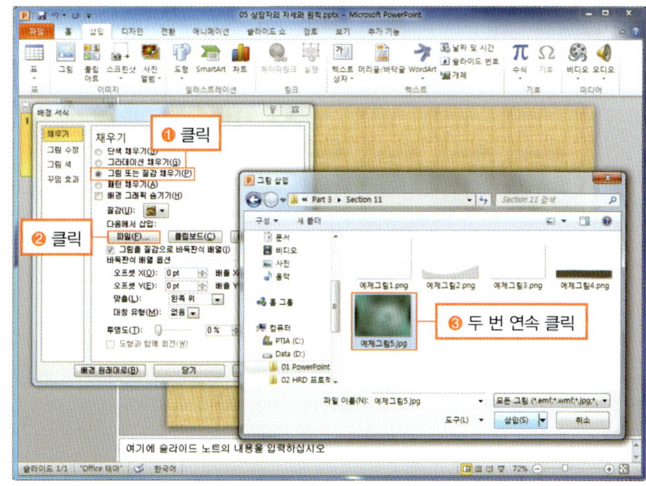

03 그림 삽입하기 ❶ [삽입] 탭 → ❷ 이미지 그룹 → 클립 아트 명령 단추(📋)를 클릭합니다. ❸ '클립 아트' 작업창에서 '검색 대상'에 "상담"을 입력하고 ❹ 〈이동〉 단추를 클릭합니다. ❺ 검색 대상이 표시되면 해당 클립 아트를 클릭하여 슬라이드에 삽입합니다.

04 색 조정하기 그림의 색을 조정하기 위해 [그림 도구] - [서식] 탭 → 조정 그룹 → ❶ 색(🎨 색 ▾)을 클릭한 후 ❷ 선택 목록에서 '바다색, 어두운 강조색 5' 그림을 선택합니다.

그림에서 둘 이상의 색을 투명하게 만들 수는 없습니다. 하늘 색 등의 단일 색으로 표시되는 영역이 실제로는 서로 비슷한 여러 색 변형으로 구성되어 있을 수 있으며, 이 경우 선택한 색이 해당 영역 중 일부에만 표시될 수도 있어서 투명 효과를 확인하기가 어려울 수 있습니다.

05 **그림 스타일 적용하기** 그림 스타일을 설정하기 위해 [**그림 도구**] – [**서식**] 탭 → ❶ **그림 스타일** 그룹 오른쪽 **자세히** 단추(▼)를 클릭하여 ❷ '부드러운 가장자리 타원'을 선택합니다.

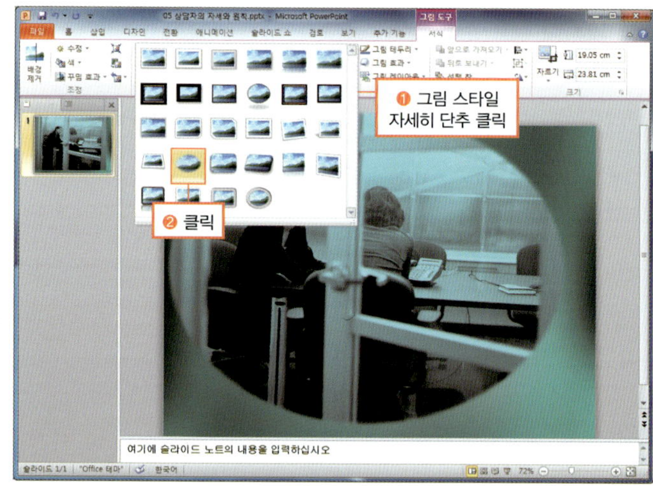

◑ 슬라이드 창 조절

슬라이드 내에서 정교한 작업을 수행하는 경우 슬라이드 창이 작아서 작업하기가 불편할 수 있습니다. 이 경우 [슬라이드] 및 [개요] 탭 오른쪽 단추(✖)를 클릭하여 [슬라이드] 및 [개요] 탭과 슬라이드 노트를 닫습니다. [슬라이드] 및 [개요] 탭을 다시 보려면 기본 보기 단추(▦)를 클릭하면 됩니다.

06 **부드러운 가장자리 효과 적용하기** [**그림 도구**] – [**서식**] 탭 → **그림 스타일** 그룹 → ❶ **그림 효과** (🔲 그림 효과 ▾) → **부드러운 가장자리** → ❷ **50 포인트**를 선택합니다.

07 **꾸밈 효과 적용하기** [**그림 도구**] – [**서식**] 탭 → **조정** 그룹 → ❶ **꾸밈 효과**(🔲 꾸밈 효과 ▾) → ❷ '파스텔 부드럽게'를 선택합니다.

◑ 꾸밈 효과 옵션

꾸밈 효과를 미세하게 조정하려면 [**그림 도구**] – [**서식**] 탭 – **조정** 그룹 – **꾸밈 효과**를 클릭한 후 '그림 서식' 대화상자에서 꾸밈 효과 옵션을 지정합니다.

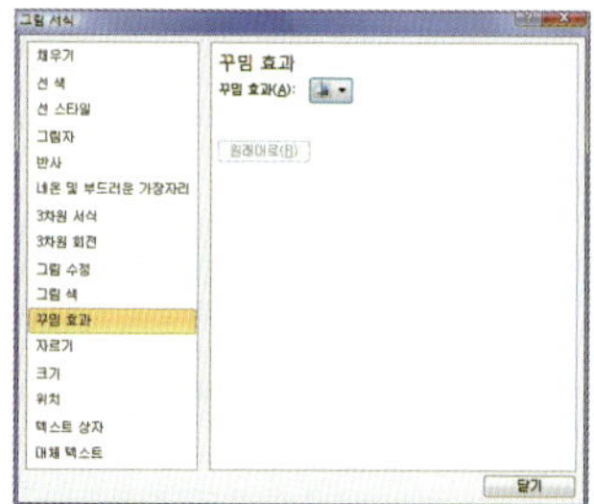

08 곡선 그림 삽입하기 곡선 그림을 삽입하기 위해 ❶ [**삽입**] 탭 → **이미지** 그룹 → ❷ **그림**( )을 클릭한 다음 ❸ '그림 삽입' 대화상자에서 Shift 키를 이용해 '예제그림1, 2, 3, 4.png' 4개의 그림을 선택하고 ❹ 〈삽입〉 단추를 클릭합니다.

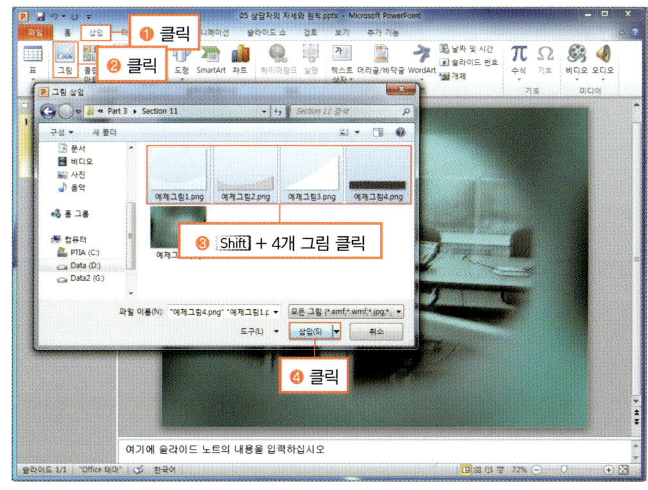

09 그림 배열하기 그림이 삽입되면 각각의 개체를 마우스로 끌어서 아래 그림과 같이 각각의 그림을 배열합니다.

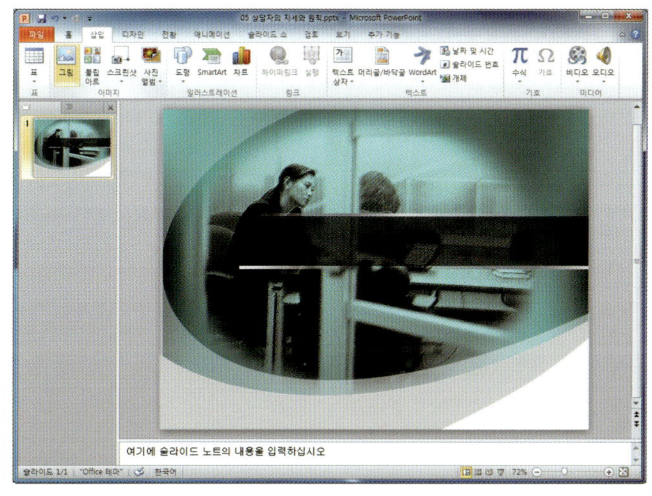

10 텍스트 입력 및 서식 변경/결과 확인하기 [**삽입**] 탭 → **텍스트** 그룹 → **텍스트 상자**( )를 클릭한 후 ❶ "상담자의 자세와 원칙"을 입력하고 ❷ 텍스트 전체를 마우스로 끌어서 선택한 후 마우스 오른쪽 단추를 클릭하여 ❸ 표시되는 미니 도구 모음에서 '글꼴 – 맑은 고딕, 글꼴 크기 – 54', 글꼴 색 – '흰색', '굵게'를 선택하여 슬라이드를 완성합니다.

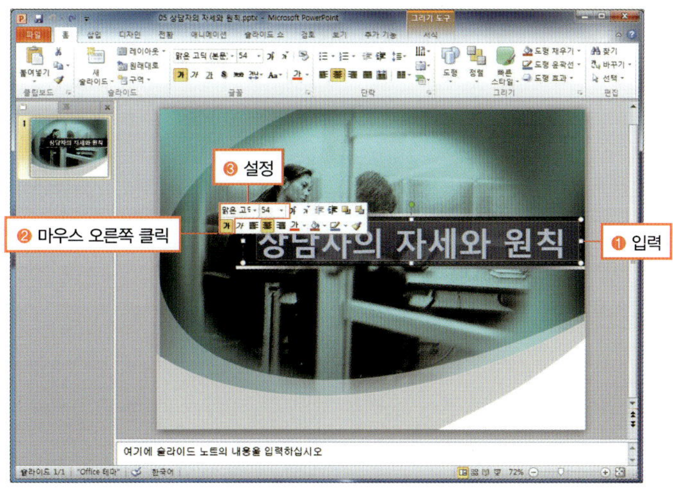

그림 자르기

자르기는 세로 또는 가로 가장자리를 줄여서 표시하지 않을 그림 영역을 제거하거나 마스크 처리합니다. 자르기는 그림을 강조하거나 불필요한 부분을 제거하기 위해 그림의 일부를 숨기거나 잘라내는 데 자주 사용됩니다.

1. 그림 자르기

자르기 기능은 이전 버전에서도 제공되었던 기능이지만 파워포인트 2010에서는 특정 도형으로 쉽게 자르거나, 도형에 맞게 자르고 채우거나 또는 일반 그림의 가로 세로 비율을 유지하여 자를 수 있게 기능이 향상되었습니다.

자르고자 하는 그림을 선택하고 [**그림 도구**] – [**서식**] 탭 → **크기** 그룹 → **자르기**( )를 클릭합니다.
한 면을 자르려면 해당 면의 중앙 자르기 핸들을 안쪽으로 끌어주고 그림 주위에 여백을 추가하려면 자르기 핸들을 그림의 중앙에서 바깥쪽으로 끕니다. 작업을 마치면 Esc 키를 누릅니다.

▲ 자르기 명령

▲ 자르기 핸들 조정

○ 그림 자르기의 종료

그림 자르기 명령을 수행한 후 그림 이외의 슬라이드 창에서 마우스 왼쪽 단추를 클릭하면 종료할 수 있습니다.

2. 특정 도형으로 자르기 `NEW 2010`

그림의 도형을 변경하는 빠른 방법은 그림을 특정 도형으로 자르는 것입니다. 특정 도형으로 자르면 그림이 자동으로 기하 도형으로 잘려 채워지고 그림의 비율이 유지됩니다.

❶ **자르기** : 그림을 잘라 불필요한 부분을 삭제합니다.

❷ **도형에 맞춰 자르기** : 원하는 도형 모양으로 자르기 합니다.

❸ **가로 세로 비율** : 정사각형, 임의의 가로 세로 비율로 자릅니다.

❹ **채우기** : 가로 세로 비율을 유지하면서 전체 그림 영역이 채워
  지도록 그림 크기를 조정합니다.

❺ **맞춤** : 가로 세로 비율을 유지하면서 전체 그림이 그림 영역 내에 표시되도록 그림 크기를 조정합니다.

특정 도형으로 자를 그림을 선택하고 [**그림 도구**] − [**서식**] 탭 → **크기** 그룹 → **자르기** 명령 단추(▧) 아래 부분(▧)을 클릭하여 **도형에 맞춰 자르기**를 클릭한 다음 자르려는 도형을 클릭합니다.

▲ 자르기 명령

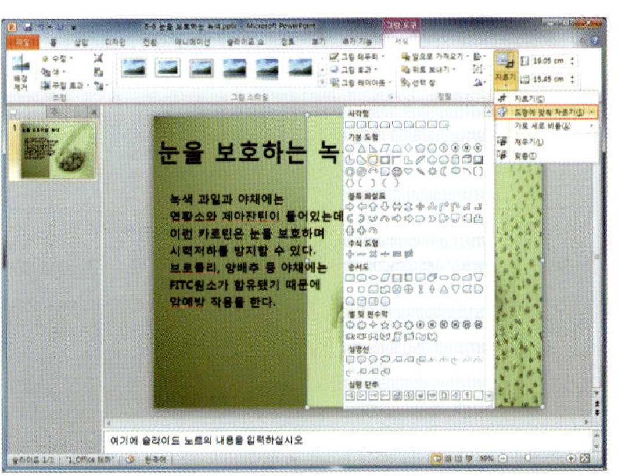

▲ 도형에 맞춰 자르기

3. 일반/가로 세로 비율로 자르기 `NEW 2010`

그림을 일반 사진으로 자르거나 가로 세로 비율(가로 세로 비율 : 그림 너비와 높이 간의 비율로, 그림의 크기를 조정하는 경우에도 이 비율을 유지할 수 있습니다.)을 유지하여 자르면 그림 비율을 쉽게 볼 수 있기 때문에 그림 프레임에 쉽게 맞출 수 있습니다.

일반 가로 세로 비율에 맞게 자를 그림을 선택하고 [**그림 도구**] − [**서식**] 탭 → **크기** 그룹 → **자르기** 명령 단추(▧) 아래 부분(▧)을 클릭합니다. **가로 세로 비율**을 가리킨 다음 원하는 비율을 클릭한 후 작업이 완료되면 Esc 키를 누릅니다.

▲ 자르기 명령

▲ '가로 세로 비율' 선택 목록

○ 가로 세로 비율로 자르기

가로 세로 비율로 자르기를 클릭하면 한 번 자르기를 실행한 후라도 다시 원본에서 가로 세로 비율에 맞춰 자르기가 실행됩니다.

4. 도형에 맞게 자르거나 채우기 `NEW 2010`

그림의 일부를 제거하지만 도형을 그림으로 채우려는 경우에는 채우기를 선택해야 합니다. 이 옵션을 선택한 경우 그림의 일부 가장자리가 표시되지 않을 수 있지만 원본 그림의 가로 세로 비율은 유지됩니다. 그림을 모두 도형에 맞게 만들려면 맞춤을 선택해야 원본 그림의 가로 세로 비율이 유지됩니다.

도형에 맞게 자르거나 채울 그림을 선택하고 [**그림 도구**] − [**서식**] 탭 → **크기** 그룹 → **자르기** 명령 단추(⬛) 아래 부분(자르기)을 클릭합니다. **채우기** 또는 **맞춤**을 클릭하고 작업을 마치면 Esc 키를 누릅니다.

▲ 자르기 명령

▲ 채우기/맞춤 설정

그림 자르기

📁 **준비 파일 :** 06 Global Top 3 중장기 전략.pptx　　📁 **완성 파일 :** 06 Global Top 3 중장기 전략_결과.pptx

그림 자르기로 그림의 불필요한 배경이나 그림 영역을 없애고 남은 영역에 다양한 그림 효과를 추가하여 여러 가지 느낌을 표현할 수 있습니다. 그림 자르기를 보다 효과적으로 사용하는 방법에 대해 알아보겠습니다.

항목	변경 내용
클립 아트 삽입	"그림자", "글로벌", "기술", "전구",
	"글로벌" 복사본 : 꾸밈 효과 '흐리게'
	원본 그림 자르기
	그림 효과 : 부드러운 가장자리 → '50포인트'
제목 텍스트	'흰색'
그림 스타일	'금속 프레임'
	3차원 효과 → '원근감(보통의 경사)'
	3차원 서식 : 위쪽 너비 "12pt", 높이 "6pt"
	반사 효과 : '1/2 반사, 터치'

01 **예제 파일 열기** **06 Global Top 3 중장기 전략.pptx** 파일을 두 번 연속 클릭하면 파워포인트가 실행되면서 다음 화면이 표시됩니다.

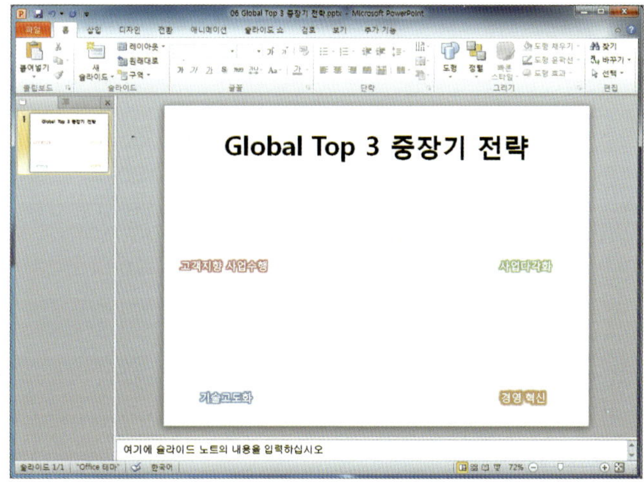

02 클립 아트 창 표시 및 검색하기 ❶ [삽입] 탭 → 이미지 그룹 → ❷ 클립 아트 명령 단추(🖾)를 클릭합니다. '클립 아트' 작업창이 표시되면 ❸ '검색 대상'에 **"그림자"**를 입력하고 ❹ 〈이동〉 단추를 클릭합니다.

03 클립 아트 삽입하기 검색 결과가 표시되면 ❶ 해당 클립 아트를 선택하고 마우스를 클릭하여 슬라이드에 삽입하고 ❷ 크기를 조정하여 왼쪽 상단에 위치시킵니다.

04 클립 아트 추가하기(1) 계속해서 '클립 아트' 작업창의 ❶ '검색 대상'에 **"글로벌"**, **"기술**, **"전구"**를 각각 입력하고 ❷ 〈이동〉 단추를 클릭한 후 검색 결과가 표시되면 ❸ 해당 클립 아트를 마우스를 클릭하여 슬라이드에 삽입하고 ❹ 다음과 같이 크기를 조정하여 위치시킵니다.

05 클립 아트 추가하기(2) '클립 아트' 작업창의 ❶ '검색 대상'에 다시 **"글로벌"**을 입력하고 ❷ 〈이동〉 단추를 클릭합니다. ❸ 검색 결과가 표시되면 클립 아트를 선택하고 마우스를 클릭하여 슬라이드에 삽입하고 ❹ 전체 슬라이드 크기에 맞게 크기를 조정합니다.

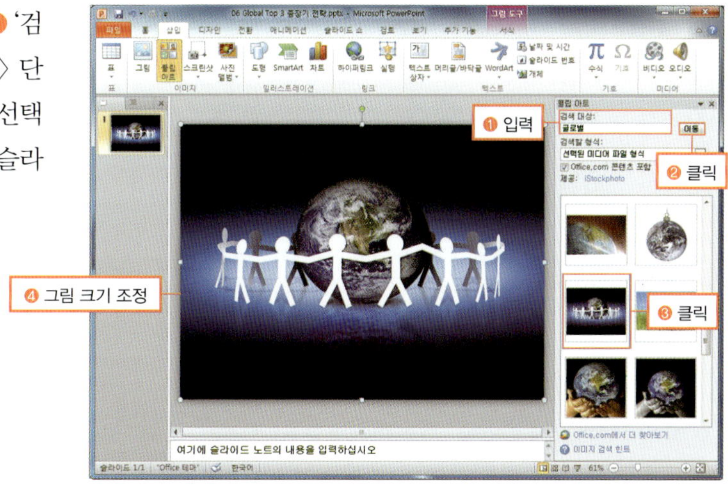

06 그림 복사하기 ❶ 그림을 선택하고 ❷ [홈] 탭 → **클립보드** 그룹 → ❸ 복사( ) → ❹ 붙여넣기( )를 클릭하여 그림을 복사합니다.

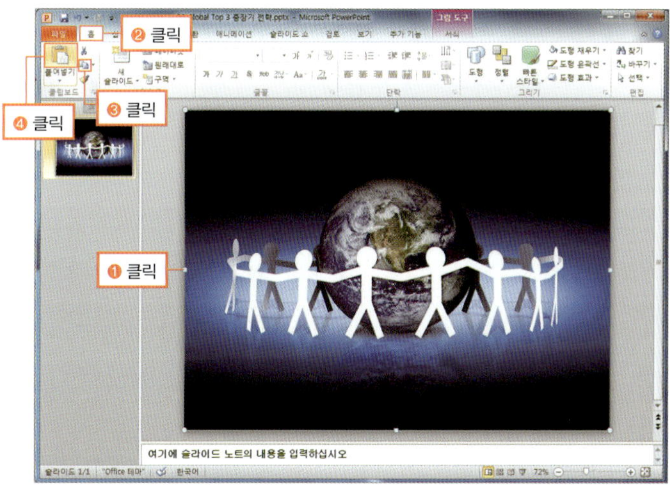

○ 복제하기

그림을 선택하고 단축키 Ctrl + D 를 눌러 그림을 바로 복제할 수 있습니다.

07 꾸밈 효과 적용하기 복사된 그림이 선택된 상태에서 효과를 설정하기 위해 [그림 도구] − ❶ [서식] 탭 → **조정** 그룹 → ❷ **꾸밈 효과**(꾸밈 효과) → ❸ '흐리게'를 선택합니다.

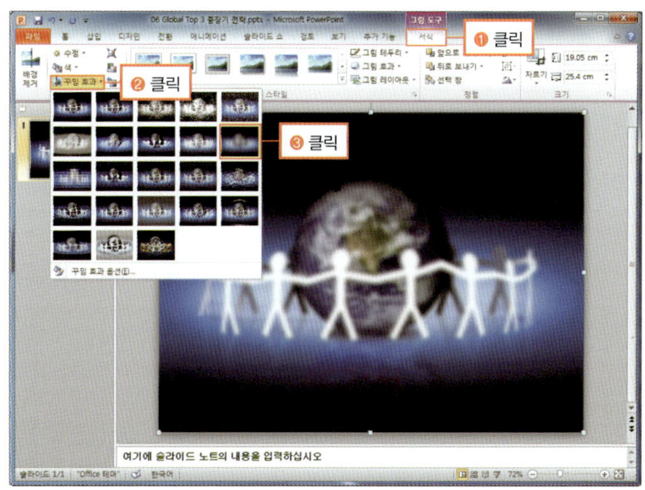

08 **맨 뒤로 보내기** 복사본 그림이 선택된 상태에서 [그림 도구] – [서식] 탭 → 정렬 그룹 → ❶ 뒤로 보내기 → ❷ 맨 뒤로 보내기를 클릭하면 가장 뒷 배경의 그림으로 설정됩니다.

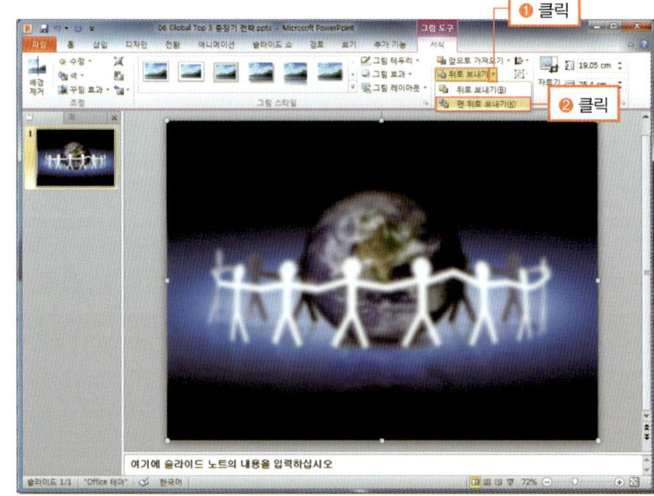

○ 그림을 선택하고 마우스 오른쪽 단추를 클릭하여 **맨 뒤로 보내기 → 맨 뒤로 보내기**를 클릭합니다.

09 **그림 자르기** ❶ 원본 글로벌 그림을 선택하고 [그림 도구] – [서식] 탭 → 크기 그룹 → ❷ 자르기( )를 클릭합니다. ❸ 자르기 핸들을 조정하여 그림과 같이 지구본을 남겨 둔 채로 잘라냅니다.

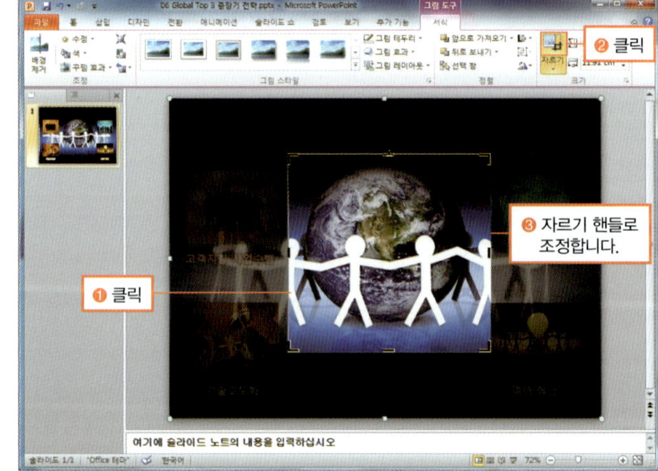

○ **가로 세로 비율로 자르기**

가로 세로 비율로 자르기를 클릭하면 한 번 자르기를 실행한 후라도 다시 원본에서 가로 세로 비율에 맞춰 자르기가 실행됩니다.

10 **부드러운 가장자리 효과 적용하기** 선택된 그림에 효과를 주기 위해 [그림 도구] – [서식] 탭 → 그림 스타일 그룹 → ❶ 그림 효과(그림 효과) → 부드러운 가장자리 → ❷ 50 포인트를 클릭합니다.

11 제목 텍스트 색 변경하기 ❶ 마우스로 제목 개체 틀을 선택하고 [홈] 탭 → 글꼴 그룹 → ❷ 글꼴 색 (가▼) → ❸ '흰색'을 클릭합니다.

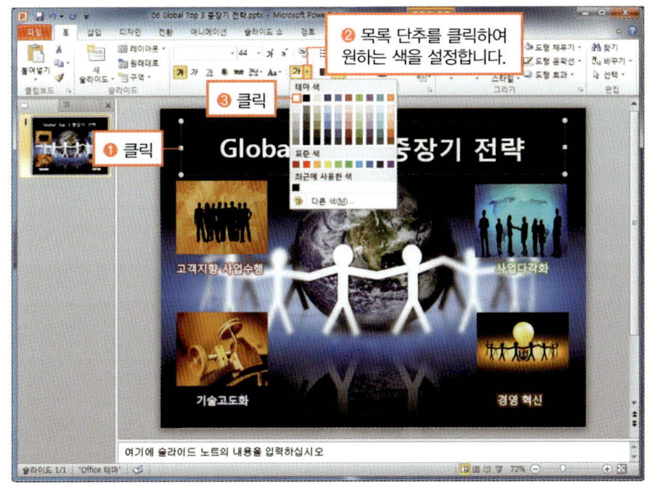

12 그림 스타일 적용하기 ❶ 왼쪽 상단의 그림을 선택하고 [그림 도구] – [서식] 탭 → ❷ 그림 스타일 그룹 오른쪽 **자세히** 단추(▼)를 클릭한 후 ❸ '금속 프레임'을 선택합니다.

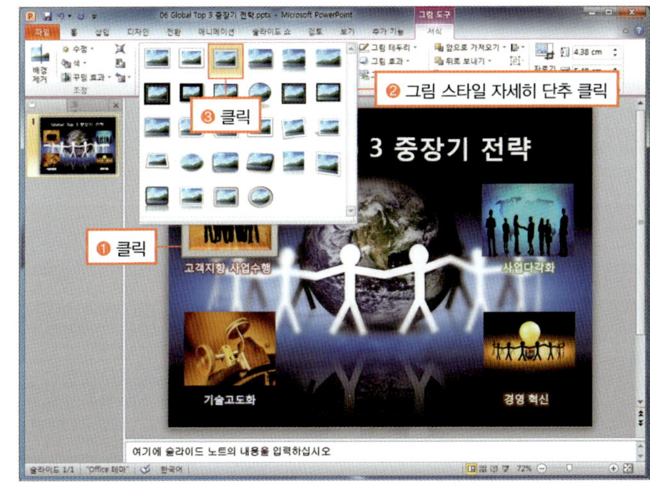

13 3차원 효과 적용하기 그림이 선택된 상태에서 [그림 도구] – [서식] 탭 → 그림 스타일 그룹 → ❶ 그림 효과(그림 효과 ▼) → 3차원 회전 → ❷ '원근감' 항목의 '원근감 (보통의 경사)'를 선택합니다.

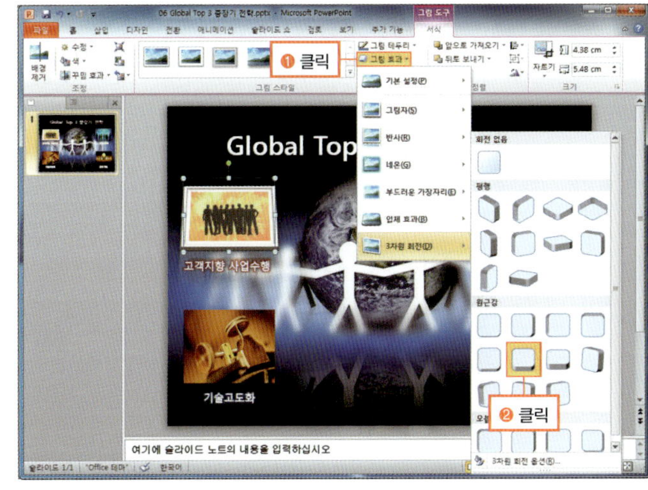

14 '그림 서식' 대화상자 표시하기 그림의 입체 효과를 수정하기 위해 ❶ 마우스 오른쪽 단추를 클릭하고 ❷ 바로 가기 메뉴에서 **그림 서식**을 클릭합니다.

○ 그림 서식을 표시하려면 [**그림 도구**] – [**서식**] 탭 → **그림 스타일** 그룹 오른쪽 아래에 **대화상자 표시** 단추(⬛)를 클릭해도 됩니다.

15 3차원 서식 변경하기 ❶ '그림 서식' 대화상자에서 [3차원 서식]을 클릭하고 ❷ '입체 효과' 항목의 위쪽 너비 : "12pt", 높이 : "6pt"를 입력하고 ❸ 〈닫기〉 단추를 클릭합니다.

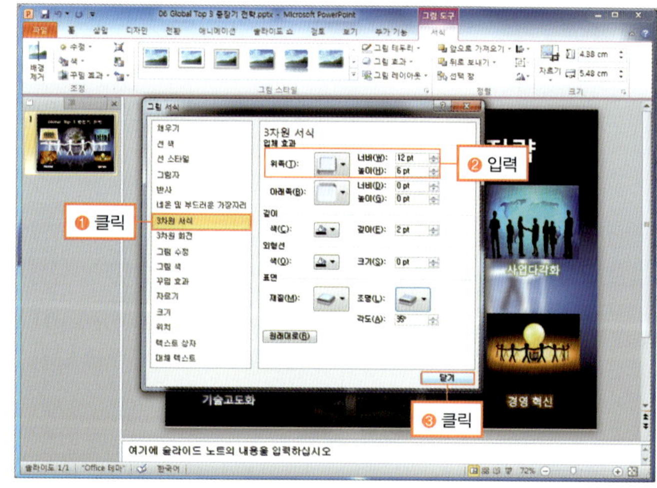

16 반사 효과 적용하기 그림이 선택된 상태에서 [**그림 도구**] – [**서식**] 탭 → **그림 스타일** 그룹 → ❶ **그림 효과**(⬛ 그림 효과 ▾) → **반사** → ❷ '1/2 반사, 터치'를 선택합니다.

17 서식 복사하기 서식을 복사하기 위해 ❶ 그림을 선택하고 ❷ [홈] 탭 → **클립보드** 그룹 → ❸ **서식 복사**( )를 클릭한 다음 ❹ 왼쪽 아래 그림을 클릭하여 서식을 복사합니다.

18 서식 복사/결과 확인하기 ❶ 왼쪽 상단의 그림을 선택하고 [홈] 탭 → **클립보드** 그룹 → ❷ **서식 복사**( )를 두 번 연속 클릭한 다음 ❸ 오른쪽 상단 그림, 오른쪽 아래 그림을 각각 클릭하여 서식을 복사합니다. 슬라이드가 완성되었습니다.

그림 자르기를 실행하면 특정 영역만 남고 주변에 자르기 한 영역들은 표시되지 않습니다. 그러나 표시되지 않는 주변 영역들은 우리의 눈에만 안 보일 뿐이지 완전히 삭제된 것은 아니기 때문에 그림을 다시 원본 형태로 되돌릴 수도 있고 다시 자르기를 실행할 수도 있습니다.

① **그림 압축하기** : [그림 도구] − [서식] 탭 → **조정** 그룹 → **그림 압축** 명령 단추( )를 클릭하면 원본의 불필요한 영역들이 삭제됩니다.

② **그림으로 저장하기** : 그림 자르기를 실행한 그림 파일을 선택하고 마우스 오른쪽 단추를 클릭하여 바로 가기 메뉴에서 **그림으로 저장**을 클릭합니다.

잘려진 그림 영역에 불필요한 영역이 남아있을 때

그림에서 자르기를 실행한 후 오른쪽 그림과 같이 아직도 불필요한 부분이 남아 있는 경우가 있습니다. 물론 배경 색에 따라 다르겠지만 이런 경우 도형을 삽입하여 배경색과 동일하게 색을 맞춰서 보이지 않도록 할 수 있습니다. 매번 적용되는 것은 아니지만 알아두면 유용한 방법입니다.

❶ 불필요한 영역을 가리기 위해 자유형 선을 연결하여 도형을 만듭니다. [삽입] 탭 → 일러스트레이션 그룹 → 자유형을 클릭합니다.

❷ 마우스를 끌어서 자유형 도형을 그려 그림의 불필요한 영역을 덮은 후 도형의 윤곽선을 없애고, 배경색인 흰색으로 채우기 색을 변경하여 그림 위에 올려놓습니다.

❸ 마지막으로 그림과 도형을 그룹으로 묶어주면 불필요한 영역이 제거됩니다.

인터넷에서 그림 파일 검색하기

내용에 적합한 그림을 찾아서 슬라이드에 삽입하는 것은 무엇보다도 중요합니다. 그러나 일반적으로 자신이 가지고 있는 그림들로는 한계를 느끼는 경우가 많습니다. 물론 Office.com에서 많은 그림들을 제공하고 있지만 그 외에 이미지를 찾을 때 유용한 웹 사이트를 알아봅니다.

- Stock.XCHNG(http://www.sxc.hu/) : 20만장 이상의 사진을 보유하고 있으며 사용자들의 추천을 많이 받거나 댓글이 많이 달린 이미지들만 별도로 필터링해서 볼 수도 있습니다.

- morgueFile(http://www.morguefile.com/) : 무료 이미지 파일들을 제공하며, 사진별로 정보를 볼 수 있고 검색도 가능합니다.

- Wikepedia Commons(http://commons.wikimedia.org/wiki/%EB%8C%80%EB%AC%B8) : 무료 라이센스의 사진, 음악, 동영상 등을 제공합니다.

- Woophy(http://www.woophy.com/) : 전 세계 지도를 보면서 각각의 지역에 맞는 사진들을 제공하므로 지역별 사진을 찾는 용도로 아주 유용합니다.

- Image After(http://www.imageafter.com/) : 사물과 자연 이미지들이 잘 정리되어 있으며, 이미지마다 다운로드 아이콘이 따로 있어서 무척 편리합니다.

- VisiPix(http://visipix.dynalias.com) : 일반 사진뿐만 아니라 예술 작품을 찍은 사진들이 상당히 많습니다.

- Microshots(http://www.microshots.org/) : 클로즈업 사진만 모아놓은 곳입니다.

- everystockphoto(http://www.everystockphoto.com/) : Flikr이나 morgueFile 등이 제공하는 70만장 이상의 무료 사진을 대상으로 한 검색 엔진입니다.

도형 및 SmartArt 삽입하기

확실하고 명확하게 주제를 전달하는 프레젠테이션을 만들기 위해서는 슬라이드에 발표 내용의 주제, 콘셉트와 그리고 키워드를 뽑아내고 이를 도해화하여 시각적으로 표현하는 것이 중요합니다. 이런 도해를 위해 가장 필요한 개체가 바로 도형과 SmartArt 그래픽입니다. 도형의 삽입과 서식의 변경을 통해 프레젠테이션 주제에 맞게 내용을 확실하게 전달할 수 있는 슬라이드를 만들 수 있으며, 또한 SmartArt 그래픽을 이용해 전문적인 디자이너 수준의 일러스트레이션을 만들 수 있습니다.

파워포인트 2010 버전에서 도형 및 SmartArt 그래픽을 삽입하고 자유롭게 서식을 변경하는 방법에 대해 알아보겠습니다.

도 형 삽 입 및 편 집

내용 전달의 효과를 높여주는 선/도형 삽입하기

삽입되는 개체들의 순서/위치/회전을 변경하여 정렬하기

도형의 모양을 변경/편집/자유형 도형으로 변환하기

새롭게 추가된 도형 세이프를 이용한 편집 기능 살펴보기

SmartArt 그 래 픽 삽 입 및 편 집

SmartArt 그래픽을 여러 레이아웃에서 삽입하기

SmartArt 그래픽에 텍스트 입력하는 방법 알아보기

SmartArt 그래픽의 색, 스타일, 효과, 텍스트 서식 설정하기

도형을 추가/제거하여 레이아웃의 구조 변경하기

01 도형 삽입, 변경, 삭제하기

도형은 슬라이드 디자인의 가장 기본이 되는 요소로, 도형을 이용하면 논리적인 흐름과 상호관계 등을 한눈에 볼 수 있을 뿐만 아니라 도해나 메시지의 강조를 표현할 수 있어서 보다 설득력 있는 프레젠테이션을 만들 수 있습니다. 파워포인트 2010에서 도형의 삽입, 모양 변경 및 회전 등의 다양한 명령에 대해 살펴보겠습니다.

1. 도형 및 선 그리기

프레젠테이션의 내용이 텍스트로만 이루어졌다면 매우 단조로울 뿐만 아니라 효율적인 표현이 어려우므로, 이때 적절하게 선이나 도형을 삽입하여 표현된다면 내용 이해도를 많이 높일 수 있습니다.

선 그리기

슬라이드에 선이나 도형을 그리려면 '그리기' 그룹을 활용하고 슬라이드에 선과 화살표, 연결선을 그려서 개체의 연결성과 이동 방향을 표현할 수 있습니다.

슬라이드에 선을 그리고자 할 경우에는 [홈] 탭 → **그리기** 그룹 → **도형**( )에서 원하는 선 스타일을 선택합니다.

> **선으로 도형 그리기**
>
> 자유형 선의 시작점과 끝나는 지점을 연결하면 나만의 도형을 만들 수 있습니다.

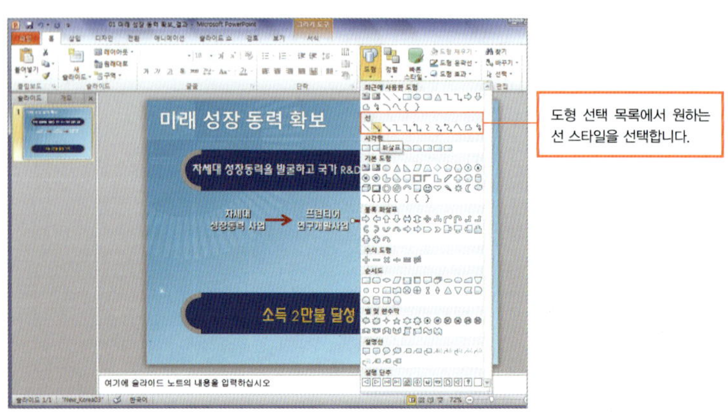

▲ 선 스타일 선택

① **직선 및 화살표** : 선이 시작되는 위치를 클릭한 후 그리고자하는 위치까지 마우스를 끌어줍니다.

② **자유형 및 곡선** : 선이 시작되는 위치를 클릭한 후 마우스를 자유자재로 이동하면서 원하는 도형을 그린 후 작업을 완료하기 위해서는 두 번 연속 클릭합니다.

> **45도 간격으로 선 그리기**
>
> 45도 간격으로 선을 그리고자 할 경우에는 Shift 키를 누른 채 마우스를 끌어줍니다.

○ 도형 그리기

슬라이드에 도형을 그리고자 할 경우에는 [홈] 탭 → **그리기** 그룹 → **도형**( )에서 원하는 도형을 선택한 후 슬라이드 창에서 마우스를 끌어 원하는 크기로 설정합니다.

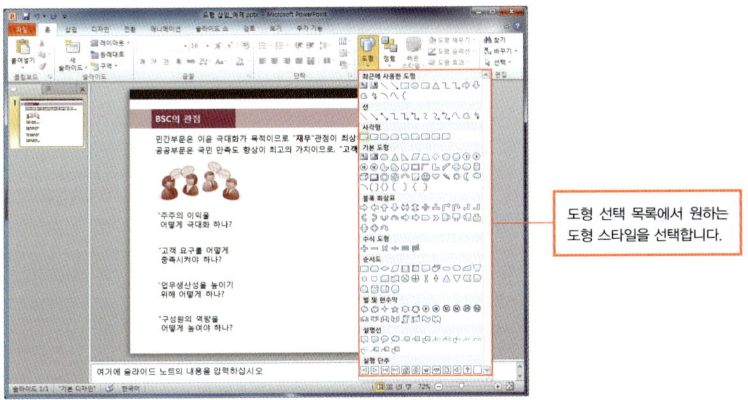

▲ 도형 스타일 선택

① **정방향 도형 그리기** : Shift 키를 누른 채 마우스를 끌어서 가로, 세로 비율을 정방향으로 그릴 수 있습니다.

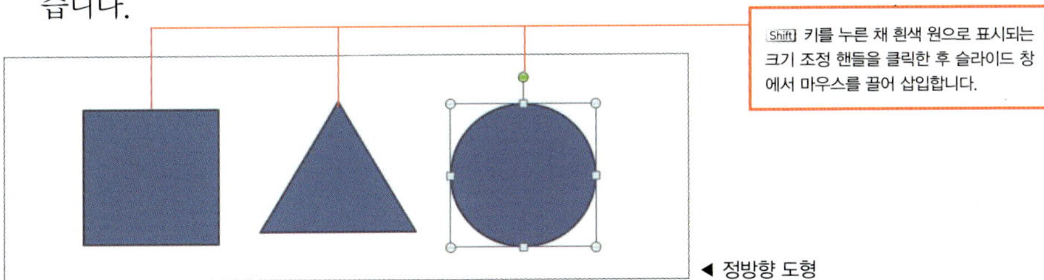

◀ 정방향 도형

② **도형 15도씩 회전하기** : Shift 키를 누른 채 회전 핸들을 클릭하여 원하는 방향으로 마우스를 끌면 15도 간격씩 회전할 수 있습니다.

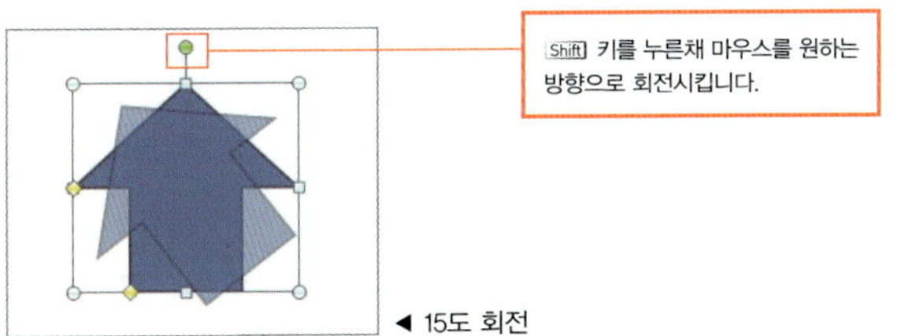

◀ 15도 회전

③ **도형 수평/수직 이동하기** : Shift 키를 누른 채 마우스를 끌면 수평/수직 방향으로 이동할 수 있습니다.

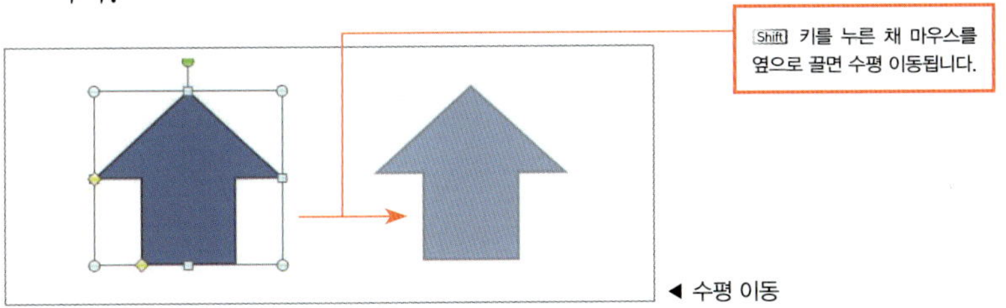

◀ 수평 이동

○ **[삽입] 탭에서 도형 그리기**

[삽입] 탭 → **일러스트레이션** 그룹 → **도형** 명령 단추를 통해 도형을 삽입할 수 있습니다.

○ **가로 세로 비율 유지**

가로 세로 비율을 유지한 채 도형의 크기를 조절하고자 할 경우에는 Shift 키를 누른 채 도형의 흰색 원 크기 조정 핸들을 마우스로 클릭하여 끌어줍니다.

2. 도형의 종류

[도형] 도구 모음에는 도형을 종류별로 분류하여 정리해 놓은 것으로 선, 사각형, 기본 도형, 블록 화살표, 수식 도형, 순서도, 별 및 현수막, 설명선, 실행 단추 등이 있습니다. [도형] 도구 모음을 이용해 슬라이드에 도형을 삽입하거나 도형의 스타일을 변경합니다.

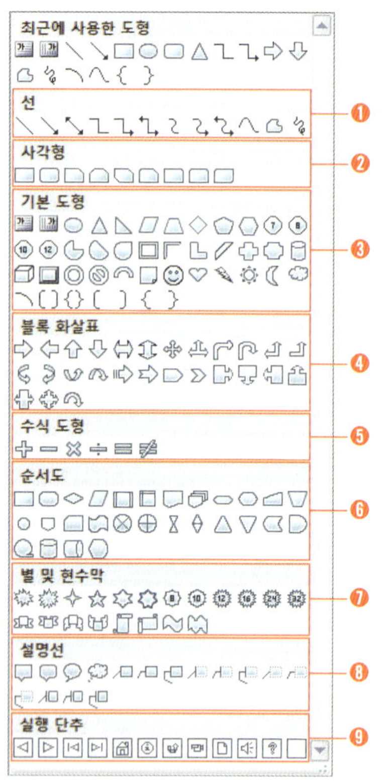

종 류	도 형
❶ 선	선, 화살표, 양방향 화살표, 꺾인 연결선, 구부러진 연결선, 곡선, 자유형, 자유 곡선 등
❷ 사각형	직사각형, 모서리가 둥근 직사각형, 한쪽 모서리가 잘린 사각형, 양쪽 모서리가 둥근 사각형 등
❸ 기본 도형	텍스트 상자, 타원, 이등변 삼각형, 직각 삼각형, 평행 사변형, 다이아몬드, 액자, 원통, 막힌 원호, 하트 등
❹ 블록 화살표	오른쪽 화살표, 왼쪽/오른쪽 화살표, 오각형, 구부러진 화살표 등
❺ 수식 도형	덧셈 기호, 뺄셈 기호, 곱셈 기호, 나눗셈 기호, 등호, 부등호 등
❻ 순서도	처리, 판단, 데이터, 문서, 연산, 연결자 등 순서도의 각 요소 도형
❼ 별 및 현수막	폭발, 별, 리본, 두루마리 모양, 물결 등
❽ 설명선	사각형 설명선, 모서리가 둥근 사각형 설명선, 타원형 설명선, 구름모양 설명선, 강조선 설명선 등
❾ 실행 단추	이전, 다음, 시작, 끝, 홈, 정보, 돌아가기, 동영상, 문서, 도움말 등

3. 도형 삽입 리본 메뉴 살펴보기

파워포인트에서 도형을 삽입하는 명령 단추는 [홈] 탭 → 그리기 그룹과 [삽입] 탭 → 일러스트레이션 그룹에 위치합니다. [홈] 탭의 그리기 그룹 내의 모든 기능은 도형을 삽입한 후 채우기 및 스타일을 적용할 수 있는 명령들이 함께 위치해 있습니다.

○ [홈] 탭 → 그리기 그룹

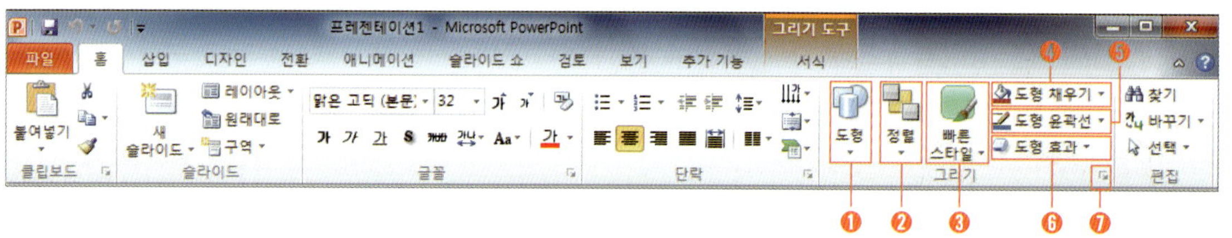

❶ **도형** : 사각형과 원, 화살표, 선, 순서도, 기호 및 설명선 등 기본으로 제공되는 도형을 삽입합니다.

❷ **정렬** : 개체의 순서, 위치 및 회전을 변경하여 슬라이드에서 개체를 정렬합니다.

❸ **빠른 스타일** : 도형 또는 선의 표시 스타일을 추가합니다.

❹ **도형 채우기** : 단색, 그라데이션, 그림 또는 질감으로 선택한 도형을 채웁니다.

❺ **도형 윤곽선** : 선택한 도형 윤곽선의 색, 두께, 선 스타일을 지정합니다.

❻ **도형 효과** : 선택한 도형에 그림자, 네온, 반사 또는 3차원 회전과 같은 시각효과를 적용합니다.

❼ **'도형 서식' 표시 단추** : '도형 서식' 대화상자를 표시합니다.

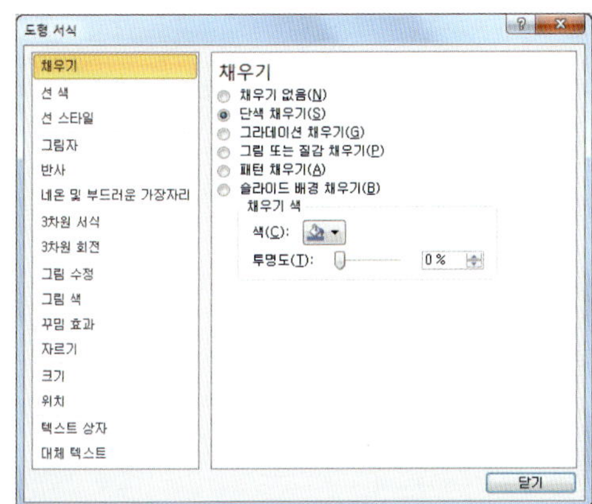

○ [삽입] 탭 → 일러스트레이션 그룹

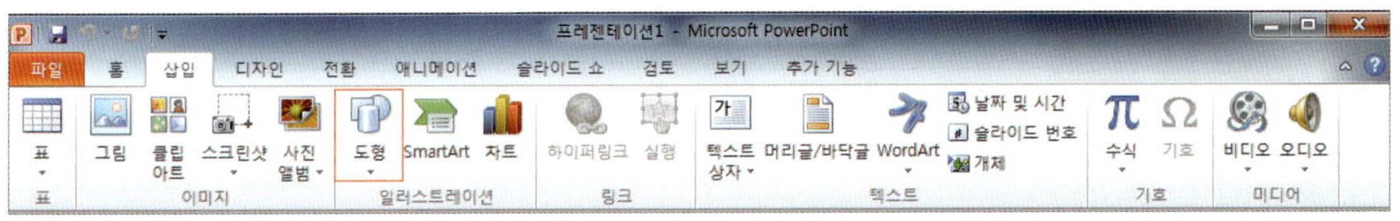

삽입된 도형을 편집할 수 있는 명령들은 **[그리기 도구]** – **[서식]** 탭에 위치합니다.

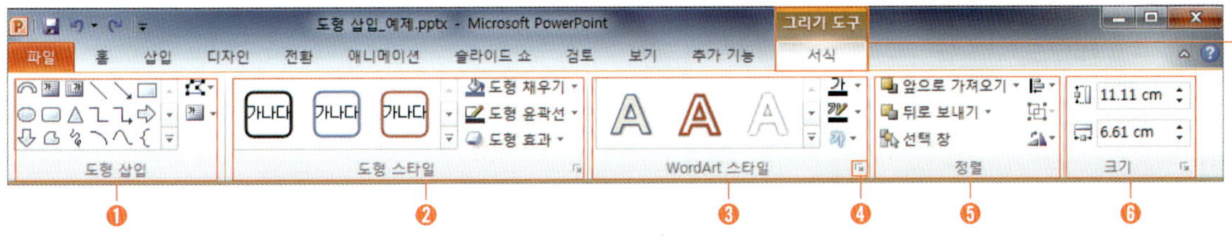

[그리기 도구] – [서식] 탭은 도형을 선택했을 때 표시되는 상황별 탭입니다.

❶ **도형 삽입** : 도형, 도형의 선, 텍스트 상자 등을 삽입 및 편집(모양, 점, 연결선)합니다.

❷ **도형 스타일** : 도형이나 선의 빠른 스타일을 적용하며 도형 채우기, 도형 윤곽선, 도형 효과 등을 설정합니다.

❸ **WordArt 스타일** : 텍스트에 빠른 스타일을 적용하며 텍스트 채우기, 텍스트 윤곽선, 텍스트 효과 등을 설정합니다.

❹ **텍스트 효과 서식 단추** : '텍스트 효과 서식' 대화상자를 표시합니다.

❺ **정렬** : 선택한 개체를 앞으로, 뒤로 정렬합니다.

❻ **크기** : 도형의 높이, 너비를 변경합니다.

4. 도형 삽입하기

단순하게 텍스트로만으로 슬라이드를 구성하는 것은 설득력을 높일 수 없으므로 파워포인트에서 제공되는 텍스트에 어울리는 적합한 도형을 삽입하면 멋진 슬라이드를 만들 수 있습니다.

도형을 슬라이드에 삽입하려면 [홈] 탭 → **그리기** 그룹 → **도형** 명령 단추()를 클릭하고 선택 목록에서 원하는 도형을 선택한 후 슬라이드 창에서 원하는 위치를 클릭하여 마우스로 끌어줍니다.

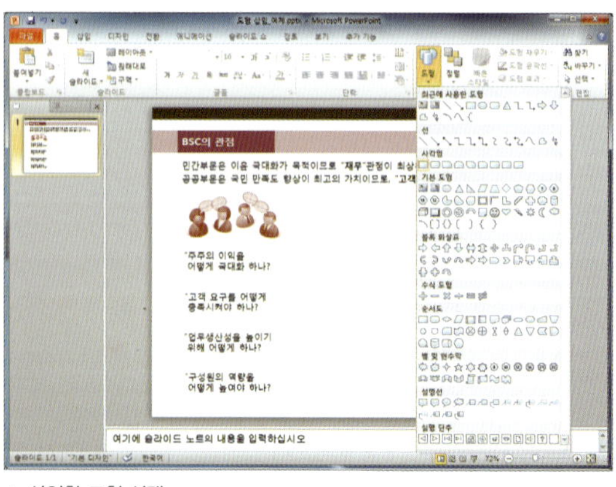
▲ 삽입할 도형 선택

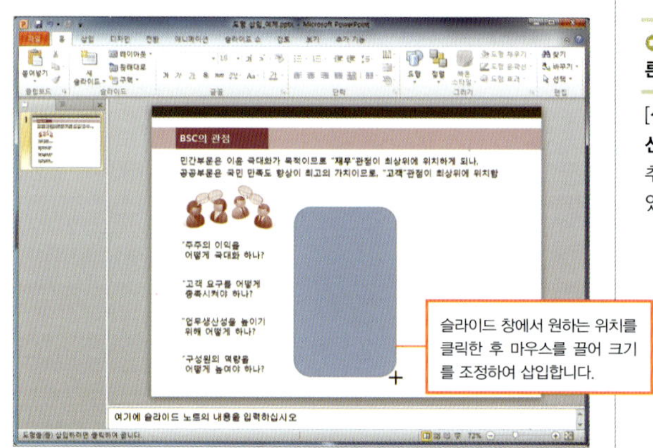

▲ 슬라이드에 삽입된 도형

○ 01 본문예제.pptx를 참조하세요.

○ 도형을 삽입하는 다른 방법

[삽입] 탭 → **일러스트레이션** 그룹 → **도형** 명령 단추를 통해서도 삽입할 수 있습니다.

5. 여러 도형 추가하기

동일한 도형을 그리기 잠금 모드를 활용하여 여러 번 반복해서 슬라이드에 추가할 수 있습니다. **그리기 잠금 모드**가 실행되면 리본 탭을 활용하지 않고 선택한 도형을 계속해서 삽입할 수 있어서 똑같은 도형을 여러 번 삽입해야 하는 경우에 유용한 명령입니다.

① 도형을 슬라이드에 삽입하려면 [홈] 탭 → **그리기** 그룹 → **도형** 명령 단추()를 클릭한 후 추가할 도형 위에서 마우스 오른쪽 단추로 클릭하고 바로 가기 메뉴에서 **그리기 잠금 모드**를 클릭합니다.

② 슬라이드 창에서 마우스를 끌어서 도형을 삽입하며, 마우스 커서가 변하지 않으면 계속해서 동일한 도형을 삽입할 수 있으므로 원하는 수만큼 도형을 추가한 후 모든 작업이 완료되면 Esc 키를 누릅니다.

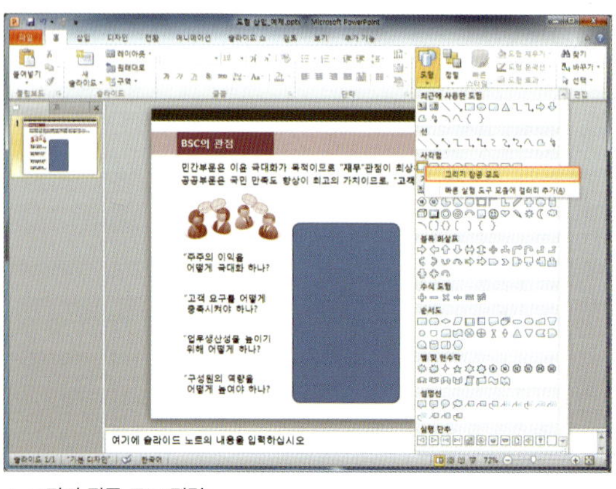
▲ 그리기 잠금 모드 명령

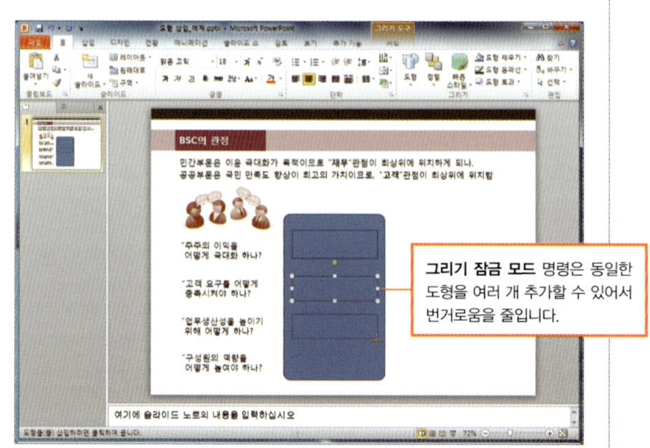

▲ 여러 개의 동일한 도형 추가

6. 도형의 크기/모양/회전 조정하기

도형, 그림, 텍스트 상자 등 파워포인트에서 사용되는 모든 개체들의 크기를 조정하는 방법은 개체를 선택하면 표시되는 크기 조정 핸들을 마우스로 끌거나 당겨서 크기나 모양을 조정합니다.

● 크기 조정 핸들

도형이나 그림과 같은 개체를 선택했을 때 가장자리 주위에 흰색 원과 사각형이 표시되는데, 이를 '크기 조정 핸들'이라고 합니다. 크기 조정 핸들 위에 마우스 포인터를 올리면 마우스 포인터의 모양이 양방향 화살표로 변하는데, 이 때 마우스를 끌거나 당겨서 개체의 크기를 조절할 수 있습니다.
도형의 크기를 조정하려면 도형을 클릭하고 크기 조정 핸들 중 하나를 가리킨 다음 포인터가 양방향 화살표로 바뀌면 원하는 크기가 될 때까지 핸들을 끕니다.

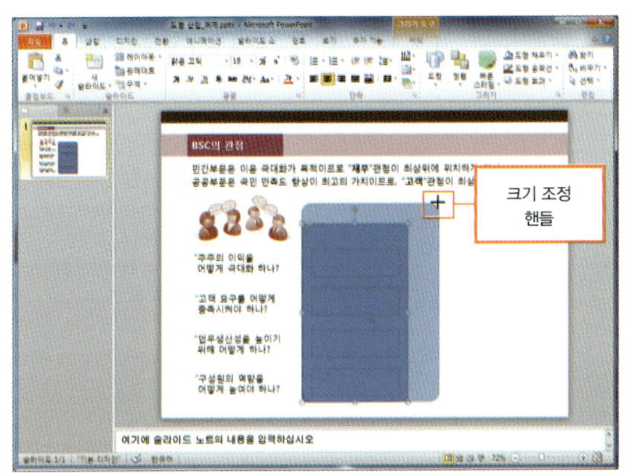

▲ 크기 조정 핸들

● 모양 조정 핸들

타원이나 직사각형과 같은 도형을 제외하고 특정 도형의 경우 도형을 선택했을 때 노란색 조정 핸들이 나타나는데, 이 조정 핸들을 끌게 되면 도형의 모양이 변경되며, 경우에 따라서는 모양 조정 핸들이 두 개 이상 나타나기도 합니다.
도형의 모양을 변경하려면 도형을 클릭하고 모양 조정 핸들 중에서 하나를 클릭한 후 마우스를 끌거나 당겨서 원하는 모양이 될 때까지 핸들을 조정합니다.

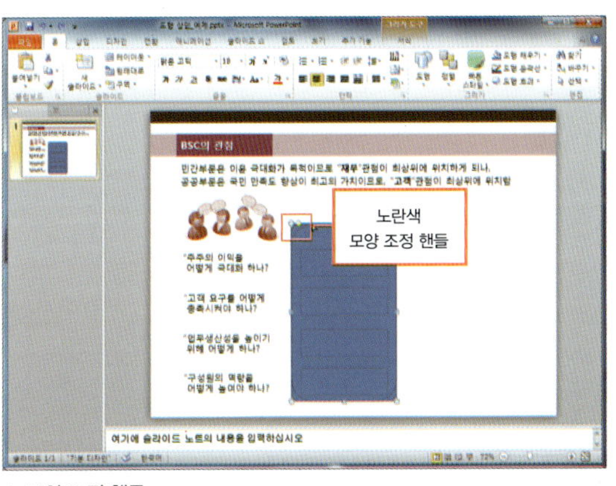

▲ 모양 조절 핸들

● 회전 핸들

도형 선택 시 녹색 원모양의 도형을 회전시킬 수 있는 회전 핸들이 표시되는데, 마우스 포인터를 회전 핸들에 놓으면 마우스 포인터가 ↻ 로 바뀝니다. 원하는 회전 방향으로 마우스를 끌거나 당기면 도형이 회전됩니다.

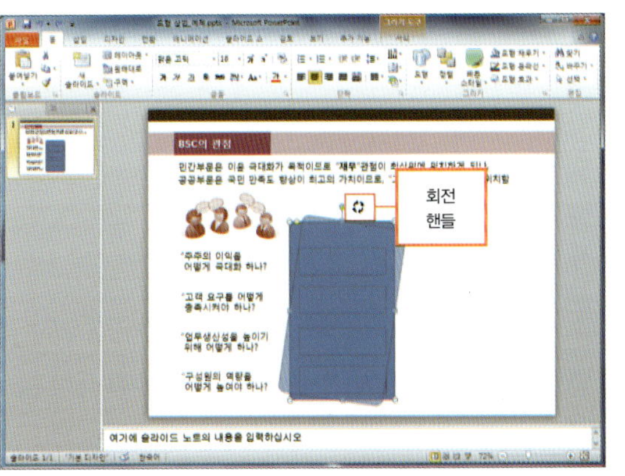

▲ 회전 핸들

'도형 서식' 대화상자의 [크기] 영역에서 회전 각도를 사용자가 원하는 만큼의 크기로 직접 입력할 수 있습니다.

◯ 자르기 핸들

도형에서는 볼 수 없지만 그림의 불필요한 부분
을 잘라내어 크기를 줄일 때 자르기 핸들이 표시
됩니다.

그림을 선택한 후 [**그리기 도구**] – [**서식**] 탭 → **크기**
그룹 → **자르기**를 클릭하면 그림 경계 주위에 굵은
검은색 선으로 자르기 핸들이 표시됩니다. 마우스
포인터를 자르기 핸들 위로 이동한 다음 그림의 가
운데 방향으로 끌면 그림의 불필요한 부분을 잘라
낼 수 있습니다.

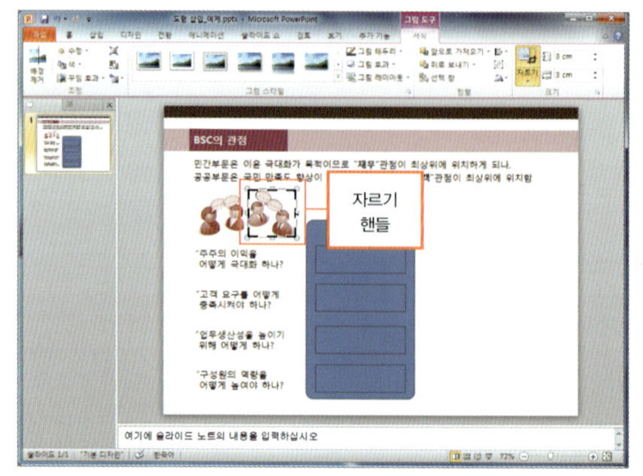

▲ 자르기 핸들

6. 연결선 추가하기

파워포인트 2007 버전부터 선에 연결 기능이 추가되었으며, 파워포인트 2010에서도 동일하게 도형과
도형을 선으로 이을 때 연결 기능을 활용할 수 있습니다.

[**홈**] 탭 → **그리기** 그룹 → **도형**(📷) → **화살표**를 클릭한 후 삽입되어 있는 도형의 한 면에 마우스를 옮기면
자동으로 빨간색 연결점이 표시됩니다. 연결 점에 마우스 포인터를 올린 상태에서 마우스를 끌어서 선
을 다른 도형과 연결합니다.

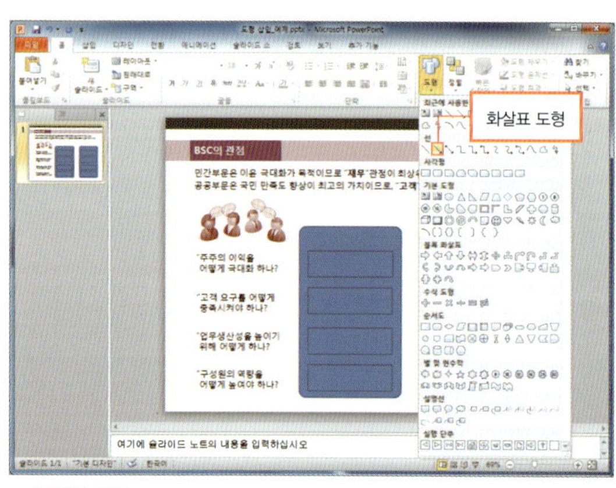

▲ 연결선 선택

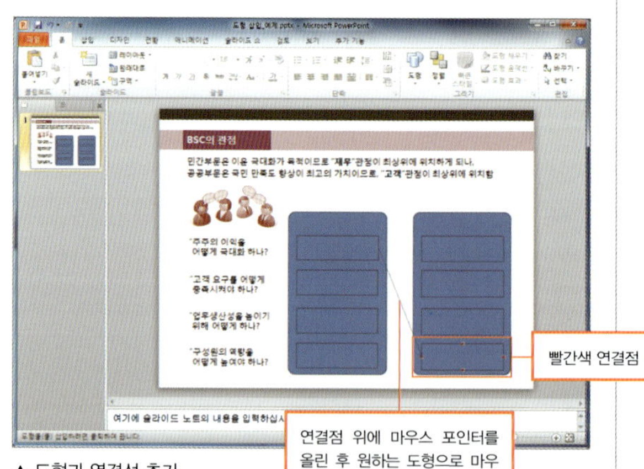

▲ 도형과 열결선 추가

7. 도형 삭제하기

도형을 삽입한 이후나 다른 프레젠테이션에서 복사해온 슬라이드에서 불필요한 도형은 삭제해야 합니다.
삭제할 도형을 선택한 후 Delete 키를 누르거나 삭제할 도형을 마우스 오른쪽 단추로 클릭한 후 바로
가기 메뉴에서 **잘라내기**를 클릭합니다.

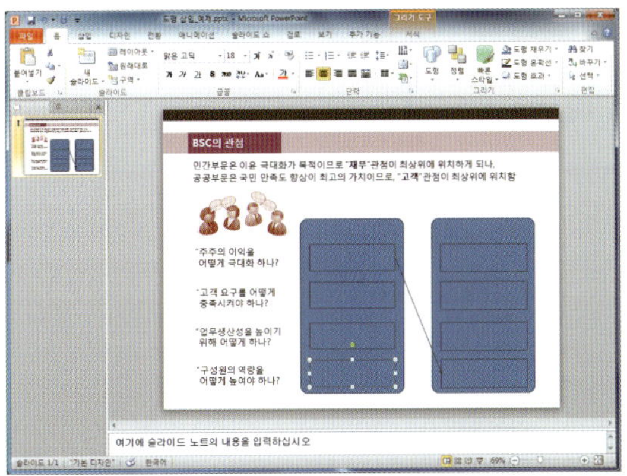

▲ Delete 키로 잘라내기

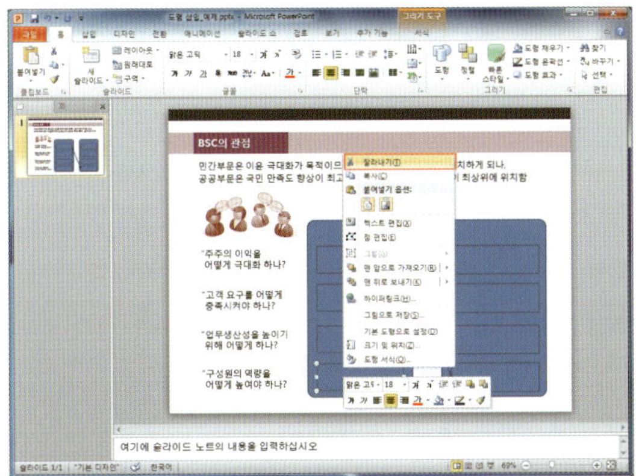

▲ 바로 가기 메뉴의 잘라내기 명령

파워포인트 2010 버전에서 삽입되는 모든 도형은 점 편집이라는 명령을 활용하여 자유롭게 모양을 변경할 수 있습니다.

① 도형을 선택하고 마우스 오른쪽 단추를 클릭하여 바로 가기 메뉴에서 **점 편집** 명령을 클릭합니다.
② 도형에 검은 색 점이 표시되고 점을 선택하면 흰색 점과 함께 파란색 조정 핸들이 양쪽으로 표시됩니다. 검은 점이나 흰색 점을 선택하고 마우스로 끌거나 당겨서 위치를 변경하면 도형의 모양이 위치에 따라 변경됩니다.
③ 모양 변경이 완료되면 Esc 키를 눌러 점 편집에서 빠져나옵니다. 점 편집을 활용하면 어떠한 모양의 도형으로도 변경이 가능합니다.

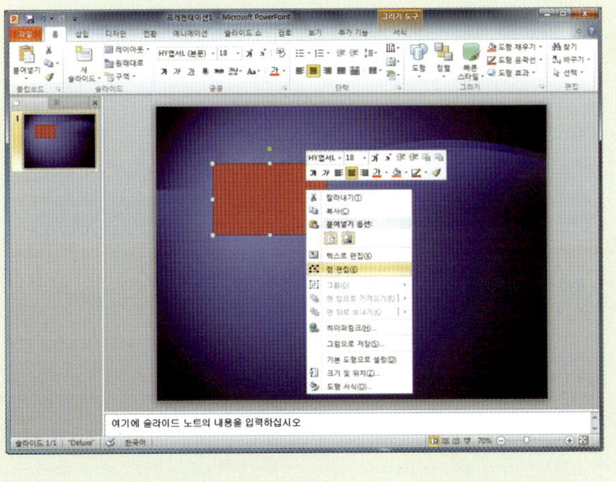

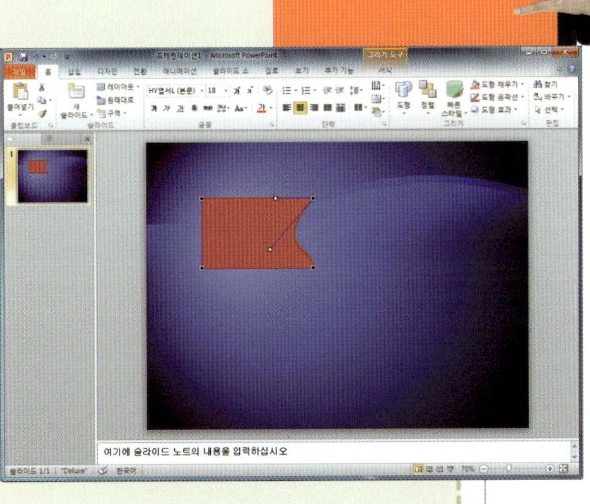

도형 삽입하기

준비 파일 : 01 미래 성장 동력 확보.pptx   **완성 파일** : 01 미래 성장 동력 확보_결과.pptx

파워포인트에서 도형은 프레젠테이션 구성의 핵심요소입니다. 도형을 사용할 때 각이 있는 도형과 각이 없는 도형을 함께 사용하면 시각적으로 불편할 수 있으므로 내용에 따라 좌우 배열과 상하 배열을 적절히 사용해야만 합니다. 파워포인트 2010에서 도형을 삽입하는 방법에 대해 알아보겠습니다.

항목	변경 내용
도형 삽입	'모서리가 둥근 직사각형' '막힌 원호' : 90도 회전 및 크기 변경, 모양 변경, 복사
직사각형 도형	삽입(그리기 잠금 모드)
화살표	화살표 삽입
도형 서식	도형의 색과 윤곽선 변경

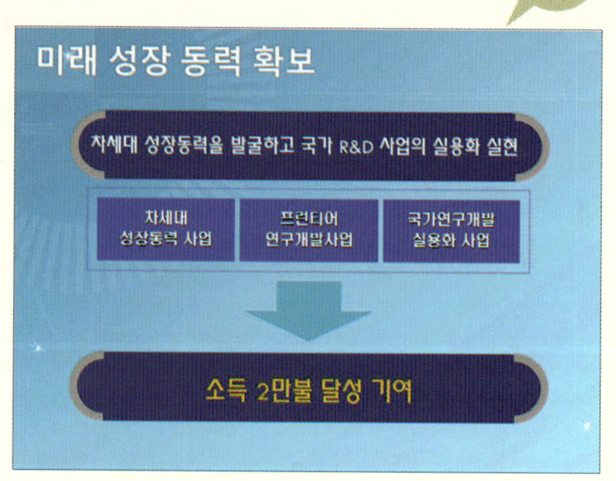

01 **예제 파일 열기** **01 미래 성장 동력 확보.pptx** 파일을 두 번 연속 클릭하면 파워포인트가 실행되면서 다음 화면이 나타납니다.

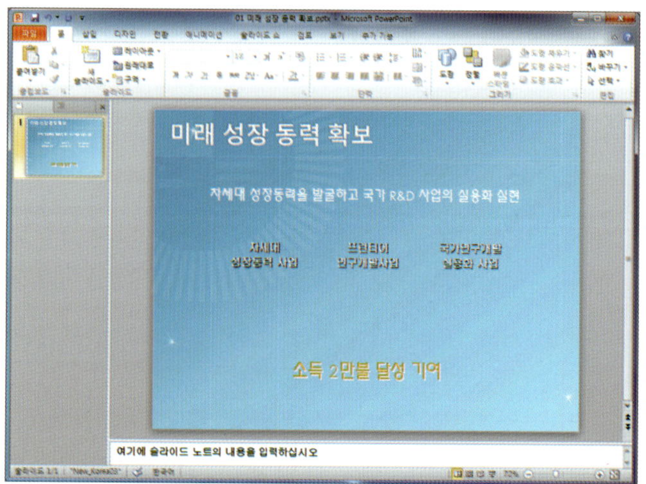

02 모서리가 둥근 직사각형 삽입하기 ❶ [홈] 탭 → 그리기 그룹 → ❷ 도형(📄)을 클릭하여 ❸ '모서리가 둥근 직사각형'을 선택한 후 ❹ 슬라이드 창에서 마우스를 끌어서 도형을 삽입합니다.

● **도형을 삽입하는 방법**

① 클릭하기 : 파워포인트에 설정되어 있는 크기로 도형이 삽입됩니다.
② 마우스 끌기 : 원하는 크기로 도형을 삽입합니다.
③ Shift + 마우스 끌기 : 가로, 세로의 크기가 같은 도형(정원, 정사각형, 수평/수직선 등)을 삽입합니다.
④ Ctrl + 마우스 끌기 : 마우스 끌기 시작점을 중심으로 도형을 삽입합니다.
⑤ Shift + Ctrl + 마우스 끌기 : 마우스 끌기 시작점을 중심으로 가로, 세로 크기가 같은 도형을 삽입합니다.

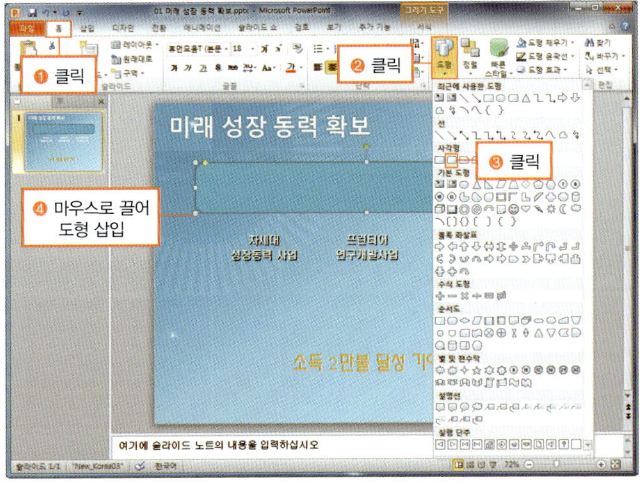

03 모양 변경하기 노란색 모양 조정 핸들을 안쪽으로 끌어서 좀 더 동그란 모양으로 변경합니다.

● **가로 세로 비율 유지**

가로 세로 비율을 유지한 채 도형의 크기를 조절하고자 할 경우에는 Shift 키를 누른 채 도형의 흰색 원 크기 조정 핸들을 마우스로 클릭하여 끌어줍니다.

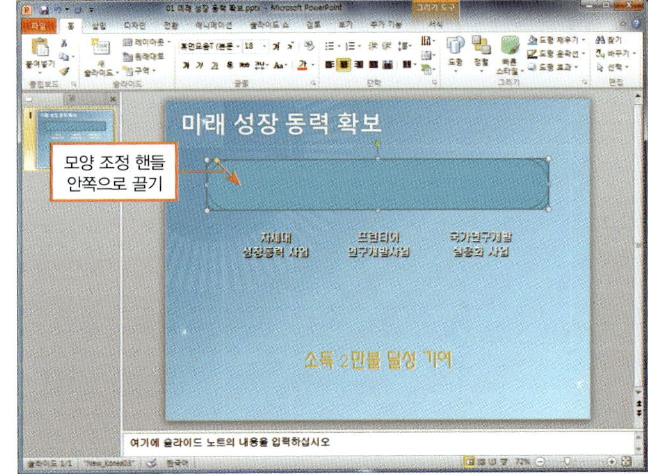

04 막힌 원호 삽입하기 [홈] 탭 → 그리기 그룹 → ❶ 도형(📄)을 클릭하여 ❷ '막힌 원호'를 선택한 후 ❸ 작업화면에서 마우스를 끌어서 도형을 삽입합니다.

● **도형 삽입**

[삽입] 탭 → **일러스트레이션** 그룹 → **도형** 명령을 클릭하여 도형을 삽입할 수도 있습니다.

05

회전 및 크기 변경하기 회전 핸들을 왼쪽으로 끌어서 도형을 90도 회전한 후 크기 및 위치 조정 핸들을 끌어서 모서리가 둥근 직사각형과 크기를 맞춥니다.

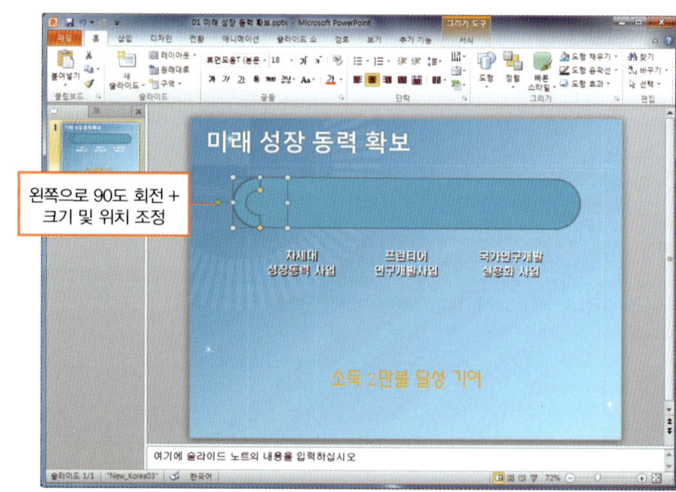

○ 슬라이드에 삽입된 도형을 눈으로 확인하면서 일정한 위치로 정렬하려면 눈금 및 안내선을 활용하는 것이 좋습니다.
슬라이드 창에서 마우스 오른쪽 단추를 클릭하여 바로 가기 메뉴에서 **눈금 및 안내선**을 클릭하고 '눈금 및 안내선' 대화상자가 표시되면 눈금의 간격과 안내선을 설정하고 〈확인〉 단추를 클릭합니다.

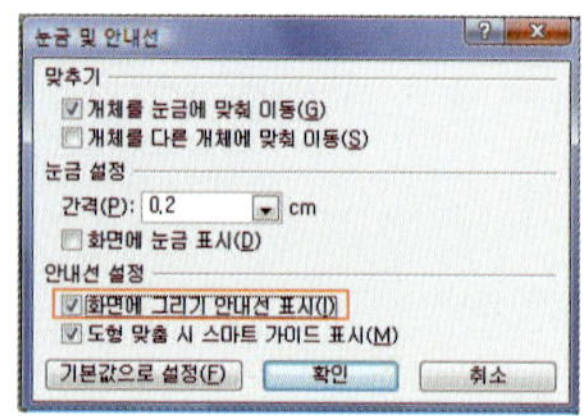

06

모양 변경하기 노란색 모양 조정 핸들을 안쪽으로 끌어서 모양을 그림과 같이 변경합니다.

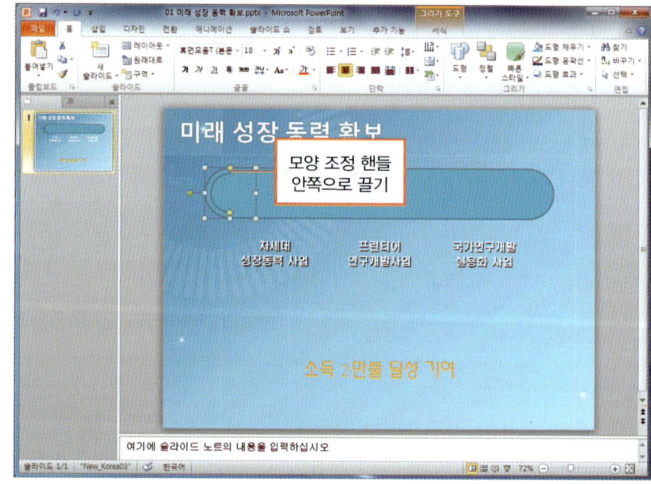

○ 노란색 모양 조정 핸들을 안쪽으로 끌면 모양이 얇게 변경됩니다.

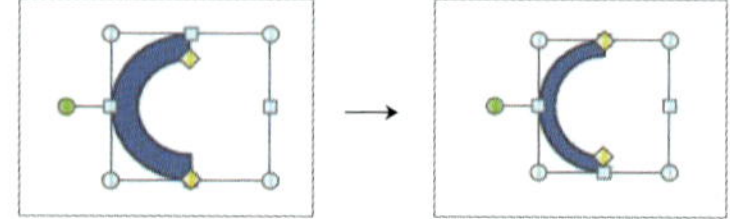

07

도형 복사 및 회전하기 막힌 원호 도형을 선택한 후 Shift + Ctrl 키를 동시에 누른 상태에서 마우스를 수평으로 끌어서 복사하고 회전 핸들을 조정하여 180도 회전한 후 모서리가 둥근 직사각형 오른쪽에 맞춰서 정렬합니다.

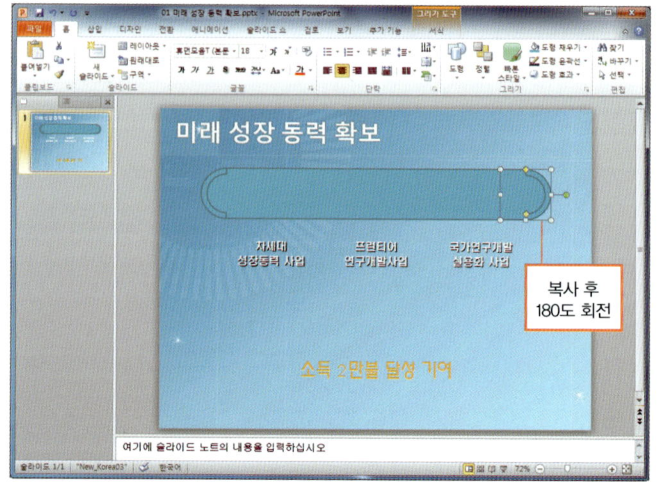

○ **회전 및 복사**

도형을 선택하고 [**그리기 도구**] – [**서식**] 탭 → **정렬** 그룹 → **회전** → **좌우 대칭** 명령을 이용해도 됩니다.

- Ctrl + 마우스로 끌기 : 임의의 위치로 복사
- Ctrl + Shift + 마우스로 끌기 : 수평, 수직의 평행한 위치로 복사

08 도형 복사하기 ❶ 삽입된 3개 도형을 Ctrl 키를 이용해 선택한 후 ❷ Shift + Ctrl 키를 동시에 누른 상태에서 마우스를 끌어서 그림과 같이 수직으로 복사합니다.

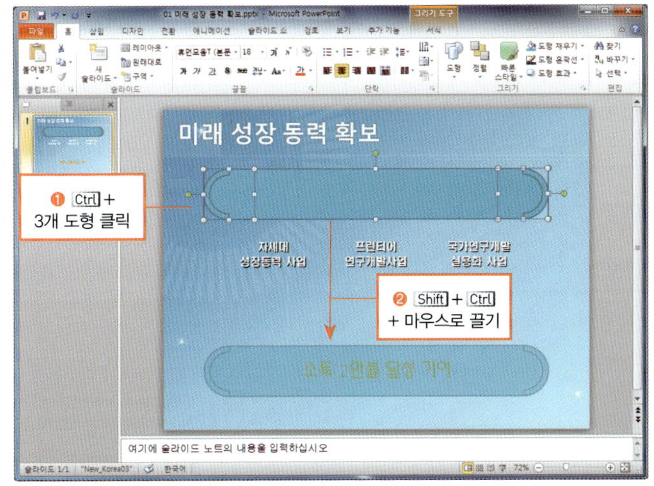

09 순서 변경하기 텍스트를 보이게 하기 위해 ❶ 6개 도형을 Ctrl 키를 이용하여 선택한 후 [홈] 탭 → **그리기** 그룹 → ❷ **정렬** → ❸ **맨 뒤로 보내기**를 클릭하여 텍스트 뒤쪽으로 도형의 순서를 변경합니다.

⊙ **슬라이드 개체 순서**

• 슬라이드 개체를 슬라이드 개체 그룹의 맨 뒤로 보내려면 **맨 뒤로 보내기**를 클릭합니다.
• 슬라이드 개체를 순서에서 한 단계 뒤로 보내려면 **뒤로 보내기**를 클릭합니다.

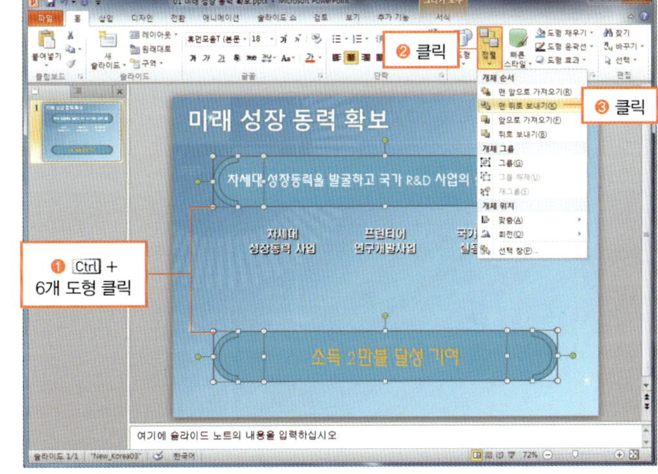

10 직사각형 삽입하기 [홈] 탭 → **그리기** 그룹 → ❶ **도형**을 클릭하여 ❷ '직사각형' 도형에서 마우스 오른쪽 단추를 클릭한 후 ❸ **그리기 잠금 모드**를 클릭합니다. ❹ 슬라이드 창에서 마우스를 끌어서 그림과 같이 4개의 직사각형 도형을 삽입한 후 작업이 완료되면 Esc 키를 누릅니다.

⊙ **그리기 잠금 모드**는 리본 메뉴를 이용하지 않고도 동일한 도형을 여러 번 반복해서 추가할 수 있는 명령입니다.

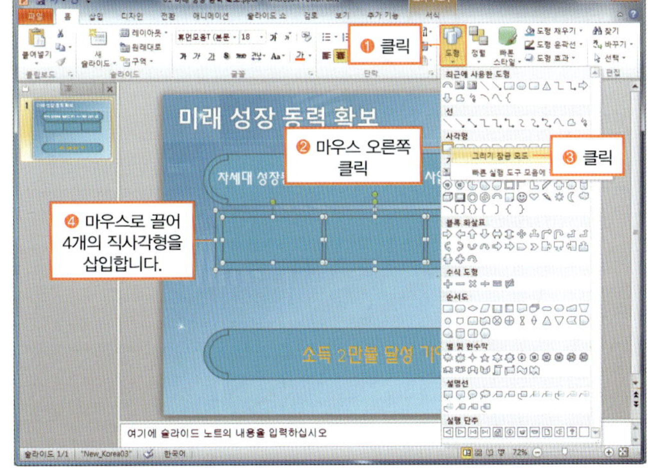

11 **순서 변경하기** 텍스트가 도형에 가려지지 않게 하기 위해 ❶ [Ctrl] 키를 이용해 4개의 직사각형을 선택한 후 [홈] 탭 → **그리기** 그룹 → ❷ **정렬**(🔲) → ❸ **맨 뒤로 보내기**를 클릭하여 텍스트 뒤쪽으로 도형의 순서를 변경합니다.

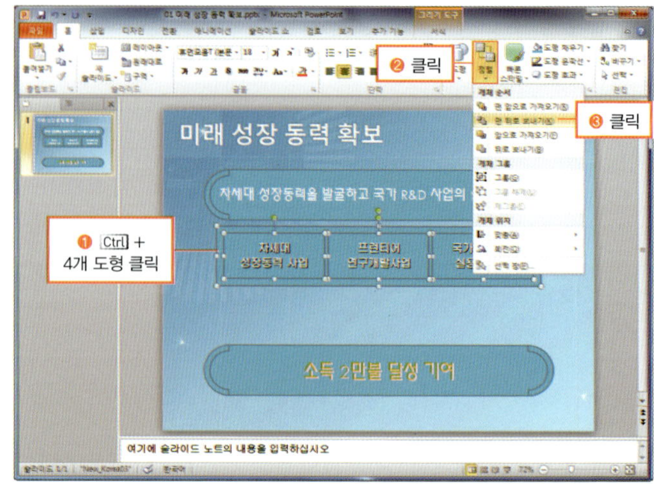

12 **아래쪽 화살표 삽입하기** [홈] 탭 → **그리기** 그룹 → ❶ **도형**(🔲)을 클릭하여 ❷ '아래쪽 화살표'를 선택한 후 ❸ 작업화면에서 마우스를 끌어서 화살표 도형을 삽입합니다.

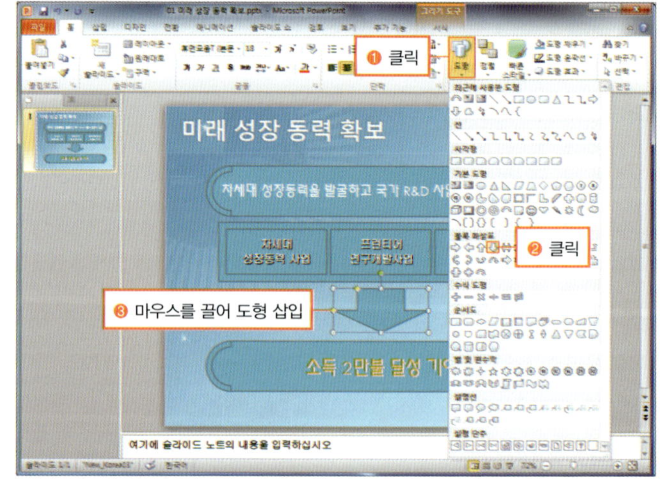

13 **결과 확인하기** 아래 보기를 참조해 도형의 색과 윤곽선을 변경하여 슬라이드를 완성합니다.

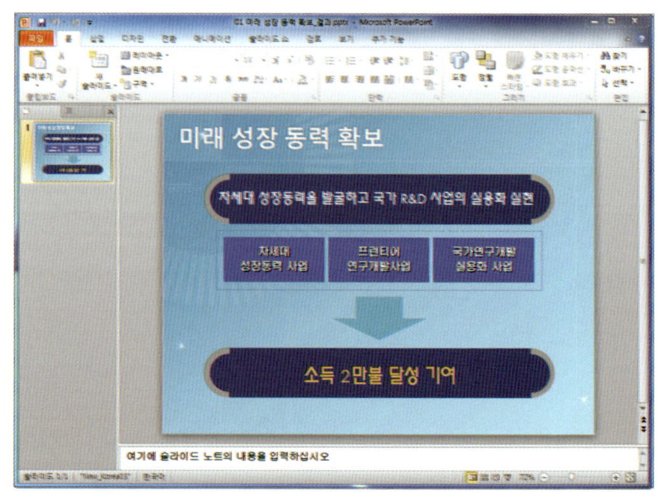

○ 도형의 색과 윤곽선 변경 방법은 다음 Section에서 자세히 다루므로 이번 예제에서는 변경된 결과만 확인하시기 바랍니다.

도형 복제하기

동일한 도형을 일정한 위치와 간격을 유지하면서 계속해서 복사를 할 때 복제 기능을 사용할 수 있습니다. 복제는 복사와 붙여넣기를 동시에 적용할 수 있는 기능으로, 도형으로 표를 그릴 경우나 반복적인 도형의 배열로 무늬나 패턴 등을 만들 경우에 유용하게 사용할 수 있으며, 단축키는 Ctrl + D 입니다.

❶ 도형을 복제하려면 복제할 도형을 선택한 후 [홈] 탭 → 클립보드 그룹 → 복사( ) → 복제 명령을 클릭하면 도형이 바로 복사되어 삽입됩니다.

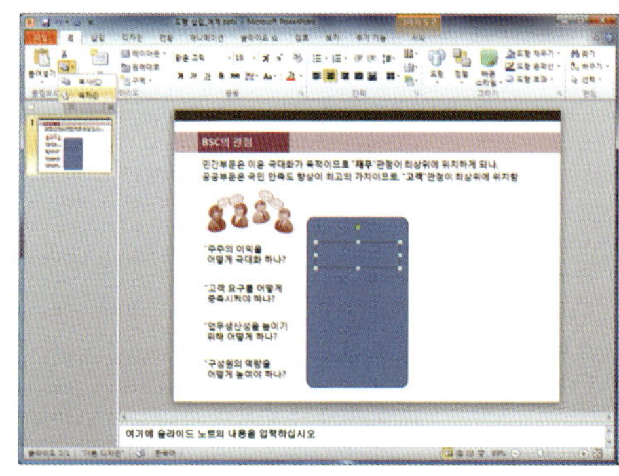

❷ 선택 점이 사라지지 않은 상태에서 복제된 도형을 마우스를 끌어서 원본 도형과 적절하게 간격과 위치를 변경합니다.

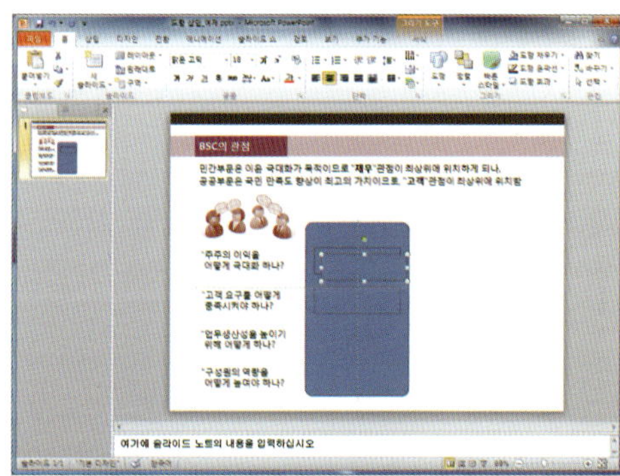

❸ 계속해서 작업을 수행하고자 한다면 [홈] 탭 → 클립보드 그룹 → 복사( ) → 복제 명령을 클릭합니다. 복제 명령을 수행하면 도형이 설정한 위치와 간격을 유지하면서 명령을 반복할 때마다 계속해서 삽입됩니다.

○ 복제 명령을 사용할 경우에는 단축키 Ctrl + D 를 사용하는 것이 훨씬 편리합니다.

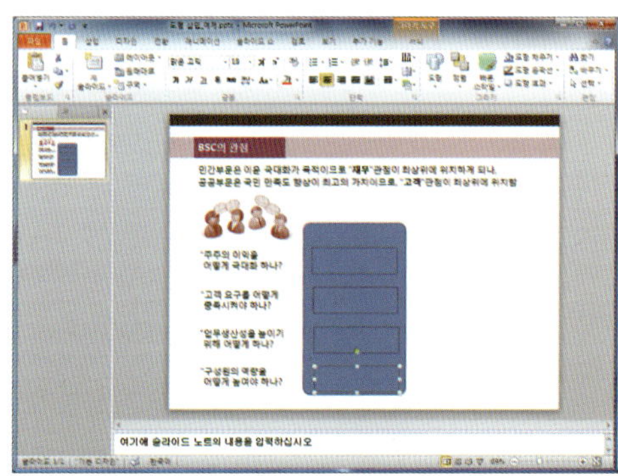

02 도형 채우기 및 효과 적용하기

도형의 채우기 색은 질감, 그림 또는 그라데이션, 패턴 채우기에서 다양하게 변경이 가능하며 도형의 채우기 색의 변경은 도형의 내부나 앞면에만 영향을 줍니다. 그림자, 네온, 반사, 부드러운 가장자리, 입체 효과, 3차원 회전 등의 효과를 추가하여 도형의 모양을 효과적으로 변경하는 방법에 대해서 알아보겠습니다.

1. 단색 채우기

도형을 삽입하면 파워포인트에서 제공되는 기본 색이 채워져 있는데, 도형 채우기 명령을 통해 다른 색으로 쉽게 변경할 수 있습니다. 채우기 색은 테마 색에 따라 결정되며, 테마 색을 변경하면 그에 따라 선택 목록의 색상이 변경됩니다.

① 채우기 색을 변경할 도형을 선택한 후 [그리기 도구] – [서식] 탭 → **도형 스타일** 그룹 → **도형 채우기** 명령 단추(도형 채우기)를 클릭합니다.

② 채우기 색을 추가하거나 변경하려면 원하는 테마 색을 선택하고, 색을 선택하지 않으려면 **채우기 없음**을 선택합니다.

○ 02 본문예제.pptx를 참조하세요.

○ **여러 도형에 도형 채우기 적용**

여러 도형에 채우기 색을 동일하게 적용하기 위해서는 Ctrl 키를 누른 채 여러 도형을 선택한 후 **도형 채우기** 명령을 실행합니다.

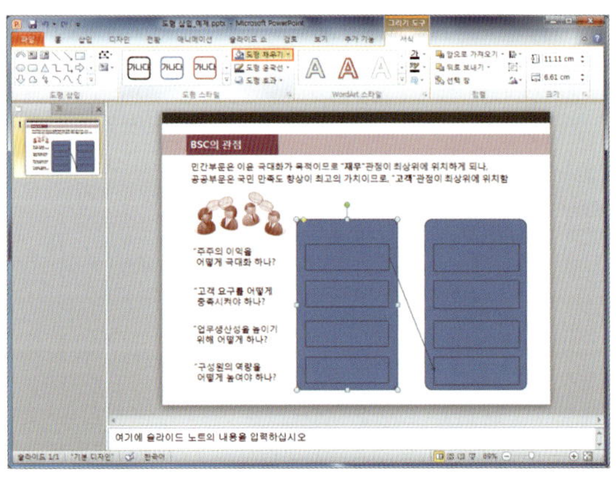

▲ 도형 채우기 명령

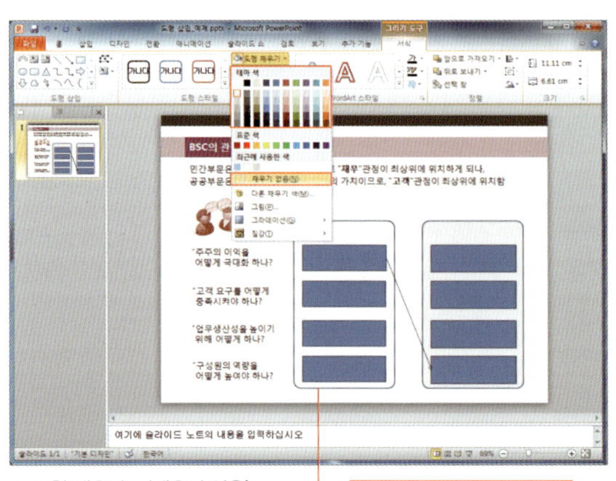

▲ 도형 채우기 – '채우기 없음'

채우기 없음 명령은 선택된 도형의 채우기를 해제합니다.

만약, 테마 색에 없는 색으로 변경하려면 **다른 채우기 색**을 선택하고 [표준] 탭에서 원하는 색을 선택하거나 [사용자 지정] 탭에서 색을 혼합합니다.

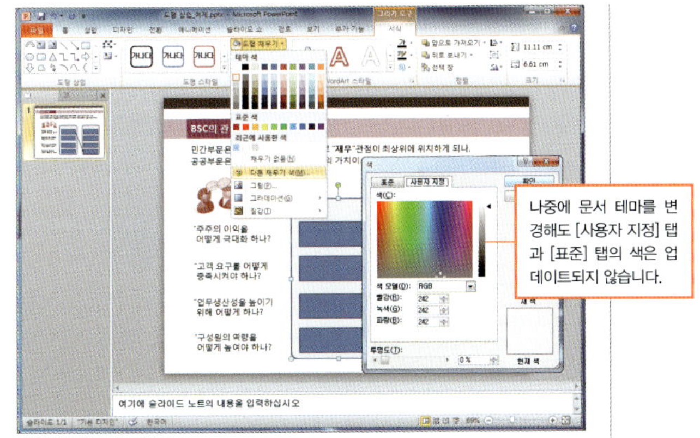

▲ 다른 채우기 색

2. 그라데이션 채우기

그라데이션은 일반적으로 한 색에서 다른 색으로 또는 한 음영에서 같은 색의 다른 음영으로 색 및 음영이 점진적으로 진행되는 것을 말하며, 슬라이드 디자인의 질을 높일 수 있는 아주 중요한 기능입니다.

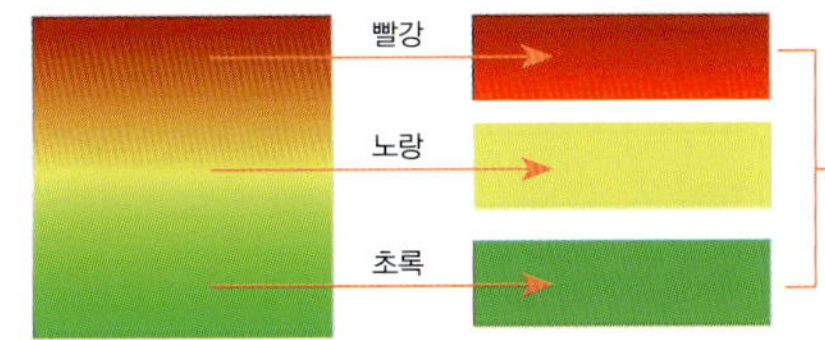

'그라데이션 채우기'에서 '그라데이션 중지점' 항목의 각 중지점을 클릭하여 원하는 색상을 설정하면 자연스럽게 그라데이션 됩니다.

① 그라데이션 채우기 색을 변경할 도형을 선택한 후 [**그리기 도구**] − [**서식**] 탭 → **도형 스타일** 그룹 → **도형 채우기** 명령 단추(도형 채우기)를 클릭합니다.

② 채우기 그라데이션을 추가하거나 변경하려면 그라데이션에서 원하는 그라데이션 변형을 선택하고, 그라데이션을 없애려면 [**그리기 도구**] − [**서식**] 탭 → **도형 스타일** 그룹 → **도형 채우기** 명령 단추(도형 채우기)를 클릭하여 **그라데이션 → 그라데이션 없음**을 선택합니다.

○ 그라데이션 활용하기

그라데이션은 도형의 현재 채우기 색상의 단순한 밝기 변형으로, 기본으로 제공되는 그라데이션 채우기 중의 하나를 선택할 수도 있고 직접 사용자 지정 그라데이션 채우기를 만들 수도 있습니다.

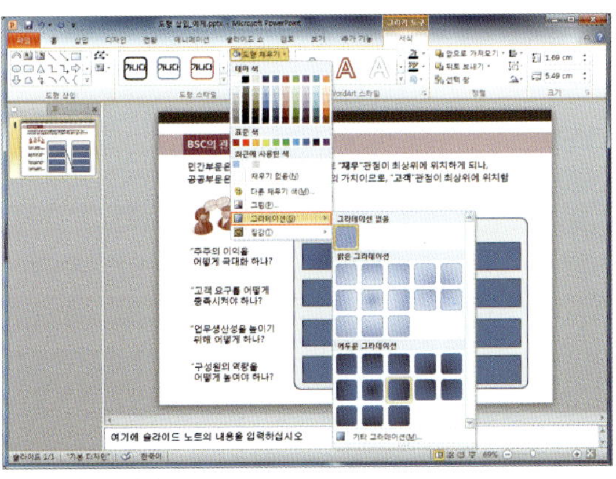

▲ 그라데이션 명령

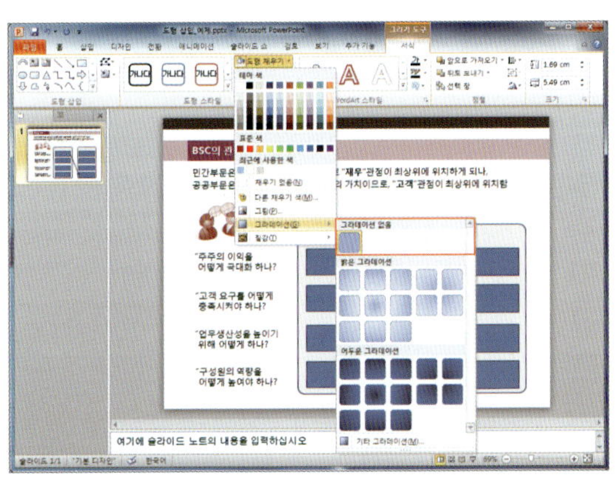

▲ 도형 채우기 − '그라데이션 없음'

그라데이션을 사용자 지정하려면 **기타 그라데이션**을 클릭한 후 원하는 옵션을 선택합니다.

3. 그림 또는 질감 채우기

도형에 그림이나 질감을 채워 넣을 수 있는데, 도형을 그림이나 질감으로 채우고 텍스트를 동반하는 경우 자칫 텍스트의 가독성이 떨어져 잘 보이지 않는 경우가 있으니 주의해야 합니다.

채우기 색을 변경할 도형을 선택한 후 [그리기 도구] - [서식] 탭 → **도형 스타일** 그룹 → **도형 채우기** 명령 단추(📷 **도형 채우기** ▼)를 클릭합니다.

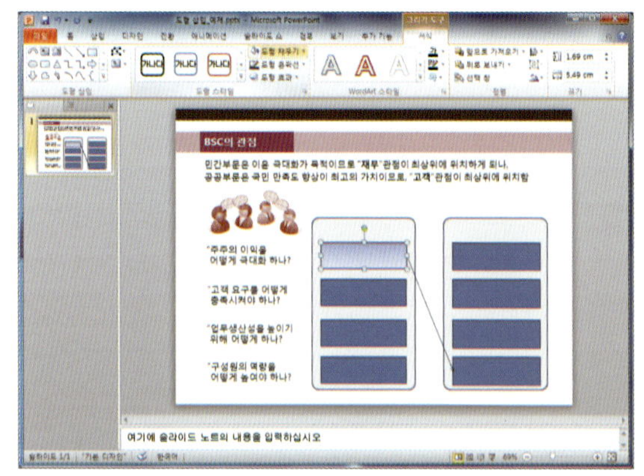

▲ 그림 및 질감 채우기 도형 선택

◉ 채우기 그림

도형에 채울 그림을 추가하거나 변경하려면 '도형 채우기' 선택 목록에서 **그림**을 선택하고 사용할 그림이 있는 폴더를 찾아 그림 파일을 선택한 후 〈삽입〉 단추를 클릭합니다.

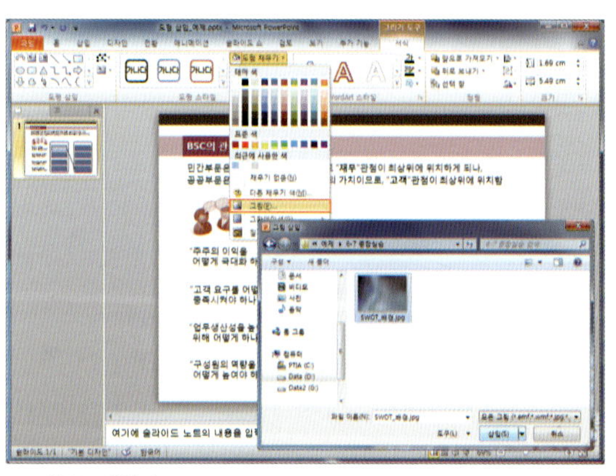

▲ 그림으로 채우기

◉ 채우기 질감

도형에 채울 질감을 추가하거나 변경하려면 '도형 채우기' 선택 목록에서 **질감**을 가리킨 다음 원하는 질감을 선택합니다.

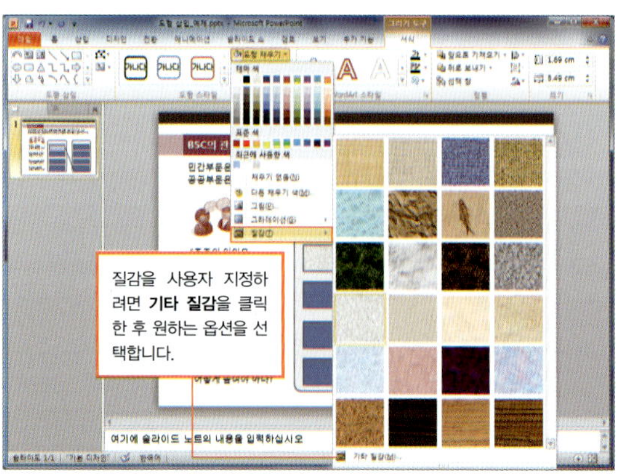

▲ 질감으로 채우기

4. 패턴 채우기 NEW 2010

도형을 패턴으로 채우는 것은 파워포인트 2003 버전까지 제공되었다가 2007 버전에서는 사용할 수 없었으나 다시 2010 버전에서 패턴을 활용할 수 있도록 추가된 기능입니다.

패턴 채우기를 추가할 도형을 마우스 오른쪽 단추로 클릭하여 바로 가기 메뉴에서 **도형 서식**을 클릭한 후 '도형 서식' 대화상자에서 [채우기] 탭을 클릭하여 '패턴 채우기'를 선택하고 패턴 채우기의 패턴, 전경색 및 배경색을 설정합니다.

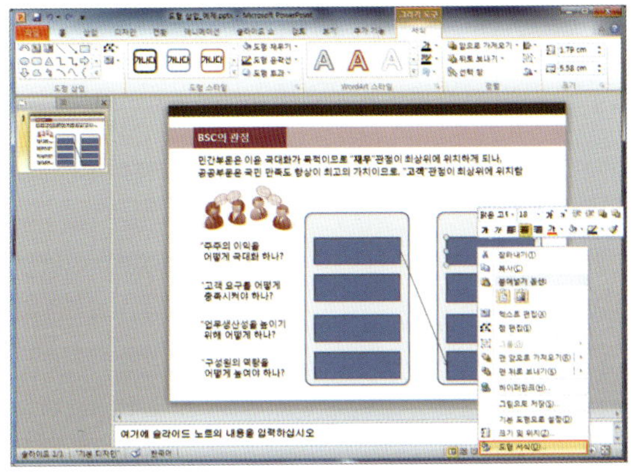

▲ 바로 가기 메뉴 – 도형 서식 명령

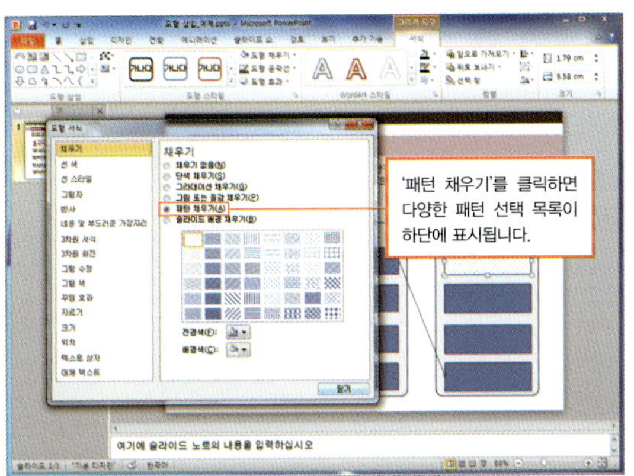

▲ 패턴 채우기

5. 슬라이드 배경 채우기

슬라이드 배경에 그림이나 그라데이션이 적용되어 있다면 배경을 도형에 채워 넣을 수 있는데, 슬라이드에 삽입된 개체들과 배경의 유사한 조화를 통해 깔끔하게 디자인할 수 있습니다.

슬라이드 배경으로 채우기를 추가할 도형을 마우스 오른쪽 단추로 클릭하여 바로 가기 메뉴에서 **도형 서식**을 클릭한 후 '도형 서식' 대화상자에서 [채우기]를 클릭하여 '슬라이드 배경 채우기'를 선택하면 슬라이드 배경이 도형에 채워집니다.

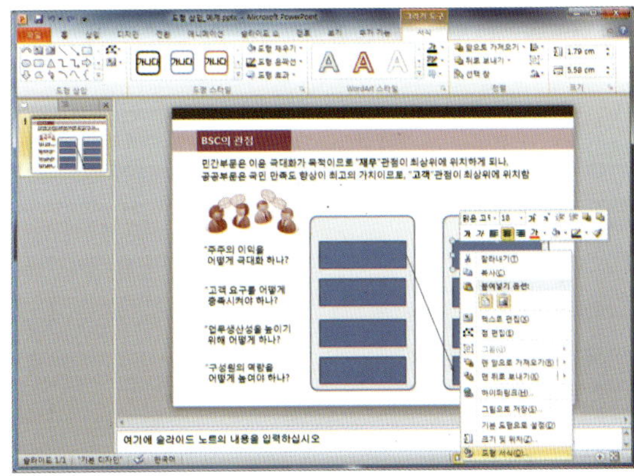

▲ 바로 가기 메뉴 – 도형 서식 명령

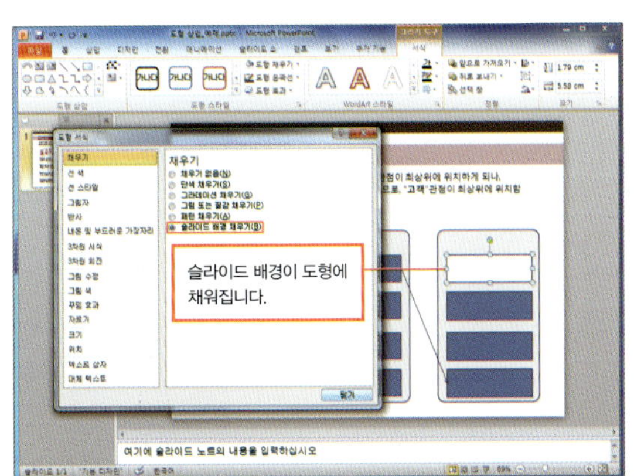

▲ 슬라이드 배경 채우기

6. 빠른 스타일 적용하기

파워포인트에서는 도형에 빠르게 스타일을 적용할 수 있도록 42개의 기본 스타일을 제공합니다. 기본 스타일은 현재 설정되어 있는 테마 색을 적용 받으므로 테마 색을 변경하면 기본 스타일의 색 또한 변경됩니다.

빠른 스타일을 적용할 도형을 선택한 후 [그리기 도구] - [서식] 탭 → 도형 스타일 그룹의 오른쪽 자세히 단추(▼)를 클릭한 후 원하는 스타일을 선택합니다.

선택 목록 이외의 다른 스타일을 적용하려면 [그리기 도구] - [서식] 탭 → 도형 스타일 그룹의 오른쪽 자세히 단추(▼) → 다른 테마 채우기를 클릭한 후 원하는 스타일을 선택합니다.

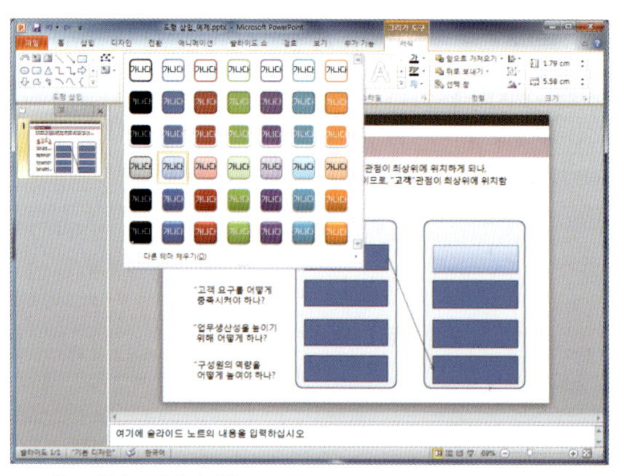

▲ 도형 스타일 – 자세히 단추

▲ 다른 테마 채우기

7. 도형 효과 적용하기

도형에 그림자, 네온, 반사, 부드러운 가장자리, 입체 효과, 3차원 회전 등의 효과를 추가하여 도형을 시각적으로 향상시킬 수 있습니다.

● 기본 설정(기본 설정(P)) 효과

[그리기 도구] - [서식] 탭 → 도형 스타일 그룹 → 도형 효과(도형 효과) → 기본 설정을 차례로 클릭한 후 선택 목록에서 원하는 효과를 선택합니다.

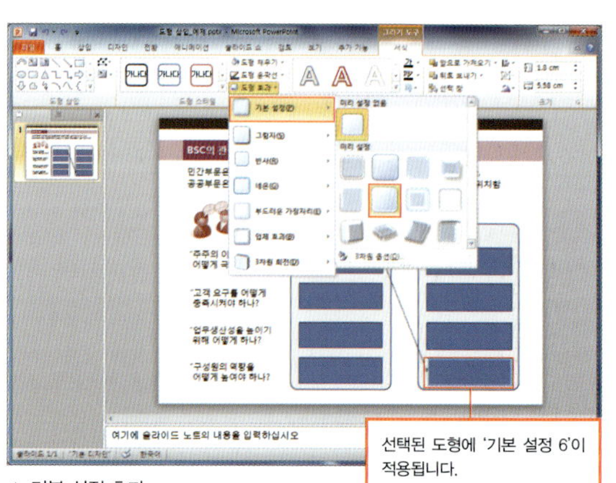

▲ 기본 설정 효과

○ 빠른 스타일 사용자 지정

파워포인트에서 제공하는 42개 기본 스타일 이외에 사용자가 스타일을 추가하는 것은 불가능하므로, 사용자 지정 스타일은 서식이 적용된 도형을 서식 복사하여 스타일을 변경해야 합니다.

○ 기본 설정 효과 중복 사용

도형에 기본 설정 효과를 중복해서 적용할 수 없으며, 만약 다른 효과로 변경하면 해당 효과만 적용되고 이전 효과는 사라집니다.

○ 그림자(그림자(S)) 효과

[그리기 도구] – [서식] 탭 → 도형 스타일 그룹 → 도형 효과(도형 효과▼) → 그림자를 클릭한 후 선택 목록에서 원하는 그림자를 선택합니다. 그림자를 사용자 지정하려면 **그림자 옵션**을 선택한 후 원하는 옵션을 조정합니다.

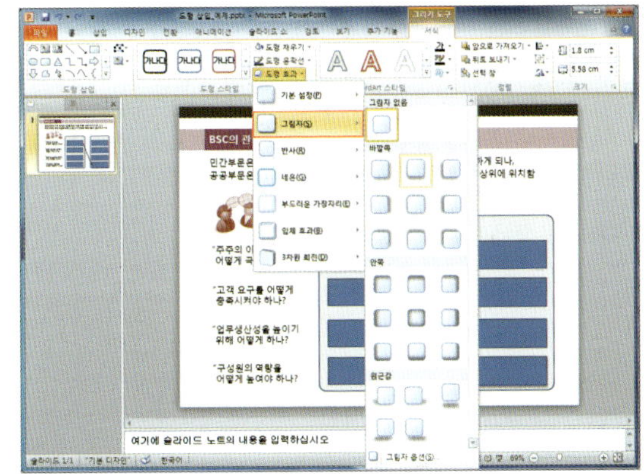

▲ 그림자 효과

○ 반사(반사(R)) 효과

[그리기 도구] – [서식] 탭 → 도형 스타일 그룹 → 도형 효과(도형 효과▼) → 반사를 클릭한 후 선택 목록에서 원하는 반사 효과를 선택합니다. 반사를 사용자 지정하려면 **반사 옵션**을 선택한 후 원하는 옵션을 조정합니다.

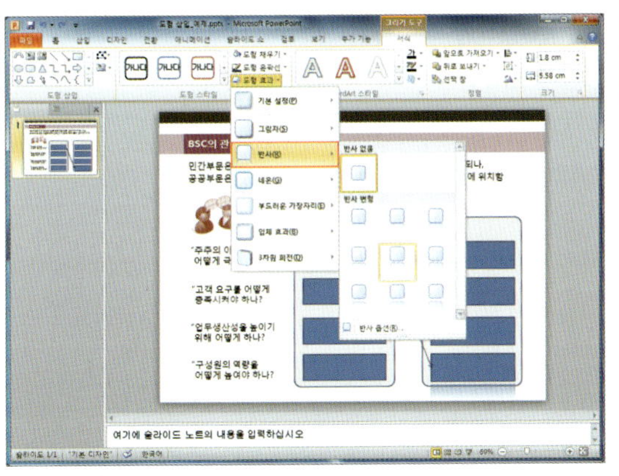

▲ 반사 효과

○ 네온(네온(G)) 효과

[그리기 도구] – [서식] 탭 → 도형 스타일 그룹 → 도형 효과(도형 효과▼) → 네온을 클릭한 후 선택 목록에서 원하는 네온 효과를 선택합니다. 네온 색을 사용자 지정하려면 **다른 네온 색**을 클릭한 후 원하는 색을 선택합니다. 테마 색에 없는 색으로 변경하려면 **다른 색**을 클릭하고 [표준] 탭에서 원하는 색을 선택하거나 [사용자 지정] 탭에서 색을 혼합합니다.

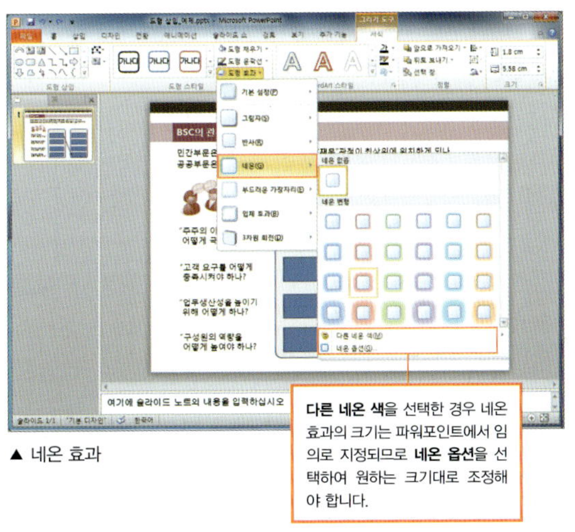

▲ 네온 효과

다른 네온 색을 선택한 경우 네온 효과의 크기는 파워포인트에서 임의로 지정되므로 **네온 옵션**을 선택하여 원하는 크기대로 조정해야 합니다.

◎ 부드러운 가장자리(부드러운 가장자리(E)) 효과

[그리기 도구] – [서식] 탭 → 도형 스타일 그룹 → 도형 효과(도형 효과 ▾) → **부드러운 가장자리**를 클릭한 후 선택 목록에서 원하는 부드러운 가장자리의 크기를 선택합니다. 부드러운 가장자리를 사용자 지정하려면 **부드러운 가장자리 옵션**을 선택한 후 원하는 옵션을 조정합니다.

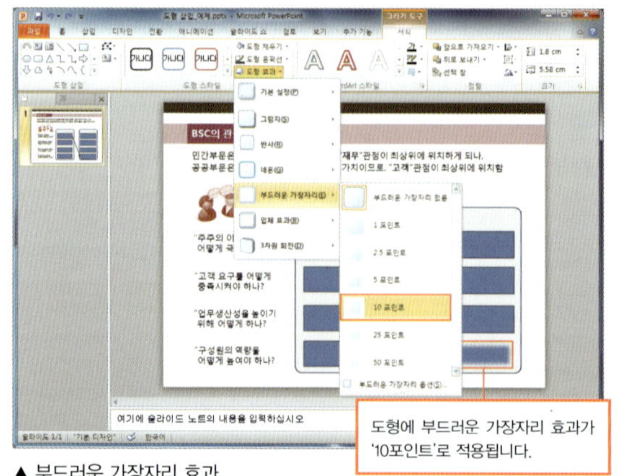

▲ 부드러운 가장자리 효과

◎ 입체 효과(입체 효과(B))

[그리기 도구] – [서식] 탭 → 도형 스타일 그룹 → 도형 효과(도형 효과 ▾) → **입체 효과**를 클릭한 후 선택 목록에서 원하는 입체 효과를 선택합니다. 입체 효과를 사용자 지정하려면 **3차원 옵션**을 선택한 후 원하는 옵션을 조정합니다.

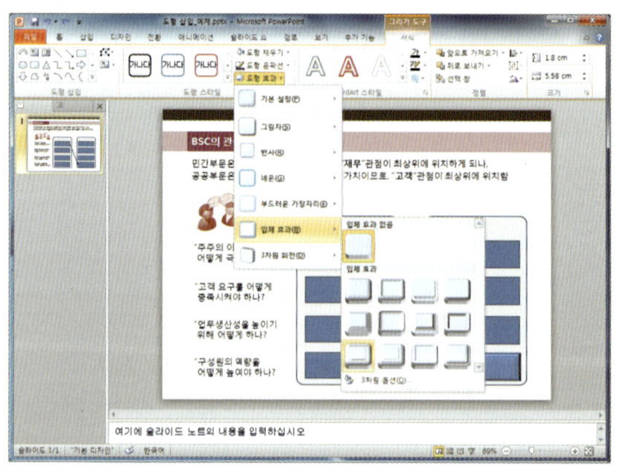

▲ 입체 효과

◎ 3차원 회전(3차원 회전(D)) 효과

[그리기 도구] – [서식] 탭 → 도형 스타일 그룹 → 도형 효과(도형 효과 ▾) → **3차원 회전**을 클릭한 후 선택 목록에서 원하는 회전 효과를 선택합니다. 회전을 사용자 지정하려면 **3차원 회전 옵션**을 클릭한 후 원하는 옵션을 조정합니다.

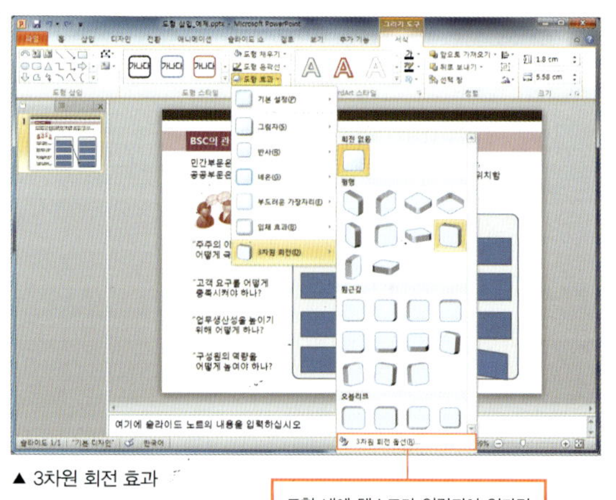

▲ 3차원 회전 효과

● 도형에 추가한 효과 제거

효과의 선택 목록을 가리킨 다음 효과를 제거하는 옵션을 선택합니다. 예를 들어 그림자를 제거하려면 그림자를 가리킨 후 첫 번째 항목인 **그림자 없음**을 선택합니다.

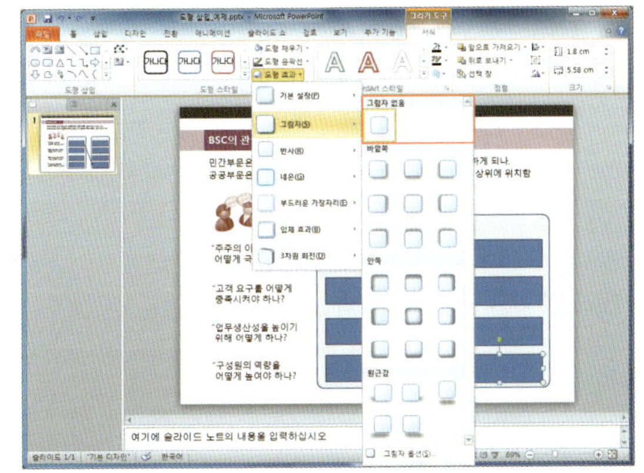

▲ 효과 제거 – '그림자 없음'

도형에 효과를 적용하고 좀 더 세밀하게 조정하려면 각 효과마다 제공되는 효과별 옵션들을 변경해야하며, 각 효과별 옵션들은 '도형 서식' 대화상자에서 변경이 가능합니다. 따라서 도형을 선택하고 '도형 서식' **대화상자 표시** 단추( )를 클릭하여 적용된 모든 효과들을 세밀하게 변경할 수 있습니다.

'도형 서식' 대화상자를 표시하는 방법은 3가지가 있습니다.

① **방법 1** : [홈] 탭 → **그리기** 그룹 오른쪽 아래에 '도형 서식' **대화상자 표시** 단추( )를 클릭합니다.
② **방법 2** : [그리기 도구] – [서식] 탭 → **도형 스타일** 그룹 오른쪽 아래에 '도형 서식' **대화상자 표시** 단추( )를 클릭합니다.
③ **방법 3** : 도형을 선택한 다음 마우스 오른쪽 단추를 클릭하여 바로 가기 메뉴에서 **도형 서식**을 클릭합니다.

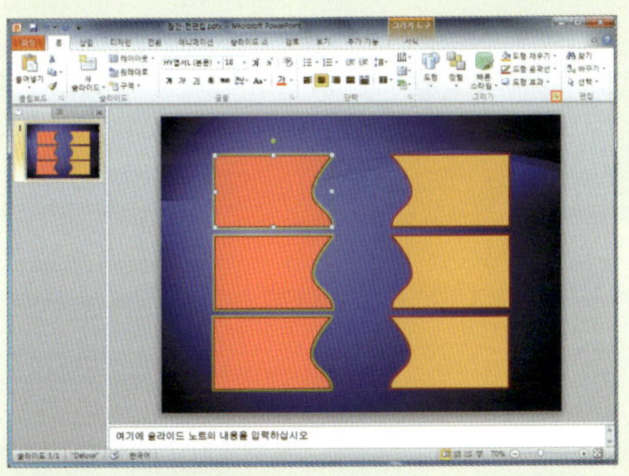

▲ 방법 1 : [홈] 탭 활용

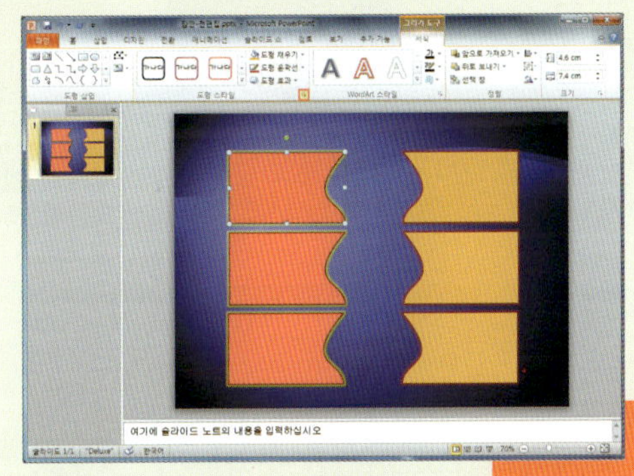

▲ 방법 2 : [그리기 도구] – [서식] 탭 활용

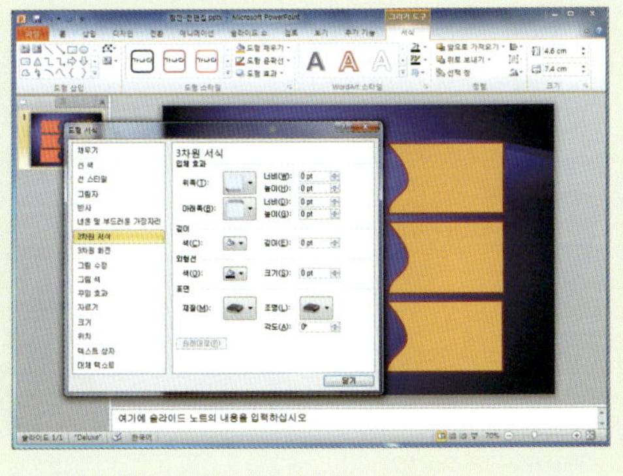

'도형 서식' 대화상자가 표시되면 왼쪽의 효과 영역을 선택하고 옵션에 따라 세부적인 설정을 변경할 수 있습니다.

도형 채우기 및 효과 적용하기

준비 파일 : 02 사이트맵.pptx　　**완성 파일 :** 02 사이트맵_결과.pptx

도형에 채우기 및 효과는 삽입된 도형에 채우기 색 및 다양한 효과를 적용하여 디자인의 완성도를 높이는 기능입니다. 디자인 감각이 뛰어나지 않더라도 파워포인트에서 제공되는 도형 스타일을 활용하면 쉽고 빠르게 도형에 다양한 기능을 추가할 수 있습니다.

항목	변경 내용
그림 삽입	"Logo.png"
도형(첫째줄)	도형 스타일 : '색 채우기 – 파랑, 강조 1' 도형 효과(네온) – '파랑, 8pt 네온, 강조색 1'
도형 (두째줄 ~ 다섯째줄)	도형 효과 : '기본 설정 1' 채우기 색 : '흰색, 배경 1, 15% 더 어둡게' (08번 보기 참조)
도형 (마지막 줄)	패턴 채우기 : '넓은 하향 대각선'

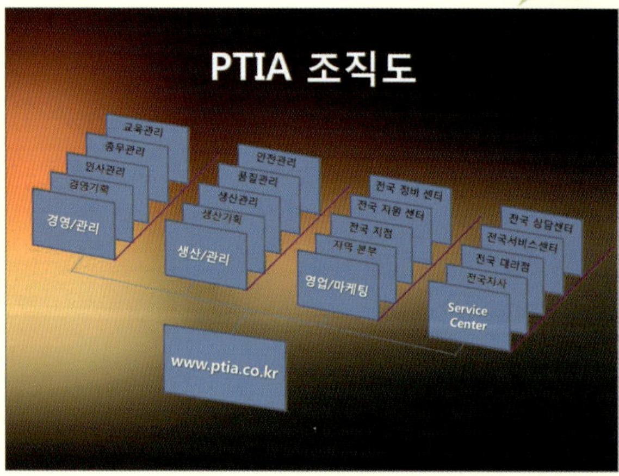

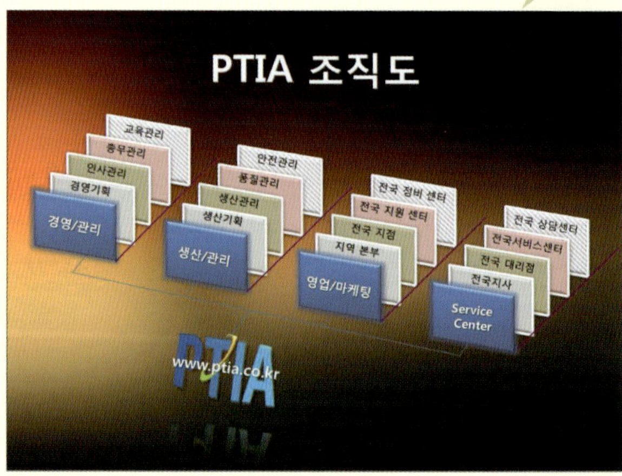

01 **예제 파일 열기** **02 사이트맵**.pptx 파일을 두 번 연속 클릭하면 파워포인트가 실행되면서 다음 화면이 나타납니다.

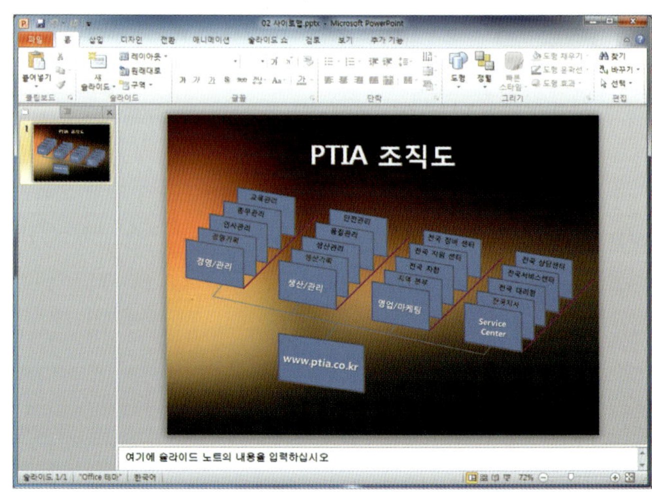

02 **그림으로 채우기** 웹 사이트 주소가 있는 도형에 로고 그림을 삽입하기 위해 ❶ 도형을 선택한 후 **[그리기 도구]** – ❷ **[서식]** 탭 → **도형 스타일** 그룹 → ❸ **도형 채우기**(도형 채우기 ▾) → ❹ **그림**을 클릭합니다

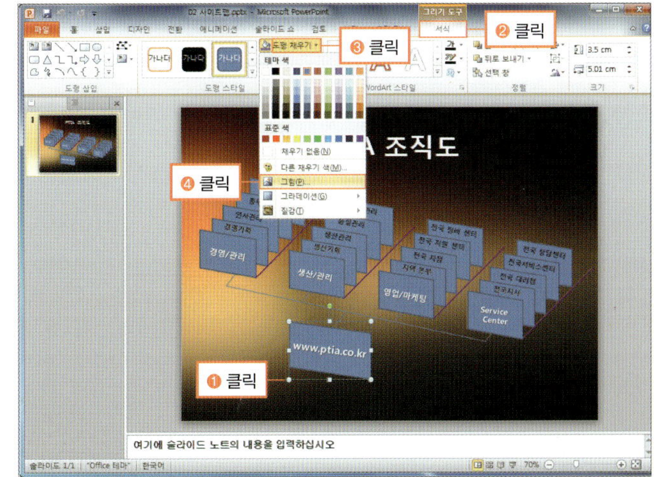

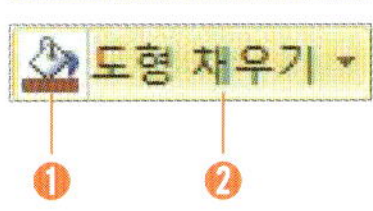

❶을 클릭하면 이전에 설정된 도형 채우기 색이 적용됩니다. ❷의 목록 단추를 클릭하여 새로운 도형 채우기 색, 그림, 그라데이션, 질감 등의 서식을 선택하여 적용합니다.

03 **그림 선택하기** '그림 삽입' 대화상자의 예제 폴더에서 ❶ "Logo.png"를 선택한 후 ❷ 〈삽입〉 단추를 클릭합니다.

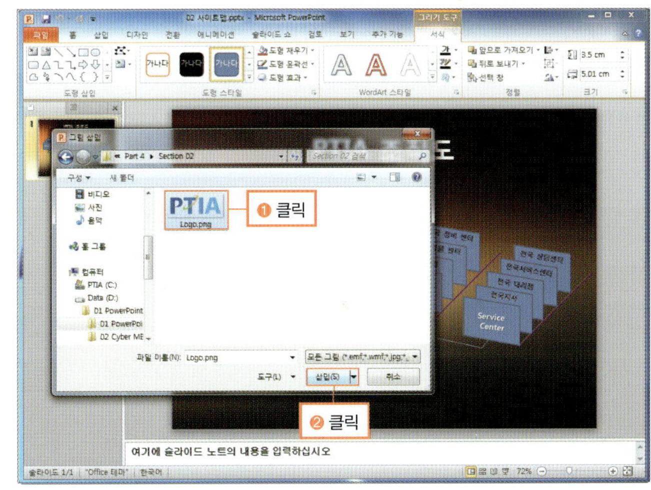

04 **빠른 스타일 추가하기** ❶ 왼쪽 맨 앞의 도형을 선택한 후 **[그리기 도구]** – **[서식]** 탭 → ❷ **도형 스타일** 그룹 오른쪽 **자세히** 단추(▾)를 클릭하여 ❸ '색 채우기 – 파랑, 강조 1'을 선택합니다.

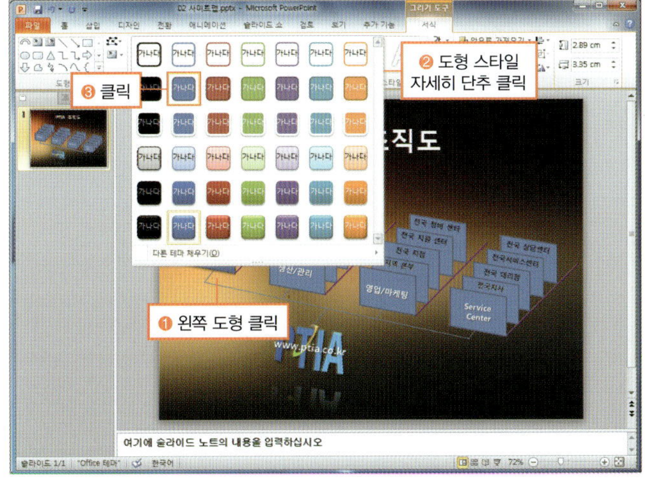

05 **네온 효과 추가하기** 도형이 선택된 상태에서 네온 효과를 설정하기 위해 **[그리기 도구]** – **[서식]** 탭 → **도형 스타일** 그룹 → ❶ **도형 효과**(도형 효과▼) → **네온** → ❷ '파랑, 8pt 네온, 강조색 1'을 선택합니다.

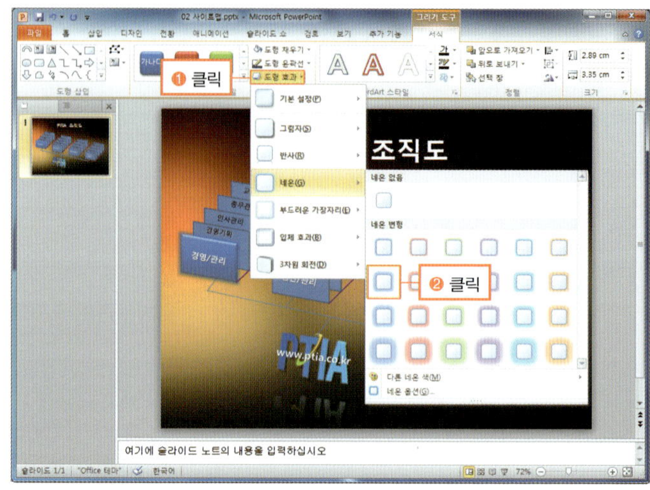

06 **서식 복사하기** 다른 도형에 동일한 효과를 복사하기 위해 도형이 선택된 상태에서 ❶ **[홈]** 탭 → **클립보드** 그룹 → ❷ **서식 복사** 명령 단추( )를 두 번 연속 클릭하고 ❸❹❺ 첫째 줄 대상 도형들을 클릭합니다. 서식 복사가 완료되면 Esc 키를 눌러 서식 복사에서 빠져 나옵니다.

◎ 도형에 대한 서식 복사를 실행하는 것이므로 텍스트 상자를 클릭하지 않도록 주의하며, 반드시 도형의 테두리를 클릭하여 서식을 복사합니다.

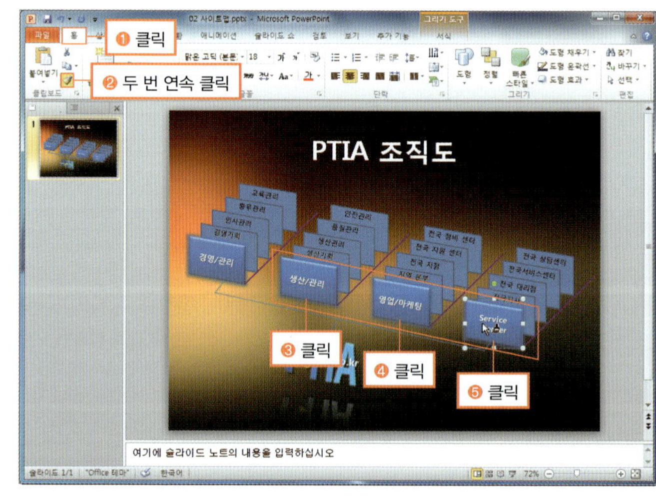

07 **기본 설정 효과 추가하기** ❶ 왼쪽 두 번째 도형을 선택한 후 **[그리기 도구]** – **[서식]** 탭 → **도형 스타일** 그룹 → ❷ **도형 효과**(도형 효과▼) → **기본 설정** → ❸ '기본 설정 1'을 선택합니다.

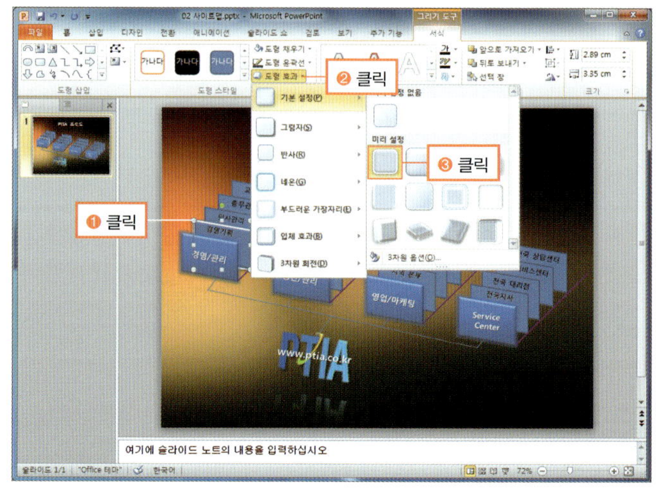

08 채우기 색 변경하기 도형이 선택된 상태에서 [그리기 도구] – [서식] 탭 → 도형 스타일 그룹 → ❶ 도형 채우기(도형 채우기 ▾) → ❷ '흰색, 배경 1, 15% 더 어둡게'를 클릭합니다.

같은 방법으로 각 세 번째 도형부터 다섯 번째 도형의 채우기 색을 변경하기 위해 07~08 과정을 반복합니다.

1) 세 번째 도형 : 도형 효과 – '기본 설정 1', '황갈색, 배경 2, 25% 더 어둡게'
2) 네 번째 도형 : 도형 효과 – '기본 설정 1', '빨강, 강조 2, 60% 더 밝게'
3) 다섯 번째 도형 : 도형 효과 – '기본 설정 1', '자주, 강조 4, 60% 더 밝게'

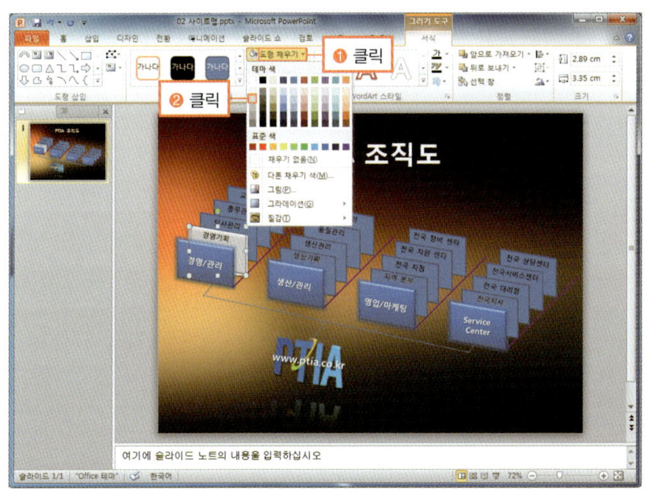

09 도형 서식 복사 왼쪽의 두 번째 도형을 선택한 후 [홈] 탭 → 클립보드 그룹 → 서식 복사 명령 단추( )를 클릭하여 두 번째 줄 대상 도형을 클릭합니다. 다른 줄의 도형도 마찬가지로 서식을 복사하여 그림과 같이 완성한 후 서식 복사 작업이 완료되면 Esc 키를 눌러 서식 복사를 마칩니다.

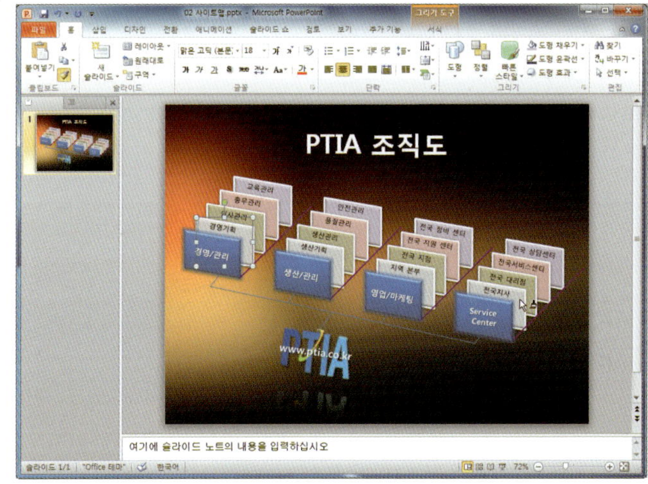

10 '도형 서식' 대화상자 표시하기 ❶ 맨 마지막 열의 도형을 선택한 후 ❷ 마우스 오른쪽 단추를 클릭하여 ❸ 바로 가기 메뉴에서 도형 서식을 클릭합니다.

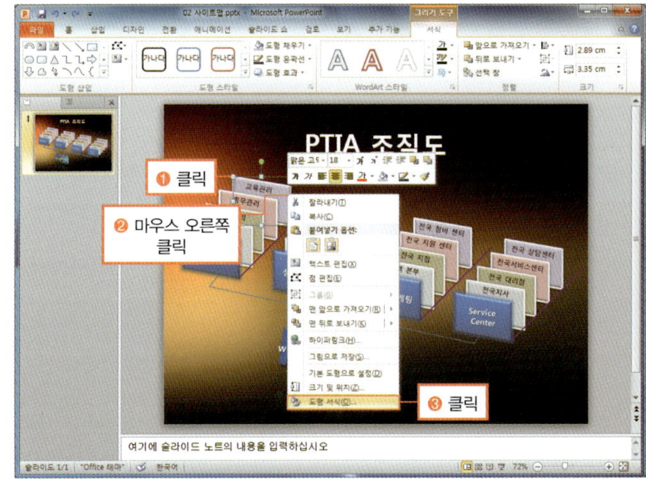

11 **패턴 채우기** '도형 서식' 대화상자에서 ❶ [채우기]를 클릭하여 ❷ '패턴 채우기'를 클릭한 후 ❸ '넓은 하향 대각선'을 선택하고 ❹ 〈닫기〉 단추를 클릭합니다.

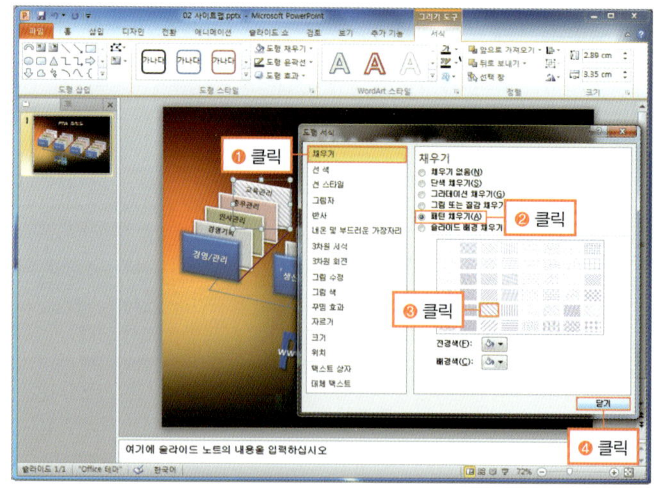

12 **서식 복사/결과 확인하기** 도형이 선택된 상태에서 ❶ [홈] 탭 → **클립보드** 그룹 → ❷ **서식 복사** 명령 단추( )를 두 번 연속 클릭하고 ❸ 같은 줄의 대상 도형들을 선택하여 패턴 서식을 복사합니다. Esc 키를 눌러 서식 복사에서 빠져 나오면 슬라이드가 완성됩니다.

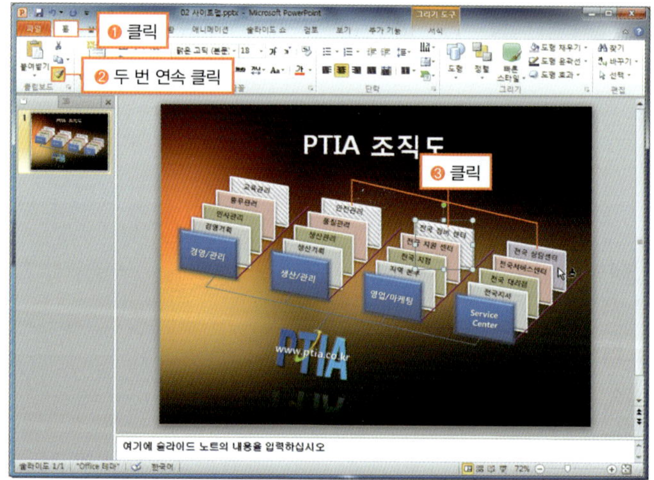

기본 도형으로 설정하기

프레젠테이션 문서에 도형을 삽입할 때 일관성을 유지하기 위해 동일한 스타일의 도형을 삽입하게 되는데, 도형을 삽입하면 테마에 따라 도형의 스타일이 이미 지정되어 있기 때문에 일일이 스타일을 서식 복사나 복사 및 붙여넣기를 통해 추가하게 됩니다.

이 경우 도형을 삽입할 때마다 사용자가 지정한 도형 스타일로 도형을 삽입하기 위해 바로 가기 메뉴의 **기본 도형으로 설정** 명령을 활용합니다.

❶ 빠른 스타일이나 서식을 변경하여 사용자가 도형 스타일을 지정하고 해당 도형을 선택한 다음 마우스 오른쪽 단추를 클릭하여 바로 가기 메뉴에서 **기본 도형으로 설정** 명령을 클릭합니다.

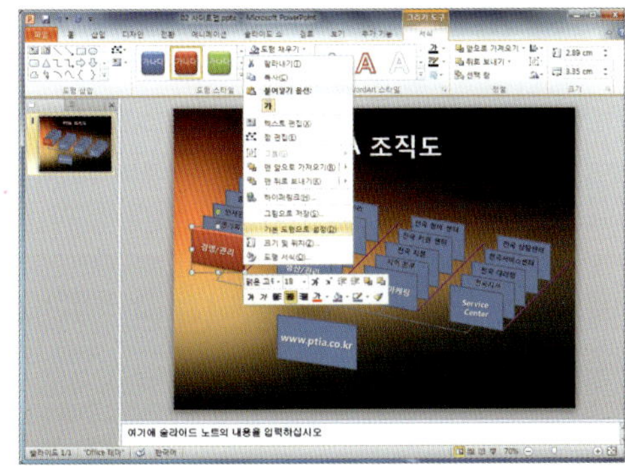

❷ 기본 도형으로 설정이 완료되면 [**홈**] 탭 → **그리기** 그룹 → **도형** 명령 단추( )를 클릭하여 슬라이드에 임의의 도형을 삽입합니다.

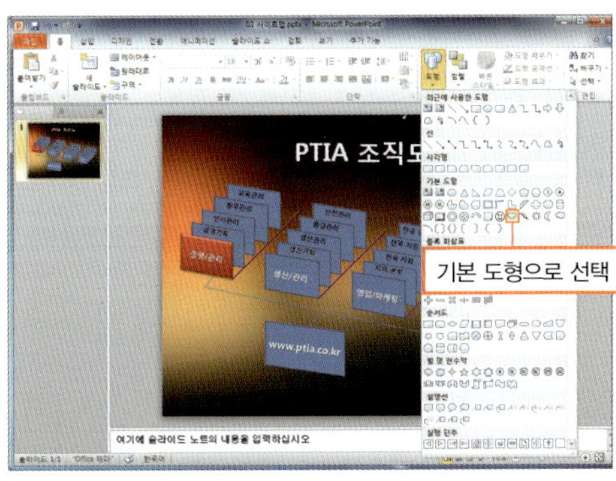

❸ 마우스를 끌어서 슬라이드에 도형을 삽입하면 기본 도형으로 설정된 도형 스타일로 도형이 삽입됩니다.

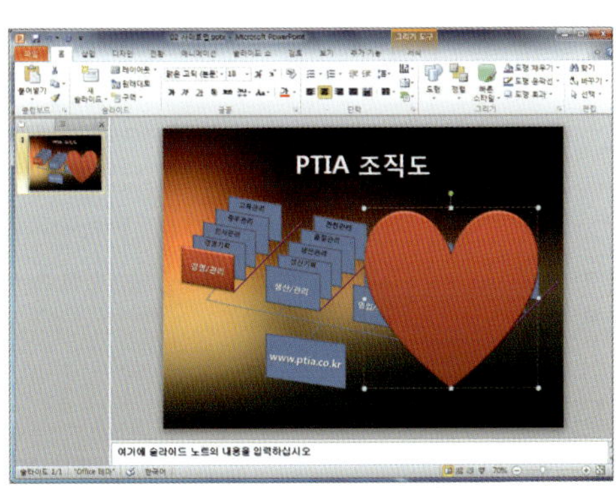

03 도형 윤곽선 변경하기

도형 윤곽선의 색, 그라데이션, 두께, 대시를 변경하여 윤곽선의 모양을 변경할 수 있으며, 상황에 따라서 도형의 채우기 색을 없애고 윤곽선을 활용하여 포인트를 강조할 수 있습니다. 윤곽선 모양을 변경하는 방법에 대해 알아보겠습니다.

1. 윤곽선 색 변경하기

테마 색이나 표준 및 사용자 정의에 의해서 도형의 윤곽선 색을 자유롭게 변경할 수 있으며, 윤곽선 색은 도형의 채우기 색과 유사한 색을 사용하여 자연스럽게 디자인되도록 하는 것이 좋습니다.

① 윤곽선 색을 변경할 도형을 선택한 후 [그리기 도구] – [서식] 탭 → **도형 스타일** 그룹 → **도형 윤곽선** 명령 단추(☑️ 도형 윤곽선 ▼)를 클릭합니다.
② 윤곽선 색을 추가하거나 변경하려면 원하는 테마 색을 선택하고, 윤곽선 색을 선택하지 않으려면 **윤곽선 없음**을 선택합니다.

○ 03 본문예제.pptx를 참조하세요.

○ **여러 도형의 윤곽선 색 한꺼번에 변경**

여러 도형의 윤곽선 색을 한꺼번에 변경하기 위해서는 Ctrl 키를 누르고 여러 도형을 선택한 후 **도형 윤곽선** 명령을 실행합니다.

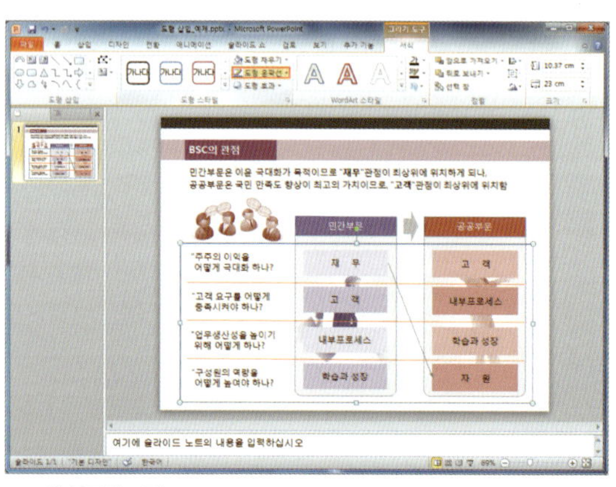

▲ 도형 윤곽선 명령

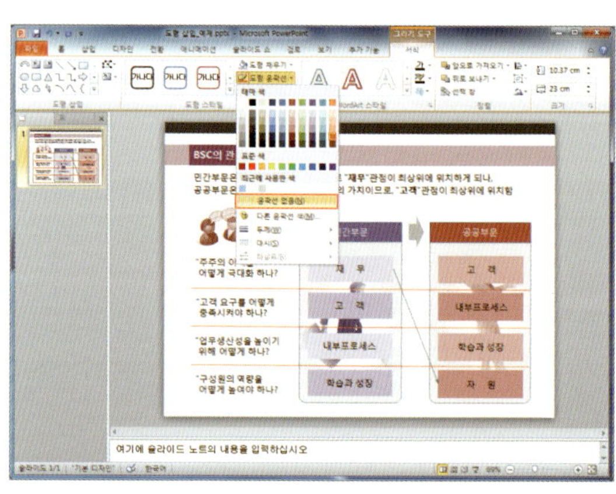

▲ 도형 윤곽선 – '윤곽선 없음'

2. 그라데이션 선 적용하기

윤곽선에도 부드러운 그라데이션을 적용할 수 있어서 단색으로 윤곽선을 표시할 때보다 훨씬 고급스러운 디자인을 할 수 있습니다. 도형 윤곽선에 그라데이션을 적용하려면 도형 윤곽선 명령이 아닌 도형 서식에서 변경해야 합니다.

① 윤곽선에 그라데이션을 추가할 도형을 마우스 오른쪽 단추로 클릭하여 바로 가기 메뉴에서 **도형 서식**을 선택한 후 '도형 서식' 대화상자에서 [선 색]을 클릭하여 '그라데이션 선'을 선택합니다.

② 기본 설정 색, 종류, 방향, 각도 등을 각각 선택한 후 중지점의 위치를 원하는 대로 변경하고 〈닫기〉 단추를 클릭합니다.

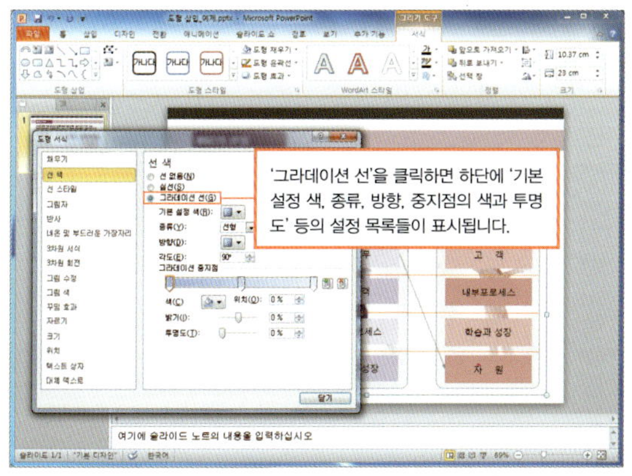

▲ 선 색 – 그라데이션 선

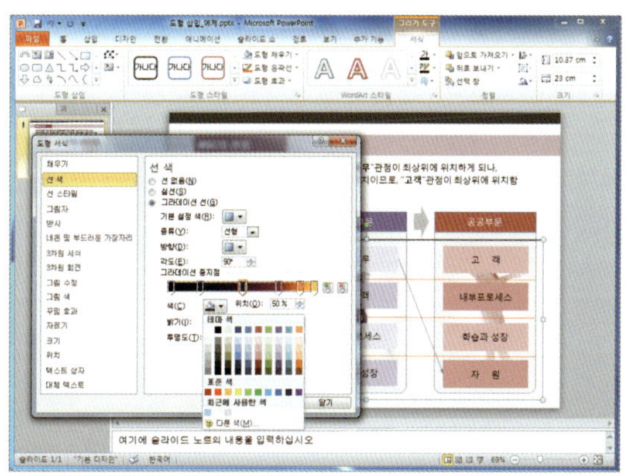

▲ 그라데이션 선 서식 설정

기본 그라데이션 선

'도형 서식' 대화상자에서 [선 색]의 '그라데이션 선'을 선택하면 테마 색에 맞춰 3개의 중지점을 가진 그라데이션 선이 자동으로 표시됩니다. 이후 각 중지점을 클릭하여 색을 자유롭게 변경할 수 있습니다.

중지점의 수

파워포인트에서는 그라데이션을 적용할 수 있는 중지점을 10개까지 제공합니다.

1. 테마 색에 없는 색으로 변경하려면 **다른 윤곽선 색**을 클릭하고 [표준] 탭에서 원하는 색을 클릭하거나 [사용자 지정] 탭에서 색을 혼합합니다.

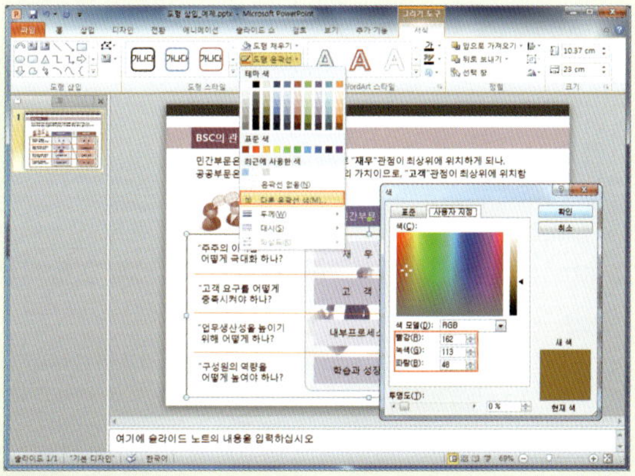

2. 적용된 그라데이션 선을 없애려면 '도형 서식' 대화상자의 [선 색]에서 '선 없음'이나 '실선'을 선택합니다.

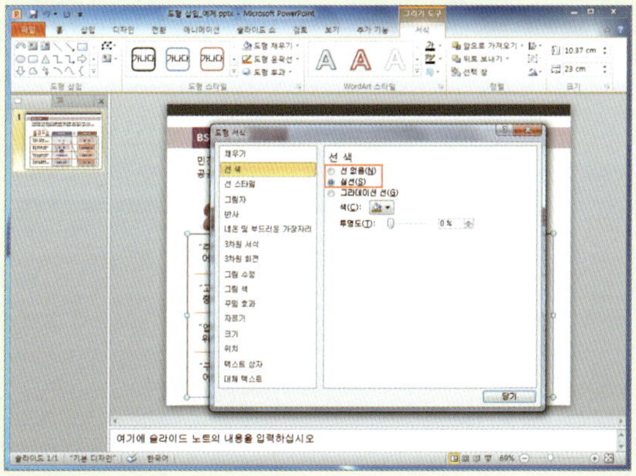

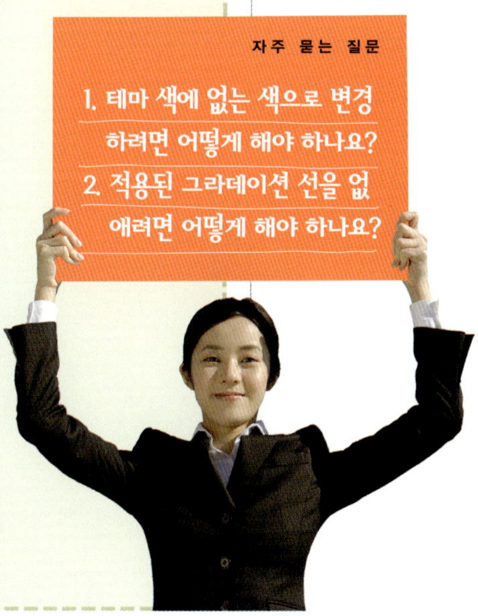

3. 두께 변경하기

도형의 내용을 강하게 강조하거나 시각적인 효과를 위해 두께를 굵게 또는 얇게 표현할 수 있으며, 도형의 두께는 사용자 정의에 의해 자유롭게 지정할 수 있습니다.

윤곽선의 두께를 변경할 도형을 선택한 후 [그리기 도구] – [서식] 탭 → 도형 스타일 그룹 → 도형 윤곽선(도형 윤곽선 ▾) → 두께를 클릭한 후 선택 목록에서 원하는 선 두께를 선택합니다.

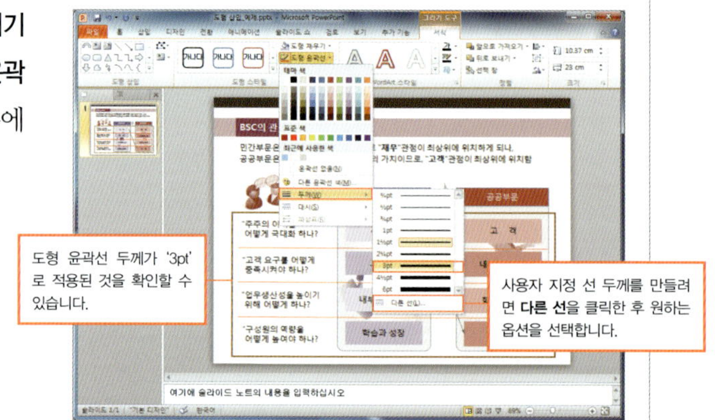

▲ 두께 – 다른 선

4. 대시 변경하기

윤곽선 대시는 선을 파선으로 만드는 것으로, 파선은 짧은 선을 일정한 간격을 두고 벌려 놓거나 물결 형태로 선을 표시하는 방법입니다.

윤곽선의 대시를 변경할 도형을 선택한 후 [그리기 도구] – [서식] 탭 → 도형 스타일 그룹 → 도형 윤곽선(도형 윤곽선 ▾) → 대시를 클릭한 후 선택 목록에서 원하는 대시 모양을 선택합니다.

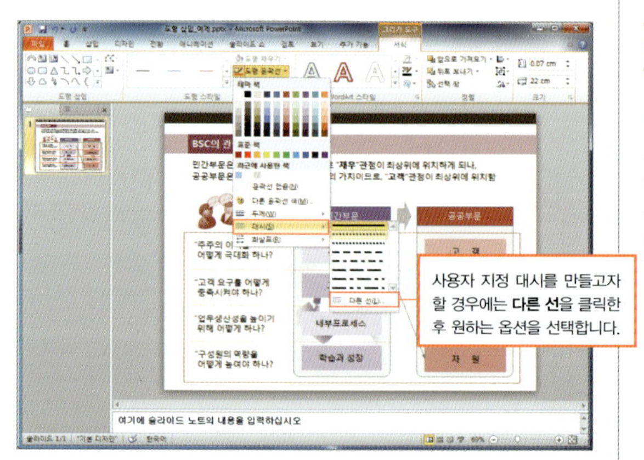

▲ 대시 변경

> ◉ 선 스타일 옵션
>
> 다른 선을 클릭하면 '도형 서식' 대화상자가 표시되고 '너비, 겹선 종류, 대시 종류, 끝 모양 종류' 등 선 스타일을 변경할 수 있는 옵션이 제공됩니다.

5. 선 스타일 및 화살표 변경하기

도형들을 이용해 표현할 때 선을 사용하는 경우가 많이 있는데, 이때 손쉽게 선 스타일을 적용하거나 흐름이나 상관관계를 나타내기 위해 양쪽 끝이나 한쪽을 화살표로 나타낼 수 있습니다.

스타일을 변경할 선을 선택한 후 [**그리기 도구**] – [**서식**] 탭 → **도형 스타일** 그룹 오른쪽 **자세히** 단추(▼)를 클릭한 후 원하는 빠른 스타일을 선택합니다.

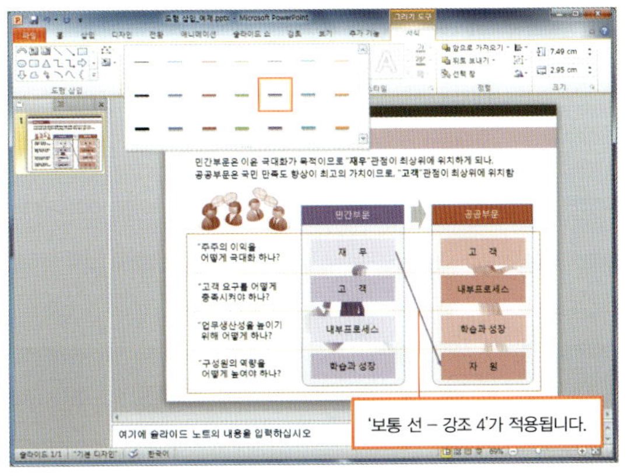

▲ 도형 스타일 – 자세히 단추

선의 끝에 화살표를 표시하려면 선을 선택한 후 [**그리기 도구**] – [**서식**] 탭 → **도형 스타일** 그룹 → **도형 윤곽선**(도형 윤곽선 ▼) → **화살표**를 클릭한 후 선택 목록에서 원하는 화살표를 선택합니다.

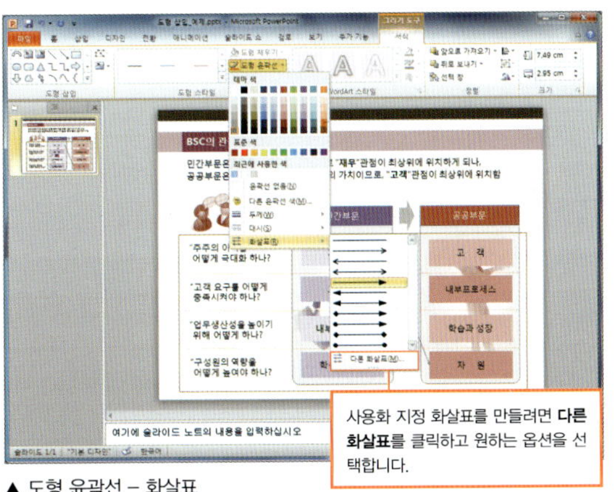

▲ 도형 윤곽선 – 화살표

회전시킬 선을 선택한 후 마우스 오른쪽 단추를 클릭하고 바로 가기 메뉴에서 **도형 서식** 명령을 선택합니다. '도형 서식' 대화상자에서 [크기] 영역을 선택하고 '크기 및 회전' 항목의 '회전' 입력 상자에 원하는 회전 각도를 입력합니다.

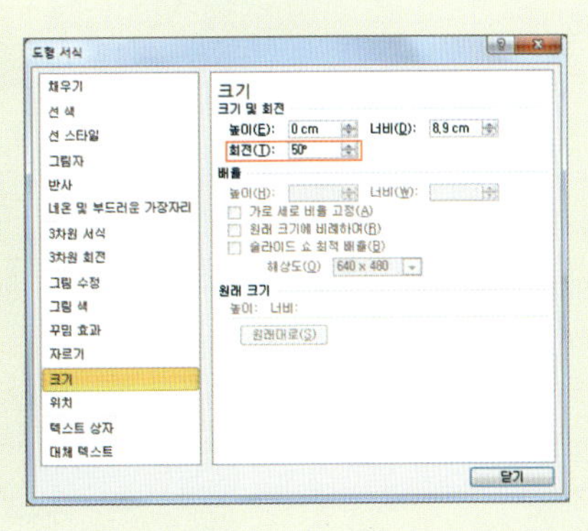

도형 윤곽선 변경하기

준비 파일 : 03 토론을 잘 하는 법.pptx   **완성 파일** : 03 토론을 잘 하는 법_결과.pptx

도형의 윤곽선은 도형과 배경의 색 차이가 크지 않을 때 분명한 구분을 위해 필요하며, 윤곽선과 그라데이션을 혼합하여 또 다른 느낌을 표현할 수도 있습니다. 도형에 윤곽선을 추가하는 방법에 대해 알아보겠습니다.

항목	변경 내용
사람 모양 도형	윤곽선 : '흰색'
모서리 둥근 직사각형 도형	윤곽선 : '흰색', 두께 : '6pt'
직사각형 도형	윤곽선 : '흰색' 윤곽선 – 대시 : '사각 점선', 두께 : '1½pt'

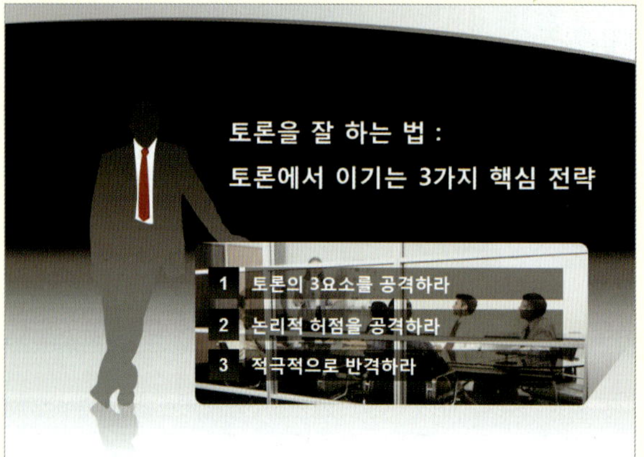

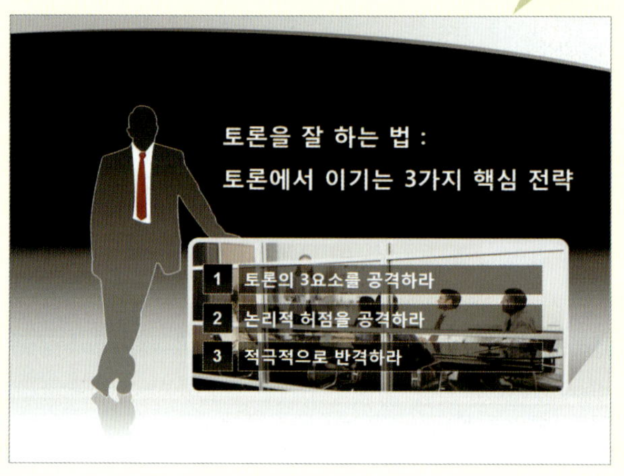

01 **예제 파일 열기** **03 토론을 잘 하는 법.pptx** 파일을 두 번 연속 클릭하면 파워포인트가 실행되면서 다음 화면이 나타납니다.

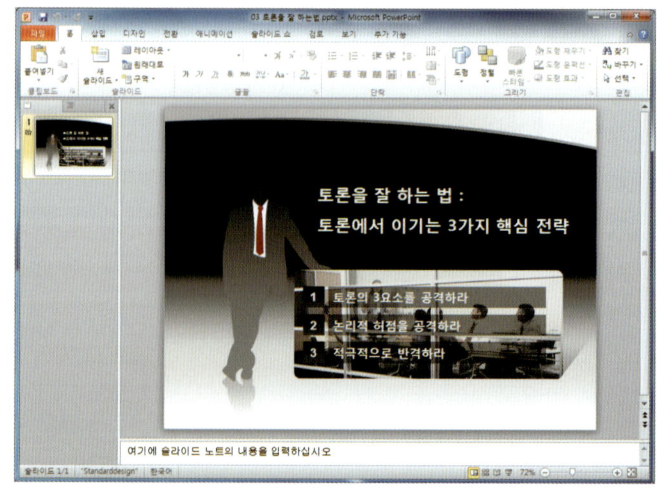

02 윤곽선 추가하기(1)

❶ 사람 모양의 도형을 선택한 후 [그리기 도구] – ❷ [서식] 탭 → 도형 스타일 그룹 → ❸ 도형 윤곽선(도형 윤곽선 ▾) → ❹ '흰색'을 선택합니다.

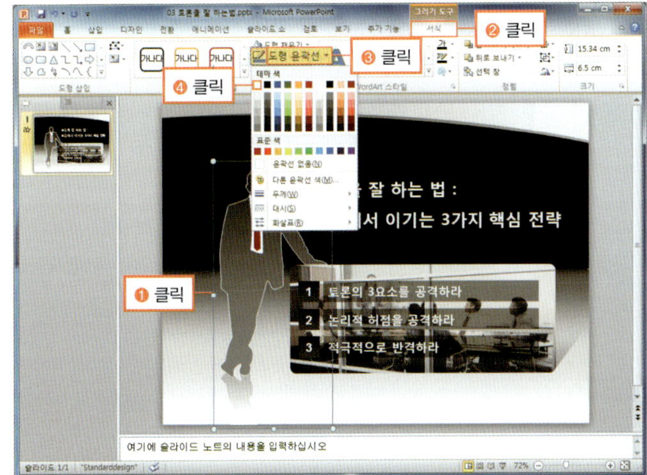

❶을 클릭하면 이전에 설정된 윤곽선 색 스타일이 적용됩니다.
❷의 목록 단추를 클릭하면 새로운 도형 윤곽선 색, 두께, 대시 등의 서식을 선택하여 적용합니다.

03 윤곽선 추가하기(2)

❶ 그림으로 채워져 있는 모서리가 둥근 직사각형을 선택한 후 [그리기 도구] – [서식] 탭 → 도형 스타일 그룹 → ❷ 도형 윤곽선(도형 윤곽선 ▾) → ❸ '흰색'을 선택합니다.

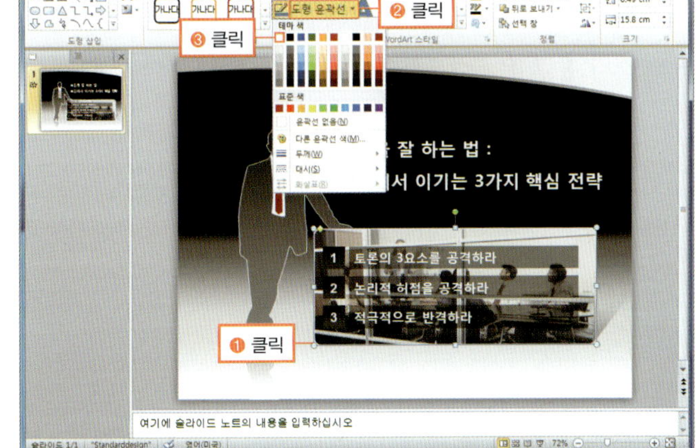

◯ 도형의 윤곽선은 [홈] 탭 → 그리기 그룹 → 도형 윤곽선 명령을 클릭하여 설정해도 됩니다.

04 윤곽선 두께 추가하기

도형이 선택된 상태에서 도형의 윤곽선 두께를 설정하기 위해 [그리기 도구] – [서식] 탭 → 도형 스타일 그룹 → ❶ 도형 윤곽선(도형 윤곽선 ▾) → 두께 → ❷ '6pt'를 선택합니다.

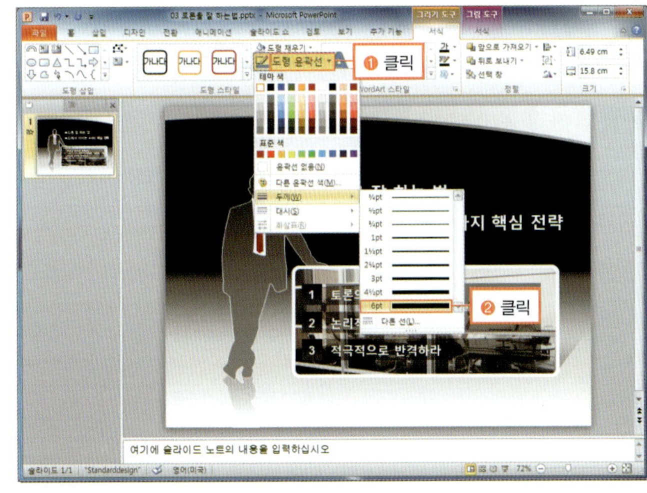

05 윤곽선 추가하기(3) ❶ 마우스를 끌어서 3가지 항목에 표시된 직사각형 도형들을 모두 선택한 후 [그리기 도구] – [서식] 탭 → 도형 스타일 그룹 → ❷ 도형 윤곽선(✎ 도형 윤곽선 ▾) → ❸ '흰색'을 클릭합니다.

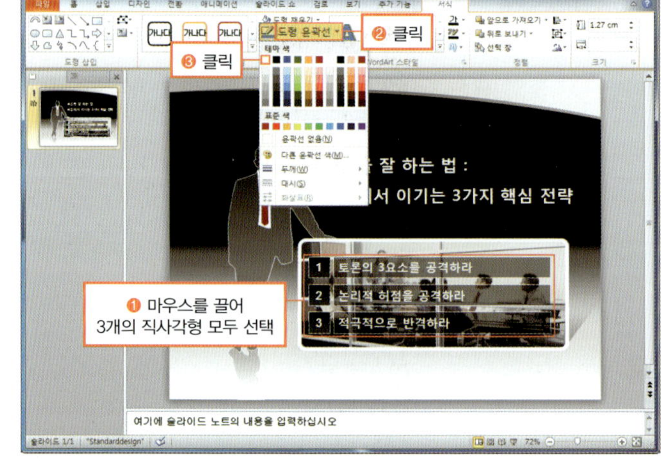

◐ 여러 도형을 선택하는 방법은 Shift 키 또는 Ctrl 키를 누르고 도형을 하나씩 선택하거나 작업화면 밖에서 마우스 왼쪽 단추를 누르고 여러 도형이 모두 포함되도록 마우스를 끌어서 선택할 수 있습니다.

06 대시 추가하기 직사각형 도형들의 윤곽선에 대시 효과를 설정하기 위해 [그리기 도구] – [서식] 탭 → 도형 스타일 그룹 → ❶ 도형 윤곽선(✎ 도형 윤곽선 ▾) → 대시 → ❷ '사각 점선'을 클릭합니다.

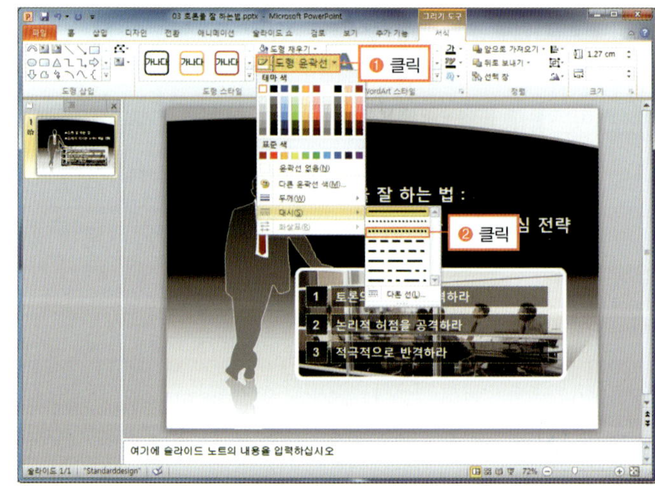

◐ 윤곽선 대시는 선을 파선으로 만드는 것으로 일정 간격을 벌려놓거나 물결 형태로 선을 표시합니다. 다양한 서식을 변경하기 위해서는 **다른 선** 명령을 수행합니다.

07 두께 추가/결과 확인하기 도형이 선택된 상태에서 [그리기 도구] – [서식] 탭 → 도형 스타일 그룹 → ❶ 도형 윤곽선(✎ 도형 윤곽선 ▾) → 두께 → ❷ '1½pt'를 클릭하면 슬라이드가 완성됩니다.

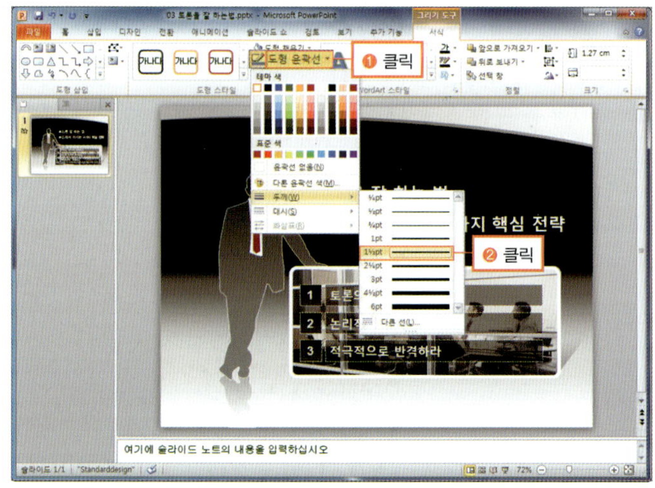

선 스타일 옵션 활용하기

선 스타일 옵션은 도형의 선 형태를 자유롭게 조정할 수 있는 여러 가지 옵션, 즉 겹선, 대시 등 많이 사용하는 선 스타일과 끝 모양 종류, 조인 유형, 화살표 설정 등의 추가 명령을 제공합니다. 이러한 선 스타일을 변경하여 특정 도형이나 도형 내 텍스트의 중요성을 부각하여 적절하게 강조할 수 있습니다.

'도형 서식' 대화상자를 표시하는 방법은 다음과 같습니다.

❶ **방법 1** : 선 스타일 옵션을 적용하기 위해 도형을 선택하고 [**그리기 도구**] – [**서식**] 탭 → **도형 스타일** 그룹 오른쪽 아래에 **대화상자 표시** 단추(⬚)를 클릭합니다.

❷ **방법 2** : 도형을 선택하고 마우스 오른쪽 단추를 클릭하고 바로 가기 메뉴에서 **도형 서식** 명령을 클릭합니다.

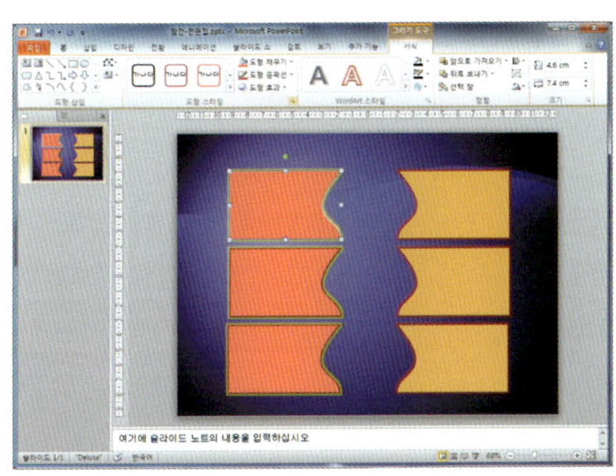 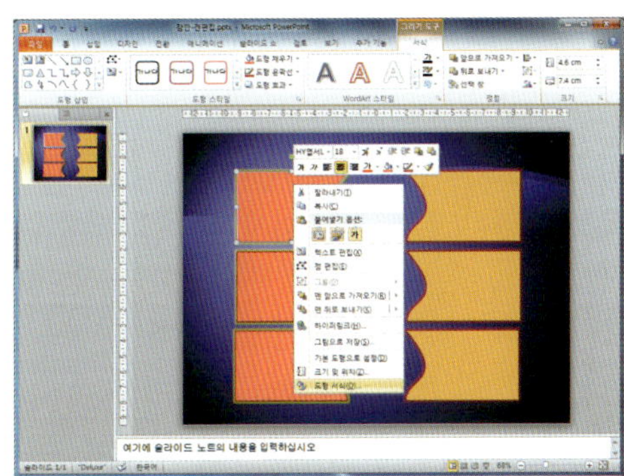

'도형 서식' 대화상자가 표시되면 [선 스타일]을 클릭하고 오른쪽의 옵션들을 활용하여 선 스타일을 변경할 수 있습니다.

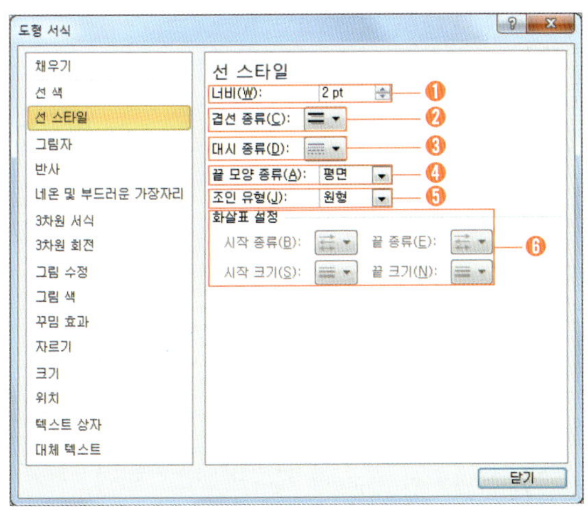

❶ **너비** : 선의 굵기를 조정합니다.

❷ **겹선 종류** : 단순형, 이중, 굵고 얇음, 얇고 굵음, 삼중의 겹으로 된 선 스타일을 설정합니다.

❸ **대시 종류** : 실선, 둥근 점선, 사각 점선, 파선, 파선–점선, 긴 파선, 긴 파선–점선, 긴 파선–점선 – 점선의 대시 형태를 설정합니다.

❹ **끝 모양 종류** : 사각형, 원형, 평면 모양으로 선의 끝 모양을 설정합니다.

❺ **조인 유형** : 원형, 빗면, 미터로 선의 유형을 설정합니다.

❻ **화살표 설정** : 화살표의 시작과 끝의 종류 및 크기를 설정합니다.

도형에 투명도 적용하기

투명도는 개체의 픽셀을 통과하는 빛의 양을 정의하는 용어로, 개체가 100% 투명할 때는 빛이 완전히 통과되어 개체를 투시할 수 있습니다. 도형이나 윤곽선에 투명도를 활용하면 보다 전문적이고 고급스러운 느낌을 주는 슬라이드를 디자인할 수 있습니다. 도형이나 윤곽선에 투명도를 추가하는 방법에 대해 알아보겠습니다.

1. 도형에 투명도 적용하기

도형 뒤의 배경 그림이 비춰 보이게 하거나 도형의 색이 너무 강해 부드러운 느낌을 주고 싶을 때 투명도를 추가하며, 투명도는 최종 디자인 수정 단계에서 고급스러운 느낌을 주기 위해 자주 사용되는 명령입니다.

① 투명도를 적용할 도형을 선택한 후 [**그리기 도구**] – [**서식**] 탭 → **도형 스타일** 그룹 → **도형 채우기**(도형 채우기 ▾) → **다른 채우기 색**을 클릭합니다.

② '색' 대화상자의 아래쪽에서 투명도 슬라이더를 이동하거나 슬라이더 옆에 있는 입력 상자에 투명 정도를 나타내는 숫자를 입력하여 설정합니다.

○ 04 본문예제.pptx를 참조하세요.

○ **투명도의 적용**

도형의 일부를 투명하게 만들어 도형 위에 겹친 텍스트를 뚜렷이 표시하거나, 도형을 서로 겹치게 하거나, 강조를 위해 도형의 일부를 제거 및 숨길 수 있습니다.

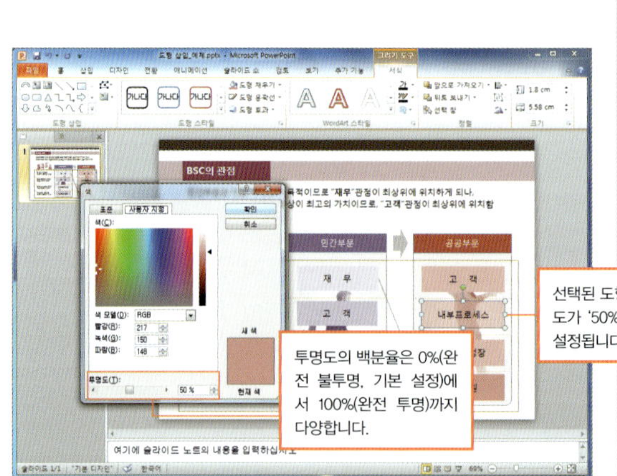

▲ 도형 채우기 – 다른 채우기 색 　　　　　▲ 다른 채우기 색 – 투명도 설정

2. 도형 윤곽선에 투명도 적용하기

도형의 윤곽선에도 투명도를 추가할 수 있는데, 만약 윤곽선의 두께가 얇은 경우에는 잘 보이지 않을 수 있으므로 윤곽선의 두께를 조금 더 두껍게 설정하고 투명도를 적용하는 것이 좋습니다.

① 윤곽선에 투명도를 추가할 도형을 선택한 후 **[그리기 도구]** – **[서식]** 탭 → **도형 스타일** 그룹 → **도형 윤곽 선**(☑ 도형 윤곽선 ▾) → **다른 윤곽선 색**을 클릭합니다.

② '색' 대화상자의 [사용자 지정] 탭에서 투명도 슬라이드를 이동하거나 슬라이드 옆에 있는 입력 상자 에 투명 정도를 나타내는 숫자를 입력하여 설정합니다.

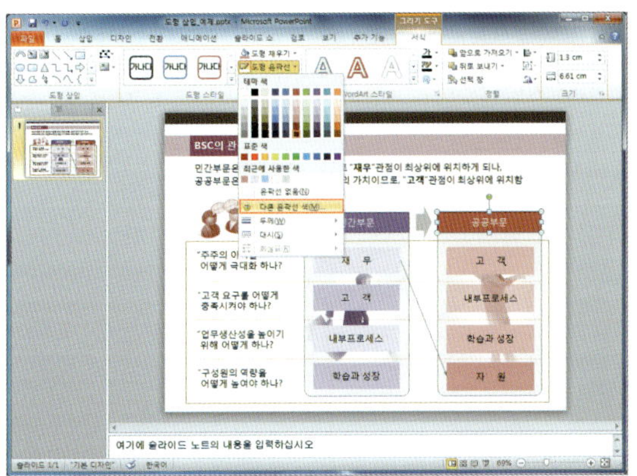

▲ 도형 윤곽선 – 다른 윤곽선 색

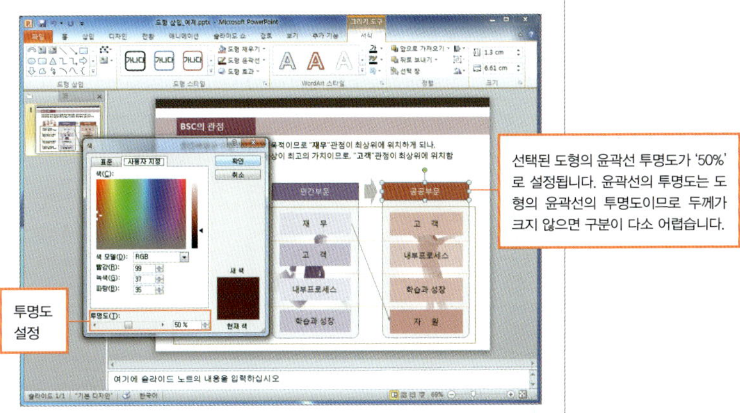

▲ 다른 윤곽선 색 – 투명도 설정

3. 그라데이션 효과에 투명도 적용하기

투명도는 도형에 그라데이션을 적용했을 때에도 각각의 중지점마다 옵션을 적용할 수 있습니다. 예를 들어 시작점은 불투명 상태로, 종료점은 완전 투명 상태로 설정하게 되면 투명도 그라데이션이 적용되 는 것입니다.

① 그라데이션을 적용하기 위해 도형을 선택한 후 **[그리기 도구]** – **[서식]** 탭 → **도형 스타일** 그룹 → **도형 채 우기**(▨ 도형 채우기 ▾) → **그라데이션** 선택 목록에서 원하는 그라데이션을 선택합니다.

② 도형에 추가된 그라데이션에 투명도를 적용하려면 **그라데이션** → **기타 그라데이션**을 클릭합니다.

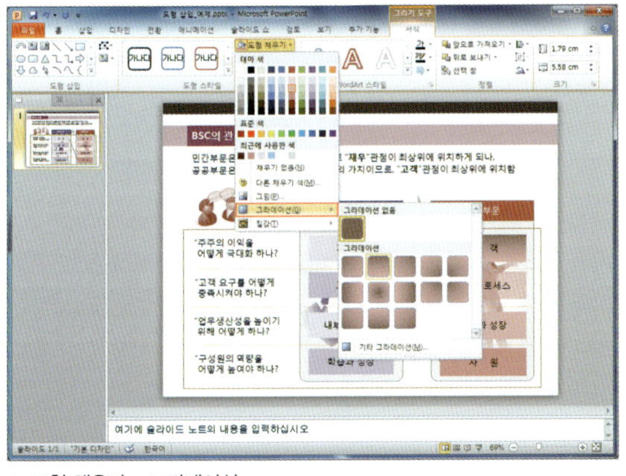

▲ 도형 채우기 – 그라데이션

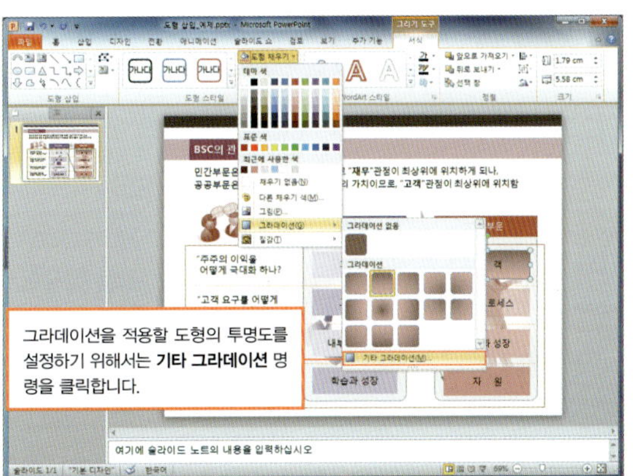

▲ 기타 그라데이션 명령

○ **'도형 서식' 대화상자**

'도형 서식' 대화상자를 표시하는 또 다른 방법으 로는 [그리기 도구] – [서 식] 탭 → **도형 스타일** 그 룹 오른쪽 아래에 **대화상 자 표시** 단추(▫)를 클릭 합니다.

③ '도형 서식' 대화상자의 [채우기]에서 '그라데이션 채우기'를 선택한 후 그라데이션 중지점에서 선택되어 있는 중지점별로 투명도 슬라이더를 이동하거나 슬라이더 옆에 있는 상자에 숫자를 입력합니다. 그라데이션 도형에 투명도가 추가된 것을 확인할 수 있습니다.

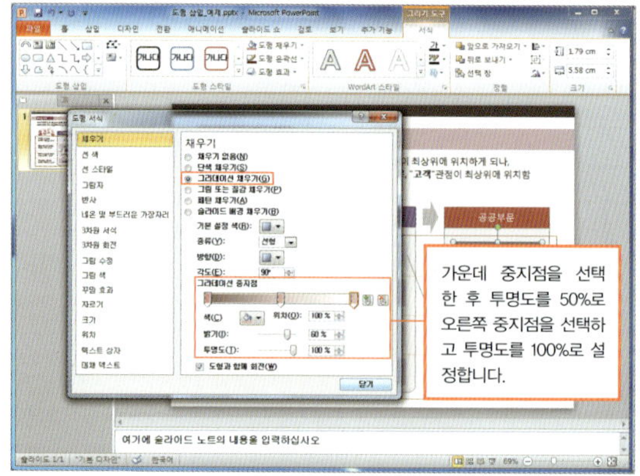

▲ 그라데이션 중지점의 투명도

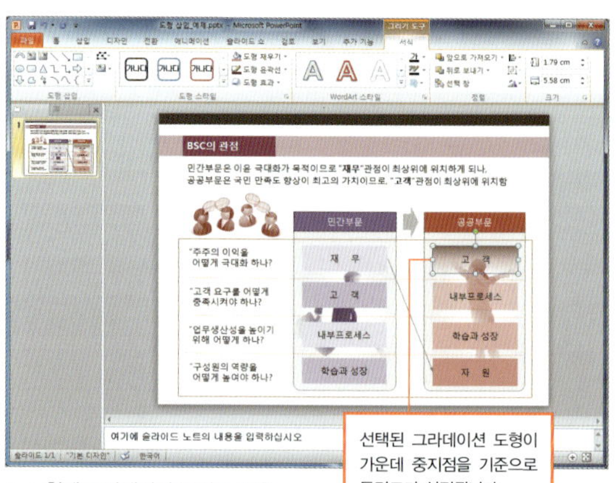

▲ 도형에 그라데이션 투명도 적용

한가지 색에 투명도를 적용하는 것보다 그라데이션 즉, 둘 이상의 채우기 색상에 색상별로 투명도를 적용하면 훨씬 세련된 디자인을 만들 수 있습니다.

텍스트, 그림, 도형 등은 정교하게 서식을 적용하기 위해 각각의 옵션 대화상자를 활용할 수 있습니다. 이러한 대화상자들의 특징은 옵션을 선택하게 되면 〈확인〉과 같은 서식을 적용하는 단추가 아닌 〈닫기〉 단추가 표시되며, 〈닫기〉 단추를 클릭하지 않아도 선택한 옵션이 개체에 바로 적용됩니다.

그렇기 때문에 대화상자에서 옵션을 선택한 것을 취소하려면 단축키 Ctrl + Z 을 눌러 적용을 해제해야 합니다.

또 대화상자가 표시된 상태에서도 다른 작업을 수행할 수 있어서 현재 슬라이드의 다른 도형이나 개체는 물론 다른 슬라이드의 개체를 선택하여 바로 옵션을 적용할 수 있는 편리함이 숨어 있습니다.

도형에 투명도 적용하기

준비 파일 : 04 Language Project.pptx   완성 파일 : 04 Language Project_결과.pptx

도형이나 윤곽선에 투명도를 추가하면 보다 고급스러운 느낌을 주지만 텍스트와 함께 사용할 경우 투명도를 높이면 텍스트의 가독성이 떨어질 수 있습니다. 그러나 투명도를 잘 사용하면 슬라이드 디자인의 완성도를 높일 수 있는 유용한 기능임에는 틀림이 없습니다.

항목		변경 내용
맨 위 도형	채우기	그라데이션 : 중지점 1/2(투명도 '100%')
모서리가 둥근 직사각형 도형	윤곽선	두께 : '6pt', 그라데이션 선 색 : '흰색'
		그라데이션 : 중지점 2/3(투명도 '70%') 중지점 3/3(투명도 '100%')
	채우기	투명도 '75%'
중앙의 세 도형	윤곽선	윤곽선 없음
	채우기	그라데이션 방향 : '선형 아래쪽'
		그라데이션 : 중지점 2/3(위치 '20%', 투명도 '75%') 중지점 3/3(투명도 '100%')

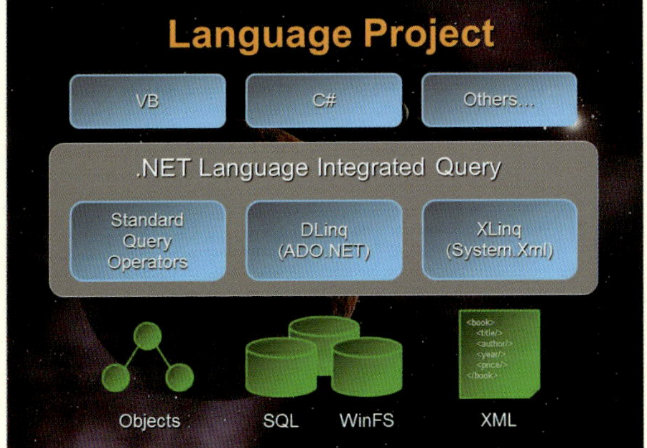

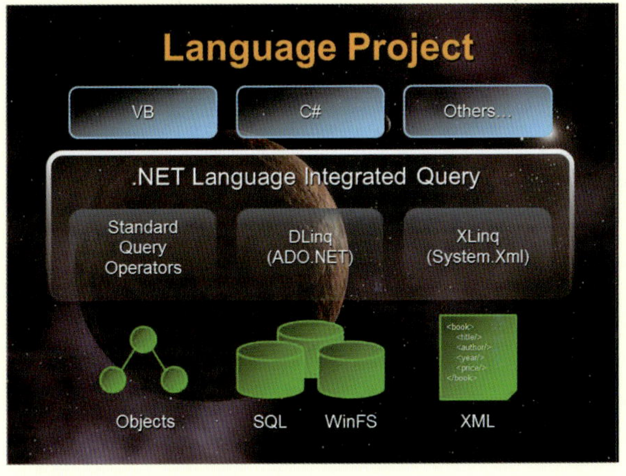

01 **예제 파일 열기** **04 Language Project.pptx** 파일을 두 번 연속 클릭하면 파워포인트가 실행되면서 다음 화면이 나타납니다.

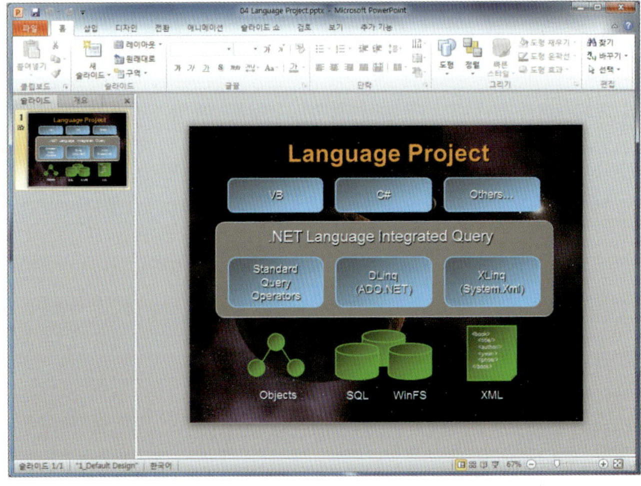

02 **투명도 추가하기** 투명도를 설정하기 위해 ❶ 상단 도형을 선택한 후 [**그리기 도구**] – [**서식**] 탭 → **도형 스타일** 그룹 → ❷ **도형 채우기**(⬛ 도형 채우기 ▾) → **그라데이션** → ❹ **기타 그라데이션**을 클릭합니다.

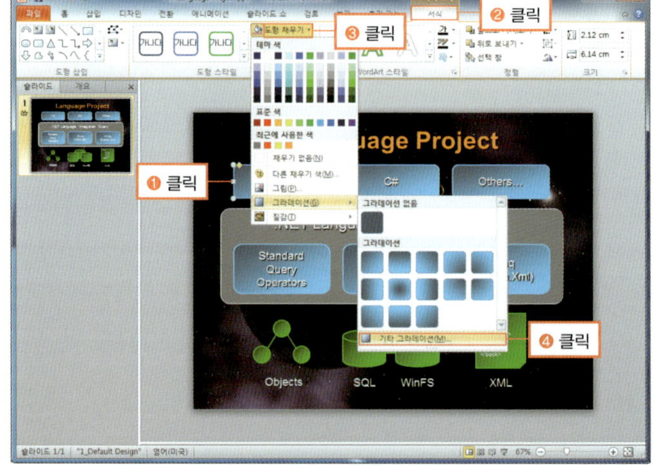

◉ '도형 서식' 대화상자를 표시하는 또 다른 방법으로 [**그리기 도구**] – [**서식**] 탭 → **도형 스타일** 그룹 오른쪽 아래에 **대화상자 표시** 단추(▣)를 클릭합니다.

03 **투명도 설정하기** '도형 서식' 대화상자에서 ❶ [채우기]를 선택하고 ❷ '중지점 1/2'을 선택한 후 ❸ 투명도를 "100%"로 입력한 후 ❹ 〈닫기〉 단추를 클릭합니다. 즉, 도형의 '중지점 1/2'을 기준으로 완전 투명 효과가 적용됩니다.

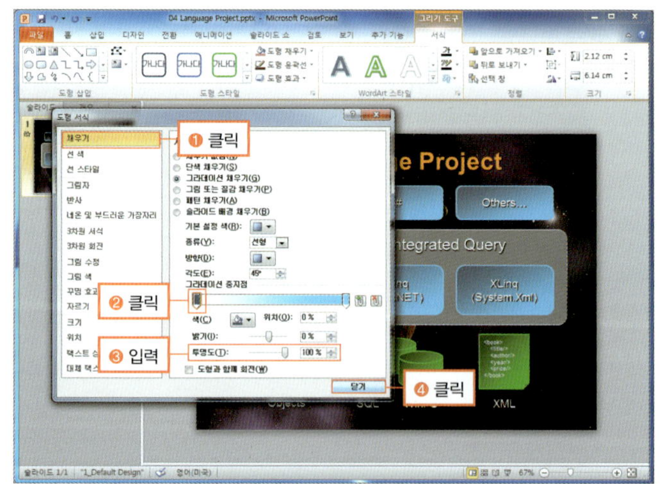

04 **서식 복사하기** 도형이 선택된 상태에서 서식을 복사하기 위해 ❶ [**홈**] 탭 → **클립보드** 그룹 → ❷ **서식 복사**(🖌)를 두 번 연속 클릭하고 ❸❹ 대상 도형들을 클릭합니다. 작업이 완료되면 Esc 키를 눌러 서식 복사에서 빠져 나옵니다.

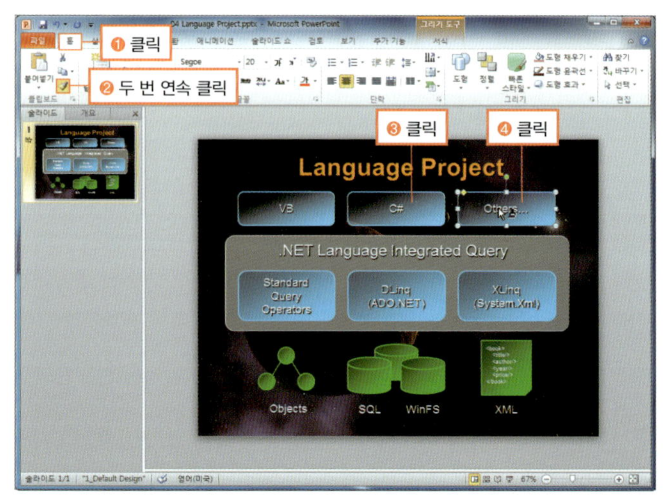

◉ 도형에 동일한 서식을 적용하려면 서식을 적용할 도형들을 모두 선택한 후 효과를 적용하게 되면 추후에 서식 복사를 하지 않아도 됩니다.

05 윤곽선 두께 조정하기 ❶ 중앙의 모서리가 둥근 직
사각형 도형을 선택한 후 [**그리기 도구**] – ❷ [**서식**]
탭 → **도형 스타일** 그룹 → ❸ **도형 윤곽선**(✎ 도형 윤곽선 ▾) → **두께**
→ ❹ '6pt'를 선택합니다.

06 '도형 서식' 대화상자 표시하기 도형이 선택된 상
태에서 ❶ 마우스 오른쪽 단추를 클릭한 후 ❷ 바
로 가기 메뉴에서 **도형 서식**을 클릭합니다.

○ '**도형 서식**' 대화상자

'도형 서식' 대화상자에서는 '채우기, 선 색, 선 스타일, 그림자, 반사, 자르기, 크기' 등의
다양한 서식 및 효과 설정을 할 수 있습니다.

07 그라데이션 선 적용하기 도형의 윤곽선에 그라데
이션을 적용하기 위해 ❶ '도형 서식' 대화상자의
[선 색]에서 ❷ '그라데이션 선'을 선택한 후 세 개의 중지점
이 나타나면 ❸ 각 중지점을 선택한 후 '색'(🔲 ▾) 목록 단추
를 클릭하여 '흰색'을 선택합니다.

○ "중지점"이란 그라데이션에서 인접한 두 색상의 혼합이 끝나는 특정 지점입니다.

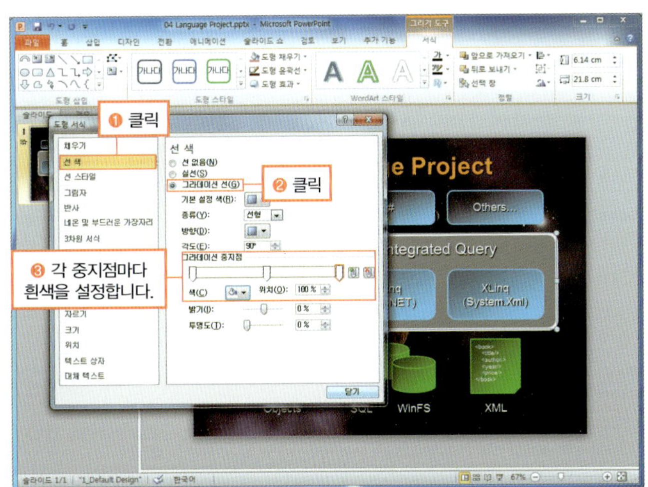

08 **투명도 추가하기** 다음으로 '그라데이션 중지점' 항목에서 두 번째 '중지점 2/3'를 선택한 후 투명도를 "70%", ❶ 세 번째 '중지점 3/3'을 선택하고 ❷ 투명도를 "100%"로 입력한 후 ❸ 〈닫기〉 단추를 클릭하면 도형의 윤곽선에 투명도가 적용된 것을 확인할 수 있습니다.

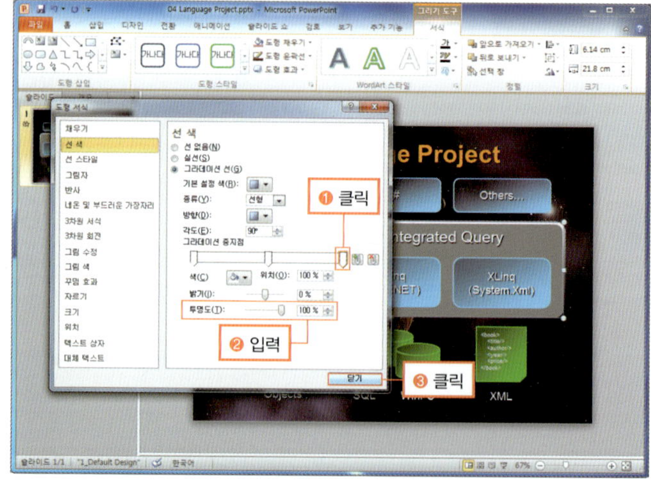

◐ 중지점이 세 개인 경우 왼쪽부터 중지점 1/3, 중지점 2/3, 중지점 3/3으로 표기하고, 중지점이 두 개인 경우 왼쪽부터 중지점 1/2, 중지점 2/2로 표기합니다.

09 **'색' 대화상자 표시하기** 도형이 선택된 상태에서 도형 채우기의 투명도를 추가하기 위해 [그리기 도구] – [서식] 탭 → 도형 스타일 그룹 → ❶ 도형 채우기 (도형 채우기) → ❷ 다른 채우기 색을 클릭하여 '색' 대화상자를 엽니다.

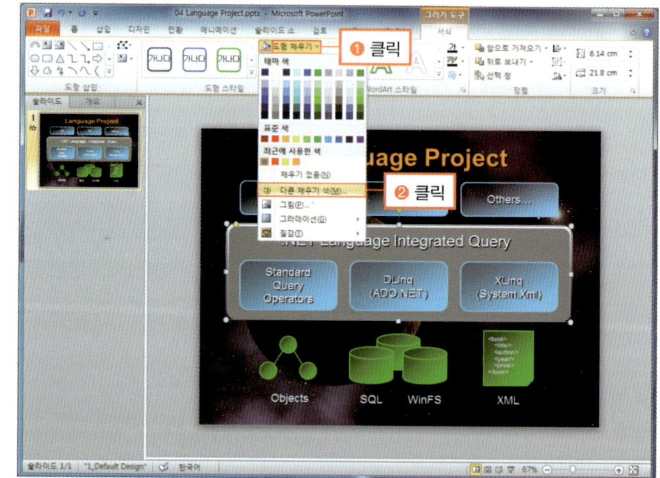

10 **투명도 추가하기** '색' 대화상자의 아래쪽에서 ❶ 투명도 슬라이더를 이동하거나 슬라이더 옆에 있는 입력 상자에 "75%"를 입력한 후 ❷ 〈확인〉 단추를 클릭합니다. 모서리가 둥근 직사각형의 채우기 투명도가 설정된 것을 확인할 수 있습니다.

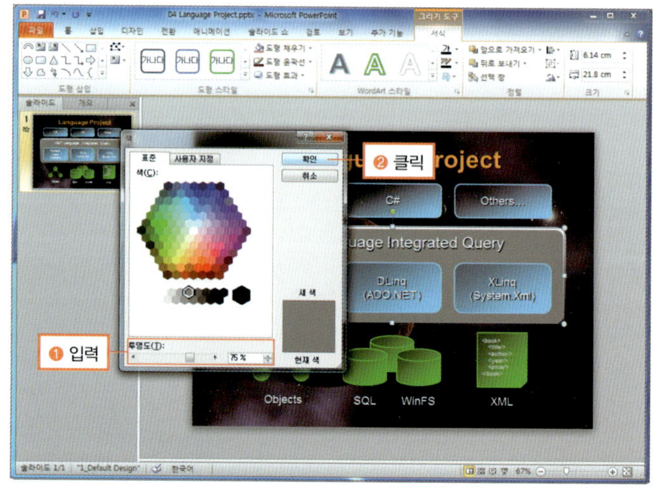

11 윤곽선 없애기 ❶ 중앙의 세 도형을 Shift 키를 이
용해 동시에 선택합니다. 윤곽선을 없애기 위해
[그리기 도구] − [서식] 탭 → 도형 스타일 그룹 → ❷ 도형 윤곽선
(도형 윤곽선 ▾) → ❸ 윤곽선 없음을 클릭합니다.

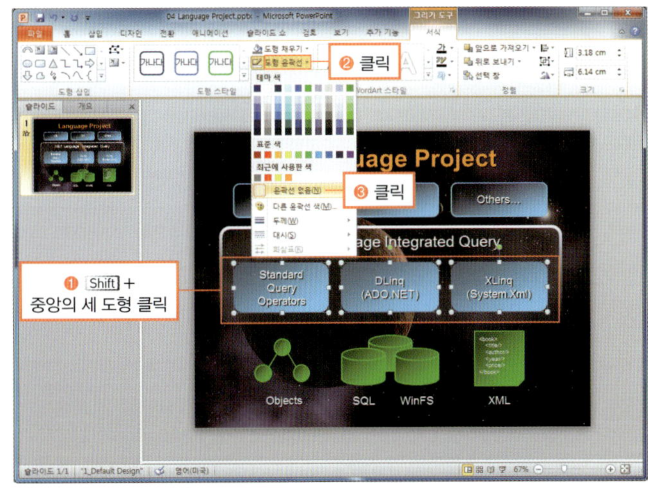

12 '도형 서식' 대화상자 표시하기 중앙의 세 도형에
그라데이션을 설정하기 위해 [그리기 도구] − [서
식] 탭 → 도형 스타일 그룹 → ❶ 도형 채우기(도형 채우기 ▾) →
그라데이션 → ❷ 기타 그라데이션을 클릭하여 '도형 서식' 대화
상자를 엽니다.

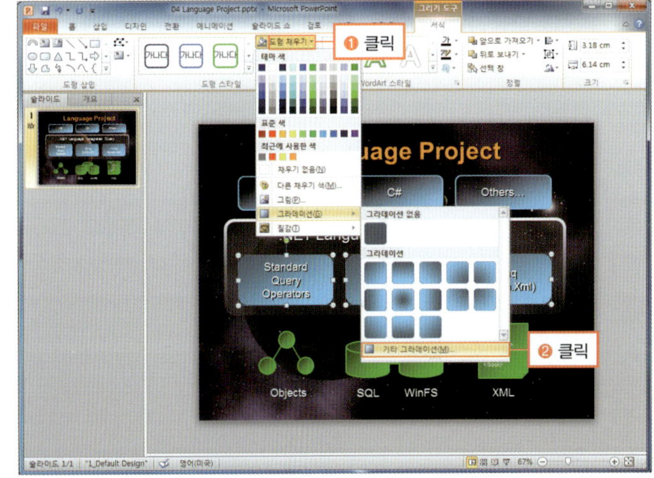

13 그라데이션 방향 설정하기 '도형 서식' 대화상자의
[채우기]에서 ❶ '그라데이션 채우기'를 클릭한 후
❷ '방향' 목록 단추를 클릭하여 ❸ 그라데이션 방향을 '선형
아래쪽'으로 선택합니다.

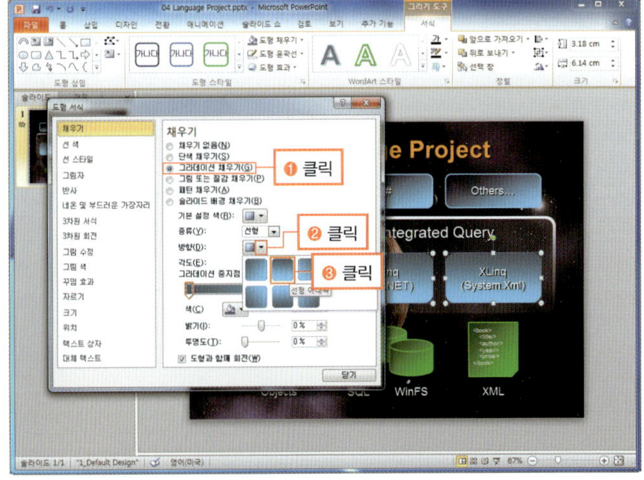

14

중지점 추가하기 왼쪽 첫 번째 ❶ '중지점 1/2'을 선택한 후 ❷ '그라데이션 중지점 추가(圖)'를 클릭하면 중지점의 수가 3개로 늘어납니다.

⚙ **그라데이션 중지점**

'도형 서식' 대화상자에서 그라데이션 중지점은 기본적으로 테마 색에 맞춰 중지점이 자동으로 표시됩니다. 이후 각 중지점을 클릭하여 색을 변경하거나 경우에 따라 중지점 수를 조절하여 자유롭게 변경할 수 있습니다.

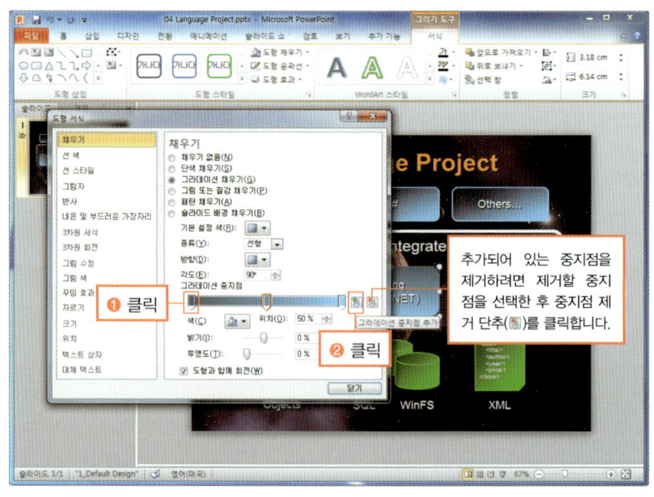

15

중지점 위치 및 투명도 조정하기 ❶ '중지점 2/3'를 선택한 후 ❷ 위치 "20%", 투명도 "75%"로 설정하고, '중지점 3/3'을 선택한 후 투명도 "100%"로 설정합니다. 작업이 완료되어 〈닫기〉 단추를 클릭하면 중앙의 세 도형에 투명도가 설정된 것을 확인할 수 있습니다.

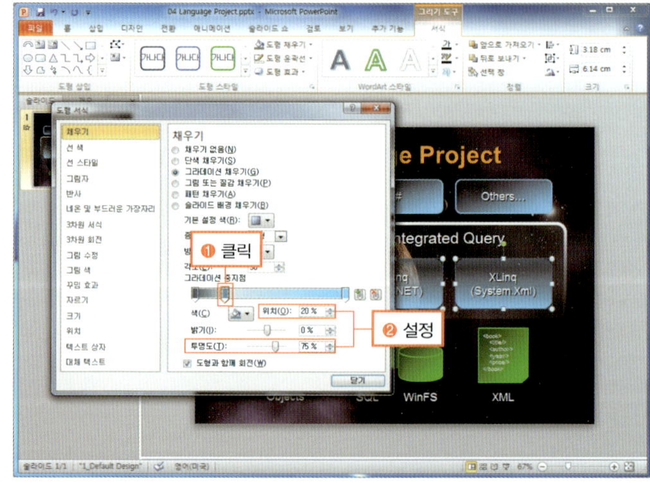

16

결과 확인하기 투명도 적용이 완료되었습니다.

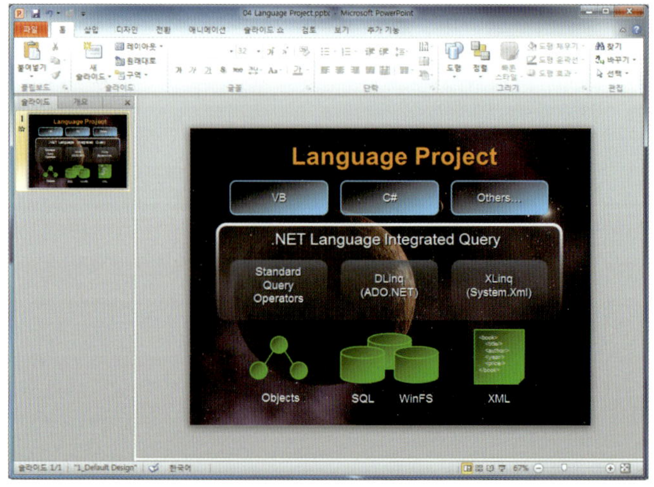

기본 설정 그라데이션 활용하기

그라데이션은 도형을 디자인하는데 있어서 최고의 난이도를 갖는 작업으로, 처음 그라데이션을 접하는 사용자는 그만큼 활용에 어려움을 겪을 수 있습니다. 그러나 파워포인트 2010에서 기본적으로 제공하는 기본 설정 그라데이션을 활용하면 그라데이션을 이해하고 활용하는데 많은 도움이 됩니다.

기본 설정 색을 통한 그라데이션을 적용하기 위해 다음을 실행합니다.

❶ 도형을 선택하고 마우스 오른쪽 단추를 클릭하여 바로 가기 메뉴에서 **도형 서식**을 클릭합니다.

❷ '도형 서식' 대화상자가 표시되면 [채우기]에서 '그라데이션 채우기'를 선택하고 '기본 설정 색'의 목록 단추를 클릭하여 원하는 그라데이션 테마를 선택합니다.

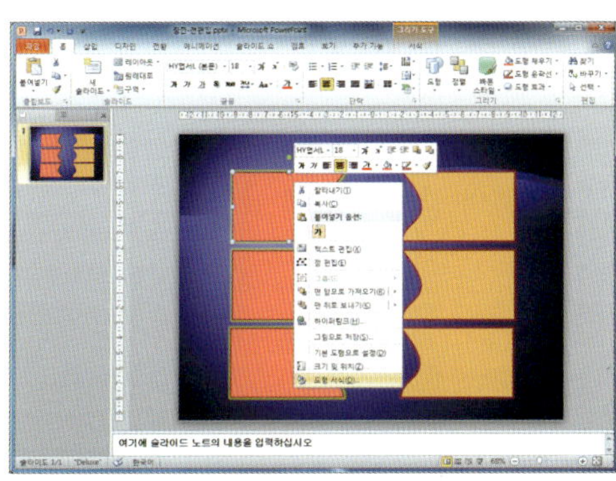
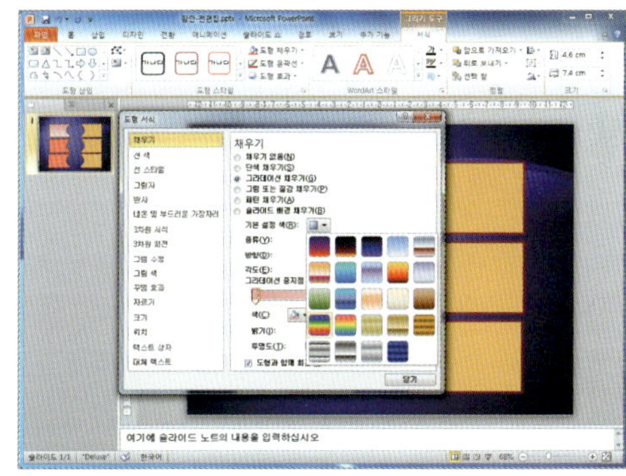

❸ '이른 해질녘, 사막, 이끼' 등 24개의 그라데이션 테마가 제공되며, 선택된 그라데이션 테마의 중지점마다 색상과 투명도를 조정하여 사용자가 자유롭게 수정할 수 있습니다.

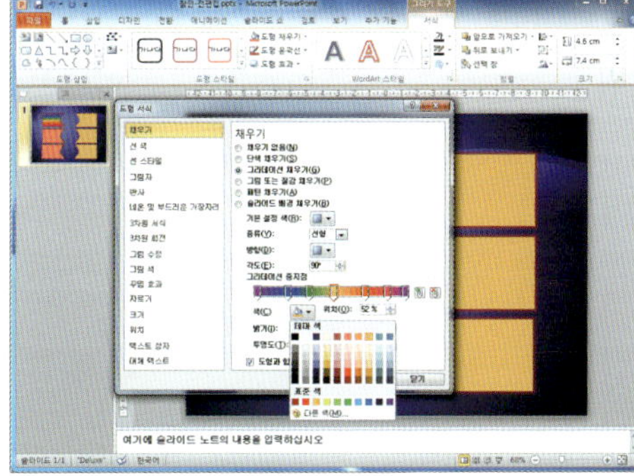

05 도형 정렬하기

파워포인트에서는 도형뿐만 아니라 삽입되는 모든 개체의 모양, 위치 및 회전을 변경하여 슬라이드에서 정렬할 수 있으며, 또한 여러 개체를 그룹화하여 단일 개체처럼 사용할 수도 있습니다. 파워포인트 2010에서는 새롭게 스마트 가이드라는 기능이 추가되어 보다 빠르고 편리하게 개체를 정렬할 수 있습니다. 도형을 포함한 모든 개체를 정렬하는 방법에 대해 알아보겠습니다.

1. 도형 순서 조정하기

슬라이드에 여러 도형을 삽입하는 경우 나중에 삽입된 도형이 먼저 삽입된 도형 위에 표시됩니다. 이렇게 도형 또는 그룹화 도형 항목이 겹쳐져 있을 때 특정 도형 항목의 앞이나 뒤에 표시되도록 각 항목의 순서를 자유롭게 변경할 수 있습니다.

○ 05 본문예제.pptx를 참조하세요.

● 맨 앞으로

순서를 변경할 도형을 선택한 후 **[그리기 도구]** – **[서식]** 탭 → **정렬** 그룹 → **앞으로 가져오기**(앞으로 가져오기) 오른쪽 **자세히** 단추( ) → **맨 앞으로 가져오기** 명령을 클릭합니다. 슬라이드 개체를 누적된 순서에서 한 단계 앞으로 가져오려면 **앞으로 가져오기**를 클릭합니다.

○ 개체 정렬하기

개체를 정렬하기 위한 또 다른 방법으로는 **[홈]** 탭 → **그리기** 그룹 → **정렬** 명령 단추( )를 클릭하면 됩니다.

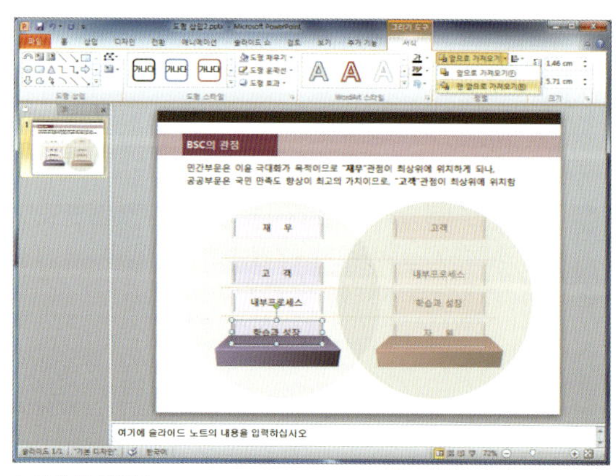

▲ 도형 맨 앞으로

● 맨 뒤로

순서를 변경할 도형을 선택한 후 **[그리기 도구]** – **[서식]** 탭 → **정렬** 그룹 → **뒤로 보내기**(뒤로 보내기) 오른쪽 **자세히** 단추( ) → **맨 뒤로 보내기** 명령을 클릭합니다. 슬라이드 개체를 누적된 순서에서 한 단계 뒤로 보내려면 **뒤로 보내기**를 클릭합니다.

○ '뒤로 보내기' 명령

뒤로 보내기 선택 목록에서 **뒤로 보내기**를 클릭하면 누적된 도형의 바로 뒤로 순서가 변경됩니다.

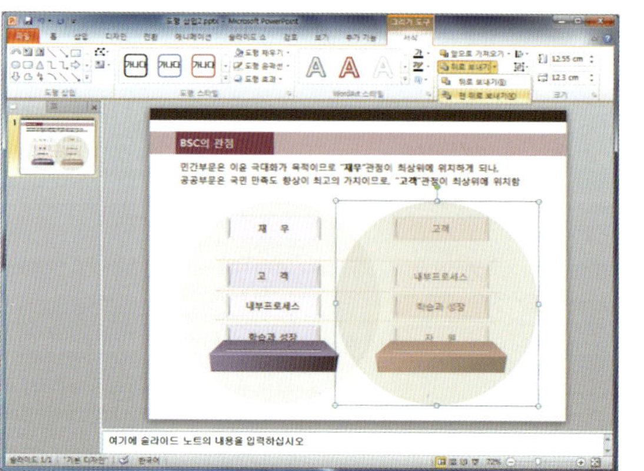

▲ 도형 맨 뒤로

2. 도형 맞춤 활용하기

슬라이드에 여러 개의 도형을 삽입한 경우 각각의 도형을 정렬하려고 마우스로 일일이 끌어서 맞추기 보다는 [그리기 도구] 모음의 맞춤 배분을 이용하여 자동으로 각각의 도형을 맞출 수 있습니다.

● [그리기 도구]에서 도형 맞춤

도형 간의 세로 간격을 일정하게 조정하려면 맞춤할 도형들을 선택한 후 [그리기 도구] – [서식] 탭 → **정렬** 그룹 → **맞춤** → **세로 간격을 동일하게** 명령을 클릭합니다.

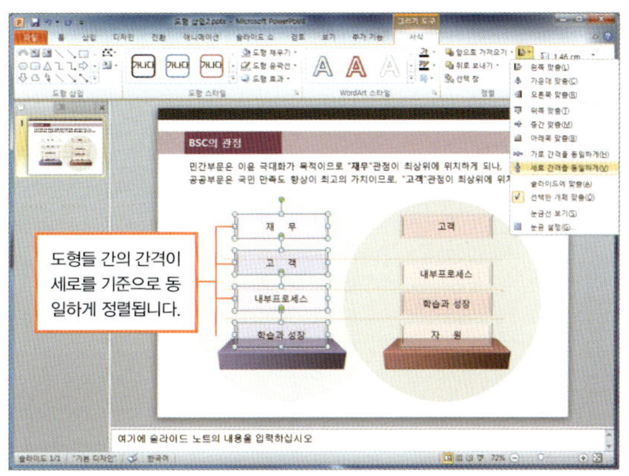

▲ [그리기 도구] – 세로 간격 동일하게

● **맞춤 명령 활성화**

도형이나 개체에 맞춤 명령을 사용하려면 반드시 2개 이상의 개체가 선택되어야 맞춤 명령이 활성화됩니다.

사용자 지정 애니메이션 효과를 적용하기 위해 한 개체를 선택해야 하는 경우에 슬라이드 개체가 다른 개체 위에 누적되어 있으면 개별적으로 선택하기가 어렵습니다. 이런 경우에는 '선택 및 표시' 작업창을 사용하여 해당 개체를 선택할 수 있습니다.

① '선택 및 표시' 작업창을 열기 위해 [**그리기 도구**] – [**서식**] 탭 → **정렬** 그룹 → **선택 창** 명령 단추(선택 창)를 클릭합니다.

② '선택 및 표시' 작업창의 '이 슬라이드의 도형' 항목에서 선택할 구성 요소를 선택하면 순서를 변경할 수 있습니다.

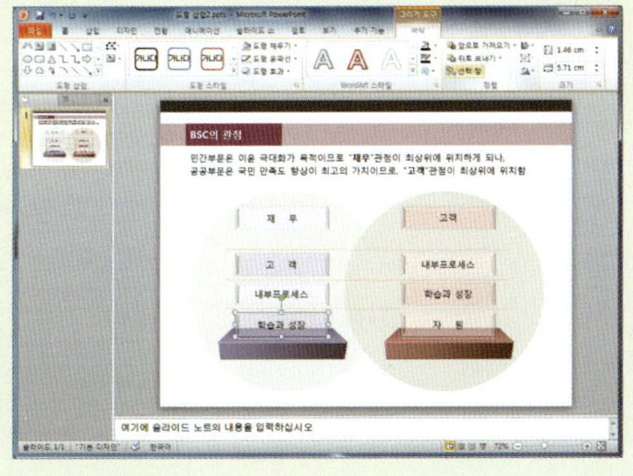

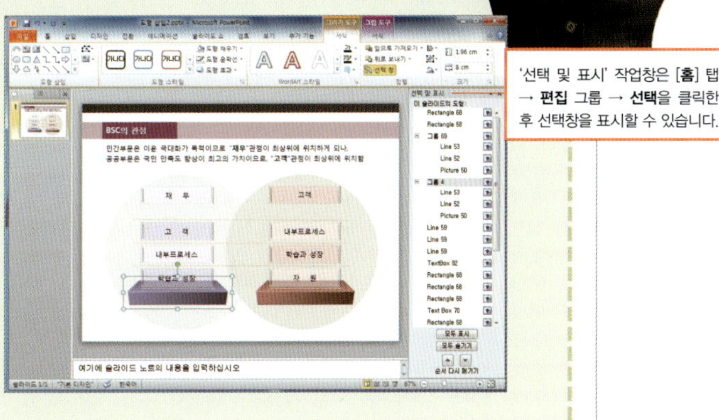

'선택 및 표시' 작업창은 [홈] 탭 → **편집** 그룹 → **선택**을 클릭한 후 선택창을 표시할 수 있습니다.

○ [홈] 탭에서 도형 맞춤

[홈] 탭 → 그리기 그룹 → 정렬( ) → 맞춤 → 세로 간격을 동일하게 명령을 클릭합니다.

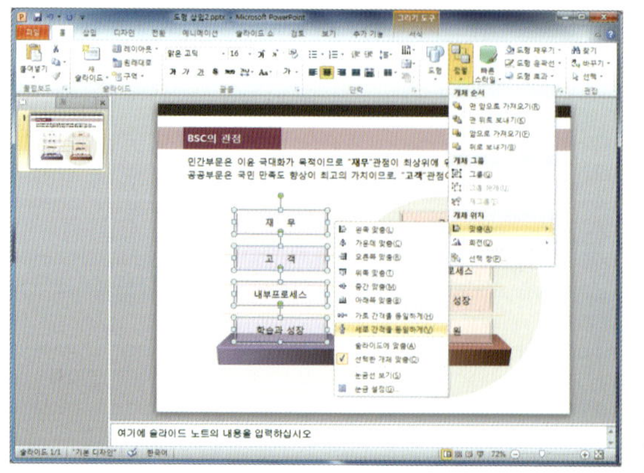

▲ [홈] 탭 – 세로 간격 동일하게

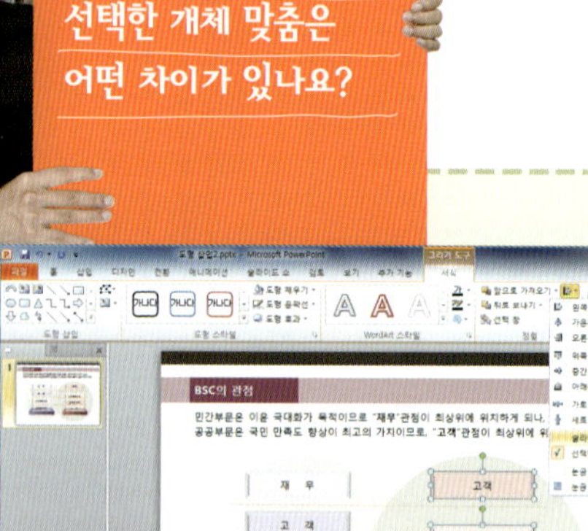

슬라이드에 맞춤은 슬라이드 전체를 기준으로 개체의 위치를 정렬해 주며, 반대로 개체끼리만 맞춤을 하고 싶다면 선택한 개체 맞춤을 사용할 수 있습니다.

① 슬라이드에 맞춤 또는 선택한 개체 맞춤을 설정하려면 [그리기 도구] – [서식] 탭 → 정렬 그룹 → 맞춤 → 슬라이드에 맞춤 또는 선택한 개체 맞춤을 클릭합니다.

② 슬라이드에 맞춤 시에는 개체들의 좌측과 우측 여백까지 같은 거리로 조정된 것을 볼 수 있습니다. 반면에 선택한 개체 맞춤 시에는 개체 사이의 거리만 조정되고 좌, 우측 여백은 조정되지 않은 것을 볼 수 있습니다.

[슬라이드에 맞춤] 정렬

슬라이드에 맞춤으로 설정하면 슬라이드 전체를 기준으로 정렬되어 개체의 위치에 관계없이 슬라이드 전체를 기준으로 정렬됩니다.

[선택한 개체 맞춤] 정렬

선택한 개체 맞춤으로 설정하면 개체들이 놓여 있는 위치 사이의 정렬을 실행하여 개체들 사이의 간격만 정렬됩니다.

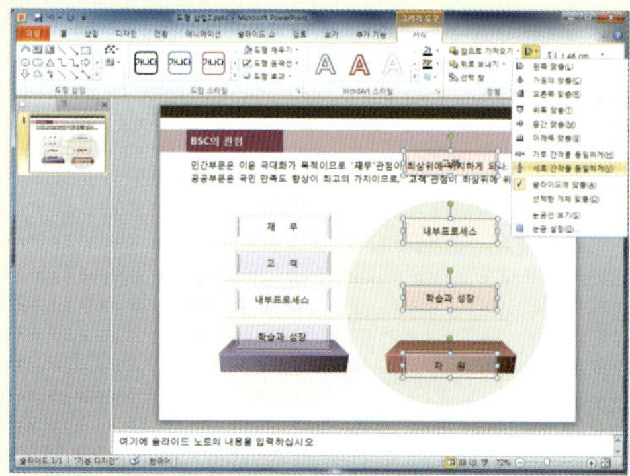

▲ 슬라이드에 맞춤 – 세로 간격을 동일하게

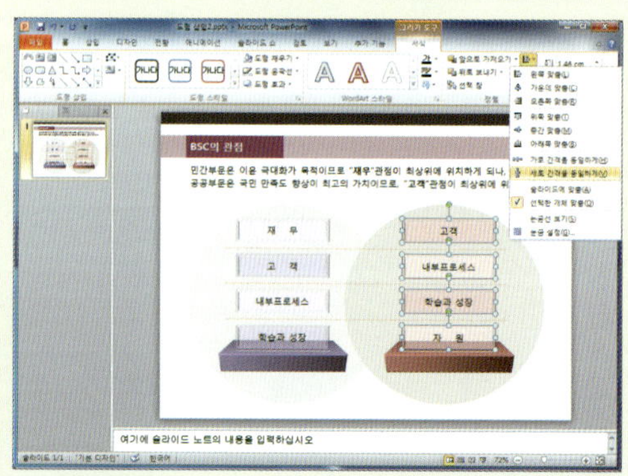

▲ 선택한 개체 맞춤 – 세로 간격을 동일하게

3. 스마트 가이드 활용하기 NEW 2010

스마트 가이드는 파워포인트 2010에서 새롭게 선보이는 기능으로 도형 이동 시 다른 도형과 맞춤 정렬해주는 안내선 기능입니다. 따라서, 스마트 가이드를 통해 도형 위치 이동 시 빠르고 쉽게 맞춤 정렬을 할 수 있게 되었습니다.

다른 도형과 맞춤을 하기 위해 이동할 도형을 선택한 후 마우스로 끌어주면 도형과 세로 맞춤이 되는 위치에 안내선이 나타납니다. 만약 다른 도형과 위쪽 맞춤을 하기 위해 이동할 도형을 선택한 후 마우스로 위쪽 방향으로 끌어주면 다른 도형과 위쪽 맞춤이 되는 위치에 스마트 가이드 즉 안내선이 나타납니다.

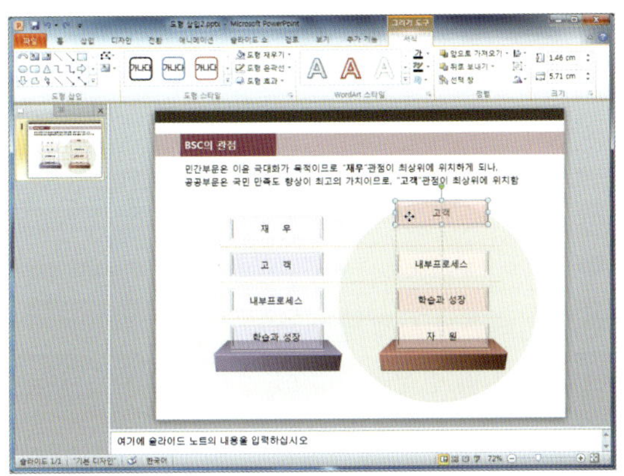

▲ 스마트 가이드 활용

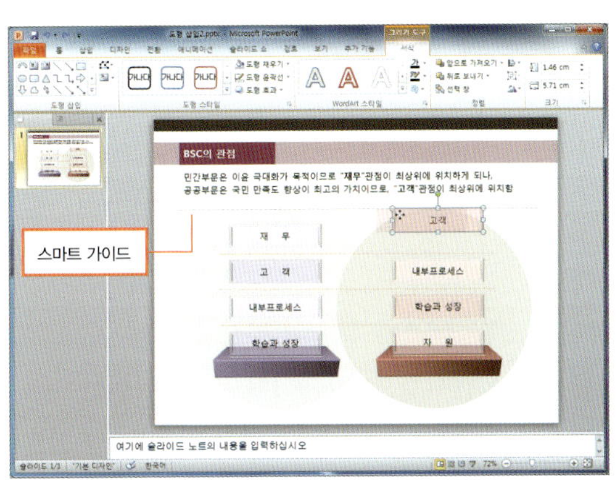

▲ 스마트 가이드 – 위쪽 맞춤

4. 도형 그룹 만들기

여러 도형이나 개체를 조합해서 하나의 개체로 만들 수 있습니다. 여러 도형을 슬라이드에 삽입하여 프레젠테이션을 작성한 경우 실수로 각각의 도형이 위치가 변경되거나 변형되는 것을 막으려면 삽입된 개체들을 하나의 그룹으로 묶어 놓고 개별적인 편집을 제한합니다.

그룹 만들기

단일 개체로 만들 도형들을 선택한 후 [그리기 도구] – [서식] 탭 → 정렬 그룹 → 그룹( ) → 그룹을 클릭하면 도형들이 하나의 개체로 변형됩니다.

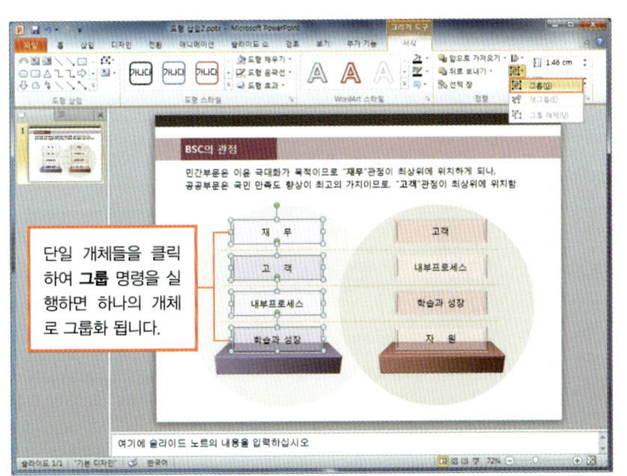

▲ 그룹 설정

그룹 만들기 명령

그룹을 만드는 또 다른 방법은 각각의 도형들을 선택하고 마우스 오른쪽 단추를 클릭하여 바로 가기 메뉴에서 그룹 → 그룹 명령을 클릭합니다.

하나의 그룹으로 되어 있는 개체를 여러 개의 도형으로 분리하려면 [그리기 도구] - [서식] 탭 → 정렬 그룹 → 그룹( ) → 그룹 해제를 클릭합니다.

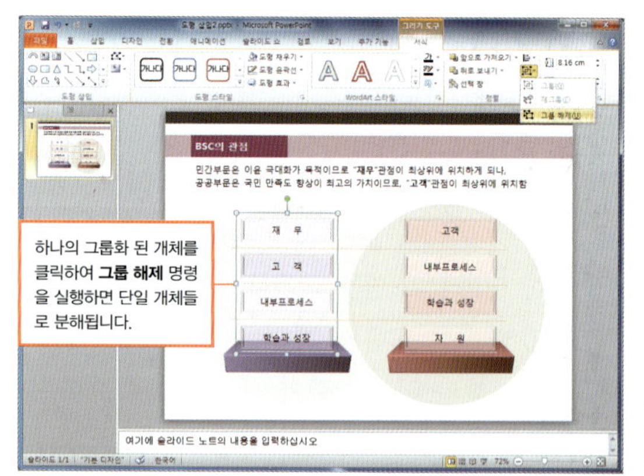

▲ 그룹 해제

◉ 그룹 해제하기 명령

그룹을 해제하는 또 다른 방법은 그룹화 되어 있는 도형을 선택하고 마우스 오른쪽 단추를 클릭하여 바로 가기 메뉴에서 그룹 → 그룹 해제 명령을 클릭합니다.

5. 도형 회전하기

파워포인트에서는 도형이나 그림, 텍스트 등을 왼쪽으로 또는 오른쪽으로 회전을 선택하여 시계 방향 또는 반시계 방향으로 자유롭게 회전시킬 수 있습니다. 회전 기능을 이용해 도형의 위치 및 방향을 회전하거나 변경하여 도해의 흐름을 유지하고 나만의 도해를 완성할 수 있습니다.

그룹을 지정하는 방법으로는 다음과 같은 방법이 있습니다.

① [홈] 탭 이용 : 단일 개체로 만들 도형들을 선택한 후 [홈] 탭 → 그리기 그룹 → 정렬 → 그룹을 클릭합니다.

② 바로 가기 메뉴 이용 : 단일 개체로 만들 도형들을 선택한 후 마우스 오른쪽 단추를 클릭하여 바로 가기 메뉴에서 그룹 → 그룹을 클릭합니다.

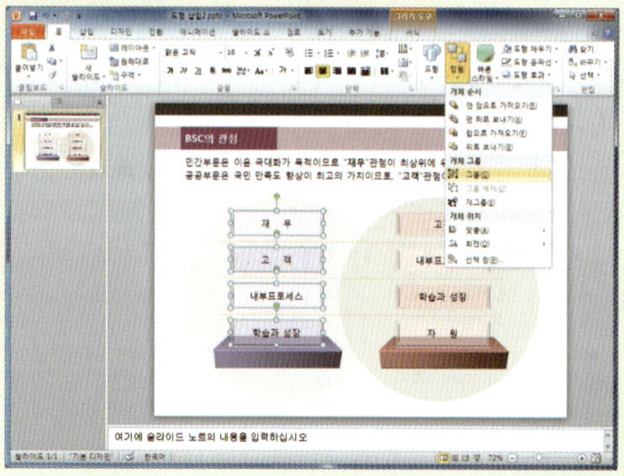

▲ [홈] 탭 – 그룹 만들기 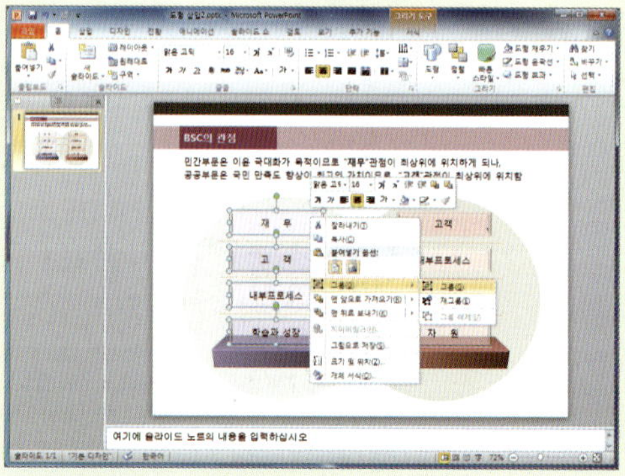　　　　　▲ 바로 가기 메뉴 – 그룹 만들기

① **방법 1** : 회전할 도형을 선택한 후 **[그리기 도구]** – **[서식]** 탭 → **정렬** 그룹 → **회전**( ) → **상하 대칭**을 클릭하면 도형이 180도 회전됩니다. 사용자 지정 회전을 만들려면 **기타 회전 옵션**을 클릭한 후 원하는 옵션을 선택합니다.

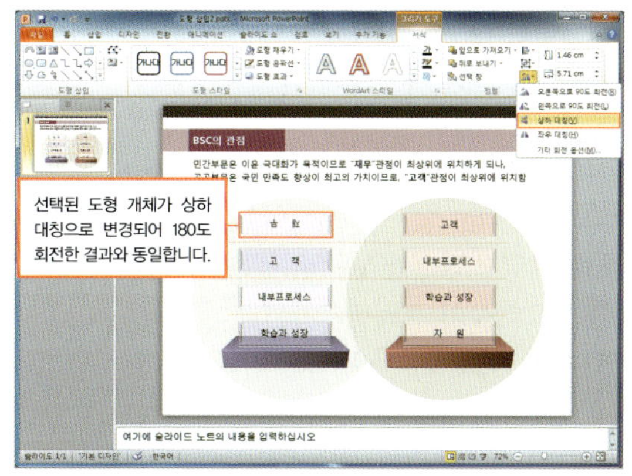

▲ [그리기 도구] – 회전 명령으로 설정

② **방법 2** : 도형을 눈으로 보고 원하는 만큼 직접 회전시키려면 회전 도형을 선택한 후 중앙 상단의 녹색 회전 조정 핸들을 좌우로 돌려서 회전을 설정합니다.

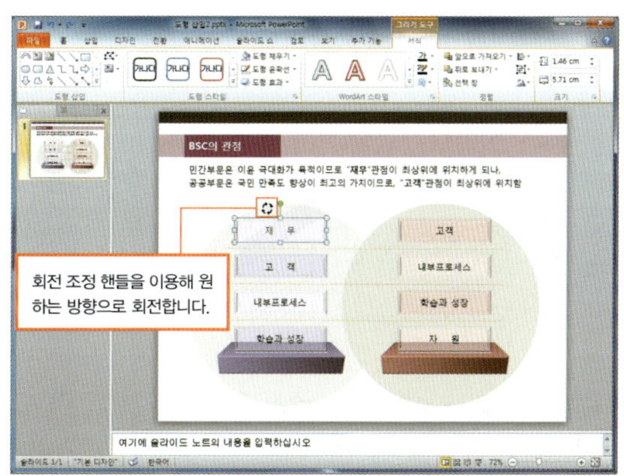

▲ 회전 조정 핸들로 설정

회전 명령을 이용하는 방법은 다음과 같습니다.

① **방법 1** : 회전 핸들을 끌어서 해당 방향으로 이동합니다.
② **방법 2** : Shift + 회전 핸들을 끌어서 15도씩 회전합니다.
③ **방법 3** : [홈] 탭 → **그리기** 그룹 → **정렬** → **회전** → 원하는 회전을 클릭합니다.
④ **방법 4** : [그리기 도구] – [서식] 탭 → **정렬** 그룹 → **회전** → 원하는 회전을 클릭합니다.

도형 정렬하기

준비 파일 : 05 Marketing 4P.pptx　　**완성 파일** : 05 Marketing 4P_결과.pptx

문서에서는 기본적으로 행/열의 크기 높이를 맞춰 형식을 갖추는 것이 필요하듯이 프레젠테이션 또한 개체들 간의 적절한 정렬이 시각적인 안정감을 줍니다. 사용자가 원하는 방식으로 도형을 정렬하는 방법에 대해 알아보겠습니다.

항목	변경 내용
4개 도형	맞춤 : '아래쪽 맞춤', '슬라이드에 맞춤', '가로 간격을 동일하게'
화살표	회전 : '상하 대칭', 맞춤 : '가로 간격을 동일하게'
모서리가 둥근 직사각형	'가로 간격을 동일하게'

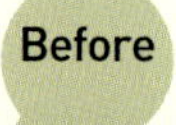

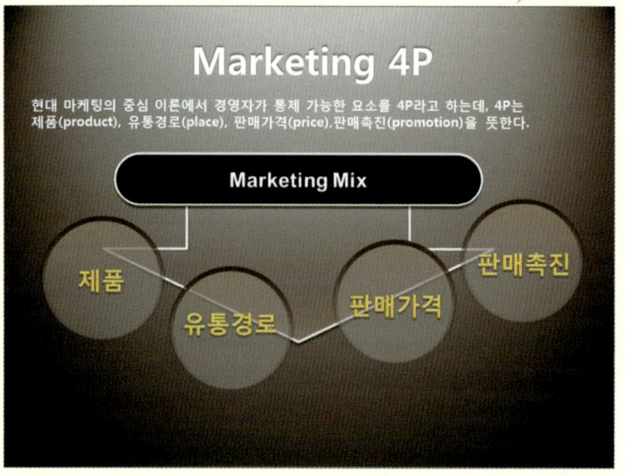

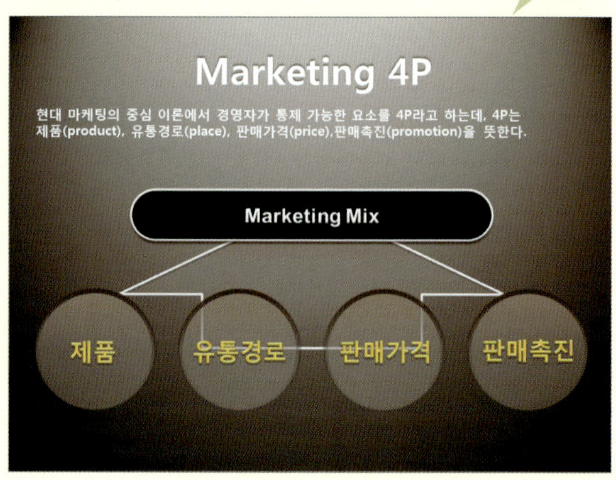

01　**예제 파일 열기**　**05 Marketing 4P.pptx** 파일을 두 번 연속 클릭하면 파워포인트가 실행되면서 다음 화면이 나타납니다.

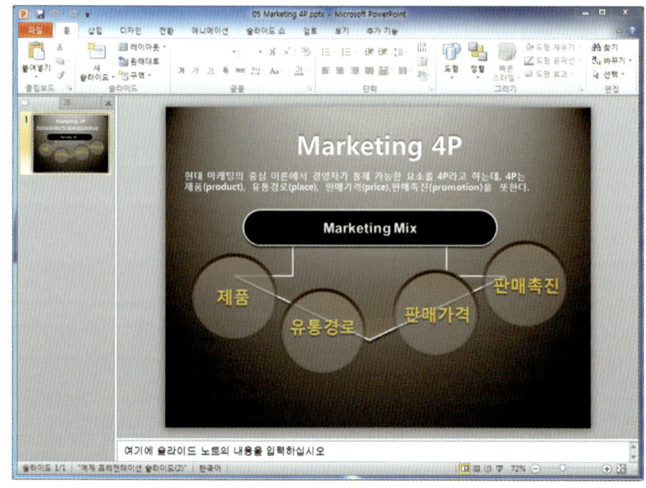

02 **그룹으로 묶어주기** 타원 도형과 텍스트 상자를 그룹으로 묶기 위해 ❶ 텍스트 상자와 도형을 동시에 선택한 후 [**그리기 도구**] – ❷ [**서식**] 탭 → **정렬** 그룹 → ❸ **그룹**(🖼) → ❹ **그룹**을 클릭합니다. 그러면 2개의 개체가 하나로 묶여지는 것을 알 수 있으며, 나머지 다른 도형들도 그룹으로 묶어줍니다.

◯ '그룹' 명령의 단축키는 Ctrl + G입니다.

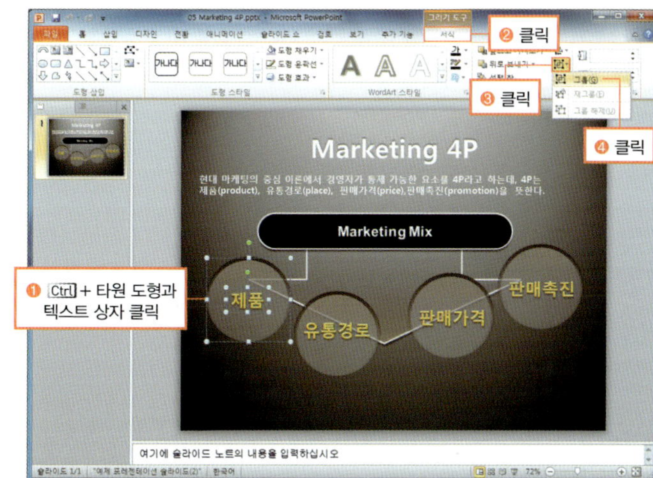

03 **아래쪽으로 정렬하기** ❶ 그룹화된 4개 도형을 Ctrl 키를 이용해 모두 선택한 후 [**그리기 도구**] – [**서식**] 탭 → **정렬** 그룹 → ❷ **맞춤**(🖼) → ❸ **아래쪽 맞춤**을 클릭하면 4개 도형이 수평으로 정렬됩니다.

◯ **맞춤**

- **위쪽 맞춤** : 가장 위에 위치한 도형을 기준으로 맞춤 설정합니다.
- **아래쪽 맞춤** : 가장 아래에 위치한 도형을 기준으로 맞춤 설정합니다.
- **왼쪽 맞춤** : 가장 왼쪽에 위치한 도형을 기준으로 맞춤 설정합니다.
- **오른쪽 맞춤** : 가장 오른쪽에 위치한 도형을 기준으로 맞춤 설정합니다.

04 **가로 간격을 동일하게 맞추기** 4개 도형 그룹이 선택된 상태에서 [**그리기 도구**] – [**서식**] 탭 → **정렬** 그룹 → ❶ **맞춤**(🖼) → ❷ **슬라이드에 맞춤**을 선택합니다. 그리고 [**그리기 도구**] → [**서식**] 탭 → **정렬** 그룹→ ❸ **가로 간격을 동일하게**를 클릭하면 4개 도형 그룹 간의 간격이 슬라이드를 기준으로 맞춤 설정되고, 개체 간의 가로 간격도 동일하게 조정됩니다.

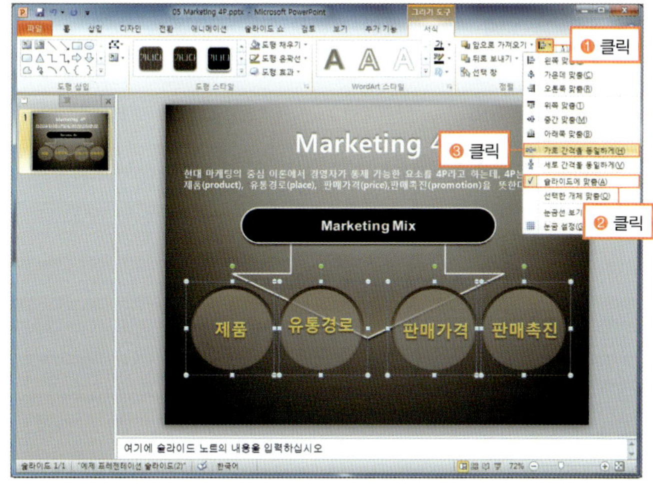

05
화살표 회전하기 ❶ 화살표 도형을 선택한 후 [그리기 도구] – [서식] 탭 → **정렬** 그룹 → ❷ 회전() → ❸ 상하 대칭을 클릭합니다.

❍ 회전을 수행하는 다양한 방법

• 회전 핸들 끌기, Shift + 회전 핸들 끌기
• [홈] 탭 → **그리기** 그룹 → **정렬** → **회전**
• [그리기 도구] – [서식] 탭 → **정렬** 그룹 → **회전**

06
슬라이드에 맞춤 모서리가 둥근 직사각형을 중앙 정렬시키기 위해 ❶ 도형을 선택하고 [그리기 도구] – [서식] 탭 → **정렬** 그룹 → ❷ 맞춤 → ❸ 가로 간격을 동일하게를 클릭합니다.

❍ 한 개의 개체를 선택하고 **정렬** 명령을 실행하면 **선택한 개체 맞춤**이더라도 자동적으로 **슬라이드에 맞춤**으로 변경되어 슬라이드의 중앙에 정렬할 수 있습니다.

07
화살표 맞춤/결과 확인하기 화살표 또한 중앙 정렬시키기 위해 ❶ 화살표 도형을 선택하고 [그리기 도구] – [서식] 탭 → **정렬** 그룹 → ❷ 맞춤 → ❸ 가로 간격을 동일하게를 클릭합니다. 슬라이드가 완성되었습니다.

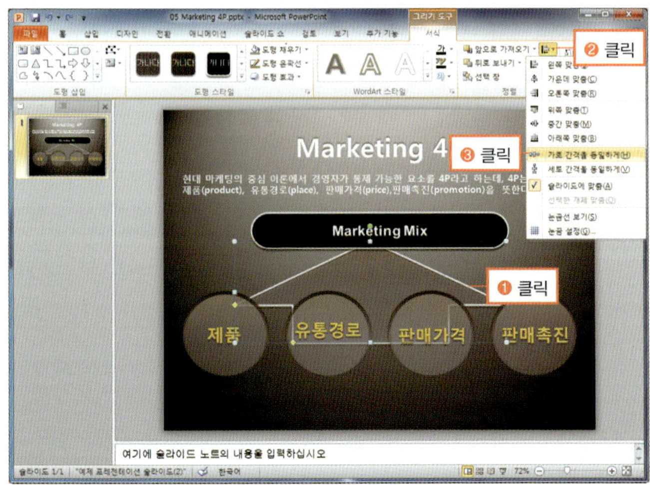

마우스 오른쪽 단추를 이용하여 순서 변경하기

개체의 순서를 빠르게 정렬하려면 마우스 오른쪽 단추를 활용할 수 있습니다. 파워포인트에는 바로 가기 메뉴를 이용해 개체의 순서를 변경할 수 있습니다.

❶ 맨 앞으로 가져올 도형을 마우스 오른쪽 단추로 클릭하여 바로 가기 메뉴에서 **맨 앞으로 가져오기 → 맨 앞으로 가져오기** 명령을 클릭합니다.

❷ 맨 뒤로 보낼 도형을 마우스 오른쪽 단추로 클릭하여 바로 가기 메뉴에서 **맨 뒤로 보내기 → 맨 뒤로 보내기** 명령을 선택합니다.

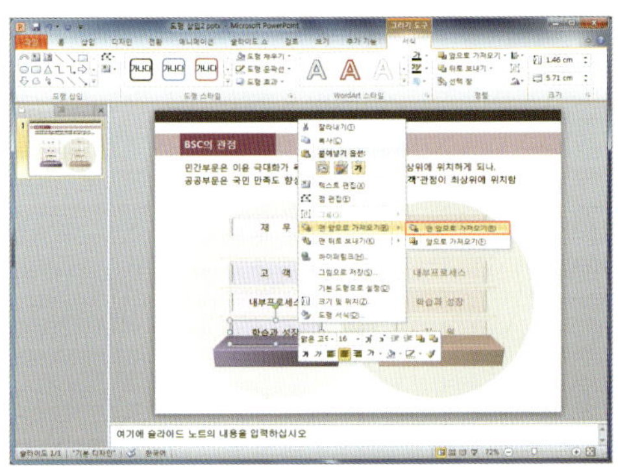

▲ 맨 앞으로 가져오기

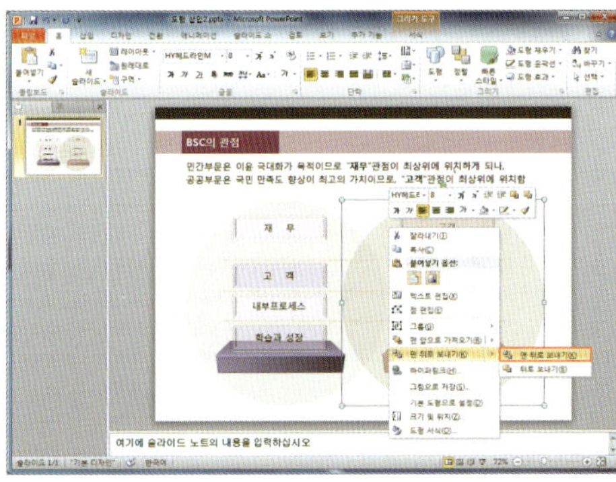

▲ 맨 뒤로 보내기

키보드의 방향키를 눌렀을 때 이동거리 조정하기

개체를 선택하고 키보드의 방향키를 눌렀을 때 이동하는 거리는 기본 값인 0.2cm로 설정되어 있는데, 이러한 기본 설정을 사용자가 임의로 변경하여 사용할 수 있습니다.

❶ [홈] 탭 → **그리기** 그룹 → **정렬**(📑) → **맞춤** → **눈금 설정**을 클릭합니다.

❷ '눈금 및 안내선' 대화상자가 표시되면 '눈금 설정' 항목의 '간격' 입력 상자에 원하는 간격을 입력하고 〈확인〉 단추를 클릭합니다.

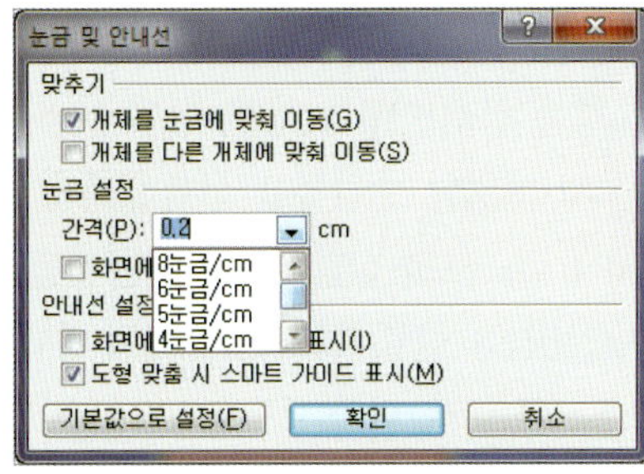

06 도형 편집하기

파워포인트에서는 도형의 그리기 모양을 변경하여 영역을 편집하거나 자유형 도형으로 변환하는 편집 기능을 제공합니다. 또한 파워포인트 2010에서는 도형 세이프를 통해 두 도형의 공통분모나 공통분모를 제외한 영역만을 남겨두는 강력한 편집 기능이 추가되었습니다. 도형을 다양하게 편집하는 방법에 대해 알아보겠습니다.

1. 도형 모양 변경하기

슬라이드에 삽입된 도형의 모양을 다른 도형으로 대체할 수 있습니다. 도형 모양 변경 기능을 통해 빠르게 다른 도형으로 변경하여 내용과 부합된 도해를 작성할 수 있습니다.

○ 06 본문예제.pptx를 참조하세요.

도형의 모양을 변경하려면 도형을 선택한 후 [**그리기 도구**] – [**서식**] 탭 → **도형 삽입** 그룹 → **도형 편집**(⊡) → **도형 모양 변경**을 클릭하고 선택 목록에서 원하는 도형을 선택합니다.

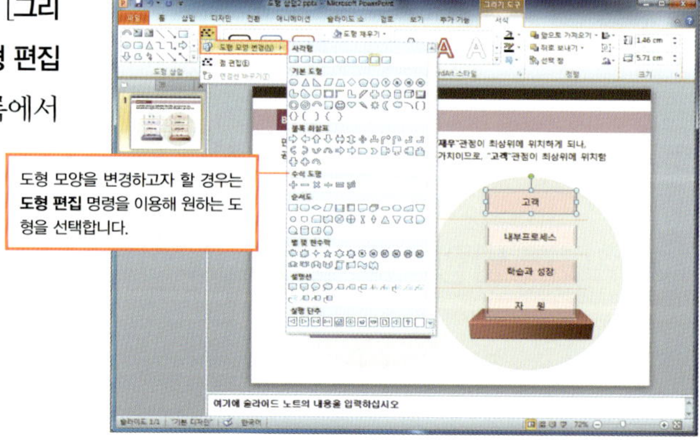

▲ 도형 모양 변경

여러 도형을 한꺼번에 변경할 경우에는 Ctrl 키를 누른 채 변경할 도형들을 선택한 후 [**그리기 도구**] – [**서식**] 탭 → **도형 삽입** 그룹 → **도형 편집**(⊡) → **도형 모양 변경**을 클릭하고 선택 목록에서 원하는 도형 모양을 선택합니다.

○ 여러 도형 선택하기

도형을 추가 선택할 때 Ctrl, Shift 키를 누르고 각각의 도형을 클릭하면 여러 도형을 한꺼번에 선택할 수 있습니다.

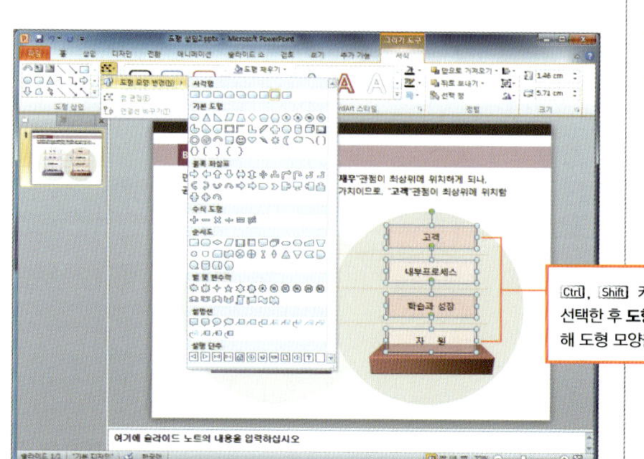

▲ 여러 도형 모양 변경

2. 도형 점 편집하기

파워포인트에서는 기본 도형의 면이나 선을 변경하여 사용자가 원하는 방식으로 편집할 수 있는 점 편집 기능을 제공하는데, 도형을 자유형으로 변환한 후 점 편집을 통해 자유롭게 편집할 수 있습니다.

① 점 편집할 도형을 선택한 후 [그리기 도구] – [서식] 탭 → **도형 삽입** 그룹 → **도형 편집**( ) → **점 편집**을 클릭합니다.
② 도형 아래 면을 삼각형으로 만든 후 아래 면의 중간을 마우스를 찍고 아래로 끌어내려 삼각형 형태로 만듭니다.

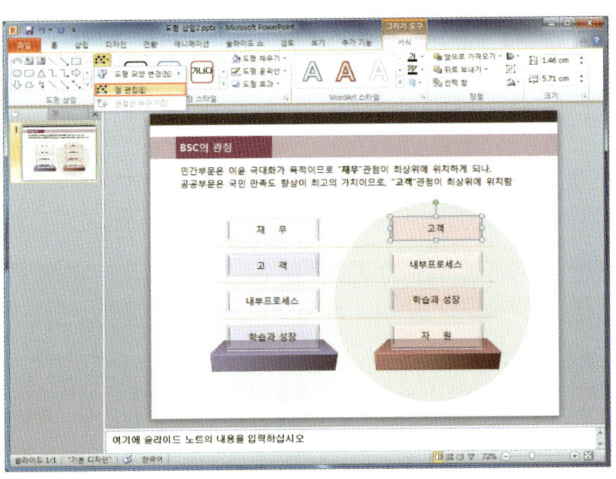

▲ 점 편집

▲ 삼각형 형태의 점 편집

3. 도형 세이프 활용하기 NEW 2010

도형 세이프를 통해 두 도형의 공통분모나 공통분모를 제외한 영역만을 남겨둘 수 있는 파워포인트 2010에서 새롭게 선보이는 강력한 편집 기능입니다. 다만 리본 메뉴에 등록되어 있지 않아 파워포인트 옵션에서 명령을 선택하여 사용할 수 있으며 세이프 결합, 교차, 병합, 빼기의 실행 모습은 다음과 같습니다.

○ 세이프 병합

○ 세이프 결합

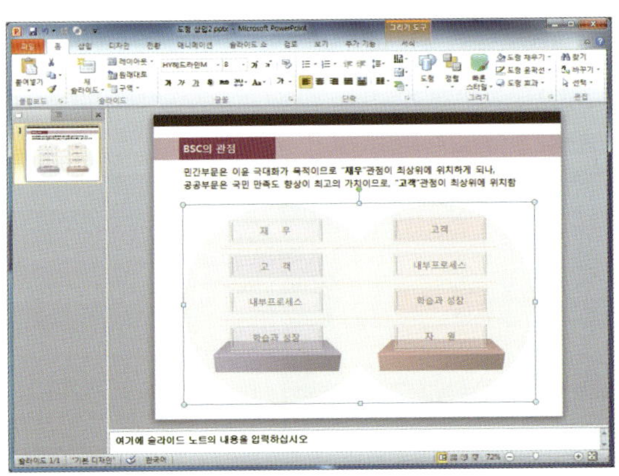

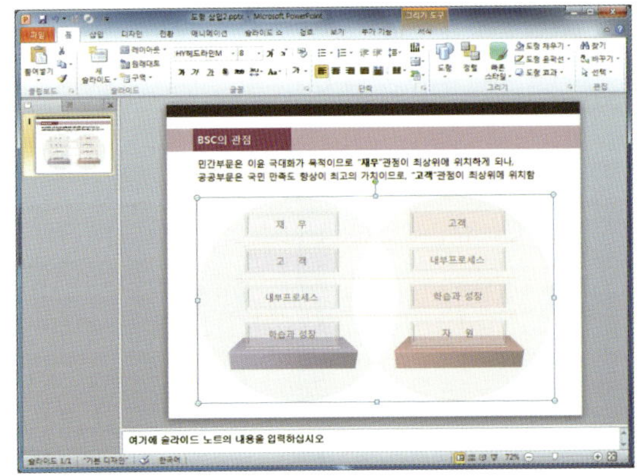

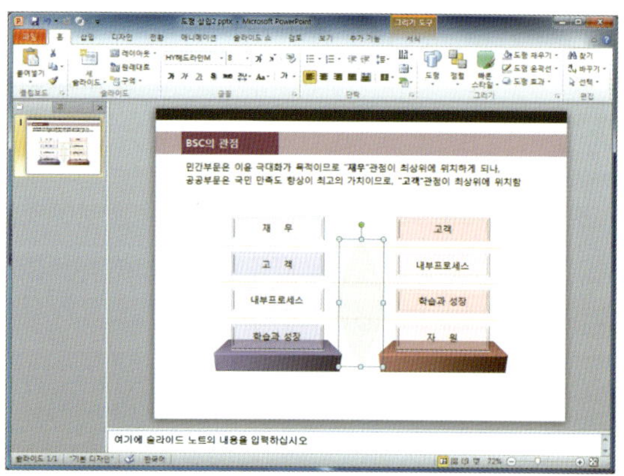

○ 세이프 교차

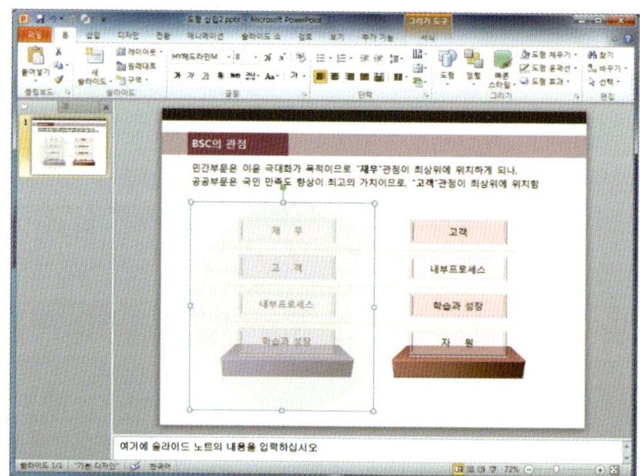

○ 세이프 빼기

① 도형 세이프를 빠른 실행 도구 모음에 사용자 지정하기 위해 [**파일**] 탭 → **옵션**을 클릭합니다.

② 'PowerPoint 옵션' 대화상자에서 [빠른 실행 도구 모음]을 클릭한 후 '다음에서 명령 선택'의 '리본 메뉴에 없는 명령'을 선택합니다.

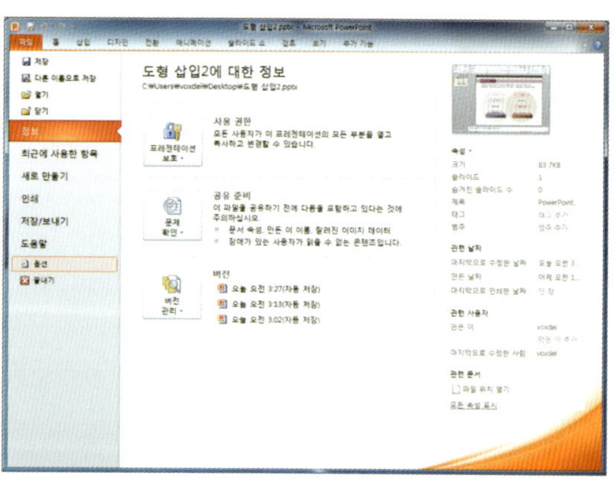

▲ 옵션 명령

▲ 빠른 실행 도구 사용자 지정

③ 메뉴 모음에서 '세이프 결합' 그룹 명령을 선택한 후 〈추가〉 단추를 클릭하여 '빠른 실행 도구 모음 사용자 지정'에 추가합니다.

④ 세이프를 적용할 두 도형을 선택한 후 빠른 실행 도구 모음의 '세이프 결합(◎)' 그룹을 클릭하고 '세이프 결합, 교차, 병합, 빼기' 중에서 하나를 선택합니다.

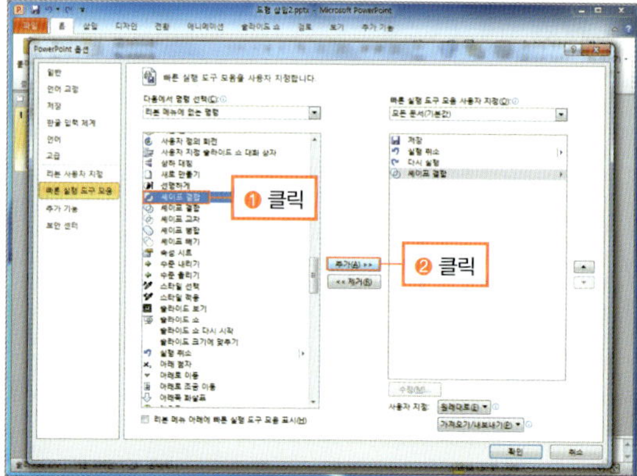

▲ '세이프 결합' 그룹 추가

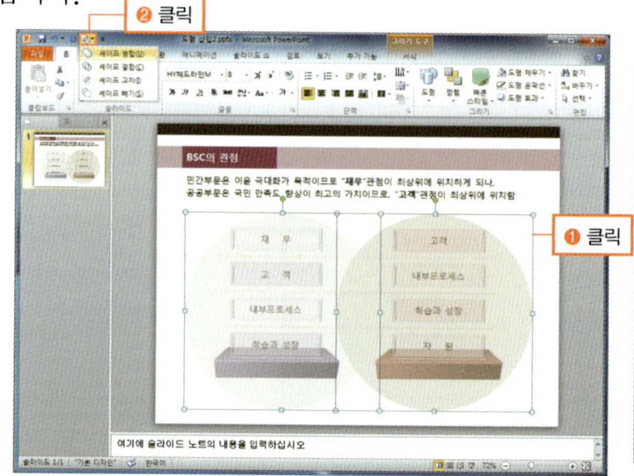

▲ 도형 세이프 선택

도형 편집하기

도형은 프레젠테이션 제작 시 가장 많이 사용되는 개체 중 하나입니다. 또한 파워포인트의 강력한 도형 서식 기능을 활용하여 키워드를 강조하거나 청중이 내용을 쉽게 이해하는데 도움을 줄 수 있는 시각적인 효과를 얼마든지 적용할 수 있습니다. 도형을 활용하여 멋진 SWOT 분석 슬라이드를 만들어 봅시다.

항목	변경 내용
가장자리 도형	높이 : '6.55cm', 너비 : '10.12cm' 입체 효과 : '십자형으로' 윤곽선 : '윤곽선 없음' 그라데이션 채우기(06 보기 참조) 그라데이션 서식 변경(08 보기 참조)
텍스트 도형	입체 효과 → '딱딱한 가장자리' 채우기 색(11 보기 참조)
자유형 도형	윤곽선 : '윤곽선 없음' 채우기 색(13 보기 참조) 정렬 : 회전(16 보기 참조)
원	윤곽선 : '윤곽선 없음' 그라데이션 : 채우기 색(18 보기 참조)

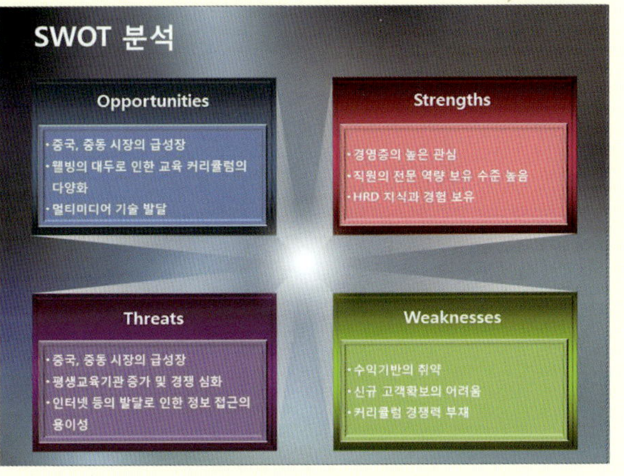

01 **예제 파일 열기** 06 SWOT 분석.pptx 파일을 두 번 연속 클릭하면 파워포인트가 실행되면서 다음 화면이 나타납니다.

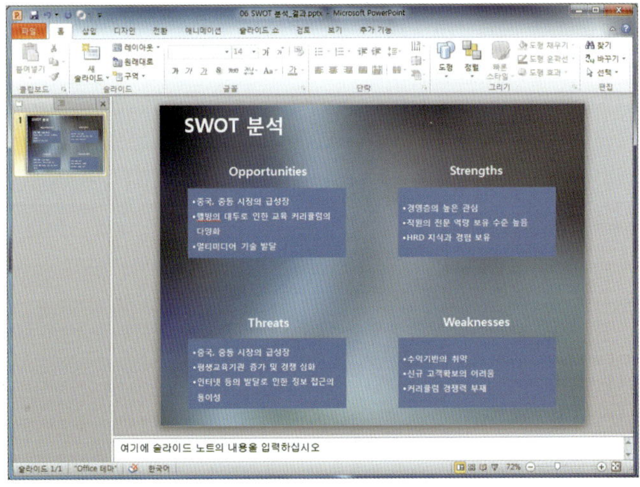

02

도형 삽입 및 크기 조정 ❶ [**삽입**] 탭 → **일러스트레이션** 그룹 → **도형**(圖) → '직사각형'을 클릭한 후 ❷ 마우스를 끌어서 직사각형을 삽입합니다. [**그리기 도구**] – ❸ [**서식**] 탭 – **크기** 그룹에서 ❹ 도형 높이 "6.55cm", 도형 너비 "10.12cm"로 입력합니다.

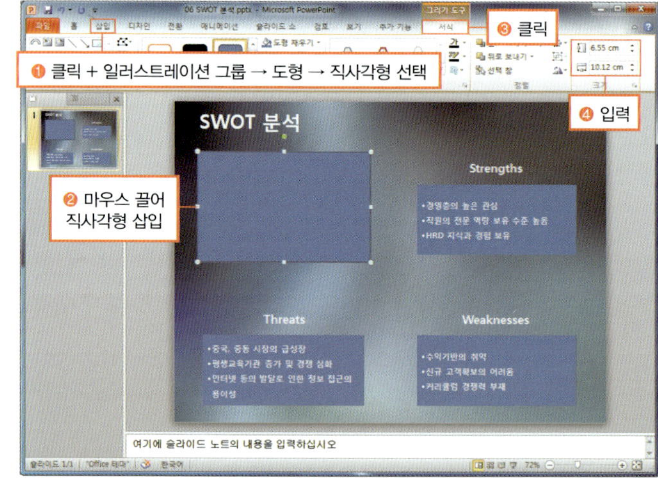

03

도형 복사 및 위치 조정하기 도형을 선택한 후 단축키 Ctrl + C, Ctrl + V를 클릭하여 도형을 세 개 복사한 뒤 직사각형 도형을 그림과 같이 정렬합니다.

○ 도형을 선택하고 단축키 Ctrl + D를 3번 눌러 도형을 복제해도 됩니다.

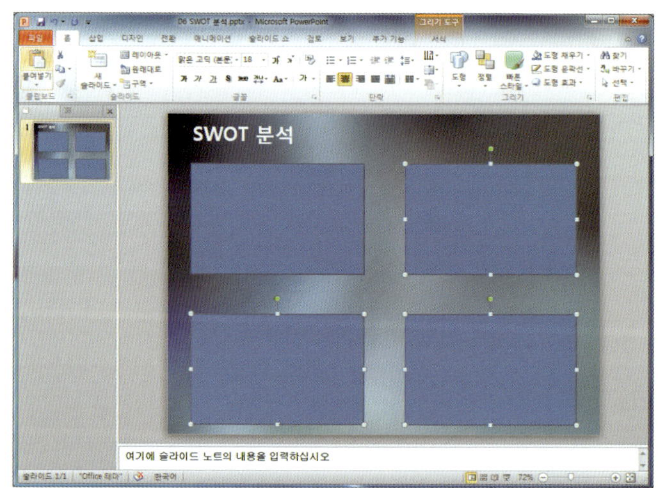

04

도형 효과 적용하기 ❶ 왼쪽 상단 도형을 선택한 후 [**그리기 도구**] – ❷ [**서식**] 탭 → **도형 스타일** 그룹 → ❸ **도형 효과**(도형 효과 ▾) → **입체 효과** → ❹ '십자형으로'를 선택합니다.

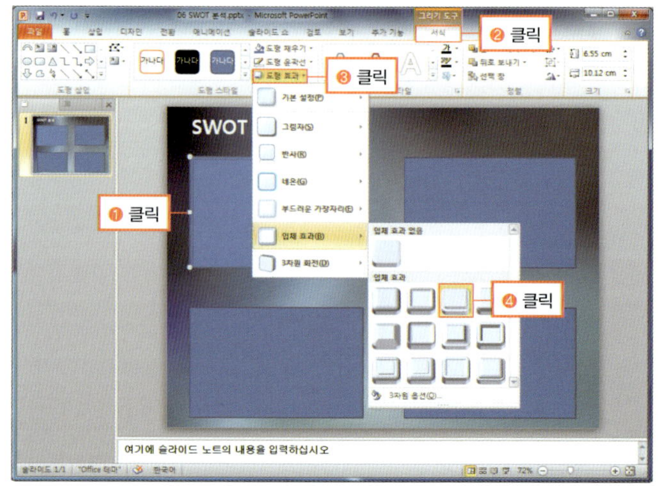

05 윤곽선 없애기 도형의 윤곽선을 제거하기 위해 [그리기 도구] – [서식] 탭 → 도형 스타일 그룹 → ❶ 도형 윤곽선(도형 윤곽선) → ❷ 윤곽선 없음을 클릭합니다.

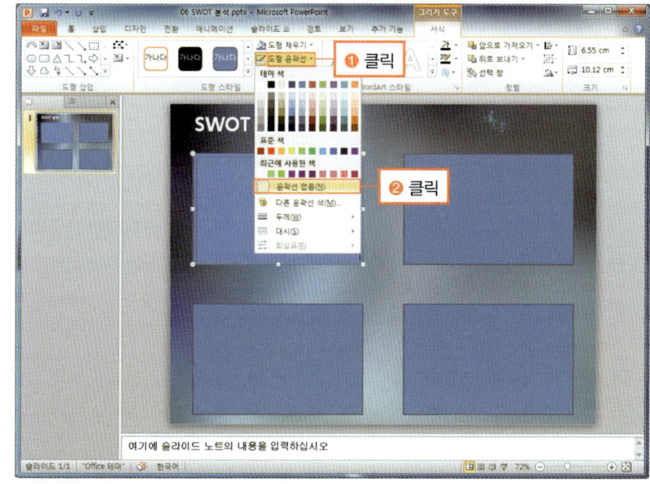

06 그라데이션 효과 적용하기 도형이 선택된 상태에서 마우스 오른쪽 단추를 클릭하여 **도형 서식**을 클릭합니다. '도형 서식' 대화상자에서 [채우기]의 ❶ '그라데이션 채우기'를 선택한 후 ❷ 아래 보기와 같이 그라데이션 효과(종류, 방향, 색)를 적용합니다. '색' 명령 단추( )를 클릭하여 '색' 대화상자에서 **다른 색**을 클릭한 후 [사용자 지정] 탭에서 설정합니다. 적용이 완료되면 ❸ 〈닫기〉 단추를 클릭합니다.

> 종류 : 선형　방향 : 선형 아래쪽
> - 중지점 1/3 : 중지점 위치 – 0%　｜색 – 빨강:0, 녹색:47, 파랑:71　｜투명도 – 0%
> - 중지점 2/3 : 중지점 위치 – 50%｜색 – 빨강:0, 녹색:102, 파랑:153｜투명도 – 0%
> - 중지점 3/3 : 중지점 위치 – 100%｜색 – 빨강:0, 녹색:47, 파랑:71　｜투명도 – 0%

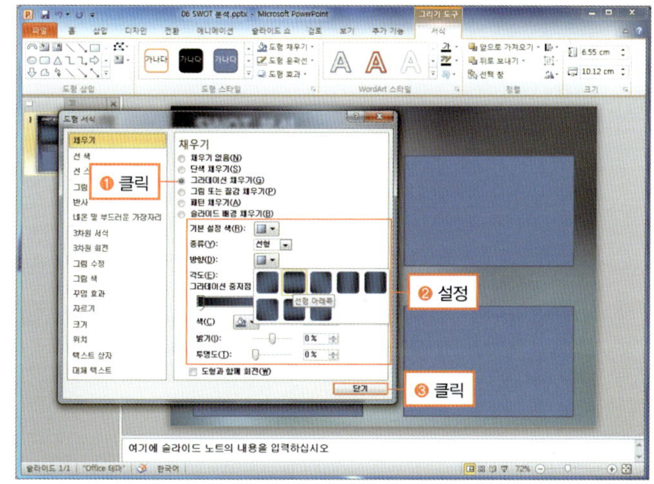

07 도형 서식 복사하기 도형의 서식을 복사하기 위해 ❶ [홈] 탭 → **클립보드** 그룹 → ❷ **서식 복사** 명령 단추( )를 두 번 연속 클릭합니다. ❸❹❺ 나머지 세 개 도형을 차례로 선택하여 서식을 복사합니다. 서식 복사가 완료되면 Esc 키로 빠져나옵니다.

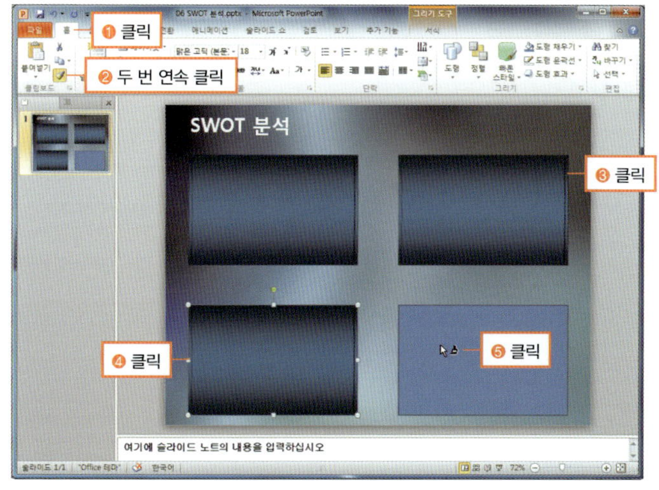

08 **그라데이션 서식 변하기** 도형을 선택한 후 마우스 오른쪽 단추를 클릭하여 **도형 서식**을 클릭합니다. '도형 서식' 대화상자에서 [채우기]의 '그라데이션 채우기'를 선택합니다. 각 직사각형 도형들에 아래 보기와 같이 그라데이션 색을 변경합니다.

1) 오른쪽 위 직사각형 도형

종류 : 선형   방향 : 선형 아래쪽

중지점 1/3 : 중지점 위치 – 0%	색 – 빨강:72, 녹색:2, 파랑:0	투명도 – 0%
중지점 2/3 : 중지점 위치 – 50%	색 – 빨강:204, 녹색:0, 파랑:102	투명도 – 0%
중지점 3/3 : 중지점 위치 – 100%	색 – 빨강:72, 녹색:2, 파랑:0	투명도 – 0%

2) 왼쪽 아래 직사각형 도형

종류 : 선형   방향 : 선형 아래쪽

중지점 1/3 : 중지점 위치 – 0%	색 – 빨강:51, 녹색:1, 파랑:71	투명도 – 0%
중지점 2/3 : 중지점 위치 – 50%	색 – 빨강:144, 녹색:18, 파랑:154	투명도 – 0%
중지점 3/3 : 중지점 위치 – 100%	색 – 빨강:60, 녹색:0, 파랑:72	투명도 – 0%

3) 오른쪽 아래 직사각형 도형

종류 : 선형   방향 : 선형 아래쪽

중지점 1/3 : 중지점 위치 – 0%	색 – 빨강:45, 녹색:72, 파랑:0	투명도 – 0%
중지점 2/3 : 중지점 위치 – 50%	색 – 빨강:153, 녹색:204, 파랑:0	투명도 – 0%
중지점 3/3 : 중지점 위치 – 100%	색 – 빨강:45, 녹색:72, 파랑:0	투명도 – 0%

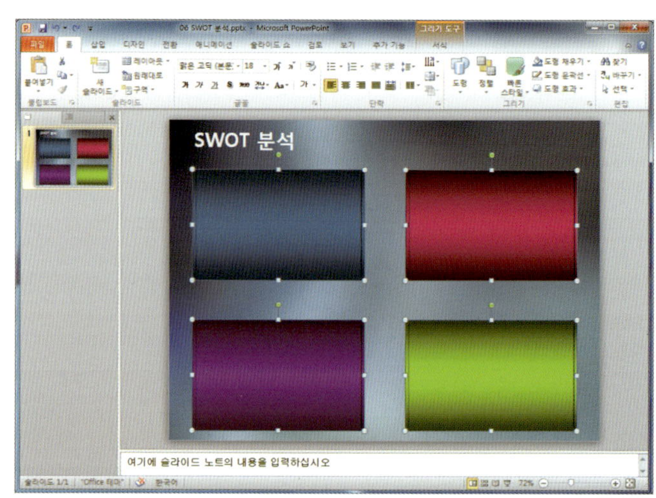

09 **맨 뒤로 보내기** ❶ 4개 도형을 선택한 후 [그리기 도구] – ❷ [서식] 탭 → **정렬** 그룹 → ❸ 뒤로 보내기 → ❹ 맨 뒤로 보내기를 클릭합니다.

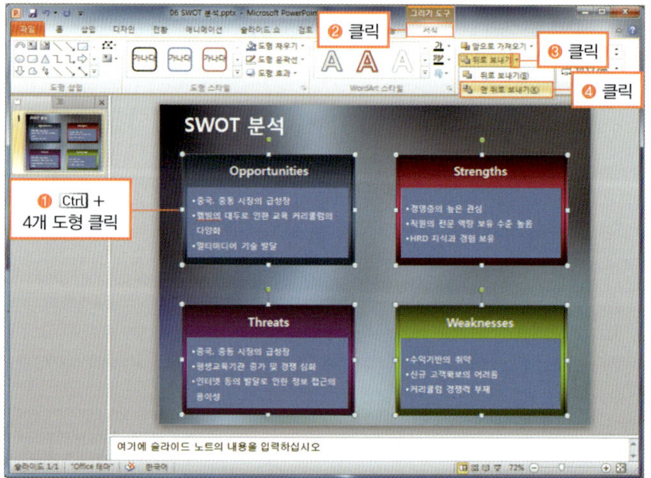

❶을 클릭하면 개체의 '뒤로 보내기' 기능이 실행됩니다.
❷의 목록 단추를 클릭하면 개체의 '뒤로 보내기', '맨 뒤로 보내기' 중에서 선택하여 기능을 실행합니다.

10 **입체 효과 적용하기** 텍스트가 입력되어 있는 도형에 효과를 적용하기 위해 ❶ 4개의 텍스트 도형들을 선택한 후 [그리기 도구] – [서식] 탭 → **도형 스타일** 그룹 → ❷ **도형 효과**(도형 효과) → **입체 효과** → ❸ '딱딱한 가장자리'를 선택합니다.

11 **채우기 색 변경하기** 각각의 텍스트 도형을 클릭하고 채우기 색을 변경하기 위해 **[그리기 도구]** – **[서식]** 탭 → 도형 스타일 그룹 → ❶ **도형 채우기**(도형 채우기) → ❷ **다른 채우기 색**을 클릭합니다. '색' 대화상자의 ❸ [사용자 지정] 탭에서 색상 값을 아래 보기와 같이 설정한 후 ❹ 〈확인〉 단추를 클릭합니다.

> 1) **왼쪽 상단 직사각형** : 빨강:79, 녹색:129, 파랑:189
> 2) **왼쪽 하단 직사각형** : 빨강:128, 녹색:100, 파랑:162
> 3) **오른쪽 상단 직사각형** : 빨강:227, 녹색:115, 파랑:142
> 4) **오른쪽 하단 직사각형** : 빨강:155, 녹색:187, 파랑:89

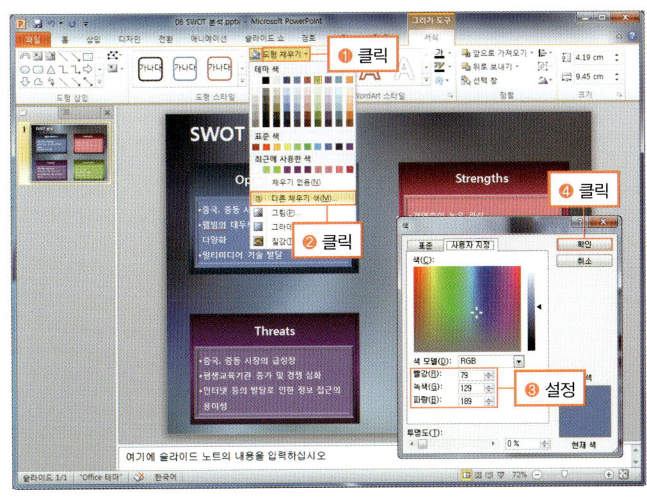

12 **자유형 도형 만들기(1)** ❶ **[삽입]** 탭 → 일러스트레이션 그룹 → ❷ **도형**( ) → ❸ '자유형'을 선택합니다. ❹ 그림과 같이 세 곳의 꼭지점을 찍고 마지막 꼭지점을 연결하여 그림과 같이 삼각형 도형을 만듭니다.

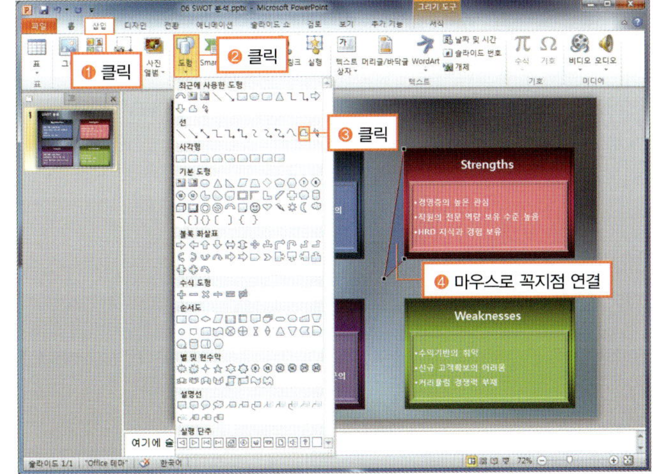

13 **도형 서식 변경하기** 도형을 선택하고 [그리기 도구] – [서식] 탭 → 도형 스타일 그룹 → 도형 윤곽선(도형 윤곽선) → **윤곽선 없음**을 클릭한 후 마우스 오른쪽 단추를 클릭하여 **도형 서식**을 클릭합니다. '도형 서식' 대화상자에서 [채우기]의 ❶ '그라데이션 채우기'를 클릭한 후 ❷ '그라데이션 중지점' 항목의 '중지점 2/3'를 선택하고 오른쪽 '그라데이션 중지점 제거' 단추( )를 클릭한 후 다음 보기와 같이 그라데이션 색을 변경합니다. ❸ 작업이 완료되면 〈닫기〉 단추를 클릭합니다.

> **종류 : 선형   방향 : 선형 오른쪽**
>
> • 중지점 1/2 : 중지점 위치 – 0% | 색 – 빨강:218, 녹색:218, 파랑:218 | 투명도 – 54%
> • 중지점 2/2 : 중지점 위치 – 100% | 색 – 빨강:188, 녹색:188, 파랑:188 | 투명도 – 100%

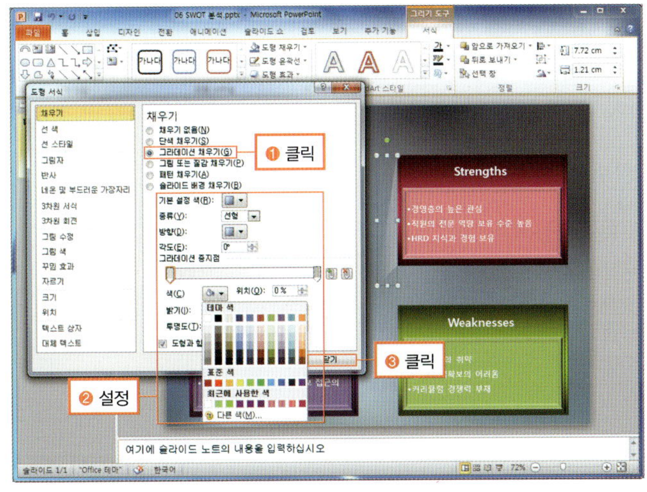

14

자유형 도형 삽입하기(2) 두 번째 자유형 도형을 삽입하기 위해 ❶ [**삽입**] 탭 → **일러스트레이션** 그룹 → ❷ **도형**( ) → ❸ '자유형'을 선택합니다. ❹ 그림과 같이 세 곳의 꼭지점을 찍고 마지막 꼭지점을 연결하여 그림과 같이 삼각형 도형을 만듭니다.

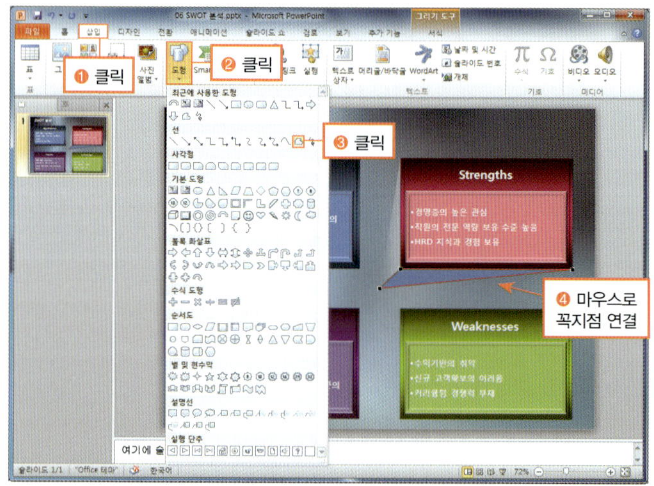

15

도형 서식 복사하기 ❶ 첫 번째 자유형 도형을 선택한 후 ❷ [**홈**] 탭 → **클립보드** 그룹 → ❸ **서식 복사** 명령 단추( )를 클릭합니다. ❹ 두 번째 자유형 도형을 클릭하여 서식을 복사합니다.

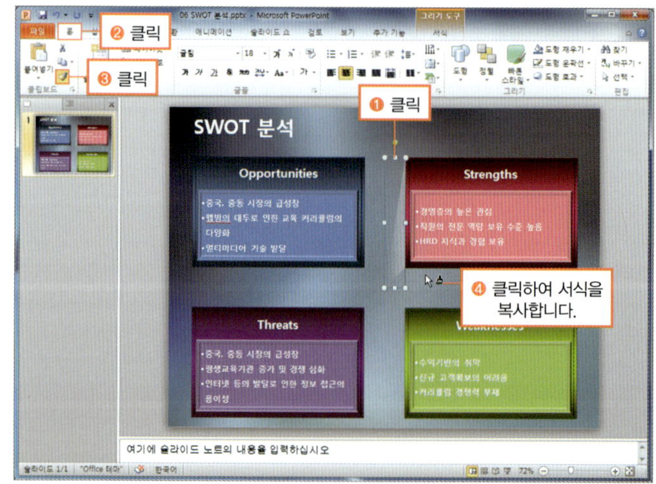

16

도형 복사 및 회전하기 두 개의 자유형 도형을 복사하고 복사된 도형이 선택된 상태에서 [**그리기 도구**] – [**서식**] 탭 → **정렬** 그룹 → **회전**을 클릭하여 그림과 같이 배열합니다.

> **회전 방향 추가**
> **1) 왼쪽 상단** : 복사 후 두 도형 모두 좌우 대칭
> **2) 왼쪽 하단** : 복사 후 두 도형 모두 상하대칭, 좌우대칭
> **3) 오른쪽 하단** : 복사 후 두 도형 모두 상하 대칭

17

타원 도형 삽입하기 ❶ [삽입] 탭 → 일러스트레이션 그룹 → ❷ 도형( ) → ❸ '타원'을 클릭한 후 ❹ Shift 키를 누른 채 마우스를 끌어서 정원을 그립니다.

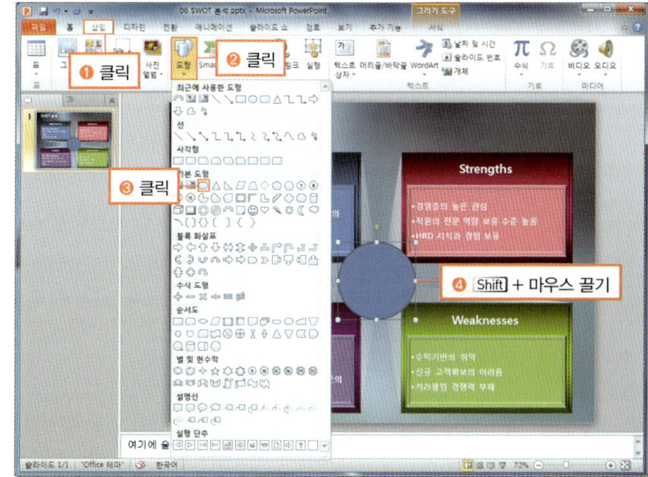

○ **정원 그리기**

Shift 키를 누른 채 흰색 원으로 표시되는 크기 조정 핸들을 클릭한 후 슬라이드 창에서 마우스를 끌어 삽입합니다.

18

도형 서식 변경하기 도형을 선택하고 [그리기 도구] – [서식] 탭 → 도형 스타일 그룹 → 도형 윤곽선 (도형 윤곽선 ▼) → 윤곽선 없음을 클릭한 후 마우스 오른쪽 단추를 클릭하여 도형 서식을 클릭합니다. '도형 서식' 대화상자에서 [채우기] 탭의 ❶ '그라데이션 채우기'를 선택한 후 ❷ 아래 보기와 같이 그라데이션 색을 변경한 후 ❸ 〈닫기〉 단추를 클릭합니다.

종류 : 경로형

- 중지점 1/2 : 중지점 위치 – 0% | 색 – 흰색 | 투명도 – 0%
- 중지점 2/2 : 중지점 위치 – 100% | 색 – 빨강:238, 녹색:236, 파랑:225 | 투명도 – 100%

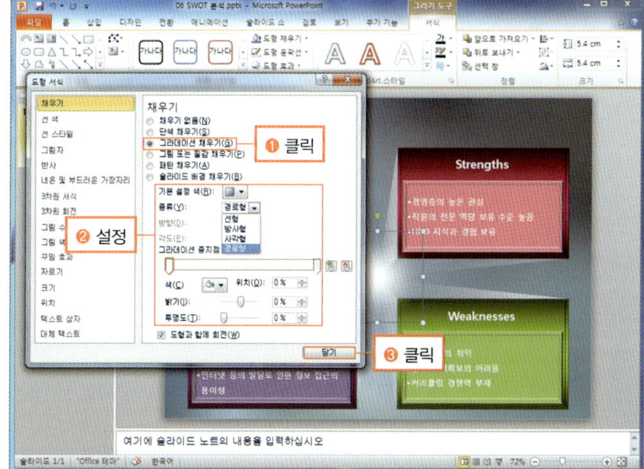

19

결과 확인하기 슬라이드가 완성되었습니다.

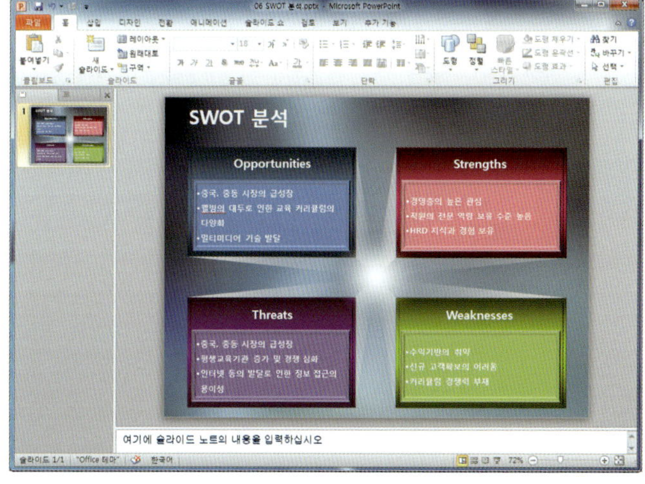

도형의 텍스트 배치 및 자동 맞춤 없애기

슬라이드에 삽입된 도형 안에 텍스트를 입력하면 도형의 크기가 갑자기 작아지거나 변형되는 경우가 있는데, 이것은 도형에 자동 맞춤이 설정되어 있기 때문입니다. 또한 도형에 텍스트를 입력할 때 도형 내에만 줄 바꿈이 되어 텍스트가 입력되지 않고 도형 바깥으로 텍스트가 계속해서 입력되는 경우도 있습니다.

이와 같이 도형 내에 텍스트 입력 시 자동 맞춤이 되어 있는 경우 자동 맞춤을 해제해서 사용해야 합니다.

❶ 그림과 같이 도형 안에 텍스트를 입력할 때 도형의 크기가 자동으로 변형되면 도형을 선택하고 마우스 오른쪽 단추를 클릭하여 바로 가기 메뉴에서 **도형 서식** 명령을 클릭합니다.

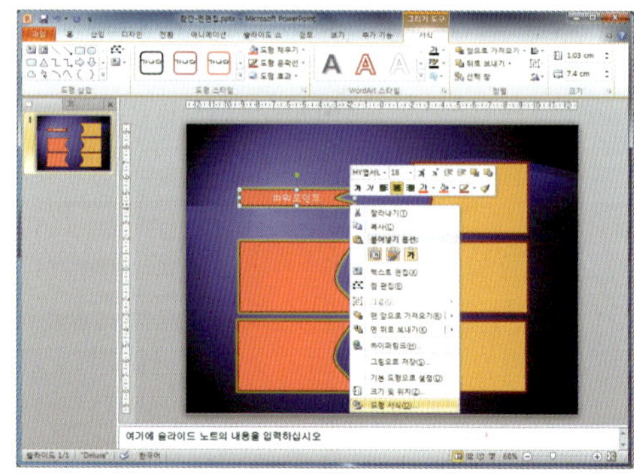

❷ '도형 서식' 대화상자가 표시되면 [텍스트 상자]를 선택한 다음 '자동 맞춤' 항목의 '자동 맞춤 안 함'을 클릭합니다.

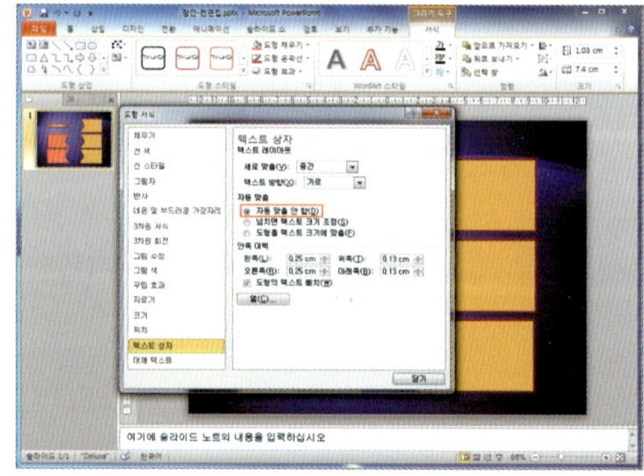

❸ 도형 내의 텍스트가 도형의 바깥쪽으로 계속해서 입력되면 줄 바꿈이 되어야 하므로, 이 경우에는 '안쪽 여백' 항목의 '도형의 텍스트 배치'를 클릭합니다.

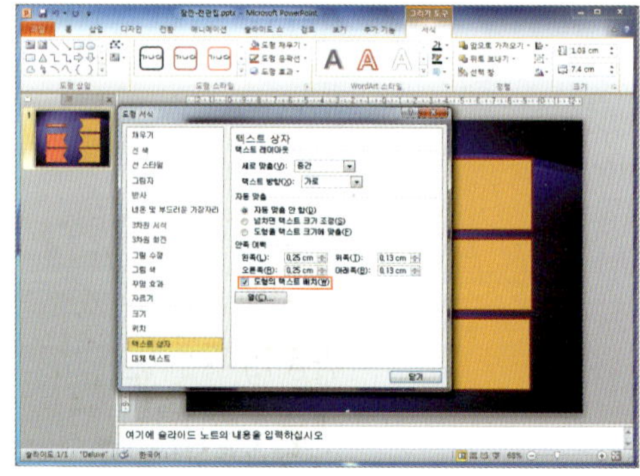

07 SmartArt 삽입하기

SmartArt 그래픽은 여러 레이아웃에서 원하는 옵션을 선택하여 빠르고 쉽게 만들 수 있는 정보의 시각적 표현으로, 메시지나 내용을 효과적으로 전달할 수 있습니다. 파워포인트 2010에서 SmartArt 그래픽을 삽입하는 방법에 대해 알아보겠습니다.

1. SmartArt 그래픽 유형

SmartArt 그래픽은 다이어그램을 매우 효과적으로 그릴 수 있으며 종류도 다양하여 목록형, 프로세스형, 주기형, 계층 구조형, 관계형, 행렬형, 피라미드형, 그림 8개 유형으로 나뉩니다. 파워포인트 2007에서는 제공되지 않았던 그림 SmartArt 그래픽이 파워포인트 2010에서 새롭게 제공됩니다.

○ 07 본문예제.pptx를 참조하세요.

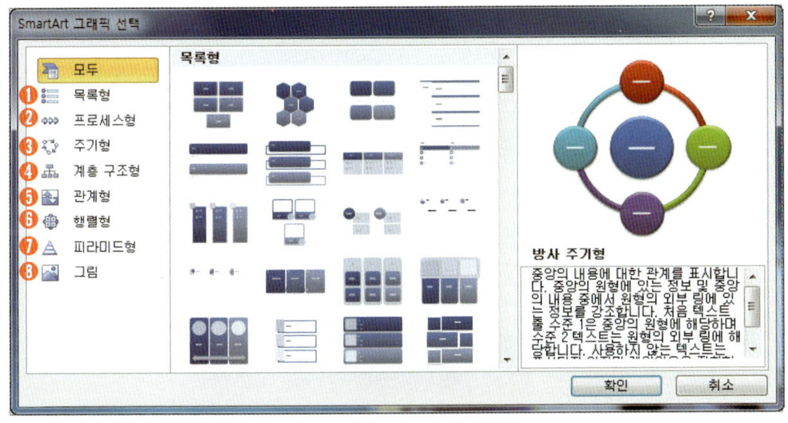

▲ 'SmartArt 그래픽 선택' 대화상자

유 형	용 도
❶ 목록형	비순차적 정보 표시
❷ 프로세스형	프로세스 또는 시간 표시 막대에서 단계 표시
❸ 주기형	연속된 프로세스 표시
❹ 계층 구조형	조직도 만들기, 의사결정 트리 표시
❺ 관계형	연결을 일러스트레이션으로 표시
❻ 행렬형	전체에 대한 각 부분의 관계 표시
❼ 피라미드형	가장 큰 구성 요소가 맨 위 또는 맨 아래에 있는 비례 관계 표시
❽ 그림	그림과 텍스트의 조합으로 표시

○ **SmartArt 그래픽 설명**

SmartArt 그래픽 각각에 대한 자세한 설명을 참조하려면 도움말에서 'SmartArt 그래픽 설명'을 검색해 보기 바랍니다.

SmartArt 그래픽을 삽입하는 방법에는 다음과 같이 4가지가 있습니다.

① **방법 1** : [**삽입**] 탭 → **일러스트레이션** 그룹 → **SmartArt** 명령 단추()를 클릭합니다.
② **방법 2** : SmartArt 그래픽이 삽입 가능한 레이아웃에서 'SmartArt 그래픽' 아이콘을 클릭합니다.
③ **방법 3** : 글머리 기호가 포함된 텍스트를 선택한 후 [**홈**] 탭 → **단락** 그룹 → **SmartArt 그래픽으로 변환**을 클릭합니다.
④ **방법 4** : SmartArt 그래픽으로 변환할 그림을 선택한 후 [**그림 도구**] – [**서식**] 탭 → **그림 스타일** 그룹 → **그림 레이아웃**을 클릭합니다.

2. SmartArt 그래픽 만들기

SmartArt 그래픽은 여러 레이아웃에서 원하는 옵션을 선택하여 빠르고 쉽게 만들 수 있는 정보의 시각적 표현으로, 메시지나 내용을 효과적으로 전달할 수 있습니다.

SmartArt를 슬라이드에 삽입하려면 [**삽입**] 탭 → **일러스트레이션** 그룹 → **SmartArt** 명령 단추()를 클릭한 후 'SmartArt 그래픽 선택' 대화상자에서 원하는 유형과 레이아웃을 선택합니다.

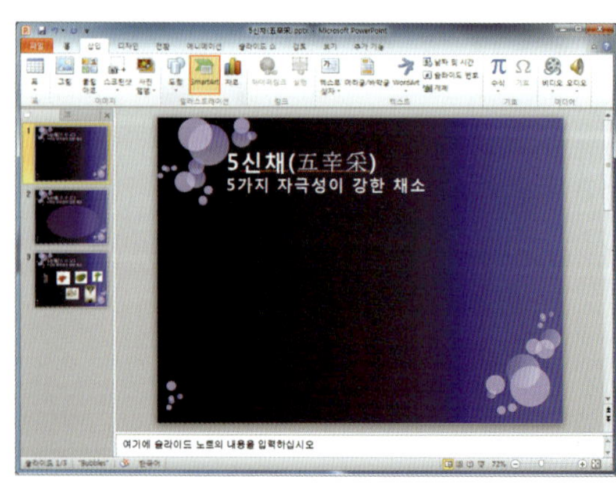

▲ SmartArt 명령 단추로 삽입

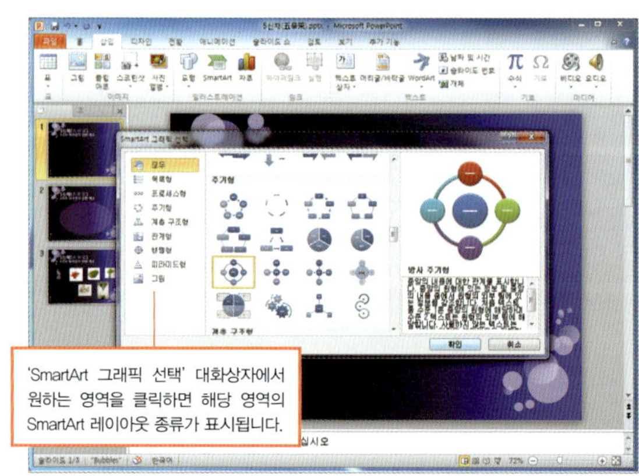

▲ 'SmartArt 그래픽 선택' 대화상자

○ **SmartArt 삽입 단축 키**

Alt + N, M 키를 차례로 눌러 SmartArt 그래픽 대화 상자를 엽니다.

3. 레이아웃에서 삽입하기

파워포인트의 제목 및 내용 레이아웃에서 SmartArt 그래픽을 삽입할 수 있습니다. 내용 개체 틀에는 텍스트뿐만 아니라 표, 그림, 차트, 동영상, SmartArt 그래픽 등의 아이콘을 클릭하여 대화상자를 표시하고 개체를 삽입할 수 있습니다.

'제목 및 내용' 레이아웃을 이용해 내용 개체 틀의 'SmartArt 그래픽 삽입' 아이콘을 클릭한 후 'SmartArt 그래픽 선택' 대화상자에서 원하는 유형과 레이아웃을 선택하여 삽입합니다.

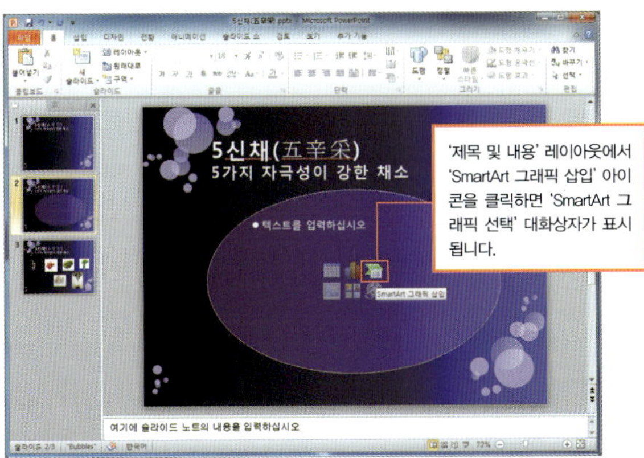

▲ 'SmartArt 그래픽 삽입' 아이콘으로 삽입

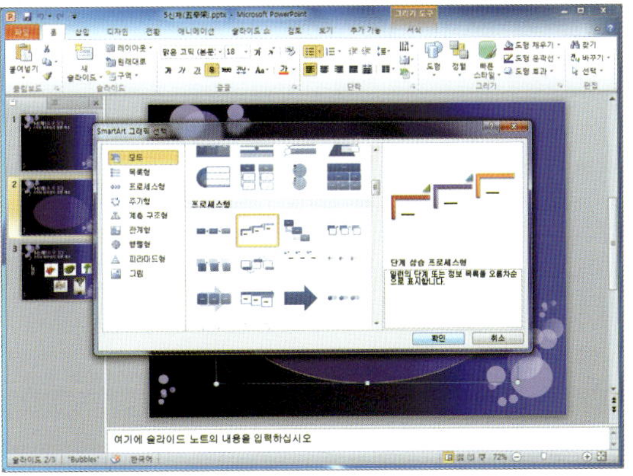

▲ 'SmartArt 그래픽 선택' 대화상자

4. 텍스트를 SmartArt로 변환하기

글머리 기호 목록으로 구성된 텍스트를 SmartArt 그래픽으로 빠르게 변환하여 파워포인트에서 메시지를 시각적으로 표시할 수 있습니다.

① 슬라이드에서 변환할 텍스트가 포함된 개체 틀을 선택한 후 [홈] 탭 → 단락 그룹 → SmartArt 그래픽으로 변환 명령 단추(🔳)를 클릭합니다.

② 선택 목록에서 원하는 SmartArt 그래픽의 레이아웃을 선택하면 글머리 기호에 가장 적합한 Smart-Art 그래픽용 레이아웃이 표시됩니다.

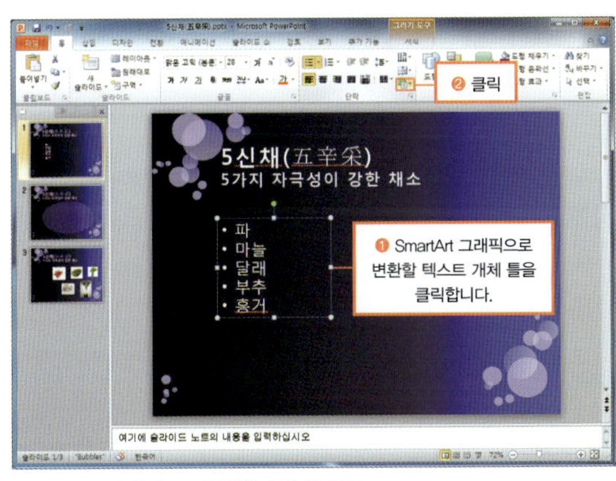

▲ SmartArt 그래픽으로 변환할 개체 틀 선택

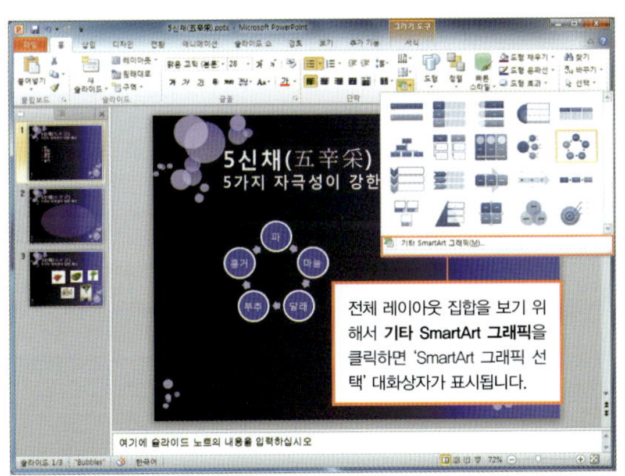

▲ SmartArt 그래픽으로 변환

5. 그림을 SmartArt로 변환하기 `NEW 2010`

슬라이드에 삽입된 그림을 SmartArt 그래픽 레이아웃 중 하나로 변환할 수 있습니다. 그림을 SmartArt 그래픽으로 변환하는 기능은 파워포인트 2010에서 새롭게 추가되어 제공되는 기능입니다.

① SmartArt 그래픽으로 변환할 그림을 선택한 후 [**그림 도구**] − [**서식**] 탭 → **그림 스타일** 그룹 → **그림 레이아웃**(그림 레이아웃)을 클릭합니다.

② 그림에 가장 적합한 SmartArt 그래픽용 레이아웃들이 표시되면 선택 목록에서 원하는 SmartArt 그래픽을 선택합니다.

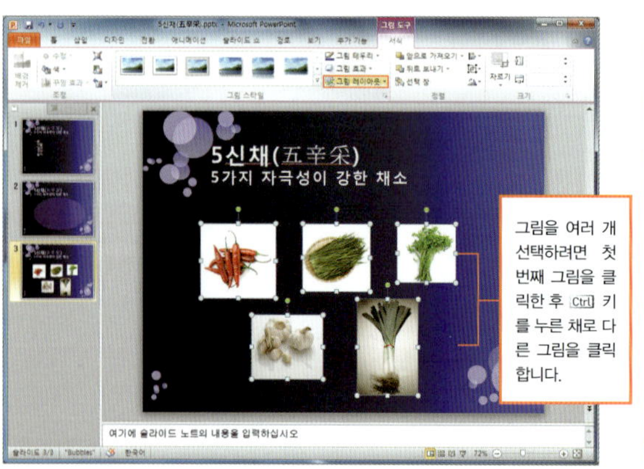

▲ SmartArt 그래픽으로 변환할 그림 선택

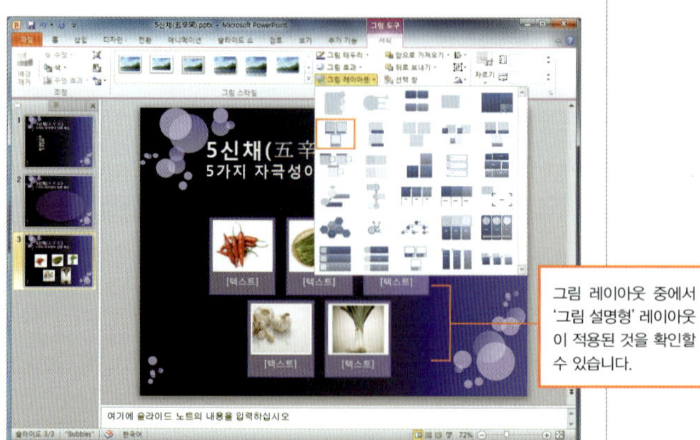

▲ SmartArt 그래픽으로 변환

파워포인트 2007에서는 '도형으로 변환' 명령을 제공하지 않습니다. 따라서 2007에서는 SmartArt 그래픽 개체 하나를 선택하고 단축키 Ctrl + A 를 눌러 전체 선택을 한 다음 복사하여 SmartArt 그래픽 밖에서 붙여넣기를 수행하면 도형의 형태로 사용할 수 있었습니다.

그러나 파워포인트 2010에서는 SmartArt 그래픽을 바로 일반 도형으로 변환할 수 있어서 [**SmartArt 도구**] − [**디자인**] 탭 → **원래대로** 그룹 → **변환** → **도형으로 변환**을 클릭하면 됩니다.

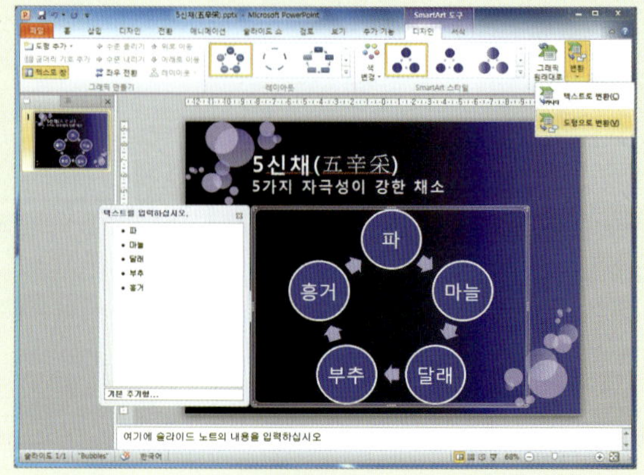

SmartArt 삽입하기

📁 **준비 파일** : 01 목차.pptx　　📁 **완성 파일** : 01 목차_결과.pptx

SmartArt 그래픽은 사용자가 다양한 형태의 다이어그램을 쉽게 만들 수 있도록 도와줍니다. 선택 목록을 통해 미리 준비된 다이어그램을 선택하면 빠르고 쉽게 고품질의 다이어그램을 슬라이드에 삽입할 수 있습니다. 또한 파워포인트 2010에서는 이전 버전보다 더욱 다양하고 효과적인 SmartArt 그래픽을 제공합니다.

항목	변경 내용
SmartArt 그래픽	'세로 곡선 목록형' 색 변경 : '색상형 – 강조색' 글꼴 '맑은 고딕', 글꼴 크기 '27pt', '굵게' 숫자 : (07 보기 참조)
그림	효과 : 부드러운 가장자리 → '50포인트' 그림색 : '옥색, 밝은 강조색 2'

01 **예제 파일 열기** **01 목차.pptx** 파일을 두 번 연속 클릭하면 파워포인트가 실행되면서 다음 화면이 나타납니다.

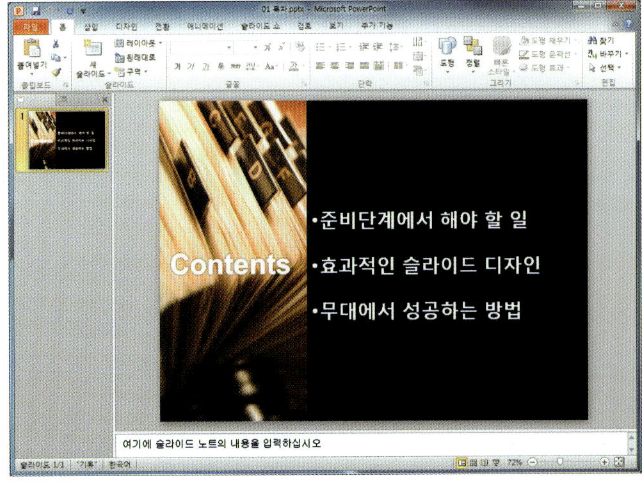

02 텍스트를 SmartArt 그래픽으로 변환하기 ❶ Smart-Art 그래픽으로 변환할 텍스트 상자를 선택한 후 [홈] 탭 → 단락 그룹 → ❷ SmartArt 그래픽으로 변환(📄▾)을 클릭한 후 선택 목록에서 ❸ 기타 SmartArt 그래픽을 클릭합니다.

💡 텍스트를 SmartArt 그래픽으로 변환하려면 Enter 키를 눌러 여러 줄로 구분되어 있거나 글머리 기호가 포함된 텍스트 상자이어야 합니다.

03 SmartArt 그래픽 선택하기 'SmartArt 그래픽 선택' 대화상자에서 ❶ [목록형]을 클릭하고 ❷ '세로 곡선 목록형' 다이어그램을 선택한 후 ❸ 〈확인〉 단추를 클릭합니다.

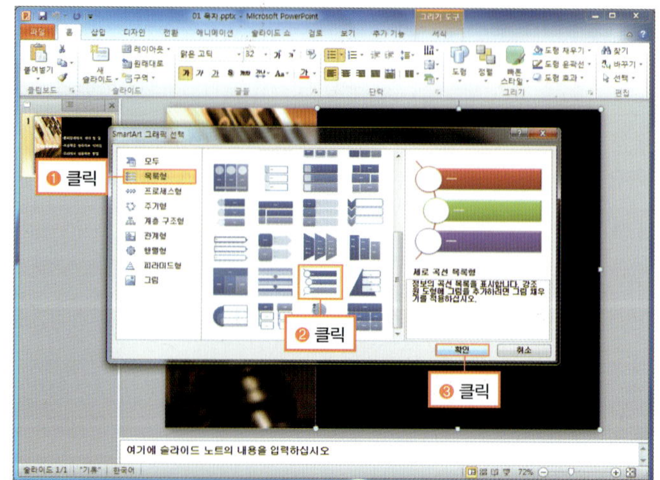

04 크기 변경하기 SmartArt 그래픽을 선택한 후 오른쪽 위의 모서리에 마우스를 올려 마우스 포인터 모양이 🢔로 바뀌면 핸들을 끌어서 크기를 조절합니다.

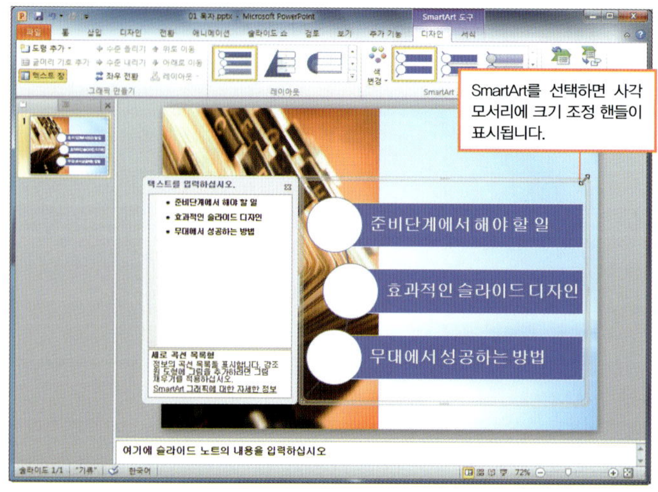

05

그림 효과 적용하기 그림에 효과를 설정하기 위해 ❶ 그림을 선택한 후 [**그림 도구**] – ❷ [**서식**] 탭 → **그림 스타일** 그룹 → ❸ **그림 효과**(그림 효과) → **부드러운 가장 자리** → **50 포인트**를 선택합니다.

06

그림 색 변경하기 그림 색을 변경하기 위해 [**그림 도구**] – [**서식**] 탭 → **조정** 그룹 → ❶ **색**(색) → ❷ '**옥색, 밝은 강조색 2**'를 선택합니다.

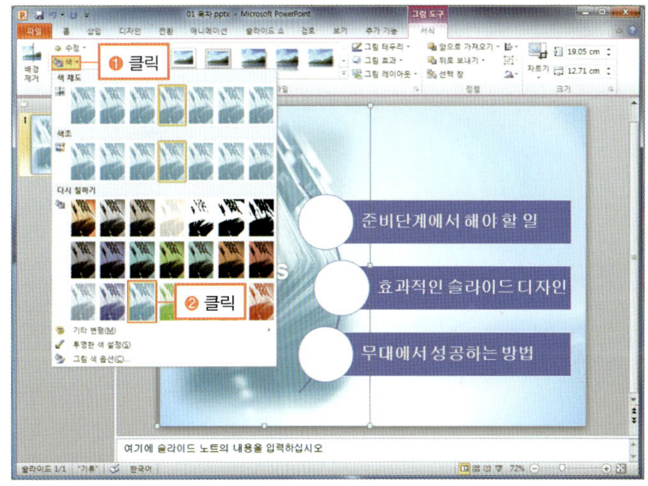

07

SmartArt 그래픽 색 변경/결과 확인하기 SmartArt 그래픽을 선택하고 [**SmartArt 도구**] – [**디자인**] 탭 → **SmartArt 스타일** 그룹 → **색 변경**( )을 클릭하여 '**색상형 – 강 조색**'을 선택하고 [**홈**] 탭 → **글꼴** 그룹 → 글꼴 '**맑은 고딕**', 글꼴 크기 '**27pt**', '**굵게**'를 클릭하면 슬라이드가 완성됩니다.

> **숫자 입력**
>
> [**삽입**] 탭 → **텍스트** 그룹 → **텍스트 상자**를 클릭하여 텍스트 상자를 삽입 한 후 숫자 '1'을 입력하고 [**홈**] 탭 → **글꼴** 그룹 → 글꼴 '맑은 고딕', 글꼴 크기 '36pt', '굵게', '텍스트 그림자'를 클릭합니다. 텍스트 상자를 선택하 고 [**그리기 도구**] – [**서식**] 탭 → **WordArt 스타일** 그룹 → '채우기, 옥색, 강조 2, 부드러운 무광택 입체'를 선택하고 **텍스트 효과** → **반사** → '1/2 반 사, 4pt 오프셋'을 선택합니다.
> 텍스트 상자를 복사하여 '2'와 '3'을 입력하면 그림과 같이 변경됩니다.

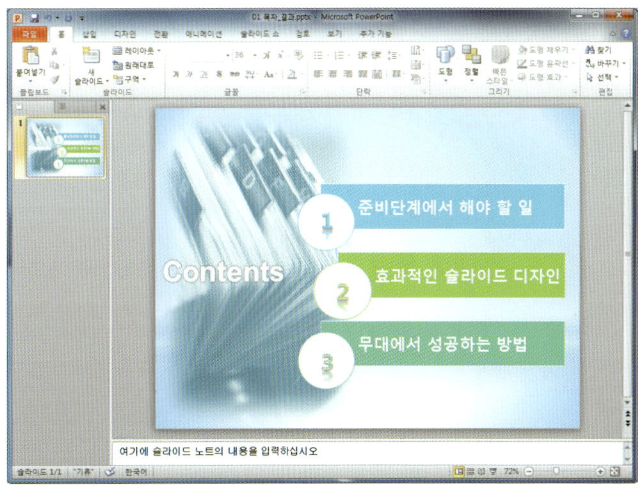

도해를 이해하자

SmartArt 그래픽은 사용자들이 어려워하는 도해(Diagram) 작업을 쉽고 편리하게 도와주는 명령입니다.

정보를 전달하기 위해서는 말, 문자, 그림, 영상 등 여러 가지 방법을 사용하는데, 도해는 수량이나 관계 따위를 나타내기 위해 여러 가지 자료를 분석하여 그 관계를 일정한 양식의 그림으로 나타낸 표를 의미합니다. 좀 더 쉽게 생각하면 도해는 그림의 일종으로 주로 추상적인 개념, 순서, 관계 등을 도형이나 화살표 등으로 표현하는 것을 말하며 차트, 그래프, 아이콘 등이 도해에 포함됩니다.

도해의 일반적인 종류는 다음과 같습니다.

교차		이동		회전	
열거형	교차형	전개형	상승형	외주형	회전형
퍼짐		비교		구분	
확산형	합류형	대비형	상관형	계층형	구분형

도해의 기본 요소는 전달하려는 내용과 그 내용을 둘러싼 다양한 도형 그리고 그러한 도형을 연결하는 선과 화살표 등으로 구성되므로 전달 내용의 상태/구조, 관계 그리고 전체의 흐름을 알 수 있습니다. 결국 도해는 전달할 내용을 어떻게 둘러싸고, 어떻게 연결하고 배치해서 전달 내용의 상태, 구조, 관계, 흐름을 표현하는 것을 고민하는 논리적 구성이 중요합니다.

또한 도해에서는 알기 쉽고 보기 좋은 것으로 만드는 것이 중요하므로 파워포인트에서는 SmartArt 그래픽이라는 기능을 이용해 보다 쉽게 도해를 만들고 시각적인 디자인의 완성도를 높여주고 있습니다. SmartArt 그래픽을 활용하여 멋진 도해를 만들어 보기 바랍니다.

08 SmartArt 내용 입력하기

파워포인트 2010에서 작성되는 글머리 기호 목록이 있는 슬라이드의 대부분은 SmartArt 그래픽으로 변환할 수 있으며, SmartArt 그래픽 도형이나 텍스트 창을 통해 직접 내용을 입력할 수도 있습니다. 그러나 텍스트 양이 많을수록 사용할 레이아웃과 레이아웃에 필요한 도형의 수가 많아져서 SmartArt 그래픽의 시각적 효과가 떨어지고 메시지를 전달하기가 더 어려워지므로 텍스트 양도 고려해야 합니다.

1. 텍스트 창에 입력하기

SmartArt 그래픽 텍스트 창에서 내용을 입력하고 편집하면 SmartArt 그래픽이 자동으로 업데이트되며, 도형이 필요에 따라 추가되거나 제거됩니다.

SmartArt 그래픽을 클릭하면 왼쪽에 텍스트 창이 표시되며, '[텍스트]' 부분을 클릭한 후 원하는 텍스트를 입력합니다. 만약 텍스트 창이 보이지 않을 경우 SmartArt 그래픽을 선택한 후 왼쪽의 컨트롤(|)을 클릭하면 텍스트 창이 표시됩니다.

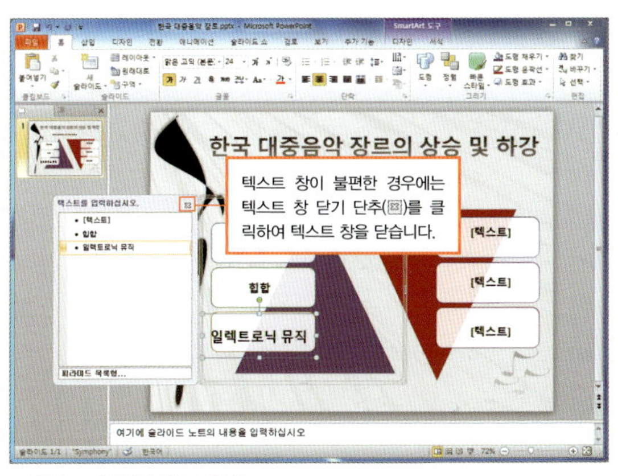

▲ 텍스트 창에서 텍스트 입력

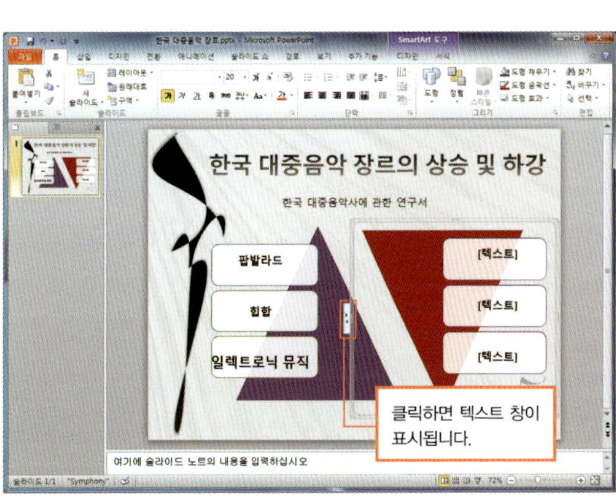

▲ 컨트롤을 이용한 텍스트 창 표시

텍스트 창과 SmartArt 그래픽 내의 그래픽 상자는 동기화되어 있어서, 텍스트 창에 텍스트를 입력하면 그래픽 상자에도 동일하게 텍스트가 입력됩니다.

2. 그래픽 상자에 직접 입력하기

SmartArt 그래픽 도형에 직접 내용을 입력할 수 있지만 일부 SmartArt 그래픽 레이아웃의 경우 포함할 수 있는 도형의 수가 정해져 있으므로, 내용에 맞게 SmartArt 그래픽 레이아웃을 선택하는 것이 무엇보다 중요합니다.

SmartArt 그래픽에서의 텍스트 입력은 원하는 그래픽 상자를 모두 추가한 후 상자를 클릭하여 입력하는 것이 좋습니다.

텍스트 창이나 그래픽 상자 도형은 모두 동기화되어 있어 텍스트 목록을 지우거나 도형을 삭제하게 되면 반대편의 내용도 동일하게 사라집니다.

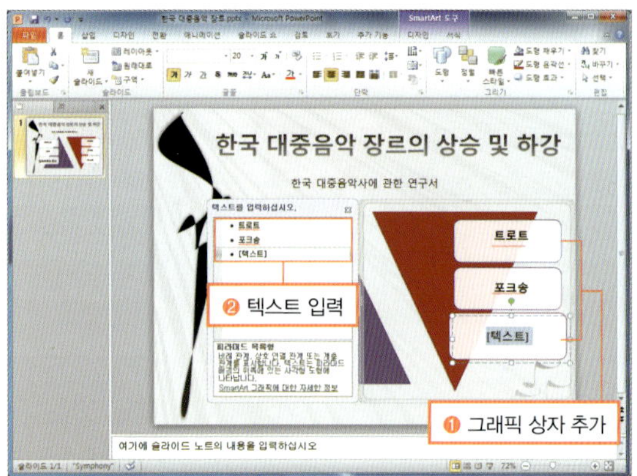

▲ SmartArt 그래픽 – 텍스트 입력

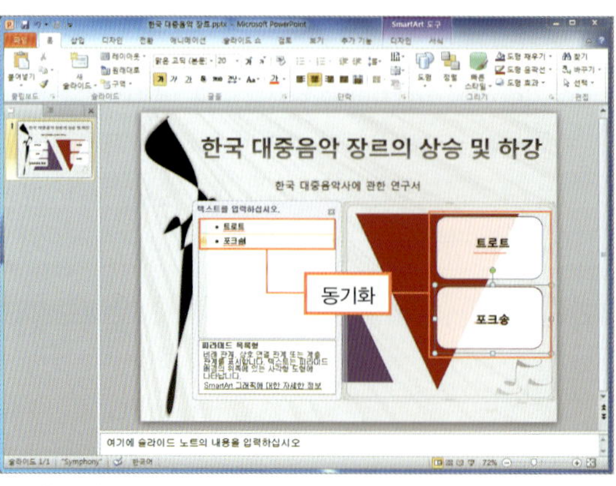

▲ 도형 삭제 – 텍스트 동기화

SmartArt 그래픽 내의 모든 개체들에 텍스트가 입력되면 모두 개체 내에 텍스트가 입력되도록 자동 설정되어 있습니다. 따라서 SmartArt 그래픽의 크기를 줄이거나 그래픽 상자를 변형하게 되면 개체 내의 텍스트도 크기에 따라 커지거나 줄어들게 됩니다.

그러나, SmartArt 그래픽 내의 그래픽 상자를 선택하고 [홈] 탭 → **글꼴** 그룹 → **글꼴 크기**를 임의로 지정하면 SmartArt 그래픽의 크기를 변경해도 임의 지정한 그래픽 상자의 텍스트 크기는 변경되지 않는 것을 볼 수 있습니다.

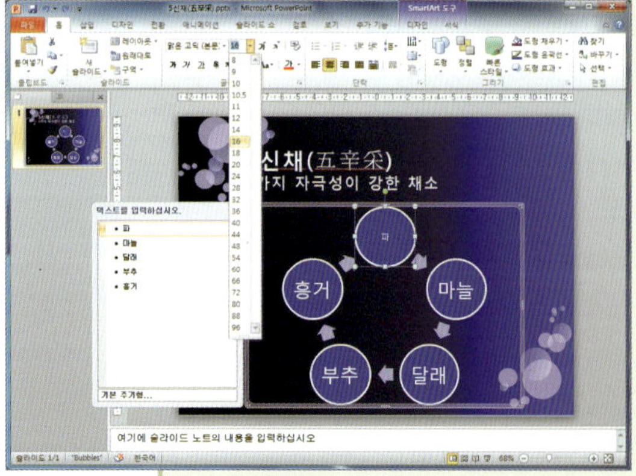

▲ 글꼴 크기 고정

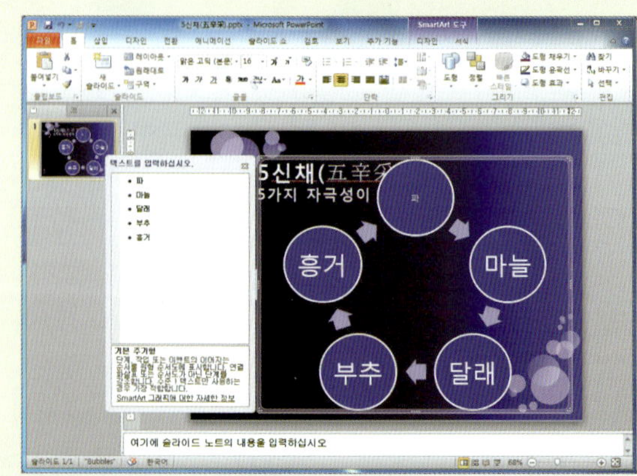

▲ SmartArt 그래픽 크기 조정

SmartArt 내용 입력하기

📁 **준비 파일** : 02 한국 대중음악 장르.pptx   📁 **완성 파일** : 02 한국 대중음악 장르_결과.pptx

SmartArt 그래픽에 텍스트를 입력할 때 텍스트 창에 텍스트를 입력하면 자동으로 SmartArt 그래픽 도형 안에 텍스트가 삽입되는데, 이는 텍스트 창과 Smart-Art 그래픽의 각 도형이 동기화되어 있는 것입니다. 경우에 따라서는 도형에 직접 텍스트를 입력하는 것이 편리할 수도 있지만 텍스트 창에 입력하는 것이 SmartArt 그래픽 도형에 입력하는 것보다 시간이 절약될 수 있습니다.

항목	변경 내용
SmartArt 레이아웃	'피라미드 목록형' 다이어그램
이등변 삼각형	왼쪽 도형 채우기 : '진한 자주, 강조 2' 오른쪽 도형 회전 : '상하 대칭'

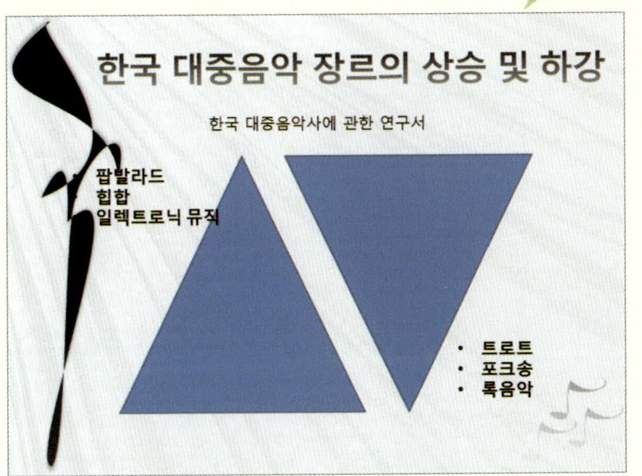

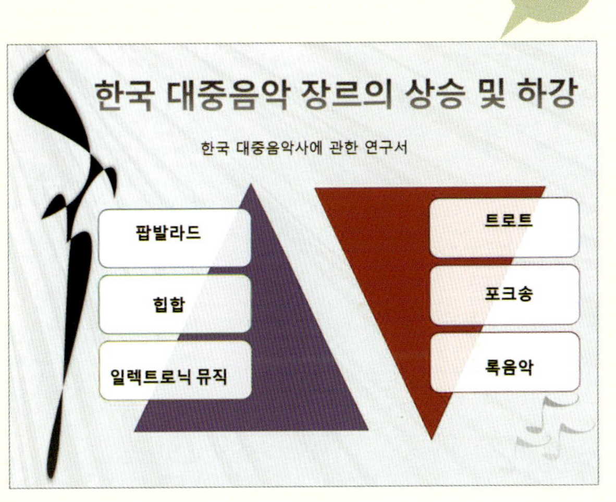

01 **예제 파일 열기** **02 한국 대중음악 장르.pptx** 파일을 두 번 연속 클릭하면 파워포인트가 실행되면서 다음 화면이 나타납니다.

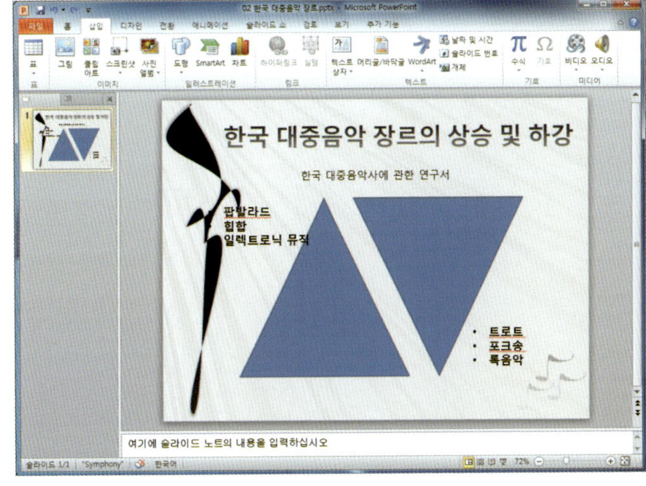

02

SmartArt 그래픽 삽입하기 기존의 그림을 Smart-Art 그래픽으로 바꾸기 위해 ❶ 삼각형 도형을 삭제합니다. 슬라이드에 SmartArt 그래픽을 삽입하기 위해 ❷ [삽입] 탭 → **일러스트레이션** 그룹 → ❸ SmartArt 명령 단추( )를 클릭합니다.

● **SmartArt 그래픽으로 변환하는 방법**

① 텍스트 상자를 선택하고 [홈] 탭 → **단락** 그룹 → **SmartArt 그래픽으로 변환** 명령 단추를 클릭합니다.
② SmartArt 그래픽으로 변환할 그림을 선택한 후 [**그림 도구**] – [**서식**] 탭 → **그림 스타일** 그룹 → **그림 레이아웃**을 클릭합니다.

03

레이아웃 선택하기 'SmartArt 그래픽 선택' 대화상자에서 ❶ [피라미드형]을 클릭하여 ❷ '피라미드 목록형' 다이어그램을 선택한 후 ❸ 〈확인〉 단추를 클릭합니다.

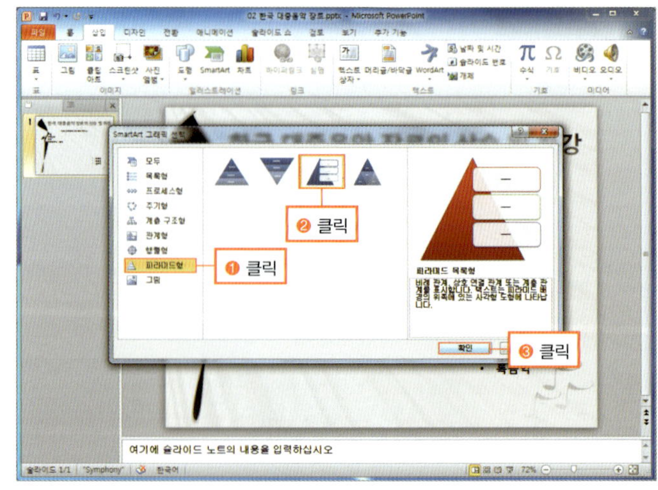

04

크기 변경하기 SmartArt 그래픽 크기를 조정하기 위해 오른쪽 아래 모서리에 마우스 포인터를 올려 마우스 포인터 모양이 로 바뀌면 핸들을 끌어서 배경 도형의 크기에 맞춥니다.

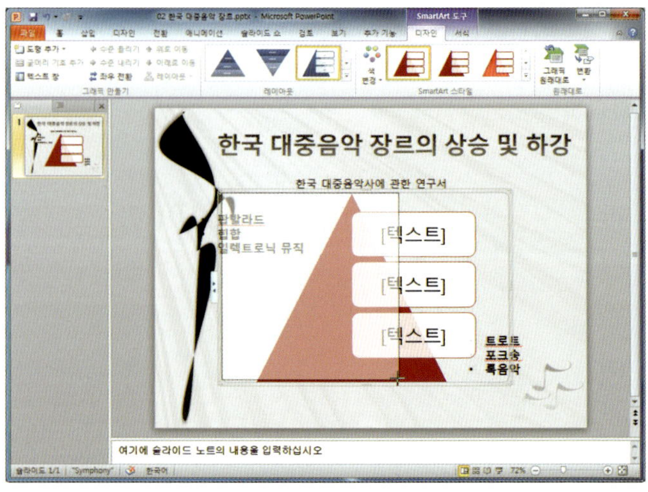

05 텍스트 입력하기 왼쪽 상단에 있는 기존 텍스트
상자의 텍스트를 복사(Ctrl + C)하여 SmartArt
그래픽 텍스트 창에 붙여넣고(Ctrl + V), 기존의 텍스트 상
자는 삭제합니다.

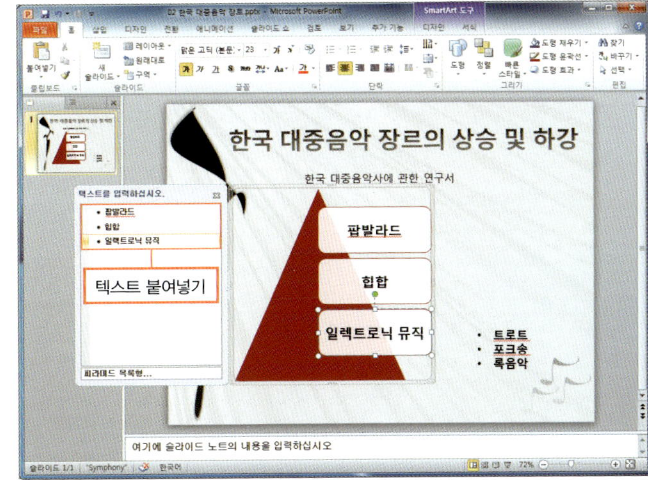

◎ **텍스트 창과 그래픽 상자**

텍스트 창과 SmartArt 그래픽 내의 그래픽 상자는 동기화되어 있어서, 텍스트 창에 텍스
트를 입력하면 그래픽 상자에도 동일하게 텍스트가 입력됩니다.

06 SmartArt 그래픽 복사하기 ❶ SmartArt 그래픽을
선택한 후 ❷ Ctrl 키를 누른 상태에서 SmartArt
그래픽을 오른쪽으로 끌어서 복사합니다.

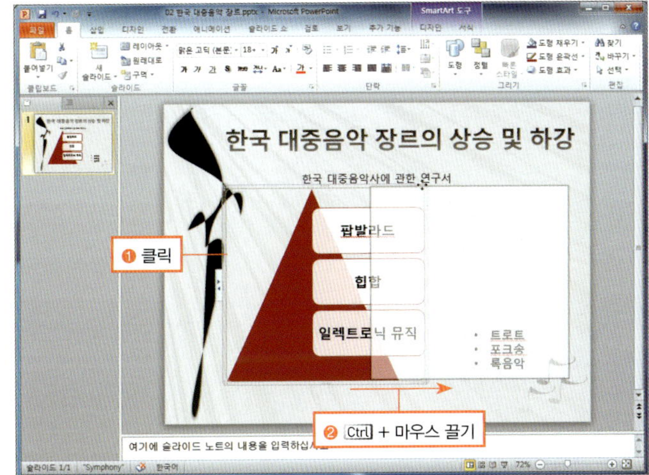

◎ SmartArt 그래픽 또한 복제 명령을 활용하여 복사해도 됩니다. SmartArt 그래픽을 선
택하고 단축키 Ctrl + D 를 누릅니다.

07 텍스트 입력하기 오른쪽 하단에 있는 기존 텍스트
상자의 텍스트를 복사하여 SmartArt 그래픽 텍스
트 창에 붙여넣고, 기존의 텍스트 상자는 삭제합니다.

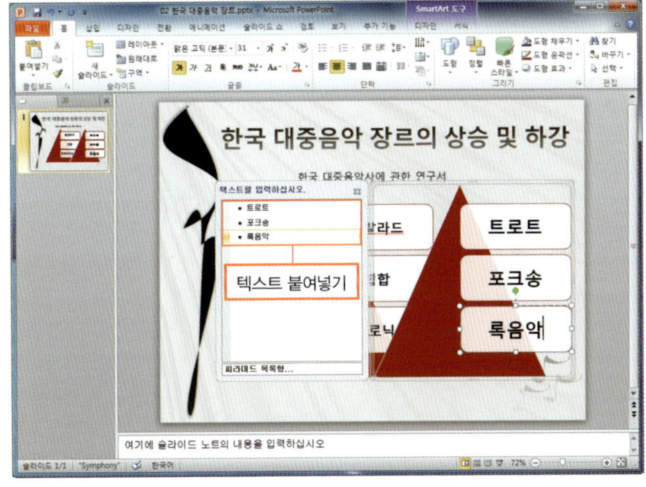

08 **채우기 색 변경하기** 이등변 삼각형 도형의 색을 변경하기 위해 ❶ 왼쪽 SmartArt 그래픽의 이등변 삼각형을 선택한 후 [SmartArt 도구] – ❷ [서식] 탭 → 도형 스타일 그룹 → ❸ 도형 채우기(도형 채우기▼) → ❹ '진한 자주, 강조 2'를 선택합니다.

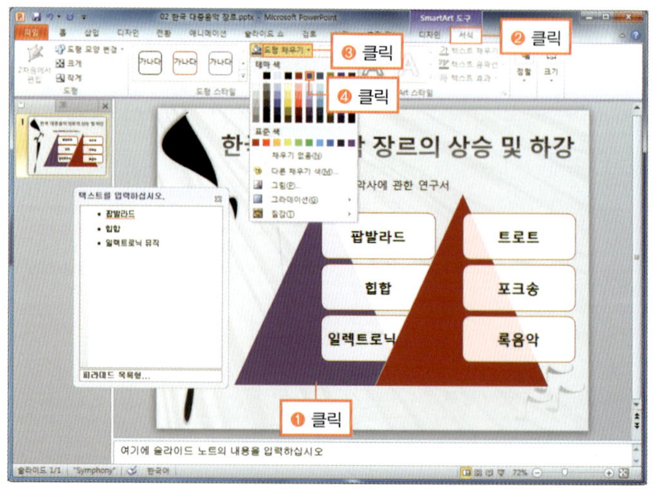

09 **텍스트 상자 위치 변경하기** ❶ 왼쪽 SmartArt 그래픽 내의 3개 도형을 Shift 키를 누른 상태로 선택한 후 ❷ 마우스를 왼쪽으로 끌어서 위치를 변경합니다.

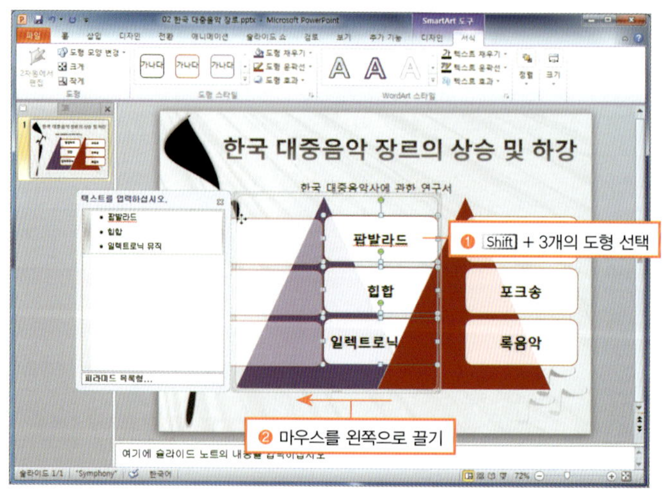

10 **이등변 삼각형 회전하기** 오른쪽 SmartArt 그래픽의 ❶ 이등변 삼각형 도형을 선택한 후 [SmartArt 도구] – [서식] 탭 → ❷ 정렬 → ❸ 회전( ) → ❹ '상하 대칭'을 선택합니다.

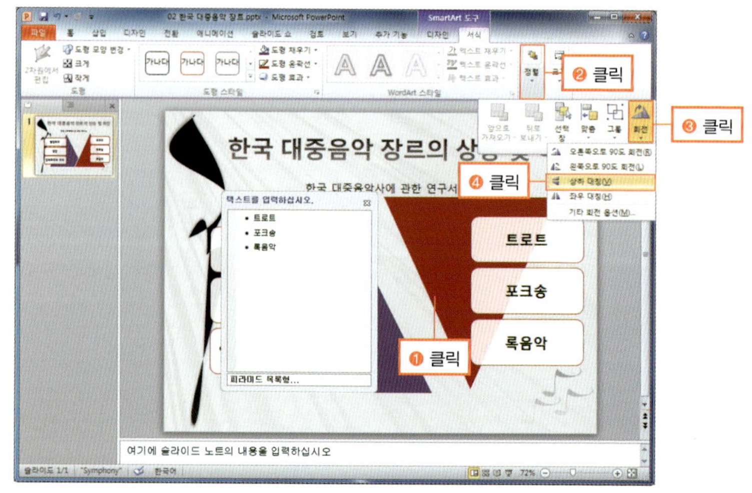

11 **결과 확인하기** SmartArt 그래픽의 크기를 조정하여 그림과 같이 배열하면 슬라이드가 완성됩니다.

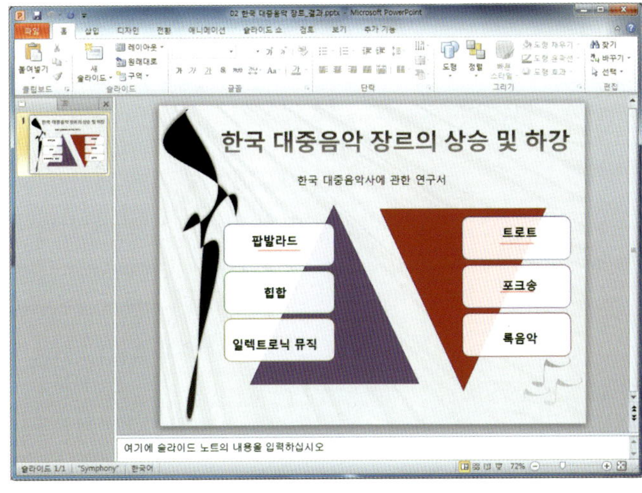

SmartArt 그래픽은 정보 및 아이디어를 시각적으로 표현한 것이고, 차트는 숫자 값이나 데이터를 시각적으로 나타낸 것입니다. 기본적으로 SmartArt 그래픽은 텍스트용으로, 차트는 숫자 데이터용으로 디자인합니다.

SmartArt 그래픽 이용	차트 이용
• 조직도 만들기 • 결정 트리 등의 계층 구조 표시 • 프로세스, 프로시저 또는 기타 이벤트의 흐름 표시 • 정보 나열 • 주기적이거나 반복적인 정보 표시 • 행렬형 일러스트레이션 만들기 • 피라미드형 일러스트레이션으로 비례적 또는 계층적 정보 표시 • 텍스트 입력 및 복사하여 자동으로 배치/정렬하여 빠르게 일러스트레이션 만들기	• 가로 막대형, 세로 막대형 차트 만들기 • 꺾은선형 또는 XY 분산형(데이터 요소), 주식형 차트 만들기 • 표면형, 도넛형, 거품형 또는 방사형 차트 만들기 • 엑셀 통합 문서의 라이브 데이터에 연결 • 엑셀 통합 문서의 숫자가 업데이트될 때 차트 자동으로 업데이트 • "가상" 계산 사용 및 변경 숫자 자동 반영 • 데이터를 기반으로 범례, 눈금선 자동 추가 • 오차 막대 또는 데이터 레이블 등 기능 사용

SmartArt 그래픽 개체의 크기 조정

SmartArt 그래픽을 삽입하게 되면 대부분의 경우 그래픽 상자들은 동일한 크기로 구성됩니다. 그러나 필요에 따라서는 메시지의 중요성에 따라 그래픽 상자의 크기를 달리해야 하는 경우도 많이 있는데, 이때 그래픽 상자를 직접 조정하여 크기를 임의로 조정할 수 있습니다.

❶ SmartArt 그래픽 내의 텍스트의 크기를 고정할 그래픽 상자를 선택하고 크기 조정 핸들을 끌어서 개체의 크기를 조정합니다.

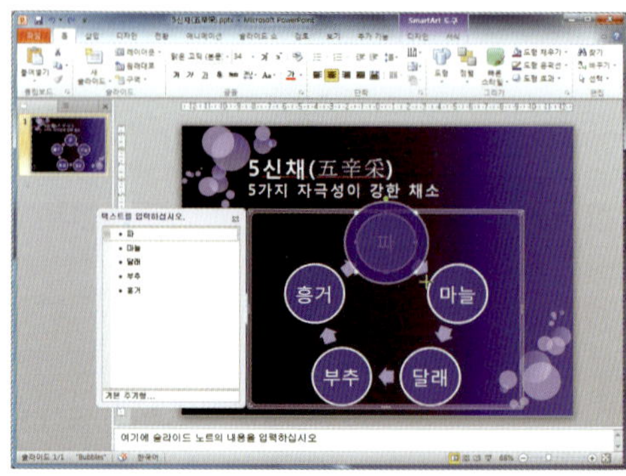

❷ SmartArt 그래픽의 전체 크기를 조정해도 크기를 고정한 그래픽 상자의 크기는 유지되는 것을 볼 수 있습니다.

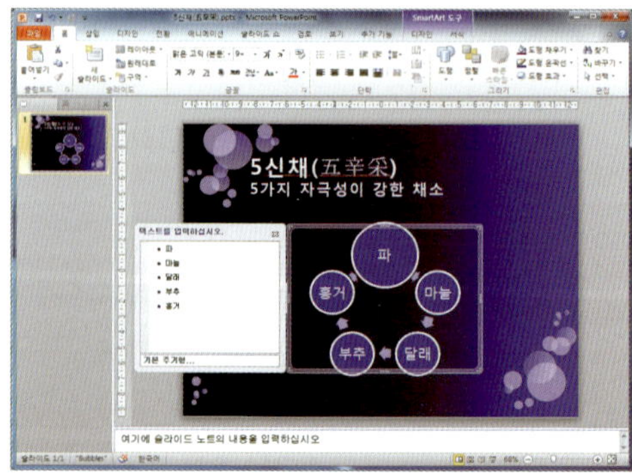

❸ 그래픽 상자의 크기가 조정된 만큼 텍스트의 크기도 맞춰 주는 것이 좋으므로 [홈] 탭 → 글꼴 그룹 → 글꼴 크기에서 임의로 지정합니다.

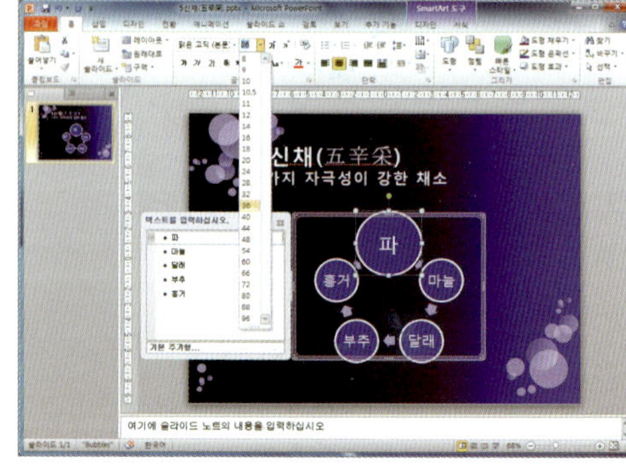

09 SmartArt 서식 변경하기

SmartArt 그래픽에서는 도형을 추가 및 제거하여 레이아웃의 구조를 조정할 수 있으며, SmartArt 그래픽의 텍스트와 기타 콘텐츠, 색, 스타일, 효과, 텍스트 서식 지정은 새 레이아웃으로 자동으로 전달됩니다. 도형을 추가 및 제거하고 텍스트를 편집함에 따라 도형의 배치와 도형 안의 텍스트 양은 자동으로 업데이트되지만 SmartArt 그래픽 레이아웃의 원래 디자인과 테두리는 유지됩니다.

1. SmartArt 도구 상황별 탭 살펴보기

SmartArt 그래픽의 서식을 변경하기 위해서는 SmartArt 그래픽이 삽입되었을 때 표시되는 SmartArt 도구의 [디자인] 탭 및 [서식] 탭을 활용합니다. SmartArt 도구의 [디자인] 탭 및 [서식] 탭에는 SmartArt 그래픽의 서식을 자유롭게 변경할 수 있는 명령들이 배치되어 있습니다.

○ 09 본문예제.pptx를 참조하세요.

○ SmartArt 도구 – [디자인] 탭

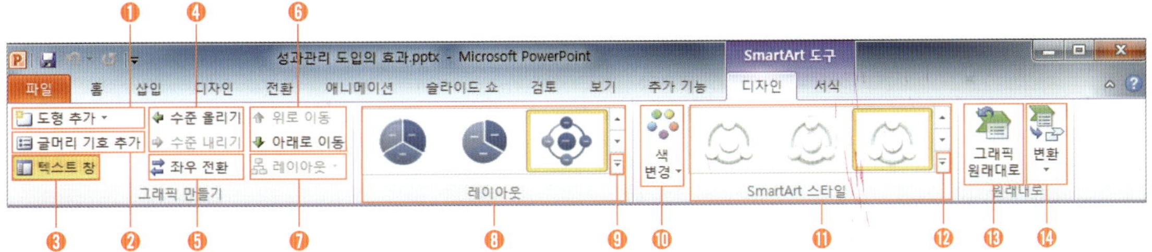

❶ **도형 추가** : SmartArt 그래픽에 도형을 추가합니다.

❷ **글머리 기호 추가** : SmartArt 그래픽에 글머리 기호를 추가합니다.

❸ **텍스트 창** : 텍스트 창을 표시하거나 숨깁니다.

❹ **수준 올리기/내리기** : 선택한 글머리 기호 또는 도형의 수준을 높이거나 낮춥니다.

❺ **좌우 전환** : 왼쪽에서 오른쪽으로 또는 오른쪽에서 왼쪽으로 SmartArt 그래픽의 레이아웃을 전환합니다.

❻ **위로/아래로 이동** : 현재 선택한 항목을 위나 아래, 앞이나 뒤로 옮깁니다.

❼ **레이아웃** : 계층 구조형 SmartArt 그래픽이 삽입되었을 때 활성화되며, 조직도의 레이아웃을 변경합니다.

❽ **레이아웃** : SmartArt 그래픽에 적용한 레이아웃을 변경합니다.

❾ **'레이아웃' 자세히 단추** : SmartArt 그래픽의 다양한 레이아웃을 표시합니다.

❿ **색 변경** : SmartArt 그래픽에 적용한 색 변형을 변경합니다.

⓫ **SmartArt 스타일** : SmartArt 그래픽에 적용한 전체 스타일을 변경합니다.

⓬ **'SmartArt 그래픽' 자세히 단추** : SmartArt 그래픽의 다양한 스타일을 표시합니다.

⓭ **그래픽 원래대로** : SmartArt 그래픽에 적용한 서식을 모두 취소합니다.

⑭ **변환** : SmartArt 그래픽을 도형으로 변환하거나 텍스트로 변환합니다.

○ SmartArt 도구 – [서식] 탭

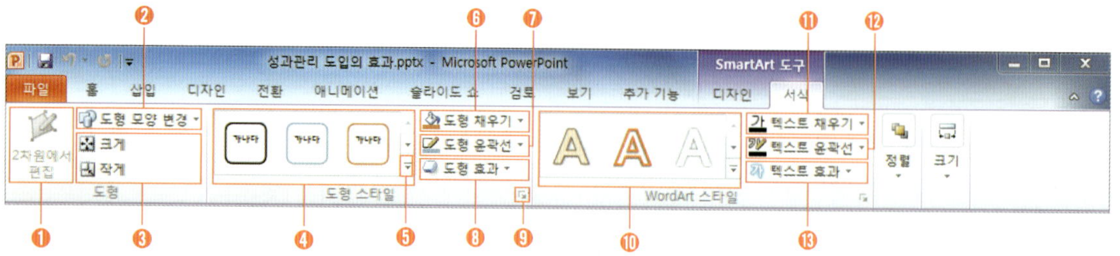

❶ **2차원에서 편집** : 3차원 효과가 적용된 SmartArt 그래픽을 2차원 보기 상태로 변경합니다.

❷ **도형 모양 변경** : 서식을 모두 유지한 채 그리기의 모양을 변경합니다.

❸ **크게 / 작게** : SmartArt 그래픽의 선택한 도형의 크기를 늘리거나 줄입니다.

❹ **도형 스타일** : 도형 또는 선의 표시 스타일을 선택합니다.

❺ **'도형 스타일' 자세히 단추** : 도형 또는 선의 다양한 스타일을 표시합니다.

❻ **도형 채우기** : 단색, 그라데이션, 그림 또는 질감으로 선택한 도형을 채웁니다.

❼ **도형 윤곽선** : 선택한 도형의 윤곽선 색, 두께 및 선 스타일을 지정합니다.

❽ **도형 효과** : 선택한 도형에 그림자, 네온, 반사 또는 3차원 회전과 같은 시각효과를 적용합니다.

❾ **대화상자 표시 단추** : '도형 서식' 대화상자를 표시합니다.

❿ **WordArt 스타일 메뉴 항목** : 텍스트의 표시 스타일을 선택합니다.

⓫ **텍스트 채우기** : 단색, 그라데이션, 그림 또는 질감으로 텍스트를 채웁니다.

⓬ **텍스트 윤곽선** : 텍스트의 윤곽선 색, 두께 및 선 스타일을 지정합니다.

⓭ **텍스트 효과** : 텍스트에 그림자, 네온, 반사 또는 3차원 회전과 같은 시각효과를 적용합니다.

2. 도형 추가하기

SmartArt 그래픽의 기본 레이아웃에 세 개의 도형이 있다면 이를 두 개 또는 다섯 개로 자유롭게 도형의 수를 줄이거나 추가할 수 있습니다.

○ 새 도형 추가

다른 도형을 추가할 SmartArt 그래픽을 클릭하고 새 도형을 추가할 위치에 가장 가까이 있는 기존 도형을 클릭합니다. [SmartArt 도구] – [디자인] 탭 → 그래픽 만들기 그룹 → 도형 추가(🖫 도형 추가 ▾)를 클릭합니다.

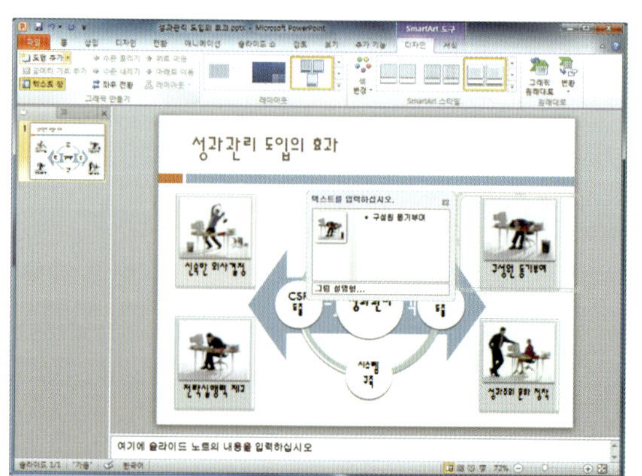

▲ 도형 추가 명령

○ 도형 추가 명령

SmartArt 그래픽 내의 그래픽 상자를 선택하고 **도형 추가** 명령을 클릭하면 선택한 개체 뒤에 도형이 추가됩니다.

선택한 도형 뒤에 도형을 삽입하려면 **뒤에 도형 추가**를 클릭하고, 선택한 도형 앞에 도형을 삽입하려면 **앞에 도형 추가**를 클릭합니다.

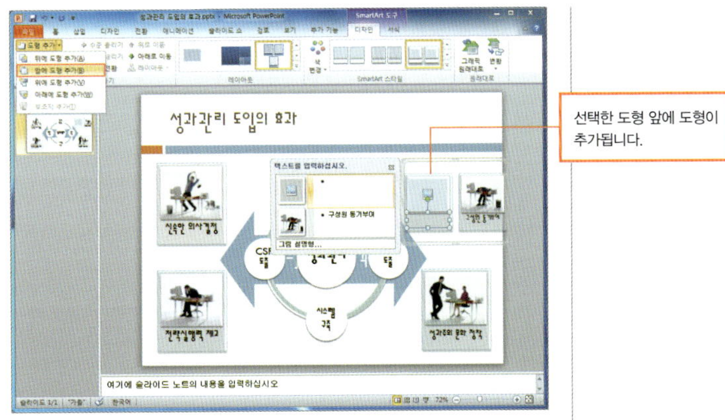

▲ 앞에/뒤에 도형 추가

● 텍스트 창에서 도형 추가

기존 도형을 클릭하고 도형을 추가할 위치에 있는 텍스트 앞이나 뒤로 커서를 이동한 다음 [Enter] 키를 누릅니다.

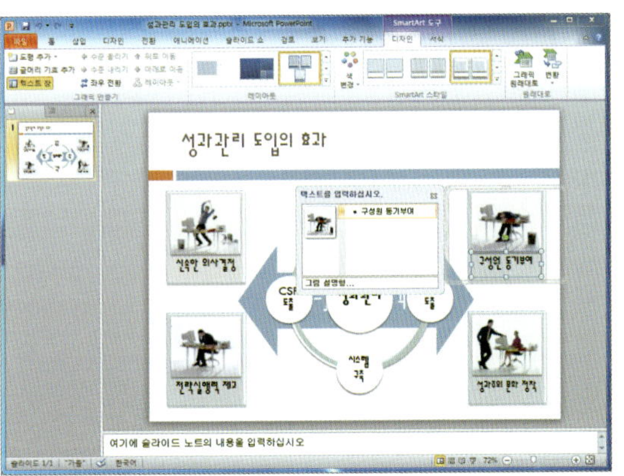

▲ 텍스트 창에서 도형 추가

> **● 하위 도형 추가하기**
>
> 하위 도형의 추가는 Smart-Art 그래픽의 유형에 따라 다르지만 [Enter] 키를 누르면 도형을 삽입하고 [Tab] 키를 누르면 하위 도형으로 전환됩니다.

● SmartArt 그래픽에서 도형 삭제

삭제할 도형을 클릭한 후 [Delete] 키를 누르고, 만약 전체 SmartArt 그래픽을 삭제하려면 Smart-Art 그래픽 테두리를 클릭한 후 [Delete] 키를 누릅니다.

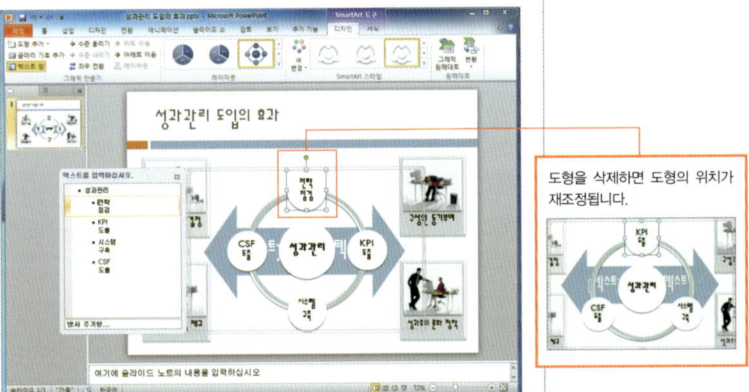

▲ SmartArt 그래픽에서 도형 삭제

3. 수준, 이동 및 전환 변경하기

SmartArt 그래픽에서 선택한 글머리 기호 또는 도형의 수준을 올리거나 낮출 수 있습니다. 또한 현재 선택한 항목을 앞이나 뒤로 이동할 수 있으며, 왼쪽에서 오른쪽 또는 오른쪽에서 왼쪽으로 SmartArt 그래픽의 레이아웃을 전환할 수 있습니다.

● **수준 조정**(수준 올리기 , 수준 내리기)

SmartArt 그래픽에서 선택한 글머리 기호 또는
도형의 수준을 올리거나 낮추려면 [SmartArt 도구]
- [디자인] 탭 → **그래픽 만들기** 그룹 → **수준 올리기**
또는 **수준 내리기**를 클릭합니다.

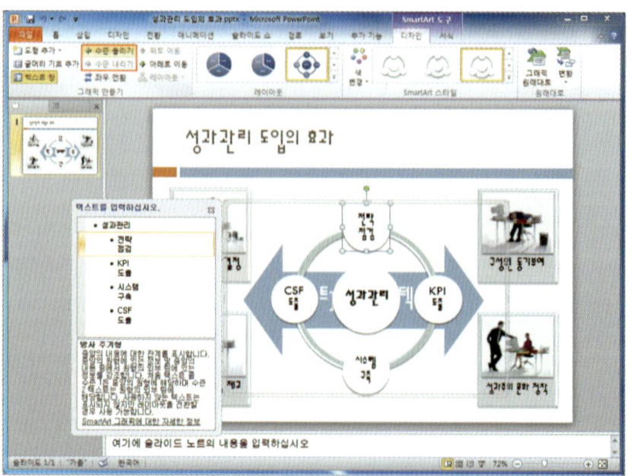

▲ 수준 올리기/수준 내리기

● **이동**(위로 이동 , 아래로 이동)

현재 선택한 항목을 앞이나 뒤로 이동하려면
[SmartArt 도구] - [디자인] 탭 → **그래픽 만들기** 그
룹 → **위로 이동** 또는 **아래로 이동**을 클릭합니다.

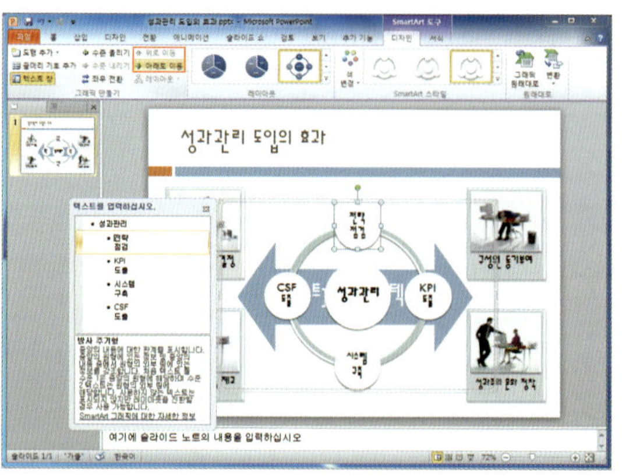

▲ 위로 이동/아래로 이동

● **전환**(좌우 전환)

왼쪽에서 오른쪽 또는 오른쪽에서 왼쪽으로
SmartArt 그래픽의 레이아웃을 전환하려면
[SmartArt 도구] - [디자인] 탭 → **그래픽 만들기** 그룹
→ **좌우 전환**을 클릭합니다.

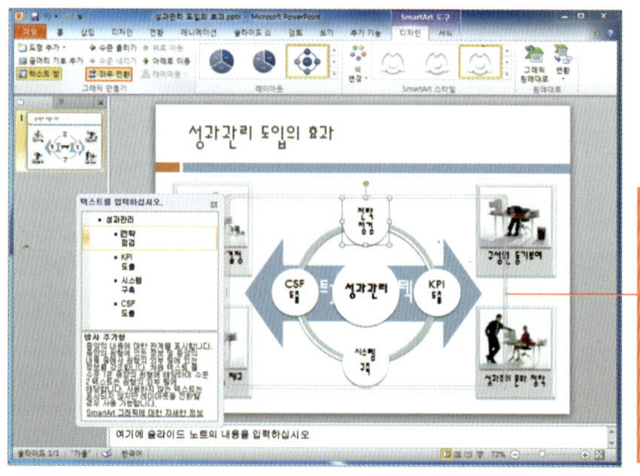

▲ 좌우 전환

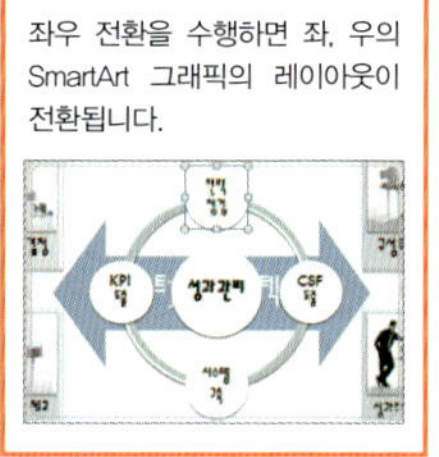

4. 레이아웃 변경하기

SmartArt 그래픽에서 빠르고 쉽게 레이아웃을 전환할 수 있으므로 자신의 메시지를 가장 잘 표현하는
레이아웃을 찾을 때까지 여러 형식의 다른 레이아웃을 적용해 볼 수 있습니다.

레이아웃을 전환하면 자동으로 대부분의 텍스트와 기타 콘텐츠, 색, 스타일, 효과 및 텍스트 서식이 변경됩니다.

SmartArt 그래픽의 레이아웃을 변경하려면 [SmartArt 도구] – [디자인] 탭 → 레이아웃 그룹 오른쪽 **자세히** 단추(▼)를 클릭한 후 선택 목록에서 원하는 레이아웃을 선택합니다.

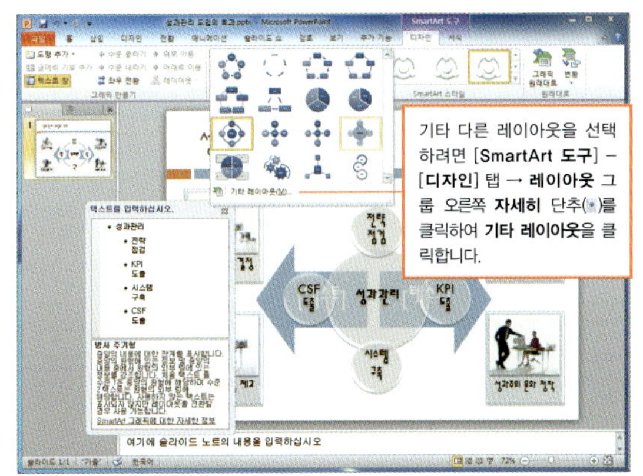

▲ SmartArt 그래픽 레이아웃 변경

5. 색 및 스타일 변경하기

테마 색에서 파생된 색 변형을 SmartArt 그래픽의 도형에 적용할 수 있습니다. 즉, SmartArt 스타일은 선 스타일, 입체 효과 및 3차원을 비롯한 다양한 효과의 조합으로, SmartArt 그래픽의 도형에 적용하면 전문가가 디자인한 것과 같은 고유한 모양을 만들 수 있습니다.

● SmartArt 그래픽 색

색을 변경하려면 [SmartArt 도구] – [디자인] 탭 → SmartArt 스타일 그룹 → 색 변경(▦)을 클릭한 후 선택 목록에서 원하는 색을 선택합니다.

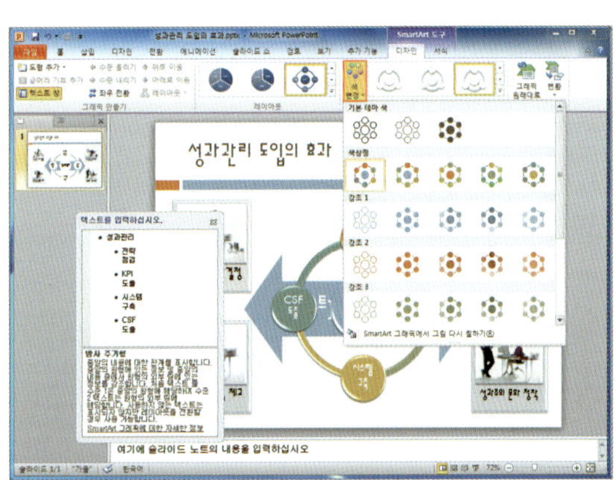

▲ SmartArt 그래픽 색 변경

● 색 변경 선택 목록

색 변경 명령을 클릭했을 때 표시되는 선택 목록은 고정된 것이 아니라 테마 색에 따라서 변경됩니다. 따라서 테마 색을 변경하면 SmartArt 그래픽의 색상도 자동으로 바뀝니다.

고정된 수의 도형이 포함된 SmartArt 그래픽의 경우 텍스트 창의 일부 텍스트만 SmartArt 그래픽에 나타나는데, 표시되지 않는 텍스트, 그림 또는 기타 콘텐츠는 텍스트 창에서 빨간색 X로 식별됩니다. 다른 레이아웃으로 전환하면 표시되지 않는 콘텐츠를 계속 사용할 수 있지만 동일한 레이아웃을 유지한 채로 닫으면 개인 정보 취급 방침을 위해 정보가 저장되지 않습니다.

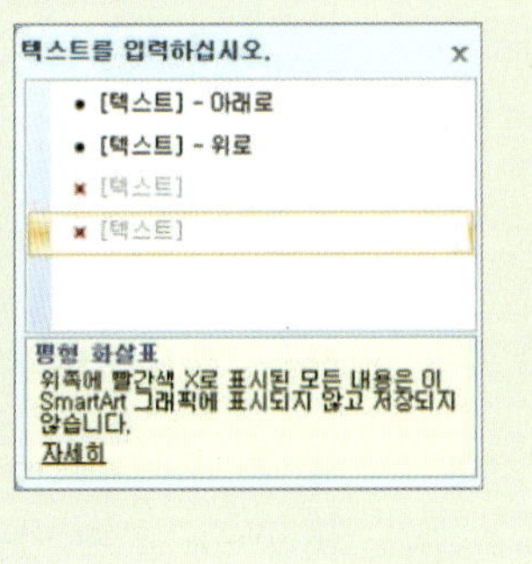

● SmartArt 스타일

적용하기 위한 SmartArt 그래픽을 선택한 후 [SmartArt 도구] − [디자인] 탭 → SmartArt 스타일 그룹 오른쪽 **자세히** 단추(▼)를 클릭하고 선택 목록에서 원하는 스타일을 선택합니다.

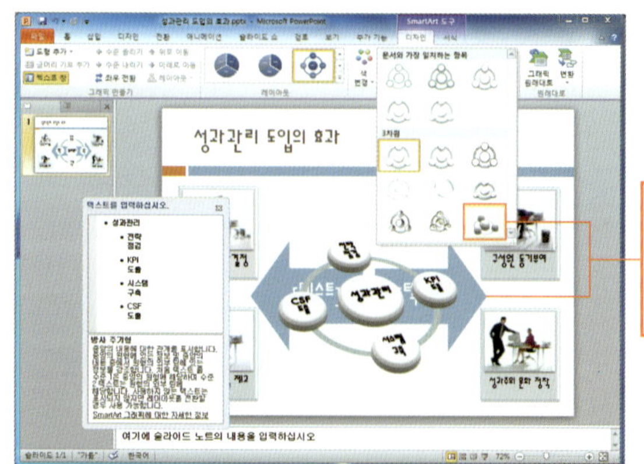

▲ SmartArt 그래픽 스타일 변경

SmartArt 스타일 선택 목록 중에서 '조감도'에 마우스를 올리면 SmartArt 그래픽이 바로 적용되는 것을 확인할 수 있습니다.

6. 그래픽 원래대로 및 변환하기

SmartArt 그래픽에 적용한 서식을 모두 취소하려면 그래픽 원래대로를 활용합니다. 또는 SmartArt 그래픽의 텍스트 창이 불편하거나 각 도형으로 편집하고 싶을 경우에는 도형으로 변환하거나 텍스트로 변환할 수 있습니다.

● 그래픽 원래대로( )

SmartArt 그래픽에 추가된 서식을 모두 취소하려면 [SmartArt 도구] − [디자인] 탭 → 원래대로 그룹 → 그래픽 원래대로( )를 클릭합니다.

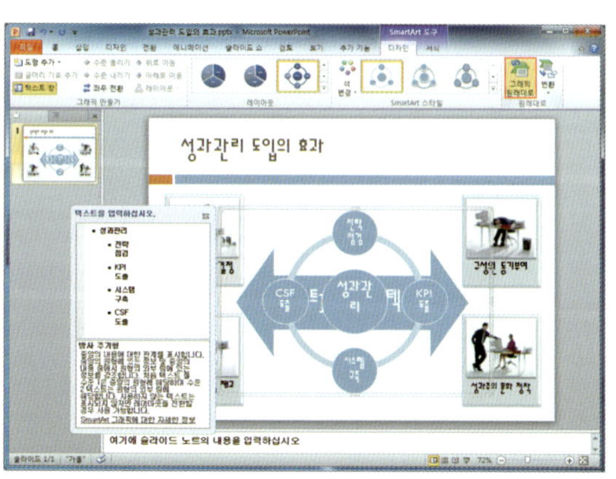

▲ SmartArt 그래픽 원래대로

● 임의로 지정된 서식

'그래픽 원래대로' 명령은 SmartArt 그래픽의 색 변경 및 SmartArt 스타일을 변경한 서식 외에 사용자가 임의로 설정한 모든 서식이 사라집니다.

● 그래픽 변환( )

SmartArt 그래픽을 텍스트 및 도형으로 변환하려면 [SmartArt 도구] − [디자인] 탭 → 원래대로 그룹 → **변환** → **텍스트로 변환**( ) 또는 **도형으로 변환**( )을 클릭합니다.

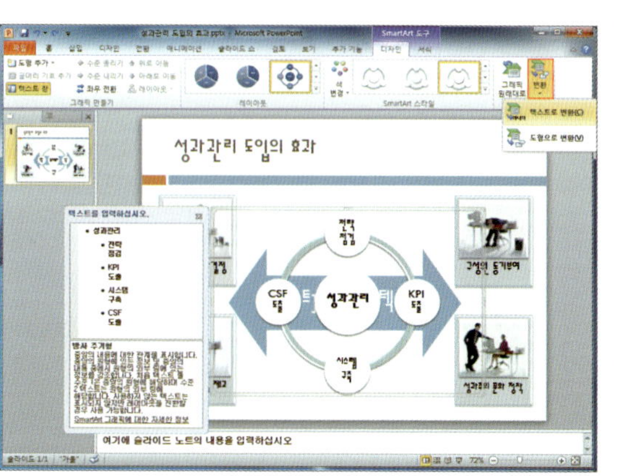

▲ SmartArt 그래픽 − 텍스트로 변환

● 도형으로 변환 시

만약 도형으로 변환하게 되면 일반 도형과 같이 사용할 수 있습니다. 일부러 SmartArt 그래픽에서 도형으로 변환하여 사용하는 사용자도 많이 있습니다.

7. 도형 모양 변경하기

SmartArt 그래픽 내의 도형을 표현하고자 하는 상황에 따라서 파워포인트에서 제공되는 도형 모양을 자유자재로 바꿀 수 있습니다.

SmartArt 그래픽 내의 도형의 모양을 변경하려면 [**SmartArt 도구**] – [**서식**] 탭 → **도형** 그룹 → **도형 모양 변경**(도형 모양 변경 ▾)을 클릭한 후 도형의 선택 목록에서 변경할 모양의 도형을 선택합니다.

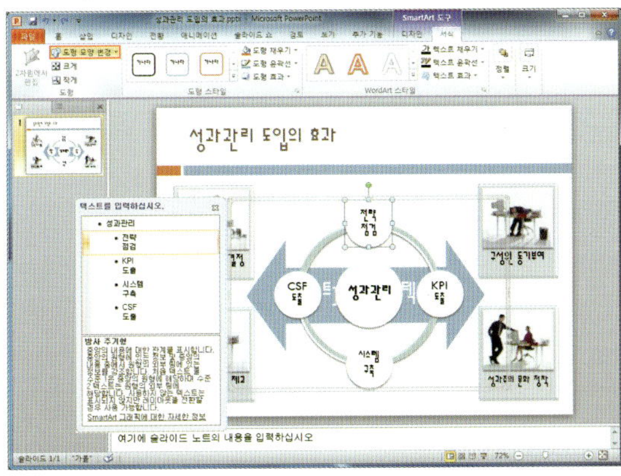

▲ 도형 모양 변경 명령

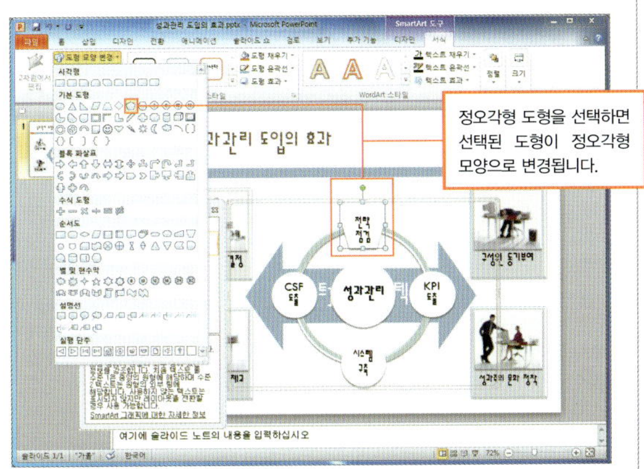

▲ '도형 모양 변경' 선택 목록

SmartArt 서식 변경하기

📁 **준비 파일 :** 03 전략과 성과지표의 연계.pptx   📁 **완성 파일 :** 03 전략과 성과지표의 연계_결과.pptx

SmartArt 그래픽의 서식은 텍스트 및 도형 개체들의 효과 및 서식 적용과 크게 다르지 않으므로 텍스트나 도형에 적용되는 모든 효과나 서식을 동일하게 적용할 수 있습니다. 그러나 여러 개의 SmartArt 그래픽을 하나의 슬라이드에서 작업할 경우 개체를 선택하는데 어려울 수 있으므로 주의해야 합니다.

항목	변경 내용
SmartArt 그래픽 삽입 (오름차순 화살표 프로세스형)	색 변경 : '색상형 – 강조색'
	스타일 : '파우더'
	화살표 도형 : 글꼴(맑은 고딕), 글꼴 크기(17), '굵게'
	직사각형 도형 : 글꼴(맑은 고딕), 글꼴 크기(12), '가운데 정렬'
SmartArt 그래픽 삽입 (레이블 계층 구조형)	색 변경 : '색상형 – 강조색'
	스타일 : '보통 효과'
SmartArt 그래픽 전환 (오름차순 그림 강조 프로세스형)	그림 삽입 : 클립 아트('동전', '고객', '진행', '책') 삽입
	색 변경 : '색상형 범위 – 강조색 5 또는 6'
	스타일 : '보통 효과'
SmartArt 그래픽 삽입 (제목 있는 행렬형)	색 변경 : '그라데이션 범위 – 강조 3'
	스타일 : '보통 효과'
SmartArt 그래픽 전환 (그림 설명형)	그림 삽입 : 클립 아트("PC시스템") 삽입
	색 변경 : '색상형 범위 – 강조색 5 또는 6'
	스타일 : '경사'

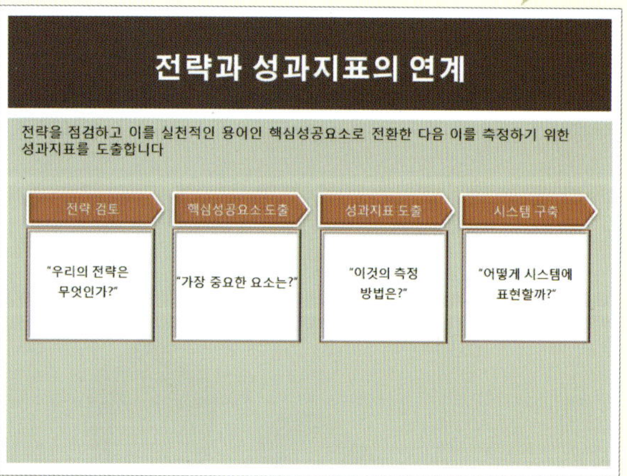

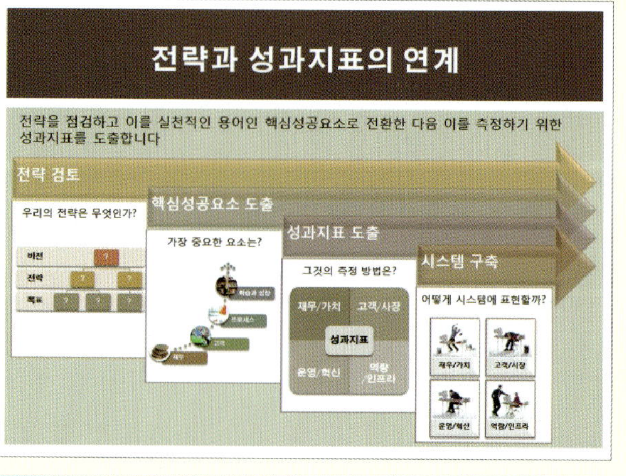

01 예제 파일 열기

03 전략과 성과지표의 연계.pptx 파일을 두 번 연속 클릭하면 파워포인트가 실행되면서 다음 화면이 나타납니다.

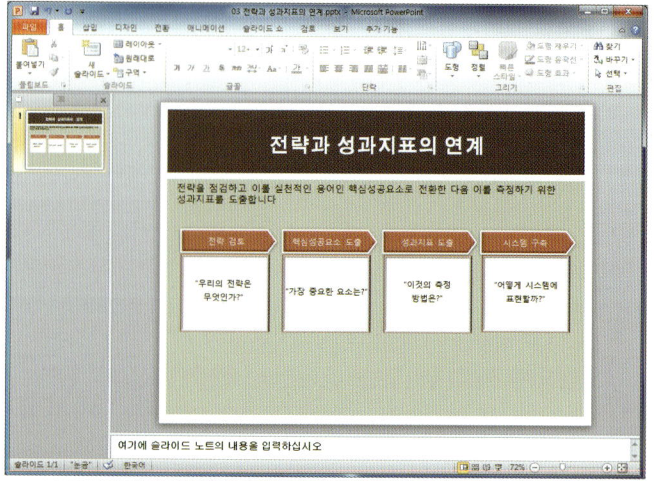

02

SmartArt 그래픽 삽입하기(1) 슬라이드의 프로세스 도형을 각각 선택하여 삭제하고 SmartArt 그래픽을 삽입하기 위해 ❶ [**삽입**] 탭 → **일러스트레이션** 그룹 → ❷ **SmartArt** 명령 단추(![])를 클릭합니다. 'SmartArt 그래픽 선택' 대화상자에서 ❸ [프로세스형]을 클릭하고 ❹ '오름차순 화살표 프로세스형' 레이아웃을 선택한 후 ❺ 〈확인〉 단추를 클릭합니다.

◎ SmartArt 그래픽의 삽입 단축키는 Alt + N, M을 차례로 누릅니다.

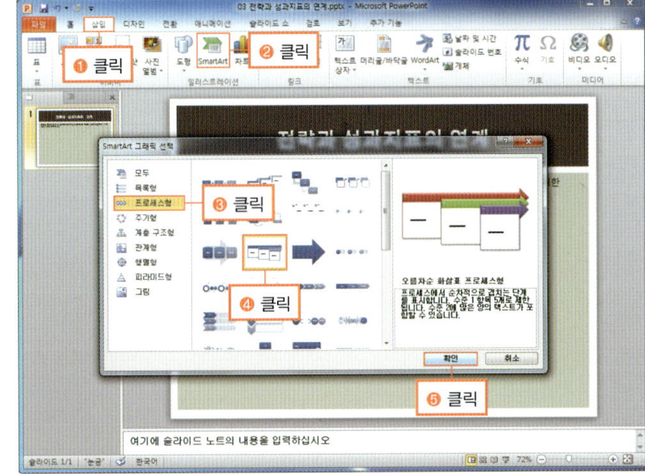

03

크기 조정하기 SmartArt 그래픽을 선택한 후 오른쪽 아래의 크기 조정 핸들을 클릭한 후 마우스 포인터 모양이 ↖로 바뀌면 핸들을 끌어서 크기를 변경합니다.

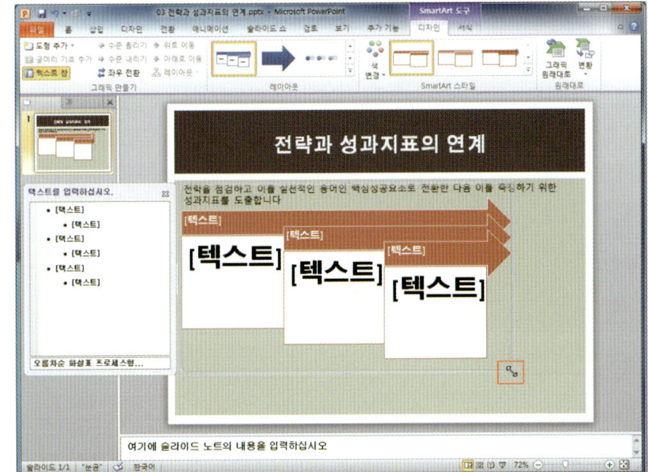

04

도형 추가하기 SmartArt 그래픽이 선택된 상태에서 도형을 하나 더 추가하기 위해 [**SmartArt 도구**] – [**디자인**] 탭 → **그래픽 만들기** 그룹 → ❶ **도형 추가**(![도형 추가]) → ❷ **뒤에 도형 추가**를 클릭합니다.

◎ 하위 도형 추가하기

하위 도형의 추가는 SmartArt 그래픽의 유형에 따라 다르지만 Enter 키를 누르면 도형을 삽입하고 Tab 키를 누르면 하위 도형으로 전환됩니다.

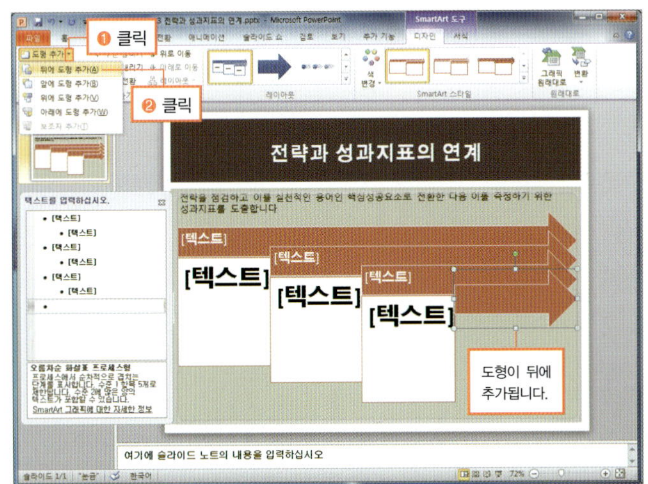

05 글머리 기호 추가하기 [SmartArt 도구] – [디자인] 탭 → 그래픽 만들기 그룹 → 글머리 기호 추가(글머리 기호 추가)를 클릭합니다.

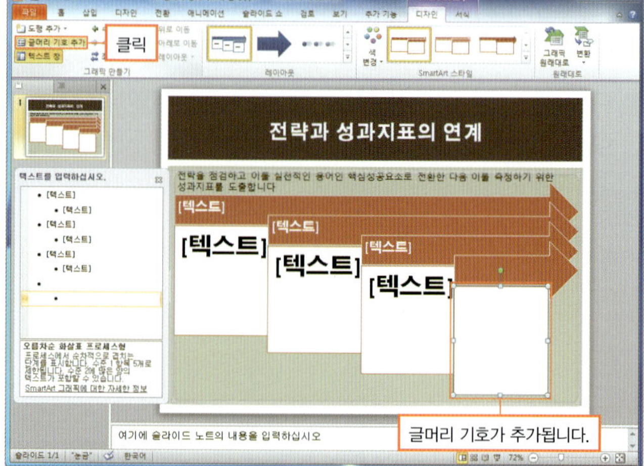

◐ 글머리 기호 추가

SmartArt 그래픽에 글머리 기호를 추가하며, 이 명령은 선택한 레이아웃이 글머리 기호 텍스트를 지원하는 경우에만 활성화됩니다.

06 텍스트 입력하기 텍스트 창을 클릭한 후 그림과 같이 텍스트를 입력합니다.

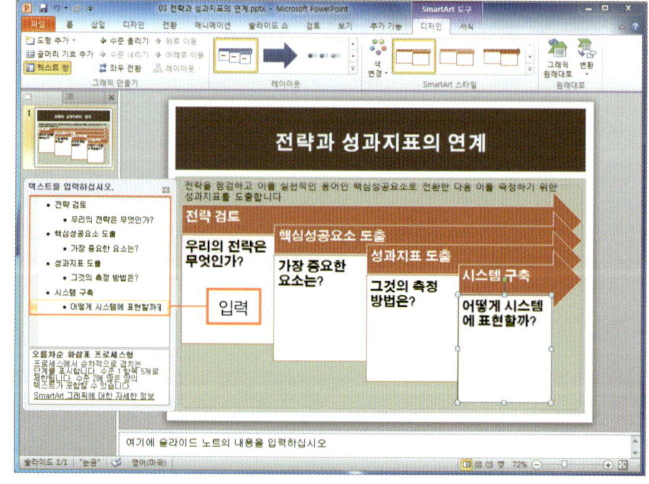

◐ 텍스트 입력

텍스트 창이 표시되면 각 해당 위치에 마우스를 클릭하여 텍스트를 입력합니다.

07 색 변경하기 SmartArt 그래픽의 색을 설정하기 위해 ❶ SmartArt 그래픽을 선택한 후 [SmartArt 도구] – [디자인] 탭 → SmartArt 스타일 그룹 → ❷ 색 변경()을 클릭하여 ❸ '색상형 – 강조색'을 선택합니다.

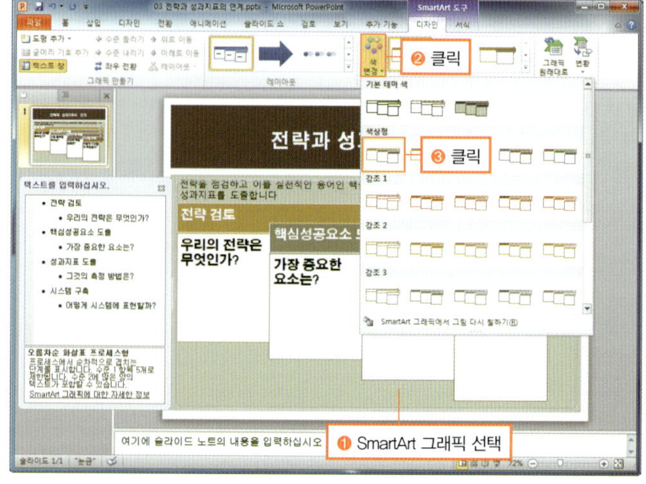

◐ 색 변경 명령

색 변경 명령을 클릭하여 표시되는 선택 목록은 테마 색에 따라 다르게 변경됩니다. 따라서 테마 색을 변경하면 SmartArt 그래픽의 색도 자동으로 변경됩니다.

08 **SmartArt 스타일 적용하기** SmartArt 그래픽이
선택되어 있는 상태에서 스타일을 적용하기 위해
[SmartArt 도구] – [디자인] 탭 → ❶ SmartArt 스타일 그룹 오른
쪽 **자세히** 단추( )를 클릭하여 ❷ '3차원' 항목의 '파우더'를
선택합니다.

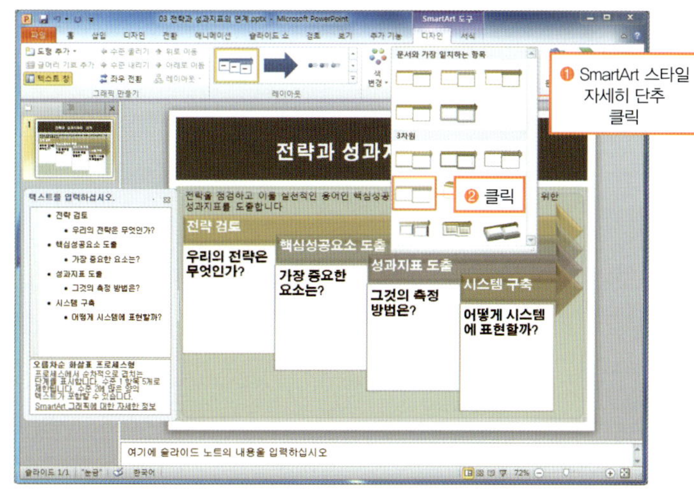

09 **텍스트 글꼴 및 서식 지정하기(1)** ❶ SmartArt 그
래픽의 화살표 도형을 Shift 키를 누른 상태로 모
두 선택한 후 ❷ [홈] 탭 → **글꼴** 그룹에서 ❸ '글꼴 : 맑은 고
딕, 글꼴 크기 : 17, 굵게'를 설정합니다.

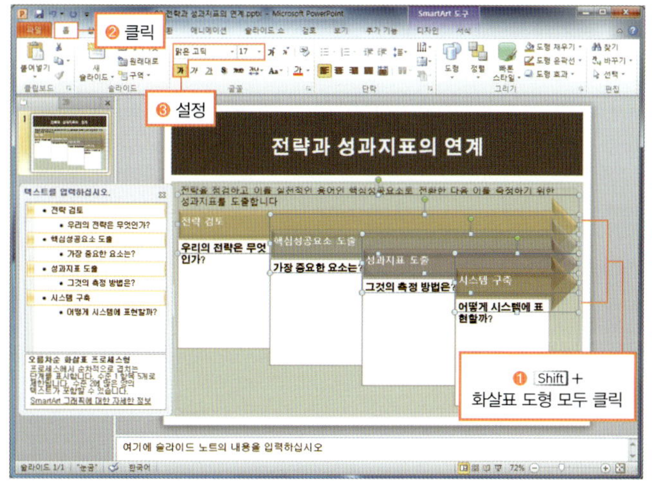

◉ 도형을 선택하고 마우스 오른쪽 단추를 클릭하여 표시되는 미니 도구 모음에서 서
식을 변경해도 됩니다.

10 **텍스트 글꼴 및 서식 지정하기(2)** ❶ SmartArt 그
래픽의 직사각형 도형을 Shift 키를 누른 상태로
모두 선택한 후 [홈] 탭 → **글꼴** 그룹에서 ❷ '글꼴 : 맑은 고
딕, 글꼴 크기 : 12'를 설정한 후 ❸ **단락** 그룹 → '가운데 정
렬'을 설정합니다.

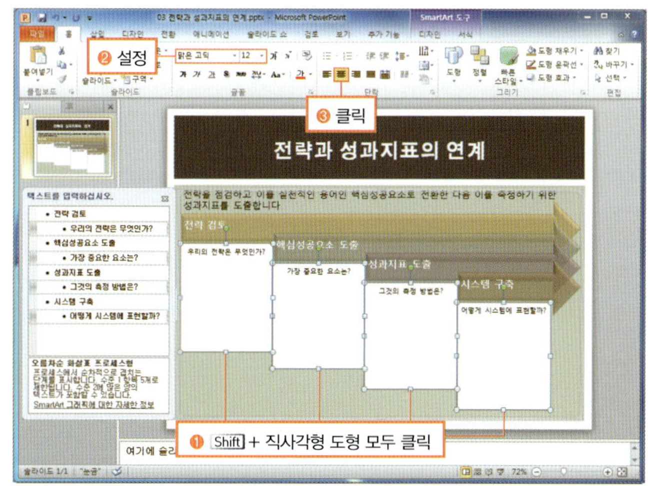

11 SmartArt 그래픽 삽입하기(2) ❶ [**삽입**] 탭 → **일러스트레이션** 그룹 → ❷ SmartArt 명령 단추(　)를 클릭한 후 'SmartArt 그래픽 선택' 대화상자에서 ❸ [계층 구조형]을 클릭하고 ❹ '레이블 계층 구조형' 레이아웃을 선택한 후 ❺ 〈확인〉 단추를 클릭합니다.

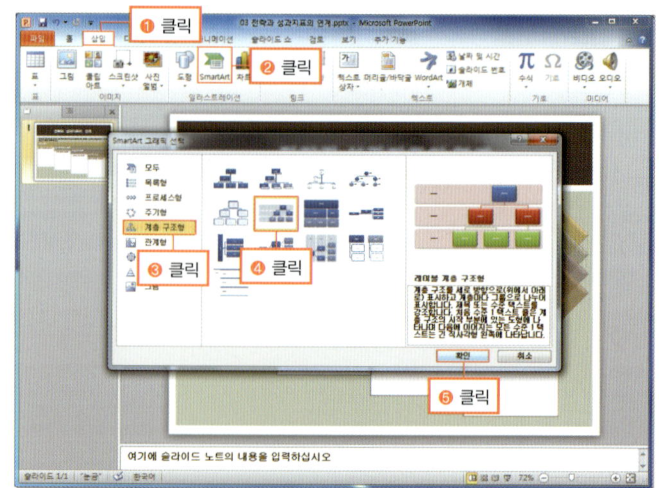

12 크기 조정 및 텍스트 입력하기 ❶ SmartArt 그래픽을 선택한 후 오른쪽 아래의 크기 조정 핸들을 클릭하여 마우스 포인터 모양이 ↖로 바뀌면 핸들을 끌어서 크기를 변경합니다. ❷ 그리고 텍스트 창을 클릭한 후 그림과 같이 텍스트를 입력합니다.

◎ SmartArt 그래픽을 선택하고 Shift + 방향 키를 누르면서 크기를 조정할 수 있습니다.

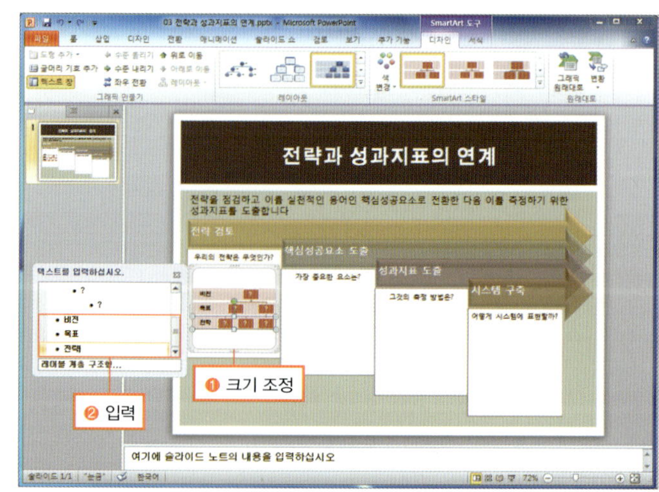

13 색 변경하기 ❶ SmartArt 그래픽을 선택한 후 [SmartArt 도구] – [디자인] 탭 → SmartArt 스타일 그룹 → ❷ 색 변경(　)을 클릭하여 ❸ '색상형 – 강조색'을 선택합니다.

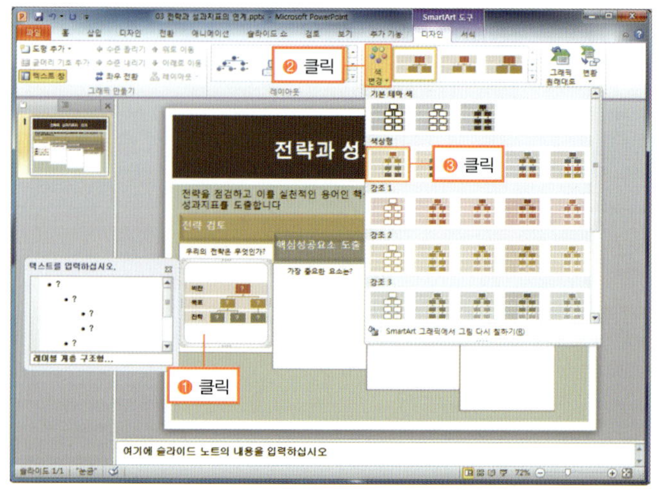

14 **SmartArt 스타일 적용하기** SmartArt 그래픽이 선택된 상태에서 [**SmartArt 도구**] – [**디자인**] 탭 → ❶ **SmartArt 스타일** 그룹 오른쪽 **자세히** 단추(▾)를 클릭하여 ❷ '보통 효과'를 선택합니다.

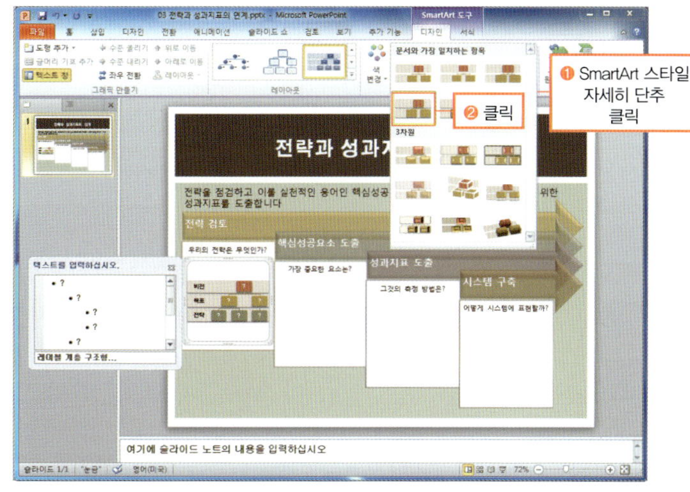

15 **그림 삽입하기(1)** [**삽입**] 탭 → **이미지** 그룹 → **클립 아트** 명령 단추(▣)를 클릭합니다. '클립 아트' 작업창이 표시되면 '검색 대상'에 "동전", "고객", "진행", "책"을 입력하고 〈이동〉 단추를 클릭합니다. 표시되는 클립 아트 중에서 예제 그림과 동일한 클립 아트들을 각각 클릭하여 슬라이드에 삽입합니다.

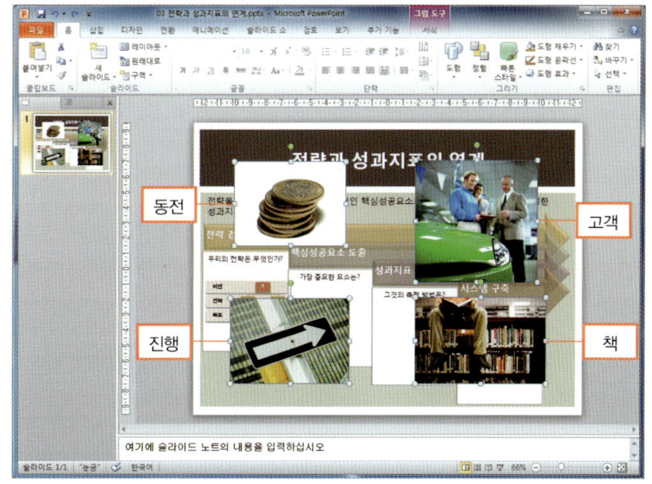

16 **SmartArt 그래픽으로 전환하기(1)** ❶ 삽입된 클립 아트를 모두 선택하고 [**그림 도구**] – ❷ [**서식**] 탭 → **그림 스타일** 그룹 → ❸ **그림 레이아웃**(▣ 그림 레이아웃 ▾)을 클릭하여 ❹ '오름차순 그림 강조 프로세스형'을 선택합니다.

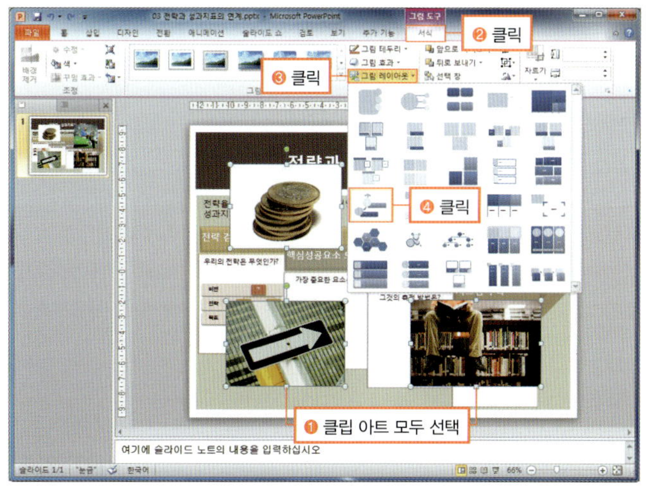

○ 그림을 SmartArt 그래픽으로 변환 시에 그림 배치는 위쪽의 좌에서 우로, 아래쪽 좌에서 우의 순으로 배열됩니다.

17 크기 조정 및 텍스트 입력하기 ❶ SmartArt 그래 픽의 크기를 변경하기 위해 오른쪽 위의 크기 조정 핸들을 클릭한 후 핸들을 끌어서 그림과 같이 크기를 변경합니다. ❷ 그리고 텍스트 창을 클릭하여 그림과 같이 텍스트를 입력합니다.

◉ 텍스트 창과 각 도형은 동기화되어 있으므로 도형에 직접 입력해도 됩니다.

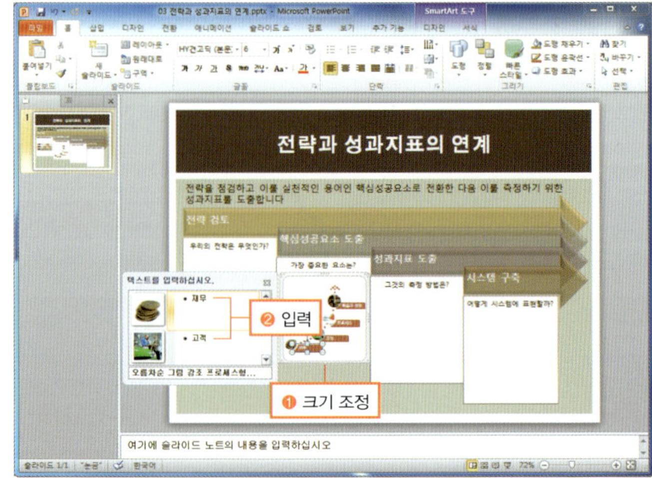

18 색 변경하기 ❶ SmartArt 그래픽을 선택한 후 [SmartArt 도구] – ❷ [디자인] 탭 → SmartArt 스타일 그룹 → ❸ 색 변경(🎨)을 클릭하여 ❹ '색상형 범위 – 강조색 5 또는 6'을 선택합니다.

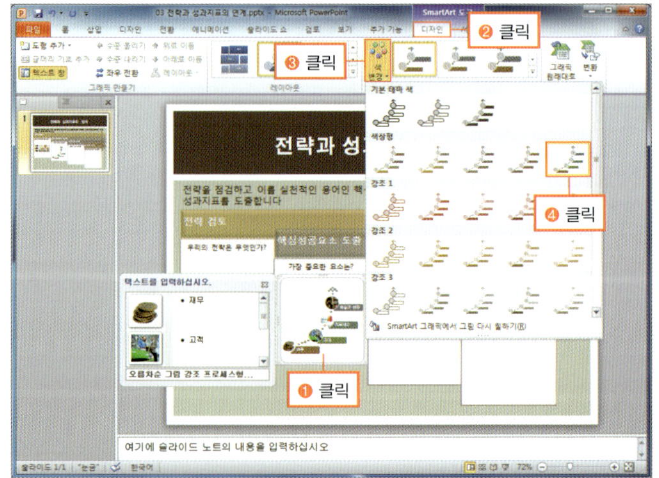

19 SmartArt 스타일 적용하기 SmartArt 그래픽이 선택된 상태에서 [SmartArt 도구] – [디자인] 탭 → ❶ SmartArt 스타일 그룹 오른쪽 자세히 단추(▾)를 클릭하여 ❷ '보통 효과'를 선택합니다.

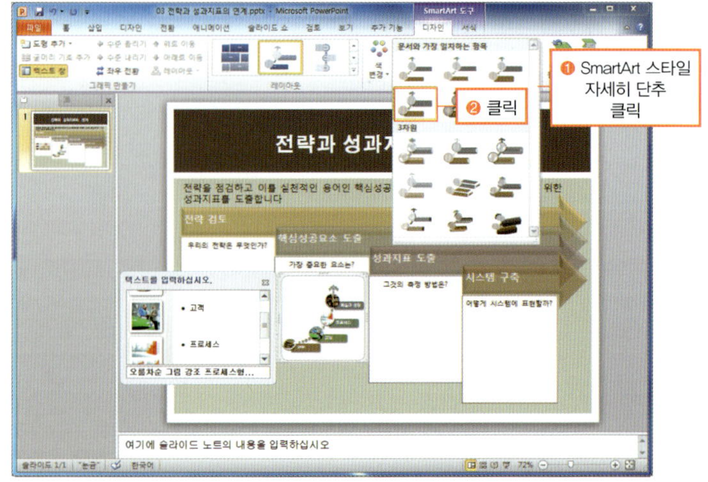

20 SmartArt 그래픽 삽입하기(3) SmartArt 그래픽을 삽입하기 위해 ❶ [**삽입**] 탭 → **일러스트레이션** 그룹 → ❷ **SmartArt** 명령 단추( )를 클릭한 후 'SmartArt 그래픽 선택' 대화상자에서 ❸ [행렬형]을 클릭하고 ❹ '제목 있는 행렬형' 레이아웃을 선택한 후 ❺ 〈확인〉 단추를 클릭합니다.

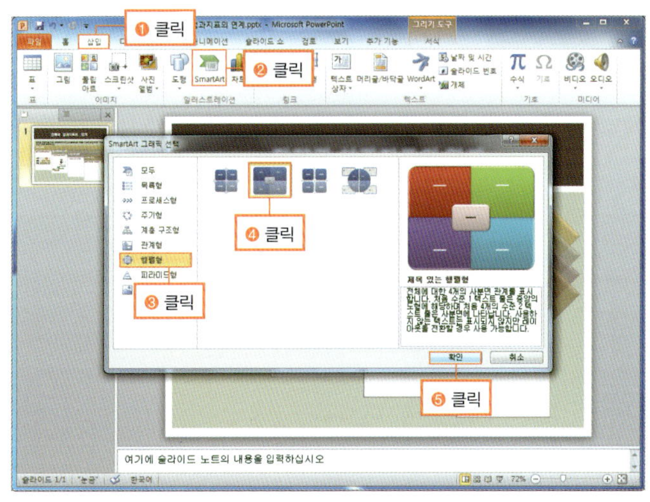

21 크기 조정 및 텍스트 입력하기 ❶ SmartArt 그래픽을 선택한 후 오른쪽 아래의 크기 조정 핸들을 클릭한 후 핸들을 끌어서 크기를 그림과 같이 변경합니다. ❷ 그리고 텍스트 창을 클릭한 후 그림과 같이 텍스트를 입력합니다.

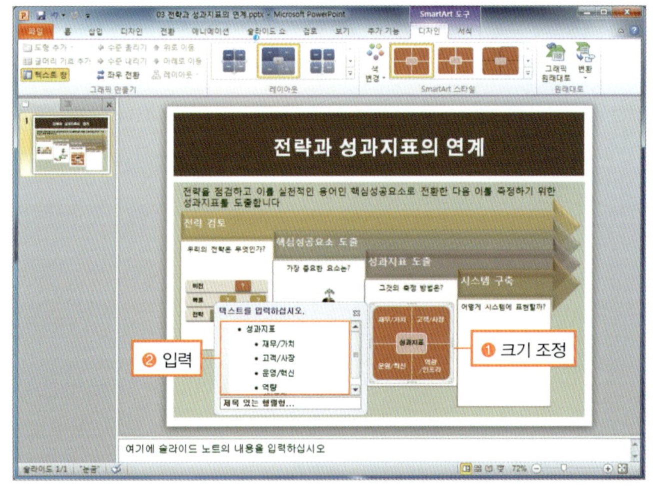

22 색 변경하기 ❶ SmartArt 그래픽을 선택한 후 [SmartArt 도구] – [디자인] 탭 → SmartArt 스타일 그룹 → ❷ 색 변경( )을 클릭하여 ❸ '그라데이션 범위 – 강조 3'을 선택합니다.

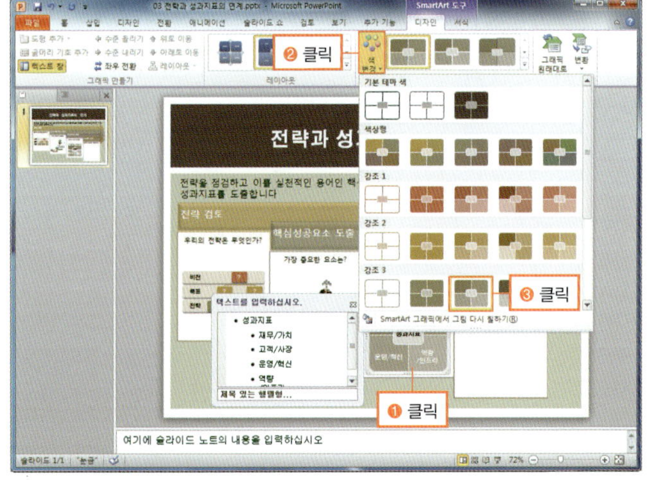

23 **SmartArt 스타일 적용하기** SmartArt 그래픽이 선택된 상태에서 [**SmartArt 도구**] – [**디자인**] 탭 → ❶ SmartArt 스타일 그룹 오른쪽 **자세히** 단추(▾)를 클릭하여 ❷ '보통 효과'를 선택합니다.

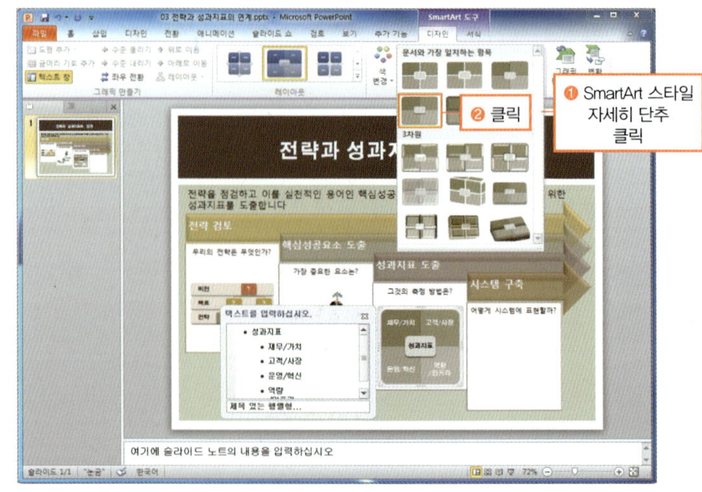

24 **그림 삽입하기(2)** 그림을 삽입하기 위해 [**삽입**] 탭 → **이미지** 그룹 → **클립 아트** 명령 단추(▦)를 클릭합니다. '클립 아트' 작업창이 표시되면 ❶ '검색 대상'에 "PC 시스템"을 입력하고 ❷ 〈이동〉 단추를 클릭합니다. ❸ 표시되는 클립 아트 중에서 예제 그림과 동일한 클립 아트들을 클릭하여 슬라이드에 각각 삽입합니다.

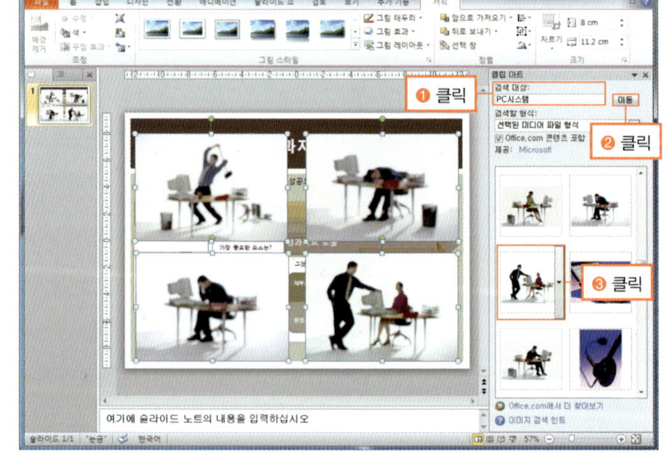

○ '클립 아트' 작업창의 검색할 형식을 '사진'만 체크하여 검색하면 클립 아트를 보다 빠르게 검색할 수 있습니다.

25 **SmartArt 그래픽으로 전환하기(2)** 삽입된 클립 아트들을 SmartArt 그래픽으로 전환하기 위해 [**그림 도구**] – [**서식**] 탭 → **그림 스타일** 그룹 → ❶ **그림 레이아웃**(▦ 그림 레이아웃 ▾)을 클릭하여 ❷ '그림 설명형'을 선택합니다.

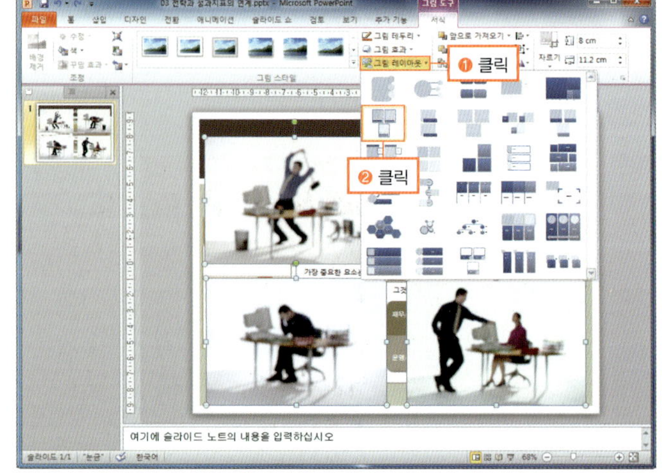

26 크기 조정하기 SmartArt 그래픽의 크기를 조정하기 위해 왼쪽 위의 크기 조정 핸들을 클릭한 후 핸들을 끌어서 그림과 같이 크기를 변경합니다.

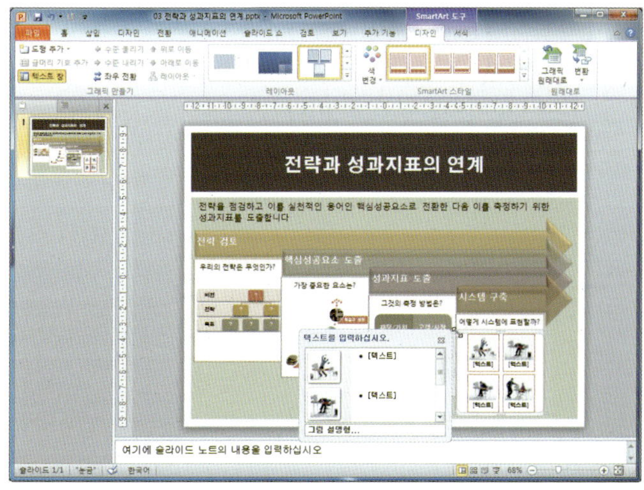

27 텍스트 입력하기 텍스트 창을 클릭하여 "재무/가치", "고객/시장", "운영/혁신", "역량/인프라" 순으로 입력합니다.

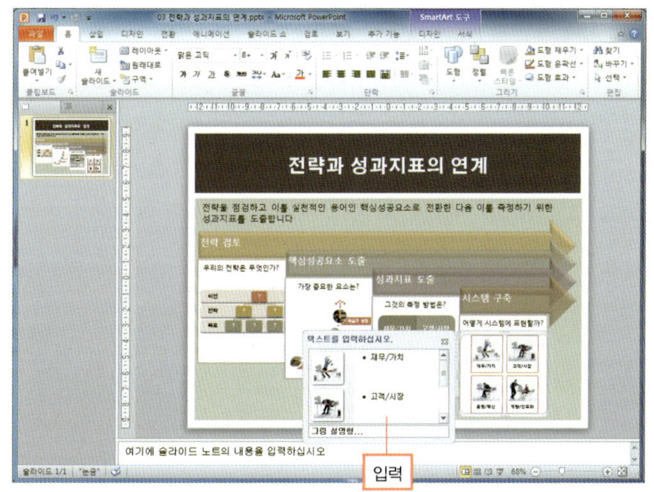

28 색 변경하기 ❶ SmartArt 그래픽을 선택한 후 [SmartArt 도구] – ❷ [디자인] 탭 → SmartArt 스타일 그룹 → ❸ 색 변경(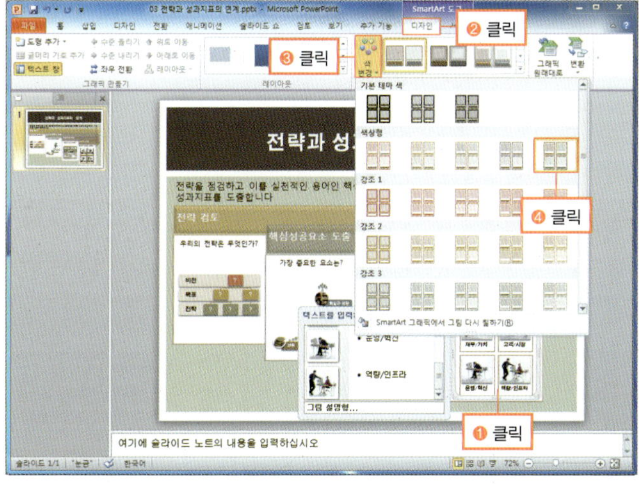)을 클릭하여 ❹ '색상형 범위 – 강조색 5 또는 6'을 선택합니다.

29 **SmartArt 스타일 적용하기** SmartArt 그래픽이 선택된 상태에서 [**SmartArt 도구**] – [**디자인**] 탭 → ❶ **SmartArt 스타일** 그룹 오른쪽 **자세히** 단추(⯆)를 클릭하여 ❷ '3차원' 항목의 '경사'를 선택합니다.

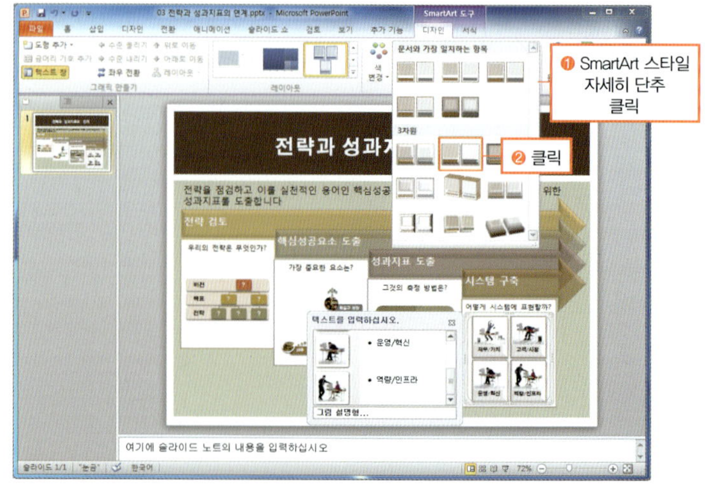

30 **결과 확인하기** SmartArt 그래픽의 크기를 조정하여 그림과 같이 배열하면 슬라이드가 완성됩니다.

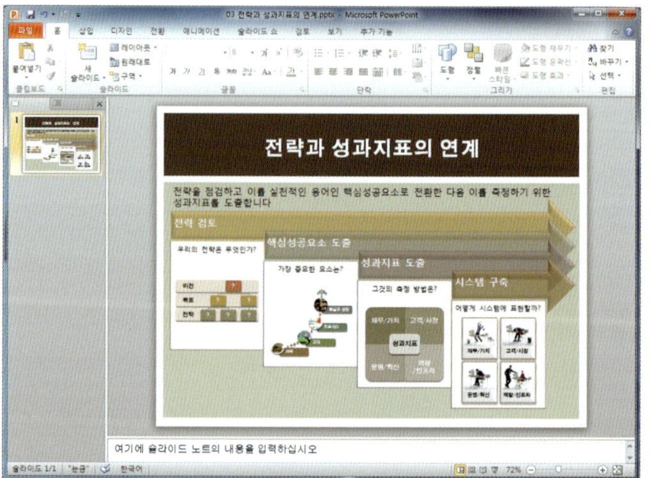

SmartArt 그래픽으로 조직도 만들기

조직도는 실무에서 많이 사용하는 도해 중 하나일 것입니다. 파워포인트에서는 SmartArt 그래픽을 활용하여 쉽게 조직도를 만들 수 있으며 다음과 같이 실행합니다.

❶ [삽입] 탭 → **일러스트레이션** 그룹 → **SmartArt** 명령 단추( )를 클릭한 후 'SmartArt 그래픽 선택' 대화상자에서 [계층 구조형]의 '조직도형'을 선택하고 〈확인〉 단추를 클릭합니다.

❷ 텍스트 입력창에 그림과 같이 입력하고 '교육운영본부' 아래 팀을 추가하기 위해 텍스트창 '교육운영본부' 오른쪽에 마우스 포인터를 위치시키고 Enter 키를 눌러 도형을 추가한 후 Tab 키를 눌러 한 수준을 내립니다. 다시 Enter 키를 눌러 도형을 추가하고 그림과 같이 텍스트 "영업 학습팀"을 입력합니다.

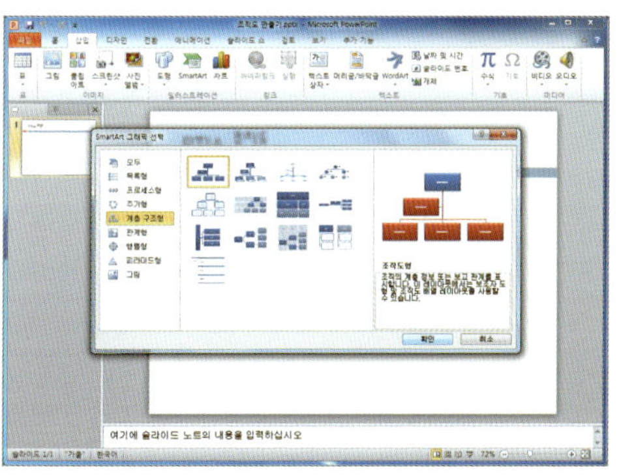

▲ SmartArt 명령

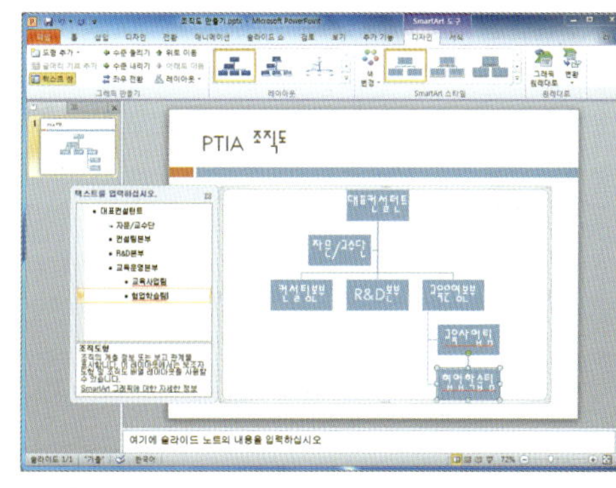

▲ 도형 추가

❸ SmartArt 그래픽을 선택하고 [**SmartArt 도구**] – [**디자인**] 탭 → **SmartArt 스타일** 그룹 → **색 변경** 명령 단추( )를 클릭하여 선택 목록에서 원하는 색상을 선택합니다.

❹ 팀이 입력된 2개 도형을 선택하고 본부와 구별되도록 글꼴의 크기와 도형의 크기를 줄이고 [**SmartArt 도구**] – [**디자인**] 탭 → **SmartArt 스타일** 그룹 오른쪽 **자세히** 단추( )를 클릭하여 선택 목록에서 원하는 스타일을 선택합니다.

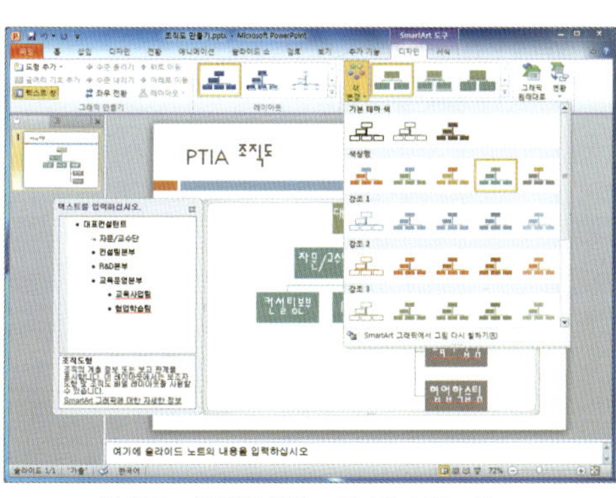

▲ 색 변경 – '색상형 범위 – 강조색 4 또는 5'

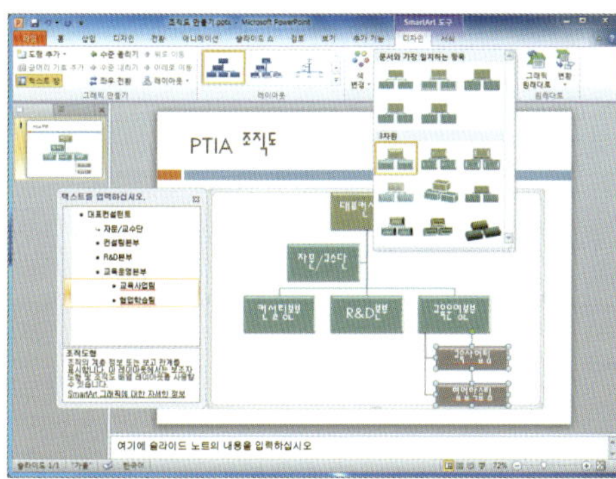

▲ 도형 스타일 – '광택 처리'

표 및 차트 삽입하기

청중에게 어지럽고 복잡한 데이터를 깔끔하게 정리하여 제공하기 위해서는 표를 이용하는 것이 좋습니다. 파워포인트에서 표의 사용은 워드나 엑셀보다는 사용 빈도가 높지 않지만 데이터의 메시지를 시각적 효과를 통해 부각할 수 있도록 다양한 서식과 스타일을 지원합니다.

차트는 청중에게 여러 가지 자료를 분석하여 그 관계를 일정한 양식의 그림으로 나타낸 것을 의미합니다. 파워포인트에는 차트를 엑셀과 연동하여 쉽고 빠르게 삽입하고 다양한 서식 효과를 통해 시각적인 즐거움까지 제공하고 있습니다. 표와 차트를 만들고 스타일을 변경하여 효과적으로 표현하는 방법에 대해 알아보겠습니다.

표 삽 입 및 스 타 일

워드, 엑셀 프로그램에서 표 또는 셀 그룹을 복사하여 삽입하기

프레젠테이션의 표 스타일, 테두리, 색 적용 및 변경하기

셀, 행/열에서 선 지우기, 표 테두리, 표 배경색 수정하기

자유로운 표의 추가, 삭제, 병합하는 방법 살펴보기

차 트 삽 입 및 레 이 아 웃

엑셀이나 워드의 차트를 복사하여 서식 변경하기

차트를 구성하는 구성요소들을 [레이아웃] 탭을 이용해서 디자인하기

차트의 레이아웃을 목적에 맞게 변경하기

슬라이드에 표 삽입하기

파워포인트에서는 워드의 표 또는 엑셀의 셀 그룹을 복사하여 붙여 넣을 수 있을 뿐만 아니라 파워포인트 내에서 엑셀 스프레드시트를 삽입할 수도 있습니다. 파워포인트 2010에서 슬라이드에 표를 삽입하고 서식을 지정하는 방법에 대해 알아보겠습니다.

1. 표 삽입하기

파워포인트에서는 '표' 대화상자를 이용해 표를 만들어 삽입할 수 있으며, 기본적으로 슬라이드 중앙에 삽입됩니다. 표를 삽입하는 방법으로는 표 명령 단추, '표 삽입' 대화상자, 표 그리기, Excel 스프레드시트, 레이아웃 개체 틀을 이용한 5가지 방법이 있습니다.

○ 01 본문예제.pptx를 참조하세요.

● 표 명령 단추(▦)를 이용한 표 삽입하기

표 명령 단추를 클릭하면 마치 모눈종이와 같은 8열 10행의 표를 삽입할 수 있는 셀이 표시되며, 마우스를 끌어서 원하는 열과 행을 선택하면 해당 열과 행만큼의 표가 슬라이드에 삽입됩니다.

표를 추가할 슬라이드를 선택한 후 [삽입] 탭 → 표 그룹 → 표를 클릭하여 모눈종이와 같은 셀이 표시되면 마우스로 끌어 원하는 행 및 열 개수를 선택합니다.

○ 표의 크기

표 명령 단추는 8열 10행 이내의 표만 삽입할 수 있습니다.

○ 표에 행 추가

표 끝에 행을 추가하려면 마지막 행의 마지막 셀 안을 클릭하고 [Tab] 키를 누릅니다.

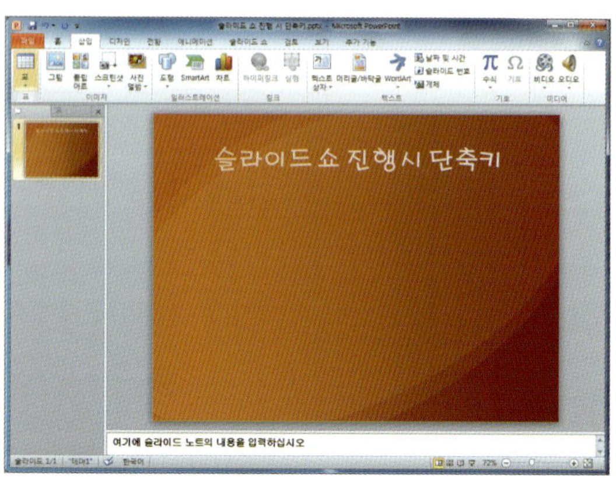

▲ 표 선택 명령

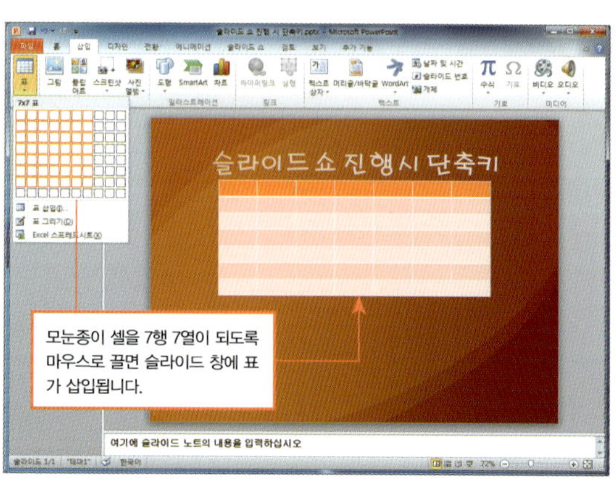

▲ 슬라이드에 삽입된 표

◯ '표 삽입' 대화상자를 이용한 표 삽입하기

'표 삽입' 대화상자는 삽입할 표의 행과 열의 개수를 직접 입력하여 표를 삽입하는 방법으로, 행과 열의 제한 폭이 75개이기 때문에 행과 열의 수가 많을 때 효과적입니다.

[삽입] 탭 → 표 그룹 → 표(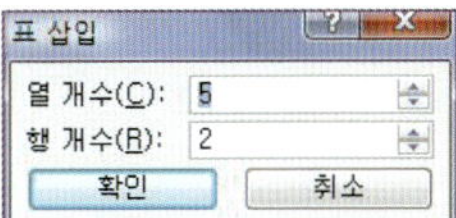) → 표 삽입을 클릭한 후 '표 삽입' 대화상자에서 '열 개수' 및 '행 개수'에 숫자를 입력합니다.

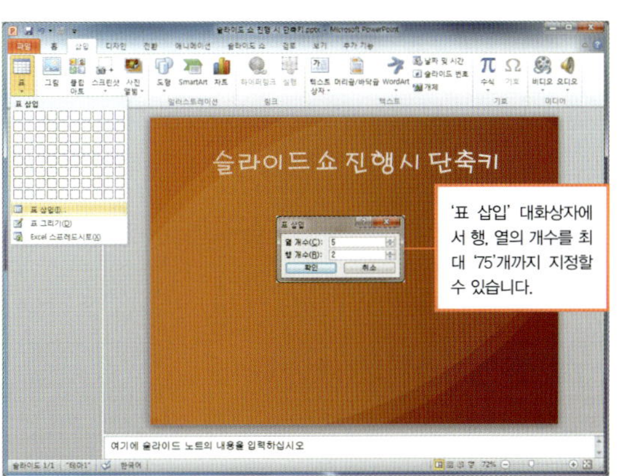
▲ '표 삽입' 대화상자를 이용한 표 삽입

◯ 표 그리기를 이용한 표 삽입하기

표의 행과 열의 수를 미리 예측하지 못할 경우에는 표 그리기를 통해 슬라이드에서 표를 직접 그려가면서 표를 삽입할 수 있습니다.

① [삽입] 탭 → 표 그룹 → 표( ) → 표 그리기를 클릭하여 마우스 포인터가 연필 모양( )으로 바뀌면 표를 삽입할 위치에 마우스를 끌어서 표의 테두리를 그립니다.

② 표의 테두리를 그리면 [표 도구] − [디자인] 탭이 활성화되며, [표 도구] − [디자인] 탭 → 테두리 그리기 그룹 → 표 그리기 명령 단추( )를 클릭하여 마우스 포인터가 연필 모양으로 표시되면 표의 구분선을 직접 그립니다.

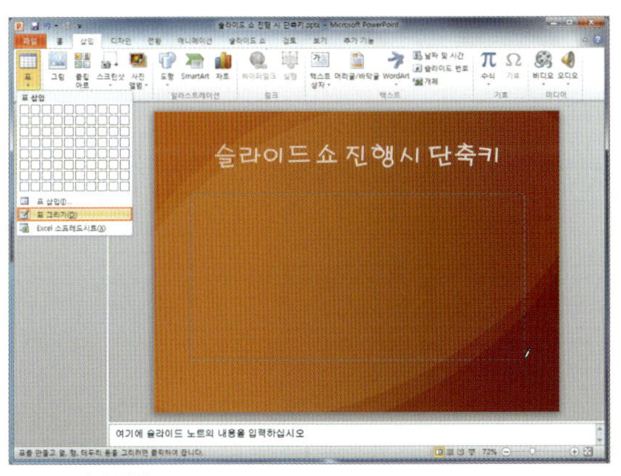
▲ 표 그리기 명령

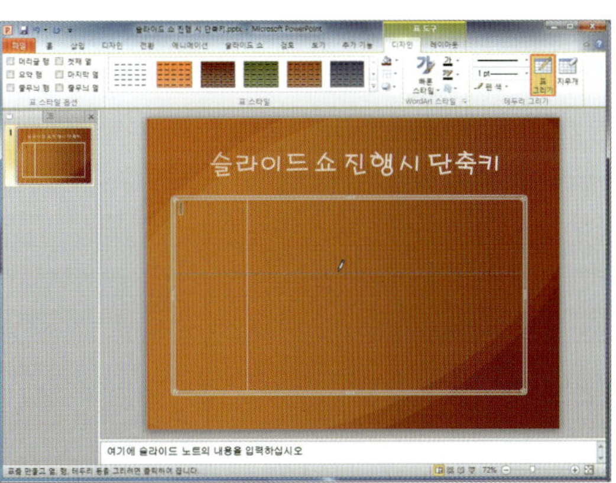
▲ 표 그리기 명령 단추로 구분선 그리기

표 구분선을 잘못 그린 경우에는 [표 도구] − [디자인] 탭 → 테두리 그리기 그룹 → 지우개 명령 단추( )를 클릭하고 마우스 포인터가 지우개 모양( )으로 바뀌면 표 구분선을 지울 수 있습니다.

● Excel 스프레드시트 삽입하기

엑셀은 복잡한 수치 데이터를 손쉽게 해결할 수 있는 장점을 가지고 있어 엑셀 스프레드시트를 프레젠테이션에 삽입한 경우 일부 엑셀 스프레드시트 기능을 활용할 수 있는데, 파워포인트 화면이 엑셀의 리본 메뉴로 변경되기 때문에 엑셀을 보다 쉽게 사용할 수 있습니다. 프레젠테이션의 테마를 변경해도 추가한 스프레드시트에 적용된 테마는 업데이트되지 않으며, 파워포인트의 옵션을 사용하여 표를 편집할 수도 없습니다.

Excel 스프레드시트를 삽입할 슬라이드에서 [**삽입**] 탭 → **표** 그룹 → **표**( ) → Excel **스프레드시트**를 클릭합니다. 만약 텍스트를 표 셀에 추가하려면 셀을 클릭한 후 텍스트를 입력하고, 작업을 완료하면 표 바깥쪽을 클릭합니다.

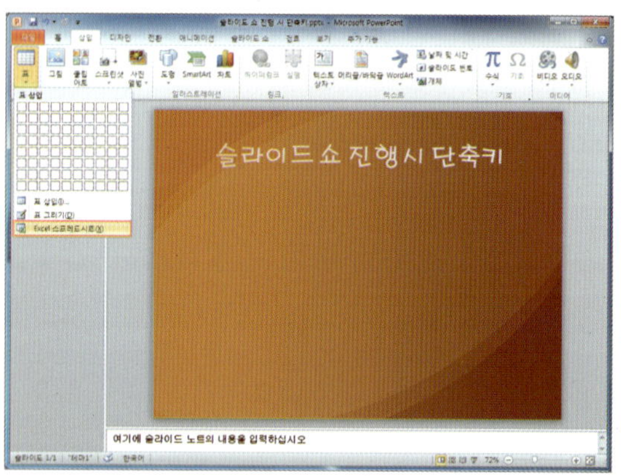

▲ Excel 스프레드시트 명령

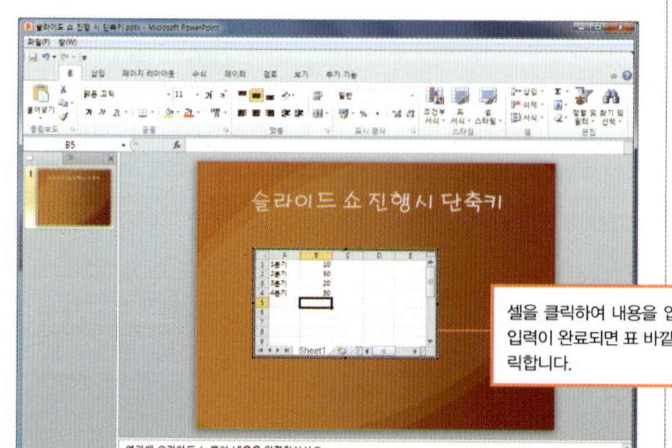

▲ Excel 스프레드시트에서 데이터 입력

● 레이아웃 개체 틀을 이용한 표 삽입하기

'제목 및 내용', '콘텐츠 2개', '비교' 등의 레이아웃에는 '표 삽입' 아이콘( )이 포함되어 있으며, 이 아이콘을 클릭하면 '표 삽입' 대화상자가 표시됩니다.

'제목 및 내용' 레이아웃을 이용해 내용 개체 틀의 '표 삽입' 아이콘을 클릭한 후 '표 삽입' 대화상자에서 '열 개수' 및 '행 개수' 입력 상자에 원하는 숫자를 입력하여 표를 삽입합니다.

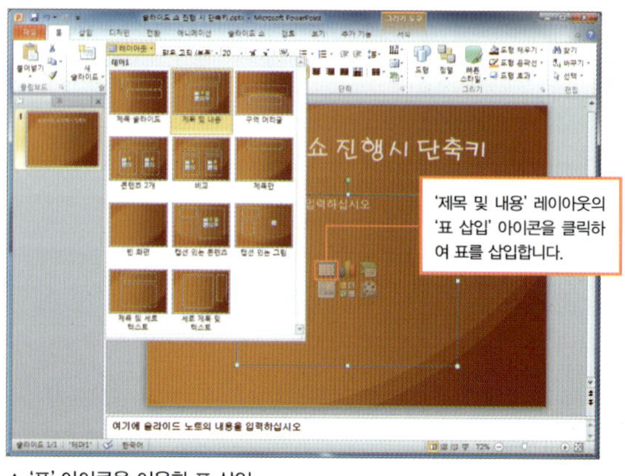

▲ '표' 아이콘을 이용한 표 삽입

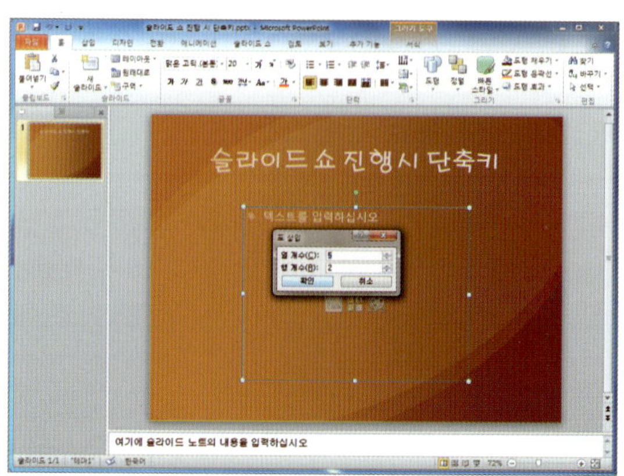

▲ 열/행 개수 설정

2. 워드에서 표 복사하여 붙여넣기

오피스의 각 프로그램들은 상호 개체의 호환이 가능하도록 동기화되어 있으므로, 워드에 삽입된 표를 복사하여 파워포인트에 붙여 넣어 자유롭게 활용할 수 있습니다.

① 워드에서 복사할 표를 선택하고 [표 도구] – [레이아웃] 탭 → **표** 그룹 → **선택** → **표 선택**을 클릭한 후 [홈] 탭 → **클립보드** 그룹 → **복사**를 클릭합니다.
② 파워포인트 프레젠테이션에서 표를 복사할 대상 슬라이드를 선택한 후 [홈] 탭 → **클립보드** 그룹 → **붙여넣기**를 클릭합니다.

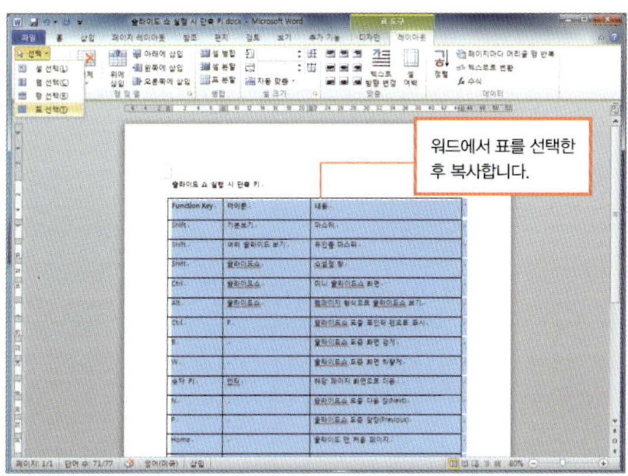

▲ 워드에서 표 복사

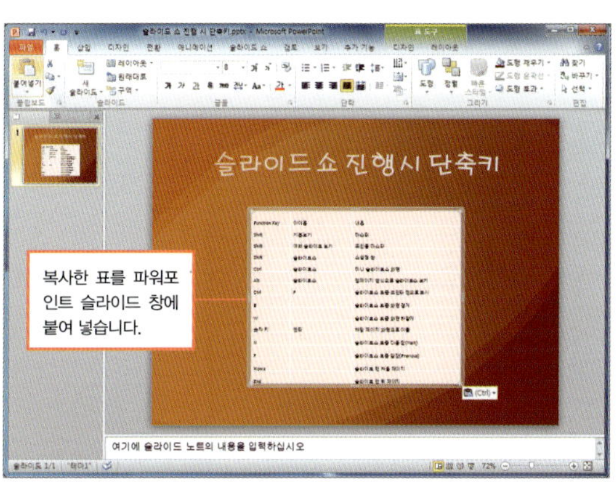

▲ 파워포인트에서 붙여넣기

3. 엑셀에서 셀 그룹 복사하여 붙여넣기

엑셀 또한 파워포인트와 개체의 호환이 가능하도록 동기화되어 있으므로, 엑셀 데이터의 셀을 복사하여 파워포인트에 표로 붙여넣기 할 수 있고 자유롭게 편집도 가능합니다.

① 엑셀 워크시트의 셀 그룹을 복사하려면 복사할 그룹의 왼쪽 위 셀을 클릭하고 마우스로 끌어서 원하는 행과 열을 선택한 후 [홈] 탭 → **클립보드** 그룹 → **복사**를 클릭합니다.
② 파워포인트 프레젠테이션에서 셀 그룹을 복사할 대상 슬라이드를 선택한 후 [홈] 탭 → **클립보드** 그룹 → **붙여넣기**를 클릭하여 붙여넣기 옵션에서 **원본 서식 유지**를 클릭합니다.

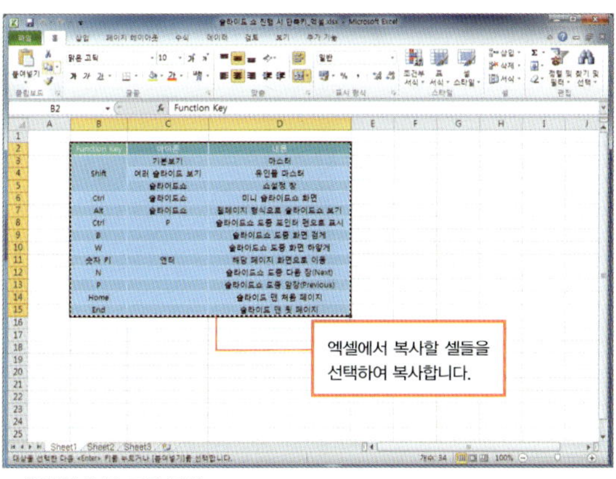

▲ 엑셀에서 셀 그룹 복사

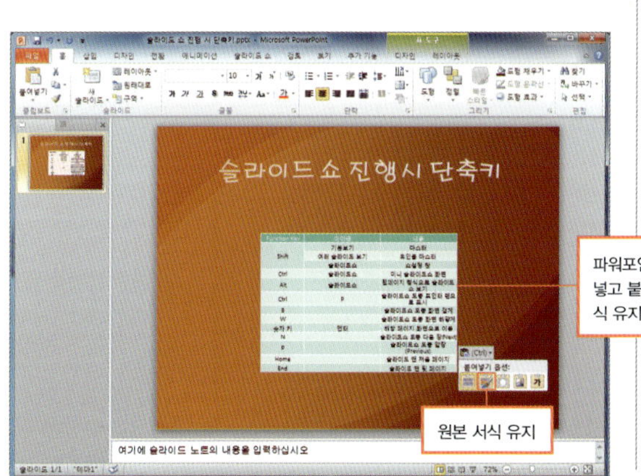

▲ 파워포인트에서 셀 그룹 붙여넣기

4. 한글에서 표 복사하여 붙여넣기

한글에서 작성한 표를 복사해서 파워포인트에 붙여넣기하여 표를 가져온 후 문서의 특성에 맞게 편집합니다.

① 한글에서 복사할 표를 선택한 후 단축키 `Ctrl` + `C` 를 클릭합니다.
② 파워포인트에서 표를 복사할 대상 슬라이드를 선택한 후 [**홈**] 탭 → **클립보드** 그룹 → **붙여넣기**를 클릭합니다.

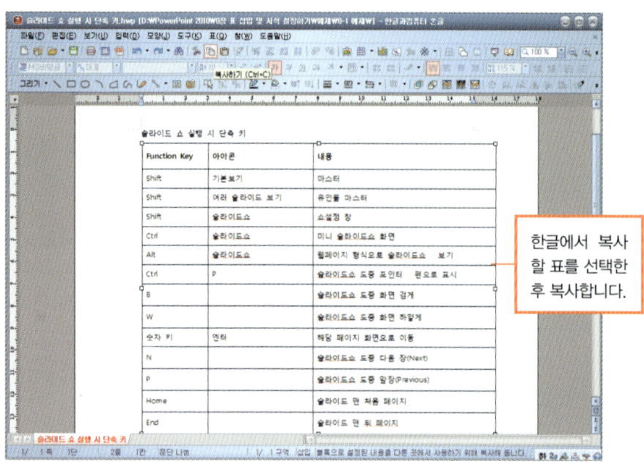

▲ 한글에서 표 복사

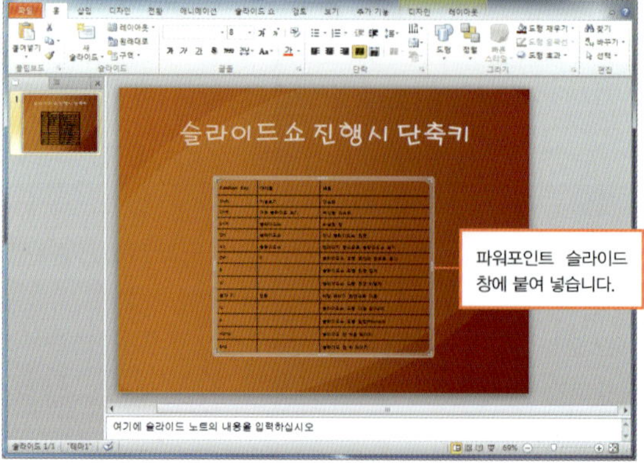

▲ 파워포인트에서 표 붙여넣기

◐ 여백 조정하기

한글에서 표를 복사하여 파워포인트에 붙여넣기 하면 셀 내의 여백이 없어 텍스트가 구분선에 붙어있는 경우가 많습니다. 따라서, 복사 후 셀 내의 여백을 확인해야 합니다.

5. 표 이동 및 크기 조정하기

표는 삽입과 동시에 슬라이드 중앙에 위치하는데, 원하는 위치로 표를 옮기거나 표의 크기, 행/열의 크기를 자유롭게 조정합니다.

◐ 표 이동

표의 모서리와 면에 나타나는 연속되는 점 위가 아닌 테두리의 가장 바깥쪽에 포인터를 놓은 다음 포인터가 ✛로 바뀌면 테두리를 마우스로 끌어서 표를 이동합니다.

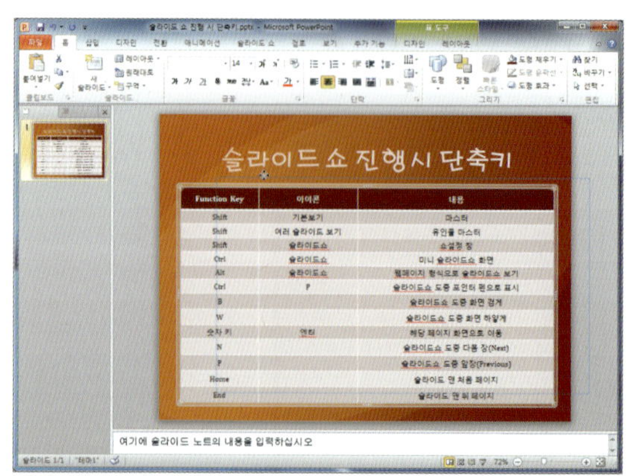

▲ 마우스를 이용한 표 이동

◐ 표 선택하기

표의 테두리를 클릭하여 선택하는 방법 외에 표 바깥쪽에서부터 표가 포함되도록 마우스를 끌어서 표를 선택할 수 있습니다.

● 표 크기 조정

크기를 조정할 표를 클릭한 후 표 테두리에서 크기 조정 핸들을 클릭한 채 마우스로 끌어서 표의 크기를 늘리거나 줄입니다. 슬라이드에 비해 표를 너무 크게 만든 경우 빠른 실행 도구 모음에서 실행 취소(↶)를 클릭하여 표를 원래 크기로 되돌립니다.

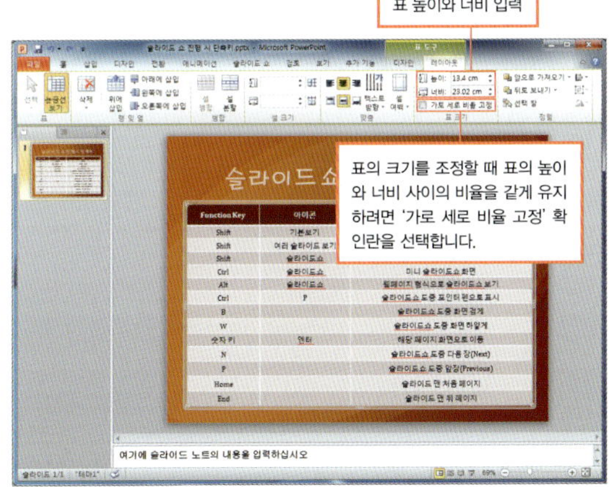

▲ 크기 조정 핸들을 이용한 표 크기 조정

표의 크기를 조정할 때 표의 높이와 너비 사이의 비율을 같게 유지하려면 Shift 키를 누른 채로 끌어서 표의 크기를 조정합니다.

● 특정 표 크기 입력

크기를 조정할 표를 클릭하고 [**표 도구**] − [**레이아웃**] 탭 → **표 크기** 그룹에서 원하는 표 높이와 너비를 입력합니다.

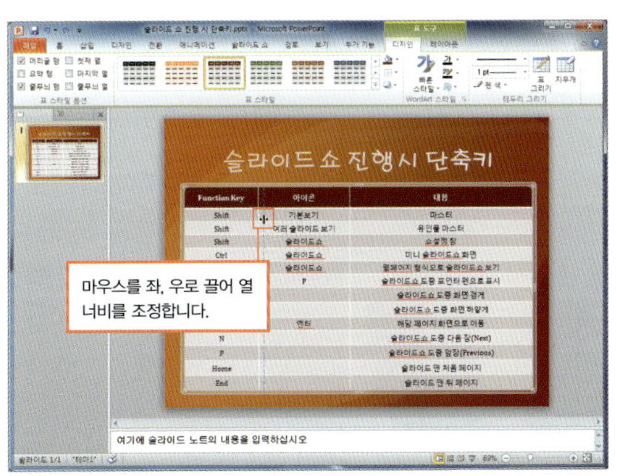

▲ 표 크기 입력

● 행/열 크기 조정

크기를 조정할 열이나 행이 있는 표를 클릭한 후 열의 너비를 바꾸려면 크기를 조정할 열의 안쪽 테두리 위에 포인터를 놓은 다음 포인터가 ╫ 로 바뀔 때 마우스를 오른쪽이나 왼쪽으로 끕니다.

▲ 마우스 포인터를 이용한 행/열 크기 조정

행의 높이를 바꾸려면 크기를 조정할 행의 테두리 위에 포인터를 놓은 다음 포인터가 ⬍ 로 바뀔 때 마우스를 위나 아래로 끕니다.

표 셀에 텍스트를 입력할 때 매번 마우스를 클릭하면서 셀을 이동하는 것은 매우 불편하고 귀찮은 일이므로 키보드를 활용하여 이동하도록 합니다.

표에서 Tab 키는 셀 간을 이동할 수 있는 단축키로 지정되어 있습니다.

• 다음 셀로 이동하려면 Tab 키를 누릅니다.
• 이전 셀로 이동하려면 Shift + Tab 키를 누릅니다.
• 위나 아래쪽 셀로 이동하려면 키보드의 방향키를 누릅니다.

마지막 행, 마지막 열에서 Tab 키를 클릭하면 새로운 행이 추가됩니다.

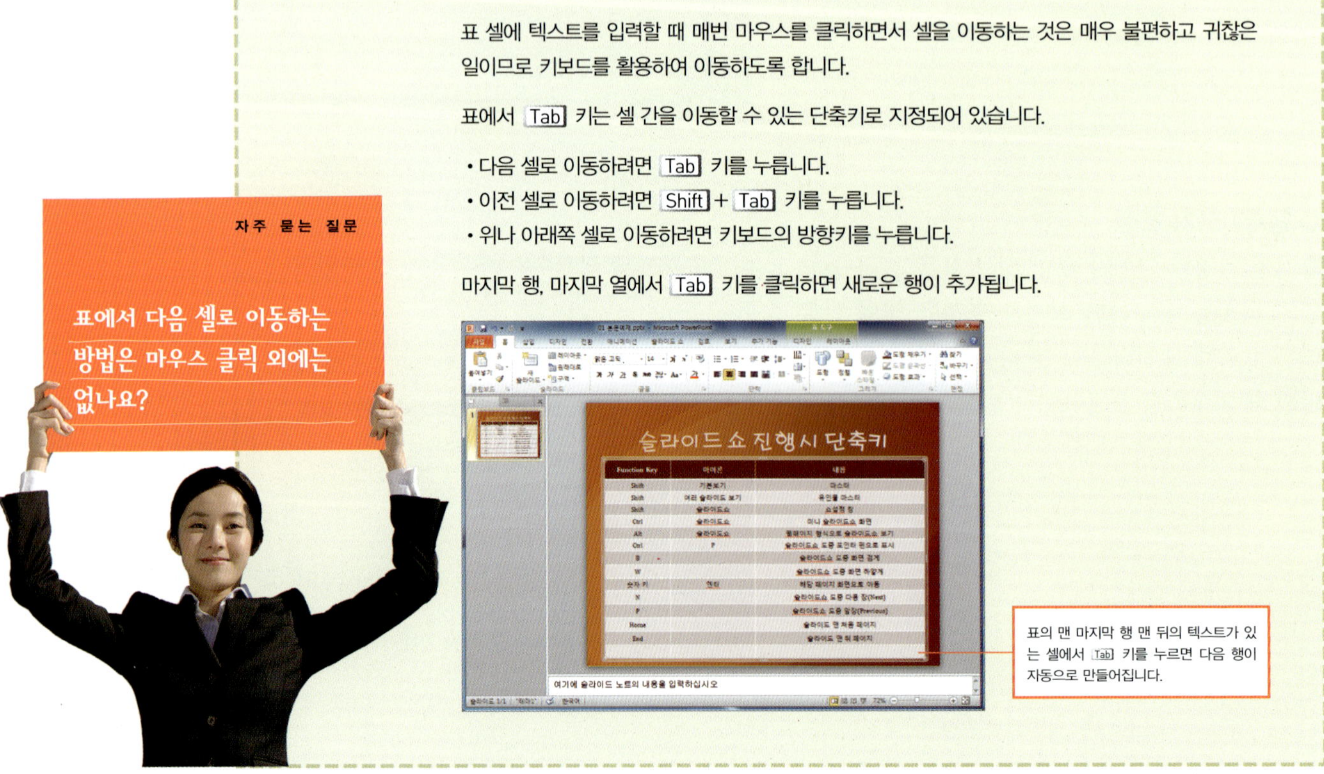

표의 맨 마지막 행 맨 뒤의 텍스트가 있는 셀에서 Tab 키를 누르면 다음 행이 자동으로 만들어집니다.

슬라이드에 표 삽입하기

📁 **준비 파일** : 01 IDP가 도움 안 되는 이유.pptx   📁 **완성 파일** : 01 IDP가 도움 안 되는 이유_결과.pptx

표는 텍스트를 일목요연하게 표현할 수 있는 도구로, 파워포인트에서는 여러 가지 방식으로 표를 간단하게 삽입할 수 있습니다. 또한 누구나 사용하는 워드 프로세서에서 표를 작성하고 복사한 후 파워포인트에 붙여 넣기 함으로써 쉽게 표를 가져올 수도 있습니다.

항목	변경 내용
테마	'패널 테마'
표 삽입	7행 4열
1열, 3열, 4열, 7행	'가운데 맞춤'

Before

After

NO	IDP가 도움 안 되는 이유	빈도	비율
1	업무 특성상 필요 교육과정 예측 불가능	124	42%
2	계획대로 교육과정 이수 시간 부족	96	32%
3	필요 교육과정 정보부족	52	18%
4	개발 필요 역량 모르겠음	11	4%
5	기타	13	4%
	합계	296	100%

01 **예제 파일 열기** 01 슬라이드 쇼 진행 시 단축키.pptx 파일을 두 번 연속 클릭하면 파워포인트가 실행되면서 다음 화면이 나타납니다.

02 **마스터 테마 변경하기** 테마를 설정하기 위해 ❶ [**디자인**] 탭 → ❷ **테마** 그룹의 오른쪽 **자세히** 단추(⏷)를 클릭하여 ❸ 'Office.com에서' 항목의 '패널 테마'를 선택합니다.

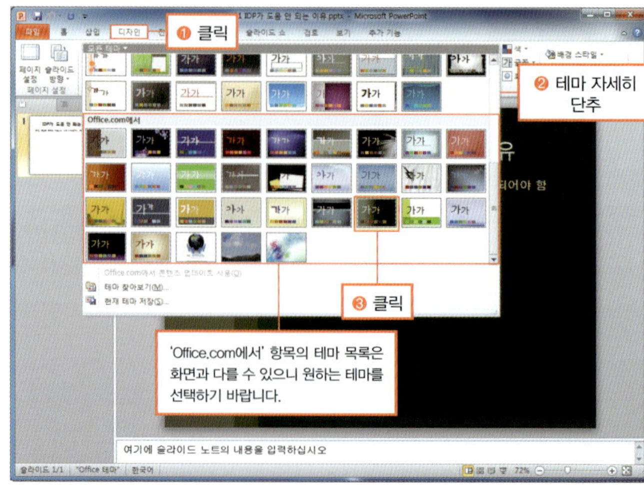

◉ Office.com 테마가 표시되려면 [**디자인**] 탭 → **테마** 그룹 오른쪽 **자세히** 단추(⏷) → **Office.com에서 콘텐츠 업데이트 사용** 명령을 실행해야 합니다. 이 명령을 한번만 선택하면 Office.com 테마가 선택 목록에 표시되고 명령은 비활성화로 바뀝니다.

---

03 **표 삽입하기** ❶ [**삽입**] 탭 → **표** 그룹 → ❷ **표** 명령 단추(▦)를 클릭한 후 ❸ '열 개수 : 4, 행 개수 : 7'을 마우스로 끌어서 선택하면 슬라이드에 표가 삽입됩니다.

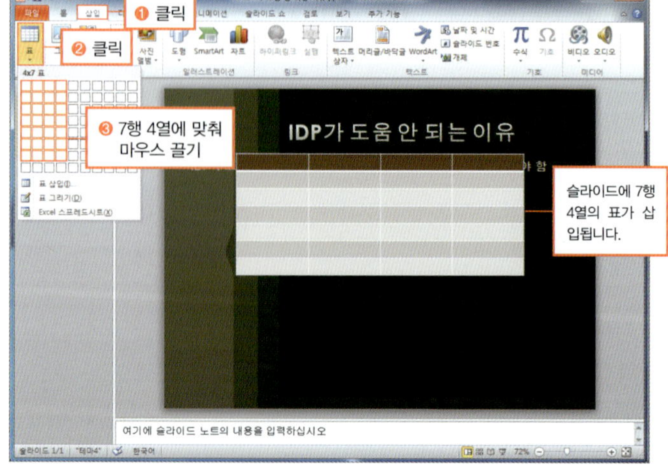

◉ **표 삽입 방법**

① [**삽입**] 탭 → **표** 그룹 → **표** → **표 그리기**를 클릭하여 삽입할 위치에 표 테두리를 그립니다.
② '제목 및 내용', '콘텐츠 2개', '비교' 등의 레이아웃의 '표 삽입' 아이콘을 이용합니다.
③ MS-워드, MS-엑셀 프로그램의 표를 복사하여 붙여넣기 합니다.

---

04 **표 이동하기** ❶ 표의 테두리를 선택한 후 마우스 포인터가 ✛로 변하면 ❷ 마우스로 테두리를 클릭하여 끌어서 그림과 같이 위치를 이동합니다.

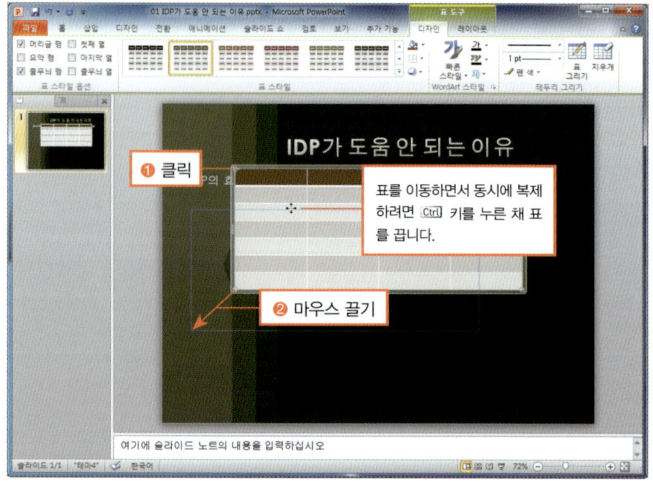

05 **표 크기 조정하기** 표 테두리에서 크기 조정 핸들
을 가리킨 다음 포인터가 ↔, ↕로 바뀌면 핸들을
클릭한 채 마우스로 끌어서 표의 크기를 그림과 같이 좌우 및
상하로 늘립니다.

◉ 행/열의 크기 조정

셀 크기 그룹의 옵션을 선택하여 행과 열의 크기를 조정할 수도 있습니다. [**표 도구**]
– [**레이아웃**] 탭 → **셀 크기** 그룹에서 원하는 높이와 너비를 입력합니다. 셀의 최소 높
이는 표 셀에 있는 텍스트의 글꼴 크기에 따라 달라집니다.

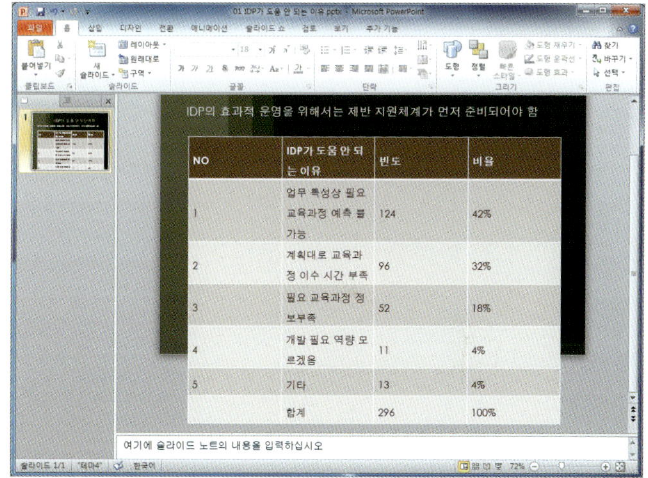

06 **텍스트 입력하기** 그림과 같이 텍스트를 입력하
면 텍스트의 양에 따라 열 너비가 자동적으로 커
집니다.

슬라이드의 가운데를 기준으로 표 크
기를 조정하려면 Ctrl 키를 누른 채
로 끌어서 조정하면 됩니다.

크기를 조정할 표를 클릭한 후 Ctrl
키를 누른 채로 표 테두리에서 크기
조정 핸들을 클릭하고 마우스로 끌
어서 슬라이드의 중앙을 기준으로 표
크기를 조정합니다.

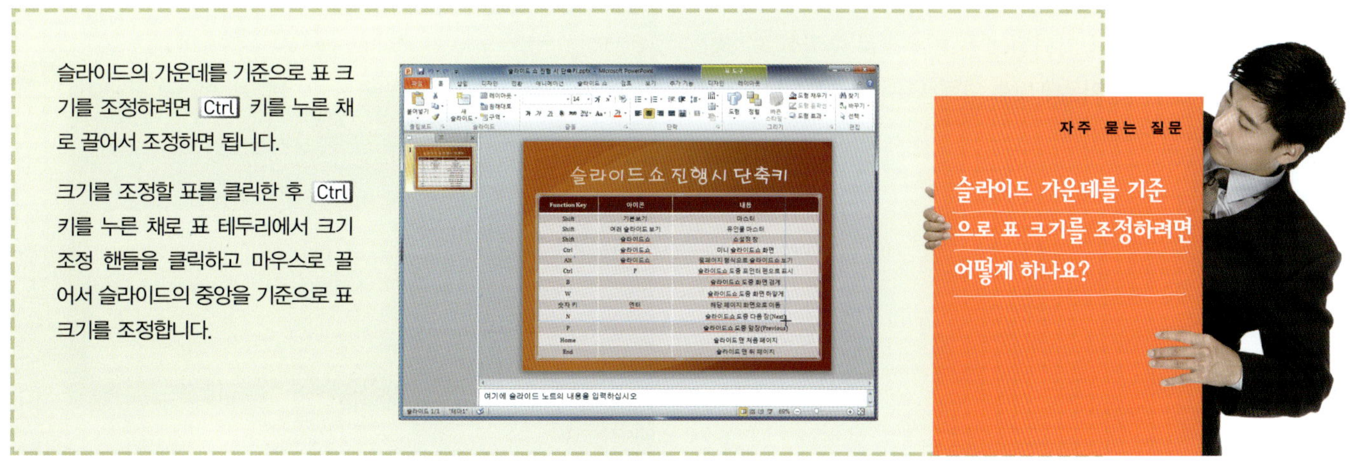

자 주 묻 는 질 문

**슬라이드 가운데를 기준
으로 표 크기를 조정하려면
어떻게 하나요?**

07 **열 너비 조정하기** 그림과 같이 열의 너비를 바꾸려면 크기를 조정할 열의 안쪽 테두리 위에 포인터를 놓은 다음 포인터가 ╟ 로 바뀔 때 마우스를 오른쪽이나 왼쪽으로 끌어서 그림과 같이 열 크기를 조정합니다.

○ **행 높이 변경**

행의 높이를 바꾸려면 크기를 조정할 행의 테두리 위에 포인터를 놓은 다음 포인터가 ╪ 로 바뀔 때 마우스를 위나 아래로 끕니다.

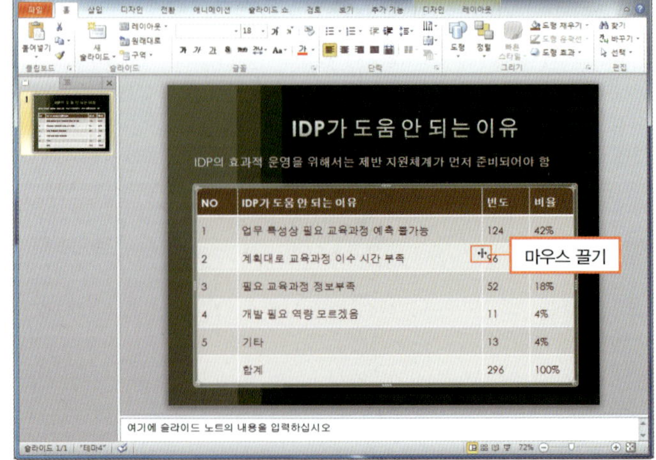

08 **텍스트 가운데 맞춤하기(1)** 1열, 3열, 4열의 텍스트를 중앙 정렬하기 위해 ❶ 1열 1행에 마우스 포인트를 위치시키고 아래로 마우스를 끌어서 1열을 선택합니다. ❷ [홈] 탭 → **단락** 그룹 → ❸ **가운데 맞춤** 명령 단추(▤)를 클릭한 후 ❹ 3열과 4열을 끌어서 동시에 선택하고 ❺ **가운데 맞춤** 명령 단추(▤)를 클릭합니다.

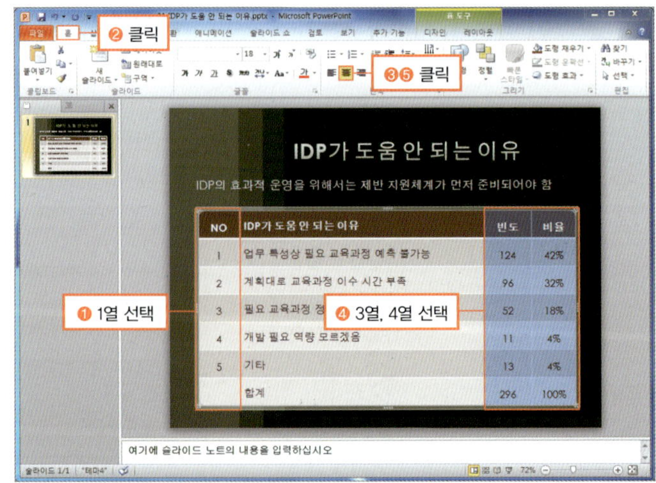

09 **텍스트 가운데 맞춤/결과 확인하기** ❶ 7행의 "합계" 텍스트가 입력된 셀을 마우스로 클릭한 후 [홈] 탭 → **단락** 그룹 → ❷ **가운데 맞춤** 명령 단추(▤)를 클릭하면 슬라이드가 완성됩니다.

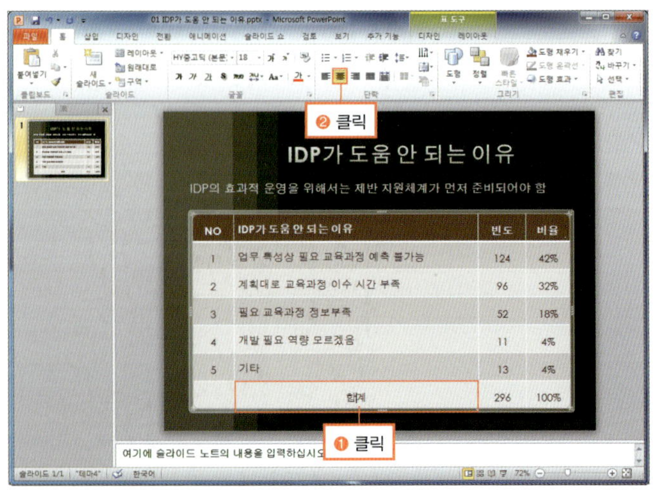

엑셀 데이터 연결하기

엑셀은 셀로 구성되어 있고 함수를 통한 자동 수식 계산이 가능하기 때문에 데이터가 자주 변동되는 경우 파워포인트의 표에 비해 내용 입력이나 관리가 편리합니다. 따라서 엑셀에서 만든 데이터를 파워포인트의 표로 복사하여 가져오는 방식을 많은 사용자들이 선호합니다. 엑셀에서 셀 그룹을 파워포인트로 가져올 때 엑셀에서 데이터가 수정되면 동일하게 파워포인트에서도 데이터가 수정되도록 데이터를 연결할 수 있습니다.

❶ 엑셀에서 파워포인트로 가져갈 셀 그룹을 마우스로 끌어서 선택하고 [홈] 탭 → **클립보드** 그룹 → **복사**를 클릭합니다.

❷ 파워포인트로 돌아와서 [홈] 탭 → **클립보드** 그룹 → **붙여넣기** → **선택하여 붙여넣기**를 클릭합니다.

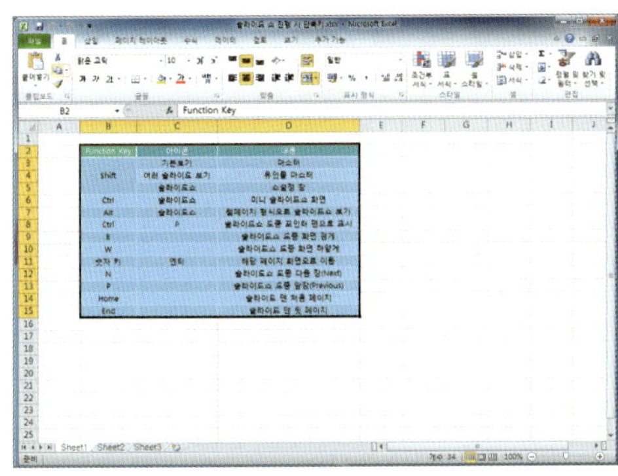

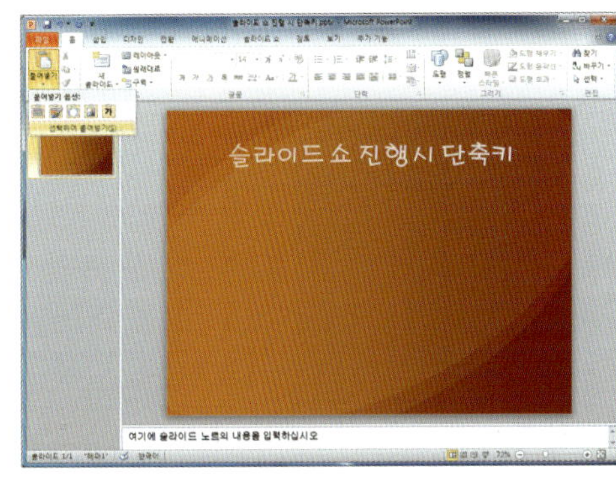

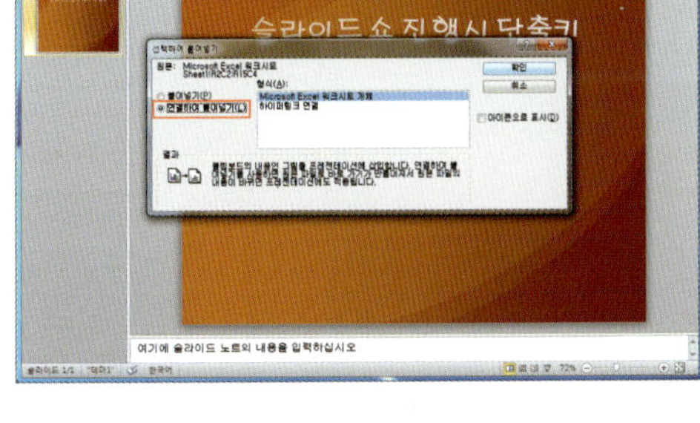

❸ '선택하여 붙여넣기' 대화상자가 표시되면 '연결하여 붙여넣기'를 선택하고 〈확인〉 단추를 클릭합니다.

❹ 엑셀 데이터가 연결된 상태로 붙여넣기가 됩니다. 만약 데이터를 수정하고자 할 때에는 붙여 넣은 개체를 두 번 연속 클릭하여 엑셀에서 데이터를 수정하면 파워포인트에도 바로 적용됩니다.

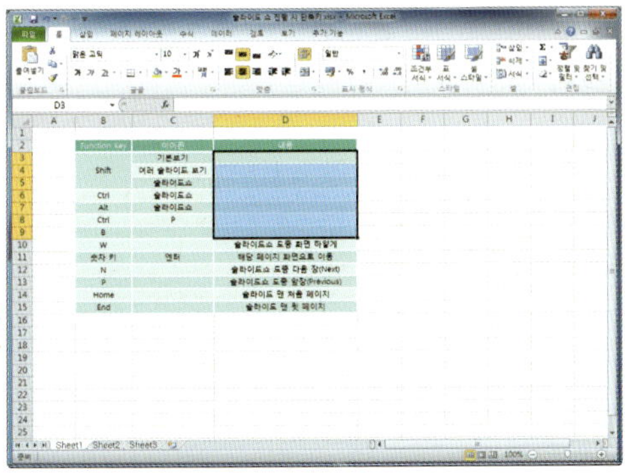

▲ 엑셀에서 데이터 수정

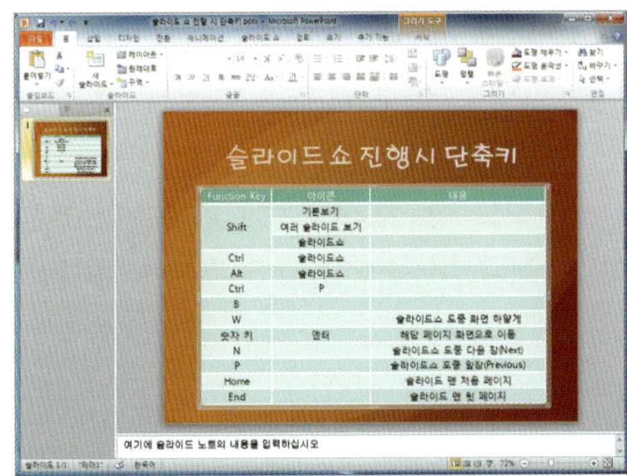

▲ 파워포인트 데이터 자동 변경

02 표에 스타일 적용하기

프레젠테이션에 표가 삽입되면 사용자가 표 스타일을 자유롭게 변경할 수 있습니다. 표에 빠른 스타일을 적용하고, 음영이나 테두리의 변경 등 표 스타일을 사용자가 마음대로 조정할 수 있는 다양한 명령들이 제공됩니다.

1. [표 도구] – [디자인] 상황별 탭 살펴보기

슬라이드에 표를 삽입하면 제목 표시줄에 [표 도구] – [디자인] 상황별 탭이 표시됩니다. [표 도구] – [디자인] 탭에는 표 스타일을 변경하거나 테두리 및 구분선을 추가 및 삭제하는 명령들이 포함되어 있습니다.

○ 02 본문예제.pptx를 참조하세요.

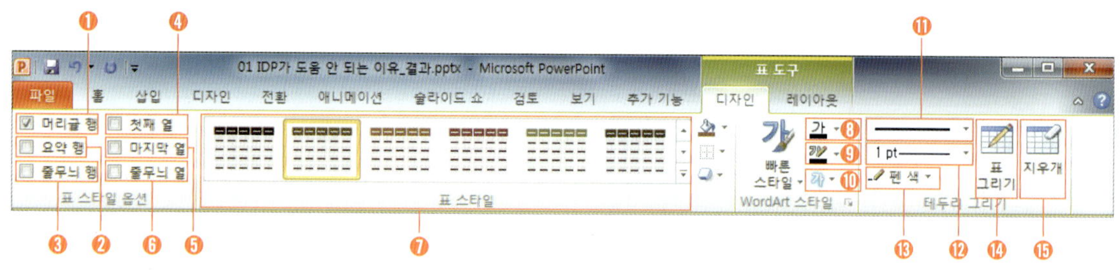

❶ **머리글 행** : 표의 머리글 행을 설정하거나 해제합니다.

❷ **요약 행** : 표의 마지막 행에 특수 서식을 표시합니다.

❸ **줄무늬 행** : 짝수 행과 홀수 행의 서식이 서로 다른 줄무늬 행을 표시합니다.

❹ **첫째 열** : 표의 첫 번째 열에 특수 서식을 표시합니다.

❺ **마지막 열** : 표의 마지막 열에 특수 서식을 표시합니다.

❻ **줄무늬 열** : 짝수 열과 홀수 열의 서식이 서로 다른 줄무늬 열을 표시합니다.

❼ **표 스타일** : 표의 표시 스타일을 선택합니다.

❽ **음영** : 선택한 텍스트 또는 단락 뒤의 배경색을 지정합니다.

❾ **테두리** : 선택한 셀 또는 텍스트의 테두리를 사용자 지정합니다.

❿ **효과** : 표의 그림자나 반사와 같은 시각 효과를 추가합니다.

⓫ **펜 스타일** : 테두리를 그리는데 사용되는 선의 스타일을 변경합니다.

⓬ **펜 두께** : 테두리를 그리는데 사용되는 선의 두께를 변경합니다.

⓭ **펜 색** : 펜 색을 변경합니다.

⓮ **표 그리기** : 표의 테두리를 그립니다.

⓯ **지우개** : 표의 테두리를 지웁니다.

2. 표 스타일 변경하기

표 스타일(또는 빠른 스타일)은 프레젠테이션의 테마 색에서 파생된 색 조합을 비롯한 다양한 서식 옵션의 조합으로, 삽입되는 표에는 표 스타일을 바로 적용할 수 있습니다. 표 스타일 그룹에는 빠른 스타일 갤러리를 통해 표 스타일 축소판 그림이 표시되며, 마우스 포인터를 스타일 축소판 그림 위에 놓으면 빠른 스타일이 표에 어떻게 적용되는지 미리 볼 수 있습니다

● 스타일 설정하기

새 표 스타일이나 다른 표 스타일을 적용하려는 표를 클릭한 후 [표 도구] – [디자인] 탭 → **표 스타일** 그룹에서 원하는 표 스타일을 클릭합니다. 좀 더 다양한 표 스타일을 보려면 **자세히** 단추(￼)를 클릭합니다.

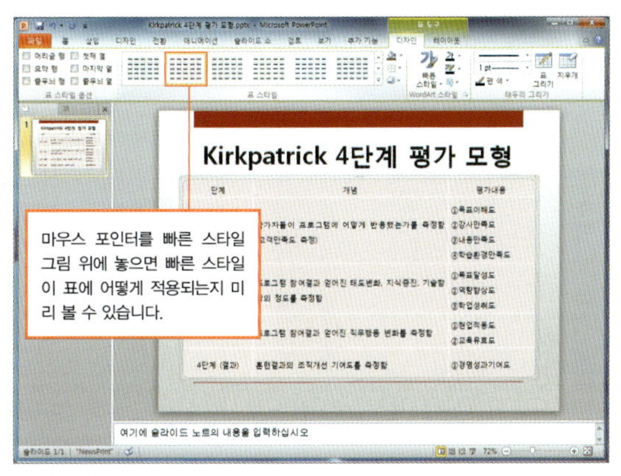

▲ 표 스타일 설정

● 스타일 지우기

표 스타일을 지우려면 [표 도구] – [디자인] 탭 → **표 스타일** 그룹 오른쪽 **자세히** 단추(￼)를 클릭한 후 **표 지우기**를 클릭합니다.

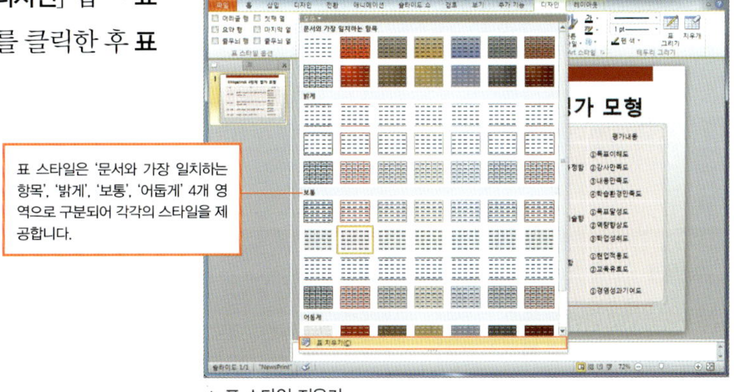

▲ 표 스타일 지우기

> **● 표 텍스트와 [개요] 탭 표시**
>
> 표의 텍스트는 [개요] 탭에 표시되지 않으며, 텍스트 개체 틀의 텍스트만 [개요] 탭에 표시됩니다.

3. 표 스타일 옵션 변경하기

표는 시각적으로 메시지가 분명하게 드러나지 않는 표의 단점을 극복할 수 있는 중요한 기능이라고 할 수 있습니다. 표 스타일 옵션은 줄무늬나 머리글, 요약 행에 표시 스타일을 변경하여 좀 더 시각적으로 슬라이드를 표현할 수 있습니다.

◎ 머리글 행

표의 머리글 행을 표시 및 해제하며 표의 첫 행 서식을 특별하게 표시하기 위해 [표 도구] – [디자인] 탭 →
표 스타일 옵션 그룹 → **머리글 행** 확인란을 클릭합니다.

◎ 요약 행

표의 마지막 행에 특수 서식을 설정하기 위해 [표 도구] – [디자인] 탭 → **표 스타일 옵션** 그룹 → **요약 행** 확
인란을 클릭합니다.

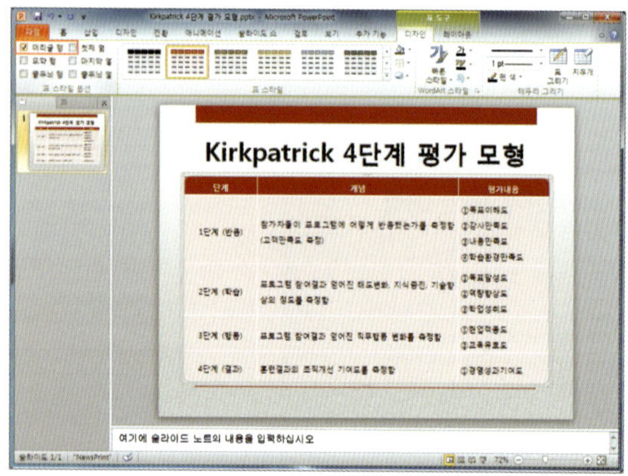

▲ 머리글 행

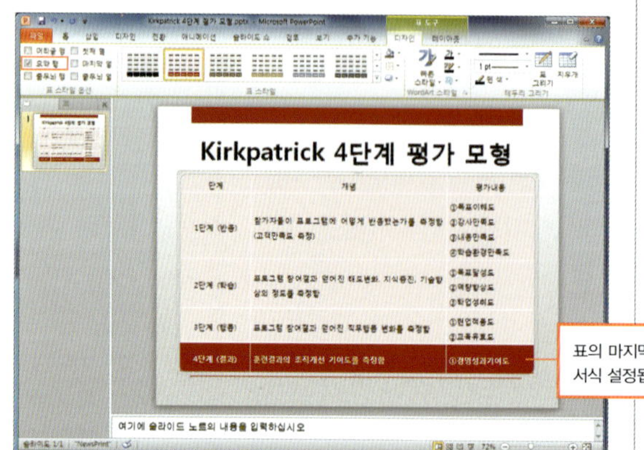

▲ 요약 행

> ◎ **셀 병합이 되어 있는 경우**
>
> 1행과 2행의 한 열의 셀이 병합되어 있는 경우 2행의 해당 셀도 머리글 행으로 표시됩니다.

◎ 줄무늬 행

짝수 행과 홀수 행이 서로 다른 줄무늬 행 모양으로 표시하기 위해 [표 도구] – [디자인] 탭 → **표 스타일 옵
션** 그룹 → **줄무늬 행** 확인란을 클릭하면 구분하기 쉽습니다.

◎ 첫째 열

표의 첫 번째 열을 특별한 서식으로 표시하기 위해 [표 도구] – [디자인] 탭 → **표 스타일 옵션** 그룹 → **첫째
열** 확인란을 클릭합니다.

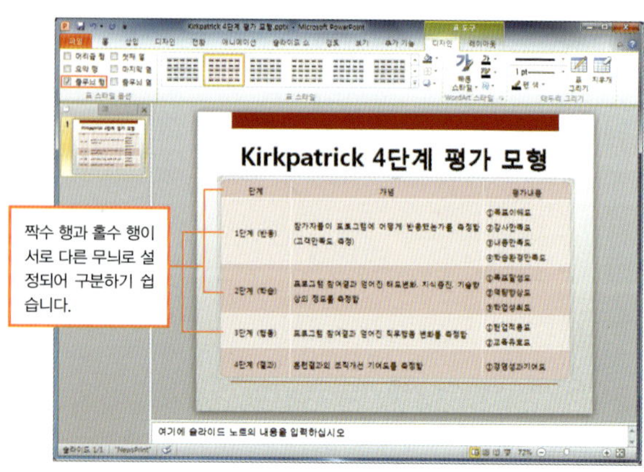

▲ 줄무늬 행

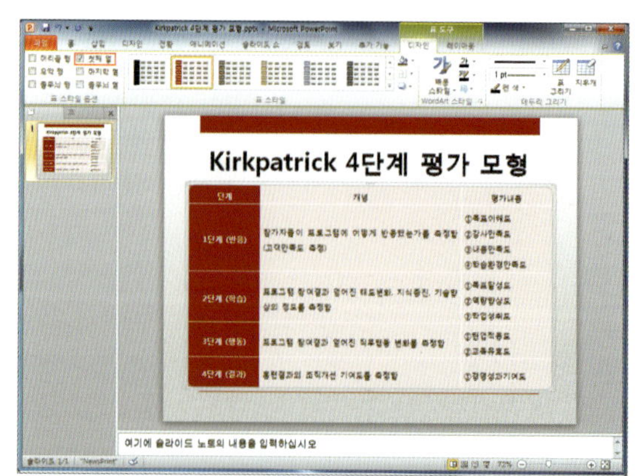

▲ 첫째 열

> ◎ **줄무늬 행의 장점**
>
> 표의 시각적인 효과를 높여줄 뿐만 아니라 줄무늬로 행이 구분되면 아무래도 표의 내용을 쉽게 읽을 수 있는 아주 큰 장점이 있으니 많이 활용하는 것이 좋습니다.

○ 마지막 열

표의 마지막 열을 특별한 서식으로 표시하기 위해 [표 도구] – [디자인] 탭 → 표 스타일 옵션 그룹 → 마지막 열 확인란을 클릭합니다.

○ 줄무늬 열

짝수 열과 홀수 열이 서로 다른 줄무늬 열 모양으로 표시하기 위해 [표 도구] – [디자인] 탭 → 표 스타일 옵션 그룹 → 줄무늬 열 확인란을 클릭하면 구분하기 쉽습니다.

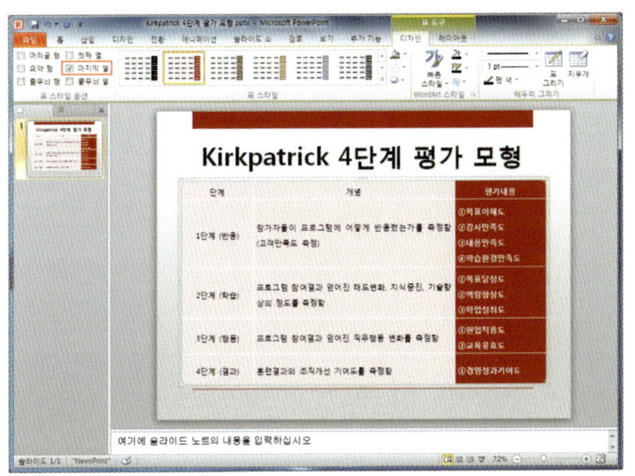

▲ 마지막 열

▲ 줄무늬 열

4. 표 음영 적용하기

전체 표나 셀에 음영(채우기 색)을 자유롭게 추가하거나 변경이 가능한데, 특정 셀들에만 음영을 지정하려면 마우스로 해당 셀들을 선택한 후 음영을 적용하면 됩니다.

표 전체를 선택하거나 표의 셀을 마우스로 끌어서 선택한 후 [표 도구] – [디자인] 탭 → 표 스타일 그룹 → 음영( ) 옆의 단추( )를 클릭하여 원하는 색을 선택합니다. 테마 색 목록에 없는 색을 변경하려면 다른 채우기 색을 클릭한 후 [표준] 탭에서 색을 클릭하거나 [사용자 지정] 탭에서 자체적으로 색을 혼합합니다. 색을 선택하지 않으려면 표 전체를 선택하거나 표의 셀을 끌어서 선택한 후 [표 도구] – [디자인] 탭 → 표 스타일 그룹 → 음영( )을 클릭하여 채우기 없음을 선택합니다.

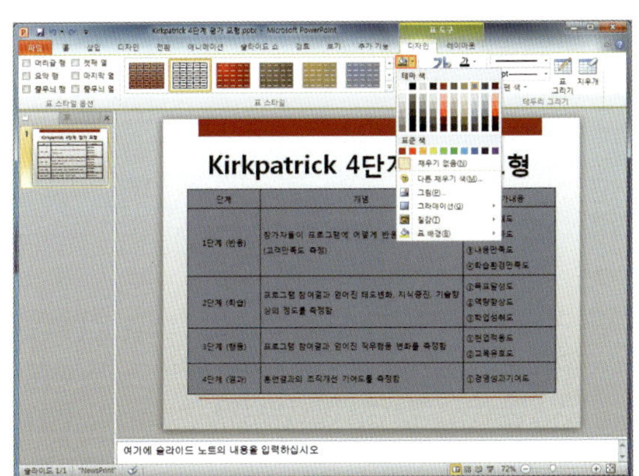

▲ 음영 – 색 설정

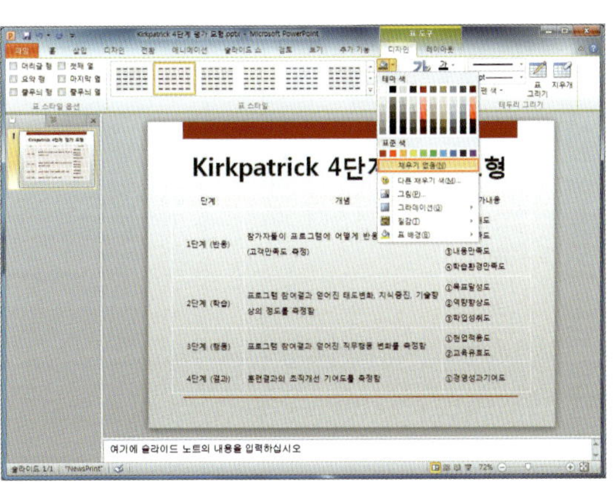

▲ 음영 – 채우기 없음

5. 테두리 지정/해제하기

전체 표나 셀의 테두리를 모든 테두리, 바깥쪽 테두리, 안쪽 테두리, 위/아래/왼쪽/오른쪽 테두리 등 원하는 셀의 테두리로 자유롭게 변경하거나 테두리를 제거할 수 있습니다.

표 전체를 선택하거나 표의 셀을 마우스로 끌어서 선택한 후 [**표 도구**] – [**디자인**] 탭 → **표 스타일** 그룹 → **테두리**( )를 클릭하여 원하는 테두리 형태를 클릭하여 테두리를 지정하거나 해제합니다.

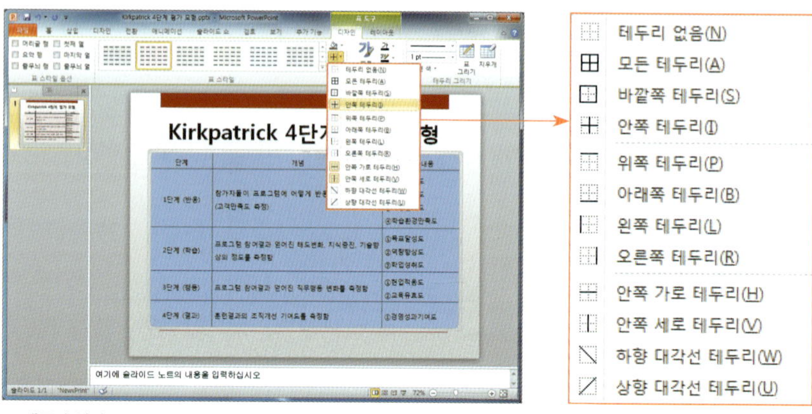

▲ 테두리 설정

6. 효과 적용하기

전체 표나 일부 셀에 효과를 추가할 수 있으며, 셀 입체 효과나 반사, 그림자를 설정하여 표의 디자인의 질을 높일 수 있습니다.

① 표 전체를 선택하거나 표의 셀을 마우스로 끌어서 선택한 후 [**표 도구**] – [**디자인**] 탭 → **표 스타일** 그룹 → **효과**( ) → **셀 입체 효과** 선택 목록에서 원하는 입체 효과를 선택합니다.
② 표를 선택한 후 [**표 도구**] – [**디자인**] 탭 → **표 스타일** 그룹 → **효과**( ) → **반사** 선택 목록에서 원하는 반사 효과를 선택합니다.

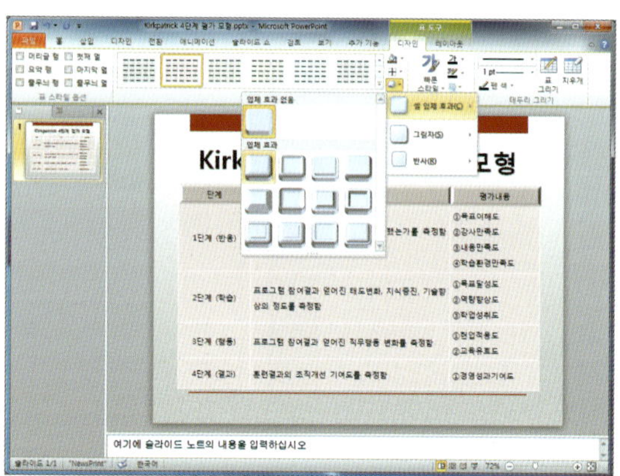

▲ 셀 입체 효과 – '둥글게'

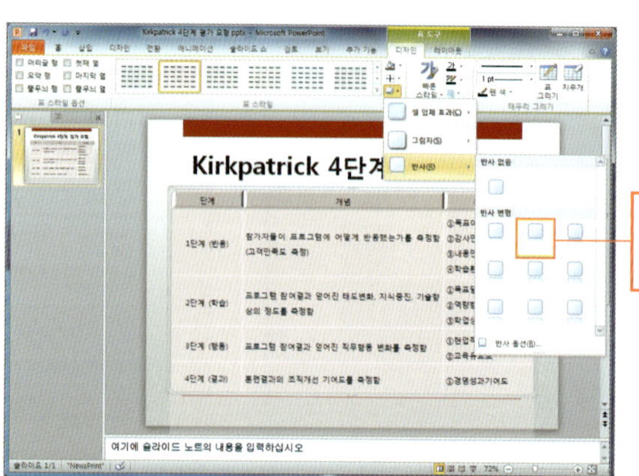

▲ 반사 효과 – '1/2 반사, 터치'

7. 테두리 그리기

삽입된 표 전체나 특정 셀을 선택한 후 **테두리 그리기** 그룹에서 테두리의 선 스타일, 두께, 표 그리기, 지우개 명령 등을 이용하여 사용자가 원하는 방식으로 수정할 수 있습니다.

◉ 테두리의 선 스타일

선 스타일을 변경하려면 표 테두리를 추가하거나 변경할 표 셀을 선택한 후 [**표 도구**] – [**디자인**] 탭 → **테두리 그리기** 그룹 → **펜 스타일**(━━━)을 클릭하여 선택 목록에서 원하는 선 스타일을 선택합니다.

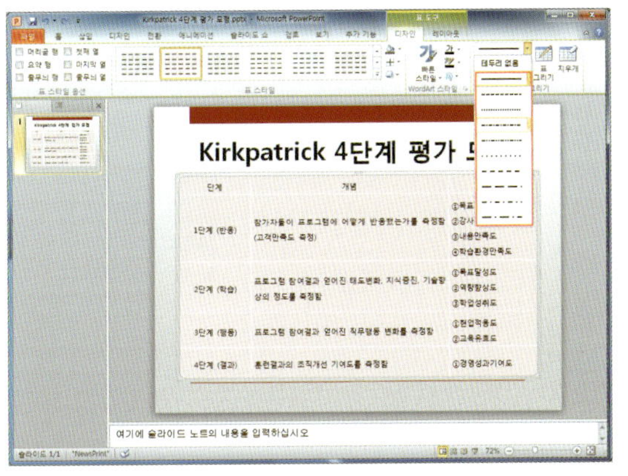

▲ '펜 스타일' 선택 목록

◉ 테두리의 두께

테두리의 두께를 변경하려면 표 테두리를 추가하거나 변경할 표 셀을 선택한 후 [**표 도구**] – [**디자인**] 탭 → **테두리 그리기** 그룹 → **펜 두께**(1 pt ━━)를 클릭하여 선택 목록에서 원하는 선 두께를 선택합니다.

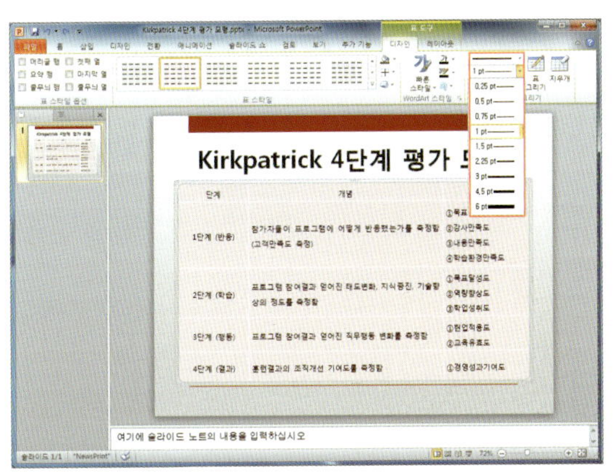

▲ '펜 두께' 선택 목록

◉ 표 테두리 그리기

선택한 색, 두께 또는 선 스타일을 표에 적용하려면 [**표 도구**] – [**디자인**] 탭 → **테두리 그리기** 그룹 → **표 그리기**( )를 클릭한 후 마우스 포인터가 연필 모양( )인 상태에서 변경할 테두리를 그립니다.

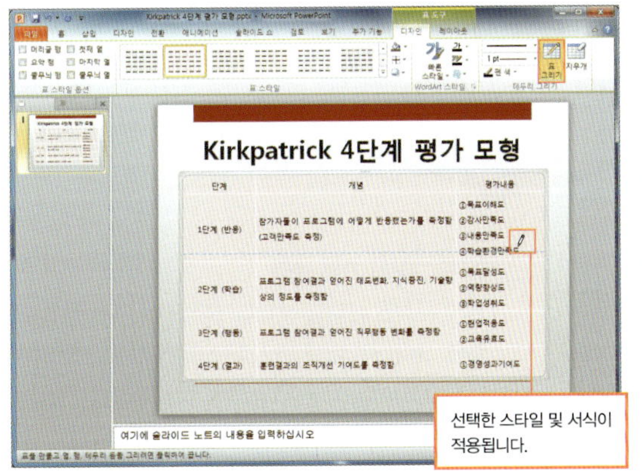

▲ 표 그리기 명령

◎ 표 테두리 지우기

표에 테두리를 지우려면 [표 도구] – [디자인] 탭 →
테두리 그리기 그룹 → **지우개**(▦)를 클릭한 후 마우
스 포인터가 지우개 모양(⬦)인 상태에서 지울 테
두리를 선택합니다.

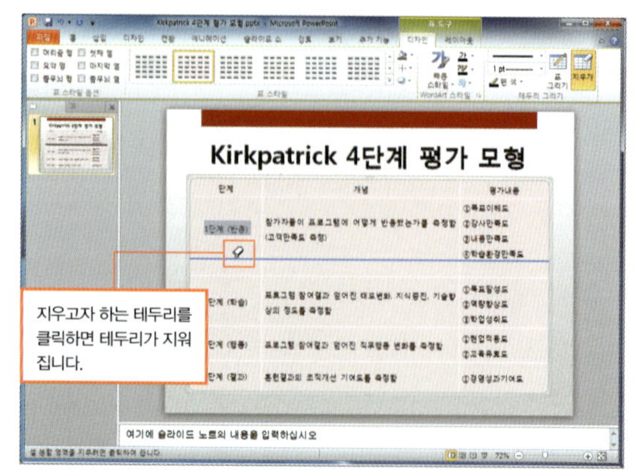

▲ 표 테두리 지우기

자 주 묻 는 질 문

1. 표도 서식 복사가 가능한가요?

2. 표 그리기도 도형이나 선처럼 기본으로 설정해서 삽입하는 방법은 없나요?

1. 표의 서식 복사

도형이나 그림 등은 서식 복사 명령을 통해 선택된 개체에 서식만 복사하여
사용할 수 있지만 아쉽게도 표는 서식 복사 명령을 사용할 수 없습니다. 그렇
기 때문에 사용자가 원하는 표의 서식을 꾸며놓고 이를 문서로 저장해 놓았
다가 필요한 시기에 표 자체를 복사하여 해당 슬라이드에 원본 서식으로 붙여
넣은 후 내용을 수정하는 방식을 많이 사용합니다.
원본 서식으로 복사하지 않으면 해당 문서의 테마 서식으로 변경되기 때문에
붙여넣기 후에 옵션에서 **원본 서식 유지**를 선택합니다.

2. 표 그리기 기본 설정

표의 서식은 삽입할 때마다 설정해야 하는 번거로움이 있습니다. 도형이나 선 서식은 적용한 후 마우스 오른쪽 단
추를 클릭하여 바로 가기 메뉴에서 **기본 도형으로 설정**이나 **기본 선으로 설정**을 선택하여 개체가 삽입될 때마다
동일한 서식의 도형이나 선이 삽입되도록 기본 서식을 변경하는 명령이 있습니다. 그러나 표는 기본 서식 지정
명령의 대상이 아니기 때문에 표가 삽입되면 이후에 항상 사용자가 옵션을 적용하여 서식을 변경해야만 합니다.

표에 스타일 적용하기

📁 **준비 파일** : 02 여성채용.pptx 📁 **완성 파일** : 02 여성채용_결과.pptx

표에 스타일을 적용하는 것은 표의 가독성을 높여 청중이 메시지를 구분할 수 있도록 도와주는 것으로 줄무늬, 효과, 음영 등을 활용하여 표의 시각적인 디자인 효과를 높여줄 수 있습니다. 표 스타일을 멋있게 디자인해 보겠습니다.

항목	변경 내용
테마	'수평선'
표 스타일	'밝은 스타일 1'
펜	펜 색 : '노랑', 펜 두께 : '2.25pt'
테두리	바깥쪽 테두리
텍스트	글꼴 크기 : '24pt'

Before

After

01 **예제 파일 열기** **02 여성채용.pptx** 파일을 두 번 연속 클릭하면 파워포인트가 실행되면서 다음 화면이 나타납니다.

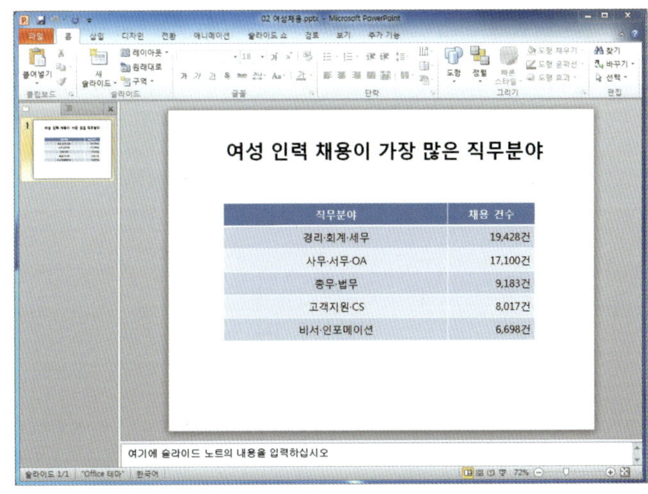

02 **마스터 테마 변경하기** 테마를 변경하기 위해 ❶ [**디자인**] 탭 → ❷ **테마** 그룹 오른쪽 **자세히** 단추(▾)를 클릭하여 ❸ '수평선'을 선택합니다.

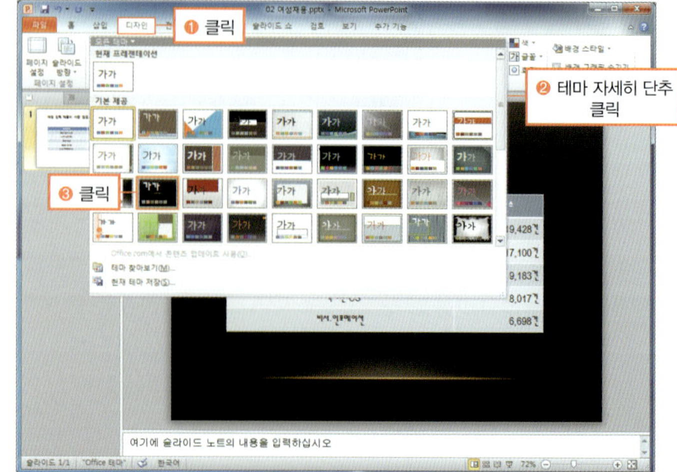

◎ 테마를 변경하면 테마에 어울리는 글꼴로 같이 변형됩니다. 만약 글꼴을 변경하고자 할 경우에는 [**홈**] 탭 → **글꼴** 그룹 → 원하는 글꼴을 선택하면 됩니다.

03 **표 스타일 적용하기** ❶ 표 스타일을 설정하기 위해 표를 선택하고 [**표 도구**] − ❷ [**디자인**] 탭 → ❸ **표 스타일** 그룹 오른쪽 **자세히** 단추(▾)를 클릭하여 ❹ '밝은 스타일 1'을 선택합니다.

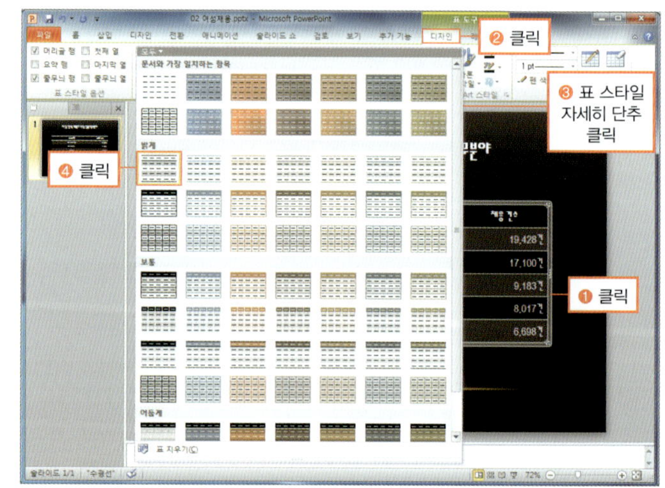

04 **표 크기 조정하기** 표 테두리에서 크기 조정 핸들을 가리킨 후 포인터가 ↖로 바뀌면 핸들을 클릭한 채 마우스로 끌어서 표의 크기를 그림과 같이 좌우 및 상하로 늘립니다.

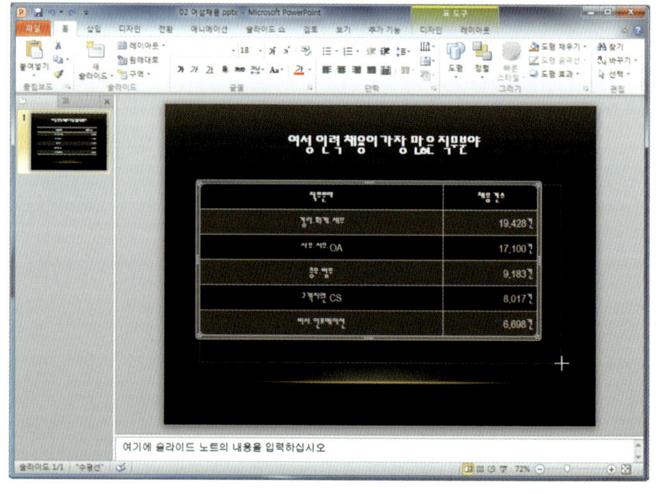

05 펜 색 변경하기

펜 색 변경하기 표가 선택되어 있는 상태에서 [**표 도구**] – ❶ [**디자인**] 탭 → **테두리 그리기** 그룹 → ❷ 펜 색(✏ 펜 색 ▾)을 클릭하여 ❸ '노랑'을 선택합니다.

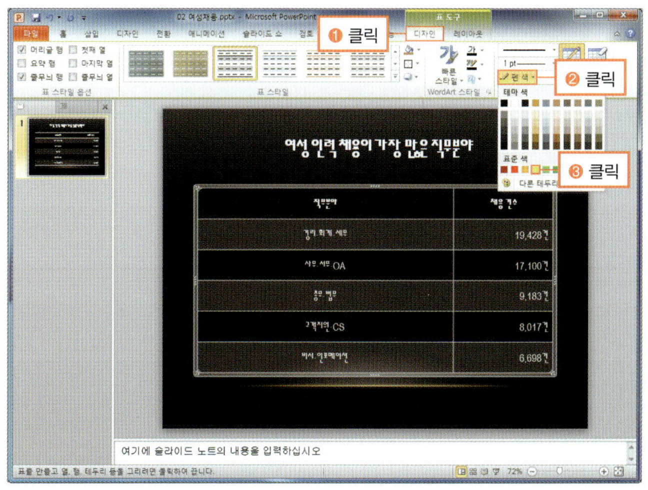

06 펜 두께 변경하기

펜 두께 변경하기 변경한 펜 색을 잘 보이게 두께를 조정합니다. [**표 도구**] – [**디자인**] 탭 → **테두리 그리기** 그룹 → ❶ 펜 두께(1 pt ▾)를 클릭하여 ❷ '2.25pt'를 선택합니다.

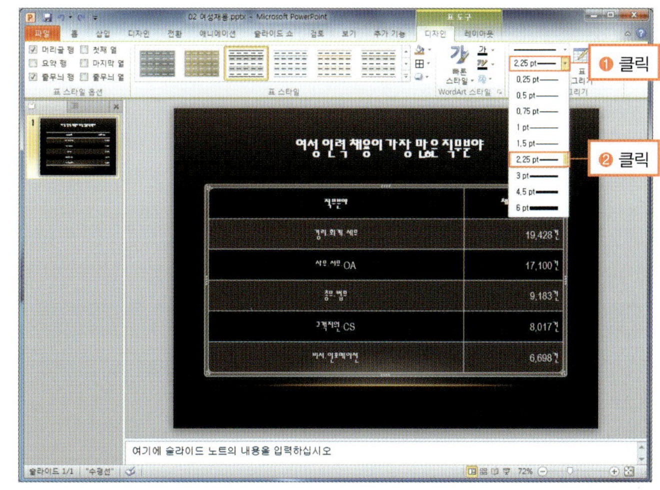

07 테두리 색 변경하기

테두리 색 변경하기 표의 테두리 색을 변경하기 위해 표를 선택한 후 [**표 도구**] – [**디자인**] 탭 → **표 스타일** 그룹 → ❶ 테두리(▦ ▾) 옆의 단추(▾)를 클릭하여 ❷ '바깥쪽 테두리'를 선택합니다. 그러면 바깥쪽 테두리가 노랑으로 바뀐 것을 알 수 있습니다.

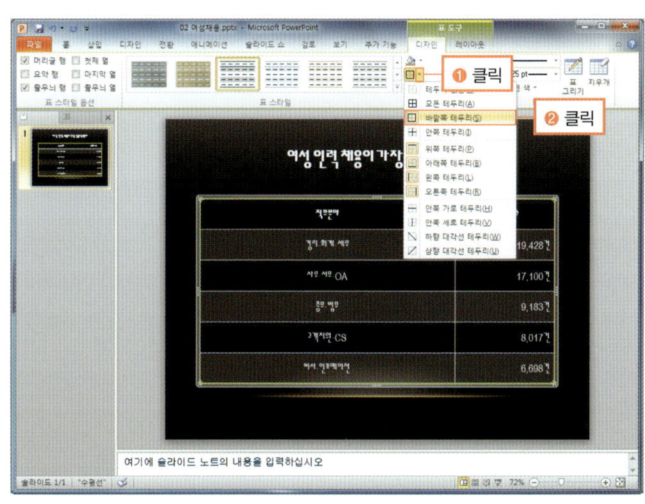

◯ **테두리 명령 단추**

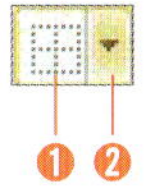

❶을 클릭하면 이전에 실행했던 테두리 명령이 실행됩니다.
❷를 클릭하면 원하는 테두리를 선택하여 설정할 수 있습니다.

❶ ❷

08 텍스트 크기 조정하기 표 안의 텍스트 글꼴 크기를 조정하기 위해 ❶ [홈] 탭 → **글꼴** 그룹 → ❷ **글꼴 크기 목록** 단추를 클릭하여 ❸ '24'를 선택합니다.

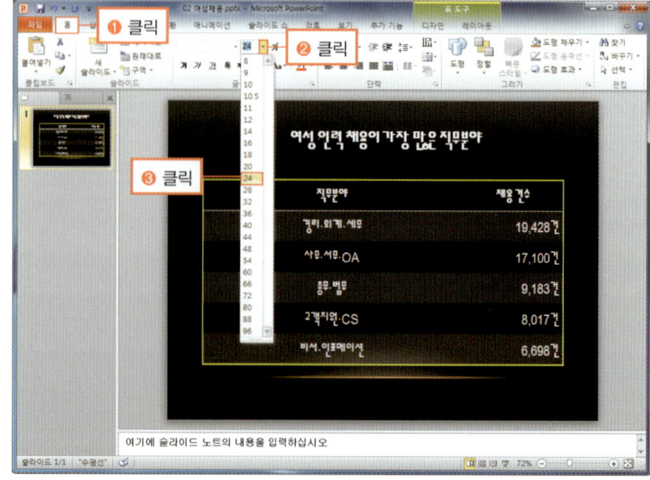

09 결과 확인하기 슬라이드가 완성되었습니다.

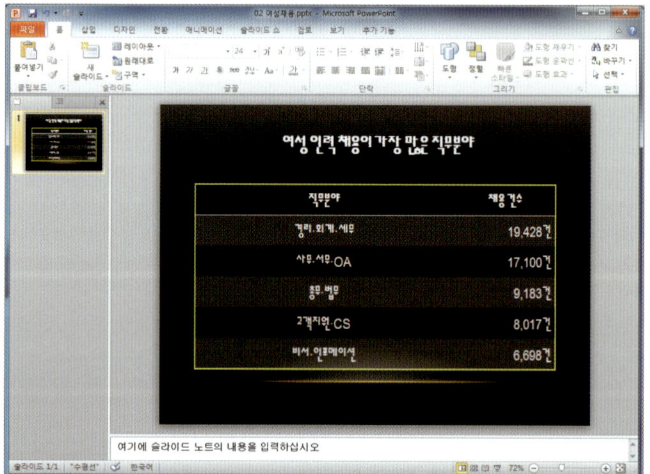

표의 특정 셀, 행, 열 선택하기

표에 텍스트를 입력하거나 서식을 적용하려면 특정 셀이나 행, 열을 선택해야 합니다. 표의 특정 셀이나 행, 열을 마우스로 끌어서 선택하는 방법과 Tab 키를 활용하여 선택하는 방법 외에 마우스 포인터를 활용하는 방법이 있습니다.

❶ **방법 1** : 특정 행/열을 선택하려면 표를 선택하고 선택하려는 행/열의 테두리 위에 마우스 포인터를 올려놓아 마우스 포인터가 ⬇ 모양으로 변할 때 클릭하면 해당 행/열이 선택됩니다.

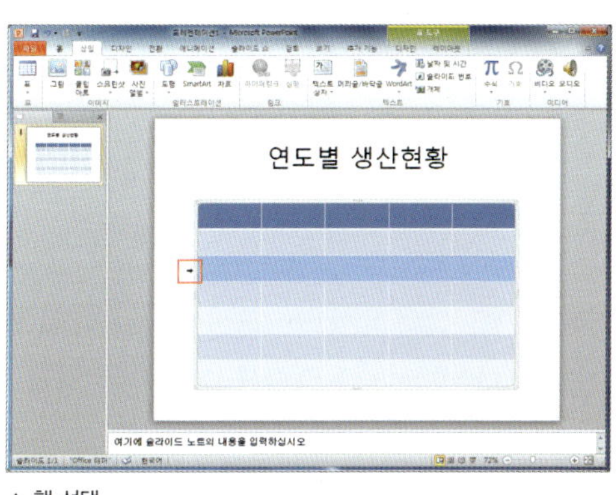

▲ 행 선택

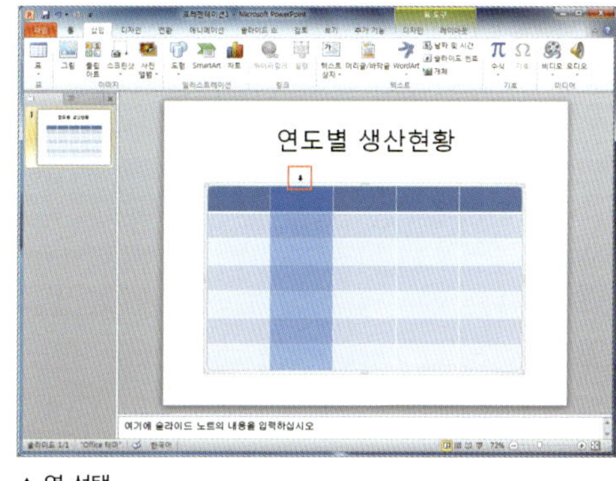

▲ 열 선택

❷ **방법 2** : 표 안의 셀을 마우스로 클릭하고 [**표 도구**] – [**레이아웃**] 탭 → **표** 그룹 → **선택**(▦) → '표 선택', '열 선택', '행 선택 ' 중에서 하나를 선택합니다.

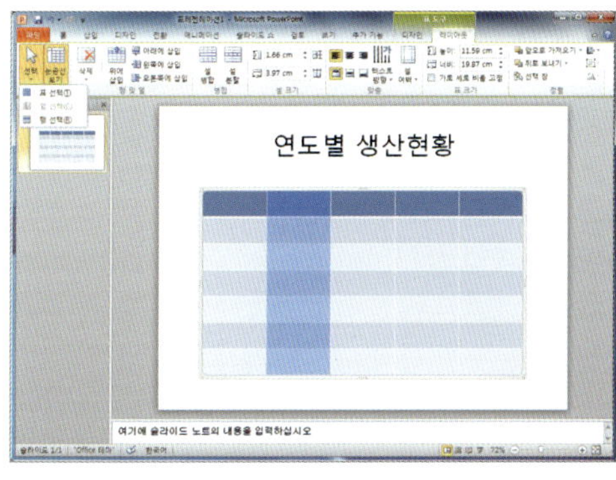

03 행,열,셀 추가/삭제/병합/분할하기

표를 작성하다 보면 행/열을 추가 및 삭제하고, 내용을 합치기 위해 셀을 병합하거나 내용을 분리하기 위해 분할하는 등 테두리를 자유롭게 조정할 수 있어야 합니다. 이러한 명령들을 확실하게 숙지하여 표를 자유롭게 편집하거나 활용해 보겠습니다.

1. [표 도구] – [레이아웃] 상황별 탭 살펴보기

슬라이드에 표를 삽입하면 제목 표시줄에 [표 도구] – [레이아웃] 상황별 탭이 표시됩니다. [표 도구] – [레이아웃] 탭은 표를 선택하거나 행 및 열을 추가/삭제하고 셀을 병합하고 크기를 조정하는 명령들이 포함되어 있습니다.

○ 03 본문예제.pptx를 참조하세요.

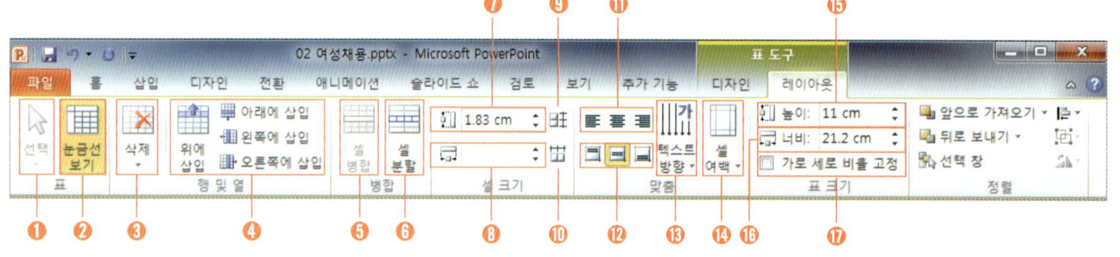

❶ **선택** : 커서가 있는 행 또는 열을 선택하거나 전체 표를 선택합니다.

❷ **눈금선 보기** : 표 안의 눈금선을 표시하거나 숨깁니다.

❸ **삭제** : 행, 열, 셀 또는 전체 표를 삭제합니다.

❹ **위/아래/왼쪽/오른쪽에 삽입** : 선택한 행 바로 위, 아래, 왼쪽, 오른쪽에 행이나 열을 추가합니다.

❺ **셀 병합** : 선택한 셀을 한 셀로 병합합니다.

❻ **셀 분할** : 선택한 셀을 여러 개의 셀로 분할합니다.

❼ **표 행 높이** : 선택한 셀의 높이를 설정합니다.

❽ **표 열 너비** : 선택한 셀의 너비를 설정합니다.

❾ **행 높이를 같게** : 선택한 행의 높이를 모두 같게 조절합니다.

❿ **열 너비를 같게** : 선택한 열의 너비를 모두 같게 조절합니다.

⓫ **텍스트 맞춤** : 텍스트를 왼쪽, 가운데, 오른쪽으로 맞춥니다.

⓬ **위쪽/가운데/아래쪽 맞춤** : 셀의 위쪽, 세로 중간, 아래쪽에 텍스트를 맞춥니다.

⓭ **텍스트 방향** : 텍스트를 세로로 쓰거나 세워 쓰거나 원하는 방향으로 회전합니다.

○ **표 셀의 텍스트 서식 변경**

표의 각 셀들에 입력된 텍스트의 서식은 [홈] 탭 → **글꼴** 그룹에서 변경할 수 있으며, [**표 도구**] – [**디자인**] 탭에서는 WordArt 스타일을 변경할 수 있습니다.

⑭ **셀 여백** : 선택한 셀의 여백을 지정합니다.

⑮ **높이** : 표의 높이를 설정합니다.

⑯ **너비** : 표의 너비를 설정합니다.

⑰ **가로 세로 비율 고정** : 표의 높이와 너비가 서로 비례하여 변경되도록 가로 세로 비율을 고정시킵니다.

2. 행이나 열 추가하기

표를 편집할 때 가장 많이 사용하는 명령은 행이나 열을 추가하거나 삭제하는 명령으로, 파워포인트에서는 [표 도구] – [레이아웃] 탭에서 해당 명령들을 제공하고 있습니다.

● 행 추가

새 행을 표시할 행의 위나 아래에 있는 표 셀을 선택한 후 [표 도구] – [레이아웃] 탭 → **행 및 열** 그룹 → 선택한 셀 위에 행을 추가하려면 **위에 삽입**을 클릭하고 선택한 셀 아래에 행을 추가하려면 **아래에 삽입**을 클릭합니다.

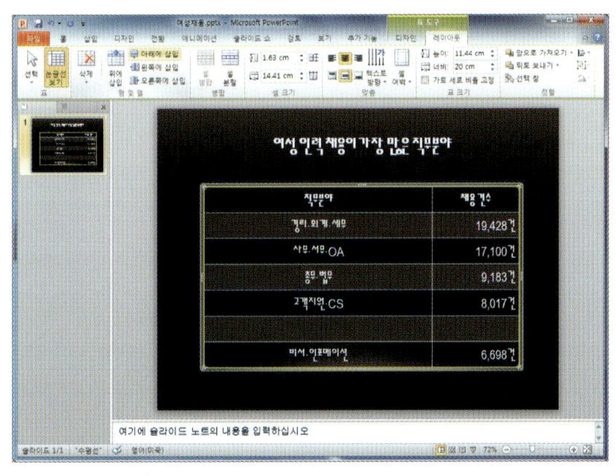

▲ 아래에 행 삽입

● 여러 행 추가

여러 행을 한 번에 추가하려면 기존 표에서 추가할 행 개수와 같은 수의 행을 마우스로 끌어서 선택한 후 **위에 삽입** 또는 **아래에 삽입**을 클릭합니다. 예를 들어 기존 행 2개를 선택한 후 **위에 삽입** 또는 **아래에 삽입**을 클릭하면 행 2개가 추가됩니다.

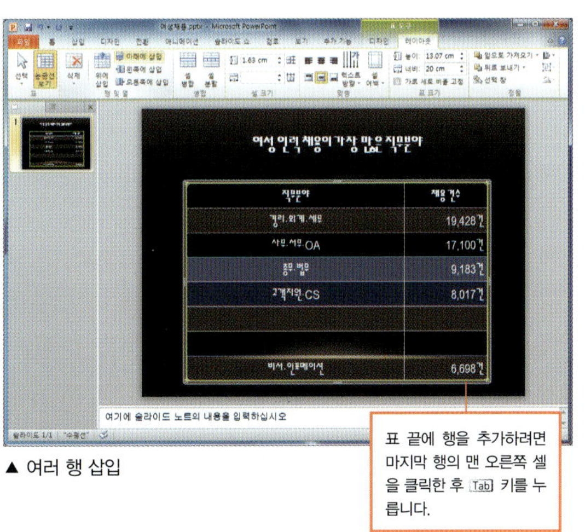

▲ 여러 행 삽입

◉ 열 추가

새 열을 표시할 위치의 열의 왼쪽이나 오른쪽에 있는 표 셀을 선택한 후 [표 도구] – [레이아웃] 탭 → 행 및 열 그룹 → 선택한 셀의 왼쪽에 열을 추가하려면 왼쪽에 삽입을 클릭하고 선택한 셀의 오른쪽에 열을 추가하려면 오른쪽에 삽입을 클릭합니다.

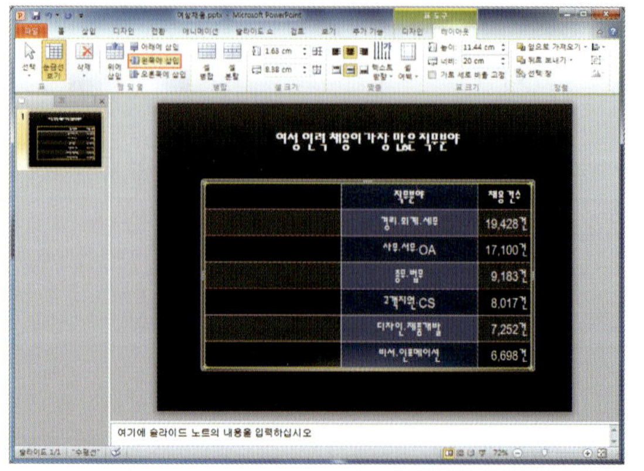

▲ 왼쪽에 열 삽입

◉ 여러 열 추가

여러 열을 한 번에 추가하려면 기존 표에서 추가할 열 개수와 같은 수의 열을 마우스로 끌어서 선택한 후 왼쪽에 삽입 또는 오른쪽에 삽입을 클릭합니다. 예를 들어 기존 열 2개를 선택한 후 왼쪽에 삽입 또는 오른쪽에 삽입을 클릭하면 열 2개가 추가됩니다.

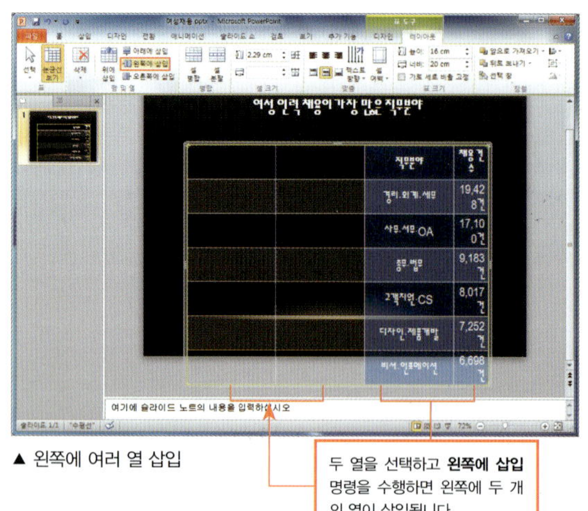

▲ 왼쪽에 여러 열 삽입

두 열을 선택하고 왼쪽에 삽입 명령을 수행하면 왼쪽에 두 개의 열이 삽입됩니다.

3. 행이나 열 삭제하기

표를 편집할 때 위와 반대로 불필요한 행이나 열을 자유롭게 삭제할 수 있습니다. 행이나 열을 삭제할 때 셀을 잘못 선택하게 되면 유용한 데이터가 삭제될 수 있으므로 주의해야 합니다.

◉ 행 삭제

행을 삭제하려면 삭제할 행의 셀을 선택한 후 [표 도구] – [레이아웃] 탭 → 행 및 열 그룹 → 삭제( ) → 행 삭제를 클릭합니다.

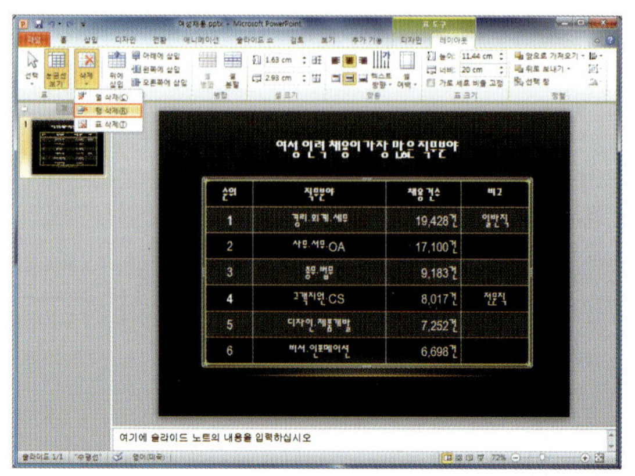

▲ 행 삭제

◎ 열 삭제

열을 삭제하려면 삭제할 행의 셀을 선택한 후 [**표 도구**] – [**레이아웃**] 탭 → **행 및 열** 그룹 → **삭제**( ) → **열 삭제**를 클릭합니다.

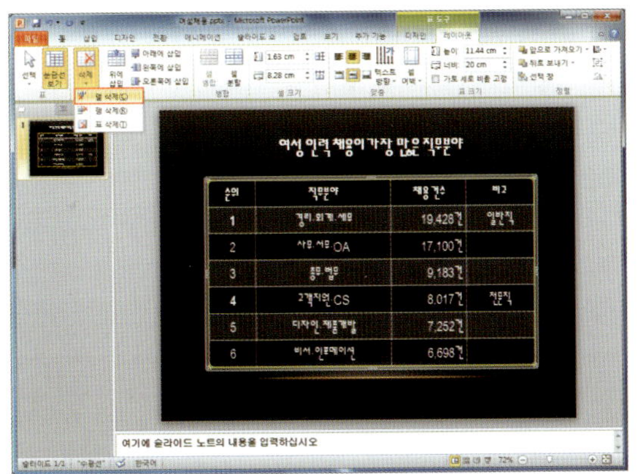

▲ 열 삭제

◎ 셀/행/열 선 지우기

① **방법 1** : 셀, 행 또는 열에서 선을 지우려면 [**표 도구**] – [**디자인**] 탭 → **테두리 그리기** 그룹 → **지우개**( )를 클릭한 후 지울 선을 클릭합니다. 선 지우기를 마치면 표 범위 밖을 클릭합니다.

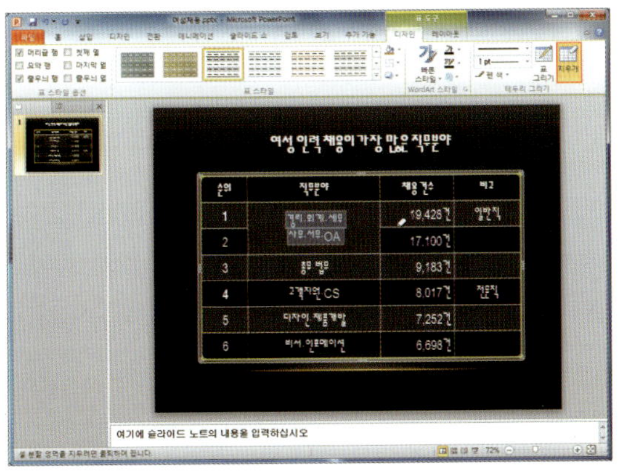

▲ 지우개 명령으로 열 지우기

② **방법 2** : [**표 도구**] – [**디자인**] 탭 → **테두리 그리기** 그룹 → **표 그리기** 명령( )을 클릭하여 활성 상태로 유지합니다. Shift 키를 누른 채 포인터가 지우개 모양( )으로 바뀌면 지울 선을 클릭합니다.

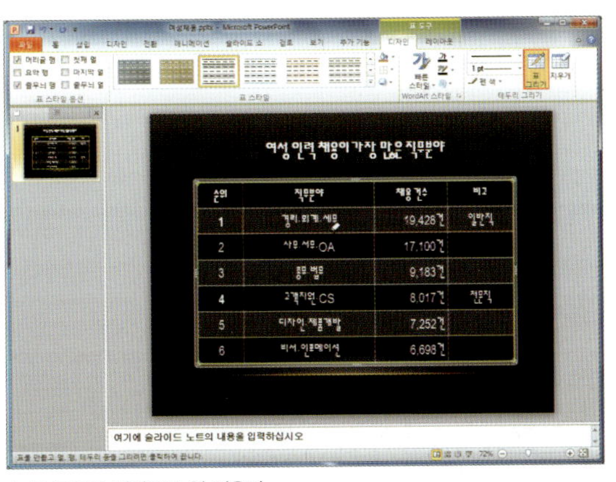

▲ 표 그리기 명령으로 열 지우기

4. 셀 병합하기

번호와 목록이 함께 있는 경우에 마지막에 합계를 내는 행은 셀을 병합하여 표시해야 하는 것처럼 경우에 따라서는 셀을 병합할 경우가 많이 발생합니다. 셀의 병합은 테두리를 지워서 병합할 수 있지만 셀을 선택한 후 셀 병합 명령을 활용하는 방법도 있습니다.

① **방법 1** : 같은 행 또는 열에 있는 두 개 이상의 표 셀을 하나의 셀로 병합하려면 표의 병합할 셀을 선택한 후 [**표 도구**] – [**레이아웃**] 탭 → **병합** 그룹 → **셀 병합**( )을 클릭합니다.

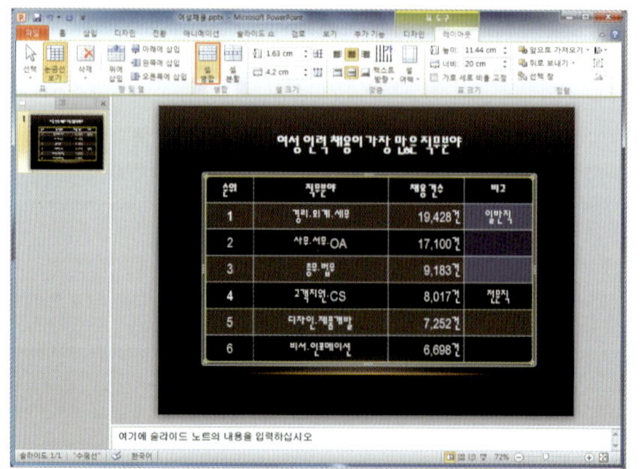

▲ [레이아웃] 탭을 이용한 셀 병합

② **방법 2** : 셀의 테두리를 지워서 표 셀을 병합할 수도 있습니다. [**표 도구**] – [**디자인**] 탭 → **테두리 그리기** 그룹 → **지우개**( )를 클릭한 후 지울 셀 테두리를 클릭합니다. 작업이 마무리되면 Esc 키를 누릅니다.

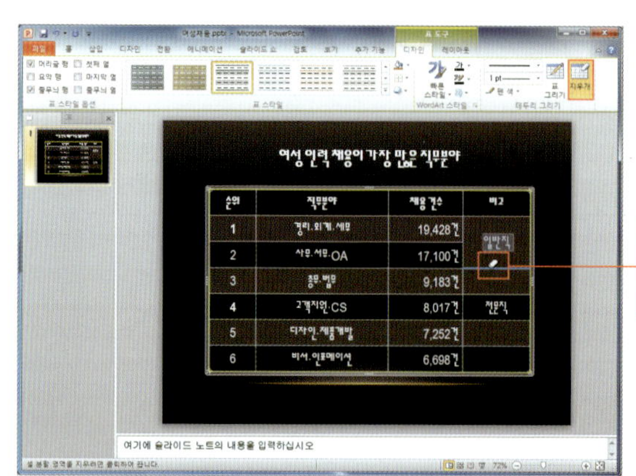

▲ 지우개 명령을 이용한 셀 병합

5. 셀 분할하기

한 셀에 너무 많은 내용이 들어 있거나 내용 상 구분이 되어야 함에도 불구하고 같은 셀에 내용이 입력되어 있는 경우 두 개 이상의 셀로 셀 분할 명령을 통해 분할할 수 있습니다.

○ 가로 분할, 세로 분할

분할할 표의 셀을 선택한 후 [**표 도구**] – [**레이아웃**] 탭 → **병합** 그룹 → **셀 분할**( )을 클릭합니다. 한 셀을 세로로 나누려면 원하는 새 셀의 개수를 '열 개수' 입력 상자에 입력하고, 한 셀을 가로로 나누려면 원하는 새 셀의 개수를 '행 개수' 입력 상자에 입력합니다.

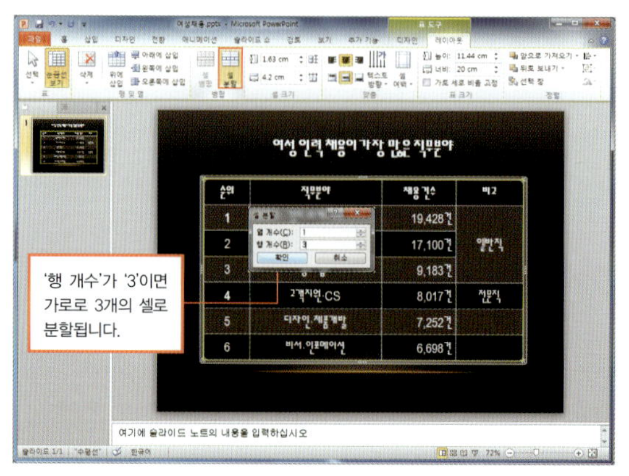

▲ 셀 분할

한 셀을 가로와 세로로 모두 나누려면 '열 개수' 입력 상자에 원하는 열의 개수를 입력한 다음 '행 개수' 입력 상자에 원하는 행의 개수를 입력합니다.

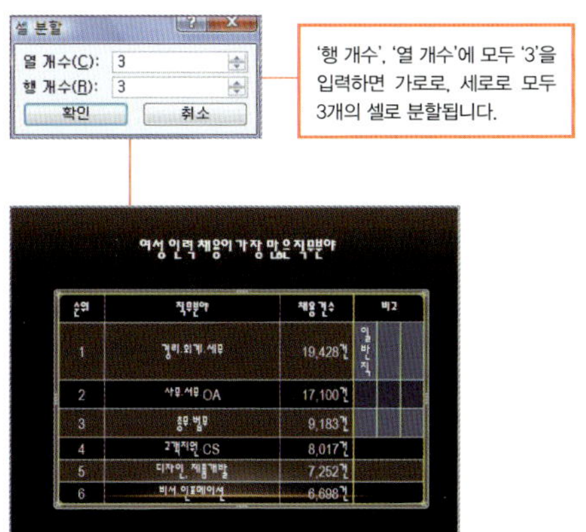

'행 개수', '열 개수'에 모두 '3'을 입력하면 가로, 세로로 모두 3개의 셀로 분할됩니다.

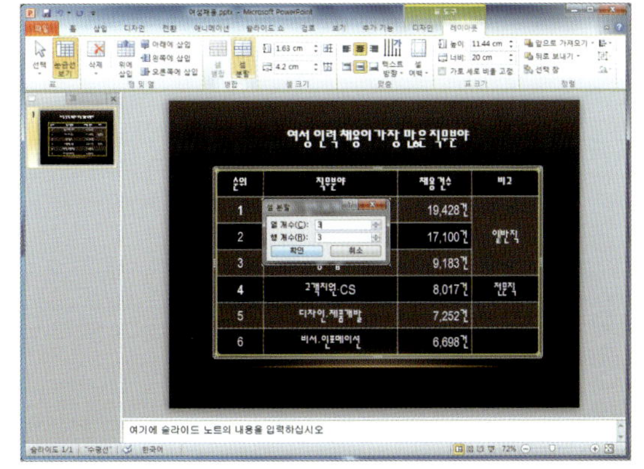

▲ 가로 세로 분할

자 주 묻 는 질 문

눈금선 보기 명령은 어떤 기능인가요?

눈금선 보기는 표의 각 셀의 테두리에 표시되는 선을 의미합니다. 이는 어두운 배경에서 작업할 때나 표의 테두리 선을 보이지 않게 설정하였을 때 표의 구분선을 표시하여 편집 작업에 도움을 주는 기능입니다.

눈금선 보기 명령을 실행하려면 [**표 도구**] – [**레이아웃**] 탭 → **표** 그룹 → **눈금선 보기** 명령(▦)을 클릭합니다.

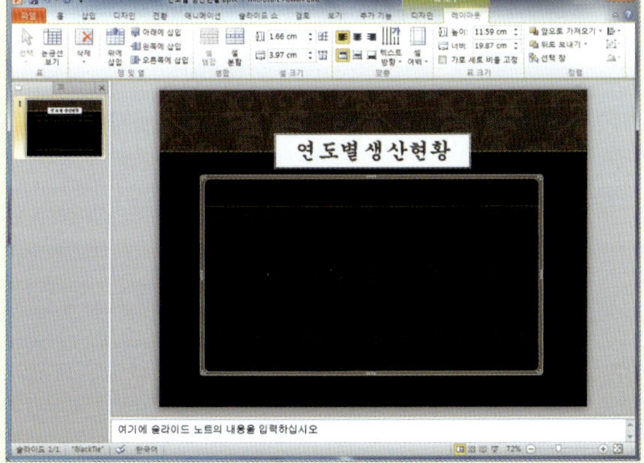

▲ 눈금선 보기 명령이 선택되지 않은 상태

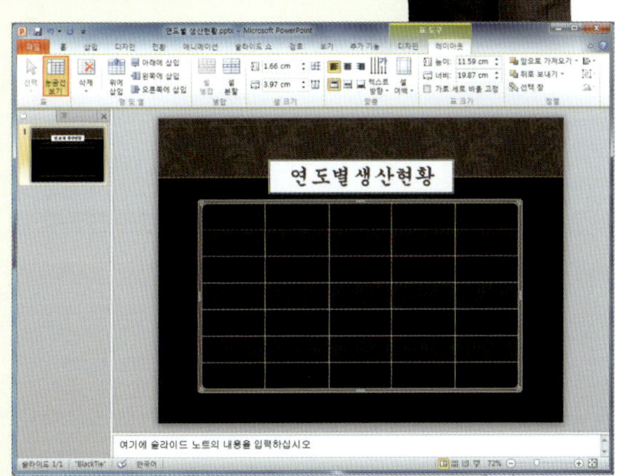

▲ 눈금선 보기 명령이 선택된 상태

눈금선 보기 명령은 표의 편집 시에 사용자의 편의를 돕기 위해 표시되는 유용한 기능으로, 슬라이드 쇼 실행 시에서는 표시되지 않으며 인쇄 시에도 출력되지 않습니다.

행 및 열 추가/삭제/병합/분할하기

📁 **준비 파일 :** 03 대학 연간 등록금 현황.pptx 📁 **완성 파일 :** 03 대학 연간 등록금 현황_결과.pptx

프레젠테이션의 표를 보면 시각적으로 정적인 느낌을 많이 받게 되므로 다른 개체들을 추가로 삽입하여 표의 단순하고 정적인 느낌을 보완하는 것이 필요합니다. 표를 삽입한 후 청중이 내용을 쉽게 이해하는데 도움을 줄 수 있는 시각적인 개체를 사용하여 멋진 슬라이드를 만들어 보겠습니다.

항목	변경 내용
표	열 삭제 : '5열' 열 삽입 : '왼쪽에 삽입' 열 너비(3열~5열) : '열 너비를 같게' 표 스타일 : '밝은 스타일 1' 글꼴 색 : 1행 '흰색' 셀 입체 효과 : 2행 '낮은 수준의 경사' 3행~6행, 1열~3열 '라블렛'
도형 삽입	'양쪽 모서리가 둥근 사각형' 그라데이션 : 중지점 1/2, 중지점 2/2(검정) (15 보기 참조)
클립 아트 삽입	"졸업" : '파랑, 밝은 강조색 1' "동전" : '연한 파랑, 배경색 2 밝게'

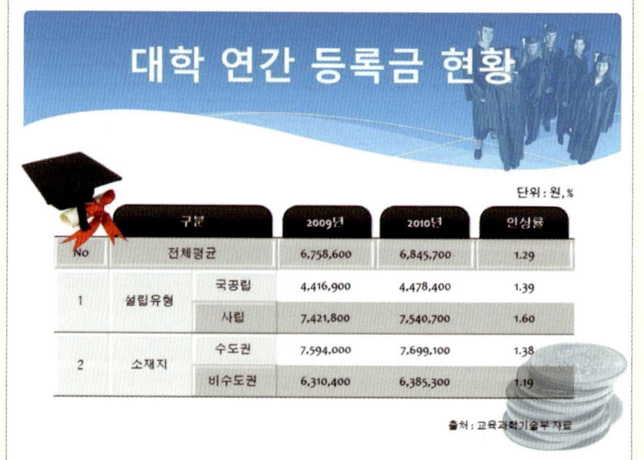

01 **예제 파일 열기** **03 대학 연간 등록금 현황.pptx** 파일을 두 번 연속 클릭하면 파워포인트가 실행되면서 다음 화면이 나타납니다.

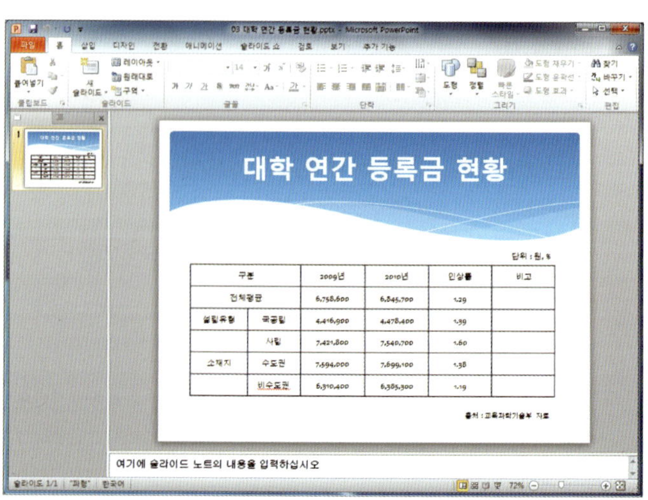

02 열 삭제하기 마지막 열인 5열을 삭제하기 위해 ❶ 5열의 1행을 클릭한 후 [표 도구] – ❷ [레이아웃] 탭 → 행 및 열 그룹 → ❸ 삭제(🔳) → ❹ 열 삭제를 클릭하면 '비고' 열이 삭제됩니다.

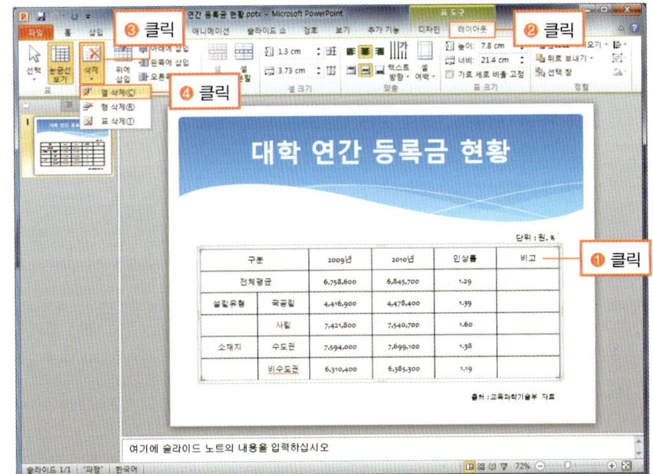

○ **마우스를 이용한 행/열 삭제**

행/열을 삭제할 표의 셀을 선택하고 마우스 오른쪽 단추를 클릭하고 바로 가기 메뉴에서 **행 삭제/열 삭제**를 클릭합니다.

03 열 삽입하기 왼쪽에 새 열을 삽입하기 위해 ❶ 1열의 3행을 클릭한 후 [표 도구] – [레이아웃] 탭 → 행 및 열 그룹 → ❷ 왼쪽에 삽입(🔳 왼쪽에 삽입)을 클릭합니다.

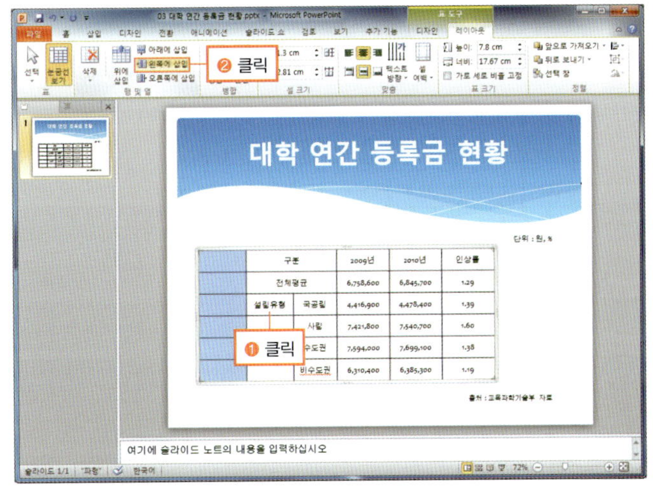

○ 왼쪽에 새 열을 삽입하기 위해 선택한 열의 임의의 행을 클릭해도 됩니다.

04 텍스트 입력 및 크기 조정하기 그림과 같이 ❶ 삽입된 열에 텍스트를 입력하고 ❷ 표 테두리에서 크기 조정 핸들을 가리킨 다음 포인터가 ↔ 로 바뀌면 핸들을 마우스로 클릭한 채 끌어서 표의 크기를 늘립니다.

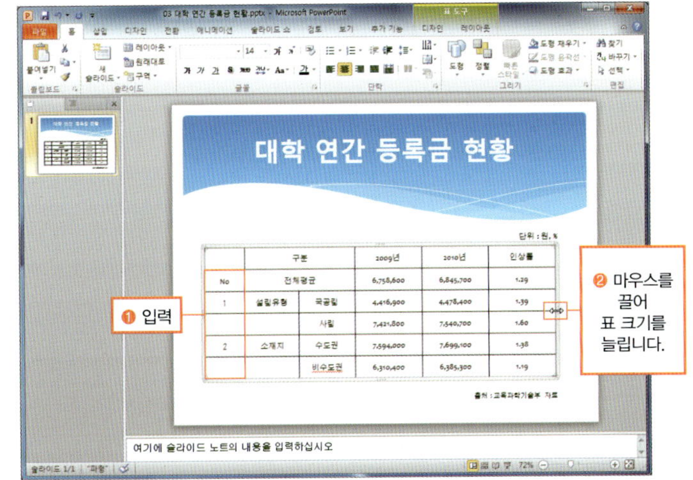

05 열 너비를 같게 조정하기 ❶ 3열부터 5열까지 마우스로 끌어서 선택한 후 [표 도구] – ❷ [레이아웃] 탭 → 셀 크기 그룹 → ❸ 열 너비를 같게(▦)를 클릭하여 열 너비를 동일하게 조정합니다.

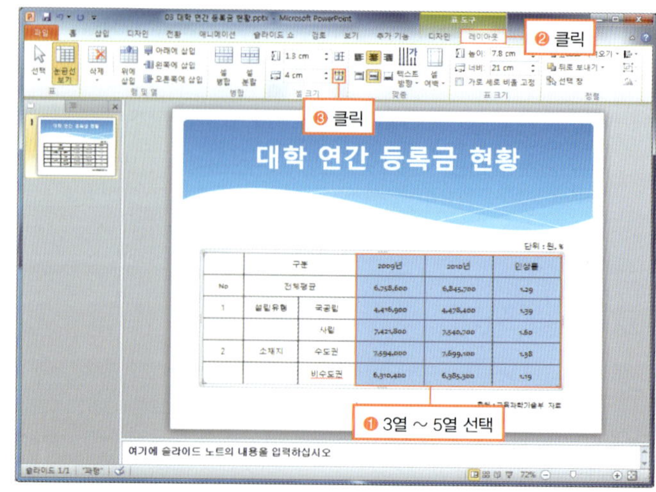

06 셀 병합하기 셀을 병합하기 위해 [표 도구] – ❶ [디자인] 탭 → 테두리 그리기 그룹 → ❷ 지우개(▨)를 클릭한 후 마우스의 포인터 모양이 ⌀로 바뀌면 ❸ 3행과 5행 아래 2열까지 테두리를 지웁니다. 작업이 완료되면 Esc 키를 누릅니다.

◐ 마우스를 이용한 셀 병합하기

병합할 두 개 이상의 표 셀을 선택하고 마우스 오른쪽 단추를 클릭하여 바로 가기 메뉴에서 셀 병합을 클릭해도 됩니다.

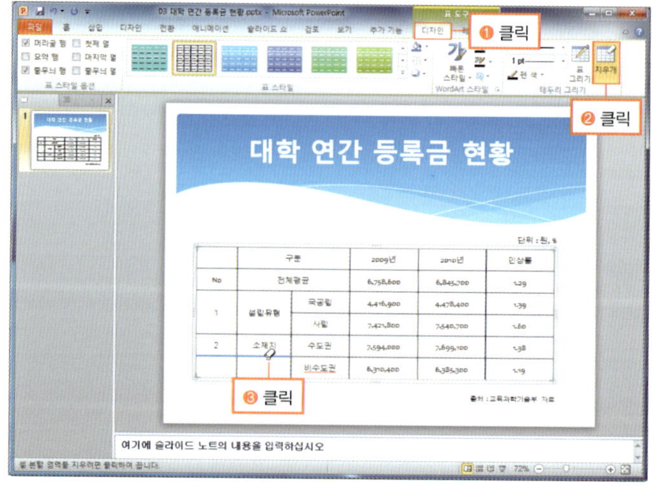

07 표 스타일 적용하기 표 스타일을 설정하기 위해 ❶ 표를 선택한 후 [표 도구] – [디자인] 탭 → ❷ 표 스타일 그룹 오른쪽 자세히 단추(▾)를 클릭하여 ❸ '밝은 스타일 1'을 선택합니다.

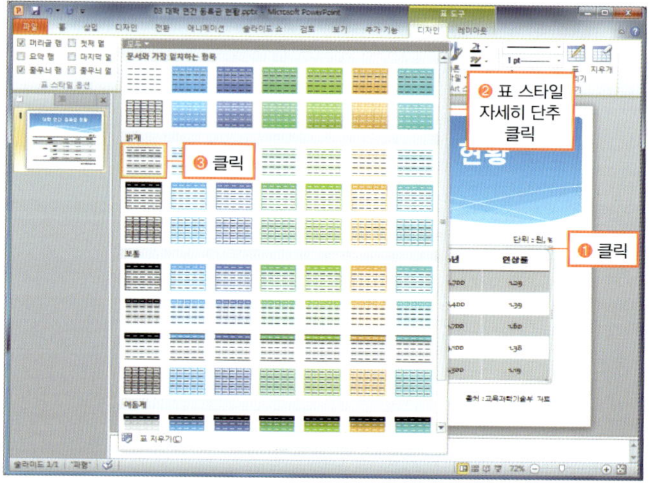

08 테두리 해제하기 ❶ 1행을 마우스로 끌어서 선택한 후 [표 도구] – [디자인] 탭 → **표 스타일** 그룹 → ❷ **테두리**(▦▾)를 클릭하여 ❸ '위쪽 테두리'를 두 번 클릭하여 테두리를 해제합니다.

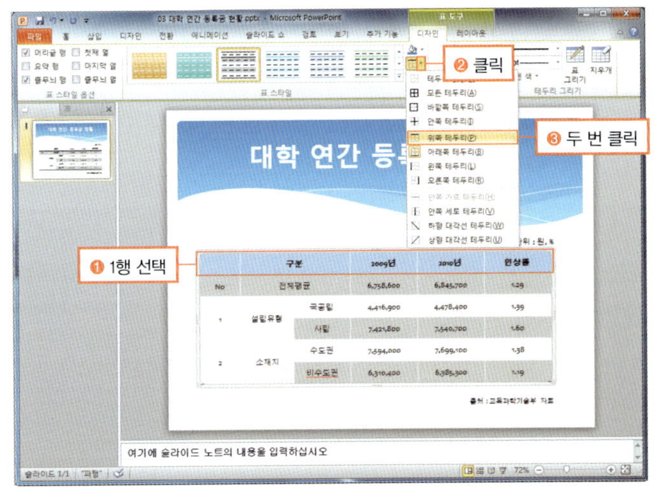

09 텍스트 색 변경하기 1행의 텍스트 색을 변경하기 위해 ❶ 1행을 선택한 후 ❷ [홈] 탭 → **글꼴** 그룹 → ❸ **글꼴 색**(가▾) → ❹ '흰색'을 선택합니다.

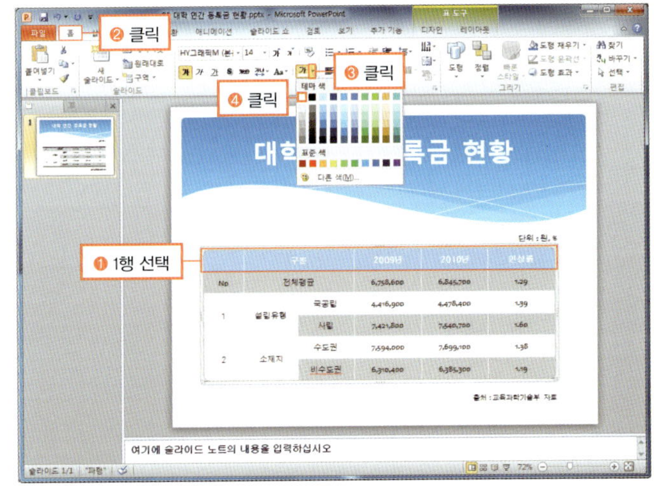

10 셀 입체 효과 적용하기(1) ❶ 2행을 마우스로 끌어서 선택한 후 [표 도구] – ❷ [디자인] 탭 → **표 스타일** 그룹 → ❸ **효과**(▣▾) → **셀 입체 효과** → ❹ '낮은 수준의 경사'를 선택합니다.

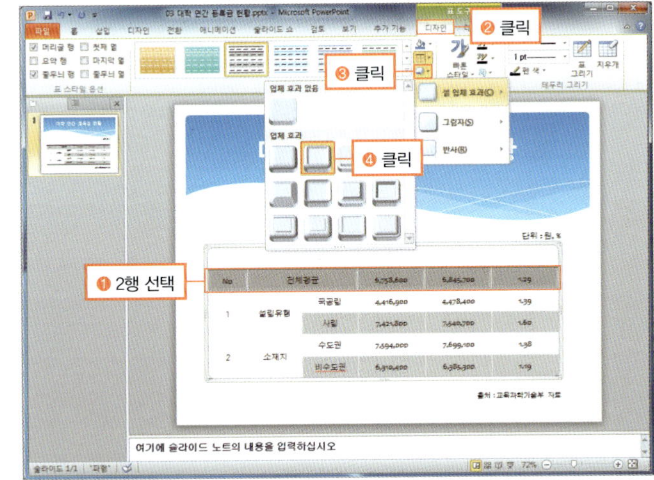

11 **셀 입체 효과 적용하기(2)** ❶ 3행부터 6행, 1열부터 3열까지를 마우스로 끌어서 선택한 후 [**표 도구**] – [**디자인**] 탭 → **표 스타일** 그룹 → ❷ **효과**( ) → **셀 입체 효과** → ❸ '리블렛'을 선택합니다.

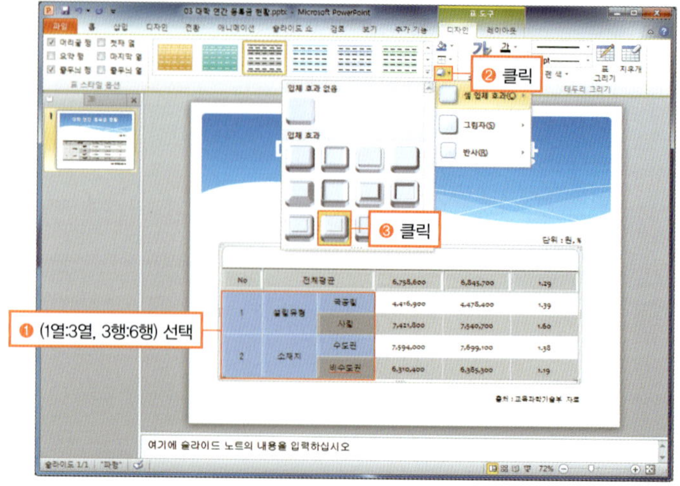

12 **도형 삽입하기** ❶ [**홈**] 탭 → **그리기** 그룹 → ❷ **도형**( ) → ❸ '양쪽 모서리가 둥근 사각형'을 선택한 후 ❹ 슬라이드 창에서 마우스를 끌어서 그림과 같이 도형을 삽입합니다.

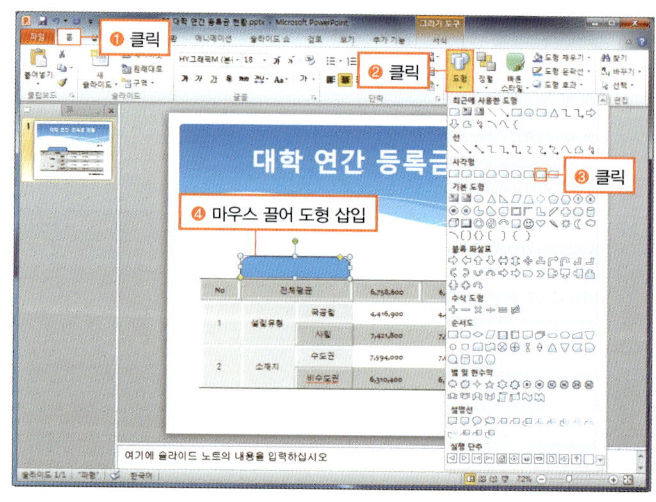

◯ 도형 삽입은 [**삽입**] 탭 → **일러스트레이션** 그룹 → **도형** 명령을 클릭하여 삽입할 수도 있습니다.

13 **'도형 서식' 대화상자 표시하기** 새로 삽입한 도형의 서식을 설정하기 위해 [**그리기 도구**] – ❶ [**서식**] 탭 → **도형 스타일** 그룹 → ❷ **도형 채우기**(도형 채우기) → 그라데이션 → ❸ 기타 그라데이션을 클릭합니다.

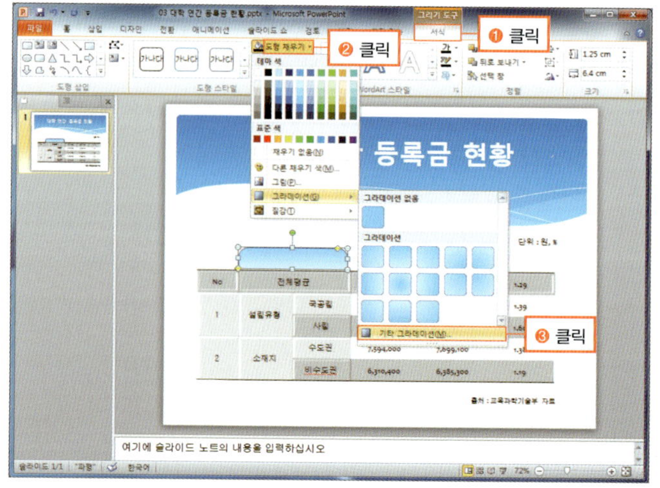

14 그라데이션 중지점 제거하기 그라데이션을 설정하기 위해 [채우기]의 '그라데이션 채우기'를 클릭하고 ❶ '중지점 2/3'를 선택한 후 ❷ 〈그라데이션 중지점 제거〉 단추( )를 클릭하여 중지점을 제거합니다.

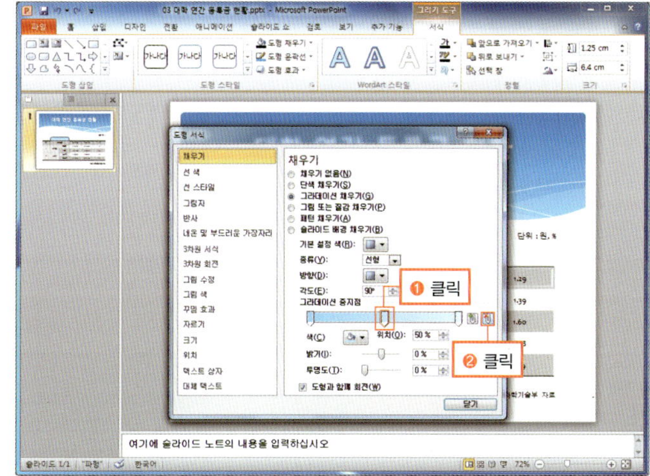

○ 중지점

중지점의 개수는 설정하고자 하는 그라데이션 효과에 따라 추가하거나 제거합니다.

15 그라데이션 적용하기 ❶ 중지점 모두 색을 '검정'으로 변경하고 아래와 같이 설정한 후 ❷ 〈닫기〉 단추를 클릭합니다.

중지점 1/2 – 위치 : 0%,　밝기 : 20%,　투명도 : 0%
중지점 2/2 – 위치 : 100%, 밝기 : −10%, 투명도 : 0%

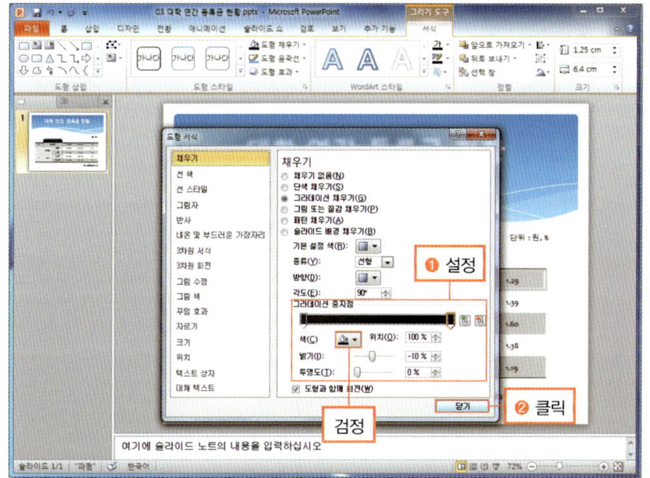

16 도형 복사 및 크기 조정하기 [홈] 탭 → **클립보드** 그룹 → **복사** → **붙여넣기** 명령 단추( )를 클릭하여 3개의 '양쪽 모서리가 둥근 사각형'을 복사하고 그림과 같이 크기와 위치를 조정합니다.

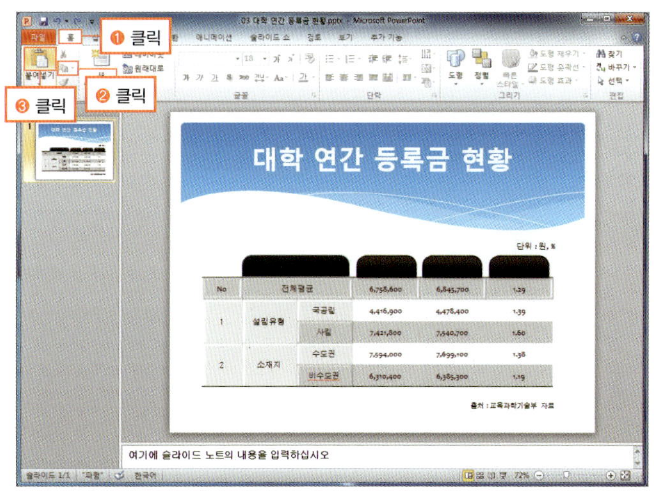

○ 간단히 복사 명령을 수행하기 위해 도형을 선택한 후 복사 수 만큼 Ctrl + 마우스 끌기해도 됩니다.

17

도형 맨 뒤로 보내기 ❶ 4개의 '양쪽 모서리가 둥근 사각형'을 선택한 후 [홈] 탭 → **그리기** 그룹 → ❷ **정렬**( ) → ❸ **맨 뒤로 보내기**를 클릭하여 도형을 텍스트 뒤쪽으로 보냄으로써 텍스트가 보이도록 합니다.

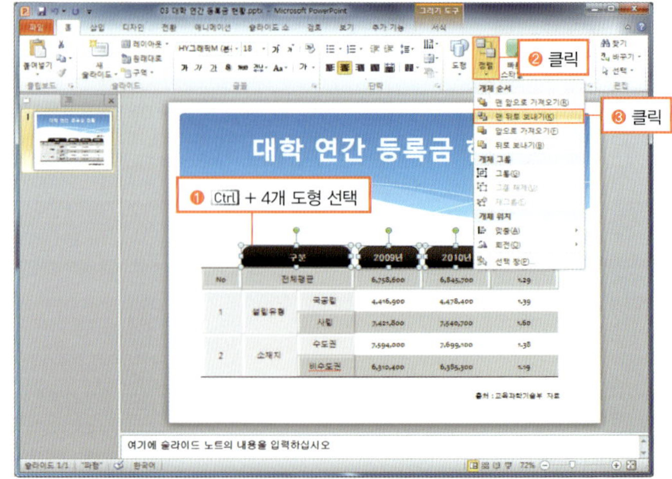

💠 도형을 선택한 후 마우스 오른쪽 단추를 클릭하여 바로 가기 메뉴에서 **맨 뒤로 보내기 → 맨 뒤로 보내기**를 클릭해도 됩니다.

18

그림 삽입하기 ❶ [**삽입**] 탭 → **이미지** 그룹 → ❷ **클립 아트** 명령 단추( )를 클릭합니다. '클립 아트' 작업창이 표시되면 ❸ '검색 대상'에 "졸업", "동전"을 입력하고 ❹ 〈이동〉 단추를 클릭합니다. ❺ 표시되는 클립 아트 중에서 예제 그림과 동일한 클립 아트를 클릭하여 슬라이드에 삽입하고 예제와 같이 크기를 조정하여 배열합니다.

파워포인트에서는 표에 다양한 서식을 적용할 수 있는 많은 명령들을 제공하고 있음에도 불구하고 많은 사용자나 전문적인 프레젠테이션에서는 표보다는 도형을 활용하여 표를 만들어 사용합니다.

도형을 이용해 표를 만드는 잇점

- 표 명령보다 도형 사용에 대해 확장성이 더 큼
- 직사각형 형태의 단조로움에서 벗어날 수 있음
- 테두리나 채우기 색의 변화를 통해 디자인적으로 좀 더 다양한 표현이 가능
- **복제** 명령과 **맞춤** 명령을 활용하여 손쉽게 도형으로 표를 만들 수 있음

19 배경 제거하기 ❶ 왼쪽 그림을 선택한 후 [**그림 도구**] – ❷ [**서식**] 탭 → **조정** 그룹 → ❸ **배경 제거**를 클릭하여 흰색 배경을 제거합니다. 마찬가지로 ❹ 오른쪽 위의 그림을 선택하고 ❺ **배경 제거**를 클릭하여 흰색 배경을 제거합니다.

⬦ **배경 제거** 명령을 클릭하면 배경 제거 핸들이 표시되며, 배경을 제외한 영역이 핸들 내로 들어오도록 핸들을 끌어서 조정합니다.

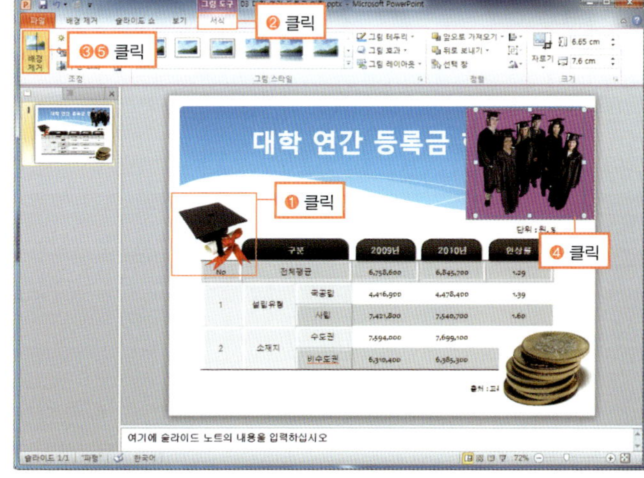

20 색 조정하기(1) 오른쪽 위 그림(사각모 쓴 사람들)이 선택된 상태에서 [**그림 도구**] – [**서식**] 탭 → **조정** 그룹 → ❶ **색**(색)을 클릭하여 ❷ '파랑, 밝은 강조색 1'을 선택합니다.

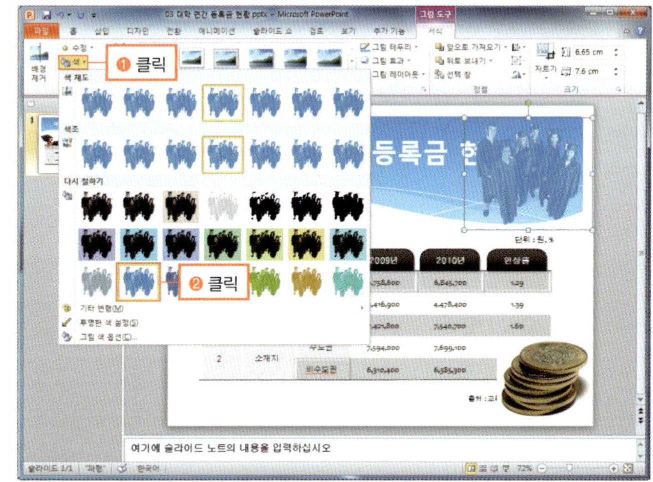

21 색 조정하기(2) ❶ 오른쪽 아래 그림(동전)을 선택한 후 [**그림 도구**] – [**서식**] 탭 → **조정** 그룹 → ❷ **색**(색)을 클릭하여 ❸ '연한 파랑, 배경색 2 밝게'를 선택합니다.

22 맨 뒤로 보내기 ❶❷ 오른쪽 2개의 그림을 선택한 후 ❸ [홈] 탭 → **그리기** 그룹 → ❹ **정렬**(📊) → ❺ **맨 뒤로 보내기**를 클릭하여 텍스트가 보이도록 합니다.

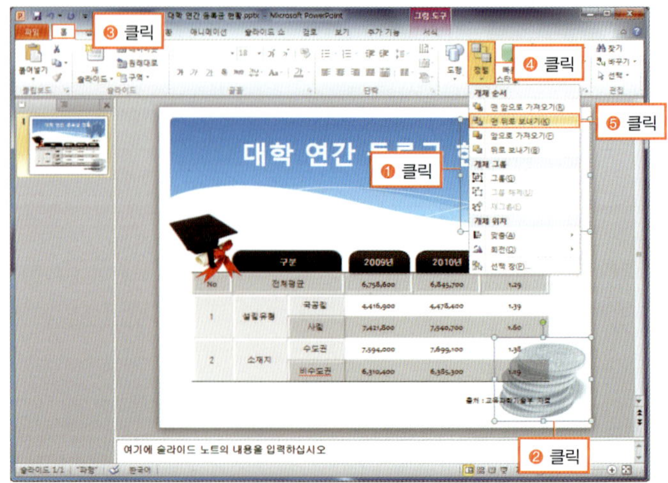

23 결과 확인하기 슬라이드가 완성되었습니다.

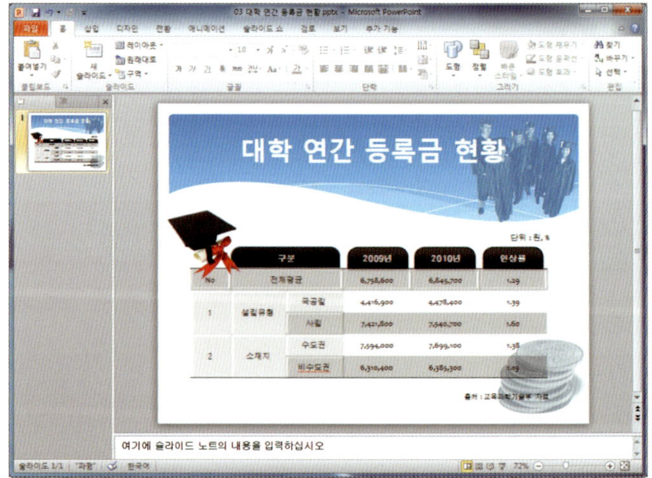

표의 셀이나 표 배경에 그림 삽입하기

표의 셀이나 배경에 그림을 삽입하여 표의 디자인에 변형을 줄 수 있는데, 표 위쪽에 그림을 삽입하게 되면 셀에 입력된 텍스트가 보이지 않기 때문에 이 경우에는 셀에 그림을 삽입하여 표시하는 것이 편리합니다.

또한 표에 전체적인 배경을 삽입하여 표의 단순함을 벗어날 수는 있으나 그림으로 인해 텍스트의 가독성이 떨어질 수 있으므로 주의해야 합니다.

❶ 표 셀에 그림 삽입하기

그림을 삽입할 셀을 선택하고 [표 도구] – [디자인] 탭 → 음영(🖌 ▾) → 그림을 클릭하여 '그림 삽입' 대화상자가 표시되면 원하는 그림을 선택하고 〈삽입〉 단추를 클릭합니다. 그러면 선택한 표의 셀마다 그림이 삽입됩니다.

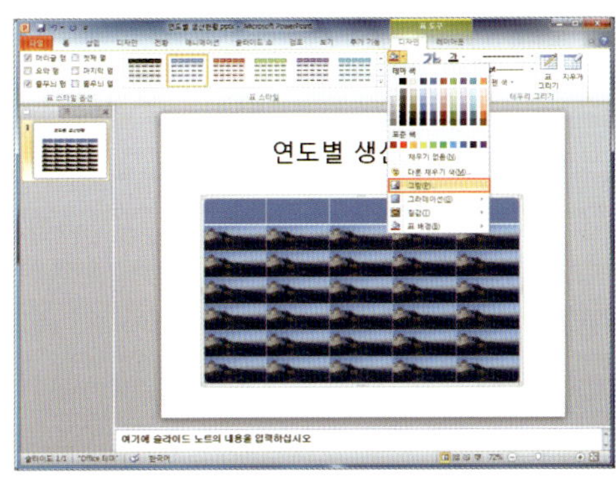

❷ 표의 배경에 그림 삽입하기

그림을 삽입할 표를 선택하고 [표 도구] – [디자인] 탭 → 음영(🖌 ▾) → 표 배경 → 그림을 클릭하여 '그림 삽입' 대화상자가 표시되면 원하는 그림을 선택하고 〈삽입〉 단추를 클릭합니다. 그러면 선택한 표의 배경으로 그림이 삽입됩니다.

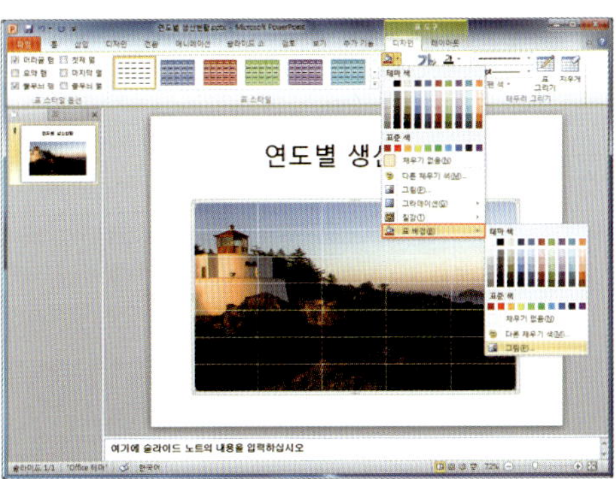

차트 삽입하고 데이터 입력하기

파워포인트에서의 차트는 엑셀 워크시트를 활용하여 삽입하며, 엑셀이나 워드의 차트를 복사하여 서식을 변경하고 시각효과를 강화하여 수준 높은 디자인을 할 수 있습니다. 차트는 데이터를 시각화하는 개체로 단순하게 구성할수록 더욱 강력한 힘을 발휘하게 됩니다.

1. 차트의 종류 알아보기

차트란 표 형태의 수치 자료를 한 눈에 보기 쉽도록 다양한 그래프로 표현 것으로, 차트를 이용하면 이해도를 훨씬 높일 수 있는 장점이 있기 때문에 데이터의 성격과 특징에 맞게 차트의 종류를 잘 선택해야 합니다. 특히 엑셀에서 만들어진 차트를 파워포인트에 삽입하고 서식도 편집할 수 있습니다. 파워포인트에 삽입할 수 있는 차트는 매우 다양하여 세로막대형, 꺾은선형, 원형, 가로 막대형, 영역형, 분산형, 주식형, 표면형, 도넛형, 거품형, 방사형 차트 등이 있으며 용도에 맞게 삽입합니다.

● 세로 막대형

막대형 차트는 2개 이상을 비교하고자 할 때 유용하며, 일반적으로 항목은 가로 축을 따라 구성되고 값은 세로 축에 따라 구성됩니다.

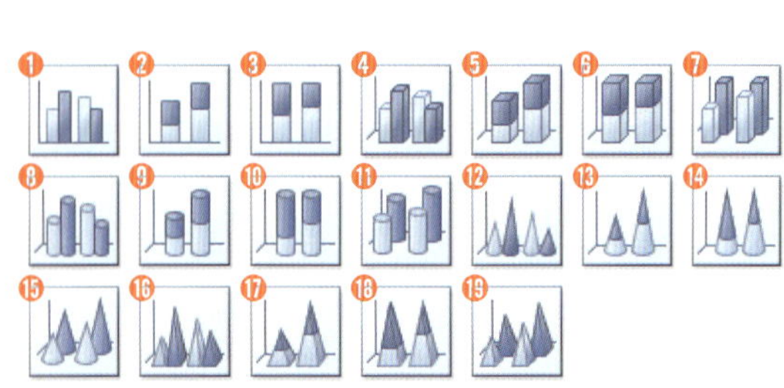

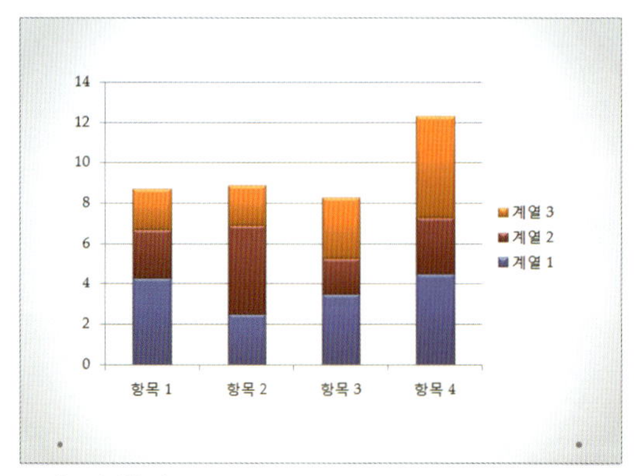

▲ 세로 막대형 차트

❶ 묶은 세로 막대형
❷ 누적 세로 막대형
❸ 100% 기준 누적 세로 막대형
❹ 3차원 묶은 세로 막대형
❺ 3차원 누적 세로 막대형
❻ 3차원 100% 기준 누적 세로 막대형
❼ 3차원 세로 막대형
❽ 묶은 원통형
❾ 누적 원통형
❿ 100% 기준 누적 원통형
⓫ 3차원 원통형
⓬ 묶은 원뿔형

⑬ 누적 원뿔형　　⑭ 100% 기준 누적 원뿔형　　⑮ 3차원 원뿔형
⑯ 묶은 피라미드형　　⑰ 누적 피라미드형　　⑱ 100% 기준 누적 피라미드형
⑲ 3차원 피라미드형

○ 꺾은선형

증가 추이를 표현하고자 할 경우에는 여러 열 및 행에 있는 데이터를 꺾은선형 차트로 그리는 것이 편리합니다. 꺾은선형 차트는 일반적인 척도를 기준으로 설정된 시간에 따라 연속적인 데이터를 표시할 수 있으므로 일정 간격에 따라 데이터의 추세를 표시하는 데 유용합니다. 꺾은선형 차트에서 항목 데이터는 가로 축을 따라 일정한 간격으로 표시되고 모든 값 데이터는 세로축을 따라 일정한 간격으로 표시됩니다.

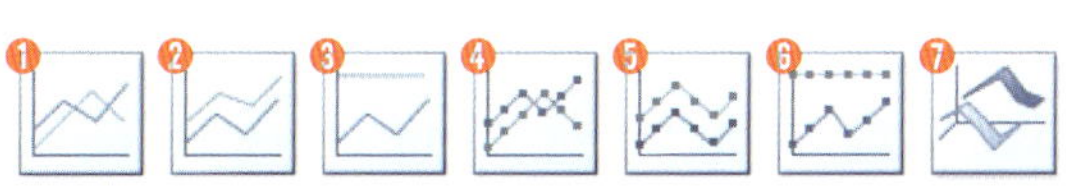

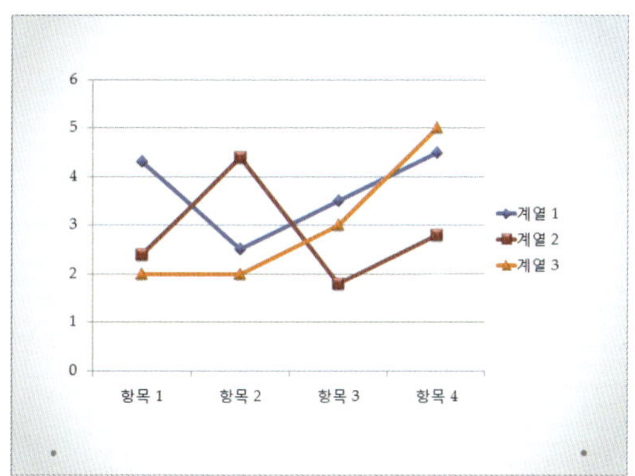

❶ 꺾은선형　　❷ 누적 꺾은선형
❸ 100% 기준 누적 꺾은선형　　❹ 표식이 있는 꺾은선형
❺ 표식이 있는 누적 꺾은선형
❻ 표식이 있는 누적 꺾은선형　　❼ 3차원 꺾은선형

▲ 꺾은선형 차트

○ 원형

워크시트의 하나의 열 및 행에 있는 데이터만 원형 차트로 그릴 수 있습니다. 원형 차트에서는 데이터 계열 하나에 있는 항목의 크기가 항목 합계에 비례하여 표시되며, 원형 차트의 데이터 요소는 원형 전체에 대한 백분율로 표시됩니다.

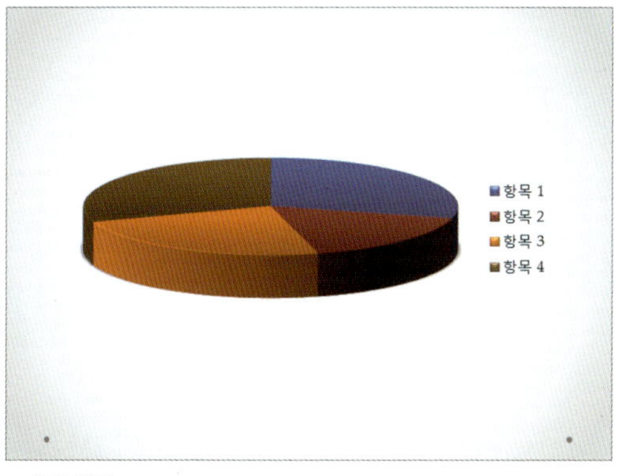

❶ 원형　　❷ 3차원 원형
❸ 원형 대 원형　　❹ 쪼개진 원형
❺ 3차원 쪼개진 원형　　❻ 원형 대 가로 막대형

▲ 원형 차트

● 가로 막대형

워크시트의 여러 열 및 행에 있는 데이터를 가로 막대형 차트로 그릴 수 있으며, 가로 막대형 차트에서는 개별 항목을 비교하여 보여줍니다.

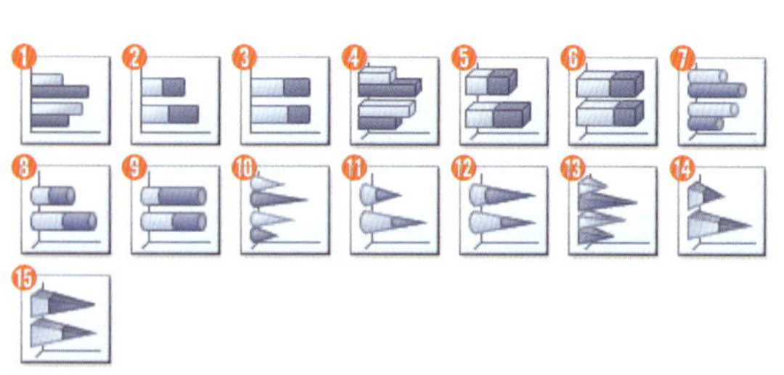

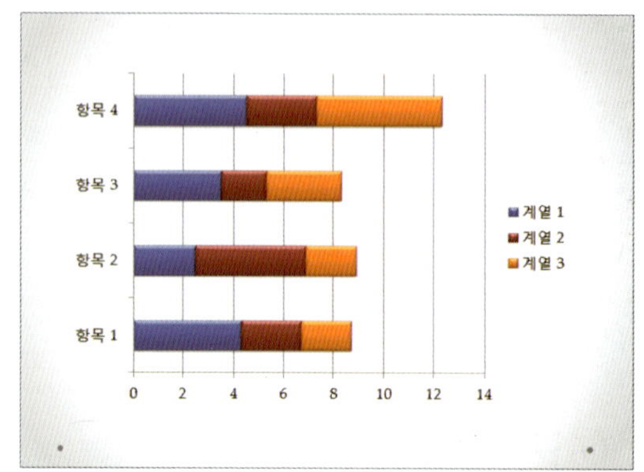

▲ 가로 막대형 차트

❶ 묶은 가로 막대형
❷ 누적 가로 막대형
❸ 100% 기준 누적 가로 막대형
❹ 3차원 묶은 가로 막대형
❺ 3차원 누적 가로 막대형
❻ 3차원 100% 기준 누적 가로 막대형
❼ 3차원 가로 막대형
❽ 묶은 원통형(가로)
❾ 100% 기준 누적 원통형(가로)
❿ 묶은 원뿔형(가로)
⓫ 누적 원뿔형(가로)
⓬ 100% 기준 누적 원뿔형(가로)
⓭ 묶은 피라미드형(가로)
⓮ 누적 피라미드형(가로)
⓯ 100% 기준 누적 피라미드형(가로)

● 영역형

워크시트의 여러 열 및 행에 있는 데이터를 영역형 차트로 그릴 수 있습니다. 영역형 차트는 시간에 따른 변동의 크기를 강조하여 보여주며, 합계 값을 추세와 함께 살펴볼 때 사용할 수 있습니다. 예를 들어 시간에 따른 수익을 나타내는 데이터를 영역형 차트로 그려서 총 수익을 강조할 수 있으며, 영역형 차트에서는 각 값의 합계를 표시하여 전체에 대한 부분의 관계도 보여줍니다.

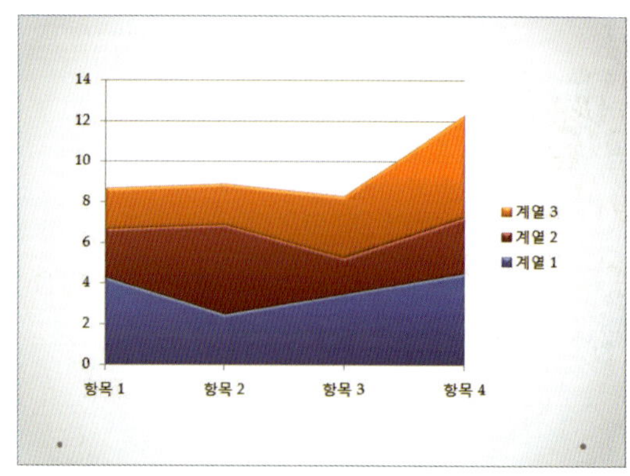

▲ 영역형 차트

❶ 영역형
❷ 누적 영역형
❸ 100% 기준 누적 영역형
❹ 3차원 영역형
❺ 3차원 누적 영역형
❻ 3차원 100% 기준 누적 영역형

○ 분산형

워크시트의 여러 열 및 행에 있는 데이터를 분산형 차트로 그릴 수 있습니다. 분산형 차트는 여러 데이터 계열에 있는 숫자 값 사이의 관계를 보여주거나 두 개의 숫자 그룹을 xy 좌표로 이루어진 하나의 계열로 표시합니다.

분산형 차트에는 두 개의 축이 있어서 가로 축(x 축)과 세로 축(y 축)에 각각 다른 숫자 데이터 집합이 표시되며, 이러한 값은 단일 데이터 요소로 결합되어 일정하지 않은 간격이나 그룹으로 표시됩니다. 분산형 차트는 일반적으로 과학, 통계 및 공학 데이터와 같은 숫자 값을 표시하고 비교하는 데 사용됩니다.

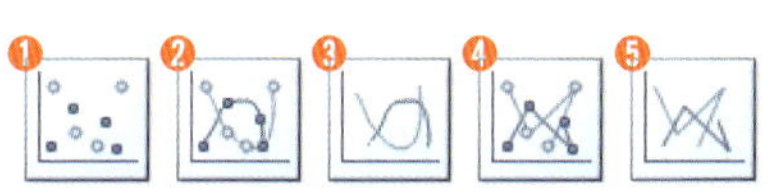

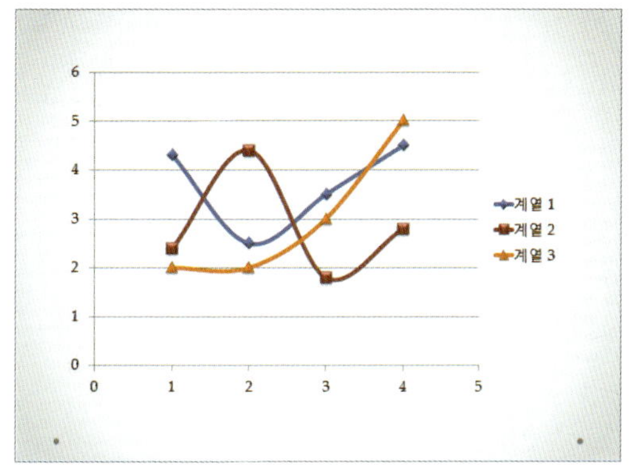

▲ 분산형 차트

❶ 표식만 있는 분산형
❷ 곡선 및 표식이 있는 분산형 ❸ 곡선이 있는 분산형
❹ 직선 및 표식이 있는 분산형 ❺ 직선이 있는 분산형

○ 주식형

워크시트의 여러 열 및 행에 특정 순서로 있는 데이터를 주식형 차트로 그릴 수 있으며, 이름에서 알 수 있듯이 주식형 차트는 주가 변동을 나타낼 경우나 과학 데이터에 사용합니다. 예를 들어 주식형 차트를 사용하여 일일 또는 연간 변동을 나타낼 수 있는데, 단 주식형 차트를 만들려면 데이터를 올바른 순서로 구성해야 합니다.

주식형 차트를 만들 데이터는 워크시트에서의 구성 방식이 매우 중요한데, 예를 들어 간단한 고가-저가-종가 주식형 차트를 만들려면 열 머리글이 고가, 저가, 종가인 데이터를 해당 순서로 정렬해야 합니다.

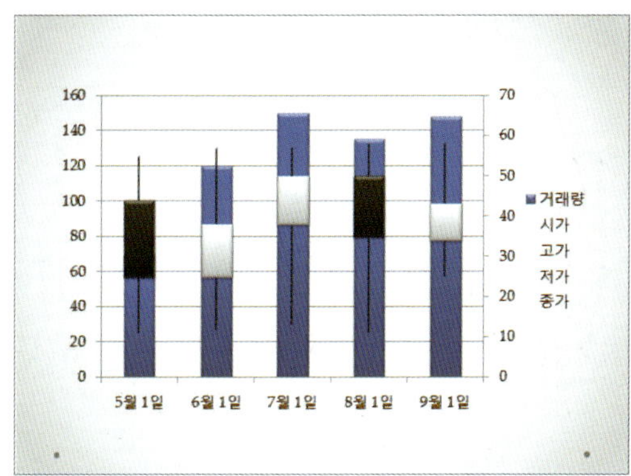

▲ 주식형 차트

❶ 고가 - 저가 - 종가
❷ 시가 - 고가 - 저가 - 종가
❸ 거래량 - 고가 - 저가 - 종가
❹ 거래량 - 시가 - 고가 - 저가 - 종가

○ 표면형

워크시트의 여러 열 및 행에 있는 데이터를 표면형 차트로 그릴 경우에는 두 데이터 집합 간의 최적 조합을 찾을 때 유용하며, 지형도에서와 마찬가지로 색과 무늬는 같은 값 범위에 있는 영역을 나타냅니다. 단, 표면형 차트는 항목과 데이터 계열이 모두 숫자 값인 경우에 사용할 수 있습니다.

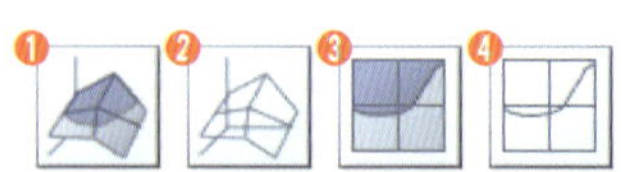

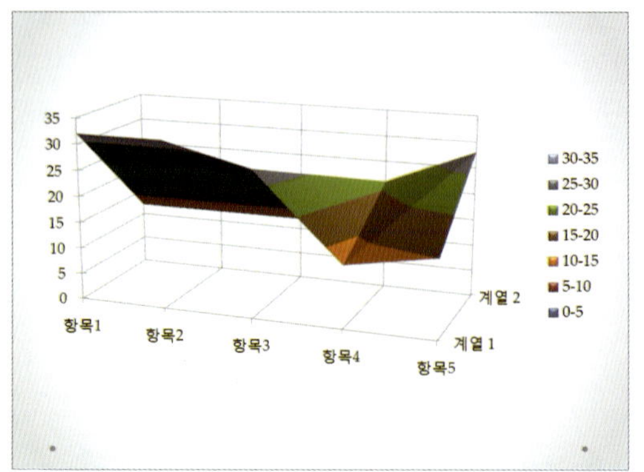

▲ 표면형 차트

❶ 3차원 표면형
❷ 3차원 표면형(골격형)
❸ 표면형(조감도)
❹ 표면형(골격형 조감도)

○ 도넛형

워크시트의 여러 열 및 행에 있는 데이터만 도넛형 차트로 그릴 수 있습니다. 도넛형 차트에서는 원형 차트와 마찬가지로 전체에 대한 각 부분의 관계를 보여주지만 데이터 계열이 두 개 이상 포함될 수 있다는 점이 다릅니다.

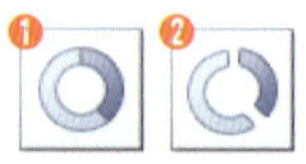

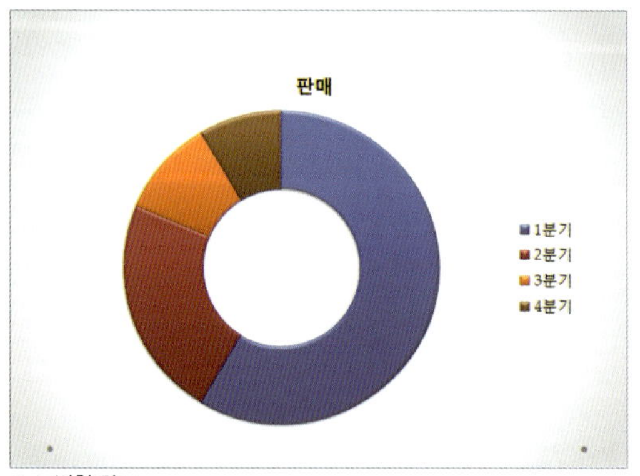

▲ 도넛형 차트

❶ 도넛형
❷ 쪼개진 도넛형

○ 거품형

워크시트의 여러 열에 있는 데이터를 거품형 차트로 그릴 경우에는 첫 번째 열에 나열된 값이 x 값을 나타내고 인접한 열에 나열된 값은 해당 y 값과 거품 크기를 나타냅니다.

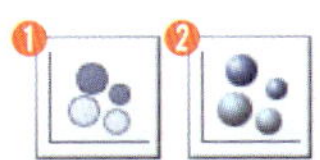

① 거품형
② 3차원 효과의 거품형

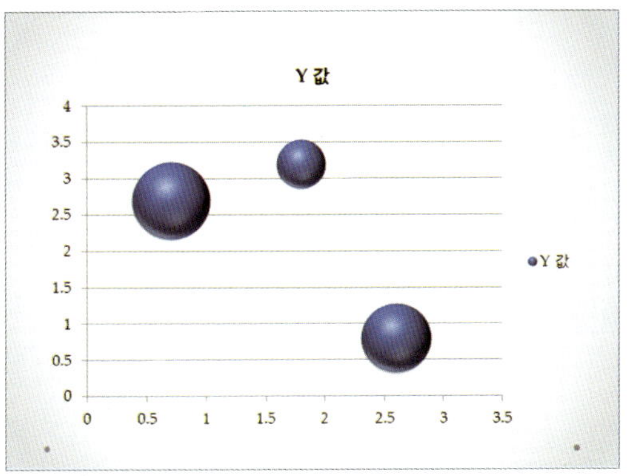

▲ 거품형 차트

○ 방사형

워크시트의 여러 열이나 행에 있는 데이터를 방사형 차트로 그릴 경우에는 여러 데이터 계열의 집계 값을 비교합니다.

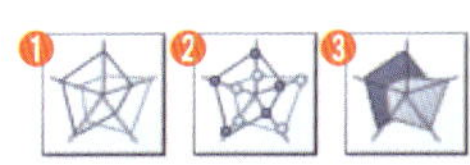

① 방사형
② 표식이 있는 방사형
③ 채워진 방사형

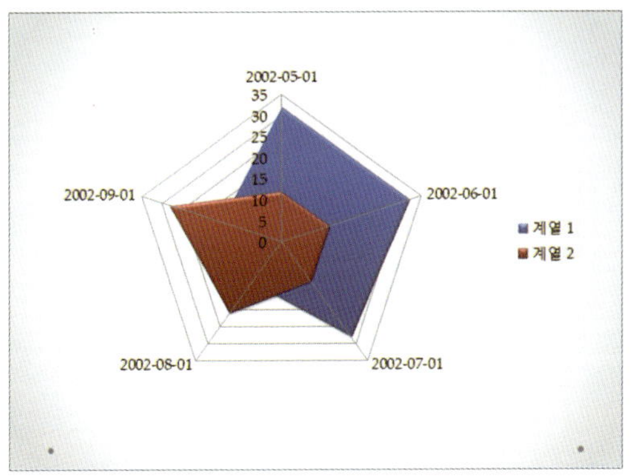

▲ 방사형 차트

차트를 활용할 경우에는 데이터의 내용을 잘 정리하여 표현할 수 있는 차트를 선택하는 것이 좋습니다. 정해진 규칙은 없지만 어떤 내용의 데이터가 어떤 차트의 유형에 맞는지 예를 들어 설명하면 다음과 같습니다.

차트의 종류	특징
꺾은선 차트	• 일정 기간에 걸쳐 일어나는 변화를 표현하는데 적합 • 주식 동향, 유가 동향, 인구(남아/여아)의 성 비율 추이 등
막대 차트	• 여러 종류의 데이터를 비교하여 분석하는데 적합 • 제품 매출 비교, 경쟁사별 실적 비교 등
원형 차트	• 전체를 100%를 기준으로 각 항목들이 차지하는 비율을 나타내고자 할 때 적합 • 분기별 제품 점유율, 자동차별 시장 점유율 등

2. 차트 삽입하기

파워포인트에서 차트를 삽입하게 되면 기본적으로 슬라이드 중앙에 위치하며, 차트를 삽입하는 방법에는 차트 명령 단추, 레이아웃을 이용하는 방법의 2가지가 있습니다.

● 차트 명령 단추를 이용한 차트 삽입하기

차트 명령 단추를 클릭하여 차트 스타일을 선택하고 표시되는 엑셀 워크시트에서 데이터를 입력하여 차트를 삽입합니다.

① 차트를 추가할 슬라이드를 선택하고 [삽입] 탭 → 일러스트레이션 그룹 → 차트(📊)를 클릭한 후 '차트 삽입' 대화상자에서 원하는 차트 스타일을 선택하고 〈확인〉 단추를 클릭합니다.

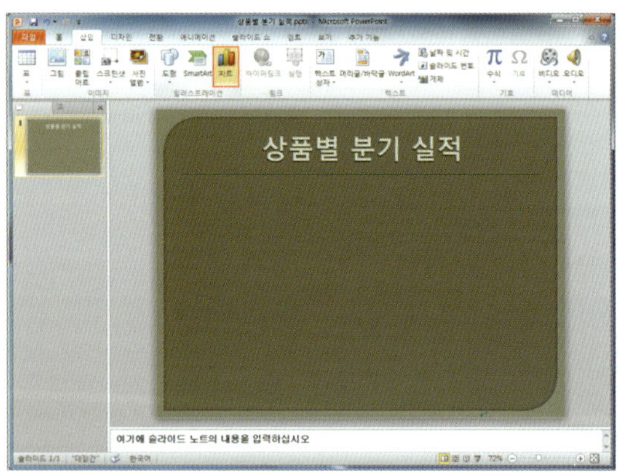

▲ 차트 명령 단추를 이용한 차트 삽입

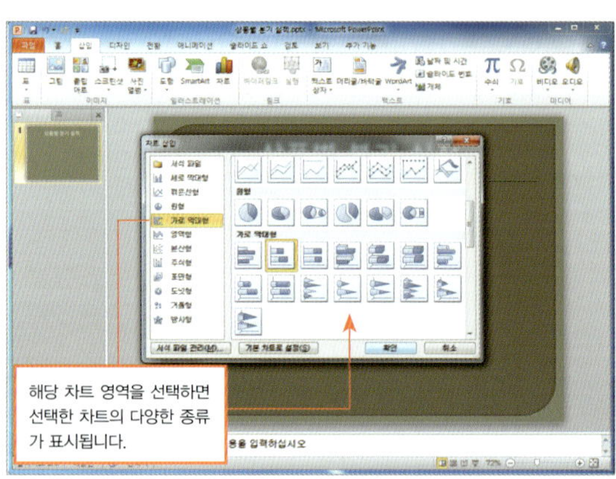

▲ '차트 삽입' 대화상자

② 차트가 삽입되면서 엑셀 워크시트가 표시되는데, 파란색 선 안쪽의 셀들이 차트 데이터 영역이며 파란색 모서리(◢)를 끌어서 필요한 데이터 영역만큼 셀을 늘리거나 줄일 수 있습니다. 원하는 데이터를 입력하고 〈닫기〉 단추를 클릭하여 엑셀을 종료하면 파워포인트로 돌아오면서 입력된 데이터가 차트에 적용된 것을 볼 수 있습니다.

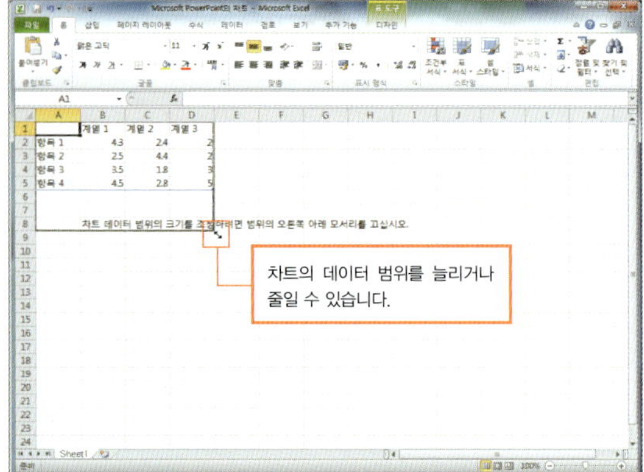

▲ 데이터 영역 설정

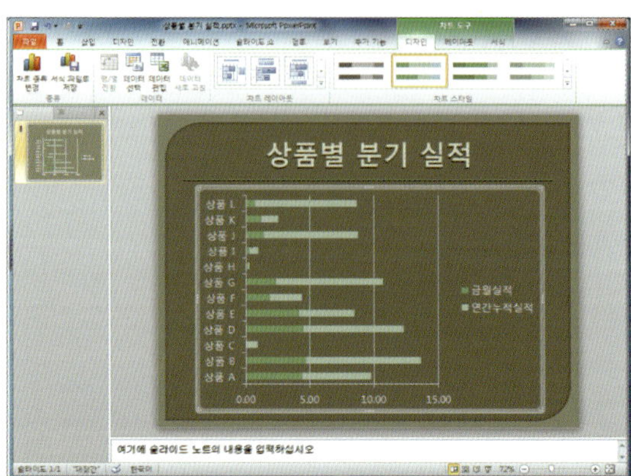

▲ 데이터로 작성한 차트

● 레이아웃 개체 틀을 이용한 차트 삽입하기

'제목 및 내용', '콘텐츠 2개', '비교' 등의 레이아웃에는 '차트 삽입' 아이콘( )이 포함되어 있어 이 아이콘을 클릭하면 바로 '차트 삽입' 대화상자가 표시됩니다.

'제목 및 내용' 레이아웃을 이용해 내용 개체 틀의 '차트 삽입' 아이콘을 클릭한 후 '차트 삽입' 대화상자에서 차트 스타일을 선택하고 〈확인〉 단추를 클릭하면 슬라이드에 차트가 삽입됩니다.

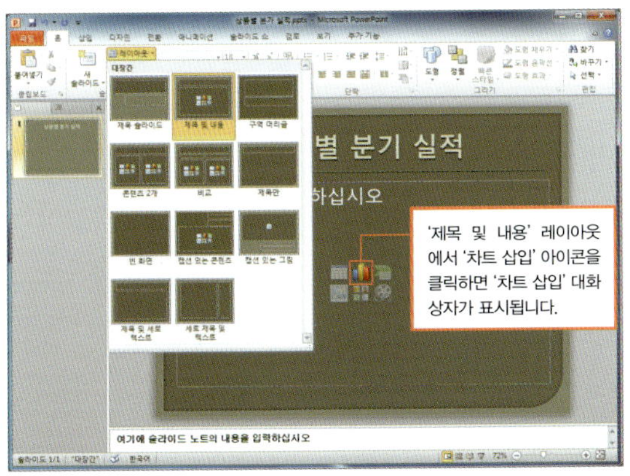

▲ '제목 및 내용' 레이아웃을 이용한 차트 삽입

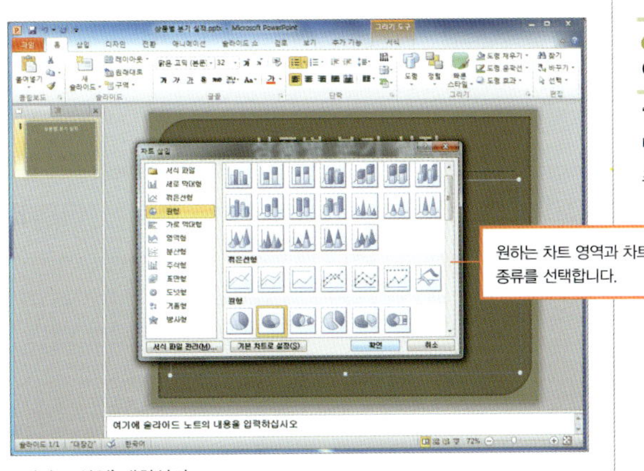

▲ '차트 삽입' 대화상자

3. 워드에서 차트 복사하여 붙여넣기

오피스 각 프로그램들은 삽입된 개체들을 복사 및 붙여넣기를 통해 서식이 유지된 상태로 가져올 수 있으며, 또한 가져온 개체들의 편집도 가능합니다.

① 워드에서 복사할 차트를 선택한 후 [홈] 탭 → **클립보드** 그룹 → **복사**를 클릭합니다.
② 파워포인트 프레젠테이션에서 차트를 복사할 대상 슬라이드를 선택한 후 [홈] 탭 → **클립보드** 그룹 → **붙여넣기**를 클릭합니다.

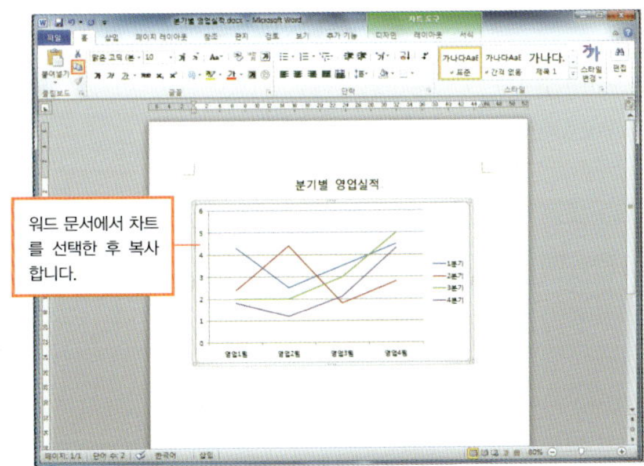

▲ 워드에서 작성한 차트 복사

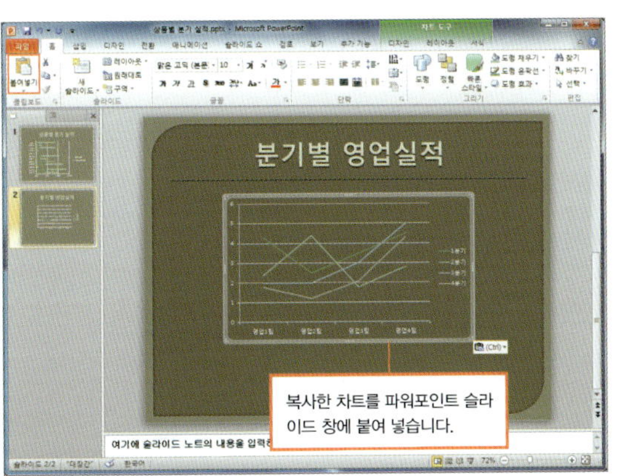

▲ 파워포인트에 붙여넣기

4. 엑셀에서 차트 복사하여 붙여넣기

파워포인트 프레젠테이션에 엑셀 통합 문서의 차트를 삽입하고 연결할 수 있는데, 스프레드시트에서 데이터를 편집함으로써 파워포인트 슬라이드의 차트를 쉽게 업데이트할 수 있습니다

① 차트가 있는 엑셀 통합 문서를 열어 차트를 선택한 후 [**홈**] 탭 → **클립보드** 그룹 → **복사**를 클릭합니다.
② 파워포인트 프레젠테이션을 열고 차트를 삽입할 슬라이드를 선택한 후 [**홈**] 탭 → **클립보드** 그룹 → **붙여넣기** 아래의 목록 단추를 클릭하고 다음 중 하나를 실행합니다.
  • 엑셀 파일의 차트 모양을 그대로 유지하려면 **원본 서식 유지 및 데이터 연결(**📊**)**을 선택합니다.
  • 파워포인트 프레젠테이션의 모양을 사용하여 차트를 표시하려면 **대상 테마 사용 및 데이터 연결(**📊**)**을 선택합니다.

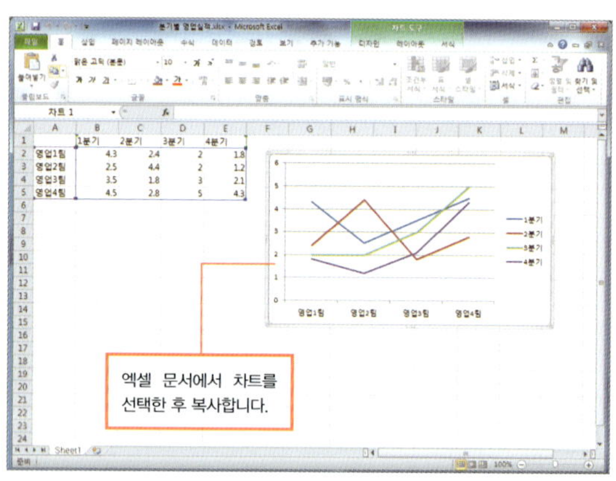

▲ 엑셀에서 작성한 차트 복사

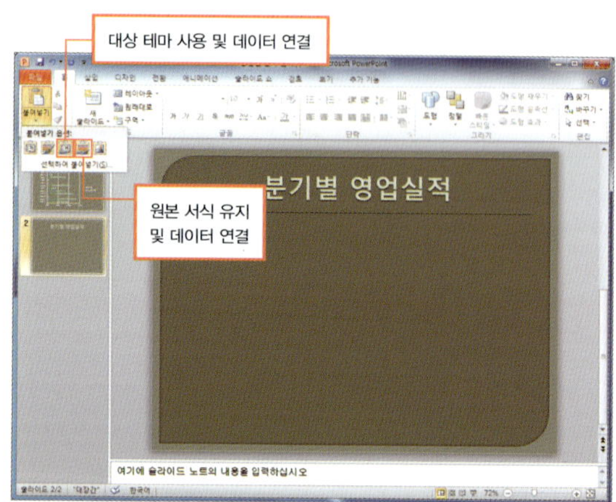

▲ 파워포인트에 붙여넣기

5. 차트 이동 및 크기 조정하기

차트는 삽입과 동시에 슬라이드 중앙에 위치하는데, 원하는 위치로 차트를 옮기거나 차트의 크기를 자유롭게 조정할 수 있습니다.

● 차트 이동

이동할 차트를 선택하여 차트의 테두리에 마우스 포인터를 놓은 다음 포인터가 ✛로 바뀌면 마우스를 끌어서 원하는 위치로 차트를 이동합니다.

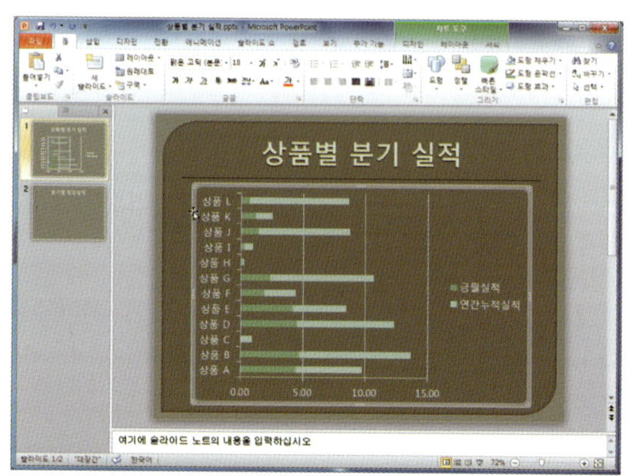

▲ 마우스를 포인터를 이용한 차트의 이동

● 차트 크기 조정

크기를 조정할 차트를 선택하여 표 테두리에서 크기 조정 핸들을 클릭한 채 마우스로 끌어서 표의 크기를 늘리거나 줄입니다.

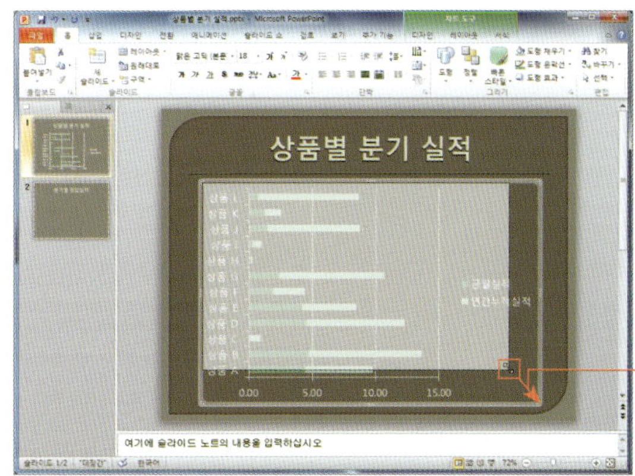

표 테두리의 크기 조정 핸들을 클릭한 후 마우스로 끌어 차트 크기를 조정합니다.

▲ 크기 조절 핸들을 이용한 차트 크기 조정

엑셀에서 데이터를 가져와 차트에 적용한 경우 모든 데이터뿐만 아니라 일부 데이터만 차트에 표현되도록 범위를 조정할 수 있습니다.

파워포인트에 삽입된 차트를 두 번 연속 클릭하면 엑셀 워크시트가 표시되면서 엑셀 워크시트에는 현재 차트에 적용된 데이터 영역이 파란색으로 표시됩니다. 범위를 조정하려면 영역 조정 핸들을 끌어서 원하는 영역만 표시하면 됩니다.

	A	B	C	D	E
1		계열 1	계열 2		
2	항목 1	4.3	2.4		
3	항목 2	2.5	4.4		
4	항목 3	3.5	1.8		
5	항목 4	4.5	2.8		
6					

Sheet1

자 주 묻 는 질 문

엑셀에서 가져온 데이터의 일부만 차트에 적용하고 싶다면 어떻게 해야 하나요?

차트 삽입 및 데이터 입력하기

📁 **준비 파일 :** 01 인센티브 제도.pptx   📁 **완성 파일 :** 01 인센티브 제도_결과.pptx

파워포인트에서는 표보다 시각적으로 효과가 있는 차트를 간단하게 삽입할 수 있으며, 엑셀 워크시트와 연동하여 데이터를 쉽고 빠르게 입력할 수 있습니다. 차트를 삽입하는 방법을 알아보겠습니다.

항목	변경 내용
차트 삽입	'누적 가로 막대형' 스타일
데이터	01 인센티브 제도 – 데이터.xlsx
차트 스타일	'스타일 19'
계열선	계열선 표시

Before

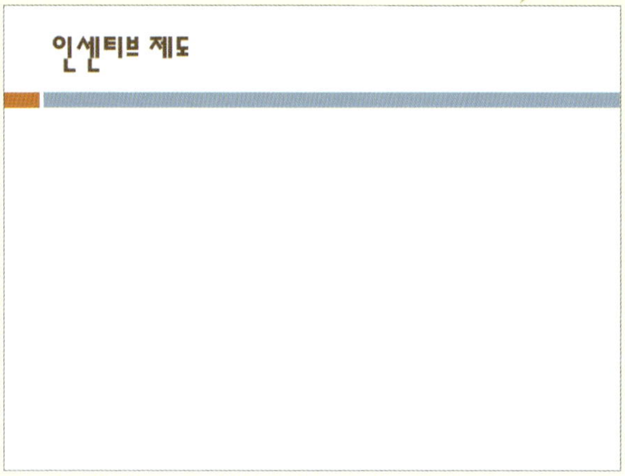

After

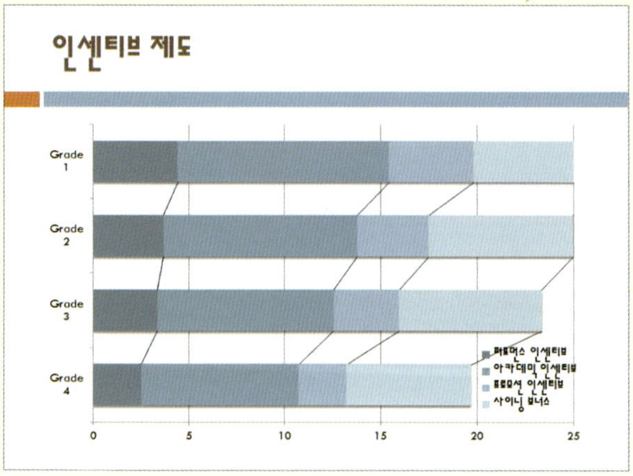

01 **예제 파일 열기** **01 인센티브 제도.pptx** 파일을 두 번 연속 클릭하면 파워포인트가 실행되면서 다음 화면이 나타납니다.

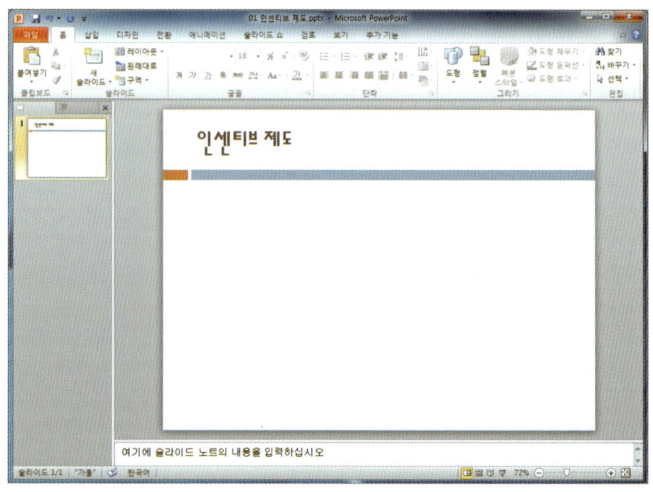

02 차트 삽입하기 ❶ [삽입] 탭 → **일러스트레이션** 그룹 → ❷ **차트** 명령 단추(📊)를 클릭합니다. '차트 삽입' 대화상자에서 ❸ [가로 막대형] 영역의 ❹ '누적 가로 막대형' 스타일을 선택한 후 ❺ 〈확인〉 단추를 클릭하여 슬라이드에 차트를 삽입합니다.

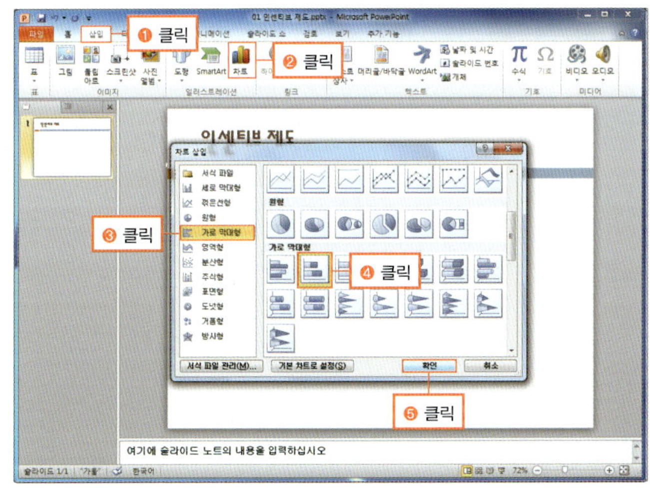

03 데이터 가져오기 차트가 삽입되면서 엑셀 워크시트가 표시됩니다. ❶ 01 인센티브 제도-데이터.xlsx를 열고 마우스로 끌어서 데이터를 선택한 후 [홈] 탭 → **클립보드** 그룹 → ❷ **복사** 명령 단추(📋▼)를 클릭합니다.

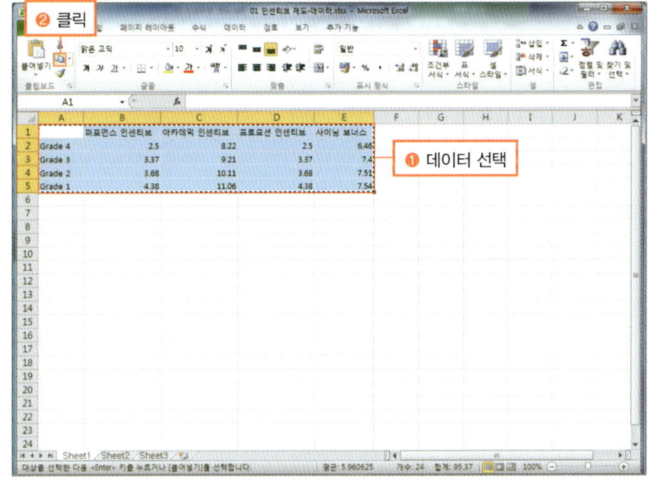

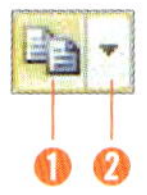

❶을 클릭하면 복사 명령을 실행합니다.
❷를 클릭하면 복사, 복제 명령 중에서 선택하여 실행합니다.

04 데이터 붙여넣기 표시된 엑셀 워크시트에서 [홈] 탭 → **클립보드** 그룹 → **붙여넣기** 명령 단추(📋)를 클릭한 후 〈닫기〉 단추를 클릭하여 엑셀 워크시트를 닫고 파워포인트로 돌아갑니다.

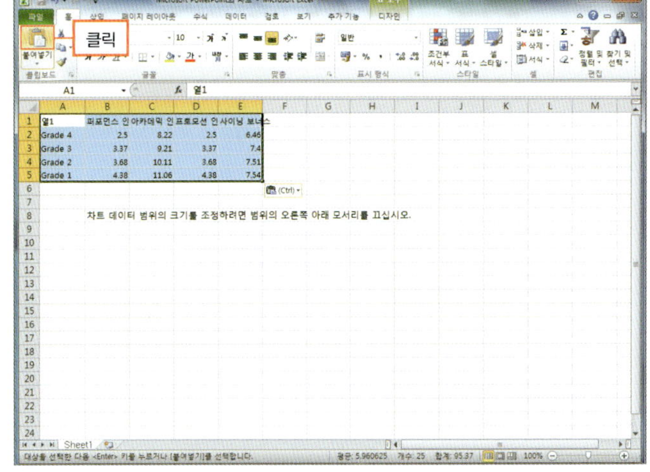

❶을 클릭하면 붙여넣기 명령을 실행합니다.
❷를 클릭하면 붙여넣기 옵션(대상 테마 사용, 원본 서식 유지, 그림, 텍스트만 유지)을 선택하여 실행합니다.

05 **차트 이동하기** 차트의 테두리를 선택하여 마우스 포인터가 ✛로 변하면 마우스로 테두리를 선택하고 끌어서 그림과 같이 위치를 이동합니다.

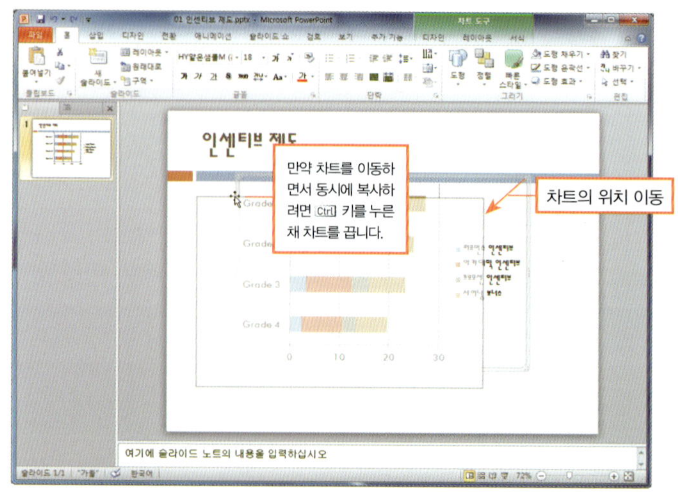

06 **표 크기 조정하기** 표 테두리에서 크기 조정 핸들을 끌어서 차트의 내용이 잘 보이도록 차트의 크기를 그림과 같이 조정합니다.

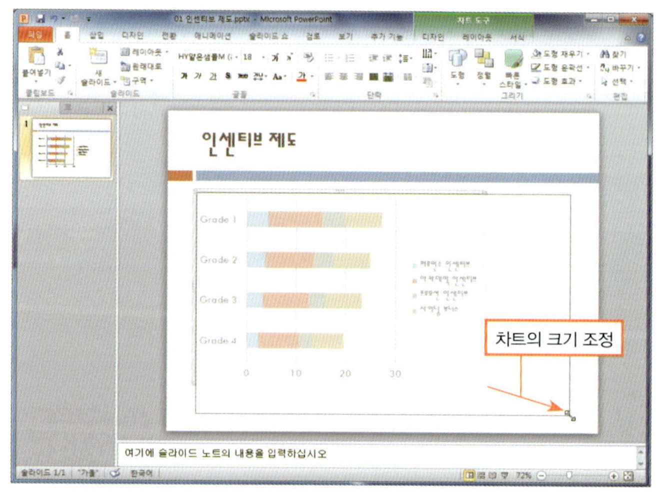

◎ 크기 조정 시 Shift 키를 누른 채 차트 모서리의 크기 조정 핸들을 마우스로 끌면 가로와 세로 비율을 유지한 상태로 크기가 조정됩니다.

07 **차트 스타일 변경하기** 차트 스타일을 설정하기 위해 [**차트 도구**] - [**디자인**] 탭 → ❶ **차트 스타일** 그룹 오른쪽 **자세히** 단추(▾)를 클릭하고 ❷ '스타일 19'를 선택합니다.

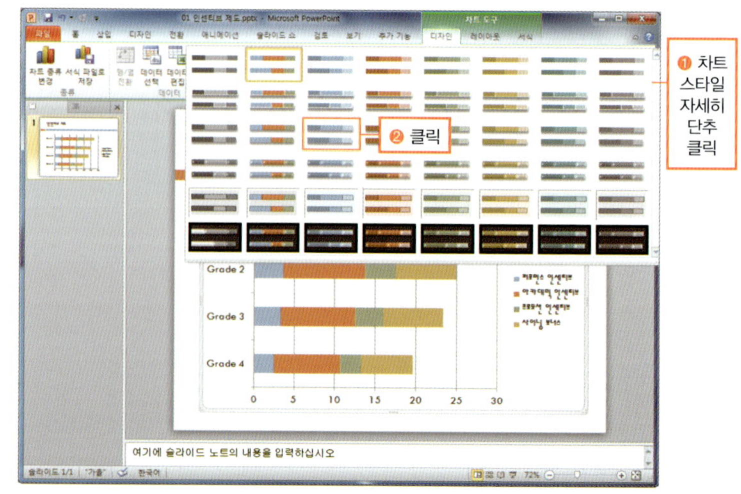

08 계열선 표시하기 차트에 계열선을 표시하기 위해 [**차트 도구**] – ❶ [**레이아웃**] 탭 → **분석** 그룹 → ❷ **선** (▦) → ❸ **계열선**을 클릭합니다.

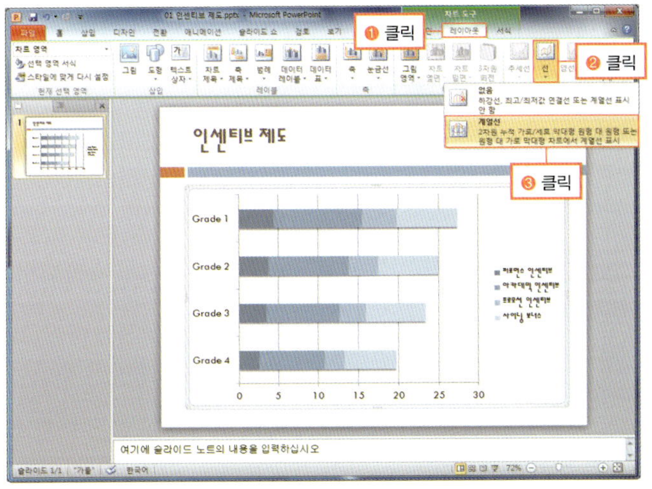

09 결과 확인하기 슬라이드가 완성되었습니다.

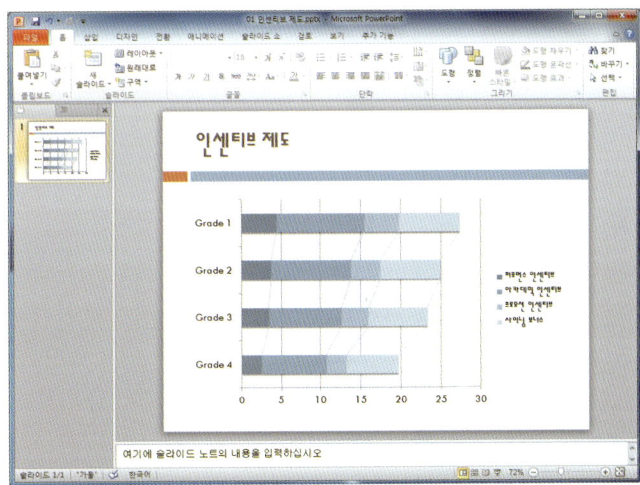

차트의 형식 선택하기

일반적으로 우리가 많이 사용하는 차트의 형식으로는 원형, 가로막대형, 세로막대형, 꺾은선형, 점 또는 영역형이 있습니다.

각 차트의 형식은 차트에서 이야기하고자 하는 메시지가 무엇인가에 따라 결정하게 되며, 해당 내용을 강조하고 요점을 전달하기에 적합한 차트를 선택해야 합니다.

메시지는 구성, 항목, 시간적 추이, 도수 분포, 상관성 중의 하나를 전달하게 되므로, 이러한 메시지의 유형에 따라 표현이 용이한 형식을 선택하면 됩니다.

아래 표에 메시지의 유형에 따라 적합한 차트 형식을 제시하였는데, 적합한 형식의 차트를 사용하여 청중들에게 알리고자 하는 내용을 명확하게 표현하기 바랍니다.

	구성	항목	시간적 추이	도수 분포	상관성
원	●				
가로막대		●			●
세로막대			●	●	
꺾은선			●	●	
점					●

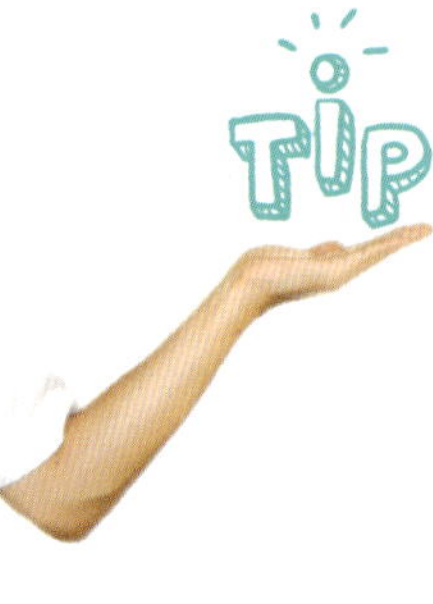

05 차트에 디자인 적용하기

파워포인트에서 제공하는 차트의 기본 스타일은 다른 편집이 필요 없을 정도로 강력한 서식을 제공하고 있습니다. 또한 프레젠테이션의 차트 스타일, 레이아웃, 디자인을 사용자가 원하는대로 변경하여 청중의 시선을 단번에 사로잡을 수 있는 차트를 만들 수 있습니다.

1. [차트 도구] − [디자인] 상황별 탭 살펴보기

슬라이드에 차트를 삽입하면 제목 표시줄에 [**차트 도구**] − [**디자인**] 상황별 탭이 표시됩니다. [**차트 도구**] − [**디자인**] 탭은 차트 삽입, 차트 종류나 스타일, 레이아웃 변경, 데이터를 편집 및 수정하는 명령들이 포함되어 있습니다.

○ 05 본문예제_1.pptx를 참조하세요.

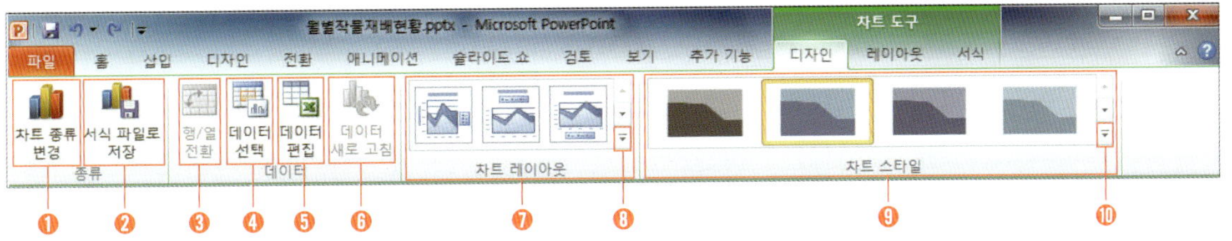

❶ **차트 종류 변경** : 다른 종류의 차트로 변경합니다.

❷ **서식 파일로 저장** : 이 차트의 서식과 레이아웃을 앞으로 만들 차트에 적용할 수 있는 서식 파일로 저장합니다.

❸ **행/열 전환** : 축의 데이터를 바꿔서 표시합니다.

❹ **데이터 선택** : 차트에 포함된 데이터 범위를 변경합니다.

❺ **데이터 편집** : 차트에서 원본으로 사용하는 데이터를 표시합니다.

❻ **데이터 새로 고침** : 차트를 새로 고칩니다.

❼ **차트 레이아웃** : 차트의 전체 레이아웃을 변경합니다.

❽ **'차트 레이아웃' 자세히 단추** : 차트의 다양한 레이아웃을 표시합니다.

❾ **차트 스타일** : 차트의 전체 표시 스타일을 변경합니다.

❿ **'차트 스타일' 자세히 단추** : 차트의 다양한 전체 표시 스타일을 표시합니다.

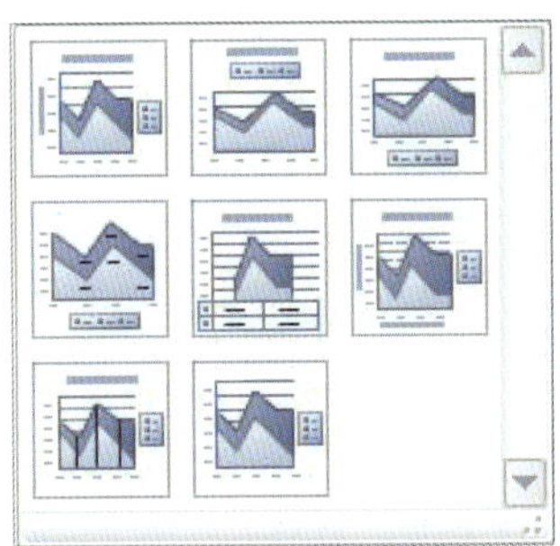

2. 차트 종류 변경하기

차트의 종류는 매우 다양하여 데이터에 따라 보다 더 효과적으로 표현할 수 있습니다. 시각적 효과를 높이기 위해서는 데이터가 주는 의미에 따라 차트를 손쉽게 변경하는 것이 필요하며, 파워포인트에서는 차트 종류 변경 명령을 통해 원하는 차트로 언제든지 변경할 수 있습니다.

차트의 종류를 변경하려면 차트를 선택한 후 [**차트 도구**] – [**디자인**] 탭 → **종류** 그룹 → **차트 종류 변경**( )을 클릭한 후 '차트 종류 변경' 대화상자에서 변경할 차트 스타일을 선택한 후 〈확인〉 단추를 클릭합니다.

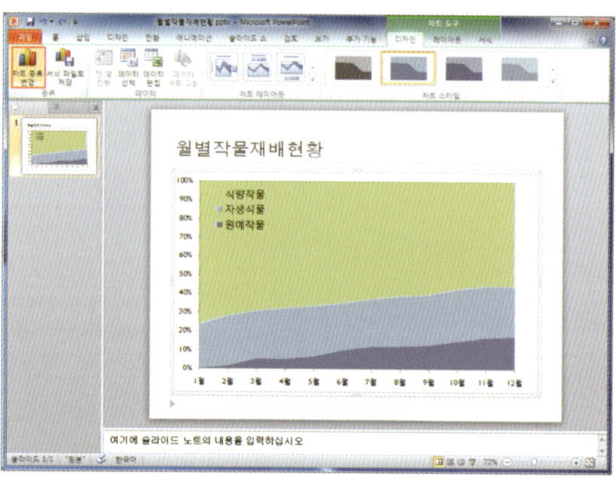

▲ 차트 종류 변경 명령

▲ '차트 종류 변경' 대화상자

> **메시지에 따른 차트 선택**
>
> 차트의 종류는 메시지에 따라 다르게 표현될 수 있으므로 메시지를 강화하는 차트 종류를 선택하는 것이 가장 중요합니다. 먼저 메시지의 유형이 무엇인지를 결정하고 적합한 차트를 선택하기 바랍니다.

3. 서식 파일로 저장하기

파워포인트에서는 사용자가 레이아웃이나 스타일을 적용하여 만든 차트의 서식을 차트 서식 파일(*.crtx)로 저장했다가 새로운 차트나 기존 차트에 적용할 수 있도록 사용자 지정 서식 파일을 활용할 수 있는 기능을 제공합니다.

차트를 선택한 후 [**차트 도구**] – [**디자인**] 탭 → **종류** 그룹 → **서식 파일로 저장**( )을 클릭하고 '차트 서식 파일 저장' 대화상자에서 원하는 이름을 입력한 후 〈저장〉 단추를 클릭합니다. 저장된 차트 서식 파일은 새 차트나 기존 차트에 서식을 적용할 수 있습니다. .

> **새로운 차트 삽입 시 주의사항**
>
> 차트를 삽입하려면 먼저 열려 있는 대화상자를 닫거나 Microsoft Office Excel에서 편집 모드를 취소해야 합니다. 편집 모드가 열려 있는 상태에서는 추가로 차트를 삽입할 수 없습니다.

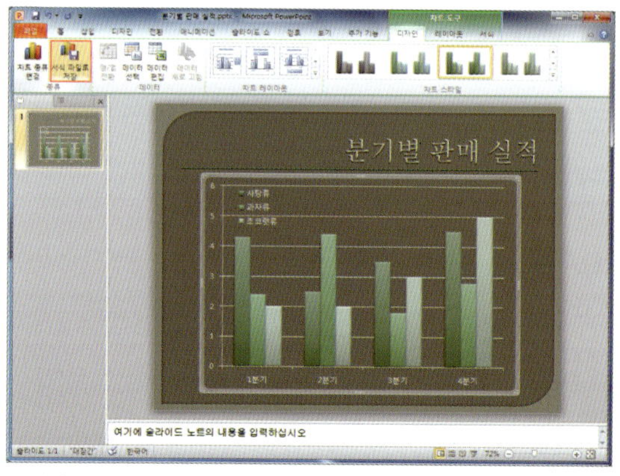

▲ 서식 파일로 저장 명령

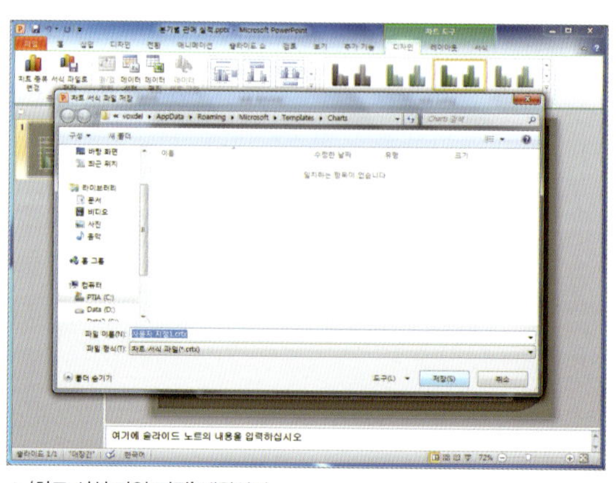

▲ '차트 서식 파일 저장' 대화상자

◉ 기존 차트 활용

[차트 도구] – [디자인] 탭 → 종류 그룹 → **차트 종류 변경**( )을 클릭하고 '차트 종류 변경' 대화상자에서 서식 폴더로 이동하여 저장되어 있는 서식을 선택한 후 〈확인〉 단추를 클릭합니다.

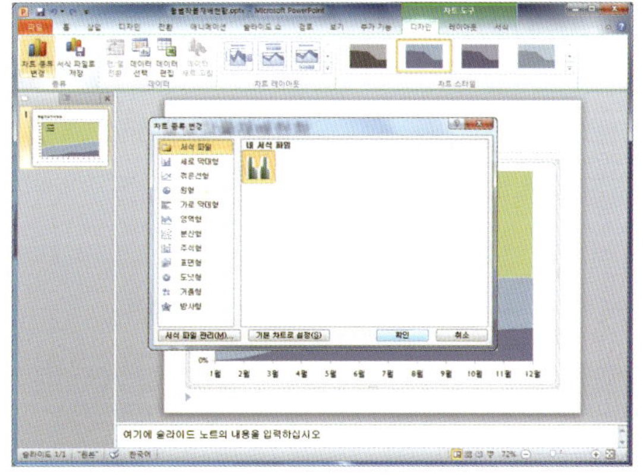

▲ 기존 차트 서식 활용

◉ 새 차트 활용

[삽입] 탭 → **일러스트레이션** 그룹 → **차트**( ) 명령 단추를 클릭하여 '차트 삽입' 대화상자의 차트 목록을 클릭하여 원하는 서식을 선택한 후 〈확인〉 단추를 클릭합니다.

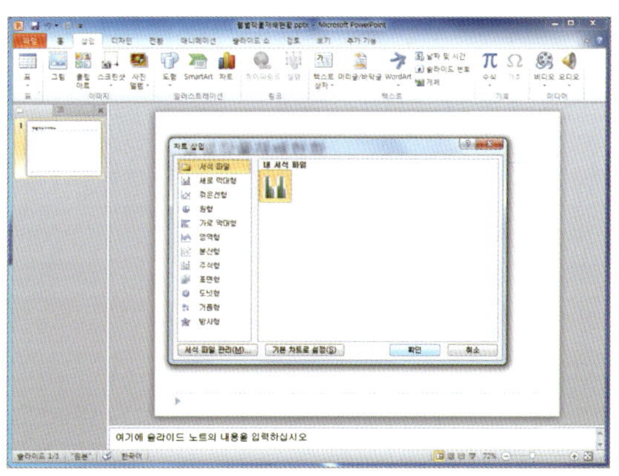

▲ 새 서식 파일

4. 데이터 선택 및 편집하기

파워포인트에서 차트 데이터를 입력할 경우 엑셀 프로그램이 실행되면서 엑셀에서 데이터를 입력하거나 **데이터 편집** 명령을 이용해 수정 작업을 할 수 있습니다.

데이터 값을 수정하기 위해 차트를 선택하고 [**차트 도구**] – [**디자인**] 탭 → **데이터** 그룹 → **데이터 편집** 명령 단추( )를 클릭하면 엑셀이 실행되면서 기본 데이터가 표시됩니다. 엑셀에 입력된 데이터 수정이 완료되어 엑셀의 〈닫기〉 단추를 클릭하면 엑셀이 닫히고 파워포인트로 돌아옵니다.

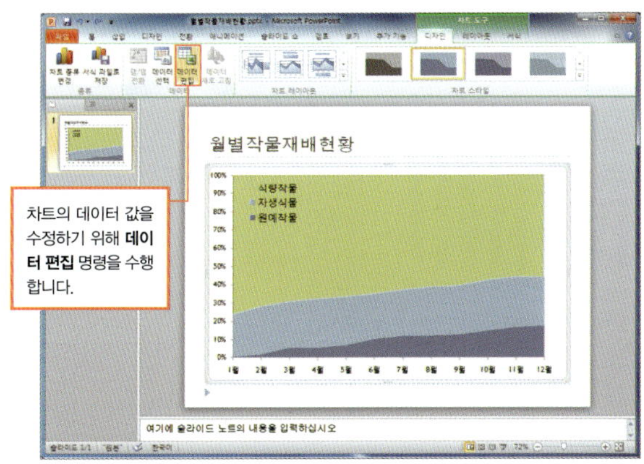

▲ 데이터 편집 명령

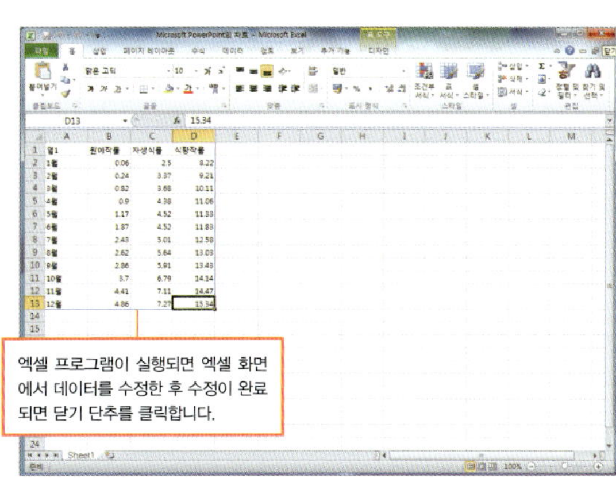

▲ 엑셀에서 데이터 수정

5. 차트 레이아웃 변경하기

차트의 형태를 유지한 상태에서 차트의 레이아웃을 쉽게 변경할 수 있는데, 차트의 레이아웃은 청중의 시선을 붙잡을 수 있는 가장 적합한 구조를 선택하는 것이 바람직합니다.

차트를 선택한 후 [**차트 도구**] – [**디자인**] 탭 → **차트 레이아웃** 그룹 오른쪽 **자세히** 단추(▼)를 클릭하여 차트 레이아웃 선택 목록에서 원하는 차트 레이아웃을 선택합니다.

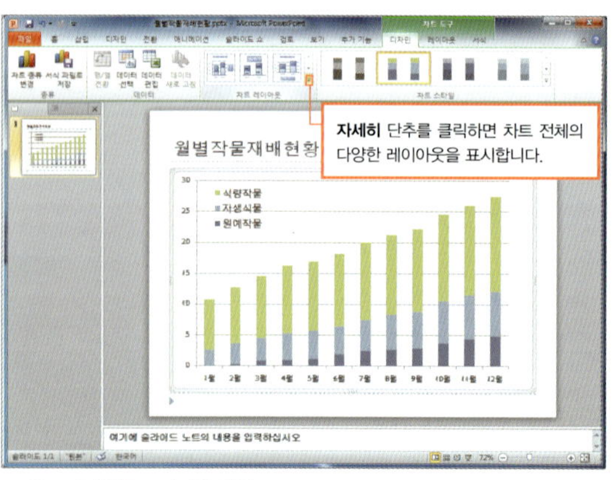

▲ 차트 레이아웃 – 자세히 단추   ▲ '차트 레이아웃' 선택 목록

6. 차트 스타일 적용하기

파워포인트에서는 차트에 적용할 수 있는 다양한 서식과 강력한 편집 기능을 제공하고 있으므로 슬라이드의 배경이나 청중의 선호도를 고려하여 다양한 차트 스타일을 활용할 수 있습니다.

차트를 선택한 후 [**차트 도구**] – [**디자인**] 탭 → **차트 스타일** 그룹 오른쪽 **자세히** 단추(▼)를 클릭합니다. 차트 스타일 선택 목록에서 원하는 차트 스타일을 선택하면 새로운 차트 스타일이 적용된 것을 확인할 수 있습니다.

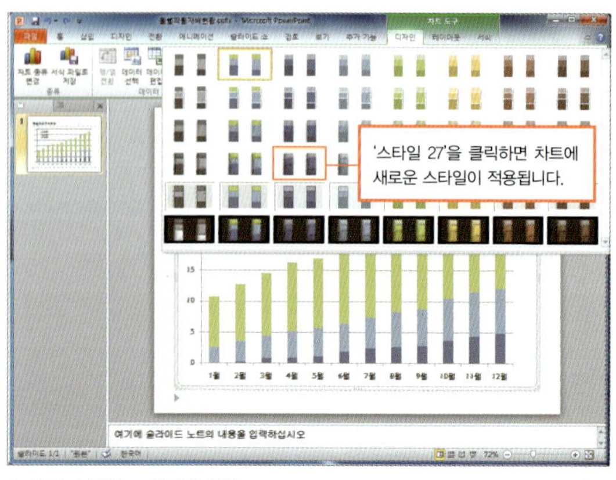

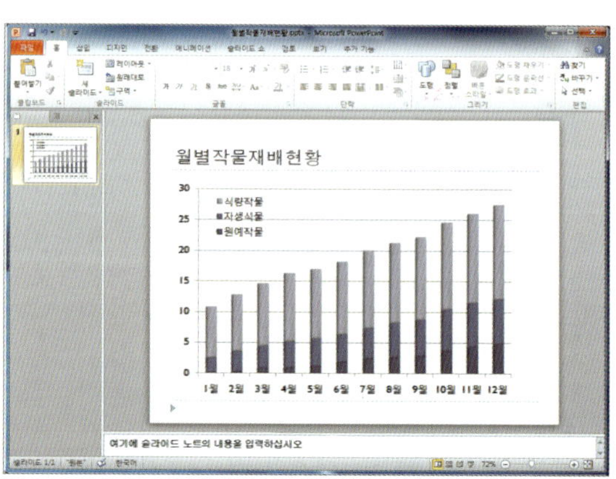

▲ 차트 스타일 – 자세히 단추   ▲ 적용된 차트 스타일

차트에 디자인 적용하기

준비 파일 : 05 2010년 월별 만족도.pptx　　**완성 파일 :** 05 2010년 월별 만족도_결과.pptx

차트에 스타일을 적용하는 것은 차트의 가독성을 높여 청중이 메시지를 구분할 수 있도록 도와주는 것입니다. 이러한 차트 스타일은 줄무늬, 효과, 음영 등을 활용하여 차트의 시각적인 디자인 효과를 높여줄 수 있습니다.

항목	변경 내용
테마	'황혼테마'
차트 종류	'거품형' 레이아웃
차트 스타일	'스타일 26'
차트 레이아웃	'레이아웃 11', '범례 없음'
계열 "Y Value"	그라데이션 채우기(기본 설정색) : '안개'(투명도 50%), 도형 효과 : 입체 효과 '둥글게'
차트 영역 서식	패턴 채우기 : 5% 전경색 : '주황, 강조 6, 25% 더 어둡게' 배경색 : '검정' 그라데이션 선(기본 설정 색) : '늦은 해질녘' 테두리 스타일 : 너비 '3pt', 겹선 종류 '삼중'
주 눈금선 서식	선 색 : '실선', 투명도 : '70%'

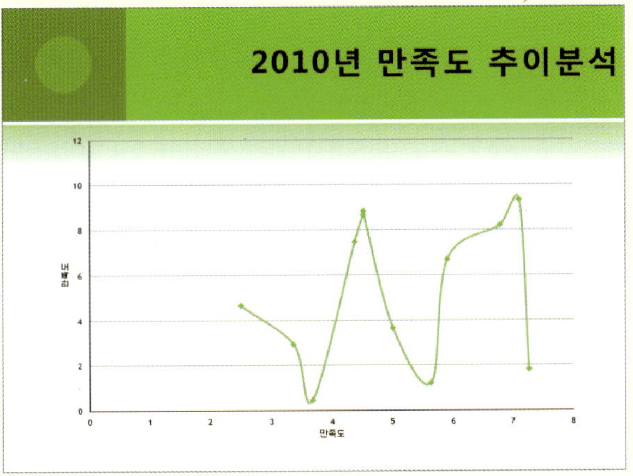

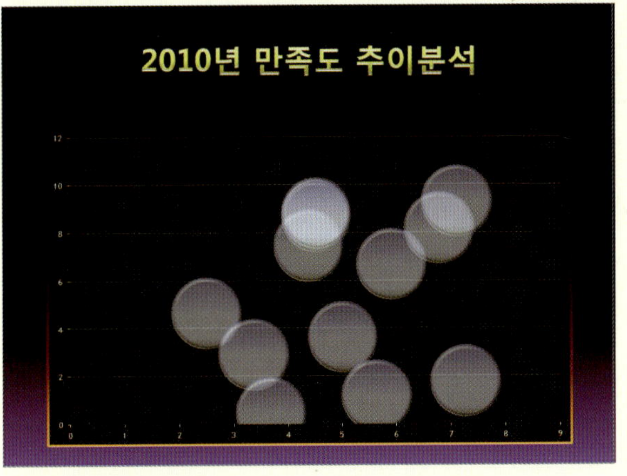

01 **예제 파일 열기**　05 2010년 월별 만족도.pptx 파일을 두 번 연속 클릭하면 파워포인트가 실행되면서 다음 화면이 나타납니다.

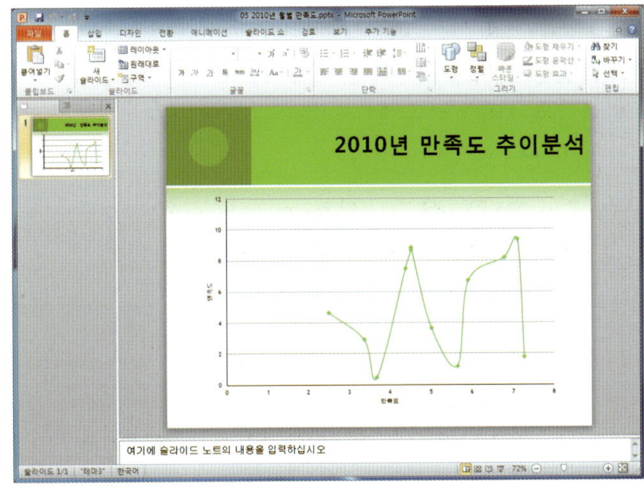

02 **마스터 변경하기** 슬라이드의 마스터 테마를 변경하기 위해 ❶ [디자인] 탭 → ❷ 테마 그룹 오른쪽 **자세히** 단추(▼)를 클릭한 후 ❸ '황혼 테마'를 선택합니다.

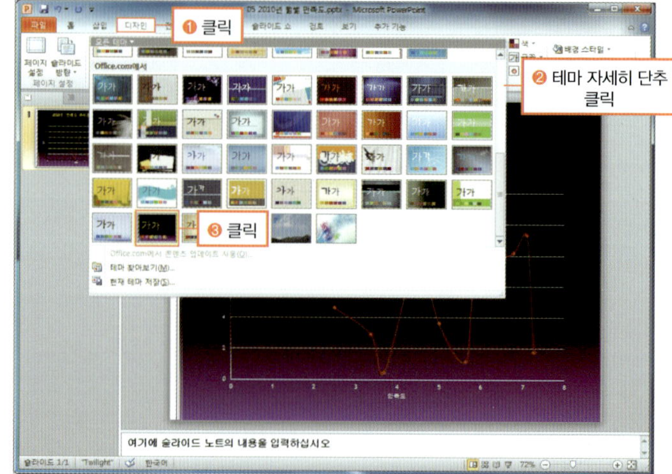

⊙ 예제 화면에서는 삽입된 마스터에서 불필요한 부분을 삭제하였으므로 원본 마스터 테마와는 다소 차이가 있습니다.

03 **차트 종류 변경하기** 차트의 종류를 변경하기 위해 ❶ 차트를 선택하고 [**차트 도구**] – ❷ [**디자인**] 탭 → 종류 그룹 → ❸ **차트 종류 변경** 명령 단추(▤)를 클릭합니다. '차트 종류 변경' 대화상자의 ❹ [거품형] 영역을 클릭하여 ❺ '거품형' 레이아웃을 선택하고 ❻ 〈확인〉 단추를 클릭합니다.

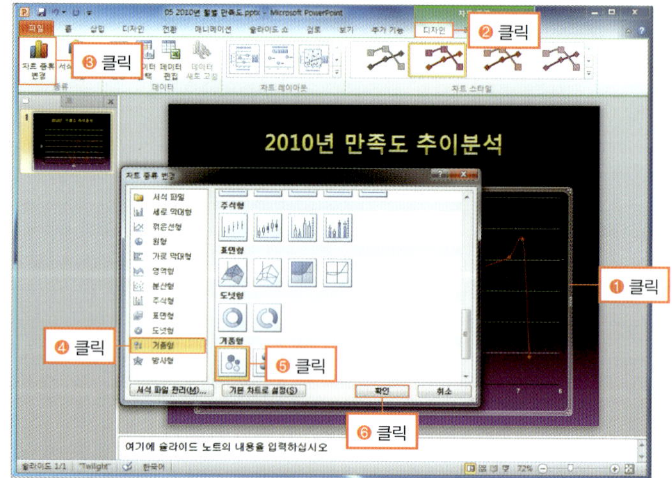

04 **차트 스타일 적용하기** 차트에 스타일을 설정하기 위해 [**차트 도구**] – [**디자인**] 탭 → ❶ **차트 스타일** 그룹 오른쪽 **자세히** 단추(▼)를 클릭하고 ❷ '스타일 26'을 선택합니다.

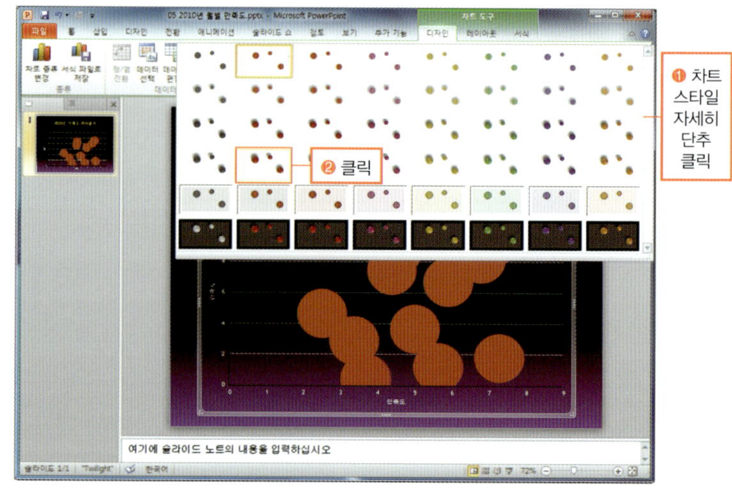

05 **레이아웃 변경하기** 차트의 레이아웃을 변경하기
위해 [**차트 도구**] – [**디자인**] 탭 → ❶ **차트 레이아웃**
그룹 오른쪽 **자세히** 단추(▼)를 클릭하고 ❷ '레이아웃 11'을
선택합니다.

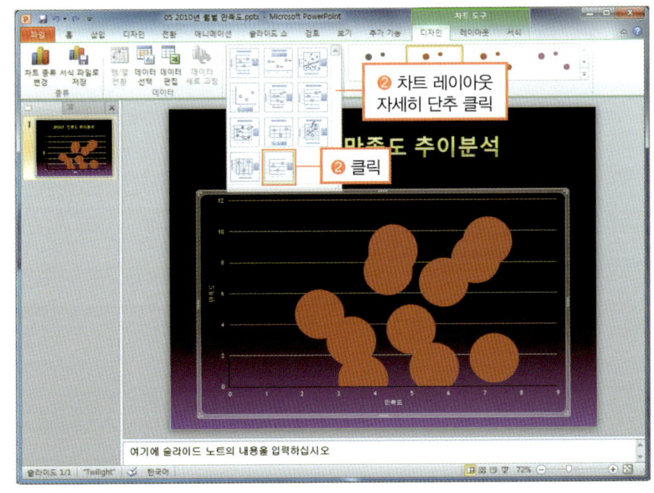

06 **범례 없애기** 차트의 범례 레이블을 없애기 위해
마우스로 범례를 클릭한 후 Delete 키를 눌러 범
례를 삭제합니다.

◯ 범례를 없애는 방법으로는 [**차트 도구**] – [**레이아웃**] 탭 → **레이블** 그룹 → **범례** → '
없음'을 클릭해도 됩니다.

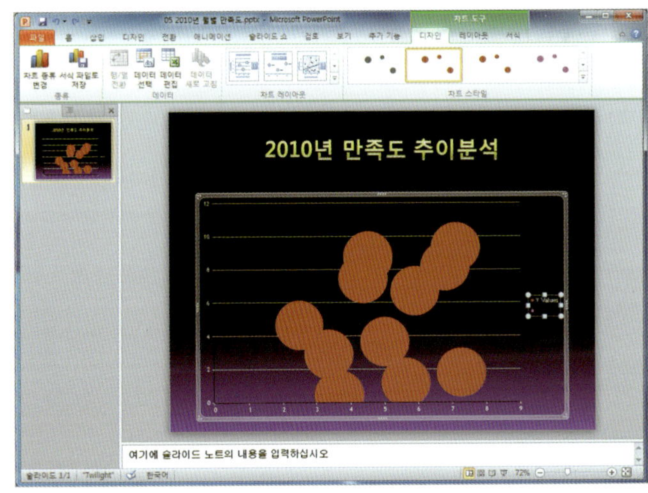

07 **차트 요소 채우기 변경하기** ❶ 차트에서 원(계열
"Y Values")을 선택하여 두 번 연속 클릭합니다.
❷ '데이터 계열 서식' 대화상자에서 [채우기]를 선택한 후 ❸
'그라데이션 채우기' 확인란을 클릭합니다. ❹ '기본 설정 색'
목록 단추를 클릭하여 ❺ '안개'를 선택합니다.

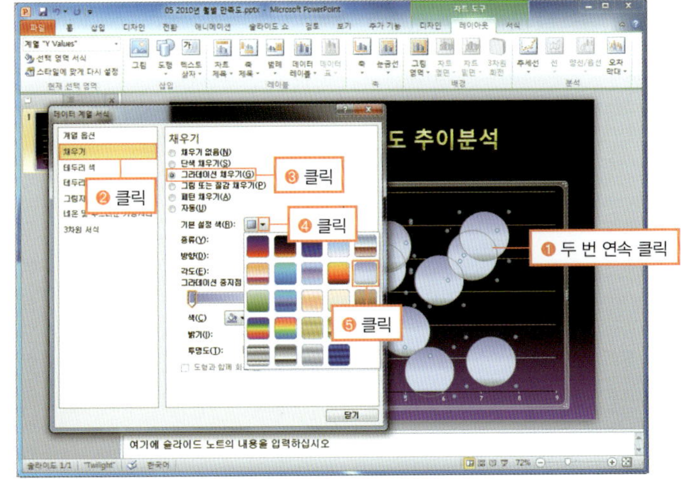

08 투명도 조정하기 ❶ '그라데이션 중지점' 항목에서 각각의 중지점을 선택하고 투명도를 모두 "50%"로 설정한 후 ❷ 설정이 완료되면 〈닫기〉 단추를 클릭합니다.

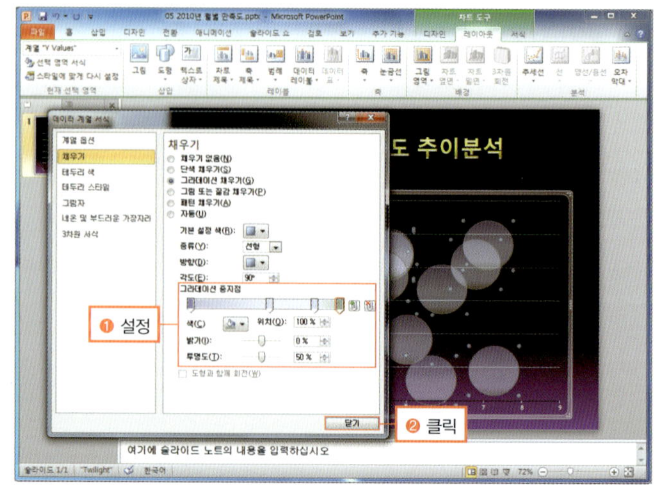

09 패턴 채우기 ❶ 차트를 두 번 연속 클릭하여 '차트 영역 서식' 대화상자가 표시되면 ❷ [채우기] 항목의 '패턴 채우기' 확인란을 클릭한 후 ❸ 선택 목록에서 '5%'를 선택합니다. ❹ '전경색' 목록 단추를 클릭하여 ❺ '주황, 강조 6, 25% 더 어둡게'를 선택하고 '배경색'은 '검정'으로 설정합니다.

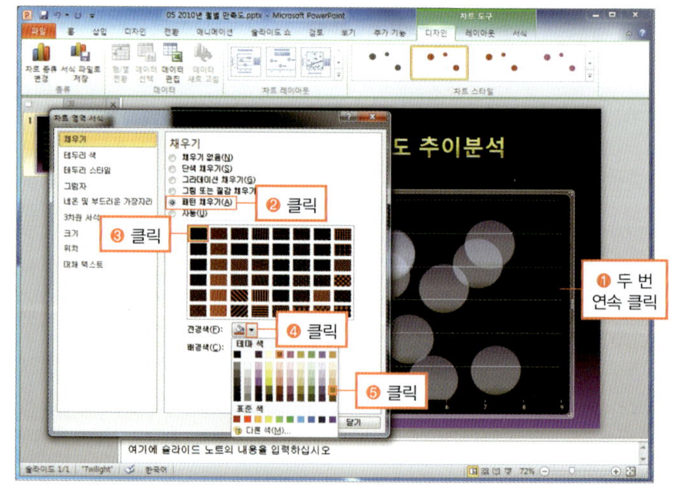

10 테두리 색 추가하기 '차트 영역 서식' 대화상자에서 ❶ [테두리 색]을 클릭하여 ❷ '그라데이션 선' 확인란을 선택한 후 ❸ '기본 설정 색' 목록 단추를 클릭하여 ❹ '늦은 해질녘'을 선택합니다.

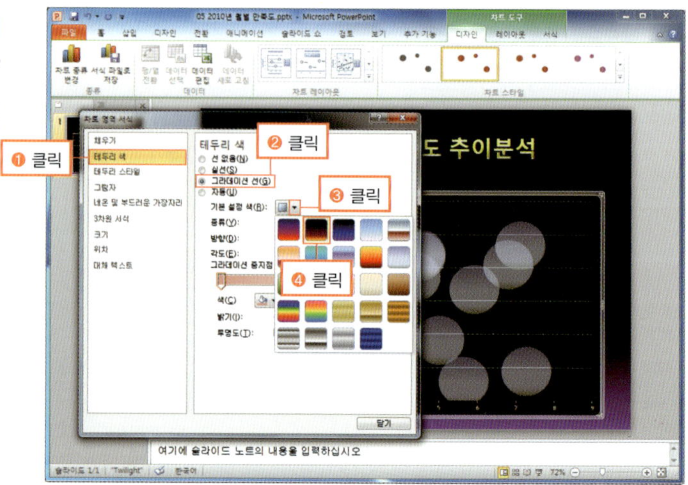

11 테두리 스타일 변경하기 '차트 영역 서식' 대화상자에서 ❶ [테두리 스타일]을 클릭하고 ❷ 너비 '3pt', 겹선 종류 '삼중'으로 설정한 후 ❸ 〈닫기〉 단추를 클릭합니다.

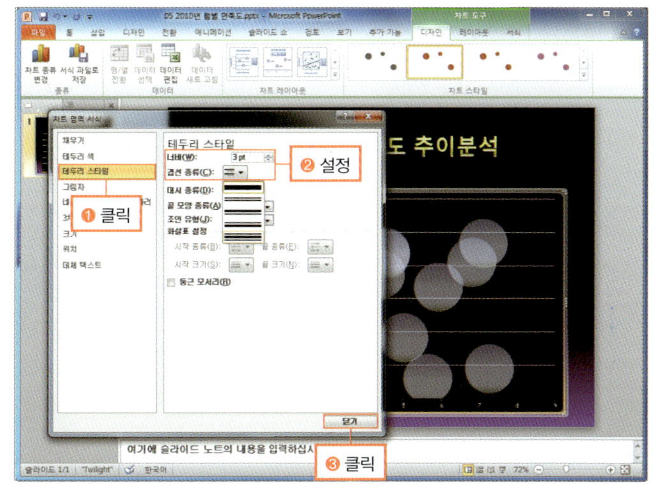

12 도형 효과 적용하기 ❶ 차트에서 계열 "Y Values"를 선택하고 [차트 도구] – ❷ [서식] 탭 → 도형 스타일 그룹 → ❸ 도형 효과(도형 효과 ▾) → 입체 효과 → ❹ '둥글게'를 선택합니다.

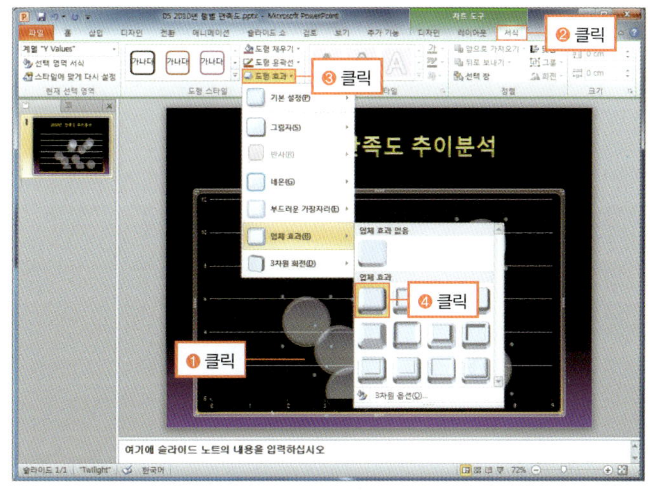

13 주 눈금선 선 색 변경하기 ❶ 차트에서 눈금선(세로 축 눈금선)을 두 번 연속 클릭하여 '주 눈금선 서식' 대화상자에서 ❷ [선 색]을 선택한 후 ❸ '실선' 확인란을 클릭합니다. ❹ 투명도를 "70%"로 입력하고 ❺ 〈닫기〉 단추를 클릭합니다.

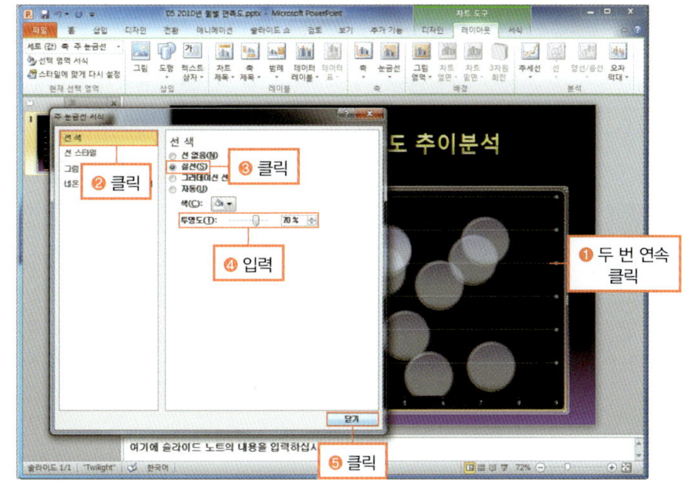

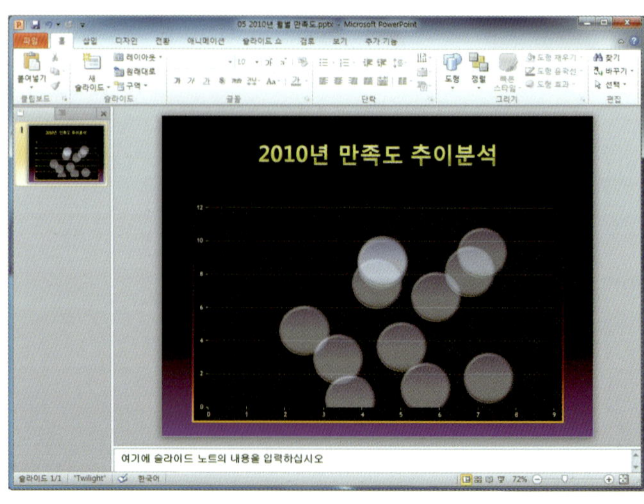

파워포인트와 관련된 다양한 서식들이나 Add-in 프로그램을 제공하는 웹 사이트들이 많이 늘어나고 있습니다. 이러한 웹 사이트들이 제공하는 여러 가지 유용한 프로그램들을 이용하면 완성도가 높은 디자인과 효과적인 활용이 가능합니다.

차트와 관련해서도 많은 웹사이트가 있지만, 그 중에서 Tufte-compliant Charts(http://chartchooser.juiceanalytics.com/)라는 사이트에서는 파워포인트나 엑셀에서 사용할 수 있는 차트 형식을 선택하면 해당 차트를 파워포인트나 엑셀 파일로 다운로드할 수 있습니다. 다운로드 된 파일은 파워포인트 2003 버전용이지만 호환 모드로 사용하면 유용하게 사용할 수 있습니다.

꺾은선형 차트 일부분 선 모양 바꾸기

파워포인트 2010에서 차트 계열뿐만 아니라 각 계열의 하나하나 요소 선택이 가능합니다. 따라서 요소 선택이 가능하다는 것은 각 요소의 서식을 사용자가 원하는 대로 변경할 수 있다는 것을 의미합니다.
꺾은선형 차트에서 특정 계열의 한 요소를 선택하고 원하는 선 스타일로 서식을 변경하는 방법에 대해 살펴봅니다.

❶ 차트에서 계열 "상품 B"를 선택하고 5월~6월 요소를 한 번 더 클릭한 후 마우스 오른쪽 단추를 클릭하여 바로 가기 메뉴에서 **데이터 요소 서식** 명령을 클릭합니다.

❷ '데이터 요소 서식' 대화상자에서 [선 스타일]을 선택한 후 '대시 종류' 목록 단추를 클릭하여 '파선'을 선택합니다.

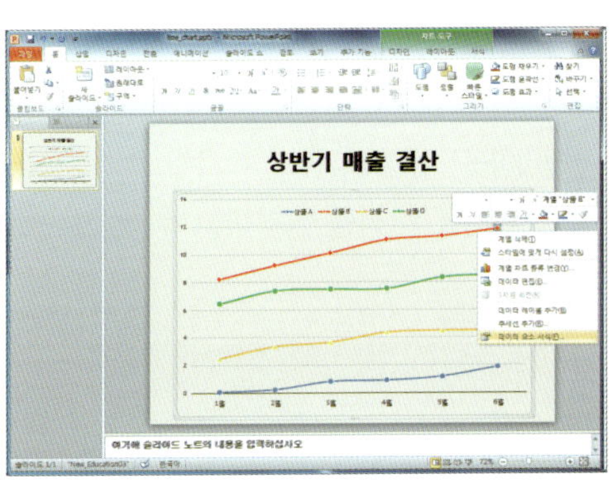
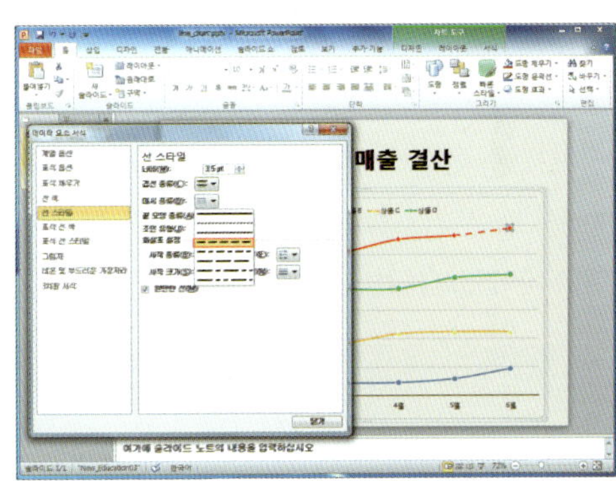

❸ '데이터 요소 서식' 대화상자에서 [선 색]을 선택하고 '색' 목록 단추를 클릭하여 '자주, 강조 4'를 선택한 후〈닫기〉단추를 클릭합니다.

❹ 차트에서 계열 "상품 B"를 선택하면 5월~6월 요소의 '선 스타일'과 '선 색'이 변경된 것을 확인할 수 있습니다.

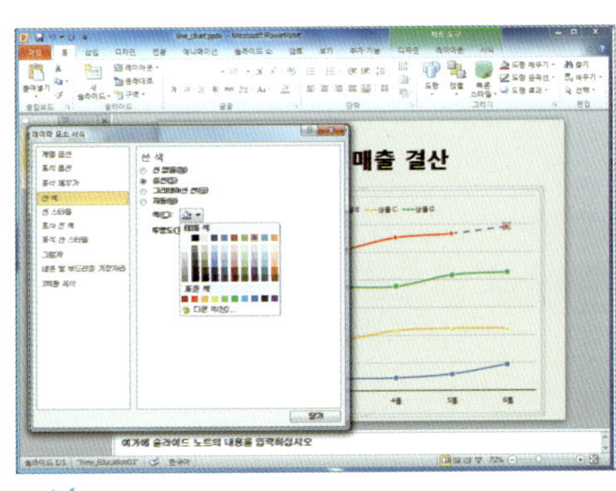
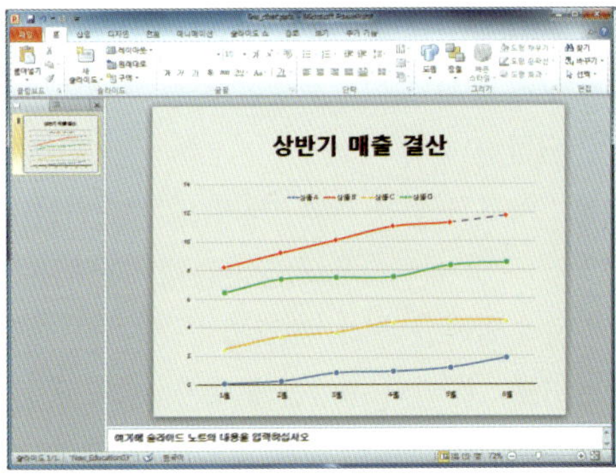

06 차트 레이아웃 변경하기

차트에는 차트 영역, 제목, 축 제목, 범례, 데이터 레이블, 축, 눈금선 등 다양
한 구성요소들이 있습니다. 그러나 이러한 요소들을 모두 차트에 포함시켜
작성하면 오히려 차트를 보는데 불편함을 느낄 수 있을 뿐만 아니라 때로는 각
구성요소들이 겹치는 경우도 있을 수 있습니다. 이 경우에는 [레이아웃] 탭의 명
령들을 활용해서 차트를 깔끔하게 디자인할 수 있도록 합니다.

1. [차트 도구] – [레이아웃] 상황별 탭 살펴보기

슬라이드에 차트를 삽입하면 제목 표시줄에 [**차트 도구**] – [레이아웃] 상황별 탭이 표시됩니다. [**차트 도
구**] – [레이아웃] 탭은 차트를 구성하는 다양한 차트 구성요소 단위별로 서식을 변경하고 추가, 제거하는
명령들이 포함되어 있습니다.

◐ 06 본문예제.pptx를 참
조하세요.

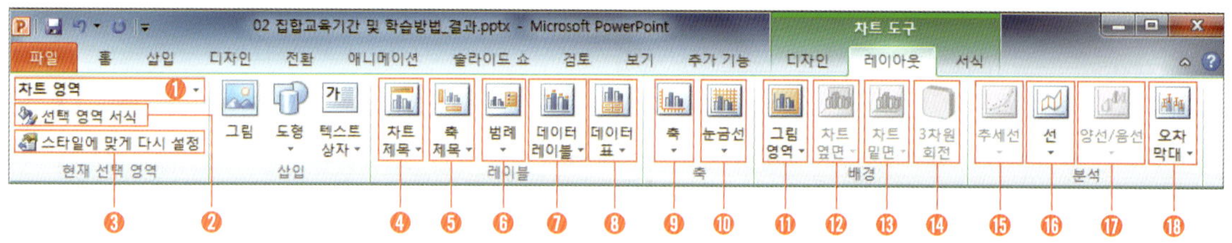

❶ **차트 요소** : 서식을 지정할 수 있도록 차트 요소를 선택합니다.

❷ **선택 영역 서식** : 선택한 차트 요소의 서식을 미세 조정하기 위한 '서식' 대화상자를 표시합니다.

❸ **스타일에 맞게 다시 설정** : 선택한 차트 요소의 사용자 지정 서식을 지우고 차트에 적용된 전체 표시
스타일로 되돌립니다.

❹ **차트 제목** : 차트 제목을 추가, 제거 또는 위치를 지정합니다.

❺ **축 제목** : 각 축의 레이블을 지정하는데 사용되는 텍스트를 추가, 제거 또는 위치를 지정합니다.

❻ **범례** : 차트의 범례를 추가, 제거 또는 위치를 지정합니다.

❼ **데이터 레이블** : 데이터 레이블을 추가, 제거 또는 위치를 지정합니다.

❽ **데이터 표** : 차트에 데이터 표를 추가합니다.　　❾ **축** : 각 축의 서식과 레이아웃을 변경합니다.

❿ **눈금선** : 눈금선을 설정하거나 해제합니다.

⓫ **그림 영역** : 그림의 영역을 설정하거나 해제합니다.

⓬ **차트 옆면** : 차트 옆면의 서식을 지정합니다.　　⓭ **차트 밑면** : 차트 밑면의 서식을 지정합니다.

⓮ **3차원 회전** : 차트의 3차원 시점을 변경합니다.　　⓯ **추세선** : 차트에 추세선을 추가합니다.

⓰ **선** : 차트의 하강선이나 최고/최저값 연결선 등 다른 선을 추가합니다.

⓱ **양선/음선** : 차트에 양선/음선을 추가합니다.　　⓲ **오차 막대** : 차트에 오류 표시줄을 추가합니다.

2. 차트 영역 선택하기

파워포인트에서는 차트 내에 있는 개체들을 선택하기가 매우 수월해져서 마우스를 통해 직접 개체를 선택할 수도 있지만 [**차트 도구**] – [**레이아웃**] 탭에서 차트 내의 영역이나 개체를 선택할 수 있는 선택 명령을 제공하고 있습니다.

차트를 선택한 후 [**차트 도구**] – [**레이아웃**] 탭 → **현재 선택 영역** 그룹 → **차트 요소**의 목록 단추( )를 클릭합니다. [차트 요소] 선택 목록이 표시되고 그림 영역, 범례, 차트 영역, 차트 제목, 계열을 선택할 수 있습니다.

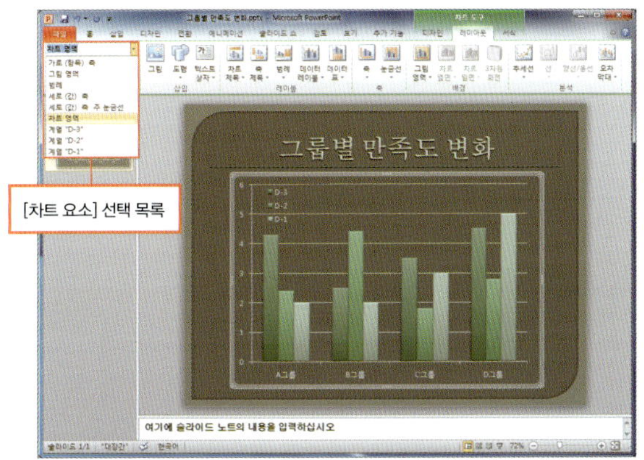

▲ 차트 요소의 목록

○ **차트 요소 명령**

만약 해당 요소를 정확하게 선택하기 어려운 경우 **차트 요소** 명령을 유용하게 사용할 수 있습니다.

범례, 차트 영역, 차트 제목을 선택할 때마다 특정 영역이 선택되는데, 계열을 선택하면 차트의 각 계열 요소들이 선택됩니다. 그림 영역과의 차이는 그림 영역은 전체 그래프를 하나로 선택한다면 계열은 각각의 요소들이 선택됩니다.

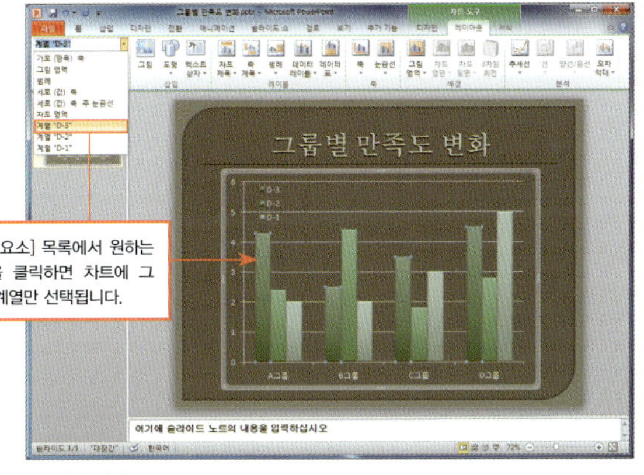

▲ 계열 선택

차트에 있는 여러 계열 요소 중에 특정 요소 하나만 선택하여 서식을 변경할 수 있습니다. 마우스로 전체 계열 요소를 선택하고 특정 요소를 마우스로 한 번 더 클릭하면 특정 요소 개체만 선택되는데, 이 때 특정 요소 개체에 서식을 적용할 수 있습니다.

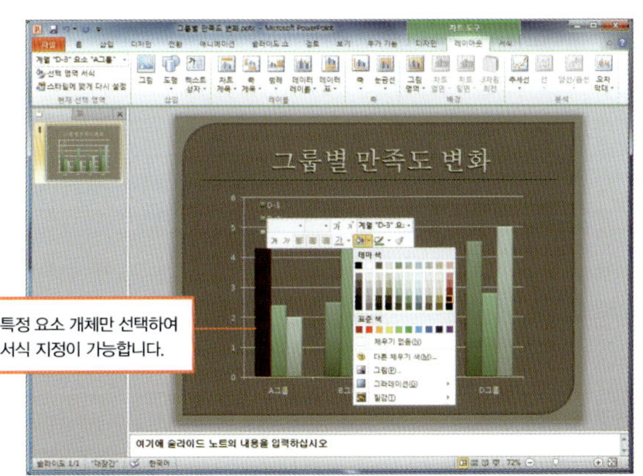

▲ 계열 요소 서식 변경

○ **특정 요소의 선택**

차트의 특정 요소를 선택하여 서식을 변경하는 것은 중요한 요소를 시각적으로 변화시켜 내용을 부각하고 강조하기 위해 사용됩니다.

3. 개체 삽입하기

파워포인트 2007부터 차트에 부연 설명을 할 수 있는 다양한 개체를 삽입할 수 있으며 그림, 도형, 텍스트를 삽입해서 차트의 시각적 효과 및 메시지를 좀 더 부각시킬 수 있습니다.

● 그림 개체 삽입

차트를 선택한 후 [**차트 도구**] − [레이아웃] 탭 → **삽입** 그룹 → **그림**(🖼)을 클릭합니다. '그림 삽입' 대화상자에서 원하는 그림을 선택하고 〈삽입〉 단추를 클릭한 후 차트에 삽입된 그림의 크기를 조정하여 위치시킵니다.

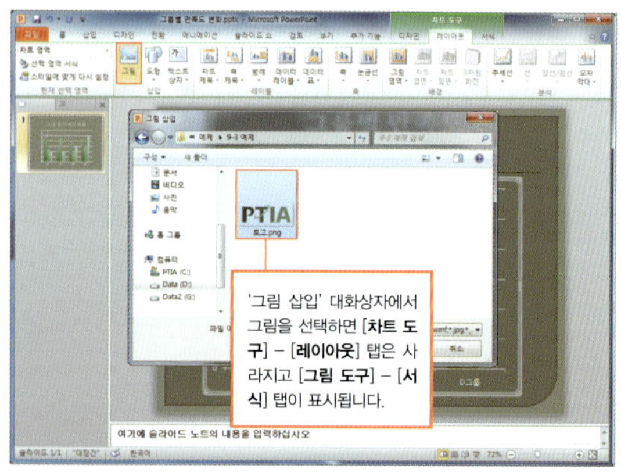

▲ 그림 개체 삽입

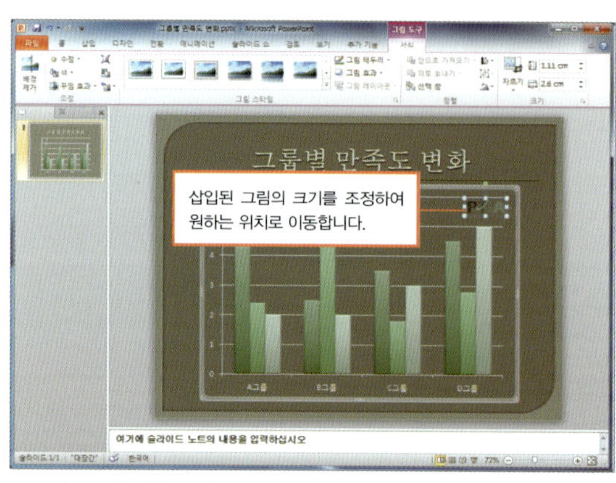

▲ 그림 크기 및 위치 조정

● 텍스트 상자 삽입

차트를 선택한 후 [**차트 도구**] − [레이아웃] 탭 → **삽입** 그룹 → **텍스트 상자**(🖾)를 클릭하여 차트 안으로 마우스를 끌어서 텍스트 상자의 영역을 설정합니다. 원하는 텍스트를 입력한 후 입력된 텍스트의 서식을 조정하고 위치를 조정합니다.

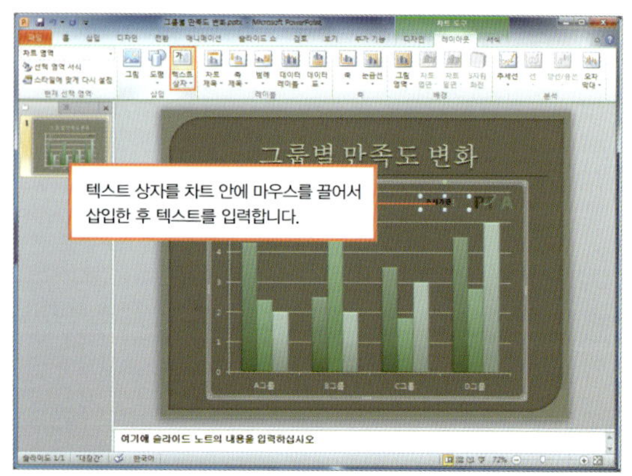

▲ 텍스트 상자 명령

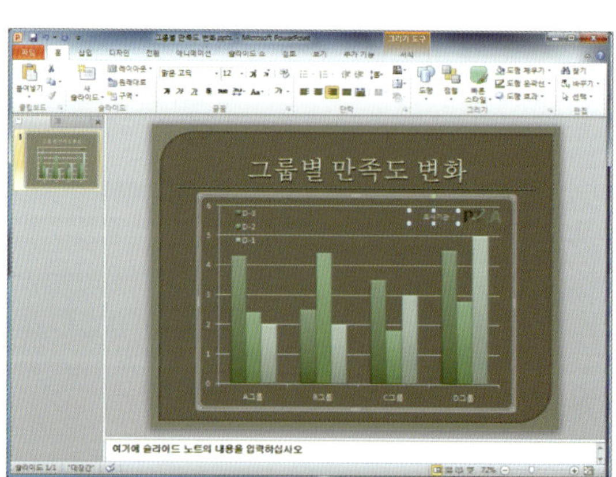

▲ 텍스트 서식 및 위치 조정

4. 레이블 추가/제거하기

슬라이드에 삽입된 차트의 레이블은 언제든지 추가 및 변경이 가능하며, 차트의 레이블 추가/삭제 명령을 통해 사용자가 원하는 위치에 레이블을 표시하거나 삭제할 수 있습니다.

차트를 선택한 후 [**차트 도구**] – [**레이아웃**] 탭 → **레이블** 그룹에서 차트의 레이블을 자유롭게 변경할 수 있으며, 레이블 영역에서 변경할 수 있는 것들은 다음과 같습니다.

영 역	변경 내용
차트 제목	차트 제목을 추가, 제거 또는 위치를 지정합니다.
축 제목	각 축의 레이블을 지정하는데 사용되는 텍스트를 추가, 제거 또는 위치를 지정합니다.
범례	차트 범례를 추가, 제거 또는 위치를 지정합니다.
데이터 레이블	데이터 레이블을 추가, 제거 또는 위치를 지정합니다.
데이터 표	차트에 데이터 표를 추가합니다.

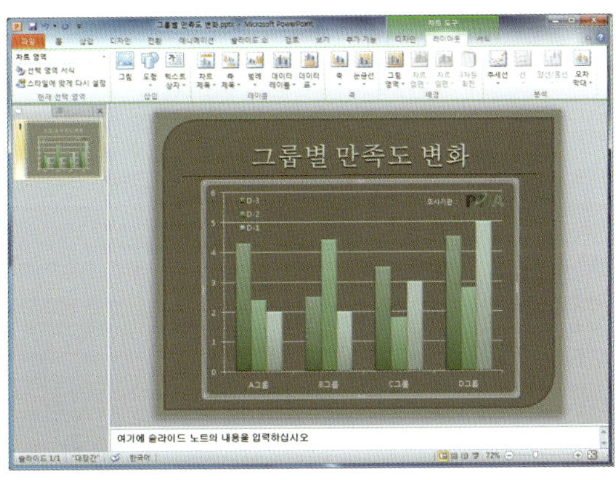

○ **레이블 추가 명령**

차트 내의 요소를 선택하고 마우스 오른쪽 단추를 클릭하여 바로 가기 메뉴에서 **데이터 레이블 추가** 명령 단추를 클릭해도 됩니다.

○ 차트 제목( )

차트 제목을 선택하고 선택 목록에서 원하는 표시 형식을 클릭합니다.

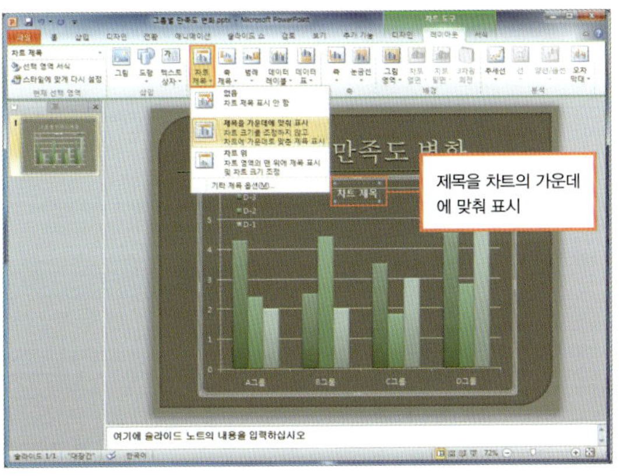

▲ 차트 제목

○ 축 제목( )

축 제목을 선택하고 가로 축과 세로 축의 제목을 추가 및 제거하거나 위치를 지정하여 선택할 수 있습니다.

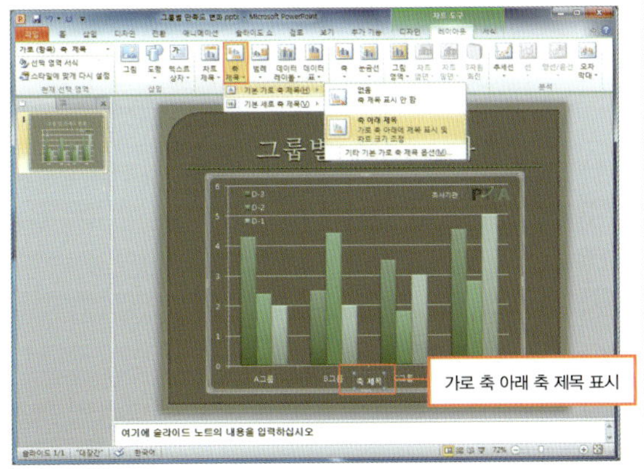

▲ 축 제목

○ 범례(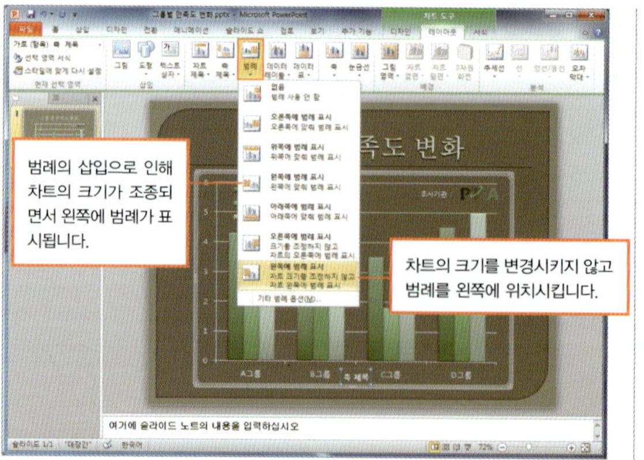)

범례의 위치를 지정하기 위해 범례를 클릭하여 선택 목록에서 원하는 범례의 위치를 선택합니다.

▲ 범례 – 왼쪽에 범례 표시

○ 데이터 레이블(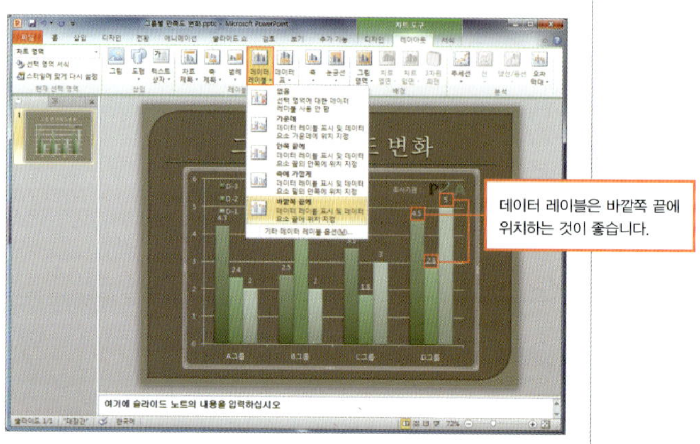)

데이터 레이블을 클릭하여 선택 목록에서 원하는 데이터 레이블의 위치를 선택합니다.

▲ 데이터 레이블 – 바깥쪽 끝에

○ 데이터 표(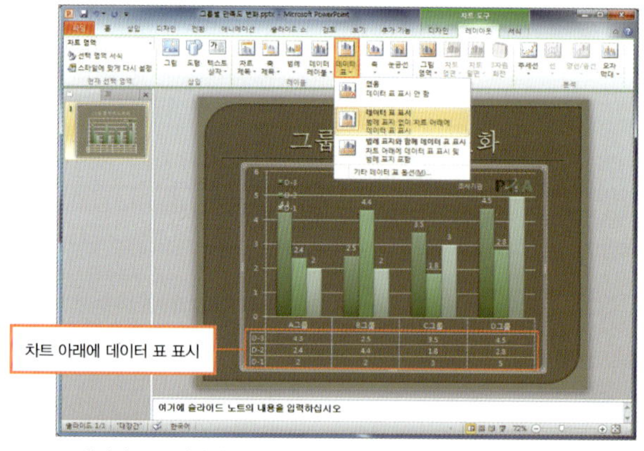)

데이터 표를 클릭하여 선택 목록에서 원하는 데이터 표 형식을 선택합니다.

▲ 데이터 표 – 아래에 데이터 표 표시

5. 축 표시 조정하기

파워포인트에서 차트의 축 표시를 하거나 축의 눈금 구분을 세밀하게 조정할 수 있어서 축에 나타나지 않은 표시를 하거나 각 데이터의 눈금을 더 세밀하게 표시하려면 축이나 눈금선 표시를 조정하면 됩니다.

○ 축(▤) 조정

축의 표시를 조정하기 위해 먼저 차트를 선택한
후 [**차트 도구**] – [**레이아웃**] 탭 → **축** 그룹 → **축**을
클릭하면 기본 가로 축과 기본 세로 축을 조정할
수 있습니다.

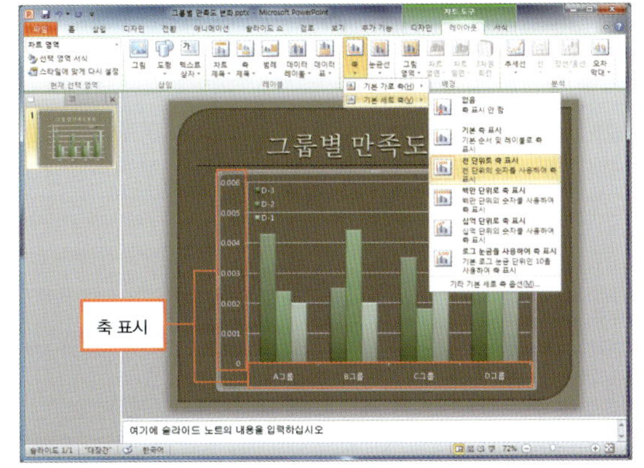

▲ 가로 축/세로 축 표시

○ 눈금선(▤) 조정

눈금선 표시를 조정하려면 차트를 선택한 후 [**차트
도구**] – [**레이아웃**] 탭 → **축** 그룹 → **눈금선**을 클릭
하여 선택 목록이 표시되면 기본 가로 눈금선과 기
본 세로 눈금선의 두 가지가 선택 가능하며, 원하
는 주/보조 눈금선 스타일을 선택합니다.

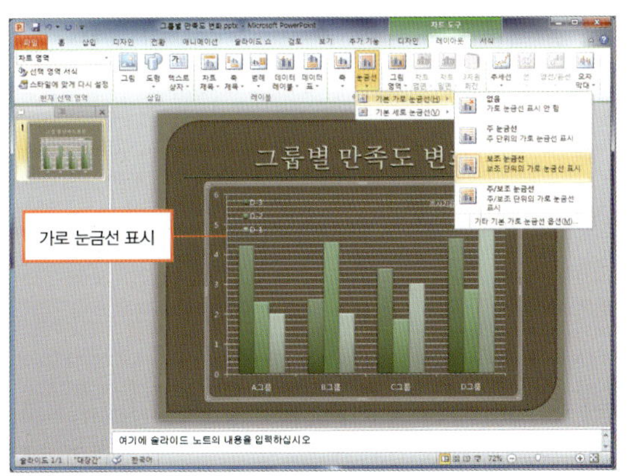

▲ 눈금선 표시

6. 배경 조정하기

파워포인트에서 차트 영역의 서식은 사용자가 원
하는대로 변경이 가능하므로 차트의 내용과 어울
리는 배경 이미지를 차트에 삽입하기 위해서는 배
경 영역에서 그림을 선택하여 삽입하면 됩니다.

차트를 선택한 후 [**차트 도구**] – [**레이아웃**] 탭 → **배
경** 그룹 → **그림 영역**(▤) → **기타 그림 영역 옵션**을
클릭하여 '그림 영역 서식' 대화상자의 [채우기]에
서 원하는 배경 스타일을 선택합니다.

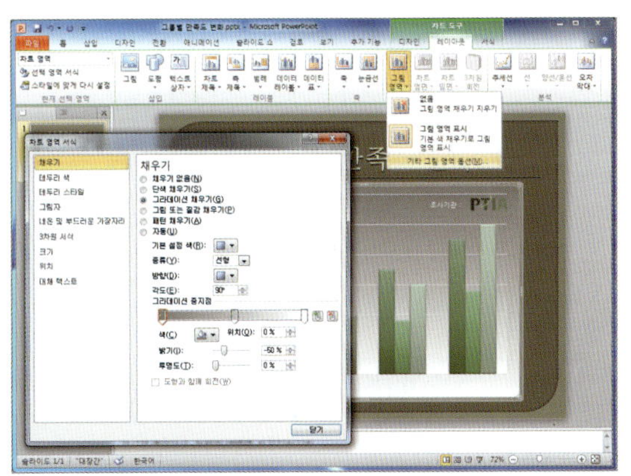

▲ 기타 그림 영역 옵션 – 배경 스타일

7. 분석선 추가하기

보는 사람이 한 눈에 분석이 가능하도록 차트에 부가적인 명령들을 이용하여 [**차트 도구**] – [**레이아웃**] 탭 → **분석** 그룹에서 추세선이나 오차 막대를 삽입할 수 있습니다.

◉ 추세선( ) 삽입

차트에 추세선을 삽입하려면 차트를 선택한 후 [**차트 도구**] – [**레이아웃**] 탭 → **분석** 그룹 → **추세선**을 클릭합니다. 선택 목록에서 원하는 추세선 스타일을 선택한 후 '추세선 추가' 대화상자에서 추세선이 기초할 계열을 선택하고 〈확인〉 단추를 클릭합니다.

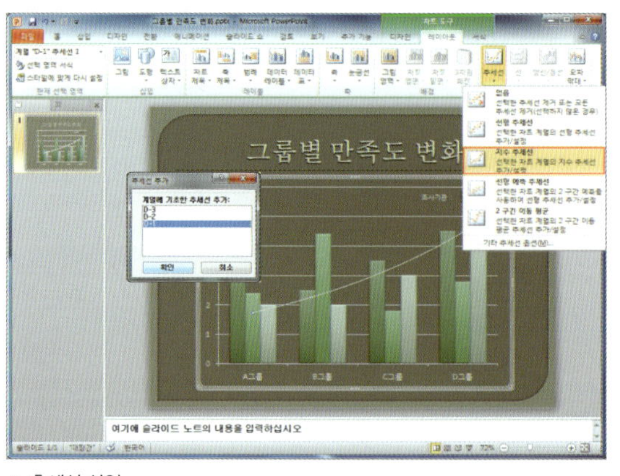

▲ 추세선 삽입

◉ 오차 막대( ) 삽입

차트에 오차 막대를 삽입하려면 차트를 선택한 후 [**차트 도구**] – [**레이아웃**] 탭 → **분석** 그룹 → **오차 막대**를 클릭하여 선택 목록에서 원하는 오차 막대 스타일을 선택합니다.

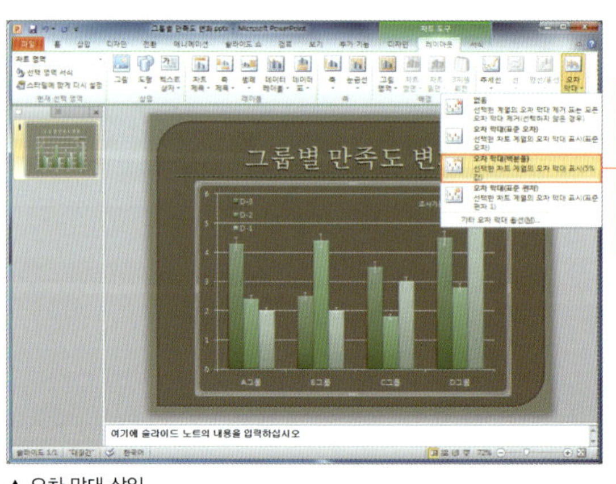

▲ 오차 막대 삽입

오차 막대의 방향은 차트 종류에 따라 달라집니다. 분산형 차트의 경우 기본적으로 가로 오차 막대와 세로 오차 막대가 모두 표시되지만 두 오차 막대 중 하나를 제거할 수 있습니다.

차트의 요소를 너무 많이 보여주게 되면 오히려 메시지를 강조하지 못하는 경우가 많이 있는데, 이 경우 차트의 필요한 요소만 재구성하여 프레젠테이션을 하는 것이 좋습니다.

그러나 질문을 받았거나 보충 설명 중 원본 데이터가 모두 포함된 차트를 보여주어야 한다면 유인물도 제시되어야겠지만 원본 데이터가 모두 표현된 차트를 작성하고 하이퍼링크를 통해 연결하여 보여주는 것이 더 효과적입니다. 하이퍼링크를 적극 활용하기 바랍니다.

차트 레이아웃 변경하기

📁 **준비 파일** : 06 프로그램 만족도 분석.pptx   📁 **완성 파일** : 06 프로그램 만족도 분석_결과.pptx

프레젠테이션 시 차트의 메시지를 강조하거나 청중이 내용을 쉽게 이해하는데 도움을 줄 수 있는 시각적인 효과를 조정하기 위해 차트 레이아웃의 명령들을 이용하면 고급스럽고 멋진 차트 슬라이드를 만들 수 있습니다.

항목	변경 내용
상단 차트	차트 스타일 : '스타일 26'
	차트 요소 : 축 글꼴 크기 '10pt', 계열 "열1" 데이터 레이블 '12pt'
	'열1' 계열 서식 : '요소마다 다른 색 사용'
왼쪽 하단 차트	차트 종류 : '묶은 가로 막대형'
	차트 스타일 : '스타일 26'
	차트 요소 : 축 글꼴 크기 '10pt', 계열 "만족도" 데이터 레이블 '12pt'
	'만족도' 계열 서식 : '요소마다 다른 색 사용'
오른쪽 하단 차트	불필요한 데이터('특별' 열) 삭제
	차트 종류 : '표식이 있는 꺾은선형'
	차트 스타일 : '스타일 26'
	차트 요소 : 축 글꼴 크기(가로 '9pt', 세로 '10pt')
	세로 축 옵션 : 최소값 "25", 최대값 "40"
	계열 서식 변경(14 보기 참조) 범례 : '위쪽에 범례 표시', 글꼴 크기 : '10pt'

Before

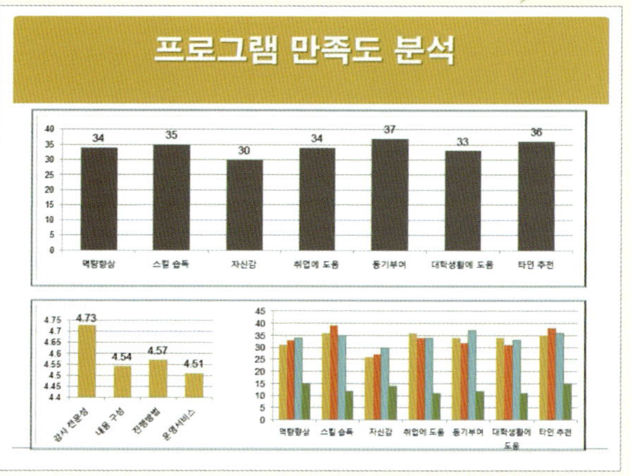

After

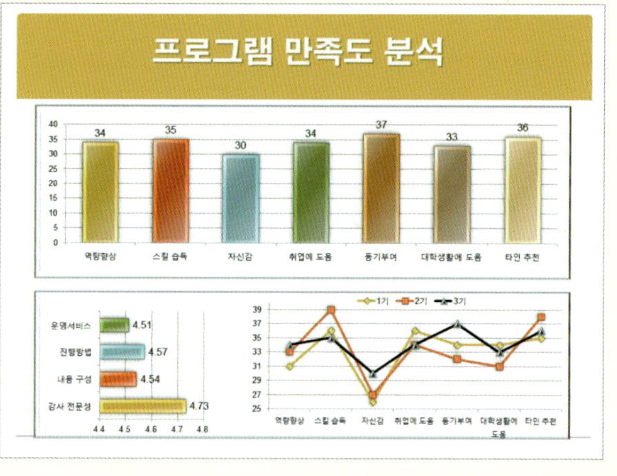

01 **예제 파일 열기** **06 프로그램 만족도 분석.pptx** 파일을 두 번 연속 클릭하면 파워포인트가 실행되면서 다음 화면이 나타납니다.

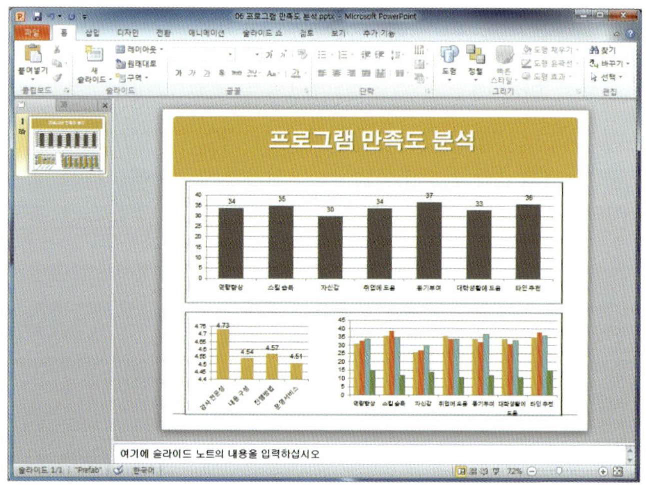

02 차트 스타일 적용하기 차트 스타일을 설정하기 위해 ❶ 상단의 차트를 선택한 후 [차트 도구]− ❷ [디자인] 탭 → ❸ 차트 스타일 그룹 오른쪽 자세히 단추(▾)를 클릭하고 ❹ '스타일 26'을 선택합니다.

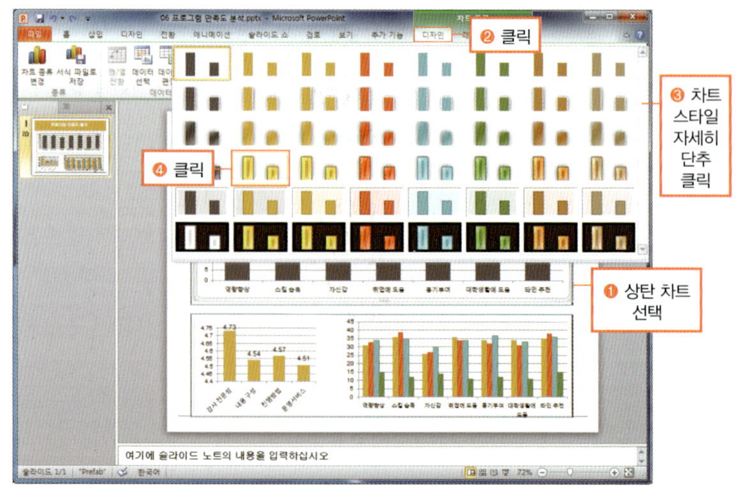

03 차트 요소 서식 변경하기 차트 요소의 서식을 변경하기 위해 ❶ '가로 (값)축'과 '세로 (항목) 축'을 각각 선택하고 [홈] 탭 → 글꼴 그룹 → 글꼴 크기를 '10pt'로 변경합니다. ❷ 계열 "열1" 데이터 레이블을 선택하고 ❸ 글꼴 크기를 '12pt'로 변경합니다.

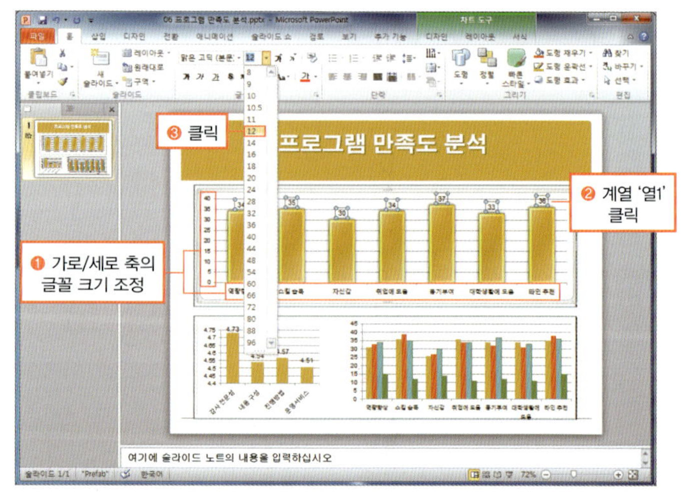

◎ 차트 요소는 [차트 도구]−[레이아웃] 탭 → 현재 영역 선택 그룹 → 차트 요소를 클릭하여 선택 목록에서 원하는 요소를 선택할 수 있습니다.

04 데이터 계열 서식 변경하기 계열 "열1"이 선택되어 있는 상태에서 계열 "열1"을 요소마다 다른 색으로 채우기 위해 마우스 오른쪽 단추를 클릭하고 바로 가기 메뉴에서 데이터 계열 서식 명령을 클릭합니다. ❶ '데이터 계열 서식' 대화상자의 [채우기]를 클릭하고 ❷ '요소마다 다른 색 사용'을 클릭한 후 ❸ 〈닫기〉 단추를 클릭합니다. 그러면 각 데이터 요소마다 다른 색으로 구분되어 표시됩니다.

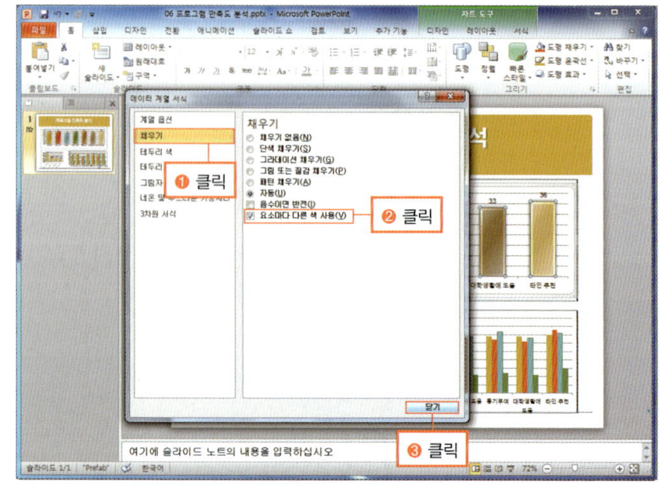

05 **차트 종류 변경하기(1)** 차트의 종류를 변경하기 위해 ❶ 왼쪽 하단 차트를 선택한 후 [**차트 도구**]– ❷ [**디자인**] 탭 → **종류** 그룹 → ❸ **차트 종류 변경** 명령 단추(▣)를 클릭합니다. '차트 종류 변경' 대화상자의 ❹ [가로 막대형]을 클릭하고 ❺ '묶은 가로 막대형' 레이아웃을 선택한 후 ❻ 〈확인〉 단추를 클릭합니다.

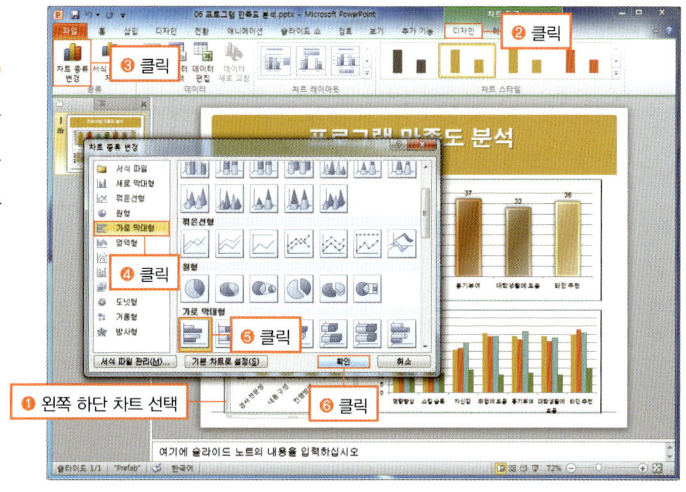

06 **차트 스타일 적용하기** 차트가 선택된 상태에서 차트의 스타일을 설정하기 위해 [**차트 도구**] – [**디자인**] 탭 → ❶ **차트 스타일** 그룹 오른쪽 **자세히** 단추(▼)를 클릭하고 ❷ '스타일 26'을 선택합니다.

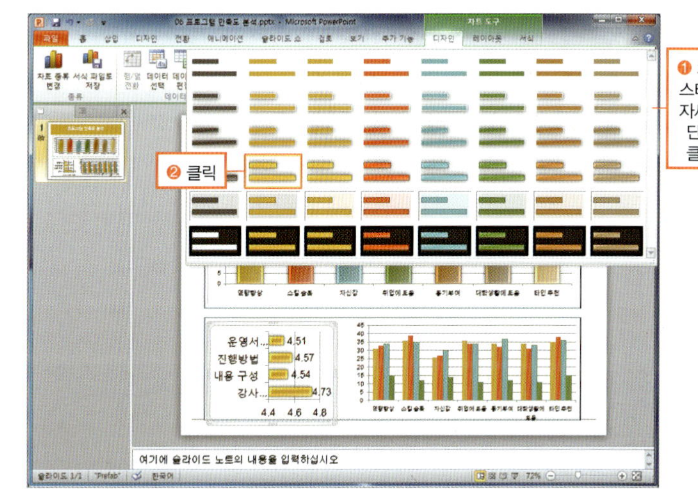

07 **차트 요소 서식 변경하기** 차트 요소의 서식을 변경하기 위해 ❶ '가로 (값) 축'과 '세로 (항목) 축'을 각각 선택하고 [**홈**] 탭 → **글꼴** 그룹 → **글꼴 크기**를 '10pt'로 변경합니다. ❷ 계열 "만족도" 데이터 레이블을 선택하고 ❸ 글꼴 크기를 '12pt'로 변경합니다.

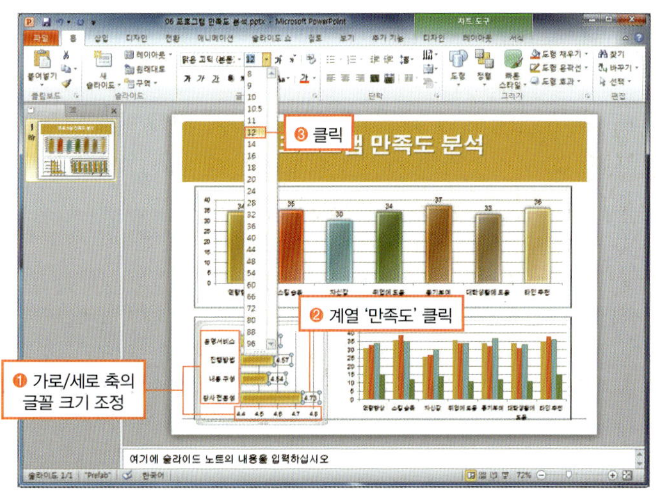

08 데이터 계열 서식 변경하기 계열 요소마다 다른 색으로 채우기 위해 계열 "만족도"가 선택되어 있는 상태에서 ❶ 마우스 오른쪽 단추를 클릭하고 ❷ 바로 가기 메뉴에서 **데이터 계열 서식** 명령을 클릭합니다. ❸ '데이터 계열 서식' 대화상자에서 [채우기]를 클릭하고 ❹ '요소마다 다른 색 사용'을 클릭한 후 ❺ 〈닫기〉 단추를 클릭합니다.

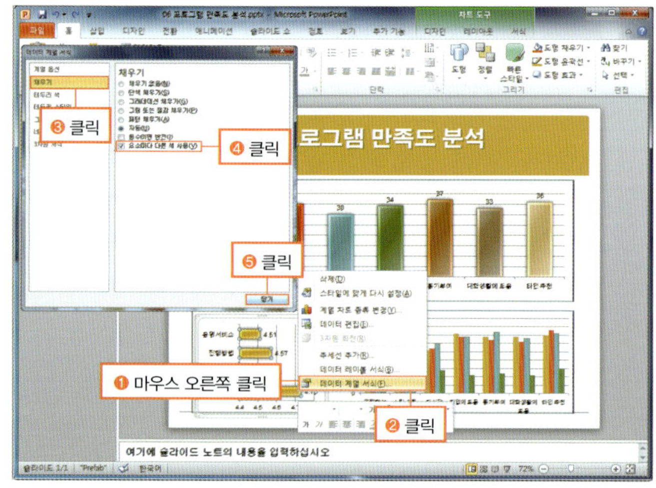

09 데이터 편집하기 ❶ 하단 오른쪽 차트를 선택한 후 데이터를 수정하기 위해 [차트 도구] – ❷ [디자인] 탭 → **데이터** 그룹 → ❸ **데이터 편집** 명령 단추( )를 클릭합니다. 엑셀 워크시트가 표시되면 불필요한 데이터('특별' 열)를 차트에서 제거하기 위해 ❹ 을 왼쪽으로 끌어서 데이터 선택을 변경합니다. ❺ 선택이 완료되면 엑셀의 〈닫기〉 단추(⊠)를 클릭합니다.

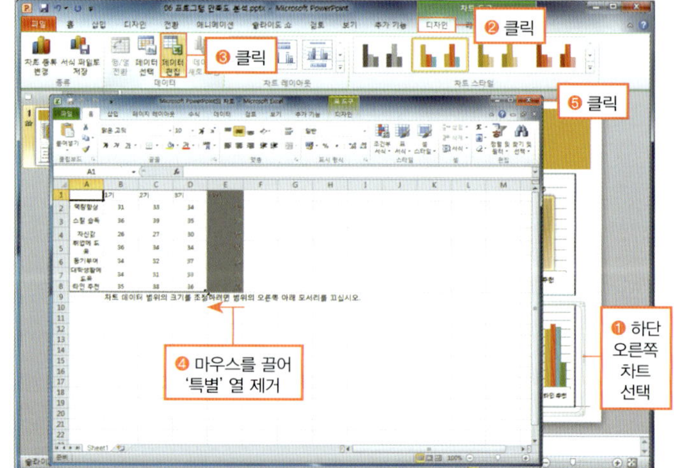

10 차트 종류 변경하기(2) 차트의 종류를 변경하기 위해 [차트 도구] – [디자인] 탭 → **종류** 그룹 → ❶ **차트 종류 변경** 명령 단추( )를 클릭합니다. '차트 종류 변경' 대화상자에서 ❷ [꺾은선형]을 클릭하고 ❸ '표식이 있는 꺾은선형' 레이아웃을 선택한 후 ❹ 〈확인〉 단추를 클릭합니다.

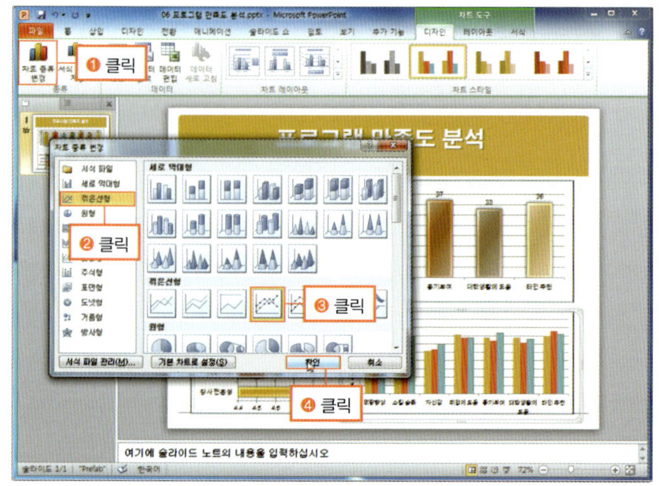

11 차트 스타일 적용하기 차트가 선택된 상태에서 스타일을 설정하기 위해 [**차트 도구**] – [**디자인**] 탭 → ❶ **차트 스타일** 그룹 오른쪽 **자세히** 단추(▼)를 클릭하고 ❷ '스타일 26'을 선택합니다.

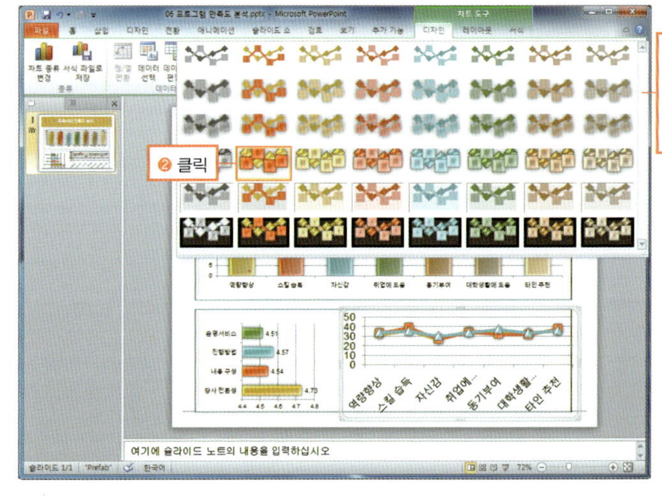

12 차트 요소 서식 변경하기 차트 요소의 서식을 변경하기 위해 ❶ '가로 (항목) 축'과 '세로 (값) 축'을 각각 선택하고 ❷ [**홈**] 탭 → **글꼴** 그룹 → ❸ **글꼴 크기**를 가로 (항목) 축 '9pt', 세로 (값) 축 '10pt'로 변경합니다.

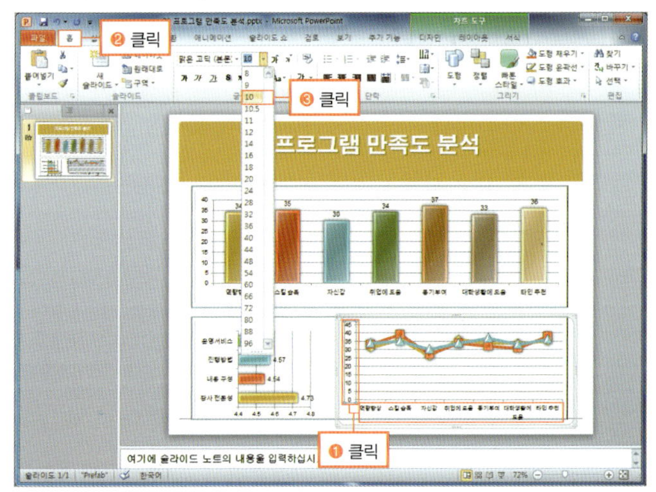

13 세로 축 서식 변경하기 세로 (값) 축을 '25' 이하는 표시하지 않기 위해 ❶ '세로 (값) 축'을 마우스 두 번 연속 클릭합니다. '축 서식' 대화상자에서 ❷ [축 옵션]을 선택한 후 ❸ '축 옵션' 항목의 '최소값', '최대값'을 '고정'에 클릭하고 해당 값을 "25"와 "40"으로 입력합니다. ❹ 입력이 완료되면 〈닫기〉 단추를 클릭합니다.

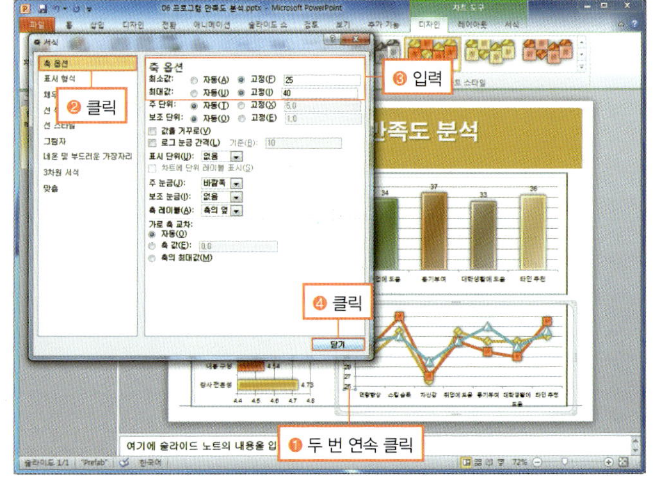

14 계열 서식 변경하기 흰색으로 표시되어 잘 보이지 않는 꺾은선의 서식을 변경하기 위해 계열 "3기"를 선택하고 마우스 오른쪽 단추를 클릭하여 바로 가기 메뉴에서 **데이터 계열 서식**을 클릭합니다. '데이터 계열 서식' 대화상자에서 [선 색], [표식 채우기], [표식 옵션], [선 스타일]을 다음과 같이 설정하고, 계열 "1기"와 "2기"는 '표식 종류'만 계열 "3기"와 동일하게 설정한 후 〈닫기〉 단추를 클릭합니다.

◉ 데이터 계열 서식 변경

[선 색]	'선 색' : '실선', 색 : '검정, 텍스트 1'
[표식 채우기]	'표식 채우기' : '단색 채우기', 색 : '검정, 텍스트 1'
[표식 옵션]	'표식 종류' : 기본 제공, 크기 : '7'
[선 스타일]	'너비' : 3.5pt

15 범례 추가하기 범례를 추가하기 위해 ❶ 차트를 선택한 후 [**차트 도구**] – ❷ [**레이아웃**] 탭 → 레이블 그룹 → ❸ 범례(🔳) → ❹ **위쪽에 범례 표시**를 클릭합니다.

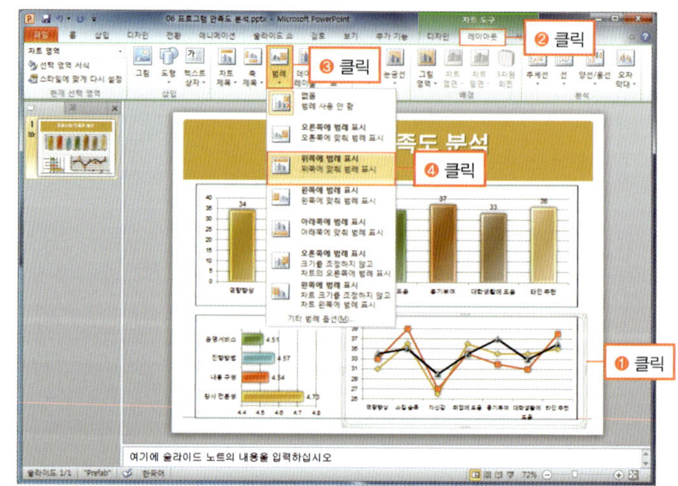

16 범례 서식 지정/결과 확인하기 범례의 글꼴 크기를 변경하기 위해 ❶ [**홈**] 탭 → **글꼴** 그룹 → ❷ 글꼴 크기를 '10pt'로 변경하면 슬라이드가 완성됩니다.

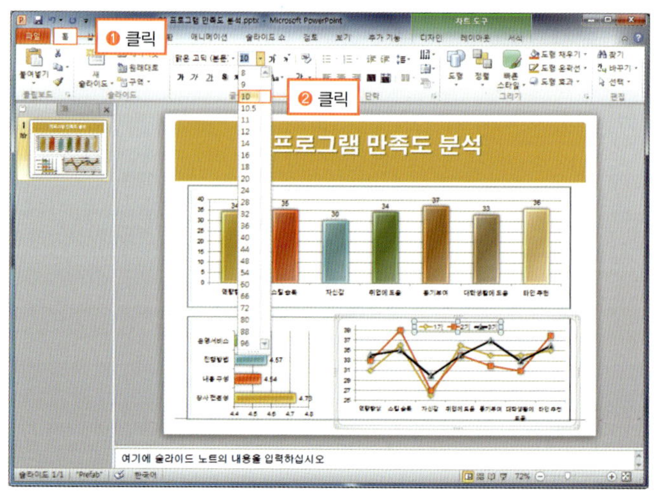

원형 차트에서 계열 위치 변경하기

예를 들어 원형 차트에서 오른쪽에 표시되어 있는 계열의 위치를 왼쪽 상단으로 변경하고 싶다면 어떻게 해야 할까요? 모든 차트의 계열의 위치를 변경할 수는 없지만 원형 차트의 경우에는 계열의 위치를 변경할 수 있습니다.

원형 차트에서 계열의 위치를 변경하는 방법을 살펴봅니다.

❶ 차트에서 계열 "판매"를 선택하고 [**차트 도구**] – [**레이아웃**] 탭 → **현재 선택 영역** 그룹 → **선택 영역 서식** 명령 단추를 클릭합니다.

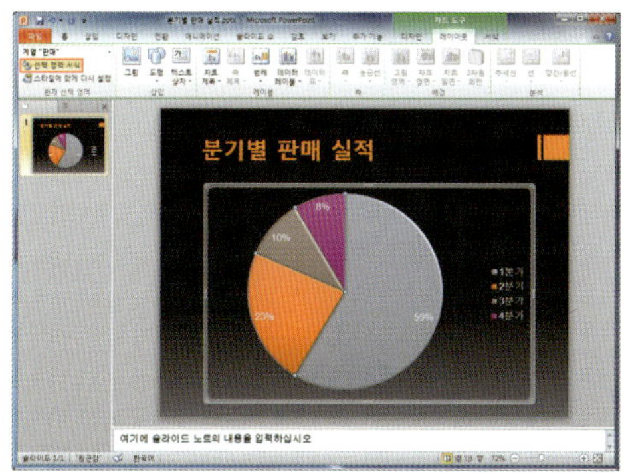

❷ '데이터 계열 서식' 대화상자에서 [계열 옵션]을 선택하고 계열 옵션 항목에서 '첫째 조각의 각'의 회전을 '180도'로 선택한 후 〈닫기〉 단추를 클릭합니다.

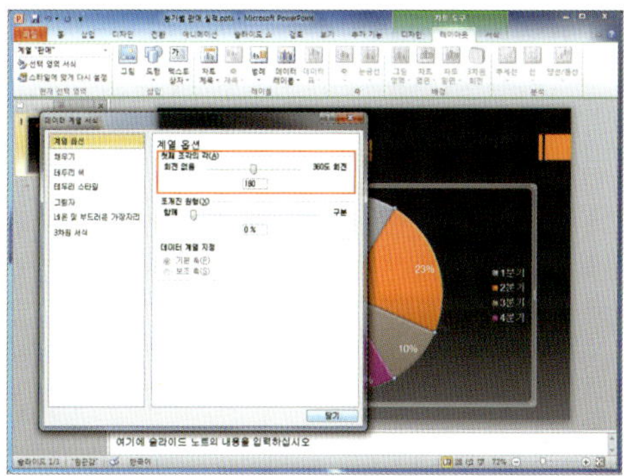

❸ 1분기 판매 실적이 왼쪽 상단으로 이동된 것을 볼 수 있는데, 이렇게 첫 번째 조각의 위치를 회전하여 계열의 위치를 변경할 수 있습니다.

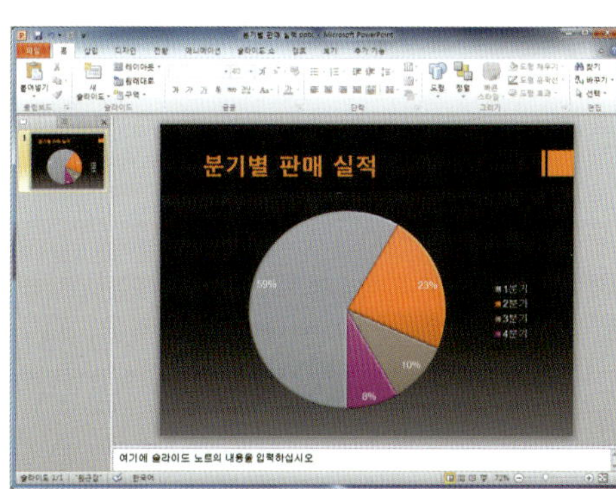

▲ 변경된 1분기 판매 실적

오디오 및
비디오 클립 삽입하기

올해 출시된 파워포인트 2010은 강력한 멀티미디어 편집 기능과 다양한 그래픽 효과, 입체 전환 등이 추가되어 사용자들이 쉽고 빠르게 프레젠테이션 슬라이드를 만들 수 있도록 편의기능이 대폭 보강되었습니다.

이러한 멀티미디어 효과의 대표적인 요소가 오디오와 비디오 클립입니다. 오디오 클립이나 비디오 클립을 프레젠테이션에 삽입하여 프레젠테이션을 구성하게 되면 동적임 움직임을 통해 청중의 집중을 유지하고 오래도록 기억에 남는 멋진 프레젠테이션을 할 수 있습니다.

오디오 및 비디오 클립을 삽입하고 제어하여 효과적으로 활용하는 방법에 대해서 알아보겠습니다.

PART
06

01 오디오 클립 삽입하기

파워포인트 2010부터는 소리 파일을 오디오 클립이라는 명칭으로 사용하게 되었으며, 이전 버전과 비교하여 크게 달라진 점은 오디오 클립을 프레젠테이션에 삽입하면 파일 링크 형태가 아닌 그림 파일과 같이 프레젠테이션 문서에 함께 저장되어 오디오 클립 파일을 별도로 가지고 다닐 필요가 없어졌다는 것입니다. 오디오 클립을 삽입하는 방법에 대해 알아보겠습니다.

1. 호환되는 오디오 파일 형식

파워포인트 2010에서 사용할 수 있는 오디오 및 비디오 파일 형식은 다음과 같습니다. 원하는 파일 형식이 표에 없는 경우에는 파워포인트 2010 이외의 프로그램, 유틸리티 또는 추가 기능을 사용하여 해당 파일 형식을 지원되는 파일 형식으로 변환하면 됩니다.

호환되는 오디오 파일 형식은 다음과 같습니다.

파일 형식	확장명	추가 정보
AIFF Audio 파일	.aiff	Audio Interchange File Format : Apple 및 Silicon Graphics(SGI) 컴퓨터에 사용되었으며, 8비트 모노럴(모노 또는 단일 채널) 형식으로 저장됩니다. 또한, 이 파일 형식은 압축되지 않으므로 파일 크기가 큽니다.
AU Audio 파일	.au	UNIX Audio : 일반적으로 UNIX 컴퓨터나 웹에서 사용할 소리 파일을 만드는 데 사용됩니다.
MIDI 파일	.mid 또는 .midi	Musical Instrument Digital Interface : 악기, 신시사이저 및 컴퓨터 간의 음악 정보 교환을 위한 표준 형식입니다.
MP3 Audio 파일	.mp3	MPEG Audio Layer 3 : MPEG Audio Layer 3을 사용하여 압축한 소리 파일입니다.
Windows Audio 파일	.wav	Wave Form : 소리를 파형으로 저장하며, 1분 길이의 소리는 다양한 요인에 따라 최소 644KB에서 최대 27MB의 저장 공간을 사용할 수 있습니다.
Windows Media 오디오 파일	.wma	Windows Media 오디오 : Microsoft에서 개발한 디지털 오디오 코딩 체계인 Microsoft Windows Media 오디오을 사용하여 압축한 소리 파일로서, 주로 녹음된 음악을 인터넷을 통해 배포하는 데 사용됩니다.

표에 나열된 파일 확장명을 갖는 오디오 파일을 사용하더라도 올바른 버전의 코덱이 설치되어 있지 않거나 파일이 사용 중인 마이크로소프트 윈도 버전에서 인식할 수 있는 형식으로 인코딩되어 있지 않으면 오디오가 제대로 재생되지 않을 수 있습니다.

◐ 코덱이란?

코덱(CODEC)은 어떠한 데이터 스트림이나 신호에 대해 인코딩이나 디코딩, 혹은 둘 다 할 수 있는 하드웨어나 소프트웨어를 일컫는 말입니다. 코덱에는 데이터 압축 기능을 사용하여 자료 압축 및 해제, 소리, 동영상 등의 자료를 다른 형식으로 변환하는 장치 및 소프트웨어가 포함됩니다.

2. 오디오 클립 삽입하기

슬라이드에 오디오 클립을 삽입하면 오디오 파일을 나타내는 아이콘( )이 표시되며, 프레젠테이션 진행 시 슬라이드가 표시될 때 오디오 클립이 자동으로 재생되거나 마우스를 클릭할 때 재생됩니다. 프레젠테이션에서 모든 슬라이드에 재생되게 하거나 미디어를 중지할 때까지 재생되도록 설정할 수 있습니다.

슬라이드에 오디오 클립을 삽입하는 방법에는 오디오 파일, 클립 아트 오디오 클립, 오디오 녹음, 화면전환 효과음, 애니메이션 효과음으로 5가지 방법이 있습니다.

● 오디오 파일

오디오 파일 명령은 마이크로소프트 윈도와 호환되는 모든 오디오 파일을 슬라이드에 삽입할 수 있습니다.

오디오 클립을 추가할 슬라이드를 선택한 후 [**삽입**] 탭 → **미디어** 그룹 → **오디오**( ) → **오디오 파일**을 클릭합니다. '오디오 삽입' 대화상자에서 추가할 오디오 파일을 선택한 후 〈삽입〉 단추를 클릭합니다.

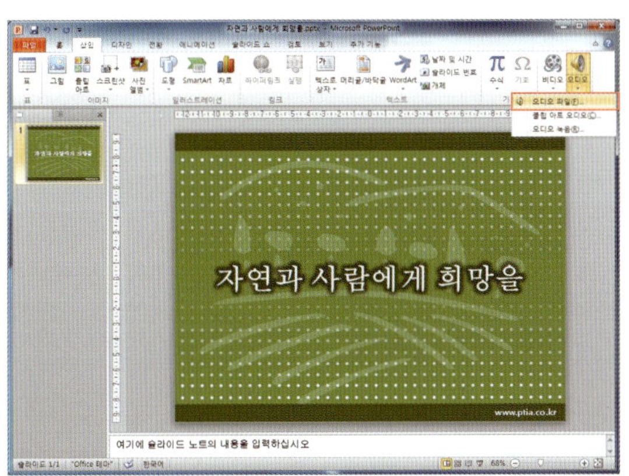

▲ 오디오 파일 명령

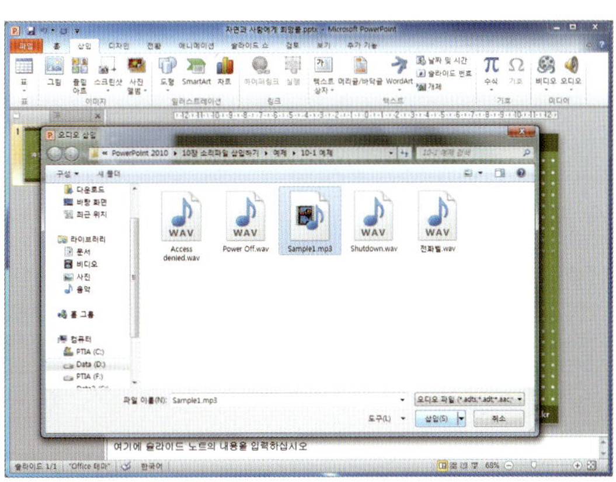

▲ '오디오 삽입' 대화상자

오디오 클립이 삽입되면 오디오 클립 아이콘( )을 마우스로 끌어서 원하는 위치로 이동합니다.

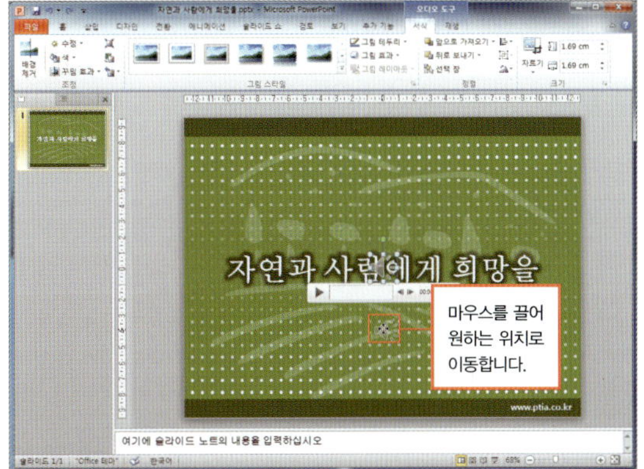

▲ 오디오 클립 위치 조정

● 01 본문예제.pptx를 참조하세요.

● **오디오 클립 삽입 위치**

파워포인트 슬라이드에 오디오 클립을 삽입하게 되면 슬라이드의 중앙에 오디오 클립 아이콘이 삽입되며, 오디오 클립 아이콘을 클릭하여 자유롭게 이동할 수 있습니다.

● 클립 아트 오디오 클립

클립 아트 오디오는 컴퓨터에 내장되어 있거나 Office.com에 있는 온라인 클립을 다운로드하여 오디오 클립을 프레젠테이션에 다운로드하여 삽입하는 것을 말합니다.

오디오 클립을 추가할 슬라이드를 선택한 후 [**삽입**] 탭 → **미디어** 그룹 → **오디오**( ) → **클립 아트 오디오** 를 클릭합니다. '클립 아트' 작업창에서 원하는 오디오 클립을 찾은 다음 해당 클립을 클릭하여 슬라이드에 삽입합니다.

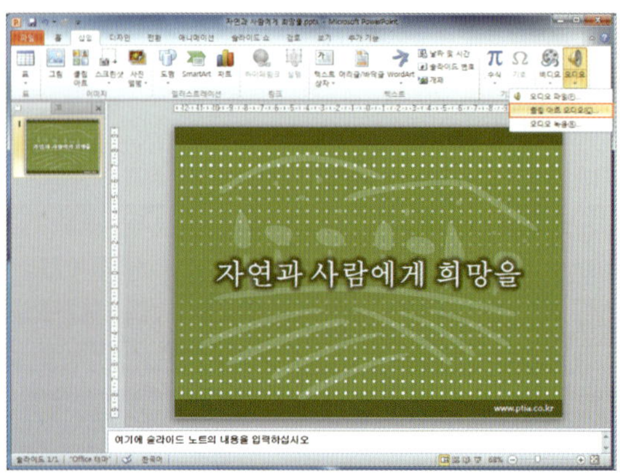

▲ 클립 아트 오디오 명령

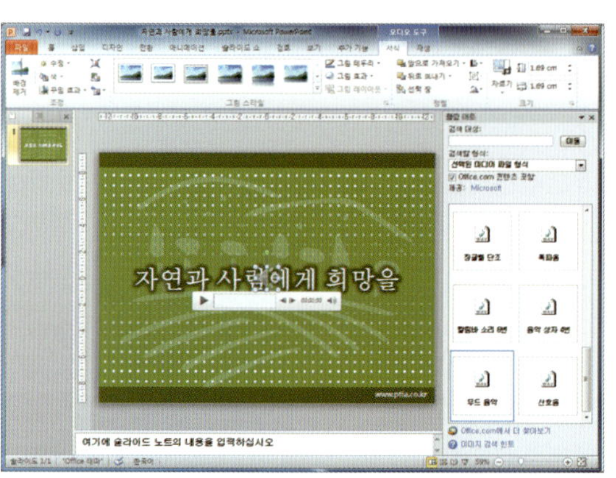

▲ '클립 아트' 작업창에서 오디오 클립 삽입

클립 아트 오디오를 선택하면 '클립 아트' 검색창의 '검색할 형식'이 오디오로 설정됩니다. '검색 대상'은 아무 것도 입력하지 않은 상태에서 전체를 검색하는 것이 좋습니다.

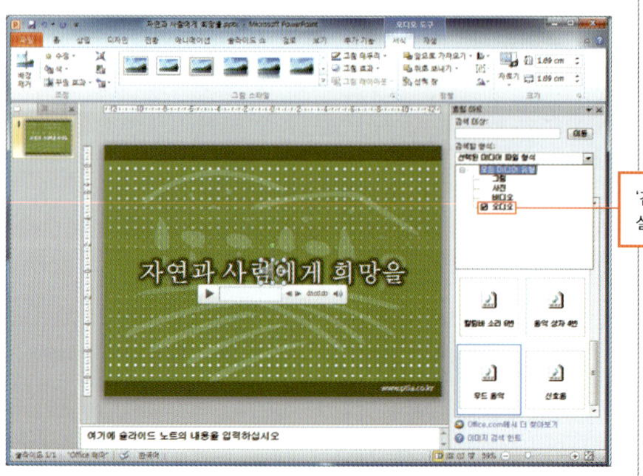

▲ 클립 아트 오디오 검색

● 오디오 녹음

오디오 녹음은 마이크를 통해 직접 오디오 클립을 만들어서 삽입하는 방법으로, 일반적으로는 성우 내레이션과 같은 음성을 외부에서 녹음하여 오디오 파일로 만들어서 삽입하지만 간단하거나 짧은 내용이라면 오디오 녹음을 활용할 수 있습니다.

① 오디오 클립을 추가할 슬라이드를 선택한 후 [**삽입**] 탭 → **미디어** 그룹 → **오디오**( ) → **오디오 녹음**을 클릭합니다. '소리 녹음' 대화상자에서 '이름'을 입력하고 녹음 단추( )를 클릭합니다.

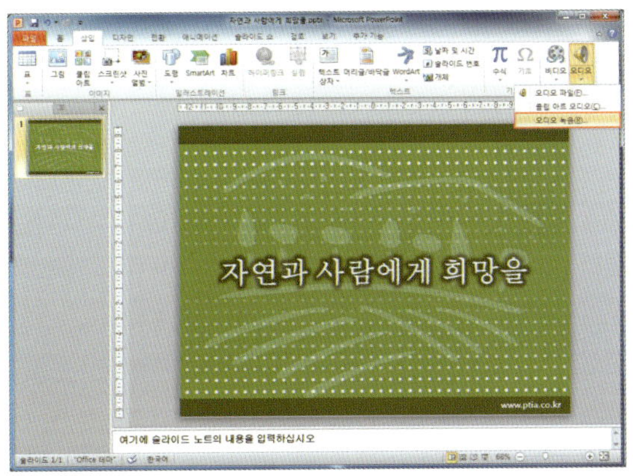

▲ 오디오 녹음 명령

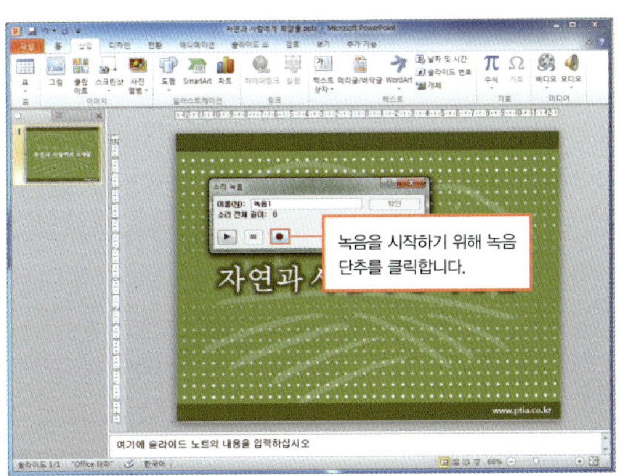

▲ '소리 녹음' 대화상자

② 녹음이 완료되면 정지 단추(■)를 클릭합니다. 추가 녹음이 필요하면 다시 녹음 단추를 클릭하고 녹음이 완료되어 〈확인〉 단추를 클릭하면 슬라이드에 녹음된 오디오 클립이 삽입됩니다.

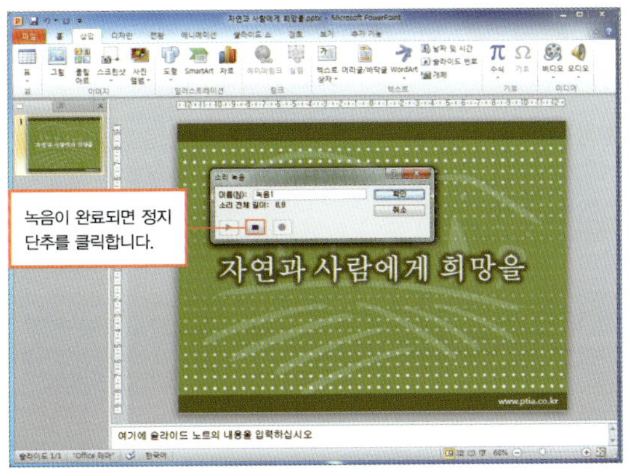

▲ 녹음 완료

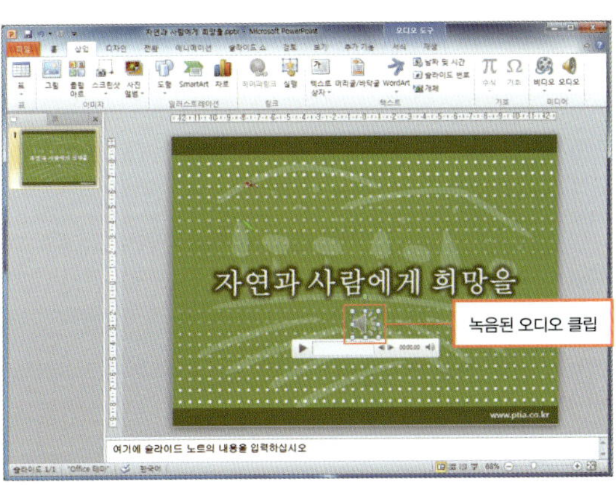

▲ 삽입된 오디오 클립

○ 화면 전환 효과음

슬라이드 쇼를 진행할 때 현재 슬라이드가 표시되거나 다음 슬라이드로 전환할 때 오디오 클립이 재생되도록 할 수 있는데, 다만 화면 전환 시 효과음으로 사용되는 오디오 클립은 wav 파일만 사용할 수 있습니다.

화면 전환 시 오디오 클립을 효과음으로 사용할 슬라이드를 선택한 후 [전환] 탭 → 타이밍 그룹 → 소리를 클릭하고 선택 목록에서 원하는 효과음을 선택합니다.

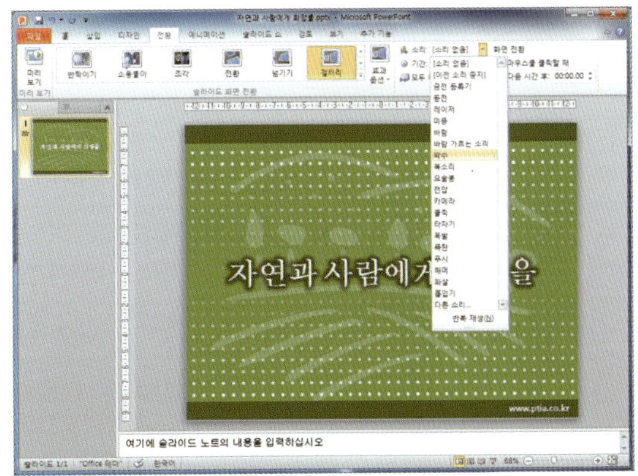

▲ '소리' 선택 목록

만약 저장된 오디오 클립을 사용하려면 [**전환**] 탭
→ **타이밍** 그룹 → **소리** → **다른 소리**를 클릭하여 컴
퓨터에 저장되어 있는 오디오 클립을 선택합니다.

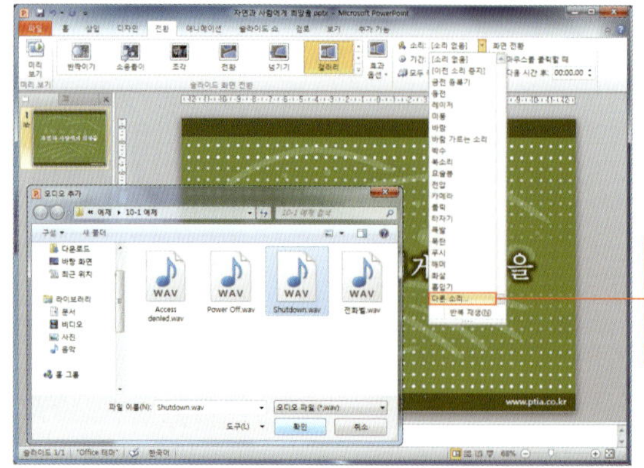

▲ 오디오 클립 – 다른 소리

● 애니메이션 효과음

개체 애니메이션을 적용한 후 애니메이션 시 오디오 클립을 삽입하여 효과음으로 사용 가능하며, 다만
애니메이션 효과음은 화면 전환 시와 마찬가지로 wav 파일만 사용할 수 있습니다.

① 애니메이션이 적용된 개체를 선택한 후 [**애니메이션**] 탭 → **애니메이션** 그룹 오른쪽 아래에 **추가 효과 옵
선 표시** 단추(▣)를 클릭합니다.
② 추가 효과 옵션 대화상자에서 '추가 적용' 항목의 '소리' 목록 단추(▼)를 클릭하여 원하는 효과음을
선택한 후 〈확인〉 단추를 클릭합니다.

<table>
<tr><td> ● 애니메이션 없이 효과
음 설정 </td></tr>
</table>

● 애니메이션 없이 효과
음 설정

애니메이션 효과음으로 오
디오 클립을 사용하려면
반드시 개체에 애니메이션
이 먼저 설정되어 있어야
하므로, 화면 전환 효과음
과 차이점이 있습니다.

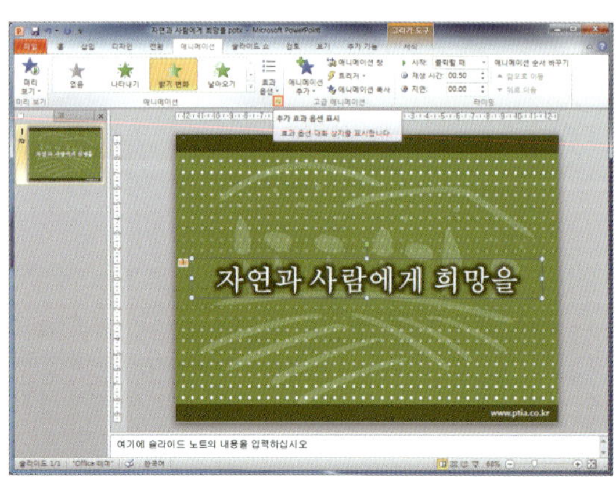

▲ 애니메이션 추가 효과 옵션 표시

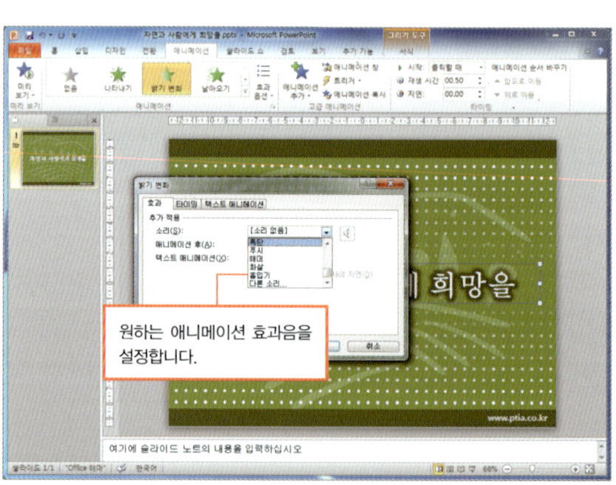

▲ 효과 옵션 선택

3. 오디오 클립 미리 보기

슬라이드에 오디오 클립을 추가하기 전에 미리 볼 수 있습니다.

'클립 아트' 작업창에서 마우스 포인터를 오디오 클립의 축소판 그림으로 이동한 후 목록 단추(▼)를 클
릭하여 **미리 보기/속성**을 클릭합니다. '미리 보기/속성' 대화상자에서 재생 단추(▶)를 클릭하면 오디오
클립이 재생됩니다.

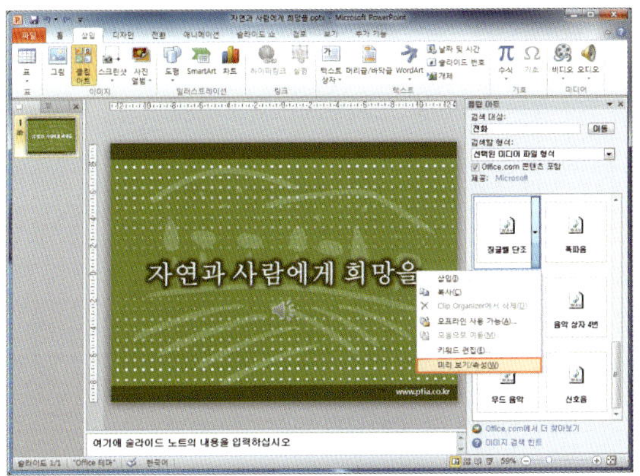

▲ 오디오 클립 미리 보기

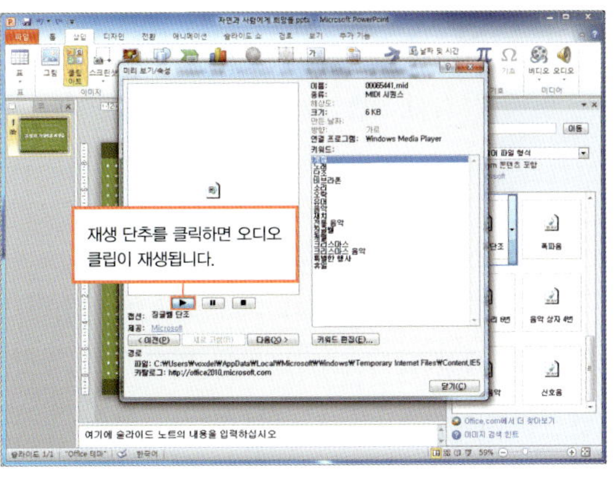

▲ '미리 보기/속성' 대화상자

● 일반 오디오 클립 미
리보기

슬라이드에 클립 아트 오
디오 클립을 제외한 오디
오 클립은 삽입하기 전에
미리보기 할 수 없습니다.
오디오 클립 재생 프로그
램 통해서 미리 오디오 클
립을 확인하고 슬라이드
에 삽입해야 합니다.

슬라이드에서 오디오 클립을 미리 보려면 오디오
클립 아이콘( )을 선택하고 아이콘 아래쪽에 오
디오 콘트롤이 표시되면 재생( )을 클릭합니다.

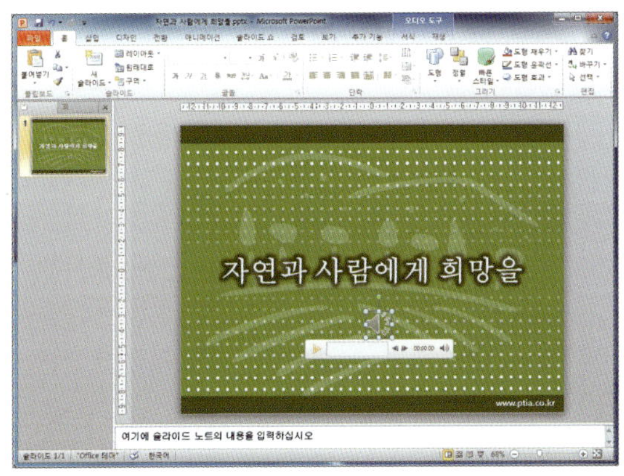

▲ 오디오 클립 재생

4. 오디오 클립 삭제하기

하나 이상의 오디오 클립을 삭제하려면 각 클립에 대해 다음과 같이 실행합니다.

삭제할 오디오 클립이 있는 슬라이드를 찾아 기본
보기에서 소리 아이콘( )이나 CD 아이콘( )을
클릭한 후 Delete 키를 누릅니다.

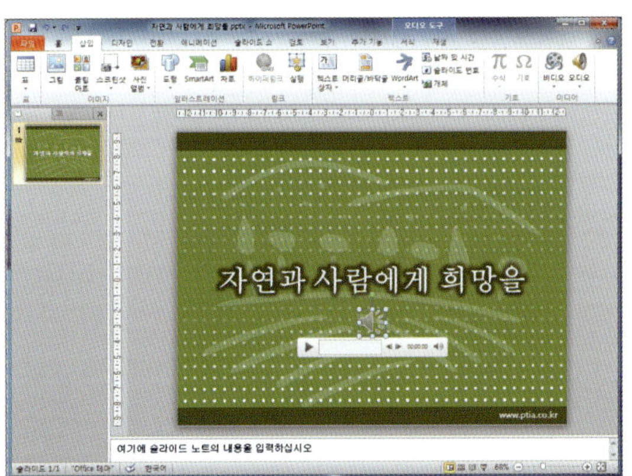

▲ 오디오 클립 삭제

오디오 클립 삽입하기

오디오 클립을 프레젠테이션에 삽입하는 방법이 이전 버전과 크게 달라진 점은 오디오 클립이 문서 내에 저장되어 오디오 클립을 항상 같이 가지고 다닐 필요가 없다는 것입니다. 물론 오디오 파일 크기에 따라 이전 버전과 같이 링크 형태로 삽입할 수도 있습니다. 오디오 클립을 삽입하는 방법에 대해 알아봅시다.

항목	변경 내용
오디오 파일	"Access denied.wav" '연한 파랑, 텍스트 색 2 어둡게'
	"Shutdown.wav" '파랑, 어두운 강조색 1'
	"Power Off.wav" '밤색, 어두운 강조색 2'

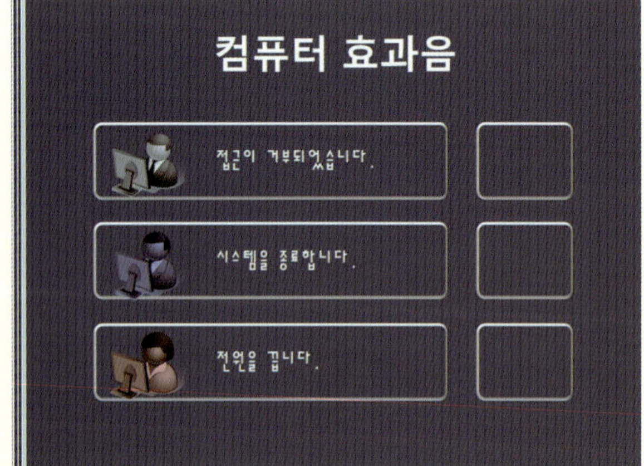

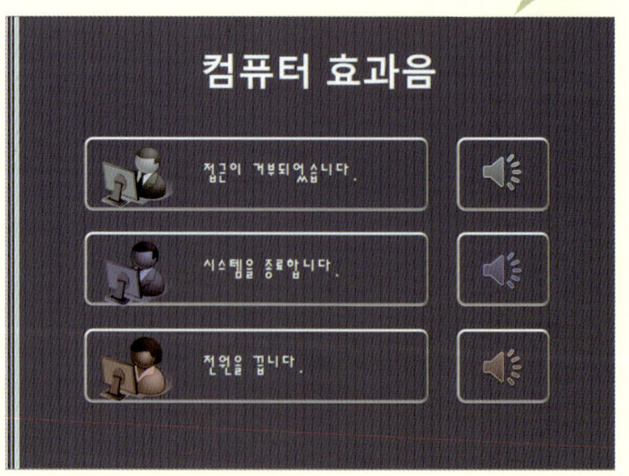

01 **예제 파일 열기** **01 컴퓨터 효과음.pptx** 파일을 두 번 연속 클릭하면 파워포인트가 실행되면서 다음 화면이 나타납니다.

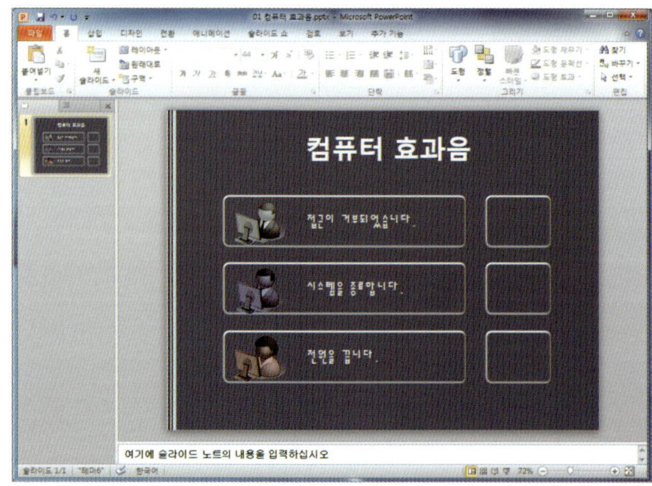

02 오디오 클립 삽입하기(1) 첫 번째 오디오 파일을 삽입하기 위해 ❶ [삽입] 탭 → 미디어 그룹 → ❷ 오디오(🔊) → ❸ 오디오 파일을 클릭합니다. '오디오 삽입' 대화상자에서 ❹ 예제 폴더의 "Access denied.wav" 파일을 선택한 후 ❺ 〈삽입〉 단추를 클릭합니다.

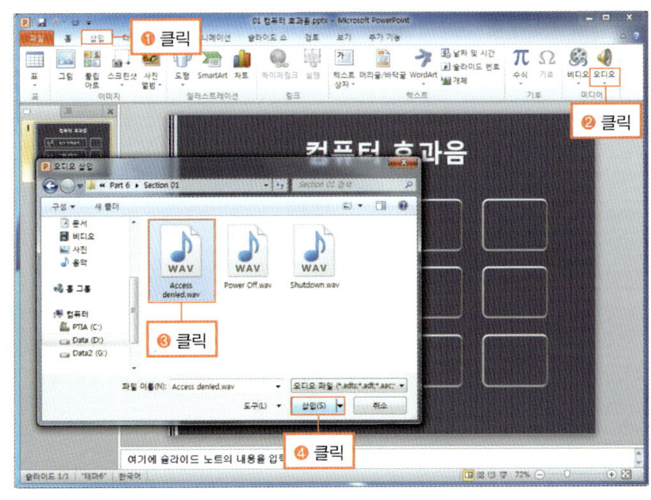

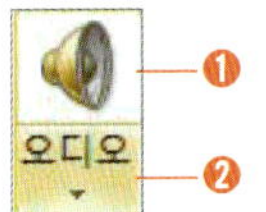

오디오 클립을 삽입하기 위해 ❶을 클릭하면 오디오 파일을 선택하여 삽입합니다.
오디오 클립을 삽입하기 위해 ❷를 클릭하면 오디오 파일, 클립 아트 오디오, 오디오 녹음 중에서 선택하여 삽입합니다.

03 위치 조정하기 오디오 클립이 삽입되면 오디오 클립 아이콘(🔊)을 마우스로 끌어서 원하는 위치로 이동합니다.

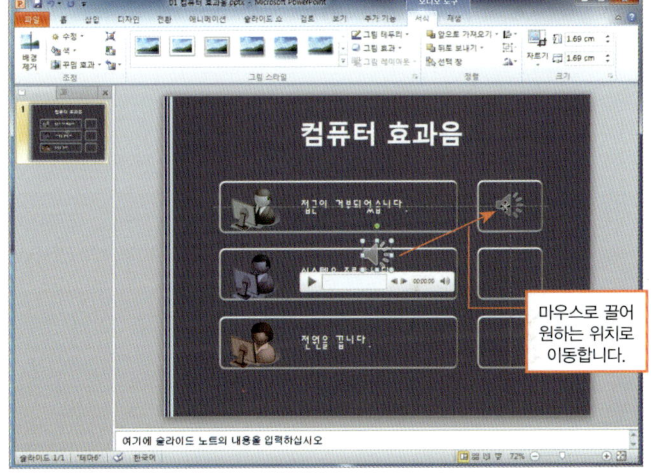

04 오디오 클립 삽입하기(2) 두 번째 오디오 클립을 삽입하기 위해 ❶ [삽입] 탭 → 미디어 그룹 → ❷ 오디오(🔊) → 오디오 파일을 클릭합니다. '오디오 삽입' 대화상자에서 ❸ 예제 폴더의 "Shutdown.wav" 파일을 선택한 후 ❹ 〈삽입〉 단추를 클릭합니다. ❺ 오디오 클립 아이콘을 마우스로 끌어서 그림과 같이 위치를 이동합니다.

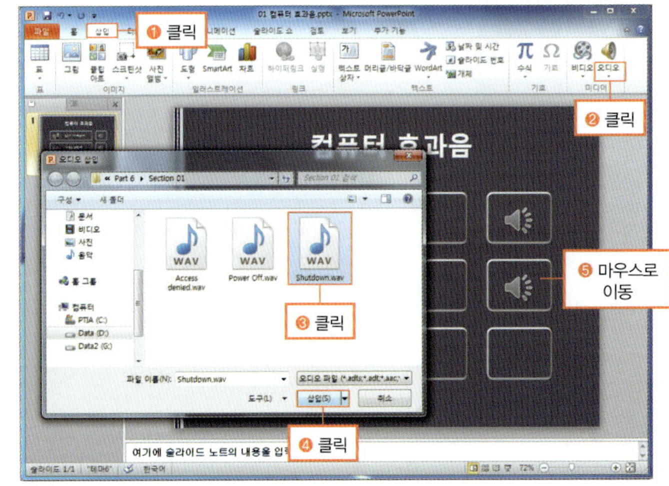

05

오디오 클립 삽입하기(3) 세 번째 오디오 클립을 삽입하기 위해 '오디오 삽입' 대화상자에서 ❶ 예제 폴더의 "Power Off.wav" 파일을 선택한 후 ❷ 〈삽입〉 단추를 클릭합니다. ❸ 오디오 클립 아이콘을 마우스로 끌어서 그림과 같이 위치를 이동합니다.

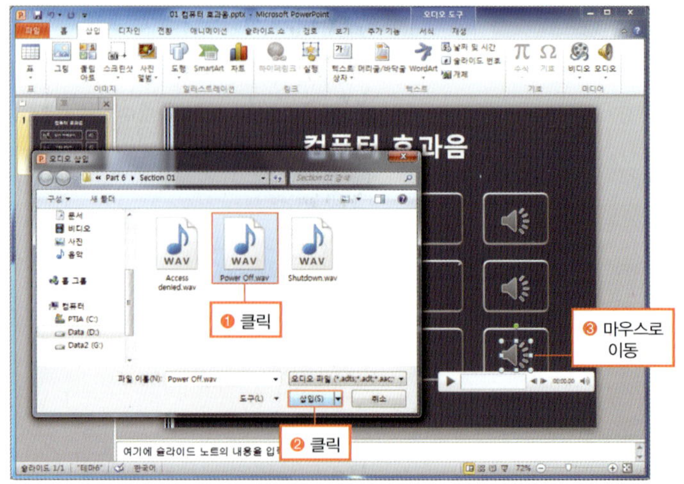

06

그림 색 변경하기(1) ❶ 맨 위의 첫 번째 오디오 클립을 선택한 후 [오디오 도구] – ❷ [서식] 탭 → 조정 그룹→ ❸ 색(색)을 클릭하여 ❹ '연한 파랑, 텍스트 색 2 어둡게'를 선택합니다.

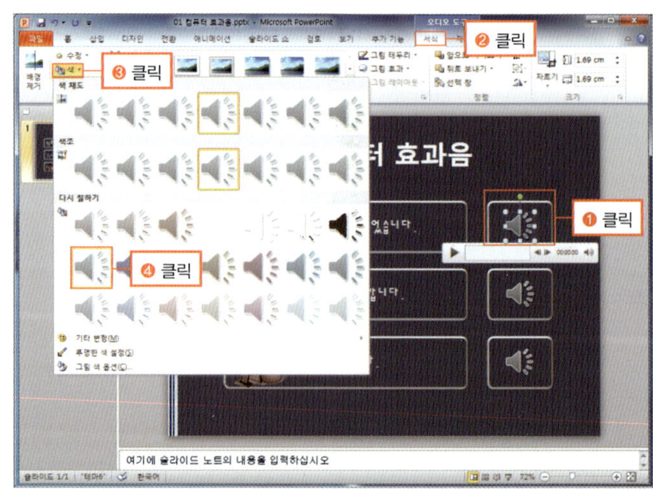

오디오 클립 중에 요즘 우리가 많이 사용하는 형식은 mp3라 할 수 있습니다. mp3 파일은 원음 형태의 형식이 wav 파일보다 10배가량 압축이 된 파일로 용량이 작은 특징을 가집니다. 그러나 화면 전환이나 애니메이션 시 효과음으로 사용할 수 있는 것은 wav 파일만 가능하므로 용량이 크지 않은 오디로 클립을 사용할 경우에는 wav 파일을 사용하는 것이 좋습니다.

따라서, 파워포인트와 궁합이 가장 잘 맞는 오디오 클립의 형식은 wav 파일이라 할 수 있습니다.

07 그림 색 변경하기(2) ❶ 두 번째 오디오 클립을 선택한 후 [**오디오 도구**] − [**서식**] 탭 → **조정 그룹**→ ❷ 색( )을 클릭하여 ❸ '파랑, 어두운 강조색 1'을 선택합니다.

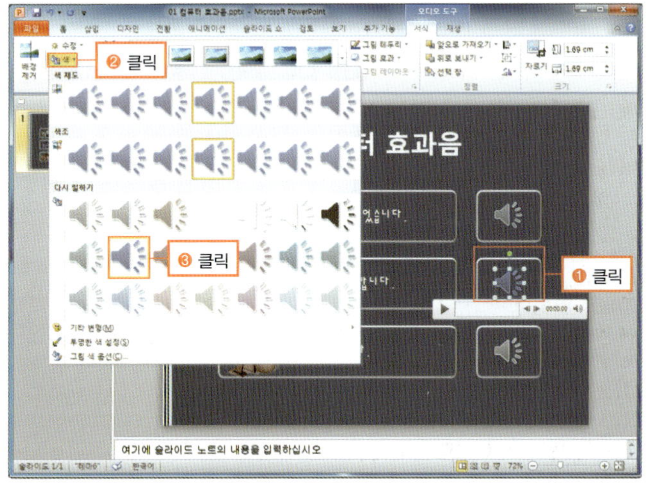

08 그림 색 변경하기(3) ❶ 세 번째 오디오 클립을 선택한 후 [**오디오 도구**] − [**서식**] 탭 → **조정 그룹**→ ❷ 색( )을 클릭하여 ❸ '밤색, 어두운 강조색 2'를 선택합니다.

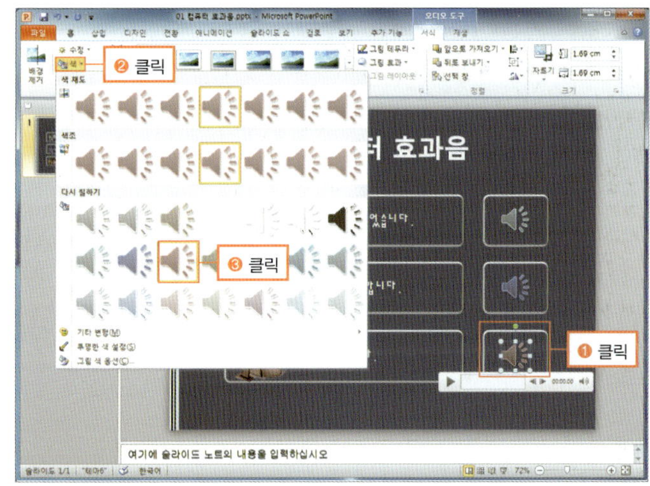

09 결과 확인하기 슬라이드가 완성되었습니다.

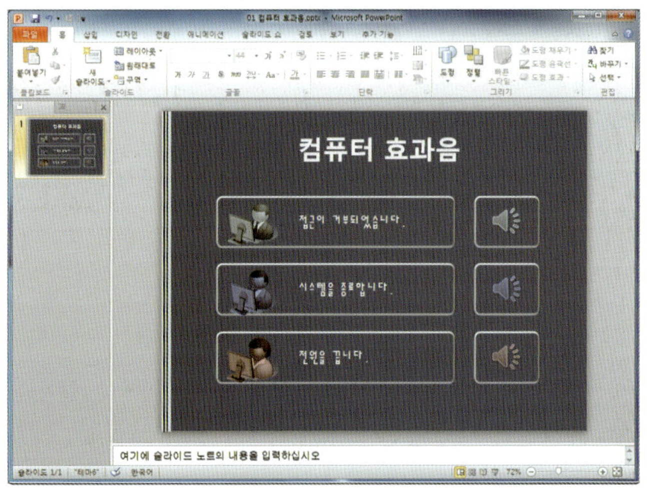

오디오 클립 링크로 삽입하기

파워포인트 2010부터는 슬라이드에 삽입되는 미디어 클립은 문서 내에 모두 저장되도록 설정되어 있습니다. 따라서 다른 컴퓨터에서 프레젠테이션 시 오디오나 비디오 클립을 별도로 프레젠테이션 문서와 함께 가지고 다니지 않아도 재생하는데 문제가 없습니다.

그러나 오디오 클립의 크기가 너무 커서 문서의 용량이 커지는 것을 방지해야 하는 경우에는 파워포인트 이전 버전과 같이 문서에 링크하는 형태로 오디오 클립을 삽입해야 합니다.

❶ [삽입] 탭 → 미디어 그룹 → 오디오(🔊) → 오디오 파일을 클릭하여 '오디오 삽입' 대화상자가 표시되면 원하는 오디오 클립을 선택합니다.

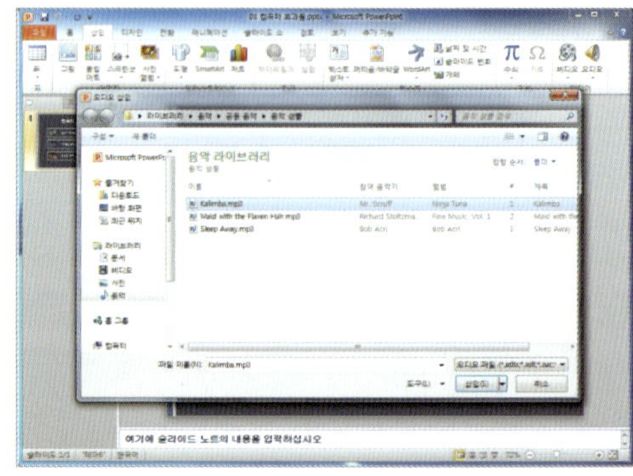

❷ '오디오 삽입' 대화상자에서 〈삽입〉 목록 단추(▾)를 클릭한 후 표시되는 옵션에서 파일에 연결을 선택하면 오디오 파일이 링크 형태로 삽입됩니다.

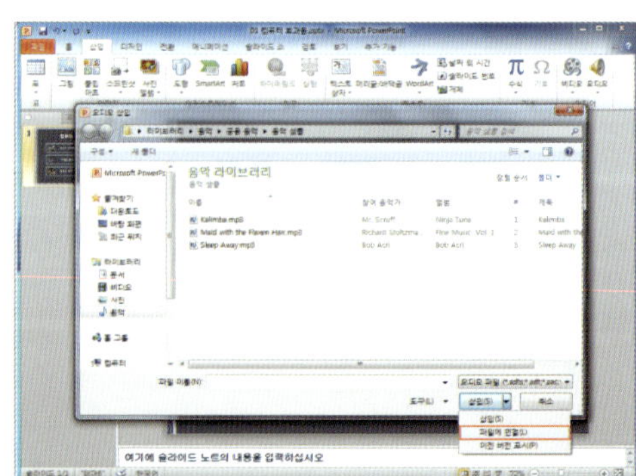

02 오디오 클립 제어하기

파워포인트 2010에서 오디오 클립을 제어하기 위해 새롭게 [오디오 도구] – [재생] 탭이 상황별 탭으로 리본 메뉴에 등장하였습니다. 기존의 오디오 클립을 제어하는 수준을 넘어서 오디오 편집 기능을 대폭 강화하여 사용자의 편의를 증대하였습니다. 특히 오디오 트리밍을 통해 원하는 부분만 재생할 수 있도록 구성되어 프레젠테이션 시 오디오를 다른 프로그램에서 편집하여 사용해야 하는 불편함을 해소해 주었습니다.

1. [오디오 도구] – [재생] 탭 살펴보기 NEW 2010

오디오 클립의 시작과 끝을 사용자가 원하는대로 트리밍 할 수 있고 책갈피를 추가하여 원하는 시점을 표시할 수도 있으며, 페이드 인과 페이드 아웃을 적용하여 오디오 클립을 부드럽게 재생 또는 종료할 수 있습니다. 이전 버전에서 오디오를 제어에 관련된 명령들은 **[오디오 도구]** – **[재생]** 탭에 포함되어 있습니다.

❶ **재생** : 오디오 클립을 변경한 모든 서식과 함께 미리 봅니다.

❷ **책갈피 추가** : 오디오 클립에서 현재 위치에 책갈피를 추가합니다.

❸ **책갈피 제거** : 오디오 클립에서 책갈피를 제거합니다.

❹ **오디오 트리밍** : 시작 및 종료 위치를 지정하여 오디오 클립을 트리밍합니다.

❺ **페이드 인** : 몇 초의 페이드 효과와 함께 오디오 클립을 시작합니다.

❻ **페이드 아웃** : 몇 초의 페이드 효과와 함께 오디오 클립을 종료합니다.

❼ **볼륨** : 오디오 클립의 볼륨을 변경합니다.

❽ **시작** : 클릭될 때 오디오 클립을 자동으로 재생하거나 여러 슬라이드에서 자동으로 재생합니다.

❾ **쇼 동안 숨기기** : 슬라이드 쇼를 재생하는 동안 오디오 클립 아이콘을 숨깁니다.

❿ **반복 재생** : 오디오 클립이 중지될 때까지 반복합니다.

⓫ **자동 되감기** : 오디오 클립을 재생한 후에 되감습니다.

○ **[오디오 도구] – [재생] 탭**

[오디오 도구] – [재생] 탭은 오디오 클립을 선택했을 때 표시되는 상황별 탭으로, 오디오를 제어하는 명령들이 포함되어 있습니다.

2. 책갈피 추가/제거하기 `NEW 2010`

오디오 클립에 책갈피를 추가하여 원하는 시점을 표시할 수 있습니다. 책갈피는 프레젠테이션 도중에 유용하게 사용되는데, 애니메이션을 시작하거나 오디오 클립의 특정 지점을 빠르게 검색할 수 있는 장점이 있습니다

○ 02 본문예제.pptx를 참조하세요.

● 책갈피 추가

슬라이드에서 오디오 클립을 선택한 후 오디오 클립 아래쪽의 오디오 컨트롤에서 재생(▶)을 눌러 오디오가 재생되면 원하는 지점을 찾습니다. 원하는 지점에 책갈피를 표시하려면 [**오디오 도구**] – [**재생**] 탭 → **책갈피** 그룹 → **책갈피 추가**( )를 클릭합니다.

● 책갈피 추가 개수

비디오 클립에는 책갈피를 여러 개 추가할 수 있지만 오디오 클립에는 책갈피를 하나만 추가할 수 있습니다.

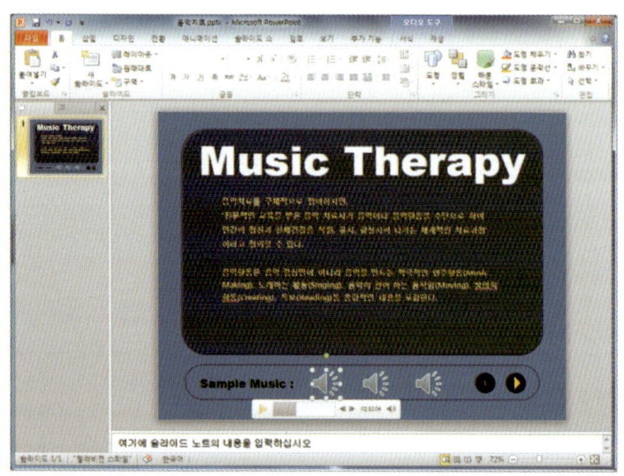

▲ 책갈피를 추가할 오디오 클립 선택

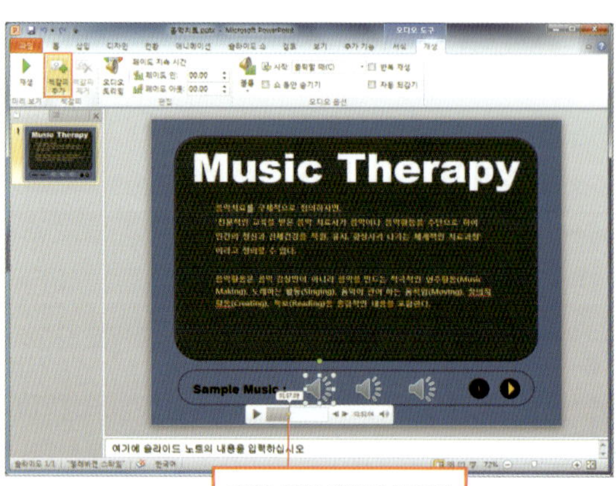

▲ 책갈피 추가

오디오 클립에 책갈피가 추가되면 노란색 원이 표시됩니다.

● 책갈피 제거

시간 표시 막대에서 제거할 책갈피를 찾아 클릭한 후 [**오디오 도구**] – [**재생**] 탭 → **책갈피** 그룹 → **책갈피 제거**( )를 클릭합니다.

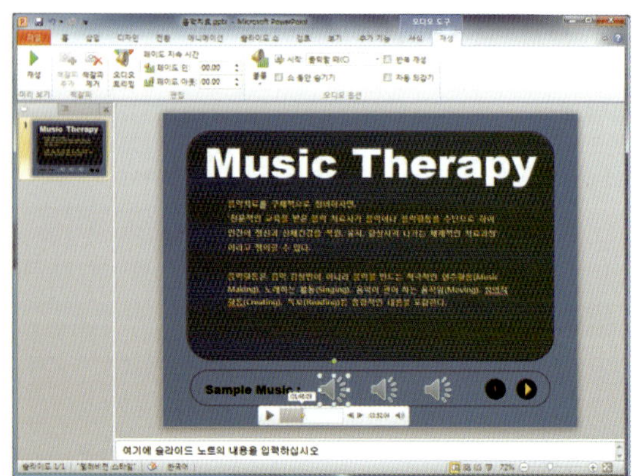

▲ 책갈피를 제거할 오디오 클립 선택

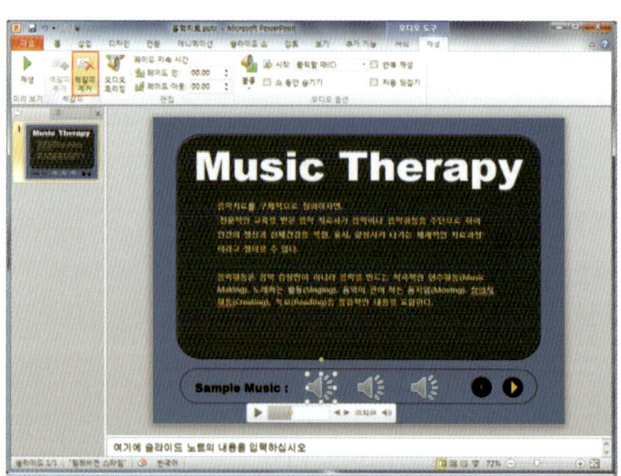

▲ 책갈피 제거

3. 오디오 클립 트리밍하기 `NEW 2010`

오디오 클립의 메시지와 관계없는 주제에 대한 설명이 있거나 슬라이드 시간에 맞게 오디오 길이를 줄이려는 경우 오디오 클립을 트리밍 할 수 있으며, 각 오디오 클립의 처음과 끝을 트리밍 할 수 있습니다.

① 오디오 클립을 선택한 후 [**오디오 도구**] – [**재생**] 탭 → **편집** 그룹 → **오디오 트리밍**( )을 클릭합니다.

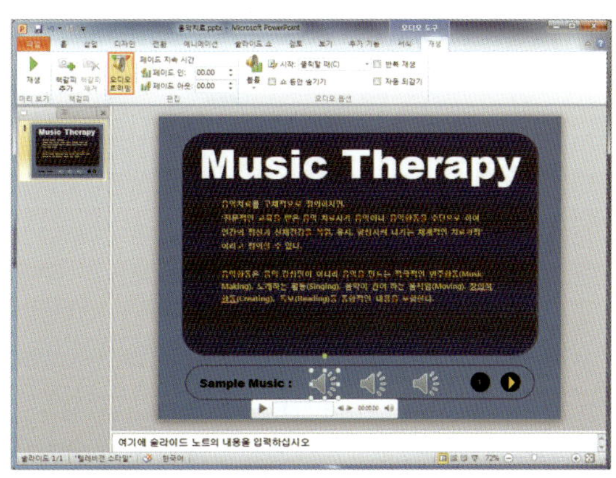
▲ 오디오 트리밍 명령

② '오디오 트리밍' 대화상자에서 클립의 처음을 트리밍하려면 시작 지점을 클릭하고 화살표( )가 표시되면 화살표를 원하는 오디오 클립 시작 위치로 끕니다. 클립의 끝을 트리밍하려면 종료 지점을 클릭하고 화살표( )가 표시되면 화살표를 원하는 오디오 클립 종료 위치로 끕니다.

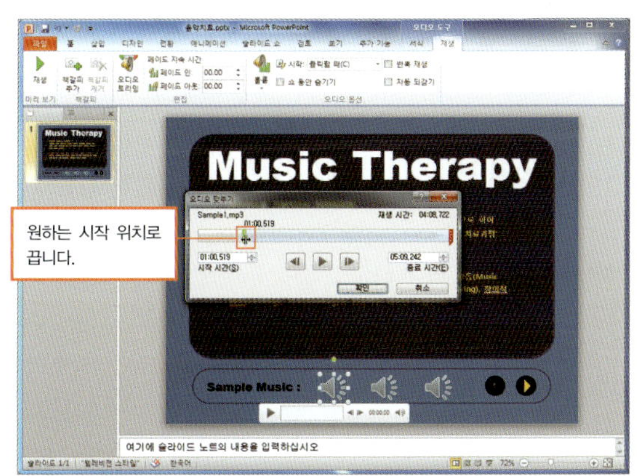

▲ 오디오 트리밍 시작 위치

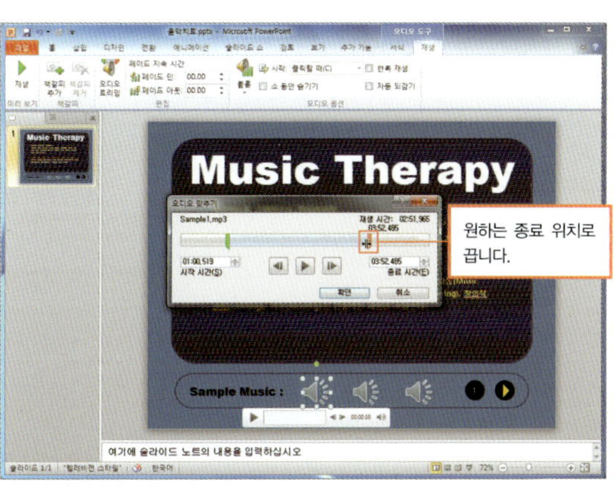

▲ 오디오 트리밍 종료 위치

4. 페이드 인/아웃하기 `NEW 2010`

오디오 편집 시 가장 많이 사용되는 기능이 오디오 클립의 시작을 일정시간 동안 점점 커지면서 부드럽게 시작하고 마지막에 점점 작아지면서 마무리되게 하는 페이드 인/아웃 기능입니다. 이제 파워포인트에서도 페이드 인/아웃 기능을 사용할 수 있게 되었습니다.

◎ 트리밍이란?

타임 라인을 통해 오디오나 비디오 클립의 길이를 조절하는 기능을 의미하며, 트리밍 기능을 이용할 클립을 먼저 클릭한 후 클립의 앞이나 뒤를 마우스로 끌어 이동하면 됩니다.

◎ 미리보기 활용하기

오디오 클립을 트리밍 할 경우 오디오 클립을 미리 재생하여 트리밍 시작 지점과 종료 지점을 먼저 시간으로 확인한 후 트리밍 작업을 하는 것이 훨씬 효과적입니다.

페이드 인

페이드 인(fade-in)은 소리가 서서히 나타나도록 하는 현상으로, 페이드 인을 설정하려면 오디오 클립을 선택한 후 [**오디오 도구**] – [**재생**] 탭 → **편집** 그룹 → **페이드 인**(**페이드 인:**) 입력 상자에 원하는 시간을 입력합니다.

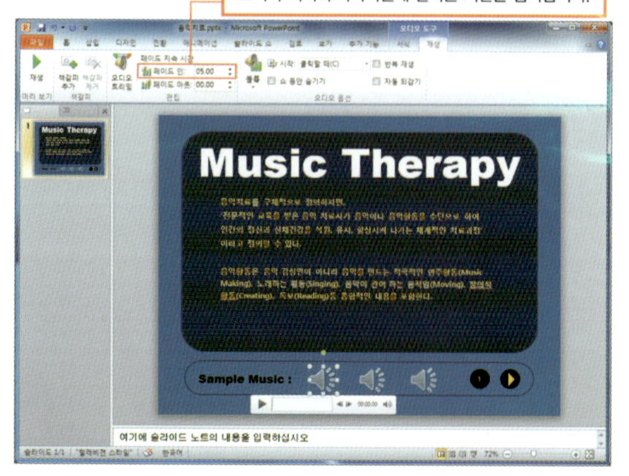

▲ 페이드 인 설정

페이드 아웃

페이드 아웃(fade-out)은 최종적으로 소리가 서서히 없어지도록 하는 현상으로, 페이드 아웃을 설정하려면 오디오 클립을 선택한 후 [**오디오 도구**] – [**재생**] 탭 → **편집** 그룹 → **페이드 아웃**(**페이드 아웃:**) 입력 상자에 원하는 시간을 입력합니다.

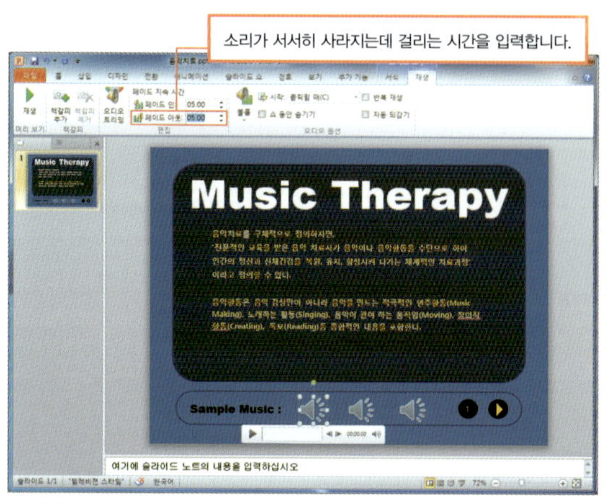

▲ 페이드 아웃 설정

> **fade in/out**
>
> 비디오가 시작할 때/끝날 때 시간을 설정하는 페이드를 추가하려면 페이드 인 상자에서 위쪽/아래쪽 화살표를 클릭하여 페이드 인/아웃 시간을 늘리거나 줄여도 됩니다.

5. 오디오 옵션 사용하기

오디오 옵션들은 오디오 클립 재생 시 오디오의 볼륨, 시작 방법, 슬라이드 쇼 간 오디오 클립 아이콘 숨기기, 반복 재생, 자동 되감기 명령으로 구성되어 있습니다.

볼륨 조절하기

오디오 클립의 소리 크기를 변경하려면 오디오 클립을 선택한 후 [**오디오 도구**] – [**재생**] 탭 → **오디오 옵션** 그룹 → **볼륨**( ) 목록 단추를 클릭하여 원하는 볼륨크기를 선택합니다.

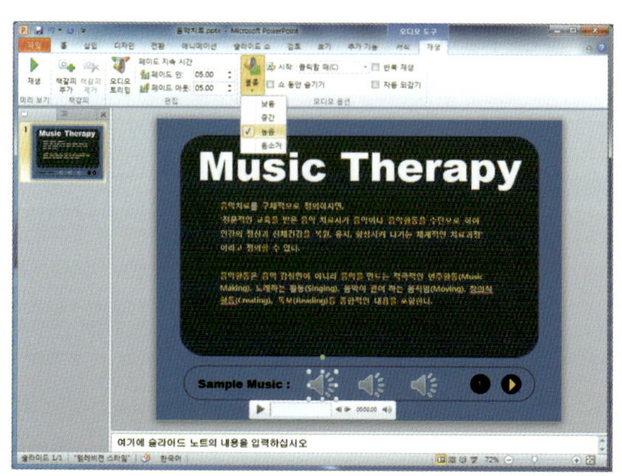

▲ 오디오 클립 볼륨 조절

시작 제어하기

클릭될 때 오디오 클립을 자동으로 재생하거나 여러 슬라이드에서 자동으로 재생합니다.

오디오 클립을 선택한 후 [오디오 도구] – [재생] 탭 → 오디오 옵션 그룹 → 시작 목록 단추를 클릭하여 '자동 실행', '클릭할 때', '모든 슬라이드에서 실행' 중에서 원하는 시작 방법을 클릭합니다.

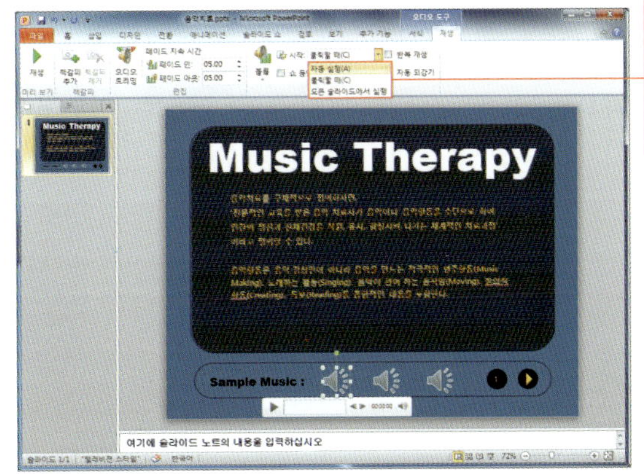

▲ 시작 시간 설정

오디오 클립을 슬라이드에 삽입하게 되면 시작은 기본적으로 '클릭할 때'로 설정되지만 필요에 따라 '자동 재생'으로 변경할 수 있습니다.

쇼 동안 숨기기

오디오 클립이 자동으로 재생되도록 설정한 경우나 클립을 재생하려고 할 때 클릭할 다른 종류의 컨트롤을 만든 경우에만 이 옵션을 사용합니다. 기본 보기에서는 오디오 아이콘을 슬라이드 밖으로 끌지 않는 한 오디오 아이콘이 항상 표시됩니다.

오디오 클립을 선택한 후 [오디오 도구] – [재생] 탭 → 오디오 옵션 그룹 → 쇼 동안 숨기기 확인란을 선택합니다.

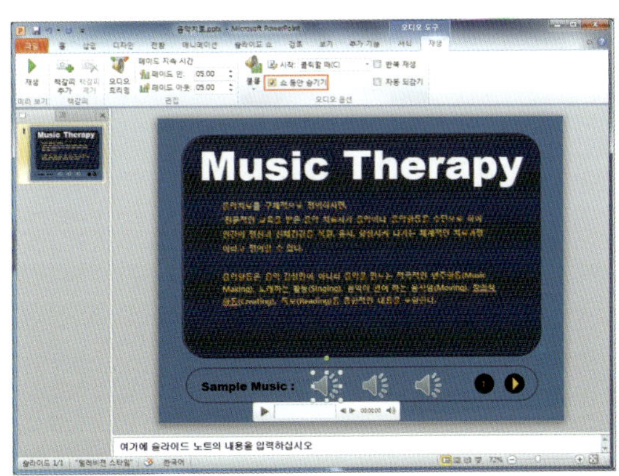

▲ 쇼 동안 오디오 클립 숨기기

오디오 재생

'쇼 동안 숨기기' 명령을 선택하면 오디오 아이콘은 표시되지 않지만 오디오 클립을 재생하는 데는 문제 없습니다.

반복 재생 및 자동 되감기

오디오 클립이 중지될 때까지 반복하거나 오디오 클립을 재생한 후에 되감습니다.

① 반복 재생 : 오디오 클립을 반복 재생하려면 오디오 클립을 선택한 후 [오디오 도구] – [재생] 탭 → 오디오 옵션 그룹 → 반복 재생을 클릭합니다.

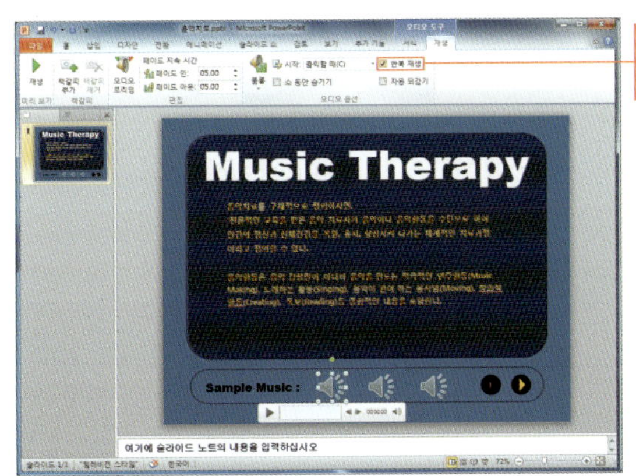

▲ 반복 재생 설정

오디오 클립을 중지시킬 때까지 반복하도록 설정합니다.

② **자동 되감기** : 오디오 클립을 자동으로 되감으려면 오디오 클립을 선택한 후 [**오디오 도구**] – [**재생**] 탭 → **오디오 옵션** 그룹 → **자동 되감기**를 클릭합니다.

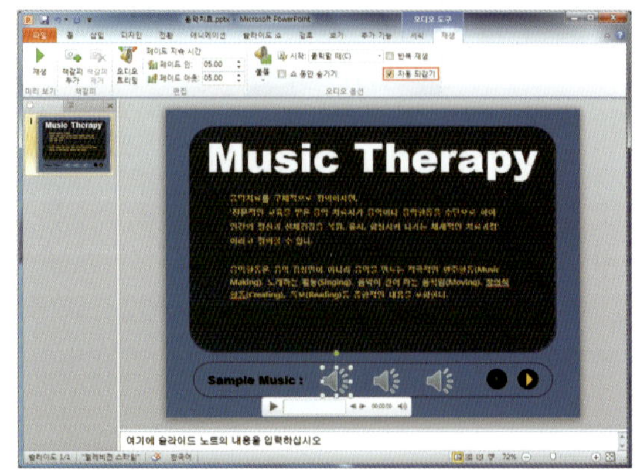

▲ 자동 되감기 설정

미디어 파일을 압축하여 재생 성능을 향상시키고 디스크 공간을 절약할 수 있습니다.

① 오디오 파일이 포함된 프레젠테이션을 열고 [**파일**] 탭 → **정보**를 클릭한 후 미디어 크기 및 성능 구역에서 **미디어 압축**( )을 클릭합니다.

② 비디오 품질을 지정하여 비디오 크기를 결정하려면 다음 중 하나를 선택합니다.

• **프레젠테이션 품질** : 전체 오디오 및 비디오 품질은 유지하면서 공간을 절약합니다.

• **인터넷 품질** : 인터넷을 통해 스트리밍되는 미디어와 유사한 품질이 지정됩니다.

• **저 품질** : 전자 메일로 프레젠테이션을 보내는 등 공간이 제한된 경우 사용합니다.

오디오 클립 제어하기

준비 파일 : 02 나의 야생 이야기.pptx　　**완성 파일 :** 02 나의 야생 이야기_결과.pptx

파워포인트 2010에서 오디오 클립의 제어는 이전 버전에 비해 엄청난 발전이 있었다고 볼 수 있습니다. 특히 오디오 트리밍이나 페이드 인/아웃 기능을 통해 한층 더 세련된 오디오를 슬라이드 삽입하여 높은 효과를 거둘 수 있습니다.

항목	변경 내용
오디오 클립 삽입 (Sample1.mp3)	1번 슬라이드에 삽입 타이밍 : '나의 야생 이야기' 클릭 시 효과 시작 오디오 클립 : '쇼 동안 숨기기'
오디오 클립 삽입 (Sample2.mp3)	2번 슬라이드에 삽입 트리밍 : 시작(30초), 종료(1분) 재생 중지 : '지금부터 5 슬라이드 후' 타이밍 : '이전 효과와 함께 시작'

01 **예제 파일 열기** **02 나의 야생 이야기.pptx** 파일을 두 번 연속 클릭하면 파워포인트가 실행되면서 다음 화면이 나타납니다.

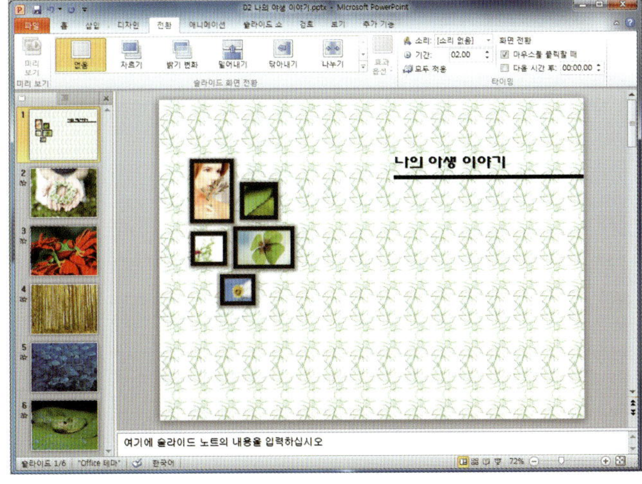

02 **오디오 클립 삽입하기(1)** 오디오 클립을 추가할 1번 슬라이드에서 ❶ [삽입] 탭 → 미디어 그룹 → ❷ 오디오( ) → ❸ 오디오 파일을 클릭합니다.

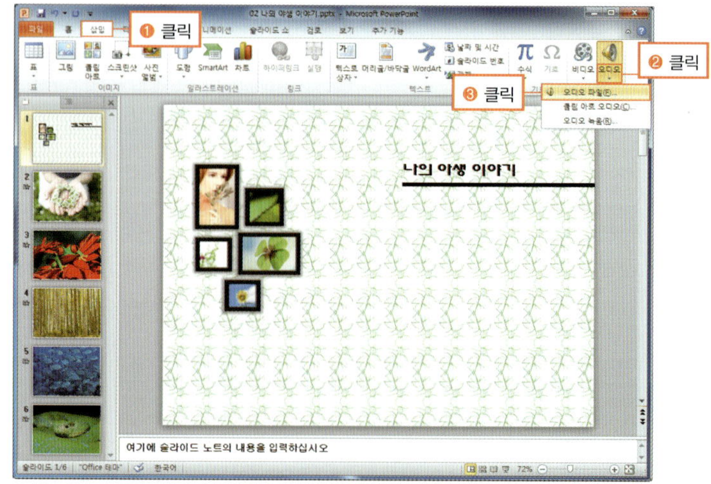

03 **오디오 파일 선택하기** '오디오 삽입' 대화상자에서 ❶ 예제 폴더의 "Sample1.mp3" 파일을 선택한 후 ❷ 〈삽입〉 단추를 클릭합니다.

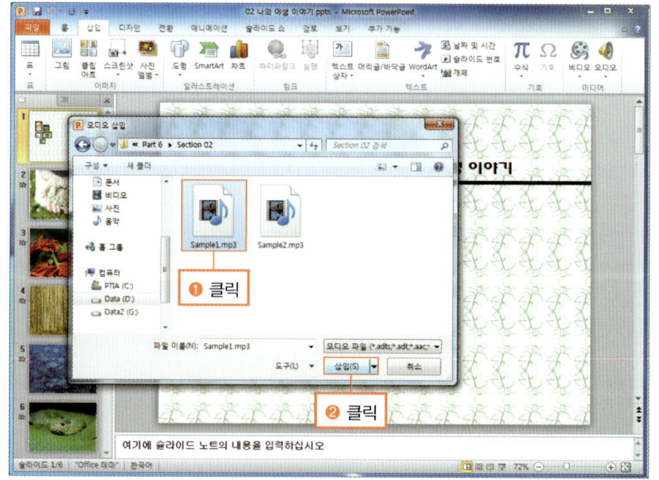

○ **mp3 Audio 파일**

MPEG Audio Layer 3을 사용하여 압축한 소리 파일입니다.

04 **추가 효과 옵션 표시하기** 오디오 클립에 효과를 추가하기 위해 ❶ [애니메이션] 탭 → ❷ 애니메이션 그룹 오른쪽 아래에 **추가 효과 옵션 표시** 단추( )를 클릭하면 '오디오 재생' 대화상자가 표시됩니다.

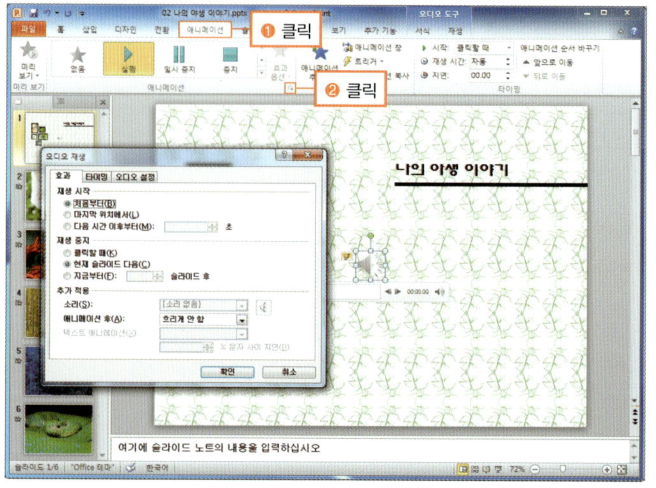

05 **시작 옵션 조정하기** ‘오디오 재생’ 대화상자에서 ❶ [타이밍] 탭을 클릭하고 ‘시작 옵션’ 항목의 ❷ ‘다음을 클릭하면 효과 시작’을 선택하고 ❸ 목록 단추를 클릭하여 ‘Textbox 694 : 나의 야생 이야기’를 선택한 후 ❹ 〈확인〉 단추를 클릭합니다.

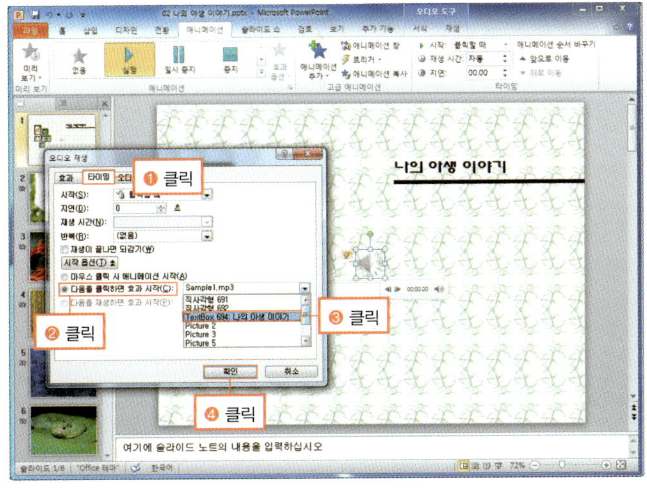

06 **쇼 동안 숨기기** 오디오 클립이 선택된 상태에서 쇼 하는 동안 표시되지 않도록 [오디오 도구] − ❶ [재생] 탭 → **오디오 옵션** 그룹 → ❷ ‘쇼 동안 숨기기’ 확인란을 클릭합니다.

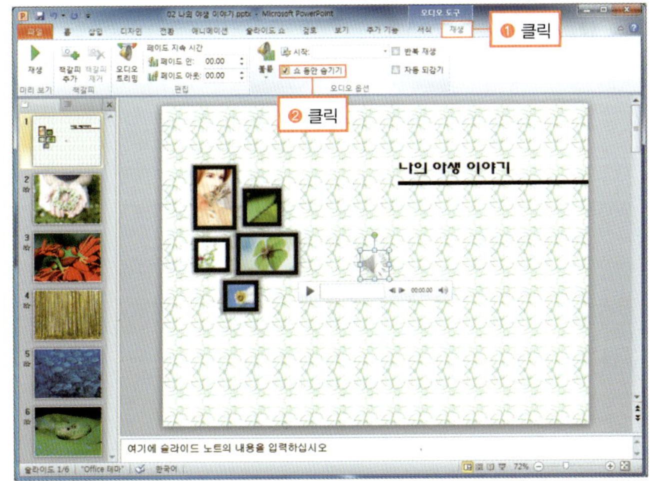

07 **오디오 클립 삽입하기(2)** ❶ 2번 슬라이드를 선택한 후 ❷ [삽입] 탭 → **미디어** 그룹 → ❸ **오디오**(🔊) → **오디오 파일**을 클릭합니다. ‘오디오 삽입’ 대화상자에서 ❹ 예제 폴더의 “Sample2.mp3” 파일을 선택한 후 ❺ 〈삽입〉 단추를 클릭합니다.

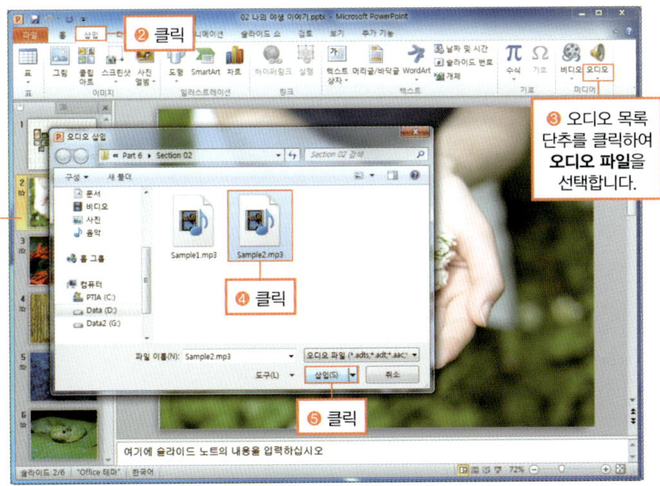

08

오디오 트리밍하기 오디오 클립을 트리밍하기 위해 [**오디오 도구**] – ❶ [**재생**] 탭 → **편집** 그룹 → ❷ 오디오 트리밍(🔧)을 클릭합니다.

◎ 트리밍

트리밍이란 오디오나 비디오 클립의 길이을 조절하는 것을 말하며, 오디오 클립을 클릭한 후 오디오 클립의 시작 위치와 종료 지점을 트리밍 합니다. 오디오 클립을 선택한 후 마우스 오른쪽 단추를 클릭하고 바로 가기 메뉴에서 **오디오 트리밍** 명령을 실행할 수도 있습니다.

09

시작/종료 시점 설정하기 '오디오 트리밍' 대화상자에서 ❶ 시작 지점 화살표(🔩) : 30초, 종료 지점 화살표(🔩) : 1분으로 설정하고 ❷ 〈확인〉 단추를 클릭합니다.

10

추가 효과 옵션 표시하기 오디오 클립에 효과를 설정하기 위해, ❶ [**애니메이션**] 탭 → ❷ 애니메이션 그룹 오른쪽 아래에 **추가 효과 옵션 표시** 단추(🔲)를 클릭하면 '오디오 재생' 대화상자가 표시됩니다.

11 시작 옵션 조정하기 '오디오 재생' 대화상자에서 ❶ '재생 중지' 항목의 '지금부터'를 클릭하여 입력 상자에 "5" 슬라이드 후로 입력하고 ❷ [타이밍] 탭을 클릭한 후 '시작' 목록 단추를 클릭하여 '이전 효과와 함께'로 설정하고 ❸ 〈확인〉 단추를 클릭합니다.

🔘 만약 마지막 슬라이드까지 재생을 한다면 마지막 슬라이드 번호보다 큰 번호를 지정해도 상관없이 재생됩니다.

12 결과 확인하기(1) 슬라이드 작성이 완료되었습니다. 슬라이드 창 하단에서 '읽기용 보기'를 클릭하면 1번 슬라이드에 오디오 클립 아이콘이 보이지 않습니다. "나의 야생 이야기" 텍스트를 클릭하면 삽입된 오디오 클립이 재생됩니다.

13 결과 확인하기(2) 마우스를 클릭하여 다음 페이지로 이동합니다. 2번 슬라이드가 표시되면서 오디오 클립이 재생되고 4초 후 3번 슬라이드로 전환됩니다. 이때 오디오 클립은 끊이지 않고 계속 재생되지만 트리밍이 적용되지 않는 것을 확인할 수 있습니다. 트리밍은 여러 슬라이드에서 실행될 때는 적용되지 않습니다.

문서의 오디오 클립 추출하기

파워포인트 문서 내에 삽입되어 있는 오디오 클립을 다른 프레젠테이션에 사용하고 싶더라도 원본 파일이 없기 때문에 사용할 수 없는 경우가 있습니다.

파워포인트 2010에서 문서 내에 있는 오디오 클립을 파일 형태로 추출하는 방법으로는 압축 프로그램을 사용하여 XML을 분해하는 것입니다. 파워포인트 2007에서는 wav 파일 형태로 문서 내에 삽입되어 있는 오디오 클립 프레젠테이션을 htm이나 html 문서로 저장이 가능했으나 파워포인트 2010에서는 다른 이름으로 저장 시 htm이나 html로 저장하는 방식이 더 이상 제공되지 않습니다. 따라서 오디오 클립을 추출하고자 한다면 파워포인트 2007 이전 버전에서 htm이나 html 형태로 저장하는 방법을 추천해 드립니다.

❶ 프레젠테이션을 파워포인트 2007에서 연 후 오피스 단추를 클릭하고 [다른 이름으로 저장]을 클릭합니다.

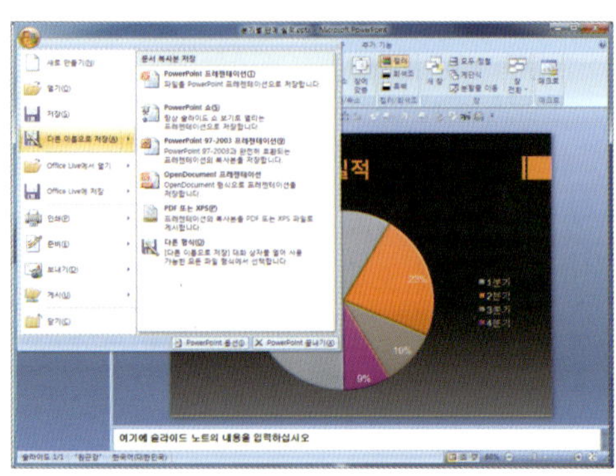

❷ '다른 이름으로 저장' 대화상자의 '파일 형식' 목록 단추를 클릭하여 '웹 페이지(*.htm, *.html)'를 선택하고 '파일 이름'을 입력한 후 〈저장〉 단추를 클릭합니다.

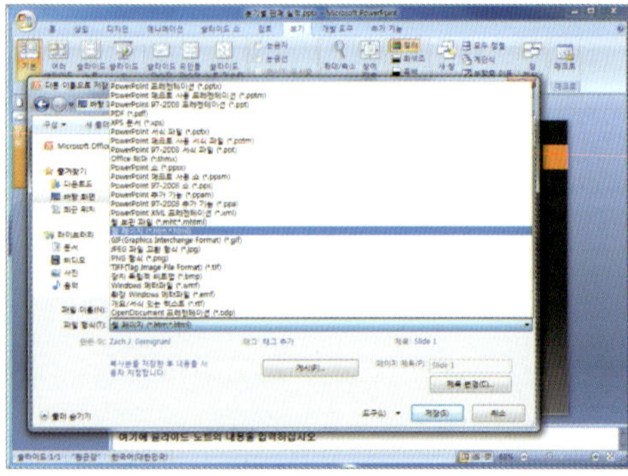

❸ 컴퓨터의 웹 페이지로 저장된 위치를 찾아 웹 페이지 문서와 함께 저장된 폴더를 열어보면 'Sound001.wav'와 같이 문서 내에 저장되어 있던 오디오 클립이 파일로 추출된 것을 볼 수 있습니다.

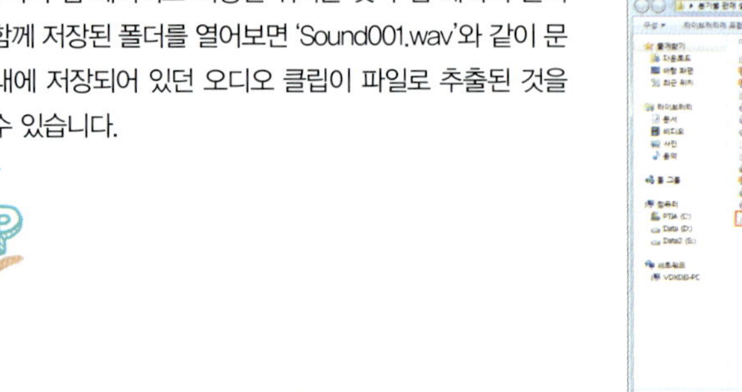

비디오 클립 삽입하기

파워포인트 2010부터는 동영상을 비디오 클립이라는 명칭으로 사용하게 되었으며, 이전 버전과 비교하여 크게 달라진 점은 비디오 클립 또한 오디오 클립과 같이 프레젠테이션에 저장이 된다는 것과 플래시 파일을 일반 비디오 클립과 동일한 방식으로 삽입할 수 있게 되었다는 것입니다. 비디오 클립을 삽입하는 방법에 대해 알아보겠습니다.

1. 호환되는 비디오 파일 형식

다음은 파워포인트 2010에서 사용할 수 있는 비디오 및 비디오 파일 형식입니다. 원하는 파일 형식이 표에 없는 경우에는 파워포인트 2010 이외의 프로그램, 유틸리티 또는 추가 기능을 사용하여 해당 파일 형식을 지원되는 파일 형식으로 변환하면 됩니다.

파일 형식	확장명	추가 정보
Adobe Flash Media	.swf	**Flash Video** : 이 파일 형식은 보통 Adobe Flash Player를 사용하여 인터넷으로 비디오를 제공하는 데 사용됩니다.
Windows Media 파일	.asf	**Advanced Streaming Format** : 이 파일 형식은 동기화된 멀티미디어 데이터를 저장하며, 오디오 및 비디오 콘텐츠, 이미지, 스크립트 명령을 네트워크를 통해 스트리밍하는 데 사용됩니다.
Windows Video 파일	.avi	**Audio Video Interleave** : Microsoft RIFF(Resource Interchange File Format) 형식으로 소리를 저장하고 그림을 이동하는 데 사용하는 멀티미디어 파일 형식입니다. 다양한 코덱을 사용하여 압축된 오디오 또는 비디오 콘텐츠를 .avi 파일로 저장할 수 있으므로 가장 일반적으로 사용하는 형식 중 하나입니다.
동영상 파일	.mpg 또는 .mpeg	**Moving Picture Experts Group** : Moving Picture Experts Group에서 개발한 진화된 비디오 및 오디오 압축 표준 집합으로, 특히 Video-CD 및 CD-i 미디어에 사용됩니다.
Windows Media 비디오 파일	.wmv	**Windows Media 비디오** : 이 파일 형식은 Windows Media 비디오 코덱을 사용하여 오디오와 비디오를 압축함으로써 컴퓨터 하드 디스크의 저장 공간을 최소한으로 사용하는 고압축 형식입니다.
Windows Media 비디오 파일	.wma	**Windows Media 비디오** : Microsoft에서 개발한 디지털 비디오 코딩 체계인 Microsoft Windows Media 비디오를 사용하여 압축한 소리 파일로서, 녹음된 음악을 주로 인터넷을 통해 배포하는 데 사용됩니다.

.mp4, .mov 및 .qt 형식의 비디오는 Apple QuickTime 플레이어를 설치한 경우 파워포인트에서 재생할 수 있습니다.

◎ QuickTime Player

애플사가 제작한 강력한 멀티미디어 재생기입니다. 애플사의 Quick Time은 MOV 재생은 물론이며 QT, AIFF, PNG, AU, AVI,FullSGI, FLC, WAV, MIDI, BMP, PSD, GIF, JPG, Flash, MP3 포맷에 이르기까지 대부분의 멀티미디어 포맷을 재생할 수 있는 강력한 멀티미디어 플레이어입니다.

2. 비디오 클립 삽입하기

프레젠테이션 진행시 자동으로 재생되거나 클릭해서 실행되도록 설정할 수 있습니다. 슬라이드에 비디오 클립을 삽입하는 방법으로는 비디오 파일, 웹 사이트의 비디오, 클립 아트 비디오, 레이아웃에서 삽입하기 4가지가 있습니다.

● 03 본문예제.pptx를 참조하세요.

● 비디오 파일

비디오 파일 명령은 마이크로소프트 윈도와 호환되는 모든 비디오 파일을 슬라이드에 삽입할 수 있습니다.

비디오 클립을 추가할 슬라이드를 선택한 후 [**삽입**] 탭 → **미디어** 그룹 → **비디오**(⬚) → **비디오 파일**을 클릭합니다. '비디오 삽입' 대화상자에서 추가할 비디오 파일을 선택한 후 〈삽입〉 단추를 클릭합니다.

● **가장 호환이 잘되는 wmv**

WMV(Windows Media Video) 파일은 영상의 압축률도 높지만 파워포인트와 가장 궁합이 잘 맞습니다.

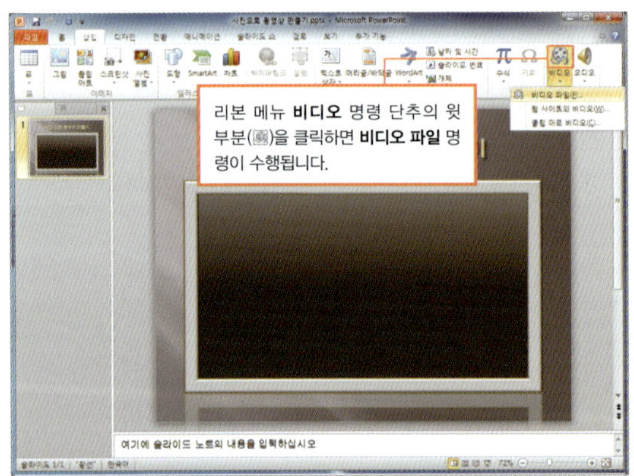

▲ 비디오 파일 명령

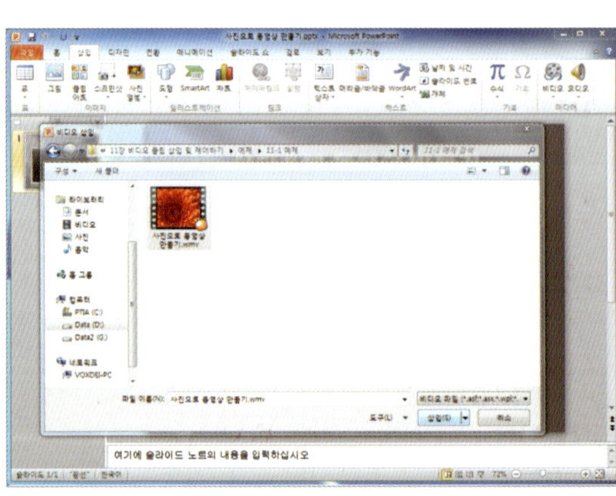

▲ '비디오 삽입' 대화상자

비디오 클립이 삽입되면 비디오 클립을 마우스로 끌어서 원하는 위치로 이동하고 크기 조정 핸들로 크기를 조정합니다.

▲ 비디오 클립 위치 및 크기 조정

● 웹 사이트의 비디오

캠코더가 대중화되면서 UCC 등을 사용자가 직접 제작하거나 전문적인 자료를 YouTube와 같은 웹 사이트에 업로드 해놓는 경우가 많아졌습니다. 이렇게 웹 사이트에 위치한 동영상을 슬라이드에 연결하여 삽입할 수 있습니다.

① 브라우저에서 연결할 비디오가 포함된 YouTube 웹 사이트로 이동한 후 원하는 비디오를 찾은 다음 'Embed' 또는 '소스 코드'를 찾아 복사합니다.

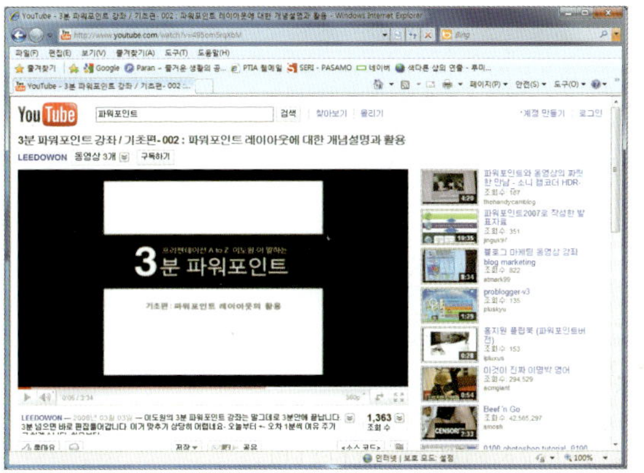

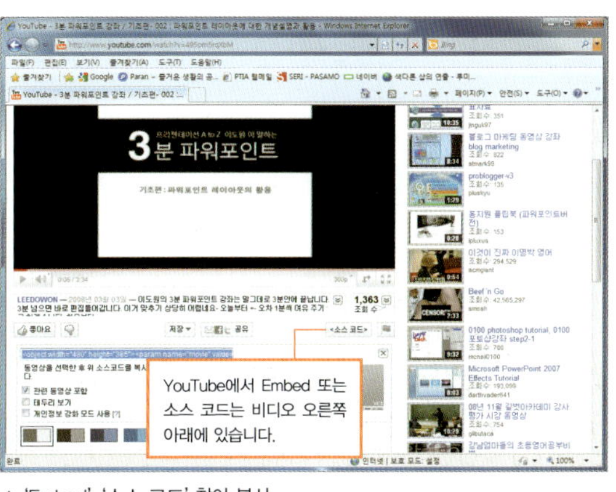

▲ YouTube 웹 사이트로 이동　　　　　　　　　　　▲ 'Embed', '소스 코드' 찾아 복사

② 파워포인트로 돌아와서 [삽입] 탭 → 미디어 그룹 → 비디오( ) → 웹 사이트의 비디오를 클릭합니다. 웹 사이트에서 가져온 소스 코드를 '웹 사이트에서 가져온 비디오 삽입' 대화상자에서 Embed 코드를 붙여 넣은 다음 〈삽입〉 단추를 클릭합니다.

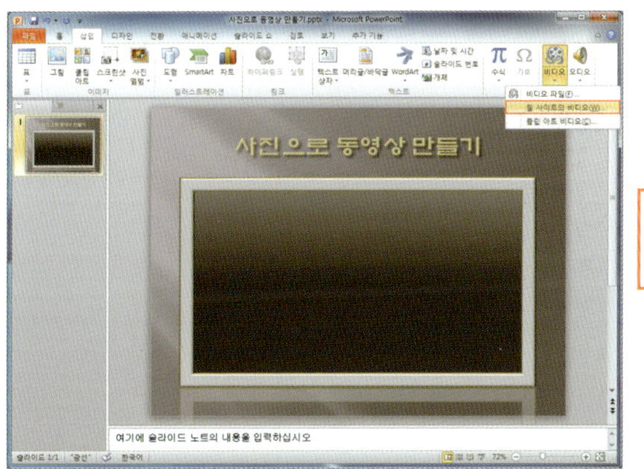

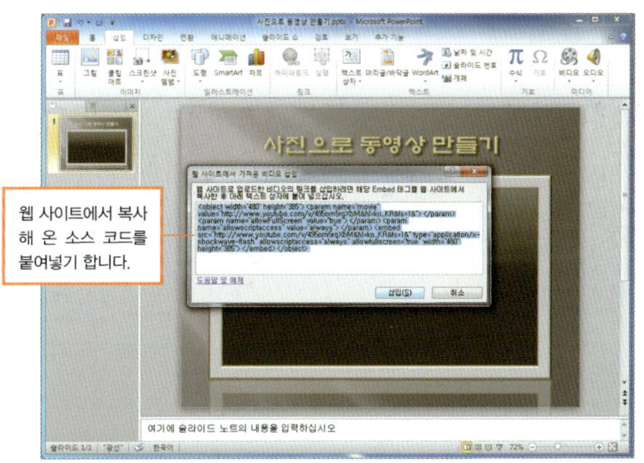

▲ 웹 사이트의 비디오 명령　　　　　　　　　　　▲ Embed 코드 붙여넣기

③ 비디오 클립이 슬라이드에 삽입되면 크기와 위치를 조정하여 그림과 같이 위치합니다. 읽기용 보기에서 비디오 클립이 재생되는지 확인하면 그림과 같이 YouTube에서 Embed된 비디오 클립이 재생됩니다.

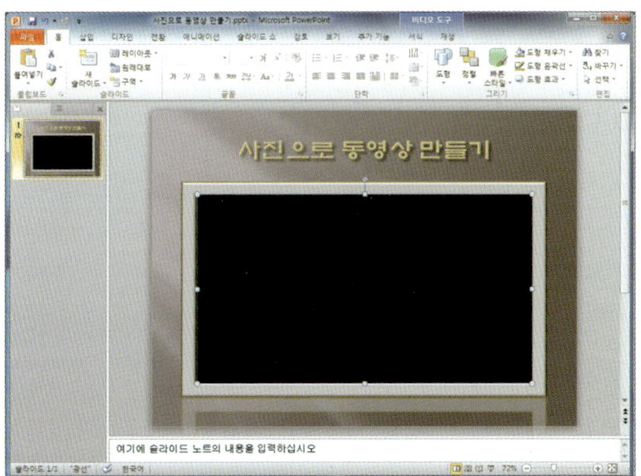

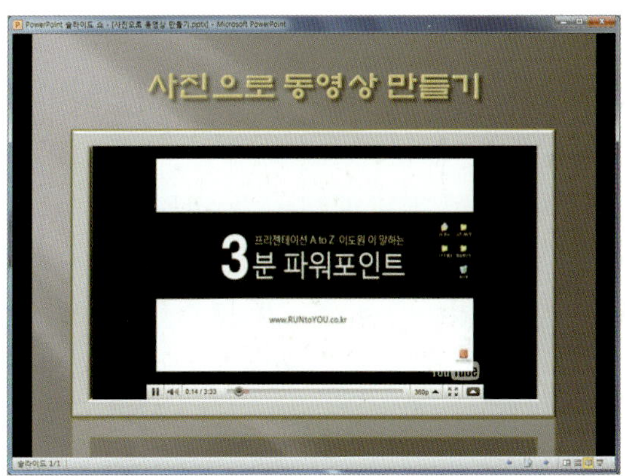

▲ 비디오 클립의 위치 및 크기 조정　　　　　　　　▲ YouTube에서 Embed된 비디오 클립 재생

◎ 클립 아트 비디오

클립 아트 비디오 클립은 컴퓨터에 내장되어 있거나 Office.com에 있는 온라인 클립을 프레젠테이션에 다운로드하여 비디오 클립을 슬라이드에 삽입하는 것을 말합니다.

비디오 클립을 추가할 슬라이드를 선택한 후 [**삽입**] 탭 → **미디어** 그룹 → **비디오**(📷) → **클립 아트 비디오**를 클릭합니다. '클립 아트' 작업창에서 원하는 비디오 클립을 찾은 다음 해당 클립을 클릭하여 슬라이드에 삽입합니다.

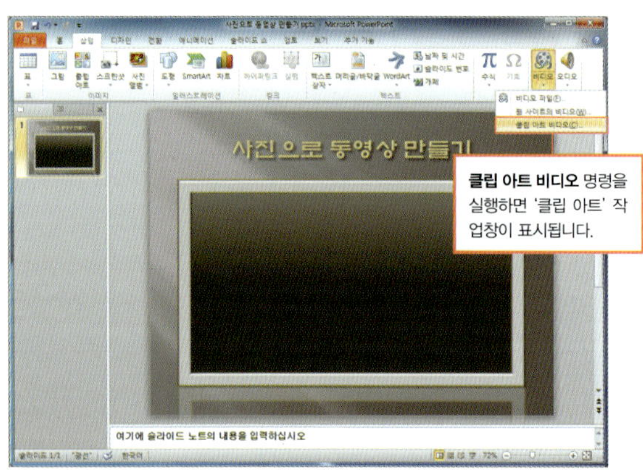

▲ 클립 아트 비디오 명령

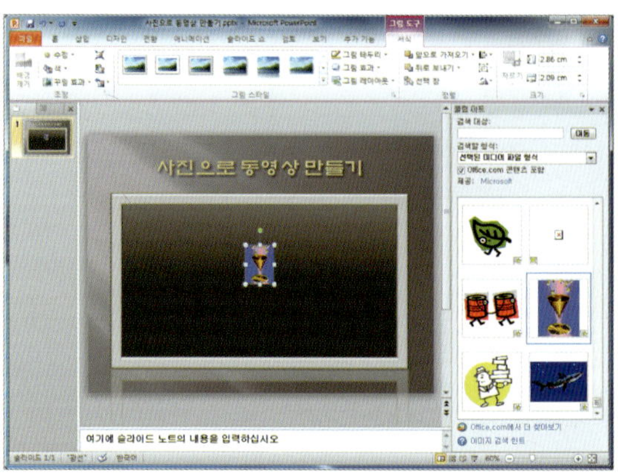

▲ '클립 아트' 작업창에서 비디오 클립 삽입

클립 아트 비디오를 선택하면 '클립 아트' 검색창의 '검색할 형식'이 '비디오'로 설정됩니다. '검색 대상'은 아무 것도 입력하지 않은 상태에서 전체를 검색하는 것이 좋습니다.

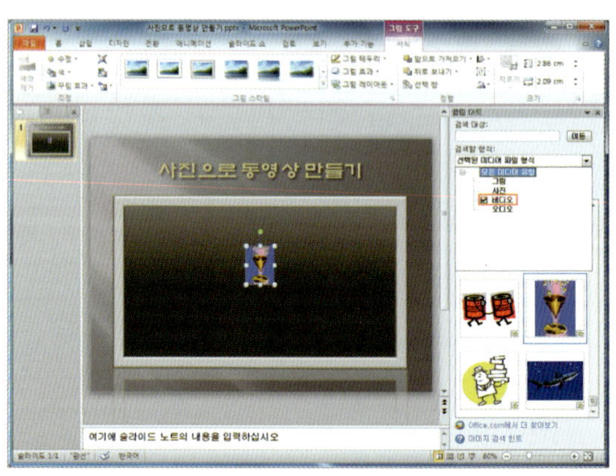

▲ 비디오 형식의 클립 아트 검색

◎ 레이아웃에서 삽입하기

슬라이드 레이아웃에 비디오 클립을 삽입할 수 있는 아이콘이 있는 경우 아이콘을 클릭하여 비디오 클립을 삽입할 수 있습니다.

슬라이드 레이아웃을 변경하기 위해 '제목 및 내용', '콘텐츠 2개', '비교', '캡션 있는 콘텐츠' 등의 레이아웃을 선택하면 비디오 클립을 삽입할 수 있는 아이콘(📷)이 보입니다. '미디어 클립 삽입' 아이콘을 클릭한 후 '비디오 삽입' 대화상자에서 추가할 비디오 파일을 선택한 후 〈삽입〉 단추를 클릭합니다.

◎ 클립 아트 비디오 클립 삽입

[**삽입**] 탭 → **이미지** 그룹 → **클립 아트** 명령 단추를 클릭하면 '클립 아트' 작업창이 표시됩니다. '검색할 형식'에 '비디오'만 선택하고 〈이동〉 단추를 클릭한 후 표시되는 비디오 클립 중에서 원하는 비디오 클립을 마우스로 클릭하여 슬라이드에 삽입합니다.

◎ 레이아웃 변경하기

비디오 클립을 삽입할 수 있는 레이아웃으로 변경하려면 [홈] 탭 → **슬라이드** 그룹 → **레이아웃** 명령 단추를 클릭하여 선택 목록에서 원하는 레이아웃을 선택합니다.

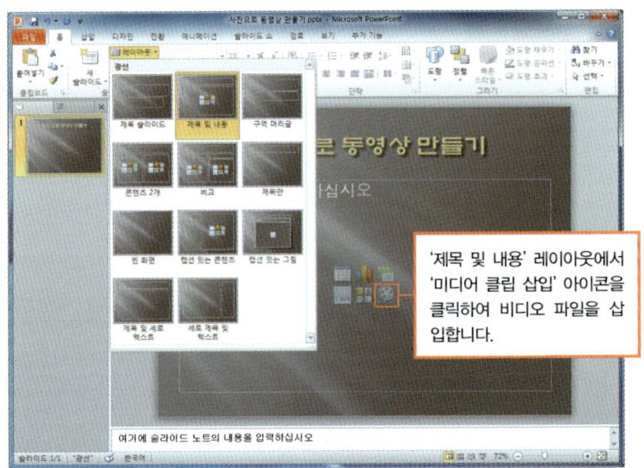
▲ 레이아웃 – 제목 및 내용

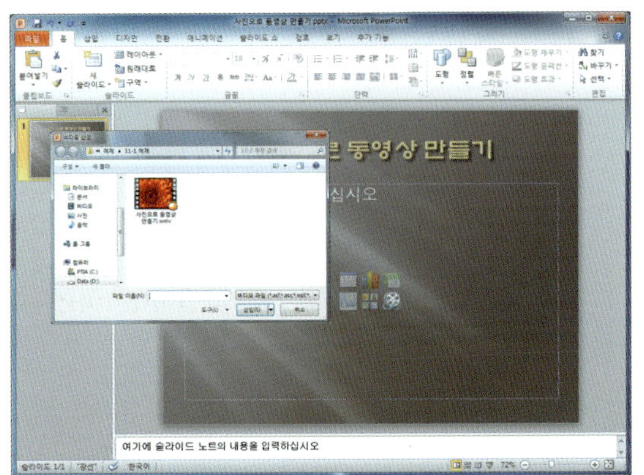
▲ '비디오 삽입' 대화상자

3. 비디오 클립 미리보기

슬라이드에 비디오 클립을 추가하고 슬라이드 쇼나 읽기용 보기를 실행하지 않고 비디오 클립을 미리 볼 수 있습니다. 슬라이드에서 비디오 클립을 미리 보려면 슬라이드에서 비디오 클립을 선택한 후 비디오 클립 아래 비디오 콘트롤이 표시되면 재생(▶)을 클릭합니다.

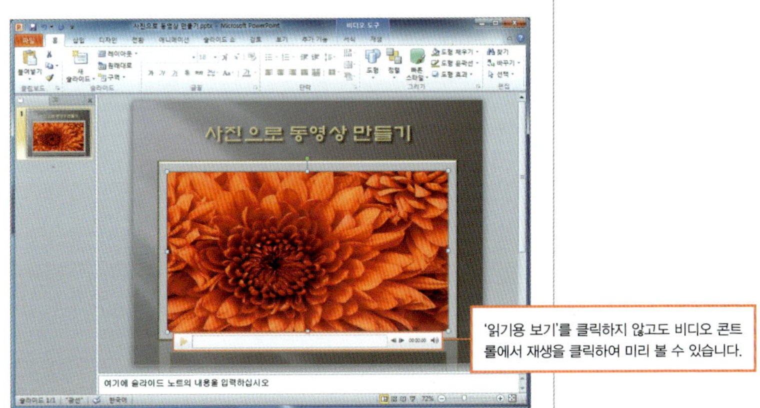

▲ 비디오 클립 재생

4. 프레젠테이션을 비디오로 전환하기 NEW 2010

파워포인트 2010에서는 고화질 프레젠테이션 버전을 전자 메일에 첨부하거나, 웹에 게시하거나, CD/DVD에 구워 동료나 고객에게 보내려는 경우 프레젠테이션을 비디오로 재생하도록 저장할 수 있습니다. 애니메이션과 설명이 포함된 멀티미디어 프레젠테이션을 올바르게 재생할 수 있도록 Windows Media 비디오 파일(.wmv)로 저장하여 안전하게 배포할 수 있습니다.

① 비디오 클립으로 전환할 프레젠테이션을 연 후 [파일] 탭 → **저장/보내기**를 클릭하고 '파일 형식'에서 '비디오 만들기'를 클릭합니다. 비디오 품질과 크기 옵션을 모두 표시하려면 비디오 만들기에서 '컴퓨터 및 HD 디스플레이', '기록된 시간 및 설명 사용 안 함'의 목록 단추를 클릭하고 원하는 옵션을 선택한 후 〈비디오 만들기〉 단추를 클릭합니다.

> **◆ 슬라이드 쇼 예행 연습**
>
> 프레젠테이션을 비디오로 전환하기 전에 [**슬라이드 쇼**] 탭 → **설정** 그룹 → **예행 연습** 명령을 실행하여 애니메이션이나 화면 전환을 먼저 점검한 후 비디오로 전환하는 것이 오류를 줄이는 방법입니다.

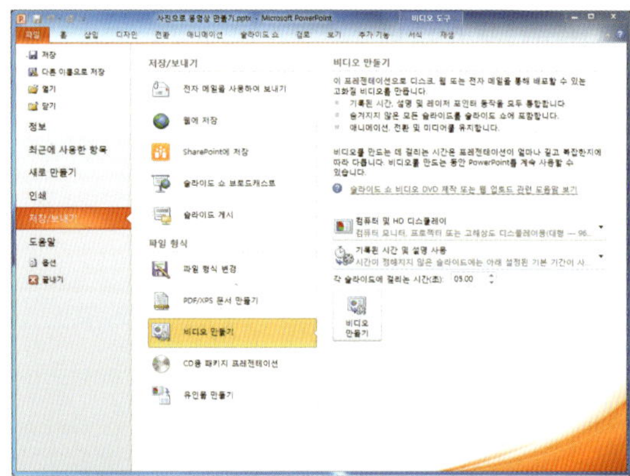

▲ 비디오 만들기

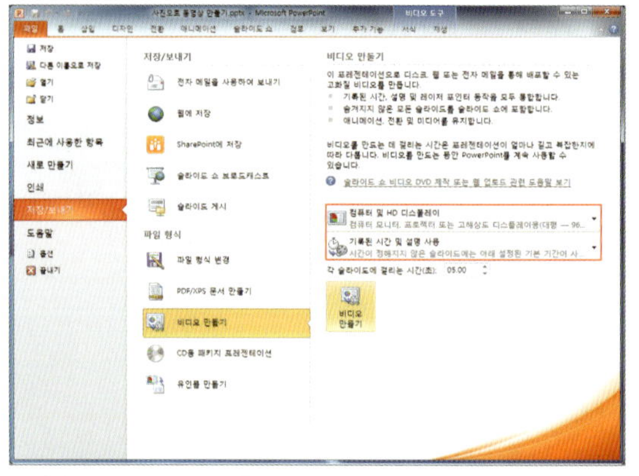

▲ 비디오 품질과 기록 시간 옵션 설정

② '파일 이름'에 비디오 파일 이름을 입력하고 해당 파일을 저장할 폴더를 찾은 후 저장을 클릭합니다. 새로 만든 비디오를 재생하기 위해 지정한 폴더 위치로 이동한 후 파일을 두 번 클릭하면 저장된 비디오 클립이 재생됩니다.

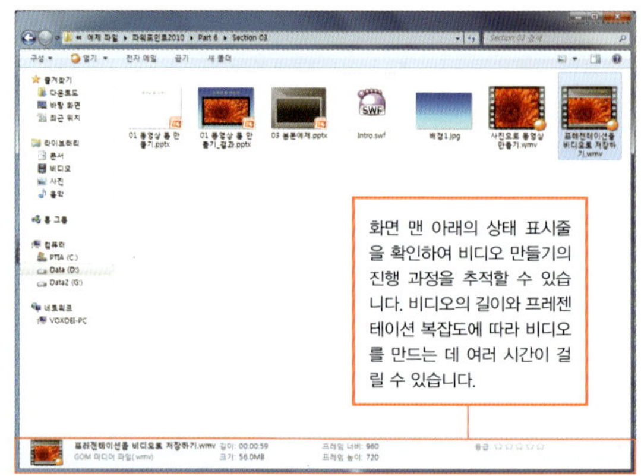

▲ 비디오 클립 재생

5. 플래시 파일 삽입하기 NEW 2010

이전 버전에서는 슬라이드에 플래시 파일을 삽입하려면 기타 컨트롤을 통해서 복잡한 과정을 거쳐 플래시 파일을 삽입할 수 있었습니다. 그러나 파워포인트 2010에서는 플래시 파일을 비디오 클립으로 구분하여 일반 비디오 클립과 마찬가지로 쉽게 슬라이드에 삽입할 수 있게 되었습니다.

비디오 클립을 추가할 슬라이드를 선택한 후 [삽입] 탭 → 미디어 그룹 → 비디오( ) → 비디오 파일을 클릭하여 '비디오 삽입' 대화상자의 비디오 파일 형식에서 'Adobe flash media(*.swf)'를 선택합니다. 플래시 파일이 있는 폴더에서 추가할 파일을 선택한 후 〈삽입〉 단추를 클릭합니다.

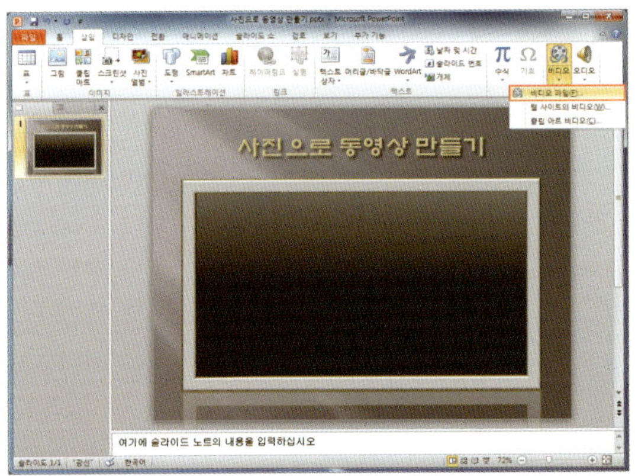
▲ 비디오 파일 명령

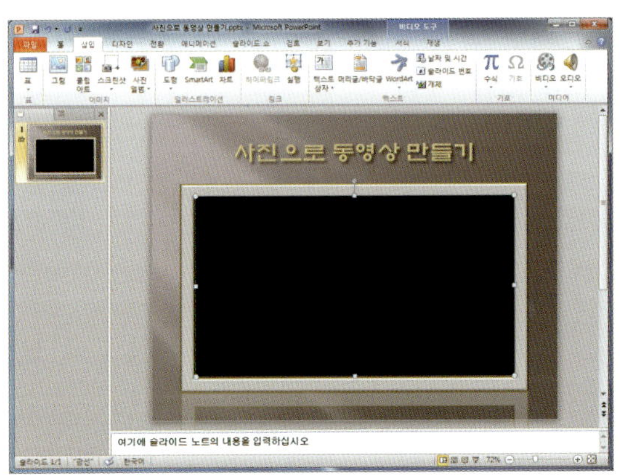
▲ 비디오 파일 형식

6. 비디오 클립 삭제하기

하나 이상의 비디오 클립을 삭제하려면 삭제할 비
디오 클립이 있는 슬라이드를 찾아 기본 보기에서
비디오 클립을 클릭한 후 Delete 키를 누릅니다.

▲ 비디오 클립 제거

플래시 파일을 많이 사용하는 가장 큰 이유는 파일 크기가 작다는 점과 파일을 크게 확장하여 사용해
도 깨지지 않는다는 장점이 있기 때문입니다.

플래시 파일의 재생 방식은 스트리밍 방식이기 때문에 전체를 다 받아야 재생되는 애니메이션 GIF 보
다는 재생 속도가 빠릅니다. 그리고 벡터 방식이기 때문에 그 장점을 이어받아 파일 크기가 아주 작
고 액션스크립트가 들어가기 때문에 창의적인 아이디어를 활용한 다양한 이펙트와 상호작용하여 설
계할 수 있습니다.

파워포인트 2010부터 간단하게 플래시 파일의 삽입할 수 있기 때문에 프레젠테이션에서 많은 활용이
있을 것으로 기대됩니다.

비디오 클립 삽입하기

준비 파일 : 01 동영상 틀 만들기.pptx　　**완성 파일 :** 01 동영상 틀 만들기_결과.pptx

파워포인트에서 비디오 클립과 관련된 명령들은 이전 버전에 비해 많은 부분 개선되어 사용자의 편의성을 높여어서 비디오 클립의 여러 종류들을 쉽고 빠르게 슬라이드에 삽입할 수 있게 되었습니다. 비디오 클립을 삽입하는 방법에 대해 알아보겠습니다.

항목	변경 내용
배경 삽입	'배경1.jpg'
도형 삽입 (액자)	채우기 색 : '검정' 윤곽선 : '윤곽선 없음' 입체 효과 : '둥글게' 반사 효과 : '1/2 반사, 터치'
비디오 클립 삽입	사진으로 동영상 만들기.wmv

01 **예제 파일 열기** **01 동영상 틀 만들기.pptx** 파일을 두 번 연속 클릭하면 파워포인트가 실행되면서 다음 화면이 나타납니다.

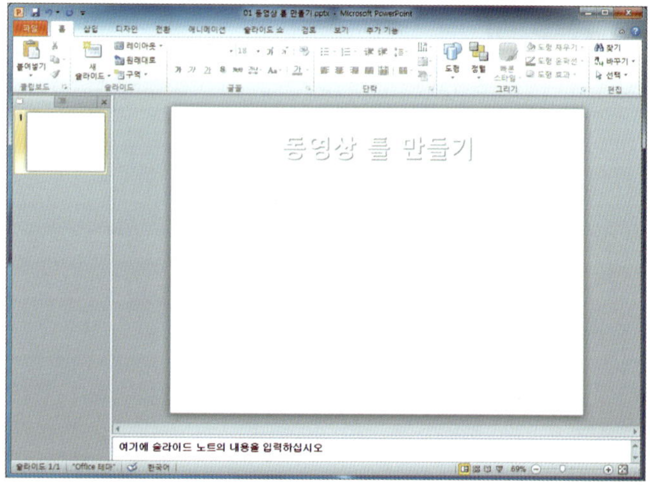

02 배경 삽입하기 배경을 삽입하기 위해 ❶ [삽입] 탭 → 이미지 그룹 → ❷ 그림 명령 단추(▦)를 클릭한 후 '그림 삽입' 대화상자에서 ❸ 예제 폴더의 "배경1.jpg" 파일을 선택하고 ❹ 〈삽입〉 단추를 클릭합니다.

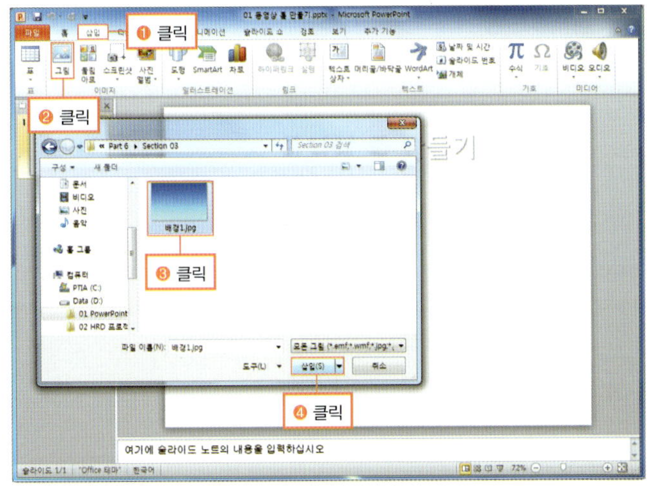

03 그림 크기 조정하기 그림이 삽입되면 그림을 선택한 후 크기 조정 핸들을 이용하여 슬라이드 전체를 덮어줍니다.

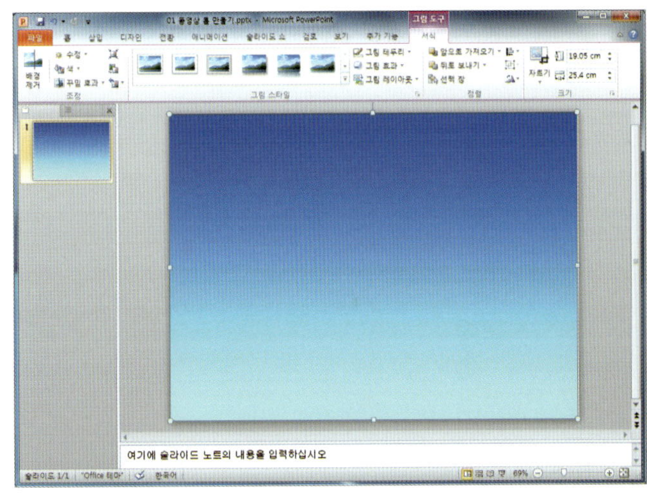

04 그림 뒤로 보내기 텍스트가 보이게 하기 위해 그림이 선택된 상태에서 [그림 도구] – [서식] 탭 → 정렬 그룹 → 뒤로 보내기를 클릭합니다.

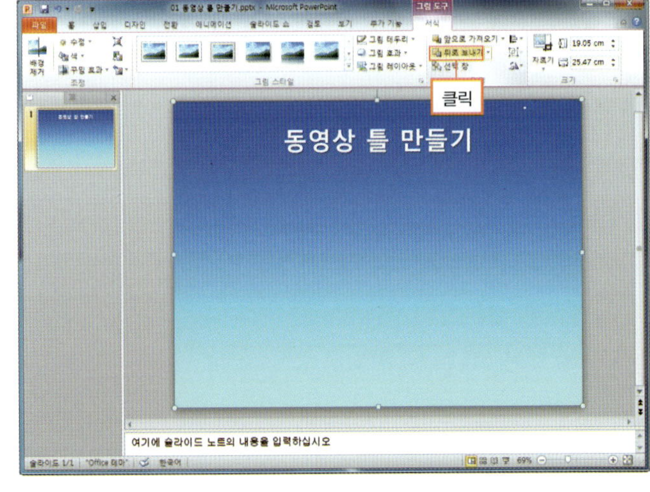

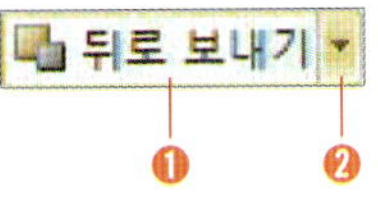

❶을 클릭하면 개체의 '뒤로 보내기' 기능이 실행됩니다.
❷를 클릭하면 개체의 '뒤로 보내기', '맨 뒤로 보내기' 중에서 선택하여 기능을 실행합니다.

05 도형 삽입하기 비디오 클립의 틀을 삽입하기 위해 ❶ [삽입] 탭 → 일러스트레이션 그룹 → ❷ 도형 () → ❸ '액자'를 클릭한 후 ❹ 마우스를 끌어서 도형을 슬라이드에 삽입합니다.

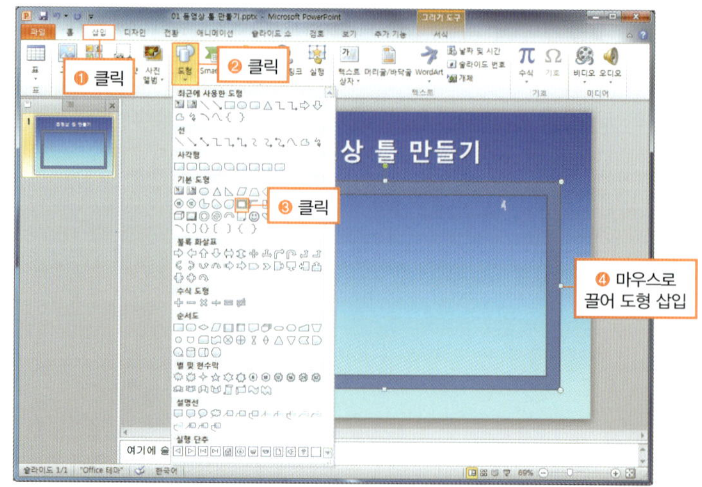

06 채우기 색 변경하기 액자 도형의 색을 변경하기 위해 [그리기 도구] – ❶ [서식] 탭 → 도형 스타일 그룹→ ❷ 도형 채우기(도형 채우기) → '검정'을 선택합니다.

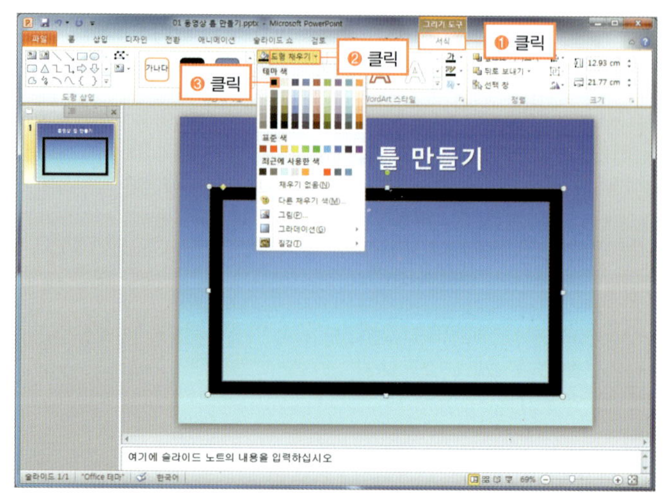

07 윤곽선 없애기 윤곽선을 없애기 위해 [그리기 도구] – [서식] 탭 → 도형 스타일 그룹 → ❶ 도형 윤곽선(도형 윤곽선) → ❷ 윤곽선 없음을 선택합니다.

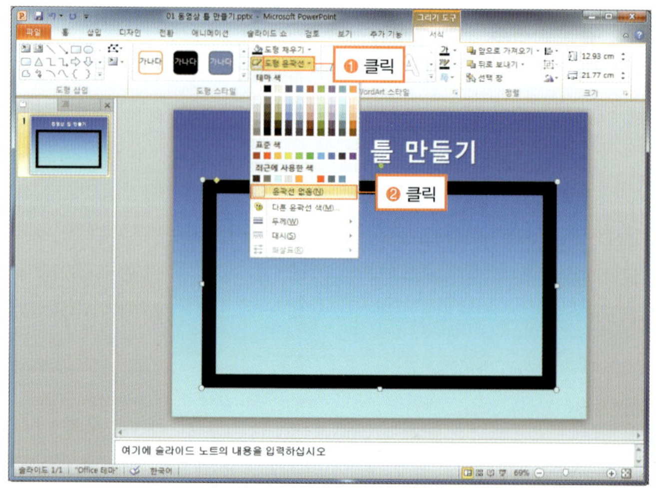

08 입체 효과 추가하기   도형에 입체 효과를 주기 위
해 [그리기 도구] – [서식] 탭 → 도형 스타일 그룹 →
❶ 도형 효과(도형 효과 ▾) → 입체 효과 → ❷ '둥글게'를 선택
합니다.

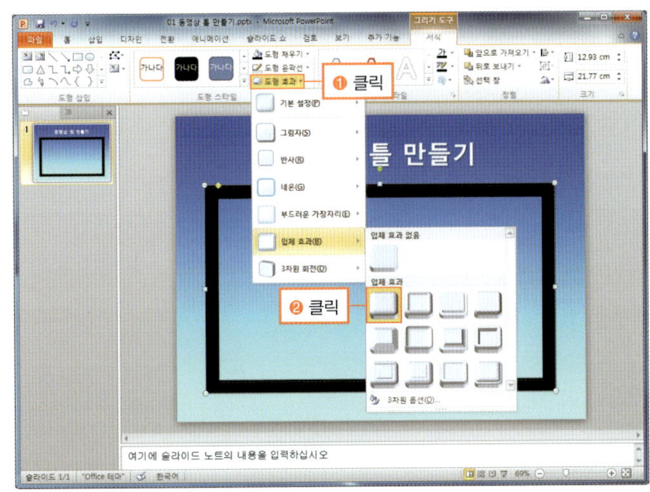

09 반사 효과 추가하기   도형에 반사 효과를 주기 위
해 [그리기 도구] – [서식] 탭 → 도형 스타일 그룹 →
❶ 도형 효과(도형 효과 ▾) → 반사 → ❷ '1/2 반사, 터치'를 선
택합니다.

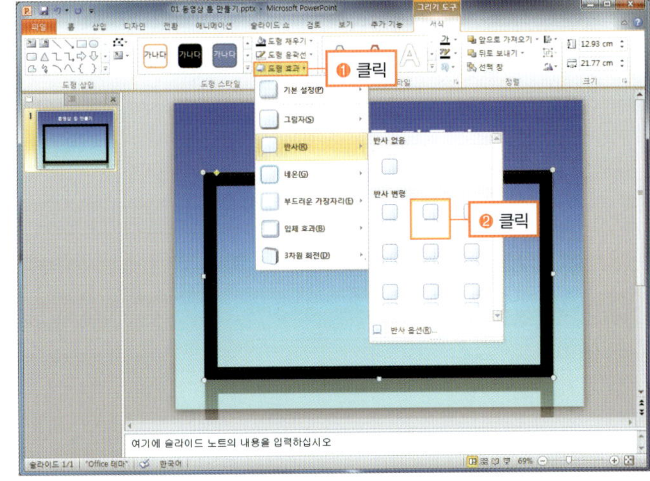

○ 액자 틀에 반사 효과(1/2 반사, 터치)를 적용합니다.

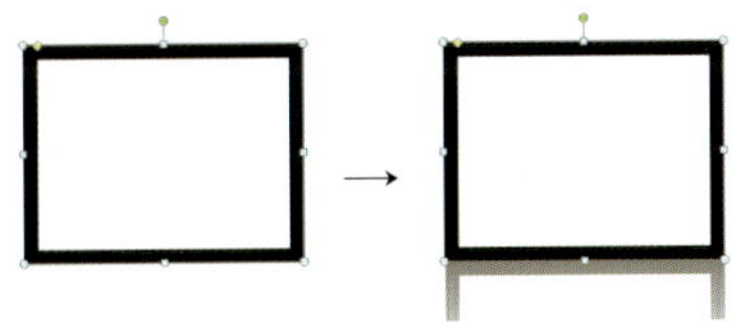

10 비디오 클립 삽입하기   비디오 클립을 삽입하기 위
해 ❶ [삽입] 탭 → 미디어 그룹 → ❷ 비디오 명령 단
추( )를 클릭합니다. '비디오 삽입' 대화상자에서 ❸ 예제 폴
더의 '사진으로 동영상 만들기.wmv' 파일을 선택한 후 ❹ 〈삽
입〉 단추를 클릭합니다.

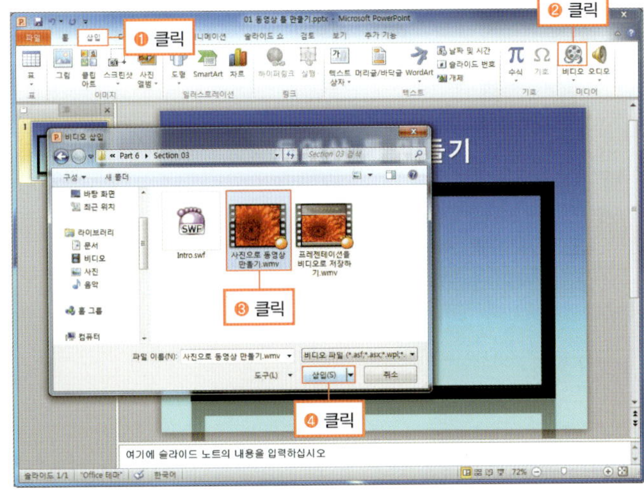

11 **크기 조정하기** 비디오 클립을 선택한 후 크기 조정 핸들을 마우스로 끌어서 그림과 같이 크기와 위치를 조정합니다.

12 **결과 확인하기** 슬라이드가 완성되었습니다. 읽기용 보기를 클릭하면 비디오 클립이 재생되는 것을 확인할 수 있습니다.

컴퓨터에서 사용할 수 있는 컨트롤 집합에서 컨트롤을 삽입하여 제어하기 위해 기타 컨트롤 명령을 빠른 실행 도구 모음에 등록합니다. 기타 컨트롤 명령을 클릭하여 '기타 컨트롤' 대화상자가 표시되면 'Windows Media Player'를 선택한 후 마우스 포인트로 영역을 그린 후 마우스 오른쪽 단추를 클릭하여 속성을 클릭합니다.

'속성' 대화상자에서 '사용자 정의' 항목의 입력창을 클릭하여 대화상자에서 '파일 이름' 또는 'URL'을 입력하면 비디오 클립을 Windows Media Player 안에서 재생할 수 있습니다.

비디오 클립 파일에 연결하기

파워포인트 2010에서는 슬라이드에 비디오 클립을 삽입하면 프레젠테이션에 비디오 클립이 무조건 문서에 포함됩니다. 비디오 클립을 포함하는 경우 모든 파일이 프레젠테이션에 있으므로 프레젠테이션을 할 때 파일이 손실될 염려가 없습니다. 그러나 프레젠테이션의 크기를 제한하려면 이전과 같이 컴퓨터 내의 비디오 클립에 연결하여 사용할 수 있습니다.

파워포인트 프레젠테이션에서 비디오 클립에 대한 링크를 추가하려면 다음을 실행합니다.

❶ 비디오 클립을 추가할 슬라이드를 선택한 후 [**삽입**] 탭 → **미디어** 그룹 → **비디오**(🎞) → **비디오 파일**을 클릭합니다.

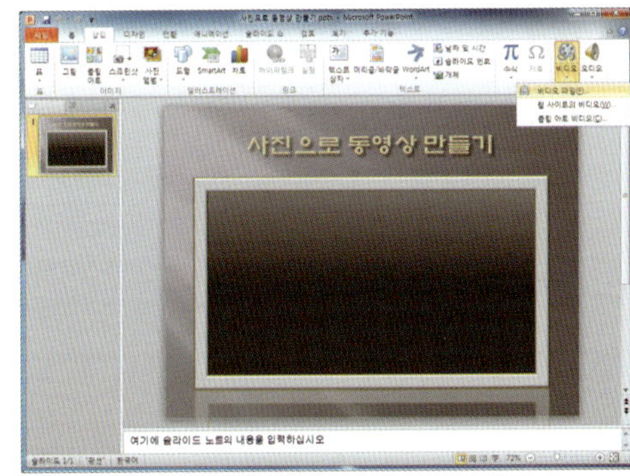

❷ '비디오 삽입' 대화상자에서 원하는 비디오 클립을 선택한 후 〈삽입〉 목록 단추(▼)를 클릭하여 옵션이 표시되면 **파일에 연결**을 클릭합니다.

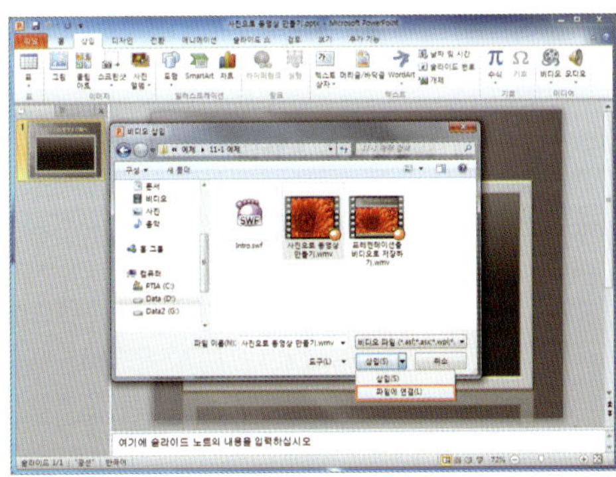

> ◐ 연결 끊김 관련 문제가 발생하지 않도록 하려면 비디오 클립을 프레젠테이션과 동일한 폴더에 복사한 후에 해당 폴더에서 비디오 클립에 연결하는 것이 좋습니다.

비디오 서식 꾸미기

파워포인트 2010에서는 비디오 클립의 서식 변경이 매우 자유로워서 상황별 탭인 [비디오 도구] – [서식] 탭을 활용하여 비디오 클립의 밝기 및 대비, 색을 변경합니다. 또한, 포스터 틀을 삽입하고 비디오 스타일을 변경하며, 비디오의 세이프 및 테두리를 쉽고 빠르게 변경할 수 있습니다.

1. [비디오 도구] – [서식] 탭 살펴보기 NEW 2010

비디오 클립의 서식을 변경할 수 있도록 [비디오 도구] – [서식] 탭은 미리 보기, 조정, 비디오 스타일 그룹에 다양한 명령을 포함하고 있습니다.

> **○ 새로운 비디오 서식 지정**
>
> [비디오 도구] – [서식] 탭은 이전 버전에는 없는 파워포인트 2010만의 강력한 기능이지만 비디오 클립에 너무 많은 효과들이 적용되면 너무 산만할 수 있으니 주의하여 사용해야 합니다.

❶ **재생** : 비디오 클립을 변경한 모든 서식과 함께 미리 봅니다.

❷ **수정** : 비디오 클립의 밝기 및 대비를 변경합니다.

❸ **색** : 비디오 클립에 회색조나 세피아 톤과 같은 스타일 효과를 추가할 수 있습니다.

❹ **포스터 틀** : 비디오 클립의 미리 보기 이미지를 설정합니다.

❺ **디자인 다시 설정** : 선택한 비디오 클립에 추가된 모든 서식을 취소합니다.

❻ **비디오 스타일** : 비디오 클립의 표시 스타일을 선택합니다.

❼ **비디오 세이프** : 서식을 모두 유지한 채로 비디오 클립의 모양을 변경합니다.

❽ **비디오 테두리** : 선택한 비디오 클립의 윤곽선 색, 두께 및 선 스타일을 지정합니다.

❾ **비디오 효과** : 비디오 클립에 그림자, 네온, 반사 또는 3차원 회전과 같은 시각 효과를 적용합니다.

2. 비디오 밝기 및 대비 변경하기 NEW 2010

비디오의 클립의 밝기나 가장 어두운 영역과 가장 밝은 영역 간의 차이, 즉 대비를 사용자가 원하는 대로 조정할 수 있습니다.

슬라이드에서 비디오를 선택한 후 **[비디오 도구]** − **[서식]** 탭 → **조정** 그룹 → **수정** 명령 단추(▓)를 클릭하고 원하는 밝기 및 대비 설정을 선택하면 비디오 클립의 밝기 및 대비가 추가된 것을 확인할 수 있습니다.

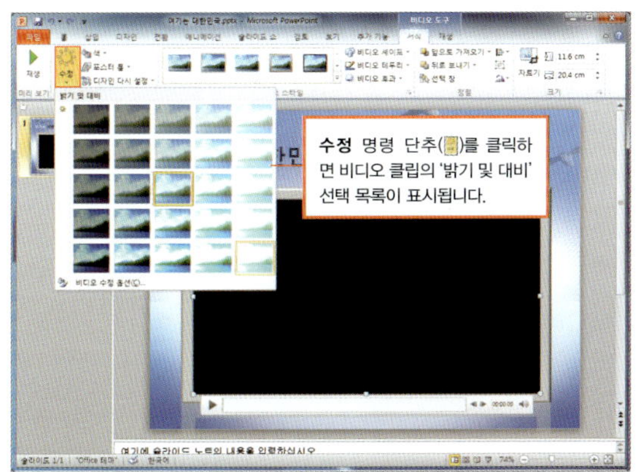

▲ 비디오 밝기 및 대비 수정

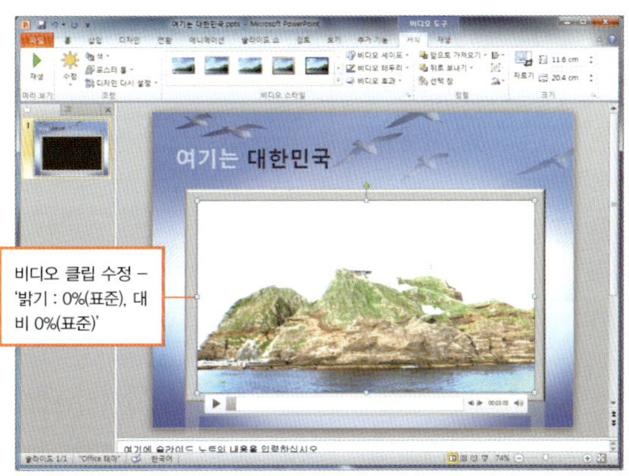

▲ 밝기 및 대비가 적용된 비디오 클립

○ 비디오를 삽입한 슬라이드 배경

비디오 클립 삽입 시 전체 화면을 비디오 클립으로 채우지 않는다면 슬라이드의 배경은 비디오 클립이 잘 보일 수 있도록 단순화하는 것이 필요합니다.

3. 비디오 다시 칠하기 `NEW 2010`

비디오 클립에 세피아 톤이나 회색조와 같이 기본 제공되는 스타일 색 효과를 적용하여 비디오를 다시 칠할 수 있는데, 화질이 떨어지거나 감성적인 면에 호소할 때 도움이 되는 기능입니다.

① 슬라이드에서 다시 칠할 비디오를 선택한 후 **[비디오 도구]** − **[서식]** 탭 → **조정** 그룹 → **색**(색 ▾)을 클릭하고 표시되는 선택 목록에서 원하는 스타일을 선택합니다.

② 다시 칠하기 효과는 색 변형을 이용하여 적용하며, 테마 색, 표준 또는 사용자 지정 색의 변형을 비롯하여 다른 색을 보려면 **기타 변형**을 클릭합니다.

○ 비디오 다시 칠하기 색

비디오 클립에 **다른 색**이나 스타일로 **다시 칠하기**를 추가하면 이전에 설정한 다시 칠하기 색은 사라지므로 색을 중복하여 적용할 수 없습니다.

▲ 비디오 다시 칠하기

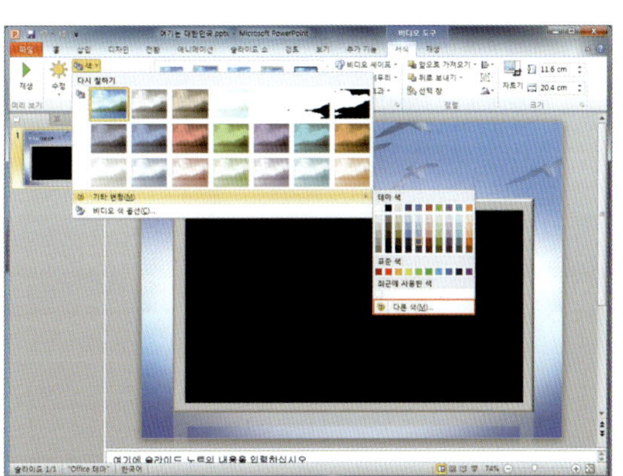
▲ 기타 변형 − 다른 색

4. 비디오에 포스터 틀 추가하기 `NEW 2010`

비디오 클립은 슬라이드 쇼를 시작하면서 재생되고 슬라이드에 삽입 시에는 검정색으로 표시됩니다. 검정색으로 표시된 비디오 클립에 포스터 틀을 추가하면 비디오의 미리 보기 이미지가 표시됩니다.

● 현재 틀

재생(▶)을 클릭하여 포스터 틀로 사용할 프레임이 표시될 때까지 비디오 클립을 재생합니다. 원하는 화면에서 [비디오 도구] – [서식] 탭 → 조정 그룹 → 포스터 틀(포스터 틀 ▾) → 현재 틀을 클릭하면 비디오 클립의 검정색 화면이 사라지고 포스터 틀이 표시됩니다.

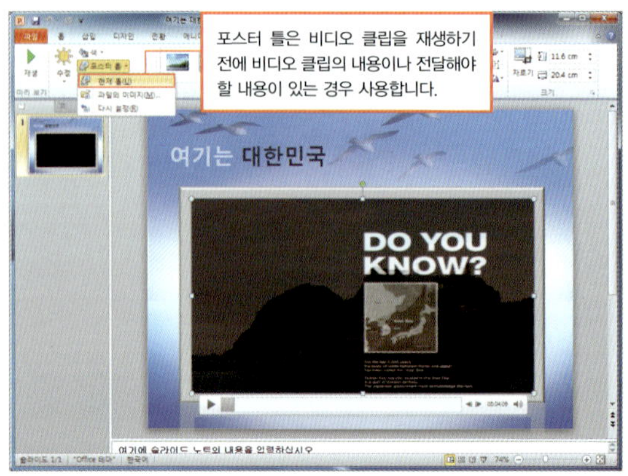

▲ 포스터 틀 – 현재 틀

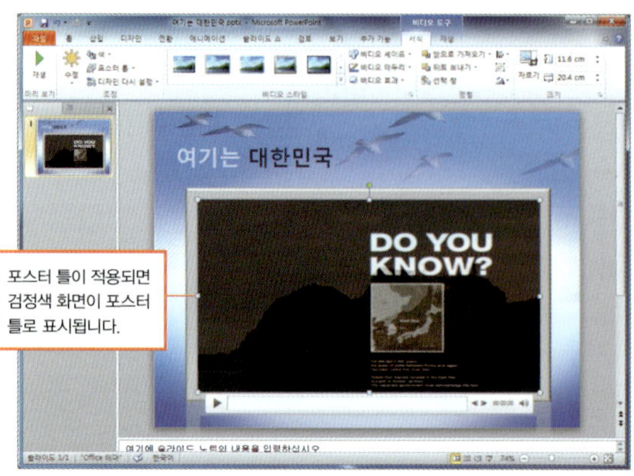

▲ 포스터 틀 적용

● 파일 이미지

비디오 클립을 선택한 후 [비디오 도구] – [서식] 탭 → 조정 그룹 → 포스터 틀(포스터 틀 ▾) → 파일의 이미지를 클릭합니다. '그림 삽입' 대화상자에서 원하는 그림 파일을 선택한 후 〈삽입〉 단추를 클릭하면 그림이 포스터 틀로 적용된 것을 확인할 수 있습니다.

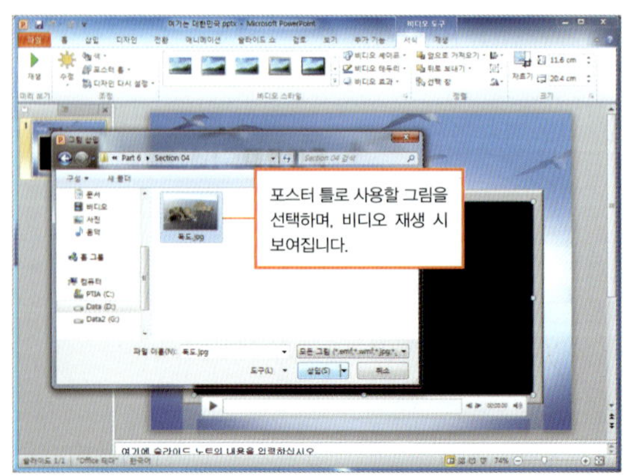

▲ 포스터 틀 – 파일의 이미지

▲ 독도 그림이 적용된 포스터 틀

5. 디자인 다시 설정하기 `NEW 2010`

비디오 클립에 다양한 서식과 스타일 적용한 후 원본의 모습을 되돌리려면 디자인 다시 설정하기를 활용합니다. 추가된 서식을 제거하고 원본 비디오 클립으로 돌아가는 디자인 다시 설정과 디자인 및 크기를 조정하는 방법이 있습니다.

비디오 클립을 선택한 후 [**비디오 도구**] − [**서식**] 탭 → **조정** 그룹 → **디자인 다시 설정**(디자인 다시 설정 ▼) → **디자인 다시 설정**을 클릭합니다. 비디오 클립을 원래의 모습으로 돌아오게 하거나 디자인과 함께 크기도 원래대로 하려면 '디자인 및 크기 다시 설정'을 클릭합니다.

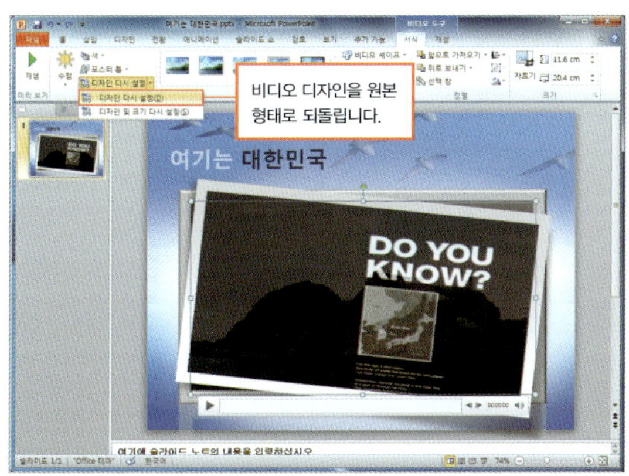

▲ 디자인 다시 설정

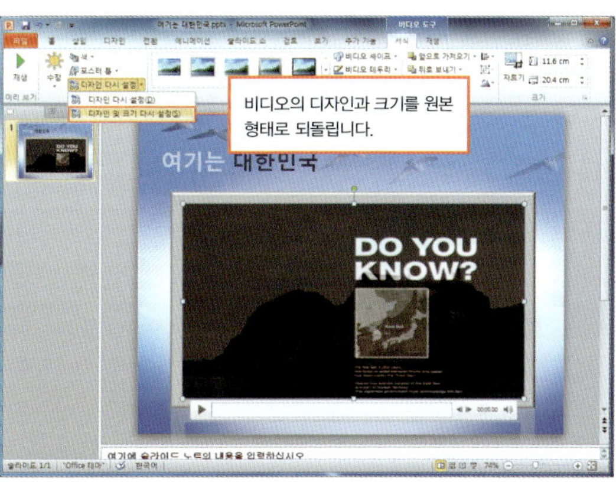

▲ 디자인 및 크기 다시 설정

6. 비디오 스타일 설정하기 `NEW 2010`

그림이나 도형, 텍스트 등과 같이 비디오 클립을 원하는 스타일로 자유롭게 변경할 수 있어서 별도로 비디오 클립 뒤에 프레임과 같은 배경을 만들지 않아도 됩니다.

비디오 클립을 선택한 후 [**비디오 도구**] − [**서식**] 탭 → **비디오 스타일** 그룹 오른쪽 **자세히** 단추(▼)를 클릭하여 선택 목록에서 원하는 스타일을 선택하면 비디오 스타일이 적용됩니다.

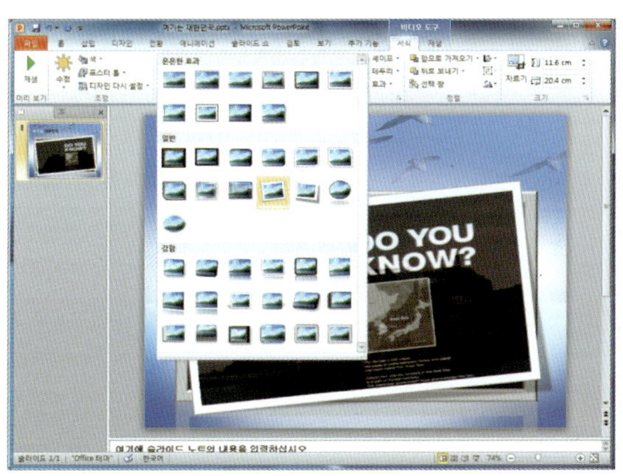

▲ '비디오 스타일' 선택 목록

▲ 비디오 스타일 − '회전, 흰색'

7. 비디오 셰이프 변경하기 `NEW 2010`

비디오 클립의 모양을 기본 제공되는 스타일과 달리 사용자가 원하는 도형의 형태로 변경해 줍니다. 비디오 클립을 여러 개 동시에 재생한다든지 디자인을 고려하여 다양한 도형의 형태로 비디오 클립의 모양을 변경하여 사용할 수 있습니다.

비디오 클립을 선택한 후 [비디오 도구] − [서식] 탭 → 비디오 스타일 그룹 → 비디오 세이프(비디오 세이프)를 클릭하여 원하는 스타일을 선택하면 비디오 세이프가 변경되어 적용됩니다.

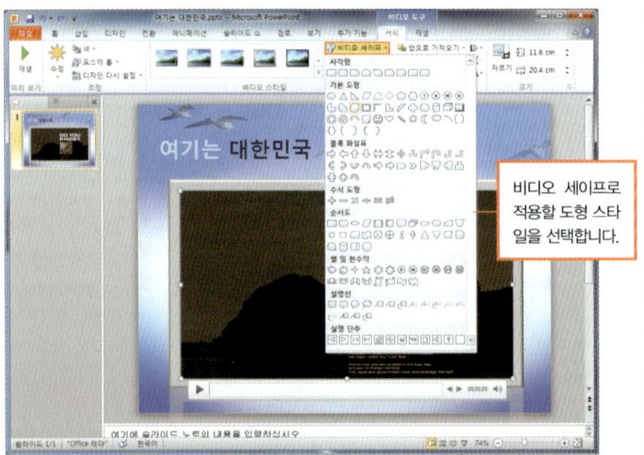

▲ 비디오 세이프 명령

▲ 비디오 세이프 적용

8. 비디오 테두리 변경하기 NEW 2010

비디오 클립의 테두리를 추가하고 색, 선 스타일 모양 또는 선 두께를 변경하여 프레젠테이션 슬라이드에서 비디오의 틀을 만들 수 있습니다.

○ 테두리 색 변경하기

비디오 클립을 선택한 후 [비디오 도구] − [서식] 탭 →
비디오 스타일 그룹 → 비디오 테두리(비디오 테두리)
목록 단추를 클릭하고 원하는 테두리 색을 클릭
합니다.

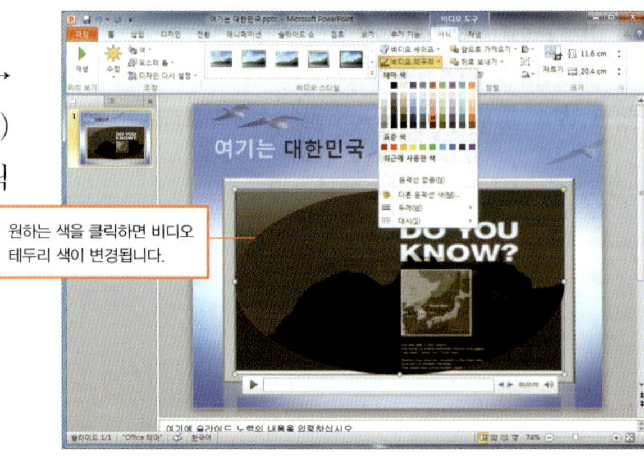

▲ 비디오 클립 − 테두리 색

○ 테두리 두께 변경하기

비디오 클립을 선택한 후 [비디오 도구] − [서식] 탭 →
비디오 스타일 그룹 → 비디오 테두리(비디오 테두리)
→ 두께를 클릭하고 원하는 두께를 선택합니다.

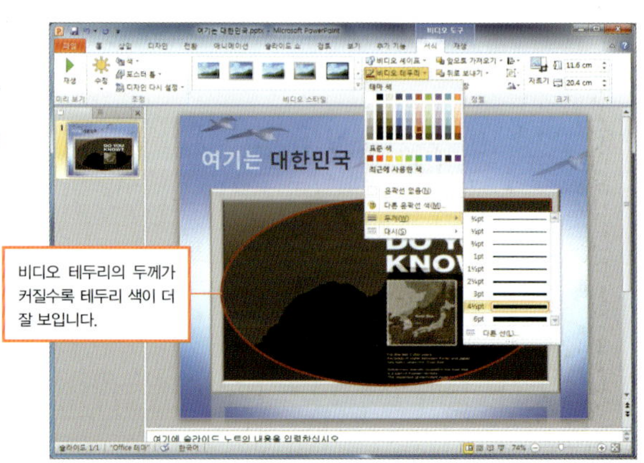

▲ 비디오 클립 − 테두리 두께

○ 보색의 테두리 색 사용

비디오 클립이 재생되면 테두리 색이 잘 보이지 않는 경우가 많습니다. 따라서 테두리의 굵기를 조정하거나 비디오 클립의 색상과 보색 계열의 색을 테두리에 적용하여 눈에 띄게 표현하는 것이 좋습니다.

○ 테두리 스타일 변경하기

비디오 클립을 선택한 후 [비디오 도구] – [서식] 탭 →
비디오 스타일 그룹 → 비디오 테두리(비디오 테두리 ▾)
→ 대시를 클릭하고 원하는 테두리 스타일을 선택
합니다.

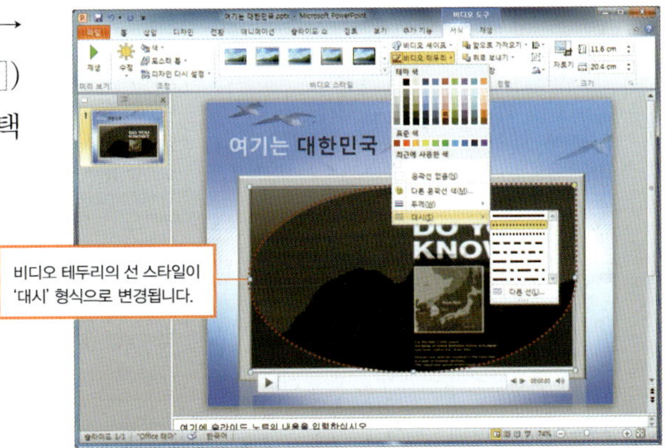

▲ 비디오 클립 – 테두리 스타일

○ 테두리 삭제하기

비디오 클립을 선택한 후 [비디오 도구] – [서식] 탭 →
비디오 스타일 그룹 → 비디오 테두리(비디오 테두리 ▾)
→ 윤곽선 없음을 클릭합니다.

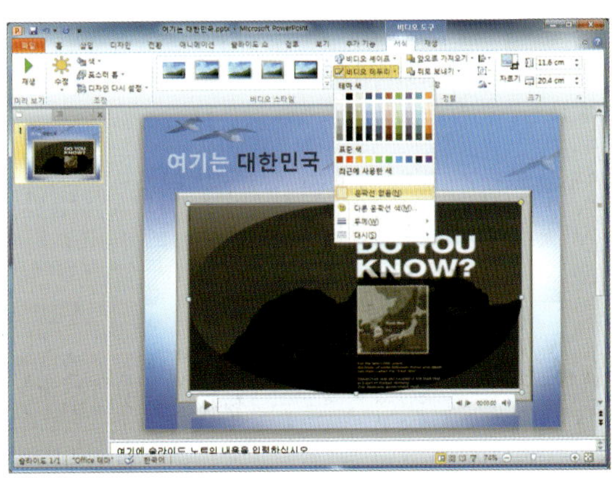

▲ 비디오 클립 – 테두리 삭제

9. 비디오에 특수 효과 추가하기 `NEW 2010`

비디오 클립에 그림자, 반사, 네온 효과, 부드러운
가장자리, 입체, 3차원 회전 등의 특수 효과를 적
용할 수 있습니다. 특수 효과의 적용 방법은 그림
과 도형에서 사용하는 방식과 동일하며, 특수 효
과의 적용으로 슬라이드 내의 도형이나 그림 등과
스타일을 맞춰서 일관성 있게 표현할 수 있습니다.

특수 효과를 추가할 비디오 클립을 선택한 후 [비
디오 도구] – [서식] 탭 → 비디오 스타일 그룹 → 비
디오 효과(비디오 효과 ▾)를 클릭합니다.

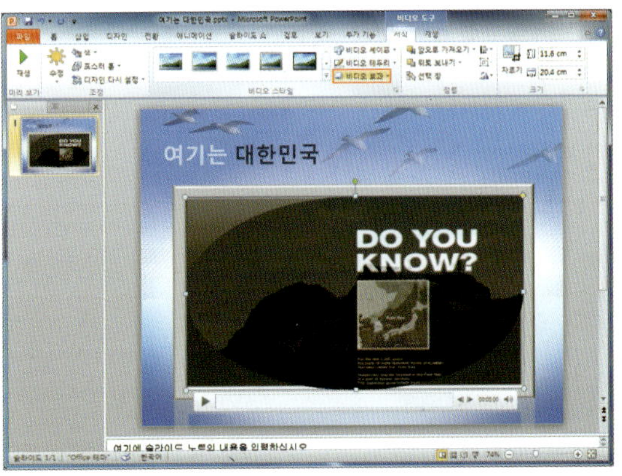

▲ 비디오 효과

미리 설정된 효과의 조합을 적용하거나 변경하려면 기본 설정을 가리킨 다음 원하는 효과를 클릭합니다.

① **그림자** : 그림자를 가리키고 원하는 그림자를 선택합니다.

② **반사** : 반사를 가리킨 다음 원하는 옵션을 선택합니다.

③ **네온** : 네온을 가리키고 원하는 네온 변형을 선택합니다.

④ **부드러운 가장자리** : 부드러운 가장자리를 가리키고 원하는 가장자리 크기를 선택합니다.

⑤ **입체 효과** : 가장자리를 적용하거나 변경하려면 입체 효과를 가리키고 원하는 입체 효과를 선택합니다.

⑥ **3차원 회전** : 3차원 회전을 가리킨 다음 원하는 회전을 선택합니다.

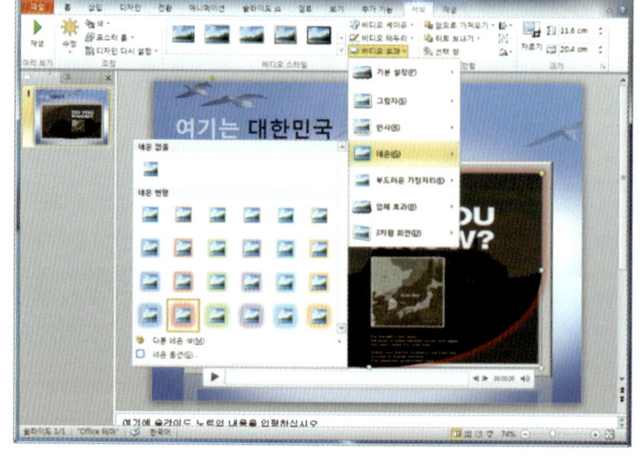

▲ 비디오 네온 효과 적용

이 기능은 64비트 Flash Player가 없기 때문에 파워포인트 2010에서 사용할 수 없습니다. 현재 64비트 파워포인트 2010에서 이 옵션이 비활성화된 상태(회색으로 표시)로 항상 표시되도록 수정하는 작업을 진행하고 있다고 합니다.
일반인들이 많이 사용하는 32비트 컴퓨터용 파워포인트 2010에서는 Adobe Flash Player가 설치되어 있어야 이 명령을 사용할 수 있습니다.

비디오 서식 꾸미기

준비 파일 : 02 이런 영업사원 답답하다.pptx　**완성 파일** : 02 이런 영업사원 답답하다_결과.pptx

파워포인트 2010에서는 비디오 클립에 다양한 서식을 적용하여 비디오 클립이 가지고 있는 장점을 극대화할 수 있도록 많은 명령들이 추가되었습니다. 이제 비디오 편집 프로그램을 사용하지 않고 비디오 클립에 사용자가 원하는 서식을 빠르게 적용하여 멋진 프레젠테이션을 만들어 봅시다.

항목	변경 내용
비디오 클립 삽입	'안하무인형.wmv'
	비디오 스타일 : '회전, 그라데이션'
	포스터 틀 : '현재 틀'
	입체 효과 : '디벗'

01 **예제 파일 열기** **02 이런 영업사원 답답하다.pptx** 파일을 두 번 연속 클릭하면 파워포인트가 실행되면서 다음 화면이 나타납니다.

02 비디오 클립 삽입하기 비디오 클립을 추가할 슬라이드에서 ❶ [삽입] 탭 → 미디어 그룹 → ❷ 비디오(🎞) → ❸ 비디오 파일을 클릭합니다.

비디오 클립을 삽입하기 위해 ❶을 클릭하면 비디오 파일을 선택하여 삽입합니다.
비디오 클립을 삽입하기 위해 ❷를 클릭하면 비디오 파일, 웹 사이트와 비디오, 클립 아트 비디오 중에서 선택하여 삽입합니다.

03 비디오 파일 선택하기 '비디오 삽입' 대화상자에서 ❶ 예제 폴더의 "안하무인형.wmv" 파일을 선택한 후 ❷ 〈삽입〉 단추를 클릭합니다.

◎ **비디오 클립 삽입**

- **비디오 파일** : 호환되는 모든 비디오 파일 삽입
- **웹 사이트 비디오** : YouTube와 같은 웹 사이트에 업로드 한 비디오 파일 삽입
- **클립 아트 비디오** : 내장된 비디오 파일이나 Office.com의 온라인 클립 삽입
- **레이아웃에서 삽입** : '제목 및 내용', '콘텐츠 2개', '비교', '캡션 있는 콘텐츠' 레이아웃에서 삽입

04 비디오 클립 뒤로 보내기 : 비디오 클립을 선택한 후 [비디오 도구] – [서식] 탭 → 정렬 그룹 → 뒤로 보내기(뒤로 보내기)를 클릭합니다.

◎ 파워포인트 2010부터는 비디오 클립 앞에 개체를 올려놓더라도 재생 시 개체가 뒤로 사라지지 않고 표시됩니다. 슬라이드 쇼에서 확인하기 바랍니다.

05 비디오 스타일 적용하기 비디오 스타일을 설정하기 위해 [비디오 도구] – [서식] 탭 → ❶ 비디오 스타일 그룹 오른쪽 **자세히** 단추(▾)를 클릭하고 ❷ '회전, 그라데이션'을 선택합니다.

◉ **비디오 스타일 변경 방법**

비디오 클립을 선택하고 [**비디오 도구**] – [**서식**] 탭 → **비디오 스타일** 그룹 오른쪽 아래에 **대화상자 표시** 단추(▾)를 클릭합니다. '비디오 형식 지정' 대화상자에서 [비디오] 영역 '다시 칠하기' 항목의 '미리 설정'에서도 스타일을 변경할 수 있습니다.

06 포스터 틀 표시하기 ❶ 재생(▶)을 클릭하여 포스터 3초가 흐르면 일시 정지(❙❙)를 클릭한 후 [**비디오 도구**] – [**서식**] 탭 → **조정** 그룹 → ❷ **포스터 틀**(포스터 틀 ▾) → ❸ **현재 틀**을 클릭하면 비디오 클립의 검정색 화면이 사라지고 포스터 틀이 표시됩니다.

◉ 포스터 틀은 비디오를 재생하기 전 비디오 클립의 내용이나 전달할 내용이 있는 경우 사용합니다.

07 입체 효과 추가하기 비디오 클립이 선택된 상태에서 입체 효과를 설정하기 위해 [**비디오 도구**] – [**서식**] 탭 → **비디오 스타일** 그룹 → ❶ **비디오 효과**(비디오 효과 ▾) → **입체 효과** → ❷ '디벗'을 선택합니다.

자주 묻는 질문

파워포인트 2010에서 적용한 비디오 서식을 파워포인트 2007에서 수정할 수 있나요?

파워포인트 2010에서 비디오 서식이 적용된 프레젠테이션을 파워포인트 2007에서 열면 적용된 비디오 서식을 모두 수정할 수 있는 것은 아닙니다.

삽입된 비디오 클립을 선택하고 [**그림 도구**] – [**서식**] 탭 → **그림 스타일**을 선택하면 비디오 클립의 서식 변경이 가능합니다. 다만 **3차원 회전** 효과가 적용된 서식의 경우에는 슬라이드 쇼 실행 시 비디오 클립을 재생할 경우 3차원 회전 효과가 재생되지 않고 원본 서식 형태로만 재생됩니다.

따라서 파워포인트 2010에서 적용한 비디오 서식은 파워포인트 2007에서 일부만 수정이 가능하다고 할 수 있습니다.

비디오 클립 위에 개체 올려놓기

파워포인트 2010에서는 비디오 클립에 적용할 수 있는 색다른 기능들이 많습니다. 이전 버전까지 사용자 분들이 가장 안타깝게 생각했던 부분 중에 비디오 클립 위에 텍스트를 올려놓거나 그림을 올려놓았을 때 슬라이드 쇼에서 재생하게 되면 비디오 클립 뒤로 모두 숨어버려 표시가 되지 않아 아쉬움이 많았습니다.

그러나 파워포인트 2010에서는 비디오 클립 위에 삽입된 개체들을 슬라이드 쇼 재생 시 비디오 클립 위에서 재생되도록 향상된 기능을 제공하고 있습니다.

❶ 비디오 클립 위에 텍스트 상자를 삽입하고 "안하무인형" 이라고 입력한 다음 비디오 클립 왼쪽 상단에 위치시킵니다.

❷ 현재 슬라이드에는 비디오 클립 위에 텍스트와 그림이 삽입되어 있으므로 '읽기용 보기'에서 비디오 클립을 재생해보면 비디오 클립이 재생되는 동안에도 텍스트와 그림은 비디오 클립 위에 계속해서 표시됨을 확인할 수 있습니다.

응용하여 사용한다면 비디오 클립의 주요 내용을 텍스트로 입력하여 애니메이션과 함께 삽입하여 마치 자막이 흘러가는 느낌을 줄 수도 있습니다.

05 비디오 클립 제어하기

파워포인트 2010에서 비디오 클립을 제어하기 위해 새롭게 [비디오 도구] – [재생] 탭이 상황별 탭으로 리본 메뉴에 표시됩니다. 기존의 비디오 클립을 제어하는 수준을 넘어서 비디오 편집 기능을 대폭 강화하여 사용자의 편의를 증대하였습니다. 특히 비디오 트리밍을 통해 원하는 부분만 재생할 수 있도록 구성되어 프레젠테이션 시 비디오 클립을 다른 편집 프로그램으로 편집하여 사용해야 하는 불편함을 해소해 주었습니다.

1. [비디오 도구] – [재생] 탭 살펴보기 `NEW 2010`

비디오 클립의 시작과 끝을 사용자가 원하는대로 트리밍 할 수 있고 책갈피를 추가하여 원하는 시점을 표시할 수도 있으며, 페이드 인과 페이드 아웃을 적용하여 비디오 클립을 부드럽게 재생 또는 종료할 수 있습니다. 또한 이전 버전에서 비디오 제어에 관련된 명령들이 **[비디오 도구]** – **[재생]** 탭에 포함되어 있습니다.

> **○ 책갈피**
>
> 책갈피는 사용자가 미리 기억해 놓은 지점으로, 애니메이션을 시작하거나 오디오/비디오 클립의 특정 위치로 이동하는 데 사용할 수 있습니다.

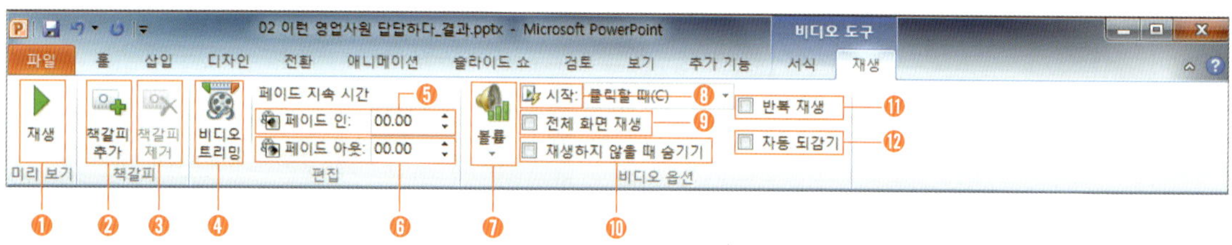

❶ **재생** : 비디오 클립을 변경한 모든 서식과 함께 미리 봅니다.

❷ **책갈피 추가** : 비디오 클립에서 현재 시간에 책갈피를 추가합니다.

❸ **책갈피 제거** : 비디오 클립에서 현재 시간에 책갈피를 제거합니다.

❹ **비디오 트리밍** : 시작 및 종료 시간을 지정하여 비디오를 트리밍합니다.

❺ **페이드 인** : 몇 초의 페이드 효과와 함께 비디오 클립을 시작합니다.

❻ **페이드 아웃** : 몇 초의 페이드 효과와 함께 비디오 클립을 종료합니다.

❼ **볼륨** : 비디오 클립의 볼륨을 변경합니다.

❽ **시작** : 비디오 클립을 자동으로 또는 클릭할 때 재생합니다.

❾ **전체 화면 재생** : 비디오 클립을 전체 화면으로 재생합니다.

❿ **재생하지 않을 때 숨기기** : 재생 중이지 않으면 비디오 클립을 숨깁니다.

⓫ **반복 재생** : 비디오 클립이 중지될 때까지 재생됩니다.

⓬ **자동 되감기** : 비디오 클립을 재생한 후에 되감습니다.

2. 책갈피 추가/제거하기 `NEW 2010`

비디오 클립에 책갈피를 추가하여 원하는 시점을 표시할 수 있습니다. 책갈피는 프레젠테이션 도중에 유용하게 사용되는데, 애니메이션을 시작하거나 비디오 클립의 특정 지점을 빠르게 검색할 수 있는 장점이 있습니다

○ 책갈피 추가

슬라이드에서 비디오 클립을 선택한 후 비디오 클립 아래의 비디오 컨트롤에서 재생을 눌러 비디오가 재생되면 원하는 지점을 찾습니다. 원하는 지점에 책갈피를 표시하려면 [비디오 도구] – [재생] 탭 → 책갈피 그룹 → 책갈피 추가( )를 클릭합니다.

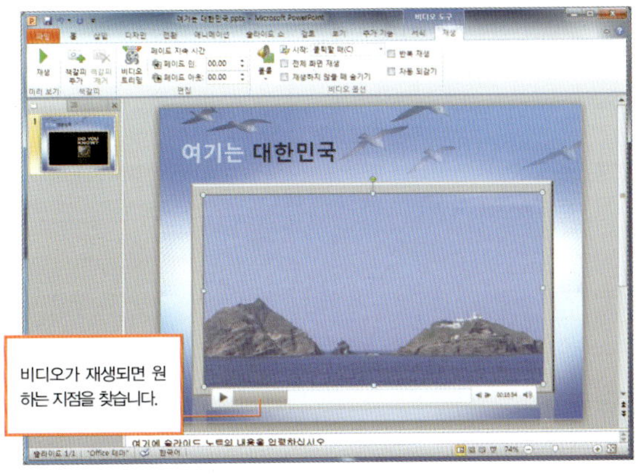

▲ 원하는 지점 찾기

▲ 책갈피 추가

○ 책갈피 제거

시간 표시 막대에서 제거할 책갈피를 찾아 클릭한 후 [비디오 도구] – [재생] 탭 → 책갈피 그룹 → 책갈피 제거( )를 클릭합니다.

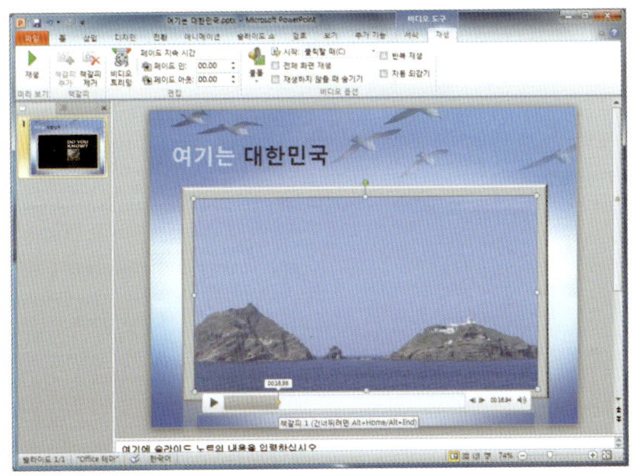

▲ 제거할 책갈피 찾기

▲ 책갈피 제거

○ 05 본문예제.pptx를 참조하세요.

○ 책갈피의 표시

오디오나 비디오 클립에 책갈피를 추가하면 노란색 원 ( )으로 책갈피가 추가되었음을 표시합니다. 또한 책갈피 추가된 지점 이외의 지점을 선택하면 추가된 책갈피는 흰색 원 (○)으로 표시됩니다.

○ 책갈피 제거

책갈피를 추가해야만 명령 단추가 활성화되므로, 임의의 지점을 선택하면 책갈피를 제거할 수 없습니다.

3. 비디오 클립 트리밍하기 `NEW 2010`

각 비디오 클립의 처음과 끝을 트리밍 할 수 있습니다. 비디오 클립의 메시지와 관계없는 주제에 대한 설명이 있거나 슬라이드 시간에 맞게 비디오 길이를 줄이려는 경우 비디오 클립을 트리밍 할 수 있습니다.

① 비디오 클립을 선택한 후 [비디오 도구] – [재생] 탭 → 편집 그룹 → 비디오 트리밍( )을 클릭합니다.

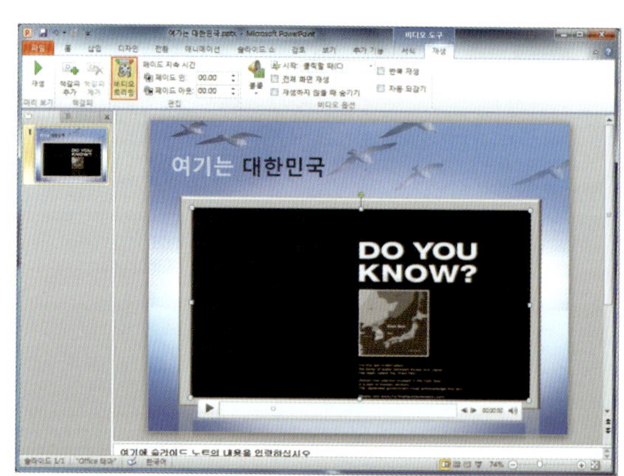

▲ 비디오 트리밍 명령

② '비디오 트리밍' 대화상자에서 클립의 처음을 트리밍하려면 시작 지점을 클릭하고 화살표( )가 표시되면 화살표를 원하는 비디오 클립 시작 위치로 끌어줍니다. 클립의 끝을 트리밍하려면 종료 지점을 클릭하고 화살표( )가 표시되면 화살표를 원하는 비디오 클립 종료 위치로 끌어줍니다.

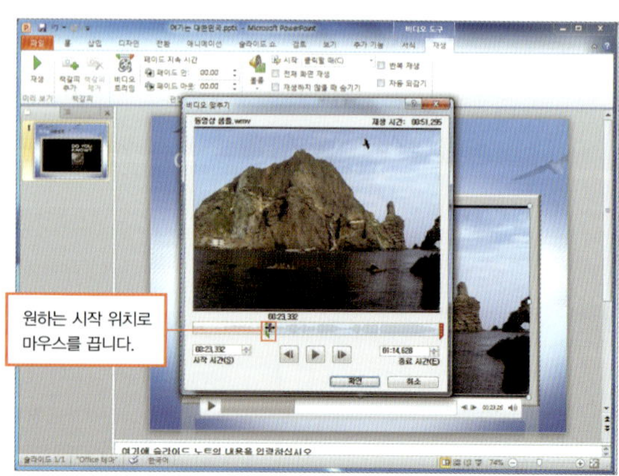

▲ 비디오 트리밍 시작 위치

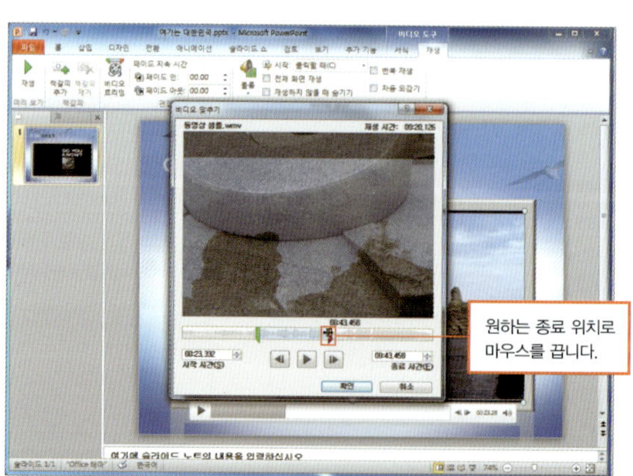

▲ 비디오 트리밍 종료 위치

4. 페이드 인/아웃하기 `NEW 2010`

비디오 편집 시 가장 많이 사용되는 기능이 비디오 클립의 시작을 일정시간 동안 점점 커지면서 부드럽게 시작하고 마지막에 점점 작아지면서 마무리되게 하는 페이드 인/아웃 기능입니다. 이제 파워포인트에서도 페이드 인/아웃 기능을 사용할 수 있게 되었습니다.

● 페이드 인

페이드 인을 설정하려면 비디오 클립을 선택한 후 [비디오 도구] − [재생] 탭 → 편집 그룹 → 페이드 인(페이드 인:) 입력 상자에 원하는 시간을 입력합니다.

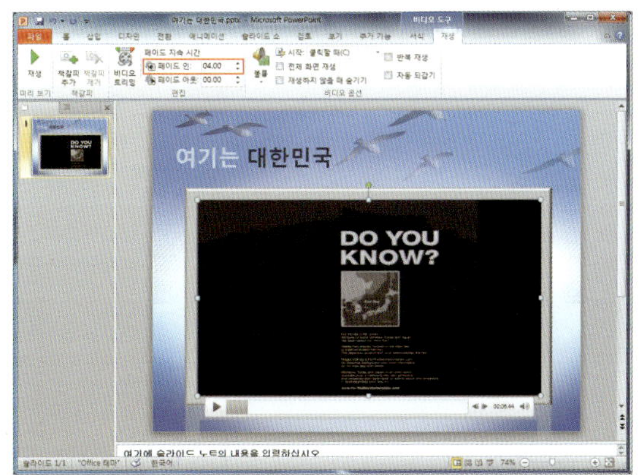

▲ 페이드 인 설정

● 페이드 아웃

페이드 아웃을 설정하려면 비디오 클립을 선택한 후 [비디오 도구] − [재생] 탭 → 편집 그룹 → 페이드 아웃(페이드 아웃:) 입력 상자에 원하는 시간을 입력합니다.

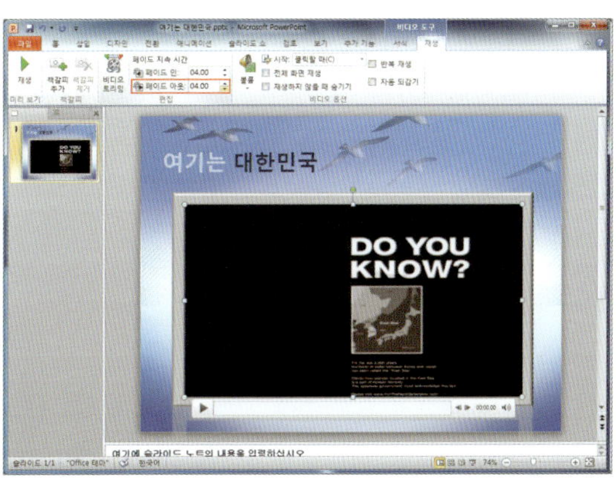

▲ 페이드 아웃 설정

5. 비디오 재생 옵션 설정하기

비디오 옵션들은 비디오 클립 재생 시 비디오의 볼륨, 시작 방법, 슬라이드 쇼 간 비디오 클립 아이콘 숨기기, 반복 재생, 자동 되감기 명령으로 구성되어 있습니다.

● 볼륨 조절하기

비디오 클립의 소리 크기를 변경하기 위해 비디오 클립을 선택한 후 [비디오 도구] − [재생] 탭 → 비디오 옵션 그룹 → 볼륨(🔊) 목록 단추를 클릭하여 원하는 볼륨 크기를 선택합니다.

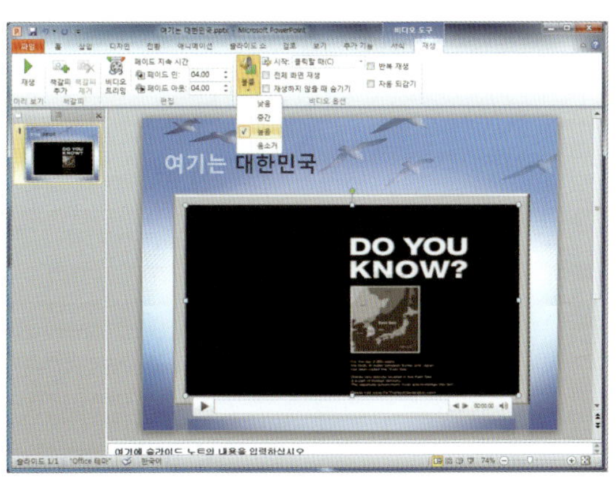

▲ 비디오 클립 볼륨 조절

시작 제어하기

클릭될 때 비디오 클립을 자동으로 재생하거나 여러 슬라이드에서 자동으로 재생합니다.

비디오 클립을 선택한 후 [비디오 도구] – [재생] 탭 → 비디오 옵션 그룹 → 시작 목록 단추를 클릭하여 '자동 실행', '클릭할 때' 중에서 원하는 시작 방법을 클릭합니다.

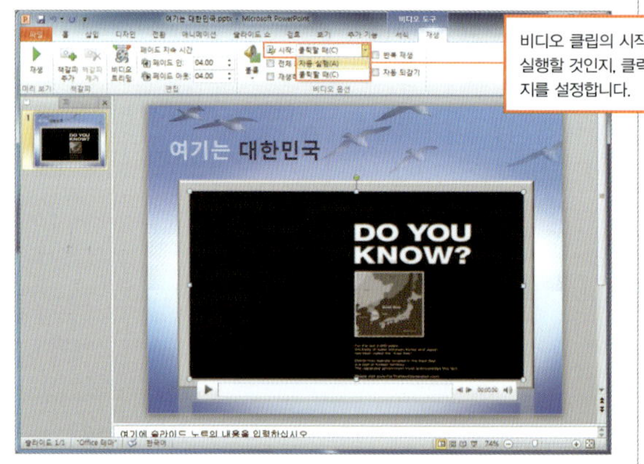

▲ 시작 시간 설정하기

전체 화면 재생

청중의 수가 많거나 프레젠테이션 룸의 크기가 클 경우 전체 화면을 활용하여 비디오 클립을 재생하는 것이 효과적입니다. 전체 화면 재생을 선택하면 슬라이드 쇼를 실행할 경우 비디오 클립이 옵션에 따라 클릭할 때나 자동 재생될 때 전체 화면으로 보이게 됩니다.

비디오 클립을 선택한 후 [비디오 도구] – [재생] 탭 → 비디오 옵션 그룹 → 전체 화면 재생 확인란을 선택합니다.

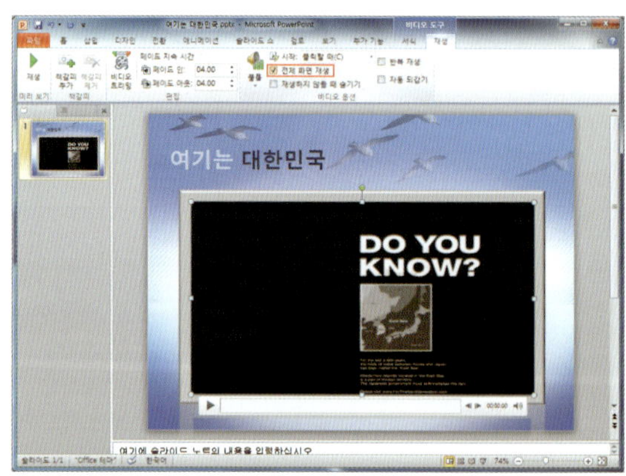

▲ 전체 화면 재생

비디오의 해상도 낮을 때

해상도가 낮은 파일을 전체 화면으로 재생하면 영상이 깨져서 보입니다. 따라서 해상도가 낮은 비디오 클립을 사용할 경우에는 전체 화면 재생 명령을 사용하지 않는 것이 좋습니다.

재생하지 않을 때 숨기기

프레젠테이션을 표시할 때는 비디오 재생이 준비될 때까지 비디오를 숨길 수 있습니다. 그러나 이 기능을 수행하려면 자동 또는 트리거 애니메이션을 만들어 재생을 시작해야 하며, 그렇지 않으면 슬라이드 쇼 중에 비디오가 재생되지 않습니다.

비디오 클립을 선택한 후 [비디오 도구] – [재생] 탭 → 비디오 옵션 그룹 → 재생하지 않을 때 숨기기를 선택합니다.

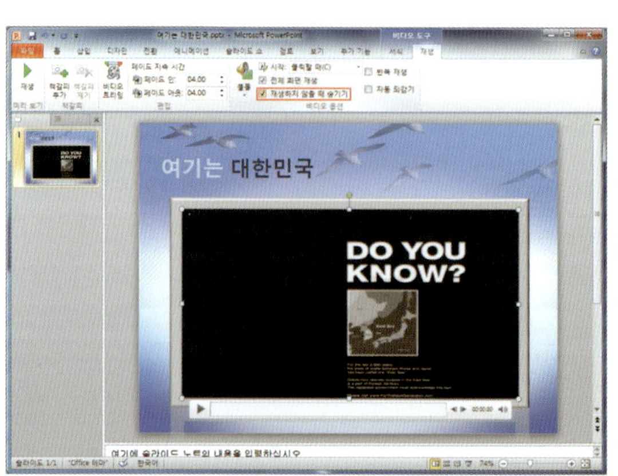

▲ 재생하지 않을 때 숨기기

● 반복 재생 및 자동 되감기

프레젠테이션 중에 비디오를 계속 반복 재생하거나 비디오 클립을 재생한 후에 되감습니다.

① **반복 재생** : 비디오 클립을 반복 재생하려면 비디오 클립을 선택한 후 [**비디오 도구**] – [**재생**] 탭 → **비디오 옵션** 그룹 → **반복 재생**을 클릭합니다.

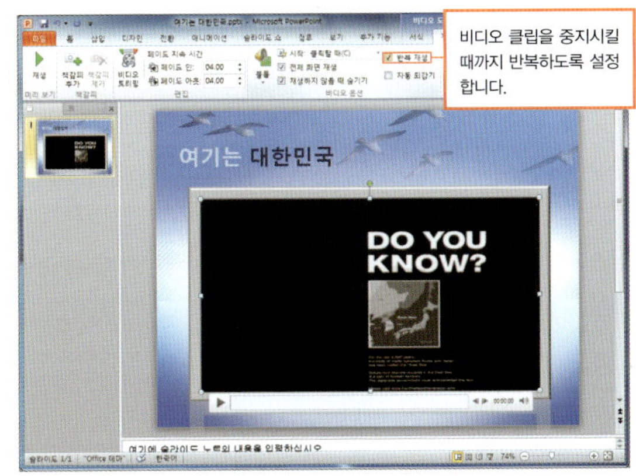

▲ 반복 재생 설정

② **자동 되감기** : 비디오 클립을 자동으로 되감으려면 비디오 클립을 선택한 후 [**비디오 도구**] – [**재생**] 탭 → **비디오 옵션** 그룹 → **자동 되감기**를 클릭합니다.

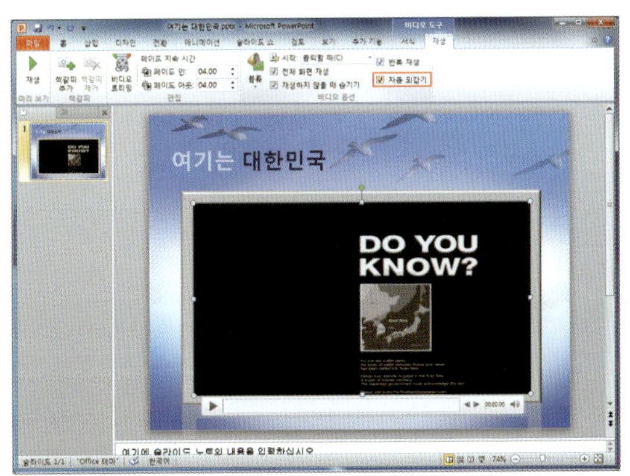

▲ 자동 되감기 설정

> **○ 트릭으로 반복 재생하기**
>
> 비디오 클립이 포함되어 있는 슬라이드를 [슬라이드] 탭에서 선택하고 마우스 오른쪽 단추를 클릭하여 **슬라이드 복제** 명령 단추를 클릭합니다. 그러면 비디오 클립이 포함된 같은 슬라이드 2장을 삽입하여 마치 한 페이지에서 여러 번 재생되는 것처럼 보일 수 있습니다.

---

1. 프레젠테이션에 비디오 DVD의 디지털 동영상을 추가할 수 있습니까?
파워포인트에서는 프레젠테이션에 비디오 DVD의 디지털 동영상을 추가할 수 없지만 PFCMedia와 같은 타사 추가 기능을 사용하면 재생할 수 있습니다.

2. 파워포인트 2010에서 MPGE 2 파일을 실행할 수 없습니까?
MPGE2는 DVD와 같은 포맷이며, 무료 코덱이 아니므로 실행할 수 없습니다.

3. PowerPoint 2010로 작업한 비디오 클립을 2007에서 재생할 수 있습니까?
가능은 하지만, 다른 컴퓨터에서 재생 시에는 비디오 클립 원본을 함께 가지고 가야 합니다.

비디오 클립 제어하기

준비 파일 : 03 갈매기의 꿈.pptx　　**완성 파일 :** 03 갈매기의 꿈_결과.pptx

파워포인트 2010에서 비디오 클립의 제어 명령 중에서 비디오 트리밍 명령은 아주 유용한 기능입니다. 트리밍을 통해 원하는 영역만 재생할 수 있으므로 동영상 편집에 어려움을 겪었던 많은 사용자들에게 도움이 되는 기능입니다. 이번 예제에서 비디오 트리밍을 설정하는 방법에 대해 알아보겠습니다.

항목	변경 내용
비디오 클립 삽입	'갈매기.wmv'
비디오 트리밍	시작 지점 : '11.416' 종료 지점 : '15.931'
시작 옵션	자동 실행
비디오 옵션	'전체 화면 재생', '재생하지 않을 때 숨기기', '반복 재생', '자동 되감기'

01 **예제 파일 열기** **03 갈매기의 꿈. pptx** 파일을 두 번 연속 클릭하면 파워포인트가 실행되면서 다음 화면이 나타납니다.

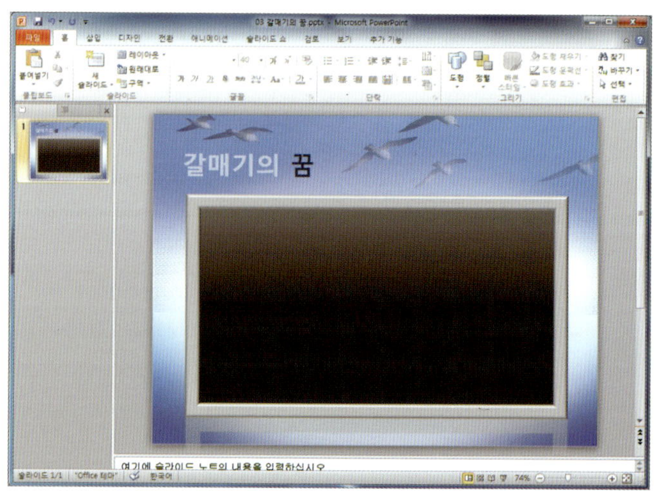

02 비디오 클립 삽입하기 비디오 클립을 추가할 슬라이드에서 ❶ [삽입] 탭 → 미디어 그룹 → ❷ 비디오 명령 단추( )를 클릭합니다. '비디오 삽입' 대화상자에서 ❸ 예제 폴더의 "갈매기.wmv" 파일을 선택한 후 ❹ 〈삽입〉 단추를 클릭합니다.

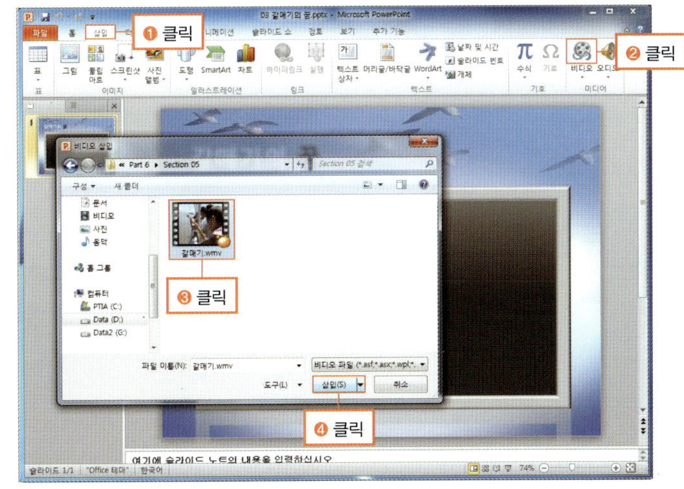

03 비디오 트리밍하기 비디오 트리밍을 설정하기 위해 [비디오 도구] – ❶ [재생] 탭 → 편집 그룹 → ❷ 비디오 트리밍( )을 클릭합니다.

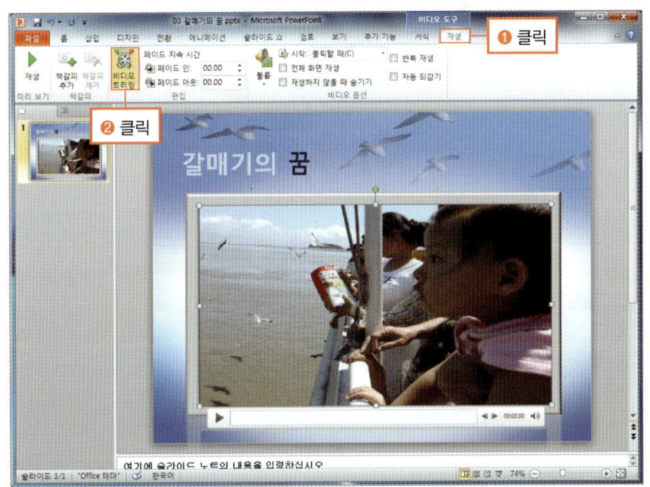

○ 비디오 클립을 선택한 후 마우스 오른쪽 단추를 클릭하여 바로 가기 메뉴에서 **비디오 트리밍** 명령을 실행해도 됩니다.

04 트리밍 설정하기 '비디오 맞추기' 대화상자에서 ❶ 시작 지점 화살표를( ) "11.416", ❷ 종료 지점 화살표( )를 "15.931"로 설정하고 ❸ 〈확인〉 단추를 클릭합니다.

○ **트리밍이란?**

타임 라인을 통해 비디오 클립의 길이를 조절하는 기능을 의미합니다. 트리밍 기능을 이용할 클립을 먼저 클릭한 후 클립의 앞이나 뒤를 마우스로 끌어 이동하면 됩니다.

05 **시작 옵션 조정하기** 비디오 클립이 선택된 상태에서 [비디오 도구] – [재생] 탭 → 비디오 옵션 그룹 → ❶ 시작 목록 단추를 클릭하여 ❷ '자동 실행'을 선택합니다.

06 **비디오 옵션 조정하기** 비디오 옵션을 설정하기 위해 [비디오 도구] – [재생] 탭 → 비디오 옵션 그룹 → '전체 화면 재생', '재생하지 않을 때 숨기기', '반복 재생', '자동 되감기' 확인란을 모두 선택합니다.

07 **결과 확인하기** 슬라이드 작성이 완료되었습니다. 슬라이드 창 하단에서 읽기용 보기를 클릭하면 비디오 클립이 전체 화면으로 자동 재생되고 마우스를 클릭하거나 Esc 키를 누를 때까지 반복해서 재생됩니다.

하이퍼링크로 비디오 클립 재생하기

프레젠테이션 시 가끔 비디오 클립이 재생이 되지 않아 슬라이드 쇼를 멈추고 윈도 미디어 플레이어나 곰플레이어와 같은 재생 프로그램으로 비디오 클립을 보여주는 경우가 있습니다. 그러므로 프레젠테이션 전에 비디오 클립의 재생 여부를 반드시 확인해야 합니다.

비디오 클립이 슬라이드 쇼에 재생이 안되는 경우 임시방편으로 비디오 클립에 하이퍼링크를 연결하여 슬라이드 쇼를 멈추지 않고 비디오 클립이 재생되도록 빠르게 전환하는 방법을 사용하기도 합니다.

❶ 하이퍼링크로 연결할 개체를 선택하고 [**삽입**] 탭 → **링크** 그룹 → **하이퍼링크** 명령 단추(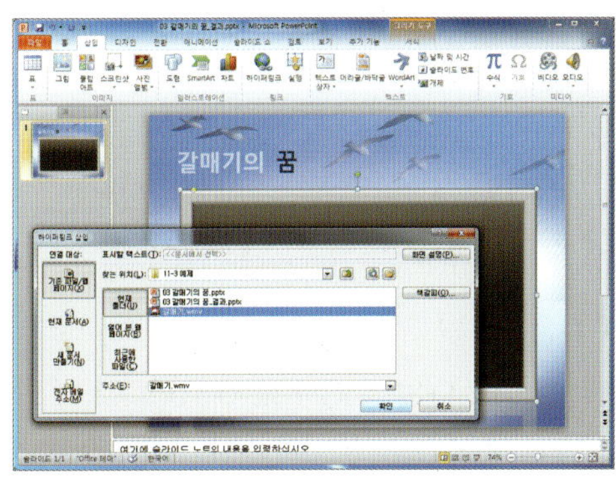)를 클릭합니다. '하이퍼링크 삽입' 대화상자가 표시되면 [기존 파일/웹 페이지]에서 해당 비디오 클립을 선택하고 〈확인〉 단추를 클릭합니다.

❷ 슬라이드 쇼를 실행하고 하이퍼링크로 연결된 개체를 클릭합니다. 컴퓨터에 기본 프로그램으로 설정되어 있는 비디오 클립 재생 프로그램이 실행되면 해당 비디오 클립이 재생되는데, 주의할 점은 하이퍼링크로 비디오 클립을 재생하는 경우 보안 수준을 낮춰 놓아야 재생 시 불필요한 대화상자가 표시되지 않고 비디오 클립이 재생됩니다.

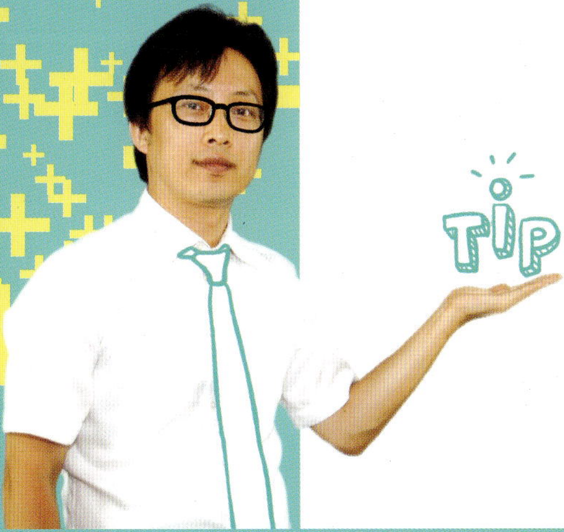

애니메이션 및
슬라이드 쇼 설정하기

파워포인트에서는 메시지를 강조할 수 있는 동적인 애니메이션과 화면 전환을 쉽게 추가할 수 있으며, 개체마다 자유롭게 애니메이션을 설정하여 발표에 맞춰 화려한 효과를 보여줄 수 있습니다. 또한 파워포인트 2010에서는 청중의 시선을 사로잡을 수 있는 입체 전환 효과와 프레젠테이션 문서 없이도 원격 프레젠테이션을 할 수 있는 브로드캐스팅 기능들이 추가되었습니다. 이번 장에서는 애니메이션과 전환 효과를 추가 및 제어하고 슬라이드 쇼를 설정하는 다양한 방법에 대해 알아보겠습니다.

PART
07

애 니 메 이 션 및 효 과 제 어

개체의 동적인 움직임을 표현하는 애니메이션의 종류 알아보기

각각의 애니메이션의 특징과 활용 방법 살펴보기

개체의 세부적인 컨트롤을 위한 효과 옵션이나 타이밍 설정하기

화 면 전 환 설 정 및 하 이 퍼 링 크 연 결

슬라이드 쇼 실행 시 화면 전환 효과 설정하기

하이퍼링크 기능을 이용해 인터넷 웹 사이트와 연결하기

슬라이드 쇼 브로드캐스트 기능을 이용해 온라인상에서 자료 공유하기

01 애니메이션의 종류 및 효과 적용하기

애니메이션은 슬라이드 쇼를 실행했을 때 개체의 동적인 움직임을 표현하는
효과입니다. 개체에 애니메이션을 적용하면 중요한 내용을 강조할 수 있고
프레젠테이션의 지루함을 상쇄시키는 효과를 얻을 수 있어 많은 사용자들이
사용하는 중요한 기능입니다.

1. [애니메이션] 탭 살펴보기 NEW 2010

파워포인트 2010의 [애니메이션] 탭은 이전 버전의 사용자 지정 애니메이션 창의 명령들을 리본 메뉴로
올려서 작업 속도를 향상시켰으며, 주요 명령을 살펴보면 다음과 같습니다.

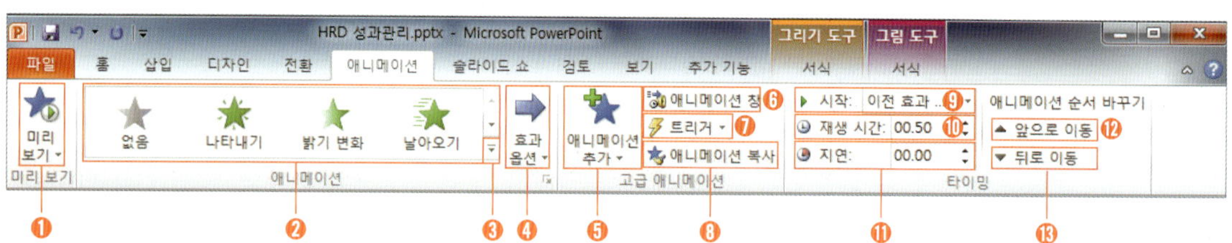

○ 애니메이션 창

이전 버전에서의 애니메이션 창은 애니메이션을 지정하고 시작 설정까지 모두 할 수 있었으나 파워포인트 2010에서는 순서 조정과 미리보기를 재생하는 정도로 기능이 축소되었습니다.

❶ **미리보기** : 현재 슬라이드에 있는 애니메이션을 미리 봅니다.

❷ **애니메이션** : 슬라이드의 개체에 적용할 애니메이션을 선택합니다.

❸ **'애니메이션' 자세히 단추** : 좀 더 다양한 애니메이션 효과를 찾아볼 수 있습니다.

❹ **효과 옵션** : 선택한 개체에 애니메이션 효과를 적용합니다.

❺ **애니메이션 추가** : 선택한 개체에 추가할 애니메이션 효과를 선택하며, 새 애니메이션은 기존 애니메이션 뒤에 적용됩니다.

❻ **애니메이션 창** : 사용자 지정 애니메이션을 만들기 위한 애니메이션 창을 표시합니다.

❼ **트리거** : 애니메이션을 위한 특수 시작 조건을 설정합니다. 도형과 같은 개체를 클릭한 후에 시작되거나 미디어 재생이 책갈피에 도착할 때 시작되도록 애니메이션을 설정할 수 있습니다.

❽ **애니메이션 복사** : 한 개체에서 애니메이션을 복사하여 다른 개체에 적용하며, 프레젠테이션의 여러 개체에 동일한 애니메이션을 적용하려면 명령을 두 번 클릭하면 됩니다.

❾ **시작** : 애니메이션의 재생 시작 시점을 선택합니다.

❿ **재생 시간** : 애니메이션의 재생되는 총 시간을 지정합니다.

⓫ **지연** : 사용자에 의해 지정된 몇 초 후에 애니메이션을 시작합니다.

⓬ **앞으로 이동** : 현재 순서보다 먼저 시작되도록 애니메이션의 순서를 앞으로 이동합니다.

⓭ **뒤로 이동** : 현재 순서보다 나중에 시작되도록 애니메이션의 순서를 뒤로 이동합니다.

2. 애니메이션 적용하기

슬라이드에 있는 개체에 애니메이션을 적용하기 위해 애니메이션 선택 목록에서 원하는 애니메이션 스타일을 선택하여 적용합니다.

○ 01 본문예제.pptx를 참조하세요.

◎ 애니메이션 적용

애니메이션을 적용할 개체를 선택한 후 [**애니메이션**] 탭 → **애니메이션** 그룹 오른쪽 **자세히** 단추(▼)를 클릭하고 선택 목록에서 원하는 애니메이션을 선택합니다. 애니메이션이 적용되면 화면에 **1**와 같이 애니메이션 순서 표시가 나타납니다.

○ **애니메이션 순서 표시**

개체에 적용된 애니메이션은 순서가 반드시 연번으로 이루어지는 것은 아닙니다. 개체 애니메이션이 동시에 실행되는 경우나 마우스 클릭없이 애니메이션이 바로 나타나는 경우에는 같은 번호로 표시됩니다.

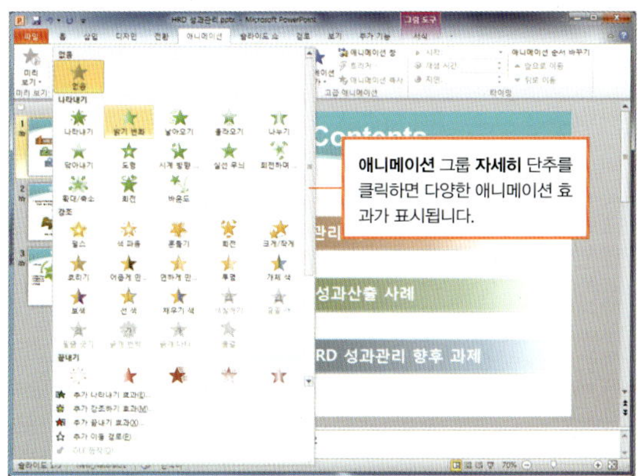

▲ 애니메이션 그룹의 자세히 단추

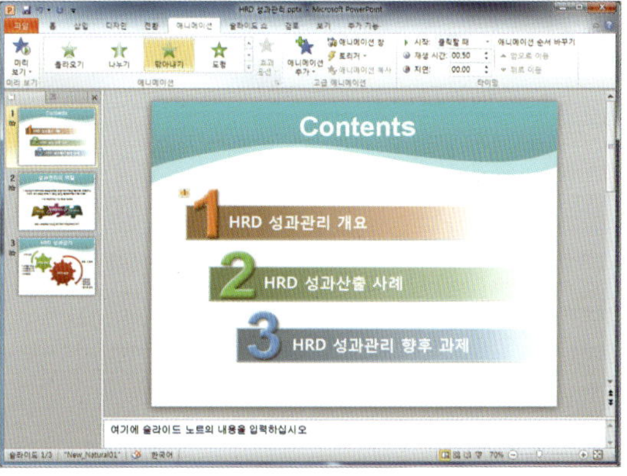

▲ 애니메이션 순서 표시

◎ 애니메이션 변경

개체에 적용된 애니메이션을 변경하려면 애니메이션이 적용된 개체를 선택한 후 [**애니메이션**] 탭 → **애니메이션** 그룹 오른쪽 **자세히** 단추(▼)를 클릭하고 변경하고자 하는 애니메이션을 선택합니다.

▲ 애니메이션 변경

◎ 애니메이션 추가

애니메이션 추가 효과를 더 보려면 [**애니메이션**] 탭 → **애니메이션** 그룹 오른쪽 **자세히** 단추(▼)를 클릭하고 **추가 애니메이션 효과**를 선택합니다. '효과 변경' 대화상자에서 원하는 애니메이션 스타일을 선택한 후 〈확인〉 단추를 클릭합니다.

○ **애니메이션 추가 명령**

[**애니메이션**] 탭 → **고급 애니메이션** 그룹 → **애니메이션 추가** 명령 단추(▼)를 클릭해서 같은 개체에 여러 번 애니메이션을 추가할 수 있습니다.

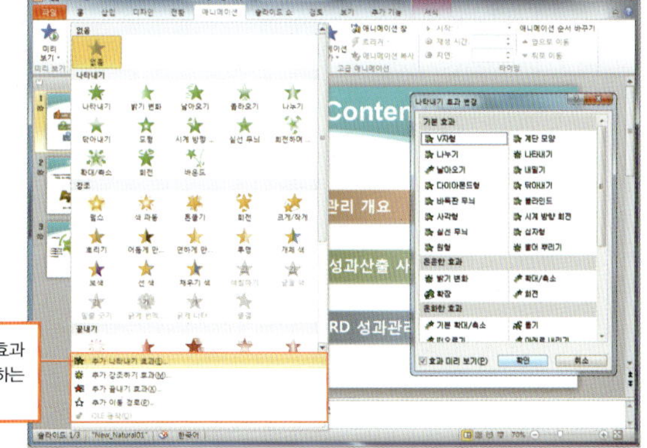

▲ 애니메이션 추가 효과

3. 애니메이션의 종류 살펴보기

애니메이션 효과를 적용할 개체를 선택한 후 애니메이션 효과 선택 항목을 표시하면 나타내기, 강조, 끝내기, 이동 경로의 4가지 효과가 표시됩니다.

● 나타내기

슬라이드에 개체가 처음에는 보이지 않다가 마우스 클릭 등의 이벤트에 따라 나타나는 애니메이션 효과입니다.

● 끝내기

슬라이드에서 선택한 개체가 화면에 표시되다가 사라지는 애니메이션 효과입니다.

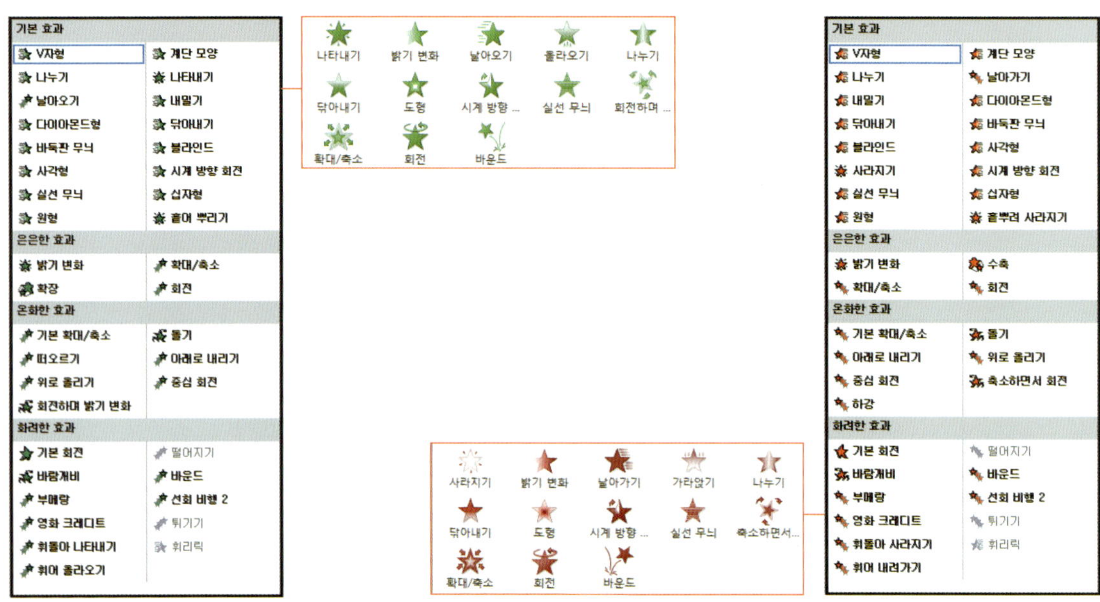

▲ '나타내기 효과 변경' 창

▲ '끝내기 효과 변경' 창

● 강조

슬라이드의 선택한 개체를 깜박이거나 회전하거나 글꼴 색을 변경하는 등 강조하는 애니메이션입니다.

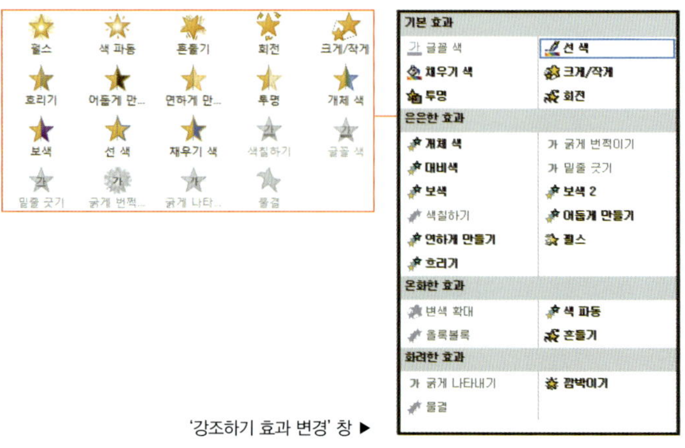

'강조하기 효과 변경' 창 ▶

◉ 이동 경로

슬라이드에서 선택한 개체가 설정
되어 있는 경로나 사용자가 지정한
경로를 따라 이동하는 애니메이션
효과입니다.

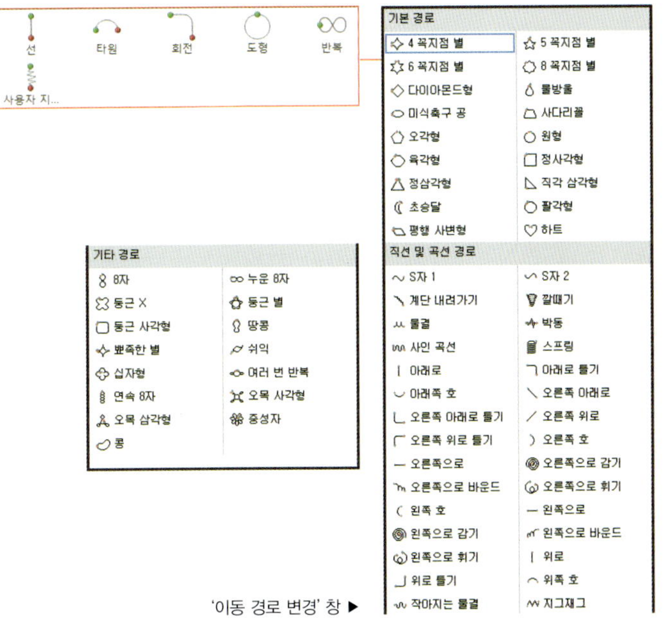

'이동 경로 변경' 창 ▶

◉ 이동 경로 효과

흐름이나 진행 방향을 표
시할 때 유용하게 사용할
수 있지만 이동 경로를 잘
못 사용하면 청중에게 혼
란을 줄 수 있으므로 주의
해서 사용하기 바랍니다.

4. 애니메이션 효과 제거하기

슬라이드에 있는 개체에 적용된 애니메이션을 쉽
게 제거할 수 있습니다.
애니메이션을 제거할 개체를 선택한 후 [**애니메이
션**] 탭 → **애니메이션** 그룹 오른쪽 **자세히** 단추(▾)
를 클릭하고 '없음'을 선택합니다.

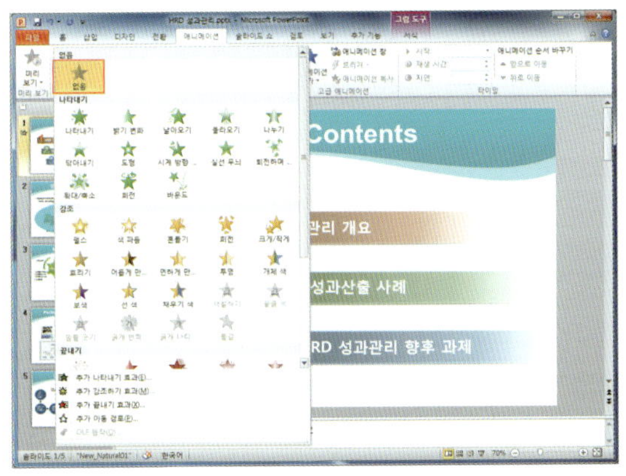

▲ 애니메이션 효과 제거

애니메이션 종류 및 효과 적용하기

📁 **준비 파일** : 01 성과관리의 역할.pptx　　📁 **완성 파일** : 01 성과관리의 역할_결과.pptx

애니메이션은 크게 나타내기, 강조, 끝내기, 이동 경로의 4가지 효과로 나뉩니다. 각 효과마다 다시 다양한 애니메이션 효과로 구성되어 있으므로 각각의 효과들을 많이 적용해 보는 것이 필요합니다. 애니메이션 효과를 잘 사용하는 방법은 영상물이나 TV 뉴스 등의 진행 시 사용되는 애니메이션을 따라해 보는 것도 좋은 방법입니다.

항목	변경 내용
텍스트 상자 ("성과관리 ~ 제공함.")	나타내기 효과 : '밝기 변화'
'눈물 방울' 도형	끝내기 효과 : '가라앉기'
텍스트 상자 2개	강조 효과 : '흔들기'
텍스트 상자 (Strategy, Execution)	이동 경로 : '왼쪽으로', '오른쪽으로'

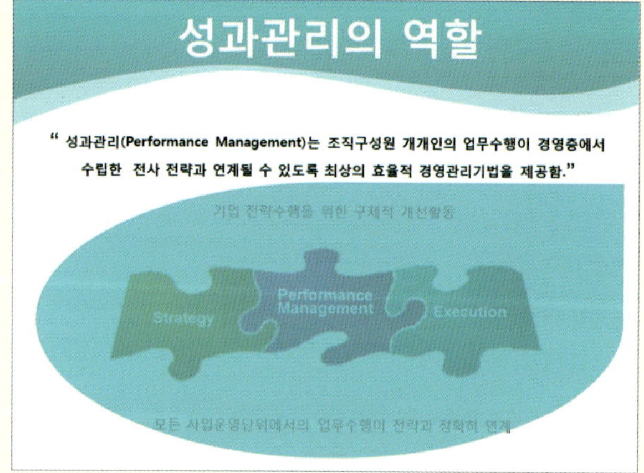

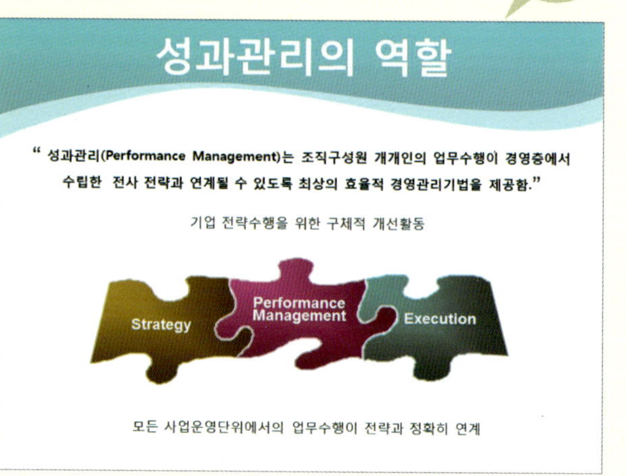

01 **예제 파일 열기** **01 성과관리의 역할.pptx** 파일을 두 번 연속 클릭하면 파워포인트가 실행되면서 다음 화면이 나타납니다.

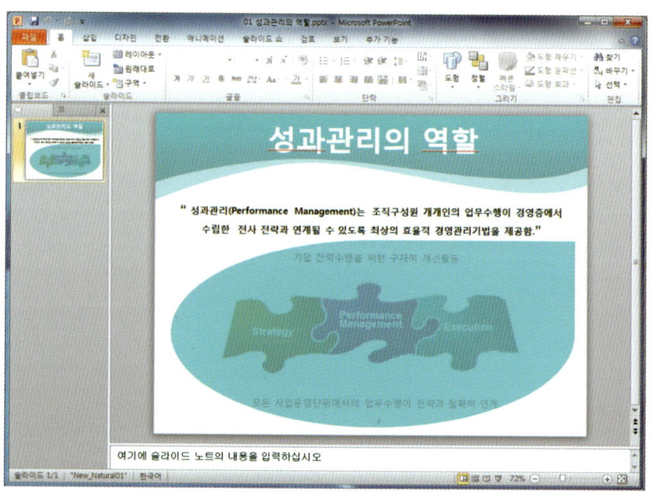

02 **나타내기 효과 적용하기** ❶ 슬라이드의 텍스트 상자("성과관리 ~ 제공함.")를 선택한 후 ❷ [애니메이션] 탭 → ❸ 애니메이션 그룹 오른쪽 **자세히** 단추()를 클릭하고 ❹ '나타내기' 항목의 '밝기 변화'를 선택합니다.

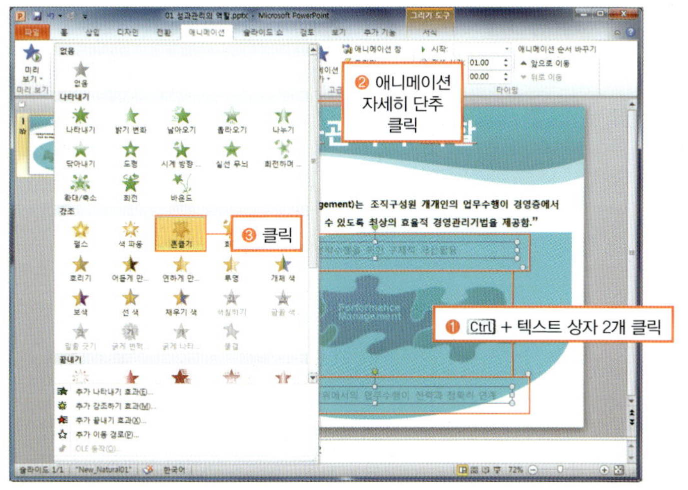

○ **나타내기 효과**

프레젠테이션 발표 시 발표자가 아직 발표하지 않은 부분은 미리 슬라이드에 표시하지 않다가 마우스 클릭 등으로 나타나게 함으로써 중요 메시지를 강조할 수 있는 효과입니다.

03 **끝내기 효과 적용하기** ❶ 눈물 방울 도형을 선택한 후 [애니메이션] 탭 → ❷ 애니메이션 그룹 오른쪽 **자세히** 단추()를 클릭하고 ❸ '끝내기' 항목의 '가라앉기'를 선택합니다.

○ 슬라이드에 표시된 개체가 청중에게 인식이 되기도 전에 사라지면 혼동을 초래할 수 있으므로 '끝내기' 효과는 '나타내기' 효과와 연결해서 사용하는 것이 좋습니다.

04 **강조 효과 적용하기** ❶ 그림과 같이 텍스트 상자 2개를 선택한 후 [애니메이션] 탭 → ❷ 애니메이션 그룹 오른쪽 **자세히** 단추()를 클릭하고 ❸ '강조' 항목의 '흔들기'를 선택합니다.

○ **개체 선택**

그림과 같이 특정 개체가 가려져 있어 뒤에 있는 개체가 잘 선택되지 않는 경우가 있습니다. 이런 경우 [**홈**] 탭 → **편집** 그룹 → **선택** → **선택 창**을 클릭하여 '선택 및 표시' 창이 표시되면 원하는 개체를 쉽게 선택할 수 있습니다. 또는 Ctrl 키를 누르고 복수 개체를 선택할 수도 있습니다.

05 이동 경로 변경 대화상자 표시하기(1) ❶ 텍스트 (Strategy)가 입력된 도형을 선택한 후 [애니메이션] 탭 → ❷ 애니메이션 그룹 오른쪽 **자세히** 단추(▼)를 클릭하고 ❸ **추가 이동 경로**를 클릭합니다.

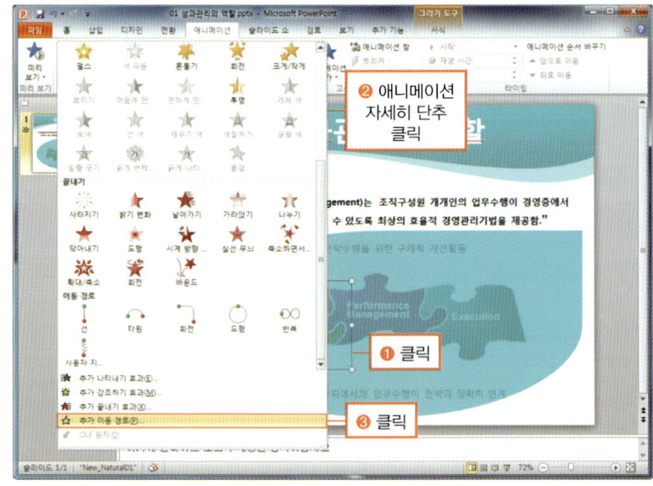

06 왼쪽 이동 경로 적용하기 '이동 경로 변경' 대화상자에서 ❶ '직선 및 곡선 경로' 항목의 '왼쪽으로'를 선택한 후 ❷ 〈확인〉 단추를 클릭합니다.

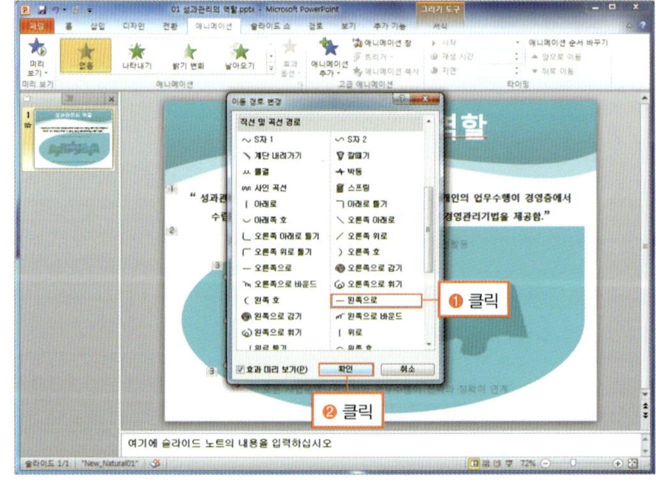

◉ **이동 경로**

이동 경로는 내용의 흐름이나 진행 방향을 표시할 때 혹은 내용을 강조하고 싶을 때 유용하게 사용합니다.

07 이동 경로 변경 대화상자 표시하기(2) ❶ 텍스트 (Execution)가 입력된 도형을 선택한 후 [애니메이션] 탭 → ❷ 애니메이션 그룹 오른쪽 **자세히** 단추(▼)를 클릭하고 ❸ **추가 이동 경로**를 클릭합니다.

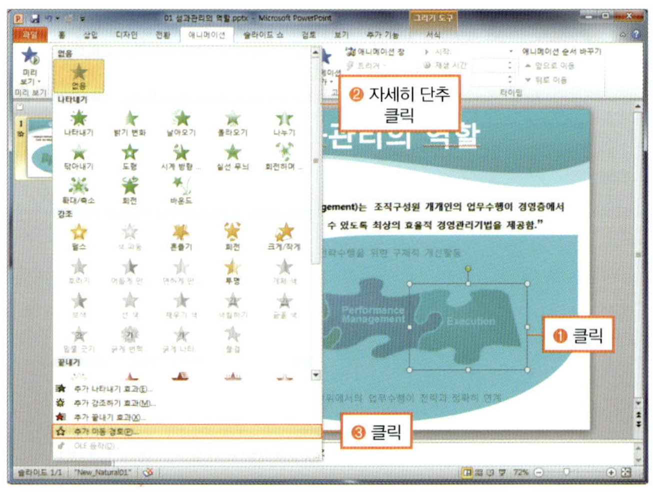

08 오른쪽 이동 경로 적용하기
'이동 경로 변경' 대화상자에서 ❶ '직선 및 곡선 경로' 항목의 '오른쪽으로'를 선택한 후 ❷ 〈확인〉 단추를 클릭합니다.

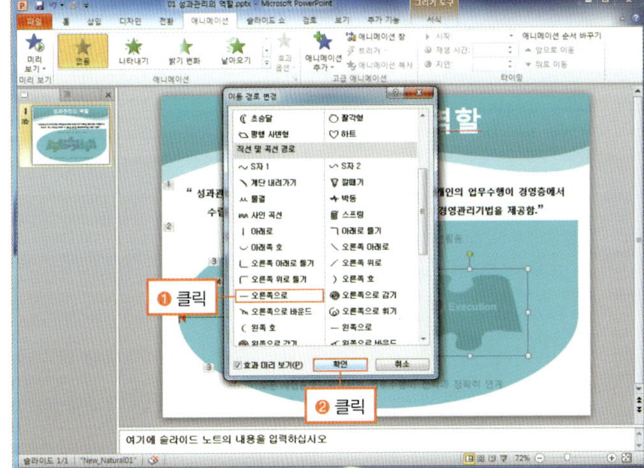

◉ 개체에 표시된 번호는 슬라이드 쇼 진행 시 클릭할 때마다 혹은 자동 실행으로 보여질 애니메이션 순서를 나타냅니다.

09 이동 경로 조정하기
이동 경로가 슬라이드를 벗어나는 것을 방지하기 위해 이동 경로를 조정해 주어야 합니다. 이동 경로를 표시하는 ◀를 선택한 후 선택점이 나타나면 마우스로 끌어서 길이를 줄이고, 반대편의 이동 경로도 마우스로 끌어서 길이를 줄입니다.

◉ 이동 경로를 표시하는 화살표를 선택한 후 이동 경로가 슬라이드 창을 넘어가지 않도록 길이를 조정해줍니다.

10 결과 확인하기
애니메이션 효과 적용이 완료되면 읽기용 보기에서 마우스를 클릭하면서 애니메이션이 어떻게 적용되었는지 확인합니다.

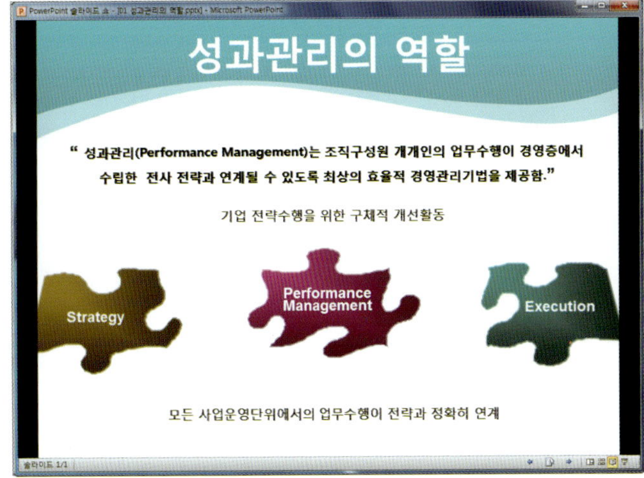

애니메이션 트릭 만들기

애니메이션은 프레젠테이션에서 정적인 흐름을 바꿔줄 수 있는 가장 강력한 기능 중에 하나입니다. 애니메이션을 잘 활용하기 위한 방법으로 대부분 다른 사용자가 작성한 애니메이션을 분석하거나 TV CF나 뉴스 진행 시 사용되는 애니메이션을 많이 따라해 보는 방법을 들 수 있습니다.

또한, 인터넷 커뮤니티에 접속하면 많은 사용자들이 다양하게 애니메이션을 적용한 프레젠테이션을 업로드 한 자료들을 볼 수 있는데, 애니메이션은 파워포인트에서 가장 창의적인 아이디어가 필요한 기능이므로 꼭 참고하기 바랍니다.

간단한 애니메이션 트릭을 하나 소개합니다.

❶ 검정색 배경에 텍스트 상자를 슬라이드의 중앙에 삽입하여 '애니메이션 따라하기'라고 입력합니다. 검정 배경에 검정 텍스트라 당연히 텍스트가 보이지 않습니다.

❷ 타원 도형을 삽입하고 채우기 색을 '흰색'으로 설정한 후 윤곽선을 없앱니다. 도형의 위치를 슬라이드 왼쪽 밖으로 이동한 후 타원 도형이 선택된 상태에서 [홈] 탭 → 그리기 그룹 → 정렬 → 맨 뒤로 보내기를 클릭합니다.

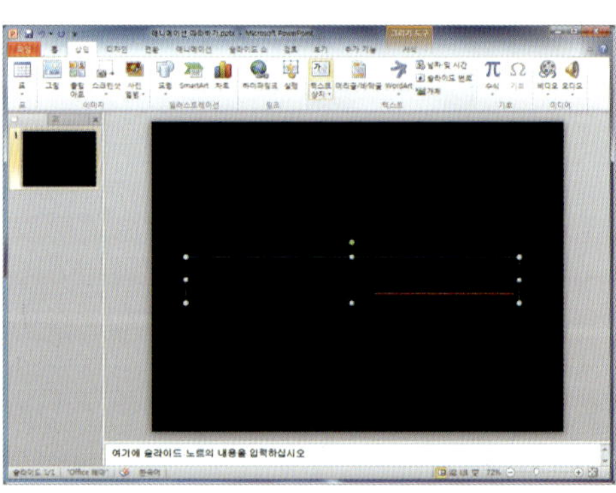
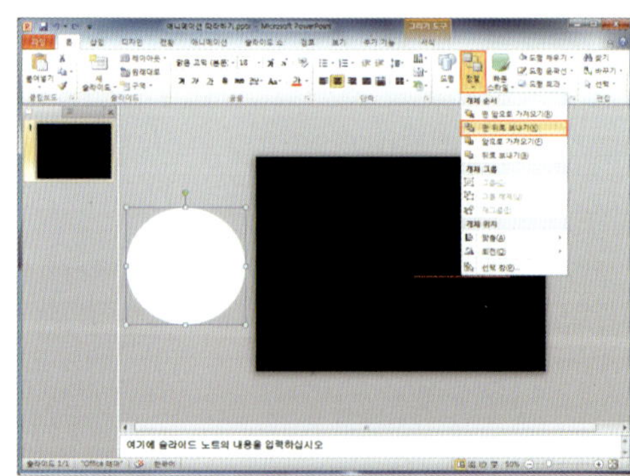

❸ 타원 도형을 선택하고 [애니메이션] 탭 → 애니메이션 그룹 → 추가 이동 경로 → 오른쪽으로를 선택하고 애니메이션 이동 경로가 표시되면 빨간색 애니메이션 조정 핸들을 클릭하고 마우스로 끌어서 슬라이드 오른쪽 밖으로 이동 경로를 늘립니다.

❹ 슬라이드 쇼를 실행하고 마우스를 클릭하면 타원 도형이 오른쪽으로 이동합니다. 흰색 타원이 오른쪽으로 지나가면서 검정색 텍스트가 화면에 나타납니다.

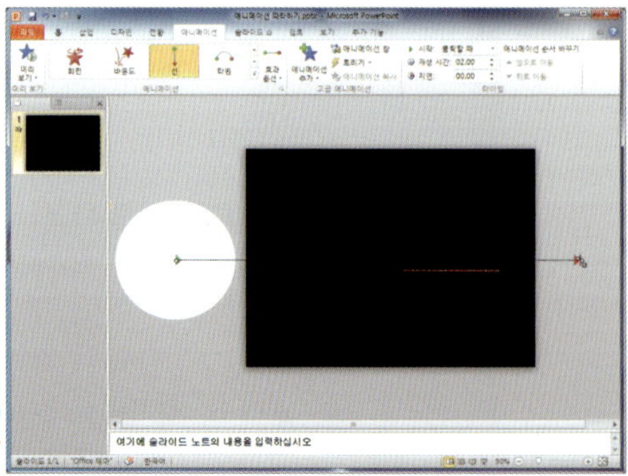

▲ 이동 경로 조정하기

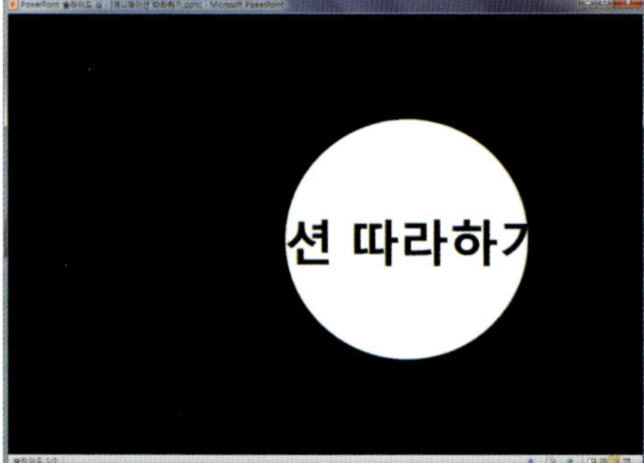

▲ 완성된 애니메이션 화면

애니메이션 효과 제어하기

개체에 애니메이션을 지정한 이후에 세부적인 움직임을 컨트롤하기 위해 효과 옵션이나 타이밍을 설정할 수 있는데, 이러한 세부 옵션들의 항목은 애니메이션의 종류에 따라 조금씩 차이가 있습니다. 세부 옵션을 설정하는 방법에 대해 알아보겠습니다.

1. 효과 옵션 설정하기

효과 옵션은 각 애니메이션 효과별로 조금씩 차이가 있지만 애니메이션의 방향, 소리, 애니메이션 후의 처리 방법, 텍스트 애니메이션 등을 설정할 수 있습니다.

지정된 애니메이션에 효과를 변경하려면 [**애니메이션**] 탭 → **애니메이션** 그룹 → **효과 옵션**( )을 클릭한 후 원하는 효과를 선택합니다.

애니메이션이 지정되면 효과 옵션 명령이 활성화되며, 효과 옵션 명령은 지정된 애니메이션의 종류에 따라 다르게 표시됩니다. 애니메이션에 따라 효과 옵션을 적절하게 조정하여 사용할 수 있는데, 예를들어 '밝기 변화'와 '날아오기'를 지정했을 때의 차이를 보면 다음과 같습니다.

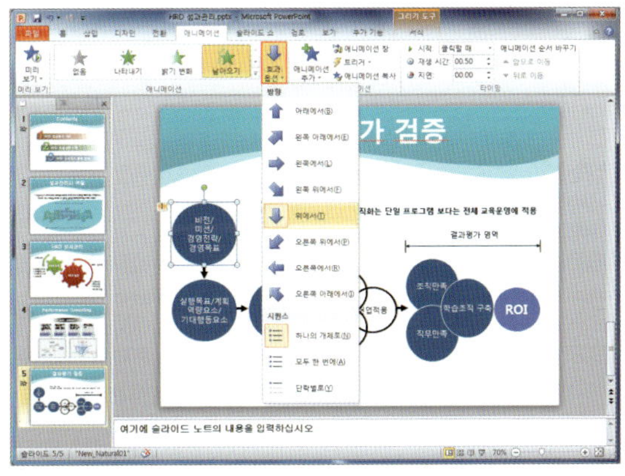

▲ 애니메이션 효과 옵션

> **◑ 효과 옵션 미리 보기**
>
> 애니메이션을 적용하거나 효과 옵션을 변경하게 되면 해당 애니메이션 미리 보기가 적용됩니다. 이것은 [**애니메이션**] 탭 → **미리보기** 그룹 → **미리보기** 명령의 목록 단추를 클릭하면 **내용 조금 보기**가 선택되어 있기 때문입니다.

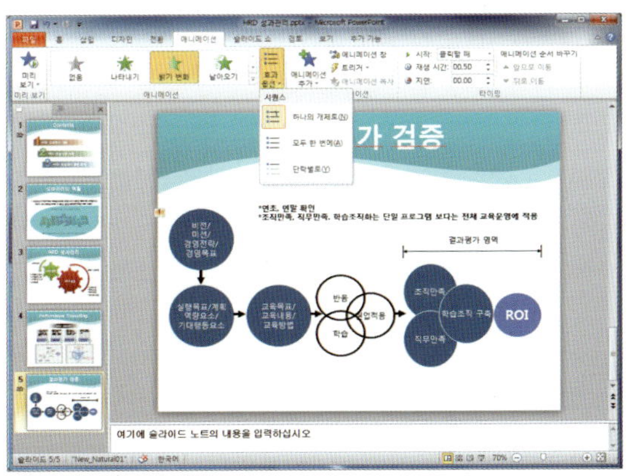

▲ '밝기 변화' 지정 시 : 시퀀스만 표시

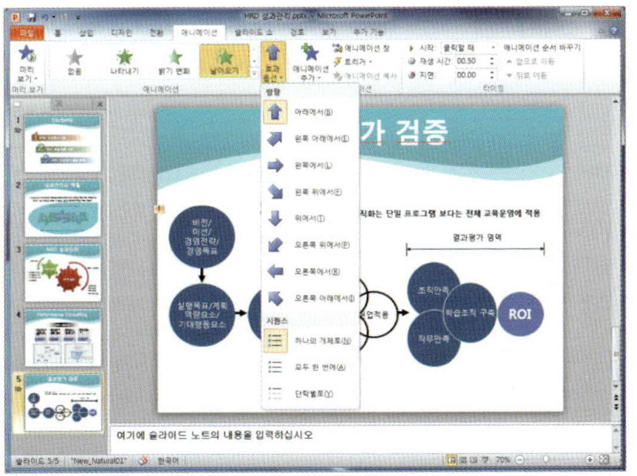

▲ '날아오기' 지정 시 : 방향 + 시퀀스 표시

세부적인 효과 옵션을 추가적으로 설정하려면 [애
니메이션] 탭 → 애니메이션 그룹 오른쪽 아래에 추
가 효과 옵션 표시 단추(   )를 클릭하여 대화상자
에서 추가 적용 옵션을 변경합니다.

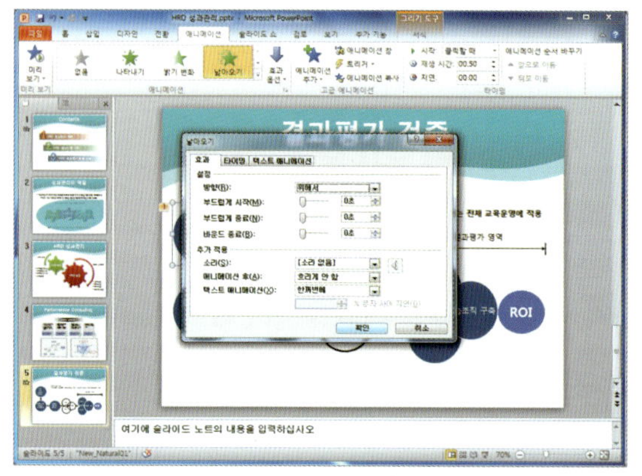

▲ 애니메이션 – 추가 효과 옵션 표시

2. 효과 옵션 대화상자

효과 옵션 대화상자는 애니메이션의 세부적인 효과를 변경할 때 사용됩니다. 효과 옵션을 세부적으로 조
정하려면 [애니메이션] 탭 → 애니메이션 그룹 오른쪽 아래에 추가 효과 옵션 표시 단추(   )를 클릭하여 표
시되는 대화상자에서 옵션을 변경하며, 이러한 옵션들은 애니메이션 효과를 적용한 개체와 애니메이션
의 종류에 따라 다르게 변경됩니다.

○ [효과] 탭

[효과] 탭은 애니메이션의 방향, 소리, 애니메이션 후의 처리 방법, 텍스트 애니메이션 등을 설정할 수
있습니다.

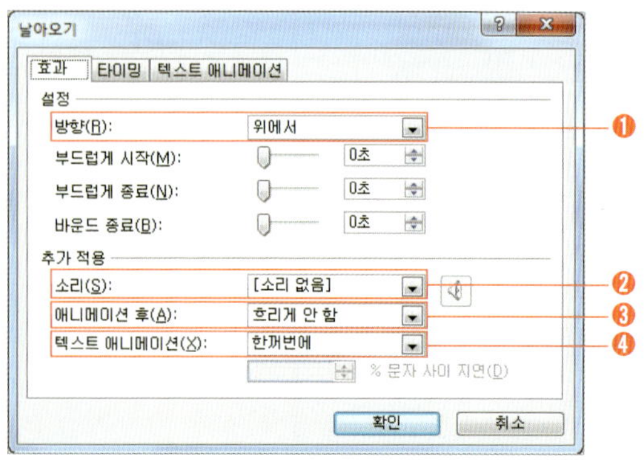

▲ [효과] 탭

❶ 방향 : 애니메이션의 진행 방향을 지정합니다.

❷ 소리 : 애니메이션과 함께 재생되는 효과음을 지정합니다.

❸ 애니메이션 후 : 애니메이션이 끝나고 나서 개체의 색을 변화하거나 숨깁니다.

❹ 텍스트 애니메이션 : 개체에 입력된 텍스트를 '한꺼번에', '단어 단위로', '문자 단위로' 애니메이션을
　　지정합니다.

◉ [타이밍] 탭

[타이밍] 탭은 애니메이션의 시작, 지연, 재생 시간, 반복, 시작 옵션 등을 설정합니다.

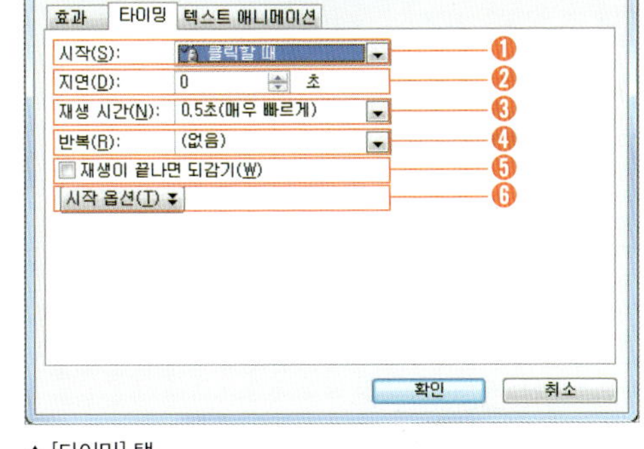
▲ [타이밍] 탭

❶ **시작** : 애니메이션의 시작 방법을 지정합니다.

❷ **지연** : 애니메이션의 시작 시간을 지연시킵니다.

❸ **재생 시간** : 애니메이션이 실행되는 시간을 지정합니다.

❹ **반복** : 애니메이션을 반복할 횟수를 지정합니다.

❺ **재생이 끝나면 되감기** : 애니메이션 재생 후 작업이 완료되면 되감습니다.

❻ **시작 옵션** : 다른 개체를 클릭하거나 마우스 클릭 시 애니메이션을 재생하도록 설정합니다.

◉ [텍스트 애니메이션] 탭

[텍스트 애니메이션] 탭은 텍스트가 개체에 입력이 되어 있을 때 표시되는 상황별 탭으로, 텍스트를 일정한 단위로 재생되도록 하거나 역순으로 실행할 수 있습니다.

❶ **텍스트 묶는 단위** : 텍스트를 '하나의 개체'로 실행하거나 '단락별' 또는 '수준별'로 실행합니다.

❷ **다음 시간 후 자동 전환** : 지정된 시간이 지난 후에 애니메이션이 실행됩니다.

❸ **첨부된 도형 애니메이션** : 텍스트가 입력된 도형과 함께 애니메이션이 실행됩니다.

❹ **역순으로 실행** : 텍스트를 역순으로 실행합니다.

> ◉ **텍스트 애니메이션 종류**
>
> 텍스트는 기본적으로 단락 전체가 하나의 개체처럼 애니메이션이 실행되며, 이외에 '단어 단위'나 '문자 단위'로도 애니메이션을 변경할 수 있습니다.

◉ [차트 애니메이션] 탭

[차트 애니메이션] 탭은 슬라이드에 삽입된 차트에 애니메이션 효과를 지정한 경우에 표시되는 상황별 탭입니다. 차트 묶는 단위를 요소별로 지정할 수 있고 차트 배경 애니메이션을 설정할 수 있습니다.

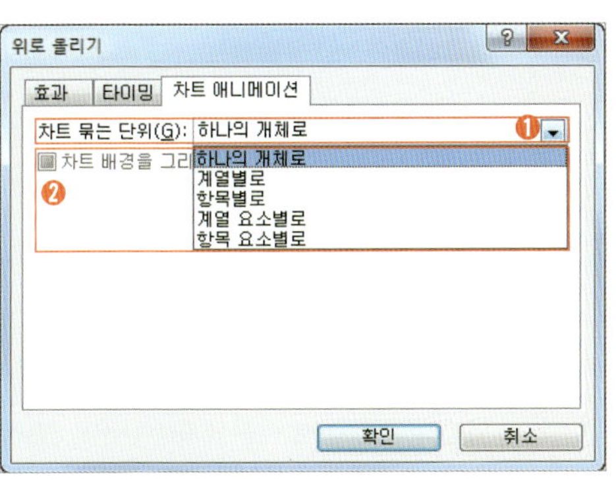
▲ [차트 애니메이션] 탭

❶ **차트 묶는 단위** : 차트의 구성 요소별로 애니메이션을 설정합니다.

❷ **차트 배경을 그리면서 애니메이션하기** : 눈금 또는 범례 등에 애니메이션 효과를 설정합니다.

● [SmartArt 애니메이션] 탭

[SmartArt 애니메이션] 탭은 슬라이드에 삽입된
SmartArt에 애니메이션 효과를 지정한 경우에 표시되
는 상황별 탭입니다. 그래픽 묶는 단위를 요소별로 지정
할 수 있고 역순으로 실행을 설정할 수 있습니다.

❶ 그래픽 묶는 단위 : 애니메이션 효과를 적용할 Smart-
Art 그래픽의 구성 요소를 묶음으로 지정합니다.

❷ 역순으로 : 역순으로 애니메이션을 실행합니다.

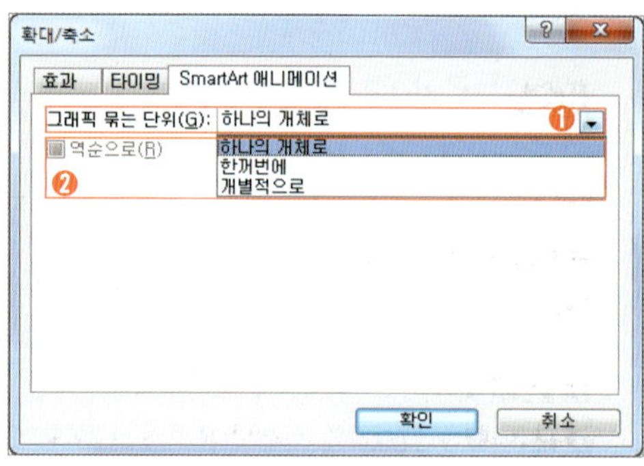

▲ [SmartArt 애니메이션] 탭

2. 애니메이션 추가하기

파워포인트의 애니메이션의 특징 중에 하나는 동일한 개체에 여러 번 애니메이션을 적용할 수 있다는 것
입니다. 즉, 같은 개체에 나타내기 효과를 지정한 후 강조 및 끝내기 효과를 추가로 지정할 수 있습니다.

개체에 애니메이션을 추가하려면 애니메이션을 지정할 개체를 선택한 후 [**애니메이션**] 탭 → **고급 애니메**
이션 그룹 → **애니메이션 추가**( )를 클릭하고 원하는 애니메이션을 선택합니다. 애니메이션을 적용한 개
체에 ▣ 표시가 나타나면 애니메이션이 추가된 것을 볼 수 있습니다.

동일한 개체라 하더라도
필요에 따라 수십 번의 애
니메이션 적용이 가능하
므로 '나타내기', '끝내기',
'강조', '이동 효과'를 동일
한 개체에 여러 번 지정할
수 있습니다.

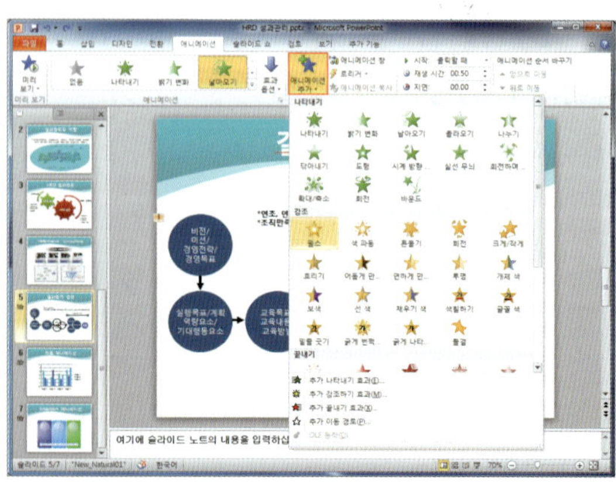

▲ 애니메이션 추가 명령

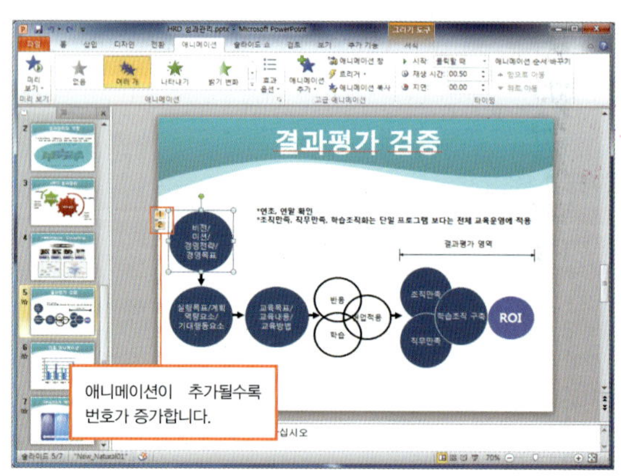

▲ 애니메이션 적용 표시

3. 애니메이션 창 표시하기

이전 버전까지는 애니메이션을 애니메이션 창에서 지정하였으나 파워포인트 2010에서는 애니메이션 창
에서는 애니메이션을 직접 지정할 수 없으며, 옵션과 순서만 조정할 수 있습니다.

애니메이션 창을 표시하기 위해 [**애니메이션**] 탭 → **고급 애니메이션** 그룹 → **애니메이션 창**( )을 클
릭합니다. '애니메이션 창' 작업창이 표시되면 해당 애니메이션을 선택하고 오른쪽 목록 단추를 클릭하
여 추가적인 옵션을 설정합니다.

● **이전 버전과 다른 점**

애니메이션 창은 이전 버
전에 있던 '효과 적용', '시
작', '시간' 등을 지정하는 명
령들이 모두 [**애니메이션**]
탭으로 이동되었습니다.

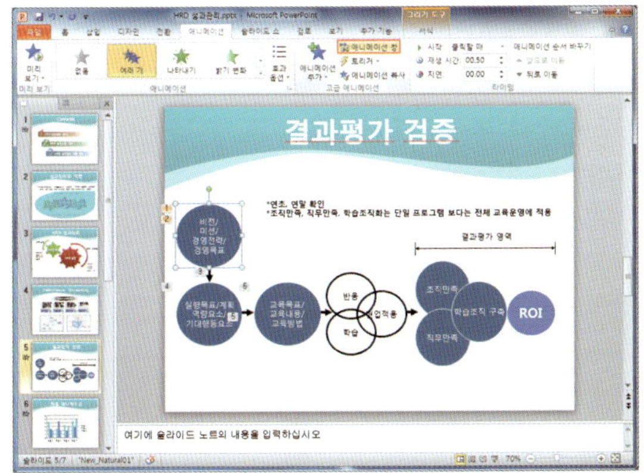
▲ 애니메이션 창 명령

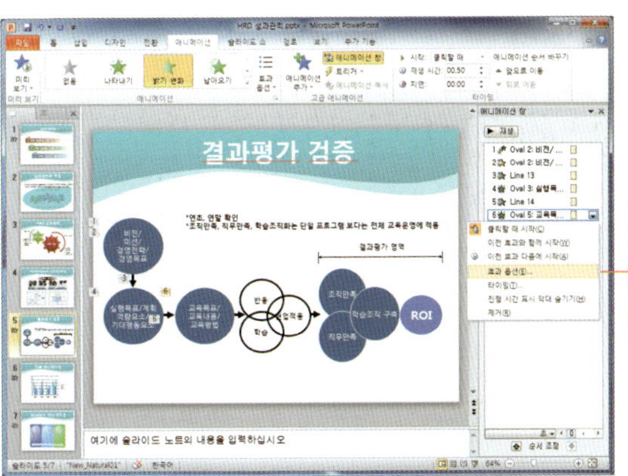
▲ '애니메이션 창' 작업창

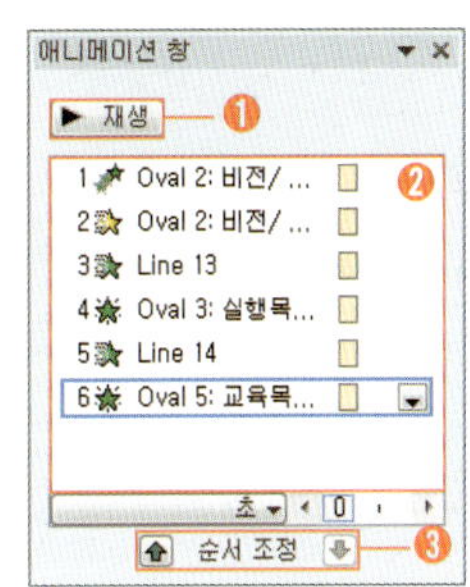
애니메이션 창 명령 단추를 클릭하면 '애니메이션 창' 작업창이 표시되며, 해당 애니메이션의 옵션을 설정합니다.

사용자 지정 애니메이션 창을 살펴보도록 합니다.

❶ **재생** : 슬라이드 창에서 개체에 적용한 애니메이션을 미리 보기 합니다.
❷ **애니메이션 목록** : 개체에 적용한 애니메이션 순서가 표시됩니다.
❸ **순서 조정** : 위, 아래 단추를 클릭해서 애니메이션 순서를 조정합니다.

4. 트리거 설정하기

애니메이션 실행을 도형을 클릭한 후에 시작하거나 미디어 재생 시 책갈피에 이르렀을 때 시작되도록 애니메이션을 설정할 수 있습니다.

◉ 클릭할 때 재생하기

애니메이션이 지정된 개체를 선택한 후 [애니메이션] 탭 → **고급 애니메이션** 그룹 → **트리거**(⚡트리거) → **클릭할 때**를 선택하고 표시되는 개체 중에서 원하는 개체를 클릭합니다. 슬라이드 쇼를 실행하고 텍스트 상자에 마우스를 올려 마우스 커서가 손 모양으로 변하면 텍스트 상자를 클릭합니다. 그러면 지정된 애니메이션이 실행되는 것을 확인할 수 있습니다.

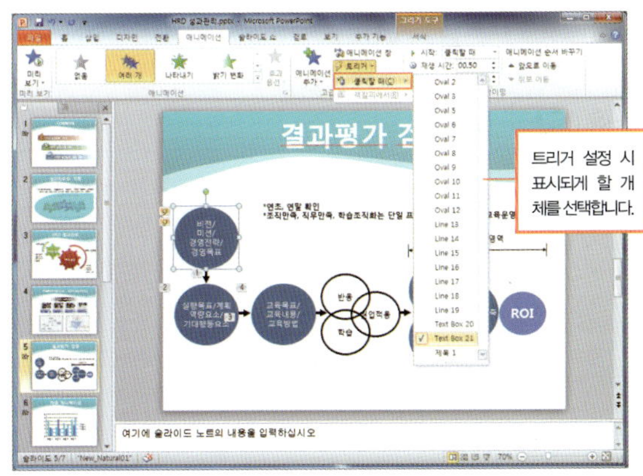

▲ 트리거 – 클릭할 때

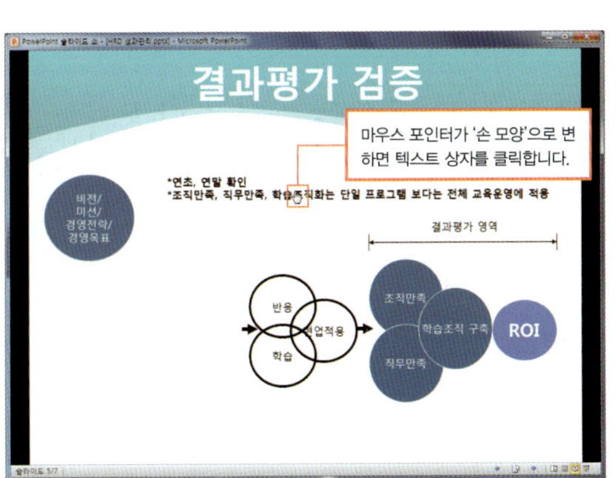

▲ 애니메이션 실행 시 화면

◉ 무선 마우스의 활용

트리거 설정 시 화면에서 개체를 클릭해야만 애니메이션이 실행되며, 경우에 따라 발표자가 번거롭게 이동을 해야 하는 경우도 생깁니다. 요즘은 무선 마우스나 무선 프리젠터가 발달하여 발표자가 이동하지 않고 무선으로 개체를 클릭할 수 있는 기능을 제공하고 있습니다.

● 책갈피에서 재생하기

비디오 클립의 책갈피에서 애니메이션을 재생하려면 애니메이션이 지정된 개체를 선택한 후 [애니메이션] 탭 → 고급 애니메이션 그룹 → 트리거(⚡ 트리거) → 책갈피에서를 선택하고 책갈피 중에서 원하는 책갈피를 클릭합니다. 슬라이드 쇼를 실행하고 비디오 클립을 재생하면 책갈피가 표시된 곳에서 지정된 애니메이션이 실행되는 것을 확인할 수 있습니다.

▲ 트리거 – 책갈피에서

▲ 애니메이션 실행 시 화면

5. 애니메이션 복사하기 `NEW 2010`

파워포인트 2010에서 새롭게 추가된 기능으로, 도형이나 텍스트 등의 개체를 서식 복사하듯이 개체에 적용된 애니메이션을 복사하여 다른 개체에 동일하게 적용할 수 있게 됨으로써 매번 애니메이션을 설정하던 불편함이 한 번에 해결되었습니다.

애니메이션이 적용된 개체를 선택한 후 [애니메이션] 탭 → 고급 애니메이션 그룹 → 애니메이션 복사 (★ 애니메이션 복사)를 클릭합니다. 마우스 포인터가 🖌 모양일 때 슬라이드에서 애니메이션을 복사할 개체를 클릭하면 애니메이션이 복제됩니다.

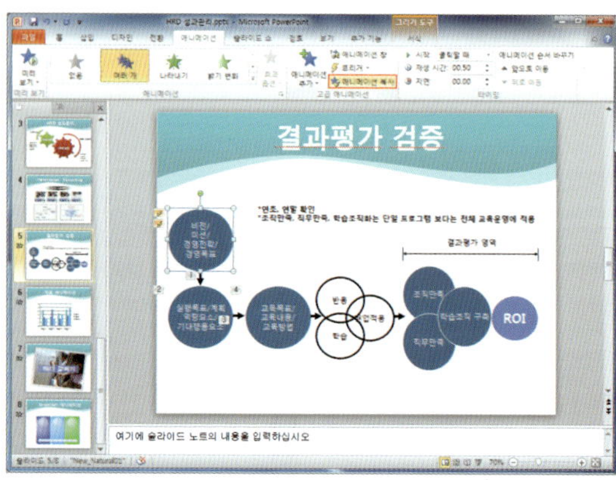

▲ 복사할 애니메이션 개체 선택

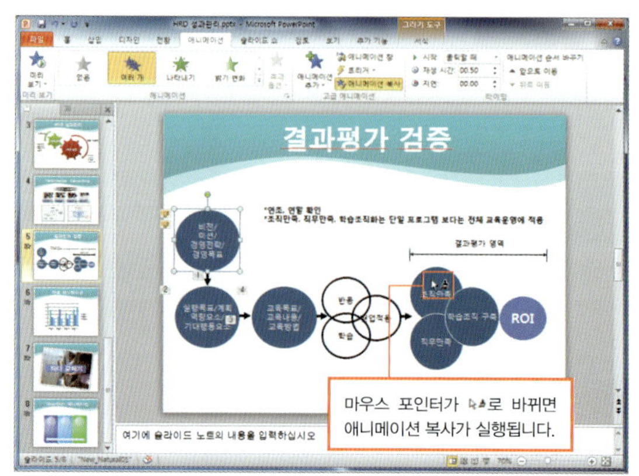

▲ 애니메이션 개체 효과 복사

> **○ 여러 개체에 애니메이션 복사**
>
> 여러 개체에 애니메이션을 복제하려면 애니메이션 복사 명령을 두 번 연속 클릭하고, 애니메이션 복사 명령에서 빠져나오려면 Esc 키를 클릭합니다.

6. 타이밍 조정하기

[애니메이션] 탭 → **타이밍** 그룹에서는 애니메이션의 시작, 재생 시간, 지연, 순서 변경 등의 명령을 수행할 수 있습니다. 개체 간의 애니메이션 진행 방법을 변경하여 사용자가 원하는대로 애니메이션을 설정합니다.

○ 시작

애니메이션의 시작 방법은 '클릭할 때', '이전 효과와 함께', '이전 효과 다음에' 3가지 방법이 있습니다.

애니메이션의 시작 방법을 변경하려면 [애니메이션] 탭 → **타이밍** 그룹 → **시작** 목록 단추를 클릭하여 원하는 시작 방법을 선택합니다. 예를 들어 '이전 효과와 함께'로 설정하면 이전 애니메이션 효과가 실행된 후 마우스 클릭 없이 바로 이어서 애니메이션이 실행됩니다.

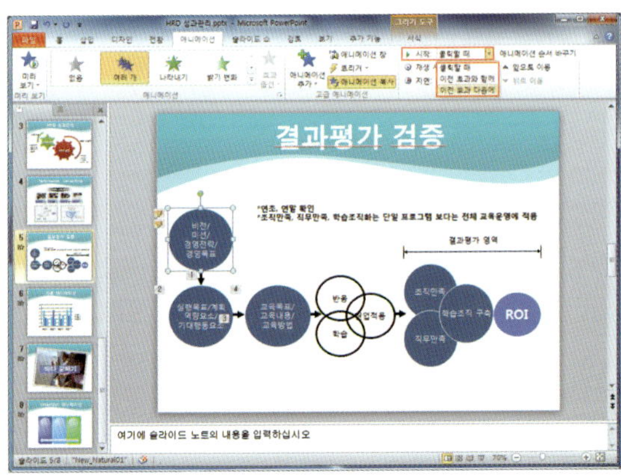

▲ 애니메이션 시작 설정

▲ '이전 효과와 함께' 적용

○ 마우스 클릭없는 자동 애니메이션

슬라이드에 지정된 첫 번째 애니메이션을 '이전 효과와 함께'나 '이전 효과 다음에'로 설정하고 애니메이션이 끝나는 시간에 맞춰 화면 전환을 자동으로 설정하면 일종의 무인 프레젠테이션을 구성할 수 있습니다.

○ 재생 시간

[애니메이션] 탭 → **타이밍** 그룹 → **재생 시간** 입력 상자를 클릭하면 애니메이션의 실행 속도를 '빠르게', '느리게', '보통의 속도'로 지정하며, 초 단위로 입력하여 재생 시간을 변경할 수 있습니다.

▲ 애니메이션 재생 시간 설정

● 지연

애니메이션 시작 시간을 조정하며, 순차적으로 애니메이션을 보여줄 때 모든 개체를 이전 효과와 함께로 설정하고 각 개체마다 지연 시간을 설정하면 약간의 차이를 두면서 애니메이션을 실행할 수 있습니다.

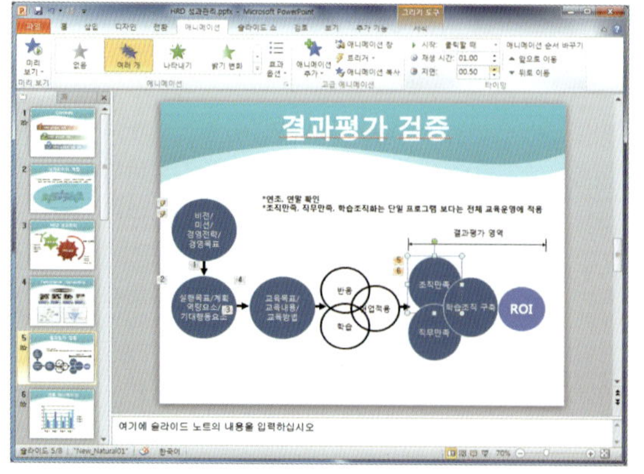

▲ 애니메이션 지연 시간 설정

● 애니메이션 순서 바꾸기

애니메이션의 순서를 앞으로 이동, 뒤로 이동 명령을 활용하여 조정할 수 있으며, 이 명령들은 애니메이션 창을 실행해서 동일하게 수행할 수 있습니다.

① **방법 1** : 애니메이션의 순서를 앞이나 뒤로 조정하려면 [**애니메이션**] 탭 → **타이밍** 그룹 → **앞으로 이동** 또는 **뒤로 이동**을 클릭합니다. 그림과 같이 5, 6으로 표시되던 애니메이션 순서를 '앞으로 이동' 명령을 실행하면 4, 5번으로 표시되어 애니메이션 순서가 변경됩니다.

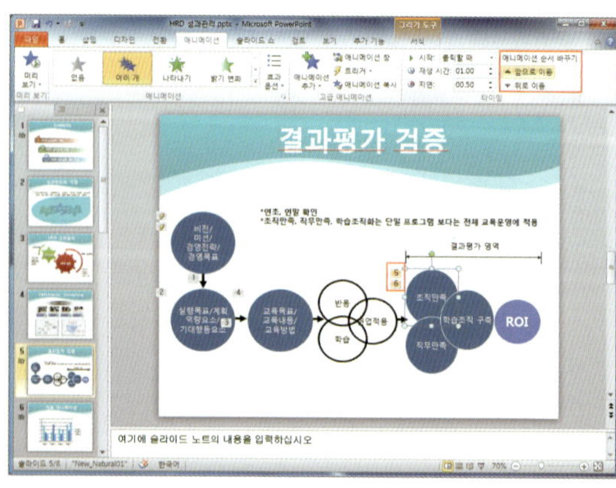

▲ 애니메이션 순서 바꾸기

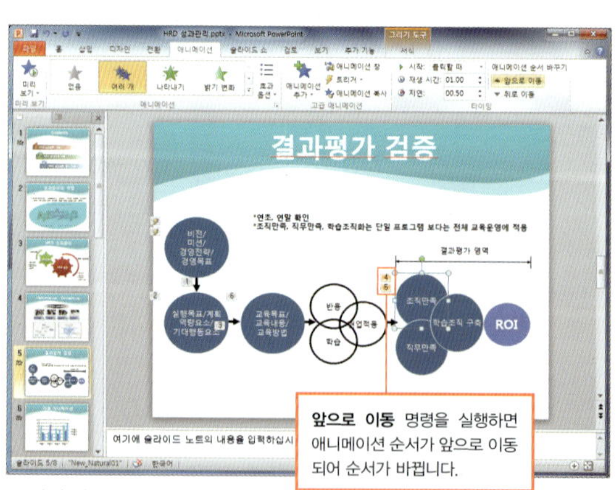

▲ 바뀐 애니메이션 순서

② **방법 2** : 애니메이션 창에서도 애니메이션의 순서를 변경할 수 있습니다.

애니메이션 창을 표시하기 위해 [**애니메이션**] 탭 → **고급 애니메이션** 그룹 → **애니메이션 창**(애니메이션 창)을 클릭하면 애니메이션 창이 슬라이드 오른쪽에 표시됩니다. 하단의 '순서 조정' 항목에서 앞으로 이동(▲)이나 뒤로 이동(▼) 명령을 클릭하여 순서를 조정합니다.

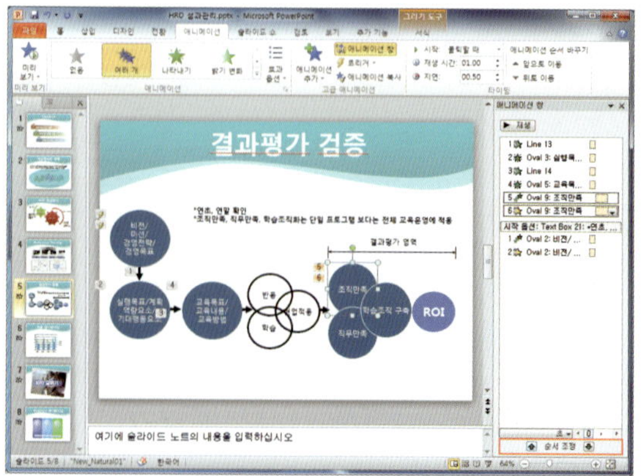

▲ 애니메이션 창에서 순서 바꾸기

애니메이션 효과 제어하기

📁 **준비 파일 :** 02 인트로.pptx   📁 **완성 파일 :** 02 인트로_결과.pptx

애니메이션은 여러 용도로 쓰일 수 있지만 특히 첫 페이지에서 인트로를 만들어 사용하는 경우도 많이 있습니다. 애니메이션은 기능을 정확하게 아는 것도 중요하지만 창의적인 아이디어를 내는 것이 더 중요합니다.

항목	변경 내용
그림 삽입	'Bar.png', 'Star.png', 'Star2.png'
애니메이션(Star2)	효과 : '밝기 변화'
	재생 시간 : '00.70', 지연 시간 : '01.50'
	반복 : '슬라이드가 끝날 때까지'
	지연 시간 : 00.00 / 00.25 / 00.50 / 01.00 / 01.50 / 02.00 / 02.50
애니메이션(Bar)	효과 : '닦아 내기 → 왼쪽에서' 시작 : '이전 효과 다음에'
애니메이션(Star)	효과 : '회전하며 밝기 변화' 시작 : '이전 효과 다음에', 재생 시간 : '00.70'

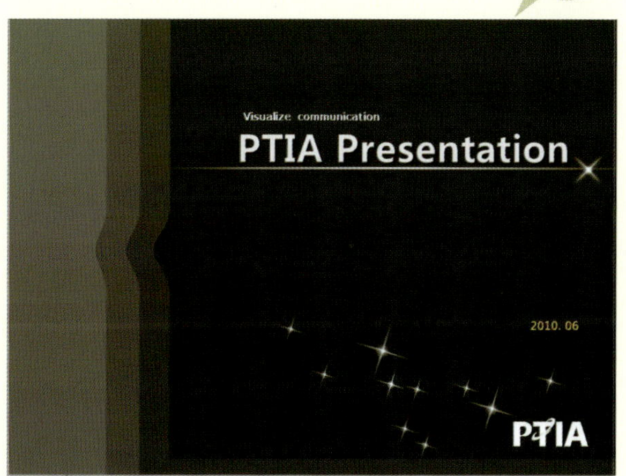

01 **예제 파일 열기** **02 인트로.pptx** 파일을 두 번 연속 클릭하면 파워포인트가 실행되면서 다음 화면이 나타납니다.

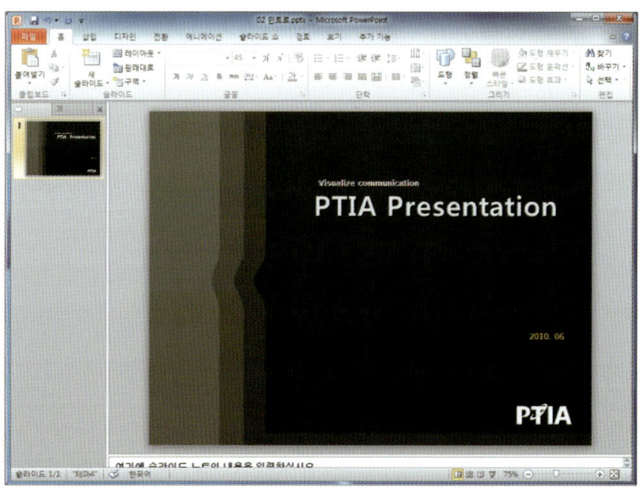

02 **그림 삽입하기** 애니메이션 효과를 줄 그림을 삽입하기 위해 ❶ [**삽입**] 탭 → **이미지** 그룹 → ❷ **그림** 명령 단추(🖼)를 클릭한 후 '그림 삽입' 대화상자에서 예제 폴더의 ❸ "Bar.png"와 "Star.png, Star2.png"를 Shift 키를 누른 상태에서 선택하고 ❹ 〈삽입〉 단추를 클릭합니다.

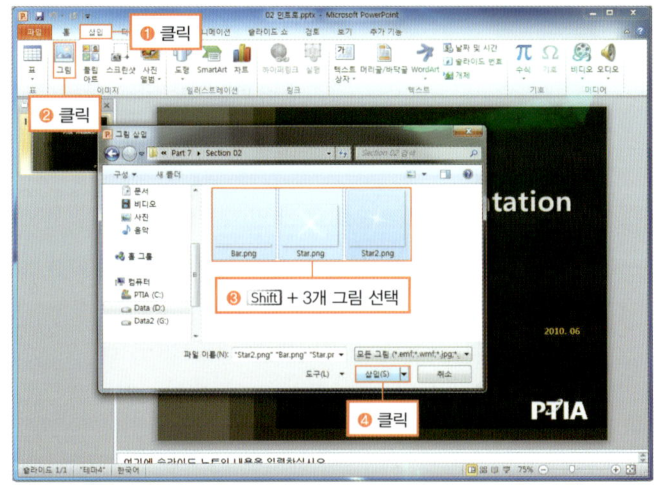

03 **그림 위치 조정하기** 슬라이드 중앙에 삽입된 그림을 선택한 후 마우스로 끌어서 화면과 같이 위치를 조정합니다.

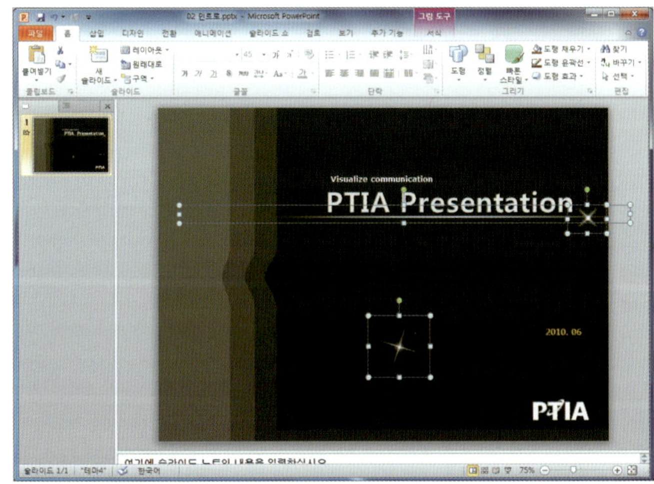

04 **그림 복사하기** 슬라이드 하단의 ❶ "Star2.png" 그림을 선택한 후 ❷ [**홈**] 탭 → **클립보드** 그룹 → ❸ 복사 명령 단추(📋)를 클릭합니다.

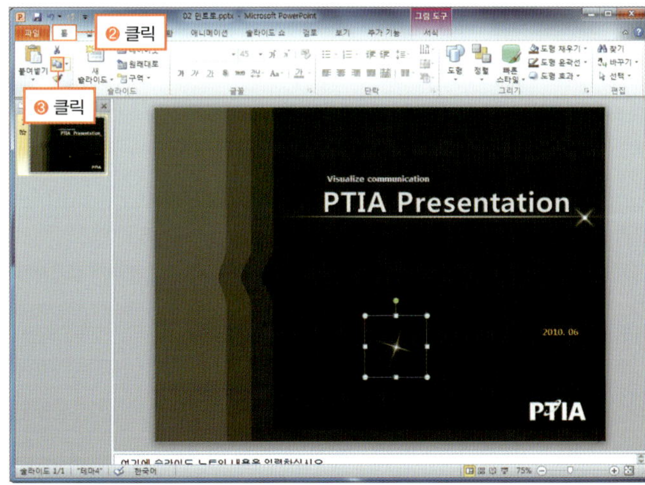

○ **단축키**

・복사 : Ctrl + C
・붙여넣기 : Ctrl + V

05 그림 붙여넣기 그림이 선택된 상태에서 [홈] 탭 → **클립보드** 그룹 → **붙여넣기** 명령 단추( )를 클릭합니다. 화면과 같이 9개를 붙여넣기 한 후 선택점을 끌어 위치와 크기를 조정하여 배열합니다.

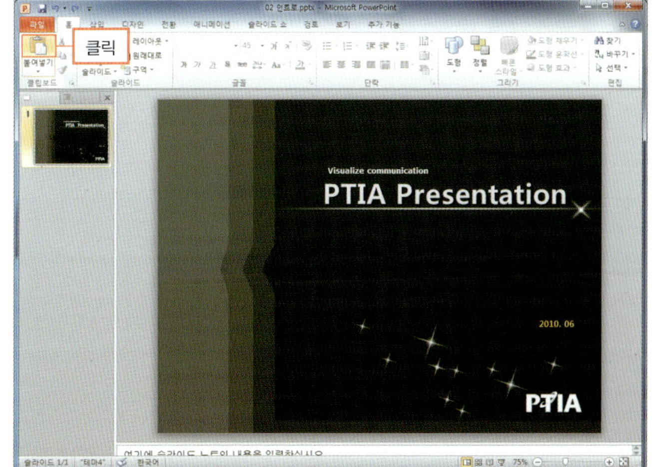

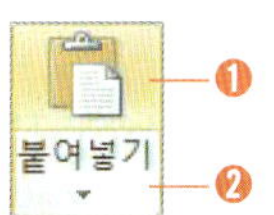

❶을 클릭하면 붙여넣기 명령을 실행합니다.
❷를 클릭하면 붙여넣기 옵션(대상 테마 사용, 원본 서식 유지, 그림, 텍스트만 유지)을 선택하여 실행합니다.

06 애니메이션 지정하기(1) 슬라이드 하단의 ❶ "Star2.png" 그림을 선택한 후 ❷ [애니메이션] 탭 → 애니메이션 그룹 → ❸ **밝기 변화**를 클릭합니다.

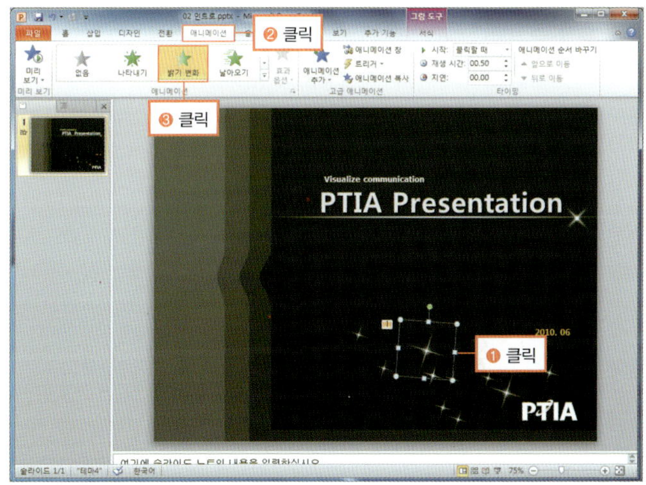

07 재생 시간 및 지연 변경하기 계속해서 [애니메이션] 탭 → **타이밍** 그룹 → **재생 시간**을 "00.70"으로 변경하고 **지연** 시간을 "01.50"으로 변경합니다.

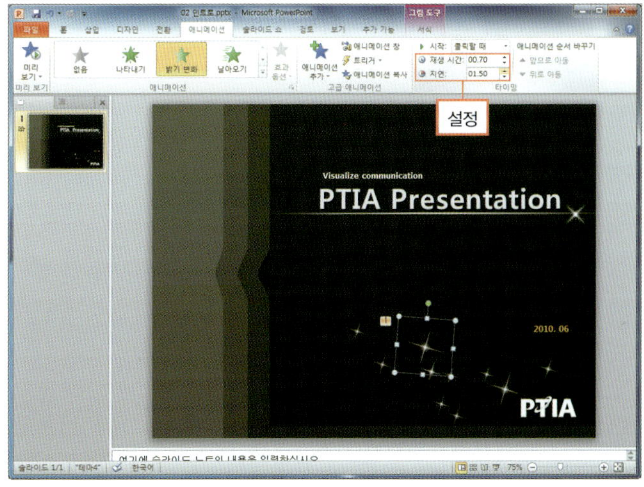

08 반복 설정하기 [애니메이션] 탭 → ❶ 애니메이션 그룹의 오른쪽 아래에 **추가 효과 옵션** 표시 단추(⬚)를 클릭하여 표시되는 '밝기 변화' 대화상자에서 ❷ [타이밍] 탭을 클릭하고 ❸ '반복' 목록 단추를 클릭하여 ❹ '슬라이드가 끝날 때까지'로 변경한 후 ❺ 〈확인〉 단추를 클릭합니다.

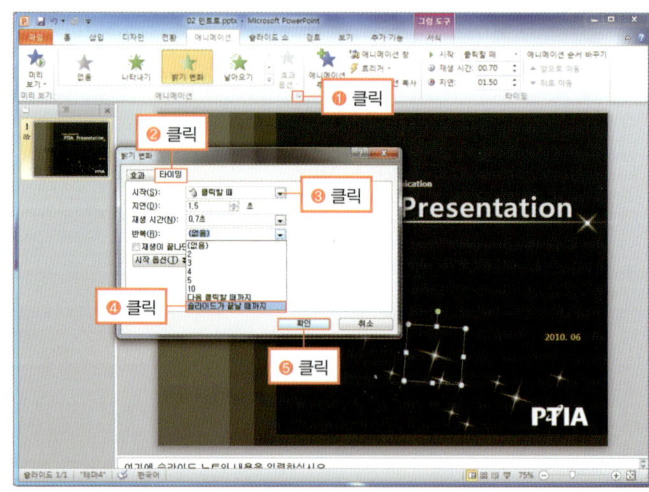

09 애니메이션 복사하기 그림을 선택한 후 [애니메이션] 탭 → **고급 애니메이션 그룹** → ❶ **애니메이션 복사**를 두 번 연속 클릭한 후 ❷ 9개 별 그림을 각각 클릭하여 애니메이션을 복사하고 Esc 키를 눌러 빠져나옵니다.

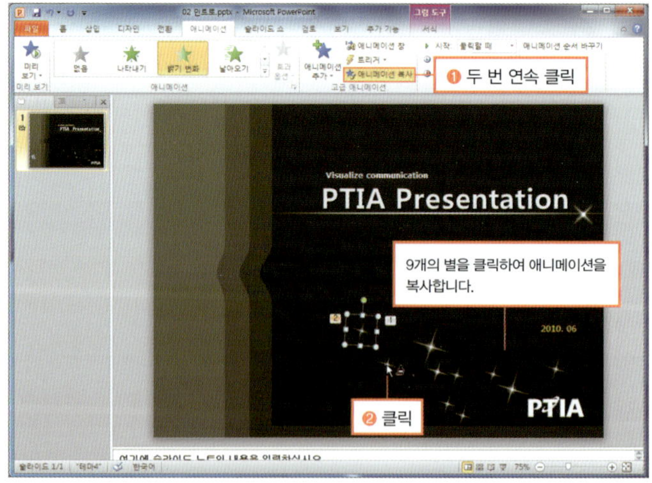

10 지연 시간 조정하기 각각의 그림의 지연 시간을 조정하기 위해 [애니메이션] 탭 → **타이밍 그룹** → **지연** 시간을 "00.00 / 00.25 / 00.50 / 01.00 / 01.50 / 02.00 / 02.50" 등 조금씩 지연 시간을 차이가 나도록 변경합니다.

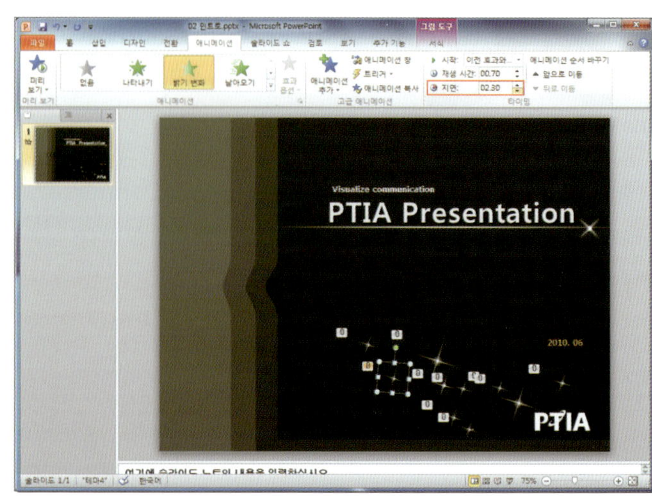

○ 지연 설정은 예제 폴더의 결과 파일을 참조하십시오. 꼭 동일하게 적용할 필요는 없으며, 임의로 지연 시간을 설정하고 슬라이드 쇼를 통해 확인해 보십시오.

11 애니메이션 지정하기(2) ❶ 상단의 Bar 그림을 선택한 후 [애니메이션] 탭 → 애니메이션 그룹 → ❷ 닦아내기를 클릭하고 ❸ 효과 옵션(▦)을 클릭하여 ❹ '방향' 항목의 '왼쪽에서'를 선택합니다.

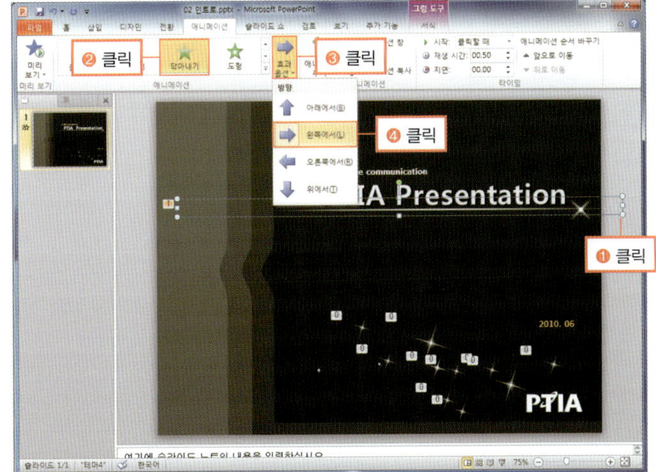

◎ 만약 애니메이션 그룹의 화면 보기에 '닦아내기' 효과가 표시되어 있지 않으면 [애니메이션] 그룹 오른쪽 **자세히** 단추(▧)를 클릭하여 '나타내기' 항목의 '닦아내기'를 선택하여 옵션을 추가하면 됩니다.

12 시작 설정하기 계속해서 [애니메이션] 탭 → 타이밍 그룹 → ❶ 시작의 목록 단추를 클릭하여 ❷ '이전 효과 다음에'를 선택합니다.

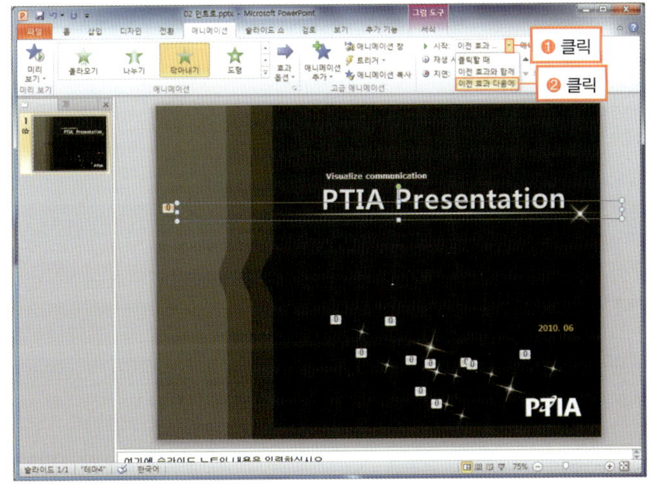

◎ 슬라이드의 첫 번째 애니메이션을 '이전 효과와 함께', '이전 효과 다음에'로 설정한 후 애니메이션이 끝나는 시점에 화면 전환을 자동으로 설정하면 무인 프레젠테이션도 가능합니다.

13 애니메이션 지정하기(3) ❶ 오른쪽 상단의 "Star. png" 그림을 선택한 후 [애니메이션] 탭 → 애니메이션 그룹 → ❷ 회전하며 밝기 변화를 클릭하고 타이밍 그룹에서 ❸ 시작을 "이전 효과 다음에", 재생 시간을 "00.70"으로 설정합니다.

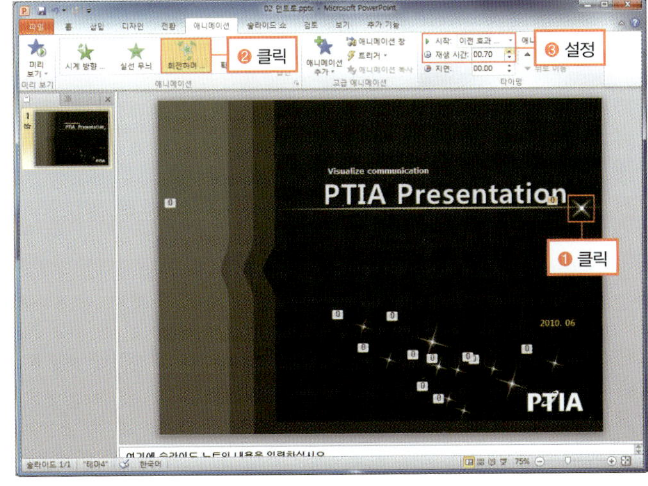

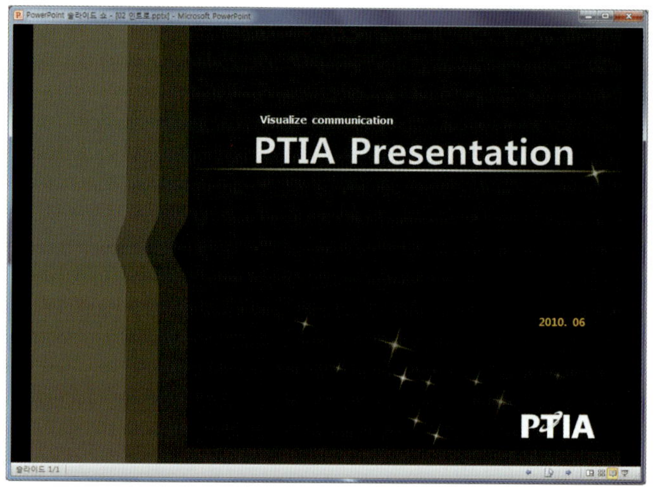

14 결과 확인하기 애니메이션 지정이 완료되면 슬라이드 창 하단에서 읽기용 보기를 클릭하여 슬라이드 쇼 시 개체들에 애니메이션이 지정된 것을 확인할 수 있습니다.

슬라이드 쇼에서 지정되어 있는 애니메이션을 청중에게는 보이지 않게 하고 슬라이드 쇼를 진행할 수 있도록 옵션을 제공하고 있습니다.

① [**슬라이드 쇼**] 탭 → **설정** 그룹 → **슬라이드 쇼 설정** 명령 단추를 클릭합니다.
② '쇼 설정' 대화상자에서 '표시 옵션' 항목의 '애니메이션 없이 보기' 확인란을 클릭하고 〈확인〉 단추를 클릭한 후 슬라이드 쇼를 실행하면 애니메이션 없이 슬라이드 쇼가 진행됩니다.

애니메이션 창에 진행 시간 표시 막대 표시하기

애니메이션의 중급 이상 사용자라면 하나의 개체에 두 개 이상의 애니메이션을 자유자재로 지정하고 옵션을 활용할 수 있는 사용자일 것입니다. 아무래도 단순한 애니메이션보다는 실전에서의 효과가 더 크기 때문에 애니메이션을 추가하는 것은 사용 빈도가 높은 편입니다.

진행 시간 표시 막대를 표시하려면 다음과 같이 실행합니다.

❶ [애니메이션] 탭 → **고급 애니메이션** 그룹 → **애니메이션 창**을 클릭하여 '애니메이션 창' 작업창을 표시합니다.

❷ '애니메이션 창' 작업창에서 지정된 애니메이션 중 하나를 선택하고 마우스 오른쪽 단추를 클릭하여 바로 가기 메뉴에서 **진행 시간 표시 막대 표시** 명령을 클릭합니다.

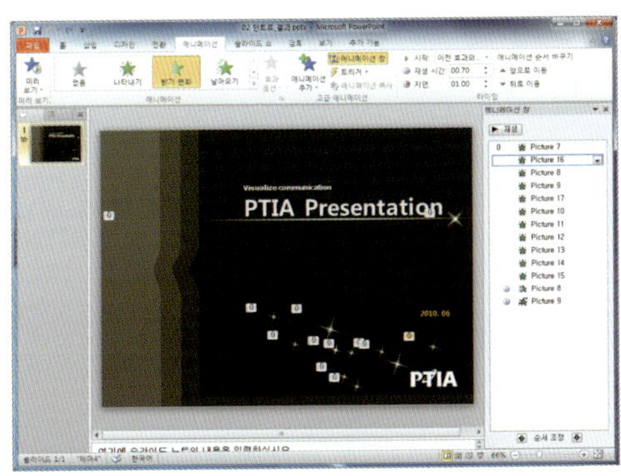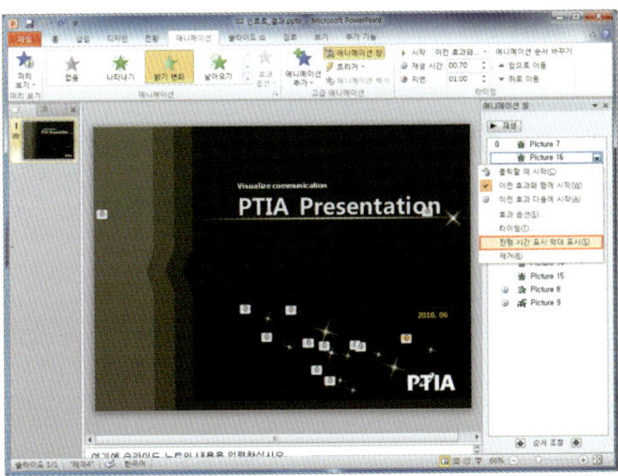

❸ 애니메이션 창의 애니메이션 목록에 노란색 막대가 표시됩니다. 애니메이션 창의 왼쪽 경계선에 마우스를 올려 마우스 포인터가 양방향 화살표 ↔로 바뀌면 마우스로 끌어서 애니메이션 창의 크기를 크게 조정합니다. 그러면 시간에 따른 애니메이션의 재생 시간을 확인할 수 있습니다.

❹ 애니메이션 목록에 표시된 표시 막대에 마우스를 올려 마우스 포인터가 ❘❘▶로 바뀌면 마우스를 오른쪽으로 끌어서 재생 시간을 자유롭게 변경할 수 있습니다.

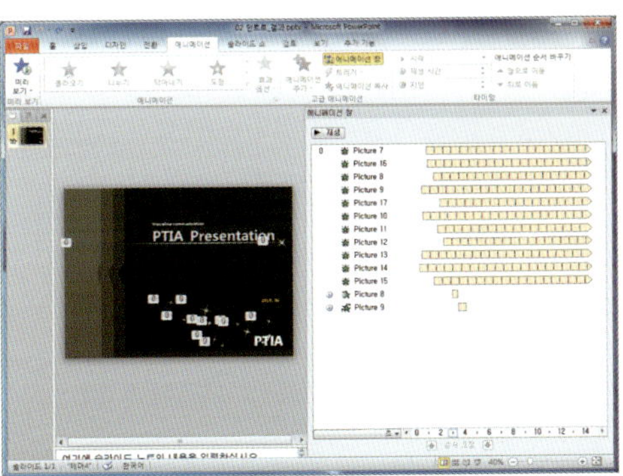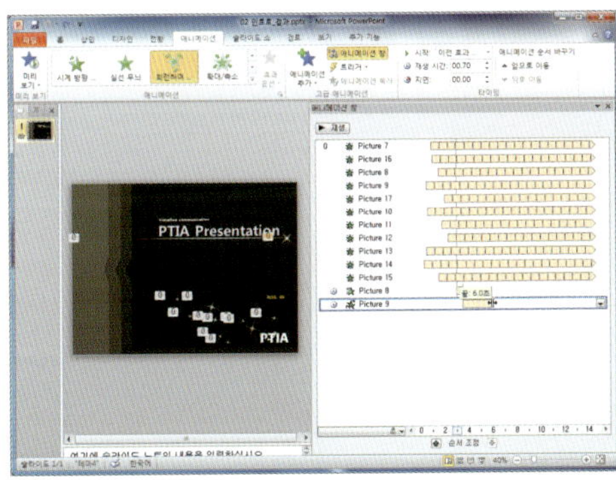

03 화면 전환 설정하기

화면 전환은 슬라이드 쇼 실행 시 현재 슬라이드가 다음 슬라이드로 바뀔 때 밋밋하게 슬라이드가 넘어가지 않고 동적인 움직임을 보이면서 넘어가도록 효과를 적용하는 명령입니다. 따라서, 화면 전환을 통해 청중들에게 슬라이드 가 전환되고 내용이 바뀌는 것을 알려줄 수 있습니다. 이러한 화면 전환을 슬라 이드에 적용하는 방법에 대해 알아보겠습니다.

1. [전환] 탭 살펴보기 `NEW 2010`

[**전환**] 탭은 파워포인트 2010에서 새롭게 추가된 리본 메뉴로, 이전 버전에서는 화면 전환과 관련된 명령들은 [**애니메이션**] 탭에 위치하였습니다. [**전환**] 탭에서는 화면 전환을 설정하고 타이밍을 조절하는 명령들이 포함되어 있습니다.

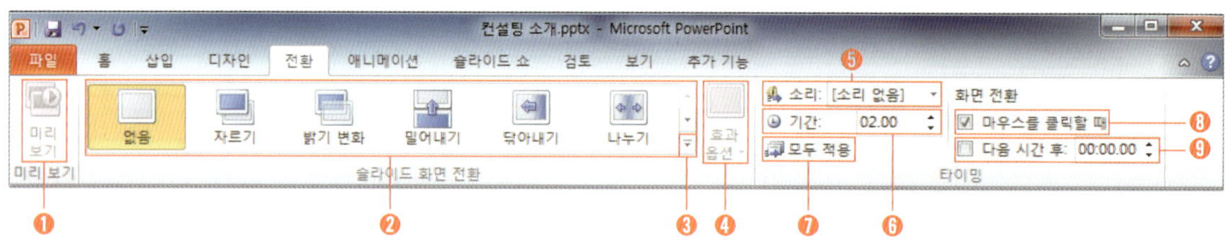

> **이전 버전과 비교**
>
> 파워포인트 2007 버전에서는 화면 전환이 [**애니메이션**] 탭 → **슬라이드 화면 전환** 그룹에 명령들이 위치되어 있습니다.

❶ **미리 보기** : 현재 슬라이드의 화면 전환을 미리 봅니다.

❷ **슬라이드 화면 전환** : 이전 슬라이드와 현재 슬라이드 간을 전환하는 동안 적용할 특수 효과를 선택합니다.

❸ **'슬라이드 화면 전환' 자세히 단추** : 좀 더 다양한 화면 전환 효과를 찾아볼 수 있습니다.

❹ **효과 옵션** : 선택한 화면 전환의 방향, 색 등 전환 효과의 속성을 변경할 수 있습니다.

❺ **소리** : 이전 슬라이드와 현재 슬라이드 간을 전환하는 동안 재생할 오디오 클립을 선택합니다.

❻ **기간** : 화면 전환의 길이를 지정합니다.

❼ **모두 적용** : 현재 슬라이드에 설정한 화면 전환과 동일하게 모든 슬라이드의 전환을 설정합니다.

❽ **마우스를 클릭할 때** : 마우스를 클릭하여 다음 슬라이드로 이동하는 화면 전환을 실행합니다.

❾ **다음 시간 후** : 지정된 초 단위 시간 후에 화면 전환이 실행됩니다.

▲ '슬라이드 화면 전환' 선택 목록

> **임의 효과 적용하기**
>
> 이전 버전까지 제공되던 슬라이드의 화면 전환을 임의대로 지정할 수 있는 명령이 아쉽게도 파워포인트 2010에서는 제공되지 않습니다.

2. 화면 전환 설정하기

파워포인트 2010의 화면 전환은 놀라울 정도로 화려해졌을 뿐만 아니라 화면 전환을 원하는 슬라이드를 간단하게 전환 효과를 적용할 수 있습니다.

화면 전환을 추가할 슬라이드를 선택한 후 [**전환**] 탭 → **슬라이드 화면 전환** 그룹 오른쪽 **자세히**( ) 단추를 클릭하고 선택 목록에서 원하는 전환 스타일을 선택합니다. [**전환**] 탭 → **미리 보기** 그룹 → **미리 보기** 명령 단추( )를 클릭해서 슬라이드에 적용된 전환 효과를 확인합니다.

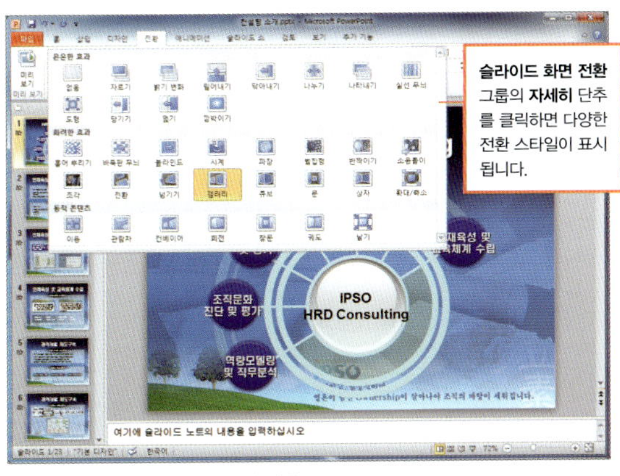

▲ 슬라이드 화면 전환 – 자세히 단추

▲ '갤러리' 화면 전환 적용

3. 효과 옵션 설정하기

효과 옵션은 각 전환 효과별로 조금씩 차이가 있지만 전환의 방향을 변경할 수 있습니다.

지정된 애니메이션에 효과를 변경하려면 [**전환**] 탭 → **슬라이드 화면 전환** 그룹 → **효과 옵션** 명령 단추( )를 클릭한 후 선택 목록에서 원하는 방향을 선택합니다.

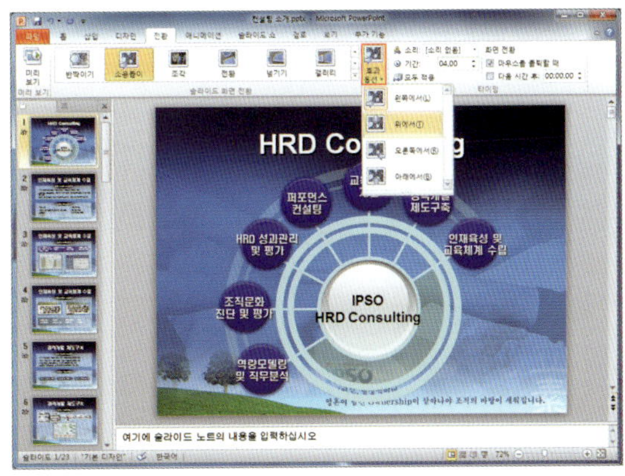

▲ 애니메이션 효과 옵션

전환이 설정되면 효과 옵션 명령이 활성화되며, 효과 옵션 명령은 설정된 전환의 종류에 따라 다르게 표시되며, 애니메이션에 따라 효과 옵션을 적절하게 조정하여 사용할 수 있습니다. 예를 들어, 닦아내기와 나누기를 지정했을 때의 차이를 보면 다음과 같습니다.

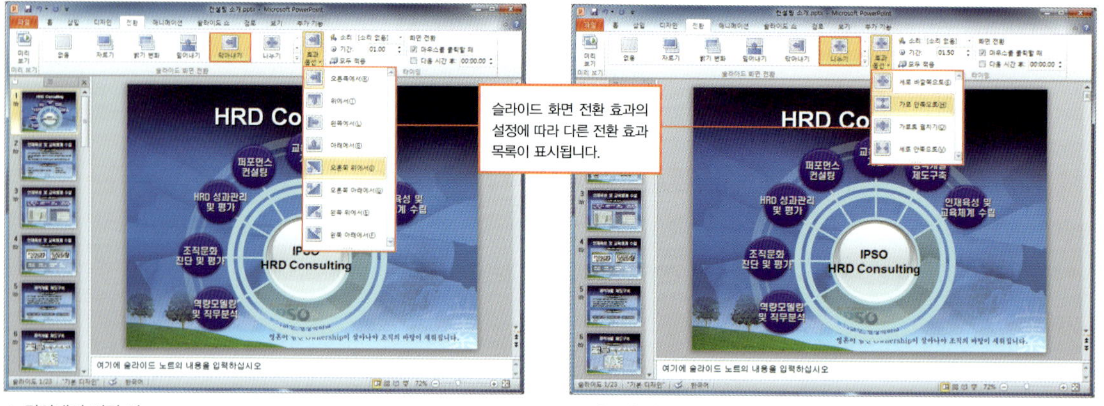

▲ 닦아내기 지정 시　　　　　　　　　▲ 나누기 지정 시

4. 타이밍 설정하기

[**전환**] 탭 → **타이밍** 그룹에서는 화면 전환의 소리, 기간, 특정 시간에 전환 등의 명령을 수행하며, 슬라이드 전환 방법을 변경하여 사용자가 원하는대로 화면 전환을 설정할 수 있습니다.

● 소리

현재 슬라이드가 다음 슬라이드로 전환되는 동안 오디오 클립을 재생할 수 있습니다.

화면 전환이 적용된 슬라이드를 선택하고 [**전환**] 탭 → **타이밍** 그룹 → **소리**(소리)의 목록 단추를 이용하여 원하는 소리를 선택합니다. 선택 목록 이외의 오디오 클립을 사용하려면 [**전환**] 탭 → **타이밍** 그룹 → **소리**(소리) → **다른 소리**를 클릭하고 '오디오 추가' 대화상자가 표시되면 폴더에서 원하는 오디오 클립을 선택하고 〈확인〉 단추를 클릭합니다.

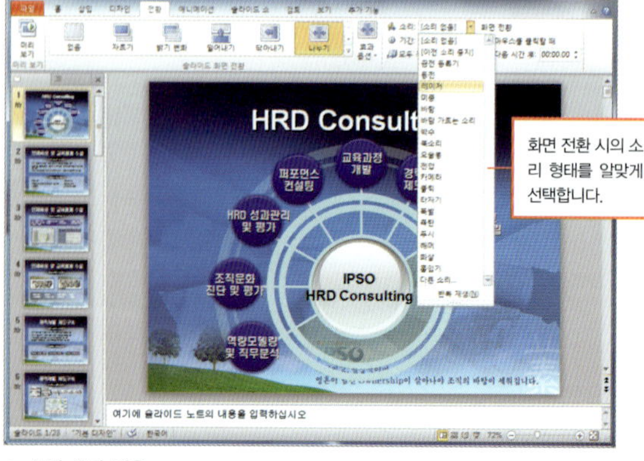

▲ 소리 효과 적용

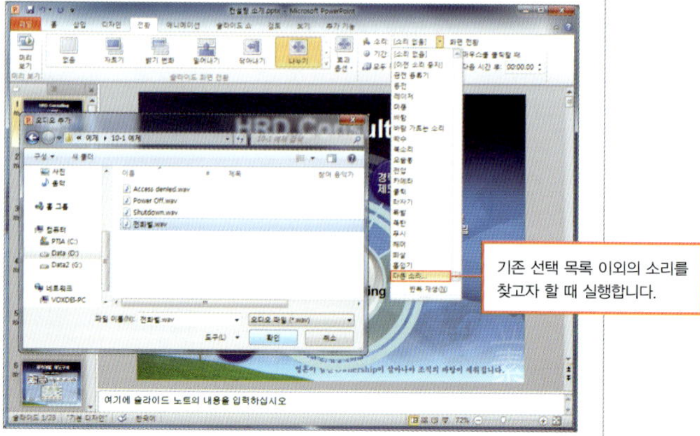

▲ 소리 – 다른 소리

● 기간

현재 슬라이드가 다음 슬라이드로 전환하는 동안 적용된 전환 효과가 완료되는 시간을 설정합니다.

화면 전환이 적용될 슬라이드를 선택하고 [**전환**] 탭 → **타이밍** 그룹 → **기간**(기간)의 입력 상자에 원하는 시간을 초 단위로 입력합니다. [**전환**] 탭 → **미리 보기** 그룹 → **미리 보기** 명령 단추( )를 클릭해서 슬라이드에 적용된 전환 기간을 확인합니다.

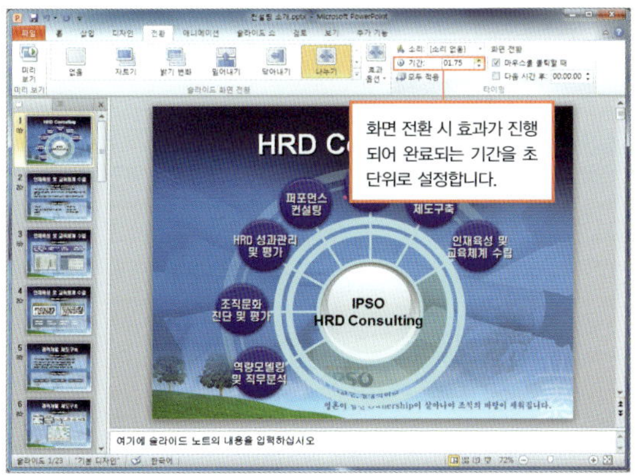

▲ 화면 전환 효과의 기간 설정

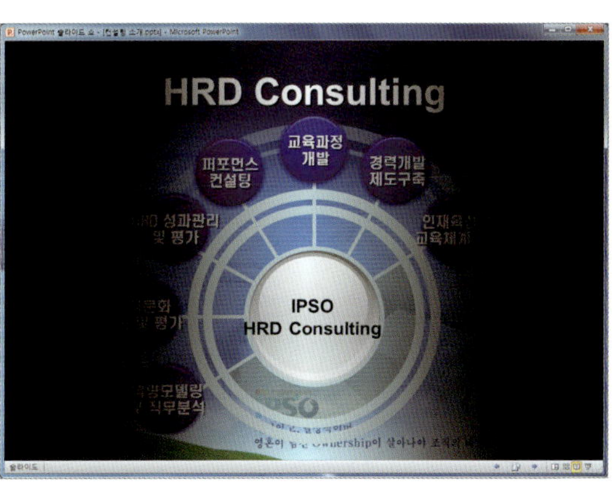

▲ 미리 보기 화면

모두 적용

현재 슬라이드에 설정되어 있는 전환 효과와 타이밍을 프레젠테이션 내의 모든 슬라이드에 동일하게 적용할 수 있습니다.

화면 전환이 적용된 슬라이드를 선택하고 [**전환**] 탭 → **타이밍** 그룹 → **모두 적용** 명령 단추(모두 적용)를 클릭한 후 다른 슬라이드로 이동하여 슬라이드 쇼를 실행하면 화면 전환 효과가 동일하게 실행되는 것을 확인할 수 있습니다.

▲ 모든 슬라이드에 화면 전환 효과 적용

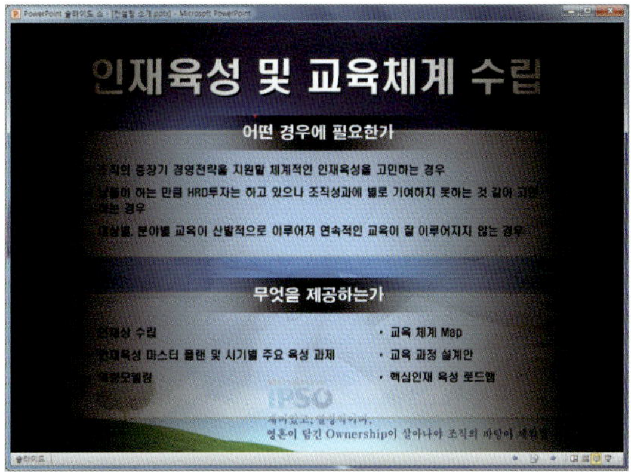

▲ 슬라이드 쇼 화면

화면 전환

화면 전환 시 명령은 마우스를 클릭하여 현재 슬라이드를 전환하는 방법과 특정한 시간 이후에 다음 슬라이드로 자동적으로 전환하도록 설정할 수 있습니다.

① **마우스를 클릭할 때** : 화면 전환을 설정한 슬라이드를 선택하고 [**전환**] 탭 → **타이밍** 그룹 → **마우스를 클릭할 때** 확인란을 선택합니다. 마우스로 클릭할 때는 전환 효과를 설정했을 때 기본으로 설정되는 값입니다.

▲ '마우스로 클릭할 때' 화면 전환

② **다음 시간 후** : 화면 전환을 설정한 슬라이드를 선택하고 [**전환**] 탭 → **타이밍** 그룹 → **다음 시간 후** 확인란을 선택하고 입력 상자에 초 단위로 시간을 입력합니다.

▲ '다음 시간 후' 화면 전환

○ 자동 프레젠테이션 설정

슬라이드 화면 전환을 '다음 시간 후'로 설정하는 경우는 마우스 클릭없이 자동으로 슬라이드 쇼를 진행할 때 사용합니다.

5. 화면 전환 제거하기

화면 전환 효과를 제거하려면 각 슬라이드를 선택하고 다음과 같이 실행합니다.

화면 전환 효과를 제거할 슬라이드를 선택하고 [**전환**] 탭 → **슬라이드 화면 전환** 그룹 오른쪽 **자세히** 단추(▼)를 클릭하고 선택 목록에서 '없음'을 선택합니다.

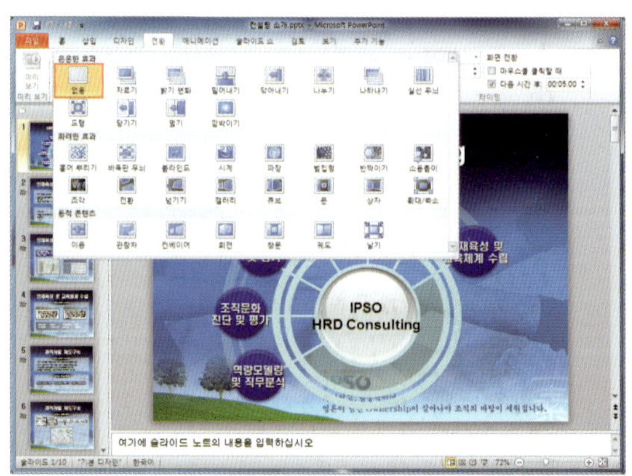

▲ 화면 전환 제거하기

화면 전환 설정하기

📁 **준비 파일 :** 01 사진 앨범.pptx　　📁 **완성 파일 :** 01 사진앨범_결과.pptx

파워포인트 2010의 화면 전환은 이전 버전에 비해 많은 개선이 있습니다. 슬라이드 개체의 수가 적고 하나 정도의 메시지만 존재한다면 애니메이션을 사용하지 않고 화면 전환만 사용해도 충분히 시각적인 효과를 얻어낼 수 있습니다. 지나치지 않은 범위 내에서 적절하게 화면 전환을 설정해 보도록 하겠습니다.

항목	변경 내용
사진 앨범 만들기	이미지 : 모든 사진 테마 : Horizon.thmx
화면 전환	1번 슬라이드 : '시계' 2번~나머지 : 임의로 설정
시간 설정	타이밍 : 4초

Before

After

01 **파워포인트 열기** 파워포인트 빈 화면을 엽니다.

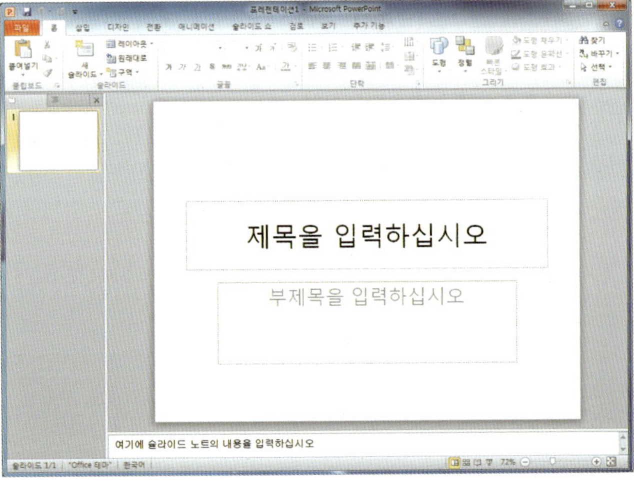

02 **사진 불러오기** 사진 앨범을 만들려면 ❶ [**삽입**] 탭 → **이미지** 그룹 → ❷ **사진 앨범** 명령 단추(▦)를 클릭합니다. '사진 앨범' 대화상자에서 ❸ 〈파일/디스크〉 단추를 클릭하여 ❹ 예제 폴더에서 단축키 Ctrl + A 를 눌러 전체 사진을 선택한 후 ❺ 〈삽입〉 단추를 클릭합니다.

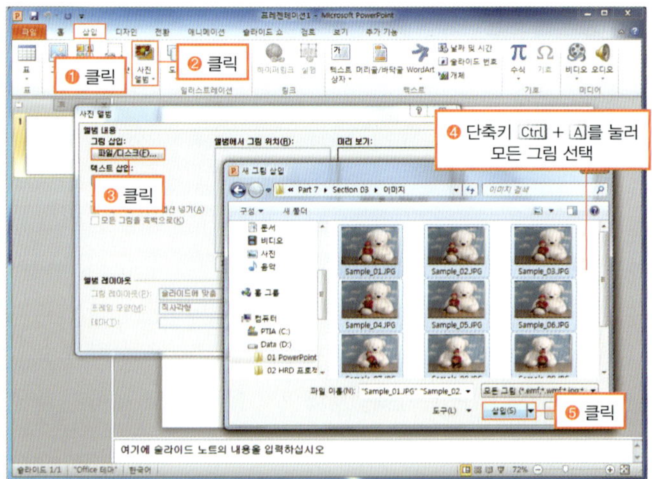

03 **사진 앨범 만들기** '사진 앨범' 대화상자에서 ❶ '그림 레이아웃'은 '슬라이드에 맞춤', '테마'는 〈찾아보기〉 단추를 클릭하여 "Horizon.thmx"를 선택합니다. ❷ '사진 앨범' 대화상자에서 〈만들기〉 단추를 클릭하면 새 프레젠테이션이 열리면서 사진 앨범이 만들어집니다.

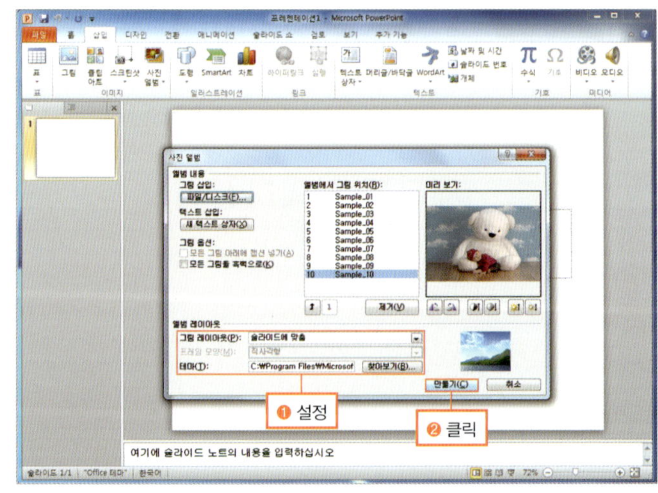

◉ Horizen.thmx 파일이 없는 경우에는 제공되는 CD의 예제 폴더로 이동해서 테마를 선택합니다.

04 **화면 전환 설정하기** 각 슬라이드마다 화면 전환을 설정합니다. ❶ 1번 슬라이드를 선택하고 ❷ [**전환**] 탭 → ❸ **슬라이드 화면 전환** 그룹 오른쪽 **자세히** 단추(▾)를 클릭하고 ❹ '화려한 효과' 항목의 '시계'를 선택합니다.

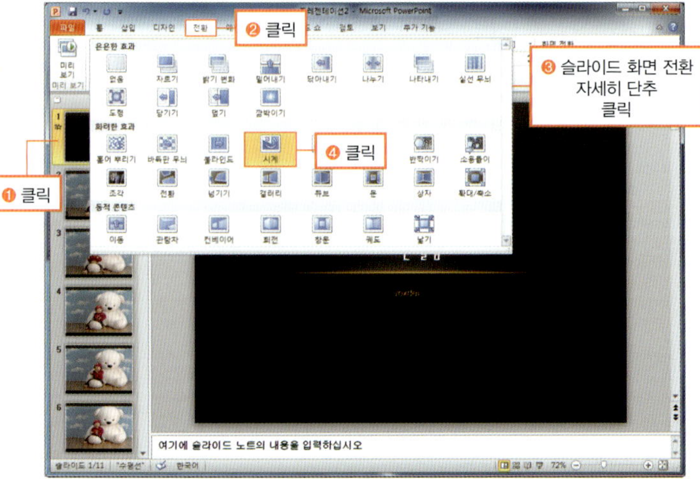

05 화면 전환 설정하기 각 슬라이드별로 파워포인트 2010에 새롭게 추가된 전환 효과를 위와 같은 방식으로 적용해 봅니다.

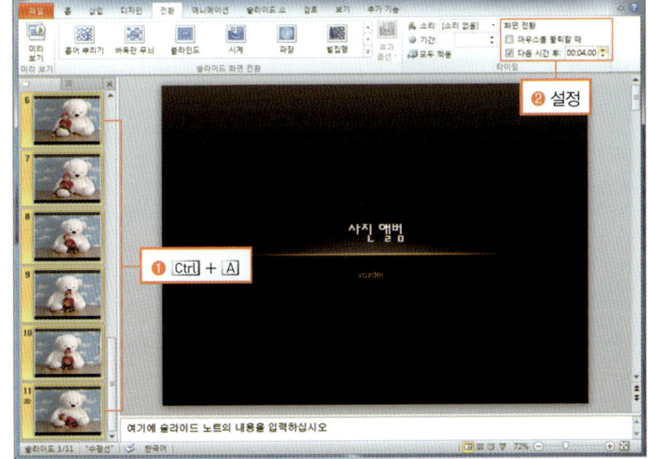

○ 각 슬라이드별로 화면 전환 효과를 달리하는 방법은 수록하지 않습니다. 각자 스타일에 맞게 적용해 보세요. 참고로, 슬라이드 화면 전환 기간은 기본적으로 '1초'로 설정되어 있으므로 적정하게 사용하여 산만하지 않도록 합니다.

06 다음 시간 후 설정하기 ❶ [슬라이드] 탭의 슬라이드 축소판 그림을 단축키 Ctrl + A 를 눌러 모두 선택하고 [전환] 탭 → 타이밍 그룹의 ❷ 화면 전환을 '다음 시간 후'로 선택하고 입력 상자에 4초(00:04:00)로 설정합니다. '마우스를 클릭할 때' 확인란을 선택 해제하면 전체 슬라이드에 타이밍이 설정됩니다.

○ **화면 전환의 통일성**

일반적으로 화면 전환은 내용의 전개에 따라 다르게 적용할 수 있지만 일관성과 통일성이라는 전제를 고려하여 모든 슬라이드에 동일하게 적용하는 것이 좋은 방법입니다.

07 결과 확인하기 화면 전환 설정이 완성되면 슬라이드 쇼 보기를 클릭하여 화면 전환 효과를 확인합니다.

화면 전환 시간을 애니메이션에 맞춰서 설정하는 방법

애니메이션 시간을 애니메이션 창에서 일일이 확인하면서 슬라이드 화면 전환 시간을 계산하는 것은 여간 귀찮은 일이 아닙니다. 슬라이드의 모든 애니메이션이 종료되고 난 후 슬라이드 화면 전환을 클릭없이 진행하고자 할 경우에는 예행 연습 명령을 통해 리허설 하면서 전환 시간이 자동으로 입력되도록 설정합니다.

❶ 애니메이션이 모두 지정된 상태에서 [**슬라이드 쇼**] 탭 → **설 정** 그룹 → **예행 연습** 명령 단추(🎬)를 클릭합니다.

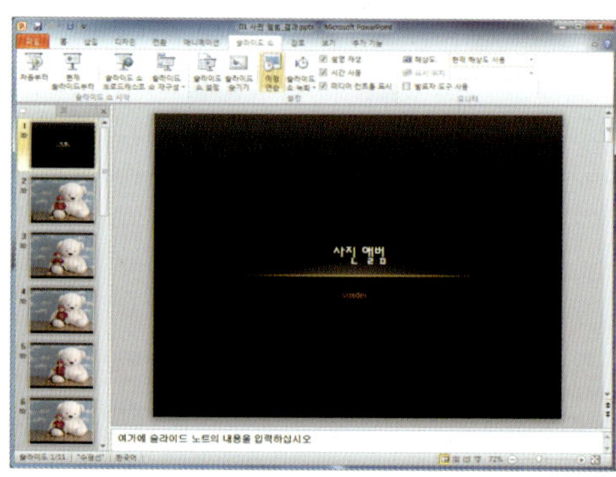

❷ 슬라이드 쇼가 실행되면 왼쪽 상단에 '녹화' 대화상자가 표시되며, 왼쪽 화살표를 클릭하여 다음 슬라이드로 전환하면 해당 시간이 기록됩니다.

❸ 모든 슬라이드의 예행 연습이 종료되면 슬라이드 쇼를 수행하는데 걸린 시간이 표시되고 각 슬라이드 마다 소요된 시간이 자동으로 기록되면 〈예〉 단추를 클릭합니다.

❹ 여러 슬라이드 보기로 전환되면서 각 슬라이드마다 새롭게 설정된 화면 전환 기간이 슬라이드 축소판 그림 왼쪽 아래에 표시됩니다.

하이퍼링크 및 실행 설정하기

하이퍼링크는 인터넷 웹상에 있는 내용 중에서 웹 사이트와 연결되어 있는 단어나 개체를 클릭하면 바로 관련 웹 사이트로 연결되는 기능입니다. 파워 포인트에서도 문서 내의 다른 슬라이드나 다른 문서의 특정 슬라이드로 이동 하거나 웹 사이트로 이동할 수 있는 하이퍼링크 기능을 제공하고 있습니다. 하이 퍼링크를 설정하는 방법에 대해서 알아보겠습니다.

1. 같은 프레젠테이션의 슬라이드

같은 프레젠테이션 내에서 하이퍼링크를 설정하여 슬라이드 간에 자유롭게 이동할 수 있습니다. 프레젠 테이션 중에서 특정 내용에 대해 부연 설명이 필요한 경우 다른 슬라이드에 자세한 내용을 기술하고 하 이퍼링크를 통해 슬라이드를 이동하여 추가 설명을 할 수 있습니다.

기본 보기에서 하이퍼링크로 사용할 텍스트 또는 개체를 선택한 후 [**삽입**] 탭 → **링크** 그룹 → **하이퍼링크** 명령 단추(   )를 클릭합니다. 현재 프레젠테이션의 슬라이드에 연결하려면 '연결 대상'에서 [현재 문서] 를 클릭하고 '이 문서에서 위치 선택'에서 하이퍼링크 대상으로 사용할 슬라이드를 선택합니다.

▲ 하이퍼링크 명령

▲ 하이퍼링크 대상 슬라이드 선택

> ○ **하이퍼링크로 되돌아 오기**
>
> 같은 프레젠테이션 내에 서 하이퍼링크로 연결한 경우에는 이동된 슬라이 드에서 원래 슬라이드로 돌아올 수 있도록 다시 하 이퍼링크를 연결해 주는 것이 좋습니다.

슬라이드 쇼에서 하이퍼링크를 연결한 개체 위에 마우스를 올려 마우스 포인터가 손 모양으로 될 때 개 체를 클릭하면 연결된 슬라이드로 이동합니다. 이동된 슬라이드에도 하이퍼링크를 연결하여 원래 슬라 이드로 돌아오는 경로를 만드는 것이 좋습니다.

▲ 하이퍼링크를 연결한 개체

▲ 하이퍼링크로 연결된 슬라이드

만약, 현재 프레젠테이션의 재구성한 쇼에 연결하려면 '이 문서에서 위치 선택'에서 하이퍼링크 대상으로 사용할 재구성한 쇼를 클릭한 후 '보고 돌아가기'를 선택합니다.

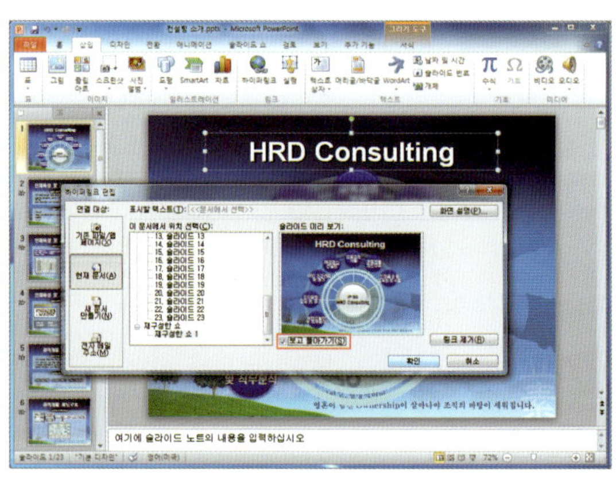

▲ 보고 돌아가기 명령

2. 다른 프레젠테이션의 슬라이드

현재 프레젠테이션에서 특정 프레젠테이션의 원하는 슬라이드로 하이퍼링크로 연결할 때 현재 프레젠테이션과 연결되는 프레젠테이션은 동일한 폴더에 있는 것이 좋습니다. 연결된 프레젠테이션을 복사하지 않은 경우 또는 연결된 프레젠테이션을 이동하거나 삭제하거나 이름을 바꾼 경우에는 현재 프레젠테이션에서 해당 하이퍼링크를 클릭해도 연결된 프레젠테이션으로 연결되지 않습니다.

기본 보기에서 하이퍼링크로 사용할 텍스트 또는 개체를 선택한 후 [삽입] 탭 → 링크 그룹 → 하이퍼링크 명령 단추(🔗)를 클릭합니다. 연결 대상에서 [기존 파일/웹 페이지]를 클릭한 후 연결할 슬라이드가 포함된 프레젠테이션을 찾습니다. 〈책갈피〉 단추를 클릭하여 '문서에서 위치 선택' 대화상자에서 연결할 슬라이드의 제목을 선택하고 〈확인〉 단추를 클릭한 후 다시 '하이퍼링크 편집' 대화상자에서 〈확인〉 단추를 클릭합니다.

▲ '하이퍼링크 편집' 대화상자　　　　　　　　▲ 연결할 슬라이드 선택

슬라이드 쇼에서 하이퍼링크를 연결한 개체 위에 마우스를 올리면 마우스 커서가 손 모양으로 변하는데,
개체를 클릭하면 연결된 슬라이드로 이동합니다.

▲ 하이퍼링크 연결한 개체

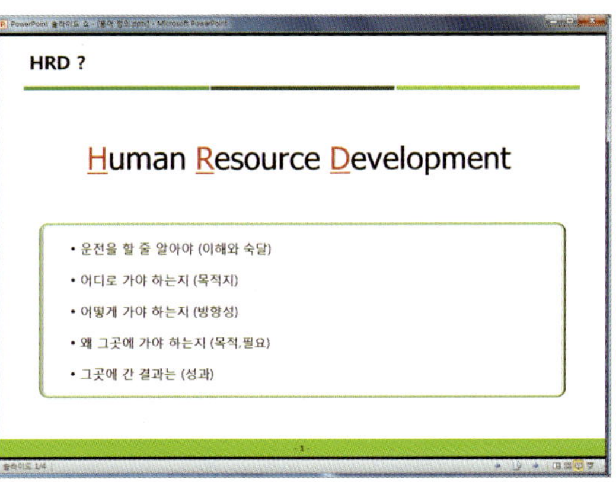

▲ 하이퍼링크로 연결된 슬라이드

3. 웹의 페이지 또는 파일

인터넷이 연결되어 있는 경우 특정 내용을 설명하다가 해당 내용과 관련된 웹 페이지로 연결해서 직접
화면으로 보여주어야 할 경우에도 하이퍼링크를 이용해 웹 페이지로 바로 연결할 수 있습니다.

기본 보기에서 하이퍼링크로 사용할 텍스트 또는
개체를 선택하고 [삽입] 탭 → 링크 그룹 → 하이퍼
링크 명령 단추(🖼)를 클릭합니다. 연결 대상에서
[기존 파일/웹 페이지]를 클릭한 후 '주소'에 연결
할 웹 페이지 URL을 입력하고 〈확인〉 단추를 클
릭합니다.

▲ 하이퍼링크를 웹 페이지 주소에 연결

슬라이드 쇼에서 하이퍼링크를 연결한 개체 위에 마우스를 올리면 마우스 커서가 손 모양으로 변하고, 이때 개체를 클릭하면 연결된 웹 페이지로 이동합니다.

▲ 하이퍼링크를 연결한 개체

▲ 연결된 웹 페이지로 이동

4. 전자 메일 주소

전자 메일 주소로 연결되는 하이퍼링크 설정이 가능하며, 전자 메일 주소와 제목을 입력하고 하이퍼링크로 연결하면 본문을 입력할 수 있는 상태로 전자 메일 프로그램이 열립니다.

기본 보기에서 하이퍼링크로 사용할 텍스트 또는 개체를 선택하고 [**삽입**] 탭 → **링크** 그룹 → **하이퍼링크** 명령 단추()를 클릭합니다. '연결 대상'에서 [전자 메일 주소]를 클릭하고 '전자 메일 주소'에 연결할 전자 메일 주소를 입력하거나 '최근에 사용한 전자 메일 주소' 목록에서 원하는 전자 메일 주소를 클릭합니다. '제목' 입력 상자에는 전자 메일의 메시지 제목을 입력합니다.

전자 메일 주소로 연결할 주소 선택 ▶

슬라이드 쇼에서 하이퍼링크를 연결한 개체 위에 마우스를 올리면 마우스 커서가 손 모양으로 변합니다. 개체를 클릭하면 전자 메일 프로그램인 아웃룩이 열립니다.

▲ 하이퍼링크를 연결한 개체

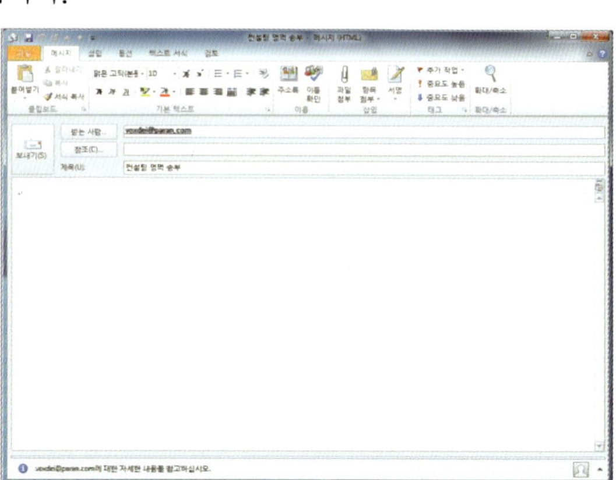

▲ 아웃룩 실행

5. 새 문서 만들기

하이퍼링크로 새 문서를 열어서 프레젠테이션 문서를 바로 작성할 수 있습니다.

기본 보기에서 하이퍼링크로 사용할 텍스트 또는 개체를 선택하고 [**삽입**] 탭 → **링크** 그룹 → **하이퍼링크** 명령 단추(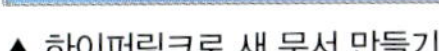)를 클릭합니다. '연결 대상'에서 '새 문서 만들기'를 클릭한 후 '새 문서 이름'에 연결할 파일의 이름을 입력하고 '문서 편집' 항목에서 파일을 지금 변경할지 또는 나중에 변경할지에 따라 적절한 옵션을 클릭합니다. 모든 설정을 완료한 후 〈확인〉 단추를 클릭하면 편집할 수 있는 새 문서가 열립니다.

▲ 하이퍼링크로 새 문서 만들기

▲ 새 문서

6. 하이퍼링크 제거하기

연결된 하이퍼링크를 삭제할 수 있으며, 하이퍼링크 대화상자에서 삭제하는 방법과 마우스 오른쪽 단추를 클릭하여 바로 가기 메뉴에서 삭제하는 방법이 있습니다.

① **방법 1** : 기본 보기에서 하이퍼링크로 사용한 텍스트 또는 개체를 선택하고 [**삽입**] 탭 → **링크** 그룹 → **하이퍼링크** 명령 단추()를 클릭합니다. 〈링크 제거〉 단추를 클릭하고 〈확인〉 단추를 클릭하면 하이퍼링크가 제거됩니다.

② **방법 2** : 하이퍼링크가 연결된 개체를 선택하고 마우스 오른쪽 단추를 클릭한 후 바로 가기 메뉴에서 **하이퍼링크 제거**를 클릭합니다.

▲ [삽입] 탭을 이용한 하이퍼링크 제거

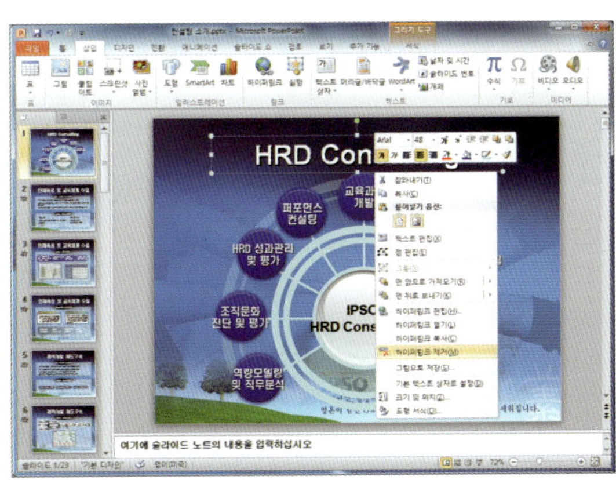

▲ 바로 가기 메뉴를 이용한 하이퍼링크 제거

○ **하이퍼링크 되돌리기**

잘못하여 하이퍼링크를 제거한 경우 단축키 Ctrl + Z을 눌러 삭제된 하이퍼링크를 되돌립니다.

6. 실행 설정하기

실행 명령 단추는 개체를 클릭하거나 개체 위에 마우스를 올려놓을 때 이벤트가 실행되게 하는 기능입니다.

● 실행 설정

연결할 개체를 선택하고 [삽입] 탭 → 링크 그룹 → 실행 명령 단추(🖳)를 클릭한 후 '실행 설정' 대화상자에서 '마우스를 클릭할 때'와 '마우스를 위에 놓았을 때' 의 두 가지 방식에 의해 하이퍼링크나 프로그램, 개체, 매크로 등을 실행할 수 있습니다. [마우스를 클릭할 때] 탭의 '하이퍼링크' 항목에서 원하는 실행 방식을 선택하고 〈확인〉 단추를 클릭합니다.

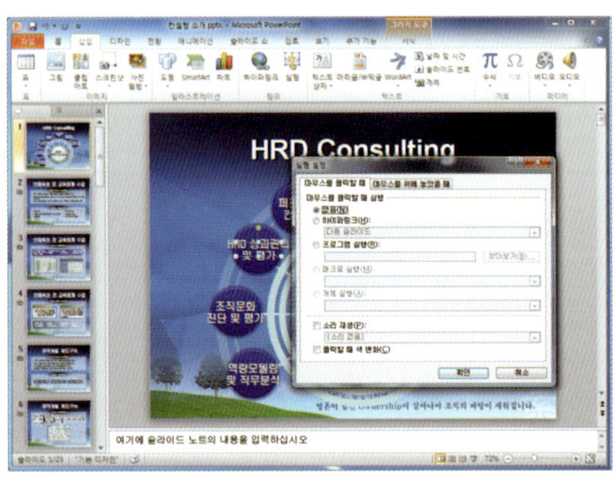

▲ '실행 설정' 대화상자

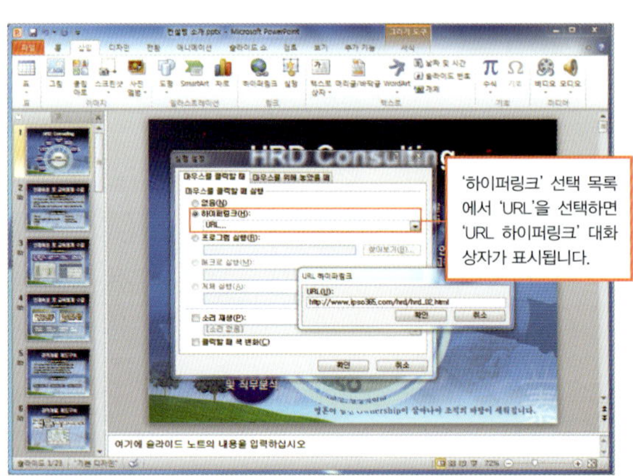

▲ 하이퍼링크 실행 방식 설정

슬라이드 쇼에서 실행으로 연결한 개체 위에 마우스를 올려 마우스 커서가 손 모양으로 변하면 개체를 클릭하여 연결된 프레젠테이션을 실행합니다. '마우스를 위에 놓았을 때' 설정 방식은 '마우스를 클릭할 때'와 동일하나 차이점은 마우스를 해당 개체나 텍스트 위에 올리기만 해도 바로 실행 설정 기능이 시작되어 연결 프로그램으로 이동합니다.

▲ 마우스를 위에 놓았을 때 실행

▲ 해당 연결 프로그램으로 이동

● 실행 설정 제거

실행 설정을 제거하려면 실행 설정이 지정된 개체를 선택한 후 [**삽입**] 탭 → **링크** 그룹 → **실행** 명령 단추( )를 클릭합니다. '마우스를 클릭할 때 실행' 항목의 '없음'을 선택하고 〈확인〉 단추를 클릭합니다.

▲ 실행 설정 제거

텍스트를 선택하고 '하이퍼링크'나 '실행 설정'을 연결하면 아래 그림과 같이 텍스트의 색상이 변하고 밑줄이 생깁니다.

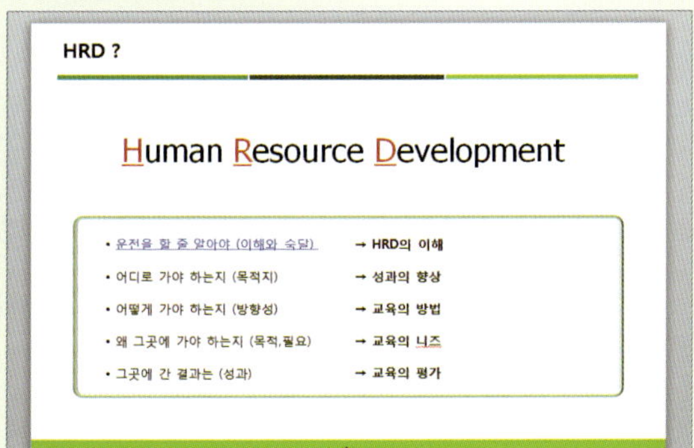

이렇게 하이퍼링크나 실행 설정이 연결된 경우에 텍스트의 색이 바뀌거나 밑줄이 그어지는 것은 변경할 수 없습니다. 따라서 텍스트에 하이퍼링크를 연결하지 않고 텍스트가 입력되어 있는 텍스트 상자에 하이퍼링크를 연결하면 색 변경과 밑줄을 고민하지 않아도 됩니다.

만약 변경된 텍스트 색을 바꾸고 싶다면 [테마 색]의 [강조/하이퍼링크 색]에서 변경합니다.

하이퍼링크 및 실행 단추 설정하기

📁 **준비 파일** : 02 교육계획.pptx   📁 **완성 파일** : 02 교육계획_결과.pptx

프레젠테이션 시 질의응답과 같은 시간에 특정 자료에 대해서 좀 더 구체적인 실례를 보여주어야 할 경우나 자료의 양이 너무 많아서 발표 내용과 관련된 세부자료를 첨부나 별도 문서로 가져가는 경우도 많습니다. 이 경우 연관되는 내용을 하이퍼링크를 통해 연결해 놓으면 세부자료를 찾기 위해 슬라이드를 모두 찾는 경우가 없어지게 됩니다. 하이퍼링크 사용법에 대해 자세히 익혀봅니다.

항목	변경 내용
하이퍼링크 연결	"현장 중심~" 도형 : 하이퍼링크_1.pptx "지속 성장~" 도형 : 하이퍼링크_2.pptx "차세대~" 도형 : 하이퍼링크_3.pptx
하이퍼링크_1.pptx	실행 단추 : 뒤로 또는 이전 '강한 효과 – 연한 녹색, 강조 2'
하이퍼링크 연결	하이퍼링크_1.pptx : "02 교육계획.pptx"
실행 단추 복사	하이퍼링크_2.pptx 하이퍼링크_3.pptx

Before

After

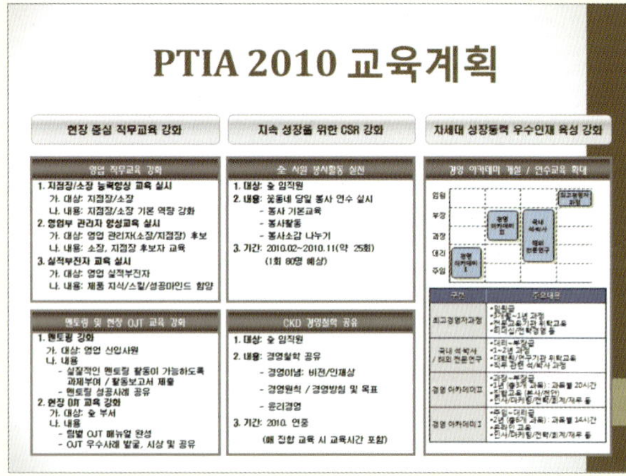

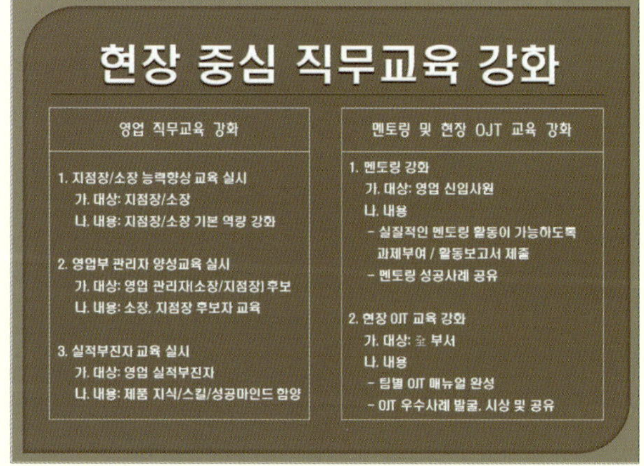

01 예제 파일 열기

02 교육계획.pptx 파일을 두 번 연속 클릭하면 파워포인트가 실행되면서 다음 화면이 나타납니다.

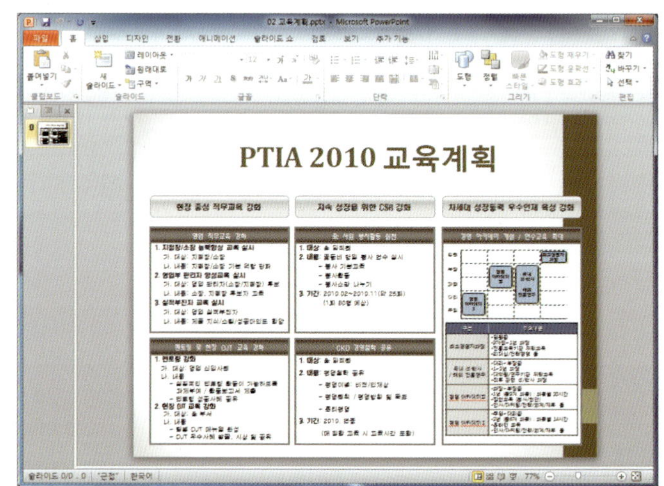

02 **하이퍼링크 연결하기(1)** ❶ "현장 중심 직무교육 강화" 텍스트가 입력된 도형을 선택하고 ❷ [**삽입**] 탭 → **링크** 그룹 → **하이퍼링크** 명령 단추(📄)를 클릭합니다.

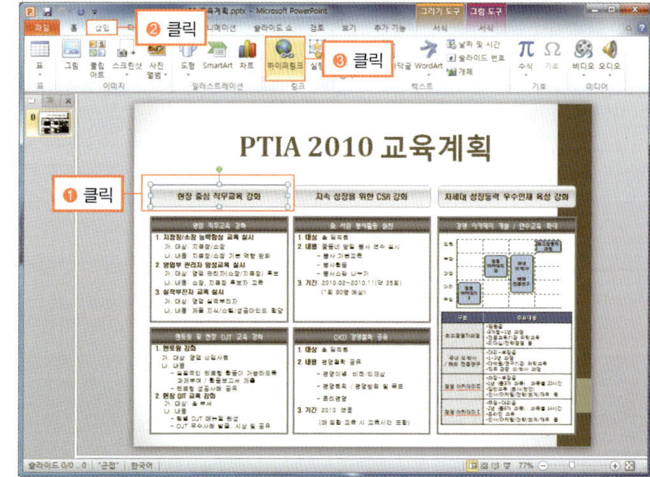

◉ 도형을 선택한 후 마우스 오른쪽 단추를 클릭하여 바로 가기 메뉴에서 **하이퍼링크** 명령을 실행해도 됩니다.

03 **연결할 프레젠테이션 선택하기** '하이퍼링크 삽입' 대화상자의 [기존 파일/웹 페이지]에서 ❶ 예제 폴더의 "하이퍼링크_1.pptx"를 선택하고 ❷ 〈확인〉 단추를 클릭합니다.

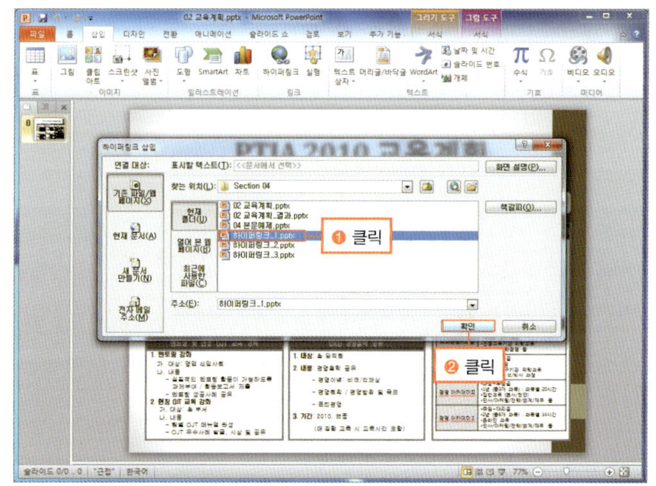

04 **하이퍼링크 연결하기(2)** ❶ "지속 성장을 위한 CSR 강화" 텍스트가 입력된 도형을 선택하고 [**삽입**] 탭 → **링크** 그룹 → ❷ **하이퍼링크** 명령 단추(📄)를 클릭합니다. '하이퍼링크 삽입' 대화상자의 [기존 파일/웹 페이지]에서 ❸ 예제 폴더의 "하이퍼링크_2.pptx"를 선택하고 ❹ 〈확인〉 단추를 클릭합니다.

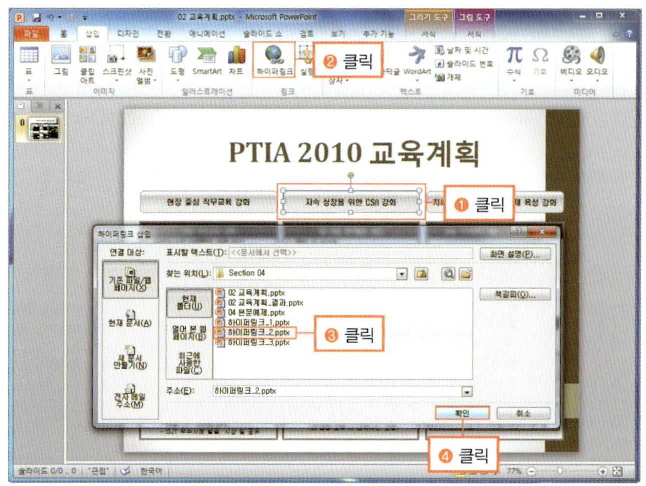

05

하이퍼링크 연결하기(3) ❶ "차세대 성장동력 우수 인재 육성 강화" 텍스트가 입력된 도형을 선택하고 [삽입] 탭 → 링크 그룹 → ❷ 하이퍼링크 명령 단추(🌐)를 클릭합니다. '하이퍼링크 삽입' 대화상자의 [기존 파일/웹 페이지]에서 ❸ 예제 폴더의 "하이퍼링크_3.pptx"를 선택하고 ❹ 〈확인〉 단추를 클릭합니다.

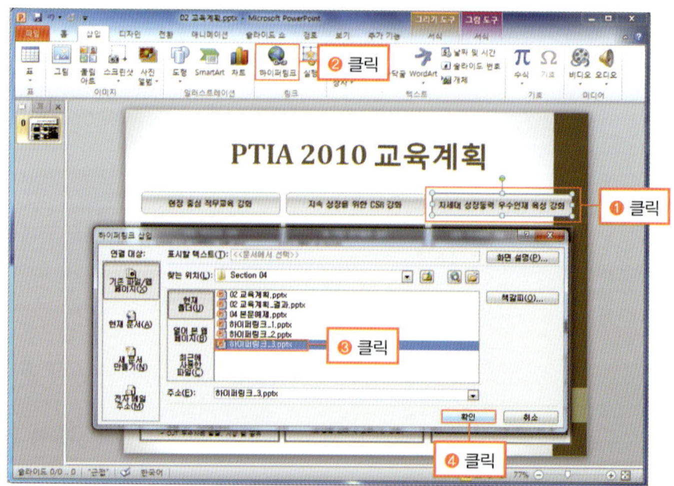

06

예제 파일 열기 하이퍼링크_1.pptx 파일을 두 번 연속 클릭하면 파워포인트가 실행되면서 다음 화면이 나타납니다.

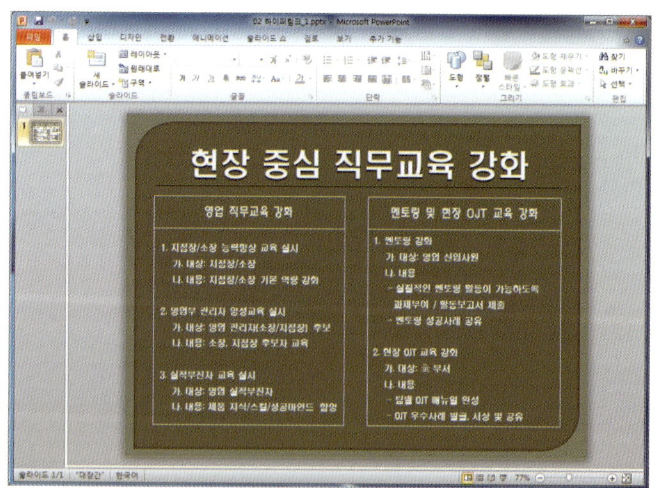

07

실행 단추 삽입하기 하이퍼링크로 연결된 문서에서 원래 문서로 돌아오는 실행 설정을 합니다. ❶ [삽입] → 일러스트레이션 그룹 → ❷ 도형(🔲)을 클릭하여 ❸ '실행 단추 : 뒤로 또는 이전'을 선택합니다.

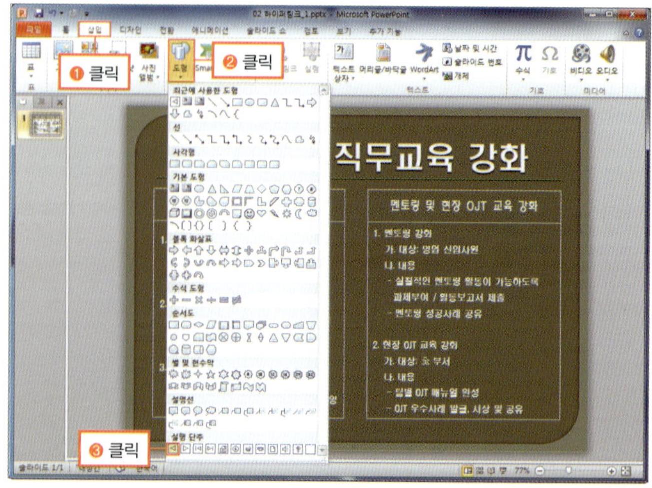

08 실행 설정하기 ❶ 슬라이드 오른쪽 하단에 마우스를 끌어서 도형을 삽입하면 '실행 설정' 대화상자가 표시됩니다. ❷ '하이퍼링크' 목록 단추를 클릭하여 ❸ '다른 PowerPoint 프레젠테이션'을 선택합니다.

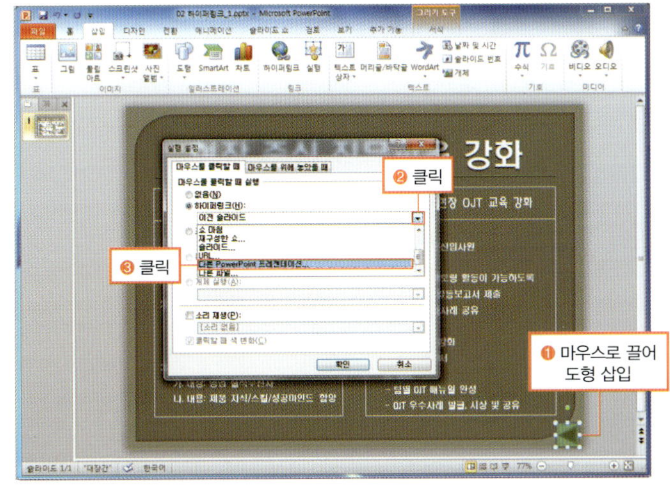

09 하이퍼링크 연결하기(4) '다른 파일 하이퍼링크' 대화상자가 표시되면 ❶ 원래 프레젠테이션인 "02 교육계획.pptx"를 선택한 후 ❷ 〈확인〉 단추를 클릭합니다. '실행 설정' 대화상자로 돌아오면 〈확인〉 단추를 클릭하여 연결을 마칩니다.

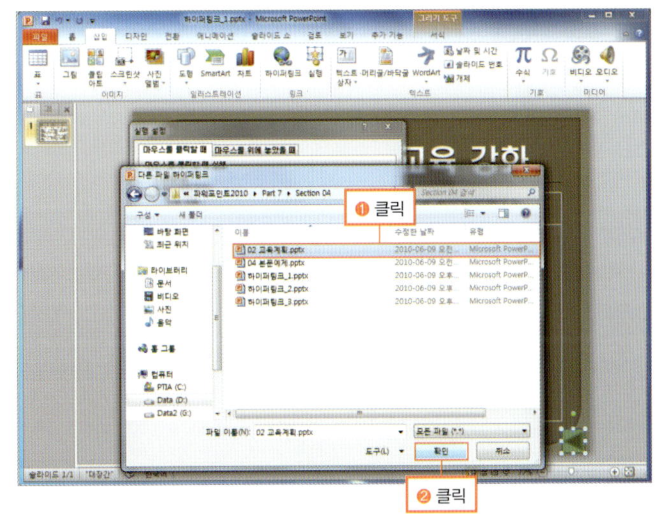

10 도형 스타일 변경하기 ❶ 실행 단추 도형을 선택하고 [그리기 도구] – ❷ [서식] 탭 → ❸ 도형 스타일 그룹 오른쪽의 **자세히** 단추(▾)를 클릭하고 ❹ '강한 효과 – 연한 녹색, 강조 2'를 선택합니다.

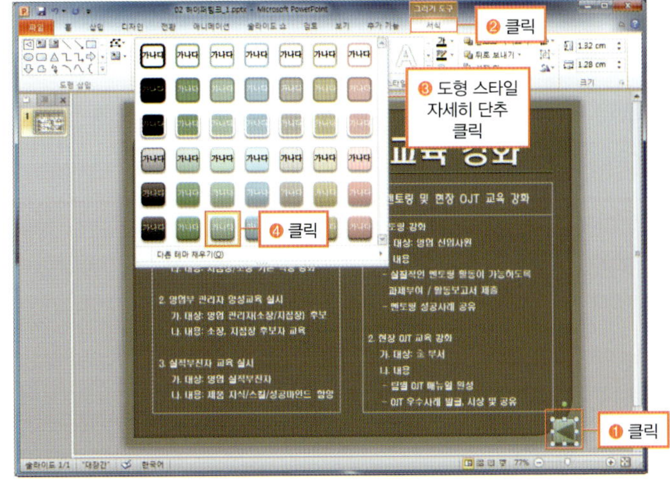

11 **도형 복사하기** 실행 단추 도형을 복사하기 위해
[홈] 탭 → **클립보드** 그룹 → **복사** 명령 단추(📋▼)
를 클릭합니다.

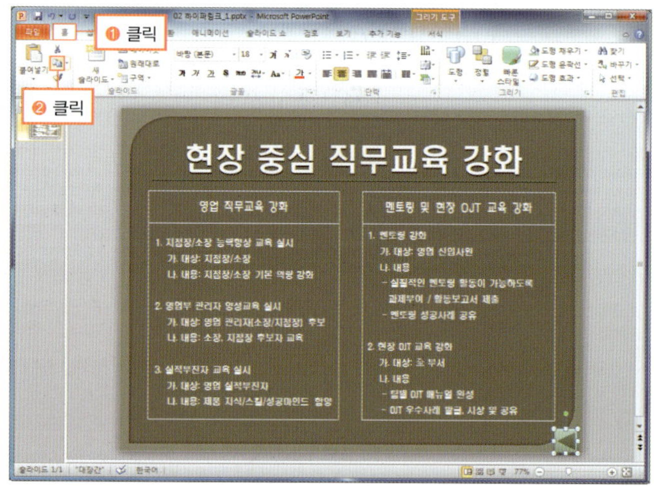

12 **예제 파일 열기** 예제 폴더에서 "하이퍼링크_2.
pptx"와 "하이퍼링크_3.pptx"를 클릭하여 프레젠
테이션을 엽니다.

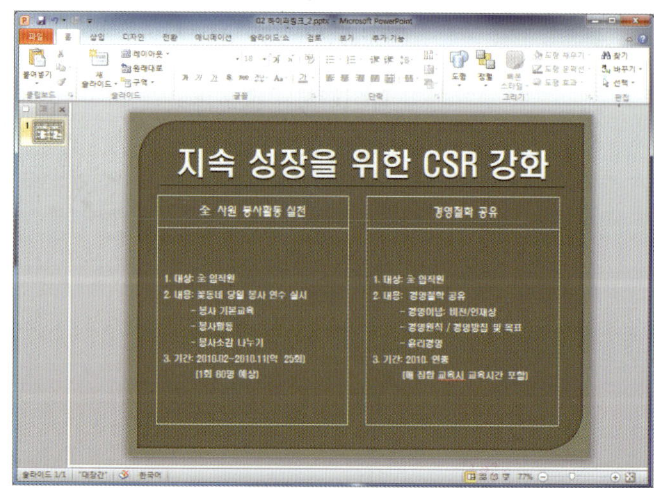

13 **복사한 도형 붙여넣기** "하이퍼링크_2.pptx"와 "하
이퍼링크_3.pptx" 프레젠테이션에서 [홈] 탭 → **클
립보드** 그룹 → **붙여넣기** 명령 단추(📋)를 각각 클릭하여 실행
단추를 붙여 넣습니다.

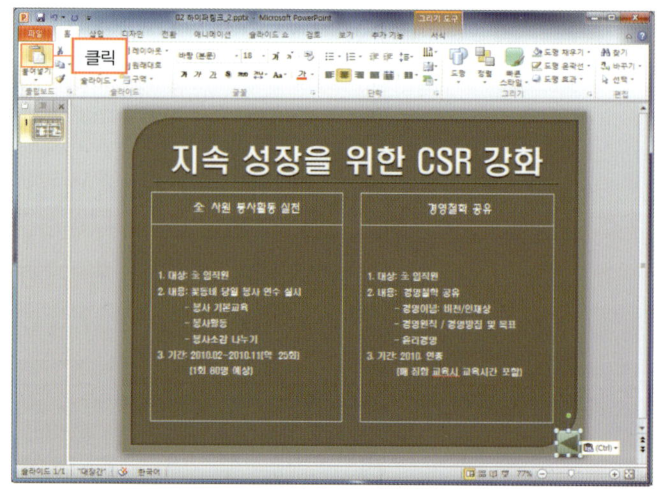

14 결과 확인하기(1) "02 교육계획.pptx" 프레젠테이션을 읽기용 보기로 열고 "현장 중심 직무교육 강화" 텍스트가 입력된 도형 위에 마우스를 올려 마우스를 클릭합니다.

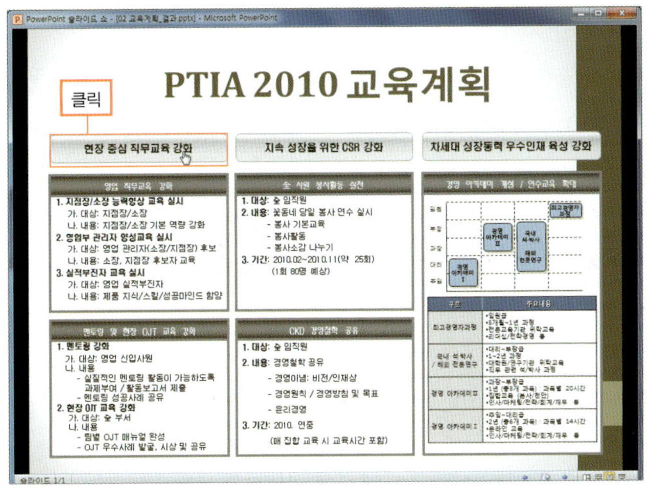

15 되돌아가기 "하이퍼링크_1.pptx" 프레젠테이션이 열리면 오른쪽 하단의 실행 단추 위에서 마우스를 클릭합니다.

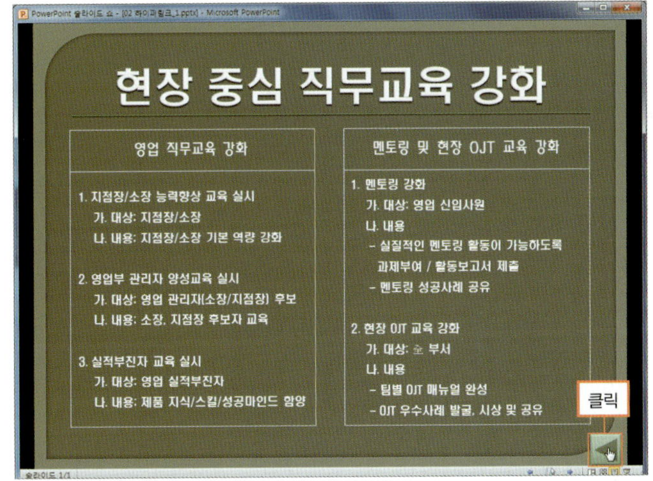

16 결과 확인하기(2) "02 교육계획.pptx" 프레젠테이션으로 되돌아오면서 하이퍼링크 연결이 완료됩니다. 두 번째, 세 번째 문서도 연결이 잘 되었는지 확인해 보기 바랍니다.

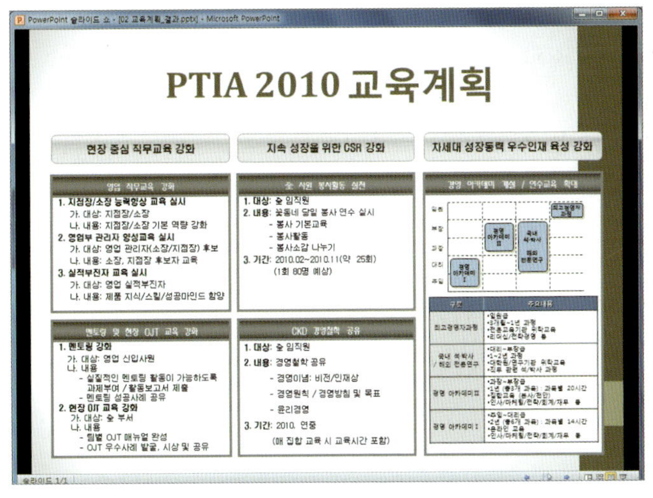

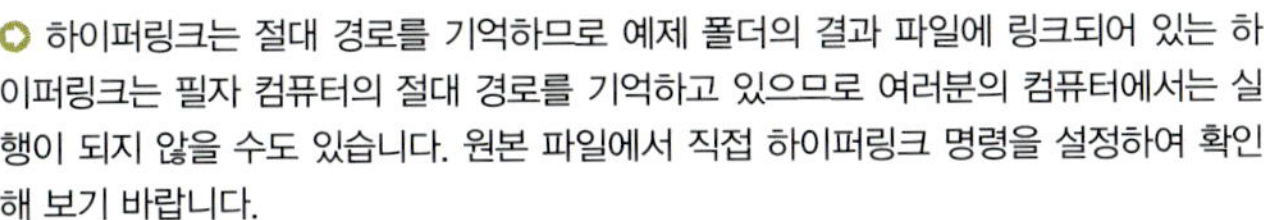

하이퍼링크는 절대 경로를 기억하므로 예제 폴더의 결과 파일에 링크되어 있는 하이퍼링크는 필자 컴퓨터의 절대 경로를 기억하고 있으므로 여러분의 컴퓨터에서는 실행이 되지 않을 수도 있습니다. 원본 파일에서 직접 하이퍼링크 명령을 설정하여 확인해 보기 바랍니다.

하이퍼링크 시 표시되는 오류

다른 프레젠테이션 문서나 기타 프로그램, 비디오 클립 등에 하이퍼링크를 연결하고 슬라이드 쇼에서 재생하는 경우 연결된 슬라이드나 개체가 표시되지 않고 아래 그림과 같이 경고창이 표시되는 경우가 있습니다.

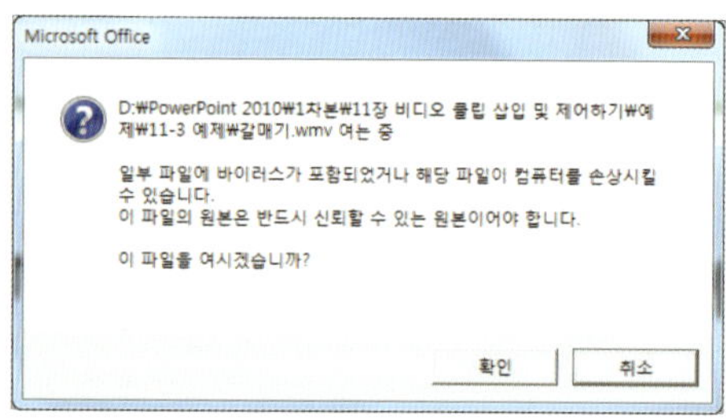

이 경우는 보안 등급이 높게 설정되어 있기 때문에 발생하므로 프레젠테이션 시작 전에 미리 보안 등급을 낮춰 놓을 필요가 있습니다.

❶ [파일] 탭 → 옵션을 클릭하고 'PowerPoint 옵션' 대화상자가 표시되면 [보안 센터] 영역을 클릭하고 〈보안 센터 설정〉 단추를 클릭합니다.

❷ '보안 센터' 대화상자가 표시되면 '매크로 설정' 항목의 '모든 매크로 포함(위험성 있는 코드가 실행될 수 있으므로 권장하지 않음)'을 선택합니다.

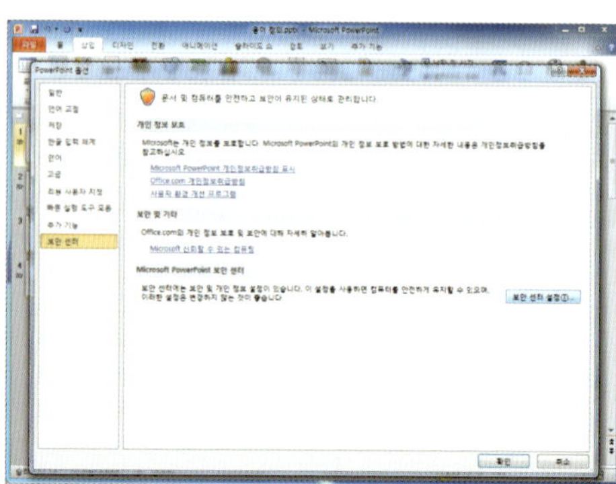
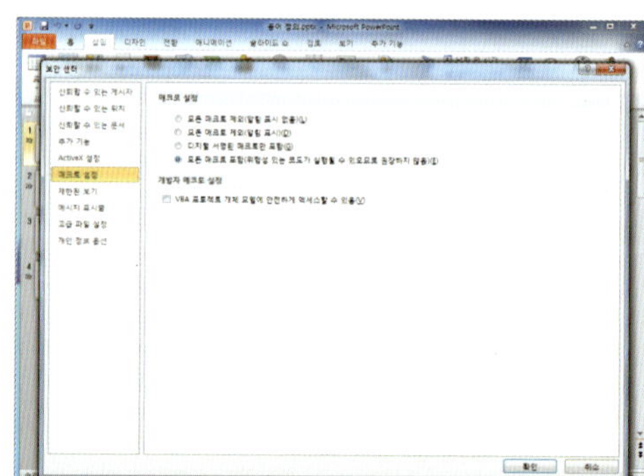

05 슬라이드 쇼 설정하기

슬라이드 쇼는 실제 프레젠테이션 발표 시 사용자가 원하는 방식으로 프레젠테이션을 다양하게 진행할 수 있도록 여러 가지 기능들을 제공하고 있습니다. 슬라이드 쇼의 설정을 익혀둔다면 좀 더 편안하게 프레젠테이션을 진행할 수 있게 됩니다.

1. [슬라이드 쇼] 탭 살펴보기

[**슬라이드 쇼**] 탭은 슬라이드 쇼의 시작을 제어하고 여러 가지 설정을 통해 사용자가 프레젠테이션 간 또는 프레젠테이션 시간 조정에 따라 손쉽게 대처할 수 있는 명령들의 모음입니다. 특히 파워포인트 2010에 처음 등장한 브로드캐스트 기능과 같이 효과적인 명령들의 보강으로 더욱 강력해진 모습을 선보이고 있습니다.

○ 05 본문예제.pptx를 참조하세요.

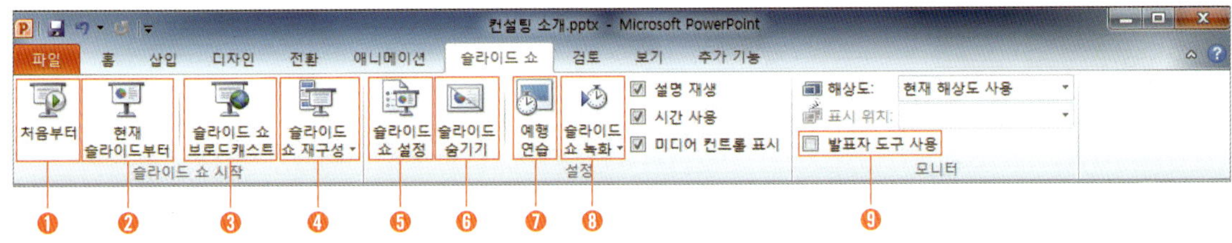

❶ **처음부터** : 첫째 슬라이드에서 슬라이드 쇼를 시작합니다.

❷ **현재 슬라이드부터** : 현재 슬라이드에서 슬라이드 쇼를 시작합니다.

❸ **슬라이드 쇼 브로드캐스트** : 웹 브라우저에서 볼 수 있는 원격 시청자들에게 슬라이드 쇼를 브로드캐스트합니다.

❹ **슬라이드 쇼 재구성** : 사용자 지정 슬라이드 쇼를 만들거나 재생합니다.

❺ **슬라이드 쇼 설정** : 키오스크 모드와 같은 슬라이드 쇼에 대한 고급 옵션을 설정합니다.

❻ **슬라이드 숨기기** : 프레젠테이션에서 현재 슬라이드를 숨깁니다.

❼ **예행 연습** : 프레젠테이션의 예행 연습을 할 수 있는 전체 화면 슬라이드 쇼를 시작하고 소요된 시간을 기록하여 나중에 자동으로 쇼를 실행할 수 있습니다.

❽ **슬라이드 쇼 녹화** : 슬라이드 쇼 동안 재생할 오디오 설명, 레이저 포인터 동작, 슬라이드 및 애니메이션 시간을 레코딩합니다.

❾ **발표자 도구 사용** : 시간 및 발표자 노트가 포함된 특수한 발표자 보기를 보면서 다른 모니터에서 전체 화면 슬라이드 쇼를 재생할 수 있도록 설정합니다.

2. 슬라이드 쇼 시작하기

슬라이드 쇼를 원하는 위치에서 시작할 수 있는데, 애니메이션이나 화면 전환을 설정하고 이를 점검할 시에는 **현재 슬라이드부터** 슬라이드 쇼를 실행하고 실제 프레젠테이션 진행 시에는 **처음부터** 시작을 합니다.

프레젠테이션의 처음부터 슬라이드 쇼를 실행하려면 [**슬라이드 쇼**] 탭 → **슬라이드 쇼 시작** 그룹 → **처음부터** 명령 단추(📽)를 클릭하고, 현재 슬라이드부터 슬라이드 쇼를 실행하려면 [**슬라이드 쇼**] 탭 → **슬라이드 쇼 시작** 그룹 → **현재 슬라이드부터** 명령 단추(📽)를 클릭합니다.

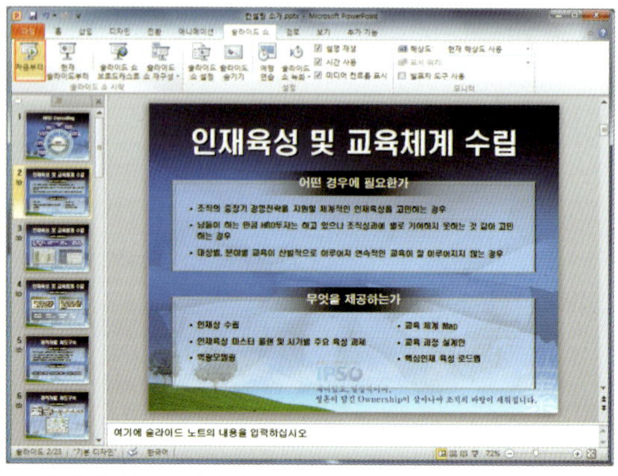
▲ '처음부터' 슬라이드 쇼 실행

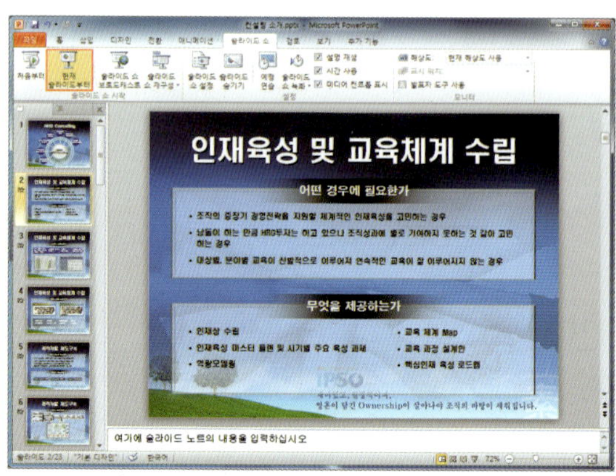
▲ '현재 슬라이드부터' 슬라이드 쇼 실행

3. 슬라이드 쇼 브로드캐스트 `NEW 2010`

파워포인트 2010에서는 슬라이드 쇼 브로드캐스트 기능을 통해 온라인으로 다른 사람들과 프레젠테이션을 바로 공유할 수 있으므로 별도의 소프트웨어나 툴이 필요 없습니다. 파워포인트 2010에서 새롭게 선보이는 기능으로 파워포인트가 없는 사용자들도 슬라이드 쇼 공유가 가능합니다.

① 슬라이드 쇼 브로드캐스트 기능을 실행하려면 [**슬라이드 쇼**] 탭 → **슬라이드 쇼 시작** 그룹 → **슬라이드 쇼 브로드캐스트** 명령 단추(📽)를 클릭한 후 '슬라이드 쇼 브로드캐스트' 대화상자에서 〈브로드캐스트 시작〉 단추를 클릭합니다.

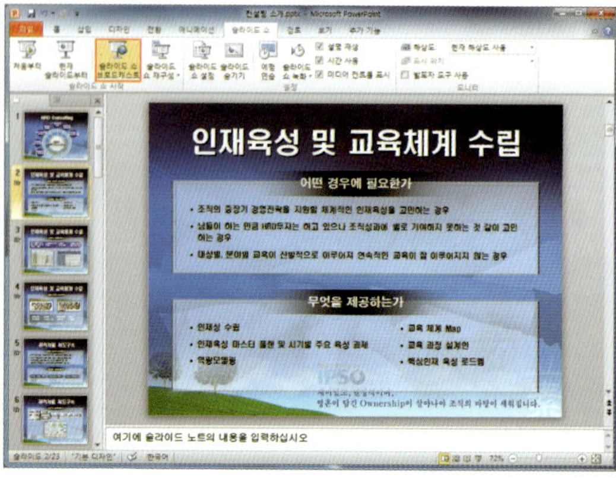
▲ 슬라이드 쇼 브로드캐스트 명령

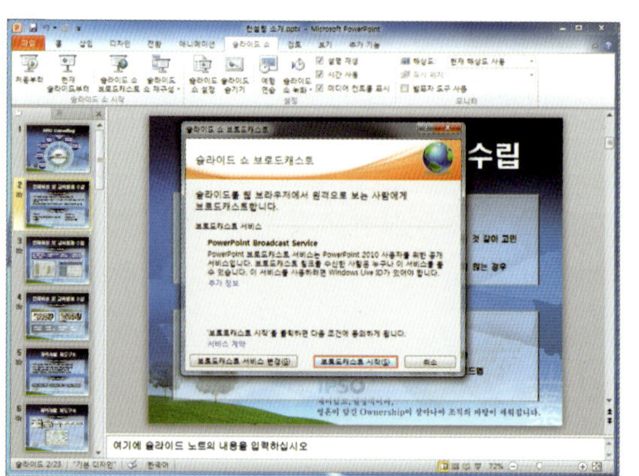

▲ 브로드캐스트 시작 명령

② 브로드캐스트 서비스를 사용하기 위해서는 'Windows Live ID'를 보유하고 있어야 합니다. 전자 메일 주소와 암호를 입력하고 〈확인〉 단추를 클릭하여 전자 메일 주소와 암호가 식별되면 브로드캐스트 서비스를 준비하는 메시지가 표시됩니다.

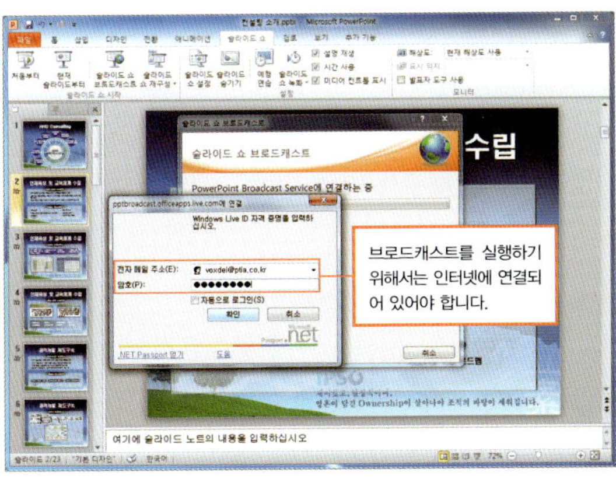

▲ 전자 메일 주소와 암호 입력

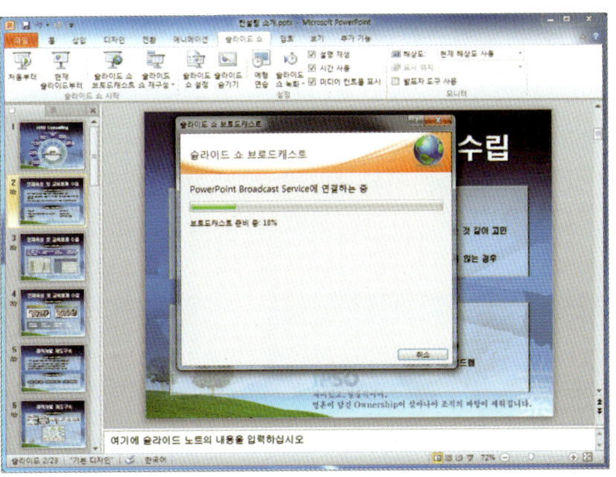

▲ 브로드캐스트 서비스 연결

③ 슬라이드 쇼 브로드캐스트가 준비되면 원격으로 연결할 URL을 '연결 복사'를 클릭하여 복사한 후 〈슬라이드 쇼 시작〉 단추를 클릭합니다. 슬라이드 쇼가 시작되면 원격으로 연결할 URL을 상대방에게 알려주고 웹 브라우저에서 주소를 입력합니다. 웹 브라우저에 주소를 입력하고 슬라이드 쇼 브로드캐스트를 확인하면 현재 슬라이드 쇼가 진행되는 슬라이드가 상대방에게 보여집니다.

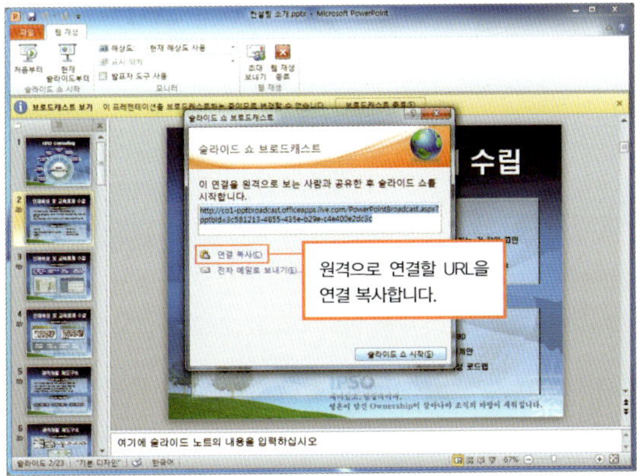

▲ 연결할 URL 연결 복사

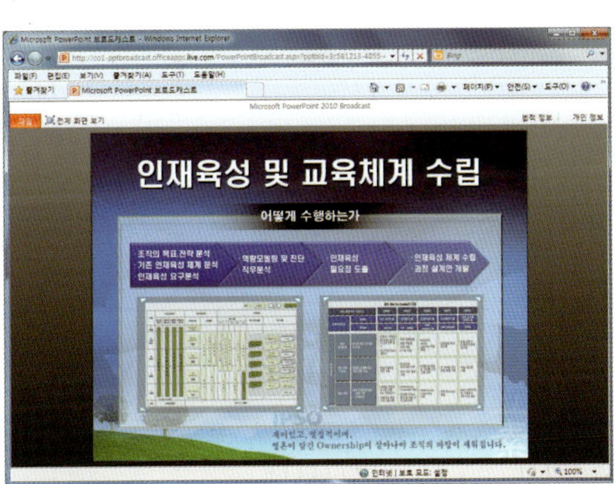

▲ 슬라이드 쇼 브로드캐스트

④ 프레젠테이션을 마친 후 브로드캐스트를 종료하려면 Esc 키를 눌러 슬라이드 쇼 보기를 종료한 후 **웹 재생 종료** 명령 단추를 클릭하고 종료 확인 메시지 창에서 〈브로드캐스트 종료〉 단추를 클릭합니다.

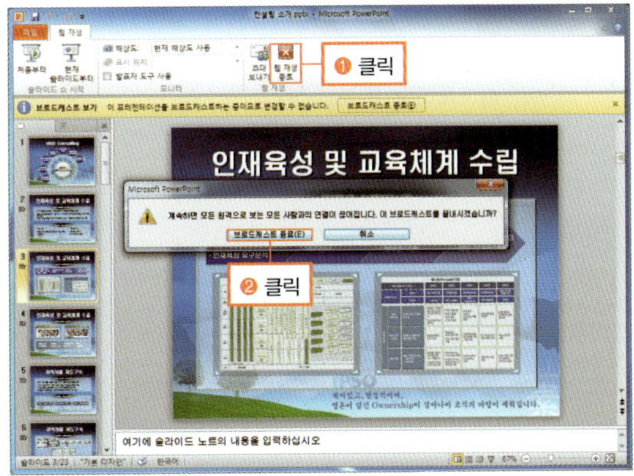

▲ 브로드캐스트 종료

4. 슬라이드 쇼 재구성하기

발표시간이 짧아져서 준비된 내용을 모두 발표할 수 없을 때, 서로 다른 그룹의 청중을 대상으로 프레젠테이션의 순서를 변경해야 할 경우에는 슬라이드 쇼 재구성을 활용하여 원본 슬라이드를 삭제 또는 변경하지 않은 상태에서 일부 슬라이드의 순서를 변경하거나 제외하고 발표를 진행할 수 있습니다.

① 슬라이드 쇼를 재구성하려면 [**슬라이드 쇼**] 탭 → **슬라이드 쇼 시작** 그룹 → **슬라이드 쇼 재구성** 명령 단추( )를 클릭한 후 '쇼 재구성' 대화상자가 표시되면 〈새로 만들기〉 단추를 클릭합니다.

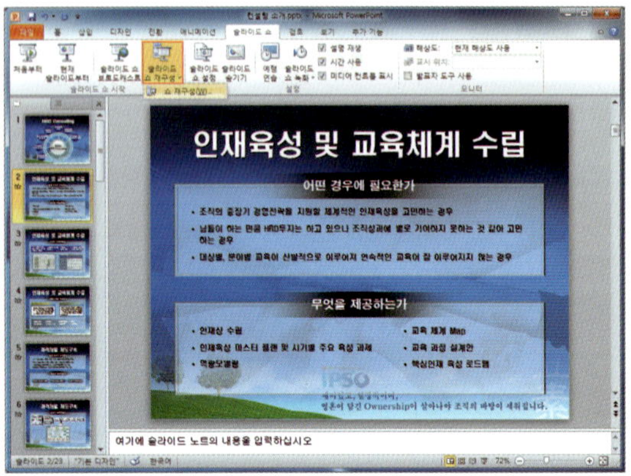

▲ 슬라이드 쇼 재구성 명령

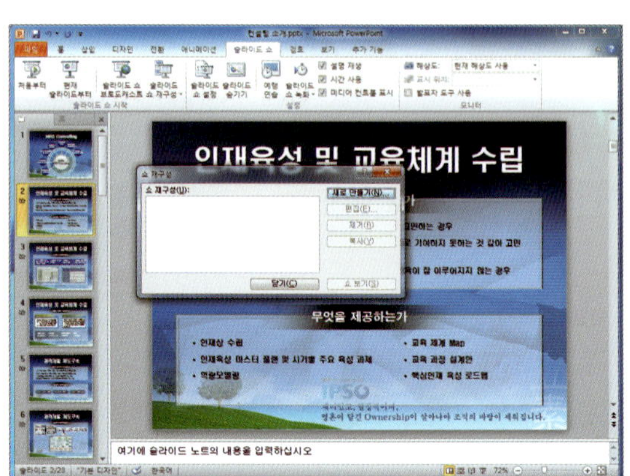

▲ 쇼 재구성 새로 만들기

슬라이드 쇼 링크를 알고 있는 사람은 누구나 슬라이드 쇼를 볼 수 있습니다. 초대 받은 청중이 링크를 다른 사람에게 전달하는 경우 링크를 전달 받은 사람도 서비스 액세스 권한이 있으면 슬라이드 쇼를 볼 수 있습니다.

프레젠테이션을 브로드캐스트하기 전에 다음 몇 가지 사항을 고려해야 합니다.

1) 인터넷 연결 : Office Web Apps가 설치된 서버의 브로드캐스트 사이트에 대한 액세스 권한이 있거나 인터넷에 연결되어 있어야 합니다.

2) 지원되는 브라우저 : 슬라이드 쇼 브로드캐스트 기능은 Internet Explorer, Firefox 및 Mac용 Safari 브라우저에서 사용 가능합니다.

3) 파일 크기 제한 : 사용하는 서비스에 따라 브로드캐스트하는 슬라이드 쇼에 파일 크기 제한이 적용될 수 있습니다.

4) 지원되는 파워포인트 기능 : 슬라이드 쇼를 온라인으로 브로드캐스트하면 일부 파워포인트 기능이 변경됩니다.

- 프레젠테이션의 모든 전환은 브라우저에서 밝기 변화 전환으로 표시됩니다.
- 화면 보호기와 전자 메일 팝업은 청중이 슬라이드 쇼를 보는 데 방해가 될 수 있습니다.
- 오디오(소리, 설명)는 브라우저를 통해 청중에게 전송되지 않습니다.
- 프레젠테이션 중에 슬라이드 쇼에 잉크 주석을 추가하거나 표시를 그릴 수 없습니다.
- 프레젠테이션의 하이퍼링크를 따라 웹 사이트로 이동하는 경우 청중에게는 원래 프레젠테이션에서 표시되었던 마지막 슬라이드만 표시됩니다.
- 프레젠테이션의 비디오를 재생하는 경우 브라우저에서는 청중에게 비디오가 표시되지 않습니다.

② 프레젠테이션에 있는 슬라이드 아래 재구성할 슬라이드를 선택하고 〈추가〉 단추를 클릭하여 재구성한 쇼에 있는 슬라이드로 이동한 다음 '슬라이드 쇼 이름'을 입력하고 〈확인〉 단추를 클릭합니다.

③ 재구성한 슬라이드 쇼를 실행하려면 [**슬라이드 쇼**] 탭 → **슬라이드 쇼 시작** 그룹 → **슬라이드 쇼 재구성** ( ) → '재구성한 쇼 1'를 선택합니다.

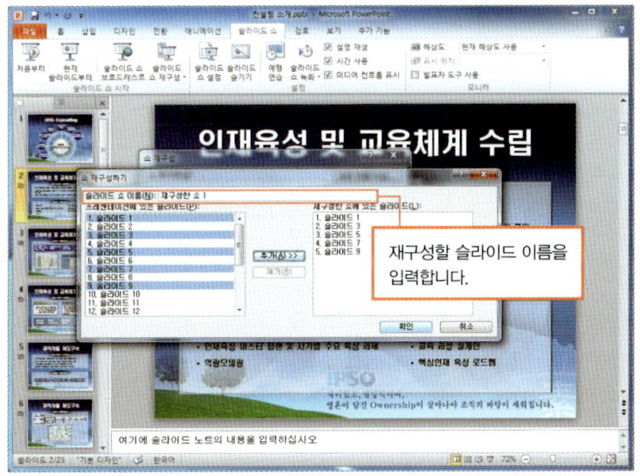

▲ 재구성할 슬라이드 선택

▲ 재구성한 쇼 실행

5. 슬라이드 쇼 설정하기

슬라이드 쇼 설정은 프레젠테이션 진행 시 사용할 수 있는 여러 가지 기능을 지정할 수 있습니다. 쇼 형식, 표시 옵션, 슬라이드 표시, 화면 전환, 복수 모니터 등 사용자가 원하는 방식으로 슬라이드 쇼를 진행할 수 있습니다.

슬라이드 쇼 설정을 변경하려면 [**슬라이드 쇼**] 탭 → **설정** 그룹 → **슬라이드 쇼 설정** 명령 단추( )를 클릭합니다.

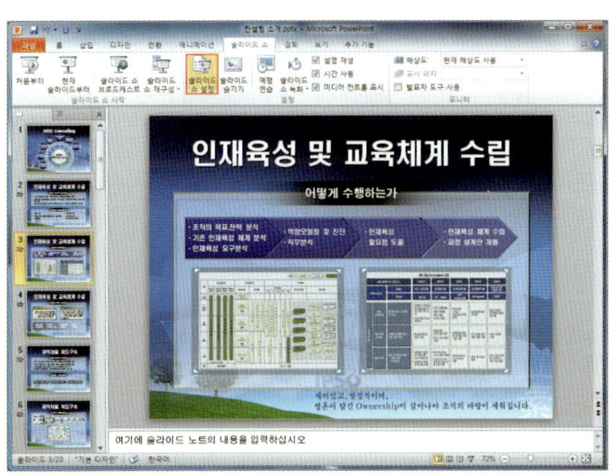

▲ 슬라이드 쇼 설정 명령

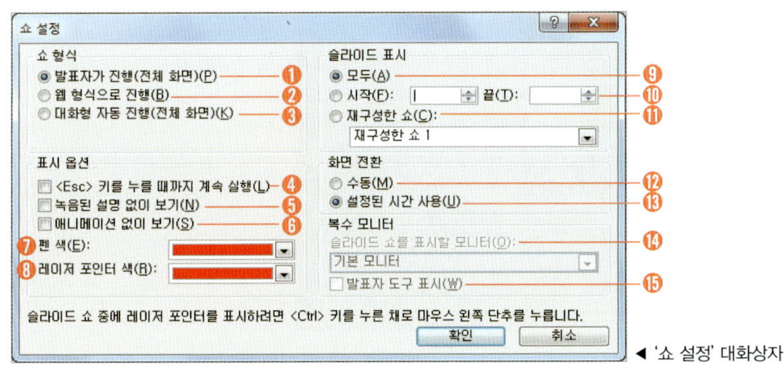

◀ '쇼 설정' 대화상자

○ **대화형 자동 진행 옵션**

슬라이드 쇼에서 Enter 키나 마우스를 클릭해도 다음 슬라이드로 넘어가지 않을 때가 간혹 있습니다. 이 옵션에서는 하이퍼링크만 클릭할 수 있습니다.

❶ **발표자가 진행(전체 화면)** : 발표자가 슬라이드 쇼를 직접 조작하면서 진행합니다.

❷ **웹 형식으로 진행** : 슬라이드 쇼를 '읽기용 보기'에서 진행합니다.

❸ **대화형 자동 진행(전체 화면)** : 하이퍼링크가 설정된 개체를 클릭하여 슬라이드 쇼를 진행합니다.

❹ **Esc 키를 누를 때까지 계속 실행** : Esc 키를 누를 때까지 슬라이드 쇼를 반복 진행합니다.

❺ **녹음된 설명 없이 보기** : 슬라이드에 설명이 녹음된 경우 슬라이드 쇼에서 설명이 들리지 않습니다.

❻ **애니메이션 없이 보기** : 슬라이드에 설정된 애니메이션이 실행되지 않습니다.

❼ **펜 색** : 슬라이드 쇼에서 마우스 포인터를 펜으로 지정한 경우 펜 색을 변경합니다.

❽ **레이저 포인터 색** : 슬라이드 쇼에서 레이저 포인터를 사용하는 경우 레이저 포인터의 색을 변경합니다.

❾ **모두** : 프레젠테이션 내의 모든 슬라이드를 보여줍니다.

❿ **시작/끝** : 시작 슬라이드와 끝 슬라이드를 지정합니다.

⓫ **재구성한 쇼** : 재구성한 슬라이드 쇼로 프레젠테이션을 진행합니다.

⓬ **수동** : 발표자의 조작에 의해서 화면 전환이 실행됩니다.

⓭ **설정된 시간 사용** : 화면 전환 시간을 지정한 경우 지정된 시간 후에 화면 전환이 실행됩니다.

⓮ **슬라이드 쇼를 표시할 모니터** : 복수 모니터 사용 시 슬라이드 쇼가 표시될 모니터를 선택합니다.

⓯ **발표자 도구 표시** : 발표자 도구를 실행합니다.

6. 슬라이드 숨기기

파워포인트 프레젠테이션 내에서 일부 페이지를 삭제하지 않고도 슬라이드 쇼에 나타나지 않게 하려면
슬라이드 숨기기를 활용합니다.

파워포인트 2010에서는 슬라이드 쇼를 진행할 때 마우스를 레이저 포인트로 사용할 수 있
는 기능을 추가로 제공하고 있습니다.
슬라이드 쇼 시 Ctrl 키를 누른 상태로 마우스를 클릭하여 움직이면 레이저 포인터를 사
용할 수 있습니다.

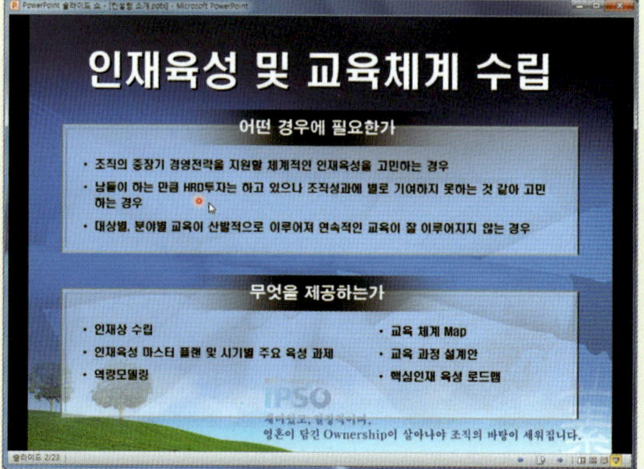

슬라이드를 숨기려면 숨길 슬라이드를 선택하고 [**슬라이드 쇼**] 탭 → **설정** 그룹 → **슬라이드 숨기기** 명령 단추(⬚)를 클릭하면 개요 보기 창의 슬라이드 축소판 그림의 숫자 앞에 ⬚가 표시됩니다. 이 표시는 슬라이드 쇼 실행 시 이전 슬라이드에서 표시된 슬라이드를 건너뛰고 다음 슬라이드로 이동하게 됩니다.

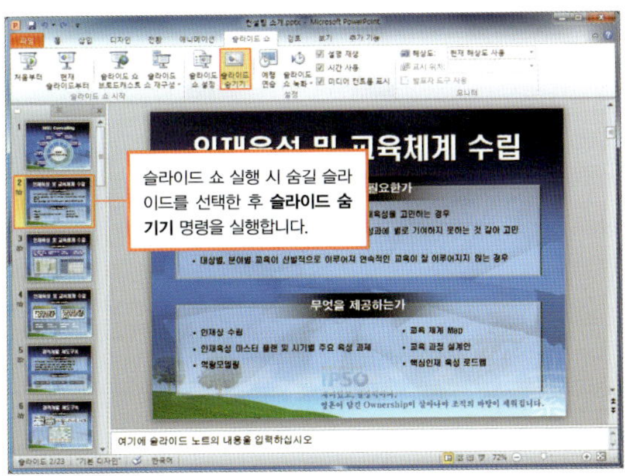

▲ 슬라이드 숨기기 명령

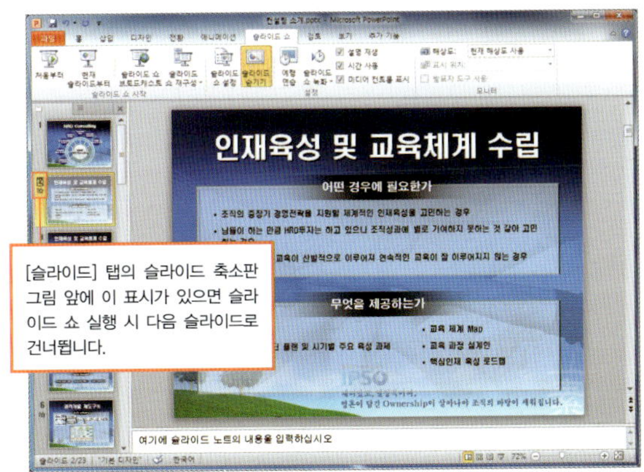

▲ 슬라이드 생략 표시

7. 예행 연습하기

프레젠테이션을 하기 전에 리허설을 하는 것은 굉장히 중요합니다. 파워포인트에서는 예행 연습을 통해 리허설 시 자신이 연습한 시간과 음성 등을 기록하여 자동으로 넘어가는 슬라이드 쇼를 만들어 줍니다.

예행 연습을 하기 위해 [**슬라이드 쇼**] 탭 → **설정** 그룹 → **예행 연습** 명령 단추(⬚)를 클릭하면 슬라이드 쇼가 실행되면서 왼쪽 상단에 '녹화' 대화상자가 표시됩니다.

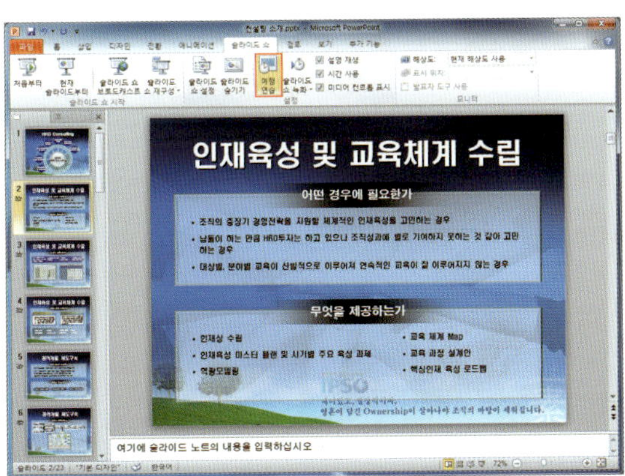

▲ 예행 연습 명령

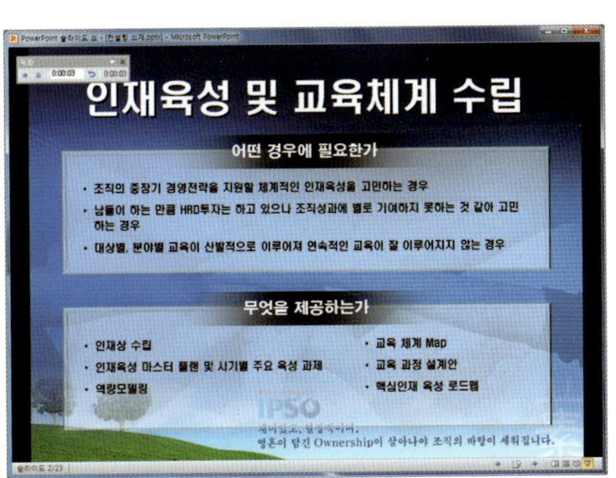

▲ 슬라이드 쇼 진행 시 '녹화' 대화상자 표시

○ **예행 연습 시간 기록**

예행 연습을 실행할 때마다 소요 시간과 애니메이션 시간은 변경되어 기록됩니다. 따라서 다른 이름으로 문서를 저장한 후 가장 적절한 시간이 기록된 문서를 실제 프레젠테이션에 사용하는 것이 좋습니다.

예행 연습 '녹화' 대화상자의 각 기능은 다음과 같습니다.

❶ **화살표** : 예행 연습 도중 시간을 중지시켰다가 다시 시작합니다.
❷ **일시정지** : 예행 연습 시간 기록을 일시 중지시킵니다.
❸ **왼쪽 시계** : 현재 슬라이드의 소요 시간을 기록합니다.
❹ **오른쪽 시계** : 전체 프레젠테이션의 누적 시간을 기록합니다.

슬라이드 쇼가 종료되면 총 소요 시간이 표시되고, 이 시간 설정을 사용할 것인지의 여부를 묻는 메시지가 표시되면 〈예〉 단추를 클릭합니다. 그러면 자동으로 여러 슬라이드 보기로 전환되면서 각 슬라이드의 하단에 설명에 소요된 시간이 기록됩니다. 이 파일을 저장한 후에 슬라이드 쇼를 실행시키면 설정된 시간이 지나면 자동으로 다음 슬라이드로 전환됩니다.

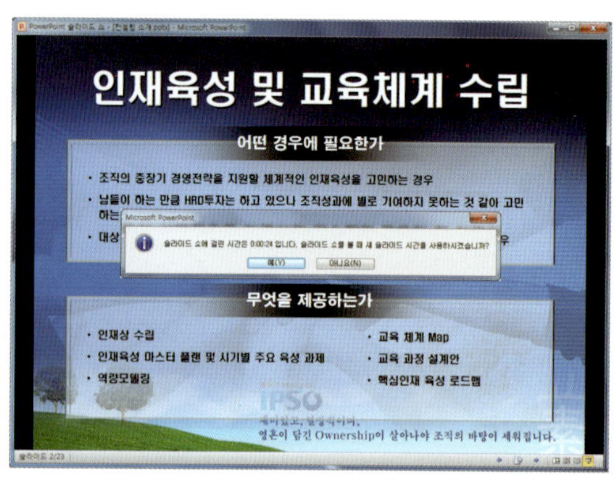

▲ 소요 시간 설정 확인

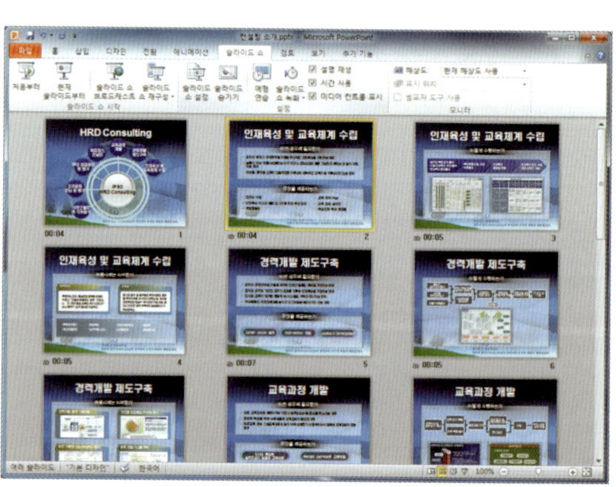

▲ 여러 슬라이드 보기로 전환

8. 슬라이드 쇼 녹화하기

슬라이드 쇼 녹화하기는 슬라이드 쇼를 진행하는 동안 재생할 오디오 설명, 레이저 포인터 동작, 슬라이드 및 애니메이션 시간을 레코딩합니다. 예행 연습은 처음 슬라이드부터 진행되지만 슬라이드 쇼 녹화하기는 현재 슬라이드부터 녹음이 가능한데, 이는 이전 버전의 설명 녹음 기능이 개선된 것입니다.

슬라이드 쇼를 녹화하려면 [**슬라이드 쇼**] 탭 → **설정** 그룹 → **슬라이드 쇼 녹화**( ) → **처음부터 녹음 시작** 또는 **현재 슬라이드부터 녹음 시작** 명령을 클릭합니다. '처음부터 녹음 시작' 또는 '현재 슬라이드부터 녹음 시작' 명령을 클릭하면 '슬라이드 쇼 녹화' 대화상자가 표시되며, 원하는 옵션을 선택하고 〈녹화 시작〉 단추를 클릭합니다.

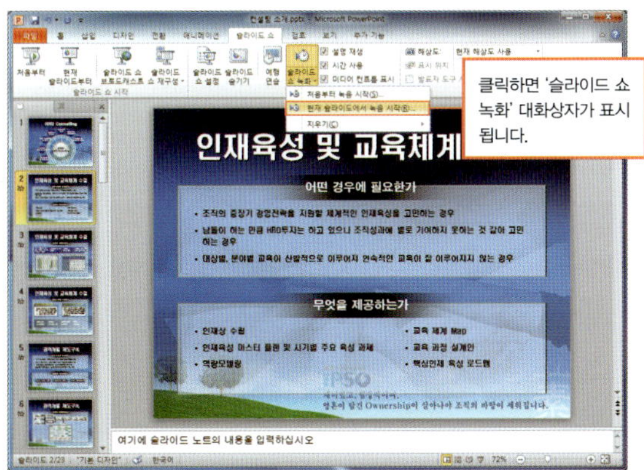

▲ 현재 슬라이드부터 녹음 시작 명령

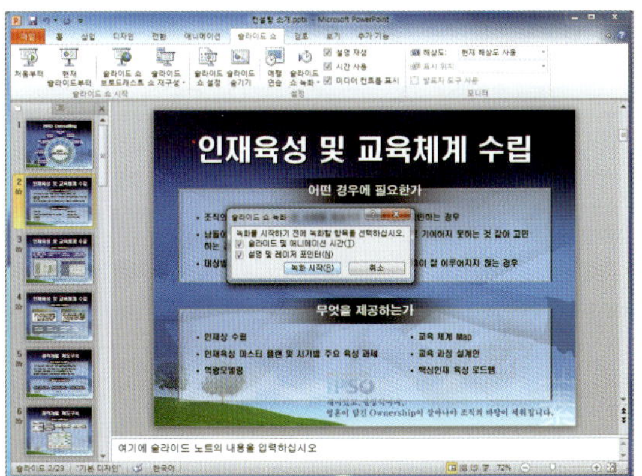

▲ 녹화 시작

슬라이드 쇼가 실행되면서 왼쪽 상단에 '녹화' 대화상자가 표시되며, 슬라이드 쇼가 완료되면 자동으로 '여러 슬라이드 보기'로 전환되면서 각 슬라이드의 하단에 설명에 소요된 시간이 기록됩니다. 이 파일을 저장한 후에 슬라이드 쇼를 실행시키면 설정된 시간이 지나면 자동으로 다음 슬라이드로 전환됩니다.

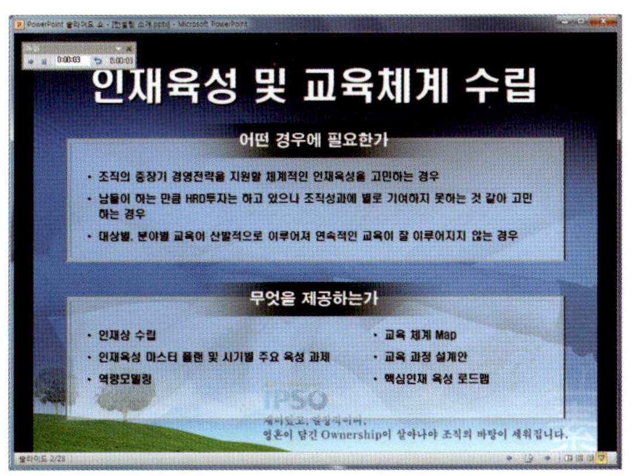

▲ 슬라이드 쇼 진행 시 녹화 표시

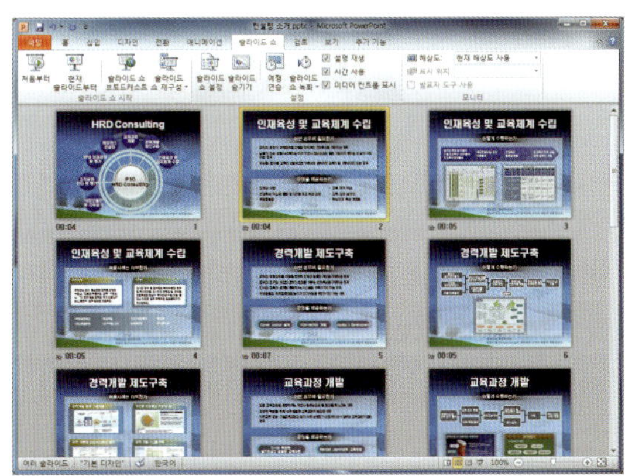

▲ 여러 슬라이드 보기로 전환

○ 예행 연습 vs 슬라이드 쇼 녹화

슬라이드 쇼 녹화는 슬라이드 쇼를 실행하기 전에 설명을 녹음하거나 슬라이드 쇼 도중에 설명을 녹음할 수 있으며, 청중의 의견도 함께 녹음할 수 있다는 점에서 예행 연습과 차이가 있습니다.

발표자 도구 사용하기

프레젠테이션 진행 시 발표자가 두려움을 갖는 이유는 여러 가지가 있겠지만 그 중에서도 다음에 설명할 내용이 무엇인지 알고 진행한다면 부담감이나 두려움이 많이 감소될 것입니다. 준비된 내용을 모두 외우는 것보다는 파워포인트의 발표자 도구를 사용하면 다음 슬라이드의 내용을 미리 볼 수도 있고 현재 슬라이드에서 설명해야 할 내용을 슬라이드 노트를 통해 보면서 발표를 할 수 있습니다.

발표자 도구 화면을 살펴보기로 합니다.

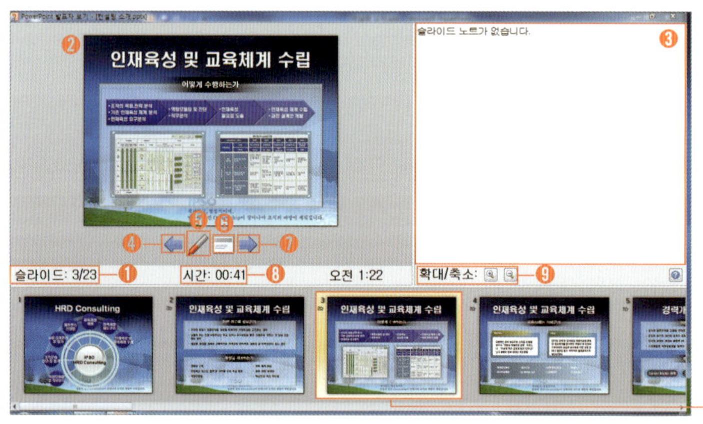

❶ 슬라이드 번호(예: 23개 슬라이드로 구성된 프레젠테이션의 슬라이드 3)

❷ 청중이 현재 보고 있는 슬라이드 ❸ 프레젠테이션 진행 시 대본으로 활용할 수 있는 슬라이드 노트

❹ 이전 슬라이드로 이동 ❺ 펜 또는 형광펜

❻ 쇼를 끝내거나, 청중이 보는 화면을 어둡게 또는 밝게 하거나, 특정 슬라이드 번호로 이동할 수 있는 메뉴 표시

❼ 다음 슬라이드로 이동

❽ 프레젠테이션의 경과 시간(시간 : 분)

❾ 슬라이드 노트의 글씨를 확대 및 축소

발표자 도구를 사용하려면 다음과 같이 실행합니다.

❶ 모니터를 듀얼 디스플레이 환경으로 설정합니다. 윈도 7에서 모니터를 설정하는 방법은 노트북이나 데스크 탑을 프로젝터에 연결하고 **시작 → 모든 프로그램 → 보조 프로그램 → 프로젝터에 연결**을 클릭합니다.

❷ '프로젝터에 연결' 대화상자에서 '확장'을 클릭합니다.

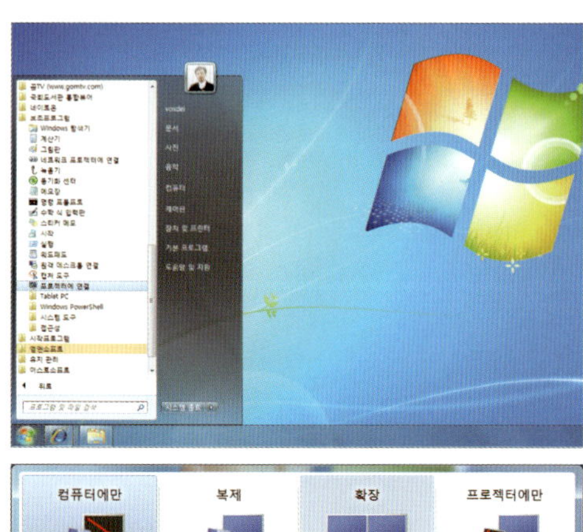

❸ 파워포인트로 돌아와서 [**슬라이드 쇼**] 탭 → **모니터** 그룹 → **발표자 도구 사용**을 선택하고 [**슬라이드 쇼**] 탭 → **모니터** 그룹 → 표시 위치를 '기본 모니터' 또는 '모니터2'로 선택하면 설정이 완료됩니다.

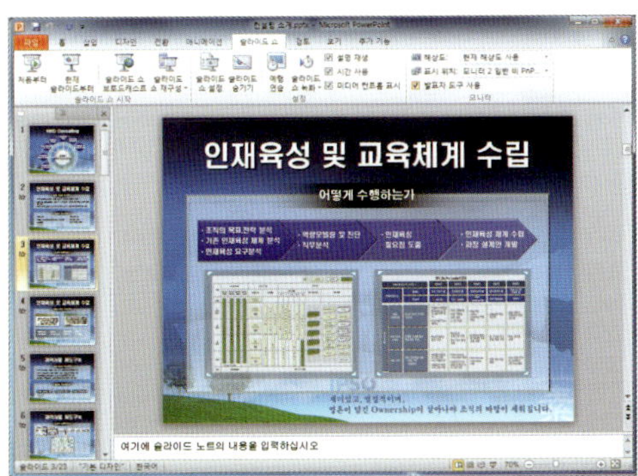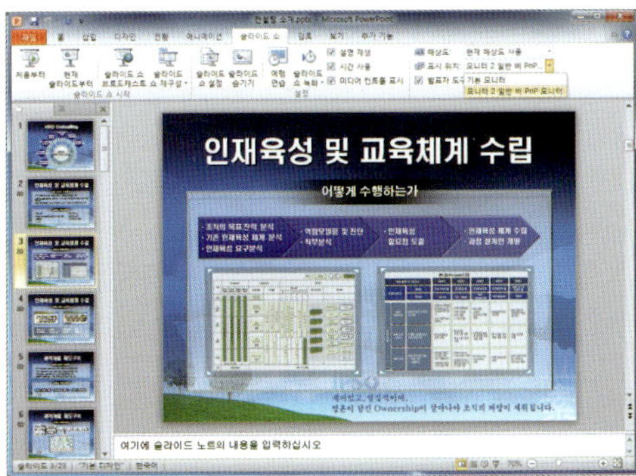

❹ 슬라이드 쇼를 실행하면 기본 모니터에는 발표자 도구가 표시되고, 프로젝터에는 현재 슬라이드의 슬라이드 쇼가 표시됩니다.

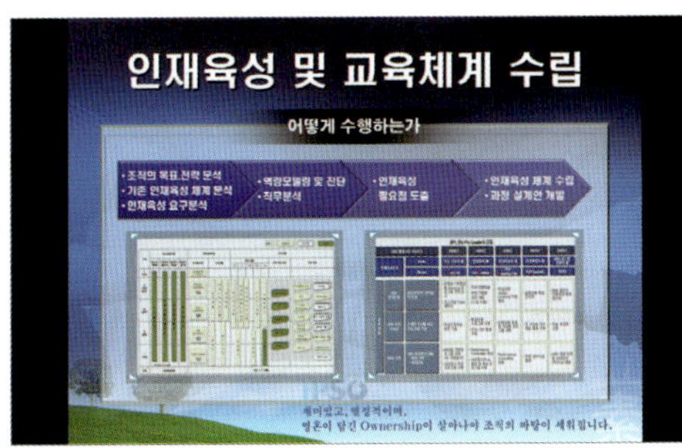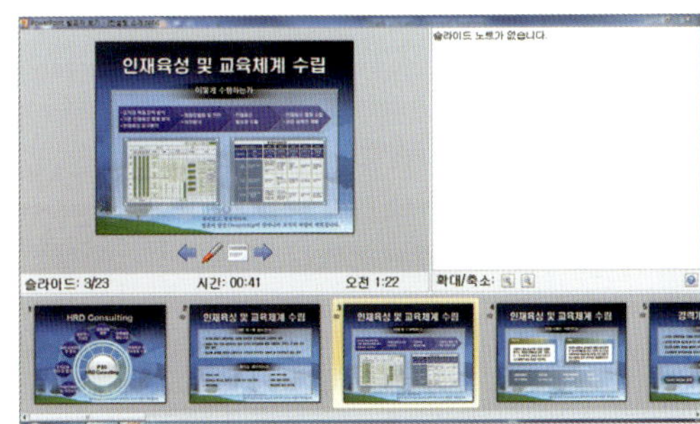

01 파워포인트 2010의 새로운 기능

파워포인트 2010에서는 많은 비디오 및 그림 편집 기능이 새로 추가되고 향상되었습니다. 프레젠테이션에서 동료와 쉽게 공동 작업할 수 있는 새로운 방법도 많이 있으며, 전환 및 애니메이션에 대한 별도의 탭이 리본 메뉴에 있어 이전보다 원활하고 다양하게 작업을 수행할 수 있습니다. 또한 놀라운 사진 기반 레이아웃을 비롯하여 여러 가지 SmartArt 그래픽 레이아웃이 새로 추가되었으며, 다양한 방법으로 프레젠테이션을 간편하게 브로드캐스트하여 공유할 수 있습니다.

1. 프레젠테이션 만들기, 관리 및 다른 사람과의 공유

○ 새로운 백스테이지(Back stage) 보기에서 파일 관리

오피스 단추가 사라지고 새롭게 등장한 [**파일**] 탭의 백스테이지 보기에서는 문서 속성 보기, 사용 권한 설정, 프레젠테이션 파일 열기, 저장, 인쇄 및 공유 등의 파일 관리와 관련된 일반 작업을 신속하게 액세스할 수 있습니다. 이전 버전에서는 미리 보기, 인쇄, 페이지 레이아웃 등의 인쇄 관련 명령과 설정이 몇 개의 대화상자로 분산되어 있었으나 백스테이지 보기의 [**인쇄**] 탭으로 통합되어 더욱 빠르게 인쇄할 수 있습니다.

사용법

[**파일**] 탭 → **정보** 또는 **인쇄**를 클릭합니다.

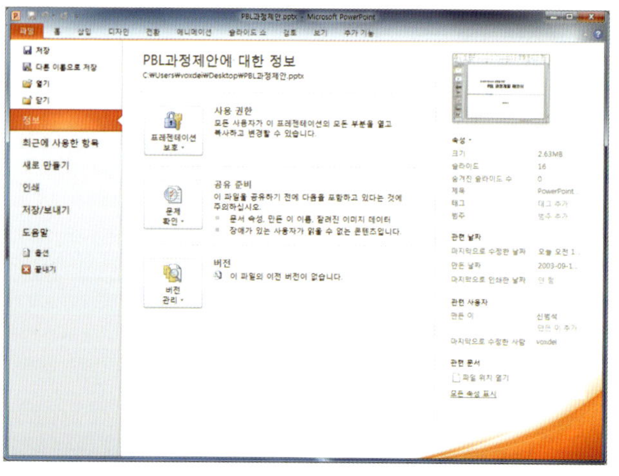

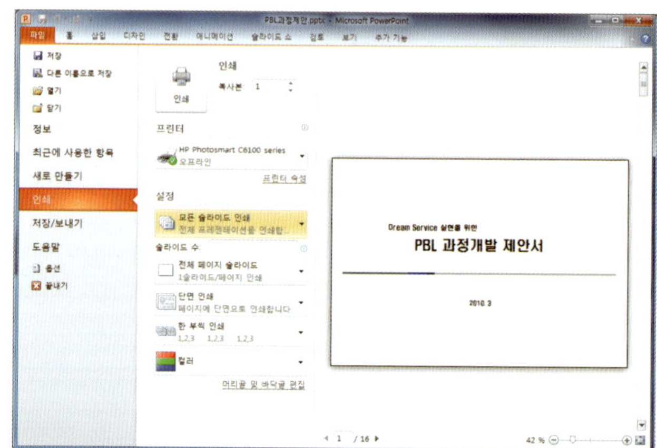

○ 사용자 지정 리본 메뉴를 통한 작업 속도의 향상

리본 메뉴 사용자 지정 기능을 이용하여 리본 메뉴를 원하는 방식으로 개인 설정할 수 있습니다. 예를 들어 [**사용자 지정**] 탭 및 **사용자 지정** 그룹을 만들어 자주 사용하는 명령을 포함할 수 있습니다.

사용법

빠른 실행 도구 모음 사용자 지정(▤)을 클릭한 후 표시되는 목록에서 **기타 명령**을 클릭합니다. 'PowerPoint 옵션' 대화상자가 나타나면 우측 하단의 **새 탭**을 클릭한 다음 자주 사용하는 명령을 추가합니다.

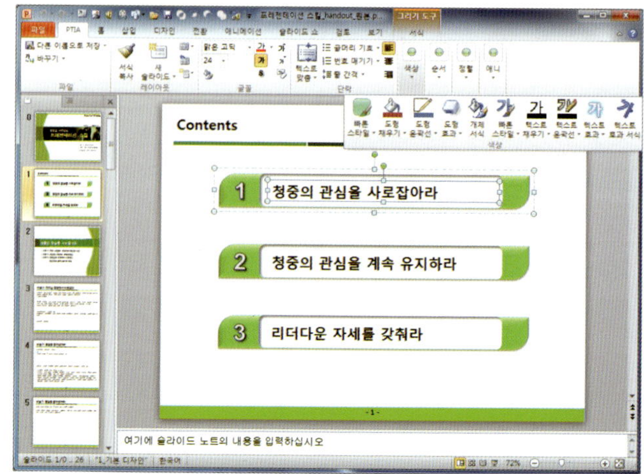

● 브로드캐스팅을 통한 프레젠테이션 공유

다른 사람이 웹에서 프레젠테이션을 볼 수 있도록 URL을 전달
하면 즉석에서 파워포인트 프레젠테이션을 온라인으로 볼 수
있습니다. 파워포인트를 설치하지 않은 사람도 동일한 모습의
슬라이드를 볼 수 있습니다.

사용법

[**파일**] 탭 → **저장/보내기** → **슬라이드 쇼 브로드캐스트**를 클릭하고
'슬라이드 쇼 브로드캐스트' 대화상자가 나타나면 단계에 따라
브로드캐스트를 실행합니다.

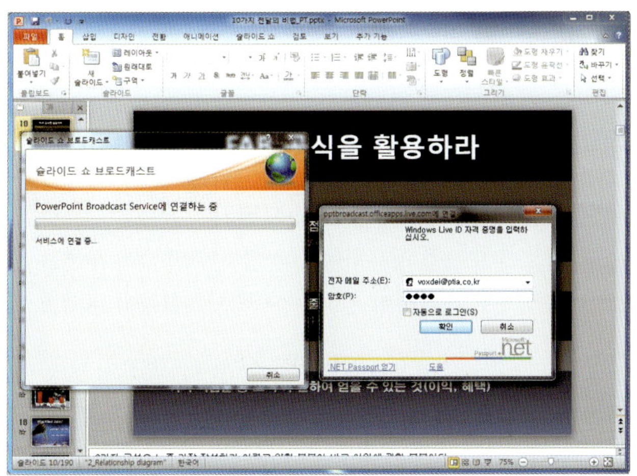

● 편리하고 논리적인 구역으로 슬라이드 구성

슬라이드에 레이블을 지정하고 여러 구역으로 그룹화 하는 구
역 기능을 사용하여 슬라이드를 구성할 수 있습니다. 이는 폴
더를 사용하여 파일을 구성하는 것과 유사한 기능입니다. 이름
이 지정된 구역을 사용하여 슬라이드 그룹을 추적하고, 동료와
의 공동 작업 중에 소유권을 명확하게 할 수 있도록 구역을 할
당할 수도 있습니다. 빈 프로젝트로 시작하는 경우에는 프레젠
테이션의 항목을 요약하는 데에도 구역을 사용할 수 있습니다.

사용법

[**홈**] 탭 → **슬라이드** 그룹 → **구역** 명령 단추를 클릭한 다음 선택
항목에서 **구역 추가**를 클릭합니다.

● 여러 창에서 개별 프레젠테이션 파일 작업

단일 모니터에서 여러 프레젠테이션을 나란히 실행할 수 있습
니다. 이렇게 하면 프레젠테이션이 주 창 또는 상위 창에서 더
이상 묶이지 않으므로 한 프레젠테이션에서 작업하면서 다른
프레젠테이션을 쉽게 참조할 수 있습니다. 또한 새 읽기용 보
기를 사용하여 별도로 관리되는 창에서 전체 애니메이션 효과
및 전체 미디어 지원을 사용하여 프레젠테이션 두 개를 슬라이
드 쇼 형식으로 동시에 볼 수도 있습니다.

사용법

프레젠테이션을 2개 이상 열고 일정한 크기로 조정하며 한 화
면에서 2개의 파일을 참조하면서 작업을 진행합니다.

2. 향상된 비디오 및 그림 기능으로 프레젠테이션 꾸미기

● 즉석에서 시각 효과를 만들 수 있는 스크린샷

작동 중인 프로그램을 그대로 유지한 채 정보를 캡처하거나 가독성을 높이기 위해 스크린샷 기능을 사용하여 작업물을 손쉽고 빠르게 캡처하여 포함시킬 수 있습니다. 컴퓨터에 열려 있는 창의 전체나 일부를 캡처하는 데 사용할 수 있습니다.

사용법

스크린 샷을 추가할 슬라이드를 클릭하고, [**삽입**] 탭 → **이미지** 그룹 → **스크린 샷** 명령 단추를 클릭합니다. 열려 있는 다른 응용 프로그램 창은 사용할 수 있는 창 갤러리에 축소판 그림으로 표시되며, 축소판 그림 위에 마우스 포인터를 올리면 프로그램 이름 및 문서 제목과 함께 도구 설명이 표시됩니다.

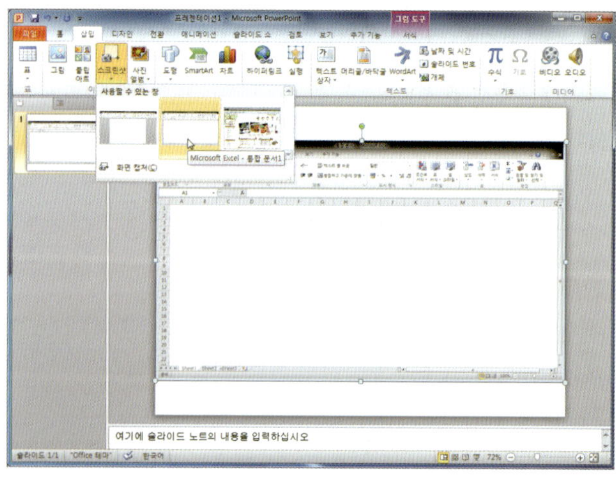

● 그림을 돋보이게 만드는 꾸밈 효과

파워포인트 2010을 사용하면 그림에 다양한 꾸밈 효과를 적용하여 스케치, 드로잉 또는 회화처럼 만들 수 있습니다. 새로운 효과로는 연필 스케치, 선 그리기, 분필 스케치, 수채화 스폰지, 모자이크 방울, 유리, 시멘트, 파스텔 부드럽게, 랩으로 감싼 효과, 네온 가장자리, 복사, 페인트 스트로크 등이 있습니다.

사용법

꾸밈 효과를 적용할 그림을 선택하고 [**그림 도구**] − [**서식**] 탭 → **조정** 그룹 → **꾸밈 효과**를 클릭한 다음 선택 목록에서 원하는 축

소판 그림을 클릭합니다. 만약 꾸밈 효과를 미세 조정하려면 **꾸밈 효과 옵션**을 클릭합니다.

● 더욱 정밀하고 세밀해진 그림 자르기

향상된 자르기 도구를 사용하여 그림에서 원치 않는 부분을 자르고 효율적으로 제거하여 원하는 모양으로 만들어 문서를 멋지게 꾸밀 수 있습니다.

사용법

자를 그림을 선택하고 [**그림 도구**] − [**서식**] 탭 → **크기** 그룹 → **자르기**를 클릭합니다. 한 면을 자르려면 해당 면의 중앙 자르기 핸들을 안쪽으로 끌고 그림 주위에 여백을 추가하려면 자르기 핸들을 그림의 중앙에서 바깥쪽으로 끕니다.

⬤ 불필요한 배경 그림에서 제거

PowerPoint 2010에 포함된 또 다른 고급 그림 편집 옵션으로, 그림의 주제를 강조하거나 산만한 부분을 제거하기 위해 배경과 같이 필요 없는 부분을 자동으로 제거하는 기능이 있습니다.

사용법

배경을 제거할 그림을 선택하고 [그림 도구] − [서식] 탭 → 배경 그룹 → 배경 제거 명령 단추를 클릭합니다. 핸들 중 하나를 클릭한 다음 유지할 그림 부분만 포함하고 제거할 대부분의 영역을 제외하도록 선을 끕니다.

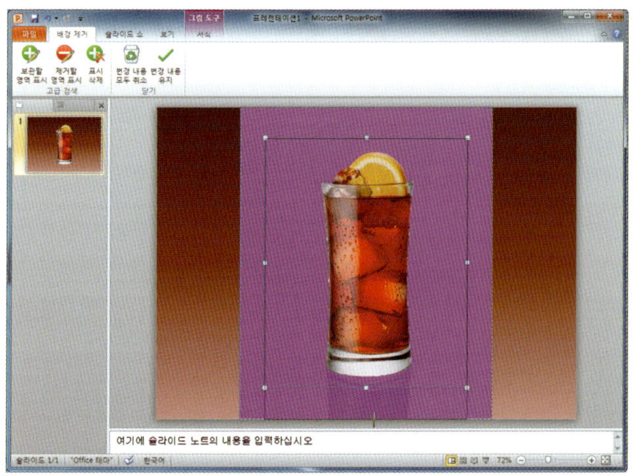

⬤ SmartArt 그래픽 그림 레이아웃

파워포인트 2010에는 사진으로 이야기를 구성할 수 있는 새로운 유형의 SmartArt 그래픽 레이아웃이 추가되었을 뿐 아니라 새로운 SmartArt 그래픽 레이아웃도 제공됩니다. 더 놀라운 기능은 슬라이드에 그림이 있는 경우 텍스트와 마찬가지로 그림을 SmartArt 그래픽으로 신속하게 변환할 수 있다는 것입니다.

사용법

SmartArt 그래픽 그림 레이아웃을 삽입하여 사진을 추가하고 설명 텍스트를 작성한 후 다양한 그림 레이아웃을 선택할 수 있습니다.

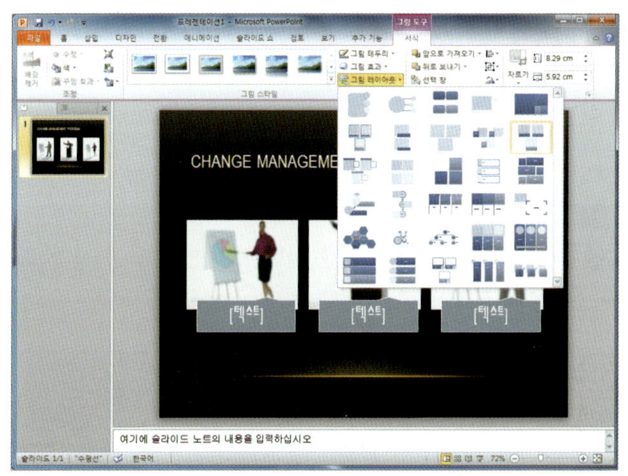

3. 효율적인 프레젠테이션 전달

⬤ 내 손으로 직접 꾸미는 강력한 비디오 편집

비디오 책갈피를 삽입하고 잘라 원하는 부분만 편집하여 표시할 수 있습니다. 비디오 트리거를 통해 장면을 설명하는 텍스트 자막을 삽입할 수 있으며 밝기 변화, 반사, 입체 및 3차원 회전 등의 스타일 효과를 사용하여 청중의 주의를 빠르게 집중시킬 수 있습니다.

사용법

효과를 적용할 비디오를 선택하고 [비디오 도구] − [서식] 탭 → 비디오 스타일 그룹에서 원하는 스타일을 선택하거나 비디오 효과를 클릭하여 비디오 스타일 효과를 적용할 수 있습니다.

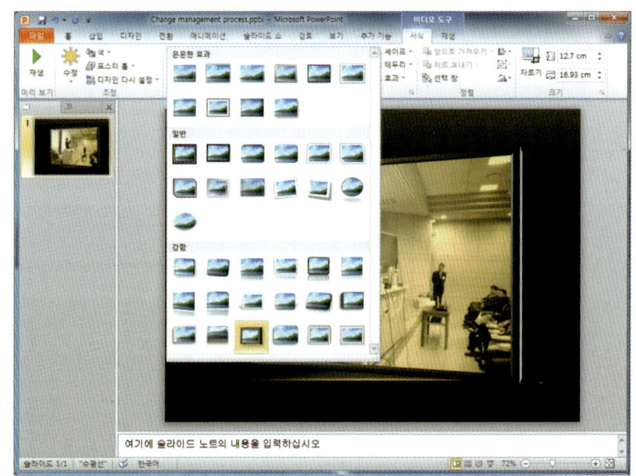

● 3차원 동작의 그래픽 효과가 있는 화면 전환

PowerPoint 2010을 사용하면 슬라이드 간에 실제 3차원 공간의 이동 경로 및 회전을 포함하는 다양하고 새로운 움직임 전환 기능을 사용하여 청중의 시선을 사로잡을 수 있습니다.

화면 전환을 추가할 슬라이드를 선택하고 [전환] 탭 → 슬라이드 화면 전환 그룹에서 원하는 전환 효과를 선택합니다.

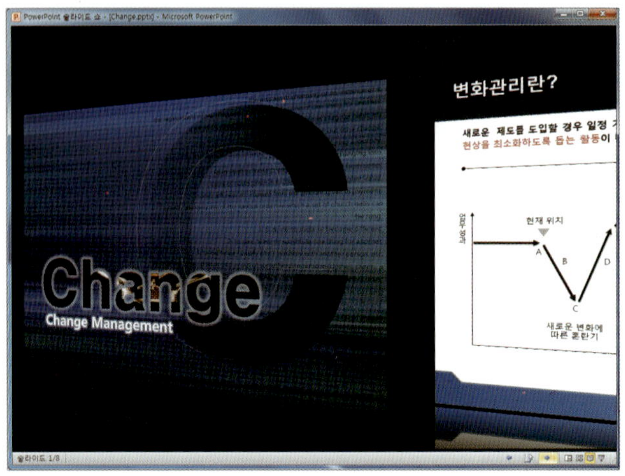

● 개체 간에 애니메이션 효과 복사 및 붙여넣기

도형이나 텍스트 등의 개체를 서식 복사하듯이 개체에 적용된 애니메이션을 동일하게 적용할 수 있습니다.

애니메이션을 복사할 개체를 선택하고 [애니메이션] 탭 → 고급 애니메이션 그룹 → 애니메이션 복사를 클릭하고 애니메이션을 적용할 개체를 클릭합니다.

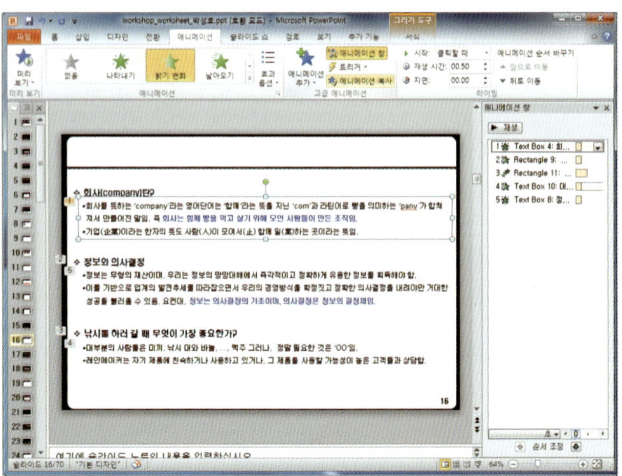

● 프레젠테이션을 비디오로 변환

프레젠테이션을 배포 및 전달하는 새로운 방법 중 하나는 프레젠테이션을 비디오로 변환하는 것입니다. 아울러 프레젠테이션을 나레이션이 있는 고품질 비디오로 변환하여 동료나 고객에게 전자 메일, 웹 또는 DVD를 통해 누구와도 공유할 수 있습니다.

프레젠테이션을 비디오로 변환하려면 [파일] 탭 → 저장/보내기 → 비디오 만들기를 클릭하고 〈비디오 만들기〉 단추를 클릭합니다.

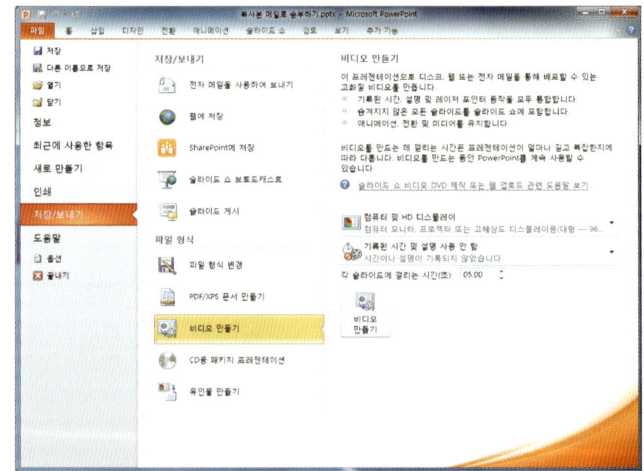

● 마우스를 레이저 포인터로 전환

슬라이드 쇼를 실행하여 프레젠테이션 시 슬라이드의 요소를 강조하려는 경우 마우스 포인터를 레이저 포인터로 변환할 수 있습니다. 슬라이드 쇼 보기에서 Ctrl 키를 누른 채 마우스 왼쪽 단추를 클릭하면 포인터 작동이 시작됩니다.

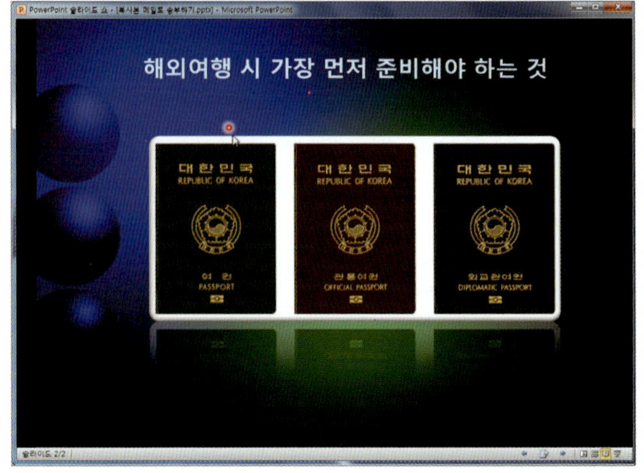

파워포인트 2010에서 이전 버전과 달라진 기능

새로운 버전이 나오게 되면 이전 버전에서 주로 사용하던 기능들이 사라져서 아쉬움을 주는 경우가 많이 있습니다. 파워포인트 2010에서도 새로운 기능들이 많이 추가되었지만 아쉽게도 사라진 기능들이 있습니다. 그러나 대부분의 기능은 좀 더 효과적인 방법으로 개선되었다고 볼 수 있습니다. 파워포인트 2003 또는 2007과 비교했을 때 파워포인트 2010에서 중단되거나 변경된 기능을 정리하면 다음과 같습니다.

기능	수정 사항
웹 페이지로 저장	'다른 이름으로 저장' 대화상자에서 '웹 보관 파일(.mht, .mhtml)' 또는 '웹 페이지(.htm, .html)'로 저장할 수 없습니다.
소리 파일 최대 크기	소리 파일 최대 크기 기능이 오디오/비디오 링크 및 포함 기능으로 바뀌었습니다. PowerPoint 2010에서는 크기에 관계없이 보다 다양한 형식의 파일을 포함할 수 있으며, 리본 메뉴에 소리 파일 최대 크기(KB) 옵션이, 'PowerPoint 옵션' 대화상자에는 다음 크기 이상의 소리 파일은 외부 연결 옵션이 표시되지 않습니다.
인쇄 미리 보기	'인쇄' 및 '인쇄 미리 보기' 대화상자가 백스테이지 보기에 통합되었습니다. 파워포인트 2010에서 인쇄 기능에 액세스하려면 [**파일**] 탭 → **인쇄**를 클릭합니다.
사용자 지정 애니메이션 작업창	사용자 지정 애니메이션 작업창의 이름이 애니메이션 창으로 바뀌었습니다. 파워포인트 2010에서는 애니메이션 창을 사용하여 개체에 애니메이션을 추가할 수 없습니다. 애니메이션 효과를 추가, 변경 또는 수정하려면 [**애니메이션**] 탭을 이용합니다.
사용자 지정 이동 경로 그리기	선, 곡선, 자유형 또는 자유 곡선 사용자 지정 이동 경로 애니메이션을 그릴 수 없습니다. 그러나 대부분의 이동 경로 애니메이션에 대해 점 편집은 계속 수행할 수 있습니다. 이동 경로 애니메이션에 대해 점 편집을 수행하려면 이동 경로가 있는 개체를 선택하고 [**애니메이션**] 탭 → **애니메이션** 그룹 → **효과 옵션**을 클릭한 다음 **점 편집**을 선택합니다.
[전환] 탭	리본 메뉴의 [**애니메이션**] 탭에서 전환 효과를 사용할 수 없고, 전환 기능은 이제 자체의 [**전환**] 탭으로 제공됩니다.
방향 전환 효과	'닦아내기, 당기기, 밀어내기, 도형, 나누기, 덮기, 바둑판 무늬' 등의 전환 효과를 수정하여 왼쪽, 오른쪽, 위 또는 아래로 이동할 수 있습니다. 시계 방향 회전 및 사각형 전환의 이름은 각각 시계 및 도형으로 바뀌었습니다. '계단 모양 왼쪽 아래로, 계단 모양 왼쪽 위로, 계단 모양 오른쪽 아래로 및 계단 모양 오른쪽 위로' 전환은 제거되었습니다. 이전 버전 파워포인트에서 만든 파일에서는 적용된 기능들은 계속 작동됩니다.
'클립 아트' 작업창	'클립 아트' 작업창의 여러 요소가 변경되었습니다.
검색 위치 상자	검색 위치 상자를 더 이상 사용할 수 없습니다. 즉, 더 이상 특정 콘텐츠 모음으로 검색 범위를 제한할 수 없습니다. 검색 범위를 좁히려면 검색 대상 상자에 여러 검색어를 입력하면 됩니다.
클립 구성 링크	클립 구성 링크를 더 이상 사용할 수 없습니다. Windows 7, Windows Vista 또는 Windows XP에서 Microsoft Clip Organizer를 열려면 Windows의 시작 단추 → 모든 프로그램 → Microsoft Office → Microsoft Office 2010 도구 → Microsoft Clip Organizer 를 차례로 클릭합니다.
Clip Organizer	Microsoft Office 프로그램의 '클립 아트' 작업창에서 Clip Organizer에 직접 액세스할 수 없습니다.
자동 구성	컴퓨터에서 미디어 파일을 자동으로 찾아 모음으로 구성하는 명령을 더 이상 사용할 수 없습니다. 그러나 클립을 Clip Organizer에 수동으로 추가하거나 스캐너 또는 카메라에서 클립을 가져올 수는 있습니다.
전자 메일 받는 사람에게 첨부 파일로 보내기	클립을 전자 메일 메시지의 첨부 파일로 보내는 명령을 더 이상 사용할 수 없습니다.
모음에서 삭제	Clip Organizer에서 클립을 삭제할 수는 있지만, 더 이상 특정 모음에서 클립을 삭제할 수는 없습니다.
비슷한 스타일 찾기	비슷한 스타일의 클립을 찾는 데 사용할 수 있었던 명령이 더 이상 제공되지 않습니다.
목록 보기/자세히 보기	목록 보기 및 자세히 보기를 더 이상 사용할 수 없습니다.

03

도움말로 궁금증 해결하기

새로운 버전을 사용하게 되면 이것저것 궁금증이 많아지게 됩니다. 이러한 경우 주변에 능숙한 사용자가 있다면 문제를 쉽게 해결하겠지만 그렇지 않은 경우라면 파워포인트 2010의 도움말을 통해 일부의 궁금증을 해결할 수 있습니다. 도움말 사용법에 대해서 알아보겠습니다.

① 파워포인트 화면에서 오른쪽 상단의 도움말 단추(❓)를 클릭하면 'PowerPoint 도움말' 대화상자가 표시됩니다.

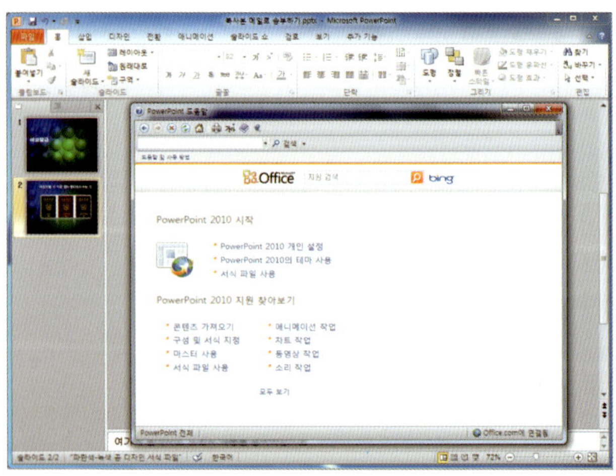

② 도움말을 사용하는 방법에는 2가지가 있습니다.

· 도움말 창에 검색어를 입력하여 검색 결과를 확인하는 방법

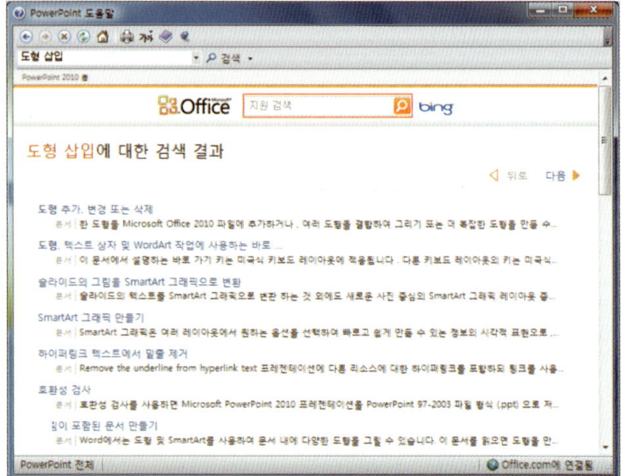

· 초기 화면의 모두 보기를 클릭하여 주제별로 하위 내용을 찾아가는 방법

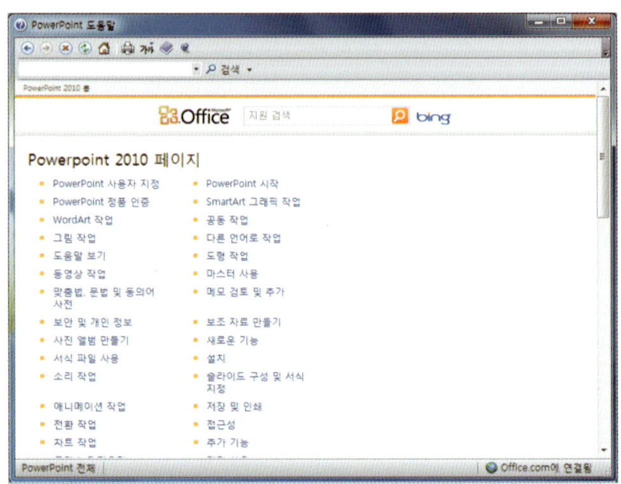

관련 순서에 따라 검색 결과가 표시되고 원하는 항목을 클릭하여 해당 항목과 관련된 도움말을 볼 수 있습니다.

컴퓨터에 파워포인트 2010 버전이 설치되어 있지 않다면 우선 설치를 해야겠지요? 파워포인트는 오피스 2010 제품군에 포함되어 있으며, 오피스 2010을 설치하는 방법에 대해 알아보겠습니다.

○ 설치 및 업그레이드

이미 컴퓨터에 오피스 2003 버전이나 오피스 2007 버전이 설치되어 있을 수도 있습니다. 오피스 2010을 설치할 때는 이전 버전을 유지할 수도 있고 업데이트를 통해 삭제할 수도 있습니다. 또한 이전 버전이 설치되어 있지 않다면 바로 오피스 2010을 설치할 수 있습니다. 여기서는 이전 버전이 설치되어 있는 상태에서 설치하는 방법에 대해 알아보겠습니다.

① 오피스 2010 설치 CD 또는 DVD를 CD/DVD 드라이브에 삽입합니다. 자동으로 실행되면서 대기 화면이 표시됩니다.

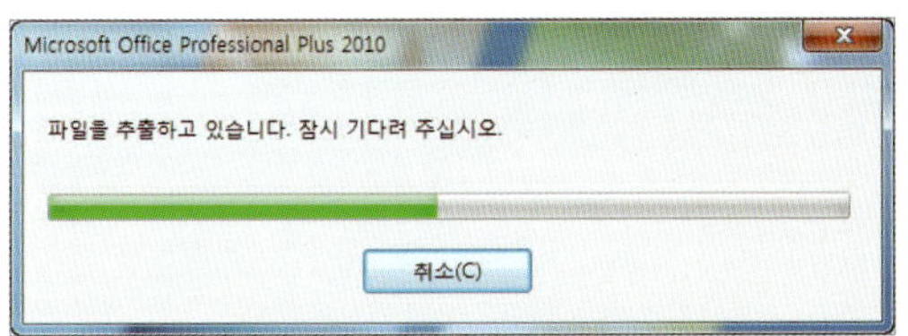

② 제품 키 입력 화면이 표시되면 CD 또는 DVD에 제공되는 제품 키를 입력합니다. 제품 키 확인이 끝나면 〈계속〉 단추를 클릭합니다.

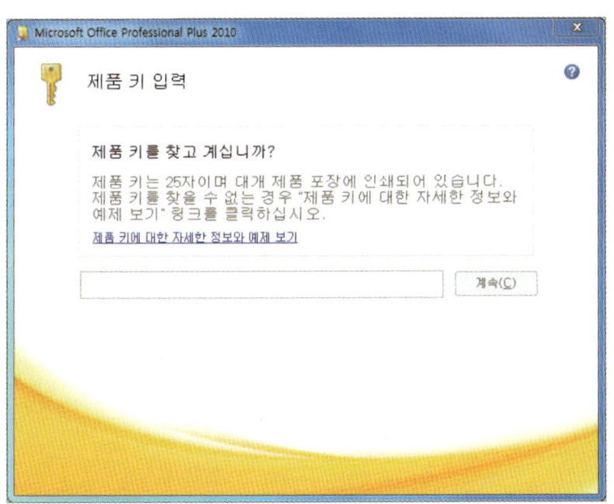

③ Microsoft 소프트웨어 사용권 조항 보기가 표시됩니다. 내용을 잘 확인한 다음 **동의함** 확인란에 체크하고 〈계속〉 단추를 클릭합니다.

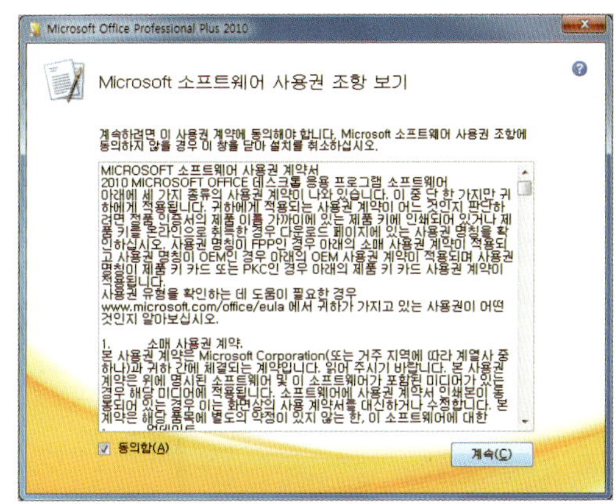

④ 이전 버전의 오피스가 설치되어 있는 경우 아래와 같이 설치 유형을 선택할 수 있는 대화상자가 표시됩니다. 이전 버전을 삭제하고 설치하려면 **업그레이드**를 클릭하고 사용자 지정으로 이전 버전을 유지하면서 설치하려면 **사용자 지정**을 클릭합니다.(필자는 **사용자 지정**으로 설치하겠습니다.)

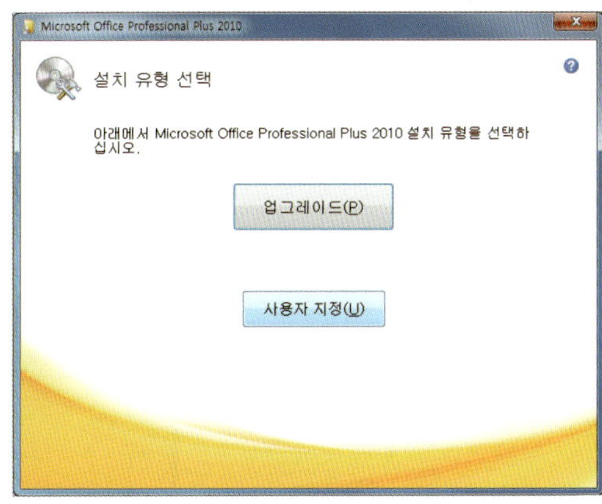

⑤ '이전 버전 업그레이드' 항목의 **이전 버전을 모두 유지** 확인란
을 선택합니다. 이 옵션을 선택하게 되면 이전 버전과 오피
스 2010 버전을 동시에 사용할 수 있습니다.

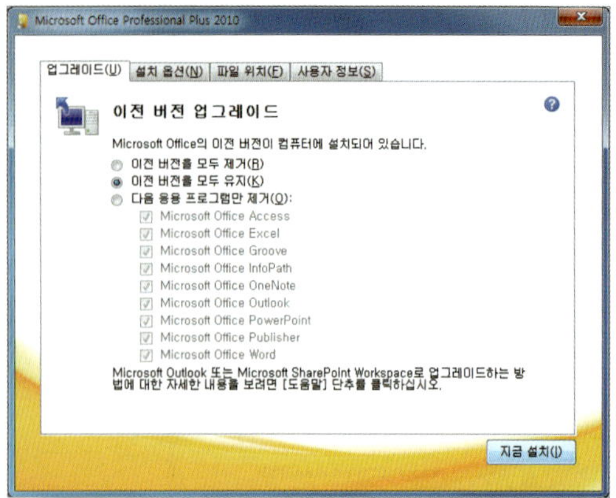
▲ 설치 옵션

⑥ 기타 설치 옵션, 파일 위치, 사용자 정보를 수정하며, 가급
적이면 이 옵션들은 기본 설정으로 놔두고 설치하는 것이
좋습니다. 〈지금 설치〉 단추를 클릭합니다.

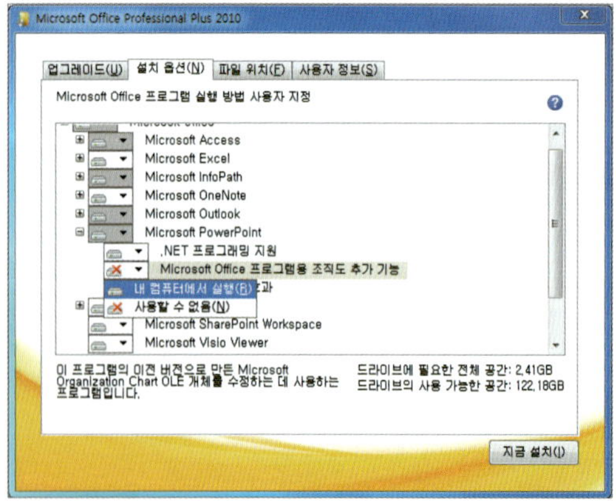
▲ 설치 옵션

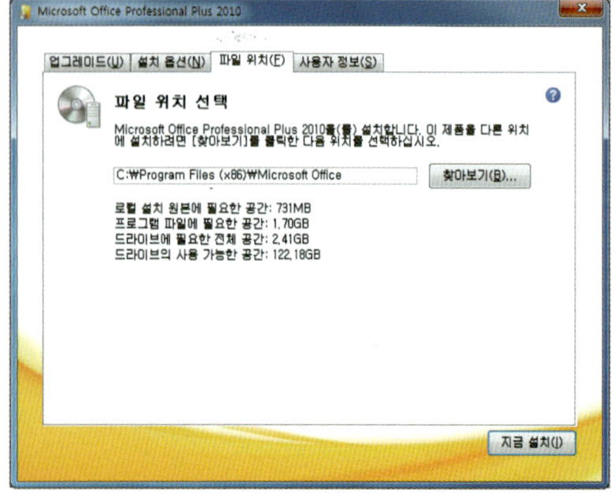
▲ 파일 위치

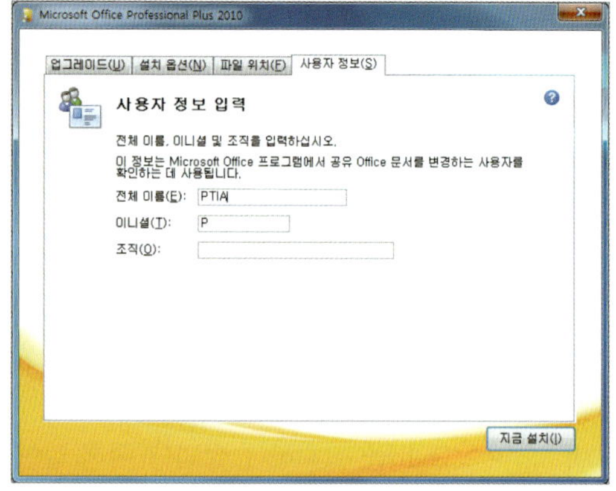
▲ 사용자 정보

⑦ 오피스 2010이 설치됩니다.

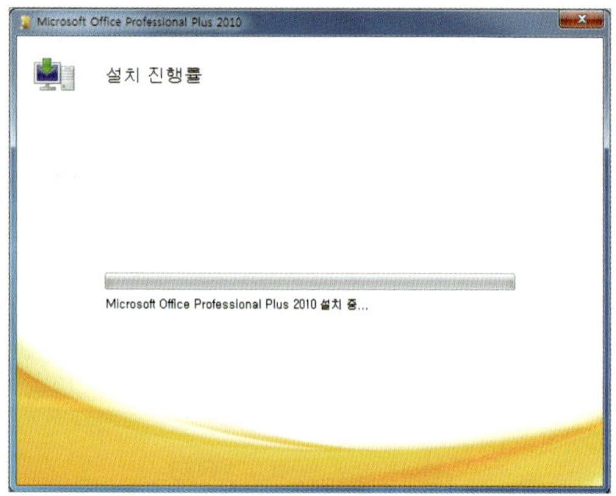

⑧ 설치가 완료되었습니다.

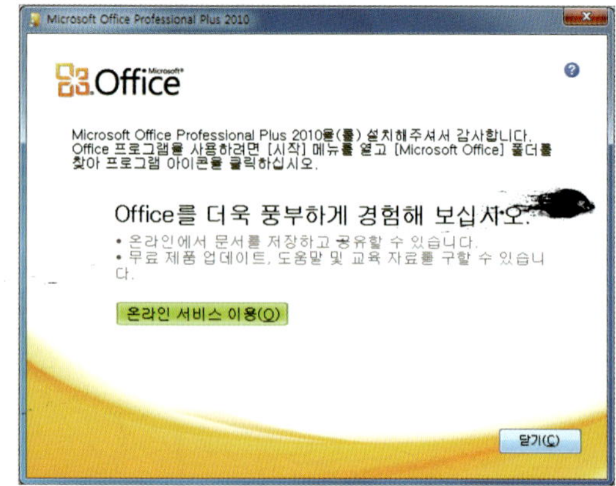

⑨ **온라인 서비스 이용**을 클릭하면 오피스 2010과 관련된 다양한
정보를 확인할 수 있습니다.

"여러분의 비즈니스를 성공으로 이끌어 드리는 열쇠"

Who is PTX

고객들은 PTX를 프리젠테이션 전문가, 제안 전문가, 파워포인트 디자인그룹이라고 부를지도 모릅니다.
그러나 우리가 진정 원하는 PTX의 모습은 고객 비즈니스를 성공으로 이끌 수 있는 열쇠같은 존재가 되는 것입니다.

What is PTX Solution

PTX는 고객 비즈니스의 승리를 위한 커뮤니케이션과 관련된 다양한 솔루션과 서비스를 제공합니다.
수주를 위한 제안 및 발표, 중요한 업무보고, 신제품 출시 행사 등 사업의 성패가 걸린 중요한 상황에 고객의
승리를 위한 전략을 수립하고, 스토리라인에 기반하여 명확하고 설득력 있는 메시지를 만들어 드립니다.
고객이 성공에 도달하는 마지막 순간까지 PTX의 모든 자원과 에너지를 쏟을 것입니다.

Mission

Service Area

	Presentation	Proposal	HRD Media	Training	문서 서식 표준화
Planning Service	전략 수립 스토리라인 구성 내용 / 도해기획 발표스킬 클리닉	전략 수립 스토리라인 구성 내용 / 도해기획 제안서 클리닉	커뮤니케이션 전략 수립 스토리 기획 / 사례개발 스크립트 작성	PT전략/기획 과정 제안서 작성 과정 기획력향상 과정 사내강사양성과정	사내문서 표준화 컨설팅 제안문서 표준화 컨설팅
Design Service	슬라이드 디자인 멀티미디어 개발	제안서 디자인 디자인 인력 파견 연간 디자인서비스	영상 촬영 / 편집 애니메이션 개발 홍보자료 개발	PT슬라이드디자인과정 교수매체개발 과정 제안문서 디자인 과정	사내문서 표준화 템플릿/서식 개발 제안문서 표준화 템플릿/서식 개발

Contact Us : 02) 578-2851, www.ptxgroup.co.kr, ptex@paran.com